TALLEYRAND

DU MÊME AUTEUR

Le Duc de Richelieu, un sentimental en politique, 1766-1822, Paris, Perrin, 1990 (rééd. 2009).

Brèves machineries du silence, Paris, Éditions du Cherche-Midi, 1995.

Lettres d'un lion. Correspondance inédite du général Mouton, comte de Lobau 1812-1815, Paris, Nouveau Monde Éditions, coll. « La bibliothèque Napoléon », 2005.

L'Histoire à rebrousse-poil, Paris, Fayard, 2005 ; Paris, Tallandier, coll. « Texto », 2014.

Mémoires de la France. Deux siècles de trésors inédits et secrets de l'Assemblée nationale, Paris, L'Iconoclaste, 2006.

Un groupe d'hommes considérables. Les pairs de France et la Chambre des pairs héréditaires de la Restauration 1814-1831, Paris, Fayard, 2006.

Mémoires et correspondances du prince de Talleyrand, Paris, Robert Laffont, 2007.

Cent-Jours ; la tentation de l'impossible, mars-juillet 1875, Paris, Fayard, 2008 ; Paris, Tallandier, coll. « Texto », 2014.

Félicie de Fauveau. Portrait d'une artiste romantique, Paris, Robert Laffont, 2010 ; coll. « Documento », 2013.

Talleyrand, dernières nouvelles du Diable, Paris, CNRS Éditions, 2011.

Entre deux rives, dix écrivains devant la mort, Paris, L'Iconoclaste, 2012.

Fouché, les silences de la pieuvre, Paris, Tallandier/Fayard, 2014.

En collaboration avec Benoît Yvert

Histoire de la Restauration, 1814-1830. Naissance de la France moderne, Paris, Perrin, 1996 (rééd. coll. « Tempus », 2002).

Direction

Le Siècle rebelle. Dictionnaire de la contestation au XXe siècle, Paris, Larousse, 1999.

Dictionnaire des politiques culturelles en France depuis 1959 : une exception française, Paris, Larousse/CNRS Éditions, 2001.

Direction, avec Sophie de Sivry

Mémoires du monde. Cinq siècles d'histoires inédites et secrètes au Quai d'Orsay, Paris, L'Iconoclaste, 2002.

EMMANUEL DE WARESQUIEL

TALLEYRAND

Le prince immobile

Édition revue et augmentée

TEXTO

Texto est une collection des éditions Tallandier

48, rue du Faubourg-Montmartre – 75009 Paris
www.tallandier.com

Pour Alexandra

« The devil (or god) is in details. »

Mies VAN DER ROHE.

« Un homme qui aime mesurer mesure tout.
Les gens. Les passions.
Les fortunes. Le temps qui passe. Le chagrin… »

François SUREAU,
Les Alexandrins.

« Tout est possible. »

TALLEYRAND,
cité par le comte de Marsay,
dans *La Comédie humaine.*

SOMMAIRE

Deuxième partie – L'exil

Troisième partie – La patience

Quatrième partie – Le pouvoir

AVANT-PROPOS

« *L'histoire après tout, n'est pas une école de morale.* »

François FURET et Denis RICHET,
La Révolution française, 1965.

Talleyrand a eu « le privilège d'être l'image scintillante du mal[1] ». Peu d'hommes ont été autant décriés, vilipendés, méprisés que lui. Ses contemporains ne l'ont pas compris. Certains l'ont admiré par crainte ou par snobisme, d'autres ont été fascinés comme la proie devant le serpent, mais rares sont ceux qui ont pénétré le cœur de cet homme. À peine mort au beau milieu du XIXe siècle, presque tous ceux qui lui ont survécu ont décidé qu'il n'avait pas de cœur, ce qui simplifiait la question. Plus tard, les légitimistes et les ultramontains, condamnés eux aussi à disparaître, lui ont reproché d'avoir vendu le trône et profané l'autel. L'évêque était impur, le diplomate sans vision et le ministre sans scrupule. Les romantiques, qui ont dominé leur siècle, ne lui ont jamais pardonné d'être entré en démocratie en bas de soie et perruque poudrée, avec la conscience intacte de sa race. Ils n'ont pas pardonné la morgue du grand seigneur inatteignable. Eux qui ont porté la conscience douloureuse du temps dans la vallée des larmes des révolutions n'ont vu en lui qu'un spectre et ne pouvaient rien voir d'autre. Son apparence immobile, celle du visage toujours fermé et celle du corps toujours droit, les a mis en rage. Eux qui ont voulu s'identifier aux déchirures de l'Histoire, à la houle des peuples, jusqu'à être les guides et les prophètes de leur époque, n'ont pas supporté l'indépendance tranquille de ce prince qui ne savait ni ne voulait compter que sur lui-même. L'orgueil qui se moque des idéaux et déplace la morale était pour eux la trahison pure, et plus qu'une trahison, une souillure. Ils se sont alors mis à danser la danse du grand exorcisme, et, pour mieux conjurer cette image d'un homme que le temps ne défait pas, ils ont voulu faire de lui, pour la postérité, une charogne.

Cela commence du vivant même de Talleyrand. À peine rentrée d'une visite surprise au château de Valençay où elle n'a fait qu'entrapercevoir par la fenêtre celui qui y habite en grand seigneur fastueux d'un autre âge, George Sand, alors dans toute la gloire de Lélia, sonne la charge. Ce n'est pas encore la figure d'un cadavre, mais c'est déjà celle d'un coupable. Nous sommes en septembre 1834 et le modèle, ce « renard octogénaire », a plus de quatre-vingts ans : « Cette lèvre convexe et serrée comme celle d'un chat, unie à une lèvre large et tombante comme celle d'un satyre, mélange de dissimulation et de lascivité ; ces linéaments mous et arrondis, indices de la souplesse du caractère ; ce pli dédaigneux sur un front prononcé ; ce nez arrogant avec ce regard de reptile, tant de contrastes sur une physionomie humaine révèlent un homme né pour les grands vices et les petites actions. Jamais ce cœur n'a senti la chaleur d'une émotion généreuse, jamais une idée de loyauté n'a traversé cette tête. Cet homme est une exception dans la nature, une monstruosité si rare que le genre humain, tout en le méprisant, l'a contemplé avec une imbécile admiration[2]. »

Ce premier portrait phantasmé donne le signal. Quatre ans plus tard et comme pour saluer sa mort, Chateaubriand, qui l'a placé depuis longtemps dans le cercle le plus vil de son enfer, reprend la plume et lui consacre un chapitre entier de ses Mémoires. Avec lui, on entre dans la morgue et dans le charnier : « La foule a bayé, à l'heure suprême de ce prince aux trois quarts pourri, une ouverture gangreneuse au côté, la tête retombant sur sa poitrine, en dépit du bandeau qui le soutenait [...]. Les hommes de plaies ressemblent aux carcasses de prostituées : les ulcères les ont tellement rongés qu'ils ne peuvent servir à la dissection. » Chez Chateaubriand, il n'est question que de « dégoûts », de « souillures », de « crachements ».

Talleyrand est le cadavre d'un milieu et d'une époque qu'il hait, ceux de la cour et des vanités, de la facilité et du mépris des autres, de l'argent et des plaisirs frelatés. La lèpre physique dénonce et révèle la lèpre morale[3].

Au même moment, Victor Hugo, en mal de légende, s'attaque à la cervelle du prince. Il imagine un extraordinaire scénario. Talleyrand meurt chez lui, à Paris, dans son magnifique hôtel de la rue Saint-Florentin. On embaume son corps avant de le transporter à Valençay où il sera enterré, mais on oublie sa cervelle sur la table de travail. Un valet négligent s'en empare et la jette au ruisseau. Cela commence ainsi : « Rue Saint-Florentin, il y a un palais et un égout [...]. Pendant les quarante ans qu'il a habité cette rue, l'hôte dernier de ce palais n'a peut-être jamais laissé tomber son regard sur cet égout. C'était un personnage étrange, redouté et considérable ; il s'appelait Charles-Maurice de Périgord ; il était noble comme Machiavel, prêtre comme Gondi, défroqué comme Fouché, spirituel comme Voltaire et boiteux comme le diable. » Il boitait ! Les splendeurs de sa vie finissent dans l'abjection de la décharge publique. Ce qui a traversé ce cerveau de combinaisons tortueuses et de pensées difformes n'est plus rien. « *Finis rerum*[4]. »

À la fin de sa vie, Sainte-Beuve, en bon héritier des romantiques, se fera un plaisir de donner le coup de pied de l'âne au cadavre. Là aussi les métaphores de la putréfaction suintent de sa plume de moraliste. Il reproche au prince presque tout et en particulier le scandale de sa vénalité qu'il compare à « une plaie hideuse, un chancre rongeur et qui envahit le fond[5] ». Quelques années plus tard, Gustave Flaubert restituera toute la controverse en lui donnant la pointe d'un lieu commun dans son *Dictionnaire des idées reçues*. Notre personnage y figure entre « Transpiration [des pieds] » et « Tolérance [maison de] » : « Talleyrand, prince de : s'indigner contre. »

Si deux générations d'écrivains, d'essayistes et de mémorialistes se sont tant indignés en brouillant son image, c'est parce qu'ils ont eu affaire à un homme qui leur faisait l'effet d'une gifle. Il régnait. Chez eux, dans leur monde à eux, en pleine

Monarchie de Juillet. Pis, il avait la certitude d'incarner une sorte de perfection à jamais perdue et d'être le dernier arbitre vivant de règles et d'usages auxquels personne ne pouvait plus accéder. « Qui n'a pas vécu dans les années voisines de 1789 ne sait pas ce que c'est que le plaisir de vivre », disait-il.

Il ne faut jamais oublier, si l'on veut essayer de comprendre Talleyrand, qu'il est né en 1754, peu après la bataille de Fontenoy, et qu'il avait trente-cinq ans en 1789. Son éducation, sa formation, sa maturité sont celles d'un grand seigneur du siècle de Louis XV, alors que sa mémoire s'est confondue avec celle d'une génération qui n'a jamais connu l'Ancien Régime. Contemporain de Louis XVI à quelques mois près, il meurt l'année de l'avènement de la reine Victoria au trône. Que pouvaient comprendre les Molé, les Rémusat, les Thiers à cet homme qui non seulement n'était pas de leur génération mais était resté en esprit de l'autre côté du précipice creusé par la Révolution ? Il faut lire la partie de ses Mémoires, où il est question de son enfance et de sa jeunesse, pour saisir cela. Talleyrand y restitue le plus pur cristal d'un monde où l'on avait l'orgueil de sa race. Lorsqu'il évoque son séjour dans le Périgord, chez son arrière-grand-mère, la princesse de Chalais, il précise que cette période de sa petite enfance fit sur lui « une profonde impression ». La princesse est née Rochechouart, elle a été dame du palais de la reine et elle mourra trois ans avant le Bien Aimé, en 1771. La vie qu'elle mène dans son château de Chalais est une vie de cour. Elle y reproduit, en microcosme, la grâce du temps, la distance du sang et l'étiquette des rangs. Mme de Chalais règne en souveraine en ses domaines. Les nobles du voisinage lui rendent allégeance, les pauvres louange, et les métayers respect. Le jeune Charles-Maurice, âgé de six ans, l'accompagne dans ses exercices de charité, le dimanche après la messe, dans l'infirmerie du château. Voici comment il rend compte de la scène dans un style qui est aussi celui de ce temps-là :

« Dans la pièce qui précédait l'apothicairerie, étaient réunis tous les malades qui venaient demander des secours. Nous passions au milieu d'eux en les saluant. Mlle Saunier, la plus ancienne des femmes de chambre de ma grand-mère, les faisait entrer l'un après l'autre : ma grand-mère était dans un fauteuil de velours ; elle avait devant elle une table noire de vieux laque ; sa robe était de soie, garnie de dentelles ; elle portait une échelle de rubans et de nœuds de manches analogues à la saison. Ses manchettes à grands dessins avaient trois rangs : une platine, un bonnet avec un papillon, une coiffe noire se nouant sous le menton formaient sa toilette du dimanche, qui avait plus de recherche que celle des autres jours de la semaine.

« Le sac de velours rouge, galonné d'or, qui renfermait les livres avec lesquels elle avait été à la messe, était porté par M. de Benac qui, par sa bisaïeule, était un peu de nos parents.

« Mon droit me plaçait auprès de son fauteuil. Deux sœurs de la Charité interrogeaient chaque malade sur son infirmité ou sur sa blessure. Elles indiquaient l'espèce d'onguent qui pouvait les guérir ou les soulager. Ma grand-mère désignait la place où était le remède ; un des gentilhommes qui l'avaient suivie à la messe allait le chercher ; un autre apportait le tiroir renfermant le linge ; j'en prenais un morceau et ma grand-mère coupait elle-même les bandes ou les compresses dont on avait besoin. »

Talleyrand, qui rédige cette page à la fin de l'Empire, décrit une cérémonie, un ballet bien réglé, comme on les donnait à Versailles, et avoue lui-même avoir gardé de ce souvenir d'enfant la certitude de la prééminence de son rang. Les vieux arbres, « les bons arbres ne dégénèrent pas[6] ». Presque quatre-vingts ans plus tard, au dernier jour de sa vie, il dira au roi Louis-Philippe venu lui rendre visite sur son lit d'agonie : « Sire, c'est un grand honneur que le roi fait à ma Maison. » La notion de Maison est à prendre ici à la fois dans le sens de la lignée, du service du prince et de ses commensaux. À cette époque, il est l'un des derniers à savoir combien une telle démarche, contraire à toutes les traditions de l'étiquette, est exceptionnelle et flatteuse. Le reste du monde ne s'en soucie plus.

Cette fierté de ses origines ne le quittera jamais. Il passera sa vie à soutenir, placer, pensionner ses frères et ses neveux, et fera tout pour bâtir l'avenir des siens sur le roc. Les souverains et les régimes peuvent bien changer, pourvu que les princes de Talleyrand tiennent et peu importent les insultes et les crachats. Marc Fumaroli, dans l'un de ses récents essais, a très bien exprimé cela : « Girouette ? Mais la tige de la girouette est restée droite. »

Lorsque le vieux Goethe – ce « Talleyrand littéraire », disait Sainte-Beuve – pose les yeux sur une reproduction du portrait du prince peint par le baron Gérard en 1808, il ne peut s'empêcher de penser aux « dieux d'Épicure qui habitaient là "où il ne pleut ni ne neige et où jamais ne souffle la tempête" ». La « quiétude de cet homme indemne malgré les tempêtes qui soufflent autour de lui » le fascine[7]. L'immobilité n'est pas seulement une seconde nature, elle est une armure. Mais Goethe ne voyait pas tout. Cet homme qui a toujours fait de la lenteur un art de vivre et un traité de politique était aussi capable des décisions les plus rapides. Ni Barras, ni Alexandre Ier, ni Napoléon, ni les Bourbons ne se méfieront assez de ses fausses somnolences. Les demi-sommeils, lorsqu'ils sont bien joués, cachent mieux l'énergie et le goût du risque.

En parlant de sa grand-mère, Talleyrand évoque aussi en passant ce qu'il appelle « l'esprit Mortemart ». S'il a gardé de ce temps-là l'orgueil de sa naissance, il en a pris aussi les manières et le ton qu'il conservera jusqu'à sa mort comme un secret, au point de le dénier à certains de ses contemporains. De son plus vieil ami, Louis de Narbonne, il dit qu'il avait avant la Révolution « ce genre d'esprit qui ne vise qu'à l'effet, qui est brillant ou nul, qui s'épuise dans un billet ou dans un bon mot ; il a, ajoute-t-il, une politesse sans nuances[8] ». L'éducation des femmes et des salons, celle du très aristocratique séminaire de Saint-Sulpice lui ont donné ce goût et cet esprit dont la justesse se cache dans l'exacte nuance du dire, et qu'il appelle « le bon ton », c'est-à-dire l'art et l'instinct des bienséances, dans le monde comme dans les affaires. Il y a gagné aussi le sens de l'à-propos qui suppose de savoir évaluer exactement les lieux, les personnes, les situations, où que l'on se trouve. Son admiration pour les écrivains du Grand Siècle, pour La

Rochefoucauld, Mme de Sévigné ou Mme de La Fayette vient de là. Talleyrand aurait tout aussi bien pu vivre au temps de Mazarin et de la Fronde, comme son modèle le cardinal de Retz[9]. Contrairement à ce qu'a prétendu Chateaubriand, il n'avait pas l'âme d'un valet servile, ni d'un courtisan de l'époque uniforme et absolue du roi soleil, même s'il en avait l'art et la flatterie. Le duc de Broglie, qui l'a bien connu à la fin de sa vie, écrit dans ses Souvenirs qu'il était naturellement et instinctivement grand seigneur[10]. L'éducation, l'appartenance de sa famille à la cour n'expliquent pas tout. Son indépendance et sa liberté lui faisaient préférer les intervalles, les interstices et les transitions entre deux pouvoirs.

Tout cela a donné naissance à un style et ce style auquel il s'est profondément identifié l'a sauvé. Grâce à lui, dans sa vie privée comme en politique, il n'a jamais été vulgaire. À l'opposé des romantiques, ce style a fasciné tous ceux qui se sont réclamés de cette tradition française héritée du goût classique. Stendhal, Léautaud, Cioran, Philippe Jullian, Philippe Beaussant parlent de lui avec un sourire complice[11]. Dans l'une de ses lettres à Stendhal, Mérimée évoque, admiratif, « le sublime tact » de M. de Talleyrand[12]. Mais « cet art du succès à Paris », comme dit Stendhal, leur a fait oublier le reste. Ils n'ont été séduits que par des apparences, par « la frivolité majestueuse et l'égoïsme féroce » du pragmatique et du dandy[13]. « Toutes les grandes phrases que l'on bâtit à Paris, écrit encore Stendhal, sur le grand caractère, sur les projets, sur la croyance politique de M. de Talleyrand portent à faux et sont faites par des gens qui ne l'ont pas pratiqué. M. de Talleyrand, ayant habituellement besoin d'argent, tirait parti de toutes les circonstances pour être employé et avait de l'argent[14]. »

Talleyrand ne leur a pas facilité la tâche. On se souvient de ce qu'il disait sous l'Empire à la comtesse de Kielmannsegge : « Je veux que pendant des siècles on continue à discuter sur ce que j'ai été, ce que j'ai pensé, ce que j'ai voulu[15]. » On retrouve là l'orgueil du grand seigneur… et un peu plus que cela. L'homme est un joueur. Il a le goût de la facétie et de la mystification. Il aime disparaître et réapparaître. Il a l'art de l'esquive. Il a passé sa vie à brouiller les pistes, à les emmêler pour mieux les démêler, au point qu'il en fera l'une des armes de son jeu diplomatique, ce qui fera dire à Aimée de Coigny qu'il aimait mieux les paradoxes que les préjugés. Il s'est mis lui-même au centre de cet écheveau, et, par obsession du secret, pour mieux se protéger, il a passé son temps à recomposer son personnage. Sainte-Beuve, qui cette fois a vu juste, appelle cela « la composition de sa vie ». Il n'y rien de plus fascinant, et de plus troublant, que la façon admirable dont il a manipulé les uns et les autres dans des affaires sensibles comme celle de l'exécution du duc d'Enghien ou de l'intervention de Napoléon en Espagne. Parce qu'il savait que ses commentateurs ne sauraient pas faire la distinction entre la morale et les faits, il s'est caché. Le comte de Metternich, son homologue autrichien en diplomatie, est l'un des rares à l'avoir compris. « On ne peut que séparer en M. de Talleyrand l'homme moral de l'homme politique. Il n'eût point été, il ne serait point ce qu'il est s'il était moral. Il est d'un autre côté éminemment politique, et, comme politique, homme à systèmes[16]. » Tout est dit. La duchesse de Dino, sa nièce, sa confidente, son inspiratrice et sa maîtresse, avait raison lorsqu'elle écrivait à son ami Barante peu après sa mort qu'il était « devin, complexe, successif[17] ». Il a donné lui-même dans ses Mémoires une très bonne définition du travail du biographe : « Que serait l'Histoire si elle ne peignait jamais que des surfaces sans pénétrer de l'intérieur des hommes qui ont joué un rôle, et sans dévoiler les ressorts qui les ont fait mouvoir ? » Les portraits de Choiseul et du duc d'Orléans qu'il a écrits en marge de ses Mémoires et qu'il considérait comme des clefs sont une tentative dans ce sens. « C'est autour de ces hommes qu'on trouve la véritable histoire de notre époque », dira-t-il à Vitrolles sous la Restauration[18]. Quant à lui-même, ses Mémoires ne sont que des fragments, parfois superbes d'intelligence, remontés, et malheureusement en grande partie réécrits par Bacourt – la Vestale du temple – pour servir de justification à sa vie. Ce n'est pas là que l'on trouvera la clef de l'énigme, même si l'auteur s'y révèle parfois beaucoup plus qu'il ne le veut.

Napoléon disait de lui qu'il avait « de l'avenir dans l'esprit ». C'est là tout le paradoxe de cet homme d'Ancien Régime. Il a mieux que personne compris les bouleversements de son époque. Il ne les a pas portés en lui, douloureusement, comme d'autres, il les a pénétrés, ou plutôt il les a traversés. Il a su que l'irruption du peuple sur le grand théâtre du monde changerait profondément la nature de la politique et accélérerait le rythme de l'Histoire. Les régimes et les serments sont des mots que l'on peut échanger. On est entré dans l'ère des principes : la souveraineté du peuple, la légitimité, la non-intervention, la neutralité. Il a haussé les épaules devant certains, il en a inventé et même théorisé d'autres, mais toujours sur mesure, parce qu'ils lui étaient utiles, d'après leur valeur d'usage. On pense à Vautrin, l'initié, l'homme de l'ombre au terrible pouvoir, donnant des conseils au jeune Eugène de Rastignac : « Un homme qui se vante de ne jamais changer d'opinions est un homme qui se charge d'aller en ligne droite, un niais qui croit à l'infaillibilité. Il n'y a pas de principes, il n'y a que des événements ; il n'y a pas de loi, il n'y a que des circonstances : l'homme supérieur épouse les événements et les circonstances pour les conduire. S'il y avait des principes et des lois fixes, le peuple n'en changerait pas comme nous changeons de chemise. L'homme n'est pas tenu d'être plus sage que toute une nation. […] Oh ! Je connais les affaires, moi ! J'ai les secrets de bien des hommes ! Suffit. » Dans *Le Père Goriot*, Vautrin, un « sphinx en perruque », ressemble étrangement à son modèle[19].

Car ce qui résiste derrière les circonstances et les mots est le seul fait de l'État, sa grandeur et sa continuité. Le prince aux treize serments [en mettant de côté son serment devant Dieu] a été un défenseur acharné de l'État. Il en a eu une idée claire dès le début de sa vie et il n'en a plus changé. L'État n'est grand que s'il admet l'intrusion du temps dans l'Histoire. L'État n'est puissant que dans la paix. Lecteur de Locke et de Montesquieu, il savait que les États ne peuvent subsister que dans la durée et que cette condition essentielle à leur existence dépend de la modération de leurs principes politiques ; bon connaisseur de Newton et ami de Cabanis, il croyait à leur nécessaire agencement en une sorte de système mondial, mi-organique, mi-mécaniste[20]. Cet homme d'Ancien Régime n'est pas un homme de frontières, une question secondaire pour lui, alors qu'elle était capitale à l'époque, en pleine montée des nationalismes – il a d'ailleurs varié sur la question de la frontière du Rhin. Il est avant tout l'homme des équilibres, dans la continuité de l'Histoire – encore une fois une notion essentielle chez ce déclassé. Après la Révolution, il est devenu un cas unique. En diplomatie, il incarnait presque à lui seul la grande tradition française, et Metternich lui-même finira par l'imiter. Son autorité est sans équivalent. Il a étudié Fleury, écouté Choiseul, travaillé pour Calonne et Vergennes, négocié avec Kaunitz, discuté avec Pitt, Fox et Hamilton, collaboré avec Mirabeau. Qui pouvait en dire autant sous le Directoire et le Consulat ? Et que va-t-il faire de ce magistère ? Il va enseigner la modération, avec constance, pugnacité et décision, en pleine épopée napoléonienne, à une époque où elle était franchement mal vue. Le but de la diplomatie n'est pas d'avoir raison de l'adversaire, c'est d'éviter de l'humilier.

Le but du biographe n'est pas non plus d'avoir raison de son sujet, mais d'essayer de le comprendre. Sur ce plan, le diplomate Talleyrand peut surtout se féliciter du nombre de ceux qui se sont intéressés à lui. Il est l'un des rares Français, après Napoléon et Louis XIV, à avoir suscité plus d'une centaine de biographies, sans compter d'innombrables articles et monographies partielles[21]. Honneur à ceux qui sont entrés comme lui dans la carrière ! Au lieu de le saisir dans la fidélité à ses idées de l'Ancien Régime à la Monarchie de Juillet, des générations de diplomates et d'hommes politiques passés à l'histoire, de Thiers à Émile Ollivier et jusqu'à Maurice Paléologue et Léon Noël, l'homme de Rethondes, se sont empoignés sur des points de détail : les traités de 1814-1815, l'Espagne, le Rhin, la Saxe[22].

La lumière vient souvent de l'étranger. Les diplomates anglais, plus pragmatiques, moins obnubilés par les querelles franco-françaises, épargnés, grâce à leur culture anglicane, par un catholicisme qui s'est fait une spécialité de diaboliser l'évêque défroqué, l'ont sans doute mieux jugé. Sir Henry Bulwer en 1867, Duff Cooper, le moins victorien des Britanniques, en 1932, ont été parfois clairvoyants, même s'ils se prenaient un peu trop pour leur personnage. Plus récemment, ce sont des Américains qui les premiers ont commencé à s'intéresser au rôle joué par Talleyrand au sein du clergé sous l'Ancien Régime et des Allemands qui se sont interrogés sur la pertinence de son système politique[23].

En France, les gardiens du temple – Barante qui prononce son éloge funèbre en 1838, puis Mignet, Villemain, Broglie, Saint-Aulaire et jusqu'à Michel Poniatowski, qui descend de Talleyrand par son fils naturel, le comte de Flahaut –, en s'escrimant à défendre coûte que coûte la mémoire du prince pour des raisons également morales, n'ont pas apporté grand-chose au sujet. Poniatowski fait toutefois exception par l'importance des sources (de sa collection personnelle) qu'il présente dans des monographies partielles terriblement analytiques[24].

Talleyrand disait en souriant, en 1789, qu'il jouissait des honneurs de l'exagération. La constatation vaut également pour ses biographes les plus célèbres. Du côté des polygraphes de talent, Jean Orieux s'est émerveillé (et nous a émerveillés) du cynisme de son personnage sans vraiment chercher à savoir qui il était, et sans se soucier de ses sources[25]. Les historiens, de Lacour-Gayet à Louis Madelin, sans parler du cas particulier de l'Italien Guglielmo Ferrero, ont tenté de prendre du champ, mais ont été souvent les victimes de la situation dans laquelle ils écrivaient, celle de l'antagonisme franco-allemand et de la guerre. Ils ont fait de Talleyrand un sauveur (Ferrero) ou un coupable (Louis Madelin). L'importance de leurs trouvailles et de leurs apports, surtout ceux de Lacour-Gayet, est pourtant incontestable[26]. Émile Dard, qui s'est cantonné aux rapports de Talleyrand et de Napoléon, est une exception par la justesse de ses intuitions[27]. Il faut chercher parmi ceux qui se sont intéressés à sa vie privée et sont passés du côté du cœur pour découvrir un autre homme : Michel Missoffe, Casimir Carrère un peu moins fiable, André Beau, inlassables chercheurs d'archives, sont incontournables[28]. A-t-on jamais entendu le diable dire : « Je suis resté une vieille machine aimante », comme l'écrivait le prince à la fin de sa vie à la duchesse de Bauffremont[29] ?

La plupart de ces biographes, toutes générations confondues, ont fait de leur personnage un ambitieux frénétique, sautant de régime en serment. Certes, il fut ambitieux, immensément, mais à sa manière. Placé sur une hauteur, il voyait mieux que les autres les changements rapides et fluctuants de son temps, il pouvait dominer les circonstances, les anticiper, les canaliser, faire en sorte que par gros temps la machine de l'État verse le plus doucement possible, et, lorsque le moment était favorable, la redresser, la relever aux dimensions de ses espoirs et de ses ambitions.

Talleyrand, l'homme des fulgurances, qui sous la Révolution faisait déjà de New York la principale place économique et financière des États-Unis d'aujourd'hui et prédisait à la même époque que l'Angleterre resterait toujours arrimée à ses anciennes colonies américaines, convient mieux aux essayistes. Funck-Brentano, André Suarès, Roberto Calasso, Marc Fumaroli ont écrit sur lui des textes brefs et lumineux[30].

Les rapports du biographe à son sujet sont des rapports de séduction, et Dieu sait que Talleyrand a été un grand séducteur. Encore faut-il ne pas lui laisser le temps de vous donner le baiser de Judas. Avant de l'aborder, je me suis posé quelques questions : de quoi était-il fait, quelle a été sa vision, quelles ont été ses intuitions ? Lorsqu'on est convaincu, à force de le lire, d'avoir devant soi un homme étrangement fidèle à lui-même et à ses idées, on ne se pose plus la question de la trahison comme se la posaient les autres. Lorsque l'on sait qu'il lui paraissait absurde de séparer la politique de tout ce qui relève de l'économie – la finance, le commerce, les échanges –, on s'intéresse davantage à cet aspect de l'homme, jusque dans la façon souvent nauséeuse – et parfois géniale – dont il a fait des affaires sur le dos de la politique. Avoir de l'esprit selon Talleyrand, qui « recommença cinq ou six fois sa fortune », ironise Chateaubriand, c'était aussi avoir de l'argent et être indépendant. Lorsque l'on sait que le plus grand souci de sa vie a été de sauver les apparences, et de se sauver tout court au regard de la postérité, on met le doigt sur ses manœuvres les plus sombres, sur ses silences et sur ses mensonges - et ils ont été innombrables.

Et tout cela dans le dédale des sources. Il ne suffit pas d'avoir des intuitions, ces jolies séductrices de l'historien, encore faut-il les vérifier. Les papiers de Talleyrand sont à eux seuls une énigme et un casse-tête chinois. Ils ont successivement subi l'épreuve du secret, de la manipulation, du feu et de l'argent. De son vivant, la « récupération » des papiers d'État les plus compromettants, en 1814 et en 1815, à la faveur de l'interrègne, la vente de certains de ces documents sous la Restauration, la chasse aux papiers subtilisés ou volés, en particulier par son indélicat secrétaire Gabriel Perrey, ont beaucoup occupé le prince. Il y a autour de cela des épisodes dignes du meilleur roman noir[31]. Le 17 mars 1838, peu de temps avant de mourir, Talleyrand fait de sa nièce la duchesse de Dino, par un codicille à son testament, la dépositaire et la gardienne de ses papiers. Il exige que rien ne soit publié avant trente ans, à commencer par ses Mémoires. Pendant plus de vingt ans, Dorothée de Dino et Adolphe de Bacourt, son ancien amant, son ami fidèle et l'un des anciens collaborateurs de son oncle à Londres, vont jalousement veiller sur les papiers du prince tout en essayant de racheter ceux qu'ils ne possèdent plus. Les gardiens de l'orthodoxie sont si scrupuleux qu'ils soupçonnent - ou le font croire - tous ceux qu'ils ne peuvent récupérer ou qui montrent Talleyrand sous un jour trop cru d'être des faux. Bacourt a même été pris en flagrant délit de tripatouillage de certains documents volontairement allégés, avant publication, de certains passages hostiles ou injurieux pour son idole[32]. On avait un furieux souci des convenances sous le second Empire. À la mort de la duchesse de Dino en 1862, Bacourt prend le relais. Avant de mourir lui-même en 1868, l'ancien diplomate décide de prolonger de vingt ans le délai de prescription avant publication, confie les papiers à deux hommes d'affaires qui eux-mêmes les lèguent (en totalité ?) en 1889 au duc de Broglie, le propre fils du ministre de Louis-Philippe, contemporain de Talleyrand sous la Restauration et la Monarchie de Juillet. C'est lui qui publie les Mémoires de Talleyrand, en cinq volumes en 1891 et 1892, cinquante-trois ans après la mort du prince.

À cette date, on peut faire un premier bilan. Le manuscrit des Mémoires mis en forme par Bacourt a été déposé par de Broglie à la Bibliothèque nationale. Mais ce n'est pas là le plus important. Une grande partie des papiers d'affaires et des lettres privées du prince sont soit restés au château de Sagan, propriété de la duchesse de Dino devenue duchesse de Sagan, en Silésie, soit ont été déposés au château de Broglie en Normandie. Du fonds Sagan il ne reste presque plus rien. Les papiers ont subi la double épreuve du feu. Le feu purificateur de Dorothée de Dino elle-même qui, avant sa mort, s'est probablement débarrassée de sa propre correspondance avec son oncle et le feu destructeur de la guerre. En 1944, Sagan, occupé par les Soviétiques, brûle avec ses papiers. De cet immense fonds dont l'inventaire subsiste encore dans une bibliothèque publique en Pologne, il ne reste plus que des copies prises entre les deux guerres soit par des historiens américains, soit par certains membres de la famille qui, comme le duc de Dino, ont bien voulu nous les confier. Le fonds du château de Broglie a connu un sort à peine moins enviable, celui de l'argent. Les papiers ont été confiés en 1972 à un expert pour examen, puis vendus et dispersés[33]. La partie la plus importante est heureusement retournée à la famille et n'est aujourd'hui pas visible. Le reste est aux mains de divers collectionneurs. Michel Poniatowski était un de ceux-là. Il a publié une bonne partie de ce qu'il avait acheté, entre autres des lettres de Talleyrand de l'époque américaine. Quand les papiers Talleyrand étaient encore à Broglie, Georges Lacour-Gayet y avait eu accès entre les deux guerres et en a heureusement publié de nombreux extraits dans sa biographie. Certaines séries, comme les lettres de Talleyrand à la princesse de Vaudémont sous la Monarchie de Juillet, ont été photocopiées et m'ont été aimablement prêtées. Des érudits, des passionnés du personnage possèdent également bon nombre de documents qui viennent de Broglie. Ceux-là m'ont été d'une aide précieuse. Je voudrais les en remercier ici, et tout particulièrement André Beau et le docteur Eberhard Ernst. L'intérêt de cet industriel allemand de plus de quatre-vingts ans pour le diplomate est étrangement symbolique. C'est en lisant en pleine guerre la biographie de Talleyrand par Duff Cooper qu'il s'est pris de passion pour lui. Talleyrand incarnait à ses yeux à la fois la paix et ce qu'il aurait fallu faire pour éviter la catastrophe. Depuis, il est devenu l'un des meilleurs connaisseurs et l'un des principaux collectionneurs d'autographes du prince.

L'histoire des papiers de Talleyrand, la défense de l'héritage, le goût du secret ont eu au XIXe siècle – et encore un peu au XXe – les conséquences exactement contraires à ce qu'aurait souhaité le diplomate sur le travail des historiens. Au lieu de s'appuyer sur des documents précis, ils n'ont pu qu'utiliser les Mémoires déjà publiés, parfois très polémiques, des contemporains du prince, écouter la rumeur et perpétuer la légende noire du personnage. Ils n'ont par ailleurs pas lu – ou très partiellement – ses discours, rapports et circulaires, publiés pour certains, disponibles pour d'autres aux archives des Affaires étrangères comme aux Archives nationales. Le souhaitaient-ils ? Ce qui comptait pour eux, c'était de restituer une image conforme à la légende, qu'ils soient de droite ou de gauche. À droite, Talleyrand a trahi son roi et son Dieu, à gauche, il a trahi la Révolution. Voici comment Louis Bastide commence sa biographie, publiée en 1838 : « Le nom de cet homme se rattache à toutes les phases de notre histoire, depuis cinquante ans. Toujours il apparaît comme le génie du mal, dans toutes les douloureuses circonstances qui ont fait reculer pour la France le triomphe des idées généreuses ; toujours ce vieux représentant de l'égoïsme politique et du cynisme est venu se jeter à travers les révolutions pour soutenir les rois dans leurs luttes contre les peuples[34]. » Il y eut bien quelques contre-feux posés par Talleyrand lui-même, mais ils furent insuffisants.

« On ne sait pas tout ce que le prince de Talleyrand a dépensé de soins, de temps et d'argent à faire écrire pour le justifier ou l'exalter », écrit Molé dans ses Mémoires[35]. Cela marchera avec Capefigue ou Lamartine, mais pas avec Thiers, pourtant protégé et choyé. Il y eut aussi des fous. François Bonneau, le premier conservateur de Valençay après la vente du château à une association départementale en 1979, se prenait carrément pour lui. Il marchait la nuit dans Valençay vêtu d'une cape noire, une canne à la main, en faisant semblant de boiter. Après tout, Albert Dieudonné, qui jouait le rôle de Napoléon dans le film d'Abel Gance, avait aussi fini par se prendre pour son personnage… Il n'est d'ailleurs pas sûr que Guitry, qui a joué le rôle de Talleyrand dans deux de ses films, *Napoléon* et *Le Diable boiteux*, n'ait pas pensé l'espace d'un instant qu'il était l'incarnation et l'esprit revisité du prince. Ses intonations mémorables et sa voix de nez brouillent d'ailleurs l'image que l'on a de Talleyrand qui avait une voix de gorge, grave et profonde.

Tout cela rend bien sûr l'étude du personnage d'autant plus passionnante. Talleyrand est à lui seul un formidable objet d'historiographie. Sa vie n'est pas linéaire, elle se complique de ses silences, de ses propres manipulations, dont l'histoire se prolonge parfois longtemps après sa mort, et de sa légende. L'une des particularités de la présente biographie – un peu différente en cela de celles qui précèdent – tient dans le fait qu'elle aborde aussi l'histoire de ces déformations dans le temps. Talleyrand n'existerait qu'imparfaitement si ne s'entremêlaient sans cesse le récit de sa vie et celui de ses images, de leur formation et de leur développement. Les raisons de l'existence d'un type s'expliquent mieux à la lecture de ceux qui ont vu leur sujet de l'extérieur : les mémorialistes anglo-saxons et allemands ont souvent eu plus de facilité à voir et à sentir l'envers du décor français, ceux qui ont écrit sous l'Ancien Régime aussi, dans la mesure ou la légende noire du personnage, contemporaine de la Révolution, n'existait pas encore. Les nouvellistes à la main du règne de Louis XVI, les « diaristes » anglais et allemands

(Swinburne, Trotter, Neumann, Grenville, Thomas Raikes et beaucoup d'autres), peu traduits, souvent négligés, voire oubliés jusqu'alors, entrent ici en scène.

Il y avait aussi encore à faire du côté des sources manuscrites. Les fonds publics n'avaient été jusqu'ici que partiellement exploités : en France – en particulier les archives diplomatiques des ministères Talleyrand, du Directoire à l'Empire, jamais étudiés en tant que tels dans le cadre d'une thèse, comme à l'étranger, à la British Library de Londres, au Hof- und Staatsarchiv de Vienne, aux archives d'État de Saint-Pétersbourg et aux archives de Naples. Il restait, en France et en Angleterre, de nombreux fonds privés ignorés ou dédaignés. Il fallait pour cela jouer un peu les détectives, un peu les généalogistes et retrouver les descendants de la famille maternelle ou des proches du prince, les Vienne, les d'Arenberg, les d'Haussonville, les Bourgoing et, pour la dernière partie de sa vie, les Sébastiani, Pasquier, Saint-Aulaire, Jaucourt, etc. Restait surtout l'énorme masse encore presque vierge des papiers d'affaires : les archives de banque comme celles de la Baring ou des Rothschild à Londres, le Minutier central des notaires aux Archives nationales, que personne n'avait systématiquement étudié.

Talleyrand ressemble un peu au personnage joué par Orson Welles dans la dernière scène de *La Dame de Shanghaï*, lorsque celui-ci se retrouve prisonnier dans un dédale de miroirs déformants qui le réfléchissent à l'infini. On ne peut pas être son biographe sans avoir aussi l'impression de tirer et de briser à mesure les miroirs, à cette différence près qu'à la fin il n'y a pas de cadavre. L'homme bouge encore.

À force de sillonner, sur ses traces, la France et l'Europe, de Londres à Naples et à Munich, on finit par croiser en songe la figure du narrateur des *Aspern Papers* de Henry James, qui inventait toutes sortes de stratagèmes pour mettre la main sur la dernière correspondance amoureuse de son poète préféré. À cause de son insistance, toutes les lettres d'Aspern disparaissent en fumée à la fin de l'histoire. Le jeune essayiste américain se retrouve chez lui, un peu orphelin, devant le portrait de son personnage, le seul souvenir qu'il ait pu sauver : « Quand je le regarde, conclut-il, mon chagrin d'avoir perdu ses lettres devient intolérable[36]. »

Première partie

L'AMBITION

1.

ANATOMIE D'UNE FAMILLE

« On n'a rien négligé pour rendre cette édition exacte. Elle l'aurait été encore plus si les personnes intéressées avaient communiqué leurs titres. » Ainsi se termine la préface aux neuf volumes de l'*Histoire généalogique* du père Anselme, publiée à Paris entre 1729 et 1733. Faire la preuve de ses titres !

Il y a derrière tout individu né sous la monarchie de droit divin des origines, des preuves, une filiation plus qu'un destin qui le constituent et le représentent, avant même sa conception. Le hasard qui vous fait naître compte plus que ce que vous êtes. On se souvient de la réponse vengeresse du jeune François-Marie Arouet, *alias* Voltaire, au chevalier de Rohan. Alors qu'un jour ce fils de famille l'avait fait bastonner par ses gens pour le punir de son impertinence, il eut droit à cette réplique sans appel : « Je suis le premier de mon nom et vous le dernier du vôtre. »

Charles-Maurice de Talleyrand-Périgord est d'abord un nom avant de devenir le personnage en forme de puzzle qu'il sera pour la postérité, « le plus impénétrable et le plus indéfinissable des hommes », écrit Madame de Staël.

Sous le règne de Louis XV, les Talleyrand disent descendre des seigneurs de Grignols, une branche cadette de celle des anciens et prestigieux comtes de Périgord. Les deux branches formaient, au XIe siècle, « la ligne cadette de la Maison de la Marche », celle des Grignols subsistant seule au début du XVe siècle après l'extinction de celle des comtes de Périgord. Puis, par mariages, les seigneurs de Grignols deviennent princes de Chalais et autres lieux. Dans les années 1600, deux frères, Charles et André, fondent les deux branches de la famille telles qu'on les retrouve sous le règne de Louis XV, celle des princes de Chalais et celle des comtes de Grignols dont est issu Charles-Maurice de Talleyrand-Périgord[1].

C'est du moins la version officielle, devenue crédible grâce à des alliances prestigieuses. En 1659, le mariage providentiel d'Adrien de Talleyrand, prince de Chalais, avec Anne-Marie de La Trémoïlle entrouvre les portes de la Cour à la famille[2]. Anne-Marie de La Trémoïlle deviendra la fameuse princesse des Ursins, par son second mariage avec le richissime duc de Bracchiano, prince romain de la famille Orsini. Grâce au crédit de Mme de Maintenon qui a élevé le jeune duc d'Anjou, petit-fils de Louis XIV devenu roi d'Espagne sous le nom de Philippe V, elle régnera sans partage à Madrid de 1701 à 1714. À sa mort en 1722, son beau-frère Jean de Talleyrand, prince de Chalais, que Philippe V appréciait et tenait pour « un homme très sage et très secret[3] », hérite tout naturellement de son influence et de sa fortune. En épousant, en 1722, une veuve de grande condition, Marie-Françoise de Rochechouart, dame du palais de la reine, marquise de Cany par son premier mariage, son fils Jean-Charles de Talleyrand rapproche encore la famille de la cour et des faveurs. Dès lors, la nouvelle position des Talleyrand permet de tout envisager, y compris des origines prestigieuses, avec le consentement du roi. Ainsi naissent les supercheries généalogiques.

En 1739, les lettres patentes qui confèrent le gouvernement du Berry au prince de Chalais, Jean-Charles de Talleyrand, le font descendre pour la première fois « en droite ligne des comtes de Périgord ». Fort de ces lettres patentes, Jean-Charles de Talleyrand obtient pour son gendre Gabriel-Marie, l'aîné de la branche des Grignols, le droit de s'appeler comte de Périgord. Le tour est joué. Le duc de Luynes, qui tient la chronique de la Cour, ne manque pas de le remarquer. « Madame de Chalais présente aujourd'hui sa fille, qui est mariée depuis peu de jours, et que l'on appelle Madame la comtesse de Périgord, note-t-il le 1er février 1744. C'est le nom que M. de Talleyrand a fait prendre à son fils, il a fallu pour cela une permission du roi[4]. »

Une généalogie très officielle publiée en janvier 1744 dans le *Mercure de France* pérennise la chose. Tout haut, on se félicite des origines féodales de la famille et de ses anciennes alliances avec les « Maisons de France, d'Armagnac, de Foix, de Vendôme[5]... ». La superbe repartie, joliment inventée, d'Adalbert de Périgord à Hugues Capet : « Adalbert, qui t'a fait comte ? – Hugues, qui t'a fait roi ? », résume tout. « L'antique Maison de Périgord » à la fière devise « Re que Diou » (Pas d'autre roi que Dieu) n'a rien à envier à celle de France. L'orgueil aristocratique est sauf[6].

Certains pourtant n'en pensent pas moins, surtout dans les officines généalogiques de Versailles. D'Hozier, puis Chérin, généalogistes des Ordres du roi, ne se privent pas de mettre en doute, en privé, le cousinage des seigneurs de Grignols avec les comtes de Périgord et s'étonnent à juste titre que le nom de Périgord n'apparaisse que très tardivement dans leurs titres : plus de deux cents ans après l'extinction des comtes du même nom. « Cette Maison, écrit d'Hozier dans une note personnelle, prétend qu'elle est sortie des anciens comtes de Périgord et elle se fonde sur ce que quelques-uns de ces comtes ont porté comme elle ce même surnom de Taleran ; mais comme les titres ne prouvent rien de cette extraction et qu'elle n'est appuyée que de la tradition domestique, il faut en revenir aux preuves certaines[7]. »

D'abord souterraine, la critique des origines de la famille réapparaît en sourdine sous la Restauration. La polémique éclate au grand jour peu de temps avant la mort de Talleyrand, par généalogistes vrais et faux interposés. En 1836, paraît un *Précis historique sur les comtes de Périgord* signé d'un certain Saint-Allais, visiblement commandé par Talleyrand si l'on en croit l'une de ses notes à son secrétaire Colmache[8]. La version officielle de la famille y est confirmée puis immédiatement attaquée dans une autre brochure au titre évocateur, *La famille Grignols descend-elle des anciens comtes de Périgord ?* Son auteur, Gaëtan Raxis de Flassan, l'ancien historiographe du ministère des Affaires étrangères, y démonte point par point les allégations de Saint-Allais qu'il accuse au passage de s'appeler

Nicolas Viton, d'être le fils d'un épicier et de fabriquer de faux titres de noblesse.

On s'en doutera, son réquisitoire n'a pas dû plaire à Charles-Maurice qui n'a jamais caché l'orgueil de ses origines. « Il faudra toujours admirer, écrit Flassan en conclusion de son étude, l'habileté avec laquelle cette maison a su progressivement développer son existence, en partant d'un Boson, homme à longue vue qui, pressentant que dans une monarchie toute féodale l'entrée dans le corps de la noblesse était le seul moyen de s'élever, acquit dans le fief des Grignols des droits qui, par la tierce-foi et d'heureux hasards, devaient, cent ans après, conduire sa famille à la possession de ce fief et à l'anoblissement ; tandis que depuis la sagacité, la persévérance de ses descendants [...] ont achevé de porter cette famille à un degré de richesse et de considération qui, aujourd'hui, l'ont placée au rang sinon des plus anciennes, au moins des principales de l'État, et produit ce brillant essaim de comtes, de marquis et de ducs de Périgord modernes[9]. » La tierce-foi était l'hommage anoblissant rendu à trois reprises par un roturier à son seigneur. Le détail a son importance. Il y a loin, en effet, du cousin des comtes de Périgord au roturier qui, par l'acquisition du fief de Grignols près de Périgueux, accède à la noblesse en 1326. L'auteur d'ailleurs n'est pas plus tendre en ce qui concerne Chalais, simple « fief mouvant des archevêques de Bordeaux » qui n'aurait jamais été élevé en principauté[10].

Bien sûr, la polémique ne s'arrête pas là et se poursuit avec une *Réponse de M. de Saint-Allais*[11]. Au risque de devenir fastidieuse, elle a au moins le mérite de montrer que Charles-Maurice avait de qui tenir pour ce qui est de l'art du mensonge et des faux-semblants, même si de telles pratiques étaient assez courantes à l'époque.

Il ne sera d'ailleurs pas le dernier à maintenir les bonnes traditions en se faisant passer dans ses Mémoires pour l'un des « descendants des anciens grands vassaux de la couronne » et en donnant une explication toute personnelle à l'élévation tardive de sa famille. « L'orgueil [...] des maisons d'une haute origine » les aurait rendues peu agréables aux rois, d'où leur effacement, jusqu'à l'enfermement louis-quatorzien de Versailles[12]. Plus tard, écrivant à Charles X pour lui demander de relever le titre de marquis de Talleyrand, jadis porté par son grand-père, en faveur de son petit-neveu Louis, il parlera à nouveau des « antiques races de [sa] monarchie[13] » et ne manquera pas une occasion d'évoquer les fastes et la superbe de ses ancêtres les comtes de Périgord. Coulmann se souvient de l'avoir entendu raconter en 1814, devant le tsar Alexandre Ier, l'histoire d'un Périgord qui aurait poussé l'insolence jusqu'à refuser d'enlever son chapeau en présence de Pierre le Grand, lequel chapeau lui aurait été cloué sur la tête[14]... Le médecin alsacien appelle cela « une dignité héréditaire [...] demeurée au fond de son cœur ». En 1817, il fera peindre pour la grande galerie de son château de Valençay, une suite complète de portraits d'ancêtres, en commençant bien sûr par Adalbert[15].

Sa naissance est son seul préjugé. « Je suis moins et peut-être je suis plus », dira-t-il un jour au baron de Gagern en lui demandant de ne plus l'appeler Altesse, comme l'y autorisait son titre de prince de Bénévent. Quelques mois plus tard, il demandera à Napoléon de faire de lui un prince de Périgord, une dignité qui valait mieux à ses yeux que la souveraineté aléatoire d'une petite ville du sud de l'Italie[16].

Le mot le plus cruel mais aussi le plus drôle sur « l'orgueil premier de sa race » revient à Louis XVIII qui le détestait, ne perdait pas une occasion de l'humilier et ne plaisantait pas sur l'étiquette : « M. de Talleyrand ne se trompe que d'une lettre dans ses prétentions : il est du Périgord et non de Périgord[17]. »

Mais n'allons pas trop vite.

2.

PREMIÈRE GIFLE : LA FORTUNE DES CHALAIS

Sous Louis XV, de belles alliances et une haute naissance que personne n'ose contester publiquement placent les Talleyrand dans le petit nombre des familles les plus en vue, à une époque où « être à la cour résonnait encore comme une parole magique[1] ». À la cour, mais aussi dans l'armée dont ils occupent les premières places, comme c'est la tradition parmi les membres de l'ancienne noblesse militaire. Le grand-père paternel de Charles-Maurice – « notre » Talleyrand – Daniel-Marie, comte de Grignols et de Mauriac, marquis de Talleyrand, obtient en 1737 le régiment de Normandie, l'un des plus prestigieux de l'armée, et sert contre les Anglo-Hollandais lors de la guerre de la Succession d'Autriche. En 1745, il est nommé menin du dauphin Louis – un menin est un gentilhomme attaché au service d'un jeune prince – à l'occasion du mariage de ce dernier avec Marie-Thérèse d'Espagne, fille de Philippe V, mais se fait tuer la même année au siège de Tournai, peu de temps avant la bataille de Fontenoy. « C'était un très bon officier, raconte le duc de Luynes, fort estimé et très honnête homme[2]. »

Daniel-Marie s'est marié deux fois : en 1725, avec Marie-Guyonne de Théobon de Rochefort, puis, en 1740, avec Élisabeth de Chamillart, dame du palais de la reine. Gabriel-Marie de Talleyrand, comte de Périgord, le propre oncle de Charles-Maurice, est le seul à naître du premier mariage de Daniel-Marie. Logiquement, il prend la suite de son père à la tête de son régiment. Il n'a que dix-huit ans. La faveur se mesure sous l'Ancien Régime à la vitesse de l'avancement. Par comparaison, le marquis de Valfons, nommé la même année sur le champ de bataille colonel d'un régiment de cavalerie, est déjà un vieil officier de trente-trois ans au service du roi depuis plus de quinze ans[3]. C'est toute la différence entre la petite noblesse militaire et la haute noblesse de cour. D'autant plus que Gabriel-Marie ne traîne pas longtemps dans son régiment. Son mariage, en 1743, avec sa cousine Marguerite de Talleyrand, princesse de Chalais, l'unique héritière de la branche des Chalais, le rapproche encore un peu plus des « bontés » de Louis XV. Jeune et remarquablement belle bien que de santé délicate, la « divine comtesse de Périgord[4] » semble avoir inspiré au monarque vieillissant un sentiment d'autant plus vif qu'elle a su résister à ses avances. L'une des rares personnes à témoigner, beaucoup plus tard, de cette aventure, est Laure de Permon, duchesse d'Abrantès, dont la mère, née Comnène, était l'amie intime du comte de Périgord. « Ce souvenir, raconte Laure à propos des sentiments de Louis XV, fut si puissant sur le roi qu'il donna à la comtesse de Périgord un crédit que nul autre ne balança jamais. C'est elle qui fit la fortune de la famille[5]. » Sa position de cour le prouve. En 1744, à la faveur de son mariage, elle succède à sa mère Marie-Françoise de Rochechouart dans la place de dame du palais de la reine. À la mort de Marie Leszczynska en 1768, elle est nommée dame d'honneur de « Mesdames les cadettes », les trois dernières filles du roi, Victoire, Sophie et Louise de France[6]. Louis XV, dans sa munificence, lui passe tout, entre autres le droit d'habiter à ses frais non seulement à Versailles et à Saint-Germain où elle dispose de l'appartement du Dauphin, mais aux Tuileries où elle occupe pendant dix ans le grand appartement du rez-de-chaussée du pavillon de Flore[7]. Il n'a rien non plus à refuser à son mari nommé menin du dauphin à la suite de son père. En 1770, Gabriel-Marie devient lieutenant général du roi en Picardie avant d'être promu, l'année suivante, commandant général du Languedoc à la place du prince de Beauvau. Ayant la confiance du roi, il est de ceux qui seront chargés de faire passer dans les provinces « le coup de Majesté » de 1771, c'est-à-dire la mise au pas des parlements par la couronne à la suite des réformes initiées par le chancelier Maupéou[8].

Gabriel-Marie de Talleyrand a quatre frères nés du second mariage de son père avec Élisabeth de Chamillart. L'aîné des quatre frères, Charles-Daniel comte de Talleyrand, est le père de Charles-Maurice.

Charles-Daniel accède à des charges et suit une carrière militaire en tout point semblables à celles de son demi-frère aîné, bénéficiant des mêmes réseaux de faveurs, se pliant au même système de fidélités, principalement au sein de la maison du dauphin. À vingt-trois ans, il est nommé colonel d'un régiment de cavalerie à son nom, sur la démission de son oncle, avant de rejoindre la maison du dauphin en 1759 où il exerce comme son frère la charge de menin[9]. Bientôt brigadier et colonel de son régiment, incorporé en 1762 au Royal-Piémont, promu chevalier des ordres du roi, Charles-Daniel aura le privilège d'être l'un des quatre otages de la sainte ampoule lors du sacre de Louis XVI à Reims en 1775.

En 1751, ses parents le marient à Alexandrine de Damas d'Antigny, nommée pour l'occasion dame d'honneur de la seconde dauphine Marie-Josèphe de Saxe. Si les d'Antigny ne sont pas aussi bien introduits à la cour que les Talleyrand, ils appartiennent cependant à l'ancienne noblesse militaire et se succèdent depuis plusieurs générations dans le gouvernement des Dombes.

Également brillante à leurs débuts, la position des deux demi-frères, Gabriel-Marie et Charles-Daniel, l'oncle et le père de Charles-Maurice, diffère sensiblement avec le temps, du règne de Louis XV à celui de Louis XVI. Le premier accède au gouvernement d'une province, le second non. L'un place ses enfants à la cour, en particulier sa fille la comtesse puis duchesse de Mailly, dame du palais puis dame d'atour de la reine Marie-Antoinette, l'autre n'y parviendra pas.

Par-dessus tout, leurs fortunes n'ont rien à voir. Par son mariage avec l'unique descendante des princes de Chalais, l'oncle de Charles-Maurice hérite d'immenses propriétés dans le Périgord. Il bénéficie en quelque sorte du coup de génie de la famille qui, en réunissant ses deux branches par le jeu des alliances croisées, conserve ses biens. D'autant que les revenus de ses charges et emplois sont considérables. Le seul gouvernement du Languedoc lui rapporte 160 000 livres de pension annuelle. Du coup, Charles-Daniel, le père de Charles-Maurice, se retrouve sans fortune. « Il était cadet, écrit son beau-frère Jacques-François de Damas, marquis d'Antigny, parce qu'il avait un frère aîné d'un autre lit qui était le comte de Périgord, ce qui faisait que le comte de Talleyrand n'était pas riche[10]. »

Et son mariage n'arrange pas les choses. Rien ne vaut la lecture d'un contrat de mariage pour évaluer la fortune des futurs époux. Celui de Charles-Daniel de Talleyrand et d'Alexandrine d'Antigny est très modeste, relativement à la situation des deux familles. Alexandrine, qui bénéficie de la part de son « haut et puissant seigneur futur époux » d'un douaire de 4 000 livres de rentes, apporte une dot de 12 600 livres de rentes à prendre sur les revenus des propriétés de sa mère Marie-Judith de Vienne, marquise d'Antigny, dans les Dombes, près de Trévoux, et à Provins[11]. À titre de comparaison, la même année, l'une des filles du célèbre financier Crozat du Châtel est mariée au jeune Étienne de Choiseul, comte de Stainville, le futur ministre de Louis XV, avec une dot de 120 000 livres de rentes. On mesure la distance, même si la demoiselle Crozat n'est qu'une « fille de finances » et non une « fille de condition », chose encore assez mal vue dans les familles de cour[12]. Le trousseau d'Alexandrine, d'une valeur de 25 000 livres, qui traditionnellement contient les robes, dentelles et bijoux offerts par les parents, ne sera achevé d'être payé que quatre ans après le mariage. Les futurs époux n'ont pas d'hôtel et habitent la maison louée en 1748 par la marquise d'Antigny, 4, rue Garancière, à l'ombre de Saint-Sulpice, avant de louer une partie de l'hôtel de Guerchy avec la marquise de Talleyrand, la mère de Charles-Daniel, rue Saint-Dominique[13].

Les revenus des charges de cour, ceux de l'armée, les pensions du roi viennent à point nommé compenser ce qui ne s'avoue qu'en privé mais qui est su de tous : la modicité des revenus du ménage. Le comte de Noailles, gouverneur du château de Versailles, parle dans sa correspondance à Louis XV de « cette pauvre famille » de Talleyrand : « La richesse n'est pas l'apanage de cette maison[14]. » Aussi le roi accorde-t-il une pension de 4 000 livres pour « favoriser le mariage » des jeunes époux. En 1780, les Talleyrand reçoivent à nouveau par brevet une pension de près de 10 000 livres. Parce que artificielle, la situation financière de Charles-Daniel et d'Alexandrine est fragile. Elle dépend en grande partie de grâces de la cour. Et les humeurs de cour changent. Dans les lettres qu'elle écrit à sa mère confinée la plupart du temps dans son château de Commarin en Bourgogne par mesure d'économie, Alexandrine se plaint continuellement de problèmes d'argent[15].

Tous ses espoirs reposent sur la succession de l'une de ses tantes maternelles, la vieille comtesse de Thil, très riche et sans enfants, qu'elle soigne comme sa mère. En 1777, à sa mort, c'est la déception. Le gros de la succession, soit 600 000 à 700 000 livres, passe à une vague cousine d'Iverny. De toute la fortune de Mme de Thil, elle ne peut compter que sur le capital des 2 000 livres de rentes, soit 40 000 livres, donnés à son oncle le marquis de Vienne, et encore à la mort de ce dernier[16].

D'un autre côté, à la cour, la mort du dauphin en 1765, celle de la dauphine en 1767, parents du futur Louis XVI, auxquels les Talleyrand sont attachés, les mettent dans une position beaucoup moins confortable. Alexandrine obtient bien la survivance de la charge de dame du palais de la nouvelle dauphine – la future reine Marie-Antoinette – détenue par sa belle-mère la marquise de Talleyrand, mais celle-ci ne meurt qu'en 1788. Si elle se rend régulièrement à la cour, elle n'appartient pas, à partir de 1774, au petit cercle des amis de la jeune et capricieuse reine. Le modeste appartement qu'elle parvient à conserver dans les combles du gros pavillon de l'aile nord du château est à l'image de sa position. Très bas de plafond, il est éclairé par des lucarnes qui donnent sur la cour intérieure de la chapelle. Le duc de Luynes appelle cela, dans le jargon de la cour, « un trou dans le mur[17] ». Le marquis de Bombelles, qui connaît aussi sa cour sur le bout des doigts, « ce pays-ci » comme on disait à l'époque, fait dans son Journal une allusion sans doute lourde de sens. À propos de la disgrâce de Mme de Belsunce en octobre 1782, il note : « Madame de Lamballe, mesdames de Talleyrand, de Bréant, d'Hunolstein, de Vauban ont eu à peu près le même sort. Seule la duchesse de Polignac est parvenue à fixer l'attention de la reine[18]. » Ce refroidissement, qui doit dater des toutes premières années du règne de Louis XVI et auquel Charles-Maurice fait une très rapide allusion au début de ses Mémoires[19], n'a pas dû arranger la réputation d'Alexandrine. Son fils a beau parler de son « charme », des « grâces de son esprit », de son absence totale de « prétention », on lui reproche à la cour de toujours vouloir s'entremettre, de faire la mouche du coche, bref d'être une solliciteuse, comme en témoignent d'ailleurs ses lettres à sa mère. La pseudo-marquise de Créquy, toujours mauvaise langue, la traite de « punaise de cour » et l'accuse de faire vivre sa famille « des miettes qui tombaient du buffet de Versailles ». Qu'on ne s'étonne pas cependant de ce genre de coup d'épingle. « L'art de la guerre s'exerce sans cesse à la cour : les rangs, les dignités, les entrées familières, mais surtout la faveur y entretient sans interruption une rixe qui en bannit toute idée de paix. » La remarque est de Mme Campan, première femme de chambre de la reine, qui s'y connaissait[20].

Charles-Maurice n'oubliera jamais les difficultés d'argent de ses parents durant son enfance. L'humiliation est d'autant plus cinglante quand on compare la position de ses parents à celle, aisée et brillante, de son oncle, le comte de Périgord, et de toute la descendance Chalais. Ce sera là une première occasion de revanche qu'il saura prendre plus tard en veillant par exemple, sous la Restauration, à ce que, dans l'ordre militaire, ses neveux aient toujours le pas en grade et en commandement sur ceux de la branche aînée des Chalais[21].

À cette première « gifle » s'ajoute un second soufflet lorsque, dans les années 1770, ses parents vont se mettre en tête de marier à tout prix, et dans une certaine mesure à ses dépens, son frère cadet Archambaud.

3.

DEUXIÈME GIFLE : LE MARIAGE D'ARCHAMBAUD

Le peu de fortune de Charles-Daniel et d'Alexandrine, le fléchissement sensible de leur position de cour dans les années 1770 expliquent en effet ce qui semble bien être en privé leur préoccupation dominante : le mariage des enfants et les alliances salvatrices. Les mariages étaient à l'époque, dans les familles de cour, la grande affaire. D'eux dépendaient le maintien voire l'accroissement des fortunes, la consolidation ou le déclin de leur prestige – la famille est ici prise dans son sens large : grands parents, oncles, tantes, beaux-frères et belles-sœurs, cousins paternels et maternels…

« L'esprit de corps », comme l'écrit le prince de Ligne[1], y domine, et le choix des alliances est une occupation partagée par tous, surtout dans les familles dont la fortune ne correspond pas au rang qu'elles occupent dans la société, ce qui est le cas des Talleyrand. D'autant plus que le comte et la comtesse ont quatre garçons : Alexandre, né le 18 janvier 1752, qui ne vivra que quelques années et mourra, sans doute pulmonaire, en mars 1757 ; notre personnage, Charles-Maurice, né le 2 février 1754, et les deux cadets, Archambaud et Boson, nés beaucoup plus tard, les 1er septembre 1762 et 3 avril 1764.

Des trois survivants, c'est Archambaud, le deuxième, qui focalise l'attention de la famille. Charles-Maurice, on le verra, est destiné à la prêtrise. Boson est encore un enfant. Archambaud, jeune officier sans fortune, est condamné à épouser une riche héritière. Son mariage, en janvier 1779 – à dix-sept ans ! – est vécu comme un événement de première importance. Dans la plus belle tradition des captations d'héritages, Alexandrine parvient à faire de l'une de ses lointaines nièces, Sabine de Senozan de Viriville, sa future belle-fille… Celle-ci est la petite-fille du comte de Vienne, le cousin de sa mère, dont la fille Claude a épousé en 1761 Jean-François Ollivier de Senozan, marquis de Tholignan. Tous deux sont morts en 1769, laissant une fille unique, Sabine. Or, par le jeu des alliances et le hasard des naissances, celle-ci est devenue l'une des plus riches héritières du royaume. À sa mort, en 1778, le frère aîné de son père en fait sa légataire universelle et principale héritière. Sabine, encore mineure, a ainsi récupéré la presque totalité des biens de sa grand-mère paternelle, Marie-Madeleine de Grolée de Viriville, dont elle porte le nom.

Les Senozan ne sont certes pas ce qui se fait de mieux. En 1761, la marquise d'Antigny considérait déjà le mariage de son neveu avec une Senozan comme une mésalliance[2]. Mais leur immense fortune fait oublier leurs origines : une noblesse récente acquise grâce à l'achat de charges parlementaires. L'arrière-grand-père de Sabine était président aux enquêtes, son oncle Jean-Antoine était à la fin de sa vie « président honoraire des enquêtes et requêtes ayant séance à la grande chambre » du parlement de Paris[3]. Mais qu'importe, il n'y a si mauvais pot qui ne trouve son couvercle. Les biens de la jeune fille sont immenses. Du côté Viriville, les terres et le marquisat de Falavier, Colombier, La Verpillère, Saint-Laurent-de-Mure, aux confins du Dauphiné, à une vingtaine de kilomètres de Lyon ; du côté Senozan, la terre et le comté du même nom, la terre et le marquisat de Rosny, l'ancien château de Sully, la terre et le château de Bois-le-Vicomte, qui ont appartenu au cardinal de Richelieu, et, par achat personnel, la terre et le marquisat de Sennecy en Bourgogne. De plus, l'hôtel particulier des Senozan, rue de Richelieu, « vis-à-vis de la bibliothèque du roi », doit revenir un jour à Sabine. À son mariage, l'intéressante jeune fille dispose par contrat d'un revenu annuel de 20 000 livres pour son « entretien personnel » et apporte 100 000 livres de fonds à la communauté par la vente d'une partie de ses biens meubles. Quant à Archambaud, il est favorisé autant que possible, tout du moins sur le papier. La fortune dont il dispose est en partie faite d'« espérances ». Ses parents s'engagent à lui donner 300 000 livres en avance d'hoirie, dont 150 000 livres en numéraire dans les trois ans qui suivront son mariage[4]. De son côté, son arrière-grand-mère Chalais lui substitue par testament ses terres de l'Angoumois estimées environ 300 000 livres[5]. La vieille princesse se donne même la peine de préciser que la substitution doit se faire dans la descendance de Charles-Daniel « en suivant l'ordre de progéniture, en exceptant ceux [des enfants] qui sont dans les ordres ou dans l'ordre de Malte ». En clair, Charles-Maurice, qui à l'époque du testament de son aïeule est déjà destiné à entrer dans les ordres et qu'on appelle communément l'abbé de Périgord, se fait déposséder d'une partie de la fortune familiale au profit de son frère cadet ! Tout est fait pour aider le cadet aux dépens de l'aîné. Excellent terrain pour la jalousie et les rancunes.

Les arcanes de la négociation du contrat entre la mère d'Archambaud et l'oncle de Vienne, grand-père maternel de Sabine, prouvent à eux seuls l'importance de l'événement. Comme l'écrit Charles-Daniel à son beau-frère Damas[6], trois mois ont été nécessaires au règlement de « l'affaire la plus importante de [notre] vie ». « Elle demande de [notre] part bien de la réflexion, de bien peser toutes les choses de [notre] engagement après avoir calculé l'étendue de [notre] fortune. » Toujours diplomate, Alexandrine n'a pas manqué de rendre visite à la vieille Mme de Senozan à Bois-le-Vicomte et à l'oncle de Sabine à Rosny peu avant la mort de ce dernier. Enfin le mariage a lieu à l'hôtel de Senozan dans les premiers jours de 1779. Alexandrine s'est occupée du trousseau de sa belle-fille. Le roi, la reine et toute la famille royale ont signé le contrat quelques jours avant la cérémonie religieuse[7] bénie par Alexandre-Angélique de Talleyrand, archevêque de Reims, l'un des frères de Charles-Daniel, dont le rôle, on le verra, sera crucial dans cette histoire. Les grands « soupers » se sont succédé : à l'hôtel du Châtelet, à l'hôtel de Guerchy, chez les Talleyrand, où l'on reçoit les deux familles et leurs alliés. « C'est comme une république, note Mme Charlemagne, la gouvernante des enfants d'Alexandrine, nous sommes plus de 69 personnes. [...] Tout cela est très fatigant, enfin tout s'est bien passé, à part tout le tracas qu'une noce peut causer dans une maison qui est trop petite pour tant de monde[8]. » Pourtant, on est entre soi ; on n'en est pas aux grands raouts de plusieurs centaines de personnes dont la mode ne commencera qu'après l'Empire. Quant aux « jeunes époux », ils sont très bien ensemble et paraissent heureux et contents. Évidemment, la toute nouvelle vicomtesse Archambaud brille plus par sa fortune que par ses attraits. Mais, si elle n'est pas jolie, « elle a des cheveux superbes, de jolies dents, elle n'est point petite et avec du rouge son teint est fort bien », se console Alexandrine[9]. Et puis la « jeune dame », qui n'a pas seize ans, « est gaie, possède la musique et l'aime beaucoup[10] ».

Archambaud, d'ailleurs, n'en a cure. À dix-sept ans, il n'est encore qu'un adolescent et « aurait besoin d'avoir 2 ou 3 pouces de plus pour avoir l'air d'un mari[11] ». Sa vocation ne s'affirmera que quelques années plus tard : les femmes, le jeu et les dettes. Jeune premier de la cour, assidu des bals, des redoutes et des équipages, plus apprécié pour son charme et pour son persiflage que pour son intelligence, « le bel Archambaud de Périgord » va défrayer la chronique des années 1780[12]. En 1786, sa liaison avec la duchesse de Guiche, fille de la duchesse de Polignac, « élevée sous les yeux de la reine »[13], fait scandale. L'affaire tient à la fois du vaudeville et de la comédie. Une visite nocturne chez la belle à Versailles, l'arrivée inopinée du mari provoquent la fuite de l'amant par une fenêtre du premier étage qui s'en tire avec un genou « froissé » et un mot méchant de Louis XVI, sans doute inventé par le rédacteur de la *Correspondance secrète* destinée à la cour de Catherine de Russie : « Puisqu'il faut absolument que nous soyons entouré de catins, au moins qu'on les loge toutes au rez-de-chaussée[14]. » Un mois plus tard, sans doute pour l'éloigner de la cour, Archambaud est nommé colonel en second du régiment de Provence qui appartient à Monsieur, frère du roi.

Dans l'immédiat, et sans préjuger de l'avenir, toute la famille se réjouit du mariage. Ils sont tous là, en rangs serrés, le jour de la signature du contrat. Du côté du « haut et puissant seigneur futur époux », les comtes de Talleyrand, de Périgord, le prince de Chalais, le marquis de La Suze, le duc de Mailly, le marquis de Damas, le comte de Simiane, le duc du Châtelet, de Chabannes ; du côté de la « demoiselle future épouse », le comte de Vienne, de Saulx-Tavannes, le prince de Montmorency-Tingry. Trente noms, sauf un, celui de l'abbé de Périgord. Rien ne justifie l'absence de Charles-Maurice, ni voyages ni obligations. Il y a là un mystère qui nous donne peut-être l'une des clés de son caractère. Tout se passe comme si, mécontent d'être dépossédé de la fortune à laquelle il aurait logiquement eu droit comme l'aîné de la famille, il avait volontairement boudé l'événement. Psychologiquement, sa position à l'égard du reste de sa famille est semblable en tout point à celle des d'Orléans vis-à-vis de la branche aînée des Bourbons à la fin de l'Ancien Régime. Le cocktail est explosif : humiliation, jalousie, frustration et patience[15].

Celui qui s'imposera naturellement dans quelques années comme le chef de sa « maison » est traité ici en cadet. Il y a de bonnes raisons à cela. Dans quelques mois, Charles-Maurice sera discrètement ordonné prêtre à Reims, sans qu'aucun membre de la famille ne mentionne le fait en privé. En attendant, le jeune homme se garde bien de parler du mariage de son frère dans ses Mémoires. Un tel silence fait assez de bruit pour servir d'introduction à l'histoire de cet homme resté toute sa vie fidèle à son style, comme le note judicieusement Sainte-Beuve. Si l'on décide de le regarder comme l'acteur de sa propre vie, ses silences et surtout ses absences prennent, autant que ses mensonges, un relief tout particulier. Benjamin Constant parle, en passant, du « poids de ses silences[16] ». C'est lorsqu'il se tait, lorsqu'il n'est pas là alors qu'il devrait l'être que Talleyrand se montre tel qu'en lui-même avec ses ressentiments, ses calculs et son ambition. Il fera plus tard de cet art de l'absence un moyen de négociation et l'élèvera en diplomatie au rang de science. Du ministre de Prusse Haugwitz qui se faisait attendre à Vienne, quelques jours avant la bataille d'Austerlitz, il dira que « c'est une manière très commode de s'expliquer » que de ne pas arriver[17].

Toute sa vie est à l'image de ce mois de décembre 1778. Plutôt que de manifester ouvertement son mécontentement alors qu'une bonne partie de la fortune familiale lui échappe – celle de la princesse de Chalais comme celle des Sénozan –, Charles-Maurice disparaît. Il saura prendre sa revanche : non seulement contre la branche de son oncle qui se retrouve dans une position très avantagée par rapport à celle de son père, mais contre son frère cadet Archambaud qui prend momentanément le pas sur lui. Cette double situation, mal vécue ou vécue comme une atteinte par un jeune homme de vingt-quatre ans déjà sûr de lui et très ambitieux, explique une bonne part de sa psychologie, de sa vie et de l'image qu'il en donnera : celle d'un cadet décidé à faire ses preuves.

4.

« CE SONT MES PIEDS QUI M'ONT FAIT PRÊTRE »

Tout s'est passé comme si le destin de celui qui allait être successivement abbé de Périgord, évêque d'Autun, citoyen ministre, grand chambellan de Napoléon et de Louis XVIII, prince duc de Bénévent, vice-grand électeur de l'empire, prince de Talleyrand et duc de Dino tenait à une question de dates.

Charles-Maurice est né le 2 février 1754, rue Garancière, et baptisé le même jour à Saint-Sulpice[1]. La première partie de son nom de baptême – Charles – est un vieux prénom de famille porté par les Talleyrand de génération en génération. La suite – Maurice – est plus surprenante. Talleyrand en donnera l'explication beaucoup plus tard, dans une lettre à Mme de Jaucourt. C'était la mode, à l'époque, de donner ce prénom aux fils de la noblesse militaire, en souvenir de la victoire de Maurice de Saxe à Fontenoy[2]. Sans doute Talleyrand, qui toujours cherchera les moyens de la paix en Europe, a-t-il porté ce prénom guerrier comme un paradoxe et avec un certain amusement. C'est pourtant lui qui restera. Dans leurs lettres, ses amis les plus intimes ne l'appellent que Maurice.

Il n'y aurait rien à dire sur ses années d'enfance s'il n'y avait mis, à travers ce qu'il en a écrit dans ses Mémoires, à travers aussi ce qu'il en a dit à ses contemporains, la première touche à « la composition de sa vie ». À le lire, les premières années jusqu'à son entrée au collège d'Harcourt en 1762 ont été marquées par l'indifférence de ses parents et la négligence de son éducation. « Je suis peut-être le seul homme d'une naissance distinguée et appartenant à une famille nombreuse et estimée qui n'ait pas eu, une semaine de sa vie, la douceur de se trouver sous le toit paternel. La disposition de mon esprit ne me fit voir qu'un exil dans ce que l'on arrangeait pour me séduire[3]. » Il se contente en fait de mettre au propre une version déjà soigneusement corrigée et répandue auprès du plus grand nombre. Comme beaucoup d'autres, Étienne Dumont, l'ancien secrétaire de Mirabeau, qui le verra presque tous les jours à Londres en 1792, s'en fait l'écho dans ses Souvenirs. « Je l'ai ouï dire plusieurs fois que, méprisé de ses parents comme un être disgracié qui n'était bon à rien, il avait pris dans son enfance une humeur taciturne et sombre ; il n'avait jamais couché sous le même toit que son père et sa mère[4]. » Beaucoup plus tard, sous l'Empire, il confie à Mme de Rémusat, une inconditionnelle prompte à répéter complaisamment ce qu'il lui dit : « La manière dont se passent nos premières années influe sur toute la vie, et si je vous disais de quelle façon j'ai passé ma jeunesse, vous arriveriez à vous moins étonner de beaucoup de choses[5]. » Encore qu'il avoue lui-même dans ses Mémoires : « La mode des soins paternels n'était pas encore arrivée[6]. »

L'*Émile* ne paraît qu'en 1762 et mettra un certain temps à se répandre. Il faut attendre les années 1780 pour que se multiplient les romans et les essais d'éducation, écrits le plus souvent par des femmes, Mme de Genlis en tête. Dans les années 1750, en particulier dans la haute aristocratie, les enfants comptent peu. Beaucoup meurent en bas âge. Élevés en dehors de la famille, ils ne sont pris en considération qu'à leur entrée dans l'âge adulte, entre douze et quatorze ans. « Dans un temps où, comme je l'ai déjà dit, raconte Mme de Boigne au début de ses Mémoires, les enfants étaient mis en nourrice puis en sevrage, puis au couvent. [...] Vêtus en petites dames et en petits messieurs, ils ne paraissaient que pour êtres gênés, maussades et grognons[7]. » Et le prince de Ligne d'ajouter : « Ce n'était pas la mode alors dans le grand monde d'être bon père, ni bon époux. »

Il n'y a rien d'étonnant dans ces conditions à ce que le jeune Charles-Maurice ait été mis en pension chez une nourrice jusqu'à l'âge de quatre ans « dans un faubourg de Paris ». Mais l'occasion est trop belle pour ne pas s'en servir. Revenons à ses Mémoires : l'éloignement, les négligences de la nourrice expliquent selon lui le fatal accident qui lui serait arrivé et l'aurait fait boiteux pour le reste de ses jours. « À 4 ans, [...] la femme chez laquelle on m'avait mis en pension me laissa tomber de dessus une commode. Je me démis un pied ; elle fut plusieurs mois sans le dire ; on s'en aperçut lorsqu'on vint me prendre pour m'envoyer en Périgord chez Mme de Chalais, ma grand-mère. [...] L'accident que j'avais éprouvé était déjà trop ancien pour qu'on pût me guérir. L'autre pied, [...] qui pendant le temps de mes premières douleurs avait eu seul à supporter le poids de mon corps, s'était affaibli. Je suis resté boiteux[8]. »

Tout s'enchaîne. La négligence explique l'accident, l'accident la résolution prise par les parents de renoncer pour lui à la carrière militaire à laquelle on le destinait et d'en faire le prêtre qu'il ne voulait pas être. Le plus extraordinaire dans toute cette histoire, c'est la crédulité des contemporains comme de plusieurs générations d'historiens qui feront leur l'attendrissante et tragique version de l'accident. Pendant près d'un siècle, de Mignet en 1839 à Lacour-Gayet en 1931[9], aucun des innombrables biographes de Talleyrand ne se risque à détruire le bel édifice de la légende. Ce n'est qu'en 1988 que Michel Poniatowski, dans l'une des monographies partielles qu'il a consacrées à son personnage favori, avance une autre version, celle d'une difformité de naissance des deux pieds[10]. Poniatowski s'appuie sur plusieurs analyses médicales récentes réalisées à partir des chaussures orthopédiques de Talleyrand conservées au château de Valençay et au musée Carnavalet. Pour la science, Charles-Maurice est « pied-bot varus équin congénital » associé à un « syndrome de Marfan » – du nom du médecin qui a diagnostiqué cette maladie héréditaire caractérisée par une élongation des extrémités des pieds et des mains. D'où un pied gauche plat et long et un pied droit court, rond et gravement atrophié. Des deux chaussures de cuir conservées à Valençay, l'ancienne propriété de Talleyrand, la gauche est anormalement longue et la droite, très réduite, a la forme d'une sorte de boîte arrondie. Une armature de fer y est fixée, dont la tige remonte le long de la face interne du mollet et s'attache au moyen de lanières de cuir, en dessous du genou[11].

Talleyrand, qui sait tirer parti de tout, fera un type de sa difformité. S'il pose généralement assis pour les peintres officiels, on sait, grâce aux quelques artistes – dessinateurs et caricaturistes – qui ont pu le croquer debout, qu'il s'aidait, à la fin de sa vie, d'une canne du côté droit[12]. Ainsi prend-il l'habitude d'en tapoter sa mauvaise jambe qu'il lui arrive aussi, dans l'intimité, de poser sur une chaise.

Si Poniatowski s'arrête longuement aux études médicales consacrées à la difformité de Talleyrand, il ne dit rien – ou ne donne pas ses sources – des précédents qui auraient pu exister dans la famille. Le chancelier Pasquier est presque le seul de ceux qui ont bien connu Talleyrand à parler dans ses Mémoires d'une « difformité de naissance[13] », sans en dire plus pour autant. La solution de l'énigme se trouve peut-être dans les Mémoires de Laure de Permon, duchesse d'Abrantès. Ces Mémoires sont souvent fantaisistes au point qu'on donnera à son auteur le surnom de duchesse d'Abracabrantès, mais la partie qu'elle consacre à son enfance reste crédible et il n'y a aucune raison qu'elle ait inventé le détail qui va suivre. Enfant, Laure habitait l'hôtel de ses parents, quai de Conti. Sa mère y recevait régulièrement, dans les premières années de la Révolution, l'un de ses plus vieux amis, Gabriel-Marie de Talleyrand, comte de Périgord, l'oncle de Charles-Maurice et le demi-frère de son père. Laure se souvient de sa gentillesse pour elle, mais surtout qu'il lui faisait peur à chaque fois qu'il traversait les grands salons mal éclairés de l'hôtel familial, de « sa démarche douteuse que lui donnait son pied-bot[14] ». La mémoire de Laure est exacte. Le peintre Carmontelle a laissé de Gabriel-Marie un dessin jusqu'à présent inédit. On l'y voit assis, de profil, une canne à la main, les pieds croisés. Le gauche est enfermé dans une chaussure sabot caractéristique[15]. On ne possède malheureusement aucune étude médicale sur les pieds de Gabriel-Marie, mais il y a tout de même fort à parier pour que l'oncle et le neveu aient été atteints de la même difformité héréditaire. Le plus étrange, si l'on replace l'histoire de la vocation ecclésiastique forcée de Charles-Maurice à la lumière de ce précédent, c'est que le pied-bot de son oncle ne l'a jamais empêché de faire une très belle carrière militaire et de devenir lieutenant général des armées du roi. D'ailleurs, malgré leur difformité, l'un et l'autre montaient à cheval – Talleyrand évoquera à diverses reprises les chasses à courre qu'il suivait dans sa jeunesse. C'est aussi à cheval, sur une selle qu'il s'est fait faire spécialement à Boston, qu'il traversera les solitudes américaines. Pourquoi l'un n'a-t-il pas eu à souffrir de sa déformation et l'autre oui ?

Charles-Maurice y revient plusieurs fois dans ses Mémoires et ses contemporains font chorus : ses pieds, en quelque sorte, l'ont fait prêtre. « Ce qui a décidé du caractère de Talleyrand, écrit ainsi Benjamin Constant dans le beau portrait qu'il lui a consacré, ce sont ses pieds. Ses parents, le voyant boiteux, décidèrent qu'il entrerait dans l'état ecclésiastique, et que son frère serait le chef de famille. Blessé, mais résigné, M. de Talleyrand prit le petit collet comme une armure et se jeta dans la carrière pour en tirer un parti quelconque[16]. »

« Voilà ma vocation à moi ! » aurait dit le jeune séminariste à Saint-Sulpice, en frappant son pied[17]. Après Brumaire, il expliquera à Hyde de Neuville, venu négocier à Paris la pacification de la Vendée : « Sans cette jambe, j'aurais probablement suivi la carrière militaire. » Et en parfait comédien de lui-même, il ajoutera en riant : « Qui sait, je serais peut-être aujourd'hui émigré, ou, comme vous, l'envoyé des Bourbons[18]. » Ce pied « qui a influé sur toute ma vie » prend des allures de nez de Cléopâtre et de talon d'Achille. Il ne l'a pas seulement forcé à être prêtre, il l'a aussi jeté dans les bras de la Révolution et de Bonaparte !

Pourtant, dans leurs lettres, les parents de Charles-Maurice ne semblent pas s'en inquiéter particulièrement. Sa grand-mère d'Antigny en parle pour la première fois dans son livre de raison en 1775, à l'occasion d'un séjour d'Alexandrine et de ses deux cadets à Commarin : « Ils ont laissé leur frère aîné qui a pris le parti de l'Église et que l'on appelle l'abbé de Périgord à Paris ; il est sous-diacre et a déjà une abbaye ;

il promet beaucoup pour son état ; sa figure est aussi de distinction comme celle de ses frères, quoiqu'un peu boiteux[19]. »

Si les pieds de Charles-Maurice passent au second plan, sa santé préoccupe ses parents, surtout après la mort d'Alexandre, son aîné, en 1757. Loin de l'abandonner à sa nourrice, sa mère le conduit cette année-là aux eaux de Forges puis le confie, escorté de sa gouvernante Mlle Charlemagne, la femme de confiance de la famille passée du service de la marquise d'Antigny à celui de sa fille, à la princesse de Chalais pour un long séjour de deux ans en Saintonge. Les vertus fortifiantes de la campagne sont à la mode à l'époque. De plus Alexandrine est de santé fragile et vient de traverser l'épreuve d'une fausse couche. Enfin, les difficultés financières de la famille aidant, Charles-Maurice, une fois chez son arrière-grand-mère, est une charge en moins pour sa mère. De Paris, Alexandrine écrit à la marquise d'Antigny qu'elle espère de la cure de son fils, la première d'une longue série, « toutes sortes de bons effets pour moi et pour mon fils ; il passera l'hiver à Chalais. Madame sa grand-mère me l'a proposé et je l'ai accepté avec grand plaisir, quoique je sois fâchée d'être aussi longtemps sans le voir et que mademoiselle Charlemagne me manque beaucoup[20] ».

Talleyrand, pour souligner encore un peu plus, par contraste, l'indifférence de ses parents, a fait dans ses Mémoires un récit idyllique de son séjour à Chalais, à quelques lieues de Barbézieux en Charente. Son arrière-grand-mère, Marie-Françoise de Rochechouart, princesse de Chalais, la petite-fille du duc de Vivonne, frère aîné de Mme de Montespan, était veuve en premières noces de Michel Chamillart, marquis de Cany, petit-fils de Colbert. Dame du palais de la reine Marie Leszczynska, elle s'était retirée de la cour au début des années 40 pour Sceaux puis Chalais où elle vivra jusqu'à sa mort en 1771. C'est elle, d'après Talleyrand, qui, la première, lui aurait témoigné « de l'affection ». Elle a certainement marqué le jeune enfant par sa façon d'être et de vivre. Pour le reste, on s'en tiendra à son testament dans lequel elle n'hésite pas à le destituer d'une partie de sa fortune, en faveur de son frère Archambaud[21].

5.

AU COLLÈGE D'HARCOURT

Autant Talleyrand s'étend sur les charmes de « l'esprit Mortemart », autant il ne dit rien des deux années qui séparent son retour de Chalais en septembre 1760 de son entrée au collège d'Harcourt à Paris en 1762. Le collège d'Harcourt, comme celui du Plessis, relève de l'Université. Situé dans la partie disparue de la rue de La Harpe, près de la Sorbonne, à l'emplacement des bâtiments de l'actuel lycée Saint-Louis, il accueille indifféremment les enfants de la bourgeoisie et de l'aristocratie, dans « l'égalité la plus complète », précise Norvins qui y fera ses études quelques années plus tard[1]. À cette différence près que les enfants de l'aristocratie y entrent flanqués de leur précepteur. Talleyrand partage un certain abbé Hardi avec l'un de ses cousins, plus âgé que lui, Louis-François de La Suze, qui descend de la princesse de Chalais par son premier mariage avec le marquis de Cany. Hardi n'est que le premier d'une longue série de précepteurs entre les mains desquels passera le jeune Charles-Maurice : M. Hullot qui devient fou, M. Langlois qu'il gardera jusqu'à sa sortie du collège en 1769... Tous ont cette particularité aux yeux de Talleyrand de n'avoir eu aucune part à son éducation. Les efforts qu'il déploie dans ses Mémoires pour prouver à la face du monde qu'il s'est fait lui-même, choisissant seul ses lectures, cultivant son indépendance dans l'univers du collège, doivent être pris au sérieux. « Cette éducation prise à soi tout seul doit avoir quelque valeur[2]. »

L'indifférence de ses parents, l'insignifiance de ses éducateurs ont le même sens et la même portée : Talleyrand cherche à se présenter comme un autodidacte qui ne doit qu'à lui-même sa carrière et ses succès, par orgueil sans doute, par goût de la revanche sûrement. Ce qui ne l'empêche pas de rester fidèle aux ombres de son enfance. Langlois, qui élèvera par la suite ses deux frères, est encore là sous la Restauration, comme beaucoup de ceux qu'il rencontre dans ses premières années. Talleyrand l'héberge chez lui rue Saint-Florentin. Son secrétaire Colmache se souvient de l'y avoir vu, habillé à l'ancienne, « un habit noir à longues basques sans col, et boutonné jusqu'au menton, une culotte noire, des bas de soie, des boucles aux genoux ; ses cheveux étaient coiffés en ailes de pigeon avec une grande queue bien poudrée[3] ». Sans doute le prince de Talleyrand et le vieux Langlois sont-ils les derniers à se poudrer à la fin de la Restauration. Sous le règne de Louis XV, tout le monde le fait, y compris les enfants.

La vie au collège d'Harcourt est à la fois bien remplie et monotone. L'abbé Pierre Duval, professeur de philosophie, qui dirige le collège, ne plaisante pas avec les horaires. Quelques années plus tôt, Jacques-François de Damas, l'oncle de Charles-Maurice, devait se soumettre à un emploi du temps minuté, soigneusement consigné dans le livre de raison de sa mère : « 10 heures de sommeil, plus le temps du réveil / 2 heures pour les repas [dîner et souper] / 1 heure pour les récréations / 1 heure pour le déjeuner et le goûter / 1/2 heure pour s'habiller, se friser et prier Dieu / 1/4 d'heure pour la messe / 1/2 heure pour la danse / 1/2 heure et demie pour prier Dieu le soir et se coucher / 4 heures et demie pour la classe / 4 heures pour travailler dans sa chambre[4]. »

D'après Talleyrand, les années au collège d'Harcourt, sur lesquelles il s'étend peu dans ses Mémoires, furent assez ternes. Elles correspondent cependant à une décision qui influencera le reste de sa vie et qu'il attribue à ses seuls parents : celle d'entrer dans les ordres. La plupart de ses biographes l'ont suivi sur ce point : pour eux, conformément à ce qu'il écrit, le jeune Charles-Maurice s'incline devant la volonté de son père et de sa mère et se soumet à contrecœur aux « convenances sociales », « révolté sans puissance, indigné sans oser ni devoir le dire[5] ». Plus encore, « l'abattement » et « la tristesse » qu'il évoque à plusieurs reprises en cette occasion ont donné de l'imagination à nombre de ses détracteurs, en particulier à ceux qui s'inscrivent dans la mouvance cléricale de la seconde moitié du XIXe siècle. Les récits du malaise grandissant du jeune séminariste, des crises de conscience du futur prêtre à la veille de son ordination sont tous fantaisistes et apocryphes[6].

Plus simplement, Talleyrand, qui écrit la partie de ses Mémoires relative à sa jeunesse dans les dernières années de l'Empire, alors que Rome s'oppose depuis plusieurs années déjà à son mariage, sait qu'il aura un jour des comptes à rendre pour avoir abandonné son état, et il force le trait du « prêtre malgré lui », première étape vers une future justification à son retour à la vie laïque sous la Révolution. Les modifications introduites en 1838 entre les différentes versions de son acte de contrition à Rome, quelques semaines avant sa mort, jettent une lumière supplémentaire dans ce sens. Talleyrand y parle d'abord d'une « direction imposée à ma jeunesse absolument contraire à une vocation sincère », puis dans une version finale, celle, plus édulcorée, qui sera envoyée à Grégoire XVI, d'une « jeunesse [...] conduite vers une profession pour laquelle je n'étais pas né ». Cette question de la vocation, qu'il n'a jamais évoquée avant 1789, et qui surgit pour la première fois en 1790 sous la plume de l'évêque d'Autun dans l'un des rares mandements qu'il adresse à son clergé, est centrale dans toute cette histoire[7]. Car le mot même ne revêt pas le même sens avant et après la Révolution où il prend une coloration plus spirituelle et sensible. Entre les deux, les persécutions infligées à l'Église, toute une littérature d'édification et de renouveau, le *Génie du Christianisme* en tête, sont passées par là.

6.

L'ONCLE ANGÉLIQUE

Charles-Maurice a quinze ans lorsqu'il achève ses études au collège d'Harcourt en 1769. Son frère cadet, Archambaud, né en 1762, n'a que sept ans. Boson, le troisième, est encore dans les langes. On connaît la situation matérielle précaire de la famille.

Tout va se jouer sur une question de dates. Car c'est à ce moment précis qu'Alexandre-Angélique de Talleyrand-Périgord, coadjuteur de l'archevêque de Reims, abbé commendataire de Hautvillers, entre dans la vie de son neveu pour y tenir un rôle décisif, mis en lumière dans les années 1950 par l'historien américain Louis S. Greenbaum, peu ou pas lu ni traduit en France[1]. En dehors de son demi-frère aîné, le père de Charles-Maurice, Charles-Daniel, avait trois frères cadets et une sœur. En entrant dans les ordres, le deuxième de ses frères, Alexandre-Angélique, va faire revivre dans la famille une vieille tradition de népotisme ecclésiastique pratiquée par presque toutes les familles de cour à l'époque. Ainsi, les Rohan qui tiennent l'archevêché de Strasbourg d'oncle à neveu depuis plusieurs générations. Dans les années 1760, près du quart des 130 évêchés du royaume sont contrôlés par 13 familles seulement : les Castellane en détiennent 4, les La Rochefoucauld 3 ; on pourrait en dire autant des Brienne, des Bernis, des Nicolaï, des Boisgelin et de beaucoup d'autres encore.

Il en va de même des Talleyrand, d'autant plus que la carrière d'Alexandre-Angélique est en tous points exemplaire. Après avoir fait ses études au séminaire de Saint-Sulpice chez les Oratoriens, il est d'abord nommé aumônier du roi, puis grand vicaire de Verdun, sans doute grâce à l'influence de sa belle-sœur, la belle comtesse de Périgord, toute-puissante auprès de Louis XV. Il n'a que trente ans lorsque Charles-Antoine de La Roche-Aymon, archevêque de Reims, « prélat d'une figure imposante, homme vertueux, austère et de beaucoup d'esprit[2] », le choisit pour coadjuteur et le fait nommer au siège *in partibus* de Trajanopole. Absorbé à la cour par sa charge de grand aumônier de France et bientôt par les fonctions ô combien stratégiques de ministre de la Feuille, qui lui permettent de contrôler la distribution de la plus grande partie des bénéfices ecclésiastiques, La Roche-Aymon confie à son coadjuteur l'administration de son diocèse dont la succession lui est promise. Nous sommes en 1766. L'archevêque de Reims a soixante-quatorze ans et mourra dix ans plus tard. C'est le moment pour Alexandre-Angélique de se choisir lui-même un successeur. Le temps presse et l'enjeu est de taille. L'archevêché rapporte 560 000 livres de revenus. C'est l'un des plus gros du royaume. Par comparaison, celui de Narbonne ne produit à la même époque que 250 000 livres[3].

Or deux choses nous frappent. D'abord, parmi les enfants des frères et sœur du coadjuteur, il n'y a qu'un élu possible. Deux de ses frères, Auguste-Louis, le militaire, et Louis-Marie, le futur diplomate, n'ont pas d'enfants ou n'en auront que plus tard. Parmi ceux de Charles-Daniel, seul Charles-Maurice est en âge d'entrer dans la carrière : Archambaud est beaucoup trop jeune, Boson à peine né. Encore une fois, le destin de Charles-Maurice tient à une question de dates. Bien qu'aîné, il est le seul appelé, il sera le seul élu. Il n'est pas non plus unique dans ce cas à l'époque. Ce qui compte, c'est moins le statut d'aîné que les stratégies de fortune des familles et les occasions qui les favorisent. Loménie de Brienne, le cardinal et futur principal ministre de Louis XVI, qui ne souffre par ailleurs d'aucune claudication, est également de ceux qui bien qu'aînés sont entrés dans la carrière ecclésiastique par les hasards du calendrier et pour des raisons de convenances familiales.

Ensuite, les parents de Charles-Maurice et le coadjuteur sont intimement liés et se voient régulièrement. En 1767, ils louent en commun l'hôtel de Guerchy, rue Saint-Dominique, et passent les mois d'été ensemble dans une campagne louée à Saint-Mandé, près de Vincennes, « où l'air est excellent », précise Alexandrine qui donne régulièrement des nouvelles de son beau-frère dans ses lettres à sa mère.

Tout a donc dû se passer en douceur et progressivement à la fin des années 1760. Rien ne prouve l'existence du dramatique conseil de famille dont parlent tous les biographes de Talleyrand sans jamais citer leurs sources, au cours duquel Charles-Maurice, destiné à la prêtrise, aurait été brutalement destitué d'un droit d'aînesse qui n'existait d'ailleurs pas d'après la coutume de Paris. Rien ne prouve également le contraire. Pourtant, l'arrivisme de la famille, l'ambition du futur archevêque de Reims et l'enchaînement des dates parlent suffisamment.

Trois années séparent la nomination d'Alexandre-Angélique à Reims du premier séjour de Charles-Maurice dans cette ville, précisément entre 1766 et 1769. Ces années ont dû être déterminantes. Presque rien ne filtre des relations qui pouvaient exister alors entre l'oncle et le neveu, sinon ce qu'en dira Talleyrand dans ses Mémoires. Son premier long séjour à Reims, au cours duquel il prend le nom d'abbé de Périgord, celui d'abbé de Talleyrand ayant été porté autrefois par son oncle, ne lui aurait laissé que dédain et dégoût : « Le grand luxe, les égards, les jouissances mêmes qui environnaient l'archevêque de Reims et son coadjuteur ne me touchaient point. [...] Je trouvais que tout l'éclat du cardinal de La Roche-Aymon ne valait pas le sacrifice complet de ma sincérité que l'on me demandait[4]. » L'appréciation est bien dans la logique de la ligne de conduite qu'il s'est fixée. Charles-Maurice n'a pas choisi l'état ecclésiastique, cela ne fait aucun doute. Mais a-t-il accepté cette perspective d'aussi mauvaise grâce qu'il veut bien le dire et, après tout, pourquoi n'a-t-il pas refusé tout net d'être prêtre comme l'ont fait nombre de ses contemporains, à commencer par Turgot, Fouché et Chateaubriand ? L'un d'eux, Jacques de Norvins, futur directeur de la police de Rome sous l'Empire, moins connu que les trois autres sinon par son Mémorial, l'une des meilleures chroniques de l'époque, le raconte très bien. L'anecdote se situe en 1782. Le jeune Norvins, qui n'a que treize ans, est discrètement sollicité par son oncle Loménie, alors archevêque de Toulouse : « Le prélat eut la bonté d'insister et de mettre en avant l'ambition et la fortune. [...] Je lui dis que l'unique but de mes études et des succès qu'il voulait apprécier était ma vocation bien décidée pour la magistrature[5]. »

Tant qu'à faire, « l'ambition » et « la fortune » ont dû sonner agréablement aux oreilles du jeune Charles-Maurice. « L'ambition, avoue-t-il dans ses Mémoires, m'occupait quelques moments[6]. » Pour lui, pour son oncle comme pour ses parents, la conscience religieuse passe au second plan. Nous sommes dans les années 1760, à l'époque où les abbés de Saint-Farre et de Saint-Albin, tous deux fils naturels du duc d'Orléans, chassent à courre « en habit noir avec des culottes violettes[7] », où le premier d'entre eux se fait construire un temple grec dédié à l'Amour dans les jardins de son hôtel parisien à l'entrée du faubourg Montmartre, où la vie raffinée à Hautefontaine, en Picardie, chez l'archevêque de Narbonne, est « beaucoup plus amusante qu'épiscopale ». Lorsque, rarement, on se rend à la messe par respect pour le maître de maison, personne, raconte Mme de Boigne, n'y porte de livres de prières : « C'était toujours des volumes d'ouvrages légers et souvent scandaleux, qu'on laissait dans la tribune du château à l'inspection de frotteurs, libres de s'en édifier à loisir[8]. » Ce même Dillon, à qui Louis XVI reprochait de trop aimer la chasse et de donner le mauvais exemple à ses curés, répondait, superbe : « Sire, pour mes curés, la chasse est leur défaut, pour moi, c'est celui de mes ancêtres[9]. »

Les pamphlets sur la vie dissolue des prélats de l'époque et sur le peu de cas qu'ils font de leurs devoirs sont légion. Bachaumont en a noté plusieurs dans ses Mémoires secrets. Celui-ci par exemple : « Un évêque de grande mine / et dont le nom me reviendra / payait du trésor de l'Église / comme l'usage l'y autorise / une actrice de l'Opéra ; / tandis qu'à Paris, à Versailles, / pour édifier ses ouailles, / il faisait chaudement sa cour / et l'amour. / Un mot lâché dans une thèse /sur l'origine des pouvoirs / l'appela dans son diocèse. » La suite à l'avenant[10].

Au fond, les perspectives offertes par Alexandre-Angélique à Charles-Maurice ne manquent pas d'attraits : une vie ecclésiastique relativement libre et peu contraignante que les mémorialistes de la Restauration se sont d'ailleurs plu à exagérer par contraste avec le rigorisme moral du XIXe siècle, une grande fortune et surtout la possibilité de mener à bien une carrière administrative et politique dans l'Église ou hors d'elle. Pour se faire une idée des perspectives qui s'ouvrent à lui, l'abbé de Périgord a sous les yeux l'exemple de son oncle. Les relations entre l'oncle et le neveu, occultées ou volontairement caricaturées au XIXe siècle, entre d'un côté le saint homme émigré et fidèle à son roi, de l'autre l'évêque apostat et renégat n'ont rien de conflictuelles, au contraire[11]. Les quelques lettres de Charles-Maurice à l'archevêque, autrefois conservées aux archives du château de Broglie dans l'Eure, prouvent assez le respect et l'affection partagés entre les deux hommes. Un détail ne trompe pas : dans les années 1780, Charles-Maurice possède chez lui, dans son pavillon de Bellechasse, plusieurs portraits de son oncle[12].

Rien de plus logique puisqu'il s'est mis entre ses mains, séjourne à Reims à son invitation, entre à Saint-Sulpice sur son ordre et obtient grâce à lui les dispenses d'âge à son ordination qui lui permettront d'obtenir plus rapidement ses premiers bénéfices. Si leurs chemins s'écartent au début de la Révolution, l'archevêque redeviendra dans les dernières années de l'Empire un allié de poids pour l'ancien ministre de Napoléon. Entre-temps, l'aîné des Bourbons en aura fait son grand aumônier et le tient en grande estime. Le vieux prélat sera l'un des tout premiers correspondants de son neveu lorsque ce dernier cherchera à renouer avec l'ancienne cour exilée en Angleterre, dans la perspective d'une possible restauration des anciens monarques. Dans une lettre postérieure au retour du roi, adressée à Bruno de Boisgelin, le neveu parle de l'oncle comme d'un « homme excellent » : « L'indulgence arrive en lui à côté de tous les devoirs[13]. »

Mais en avouant publiquement cette influence dans ses Mémoires, Talleyrand se serait contredit lui-même. Il aurait terni du même coup la belle image qu'il a voulu transmettre d'un jeune homme qui s'est fait tout seul, malgré les contraintes familiales.

Le rôle essentiel de l'oncle auprès du neveu est d'autant plus évident lorsque l'on connaît l'éminence de la position du nouvel archevêque-duc de Reims au sein de l'Église, à partir de 1777. Premier pair ecclésiastique du royaume, il occupe une position clé au sein des assemblées du clergé qui se réunissent à Paris tous les cinq ans et décident des affaires de l'Église. Si Louis XVI lui préfère en 1786 un Montmorency dans la charge de grand aumônier de France en remplacement du cardinal de Rohan compromis dans l'affaire du Collier, il le nomme, l'année suivante, membre ecclésiastique de la seconde assemblée des notables destinée en principe à entériner les réformes de son contrôleur général des finances Calonne. Mme de Sillery, qui le voit à la fin des années 1760, dit en parlant de lui que « la douceur, la piété, l'amour de la paix ne font pas de bruit ». Le marquis de Bombelles parle dans son Journal de la « dignité de son siège et celle de sa personne » et même si Bachaumont le traite de « pauvre homme » parce qu'il s'est fait escroquer par son grand vicaire, un certain abbé Arnoux « qui a enlevé une fille et emporté beaucoup d'argent à ce prélat[14] », Alexandre-Angélique a tout du grand seigneur ecclésiastique éclairé de la fin de l'Ancien Régime, à l'image d'un Dillon ou d'un Loménie. Dans les années 1780, ses revenus sont immenses : 560 000 livres pour son archevêché, 126 000 livres pour ses deux abbayes de Cercamp et de Saint-Quentin-en-l'Isle[15]. En comparaison, le train de vie de ses beau-frère et belle-sœur, les parents de Charles-Maurice, est bien modeste : une année de leurs revenus représente un tiers du montant des seules dépenses de cave, de table et d'écurie de l'archevêque. Mais il est vrai que nous sommes à Reims ! À peine Alexandre-Angélique a-t-il pris possession de son archevêché qu'il décide de transformer l'ancien couvent de Saint-Thierry, à la périphérie de la ville, en une somptueuse résidence de campagne où il séjourne l'été lorsqu'il n'est pas à Paris en son hôtel de Gramont, rue de Bourbon, acquis en 1789, pour 251 000 livres, à la princesse de Montmorency, une cousine d'Alexandrine par les Vienne[16]. Dans ses lettres à sa mère, celle-ci parle à plusieurs reprises des travaux de

Saint-Thierry et décrit son beau-frère « fort intéressé et animé par ses ouvriers dont il a un grand nombre[17] ».

Son administration à Reims est à la mesure de ses fastes. En l'espace d'une dizaine d'années il réorganise son séminaire qu'il a confié à la congrégation de Saint-Sulpice, fonde plusieurs hospices, crée un bureau des incendies, encourage les manufactures de drap de son diocèse et y introduit un troupeau de mérinos[18].

On ne sait pas grand-chose du séjour de Charles-Maurice à Reims en 1769. Probablement habitait-il le séminaire. Dans ses Mémoires, il y avoue ses lectures, conseillées par son oncle. Toujours le pouvoir politique de l'Église… Il lit donc la vie du cardinal de Richelieu sur la tombe duquel il dira avoir médité un peu plus tard à la chapelle de la Sorbonne, et aussi celle des grands cardinaux diplomates : Duprat, Ossat et Polignac (lequel aura par ailleurs une grande influence sur le cardinal de Bernis), et surtout les Mémoires du cardinal de Retz[19]. « M. le coadjuteur » entre ici dans la vie de Charles-Maurice pour ne plus la quitter.

Paul de Gondi, coadjuteur puis archevêque de Paris, l'auteur de *La Conjuration du comte de Fiesque* et l'un des principaux acteurs de la fronde contre Mazarin, « l'âme peut-être la moins ecclésiastique qui fût » selon ses propres mots, est sans doute l'un de ceux qui auront le plus fasciné Talleyrand qui le prend pour modèle et le fait entrer en partie dans « la composition de sa vie ». Leurs Mémoires entrent d'ailleurs en résonance. L'un copie l'autre dans ses écrits et dans sa vie. L'un et l'autre partagent le même plaisir du secret, le même goût du double jeu et de la surprise, le même talent de négociation. À cette différence près que Gondi tombera sur plus retors que lui et se fera arrêter à l'improviste en décembre 1652 par un jeune roi de quatorze ans qui, tout en plaisantant sur le *Ballet de la nuit* qui devait être joué le soir même à la cour, en donne l'ordre à l'oreille de son capitaine des gardes sans que l'autre se méfie. Si Talleyrand frôlera à plusieurs reprises pareille mésaventure, il ne la connaîtra jamais. Napoléon n'est pas Louis XIV.

Pour le reste, son séjour à Reims ne nous est connu que par Mme de Sillery qui le rencontre à quelques lieues de là au château de Sillery, chez M. de Puisieux, l'oncle de son mari. Elle y retrouve Alexandre-Angélique. « L'archevêque avait amené le jeune abbé de Talleyrand [*sic*] destiné de même à l'état ecclésiastique et déjà en soutane, quoiqu'il n'eût que douze ou treize ans [en fait, quinze]. Il boitait un peu, il était pâle et silencieux, mais je lui trouvai un visage très agréable et un air observateur qui me frappa[20]. » Mme de Sillery, mieux connue sous le nom de Mme de Genlis, est sans doute l'une des premières maîtresses célèbres de Charles-Maurice qui lui restera fidèle à sa manière. Modestement née mais très ambitieuse, elle vient d'entrer, grâce à son mari, dans la société du duc d'Orléans et se prépare à la carrière que l'on sait. Charles-Maurice n'est pas dupe. Dans ses Mémoires, il l'évoque comme le type même de l'intrigante à une époque où les femmes y étaient expertes. On sent qu'il connaît supérieurement bien son sujet : « Madame de Saint-Aubin, c'était son nom, avait une taille élégante, mais sans noblesse ; l'expression de son visage était fort piquante ; elle avait peu de traits dans la conversation, peu de charme dans l'usage habituel de son esprit, mais fort à la main tous les avantages que peuvent donner l'instruction, l'observation, la réserve et le tact du monde. » Avec de telles qualités, « des talents, de la timidité jouée à temps », elle parviendra à se faire apprécier de la belle-fille du duc d'Orléans, la duchesse de Chartres, en élevant ses filles jumelles, puis de son mari, le futur Philippe-Égalité, qui n'attendra pas longtemps avant d'en faire sa maîtresse car « Mme de Genlis, pour éviter le scandale de la coquetterie, a toujours cédé aisément ». L'épilogue est encore plus savoureux : « La fixité dans les natures composées tient à leur souplesse. » À ce stade, on ne sait plus très bien s'il parle encore d'elle, ou de lui-même. L'histoire de sa vie tient tout entière dans ces dix mots[21].

En attendant, son séjour à Reims est surtout mis à profit pour préparer son entrée au grand séminaire de Saint-Sulpice. Charles-Maurice y pénètre en avril 1770 pour n'en sortir qu'en 1774.

7.

À SAINT-SULPICE

En franchissant le portail classique décoré de deux pilastres d'ordre ionique du grand séminaire de la Congrégation de Saint-Sulpice à Paris, le jeune abbé de Périgord en « petite culotte » et « petit manteau de soie noire » n'entre pas dans l'inconnu. Il va passer les quatre prochaines années de sa vie à deux pas de sa maison natale, à l'ombre des tours de Saint-Sulpice où il a été baptisé. Il ne reste plus rien aujourd'hui de ces lieux familiers à Charles-Maurice : la chapelle, le cloître et la bibliothèque du séminaire qui masquaient la façade de l'église ont été détruits par Bonaparte en 1803. La place est nette. On y a construit en son centre, sous la Monarchie de Juillet, une fontaine à l'effigie des quatre plus grands théologiens français, tous anciens élèves du séminaire fondé par Jean-Jacques Olier dans les années 1640 : Bossuet, Fénelon, Massillon et Fléchier. Même si, comme Talleyrand, aucun d'entre eux n'est parvenu à la dignité cardinalice (d'où le nom en forme de jeu de mots de la fontaine dite des « quatre points cardinaux »), le futur diplomate n'y est pas représenté, et pour cause. S'il n'a rien renié, au fond, de ses études à Saint-Sulpice, la Révolution a vite décidé de son rôle au sein de l'Église, et puis la théologie n'a pas été la préoccupation de toute sa vie.

Saint-Sulpice, en tout cas le grand séminaire, car il y a trois autres établissements au même endroit, dont un petit séminaire, un établissement réservé aux élèves les plus pauvres et un collège de philosophie, n'est pas à proprement parler démocratique. On y admet, sur recommandation, de jeunes aristocrates destinés aux plus hautes fonctions de l'Église. Aussi le grand séminaire est-il également connu sous les noms plus familiers de « pépinière des évêques » ou d'« école des pages de l'épiscopat ». La pension y est élevée – 580 livres par an –, les directeurs éclairés, les études consistantes et longues : deux années de philosophie et trois années de théologie qui préparent les élèves à la thèse de bachelier que Charles-Maurice soutiendra le 22 septembre 1774 sur un sujet qui fait sourire, si en lieu et place des mystères de la foi, on pense à ses futures conquêtes féminines : « De quelle science les lèvres du prêtre sont-elles les gardiennes ? », le tout en latin, dédié à la Sainte Vierge. On peut supposer, malgré ce qu'il en a dit dans ses Mémoires – toujours la même rengaine de la « tristesse » et de « l'humeur » d'une adolescence contrainte –, qu'il a suivi ses études sans états d'âme particuliers jusqu'à sa « tentative », autre nom donné au baccalauréat de théologie qui couronne les études du séminaire.

Son directeur des études, le père Legrand, « une tête véritablement forte » selon son biographe, a laissé une note écrite à l'intention de ses élèves qui donne une idée de ce que l'on attendait d'eux : « Ceux qui veulent faire leur cours à la faculté de théologie vont d'abord sous deux professeurs de la faculté dont ils écrivent les cahiers. De plus, ils ont au séminaire, pendant ce temps-là, des conférences sur différents traités de philosophie dogmatique, savoir sur les attributs de Dieu et de la Trinité, principal objet de la thèse des bacheliers, sur l'Église, la grâce, l'Incarnation, les sacrements en général, l'ordre ou la pénitence[1]. » Tout un programme donc, dispensé au séminaire sous forme de « répétitions » et de « conférences », et à la Sorbonne, à raison de trois heures de cours par jour, dans une vaste salle du rez-de-chaussée qui pouvait contenir jusqu'à 800 élèves. D'aucuns insinuent, comme l'abbé Baston, un ancien élève du séminaire dans les années 1760, que la discipline n'avait plus rien à voir avec ce qu'elle avait été à l'époque d'Olier : bavardages et absences répétées des élèves aux cours de la Sorbonne, chahuts, etc.[2]. Le fait est qu'à la différence de leurs prédécesseurs ces messieurs de Saint-Sulpice pratiquent, dans les années qui précèdent la Révolution, la tolérance, sinon la bienveillance. « À Saint-Sulpice, on ne commande pas ; les directeurs marchent les premiers et les jeunes gens les suivent[3]. » Ce qui compte est moins l'ordre que la façon de le donner, le discours que la manière de le prononcer. L'abbé de Périgord approuve discrètement la maxime qu'il fera sienne en évoquant à plusieurs reprises ce qu'il appelle « le bon maintien », cette façon très particulière d'être en société, à la fois discrète, bienveillante, mesurée et courtoise, apprise des prêtres de Saint-Sulpice. Voilà ce que Charles-Maurice a sans doute le mieux retenu de son séjour au grand séminaire. « Comme le langage de l'action, comme la parole, le maintien est une langue, écrira-t-il beaucoup plus tard dans une note. C'est la plus bornée des trois, mais la plus simple et la plus exacte ; et quand la parole avec ses accents, l'action avec ses mouvements se jettent dans tous les excès, franchissent toutes les bornes, le bon maintien souvent les arrête, les fait rétrograder et les contient dans les limites de la circonspection. [...] C'est de cette confiance que le bon maintien inspire et qu'il mérite, que Saint-Sulpice s'est si heureusement servi pour conserver et pour rétablir une paix toujours facilement rompue entre l'Église et le monde[4]. »

L'allusion au concordat de 1801, ce grand acte de réconciliation entre l'Église et le monde auquel il a mis la main, est ici claire. De nombreux évêques concordataires ont été d'anciens élèves ou encore des proches de l'abbé Émery, alors à la tête du séminaire parisien[5]. En saluant la mémoire de l'un d'entre eux, l'évêque d'Évreux Jean-Baptiste Bourlier, à la tribune de la Chambre des pairs en novembre 1821, Charles-Maurice se sert quasiment de mêmes expressions, comme s'il se les adressait à lui-même : « Il tenait de ses maîtres de ne pas séparer par de trop fortes distances la vie ecclésiastique et la vie sociale : et cette façon d'être exigeait une manière de parler, et même de se taire qui faisait qu'avec des diversités d'opinions et de mœurs on pouvait d'abord se trouver ensemble et quelquefois arriver à des rapprochements utiles[6]. » Puis, un peu plus loin, il évoque aussi son maintien, « car le maintien aussi est un langage, et c'est le plus important ». Tout Talleyrand est là, dans l'art de se décrire à travers des miroirs, comme en passant. On est loin des « cinq années d'humeur, de silence et de lecture » décrites dans ses Mémoires... Saint-Sulpice est entré en premier dans « la composition de sa vie », à tel point qu'il en arrivera, peu de temps avant sa mort il est vrai, à faire l'éloge des études théologiques comme de l'une des meilleures formations à la carrière diplomatique[7]. Même s'il n'a pas toujours été tendre pour les études théologiques, l'ancien élève de Saint-Sulpice et de la Sorbonne parle en connaissance de cause. Il a soutenu sa thèse de bachelier devant neuf docteurs pendant plus de cinq heures, puis, plus tard, sa grande thèse de licence, la « sorbonique », pendant douze heures, et rien ne laisse supposer leur caractère révolutionnaire, comme cela sera le cas pour celles de Turgot. Au contraire, si l'on en croit l'abbé Dupanloup qui les a consultées, les thèses du futur évêque apostat sont parfaitement orthodoxes et distinguées dans leur rédaction[8].

Ce ne sont pas seulement ses études à Saint-Sulpice, c'est l'esprit de l'éducation qu'il y a reçu qui a profondément marqué le futur diplomate. Il faut, pour bien saisir cette influence, toujours essayer de savoir chez lui quand, pour quoi et pour qui il écrit ou prononce tel ou tel jugement. Ainsi peut-on faire la part du mensonge et de la mise en scène. Nombre de ses biographes ont pris au pied de la lettre ses confidences à sa nièce Dorothée de Dino : « Je fut [*sic*] si malheureux [à Saint-Sulpice] que je passai mes deux premières années de séminaire sans presque parler à personne[9] » sans jamais se demander à qui elles étaient destinées. Si l'on creuse un peu, l'abbé Dupanloup, le confesseur des derniers jours et l'homme de la négociation avec Rome, n'est pas loin. C'est donc la version du prêtre malgré lui qui l'emporte. On accordera plus de crédit à ce qu'il dit à tous ceux qu'il n'a pas à convaincre de la même chose. Le comte Alexis de Noailles, qui l'accompagne au congrès de Vienne en 1814, bénéficie d'une version moins « politique » des faits : « Quand je veux être heureux, je songe à Saint-Sulpice et je me rappelle les souvenirs de ce temps-là. Il y avait alors au séminaire de bonnes têtes. [...] M. Legrand m'a donné de bien bons conseils[10]. » C'est peut-être là que tout s'est joué. Le comte Beugnot insiste, dans une note inédite qu'il s'est bien gardé de publier dans ses Mémoires, sur ces années de séminaire dans la formation du futur évêque et du futur ministre. En un raccourci saisissant de méchanceté, il fait des « bons prêtres » de Saint-Sulpice les éducateurs de son extraordinaire maîtrise de soi : « C'est là que M. de Talleyrand se forma mieux qu'il ne l'eût fait dans le monde ce caractère impavide sur lequel les bienfaits ou l'injure coulent avec une égale facilité, qui sait tout obtenir ou tout perdre sans en paraître ébranlé et qui, concentré dans lui-même comme dans une retraite impénétrable, se joue des hommes comme des machines, les élève, les abaisse, les caresse ou les immole avec une égale indifférence. Dans le cours de sa vie si diverse, [...] la partie dominante chez lui est toujours le prêtre[11]. »

À Saint-Sulpice, Charles-Maurice ne quitte pas non plus son milieu. Il partage ses études et ses récréations avec son cousin l'abbé de La Fare, avec les abbés d'Osmond et d'Allais qui passeront leur « tentative » avec lui, se frotte à l'esprit de M. La Coste de Beaufort, cousin germain du marquis de Pompignan. Saint-Sulpice est enfin l'étape nécessaire à la réussite et à la fortune. De loin, le coadjuteur de Reims ne le quitte pas des yeux. Bourlier qui a été son propre directeur à Saint-Sulpice, est chargé de le surveiller. L'abbé Charles Mannay, également l'un de ses proches, qui deviendra bientôt son vicaire général à Reims, lui tient la plume et corédige son mémoire de thèse. C'est Alexandre-Angélique encore qui lui obtient la dispense nécessaire – la première d'une longue série – sur témoignage de son « application à l'étude et des talents », au passage de sa thèse de bachelier avec deux ans d'avance sur les vingt-deux obligatoires. Les dispenses accompagneront tout son parcours universitaire. Une fois entré à la Sorbonne en avril 1775, il bénéficie à nouveau d'une double dérogation au passage de sa licence de théologie le 2 mars 1778, avant la date prescrite et alors qu'il n'est pas diacre, comme le règlement le lui impose. Deux lettres du roi des 15 mars et 19 juillet 1777, obtenues grâce à l'intervention de son oncle, lui en ouvrent la voie « sur les bons et louables rapports qui nous ont été faits de l'application de l'étude [...] de l'abbé de Périgord[12] ».

Habituellement fidèle aux pédagogues de son enfance, Talleyrand n'oubliera plus tard ni les uns ni les autres. Lors de la grande redistribution concordataire des évêchés, Bourlier, nommé à Évreux, Mannay, nommé à Trèves, seront particulièrement bien servis. Le premier deviendra l'un de ses proches sous le Consulat, le second séjournait encore à Valençay sous la Restauration et avait son appartement dans l'hôtel parisien de Talleyrand, rue Saint-Florentin. Pour l'un des biographes d'Alexandre-Angélique, Saint-Sulpice marque, dans les rapports de l'oncle et du neveu, les débuts de ce qu'il appelle « un népotisme aveugle[13] ». On ne le contredira pas.

8.

« NOUS ENTRERONS DANS LA CARRIÈRE... »

Si la dignité épiscopale est « la route la plus courte vers l'influence et la richesse », alors celle-ci passe par Reims. Mais pour pouvoir jouer un premier rôle politique au sein de l'Église, pour accéder à une certaine indépendance financière grâce à l'octroi de prébendes et de bénéfices, Charles-Maurice doit franchir une nouvelle étape et recevoir le premier des ordres majeurs en devenant sous-diacre. Cette ordination n'est pas une petite formalité, même à la fin de l'Ancien Régime, et conserve une certaine solennité. Au cours de la cérémonie, l'ordinant touche les vases sacrés dont il aura bientôt le service et revêt, des mains d'un évêque, la dalmatique, sorte de tunique blanche à manches courtes. Puis, selon les mots mêmes de celui qui l'exhorte, il renonce définitivement au mariage : « Jusqu'ici il vous est libre de retourner à l'état séculier ; mais si vous recevez cet ordre, vous ne pourrez plus reculer ; il faudra toujours servir Dieu dont le service vaut mieux qu'un royaume, garder la chasteté avec son secours et demeurer toujours attaché au ministère de l'Église. Songez-y donc tandis qu'il en est encore temps, et si vous voulez persister dans cette sainte résolution, approchez au nom de Dieu. »

À quel royaume songeait Charles-Maurice le 1er avril 1775 à Saint-Nicolas-du-Chardonneret, devant Jean-Baptiste Salignac de Lamotte-Fénelon, pieux et charitable évêque de soixante ans commis par Alexandre-Angélique pour servir de caution ? L'abbé Philippe Sausin, l'un des contemporains de Charles-Maurice à Saint-Sulpice dont le témoignage est à prendre avec une certaine réserve tant il est hostile, prétend qu'il était ce jour-là « d'une humeur de chien[1] ». Il est parfaitement objectif, en revanche, lorsqu'il explique que l'une des raisons de son ordination réside dans la perspective d'une abbaye, promise par le ministre de la Feuille, Charles-Antoine de La Roche-Aymon.

Il n'eut pas longtemps à attendre, d'autant plus que tout avait été soigneusement préparé. Grâce à la bienveillante intercession de son oncle, Charles-Maurice est nommé le 3 mai chanoine de la cathédrale de Reims, et le 3 octobre, abbé commendataire de Saint-Denis de Reims[2]. Le chapitre de Reims est prospère, une cinquantaine de chanoines s'y partagent près de 110 000 livres de rentes. Quant à l'abbaye de Saint-Denis, elle rapporte 24 000 livres de rentes en 1777[3] (par comparaison, un ouvrier parisien gagne, en 1780, entre 500 et 1 000 livres par an). À vingt et un ans, le jeune abbé de Périgord jouit d'un revenu équivalent voire supérieur à celui de ses parents, sans pour autant se donner beaucoup de mal. Comme quelques milliers d'autres abbés et abbesses commendataires du royaume, Charles-Maurice n'est pas obligé de résider dans son abbaye. Le système de la commende l'autorise à nommer un prieur à qui il délègue ses pouvoirs spirituels, puis un « procureur général et spécial », sorte d'homme d'affaires chargé sur place de la gestion des biens de son abbaye[4]. Tout s'est si bien et si vite passé qu'on a du mal à prendre au sérieux le mot du jeune abbé à Mme Du Barry, sinon pour le plaisir de le citer. C'est le premier d'une longue série apocryphe, rarement désavouée, qui, en démultipliant à l'infini l'esprit du personnage, contribue à sa légende – on ne prête qu'aux riches. La scène est censée se passer au cours d'un souper quelques mois avant sa nomination à Reims, en tout cas avant la mort de Louis XV. À la maîtresse du roi qui s'étonne de son silence au récit des bonnes fortunes de ses amis, il a cette réponse : « Ah Madame, je fais une réflexion bien triste. – Quoi donc ? – Paris est une ville dans laquelle il est bien plus facile d'avoir des femmes que des abbayes[5]. »

Plus prosaïquement, Charles-Maurice a joué le jeu qu'on attendait de lui, tout en s'exerçant à son futur métier de diplomate. Là-dessus les sources sont sûres. Voici son style lorsqu'il remercie les chanoines de la cathédrale de Reims de l'avoir admis parmi eux : « Je reçois avec la plus vive reconnaissance la grâce que vous venez de m'accorder ; un grand respect pour votre compagnie, le plus grand attachement pour ses membres, le désir le plus vif d'être uni à votre corps et l'amitié dont vous avez toujours donné des marques à mon oncle sont les seuls titres que je me connaisse pour les mériter ; j'espère, messieurs, qu'ils pourront me conserver vos bontés ; je vous réponds de tous mes efforts pour m'en rendre digne. » La réponse vient quelques jours plus tard : « Le plus grand honneur possible sera rendu à l'abbé de Périgord nommé chanoine[6]. » Après tout, la place vaut quelques milliers de livres.

Indépendant et libre, Charles-Maurice songe d'abord à s'installer. Pas à Reims bien sûr, mais à Paris. Dès le mois de novembre, il loue, pour 2 200 livres, aux Dames augustines de Bellechasse une « maison petite et commode » de deux étages qui, d'un côté, donne sur la rue Saint-Dominique, de l'autre, dans la cour du couvent[7]. Encore une fois, il n'est pas en terre étrangère, mais en plein faubourg Saint-Germain, à deux pas de l'hôtel de Guerchy loué par ses parents et par son oncle et de celui, bientôt voisin, de son frère et de sa belle-sœur Archambaud. De plus, dans les jardins du couvent, le duc de Chartres fera construire en 1777 un pavillon où habite une (presque) vieille amie, Félicité de Genlis, chargée de l'éducation des filles jumelles du duc.

Pour quelqu'un qui, à longueur de pages de ses Mémoires, affiche ostensiblement son indépendance à l'égard de sa famille et de ses proches, c'est faire preuve d'un singulier manque de révolte et de distance. Au contraire, toute la vie de Charles-Maurice est marquée par une sorte de fidélité à ses habitudes, aux lieux et aux amis qu'il a connus dans son enfance, à sa famille. Une fidélité qui ne doit parfois pas grand-chose aux sentiments, une fidélité de race et de sang, mais une fidélité quand même.

Quoi de plus logique d'ailleurs, au moment où il entre dans la carrière, grâce à sa famille et par elle ? Car l'indépendance financière n'est pas tout. Il s'agit maintenant d'occuper la place qui convient dans les affaires de l'Église. Une fois de plus, Alexandre-Angélique est là. C'est lui qui, en février 1775, le fait élire député et promoteur de l'Assemblée générale du clergé qui doit se tenir à Paris en mars. Sous l'Ancien Régime, ces assises sont la grande affaire du clergé. Elles tiennent lieu, tous les cinq ans, pendant cinq ou six mois, de parlement de l'Église de France, vérifient l'administration du clergé, règlent les conflits de juridiction avec l'administration royale, votent des remontrances au roi sur certaines questions de morale et de religion. L'assemblée de 1775, comme toutes celles qui se réunissent les années en « cinq », appartient à la série des « grandes assemblées » ou « assemblées du contrat ». Ce sont elles qui sont chargées de déterminer le montant de ce que l'on appelle le « don gratuit » au roi, c'est-à-dire la contribution financière du clergé à l'administration royale. Chacune des seize provinces ecclésiastiques y envoie quatre députés triés sur le volet, généralement désignés par les évêques. Charles-Maurice, en l'occurrence, est bien placé, d'autant plus que le protecteur de son oncle, Mgr de La Roche-Aymon, a été nommé par le roi à la présidence de l'assemblée. On ne néglige pas une telle puissance, alors même que l'abbé de Périgord ne remplit pas toutes les conditions requises pour siéger aux Grands-Augustins où se tiennent les séances et bénéficie une fois de plus de passe-droits aussi discrets qu'efficaces. Apparemment, le règlement ne s'applique pas à tous avec la même rigueur. Si Charles-Maurice est bien sous-diacre, c'est depuis moins de six mois – il n'est donc pas *in sacris*, comme l'exigent les textes. De plus, s'il est titulaire d'un bénéfice dans le diocèse de Reims, c'est depuis moins de deux ans, sans bien sûr y résider. Comme député, il représente pourtant son diocèse. Comme promoteur, il assiste le président, prépare les débats et l'ordre du jour des sessions : un apprentissage utile, sous haute surveillance, qui le désigne tout naturellement pour être, lors de la prochaine assemblée qui doit se tenir dans cinq ans, l'un des deux agents généraux du clergé. On verra l'importance de ces nouvelles fonctions qui jusqu'alors n'ont pas attiré l'attention des biographes du futur diplomate.

Mais, pour devenir l'agent général du clergé, encore faut-il remplir une dernière petite formalité : se faire ordonner prêtre. On aura beau lire les Mémoires de Talleyrand entre les lignes, on ne trouvera pas un mot ni l'ombre d'une allusion à cette intéressante cérémonie.

9.

« MADAME, JE VOUS AI PRISE AVEC PLAISIR[1]... »

Au lieu de s'appesantir sur son ordination sacerdotale, l'auteur badine et choisit d'évoquer dans ses Mémoires les salons parisiens de l'époque et surtout de parler de celles qui deviendront plus tard, selon le mot méchant de Vitrolles, ses « dévotes » et formeront « le sérail ». Voici par exemple comment il choisit de parler du sacre de Louis XVI auquel il assiste à Reims aux côtés de son oncle en juin 1775. Sur la cérémonie elle-même, contemporaine de l'Assemblée du clergé, rien, sinon ceci : « C'est du sacre de Louis XVI que datent mes liaisons avec plusieurs femmes que leurs avantages dans des genres différents rendaient remarquables et dont l'amitié n'a pas cessé un moment de jeter du charme sur ma vie. C'est de madame la duchesse de Luynes, de madame la duchesse de Fitz-James, et de madame la vicomtesse de Laval que je veux parler[2]. » Le style, c'est l'homme. Derrière les affaires, alors que commence tout juste sa carrière de prêtre et d'évêque, c'est signifier discrètement au lecteur de ne pas être dupe et lui dire d'une phrase combien son entrée dans la vie a été marquée par les femmes. Ses aventures avec Mlle Luzy à l'époque du séminaire, sur lesquelles il s'étend complaisamment au début de ses Mémoires, comptent peu en comparaison de ce qui est dit là. Dorothée Luzy n'est qu'une actrice, une figurante dans l'histoire de sa vie. Puisqu'il a choisi de paraître malheureux, il lui faut bien une consolatrice et la jeune Luzy, qui a « de la taille » et « de l'aisance », tombe à pic. Elle habite à deux pas de Saint-Sulpice, rue Férou, elle joue les soubrettes au Théâtre-Français. « Ses parents l'avaient fait entrer malgré elle à la comédie ; j'étais malgré moi au séminaire. » On imagine la suite. Tout cela fleure bon la comédie et donne le change[3]. Avec les Montmorency, les Luynes et les Fitz-James, on entre de plain-pied dans un autre univers, celui de la cour et de la haute noblesse parisienne qui sera naturellement celui de Charles-Maurice pendant toute sa vie. À cette nuance près qu'il l'évoque comme en passant dans ses Mémoires et que ce sont des femmes qui l'incarnent. La duchesse de Fitz-James est la fille unique du comte de Thiard, lieutenant général des armées du roi et premier écuyer du duc d'Orléans, guillotiné sous la Révolution. Mariée très jeune au duc de Fitz-James, arrière-petit-fils de Jacques II d'Angleterre par la main gauche, elle a sensiblement le même âge que Charles-Maurice et sera bientôt nommée dame du palais de la reine. Moins ingrate que la duchesse de Polignac, sa favorite, elle lui restera fidèle dans le malheur et, réfugiée à Bruxelles, cherchera même à la rejoindre en 1792 ; Fersen l'en dissuadera au nom de sa souveraine[4]. La duchesse de Luynes a comme elle vingt ans en 1775. Née Montmorency, fille cadette du duc de Laval, mariée à treize ans au duc de Luynes, elle est inséparable de sa belle-sœur, la vicomtesse de Laval, une « fille de finances », qui sans doute pour cette raison, mais aussi à cause des intrigues de Mme de Balbi qui lui passe devant, se fera refuser une place à la cour dans la maison de Madame, belle-sœur de la reine. Son père, Tavernier de Boullongne, trésorier de l'extraordinaire des guerres, a fait fortune en finançant les campagnes du maréchal de Saxe dans les années 1750. Autant la première est grande et « bâtie comme un gendarme » – « elle a la voix d'un portefaix et tous les goûts d'un homme », dit d'elle le marquis de Bombelles –, autant l'autre est menue, féminine et gracieuse, avec de très beaux yeux noirs. Mais personne, ni à l'une ni à l'autre, ne leur refuse de l'esprit et de l'entregent[5]. Toutes les trois tiennent salon à Paris quand elles ne sont pas à Versailles. Celui de la duchesse de Luynes, dans son hôtel de la rue Saint-Dominique qui abrite le plus beau cabinet de peintures de Paris, est sans doute le plus recherché[6]. On y joue furieusement. C'est là que Charles-Maurice fait ses premières armes. L'ambiance en a été saisie par Nicolas Lavereince dans son *Assemblée au salon*. Le tableau n'existe plus, sinon par la gravure, mais l'absence de couleurs n'enlève rien au charme discret de la scène[7]. On y voit un grand salon de compagnie éclairé par trois fenêtres donnant sur un jardin, décoré de glaces ponctuées de pilastres cannelés portant des chapiteaux corinthiens, des scènes d'amours au-dessus de portes, des urnes de porphyre sur des consoles de bois doré, des fauteuils à médaillon éparpillés ici et là. Dans ce luxe calme évoluent une dizaine de personnages : une jeune femme lit près d'une fenêtre, une autre, en chapeau, est en conversation avec un homme négligemment adossé au manteau de la cheminée, l'épée au côté, le tricorne sous le bras. À l'autre bout de la pièce, une compagnie plus nombreuse joue aux cartes. Au centre, un abbé en petit rabat et chaussures à boucle est assis en agréable compagnie à une table de trictrac. On imagine volontiers dans le rôle le jeune abbé de Périgord, comme on l'imagine aussi chez la duchesse de Fitz-James, dans son hôtel de Saint-Florentin, de l'autre côté de la Seine, qui, ironie du sort, lui appartiendra plus tard.

Ces trois femmes vont être ses intimes. On est sûr qu'au moins l'une d'entre elles, la vicomtesse de Laval, a été très tôt sa maîtresse avant de devenir celle de Calonne, l'incontournable contrôleur général des finances du roi dans les années 1780, dont on aura l'occasion de reparler. Elle passera ensuite au comte de Narbonne, également proche de Talleyrand, qu'elle ne quittera plus après avoir entre-temps divorcé de son mari. Aimée de Coigny, une autre divorcée célèbre, successivement duchesse de Fleury puis comtesse de Montrond, aussi légère et croqueuse d'hommes qu'elle, en parle joliment et en toute connaissance de cause dans son Journal : « Elle a tourné quelques têtes, ne s'est pas refusé une fantaisie, s'est perdue dans le temps où il y avait des couvents pour donner un éclat convenu à la honte des maris, et n'a évité cette retraite que parce que son beau-frère, le duc de Laval, a substitué le plaisir de l'afficher à celui de la punir par ce moyen. Je ne sais qui a dit que la réputation des femmes repousse comme les cheveux, la sienne en est la preuve. Maltraitée par des femmes considérables de son temps parce qu'elle traitait trop favorablement leur mari ou leurs amants, le divorce, qu'elle a subi et non demandé, l'a réconciliée avec les plus prudes. Changeant d'amant presque autant que d'année, cette habitude s'est établie en droit, et celui de prescription à cet égard était dans toute sa vigueur lorsqu'elle s'est logée dans la même maison que le comte Louis de Narbonne, quoiqu'il fût marié. » Volage, mais fidèle en amitié. Elle fut celle qui eut le plus d'emprise sur Talleyrand[8]. Curieusement, elle est née et morte presque en même temps que lui.

On l'aura compris, l'éducation, l'apprentissage de la vie passent autant par les affaires que par la Cour et la Ville, autant par Saint-Sulpice et la Sorbonne que par les salons. Norvins, qui en fait l'expérience dans les années 1780, un peu après Talleyrand, le raconte très bien : « La société offrait aux jeunes gens une haute éducation qui complétait et ennoblissait la première. Nous n'avions qu'à voir et à écouter : et j'ajoute que nous étions aidés par une bienveillance dont le secret s'est perdu avec les mœurs qui l'inspiraient. Chaque salon était un véritable microcosme politique et social[9]. » À sa façon, Charles-Maurice dit la même chose : « J'avais suffisamment de réputation, point assez de connaissance du monde, et je voyais avec plaisir que j'avais devant moi quelques années à me laisser entraîner à tous les mouvements de la société. [...] J'allais à peu près partout[10]. »

Le mot est lâché : la société. « La puissance de ce qu'on appelle en France la société a été prodigieuse dans les années qui ont précédé la Révolution et même dans tout le siècle dernier[11]. » Et celle-ci devait être peuplée de femmes pour que le futur évêque lui prête à ce point des formes féminines « légères et variées » lorsqu'il cherche à la décrire. Un peu de la dualité du personnage est là, dans cette double école du clergé et des femmes. L'abbé mondain, l'abbé de cour, la « fleur des pois » sont autant de silhouettes familières de ces années. Charles-Maurice, à vingt ans, en est le parfait représentant. À cette différence près, avec d'autres, qu'il apprend vite. Les femmes sont d'excellentes éducatrices et le jeune abbé est bon élève. « Les femmes ont beaucoup plus de prise sur lui que les hommes », confessera Mme de Rémusat dans une lettre à son fils Charles sous la Restauration[12]. Avec elles, il apprend que si les vices sont sans conséquences, le ridicule tue. Il découvre avec elles qu'on fait tout passer avec de l'esprit. Avec elles, il mesure les rapports de la courtoisie et de l'impertinence. Il devine, comme il le dira plus tard, « que le meilleur moyen pour être impertinent, s'il y a lieu, c'est d'abord de se mettre en mesure par la plus exacte politesse[13] ». Avec elles, il apprend le bon ton et le bon goût et s'adonne à « l'art du succès à Paris » qui fascinera tant Stendhal à son sujet[14]. Il y a un peu de tout cela dans ce « plaisir de vivre » des dernières années de l'Ancien Régime qu'il regrettera tant après la Révolution[15]. Évoquant sous l'Empire le « glas » de cette société disparue, c'est encore aux femmes qu'il pensera : « Le premier coup qui a tinté est le mot moderne de "femme comme il faut"[16]. »

On croisera dans quelques années plusieurs autres de ses maîtresses, la fille de Mme de Genlis, Mme de Valence, Mme de Buffon, Mme de La Châtre, Mme de Flahaut, Mme de Staël. On fera connaissance avec quelques-unes de ses influentes amies, la comtesse de Boufflers, la comtesse de Brionne, la princesse de Vaudémont, la duchesse de Montmorency, la duchesse de Bauffremont. On entendra longtemps parler après la Révolution des succès féminins de ses années de jeunesse. Tout cela ira grossir la légende du prêtre dépravé qui, il faut le souligner, ne naîtra qu'avec la Révolution, lorsque Charles-Maurice décidera de se séparer de son ordre.

Sur le moment, tout cela ne suscite pas le moindre commentaire. Les convenances sont sauves. Charles-Maurice apprend la discrétion et l'apprend bien. Ce sera sa façon et sa raison d'être pendant tout le reste de sa vie, la marque et la manière de ces années-là qui s'ajustent si bien au commentaire qu'en fait le prince de Ligne : « Le bon air était de ne rien afficher et de se faire tout pardonner à force de procédés. Jamais on ne rechercha autant les égards et la décence, nulle part on ne respecta autant les convenances que dans ce Paris réputé si mobile ; le désir de plaire était la loi suprême, sans cesse on cherchait de nouveaux succès[17]. »

Mais le plus intéressant n'est pas là, dans le tableau de cette époque. Il est dans l'utilisation que fera plus tard Charles-Maurice de son goût pour les femmes à la construction de son personnage. L'aura de ses premiers succès, qu'il a su habilement entretenir, masque entièrement le travailleur acharné et ambitieux qu'il a d'abord été et que l'on verra bientôt à l'œuvre à l'Agence générale du clergé. Elle rend crédible la réputation, forgée de toutes pièces, de l'indolence et de la paresse d'un homme, qui pour avoir eu en lui cette part féminine que beaucoup de ses contemporains lui ont prêtée, n'aurait été capable ni de sérieux, ni d'assiduité, ni de continuité. C'est une redoutable force de paraître paresseux et peu attentif, lorsque l'on est en réalité le contraire. Aussi les femmes, dès le début, l'ont-elles aidé non seulement par leur influence dans le monde, mais par la manière dont leur commerce, l'habitude de les fréquenter ont déteint sur son image. Sous la Restauration, Vitrolles, l'un des premiers, est tombé dans le panneau. Le portrait de son modèle, alors âgé de soixante ans, en homme que les femmes ont gâché, est fascinant : « Ce n'était pas impunément que monsieur de Talleyrand avait consacré sa vie aux femmes. S'il avait puisé auprès d'elles ce qu'elles donnent : les grâces de l'esprit, l'envie de plaire, première condition pour y réussir, la finesse, la douceur du langage, l'aménité des mœurs, il y avait perdu de plus fortes qualités : les habitudes plus sérieuses de l'esprit, la généralisation des pensées, la fermeté des déterminations. Il avait toutes les faiblesses, les mièvreries et la mollesse d'un autre sexe. Fantasque dans ses haines comme dans ses amitiés, dans ses goûts et dans ses colères, il y avait en lui beaucoup de la vieille coquette gâtée[18]. » Les femmes, fussent-elles de « vieilles coquettes », sont-elles si « fantasques » ? Certaines des « amies » qu'il a connues avant la Révolution lui sont restées fidèles jusqu'à leur mort. Charles-Maurice leur a largement rendu leur amitié et leur affection. « Il faut faire marcher les femmes », disait-il. Oui, dans la mesure où elles ont servi son ambition et lui ont permis de se dissimuler derrière un personnage construit à l'usage des Vitrolles et autres mémorialistes qui n'ont vu qu'un aspect de lui-même. Les femmes ont avant tout été pour lui des protectrices. Ses confidences les plus intimes seront toujours pour des femmes dans des lettres qui, pour beaucoup, ont été malheureusement brûlées ou perdues. Celles-là ne sont pas forcément celles avec qui il couche. Il faut des qualités autrement plus séduisantes pour devenir une amie de toujours : la discrétion, l'affection, le charme, l'intelligence. « Quand on a couché avec une femme et que l'on reste en de bons termes avec elle, les choses ne vont pas plus loin que cela », écrira beaucoup plus tard le vieux prince de Talleyrand à Mme de Vaudémont qu'il plaçait évidemment dans une autre catégorie[19]. Pour toutes ces raisons, Charles-Maurice est le contraire d'un homme à femmes, de ceux qui réduisent leur intérêt pour les femmes aux limites de la conquête, de ceux aussi qui, croyant ainsi les dominer, finissent par se faire dominer par elles. Le fin Giambonne, qui deviendra l'un de ses familiers sous l'Empire, voit mieux les choses lorsqu'il dit : « A-t-il commencé une liaison, il la continuera par habitude, mais il ne rompra jamais[20]. » Si ce n'est que l'habitude n'explique pas tout et certainement pas des amitiés de cinquante ans.

Dans ce tourbillon parisien, son ordination a sans doute été vécue comme une simple formalité. Elle conditionne son entrée à l'Agence générale du clergé à l'occasion de la prochaine Assemblée générale qui doit se tenir à Paris en mai 1780. Logiquement, son ordination aurait dû avoir lieu à Paris. Canoniquement, il appartient au diocèse de Paris où il réside, mais c'est à Reims, grâce à la protection de son oncle l'archevêque depuis la mort de son prédécesseur en 1777, qu'il a les meilleures chances de profiter de sa nouvelle position. Et puis le vieil archevêque de Paris, Christophe de Beaumont, n'est pas facile. Il est resté célèbre pour ses querelles avec le Parlement, les jansénistes, les philosophes, Rousseau en particulier, et ne transige pas sur le dogme, ni sur les mœurs. Le passage formel d'un diocèse à l'autre n'est compliqué que dans les termes. Il consiste à se faire délivrer deux lettres par les deux archevêques, l'une d'excorporation du diocèse de Paris, l'autre d'incorporation au diocèse de Reims. Dans la lettre qu'il écrit à son oncle au début de septembre afin d'obtenir son accord, Charles-Maurice a le mérite d'être clair. La principale raison qu'il met en avant est de pouvoir « travailler sous ses ordres ». Et la principale raison avancée par Mgr de Beaumont à l'accord qu'il lui donne consiste dans « les bontés particulières dont l'honore monseigneur l'archevêque de Reims, son oncle ». On a beau être sévère, on n'en est pas moins népote. Les vieilles habitudes cléricales ne s'oublient pas[21].

Dans la foulée, Charles-Maurice est ordonné diacre par un ami de la famille, François-Joseph de La Rochefoucauld-Bayers, évêque de Beauvais, dans la chapelle privée de son oncle à Paris, rue Saint-Dominique[22]. La voie à la prêtrise est libre, mais, en principe, il faut encore attendre six mois. Or le temps presse avant l'ouverture de l'Assemblée générale du clergé. Nouvelle dérogation, nouvelle dispense[23]. Dans la matinée du samedi 18 décembre 1779, l'abbé de Périgord est ordonné prêtre par Louis-André de Grimaldi, évêque de Noyon, suffragant du diocèse de Reims, dans la chapelle de l'archevêché[24]. Le lendemain, il est nommé par son oncle l'un des vicaires généraux de son diocèse[25]. Bernis, Loménie de Brienne, Boisgelin, Jarente, Dillon, Rohan ont fait exactement la même chose pour leurs neveux. Mais la route est encore longue vers l'Agence générale. Il ne suffit pas à Charles-Maurice d'être prêtre et licencié, il lui faut encore relever d'une façon quelconque de la province ecclésiastique de Tours qui, en 1780, est chargée avec celle d'Aix d'élire l'un des deux agents généraux pour les cinq années à venir. Qu'à cela ne tienne. Dans les premiers jours de janvier 1780, on lui accorde un bénéfice sur une chapelle de l'église Saint-Venant de Tours. Il est nommé le 10 mai par l'assemblée provinciale et prête le serment de sa charge le 31 mai devant l'Assemblée générale du clergé. On en verra l'importance. Mais dans l'immédiat, on est impressionné par la rapidité et l'efficacité de la manœuvre. C'est un sans-faute, obtenu à coups de dispenses et d'influences.

En réalité, Charles-Maurice n'a aucune expérience de l'administration de l'Église. À peine nommé vicaire général de Reims, il s'est empressé de rentrer à Paris. Le succès avec lequel il va remplir sa nouvelle charge prouve son étonnante faculté d'adaptation. Il prouve aussi son indifférence à la prêtrise et à ce qu'elle représente. Les gestes de l'ordination ne manquent pourtant pas de gravité : la grande prostration, la double imposition des mains par l'évêque, l'onction de l'huile sainte, la porrection des instruments. Charles-Maurice porte ce jour-là une aube blanche recouverte d'une étole violette, la couleur de l'avent. À genoux, sa chasuble violette à demi déployée, un cierge à la main, il écoute les paroles de l'évêque : « Donne, nous t'en supplions Père tout-puissant, à ton serviteur ici présent la dignité du sacerdoce […] afin qu'il exerce cette fonction et que l'exemple de sa vie soit un appel à la dignité des mœurs[26]. » Il y a plusieurs manières d'écouter ou de ne pas écouter. Son ami Choiseul-Gouffier prétendra beaucoup plus tard qu'il était la veille de son ordination « dans un état violent de lutte intérieure, de larmes et de désespoir ». « Il est trop tard, il n'y a plus à reculer. » Mais c'est Adolphe de Bacourt, l'exécuteur testamentaire de Charles-Maurice, associé à sa nièce la duchesse de Dino, à la garde de ses papiers et à la construction de sa légende, qui rapporte l'anecdote[27]. À l'époque, sa mère est beaucoup plus prosaïque : « Mon fils aîné se trouve très bien de son nouvel état[28]. » Il y a plusieurs explications à ce qu'on pourrait appeler, aujourd'hui, cette absence de scrupules : l'ambition et, à l'opposé, la légèreté. Toute cette période en est pétrie.

Talleyrand, qui généralement se tait sur son ordination, y fera allusion une seule fois au cours de l'une de ses conversations avec sa nièce, quelques mois avant sa mort. Le thème de l'insouciance est pour lui un moyen comme un autre d'éviter la question : « Si j'avais agi dans un système, par principe, je comprendrais. Mais non, tout s'est fait sans y regarder, avec l'insouciance de ce temps-là, comme nous faisions à peu près toute chose dans notre jeunesse[29]. » Charles-Maurice devient prêtre sans état d'âme. Il n'a pas non plus dû célébrer la messe très souvent. Il n'y était d'ailleurs pas obligé. À cette époque de sa vie, le ministère ecclésiastique devait tenir assez peu de place.

10.

MONSIEUR L'AGENT GÉNÉRAL DU CLERGÉ DE FRANCE

À l'opposé, Charles-Maurice prend très au sérieux les affaires du clergé dont il aura la charge, de mai 1780 à septembre 1785. L'agent général du clergé, qui tient ses pouvoirs de l'Assemblée, est au centre de la machine administrative de l'Église et son représentant auprès du roi. Il a rang de conseiller d'État et droit d'entrée au Conseil du roi, à son comité des affaires ecclésiastiques comme chez les ministres[1]. D'après le *Recueil concernant l'Agence générale du clergé* publié par ordre de l'assemblée de 1767, « les agents portent tout le poids de la hiérarchie ecclésiastique. Ils sont, pour ainsi dire, les dépositaires du juridique et du temporel du clergé de France ». Ce n'est pas rien. Le clergé est le premier des trois ordres du royaume. Il détient en valeur le quart des propriétés du pays qui produisent des revenus supérieurs à ceux du trésor royal. Il jouit également de droits et de privilèges fiscaux et juridiques que les agents généraux, invités à « conserver précieusement les droits, honneurs, prérogatives, exemptions, immunités et privilèges de l'Église », sont chargés de défendre, en liaison avec les diocèses. En clair, les agents généraux représentent un peu le pouvoir exécutif d'un clergé dont les assemblées générales ordinaires et extraordinaires seraient le pouvoir législatif.

Techniquement, les bureaux de l'agence sont installés au couvent des Grands-Augustins, sur les quais, face au Pont-Neuf. Les archives du clergé y sont conservées sous la garde d'Henri-Gabriel Duchesne qui fait office de secrétaire particulier de Charles-Maurice, et le second secrétaire n'est autre que Charles Mannay, son ancien professeur à Saint-Sulpice.

Charles-Maurice n'est pas seul à la tête de l'agence. Il est en effet censé y travailler avec Pierre-Daniel de Boisgelin qui, de loin, lui ressemble singulièrement. Lui aussi a été nommé grâce à son oncle, en l'occurrence l'archevêque d'Aix. Lui aussi appartient au petit groupe des abbés mondains accueillis dans les salons parisiens. Mais, à la différence de Charles-Maurice, ses aventures tournent mal. « Beau brun et superbe cavalier », il se fait prendre en tête à tête galant avec la belle Anne Couppier, une ancienne maîtresse de Louis XV, mariée en 1772 par son royal amant au marquis de Cavanac. L'affaire remonte jusqu'à Maurepas, le puissant ministre du moment. C'est finalement le mari qui est exilé à quarante lieues de Paris. L'abbé sauve sa tête, mais sort discrédité de l'affaire qui lui coûtera la mitre. Son oncle, l'archevêque d'Aix, est furieux : « Et voilà mon imbécile d'abbé qui contrarie, Dieu sait pourquoi, mon désir de l'aider. » La belle affaire, « une erreur de jeunesse », écrit encore l'archevêque qui au fond en a vu d'autres et ne demande qu'à pardonner. On respire au passage le délicat fumet des mœurs ecclésiastiques de l'époque. Bachaumont, toujours friand de ce genre d'histoire, rapporte en février 1781 la conversation du ministre et de l'abbé. Au premier qui lui reproche d'avoir choisi « un tel moment pour un tête-à-tête avec une si jolie femme », le second répond sans s'embarrasser qu'il « ne pouvait pas faire mieux que suivre l'exemple de tel prélat qu'il nomma ». Les amateurs apprécieront son sens de la repartie[2]. L'abbé de Boisgelin est galant, il est aussi peu capable et se désintéresse très vite des affaires de l'agence que Charles-Maurice assume seul[3].

Si les dizaines de pamphlets écrits contre Talleyrand sous la Révolution le montrent volontairement peu assidu aux devoirs de sa charge, incapable de rédiger correctement un mémoire, faisant faire le travail par d'autres, les archives de l'agence prouvent le contraire[4]. Derrière la légende noire de l'ecclésiastique négligent et infidèle à son état se cache un travailleur acharné, rédigeant des milliers de billets, notes, brouillons, mémoires, rapports. L'historien américain Louis S. Greenbaum, en comparant récemment les minutes et les originaux des deux mille lettres envoyées par le secrétariat de l'agence entre 1780 et 1785, a pu prouver que la plupart d'entre elles lui reviennent, même lorsqu'elles ne sont pas signées par lui mais du nom collectif de l'agence[5]. On y trouve des lettres familières aux plus éminents prélats de l'époque – La Rochefoucauld, Dillon, Champion de Cicé, Lefranc de Pompignan, Dulau… –, mais aussi de nombreuses lettres aux représentants du roi, secrétaires d'État, gouverneurs et intendants de provinces, etc. Charles-Maurice sait parfaitement se servir des moyens que lui donnent sa position pour nouer d'utiles relations avec les puissances du jour : Turgot, Calonne, Castries, Maurepas, Malesherbes, qu'il cite dans ses Mémoires[6], mais aussi Vergennes, Ségur, Necker, Breteuil, Miromesnil. Il ne tarde pas à maîtriser les questions juridiques et financières qui lui sont quotidiennement soumises. Les collaborateurs dont il dispose au sein de l'agence lui sont sur ce plan particulièrement utiles. D'abord le conseil des quatre avoués du clergé, qui se réunit toutes les deux semaines sous sa direction, trie, classe et répond aux demandes en cours : litiges sur les dîmes, sur les privilèges seigneuriaux du clergé, interprétations de contrats ou de testaments, droits épiscopaux. C'est à ce stade que le conseil recommande l'intervention écrite de l'agent général auprès de l'administration royale. Ensuite le receveur général du clergé, qui occupe une position clé auprès de l'agent général. À l'époque de Charles-Maurice, l'office est occupé par Bollioud de Saint-Jullien. C'est lui qui auditionne les comptes des receveurs diocésains du clergé et perçoit une fois tous les deux ans les décimes, c'est-à-dire le dixième des revenus de l'Église destiné au trésor royal. Sous le contrôle de l'agent général, il supervise aussi le montant des emprunts lancés par le clergé en avance du « don gratuit », une imposition supplémentaire, exceptionnelle et théoriquement volontaire, perçue en principe tous les cinq ans par le trésor royal sur les revenus de l'Église. Il fixe enfin le taux d'amortissement des débits de l'emprunt.

Dans ses fonctions, Charles-Maurice apprend l'art de se fondre dans la masse des intérêts de son ordre. Comme le caméléon, il en prend la couleur, en adopte l'esprit. N'oublions pas que du succès de son travail à l'Agence générale dépend sa promotion à l'épiscopat. Apparemment, le zèle dont fait preuve le jeune abbé de Périgord à la défense de son ordre plaît. Lorsque en septembre 1785, Charles-Maurice achève devant les députés de l'Assemblée générale du clergé la lecture du rapport de clôture de son travail à l'agence, il est salué par un concert de louanges et de félicitations. L'archevêque de Bordeaux Champion de Cicé, chargé d'étudier son mémoire, est enthousiaste : « L'examen auquel nous avons procédé ajoute encore à l'impression que vous en avez eue lors de sa lecture au cours de vos sessions. À notre grande satisfaction, nous ne pouvons qu'admirer à nouveau la vérité des principes, la force des raisonnements et la noblesse de l'expression. Ce rapport est un monument au talent et au zèle de ceux qui l'ont rédigé. Il est assuré de notre gratitude éternelle. L'approbation que vous avez donnée à cet important travail est au-dessus de toute louange[7]. » Plus modestement, dans les réponses qu'il reçoit aux affaires qu'il a traitées, les remerciements se succèdent et se ressemblent. Un représentant du clergé de Bourg-en-Bresse qu'il a aidé dans un cas de tentative d'empiètement à l'exemption du vingtième, une imposition qu'en principe l'Église ne paie pas, lui écrit : « Le clergé de ces provinces n'oubliera jamais ce que l'on vous doit ; votre nom sera précieusement conservé dans ses annales[8]. » Encore cinq ans, et on sera loin des souvenirs pieux !

À trente ans, Charles-Maurice est en pleine possession de ses moyens. Au cours de ses cinq années d'agence, il a su mettre un savoir-faire et une méthode à l'épreuve des faits : ne pas aller contre l'institution lorsque celle-ci occupe une position dominante, mais la réformer de l'intérieur, par petites touches ; savoir faire des concessions pour sauver l'essentiel, apprendre à composer.

Lorsqu'il y entre, l'Église, très endettée, est sur la défensive face à l'administration royale soutenue par une opinion publique hostile, travaillée par les philosophes. La crise financière du début des années 1780 la touche de plein fouet. Elle vit dans la psychose d'une menace de confiscation de ses biens par le pouvoir royal ruiné par la guerre d'indépendance américaine, d'autant plus qu'en Autriche Joseph II a donné l'exemple en passant à l'acte en 1782. L'archevêque d'Aix se fait le porte-parole de ces inquiétudes au cours de l'assemblée générale de 1780. Le 17 juillet, il prie l'assemblée « de mettre directement sous les yeux de Sa Majesté l'état de la position du clergé de son royaume, inquiet de ses possessions, tourmenté de son usage, troublé sur tous les points quant à l'usage et l'exercice de ses droits, privilèges et franchises ». Face à cette situation préoccupante, le nouvel agent général du clergé rode sa méthode : se tenir informé, céder partiellement lorsque cela est absolument nécessaire. Les rumeurs persistantes de confiscation des biens du clergé par la maison d'Autriche, propagées en avril 1782 par la *Gazette de France* avec la bénédiction du gouvernement, lui donnent l'occasion de sonder l'administration en prêchant le faux pour obtenir le vrai. À Vergennes, alors ministre des Affaires étrangères de Louis XVI, il écrit le 28 juin une longue lettre où transpire pour la première fois cette « souplesse de raisonnement » dont il aimera plus tard se souvenir : « Vos talents connus par tant de négociations importantes vous ont appelé, monsieur, au ministère des Affaires étrangères, et vos brillants succès dans cette grande place montrent que vous avez trop bien approfondi l'esprit des peuples de l'Europe pour ne pas connaître parfaitement celui de votre propre nation. Vous ne serez pas surpris d'après son caractère que l'article de la *Gazette* que je viens d'avoir l'honneur de vous citer ait donné lieu à une foule de réflexions peu favorables au clergé de France. » Un peu plus loin : « Votre amour sincère de la religion est trop connu, monsieur, je suis trop persuadé de votre respect pour les lois, de votre équité, de l'étendue de vos lumières, de la prudence et de la sagesse de vos vues pour que ces téméraires et indiscrètes réflexions puissent me causer les plus légères alarmes. » Le courtisan perce sous l'agent général du clergé, et Charles-Maurice obtient ce qu'il cherchait, l'assurance du gouvernement de n'avoir aucunes « intentions secrètes » d'en vouloir aux biens du clergé[9]. Mais on n'est jamais trop prudent.

Trois mois plus tard, en octobre, il est le premier à proposer à ses pairs, réunis en assemblée extraordinaire, d'accorder au roi englué dans ses affaires américaines le don gratuit exceptionnel de 15 millions de livres qu'il sollicite, en dépit des promesses faites par l'administration de ne plus rien exiger du clergé jusqu'en 1785. La démarche est typique du futur diplomate : mieux vaut anticiper l'événement plutôt que le subir, céder en partie afin de préserver ce qui peut encore l'être, défendre ce qui est politiquement défendable et lâcher en proportion, en flattant l'opinion publique – « la vénération des peuples », en langage ecclésiastique de l'époque. L'assemblée, d'abord franchement hostile, finira par céder[10]. La même analyse de la situation, la même méthode conduiront le futur évêque d'Autun à proposer en 1789 la vente monnayée des biens du clergé, à seule fin d'en éviter la confiscation pure et simple par l'Assemblée nationale. Mais, cette fois, le clergé, qui « n'a rien concédé à l'esprit du temps » – euphémisme bien dans la manière de Charles-Maurice –, ne le suivra pas. D'autant plus que son ancien agent général aura passé cinq ans à défendre le principe de l'inaliénabilité des propriétés ecclésiastiques…

Il ne procède pas autrement lorsqu'il imagine dès 1780 un plan de rachat par son ordre des loteries royales. De la part d'un futur grand joueur, l'idée ne manque pas de cynisme. Les arguments qu'il avance dans ses Mémoires en faveur de son projet non plus : « J'avais calculé toutes les chances et toutes les conséquences de cet établissement désastreux. J'observais en même temps que le clergé, attaqué et raillé par les philosophes, perdait chaque jour de sa considération. Je voulais lui en rendre et, pour cela, le montrer au peuple comme le protecteur de la grande morale[11]. »

Céder pour subsister. Réformer pour mieux conserver. « Que tout change pour que rien ne change. » La défense du clergé, pour être efficace, passe par sa réorganisation. Sur ce plan, l'abbé de Périgord est à l'origine de la plupart des grandes tentatives de réforme de l'Église des dix dernières années de la monarchie. Il est le dernier à avoir cherché sur une grande échelle à rationaliser son administration en proposant, dans deux rapports aux assemblées de 1782 et de 1785, de mettre en place un système de correspondance diocésaine, régulier et uniforme. Il s'agit de faire remonter l'information sur les conflits de procédure en cours, par l'intermédiaire des syndics diocésains, à l'Agence générale et aux assemblées, puis de la faire redescendre. « De cette double correspondance qui ramènerait à un centre commun tous les intérêts ecclésiastiques, il nous a semblé [...] qu'il résulterait [...], pour le corps entier du clergé, une heureuse harmonie, un accord parfait dans le plan de ses défenses, qui rendraient son administration plus respectable encore et plus imposante ; pour vos agents, une connaissance plus sûre des diverses atteintes portées à vos privilèges ou des jugements qui les consacrent[12]. » Le projet, qui recevra un début d'exécution en octobre 1783, identifie clairement son concepteur à ce que l'on pourrait appeler l'esprit des Lumières. En centralisant l'information, en rationalisant les réponses à apporter aux multiples affaires de l'Église, l'ensemble du clergé ne peut que gagner en force et en cohésion face à une administration royale de plus en plus agressive, à une jurisprudence parlementaire de moins en moins favorable. La remarquable circulaire qu'il adresse aux évêques le 8 novembre 1780 sur la réforme de l'éducation dans les diocèses procède de la même démarche.

La force de l'Église dépend aussi de la préservation de la paix sociale de ses 130 000 membres. Or, en entrant à l'agence, Charles-Maurice trouve une situation profondément inégalitaire et dégradée. Les 5/6e des revenus ecclésiastiques sont concentrés entre les mains des gros propriétaires de dîmes – évêques, chapitres cathédraux, abbés commendataires, séminaires, hôpitaux – qui redistribuent une faible partie de leurs revenus aux curés desservants. C'est la fameuse « portion congrue » fixée par l'assemblée de 1768 à la modique somme de 500 livres que l'augmentation des prix des denrées au début des années 1780 et la dépréciation de la valeur du marc d'argent dévaluent d'autant. Sans parler des décimateurs qui refusent de redistribuer leur part aux desservants ou de subvenir à la réparation de leurs églises. Devant cet état de fait, dans les provinces les plus pauvres, les curés, par ailleurs exclus des assemblées provinciales et nationales du clergé, se regroupent en comités permanents, dépêchent des délégués à Paris et contestent l'autorité de leurs évêques. Par comparaison, l'ancien intendant du Limousin, Sénac de Meilhan, avance des chiffres qui en disent long sur le fossé qui sépare les curés de leur hiérarchie, en estimant le revenu moyen des évêques à 34 000 livres dans les années 1750[13]. Charles-Maurice, confronté à cette fronde des curés qui parfois se retournent vers les parlements de province pour demander une augmentation de leurs revenus, use à la fois de la carotte et du bâton. D'un côté il promet à l'Assemblée du clergé « d'arrêter le mal à sa source » et obtient du roi deux décrets de son Conseil d'État interdisant toute réunion de curés « en corps séparé » en dehors des communautés et corporations autorisées, de l'autre il arrache à l'Assemblée du clergé l'uniformisation et l'augmentation de la portion congrue qui, par un édit royal de septembre 1786, passe à 700 livres. Mais, en 1789, seuls quelques parlements l'auront enregistrée. En demandant à l'Assemblée nationale, dans sa motion du 10 octobre 1789 sur les biens du clergé, une nouvelle augmentation de la portion congrue, Charles-Maurice est logique avec lui-même. En 1789 comme en 1785, ses buts sont les mêmes : étouffer une dissidence devenue criante, représentée à l'Assemblée nationale par quelques ténors du bas clergé aussi bruyants qu'encombrants, de l'abbé Grégoire à l'abbé Gouttes[14].

La plupart des biographes de Talleyrand n'ont fait qu'effleurer son action au sein de l'Agence générale du clergé. Le rôle qu'il y a joué, l'expérience qu'il y a acquise vont pourtant le marquer profondément. Les centaines d'affaires qu'il aura eu à y résoudre, de celle du couvent des Célestins de Lyon à celle de la ville de Limoges contre son évêque, lui ont permis d'acquérir une méthode et un style. On est frappé, au fil de sa correspondance, de son habileté à saisir le cœur du problème qui lui est soumis, à faire la part des choses et à le résoudre par des réponses simples et efficaces. Mais le pragmatisme de sa pensée se plie toujours à l'élégance de son style. En l'occurrence, le fond de sa méthode est inséparable de la forme. À l'Agence, son style s'affirme et devient ce qu'il sera jusqu'à la fin de sa vie. À l'évêque de Châlons qui lui communique le mémoire un peu vif de l'un de ses curés à ses juges, il a cette réponse : « Vous n'approuverez sûrement pas le ton d'aigreur qui y règne, quelque juste que soit la demande formée contre lui. Je pense que si ce mémoire doit être mis sous les yeux de ses juges, il fera bien d'en supprimer les termes "d'extravagante prétention", de "vexation inouïe", de "paradoxe affreux", de "concussion criminelle" et une infinité d'autres expressions semblables qui ne peuvent que nuire à sa cause. » Il termine par ce conseil : « En général c'est dans la solidité des moyens qu'il faut chercher une défense légitime. La chaleur et la passion ont gâté les meilleures affaires[15]. » Par tempérament et par politique, Charles-Maurice fait de la modération l'arme nécessaire à la réussite de toute négociation. Il ne changera plus. À cette nuance près que, lorsque la négociation s'annonce trop inégale ou difficile, il s'efface et disparaît. Il a tout autant l'art de n'être pas là que celui de savoir revenir à propos.

Au-delà du style, ses cinq années d'Agence ont fait de lui l'homme le mieux informé des affaires du clergé, de ses revenus et de son patrimoine. L'expérience est précieuse et le placera tout naturellement sur le devant de la scène lorsque surviendra la Révolution. D'ailleurs, Charles-Maurice est le premier à prendre conscience de l'éminence de sa position. Pendant cinq ans, il défend les prérogatives de son ministère et lui donne tout le prestige possible. Le préambule de son rapport à l'assemblée extraordinaire de 1782 en donne un aperçu : « Cette assemblée nous procurera l'occasion de recourir à vos talents et à vos lumières, de puiser nos principes dans votre sagesse, et de diriger nos vues sur votre prudence et sur vos desseins. Cet avantage nous est trop précieux pour ne pas le saisir avec le plus grand empressement. Plus on a donné d'étendues aux connaissances que l'on s'est acquises, plus on est instruit de la nature des devoirs que l'on impose. Aussi, vous savez, messeigneurs et messieurs, mieux que nous-même, combien la carrière de l'Agence devient de jour en jour plus difficile à remplir[16]. »

Tout cela fait très bon effet. Charles-Maurice quitte l'Agence en septembre 1785 avec plus de 100 000 livres en poche pour salaire de son travail, une réputation assise d'habile défenseur de son ordre et la promesse d'un évêché. Mais lorsque, dans quelques années, mesurant la force des événements, il jugera la situation du clergé intenable, son revirement n'en sera que plus éclatant et moins bien compris. La haine avec laquelle une grande partie du haut clergé le poursuivra est née de ce contraste. Aux bons élèves on pardonne d'autant moins la trahison.

11.

LA COMTESSE DE BRIONNE, CHOISEUL ET LE CHAPEAU

L'abbé de Périgord n'est pas toujours absorbé par « les affaires urgentes et multiples » du clergé[1]. Il ne néglige ni le monde ni les salons. Laure de Permon raconte que ses capacités étaient telles qu'il pouvait y passer plusieurs nuits de suite sans dormir et travailler dans la journée « avec toutes ses facultés sérieuses[2] ». D'ailleurs, le monde et les affaires ne sont nullement séparés. « La position que j'avais prise dans le monde donnait une sorte d'éclat à mon agence », écrit-il dans ses Mémoires[3]. De Brunswick, son ami Mirabeau qui l'imagine en train de mener « une vie fort agitée [...] dans des sociétés d'élite » s'inquiète à tort : « Vous devez éprouver, malgré tout l'aplomb que vous a donné la nature, combien il est difficile de passer de la dissipation sociale à la méditation du cabinet[4]. »

La géographie parisienne des salons n'est pas simple. Charles-Maurice comprend vite qu'il est des endroits où il faut être, d'autres où il ne faut pas être. L'un de ses lieux de prédilection est le salon de Louise de Rohan, veuve du grand écuyer de France, le comte de Brionne, qui appartient à la maison de Lorraine. À la différence de la duchesse de Luynes ou de la vicomtesse de Laval, la comtesse de Brionne est beaucoup plus âgée que Charles-Maurice. La « dignité de son rang », les vingt ans qui la séparent du jeune abbé de Périgord en font sans doute une initiatrice et une confidente plus qu'une maîtresse. Beugnot, qui l'a bien connue, dit qu'elle était « une des plus belles femmes de son temps[5] ». En Angleterre, dans les dernières années de sa vie, Charles-Maurice racontera qu'elle était si belle que, peu après son mariage, elle provoqua par sa simple présence un tumulte à l'Opéra[6]. Vingt ans après, elle a encore fière allure et porte magnifiquement son rang. « C'était une Junon chrétienne, écrit Mme de Créquy, héraldique et toujours bien poudrée, bien appuyée sur ses hermines de Bretagne et mouchetée de croix de lorraine à profusion[7]. » Elle a été la maîtresse de son cousin, le cardinal de Rohan puis celle du duc de Choiseul qu'elle a suivi en exil à Chanteloup, près d'Amboise, dans les dernières années du règne de Louis XV. Choiseul a vieilli, l'intimité est restée. Dans ses Mémoires, Charles-Maurice avoue que « la beauté d'une femme, sa noble fierté se mêlant au prestige d'un sang illustre et fameux, si souvent près du trône ou comme son ennemi ou comme son soutien, répandent un charme particulier sur les sentiments qu'elle inspire[8] ». Dans quelques années, la Révolution les séparera. La mort du duc d'Enghien n'arrangera rien. Rohan et aristocrate jusqu'au bout des ongles, réfugiée à Presbourg, Mme de Brionne ne consentira à revoir son ancien ami qu'à l'époque du congrès de Vienne, en mars 1815[9]. Par elle, Charles-Maurice fréquente les salons de sa cousine, la princesse de Rohan-Rochefort, dans son hôtel de la rue de Varenne, ceux de son amie intime, la comtesse Kinsky. Il rencontre surtout le duc de Choiseul qui l'a marqué au point de lui avoir consacré un portrait d'ailleurs férocement critique, annexé à ses Mémoires : « M. de Choiseul ne sera pour l'histoire qu'un homme qui a gouverné la France par le despotisme de la mode [...] sans que son nom rappelle ni batailles gagnées, ni traités glorieux, ni ordonnances ou règlements utiles[10]. » Choiseul n'a rien fait pour empêcher le premier partage de la Pologne, une question essentielle selon lui. Le vieil équilibre européen en a été bouleversé et le royaume durablement affaibli. Le duc est à ses yeux le type même du favori de cour, celui qui personnifie la dégénérescence du fonctionnement politique de l'ancienne monarchie. Arrivé au pouvoir en 1759 par une femme, la marquise de Pompadour, il en a été chassé en 1770 par une autre, la comtesse Du Barry. À Choiseul, il préfère le cardinal de Fleury, son maître en politique avec Kaunitz, le vieux chancelier autrichien. Fleury, au début du règne de

Louis XV, a su maintenir le pays en paix pendant vingt ans. Il a tout fait pour rétablir la concorde religieuse dans le royaume en tentant d'apaiser l'opposition janséniste au roi. C'est encore lui qui, par le traité de Vienne, donna la Lorraine à la France en préparant l'alliance autrichienne. Il est à ses yeux « le plus grand ministre qui ait jamais gouverné en France[11] ».

Mais lorsqu'on débute en politique on ne néglige pas un homme qui a conduit la politique extérieure du royaume pendant onze ans. Le jeune abbé écoute l'ancien ministre et se lie avec plusieurs de ses intimes et parmi eux son protégé l'abbé Barthélemy qui a rédigé à Chanteloup la dédicace de la pagode de sept étages qu'il a fait construire après sa disgrâce : « Étienne-François duc de Choiseul, pénétré des témoignages d'amitié, de bonté, d'attention dont il fut honoré pendant son exil par un grand nombre de personnes empressées à se rendre en ces lieux, a fait élever ce monument pour éterniser sa reconnaissance. » Il y a aussi l'historien Rulhière alors occupé à écrire son *Histoire des troubles de Pologne*. Il voit le ministre disgracié à Paris mais aussi à Chanteloup, où il se rend au moins une fois dans les premiers mois de 1784. C'est là qu'il fait la connaissance de Maurice d'Hauterive qui deviendra l'un de ses collaborateurs les plus fidèles au ministère des Relations extérieures. D'Hauterive, qui enseigne alors au collège des oratoriens de Tours, est devenu l'un des habitués de Chanteloup. Il est sur le point de quitter la France pour l'ambassade de Constantinople où il est appelé à la suite du comte de Gouffier que le roi vient de nommer. Auguste de Choiseul, comte de Gouffier, est le neveu du duc et le plus vieil ami de Charles-Maurice qu'il a connu au collège d'Harcourt. De deux ans plus âgé que lui, il s'est déjà forgé une réputation de voyageur et d'antiquaire en publiant en 1782 son *Voyage pittoresque de la Grèce* qui le conduira l'année suivante à l'Académie française – « ce jeune homme a de l'esprit », note Bombelles la même année[12]. Comme la plupart de ses autres amis, Talleyrand lui consacre un joli portrait dans ses Mémoires, même s'il ne peut s'empêcher de critiquer son manque d'ambition. Auguste de Choiseul, « noble, bon, confiant, sincère », est l'ami de cœur par excellence, « l'homme que j'ai le plus aimé[13] ». Les lettres que Charles-Maurice lui adresse à Constantinople débordent d'affection. « Depuis plus de six semaines, mon ami, je n'ai pas de tes nouvelles, et jamais je n'ai eu autant besoin d'en recevoir. Je ne sais rien de toi que ministériellement. [...] Mais des détails, des détails qui sont tout pour l'amitié, je n'en sais pas un mot[14]. » Sous la Révolution, au cours de l'été de 1791, il le fera nommer au ministère des Affaires étrangères, que l'intéressé refusera pourtant, préférant le calme de son ambassade à Constantinople à la foire d'empoigne parisienne[15]. Quand plus tard, sous le Consulat, Choiseul décidera enfin de rentrer après un long séjour en Russie, ruiné et sans appuis en France, Charles-Maurice, alors au faîte du pouvoir, lui écrira un mot digne d'un traité sur l'amitié : « Notre ancienne amitié est le plus doux de mes souvenirs. [...] Nous avons une perte de dix-huit ans d'épanchements à réparer. Revenons l'un à l'autre au même point par des routes opposées ; nous trouverons peut-être que sur mille objets nous n'avons différé que de prévoyances. Tu trouveras ici ta place marquée parmi les hommes qui ont honoré la France par la célébrité des talents ; tu y trouveras des amis. C'est assez te dire que les intérêts que tu me recommandes dans ta lettre seront l'objet de tous mes soins, avant comme après ton retour[16]. » Aussi le fait-il élire à l'Institut dans la classe d'histoire et de littérature ancienne et écrit-il à Brune, son successeur à Constantinople : « Je vous recommande les intérêts de Choiseul. Il est le plus ancien et le meilleur de mes amis[17]... » Avec cela, il ne manquera pas d'hommes fins et bons observateurs pour prétendre, sous la Restauration, qu'il n'avait jamais eu d'amis ou qu'il avait des amis comme on a des chiens[18].

En 1784, à Chanteloup, le duc de Choiseul aime recevoir et prodiguer à ses jeunes hôtes des conseils choisis. Il en est un, complaisamment rapporté par d'Hauterive, qui servira admirablement l'image de son futur patron : « Dans mon ministère, j'ai toujours plus fait travailler que je n'ai travaillé moi-même. Il ne faut pas s'enterrer sous les papiers ; il faut des hommes qui les débrouillent. Il faut gouverner les affaires d'un geste, d'un signe, mettre la virgule qui décide le sens. [...] Alors la journée a plus de vingt-quatre heures. » Et un peu plus loin : « Un ministre qui va dans le monde peut à tout instant être averti d'un danger, il peut le deviner même dans une fête. Et qu'apprendra-t-il dans son bureau s'il est sans cesse enfermé ?[19] » Tout cela est admirablement joué. Vingt ans plus tôt, le même duc de Choiseul terminait l'un de ses mémoires au roi par ces mots : « On ne peut pas dire sérieusement que je ne travaille pas. J'emploie huit heures par jour à mes départements ; le travail des Affaires étrangères, tant que je les ai eues, est presque tout de ma main dans le bureau. L'on ne soupçonne pas que j'ai copié les idées de mes commis. Ceux de la Guerre et de la Marine sont des témoins irréprochables qu'il ne se fait rien dans les départements sans mon examen et sans mon approbation[20]. »

Charles-Maurice n'oubliera pas cette leçon de comédie du pouvoir. En grand maître des cérémonies, il appliquera, à la virgule près, les conseils du maître à l'élève. Sans être paresseux par nature, il feindra de le devenir par système. À l'époque où nous sommes, il n'en est encore qu'aux balbutiements, mais après la Révolution, la méthode atteindra presque au sublime.

La comtesse de Brionne n'a pas seulement le charme de ses anciens amants, elle a aussi celui de ses filles. Charles-Maurice inaugure là une pratique qu'il renouvellera plus tard avec les Courlande. Après avoir peut-être été l'amant de la mère, il devient celui de ses filles. D'abord la cadette Anne-Charlotte, dite la princesse Charlotte, d'un an plus jeune que Charles-Maurice. Sa liaison avec l'abbé de Périgord sera si tendre qu'elle aura beaucoup de mal à quitter Paris pour l'abbaye royale de Remiremont où elle sera appelée à prendre la suite de l'ancienne abbesse Marie-Christine de Saxe. Elle mourra à Paris quelques années plus tard, de phtisie, dans les bras de Charles-Maurice. Ensuite l'aînée, la princesse de Lorraine, veuve du prince de Carignan, qui, très éprise et un peu folle, se mettra en tête de l'épouser et d'obtenir à Rome les dispenses nécessaires. Dans les tout premiers jours de la Révolution, elle le suppliera de venir la rejoindre à Turin, ce à quoi Charles-Maurice répondra dans ses Mémoires : « J'eus besoin de toute la force de ma raison [...] pour résister. » Il ne la reverra jamais. Enfin, comme si ses filles ne suffisaient pas, Charles-Maurice se lie d'amitié tendre avec l'une des belles-filles de la comtesse de Brionne, Louise de Montmorency, mariée à quinze ans au deuxième de ses fils, le prince de Vaudémont. Celui-là, décrété de prise de corps par plusieurs parlements de province, est resté célèbre pour ses frasques et sa brutalité. Très vite séparée de son mari, cultivée, originale, ouverte aux idées nouvelles, franc-maçonne, mauvaise tête mais bon cœur, dit Mme de Créquy, Louise de Vaudémont a l'avantage d'être presque de dix ans plus jeune que Charles-Maurice et lui sera fidèle jusqu'à sa mort sous la Monarchie de Juillet. Le futur diplomate pratiquera son salon sous tous les régimes, et supportera bon an mal an les cohortes d'animaux dont elle ne se sépare jamais – katacouas criards, guenons vertes et singes violets. Avec la vicomtesse de Laval, la princesse de Vaudémont est sans doute l'une des femmes de l'ancienne société qui lui sera la plus proche. Le billet qu'il lui écrit en 1832 quelques mois avant sa mort donne une idée de la force de leurs liens : « Il n'y a dans la vie qu'une personne qui est tout soi, une seule personne. C'est vous qui êtes cette personne-là pour moi. Ce que je fais de bien, ce que je fais de mal, ce que je n'aime pas : cela vous regarde[21]. » D'après Montrond, il pleurera pour la première fois de sa vie en apprenant sa mort[22].

Tout le clan Lorraine est tellement entiché du jeune abbé « couleur de rose » que Mme de Brionne se mettra en tête d'en faire un cardinal. Le projet est beaucoup plus sérieux qu'on ne l'a dit, puisque l'abbé fera lui-même le voyage de Rome au cours de l'été 1784 après avoir sans doute sollicité l'avis de Choiseul à Chanteloup, puis celui du cardinal de Bernis, le prédécesseur de Choiseul au ministère et l'ambassadeur du roi chez qui il habite à Rome. Le 20 août, sa belle protectrice écrit à son ami le roi de Suède Gustave III, qui voyage en Italie, pour lui demander d'intervenir en sa faveur auprès de Pie VI : « Sa naissance, ses qualités personnelles, les talents qui lui ont mérité l'estime de son corps, voilà, Sire, ce qui me fait oser employer la recommandation de Votre Majesté en sa faveur[23]. » Mais exactement un an plus tard éclate l'affaire du collier de la reine qui compromet gravement le cardinal de Rohan manipulé par des escrocs de haut vol. Après son arrestation brutale à Versailles, le 15 août, toute la famille fait bloc et sa cousine Louise de Rohan, comtesse de Brionne, prend la tête de l'opposition à la reine. Bombelles note en décembre que « le roi, choqué de [sa] conduite [...] dans l'affaire du cardinal de Rohan, lui a fait dire qu'il la dispensait de venir à la cour[24] ». Elle partage alors en partie l'exil de son cousin puis perd sa fille Charlotte. Mirabeau, qui la connaît grâce à l'abbé de Périgord, ne peut s'empêcher de l'admirer dans l'adversité : « Elle soutient ces catastrophes avec une rare dignité, et cela quand elle ne peut même pas se reposer sur le vide de sa douleur, quand le salut du cardinal, qui le lui devra uniquement, ne la laisse pas respirer[25]. » Et les ambitions cardinalices de l'abbé de Périgord disparaissent dans la tourmente. En attendant, le salon de la comtesse de Brionne, faubourg Saint-Germain, compte « tout ce que Paris renferme de plus élégant[26] ». On y fronde la cour, on y fait circuler chansons et épigrammes contre la reine. Charles-Maurice y est assidu. Même son valet Courtiade en aura la nostalgie aux temps plus mélangés du Consulat : « Nous qui avions eu toutes les plus belles dames de la cour ! [...] Nous qui avions eu cette charmante comtesse de Brionne[27] ! »

12.

L'ART DE PLAIRE À PARIS EN 1780

Le succès appelle le succès. Charles-Maurice de Talleyrand, abbé de Périgord, incarne au plus haut degré l'art de plaire à Paris en 1780. À aucun autre moment de sa vie il ne s'accordera aussi bien à son temps qu'à celui-là. À trente ans, il n'a pas encore à forcer sa nature ni son style. Il n'est encore ni paresseux, ni cynique, ni impénétrable par système. Il est « dans » son époque, avec ses usages, ses codes, ses interdits. On lui prêtera plus tard des centaines de mots d'esprit. Sans les renier, les a-t-il jamais considérés comme un ornement, comme le raffinement suprême de la conversation ? « Avant 1789, tout le monde s'empressait de jeter de l'esprit, personne ne songeait à en ramasser. » La parfaite conversation est à ses yeux celle de sa mère qui fuyait les bons mots comme la peste : « Personne ne m'a jamais paru avoir dans la conversation un charme comparable au sien. Elle n'avait aucune prétention. Elle ne parlait que par nuances ; jamais elle n'a dit un bon mot ; c'était quelque chose de trop exprimé. Les bons mots se retiennent, et elle ne voulait que plaire et perdre ce qu'elle disait[1]. » On vante « les grâces de son esprit », mais celles-ci se confondent si bien avec celles de son milieu qu'on aura beau chercher, on ne trouvera pas un mot qui ait retenu l'attention de ses contemporains. Les « bon mots » ne sont pas encore à la mode. Dans ce qu'on appelle la société, ils passent pour vulgaires et n'intéressent que les nouvellistes à la main. Il faut attendre quelques années avant qu'on ne commence à publier des recueils à cet usage. Charles-Maurice dira plus tard que les bons mots « servent à tout, mais ne mènent à rien[2] ». Ils sont « un coup de fusil contre l'intelligence », dit pour sa part Benjamin Constant. Ce n'est pas par un bon mot, mais en sachant user d'à-propos avec la duchesse de Gramont, la sœur du duc de Choiseul, à Auteuil chez la comtesse de Boufflers, que le jeune abbé débute dans le monde. Talleyrand s'est plu à raconter l'anecdote dans ses Mémoires : « Une manière d'être froide, une réserve apparente avaient fait dire à quelques personnes que j'avais de l'esprit. Madame de Gramont, qui n'aimait pas les réputations qu'elle n'avait pas faites, me fut à mes débuts de quelque utilité en cherchant à m'embarrasser. » Elle l'apostrophe donc par son nom en plein dîner et lui demande « ce qui m'avait frappé en entrant dans le salon où je la suivais, pour dire : Ah ! ah !... – Madame la duchesse, lui répondis-je, ne m'a pas bien entendu, ce n'est pas Ah ! ah ! que j'ai dit ; c'est Oh ! oh[3] ! »

Des nuances d'attitudes, d'expressions font l'esprit de ce temps-là, si léger et volatil qu'il ressemble un peu à la définition qu'en donnera plus tard George-Christophe Lichtenberg : « Un couteau sans lame auquel manque le manche. » L'esprit d'ailleurs est tout entier sur son visage. Un nez légèrement retroussé, des lèvres fines, des yeux bleus, un teint d'imberbe rose et blanc, « une expression railleuse » dans le regard qui plus tard paraîtra si morne et atone[4]. Quand il parle, sa voix mâle et grave – une voix de poitrine, dira plus tard l'un de ses amis anglais[5] – contraste avec sa physionomie. Il est aussi distant et silencieux dans une assemblée nombreuse que familier et disert dans l'intimité de ses amis. Il porte alors l'habit et la coiffure ecclésiastiques, les cheveux poudrés et la grande frisure. Sa taille est bien prise et haute. L'un de ses passeports du Directoire nous la révèle : « 5 pieds 5 pouces et demi[6] », soit un mètre soixante-seize, ce qui est grand pour l'époque. Sa légère claudication ne le gêne pas encore assez pour qu'il ait besoin de se servir d'une canne. Mme Vigée-Lebrun, qui le voit passer dans son atelier au début des années 1780, lui trouve « un visage gracieux, des joues très rondes. [...] Quoiqu'il fût boiteux, il n'en était pas moins fort élégant et cité comme un homme à bonnes fortunes ». Le portrait très spirituel, croqué sur le vif, qu'a fait de lui Jean-Baptiste Isabey est encore celui qui le représente le mieux dans les dernières années de la monarchie[7]. Il faudra attendre longtemps avant de commencer à le voir vieillir. « M. de Talleyrand a été très jeune et très longtemps jeune », note ironiquement Mme de Créquy[8].

Dans ses Mémoires, Charles-Maurice n'évoque pas la comtesse de Boufflers par hasard. Son salon comme celui de la marquise de Montesson, rue Grange-Batelière, a beaucoup compté pour lui. L'une est dame pour accompagner de la duchesse d'Orléans, l'autre, « aimable, douce et bonne[9] », est depuis 1773 l'épouse morganatique du duc avec qui elle s'est mariée secrètement et tient une maison « singulièrement agréable », « tout à l'extrémité de la décence[10] ». Les évêques mondains Brienne, Dillon, Charles d'Osmond y ont leur loge. Elle y fait jouer des pièces légères qu'elle compose elle-même. Par elles, il entre dans la société très fermée du duc d'Orléans et de son fils le duc de Chartres puis duc d'Orléans à la mort de son père en 1785, le futur Philippe-Égalité qui jouera le rôle que l'on sait sous la Révolution. Il a laissé de ce dernier un portrait particulier publié en marge de ses Mémoires, comme celui du duc de Choiseul, sans doute écrit une première fois assez tôt, avec son ami le comte de Beaumetz, en Angleterre pendant la Révolution[11]. C'est dire son importance à ses yeux. C'est dire aussi, par la précision des détails qu'il rapporte, combien il l'a bien connu. Même s'il est difficile de savoir avec certitude s'il a été l'un de ses compagnons de débauche, s'il était par exemple invité à sa maison de la rue Blanche où venaient des filles entretenues, au moins a-t-il partagé deux de ses maîtresses, Félicité de Genlis, dont il a déjà été question, et Agnès de Cépoy, comtesse de Buffon. Norvins, qui a surtout bien connu le mari de Mme de Buffon, le fils du naturaliste, en parle presque avec des regrets d'amoureux éconduit. « Mme de Buffon était réellement douée de tous les agréments, de tous les charmes et de toutes les facultés qui placent en vue tout d'abord, et dans un rang supérieur, la femme qui les possède. Mais la plus belle glace de Venise a toujours une petite tache qui l'empêche d'être parfaite. Mme de Buffon en avait une d'un incarnat très ardent au-dessus ou au-dessous, je crois, de l'œil gauche, ce qui l'obligeait à voiler cette faible imperfection par une boucle de ses beaux cheveux maintenue dans une inclinaison protectrice par celle d'un joli chapeau. » L'abbé de Périgord en fera discrètement sa maîtresse sans doute au début des années 1780, le duc d'Orléans plus ostensiblement en 1787. Elle restera fidèle au duc à travers la Révolution et s'occupera même, au péril de sa vie, de ses fils qu'elle ira voir à Marseille dans leur prison du fort Saint-Jean. Charles-Maurice tenait à elle au point, raconte Mme de Boigne, d'avoir voulu l'épouser sous le Directoire, à son retour des États-Unis. Le duc d'Orléans, dont elle avait un fils naturel, était depuis plusieurs années mort sur l'échafaud. Elle-même était divorcée de son mari, et « dans une grande pénurie ». Sa tante, la vicomtesse de Laval, mena la négociation qui échoua. La « jeune et jolie personne » – c'est Charles-Maurice qui parle – finira par épouser en 1799 un ancien officier de l'armée de Condé reconverti dans la finance, Renouard de Bussière[12].

Dans le mémoire qu'il lui a consacré, Charles-Maurice tente de se dédouaner de son ancienne intimité avec le duc d'Orléans qu'il défendra pourtant d'avoir participé aux journées d'octobre 1789. Le portrait qu'il brosse de lui est plus méchant encore que critique et lui sert surtout à illustrer et à justifier son analyse des origines de la Révolution. Comme il le racontera à Vitrolles sous la Restauration, il en fait le type d'une époque, celui du « désabusement » de l'Ancien Régime finissant. « Toute la jeunesse de M. le duc d'Orléans se passa sans plans, sans projets, sans suite, sans retenue aucune. Toutes ses actions avaient un caractère d'irréflexion, de frivolité, de corruption et de ruse. [...] Dans le changement continuel de penchants que le caprice fait éclore, et qui entraîne l'âme, de l'ardeur à l'indifférence, et de l'indifférence à un autre caprice, il n'y a point de place pour l'amitié. Aussi M. le duc d'Orléans n'aima-t-il personne[13]. » Pourtant Charles-Maurice a été pendant plus de dix ans très proche de ce viveur neurasthénique. Il a peut-être été initié par lui à la franc-maçonnerie et nommé premier surveillant d'une loge établie par le duc à Paris en 1786[14]. Il est son hôte régulier au Palais-Royal comme à sa maison de la barrière de Monceau. C'est là qu'il prend le jeu en passion et qu'il y trouve une partie de ses amis : des Anglais que l'on croisera plus tard, et aussi Narbonne, Liancourt, Arthur Dillon, Mirabeau, Chamfort, Laclos et surtout Lauzun. Armand-Louis de Gontaut, duc de Lauzun puis de Biron à la mort de son père en 1788, est de huit ans plus âgé que Charles-Maurice. Son véritable père, dont il a hérité les cheveux roux, est probablement son oncle, le duc de Choiseul alors comte de Stainville, dont sa mère était la maîtresse. L'amitié de l'abbé et du militaire, le conquérant des côtes du Sénégal, le vainqueur d'York, peut surprendre. Tout semble les séparer. Le premier est sédentaire, discret et prudent, le second aventurier, chevaleresque et généreux, l'un est calculateur, l'autre prodigue. Charles-Maurice, qui appartient pourtant au cercle des Rohan, se garde bien par exemple de s'engager lors de la faillite retentissante du prince de Guéménée en 1782 alors que Lauzun y perdra une partie de ce qu'on appelait ses « espérances » sur les biens de son père, le maréchal de Biron, en essayant de retarder la banqueroute de son ami[15]. Le duc de Lauzun restera aveuglément fidèle au duc d'Orléans, ce qui lui coûtera la tête, l'évêque d'Autun saura s'en séparer à temps, ce qui sauvera la sienne. Malgré leurs différences, les deux hommes ont dû exercer l'un sur l'autre une singulière fascination pour que l'un rende à l'autre un hommage touchant au-delà de la mort[16]. Ils ne partagent pas seulement « l'art des reparties heureuses », mais sont mêlés aux mêmes affaires, ont les mêmes préoccupations. Tous les deux sont anglophiles et s'intéresseront de près à la préparation du traité de commerce avec l'Angleterre. Peu avant sa conclusion, en septembre 1786, Lauzun, poussé par le duc de Chartres, cherchera même à obtenir l'ambassade de Londres à la place du comte d'Adhémar[17]. Le portrait que Talleyrand a laissé de son ami, « courageux, romanesque, généreux, spirituel », dans son mémoire consacré au duc d'Orléans est peut-être le seul qui ne comporte aucune critique. « On a dit, écrit en écho Mme de Chastenay, qu'il avait marché dans la boue sans se crotter. Il avait, dans le caractère, de cette chevalerie errante et romanesque qui subjugue les femmes et plaît aux hommes. Sa politesse, sa grâce, sa douceur lui conciliaient tous les suffrages[18]. » Mais en cultivant son amitié pour le duc de Lauzun, dans la société du duc de Chartres, l'abbé de Périgord entre pour la seconde fois dans une coterie hostile à la reine. Les dissentiments de Chartres pour Marie-Antoinette remontent à la fin des années 1770. Cela commence par des rumeurs hostiles colportées dans le cercle de la reine sur son rôle dans ce que l'on a appelé « l'affaire d'Ouessant » qui aurait pu être en 1778 une grande victoire sur la flotte anglaise au large de la Bretagne et ne l'aurait pas été à cause d'un ordre mal interprété par l'héritier des d'Orléans. Puis Chartres doit renoncer à la survivance de la charge de grand amiral de France que détient son beau-père Penthièvre. Enfin, en 1785, à la mort de son père, Louis XVI lui refuse la continuation du rang honorifique de premier prince du sang qu'il donne au duc d'Angoulême, fils aîné de son frère cadet le comte d'Artois.

Cette succession d'humiliations contribue à entretenir au Palais-Royal une animosité rancunière qui se transforme en haine. Lauzun, boudé par la reine après avoir été son favori, la partage. Il y est entraîné par sa maîtresse la marquise de Coigny dont Marie-Antoinette disait : « Je suis la reine de Versailles, mais Mme de Coigny est la reine de Paris. »

13.

INCIDENT DE PARCOURS

Dans les années 1780, la cour, bien qu'affaiblie, n'en garde pas moins une certaine capacité de nuisance. Charles-Maurice va le vérifier à ses dépens. Généralement, les agents généraux du clergé, lorsqu'ils ont été appréciés, reçoivent la mitre dans l'année qui suit leur sortie de fonctions. Or l'abbé de Périgord devra attendre trois ans, jusqu'en 1788, avant d'être nommé à Autun. Le contretemps est d'autant plus fâcheux que seule la dignité épiscopale ouvre la carrière politique digne de ce nom à laquelle l'abbé de Périgord aspire, sans parler des revenus. Quelques années avant la Révolution, de telles espérances n'ont rien de chimérique et Charles-Maurice est tout sauf un esprit chimérique. En 1787, l'archevêque de Toulouse, Loménie de Brienne, devient chef du Conseil des finances du roi et l'année suivante principal ministre.

Il lui faut donc attendre. Pour comble d'injustice, son successeur à l'Agence, Louis-Mathias de Barral, est nommé évêque avant lui, alors qu'il est encore en poste. Les recommandations en faveur de Charles-Maurice du cardinal de La Rochefoucauld, celles de l'archevêque de Narbonne aux assemblées de 1782 et de 1785 semblent n'avoir servi à rien. Pour expliquer cette panne au beau milieu d'une carrière qui s'annonce brillante, les historiens s'appuient une fois de plus sur la morale et reprennent à leur compte la légende noire d'un homme qui n'a pu renier son ordre en 1789 sans avoir forcément mené auparavant une vie monstrueuse au vu de tous. On a déjà dit que cette littérature pamphlétaire, relayée par les historiens de la contre-révolution, ne prendra forme qu'en 1789. L'abbé Barruel, l'un des premiers, parle dans ses *Mémoires pour servir à l'histoire du jacobinisme*, publiés à Hambourg en 1799, de ce « monstrueux abbé de Périgord, déjà prêt à jouer le rôle de Judas du premier ordre du clergé[1] ». Sous l'Ancien Régime, où l'opinion publique n'est pas encore la formidable caisse de résonance qu'elle deviendra sous la Révolution, les différentes « vies » de Charles-Maurice ne sont connues que de petits cercles. C'est en cela aussi que sa complexité s'accorde si bien à ce monde opaque et souvent indulgent d'avant la Révolution. Il n'a pas encore à se justifier publiquement comme il sera poussé à le faire par la suite à plusieurs reprises : en février 1791, lorsqu'il devra déclarer ses gains de jeu à la presse, en 1792 ou en 1799[2]. Avant 1789, la vie privée et la vie publique ne se confondent pas dans cette même transparence morale qui sera celle de la Révolution. Les évêques « un peu dissipés[3] », pour reprendre un euphémisme pudique, n'ont rien à craindre. Au contraire, les observateurs les mieux informés de ces années sont unanimes sur la bonne réputation de l'abbé de Périgord. Bachaumont par exemple en parle dans ses *Mémoires secrets*, le 30 octobre 1783, comme d'« un abbé de qualité, un apprenti évêque, un personnage [...] grave[4] ». On est loin de ses succès féminins. À aucun moment Charles-Maurice ne se prête à la chronique scandaleuse, comme le fera bien involontairement son frère Archambaud. Il a toujours su sauver les apparences. C'est une constante de sa vie.

Le clergé, on l'a vu, lui est très favorable. Dans les derniers mois de 1788, le nonce apostolique à Paris, Antonio Dugnati, soumet un questionnaire serré à deux évêques sur la question de son aptitude à l'épiscopat ; en cas de nomination royale, Rome doit en effet pouvoir se prononcer en toute connaissance de cause sur son investiture canonique. L'un est Alexandre de Thémines, évêque de Blois, l'un des plus farouches opposants aux nouvelles demandes financières du roi lors de l'assemblée générale de 1788 ; l'autre est Louis-Mathias de Barral, tout récent évêque d'Isaure. Tous les deux connaissent personnellement bien le candidat. À la question sur ses aptitudes, le premier répond : « Dans les rapports que j'ai eus avec lui, je l'ai trouvé sérieux, prudent et très compétent dans l'administration des affaires. » À la question sur sa morale, le second assure qu'« il est très loin d'avoir jamais donné lieu à scandale sur la foi, la morale ou la doctrine. Au contraire, il a donné le bon exemple. Rien ne peut faire obstacle à son investiture à la dignité épiscopale[5]. »

Ce n'est donc pas de ce côté qu'il faut chercher les raisons de cet accroc à son ascension, mais plutôt dans le relatif engorgement des carrières au sein de l'Église, comme partout ailleurs, à la fin des années 1780. Il y a 130 évêchés en France. De septembre 1785 à la fin de l'été 1788, 12 seulement viendront à vaquer par le décès de leur titulaire. Parmi ceux-ci certains sont réservés, népotisme oblige, aux familles qui les détiennent : les Jarente à Orléans par exemple. Par ailleurs, le nombre de candidats a tendance à augmenter. Il y a donc beaucoup d'appelés et peu d'élus. La situation est d'autant plus difficile pour l'abbé de Périgord qu'il postule à un siège « politique » qui donne également droit à une présidence d'assemblée du clergé ou à la présidence des états de la province concernée. Or très peu de sièges vacants remplissent ces conditions : Lyon, Sens, Bourges, Orléans et Autun. Charles-Maurice y pense tout le temps. Quand l'archevêque de Bourges, Louis d'Herbault, attrape un mauvais rhume, il ne parle plus que de cela. À Mirabeau, le 3 décembre 1786 : « Il est question pour moi en ce moment-ci de l'archevêché de Bourges. C'est une belle place. Il y a une administration et cela donne nécessairement entrée dans les états. L'archevêque est en apoplexie. On ne croit pas qu'il puisse durer plus de quinze jours ou trois semaines[6]. » Mais l'archevêque est plus solide que prévu. À Choiseul-Gouffier, le 4 avril 1787 : « Mon archevêque de Bourges est plus mal depuis quelques jours ; on dit qu'il s'en va tout à fait. Les remèdes les plus actifs le sont moins que le mal. Cette époque sera vraisemblablement celle qui décidera de mon sort. Pour le moment, il me paraît bien difficile qu'on ne me donne pas l'archevêché de Bourges[7]. » L'encombrant personnage finit par mourir en septembre, mais c'est l'évêque de Nancy, François de Fontanges, qui obtient sa place. Au même, le 17 octobre 1787 : « Voilà l'archevêché de Bourges donné à l'évêque de Nancy, et l'évêché de Nancy donné à l'abbé de La Fare, à présent, qu'est-ce qui arrivera ? Je ne prévois plus d'ici à longtemps de mouvements dans le clergé ; quand il y en aura, me donnera-t-on la place qui me conviendra et à laquelle je conviendrai ? Rien de ce que je désire ne tourne comme je le voudrais ; mon ami, je ne suis pas dans un moment de bonheur[8]. »

C'est qu'il existe à la cour des puissances hostiles. Ses liens avec les milieux d'opposition à la reine sont connus à Versailles. De plus, sa famille y est en perte de vitesse. L'archevêque de Reims n'y a plus guère d'influence depuis qu'il a échoué contre le cardinal de Montmorency dans la charge de grand aumônier de France. L'abbé de Vermond, le tout-puissant lecteur de Marie-Antoinette, le tient pour un « imbécile[9] ». Ses parents sont en semi-disgrâce. Et le nouveau ministre de la Feuille, l'évêque d'Autun, Alexandre de Marbeuf, qui fait la pluie et le beau temps dans le clergé, n'est pas facile. La mère de Charles-Maurice s'en plaignait déjà en 1778 : « M. d'Autun est fort honnête, mais il ne fait pas les choses aussitôt qu'on le désirerait, et tout le monde n'a pas le temps d'attendre[10]. » Bombelles est encore plus sévère : « Il n'est peu de personnes qu'il n'ait plus ou moins trompées[11]. » Mais surtout Marbeuf est sous la coupe de l'abbé de Vermond, universellement détesté, « hautain jusqu'à l'insolence », qui a l'oreille de la reine pour avoir été envoyé auprès d'elle à Vienne alors qu'elle n'était pas encore dauphine[12]. En mars 1788, l'archevêque de Reims, qui a vent d'une vacance possible du siège de Bordeaux, plaide encore une fois, sans beaucoup d'illusions, la cause de son neveu : « Je pars, monseigneur, le cœur navré d'avoir aperçu dans la dernière conversation que j'ai eu l'honneur d'avoir avec vous que vos dispositions pour l'abbé de Périgord étaient changées ou que vous ne vous croyiez pas assez de forces, ce qui ne peut pas être, pour détruire des préventions que des personnes acharnées contre lui n'ont que trop réussi à donner[13]. » La « malveillance de l'évêque d'Autun[14] », l'opposition sourde du cercle de la reine n'expliquent pas tout, mais entrent sans doute en partie dans les ambitions contrariées de l'abbé de Périgord qui devra attendre le mois de novembre 1788 avant que le roi ne consente à l'élever à la dignité épiscopale. Le comte de Castellane, son contemporain, rencontré assez tôt dans les entourages du duc de Choiseul, confirmera beaucoup plus tard qu'il « détestait Marie-Antoinette, qui l'avait longtemps empêché d'être évêque. » Charles-Maurice aurait même d'après lui usé de son influence sur le tout-puissant ministre Calonne pour faire échouer un projet d'ordonnance légalisant l'achat du château de Saint-Cloud par la reine au duc d'Orléans en octobre 1784. Saint-Cloud, construit et embelli par les d'Orléans depuis des générations, était leur sanctuaire. La vente forcée de 1784, pour un caprice de Marie-Antoinette qui voulait y faire élever le dauphin au « bon air », fut vécue par le duc comme une humiliation supplémentaire infligée à sa maison par la branche aînée. On est, à l'époque, en pleine affaire du Collier. Le rôle de l'abbé de Périgord dans cette histoire est plausible, même s'il n'est confirmé par aucune autre source[15]. À défaut, Charles-Maurice est sans doute coupable d'avoir lancé une pointe contre la reine, de celles qu'on ne pardonne pas. Dans l'ambiance délétère du Palais-Royal, il n'aurait pas pu y résister. Sémonville, beaucoup plus tard, la qualifiera de « boutade grossière », en citant Talleyrand : « Après une aussi grosse bêtise, je crois inutile d'en faire une seconde pour la réparer[16]. » Stefan Zweig, dans sa biographie de Marie-Antoinette, prétend sans révéler ses sources que le propos concernait les amours de la reine et du comte de Fersen. On n'en saura pas plus. Sous la Restauration, il jouera les hypocrites en feignant de défendre la reine. Les circonstances le lui commandent. Monsieur, le beau-frère de la reine martyre, est sur le trône. À une amie, il écrira, faussement scandalisé, en mars 1818 à propos d'un passage sur la reine dans les Mémoires récemment publiés de Lauzun : « C'est cependant à cet homme-là qu'on ose attribuer […] les calomnies les plus grossières contre une personne auguste qui dans le rang suprême avait montré autant de bonté qu'elle ne fit éclater ensuite de grandeur d'âme dans l'excès de l'infortune[17]. » *Sic transit gloria mundi.*

14.

L'ARGENT DONNE AUSSI DE L'ESPRIT

En attendant la mitre, Charles-Maurice ne reste pas inactif. On le comprend mieux lorsqu'on sait qu'il s'est intéressé très tôt aux questions financières, bien avant la diplomatie, par goût autant que par tempérament. La théorie comme la pratique financière allient le plaisir du jeu à la rigueur et à la précision de l'esprit qui sont autant de qualités « positives » propres à cet enfant des Lumières, à tel point qu'il inventera un mot contre les rêveurs et les songes creux, coupables à ses yeux, d'« allemanderie[1] ». Il reconnaît dans ses Mémoires que « cette riche matière » est pour lui « pleine de charme[2] ». Sous le Directoire il conduira les Relations extérieures par défaut, faute d'avoir été le ministre des Finances qu'il a rêvé d'être dès les débuts de la Révolution.

À sa maison de Bellechasse, dans les années 1780, Charles-Maurice, fort de son expérience financière au sein du clergé, reçoit chez lui tout ce qui s'intéresse à ces questions : ses amis Lauzun, Narbonne et Choiseul, mais aussi Dupont de Nemours, Foulon, l'abbé Louis, Mirabeau, Clavière. « Ma chambre, où l'on se réunissait tous les matins et où l'on trouvait un déjeuner tel quel, offrait un singulier mélange. [...] Les nouvelles du jour, les questions de politique, de commerce, d'administration, de finances arrivaient toutes successivement dans la conversation[3]. » Le gourou de ce petit cercle est un curieux personnage, à la fois théoricien et spéculateur, vaudois et anglophile, grand admirateur du docteur Price – le théoricien de l'amortissement que Charles-Maurice rencontrera à Londres en 1792 –, grand partisan de la liberté du commerce : Isaac Panchaud. Panchaud a profondément influencé le jeune abbé de Périgord dans ses principes comme dans sa pratique des affaires. Il représente parfaitement ce petit cercle très fermé d'individus initiés aux questions complexes et obscures de la banque et de la finance internationale, ceux que les libelles des dernières années de la monarchie brocardent du nom d'agioteurs, de haussiers ou de baissiers sur les effets publics. À la fois banquier et armateur, il a été mêlé dans les années 1760 aux affaires de la Compagnie des Indes, transférant sans cesse ses activités entre l'Angleterre, les Pays-Bas et la France. Il sera en même temps le conseiller plus ou moins écouté, mais toujours rémunéré de presque tous les contrôleurs généraux des finances de Louis XVI, Turgot, Necker, Joly de Fleury et surtout Calonne de novembre 1783 à avril 1787. « Il avait fondé une espèce d'école, raconte Mollien, le futur ministre du Trésor de Napoléon, et quelques-uns de ceux qui la fréquentaient l'avouaient pour maître. Tous espéraient y apprendre la haute science de la finance ; les uns pour censurer d'autant mieux le ministre et le remplacer peut-être ; les autres pour spéculer plus sûrement sur la variation du cours des effets publics[4]. » Charles-Maurice le tient tout bonnement pour un « homme extraordinaire », compliment rarissime sous la plume de ce mémorialiste réservé, voire silencieux. « Il avait en même temps l'esprit le plus ardent, le plus étendu, le plus vigoureux, et une raison parfaite. Il avait tous les genres d'éloquence. Si le génie résulte de la faculté de sentir et de penser, répartie abondamment et également dans le même individu, Panchaud était un homme de génie. Sur sa générosité, sur sa candeur, sur sa gaîté, il me revient des milliers de choses qu'il me serait doux de faire connaître[5]. » Aucun des biographes de Talleyrand n'a étudié les papiers de Panchaud conservés aux Archives nationales. On y touche pourtant du doigt les vestiges d'une infime partie, la plus orthodoxe et la moins volatile, des affaires auxquelles ont été mêlés les deux hommes. On y découvre un Talleyrand qui très tôt s'initie à la prise de risque, s'associe aux entreprises les plus neuves de l'époque, spécule et anticipe. Charles-Maurice, à trente ans en 1785, est un peu l'ancêtre de nos modernes capitaux-risqueurs, intéressés aux nouvelles technologies dans les années 1990. Ainsi le retrouve-t-on avec son ami Lauzun, l'un des principaux actionnaires de l'importante Société des mines de charbon de Rueil créée en octobre 1785, mais aussi de la Société pour l'entreprise de la tourbe créée l'année suivante. Le charbon de métallurgie, la tourbe pour le chauffage, exploités en grandes quantités, sont des matières premières nouvelles à l'époque. On l'y voit aussi jouer le rôle d'intermédiaire dans des opérations financières pour le compte de certains de ses amis comme Choiseul-Gouffier. À chaque fois, les sommes en jeu sont importantes : 22 500 livres pour Rueil, 12 000 livres pour la tourbe. À ses côtés, on retrouve tout ce que Paris compte de gros capitalistes et d'entrepreneurs : les trésoriers généraux de la Marine et de la Guerre, Baudard de Sainte-James et Mégret de Sérilly, le directeur de la Compagnie des Indes Augustin Perier et son frère Claude, Wendel, le maître des forges, mais aussi des spéculateurs purs et durs, l'abbé d'Espagnac et Radix de Sainte-Foy, que l'on aura l'occasion de croiser à plusieurs reprises par la suite[6]. D'autres sources le montrent en affaires avec le receveur général du clergé, Bollioud de Saint-Jullien, à qui il reconnaît devoir 33 800 livres en avril 1787[7]. Il doit s'agir là de la partie émergée d'un iceberg dont on mesure mal le tirant d'eau. Certaines de ces opérations ne se font pas par-devant notaire. Qu'en est-il alors des opérations qui dépassent les frontières de la France sur les changes, sur les métaux précieux, sur les effets de commerce ? Le regretté Michel Bruguière est l'un des rares historiens à s'être au moins penché sur les profondeurs abyssales de ce monde encore méconnu : « Arrêtons-nous un instant sur ce fait trop négligé des historiens : le prodigieux développement de la lettre de change. [...] Le propre de la lettre de change, c'est qu'elle ignore absolument les frontières politiques et militaires, et qu'il lui est bien facile de braver les mesures prises, fort exceptionnellement à son encontre. Rien n'empêchait alors un même rectangle de papier d'être endossé successivement à Bordeaux, Bayonne, Bilbao, Pampelune, Jaca, Carcassonne et Toulouse. Ou encore à Dunkerque, Londres, Rotterdam, Hambourg, Ostende et Lille. Ces endossements représentaient, en général, des échanges commerciaux réels, des achats et ventes de biens, voire des cargaisons physiques ; mais ils pouvaient aussi bien correspondre à des échanges – légaux ou non – de métaux précieux ; ils étaient aptes enfin, entre complices avisés, et notamment lors des guerres, à couvrir des combinaisons plus subtiles, dépourvues du moindre lien avec une transaction commerciale classique. Or tous ces papiers, déjà malaisés à décrypter, ont en outre généralement disparu : on ne dispose plus, pour tenter de reconstituer les échanges, que de séries d'ailleurs partielles ou douteuses. [...] Mais il serait incroyablement naïf de réduire la vie internationale de l'époque à ces pauvres données physiques. Elles étaient les seules, assurément, à concerner la majeure partie de la population, soucieuse de se nourrir, de se vêtir, de se loger, d'entendre dans sa bourse le son du numéraire. Les financiers, publics ou non, se situaient à des niveaux tout autres. Leur souci était d'abord de ne jamais laisser reposer l'argent un seul instant, de ne jamais laisser perdre un quart de point d'intérêt, ou une fraction de pourcentage dans un arbitrage de change[8]. » Charles-Maurice est de ceux-là.

Ce qui reste de sources rend ses activités financières peu lisibles. Elles devaient sans doute être tout aussi discrètes à l'époque. Lorsque Mirabeau, à court d'argent, publie en janvier 1789 son *Histoire secrète de la cour de Berlin* faite des lettres qu'il lui a écrites au cours de sa mission d'information en Prusse de juillet 1786 à janvier 1787, Charles-Maurice, affirme Adolphe de Bacourt, lui adresse de « sanglants reproches » sur ce qu'il appelle un « abus de confiance » et se brouille – momentanément – avec lui[9]. Quelle en est la raison ? C'est Charles-Maurice lui-même qui avait suggéré au ministre Calonne d'envoyer son ami Mirabeau à Berlin au moment où la mort imminente de Frédéric II allait vraisemblablement conduire à une modification des équilibres et des rapports de la Prusse avec la France et le reste de l'Europe. Mais derrière cette mission secrète, il en est une encore plus secrète révélée par la publication des lettres, qui intéresse directement les deux hommes. Mirabeau profite de sa mission pour informer son ami des bonnes affaires à saisir en Prusse et dans les pays du nord de l'Europe. Pour la première fois, Charles-Maurice est pris en flagrant délit de confusion entre diplomatie et intérêts personnels bien compris. À sa demande, Mirabeau approche les principaux capitalistes de Berlin, sonde leur envie d'investir en France, le supplie de lui adresser à cet effet, par Panchaud, « un bon plan d'agiotage, bon pour nos fonds », l'informe des « combinaisons monétaires » sur la Pologne, sur le Danemark. À propos de ce dernier pays et de la nouvelle banque d'émission qu'on doit y établir, il a cette réflexion, qui n'est pas isolée dans ses lettres : « Si le taux [des billets] se trouve au-dessous du cours du change, ce serait un joli jeu d'acheter actuellement des notes de banque pour les convertir ensuite en espèces[10]. » L'argent, ce « grand ressort de la corruption », écrit encore Mirabeau. On comprend la fureur de Charles-Maurice, toujours discret, lorsqu'il découvrira la publication de telles confidences. Elles ne nous apprennent rien de plus, faute de sources susceptibles de prouver la conversion de l'information en affaires, mais laissent supposer qu'il devait avoir sur les mêmes sujets d'autres informateurs dans d'autres pays, notamment en Angleterre, que nous ne connaissons malheureusement pas. La vitesse de circulation des nouvelles politiques, leur primeur sont déjà l'un des moyens les plus sûrs de s'enrichir. Charles-Maurice, admirablement placé à la source de l'information, pendant presque toute sa vie, ne l'oubliera pas. Il usera de la méthode une première fois en apprenant, grâce à Mirabeau, quelques heures avant la dépêche ministérielle, la mort de Frédéric II[11].

On saisit le degré de connaissance qu'il avait des affaires en lisant son opinion, très officielle, lue à l'Assemblée nationale le 24 septembre 1790, « sur la proposition de faire deux milliards d'assignats forcés ». Sans y paraître, il y fait, devant un auditoire sans doute éberlué, un véritable cours sur la pratique du change : « Un particulier doit 110 000 livres à un autre ; il a aujourd'hui en écus cette somme, qu'il doit rembourser en huit jours ; votre décret survient, les assignats perdent 10 % sur l'argent ; ou bien, ce qui est la même chose, l'argent gagne 10 % sur les assignats : ce débiteur, qui avait

110 000 livres pour acquitter sa dette de pareille somme, commence par acheter avec 100 000 livres les 110 000 livres dont il a besoin, en assignats, et il paie son créancier ; il lui reste donc 10 000 livres qu'il a gagnées aux dépens de celui à qui il devait[12]. » Bien sûr, la démonstration est politique, et s'inscrit dans un contexte précis sur lequel on reviendra, mais on ne peut s'empêcher de saluer au passage le savoir-faire très maîtrisé du brasseur d'affaires.

On comprend dans ces conditions combien l'intérêt diplomatique naissant de Charles-Maurice est traversé par des préoccupations d'abord commerciales et financières. La première question diplomatique qu'il aborde dans ses Mémoires est celle du traité de commerce conclu en septembre 1786 entre la France et l'Angleterre[13]. « Une des choses dont on s'occupait le plus alors était le traité de commerce de la France avec l'Angleterre qui venait d'être conclu. Les détails de cette grande question intéressaient particulièrement les hommes instruits tels que Panchaud, Dupont de Nemours ; nous autres ignorants, mais un peu amateurs, comme Lauzun, Barthès, Choiseul et moi, nous nous en tenions aux généralités. »

Si l'on schématise, il existe à cette époque trois écoles de pensée sur le sujet en France. L'une est protectionniste et autarciste, et représente les intérêts de l'industrie nationale, en particulier textile, menacée par les progrès de la révolution industrielle anglaise. Les deux autres sont internationalistes, avec toutes sortes de nuances intermédiaires. D'un côté ceux qui s'appuient sur les alliances traditionnelles et protégées du royaume : l'Espagne qui fournit l'argent *via* ses colonies américaines, les îles américaines, colonies françaises, du tabac et du sucre, les Pays-Bas dont le système bancaire est le plus perfectionné d'Europe et les pays scandinaves qui fournissent le bois et les produits métallurgiques. De l'autre ceux qui défendent la paix avec l'Angleterre, l'ennemi traditionnel du royaume, gage de la liberté du commerce sur tous les océans, et qui comptent moins sur les bénéfices des denrées et des métaux à leur arrivée d'Amérique que sur ceux des Indes et de l'Asie que l'argent réexporté permet d'acquérir à bon compte. Charles-Maurice appartient à cette dernière catégorie, anglophile et libre-échangiste. Sa fascination pour l'Angleterre, son intérêt pour le commerce des Indes et plus largement de l'Orient seront chez lui une constante.

Panchaud, qui conseille secrètement Calonne et Vergennes, alors ministre des Affaires étrangères, a dû mettre tout son poids dans la balance en faveur du traité de commerce franco-anglais rendu possible par la paix signée en 1783 entre les deux pays à l'issue de la guerre d'indépendance américaine et qui consacre le principe de droits de douane modérés sur leur commerce réciproque en éteignant du même coup la contrebande. De son côté, Charles-Maurice se fait le propagandiste enthousiaste du traité. Dans une note à destination de la cour de Berlin, il use d'arguments libre-échangistes fondés sur un principe qui sera celui de toute sa vie et qui correspond profondément à son tempérament pacifique et modéré : les meilleurs traités, les plus durables, sont ceux qui reposent sur les intérêts réciproques et bien compris des pays traitants et non pas sur un rapport de forces. « Le traité sera incontestablement avantageux aux deux pays ; il procurera une augmentation de jouissance à leurs habitants et de revenus à leurs souverains respectifs ; il tend à rapprocher les Anglais des Français ; en général, il porte sur ces principes libéraux qui conviennent aux grandes nations, et dont la France devrait d'autant plus donner l'exemple que c'est le pays de l'univers qui, par ses avantages naturels, gagnerait le plus à ce que de tels principes fussent universellement établis dans le monde commerçant[14]. » C'est malgré tout ne pas tenir assez compte des déséquilibres industriels entre les deux pays. L'importation massive des produits manufacturés anglais bon marché suscitera rapidement le mécontentement des industriels et des entrepreneurs français.

Les conversations du petit groupe de Bellechasse, animées par Panchaud, ne tournent pas seulement autour des effets du libéralisme commercial. On s'y préoccupe aussi de la question, angoissante dans ces années 1780, du crédit public. Les dépenses du royaume, occasionnées par la guerre contre l'Angleterre et l'aide aux insurgés américains, creusent les déficits comblés par une politique systématique d'emprunts levés par Necker que ses origines genevoises et protestantes cantonnent, jusqu'à sa démission en 1781, dans la charge de directeur général des finances, à défaut du contrôle général qui donne entrée au Conseil du roi. Panchaud et ses amis de Bellechasse sont persuadés que les emprunts de l'ancien banquier genevois, émis sans gage et assortis d'intérêts énormes, risquent de conduire le royaume à la banqueroute. « Il employait à cet égard, explique Mollien, une formule de calculs progressifs qui tendait à prouver que les emprunts de Necker devaient coûter à l'État quatre fois et demi leur capital[15]. » Contre cette politique aventureuse, Panchaud s'accroche au système anglais et préconise l'introduction en France d'une caisse d'amortissement qui permettrait au Trésor de régler ses dettes à échéance fixe, sur le modèle des fameux billets de l'Échiquier consolidés en rentes constituées. Par là, l'État rassure ses créanciers et restaure la confiance. L'un de ses élèves les plus assidus, l'abbé Louis, qui communie avec l'abbé de Périgord à la même bonne parole, résume cela d'une phrase : « Un État qui veut avoir du crédit doit tout payer, même ses sottises. » « Panchaud, raconte encore Charles-Maurice dans ses Mémoires, a dit mille fois à M. Calonne, à M. Meilhan et à M. Foulon, à M. Louis et à moi : dans l'état où est l'Europe, celui des deux pays, de la France ou de l'Angleterre, qui suivra exactement le plan d'amortissement que je propose verra le bout de l'autre. C'est son expression[16]. » On mesure l'influence des théories de Panchaud sur le fond de la pensée de Talleyrand en matière de finances publiques. Il faut, avec lui, toujours faire la part du discret manieur d'argent souvent peu scrupuleux sur les moyens et de l'homme public aux yeux de qui la solidité économique et financière d'un pays repose sur l'honnêteté et la confiance. L'un et l'autre des deux aspects du personnage sont-ils si incompatibles, psychologiquement mais surtout culturellement ? La monarchie au sein de laquelle, ne l'oublions pas, il s'est formé, est par excellence un régime dont l'organisation administrative repose en partie sur la confusion des finances publiques et privées. C'est le régime des « caisses intermédiaires » avec des gardes du Trésor propriétaires de charges qui s'achètent plus d'un million de livres, des fermiers généraux qui avancent au Trésor le produit de la fiscalité indirecte sur le sel, le tabac, les droits de douane avant d'en assurer eux-mêmes la perception. Intérêts privés et publics sont liés. De surcroît, les années 1780 qui sont ses années d'apprentissage ont été, comme notre décennie 1980, des années d'argent facile, marquées par une forte spéculation, ponctuées de crises aussi brèves que meurtrières. Certains gros spéculateurs comme l'abbé d'Espagnac, qui se vante en juin 1786 d'avoir gagné 1,5 million de livres en jouant sur divers fonds, sont restés célèbres[17]. En cela Charles-Maurice est à l'image de son maître, à la fois le théoricien, l'homme des *Réflexions sur l'état actuel du crédit public de l'Angleterre et de la France* et celui des coups de Bourse, de la spéculation sur la vente à terme des dividendes de ses actions, celui que l'auteur de la *Correspondance secrète* présente en janvier 1785 comme un « homme vif, bouillant et gros joueur sur les fonds publics[18] ». Les accusations de cynisme et leur cortège d'invectives viendront plus tard. Le cynisme moderne, appliqué à la morale publique, est une invention de la Révolution.

15.

SUR « LE THÉÂTRE DES AFFAIRES »

C'est dans cette ambiance de foire d'empoigne que Charles-Maurice fait ses premières armes en entrant dans une autre des institutions de crédit créée par Panchaud dès 1776, la Caisse d'amortissement installée rue Vivienne, « la poche de Paris » comme l'appelle Louis-Sébastien Mercier. La Caisse d'amortissement, dotée d'un capital de 15 millions de livres répartis en 5 000 actions de 3 000 livres, est une association d'actionnaires en commandite qui réunit tout ce que Paris compte de capitalistes, de traitants et d'entrepreneurs de tous poils. Beaumarchais est l'un de ses actionnaires fondateurs[1]. Aux yeux de son créateur, elle a pour vocation de rapprocher les intérêts de l'État de ceux du commerce capitaliste. Elle est conçue comme un lien organique entre eux avec pour mission d'alléger les opérations du gouvernement, d'offrir des placements solidement garantis, de maintenir le loyer de l'argent aussi bas que possible. Pour ce faire elle est la fois chargée de soutenir le commerce par l'escompte des lettres de change et de tous effets négociables à un taux très modéré de 4 % (à trente jours), autorisée à faire le commerce de l'or et de l'argent et à émettre des billets à vue. C'est une véritable banque, sans en avoir le titre, que personne n'ose reprendre depuis la fâcheuse banqueroute de Law sous la Régence. Depuis sa création, elle subit une double dérive qui culmine dans les derniers mois de l'année 1783, à la faveur de la pénurie persistante du numéraire jusqu'alors expédié, du fait de la guerre, vers l'Amérique du Nord, les colonies et certains pays du nord de l'Europe, grands fournisseurs de la flotte de guerre française. D'une part les munitionnaires d'argent, récemment entrés en force, se consacrent presque exclusivement à leurs affaires aux dépens de l'établissement. D'autre part la présence d'un groupe d'administrateurs du Trésor royal, également nommés, consacre la mainmise d'un gouvernement aux abois et dont les caisses sont vides, sur une institution en principe indépendante et pourtant obligée à lui consentir des prêts en numéraire de plus en plus importants. Une fois connus dans le public, ces engagements déclenchent une panique générale et des demandes massives de remboursement en numéraire des billets de la Caisse. Les 43 millions de billets émis rendent la situation inextricable. Pour gagner du temps, le Conseil d'État suspend, par un arrêt du 27 septembre, le remboursement des billets de la Caisse et décrète leur cours forcé. Avec l'arrivée massive d'espèces en provenance d'Espagne, la crise s'estompe peu à peu en novembre. Dans ce contexte, Calonne en profite pour accéder à la place de d'Ormesson au contrôle général, l'équivalent en plus important de notre moderne ministère des Finances. Avec son accord, et dans son sillage, Panchaud est chargé de prendre en main la réorganisation de la caisse d'escompte dont il avait été écarté. Mais Panchaud n'arrive pas seul, il entre avec celui qu'il considère comme l'un de ses plus brillants disciples. Le prétexte est tout trouvé pour l'abbé de Périgord alors en charge de l'Agence générale d'un clergé qui possède plus de deux millions de billets de la caisse d'escompte – ceux que l'on appelle les « billets noirs » qui portent les plus grosses valeurs – et s'inquiète de leur dépréciation.

Charles-Maurice intervient devant l'assemblée générale des actionnaires dans les tout derniers jours d'octobre. On sent, à la lecture de ses Mémoires, que ce jour a dû être l'un des plus importants de sa jeune carrière. « C'était la première fois que je paraissais sur le théâtre des affaires. Je fis précéder le rapport dont j'étais chargé d'un discours dans lequel je m'attachai à développer tous les avantages du crédit public[2]. » Gros succès d'estime. « Celui qui s'est le plus distingué, note Bachaumont, c'est M. l'abbé de Périgord. [...] MM. les actionnaires de la caisse d'escompte ont été si contents de [son] éloquence qu'ils l'ont nommé un des cinq commissaires [chargés d'examiner les comptes]. Il ne veut point accepter cette fonction, comme trop contraire à son état. On cherche cependant à vaincre sa répugnance et à l'y déterminer[3]. » Une réserve typique du personnage, mais la prudence ne l'empêche pas de continuer à travailler en coulisse. La caisse d'escompte s'en sortira par une augmentation de capital et l'obligation d'observer un strict ratio d'au moins un tiers entre l'encaisse et la « somme des billets en circulation ».

Dans une envolée résolument libérale, Charles-Maurice fera quelques années plus tard, à la tribune de l'Assemblée nationale, une véritable apologie de l'institution qui prouve assez combien l'expérience l'a marqué : « La caisse d'escompte jouissait du plus grand crédit, son papier s'échangeait à toute heure contre de l'argent, et, dans les plus beaux jours, son crédit n'a pu sortir des murs de la capitale. Tant il est vrai que la liberté ne s'impose que les restrictions nécessaires, et que la loi ne doit être que la volonté écrite de la liberté elle-même[4]. » Dans ce domaine comme dans d'autres, dès les années 1780, son siège est fait. Ses conceptions économiques et financières ne changeront plus. Toute sa vie, il plaidera pour l'établissement d'un « véritable crédit public proportionné à l'étendue des ressources » du pays, fondé sur la confiance et sur un loyer de l'argent suffisamment bas pour ne pas gêner le développement de l'agriculture et du commerce. « Tout se tient dans l'économie politique, écrit-il en 1790. Dès le moment où le placement d'un capital, même à constitution de rente, ne pourra produire que 4 % d'intérêt, l'agriculture et le commerce emprunteront à 3 % avec facilité[5]. » Beaucoup plus tard encore, en 1814, son principal souci sera, avec son vieux complice l'abbé, devenu baron Louis, de faire payer par Louis XVIII les dettes de Napoléon. Dans l'un de ses tout premiers discours à la Chambre des Pairs (septembre 1814), il jette l'anathème sur ce qu'il appelle les « conceptions misérables » des régimes précédents : « Toutes ces opérations désastreuses connues, depuis plus de cent ans, sous les noms de visas, de réductions de rentes, de suspensions de remboursements en valeurs nominales, de mobilisation, d'inscriptions réduites au tiers, de liquidations en valeurs dépréciées, de révisions, d'apurement de révisions, de rejets de rentes par prescription, etc., etc., etc.[6]. »

16.

DANS LE SILLAGE DE CALONNE

Dans l'immédiat, Charles-Maurice n'est pas encore tout à fait sur le devant de la scène. Mais il est dans son rôle, aux côtés d'Isaac Panchaud, lorsqu'il joue les éminences grises du ministre Calonne sur lequel les deux hommes fondent leurs espoirs. Encore une fois, il a été très peu question jusqu'à présent de ce discret travail de conseil effectué par l'abbé de Périgord entre 1783 et 1787. Il n'en reste malheureusement rien dans les archives, seulement quelques allusions par-ci par-là.

Charles-Alexandre de Calonne a cinquante ans et une réputation déjà bien établie lorsqu'il accède au Contrôle général des finances du royaume, à Versailles dans les tout premiers jours de novembre de l'année 1783. Maître des requêtes au Conseil du roi, intendant de Metz puis de Lille, c'est en administrateur confirmé qu'il parvient aux affaires grâce à l'appui de Vergennes. Mais rien n'est simple à la cour. C'est aussi à l'homme du monde qu'il est infiniment qu'il doit son ministère, avec la bénédiction de la reine et du comte d'Artois, le plus jeune et le plus léger des frères du roi. Bachaumont note, à chaud, dans son Journal : « Outre les grandes qualités du ministre, M. de Calonne a celles du courtisan et de l'homme de société. Il est très bien avec les Polignac, les Vaudreuil qui le tutoient familièrement. Il est aimé de la reine. Il l'amuse, et quoi qu'il ne paraisse pas à son cercle, il y fait faute et laisse un vide. En un mot, il a tout ce qu'il faut pour se soutenir longtemps en faveur. » Cela durera un peu plus de trois ans, et les intrigues de cour qui l'ont nommé au ministère l'en chasseront par les mêmes artifices. Son portrait par Mme Vigée-Lebrun le montre tel, en honnête homme, plus qu'en homme d'État, en costume d'intérieur, assis à un guéridon, en train d'écrire, dans un décor fastueux. On mesure toute la distance créée par la Révolution, ne serait-ce que par rapport à la notion de service de l'État, lorsque l'on compare un tel portrait avec ceux des ministres de l'Empire ou de la Restauration, tous représentés debout, guindés, portant les attributs de leur fonction, accompagnés des symboles du pouvoir qu'ils servent. Le futur prince de Bénévent, vice-grand électeur de l'Empire, sera de ceux-là, en apparence beaucoup plus qu'en esprit. Ce que Marmontel appelle dans ses Mémoires « les formes élégantes » du contrôleur général et son « obligeance[1] » forment la trame du portrait de 1785, comme celle de sa légende. Ainsi ce petit dialogue avec la reine, rapporté par l'un de ses biographes posthumes : « Ce que je vous demande est peut-être bien difficile. – Madame, si cela n'est pas difficile, c'est fait ; si cela est impossible, nous verrons[2]. » Plus prosaïquement, un chroniqueur bien informé de la cour raconte qu'en avril 1784 la reine lui demande 900 000 livres et qu'il les lui refuse[3]. Il est possible que Charles-Maurice ait fait sa connaissance par Panchaud. Il est tout aussi probable que ses relations « de société » et ses liens de famille y soient pour quelque chose. Sa chère amie la vicomtesse de Laval a été la maîtresse du ministre avant d'être la sienne[4]. Louis-Marie de Talleyrand, l'un des frères de son père, est marié à la belle-sœur du ministre et ne tarit pas d'éloges à son sujet[5] ; Calonne et Vergennes le feront d'ailleurs nommer ambassadeur à Naples en 1784. Marie-Élisabeth de Talleyrand, comtesse de Chabannes, tante de Charles-Maurice, sera bientôt une autre des maîtresses du ministre disgracié qu'elle accompagnera à Londres dans son exil[6]. Comme l'écrit pudiquement Marmontel, on se doutait à l'époque de la « complaisance » du comte de Calonne pour les femmes. Ces mêmes femmes qui, toujours, auront « marqué » le parcours de Charles-Maurice, dans ses relations d'affaires comme dans sa vie politique. « M. de Calonne, écrit ce dernier dans ses Mémoires, avait l'esprit facile et brillant, l'intelligence fine et prompte. Il parlait et écrivait bien ; il était toujours clair et plein de grâce, il avait le talent d'embellir ce qu'il savait et d'écarter ce qu'il ne savait pas[7]. » Son portrait, qui commence bien, s'achève en demi-teintes : Calonne est trop léger et présomptueux, il surestime ses forces et méconnaît une opinion publique qui commence à poindre dans ces années-là. Pourtant nombre de ses projets son nés dans les officines de Panchaud avec l'abbé de Périgord pour maître d'œuvre. À ses côtés, Mirabeau, le futur tribun, Brissot et Clavière lui prêtent leur talent de plume. Le banquier suisse Théophile Cazenove, proche de Panchaud, sert d'intermédiaire avec le monde des affaires en faisant jouer les liens qu'il entretient avec ses cousins d'Amsterdam et de Londres. Charles-Maurice le retrouvera plus tard en Amérique et, de retour à Paris, le prendra à son service au ministère des Relations extérieures. Son fils Charles s'occupera de ses affaires à Londres puis à Lausanne[8].

Au sein de ce petit groupe, les relations d'amitié et d'affaires qu'il noue avec Mirabeau, comme l'eau s'allie avec le feu, sont explosives. Par un jeu de miroir, grâce à l'incroyable différence de caractère des deux hommes, elles en disent long sur le tempérament du futur évêque. Mirabeau n'a pas encore quarante ans lorsqu'il le rencontre dans l'entourage de leur ami commun Isaac Panchaud, sans doute dans les tout premiers mois de 1785, à son retour de Londres. Il s'est déjà beaucoup agité, a écrit son *Essai sur le despotisme*, soutenu divers procès contre sa femme, contre son père et a séjourné dans presque toutes les prisons du royaume : le château d'If et le fort de Joux, le donjon de Vincennes, Pontarlier. Ses revenus oscillent au gré de ses succès d'agiotage et de ses contrats de plume. Panchaud, conscient de ses talents, l'embauche par l'intermédiaire de Clavière pour défendre ses positions. En juillet, Bachaumont note que sa brochure de 120 pages sur la Caisse d'escompte est « du Panchaud tout pur[9] ». Hors leurs différences de tempérament, tout en puissance chez l'un, tout en finesse chez l'autre, le comte de Mirabeau et l'abbé de Périgord ont beaucoup en commun : l'intérêt, l'ambition, une vision identique de la position de la France et des alliances qu'elle doit contracter avec l'Angleterre et la Prusse. C'est sans doute l'un des mémoires de Mirabeau sur cette dernière question qui décide Charles-Maurice à intervenir auprès de Calonne pour lui obtenir en juin 1786 une mission secrète à Berlin, non sans arrière-pensées. Il ne se sert pas seulement, comme on l'a vu, du séjour de son ami à Berlin à des fins personnelles, il n'est pas impossible non plus que son éloignement ait été un moyen d'apaiser sa jalousie. À la veille de son départ, Mirabeau écrit à sa maîtresse, la belle Henriette de Nehra (d'après l'anagramme du nom de son père naturel, l'érudit hollandais Willem van Haren), quelques lignes qui en disent long sur la rivalité amoureuse des deux hommes : « [L'abbé de Périgord] m'a parlé souvent de la passion qu'il avait affichée pour toi, et j'avoue qu'il a mis dans tout cela un manège et une perfidie qui me l'ont fait prendre en horreur. Au reste, il est toujours dans la plus haute faveur et perd sans cesse en considération et en esprit ce qu'il gagne en souplesse et en courtisanerie[10]. » On l'aura compris, sa jalousie n'est pas seulement amoureuse. Elle ne fera que croître lorsqu'il lui demandera en vain d'intercéder auprès de Calonne pour lui faire obtenir un poste diplomatique à la hauteur de ses ambitions. En attendant, Mirabeau s'acquitte de sa mission et adresse pendant six mois près de soixante-dix lettres à l'abbé, remarquables par leur ton, leur justesse d'analyse mais aussi débordantes d'informations parfois douteuses ou compromettantes que le futur évêque, toujours prudent, se charge de trier ou de transformer avant de les passer à Calonne qui finance la mission, puis à Vergennes et au roi. Dans ses Mémoires, Charles-Maurice ne consacre pas une ligne à Mirabeau, ni à sa mission ni aux multiples projets qu'ils auront ensemble jusqu'à la mort du tribun en 1791. Ce silence est presque assourdissant. L'homme de l'agiotage et des tractations secrètes avec la cour devait être pour son ancien ami aussi encombrant mort que vivant. À son retour de Berlin en janvier 1787, Mirabeau, furieux de n'avoir rien obtenu de Calonne, jette l'éponge et publie le 6 mars un petit brûlot, *Dénonciation de l'agiotage*. Le ministre y est accusé de soutenir indirectement certains spéculateurs mis au pied du mur, en pleine baisse des cours de la place de Paris. Le pamphlet est d'autant plus cinglant que l'auteur connaît son sujet. La réaction du pouvoir est immédiate et prend la forme d'une lettre de cachet lancée contre lui. Ce qui est intéressant dans cette affaire, c'est moins l'affaire elle-même que l'attitude de l'abbé de Périgord qui nous est révélée par les réactions contradictoires de Mirabeau. Charles-Maurice devait certainement être au courant du pamphlet en préparation. Peut-être y a-t-il même mis la main avec Clavière pour la partie technique. Logiquement, il est le premier à prévenir son auteur des mesures prises contre lui et facilite sa fuite à Liège, hors des frontières du royaume[11]. Le 19 mars, la veille de son départ, Mirabeau, confiant, le couvre de son estime : « Allez, je vous prie, écrit-il à son ami d'Antraigues, vous concerter avec l'abbé de Périgord qui est bien véritablement mon ami, bien véritablement l'ennemi des ordres arbitraires, qui connaît supérieurement le pays et qui est plus propre que tout autre à abréger ceci[12]. » Un mois plus tard, le ton change et se fait subitement violent. Au même d'Antraigues, Mirabeau traite l'abbé [d'] « homme vil, avide, bas, intrigant. C'est de la boue et de l'argent qu'il lui faut. Pour de l'argent, il vendrait son âme et il aurait raison, car il troquerait son fumier contre de l'or[13] ». Rares sont ceux qui auront le privilège d'être jugés si différemment dans un espace de temps aussi court. « On dit toujours de moi ou trop de mal ou trop de bien, écrira-t-il plus tard, amusé, à son amie la comtesse de Brionne ; je jouis des honneurs de l'exagération[14]. » Entre les deux lettres, Charles-Maurice s'est sans doute employé à roder une méthode très personnelle qui consiste à se faire bien voir des deux camps tout en lâchant l'un pour l'autre.

Son engagement aux côtés de Calonne dans le sauvetage du régime est à ses yeux plus important que le sort d'un ami un peu trop encombrant avec qui il se réconciliera d'ailleurs rapidement[15]. Le crédit du ministre diminue. Les déficits augmentent et les emprunts émis pour les combler sont de plus en plus difficiles à placer. Le 20 août 1786, le contrôleur général des finances du royaume s'était enfin décidé à recourir aux grands moyens en présentant au roi, dans le plus grand secret, un *Précis d'un plan d'amélioration des finances*. Il s'agit en fait de la plus vaste tentative de réforme administrative et financière du royaume jamais essayée depuis plusieurs décennies. Le préambule du *Précis* est sans ambages : « Je ferai voir que [...] un royaume composé de pays d'états, de pays d'élection, de pays d'administrations provinciales, de pays d'administrations mixtes ; un royaume dont les provinces sont étrangères les unes aux autres ; où des barrières multipliées dans l'intérieur séparent et divisent les sujets d'un même souverain ; où certaines contrées sont affranchies totalement de charges dont les autres supportent tout le poids ; où la classe la plus riche est la moins contribuante ; où les privilèges rompent tout équilibre ; où il n'est pas possible d'avoir ni règle constante ni vœu commun, est nécessairement un royaume très imparfait, très rempli d'abus et tel qu'il est impossible de le bien gouverner. Qu'en effet il en résulte que l'administration générale est très compliquée, la contribution publique inégalement répartie, le commerce gêné par mille entraves, la circulation obstruée dans toutes ses branches, l'agriculture écrasée par des fardeaux accablants, les finances de l'État appauvries par l'excès des frais de recouvrement et par l'altération des produits[16]. » Allant bien au-delà des velléités de réformes de Turgot et de Necker, Calonne introduit dans son plan, au profit du roi, cette « unité de principes », fille des Lumières, qui sera bientôt celle de l'Assemblée nationale, contre le roi. Pour y parvenir, il propose la création d'assemblées provinciales électives, chargées de déterminer la répartition des charges et des impôts. Leur réunion ne repose plus sur la vieille division en ordres – clergé, noblesse, tiers état –, mais sur « l'universalité des propriétaires » payant une certaine somme d'impôt. Une imposition territoriale est créée, payée par tous les propriétaires, sans exceptions ni privilèges. Les corvées en nature sont abolies, les droits de douane intérieurs uniformisés, la liberté de circulation des blés assurée. Dans un premier temps Panchaud et Charles-Maurice s'occupent d'un aspect du programme de Calonne qui est à peine évoqué dans son *Précis* et ne connaîtra qu'un commencement d'exécution en février 1787. Il s'agit, après la création d'une caisse d'amortissement en 1784, de transformer la caisse d'escompte en banque nationale, sur le modèle de la Banque d'Angleterre, en liant réserves, billets et avances au gouvernement, en ouvrant aux provinces le cercle de ses opérations et en faisant admettre hors de Paris la circulation de ses billets qu'elle seule aurait le droit d'émettre pendant trente ans avec toute l'apparence d'un véritable crédit bancaire. Le nom de banque est à peine prononcé, mais le principe est là qui mettra encore longtemps à voir le jour[17]. On trouve dans la correspondance de Charles-Maurice avec Mirabeau de nombreuses allusions à ce projet qui n'a jamais été mis en lumière par ses biographes. Mirabeau est, entre autres, chargé par Charles-Maurice de sonder à Berlin certains des futurs actionnaires. « La banque marche bien, écrit Charles-Maurice en décembre 1786. Voilà le premier moment où j'y crois complètement[18]. » Lorsque, au moment de partir, Mirabeau recommande son ami à Calonne, c'est sûrement à ce projet de banque qu'il pense, sur le modèle anglais, comme à l'une de ces « opérations décisives qui donnent à la France un crédit national et par conséquent une constitution ». L'abbé y est traité très justement en homme qui « joint à un talent très réel et fort exercé une circonspection profonde et un secret à toute épreuve ». « Il n'est pas un autre homme qui puisse disposer comme M. l'abbé de Périgord de M. Panchaud, lequel vous deviendra à chaque instant plus précieux, pour une grande opération d'argent, sans laquelle vous n'en pourrez jamais tenter une autre. Vous pouvez, monsieur, confier à l'abbé de Périgord le travail délicat qu'en ce moment surtout vous ne devez pas abandonner à des commis[19]. » Avant de sombrer avec Calonne, le projet aura assez de consistance pour susciter des rumeurs – manipulées par Charles-Maurice ? – dans le monde de la finance[20].

À côté de ce travail très secret, l'abbé de Périgord met en forme pour le ministre d'État et contrôleur général des finances plusieurs parties de son programme : le mémoire et la loi sur les blés, sur les corvées et, avec Saint-Genis, celui sur le paiement des dettes du clergé qu'il connaît bien, préalable indispensable à l'imposition territoriale qui renverse ses privilèges fiscaux et rend caduc l'ancien système des décimes et du don gratuit[21]. Sur ce plan, Charles-Maurice a fait du chemin depuis l'Agence générale et profite de l'occasion pour abandonner dans la coulisse de Versailles son orthodoxie de façade. Le jeune homme a un sens inné de l'à-propos en politique. L'opinion publique évolue vite, il est temps de s'atteler sérieusement à réformer le royaume. Son complice Dupont de Nemours s'occupe quant à lui de la question des assemblées provinciales. L'enthousiasme de l'abbé pour le plan de Calonne est sincère. Il le considère, dans l'une de ses lettres à son ami Choiseul, comme « le plus heureux changement dans l'administration qu'il y ait eu à aucune époque ». Les administrations provinciales, la fin des privilèges fiscaux sont « la source de tous les biens[22] ». Il est beaucoup plus réservé sur la méthode choisie par le ministre pour faire passer ses réformes. Il l'accuse d'abord de légèreté. Quinze jours avant leur présentation, les différents mémoires, dont le principe a été accepté par le roi il y a plus de cinq mois, sont à peine ébauchés. Il lui reproche aussi de ne pas avoir su se servir de l'opinion publique, cette frange éclairée de la société parisienne prête à soutenir ses projets. Sur le fond, Calonne, qui cherche à mettre les parlements entrés en opposition contre lui devant le fait accompli, choisit de convoquer à Versailles une assemblée dite des notables, nommés par le roi et sommée d'entériner son plan. Seulement le moment est mal choisi. On est en pleine crise financière. La totalité des emprunts lancés par le ministre s'élève à la somme colossale de 700 millions de livres ; le déficit du Trésor pour l'année en cours dépasse pour la première fois les 100 millions de livres. L'État n'est plus capable de soutenir les grandes entreprises commerciales et financières en difficulté. L'application du traité de commerce avec l'Angleterre est très impopulaire. Quelques faillites retentissantes ajoutent à l'inquiétude générale, en particulier celle du trésorier de la marine, Claude Baudard de Sainte-James. Vergennes, qui soutient Calonne, meurt malencontreusement quelques jours avant la réunion des notables qui, différée de semaine en semaine, laisse le temps à l'opposition, cette grande masse des intérêts attaqués par le ministre, de s'organiser. Et puis la cour veille. Marie-Antoinette s'est lassée de son ancien favori. Plus personne n'est « sous le charme de l'enchanteur », comme l'écrit le comte de Ségur. Le cardinal de Brienne, en nouvel astre qui monte, ne demande qu'à prendre sa place. Le 22 février, lorsque les 146 notables – des princes du sang, dignitaires de l'Église, ducs et pairs, conseillers d'État, parlementaires –, divisés en sept bureaux, se réunissent dans la grande salle de l'hôtel des Menus-Plaisirs de Versailles, les jeux sont presque faits. Deux oncles de Charles-Maurice, l'archevêque de Reims et le comte de Périgord, en font partie. Le neveu reste dans l'ombre. D'autant plus que les discussions tournent mal. Les notables se cachent derrière le déficit, cette charogne avariée dont la puanteur conduit tout droit à la Révolution, pour déclarer le plan du ministre impraticable. Necker, en disgrâce depuis six ans, en profite et revient à la charge pour contester les chiffres avancés par Calonne. Le haut clergé, assis sur ses privilèges, fait de l'opposition. Le roi, de plus en plus isolé, cède et renvoie son ministre le 8 avril. Le cardinal de Loménie de Brienne est nommé chef du Conseil des finances quelques mois plus tard. Necker le remplacera rapidement.

Dans la foulée, Panchaud est remercié, et l'abbé de Périgord avec lui. Toute la haine de Charles-Maurice pour le ministre genevois, au-delà de leurs divergences sur les choix financiers, vient sans doute de là. Dans ses Mémoires, il est impitoyable. À l'époque, il devait être plus discret et plus mesuré, ne serait-ce qu'à cause de ses relations avec la fille de Necker, Germaine de Staël, dont il fait la connaissance à ce moment-là : « Je disais assez hardiment qu'il n'était ni bon ministre des Finances ni homme d'État. [...] Je disais qu'il parlait mal et qu'il ne savait pas discuter, que jamais il n'était simple. [...] Je disais que son orgueil ne venait pas de son caractère, mais plutôt d'un travers de son esprit et d'un défaut de goût ; je disais qu'avec [...] son air inattentif, son maintien dédaigneux, son emploi de maximes qu'il tirait péniblement de son laboratoire, il avait l'air d'un charlatan. Je disais, je crois, mille autres choses qu'il est inutile de répéter, parce que aujourd'hui elles sont dans la bouche de tout le monde[23]. »

17.

ADÉLAÏDE DE FLAHAUT

Sans évêché, un peu désœuvré, Charles-Maurice en profite pour voyager, séjourne à Rosny dans la famille de sa belle-sœur, à Saint-Thierry, près de Reims, chez son oncle l'archevêque avec lequel il siège à l'assemblée provinciale de Champagne et poursuit, discrètement, la première et la plus longue de ses liaisons amoureuses.

Adélaïde Filleul, comtesse de Flahaut puis de Souza, est morte deux fois, la première fois dans les Mémoires de son amant qui lui consacre une seule petite mention, d'ailleurs désobligeante, et dans leurs lettres probablement brûlées ; une seconde fois à Paris, rue Verte, en romancière célèbre, le 19 avril 1836. Son marchand de père, obscur drapier à Falaise, Charles-François Filleul, avait trouvé le moyen d'acheter une charge d'écuyer secrétaire du roi, grâce à la « fraîcheur » de sa jeune femme, Louise Dubuisson, qui très vite troquera sa petite ville de province pour Paris où elle se fera remarquer du richissime fermier général Étienne-Michel Bouret, le trésorier général de la maison du roi, dont elle deviendra la maîtresse et par lui sans doute celle du roi lui-même. De Bouret, elle aura deux filles. L'aînée, « la belle Julie », épouse en 1767 le frère de Mme de Pompadour, le marquis de Marigny, directeur des bâtiments du roi, qu'elle trompera abondamment, entre autres avec le cardinal de Rohan. Les rapports de police précisent qu'elle lui tenait compagnie dans son carrosse, déguisée en homme. La seconde, Adélaïde, est née en 1761. Sa sœur l'élève après la mort de leur mère et la marie le 30 novembre 1779 au comte de Flahaut de La Billarderie, le frère aîné de son ami d'Angiviller qui vient de succéder au marquis de Marigny à la direction des bâtiments du roi. Elle a dix-huit ans, son mari, maréchal de camp, militaire et assez pauvre homme, en a presque cinquante-quatre. Pourtant d'Angiviller est furieux : « Ce sera donc vous, mon frère, qui imprimerez la première tache à notre nom[1] ! » C'est dire la réputation des deux filles de Mme Filleul. D'Angiviller s'est remarié en 1781 à Mme de Marchais dont le salon, cul-de-sac de l'Oratoire, près du Louvre, est célèbre. C'est là sans doute que l'abbé de Périgord tombe sous le charme d'Adélaïde qui se soucie de son mari comme d'une guigne et prétend n'avoir jamais couché avec lui[2]. L'abbé est déjà son amant depuis plusieurs années lorsque la portraitiste Adélaïde Labille-Guiard la représente en 1785, à vingt-cinq ans, dans toute sa gloire : de beaux cheveux bruns légèrement bouclés, des yeux très étirés, un joli nez, de belles épaules.

Adélaïde s'est fait peindre avec son tout jeune fils qui tient dans sa main un médaillon à l'image de sa tante d'Angiviller. Le tableau donne une impression de fraîcheur et de sensualité qui fait grincer Bachaumont, sans doute averti des amours adultères du modèle avec l'abbé. Dans son Journal, il décrit Adélaïde « fraîche comme Flore, belle comme Vénus mais chaste comme Pénélope, et dont toute l'habitude du corps annonce la vertu conjugale dans sa pureté la plus parfaite[3] ». On savoure l'ironie. Est-ce ce portrait-là, qui, d'après Gouverneur Morris, se trouvait chez Charles-Maurice en 1790[4] ?

Adélaïde est sans fortune, mais vit des pensions du roi, de Monsieur, du comte d'Artois, au moins jusqu'à la Révolution qui la ruine[5]. Son beau-frère s'est arrangé pour qu'elle puisse habiter l'un des appartements du Louvre généralement réservés aux artistes. Morris, le futur ministre plénipotentiaire des États-Unis à Paris, qui la trouve à son goût et se pose en rival de Charles-Maurice, parle avec émotion dans son Journal de « sa jeunesse, sa beauté, son esprit et toutes ses grâces ». Ce qu'il ne dit pas, c'est qu'elle est de santé fragile, régulièrement malade, probablement pulmonaire, ce qui ne l'empêchera pas de vivre jusqu'à soixante-seize ans. Élevée par une gouvernante anglaise, Mrs Trent, qui finira ses jours au couvent de Chaillot, elle est parfaitement bilingue et se rend régulièrement dans l'ouest de l'Angleterre aux eaux de Bath mises à la mode par George Brummel. À Paris, son salon est aussi artistique et littéraire que mondain. Le peintre Danloux en parle comme d'« un drôle d'assemblage ». On y trouve d'Holbach, Suard, le libraire Panckouke, Marmontel, proche de sa mère, l'abbé Morellet (que Voltaire, qui goûtait son esprit, appelait « Mords-les ») et de nombreux Anglais dont William Windham, le célèbre parlementaire libéral, qui sera brièvement son amant à la fin de 1791[6]. Windham n'est ni le premier ni le dernier de ses amis anglais. À Bath, Adélaïde rencontre William Shelburne, marquis de Lansdowne, l'ancien premier lord de la trésorerie, le signataire de la paix de 1783, qui habite dans les environs le vaste domaine de Bowood. Elle le reverra à Paris au début de la Révolution et sera son hôte en Angleterre où elle se réfugie en 1792. Le fils de Lansdowne, John Wycombe, qui l'aidera à quitter Paris peu après les massacres de Septembre, a sûrement été l'un de ses « très intimes », à la suite de Charles-Maurice[7]. Grâce à Adélaïde, les Lansdowne, grands aristocrates libéraux, pacifistes et francophiles, compteront parmi les amis anglais les plus fidèles du futur évêque d'Autun.

Logiquement les femmes aiment moins la comtesse de Flahaut que les hommes, ce qui est de bonne guerre, et raillent son côté « bas bleu », son manque de naturel, ses mots d'esprit préparés puis jetés dans la conversation. Sous le Directoire encore, Mme de Chastenay la prendra pour « une femme de beaucoup d'esprit », « à la condition de lui accorder beaucoup d'indulgence ». « Elle parlait par traits et par phrases ; elle y mettait de l'intervalle. Elle effaçait, elle corrigeait avant de prononcer[8]. » Entre-temps, Adélaïde se sera acquis une belle réputation d'écrivain en publiant à Londres, en 1794, son premier « joli roman », selon Mme de Staël qui ne l'aime pourtant pas[9], *Adèle de Senanges*, une autobiographie qui inaugure le genre, de Mme de Genlis à la duchesse de Duras, à mi-chemin entre le traité d'éducation et l'intrigue psychologico-sentimentale.

Si, au milieu des années 1780, Charles-Maurice partage les faveurs d'Adélaïde avec le marquis de Montesquiou, le futur général de la République, tout laisse à penser qu'il est le père de l'enfant du portrait de 1785, Charles, né à Paris le 21 avril[10]. Le prénom de l'enfant trahit à demi ses origines. Par ailleurs, les proches d'Adélaïde, les amis de son amant sont unanimes sur ce point : l'abbé de Périgord est le père de Charles[11]. Morris l'affirme dans son journal ; Dalberg, l'un de ses intimes, après lui avoir écrit qu'il le considère comme son père d'adoption, achève sa lettre sur un : « Je vous aime à la Flahaut », et ajoute subtilement : « sans en avoir le même droit[12] ».

Charles-Maurice lui-même ne s'en cache pas[13]. Ses lettres à Charles de Flahaut, récemment acquises par les Archives nationales, confirment la filiation. Leur ton familier, l'usage du tutoiement, très rare chez Talleyrand, les multiples démarches qu'il entreprend pour le pousser dans la carrière, militaire sous l'Empire, diplomatique sous la Monarchie de Juillet, prouvent assez la particularité de leurs liens qui n'auraient pas résisté sans cela à la brouille de l'ex-amant et de l'ex-maîtresse survenue très tôt, sous le Directoire. Il lui écrit par exemple le 26 mars 1807 de Varsovie : « Aujourd'hui, j'ai écrit au grand-duc de Berg [Murat] pour lui renouveler ma demande de t'employer auprès de lui. J'y mets toute l'insistance d'une chose personnelle et elle l'est. [...] Écris-moi comment tu te portes, ce que tu fais et ce que tu veux. Tu es un des précieux intérêts de ma vie et quand je dis cela, je les réduis à deux ou trois. Je t'embrasse et te presse contre mon cœur[14]. » Leur brève mésentente tardive, dans les années 1830, attisée par la duchesse de Dino d'un côté, par l'épouse anglaise de Charles, Margaret Mercer Elphinstone[15], de l'autre, ne sera qu'anecdotique.

Ce qui l'est moins, c'est l'extraordinaire descendance de Charles-Maurice par la main gauche. Charles de Flahaut, amant de la reine Hortense, la fille de Joséphine à qui Napoléon avait fait épouser son frère Louis, sera le père d'un certain Demorny, né à Paris le 22 octobre 1811, le futur duc « particulisé », le demi-frère de Louis-Napoléon Bonaparte, « Monsieur frère » comme l'on disait, l'homme du 2 décembre 1851, l'homme aussi des femmes et des affaires, la conscience noire du second Empire. La ressemblance entre le grand-père et le petit-fils qui se souviendra d'avoir été présenté dans son enfance au vieux prince de Talleyrand, rue Saint-Florentin, est criante. Lorsque Maxime Du Camp fait le portrait de l'un, on croirait qu'il s'agit de l'autre : « Morny était habile, roué, ne croyant guère à l'inflexibilité des opinions, très ambitieux sous des dehors nonchalants et de visée lointaine. Vivant dans tous les mondes, [...] il avait l'oreille fine et savait entendre[16]. » Tous deux sont blonds aux yeux bleus. Tous deux ont été de grands hommes d'affaires et politiquement des conservateurs libéraux, le premier en 1789 et en 1814, le second à partir de 1854 comme président du Corps législatif en orientant le régime vers le libéralisme de ses dernières années. Morny, devenu duc, est mort trop tôt pour empêcher son demi-frère de conduire le régime à sa perte en 1870. Ximenès Doudan, le collaborateur du duc de Broglie, a laissé dans ses Mémoires une conclusion amusée à cette histoire, en faisant dire à Charles (encore !) de Morny, sur le ton de la boutade : « J'ai un grand-père évêque, une mère reine, un frère empereur, et tout cela est bien naturel[17]. »

À la fin des années 1780, Charles-Maurice se montre vis-à-vis de la belle Adélaïde un amant discret mais fidèle. Son salon du Louvre fait ses délices, et, détail significatif, tous deux sont des joueurs acharnés. Danloux raconte que Charles-Maurice joue chez elle avec Montesquiou à la brusquembille – l'ancêtre du pocker –, « un jeu d'enfer[18] ». « Je suppose qu'on vous aura prévenu, dira plus tard Adélaïde à un ami, que, passé 10 heures du soir, je n'ai plus d'autres idées en tête que l'as de pique et la dame de carreau. » Le jeune Charles est confié aux soins d'une lointaine cousine, Mlle Duplessis, qui suivra Adélaïde en exil à Londres. Son oncle d'Angiviller l'aidera discrètement en réalisant une partie de son argenterie qu'il placera sur la tête de son neveu en rentes constituées. Lansdowne et Wycombe s'en occuperont également[19].

Mais bien avant les jours sombres, c'est un curieux « ménage » que celui de l'abbé de Périgord et de la comtesse de Flahaut, dont le mari, vieillissant mais bien vivant, ne mourra quand même, sur l'échafaud, qu'en octobre 1793[20].

Gouverneur Morris les surprend en 1790 dans l'appartement du Louvre, l'une « les pieds dans [de] l'eau chaude », l'autre occupé « à chauffer le lit avec une bassinoire ». « Moi, je regarde, commente Morris, qui, ne l'oublions pas, vient de la prude Amérique, car c'est assez curieux de voir un père de l'Église engagé dans cette pieuse opération[21]. » En passant, Morris est l'un des seuls à risquer une remarque sur les habitudes sexuelles de Charles-Maurice. Son témoignage est à prendre avec des réserves dans la mesure où il est pour lui, à l'époque, un rival « de cœur » d'Adélaïde. En notant, le 17 octobre 1789, que la belle comtesse de Flahaut laisse tomber pour la première fois à l'égard de son amant « un mot qui est cousin germain du mépris », il a cette conclusion : « La raison secrète est qu'il manque de *"fortiter in re"*, quoique abondamment pourvu de *"suaviter in modo"*. » On remarquera l'usage prudent du latin. En clair, Charles-Maurice est plus « charmant et doux » que « vigoureux »[22] ! Ce qui ne l'empêche pas de faire, en février 1791, alors qu'il craint pour sa vie, un testament en faveur de sa maîtresse par lequel il lui lègue toute sa fortune[23]. C'est dire son attachement. À la fin de l'année pourtant, les liens se relâchent et ne résistent pas aux amours anglaises d'Adélaïde. Les deux anciens amants se verront beaucoup en Angleterre, puis l'un partira pour les États-Unis, l'autre pour la Suisse. Ils se retrouveront brièvement à Hambourg en 1796. Adélaïde qui est sans fortune, s'est mis en tête de se remarier. À Londres, Charles-Maurice, sans doute pressenti, se dérobe. Wycombe, qui plus tard la tiendra pour « l'une des femmes les plus dangereuses qui existent[24] », ne dirait pas non. Mais son père, qui redoute ce genre de fin pour son fils, l'oblige à voyager et, dans l'intervalle, prend sa place d'amant sans trop de scrupules ! Après quelques nouvelles aventures, dont une tentative sur le jeune Louis-Philippe d'Orléans en exil, à Altona en mars 1795, elle finit par épouser en 1802 un vieil et riche diplomate portugais, le comte de Souza. Elle reverra régulièrement son ancien amant à Paris à son retour d'émigration en lui gardant, par éclipses, une apparence d'amitié. Mais leur intimité est morte en Angleterre pendant la Révolution.

Il est difficile de savoir pourquoi : la jalousie, l'ambition, des dissensions d'argent, une très grande indélicatesse ? Peut-être, à Londres, la belle Adélaïde, très proche de Windham, l'aura-t-elle renseigné sur le compte de son ancien amant. L'expulsion d'Angleterre de ce dernier n'y serait pas étrangère[25]. Mais ce sont des conjectures. En 1816, Mme de Souza écrit à son fils à propos de celui qu'elle appelait en 1789 son « mari de cœur » : « Cet homme a une puissance de haine que je n'ai vue à qui que ce soit. [...] Le côté cœur est si faible que je le crois paralysé[26]. » Triste épilogue pour une passion.

Si l'on résume leur histoire, quelle étonnante affaire de famille ! Une femme mariée a un fils illégitime de ses amours avec un prêtre. L'un des meilleurs amis anglais de ce dernier devient l'amant de la dame, avant que son petit-fils n'épouse la fille du fils illégitime de son ancienne maîtresse !

18.

ÉVÊQUE À TRENTE-QUATRE ANS

Bien avant ce dénouement, à la fin de l'année 1788, en pleine liaison quasi conjugale, le jeune abbé de Périgord est brusquement saisi de la dignité épiscopale. En mai 1788, Antoine-Malvin de Montavet, l'archevêque de Lyon, meurt. Traditionnellement, c'est l'évêque d'Autun qui le remplace. En devenant primat des Gaules, Yves-Alexandre de Marbeuf, le ministre de la feuille, libère son siège d'Autun qui est à prendre. Cette nouvelle occasion sera la bonne pour Charles-Maurice.

Autun n'est pas un riche évêché. Il n'est doté que de 22 000 livres de rentes selon l'*Almanach royal*, mais il a l'avantage de porter son titulaire à la présidence des états de Bourgogne, une position politique qui ne manque pas d'agréments aux yeux de Charles-Maurice. De plus, l'évêque d'Autun, comte de Saulieu, premier suffragant de l'archevêque de Lyon, est en charge, en son absence, de l'administration de son archidiocèse qui lui est naturellement destiné en cas de vacance. Mais il ne suffit pas de poser sa candidature, encore faut-il emporter la place et vaincre la concurrence. C'est à la cour que tout se joue et il faudra toute la ténacité du clan Talleyrand pour vaincre les dernières réticences. Pour commencer, Charles-Maurice dispose toujours de l'appui renouvelé de ses pairs. Au début de l'année, lors de son Assemblée générale extraordinaire, le clergé forme à nouveau des vœux en faveur de son ancien agent général[1]. Puis la famille entre dans la danse. Les Damas, liés par leur gouvernement des Dombes aux états de Bourgogne, ont dû intervenir[2]. Mais ce sont cette fois les parents de Charles-Maurice qui marquent le coup décisif.

L'hostilité du ministre de la Feuille, Mgr de Marbeuf, décide le comte de Talleyrand, très malade au retour de l'une de ses inspections militaires, à écrire directement au roi. La réussite pleine et entière du « plan de carrière » mis au point par sa famille pour Charles-Maurice l'exige. La lettre est perdue, mais tout laisse à penser qu'elle a bien été envoyée et reçue. Plusieurs des auteurs anonymes des brochures lancées contre l'évêque apostat sous la Révolution la mentionnent[3]. Charles-Maurice lui-même y fait une allusion appuyée dans sa première lettre pastorale à Autun, le 26 janvier 1789[4]. Les Talleyrand, père et fils, sont bien connus du roi. Charles-Daniel, son menin quand il était dauphin, a été dans son entourage proche, il l'a servi le jour de son sacre. Le roi l'estime comme militaire et l'admet régulièrement à ses chasses de Compiègne et de Fontainebleau[5]. Charles-Maurice, quant à lui, a eu l'occasion d'approcher le roi à de nombreuses reprises. Il lui est présenté pour la première fois en mai 1775 à l'occasion de la réception à la cour des députés de l'Assemblée du clergé. Il a travaillé sous ses yeux aux séances de son Conseil d'État privé comme agent général à partir du mois d'octobre 1780. Les scrupules du pieux souverain sur la moralité douteuse du candidat évêque relèvent une fois de plus de la légende. Le « Cela le corrigera » prononcé par le roi au moment de signer sa nomination, l'intervention hostile d'Alexandrine qui aurait jugé son fils indigne d'une telle élévation sont de la même veine. Plus logiquement, la nomination de l'abbé de Périgord à l'évêché d'Autun, le 2 novembre 1788, résulte d'un ensemble de circonstances devenues enfin favorables, après une longue attente. Il aura fallu trois années de manœuvres, de persuasion et d'insistances pour obtenir ces quelques lignes formelles, adressées au pape et signées de la main du roi : « L'évêché d'Autun étant à présent vacant par la démission du sieur de Marbeuf, dernier titulaire dudit évêché, nous avons estimé que le sieur Charles-Maurice de Taillerand-Périgord [*sic*], vicaire général de Reims, remplira dignement tous les devoirs que lui imposera la dignité épiscopale ; et, étant bien informé de ses bonnes vie, mœurs, piété, grande suffisance et de ses autres vertueuses et recommandables qualités qui nous donnent lieu d'espérer qu'il emploiera avec zèle et applications tous les talents au service de l'Église, nous le nommons et présentons à Votre Sainteté[6]. » Les bulles pontificales d'investiture qui confirment la nomination du roi suivent le 15 décembre. Comme une bonne nouvelle ne vient jamais seule, il est nommé, le 3 décembre, abbé commendataire de Celles, près de Poitiers, d'un revenu non négligeable bien que modeste de 9 500 livres[7]. Avec ses deux abbayes de Saint-Denis-de-Reims et de Celles, son évêché d'Autun, Charles-Maurice est assuré d'un revenu ecclésiastique d'au moins 56 000 livres, sans compter ses autres affaires « laïques » à propos desquelles il est impossible d'avancer des chiffres. C'est encore modeste si l'on compare ses revenus à ceux des plus grands princes de l'Église qui dépassent les 200 000 livres, mais c'est une honnête moyenne. La bonne fortune de l'abbaye de Celles n'est pas venue par hasard. Charles-Maurice l'obtient grâce au comte d'Artois, le frère cadet du roi, en vertu de son apanage du Poitou. Le comte d'Artois est le plus réactionnaire des princes de la famille royale. Il s'oppose en décembre 1788 à la convocation des États généraux comme au doublement des députés du tiers état[8] et sera l'un des tout premiers émigrés du royaume en quittant Versailles pour Turin dès le 16 juillet 1789. L'affaire de l'abbaye de Celles prouve que Charles-Maurice avait pourtant un pied à la cour grâce au comte d'Artois dont il dira plus tard qu'« il n'y a pas d'homme plus aimable et plus digne d'être aimé[9] ». Les plaisirs partagés par le jeune prince et par l'abbé, qui ont les mêmes amis et les mêmes habitudes de jeu, passent avant la politique. Les affaires aussi. Car le surintendant des finances du comte d'Artois n'est autre que Radix de Sainte-Foy, un proche de Charles-Maurice qui lui achètera sous la Révolution d'anciens terrains du prince à l'emplacement de l'ancienne pépinière du roi aux Champs-Élysées.

L'abbaye de Celles ne vient pas par hasard. L'abbaye arrive à point nommé, car si l'évêché d'Autun représente un rapport consistant et régulier, sa prise de possession coûte cher. Très rares sont les historiens qui mentionnent le prix d'enregistrement des bulles pontificales par lesquelles le pape intronise les évêques… et remplit les caisses du Saint-Siège. Par un acte passé devant notaire le 3 janvier 1789, Charles-Maurice reconnaît devoir à son frère Archambaud et à sa femme deux obligations qui garantissent un emprunt de près de 135 000 livres destinées à couvrir en partie les frais de ses bulles et aussi sans doute des mises de fond moins avouables. En août 1790, il remboursera son frère en lui cédant une partie de ses livres et de ses meubles. L'acte mentionne pour les meubles « un état de 12 pages de grand papier commun » et pour les livres « un catalogue de 85 pages de grand papier commun[10] ». On aimerait en connaître le contenu. On sait seulement que s'y trouvaient quelques livres fort peu ecclésiastiques comme le très licencieux *Portier des Chartreux*, digne de l'enfer de la Bibliothèque nationale, qu'il prêtera à un ami sous la Révolution[11]. L'ensemble est considérable et prouve autant les goûts dispendieux de Charles-Maurice que son besoin permanent de liquidités. Comme tout brasseur d'affaires, Charles-Maurice s'enrichit et s'endette tout à la fois, une constante chez lui. Alors, la caution familiale se révèle utile et la fortune de sa belle-sœur sert au moins à cela, faute de mieux. Quel contraste en tout cas avec l'état de fortune de ses parents ! Charles-Daniel, qui meurt à cinquante-quatre ans, deux jours après la nomination de son fils à Autun, est enterré modestement à Saint-Sulpice, le 6 novembre. Son inventaire après décès est grevé de multiples reconnaissances de dettes[12].

Dans le tumulte qui précède la convocation des États généraux du royaume, Charles-Maurice est consacré évêque, le 4 janvier 1789, des mains de Louis-André de Grimaldi, évêque-comte de Noyon. Une cérémonie discrète à la petite chapelle de la Solitude à Issy, près de Paris, dans l'enceinte de la maison du noviciat de Saint-Sulpice. D'ailleurs, il fait très froid, 14° au-dessous de zéro, ce qui augure mal de la chaleur épiscopale du nouvel évêque[13]. Grimaldi est une vieille connaissance. C'est lui qui a ordonné l'abbé de Périgord prêtre en 1779. Il a très mauvaise réputation. Bombelles dit de lui, pour expliquer sa « croix épiscopale », qu'avec « un nom, de l'intrigue et des femmes on vient à bout de bien des choses[14] ».

Grimaldi, qui vit à Paris plutôt qu'à Noyon où il est d'ailleurs « brouillé avec son chapitre », est l'un de ces évêques « dissipés » dont parle pudiquement Charles-Maurice dans ses Mémoires. La cérémonie, l'une des plus longues de la liturgie catholique, durant laquelle les deux évêques co-célèbrent la messe, a ceci de particulier qu'elle lie le prélat nouvellement consacré à Rome et au pape. De tous les serments prêtés par Talleyrand, et ils seront nombreux, celui du 4 janvier 1789 est de loin celui qui l'empoisonnera le plus jusqu'à la fin de ses jours, parce que, au-delà de sa signification politique, il revêt une dimension sacrée, indissoluble. « Moi, Charles-Maurice, élu pour l'Église d'Autun, serai, dès à présent et à jamais, fidèle et obéissant à l'apôtre saint Pierre, à la sainte Église romaine, à notre saint père le pape Pie et à ses successeurs légitimes. » Paradoxalement, car il y a toujours du paradoxe chez lui, l'abandon de sa dignité épiscopale ne lui enlèvera jamais ce que Pasquier appelle méchamment « la vanité de sa naissance et du rang qu'il avait occupé dans l'Église[15] ». Quarante-neuf ans plus tard, au moment de mourir et de recevoir l'extrême-onction de son confesseur l'abbé Dupanloup, il se souviendra, en tendant ses mains fermées, avoir reçu une première fois l'huile de l'onction épiscopale sur les paumes le jour de sa consécration. À ses yeux et aux yeux de l'Église, le geste ne pouvait être reproduit une seconde fois au même endroit. « N'oubliez pas, monsieur l'abbé, que je suis évêque[16]. »

En attendant, c'est bien revêtu de la croix pectorale, la crosse à la main et l'anneau pastoral au doigt, que Mgr de Talleyrand-Périgord, évêque d'Autun, entre en révolution. En septembre 1788, le roi, face à l'opposition des parlements, a rapporté les dernières mesures de réforme judiciaire et fiscale tentées par Loménie, en août Necker a été rappelé, les États généraux du royaume ont été convoqués au 1er mai de l'année suivante ; fin décembre, le Conseil du roi s'est prononcé pour le doublement de la représentation du tiers état qui pèsera ainsi autant, en nombre de députés, que le clergé et la noblesse ; en mars 1789, commence dans les provinces l'élection des députés.

Dans ses Mémoires écrits plus de vingt ans après les événements, Talleyrand accuse Necker d'imprévoyance et de présomption. Le roi, en le rappelant aux affaires, « ne pouvait pas faire un plus mauvais choix ». « À l'époque d'une crise toute nationale, mettre à la tête des affaires un étranger, bourgeois d'une petite république, d'une religion qui n'était pas celle de la majorité de la nation, avec des talents médiocres, plein de lui-même, entouré de flatteurs, sans consistance personnelle, et ayant par conséquent besoin de plaire au peuple[17] » est, à ses yeux, une faute. Au-delà de la rancune, on sent toute la morgue aristocratique du grand seigneur pour le bourgeois protestant qu'est Necker. Il lui reproche le doublement du tiers état, incompatible avec le maintien de l'ancienne division des États généraux en ordres et qui devait conduire fatalement à leur réunion. Il regrette aussi que le roi ne se soit pas inspiré du modèle anglais en divisant les États généraux en deux chambres, haute et basse, réunissant respectivement les députés du clergé et de la noblesse et ceux du tiers. Le projet est à l'époque défendu par ceux que l'on appellera bientôt les monarchiens, Jean-Joseph Mounier en tête. Rien ne prouve que l'évêque d'Autun y ait adhéré avant mai 1789. Dans les années 1820, en revanche, il correspond à une réalité politique, celle du régime bicaméral de la Restauration instauré par la Charte de 1814. Il est tout aussi difficile de savoir ce qu'il pensait vraiment à l'époque du doublement du tiers, l'un des atouts majeurs de la révolution.

Une seule chose est sûre : une fois la décision prise par le roi, il saura en tirer parti. Car, au-delà de ces considérations tactiques, il reste plus que jamais fidèle aux projets avortés de 1787, avec ou sans le roi, pourvu qu'ils adviennent. En pensant à son milieu naturel qu'il est sur le point d'abandonner, Pasquier écrit dans ses Mémoires que « personne ne s'est joué comme lui de l'opinion ». Celle du haut clergé et de la noblesse, sûrement. Mais ce qu'il appelle l'opinion est, aux yeux du futur député de l'Assemblée nationale, tout autre en 1789. L'opinion, c'est celle de ce qu'il appelle « le peuple », qui dans son esprit n'est pas le peuple tel qu'on l'entendra par la suite, mais cette immensité intermédiaire des capacités et des talents. Comme il l'écrit dès le mois d'avril 1787 à son ami Choiseul, ces bourgeois-là doivent être « enfin compté[s] pour quelque chose[18] », parce qu'ils ne sont toujours rien et qu'ils représentent le plus grand nombre. L'intelligence des situations chez Charles-Maurice repose sur une idée simple qui sera celle de toute sa vie, celle de la force de la nécessité et de l'utilité en politique.

Le texte de la lettre capitale qu'il écrit en octobre 1789 à son amie la comtesse de Brionne, et dans laquelle il tente de justifier sa conduite, tourne autour d'une seule phrase qui le résume et le contient. Aller contre la nécessité, c'est aller contre la raison et c'est aller au suicide politique : « Une vérité qui doit vous arriver, c'est que la révolution qui se fait aujourd'hui en France est indispensable dans l'ordre des choses où nous vivons, et cette révolution finira par être utile. » En conséquence, « il a bien fallu s'arracher du cercle étroit des prétentions et des convenances pour en examiner les rapports bien plus étendus et envisager la nouvelle époque à laquelle on était arrivé. Alors prendre des demi-partis devenait un danger pour les hommes faibles et une honte pour ceux qui croient valoir mieux. La seule conduite digne de quelque estime était de se déclarer hautement[19] ». En mars 1789, au moment où il se présente à la députation de son ordre devant le clergé des bailliages d'Autun, Montcenis, Semur-en-Brionnais et Bourbon-Lancy, son programme s'inspire de ce qu'il dira beaucoup plus tard, sous la Restauration, en défendant la liberté de la presse à la Chambre des pairs : « De nos jours, il n'est pas facile de tromper longtemps. Il y a quelqu'un qui a plus d'esprit que Voltaire, plus d'esprit que Bonaparte, plus d'esprit que chacun des directeurs, que chacun des ministres passés, présents et à venir, c'est tout le monde[20]. »

Après avoir lu l'*Extrait du cahier des délibérations du clergé assemblé à Autun*, largement inspiré par Charles-Maurice, Sainte-Beuve, admiratif, parle d'un « discours remarquable, tout pratique, où, sans se jeter dans le vague des théories, il résume les principales réformes et les améliorations qu'il estime nécessaires[21] ». Si on les compare à l'ensemble des cahiers du clergé des états de Bourgogne, ceux d'Autun se distinguent de la masse par la vision d'ensemble libérale et rationnelle dont ils s'inspirent et par leur ton très politique. Charles-Maurice y plaide pour une monarchie contrôlée par une assemblée libre dans ses délibérations, et périodique, investie du droit d'élaborer une « charte » ou « constitution » garantissant les droits de tous, l'égalité devant l'impôt uniforme et consenti, le maintien inaltérable de la propriété, la tolérance intellectuelle et religieuse, la liberté d'expression, de circulation, les garanties d'une véritable liberté individuelle : l'abolition des arrestations arbitraires, l'adoucissement des lois réglant les rapports entre créanciers et débiteurs, l'établissement du jugement par le jury, etc.

Sur de nombreux points, il ne fait que reprendre en les simplifiant les plans d'administration élaborés pour le comte de Calonne : l'abolition des douanes intérieures, des corvées, des privilèges des corporations, des droits féodaux, la création d'un véritable crédit public par les secours d'une « banque nationale bien organisée » et d'une « caisse d'amortissement ». Du concret, de l'utile, des mesures simples et précises qui, pour être radicales, n'ont rien d'utopique et se démarquent par la clarté de leur exposition, du vague ambiant de nombreux cahiers de doléances. Il est question, dans ce cahier, d'égalité, de liberté et d'ordre, loin de toute idée de fraternité universelle et encore moins de rancunes particulières. Le travail à l'Agence générale du clergé comme dans les officines du Contrôle général a porté ses fruits. Ce qui change, c'est que, pour la première fois, des projets élaborés dans l'ombre deviennent publics, des projets élaborés indépendamment les uns des autres forment une masse cohérente de pensée. Mais la simple énumération des mesures préconisées par l'évêque d'Autun n'en donne pas le ton, qui sera aussi celui de tous ses discours à la tribune de l'Assemblée nationale. Quelques extraits suffiront. Sur la liberté d'expression : « La liberté d'écrire ne peut différer de celle de parler ; elle aura donc la même étendue et les mêmes limites ; elle sera donc assurée, hors les cas où la religion, les mœurs et les droits d'autrui seraient blessés ; surtout elle sera entière dans la discussion des affaires publiques, car les affaires publiques sont les affaires de chacun. » Sur les privilèges : « Les privilèges exclusifs accordent à un ce qui appartient à tous. [...] Les membres de l'assemblée du clergé d'Autun pensent [qu'il faut] détruire sans retour toute espèce de privilèges en matière d'impôts, et effacer par conséquent toutes les dénominations flétrissantes que l'on a attachées jusqu'à ce jour à certaines contributions, comme s'il avait pu jamais être avilissant d'obéir à la loi, et de faire un acte de citoyen. »

L'emploi de l'indicatif futur, de la conjonction de coordination, le balancement constant des idées générales et des mesures particulières marquent le texte de leur empreinte. Même si la question de la nature des propriétés ecclésiastiques n'est abordée que de façon très allusive, le député du clergé d'Autun a dû user de beaucoup de souplesse et de séduction pour faire passer un programme aussi neuf devant des prêtres et des chanoines bourguignons sans doute éberlués de la si grande variété d'aptitudes de leur nouvel évêque de trente-cinq ans[22].

Le terrain avait été habilement préparé. Dès le 26 janvier, alors qu'il déléguait ses pouvoirs au grand chantre du chapitre d'Autun, Simon de Grandchamp, chargé de prendre possession de son diocèse, il adressait à ses « très chers frères » une première lettre pastorale destinée à être lue au prône dans toutes les églises de son évêché[23]. Larmoyante à souhait, débordante d'onction épiscopale, elle est par son style le contraire des cahiers, mais n'en reste pas moins très politique. Charles-Maurice y rend hommage au clergé paroissial ainsi qu'à la congrégation de l'Oratoire qui forme les futurs prêtres, évoque les mânes de Fénelon et de Bossuet et, en tous points, fait preuve d'une connaissance de terrain de son diocèse, bien apprise au cours de ses années d'Agence générale. Mais il a beau assurer ses fidèles qu'il « ne cesse de penser » à eux, qu'ils sont devenus sa « douce et unique occupation », il faut attendre presque deux mois avant qu'il ne mette les pieds à Autun où il arrive le 22 mars pour en repartir le 12 avril, député de son clergé aux États généraux du royaume[24]. Car si « Sa Grandeur », l'évêque d'Autun, est préoccupée par quelque chose, c'est moins du salut de ses ouailles que de la toute prochaine réunion à Versailles des 1 145 députés du royaume. Dans l'intervalle, l'abbé des Renaudes est chargé de prêcher sur place la bonne parole. C'est un homme spécieux que Martial Borie des Renaudes, né en 1755, un an après celui qu'il servira une partie de sa vie. Charles-Maurice, en l'employant à l'Agence générale du clergé, a vite fait de reconnaître ses qualités. Des Renaudes, alors vicaire général de Tulle, s'était fait remarquer à la mort de Louis XV en lisant en chaire un panégyrique très nuancé, voire suspect, du « Bien Aimé ». Il a l'intelligence vive, la plume facile et s'est fait une spécialité de toucher un peu à tout : l'histoire romaine, Tacite, les finances, le droit et le clergé. Il passera vite pour l'homme à tout faire de Talleyrand, jusqu'à ses petits billets du matin destinés à ses intimes qu'un informateur prussien lui attribuera généreusement sous le Consulat[25]. En 1788, Charles-Maurice en fait son grand vicaire, contre 3 000 livres de rentes annuelles, sur le chapitre d'Autun. En 1796, après huit années de troubles révolutionnaires, il est toujours là, plus apprécié que jamais : « Il doit connaître son pays superbement puisqu'il n'a jamais été arrêté[26] », dira Talleyrand. Et encore : « C'était un homme habile à mettre en œuvre les idées des autres[27]. » Commode aussi, à la fois intermédiaire, agent d'informations, chargé de mission et fondé de pouvoirs.

Avec ou sans des Renaudes, Charles-Maurice passe en tout et pour tout vingt jours à Autun qu'il quitte le jour de Pâques 1789 pour ne plus jamais y remettre les pieds. Cent vingt ans plus tard, en 1909, on découvrira par hasard dans les greniers de l'évêché une caisse encore tout emballée contenant un service à boire complet de la Manufacture des cristaux de la reine, destiné au nouvel évêque qui n'aura pas eu le temps de s'en servir.

C'est à Versailles qu'il faut être. Le 5 mai 1789, l'ouverture solennelle des États généraux du royaume sonne le glas d'un certain « plaisir de vivre ». L'heure est aux passions et au grand chambardement. Encore quelques mois et l'évêque d'Autun, digne prélat d'Ancien Régime, deviendra le « monstre mitré » de la Révolution.

19.

LE GRAND SAUT

Le 4 mai, la journée s'est ouverte sous le signe de Dieu et de l'étiquette immuable de la cour, réglée par le grand maître des cérémonies, le marquis de Brézé. À Versailles, de l'église Notre-Dame à l'église Saint-Louis, les députés accompagnent en grande pompe le Saint-Sacrement porté par l'archevêque de Paris. Les hauts dignitaires de l'Église marchent au milieu de la procession. Charles-Maurice est là, parmi les évêques élus aux États généraux. Il porte le deuil de son père. En soutane noire, il se distingue de ses pairs « en rochets et mosettes » portées sur la soutane violette. À Saint-Louis, Mgr de La Fare, évêque de Nancy, prononce en présence du roi et de la reine un sermon de circonstance : « Toute loi et tout jugement viennent de Dieu, la religion fait la force et le bonheur des empires. » « La procession est magnifique », raconte Gouverneur Morris qui, avec Adélaïde de Flahaut, observe la scène au passage du cortège. Les maisons sont « couvertes de tapisseries[1] ». Le temps est splendide. C'est « un jour divin », dira Charles-Maurice qui sans doute pense moins à la présence réelle qu'à ce qui va suivre.

Car tout va très vite. Après le discours d'ouverture du roi, les trois ordres se retirent afin de procéder séparément à la vérification des pouvoirs de leurs membres. Dès le 6 mai, les députés du tiers demandent la vérification en commun. Ceux des ordres privilégiés résistent. Sous une apparence formelle, l'enjeu est de taille : en commun, les députés voteront par tête, il n'y aura qu'une seule délibération et les députés du tiers, deux fois plus nombreux, seront majoritaires ; séparés, les deux ordres conservés du clergé et de la noblesse l'emporteront. Les tractations et autres missions de conciliation commencent, particulièrement du côté du clergé, plus fragile par sa composition et ses divisions entre les curés favorables aux propositions du tiers et les prélats hostiles. Dès le 6 juin, le marquis de Ferrières, député intransigeant de la noblesse, surprend l'évêque d'Autun en pleine « cabale ». Ce jour-là, il conduit l'une des députations du clergé chargée de soumettre aux députés du tiers un plan de conciliation. Les blocages ne lui conviennent pas, d'autant plus que la situation s'aggrave lorsque, le 17 juin, sur la motion de l'abbé Sieyès, le tiers se déclare Assemblée nationale. Dès le 14 et le 15, quelques curés du premier ordre ont rejoint le tiers rebelle. Plus que la noblesse, le clergé résiste mal. Alors même que, le 23 juin, le roi ordonne aux députés, du haut de son trône, dans la grande salle de l'hôtel des Menus-Plaisirs, de siéger séparément tout en faisant quelques concessions sur les réformes à venir, la veille, la majorité de ceux du clergé ont rejoint les députés du tiers réfugiés dans l'église Saint-Louis. Charles-Maurice n'en est pas. Prudent, il attend. La révolution qui s'annonce sera-t-elle conduite par le roi ou par la nation ? Comme à toutes les époques incertaines de sa vie, il a plusieurs fers au feu. Sa révolution commence dans le secret des négociations. L'aveu discret qu'il en fera plus tard dans ses Mémoires n'est pas innocent. Dans le courant du mois de juin, Charles-Maurice se rend à plusieurs reprises à Marly où le roi et la reine se sont réfugiés après la mort traumatisante du dauphin. Accompagné de quelques députés de la noblesse libérale, Noailles et d'Agoult entre autres, il voit le comte d'Artois, l'avertit de la gravité de la situation et lui propose de dissoudre les états puis de les convoquer à nouveau sur le modèle anglais : une chambre basse élue, une chambre haute nommée par le roi et regroupant l'élite des anciens ordres du clergé et de la noblesse constituée en pouvoir. Précisément, ce plan est celui que défendront sans succès les monarchiens, Mounier et Lally en tête, en août, au cours des débats sur la constitution du royaume. Ces notions de balance et d'équilibre des pouvoirs entre le roi et deux chambres, l'une populaire, l'autre conservatrice, sont dans l'air du temps. Elles étaient au centre de la polémique qui opposa, au début des années 1780, Turgot d'un côté, le publisciste anglais Richard Price et l'Américain John Adams, le futur président des États-Unis, de l'autre. Elles resurgissent peu avant la Révolution sous Calonne et Loménie. L'anglophile Charles-Maurice, proche de Calonne, est aussi l'ami de Price qu'il verra à Londres en 1792. Il y a donc toutes les raisons de penser qu'il a suivi ces discussions de près[2].

L'existence des conversations nocturnes de Marly ne peut être mise en doute. Mais ce qui est intéressant, c'est l'utilisation qu'en fera Charles-Maurice par la suite. Le thème en est connu : je vous ai prévenu, vous n'avez pas voulu m'écouter, je me sauverai donc par mes propres moyens. Dans ses Mémoires, il parle du plan qu'il propose comme d'« un acte de force, et la force, il n'y avait autour du roi personne pour la manier. [...] Dans ce cas, sous peine de folie, il fallait penser à soi[3] ». Autrement dit : si le roi veut se perdre, je ne me perdrai pas[4]. Tout est dit et tout devient légitime, à commencer par son engagement dans la Révolution. En 1814, avec le retour des Bourbons au pouvoir, Charles-Maurice ne manquera pas de se servir de l'argument et de le faire savoir. D'autant plus qu'à cette époque il avait beaucoup à se faire pardonner. En avril, il rafraîchira discrètement la mémoire du comte d'Artois, alors sur la route de Paris, en lui rappelant la teneur de leur conversation en juin 1789. Vitrolles, chargé du message, raconte l'épisode dans ses Mémoires et en parle, admiratif, comme de « la plus complète justification révolutionnaire de M. de Talleyrand. Tous les plaidoyers du monde n'auraient pas mieux servi à l'excuser, d'autant que le fait allégué me fut confirmé par M. le comte d'Artois qui en avait conservé l'entier souvenir[5] ». À singe, singe et demi. Les détonateurs à mèche lente, surtout bien placés, favorisent parfois les retours en grâce.

Alors que le roi hésite, ballotté entre les avis contradictoires de ses ministres Necker, Broglie et Barentin, le député du clergé des quatre bailliages d'Autun jette l'éponge. Le 26 juin il rallie avec Du Tillet, l'évêque d'Orange, la salle commune où siège le tiers, contre les ordres du roi[6]. Ni trop tôt ni trop tard. La veille, 47 députés de la minorité libérale de la noblesse, parmi lesquels nombre de ses amis, ont fait de même. Le 27, le roi cède et ordonne à son clergé comme à sa noblesse de se soumettre.

Dans ses Mémoires, écrits de la fin de l'Empire à la Restauration, Charles-Maurice prendra bien soin de distinguer l'œuvre réformiste et libérale de l'Assemblée nationale des principes sur lesquels elle se fonde. Il traite la souveraineté du peuple et l'égalité de « vaines chimères[7] ». Ce qui est intéressant, c'est qu'il fonde sa critique sur les théories mécanistes et matérialistes de Cabanis, l'ami et le médecin de Mirabeau, et de Destutt de Tracy, très à la mode sous la Restauration – Stendhal en était imprégné. L'organisation sociale y est comparée à celle du corps humain, les rapports de pouvoir au sein de la société à ceux qui peuvent exister entre le corps, la volonté, l'intelligence. « La différence de structure, de position et de fonctions met entre les organes de l'homme collectif, comme entre ceux de l'homme naturel, et, par conséquent, entre les parties dont il se compose respectivement, une inégalité nécessaire, qu'on ne peut ôter qu'en ôtant l'organisation d'où elle résulte. Donc fonder sur l'égalité l'organisation de la société, c'est la détruire[8]. » Ces anthropomorphismes sont bien dans la manière du député d'Autun : l'observation concrète de la réalité l'emporte sur la théorie. C'est un pragmatique doublé d'un modéré. Le rôle considérable qu'il se prépare à jouer à l'Assemblée nationale bientôt constituante n'est pas celui d'un théoricien comme l'abbé Sieyès qui, « quand il rédige une constitution, [...] traite le pays auquel elle est destinée comme un lieu où les hommes qui y sont établis n'ont jamais rien senti, jamais rien vu[9] ». Il n'est pas non plus celui d'un meneur. Une phrase de ses Mémoires résume sa manière : « Je me mis à la disposition des événements[10] », quitte d'ailleurs à en profiter à l'occasion. « Je résolus donc, poursuit-il, [...] de ne point lutter contre un torrent qu'il fallait laisser passer, mais de me tenir en situation et à portée de concourir à sauver ce qui pouvait être sauvé, de ne point élever d'obstacle entre l'occasion et moi, et de me réserver pour elle[11]. » Charles-Maurice est l'un des premiers à avoir compris que « l'ère des révolutions et des masses » dans laquelle il entre suppose un renversement complet de tous les modes de l'action. Certains signes de la puissance sont condamnés à devenir risibles et illusoires. À l'opposé, certains gestes, le petit coup de pouce donné au bon moment risquent d'être décisifs. Dans l'air de ce temps en train de naître, désormais saturé de politique, il s'agit moins de provoquer ou d'empêcher le « torrent » que d'atténuer le coup. Comme l'écrit l'une de ses amies : « Il tâchait de faire verser le plus doucement à chaque chute[12]. »

L'exercice n'est pas facile au milieu du déchaînement des passions dans et hors l'enceinte de l'assemblée. En juillet, Adrien Duquesnoy, député de Bar-le-Duc, note, découragé, dans son Journal : « Nous faisons gravement des choses frivoles et légèrement les choses les plus graves. Nous ne délibérons ni ne discutons : nous crions, nous clabaudons, nous nous emportons[13]. » En octobre, Mirabeau compare la Constituante à « un âne rétif qu'on ne peut monter qu'avec beaucoup de ménagement[14] ». À Versailles et encore plus à Paris à partir du mois d'octobre, les séances du matin comme du soir sont publiques. Les tribunes chahutent, menacent et vocifèrent. Le règlement n'est pas respecté. Les discussions les plus complexes sont interrompues par le défilé incessant des délégations et des pétitionnaires, les députés s'apostrophent d'un banc à l'autre, menacent d'en venir aux mains. Insidieusement, la peur s'empare d'eux et ne les quittera plus. Des listes de proscrits circulent. Certains députés sont physiquement pris à partie. Duquesnoy note le 7 octobre qu'à Paris, la veille, « l'évêque d'Autun, qui est fort connu pour sa popularité, a été insulté[15] ».

Charles-Maurice est en effet en première ligne. Pourtant il n'est pas à l'aise à la tribune. Le masque qu'il porte en public s'accorde mal aux passions du moment. « Ce n'était ni un orateur ni un homme de tribune, écrit Thibaudeau qui accompagne son père, député du Poitou, à Versailles. Quand il y paraissait, il débitait sans art et sans chaleur ce qu'il avait écrit[16]. » Et Barnave, qui écoute le même discours sur les successions lu à quelques jours de distance par Mirabeau aux Jacobins puis par Charles-Maurice à l'Assemblée, avoue avoir eu peine « à croire que ce fût le même[17] ». Mais s'il intervient peu, s'il n'improvise pas, se contentant de lire ou de faire lire des motions, des rapports ou des opinions préparées à l'avance, il choisit soigneusement le moment et le thème de ses discours et se montre toujours concis, précis, clair[18]. À l'instar de Mirabeau, connu pour avoir eu un « atelier » d'écrivains mercenaires, il n'a sans doute pas rédigé ses discours tout seul. Chamfort, qu'il a connu dans l'entourage du duc d'Orléans, a dû y mettre la main[19]. Pour ses interventions les plus longues, comme celle de septembre 1791 sur l'éducation, il s'entoure de nombreux collaborateurs. Ses discours, pris dans leur ensemble et dans leur succession, par exemple en matière de finances, n'en restent pas moins étonnemment cohérents. Loin de se cantonner dans un rôle de « spécialiste » comme il fait semblant de le croire dans ses Mémoires[20], ses interventions sont presque toujours déterminantes dans la marche en avant de l'Assemblée. Adrien Duquesnoy prend bien soin de noter dans son Journal les réactions du public, hostiles ou enthousiastes, rarement indifférentes, à chacune de ses apparitions.

Dès le mois de juillet, l'évêque d'Autun est une puissance au sein de l'Assemblée, ne serait-ce que par l'influence qu'il exerce sur nombre de ses amis. Ses réseaux sont multiples. Il a presque certainement été l'un de ces « trente » qui à Paris, chez l'avocat au Parlement Adrien Duport, ont préparé les élections en rédigeant des modèles de cahiers de doléances distribués « en grand nombre » dans les bailliages, selon Alexandre de Lameth[21]. Depuis plusieurs mois, ces « conspirateurs bien intentionnés », comme les appelle Mirabeau, défendent le principe d'une constitution et d'une déclaration des droits. Parmi eux, on trouve la fine fleur de la noblesse libérale à laquelle Charles-Maurice appartient : les Lameth, le marquis de La Fayette, le duc d'Aiguillon, le vicomte de Noailles, le comte de Lally et aussi le comte de Castellane, le duc de La Rochefoucauld, le duc de Liancourt, le duc de Lauzun qui sont ses amis intimes comme le sont Dupont de Nemours et Panchaud[22]. Mirabeau et Sieyès sont également présents. Faute de sources, on sait peu de chose sur le rôle réel de cette mystérieuse « société » au tout début de la Révolution. Si ses activités cessent peu avant l'ouverture des États généraux, les liens d'amitié perdurent entre ses anciens membres qui presque tous joueront un rôle de premier plan au cours de l'année.

Le tour de force de Charles-Maurice est de savoir être partout. Il est par exemple de tous les clubs politiques qui se multiplient dès le début de l'année et influencent plus ou moins les décisions de l'Assemblée nationale. Les uns très fermés et aristocratiques comme le club de Valois, proche du parti d'Orléans, au Palais-Royal, et, non loin de là, le club de 1789, fondé plus tardivement, en avril 1790, et qui se donne pour but la défense de la Constitution. Les autres appelés à devenir de grosses machines populaires comme le club des Amis de la Constitution aux Jacobins-Saint-Honoré, que ses adversaires appelleront bientôt par dérision le club des Jacobins[23]. Au sein de l'Assemblée, Charles-Maurice est élu d'emblée membre de plusieurs des comités chargés de préparer et de mettre en forme les décisions générales et qui détiennent en fait la réalité du pouvoir : au comité de Rédaction dès le 26 juin, ce qui prouve assez que son ralliement au tiers a été préparé d'avance, au comité de Constitution, le 14 juillet, au comité des Dîmes, le 12 août.

Le 3 juillet, il monte à la tribune et frappe ses trois premiers coups. Malgré la décision du roi ordonnant la réunion de tous les députés, les récalcitrants de la noblesse et du clergé s'abritent derrière les mandats qu'ils ont reçus de leurs électeurs (on les appelait alors les « commettants ») pour refuser d'outrepasser ce pour quoi ils ont été élus. Ni vote par tête ni Constitution. Dans son discours du 3 juillet, qu'il développe de nouveau le 7, Charles-Maurice prend le parti de la Révolution en proposant aux députés de jeter leurs mandats par la fenêtre. Il pose deux principes : celui de la « volonté générale » et celui de la « liberté délibérante » de l'assemblée. Le bailliage, l'ancienne circonscription administrative du royaume choisie pour cadre des élections, n'est que la « partie d'un tout, une portion d'un seul État, soumise essentiellement, soit qu'elle y concoure, soit qu'elle n'y concoure pas, à la volonté générale ». Interdire à un député de délibérer ou lui intimer de se retirer, « c'est vouloir que la volonté générale soit subordonnée à la volonté particulière d'un bailliage ou d'une province[24] ». Charles-Maurice ne fait pas la révolution, il lui entrouvre la porte en déliant les députés de leurs serments, et lui permet de donner toute sa mesure.

Dans l'immédiat – et c'est sans doute ce qu'il avait en tête –, il désamorce un conflit qui s'éternise depuis le 5 mai. Tout laisse à penser que son intervention a été soigneusement préparée. Target, Lally et surtout Mirabeau l'appuient à la tribune[25]. Ce jour-là, son influence, encore secrète, devient publique. Dans la presse des amis du roi, on se moque de sa « religion du serment ». Ce n'est qu'un début[26]. La sortie de Charles-Maurice contre les mandats a un tel retentissement qu'en février 1790 elle empoisonnera encore les relations de Mirabeau qui a soutenu son ami à cette occasion, et de la cour avec laquelle il négocie secrètement[27]. C'est en pensant à elle que Malouet, l'un des monarchiens les plus en vue à l'Assemblée, place son auteur « non seulement comme un homme d'un esprit distingué, mais comme celui qui, par une seule motion, [...] a fait faire un grand pas à la révolution[28] ».

À peu près au même moment, un libelliste anonyme qui connaît très bien son modèle lui consacre plusieurs pages dans un petit livre réédité au moins à trois reprises, ce qui prouve son succès, la *Galerie des États généraux*. L'ouvrage se présente comme une suite de portraits des principaux membres de l'assemblée : Mirabeau, La Fayette et beaucoup d'autres, tous très finement croqués sous des noms d'emprunt qui parfois illustrent l'une de leurs qualités. L'évêque d'Autun, en « Amène », n'a pas dû avoir beaucoup de mal à se reconnaître. Gageons qu'il a été agacé de son portrait[29]. Sous la flatterie – des « formes enchanteresses », « le charme de l'amabilité », « un excellent esprit » –, l'auteur décrit admirablement l'ambition du jeune membre de l'Assemblée et les moyens subtils qu'il compte employer pour la satisfaire. Les quelques lignes qui suivent comptent parmi les analyses les plus justes de son « style » en politique : « Amène ne songe pas à élever en un jour l'édifice d'une grande réputation. Parvenue à un haut degré, elle va toujours en décroissant et sa chute entraîne le bonheur et la paix ; mais il arrivera à tout, parce qu'il saisira les occasions qui s'offrent en foule à qui ne violente pas la Fortune. Chaque grade sera marqué par le développement d'un talent, et, allant ainsi de succès en succès, il réunira cet ensemble de suffrages qui appellent un homme à toutes les grandes places qui vaquent. L'envie, qui rarement avoue un mérite complet, a répondu qu'Amène manquait de cette force qui brise les difficultés nécessaires pour triompher des obstacles semés sur la route de quiconque agit pour le bien public. Je demanderai d'abord si l'on n'abuse pas de ce mot, avoir du caractère, et si cette force, qui a je ne sais quoi d'imposant, réalise beaucoup pour le bonheur du monde [...]. Amène cède aux circonstances, à la raison, et croit pouvoir offrir quelques sacrifices à la paix, sans descendre des principes dont il fait la base de sa morale et de sa conduite. »

C'est résumer, non sans ironie, le grand écart des chemins du pouvoir, mais aussi la manière choisie par Charles-Maurice pour l'exercer : un raccourci de la vie du futur ex-évêque d'Autun en somme, dont l'auteur de la *Galerie* prédit qu'il « arrivera à tout ».

20.

MINISTRE À TRENTE-CINQ ANS ?

Dès le mois de juillet, la course aux places est ouverte, et dans cet étrange parcours du combattant, tous les coups sont permis. À cette époque, la Révolution est encore balbutiante, les ministres du roi n'ont pas perdu toute influence. C'est un ministère qu'ambitionne Charles-Maurice, et il n'est pas le seul. La crise qui s'ouvre le 11 juillet par le renvoi de Necker et l'ordre de rapprocher plusieurs régiments de troupes autour de Paris lui offrent une première occasion. À la suite des émeutes des 12, 13 et 14 juillet, l'évêque d'Autun est de ceux qui contribuent à faire céder le roi. Le duc de Liancourt, grand maître de la garde-robe, à la fois proche de Louis XVI et sincèrement libéral, est l'un de ses amis les plus intimes. C'est lui qui se rend à Versailles dans la nuit du 14 au 15 juillet et à qui l'on prête la célèbre réplique : « Sire, ce n'est pas une émeute, c'est une révolution » qu'il n'a sans doute pas prononcée, mais qui a le mérite de tout résumer. C'est lui qui engage le roi à se rendre à l'Assemblée le 15, et c'est l'évêque d'Autun qui, à sa demande, selon plusieurs témoins dignes de foi, écrit le discours par lequel le souverain s'engage à retirer ses troupes des environs de Paris[1]. La méthode est toujours la même : désamorcer la crise et profiter de la situation pour se placer. Charles-Maurice fait partie de la députation qui accompagne le roi à Paris le 17 juillet. Le lendemain, son ami Liancourt est élu président de l'Assemblée. Au même moment et pour la première fois, la rumeur fait du député d'Autun le prochain garde des Sceaux de Louis XVI à l'occasion du rappel de Necker[2]. Elle ne fera que s'amplifier pendant plusieurs mois. Les « manœuvres de l'évêque d'Autun » forment la trame des chroniques de l'Assemblée de juillet à octobre. Si Paris vaut bien une messe, le goût du pouvoir facilite les rapprochements les plus imprévus. Necker, pourtant méprisé, a dû être bien surpris des avances de Charles-Maurice qui, le 27 août, soutient à l'Assemblé l'emprunt de 80 millions de livres lancé par le Genevois pour répondre aux besoins financiers les plus urgents[3]. Dans ce jeu délicat, Charles-Maurice une fois de plus fait marcher les femmes. Comme l'écrit un jeune Allemand nouvellement arrivé en France et encore tout à son étonnement : « Ici, à Paris, tout se fait par les femmes[4]. » Sans doute connaît-il déjà depuis plusieurs années la jeune et tumultueuse Germaine Necker, depuis peu l'épouse du représentant du roi de Suède en France, le baron de Staël. À Versailles, à l'hôtel du Contrôle général, bientôt à Paris à l'ambassade de Suède louée aux Gouvernet, rue du Bac, elle tient « bureau d'esprit » et reçoit tous ceux qui comptent pourvu qu'ils portent une idée libérale. À vingt-trois ans, elle est « alors dans toute la fougue de sa jeunesse, menant de front la politique, la science, l'esprit, l'intrigue et l'amour[5] ». Ses *Lettres sur Rousseau* qu'elle a fait paraître à dix-sept ans sont déjà célèbres. Le chevalier de Champcenetz, officier aux gardes-françaises et surtout grand satiriste, « un garçon d'une gaieté insupportable que je bourre d'esprit », dit son ami Rivarol, est en guerre ouverte avec elle depuis son épigramme : « Armande a pour esprit tout ce qu'elle entend dire[6]. » C'est prouver combien elle est à la mode. Elle a eu Alexandre de Lameth pour amant. Elle est maintenant « plus que liée » avec Louis de Narbonne, un ami intime de Charles-Maurice. Le premier siège à l'Assemblée nationale, le second est colonel, très en vue, très à la mode. Il prend au sérieux sa charge de chevalier d'honneur de Madame Adélaïde, l'une des tantes du roi. Germaine de Staël n'est pas belle, mais elle a de la passion, une conversation étourdissante que Bombelles compare à « un feu de billebaude[7] », beaucoup d'entregent. Enfin, son père est le principal ministre du roi, populaire, ovationné à son retour à Paris le 28 juillet après sa troisième disgrâce. Comment ne pas y être sensible ? Gouverneur Morris chargé du règlement de la dette américaine à Paris, très amoureux de la belle Adélaïde de Flahaut, toujours courant entre deux affaires, est le spectateur intéressé des débuts amoureux de Germaine de Staël et de Charles-Maurice. De leurs progrès dépend en partie son propre succès auprès de Mme de Flahaut. Le 8 octobre, il note les premiers signes de jalousie de Narbonne[8]. Le 9 novembre, Narbonne est en garnison à Besançon, Germaine « seule » à Paris : « Je la plains un peu de son veuvage. [...] Nous parlons longuement de l'évêque d'Autun. Je lui demande si elle accepte ses avances, car en ce cas je profiterais de l'observation en faisant ma cour à madame de Flahaut [...]. Elle me répond qu'elle invite plutôt qu'elle ne repousse ceux qui sont disposés à la courtiser. » Elle parle ensuite avec enthousiasme des dernières propositions de l'évêque (sur les biens du clergé) à l'Assemblée et met ses talents à la hauteur de ceux de son père qu'elle idolâtre. Pour Germaine de Staël, c'est le plus grand des compliments[9]. De plus, Charles-Maurice est un causeur irrésistible. Germaine dira plus tard de sa conversation – le mot est resté célèbre – que, si elle était à vendre, elle s'y ruinerait. Tout cela est assez pour satisfaire son culte du héros.

Si « madame l'ambassadrice fait les doux yeux à M. l'évêque[10] », leur liaison a-t-elle été jusqu'au « dernier transport », comme disait Chateaubriand ? En octobre 1791, une amie anglaise de Germaine de Staël, Miss Berry, de passage à Paris à son retour d'Italie, trouve l'ambassadrice de Suède « dans tout le feu de sa passion » pour Charles-Maurice[11]. Mais cela ne prouve rien. Leurs caractères sont trop différents pour qu'ils se soient aimés. L'une est trop passionnée, l'autre trop peu chevaleresque. Sous le Directoire, redevenue lucide sur le compte du « meilleur des hommes », elle notera qu'« il n'entend pas le sentiment de manière romanesque[12] ». C'est tout dire. Et puis Narbonne est toujours là, Mme de Flahaut aussi. Les rapports de Charles-Maurice et de la fille de Necker ont sans doute été très « politiques » et quelque peu intéressés, en tout cas du côté de l'évêque. Le poète et publiciste Jean-Antoine Roucher rapporte dans une lettre à sa fille écrite de prison sous la Terreur une anecdote sans doute inventée mais qui prouve au moins que les relations de Charles-Maurice et de Germaine de Staël étaient connues de tout Paris. Elle est censée démontrer combien la jalousie est mauvaise conseillère. Alors que l'ambassadrice se plaignait de Mme de Flahaut auprès de Charles-Maurice et lui demandait à qui il porterait secours en premier en cas de naufrage en mer, ce dernier aurait eu cette réponse perfide : « Mais, madame, vous avez l'air de savoir mieux nager[13]. » La même image de la noyade sera reprise plus tard en 1797 lorsqu'on fera dire à Charles-Maurice à propos de la générosité un peu brouillonne de Germaine envers ses amis royalistes, victimes des purges républicaines de Fructidor : « Mme de Staël repêche ses amis après les avoir jetés à la rivière. » Les métaphores ont la vie dure[14].

Avec ou sans l'appui de Mme de Staël, Charles-Maurice est tout à ses projets ministériels qui se font et se défont au gré de ses succès de tribune et de l'état de ses relations avec ceux qui comptent au sein de l'Assemblée. Parmi ceux-ci Mirabeau occupe une place à part. Depuis leur brouille, les deux hommes se sont très vite rapprochés. Derrière les silences des Mémoires de Charles-Maurice et malgré les efforts du sérail pour supprimer tout ce qui dans ses rapports avec le tribun aurait pu le compromettre, les deux hommes « sont ligués ensemble », comme l'avoue Mme de Flahaut à Gouverneur Morris en septembre[15]. Ils se voient, s'observent, se parlent presque tous les jours. À la fois associés et concurrents, ils forment un curieux attelage conduit par la nécessité, guetté par la dissimulation sinon par la trahison. Un passage d'une lettre du comte de La Marck à Mirabeau, dont il est devenu le confident avant d'être celui qui le rapprochera de la cour, résume tout : « À mon avis, l'évêque [d'Autun] hier très près du ministère, en est aujourd'hui plus loin que jamais. Mais en êtes-vous plus près pour cela ? C'est ce que je voudrais savoir. Qu'en pensez-vous[16] ? » Jour après jour, les projets de combinaisons fantômes se suivent en rangs serrés, face au ministère conduit par Necker qui s'affaiblit peu à peu, surtout après les journées d'octobre et l'installation forcée de la cour à Paris. Dans les listes envoyées par Mirabeau à La Marck à la fin du mois d'octobre, on retrouve toujours les mêmes noms : Liancourt, La Rochefoucauld, La Marck. Seuls les ministères changent, à l'exception des Finances toujours réservées à « l'évêque d'Autun »[17]. Dans cette perspective, on se rapproche de La Fayette. Les intermédiaires ne manquent pas. Sémonville, alors jeune député à l'Assemblée, « le bout d'oreille de La Fayette » selon l'abbé de Montesquiou, est omniprésent. Morris, toujours fourré chez Mme de Flahaut, joue les entremetteurs. Grâce à lui, Charles-Maurice voit discrètement La Fayette, à plusieurs reprises, en octobre et début novembre[18]. Ce n'est qu'un début. À la tête des gardes-nationales, investi par le roi le 10 octobre du commandement militaire de la place de Paris, le marquis de La Fayette est incontournable depuis le mois de juillet. Ce qui n'empêche pas le mépris, de part et d'autre. Pour La Fayette, Charles-Maurice est « mauvais et faux[19] », pour ce dernier, le marquis n'est qu'un petit « intrigant » qui n'a « pas assez de talents pour se servir des autres » et n'est rien par lui-même. « Ce qu'il fait n'a point l'air d'appartenir à sa propre nature ; on croit qu'il suit un conseil[20]. » Comme Talleyrand, Mirabeau n'appelle jamais La Fayette par son nom dans ses lettres à La Marck, mais « Gilles César », « Gilles le Grand », « Jacquot », « le Balafré ». Tous les deux le croient indispensable, mais incapable[21]. On sait les liens subtils qui unissent l'évêque au tribun. Le couple antagoniste de l'évêque et du général « des deux mondes » est plus étonnant encore. Il commence à prendre forme dans ces derniers mois de 1789, un peu comme la figure du prêtre noir et du chevalier blanc. Au nom de la niaiserie et des bons sentiments du héros populaire de la guerre d'indépendance américaine, on injuriera beaucoup Charles-Maurice. L'icône claire et un peu creuse du général monté sur son cheval blanc, la cocarde tricolore au chapeau, valorise d'autant plus le génie machiavélique et scintillant de l'évêque. La vocation de Charles-Maurice n'est certes pas de finir ses jours en image d'Épinal, pieusement vénérée dans les chaumières.

Tant d'intrigues finiront par faire naître quelques mots d'esprit, comme souvent dans ce pays. Et, comme souvent aussi, Charles-Maurice n'est pas loin. L'un de ses amis anglais, Henri Richard lord Holland, rapporte dans ses Souvenirs l'une de ses conversations avec Mirabeau qu'Étienne Dumont jure avoir entendue. On sait que l'orateur, atteint de la petite vérole, avait le visage profondément marqué. Or il énumérait un jour, devant son ami, les qualités nécessaires au parfait ministre : « Beaucoup de savoir, un grand génie, des amis et peut-être des parents parmi l'aristocratie, quelques manières de voir partagées avec les classes pauvres, une grande puissance de parole, une facilité extrême à écrire. » « Tout cela est vrai, répond Charles-Maurice, mais vous avez omis une de ses qualités. » Et, après un silence suivi d'un demi-sourire : « Ne devrait-il pas être marqué de la petite vérole[22] ? »

Les velléités ministérielles de Charles-Maurice et de ses amis, à force d'alimenter la rumeur, finiront mal. Duquesnoy, à l'Assemblée, donne le ton des vertueux du centre. L'entrée au gouvernement de « cet homme connu par une immoralité scandaleuse, par un agiotage infâme, par une ambition sans bornes » rendrait le ministère « vil et méprisable[23] ». Le 7 novembre, l'Assemblée, de plus en plus méfiante, décide que les ministres ne pourront être choisis en son sein. C'est en vain que l'évêque tentera par la suite de faire annuler un décret si contrariant qui, selon ses propres mots, le réduit au rang « de très petit intrigant[24] ».

Les manœuvres politiques, quelle que soit leur complexité, charrient toujours un ou deux cadavres, au sens propre comme au sens figuré. Ici, le cadavre porte un nom, le marquis de Favras. Et derrière Favras se profile l'ombre du frère du roi, Monsieur, comte de Provence, le futur Louis XVIII. Intelligent, ambitieux, n'aimant pas Louis XVI, il cherche à se faire admettre au Conseil. En octobre, il se rapproche de Mirabeau qui de son côté poursuit le même but avec Charles-Maurice.

Le 12 octobre, Gouverneur Morris note qu'ils ont passé quatre heures ensemble, en conférence[25]. Les deux hommes signent un contrat par lequel Mirabeau jure, contre de l'argent, d'« aider le roi de ses lumières, de ses forces et de son éloquence, dans ce que Monsieur jugera utile au bien de l'État et à l'intérêt du roi ». L'accord est bien sûr secret, mais, fin novembre, on soupçonne à l'Assemblée la présence du frère du roi derrière les manœuvres du tribun et de l'évêque[26]. Puis soudain, à la fin du mois de décembre, le marquis de Favras est arrêté, une lettre du comte de Provence en poche, et accusé de comploter contre le roi et Necker. Il sera exécuté le 13 février sans avoir rien révélé. L'historien anglais Philip Mansel tient cette affaire, dans sa belle biographie de Louis XVIII, pour « l'épisode le plus mystérieux dans une vie qui fut loin d'être simple[27] ». Favras aurait été en réalité chargé d'un emprunt de 2 millions de livres pour le compte de Monsieur, mais à quelles fins ? Payer la complicité de certains membres de l'Assemblée ou les membres du futur ministère « démocrate » formé dans l'ombre du frère du roi ? Faute de sources, il est difficile de saisir le degré d'implication de Charles-Maurice dans cette affaire ténébreuse. Il est pourtant bien là, sinon pourquoi aurait-il écrit, à la demande du duc de Lévis, un proche de Monsieur – « le petit homme gris », selon Mirabeau –, le discours qui lave le comte de Provence de toute responsabilité dans le scandale, et que celui-ci lira publiquement le 26 décembre, à la commune de Paris[28] ? Monsieur s'y déclare solidaire de la Révolution et surtout proteste de la régularité de l'emprunt incriminé, destiné selon lui à l'entretien de sa Maison. Il fallait avoir été mêlé de près à l'affaire pour manier le mensonge avec une telle habileté. Autre indice, Charles-Maurice a toujours cherché plus tard et en privé à disculper Mirabeau de l'accusation de s'être vendu à Monsieur d'abord, à la cour ensuite dans les premiers mois de 1790. Si l'on en croit ses propos, rapportés sous la Monarchie de Juillet par sa nièce la duchesse de Dino, Mirabeau, « tout en recevant le prix des services qu'il promettait, [...] n'y sacrifiait cependant pas son opinion ; il voulait servir la France autant que le monarque, et se réservait la liberté de pensée, d'action et de moyens, tout en se liant pour le résultat ». Mirabeau ou Charles-Maurice lui-même ? Et pourquoi ce dernier remet-il en mains propres en juin 1814, à Monsieur devenu le roi régnant en France, des papiers compromettants dont il est, comme par hasard, entré « en possession » comme chef du gouvernement provisoire formé à Paris peu avant l'abdication de Napoléon ? Parmi ceux-ci, sa nièce mentionne une quittance signée par Mirabeau des sommes reçues par lui de la cour. On peut en toute confiance penser qu'il y en avait d'autres qui sans doute concernaient directement Talleyrand[29].

21.

LE DIABLE, ÉVIDEMMENT

Les intrigues, les complots, les mensonges, les faux espoirs et les vraies peurs n'occupent pas toutes les journées de Charles-Maurice, au cours de ces premiers mois de la Révolution.

Au grand jour, il siège à l'Assemblée et s'y fait de plus en plus remarquer. Le travail qu'il y poursuit de l'été à l'automne 1789 est considérable. Depuis le 14 juillet, il a été élu l'un des huit membres du comité de Constitution avec Lally, Mounier, Sieyès, Le Chapelier, etc. En huis clos, les débats s'éternisent et les divergences apparaissent entre ceux qui cherchent un équilibre entre l'ancien pouvoir royal et l'Assemblée et les partisans de la « table rase », pour reprendre l'expression de François Furet. Avec Mounier, Bergasse et Lally, Charles-Maurice s'oppose aux « aplanisseurs », Sieyès en tête, comme le note justement Adrien Duquesnoy[1]. Début septembre, il pousse discrètement Necker à intervenir à l'Assemblée pour défendre le veto illimité du roi, avec sans doute l'arrière-pensée de le discréditer en lui faisant faire une démarche impopulaire. Rien n'est jamais simple chez lui[2]. Il a certainement soutenu de son vote la cause du veto absolu comme celle des deux chambres au cours des grands débats de septembre, mais il s'est bien gardé de monter à la tribune, ou de démissionner avec Mounier, Bergasse et Lally après le rejet par l'Assemblée de la Constitution bicamérale et modérée des monarchiens qu'il a pourtant soutenue. Le 12 septembre, il est toujours l'un des huit membres du nouveau comité de Constitution dont la tendance est beaucoup plus démocratique. Ce sera une habitude chez lui de désapprouver mais de rester là quand même. L'efficacité et l'utilité sont dans la présence, même silencieuse. En attendant la suite des discussions autour d'une Constitution qu'il jugera plus tard sévèrement dans ses Mémoires, la faisant naître des « préjugés » et des « passions[3] », il met la main à la Déclaration des droits en rédigeant ce qui deviendra l'article 6 du texte définitif dont il lit à la tribune le projet jugé par Duquesnoy « précis » et « net[4] » : « La loi étant l'expression de la volonté générale, tous les citoyens ont droit de concourir personnellement ou par représentation à sa formation ; elle doit être la même pour tous. » Charles-Maurice s'inscrit là dans le droit-fil de sa motion du 3 juillet sur la limitation des mandats des députés. Il se garde bien, en revanche, d'intervenir sur la notion même de représentation. Sur ce point, il a et gardera une opinion, marginale sous la Révolution, érigée en dogme de la monarchie bourgeoise et censitaire de 1830. Les citoyens concourent à la volonté générale à raison de leurs aptitudes, donc de leur richesse et du montant de leurs impôts. C'est ce qu'il exprime indirectement dans une lettre à un député du tiers encore peu connu, Pierre-Louis Roederer, sans doute contemporaine des décrets de décembre sur le droit d'élire et d'être élu à l'Assemblée. Il y parle de la nécessité de « contribuer aux charges de la société pour avoir un droit complet à ses avantages. Hors de là, il pourrait paraître qu'on n'a droit qu'à sa protection[5] ». Ce souci de la discrimination par la richesse qui est typique du conservatisme libéral de Charles-Maurice, ne s'applique pas, en revanche, à la naissance, ni à l'appartenance à telle ou telle confession.

Sur ce point, il prend position, non sans courage, contre l'opinion de son milieu d'origine. Son libéralisme est sincère et le restera jusqu'à la fin de ses jours. Le 23 août, il intervient avec Mirabeau, en pleine discussion de l'article 10 des droits de l'homme et du citoyen sur les libertés et en particulier les libertés religieuses, pour critiquer la notion de « culte dominant » que certains veulent faire inscrire dans l'article à propos de la religion catholique[6]. Le 28 janvier 1790, il réclame les droits politiques en faveur des juifs de France (les juifs portugais, espagnols et avignonnais) et parvient par son intervention à convaincre une Assemblée très réticente. Pour cet homme qui cultive la prudence, une telle prise de position ne manque ni de courage ni de panache, si l'on en juge par la violence des réactions alors qu'il est à la tribune : « Des aristocrates l'ont hué. Alors des applaudissements du Palais-Royal [les partisans du duc d'Orléans] et des galeries ont succédé à ces huées ; les applaudissements ont recommencé à plusieurs reprises[7]. » À l'inverse, un an plus tard, le 7 mai 1791, alors que commencent les premières persécutions contre les prêtres qui refusent de prêter serment à la constitution civile du clergé à laquelle il est d'ailleurs étranger[8], il n'hésite pas à prendre leur défense au nom de la liberté de conscience et refuse de leur donner le nom accusatoire de « réfractaires » pour leur préférer celui de « non-conformistes. « Chez un peuple libre et digne de l'être, la liberté religieuse comprend indistinctement toutes les opinions, sans distinction de secte ; si celle des juifs, des protestants doit être respectée, celle des catholiques non conformistes doit l'être également, car elle n'est proscrite ni par la constitution, ni par la loi. » Le « fanatisme » quel qu'il soit lui fait horreur. D'ailleurs, à quoi aura servi de faire la guerre au vieux fanatisme d'Ancien Régime, si un autre le remplace[9] ?

Dans la Constitution, tout ce qui favorise les libertés et fonde un « droit public » moderne – « la liberté des cultes, l'égalité devant la loi, la liberté individuelle, le droit de juridiction, la liberté de la presse » – est digne d'éloges. Sur ce point, Charles-Maurice ne changera pas et ira jusqu'à défendre cette partie de son travail à l'Assemblée, à la Chambre des pairs en juillet 1821 en pleine réaction ultraroyaliste[10].

Quant au reste, il n'oubliera jamais l'expérience de ses premières années révolutionnaires et gardera toute sa vie une méfiance railleuse vis-à-vis de toute Constitution, quelle qu'elle soit. La passion et l'intolérance ont fait, selon lui, de la Constitution du 3 septembre 1791 un monstre impraticable. Les suivantes ne seront guère meilleures quand elles ne seront pas violées. Charles-Maurice est avant tout un pragmatique, pas un savant constitutionnaliste. La politique est « l'art du possible ». Les Constitutions et les lois doivent tenir compte de « la nécessité du temps[11] ». Pour être viable, une Constitution doit être souple, quitte à ne vouloir rien dire, « courte et obscure », comme il le dira en forme de plaisanterie à Bonaparte à propos de la Constitution italienne de 1801[12] : « Gouverner les hommes, c'est tenir compte de leurs vrais besoins[13] », et c'est rarement le cas. À un préfet tatillon qui se vantera plus tard devant lui d'être très « à cheval sur la loi », il répondra, caustique : « Vous montez une fière rosse[14] ! »

Alors qu'il travaille à la future Constitution du royaume avec les réserves et les silences que l'on sait, Charles-Maurice s'occupe aussi et surtout d'économie et de finances. C'est pour combler le déficit du budget de l'État que les députés ont été convoqués, et puis les finances sont sa vraie passion. Son tour de force, que beaucoup de ceux qui persistent à voir en lui un éminent représentant du clergé considéreront comme une volte-face, consiste à proposer des moyens révolutionnaires au service d'une conception des finances publiques très orthodoxe, répétée *ne varietur* à chacune de ses interventions, et dont le but ultime est de défendre les membres du clergé comme ceux des grands corps de l'État. Son principe en est simple : le rétablissement des équilibres budgétaires du royaume entre dépenses et recettes publiques est une question de confiance et ne doit pas se faire aux dépens de l'immense masse des créanciers de l'État. La propriété de leurs titres est « inattaquable ». « Ils ont payé pour la nation, à la décharge de la nation : la nation ne peut dans aucune hypothèse se dispenser de rendre ce qu'ils ont avancé pour elle[15]. »

Autrement dit, « une nation, comme un particulier, n'a de crédit que lorsqu'on lui connaît la volonté et la faculté de payer[16] ». Ce combat contre une réduction des rentes toujours menaçante et pour le maintien d'un taux d'intérêt de l'argent aussi peu élevé que possible, amorcé dans l'entourage de Panchaud bien avant la Révolution, n'en est que plus difficile en 1789. Charles-Maurice ne le mène plus dans les coulisses de l'ancien Contrôle général peuplé d'experts et d'hommes de l'art, mais à l'Assemblée, face à des députés pour la plupart ignorants, quand ils ne souhaitent pas volontairement la banqueroute pour des raisons politiques, soit pour mieux attaquer la révolution, soit pour en précipiter la marche.

Dans ce contexte bien précis, la proposition faite le 10 octobre, alors que l'Assemblée siège à Versailles pour la dernière fois, par monseigneur l'évêque d'Autun, ex-agent général du clergé, de « nationaliser » les biens de son ordre est logique. Qui veut la fin veut les moyens. L'accélération de la Révolution après les journées sanglantes des 5 et 6 octobre, l'urgence financière du moment, le pragmatisme de Charles-Maurice, son absence de scrupules, le désir de sauver ce qui peut l'être encore des biens du clergé en évitant une confiscation pure et simple, son désir d'ordre et de paix sociale également, sans parler de ses arrière-pensées politiques moins avouables, sont autant de bonnes et de mauvaises raisons qui expliquent sa démarche. Sur le moment, toutes ou presque sont passées au second plan. Il est difficile d'imaginer aujourd'hui le traumatisme qu'ont ressenti dans l'Assemblée les membres des anciens ordres privilégiés, en particulier ceux du clergé, en entendant celui qui avait été leur défenseur et l'un de leurs administrateurs les plus talentueux « brader » littéralement leurs biens et leur patrimoine.

La diabolisation de Charles-Maurice, la légende noire du « traître » et de l'« apostat » date de ce jour. Elle aura la vie dure. L'abbé Maury, au cours de l'une des joutes oratoires les plus célèbres de l'histoire de l'Assemblée, aura beau jeu de le renvoyer à son passé en lui rappelant ses anciennes plaidoiries d'agent général à l'époque où il défendait la thèse de l'inaliénabilité des propriétés ecclésiastiques. Un « étrange contraste », en effet, qui a dû en scandaliser plus d'un[17]. Le 10 octobre, en fin de séance du matin, sous les huées d'une grande partie du clergé et de la noblesse et les applaudissements du tiers, Charles-Maurice dévide calmement l'écheveau de sa proposition. Alors qu'il parle, il a parfaitement conscience des risques qu'il prend : « Je suis presque le seul de mon état qui soutienne des principes qui paraissent opposés à ses intérêts. Si je monte à la tribune, ce n'est pas sans ressentir toutes les difficultés de ma position. Comme ecclésiastique, je fais hommage au clergé de la sorte de peine que j'éprouve ; mais, comme citoyen, j'aurai le courage qui convient à la vérité. » Suit une leçon de réalisme à l'intention du clergé : « Le clergé n'est plus un ordre, il n'a plus une administration particulière : il a perdu ses dîmes [peu après l'abolition des droits féodaux, le 8 août, sur proposition du marquis de La Coste] qui formaient au moins la moitié de ses revenus ; et ce serait s'abuser que de penser qu'elles lui seront rendues. […] Il ne reste aujourd'hui au clergé que ses biens-fonds. » Dans ces conditions, leur sacrifice est nécessaire et de plus légitime puisqu'ils ont été donnés « non pour l'intérêt des personnes, mais pour le service des fonctions », au bénéfice de « l'assemblée des fidèles » qui, dans un pays catholique, « n'est autre chose que la nation ». Le tour est joué. Et le sacrifice n'est pas inutile puisque, tout en réconciliant le clergé avec la nation, créanciers de l'État. Comment ? En hypothéquant une partie des biens du clergé dont Charles-Maurice estime le revenu à 90 millions de livres à des emprunts en rentes « fixes et déterminées », en vendant progressivement le reste aux créanciers de l'État, à commencer par les titulaires d'offices supprimés, qui auront la faculté « de donner en paiement la quittance du capital de leur créance ». En échange, sur le revenu des anciennes dîmes, la nation prendra en charge l'entretien du clergé à hauteur de 100 millions de livres en doublant la portion congrue des curés les plus démunis[18].

Tout à ses calculs financiers que plusieurs de ses contemporains, comme Morris, expert en ces matières, jugent précis et viables, Charles-Maurice n'a pas mesuré les conséquences, en pleine révolution, d'une telle mise sous tutelle du clergé par la nation. Il devra par la suite en assumer le poids. De plus, si l'Assemblée se range à son avis, en votant le 2 novembre, les bases de sa proposition, elle ne le suivra pas sur les moyens. En gageant les anciens biens du clergé sur une « valeur monétaire générale et forcée », l'assignat, elle va engager la nation dans une spirale inflationniste que Charles-Maurice sera le premier à combattre. Le 18 septembre 1790, prenant la parole contre le projet d'une nouvelle émission de 2 milliards de livres, il prévient solennellement l'Assemblée des conséquences de la circulation d'une nouvelle monnaie qui chassera l'ancienne, augmentera le coût de la vie en touchant les plus pauvres, désorganisera l'équilibre des changes et aggravera le poids de la dette : « C'est opérer en ce moment ce que des siècles opèrent à peine dans un État qui s'enrichit. » Les assignats sont « un emprunt le sabre à la main », dit encore Mirabeau. Et surtout Charles-Maurice regrette amèrement qu'on ne l'ait pas suivi en donnant « aux titres de créances une valeur monétaire [au] paiement des domaines nationaux [...]. L'intérêt que je prends à cette question est extrême ; il s'y mêle même quelque chose de personnel : car je serais inconsolable si, de la rigueur de nos décrets sur le clergé, il ne résultait pas le salut de la chose publique[19] ». En attendant, il n'hésite pas, non sans vanité, à porter l'entière responsabilité de son acte[20] et se justifie auprès de nombre de ses proches qui ne le comprennent plus. À son amie la comtesse de Brionne, il écrit le 9 octobre : « On vous dira que j'ai été très mal pour le clergé ; la réponse à cela est que je suis très bien pour le clergé, et que je suis convaincu que j'ai donné le seul moyen qui existe pour le tirer de sa détestable position, qui était bien près de son anéantissement absolu. Si le moyen que je propose n'était pas accepté par la raison, on y viendrait par nécessité. Je ne suis point ébranlé par les événements. Je produis peu de choses qu'il soit en moi de regretter, mais l'avarice et la vanité de beaucoup de gens qui n'ont point d'autres passions m'irritent et m'affligent[21]. »

Il n'est pas le seul à s'affliger. Le déchaînement de haines que provoque sa motion est à la hauteur des intérêts en jeu. C'est d'abord une rumeur puis très vite une certitude : l'évêque apostat a vendu les biens du clergé par intérêt. Son rôle à la Caisse d'escompte, les très nombreuses actions qu'il y possède en font l'un des très gros créanciers d'un État au bord de la banqueroute. Avec la vente des biens du clergé, il se rembourse et fait fortune. Son goût pour les affaires hérité des années heureuses d'avant la Révolution l'a vite rattrapé sans qu'il ait eu le temps de se retourner. L'historien quant à lui cherche toujours les titres de la Caisse d'escompte et les rentes d'État qu'on lui prête si généreusement. Dès le 29 novembre, Adrien Duquesnoy, toujours à l'affût des bruits de couloir de l'Assemblée, note en mesurant ses chances de ministère : « M. l'évêque d'Autun ne sait-il pas que l'opinion publique repousse du ministère un homme qui a trahi son ordre, et qui ne l'a trahi que parce qu'il est propriétaire d'effets publics dont il veut assurer le remboursement[22] ? » « Parjure, usure, luxure », entend-il bruisser dans les tribunes[23]. Puis la rumeur enfle, gagne les officines des publicistes et des caricaturistes royalistes[24]. L'intérêt des rumeurs tient surtout dans la façon dont elles évoluent. Dans le cas de Charles-Maurice, surtout après ses prises de position en faveur des juifs en janvier 1790 – sans doute celles qui lui ont été le moins pardonnées par son milieu –, l'évêque traître et voleur devient tour à tour le chef de la secte des rabbins, l'ami du juif Isaac Panchaud, puis Judas Iscariote vendant Jésus-Christ[25]. De là on passe à Satan. Tout ce qui se rapporte au diable dans les portraits brossés par ses contemporains, souvent longtemps après, prend racine dans cette campagne de presse virulente des débuts de la Révolution. Le futur prince de Talleyrand s'accommodera très bien de cette image, bientôt pacifiée et dégagée de son contexte antisémite, s'en amusera et s'en servira. Sous l'Empire, le marquis de Travanet, fameux joueur de tric-trac, avait l'habitude de dire, en faisant ce qui s'appelle « la case du diable » : « Je fais la case de l'évêque d'Autun[26]. » Sous la Restauration, l'homme de lettres Vincent Arnault, qui se souviendra de l'avoir rencontré pour la première fois en juin 1789 dans les jardins de Versailles, gardait de lui la vision « d'une tête d'ange animée de l'esprit du diable[27] ». Mme de La Tour du Pin parle de « la finesse démoniaque de son esprit ». Et on se rappelle le début du portrait que lui consacre à la même époque son amie Aimée de Coigny : « Pour une âme crédule, ce serait une preuve satisfaisante de l'existence du diable[28]. » Sacha Guitry n'a rien inventé avec son *Diable boiteux*[29]. À Londres, les émigrés, royalistes inconditionnels, lui avaient déjà donné ce surnom, par analogie avec le roman de Le Sage[30]. L'image est restée. Daumier s'en souviendra dans les dernières années de la vie du vieux diplomate[31]. Pozzo di Borgo aussi, le jour de sa mort : « Maintenant qu'il est en enfer, je suis sûr que le diable lui dit : mon ami, tu as dépassé mes instructions[32]. »

Le « diable boiteux », d'après Henri Jadoux.
Bois gravé. Frontispice du livre éponyme de Sacha Guitry.
Paris, Éditions de l'Élan, 1948.

Tout diable qu'il est, l'influence politique de Charles-Maurice ne cesse de croître pour atteindre son apogée dans les premiers mois de 1790. Il est élu au comité des Contributions publiques le 18 janvier et surtout à la présidence de l'Assemblée nationale le 16 février[33]. Quelques jours auparavant, le 10 février, il a été chargé par l'Assemblée, peut-être avec la collaboration de Mirabeau, selon Duquesnoy qui reconnaît son style[34], de rédiger une adresse solennelle à la nation. Le 4, le roi a donné son accord sur les premiers articles de la Constitution. En sa présence, les députés, « enthousiastes », ont prêté le serment civique. Dans la foulée, Charles-Maurice va s'employer à dresser un bilan aussi flatteur que possible de leur travail, depuis sept mois. Il s'enferme quelques jours chez lui, rue de l'Université[35], où il vient de s'installer chez son frère et sa belle-sœur, et obtient un vrai succès de tribune en lisant à deux reprises, le 10 et le 11, un plaidoyer très construit, plus opportuniste que sincère. Les applaudissements du tiers sont à la hauteur du silence consterné d'une partie des députés de la noblesse et du clergé, les « noirs ». Le curé Thomas Lindet, député d'Évreux, révolutionnaire fervent et futur évêque constitutionnel de l'Eure, décrit bien dans une lettre à son frère l'atmosphère de la salle du Manège : « L'évêque d'Autun, hué bien des fois par ses confrères nobles et évêques, leur fait payer en gros et bien cher tous leurs sarcasmes. C'est le coup de grâce pour l'aristocratie agonisante depuis l'apparition du roi à l'Assemblée nationale : il a fallu beaucoup plus de temps pour applaudir cette adresse que pour la lire. Un côté de la salle cependant a écouté avec un silence plus morne que modeste. Plusieurs même ont quitté la salle et n'ont pu soutenir la lecture entière[36]. »

Cela commence par trois questions[37] : « On a feint d'ignorer quel bien avait fait l'Assemblée nationale : nous allons vous le rappeler ; on a élevé des difficultés contre ce qu'elle a fait : nous allons vous répondre ; on a répandu des doutes, on a fait naître des inquiétudes sur ce qu'elle fera : nous allons vous l'apprendre. » Dans le développement qui suit, ce n'est ni l'hymne, un peu trop angélique pour être honnête, à la perfectibilité de l'homme, à la raison, à la liberté et au bonheur, ni les déclarations satisfaites sur l'œuvre accomplie par l'Assemblée, à laquelle Charles-Maurice ne croit qu'à moitié, qui retiennent l'attention, mais les mises en garde discrètes d'un homme parfaitement lucide quant aux risques grandissants de dégénérescence sociale du moment présent. D'où ses appels répétés à l'ordre, au respect de la loi, à la réconciliation sociale, à la générosité et au pardon des vainqueurs pour les anciens maîtres. « Plaignez, Français, les victimes aveugles de tant de déplorables préjugés ; mais sous l'empire des lois, que le mot vengeance ne soit plus prononcé. » Beaucoup ont vu dans ces pages une charge contre les anciens privilèges, peu ont saisi l'inquiétude latente qui s'y dissimule d'une situation sur le point prononce, pour qui sait l'entendre, l'éloge funèbre des royalistes constitutionnels sincères, dont il est, encore influents pour quelques mois, mais qui bientôt passeront la main.

Encore quelques mois, car la fête de la Fédération du 14 juillet 1790 est un peu l'apothéose finale de leur « règne ».

22.

« NE ME FAITES PAS RIRE ! »

En réunissant à Paris les 14 000 députés des gardes nationales des départements, le jour anniversaire de la prise de la Bastille, la grande mise en scène de la Fédération et du serment à la nation, à la loi et au roi ressemble à une manifestation de pure propagande, la première du genre, à la gloire de l'égalité, de la liberté et de la réconciliation nationale. L'évêque d'Autun, le « premier patriote du clergé », comme l'appelle sans rire Pierre-François Palloy, l'entrepreneur chargé de démolir l'ancienne prison du despotisme monarchique, y joue un rôle décisif[1]. C'est lui qui, après Bailly, le maire de Paris, appuie le principe de la fête « patriotique », le 7 juin, à l'Assemblée nationale[2]. Le 12 juillet, le roi le désigne, sans doute à la demande du duc de Liancourt, pour y célébrer la messe[3]. Dans les premiers jours de juillet, 18 000 ouvriers travaillent aux gradins placés en amphithéâtre autour du Champ-de-Mars. Plusieurs centaines de milliers de personnes assistent à la cérémonie le 14 sous leur parapluie : il pleut presque continuellement, ce jour-là. Le roi et la famille royale prennent place sous un immense dais de velours bleu et or, adossé à l'École militaire. Au centre de l'esplanade s'élève « l'autel de la patrie » sur une vaste estrade en bois ornée d'immenses brûle-parfums et décorée des 83 bannières des départements. Quatre escaliers y conduisent. Il n'y aura pas d'événement, dans la vie de Talleyrand, plus contraire que celui-ci à ce qu'il aime et à ce qu'il est. Le contre-emploi qu'il joue ce 14 juillet est purement politique. Le calcul de l'ambition l'a placé là. Il n'est pas dupe. En gravissant à demi-boitant les marches de l'autel, revêtu de ses ornements d'évêque, mitre en tête et crosse à la main, il croise La Fayette et lui glisse : « Par pitié, ne me faites pas rire[4]. »

C'est qu'il y a de quoi. L'estrade est bondée. Des grenadiers font la haie au son des tambours. Trois cents prêtres en aubes blanches, l'écharpe tricolore en ceinture, escortés d'une centaine d'enfants de chœur armés d'encensoirs, encombrent un peu. L'abbé des Renaudes et l'abbé Louis, aussi peu ecclésiastiques que leur évêque, l'assistent. Son frère Archambaud veille au pied de l'autel « en habit doré, l'épée au côté[5] ». La messe composée par Gossec, chantée et accompagnée de 1 800 instruments de musique, rappelle plutôt, selon le comte Valentin Esterhazy, « une fête de l'ancienne Grèce qu'une cérémonie de l'Église chrétienne[6] ». Quel dommage que Chateaubriand ait été malade ce jour-là, l'occasion eût été trop belle[7] ! D'autant plus que Charles-Maurice, qu'il déteste, est au centre de l'attention, l'un des principaux acteurs de la journée. « Toutes les lorgnettes étaient braquées sur lui » raconte le baron de Frénilly. Comme au théâtre[8]. La messe, qui était prévue à midi, commence à quatre heures : il a fallu attendre que l'immense cortège des fédérés, parti de la Bastille, précédé de bataillons d'enfants et de vieillards, arrive jusqu'au Champ-de-Mars. Elle est suivie du serment civique prêté par La Fayette et repris par les députés de l'Assemblée nationale, la municipalité de Paris, les fédérés et tous les spectateurs. Le roi et le dauphin prononcent le leur ensuite. On chante un *Te Deum*. La cérémonie se clôt à six heures du soir. Tout cela est « ridicule », comme Charles-Maurice l'écrit lui-même à Adélaïde de Flahaut le lendemain[9]. Les serments prêtés à l'occasion de cette « bouffonnerie du Champ-de-Mars », comme ceux qui vont suivre, n'ont, à ses yeux, aucune valeur. « Après tous les serments que nous avons faits et rompus, après avoir tant de fois juré fidélité à la Constitution, à la loi et au roi, toutes choses qui n'existent que de nom, qu'est-ce qu'un nouveau serment signifie[10] ? » Voilà qui remet les choses à leur place en ce qui concerne son degré de sincérité envers les différents régimes qu'il va servir. Comme ceux-ci, les serments sont autant de fictions politiques dont on use par commodité, selon les circonstances. En prenant conscience de cette dimension – l'abstraction politique née de la révolution –, il se montre incroyablement moderne.

Pourtant, il est un serment qui échappe à cette règle laïque des conventions et des convenances. Celui-là relève de Dieu et de l'Esprit saint. C'est celui qu'il a prêté à l'Église comme évêque en janvier 1789. Dans les premiers mois de 1791, ce serment-là prend, pour l'évêque d'Autun, des allures de chemin de croix.

Tout commence par un départ. Le 13 janvier 1791, pressentant son élection prochaine au conseil du département de la Seine, « la seule porte qui lui restât ouverte[11] », il donne sa démission de l'évêché d'Autun, devenu, constitution civile du clergé aidant, l'évêché de Saône-et-Loire[12]. L'obligation de résidence faite par la nouvelle constitution civile ne lui permet pas de concilier ses anciennes fonctions épiscopales avec celles d'administrateur du département de la Seine[13]. En l'occurrence, il se comporte comme un quelconque fonctionnaire laïc, sans se soucier d'en informer le Saint-Siège. Vu de Rome et du point de vue canonique, Charles-Maurice de Talleyrand-Périgord demeure l'évêque d'Autun[14]. Son clergé, qui à plusieurs reprises s'est violemment opposé à ses prises de position à l'Assemblée nationale, ne le pleure pas[15]. On ne peut en dire autant de la municipalité d'Autun qui le voit partir avec regret. Car, à défaut d'avoir été un bon évêque, Charles-Maurice n'a cessé de s'intéresser au bien-être de ses fidèles. Faute de soigner leurs âmes, il s'est occupé de leur pain quotidien. Le 1er août 1789, il donne 1 200 livres à la municipalité, à charge pour elle d'acheter des « grains » et de les distribuer à la « classe la plus nécessiteuse » d'Autun. On est alors en pleine psychose contre les accapareurs. Le blé est cher et l'approvisionnement des villes, crucial. De même, en septembre, il intervient pour que la garnison d'Autun ne soit pas logée chez l'habitant mais dans les bâtiments désertés de la maison des Cordeliers de la ville[16]. L'un dans l'autre, il « quitte » l'évêché d'Autun sans état d'âme. Lamartine parlera plus tard de la façon très particulière dont il s'est débarrassé de son diocèse comme d'un « souvenir inopportun ». Dans ses

Mémoires, il est pour une fois honnête avec lui-même lorsqu'il écrit sans fioritures à propos de sa démission : « Je ne songeai plus qu'à m'éloigner de la première carrière que j'avais parcourue », et qu'il ajoute sans transition : « Je me mis à la disposition des événements[17]. »

Charles-Maurice de Talleyrand tient tout entier dans ces deux phrases. Mais les événements sont capricieux et l'ex-évêque d'Autun est rattrapé, contre son gré, par la dure réalité révolutionnaire. Car il est encore évêque et le restera d'ailleurs toujours aux yeux de nombre de ses contemporains. Sous la Restauration, beaucoup, familièrement pour certains, avec une intention injurieuse pour d'autres comme Chateaubriand, continueront à l'appeler « l'évêque » ou « le curé ». Des treize serments qu'il prononcera au cours de sa longue vie, celui d'évêque est bien le seul qui lui collera à la peau jusqu'à la fin de ses jours. Dans l'immédiat, les exigences de la constitution civile du clergé et le refus de la plupart des évêques, sauf sept d'entre eux dont lui-même, de prêter serment[18], lui font reprendre du service, sans doute bien à contrecœur. On aborde ici l'un des épisodes les plus troubles de son étrange vie. L'opposition d'une très forte majorité du haut clergé à une constitution civile qui retire des mains du roi la nomination des évêques désormais élus, et des mains du pape l'investiture canonique remise aux seuls évêques ayant prêté serment, crée une situation inextricable dont les députés de l'Assemblée nationale aimeraient bien se sortir.

D'une façon générale, encore une fois, Charles-Maurice n'aime pas les blocages. En acceptant de consacrer, à la demande des autorités concernées, les premiers évêques constitutionnels nouvellement élus, il se range du côté du plus fort, du côté de l'opinion publique révolutionnaire après laquelle il court toujours, mais il prend en même temps un véritable risque, non pas avec sa conscience, mais avec les partisans de l'ancien clergé qui, étant donné les tensions du moment, peuvent très bien lui faire un mauvais sort. On se souvient de la violence de la presse royaliste contre lui. Pour la première fois de sa vie, Charles-Maurice a peur.

Le 23 février, alors qu'il doit sacrer le lendemain, en l'église de l'Oratoire-Saint-Honoré, les nouveaux évêques du Finistère et de l'Aisne, Expilly et Marolles, il disparaît sans laisser de trace. Gouverneur Morris, qui passe le 24 chez Mme de Flahaut, raconte à sa manière ce pas de deux tragi-comique. Pour une fois, le masque tombe. « À midi, [...] je vais au Louvre où je vois Mme de Flahaut. [...] L'évêque d'Autun a une peur horrible de la mort. En rentrant chez elle, hier soir, elle a trouvé dans une enveloppe blanche, un testament de son évêque. [...] D'après certaines choses qu'il avait laissé échapper en parlant, elle avait cru qu'il avait résolu de se suicider. [...] M. de Sainte-Foy qu'elle réveilla à quatre heures du matin ne put rencontrer l'évêque, car il avait dormi près de l'église où il devait aujourd'hui sacrer deux évêques nouvellement élus. Enfin, il semble, que par suite de menaces répétées, il craignait que le clergé ne le fît assassiner[19]. » Un peu plus tard, Charles-Maurice donnera une version plus personnelle de l'épisode – toujours cette fameuse « composition de sa vie ». À son ami Dumont, en mars 1792, sur la route de Londres à Paris, il raconte que, pour convaincre l'évêque de Babylone, tremblant de peur, de l'assister dans sa tâche, il aurait usé d'un moyen peu « canonique ». Mieux vaut, lui explique-t-il, se tuer qu'être lapidé par la populace. Et sur ce, joignant le geste à la parole, voilà qu'il sort de sa poche, comme par mégarde, un petit pistolet qu'il fait jouer négligemment entre ses doigts. L'autre, pétrifié, se rend aussitôt à ses désirs. Et Dumont ajoute : « Le bréviaire qui servit à les convaincre était à peu près de la même nature que celui du coadjuteur de Paris[20]. » On s'en sera aperçu, Charles-Maurice donne ses sources quand il raconte une histoire. Le cardinal de Retz n'est pas loin. Pendant la fronde, M. de Brissac lui avait fait porter « presque par force » un poignard « qui, à la vérité, était peu convenable à [sa] profession ». C'est alors que Retz raconte avoir entendu M. de Beaufort dire en apercevant la garde du stylet dépasser de sa soutane : « Voilà le bréviaire de M. le coadjuteur[21]. »

En avouant dans ses Mémoires avoir consacré deux évêques, Charles-Maurice commet un mensonge par omission. Il ne dit pas qu'en un mois il procédera à la confirmation canonique de quatorze autres évêques et d'un archevêque, Gobel, à Paris. En cela, il est le « père » de la nouvelle Église constitutionnelle et le seul à avoir pris ce risque. Tous les autres s'y refuseront, à commencer par son oncle l'archevêque de Reims. Même les évêques « jureurs » se montreront réticents. Cela donnera lieu au fameux mot que l'on prêtera indifféremment à Savine, évêque de Viviers, Jarente, évêque d'Orléans et Loménie de Brienne, archevêque de Sens : « Je jure, mais je ne sacre pas. »

Pour une fois, Charles-Maurice a manqué de lucidité. S'il a cherché à éviter un schisme – c'est ce qu'il soutient dans ses Mémoires[22] –, le moins que l'on puisse dire est qu'il s'est trompé. Il est vrai que les foudres pontificales ne viendront que plus tard. Le premier bref[23] dans lequel Pie VI traite la constitution civile du clergé d'un « assemblage d'hérésies » date du 21 mars et arrive à destination le 26. Même s'il ne sera publié qu'en mai, Charles-Maurice a certainement dû en avoir connaissance par le comte de Montmorin. Il y est explicitement accusé de s'être « séparé de l'admirable union de tous ses collègues ». Curieusement, il ne consacrera plus de nouveaux évêques après le 31 mars. Ce qui n'empêchera pas le pape de le poursuivre de plus belle. Dans un second bref[24] du 13 avril, « Charles, évêque d'Autun », est accusé de « parjure » (le serment) et de « sacrilège » (les consécrations) et déclaré « suspens de tout exercice de l'ordre épiscopal ». La suite n'est pas plus réjouissante ; s'il ne se rétracte pas, le pape lui promet encore l'anathème et, sanction suprême, l'excommunication[25].

Toute la réponse de Charles-Maurice est dans l'indifférence polie qu'il gardera, jusqu'à l'ultime négociation des derniers jours de sa vie, à l'égard de Rome et de son ancien sacerdoce. Il s'agit avant tout de ne pas perdre la face. Mme de Boigne, qui aime tant jeter de l'huile sur le feu, racontera plus tard à sa façon les vains efforts tentés par la duchesse de Dino, au début de la Monarchie de Juillet, pour l'amener à résipiscence. Elle tient l'anecdote du duc de Noailles : « Un jour de grande représentation, où ils avaient assisté *in fiochi* à la messe, elle lui dit en remontant en voiture : – Cela doit vous faire un effet singulier d'entendre dire la messe. – Non, pourquoi ? – Mais, je ne sais, il me semble… (et elle commençait à s'embarrasser), il me semble que vous ne devez pas vous y sentir tout à fait comme un autre. – Moi ? Si fait, tout à fait ; et pourquoi pas ? – Mais enfin, vous avez fait des prêtres. – Oh ! Pas beaucoup[26]. »

L'abbé Montaigne, supérieur du séminaire de Saint-Sulpice, consulté à l'époque du concordat par Mgr d'Aviau sur la validité des consécrations de l'ancien évêque d'Autun sous la Révolution, est sans doute le plus pertinent sur l'état d'esprit de Charles-Maurice au moment des faits : « Quant à M. de Talleyrand, […] on ne lui a jamais attribué de la haine pour la religion. C'est un sentiment diabolique qui n'est nullement dans son caractère. Les personnes de sa connaissance ne parlent que de sa faiblesse et de son ambition[27]. » Après tout, la plus belle ruse du diable n'est-elle pas de vous persuader qu'il n'existe pas ?

23.

PORTRAIT DE L'ARTISTE EN JOUEUR DE CARTES

Poursuivi par Rome, Charles-Maurice doit également se défendre à Paris contre tous ceux qui l'accusent d'affairisme. Aimée de Coigny a raison de dire dans ses Mémoires que la Révolution fut aussi « une énorme affaire d'argent[1] ». Et quand il s'agit d'argent, Charles-Maurice n'est jamais loin. Sous la Restauration, il dira au baron de Vitrolles, en se vantant : « Voyez-vous, il ne faut jamais être pauvre diable. Moi, j'ai toujours été riche[2]. » Il n'en reste pas moins que la « richesse » de Charles-Maurice sous la Révolution a, et gardera, le charme du mystère. Ses revenus ecclésiastiques se sont évanouis. Faute d'indemnités, sa place de député à l'Assemblée nationale ne lui rapporte rien, au moins officiellement, et ce ne sont pas les 4 000 livres de son siège au conseil de la Seine qui le font vivre. Il ne subsiste que quelques rares traces de contrats ou de transactions dans les archives des notaires qu'il fréquente habituellement à cette époque. On en est réduit aux conjectures. Et, dans ce domaine, tout est permis, ou presque, si l'on en croit la presse. Les accusations d'agiotage apparues dans les derniers mois de 1789 n'ont fait que s'amplifier depuis. À en juger par le nombre des articles, un peu répétitifs d'ailleurs, le sujet stimule particulièrement l'imagination des journalistes. On en retiendra un seul exemple. « Tous ceux qui auront à faire des spéculations sur les assignats, écrit, bon prince, l'auteur d'un *Avis au public*…, pourront s'adresser à M. l'évêque d'Autun, qui a assuré hier, dans une maison où il dînait, qu'il connaissait si parfaitement l'agiotage et le cours que devaient avoir les assignats qu'il répondait à qui voudrait qu'avec 100 000 livres comptant de lui procurer 30 000 livres de rente. S'adresser à lui pour de plus amples informations[3]. »

Gouverneur Morris, qui voit Charles-Maurice plusieurs fois par semaine à cette époque, donne quelques précisions. Envoyé à Paris pour régler la question de la dette américaine à la France, il connaît bien les affaires. Il est beaucoup question avec « l'évêque », dans son Journal entre autres, de spéculations sur la dette américaine, sur les changes, d'achats de fournitures à crédit en Amérique, de spéculations sur les « rations hollandaises ». Depuis le 6 avril 1791, Charles-Maurice est membre du comité diplomatique de l'Assemblée que préside Camus, l'ancien avocat du clergé, une vieille connaissance, omniprésent dans le Journal de l'Américain. Si l'on en croit les quelques rares allusions de Morris, certains membres du comité qui occupent une position hautement stratégique face au faible ministre des Affaires étrangères, le comte de Montmorin, semblent avoir été particulièrement « sollicités », entre autres dans l'affaire du règlement de la dette américaine au gouvernement français. Il est question de « vendre son vote », de « tentative de corruption[4] ». Certains noms, Amelot, le marquis de Montesquiou, reviennent plus souvent que d'autres ; Charles-Maurice est bien placé. On n'en saura pas plus. En août 1815, l'abbé devenu baron Louis cherchait encore à tout prix, et en connaissance de cause, à l'empêcher de faire des affaires. L'un était alors ministre des Finances, l'autre président du Conseil de Louis XVIII. « Qu'on fixe son traitement… à un chiffre très élevé… pourvu qu'on soit à l'abri des opérations de la foule d'intrigants qui l'entoure[5]. »

Et sous la Révolution, comme sous l'Empire, Charles-Maurice est entouré d'intrigants. Parmi ceux-ci, son féal Maximilien Radix de Sainte-Foy occupe une place à part. Morris, qui le traite de « vieux renard rusé et matois », évoque dans son Journal les « plans financiers » qu'il prépare pour « l'évêque »[6]. Cet ancien premier commis des Affaires étrangères au temps du duc de Choiseul et qui a pris une part efficace à la paix de 1783 avec l'Angleterre connaît tout le monde. Il a fait fortune à la Trésorerie générale de la marine puis à la surintendance des finances, bâtiments, manufactures, jardins et garde-meubles du comte d'Artois. Par ses fonctions, il est en relation avec le comte d'Angiviller et les Flahaut. C'est probablement chez eux qu'il a rencontré l'abbé de Périgord bien avant la Révolution. Spéculateur effréné et banqueroutier célèbre, il a été menacé de lettres de cachet et a dû se réfugier à Londres au début des années 1780. En réalité, si l'on en croit Mme de Chastenay, il n'aurait fait que payer les conséquences des désordres financiers de son maître et compagnon de plaisirs, le comte d'Artois[7]. Il passe pour un homme d'esprit, d'une « rare amabilité », mais aussi pour un homme à bonnes fortunes qui a « eu » la fantasque duchesse de Mazarin puis la comtesse Du Barry à l'époque où elle s'appelait encore Mlle de Beauvernier. Riche à millions, jouissant d'une fortune d'au moins 100 000 livres de rentes, il s'est fait construire par Brongniart, rue Basse-des-Remparts, l'un des hôtels les plus somptueux du faubourg Saint-Honoré[8], possède une galerie de peintures, les plus fins cuisiniers de la capitale, quarante chevaux dans ses écuries. S'il aime l'ostentation, Radix est également discret en affaires et d'un flegme à toute épreuve. C'est sans doute ce que Charles-Maurice a voulu signifier en disant de lui, en forme de boutade : « [C'est] un homme qui, grâce au peu de qualités qu'il possède et à l'insignifiance de ses défauts, réussit à vous captiver[9]. »

En 1791, il habite galerie du Palais-Royal, passage de Valois, fait édifier un nouvel hôtel aux Champs-Élysées et possède le château de Neuilly, où Charles-Maurice résidera l'été sous le Consulat[10]. Une telle prospérité ne doit rien au hasard. Radix est, avec son neveu Antoine Omer Talon, l'un des dispensateurs, salariés par le comte de Montmorin, des fonds secrets de la liste civile du roi, de ceux qui délivrent les très recherchés « bons du roi ». « Sainte-Foy, sans foi, est tout entier au plus offrant », écrit le comte de La Marck à son ami Mirabeau[11]. Charles-Maurice aura donc eu parmi ses amis les plus intimes l'un des principaux agents de corruption de la Cour, proche entre autres de Barère qui le protégera sous la Terreur. On ne s'en étonnera pas. On ne s'étonnera pas non plus de l'affaire conclue entre les deux hommes le 20 avril 1792 en pleine Révolution. Contre la somme d'environ 77 000 livres, Radix de Sainte-Foy cède à son ami deux de ses terrains des Champs-Élysées, d'une superficie totale de plus de 2 400 m^2, eux-mêmes achetés au comte d'Artois en 1779[12]. Plus étonnant encore, sur ces terrains, Charles-Maurice engage, quatre mois avant la chute de la monarchie, la construction d'un très bel hôtel de deux étages sur les plans de l'ancien architecte du prince, François-Joseph Belanger, l'inventeur de Bagatelle. Sur les 116 000 livres du marché, Charles-Maurice n'en paiera jamais que 40 000. Entre-temps, ce n'est plus de confort ou de spéculation, mais de sa vie dont il sera question. Il est question aussi de ne pas payer. Sous le Directoire, à son retour en France, l'hôtel est construit et lui appartient toujours. La description qu'en fait Belanger prouve qu'il est du dernier raffinement, dans le goût classique : antichambre, bibliothèque « de forme circulaire [...] éclairée par le haut », salle à manger, salon, billard, chambre à coucher, boudoir pour le seul rez-de-chaussée. Les portes sont d'acajou massif, les murs décorés « en panneaux peints de marbre précieux ». L'architecte a même poussé la délicatesse jusqu'à avancer le prix du terrain pour éviter la saisie révolutionnaire de l'immeuble, ce que Charles-Maurice avait négligé de faire. Il ne sera jamais remboursé. Les procès se suivront, en vain. Sous l'Empire, le tout-puissant ministre de Napoléon finira, à contrecœur, par verser une maigre indemnité, et revendra le tout, en 1815, à son cousin Alexandre-Daniel de Talleyrand[13].

L'histoire prouve que pour une fois Charles-Maurice s'est fait prendre en flagrant délit d'imprévoyance. S'il n'avait fait qu'entrevoir les événements à venir – son départ précipité pour Londres et son inscription sur la liste des émigrés –, il n'aurait jamais engagé une telle opération.

Elle confirme aussi sa réputation de mauvais payeur. Plus tard, il mettra à nouveau trois ans pour payer son hôtel de la rue d'Anjou-Saint-Honoré acheté après Brumaire à l'Américain Richard Codman par l'intermédiaire du banquier Jacques Laffitte[14]. Il ne remboursera jamais tout à fait Mme de Staël à qui il devait plusieurs dizaines de milliers de francs généreusement prêtés en Angleterre, puis à son retour en France sous le Directoire, et mentira effrontément après la mort de son amie en prétendant n'avoir jamais eu de relations d'argent avec elle. En revanche, il poursuivra Benjamin Constant jusqu'à la fin de la Restauration pour une créance vieille de plus de trente ans ! Bref, Talleyrand n'a la mémoire de l'argent que lorsqu'on lui en doit et n'honore ses dettes que lorsque cela l'arrange[15] ! Les anecdotes tardives et plus ou moins inventées, qui ont couru à ce sujet, ne sont donc pas totalement dénuées de fondement. Elles concernent toujours ses fournisseurs, morgue aristocratique oblige. Henry Bulwer raconte l'histoire de son carrossier qui, l'attendant patiemment à la sortie de l'hôtel du ministère des Relations extérieures depuis plusieurs jours, finit par se faire remarquer : « Ah ! Vous êtes mon carrossier ; et que voulez-vous, mon carrossier ? – Je veux être payé, monseigneur. – Ah ! Vous êtes mon carrossier et vous voulez être payé : vous serez payé, mon carrossier. – Et quand, monseigneur ? – Vous êtes bien curieux[16] ! »

Radix de Sainte-Foy et Charles-Maurice ne font pas seulement des affaires ensemble. Ils ont en commun la passion du jeu. Discrète sous la monarchie, elle devient publique, comme tout le reste, sous la Révolution. Les journaux, de plus en plus vertueux, s'en donnent à cœur joie. On prête à Charles-Maurice des gains énormes et le plus souvent fantaisistes, jusqu'à 500 000 livres en une seule soirée[17]. Plus tard, il fera servir ses coups de fortune devenus légendaires à la construction de son image. À Vitrolles, il racontera en 1818 qu'il aurait fait sauter deux « banques de jeu » le soir même de la fête de la Fédération. « Je revins [...] chez madame de Laval lui montrer l'or et les billets. J'en étais couvert ; mon chapeau, entre autres, en était plein. [...] Remarquez, c'était le 14 juillet[18]. » Il était encore évêque et venait de célébrer sa dernière messe en public. Et quel public ! Pour un homme qui compose son immoralité, et se moque au passage des absurdités révolutionnaires, c'est du grand art.

Les attaques seront d'autant plus vives sous la Révolution qu'à l'Assemblée nationale on se préoccupe de moralité. Bailly, le maire de Paris, s'indigne. Un certain abbé Mulot, qui s'en fait une spécialité, tonne à la tribune contre les « 3 000 maisons qui se sont ouvertes successivement dans la capitale ». Le 22 juillet 1791, les députés votent contre ce « fléau public » une belle loi qui ne servira strictement à rien. Charles-Maurice n'est bien sûr pas le seul coupable. D'autres députés – Mirabeau, Le Chapelier que l'on surnomme « Chapelier-Biribi » à cause de son goût pour ce jeu – sont des habitués des tables parisiennes. On voit l'ancien évêque d'Autun au Club des échecs, au pavillon de Hanovre sur les boulevards, à la Chancellerie d'Orléans tenue par le vicomte de Lambertye, rue d'Artois, aux cercles du Palais-Royal. On l'entraperçoit surtout dans la pénombre des salons d'amis et amies où l'on joue furieusement, ceux d'Adélaïde de Flahaut, de la comtesse de Montesson et de la vicomtesse de Laval. Là, Charles-Maurice joue moins au rouge et noir ou au trente et quarante qu'au creps et surtout au whist, qu'il affectionne tout particulièrement. En 1791, Morris note dans son Journal que « sa passion pour le jeu est devenue extrême[19] ». Elle le restera jusqu'à la fin de sa vie, par habitude, par goût, peut-être aussi par ennui. Le jeu est une façon comme une autre de « bâiller sa vie », selon le mot de Chateaubriand.

Voilà un homme qui aura pratiqué les cartes presque chaque jour de sa vie et que personne n'a jamais envisagé sous cet angle. Le whist, qui se joue à quatre, deux contre deux, et dont les points se comptent par levées, est un peu l'ancêtre du bridge. Le jeu, qui vient d'Angleterre, repose sur les bases du calcul des probabilités. Il s'agit de deviner les cartes du partenaire et de l'adversaire et de jouer en conséquence. Edmond Hoyle, son premier théoricien, pose le problème en ces termes : « Pour défendre [mon] argent au jeu du whist, je [dois] savoir quelle chance il y a que mon associé ait une certaine carte dans sa main[20]. » Sous la Restauration, le jeu se complique en se rapprochant du bridge. On parle déjà du whist à trois, du whist avec un mort, comme d'un usage.

On l'aura compris, la culture du whist, tout anglo-saxonne, est avant tout une culture de l'évaluation, à l'opposé de la culture des échecs, toute d'anticipation. Charles-Maurice n'a que très peu joué aux échecs. Sa psychologie, son caractère, sa position d'attente, double ou triple, face à l'événement sont tout entiers ceux du joueur de whist qu'il a été passionnément, des nuits entières. Le whist est un résumé de sa vie, une façon aussi de se comporter en société. « Le jeu, dira-t-il plus tard, occupe sans préoccuper et dispense de toute conversation trop vive[21]. » Et puis le whist est éminemment aristocratique. C'est le jeu de la cour. En cela encore, Charles-Maurice appartient à son milieu. Ses amis de table sont les plus gros joueurs d'Ancien Régime : La Vaupalière, Travanet, Saisseval, le marquis de Conflans, le duc de Coigny... Norvins est le seul à avoir donné, dans ses Mémoires, le ton de l'une de ces parties d'Ancien Régime qui se continueront au-delà de la Révolution : « Également impassibles dans la perte comme dans le gain, ces messieurs avaient tous l'air d'avoir la même fortune : il était impossible de se ruiner et de ruiner ses amis avec plus de grâce et de désintéressement. [...] Pour les hommes de cour, [c'était] un usage de bonne compagnie en matière de jeu[22]. »

Tout cela n'est pas très révolutionnaire. Sous les attaques redoublées des journaux qui mêlent sa soif du jeu au désir qu'ils lui prêtent de se faire élire archevêque de Paris, Charles-Maurice sort pour la première fois de sa réserve et éprouve le besoin de se justifier publiquement. Le pouvoir est à ce prix. Puisque la *Chronique de Paris* a lancé l'offensive, c'est ce même journal qu'il choisit pour se défendre, le 8 février 1791. « J'ai gagné dans l'espace de deux mois, non dans des maisons de jeu, mais dans la société, ou au Club des échecs, [...] environ trente mille francs. Je rétablis ici l'exactitude des faits, sans avoir l'intention de les justifier. Le goût du jeu s'est répandu, d'une manière même importune, dans la société. Je ne l'aimai jamais, et je me reproche d'autant plus de n'avoir pas assez résisté à cette séduction[23]. »

Il y avait de l'ironie et un peu de cynisme dans son opuscule contre les loteries, publié en juillet 1789. Il n'y a que de la bassesse voire de la veulerie dans ce demi-mensonge en forme d'aveu de février 1791. Charles-Maurice est encore jeune. Il apprendra très vite qu'il ne faut jamais répondre directement à son adversaire. En cas de polémique, le « silence prudent » est toujours la meilleure arme. C'est ce qu'il dira beaucoup plus tard au général Lamarque qui tenait absolument à se défendre par voie de presse, des calomnies proférées contre lui : « Comment êtes-vous assez simple pour descendre dans l'arène avec les gens qui vous attaquent ? Vous ne savez pas le plaisir que vous leur faites. Croyez-moi : laisssez dire et tenez-vous tranquille ; faites comme moi ; je n'ai jamais répondu à personne : vous voyez que je m'en suis pas mal trouvé[24]. » Il disait cela sous la Restauration, à une époque où on avait oublié depuis longtemps les injures de la Révolution.

On devine aussi, à travers les attaques portées contre l'ex-évêque d'Autun, un arrière-goût de défaite amère. Car la polémique cache en réalité la perte de vitesse progressive des monarchistes constitutionnels ardents des débuts de la Révolution, presque tous des aristocrates, face à leurs adversaires : le « triumvirat » d'abord, Brissot et la Gironde bientôt.

Le premier coup de semonce est donné par la mort de Mirabeau, le 2 avril 1791. La veille, Charles-Maurice était chez lui, rue de la Chaussée-d'Antin et assistait à son agonie. Mirabeau était un ami, un ami encombrant, un concurrent et un rival, mais un ami tout de même. L'ancien abbé de Périgord a dû être secoué de cette mort si brutale. À lord Greville, il dira plus tard que Mirabeau n'avait que trois véritables amis dans la vie : lui-même, Narbonne et Lauzun[25]. Mais Mirabeau meurt en pleine révolution et la révolution n'attend pas. Le récit qu'il fait de sa visite à l'orateur, à la tribune de l'Assemblée, est celui d'un homme qui cherche à défendre l'héritage. « Je suis allé hier chez M. de Mirabeau, un grand concours remplissait cette maison où je portais un sentiment encore plus douloureux que la tristesse publique. Ce spectacle remplissait l'âme de l'image de la mort : elle était partout hors dans l'esprit de celui que le danger le plus éminent menaçait. Il m'a fait demander ; je ne m'arrêtai point à l'émotion que plusieurs de ses paroles m'ont fait éprouver. M. de Mirabeau dans cet instant était encore un homme public. » Puis Charles-Maurice lit devant les députés le dernier discours de son ami sur « l'égalité des partages dans les successions en ligne directe. » « Bon, commente Norvins, voilà un confesseur bien digne du pénitent. Il sera plaisant d'entendre parler contre les testaments un homme qui n'est plus et qui vient de faire le sien[26]. »

Le confesseur est d'autant moins crédible quand on connaît ses démêlés autour des débris de l'héritage familial et la façon dont il tournera plus tard le sacro-saint principe révolutionnaire de l'égalité des partages en faveur de son petit-neveu Louis de Talleyrand.

Il s'agit bien de testament. La mort de Mirabeau fragilise singulièrement la position de ceux qui prônent une voie moyenne, entre la révolution et la monarchie. Sans lui, ils sont un peu orphelins. Mais en même temps la place est à prendre. « Je dis à l'évêque d'Autun, écrit Morris dans son Journal le 2 avril, qu'il devrait remplir le vide laissé par Mirabeau. [...] Il répond qu'aujourd'hui toutes ses pensées ont roulé là-dessus[27]. » À la tribune, Charles-Maurice est bien incapable de remplacer l'orateur et le meneur d'hommes qu'était Mirabeau, alors même que son influence déclinait au sein de l'Assemblée. Il se contentera de prendre, le 2 mai, sa succession au directoire du département de la Seine où se sont réfugiés la plupart des royalistes constitutionnels qui comptent. En revanche, tout laisse à penser qu'il était depuis le début au courant des relations secrètes du tribun avec la cour. Les demi-confidences de Morris et du comte de Clermont-Tonnerre, ses liens étroits avec Radix laissent supposer qu'il émargeait aux fonds secrets de la cour et conseillait Montmorin depuis plusieurs mois déjà[28]. En novembre de l'année précédente, Morris dit tenir de Mme de Flahaut qu'il est « au mieux avec la reine ». « Cela s'entend », poursuit-il, énigmatique[29]. Ce qui n'empêche pas le roi, et certainement la reine, de le traiter, lui et ses amis, de « tas de canailles[30] ».

En attendant, la mort de Mirabeau est bien compromettante. Si Charles-Maurice est à son chevet le 1er avril, ce n'est certainement pas seulement pour pleurer un ami dont il évite soigneusement de parler dans ses Mémoires, mais aussi pour « faire le ménage », occupation qui deviendra presque une habitude au cours de sa longue vie[31]. Deux précautions valent mieux qu'une. Il en restera assez, cependant, pour le faire mettre en accusation à la Convention en décembre 1792. Après le 10 Août et la chute du roi, l'armoire de fer des Tuileries qui contient les papiers secrets de la cour joue son rôle de bombe à retardement. Les lettres et les rapports qui s'y trouvent ne font pas seulement sortir Mirabeau du Panthéon, mais compromettent aussi gravement son complice. Arnaud de Laporte, l'intendant de la liste civile, et Bertrand de Molleville, le ministre de la Marine, en disent assez dans leurs notes au roi pour éveiller l'attention de la Convention. Le 16 avril 1791, Laporte se plaint au roi que l'évêque d'Autun et ses amis d'André, Le Chapelier et Beaumetz « répondent fort mal aux engagements que l'on croit leur avoir fait contracter ». Le 22 avril, il lui transmet une note de l'évêque « qui paraît désirer de servir Votre Majesté. Il m'a fait dire que Votre Majesté pouvait faire l'essai de son zèle et de son crédit, en lui désignant quelques points que vous désireriez, soit du département, soit de l'Assemblée nationale. S'il parvient à faire exécuter ce que vous lui aurez prescrit, vous aurez une preuve de son zèle[32] ». Naturellement, Charles-Maurice niera avoir eu aucun contact avec la cour[33]. Il n'empêche qu'au-delà de l'appât du gain la situation politique plaide en faveur de l'authenticité de ces notes. Depuis la fin de l'année précédente, Charles-Maurice est confronté à une situation inédite. Lui et ses amis ne sont plus à la pointe de la révolution mais tentent par tous les moyens d'en freiner le cours.

Le 28 février 1791, il est parvenu, avec Mirabeau, à faire ajourner un premier décret contre l'émigration. Le 7 mai, il plaide pour la liberté de conscience et tente à sa manière de protéger les réfractaires[34]. Il se rend régulièrement au comité La Rochefoucauld qui regroupe les administrateurs les plus modérés du département de la Seine, également membres de la Société des amis de la Constitution monarchique, l'ancien

Club de 1789, et se réunit chaque semaine chez son président, en liaison étroite avec l'état-major de la garde nationale de Paris[35]. C'est entre autres là qu'est prise la décision de faire passer la fuite du roi à Varennes pour un « enlèvement », c'est là qu'est défendu le principe de son maintien[36]. C'est là aussi que l'on soutient La Fayette et les mesures qu'il prend en juillet contre les émeutes républicaines du Champ-de-Mars.

Tout naturellement, Charles-Maurice est de ceux qui à ce moment précis quittent la minorité révolutionnaire du club des Jacobins et décident de poursuivre leurs travaux, en suivant une ligne modérée, « à la maison des Feuillants, rue Saint-Honoré[37] ». Ce qui ne l'empêche pas de garder des contacts avec les « patriotes » et « de leur rendre quelques services ». Deux précautions valent mieux qu'une. Car il n'est pas dupe : « D'après ce que je vois tous les jours, je suis de plus en plus convaincu de la vérité contenue dans les dernières paroles de Mirabeau. La monarchie est certainement descendue avec lui dans la tombe ; il faut maintenant que je songe à ne pas me faire enterrer avec elle. » Comme l'écrit Gouverneur Morris en décembre, il est plus que jamais assis « entre deux tabourets [et] n'aura jamais un siège bien sûr[38] ».

24.

EN ÉQUILIBRE SUR LA RÉVOLUTION

En attendant l'éclaircie, l'ancien évêque d'Autun se consacre à des tâches aussi peu compromettantes que possible, défend les travaux du physicien Charles dont le cabinet est au Louvre[1] et prépare le Salon annuel des arts qui s'ouvre également au Louvre le 8 septembre 1791. À l'Assemblée, il se réfugie dans un rôle de « spécialiste ». En 1790, il avait déjà été l'un des initiateurs de l'uniformisation des unités de compte, de poids et de mesure, prêchant l'abandon des anciennes « mesures du roi », « source d'erreurs et d'infidélités », pour « un modèle invariable pris dans la nature afin que toutes les nations puissent y recourir dans le cas où les étalons qu'elles auraient adoptés viendraient à se perdre où à s'altérer[2] ». Toujours ce souci de simplicité, de logique et de raison, hérité des Lumières. Le système décimal comme le mètre-étalon, adopté en France en juin 1799, lui devront beaucoup. S'il siège discrètement en août 1791 au comité de révision de la Constitution, avec l'arrière-pensée d'en renforcer le caractère « monarchique[3] », il se fait surtout remarquer par un volumineux *Rapport sur l'instruction publique*[4] qu'il lira et fera lire trois jours durant à la tribune de l'Assemblée en septembre. Gouverneur Morris le notait déjà dans son Journal en décembre 1789, alors que La Fayette lui confiait son intention de donner à l'ancien élève de Saint-Sulpice « la bibliothèque du roi, avec l'abbé Sieyès sous ses ordres » : « l'éducation nationale » est « la marotte de l'évêque[5] ». L'« immense machine » de Charles-Maurice vise à remplacer l'ancien système d'éducation, en ruine depuis deux ans. Son plan est à la fois précis et pratique, logique et structuré, révolutionnaire et visionnaire dans certains de ses aspects. L'école primaire est gratuite, les enfants sont libres de choisir leurs études dans les collèges ; les spectacles, les fêtes et les arts font partie intégrante de l'éducation, les maîtres sont élus, chaque chef-lieu de département devra disposer d'une bibliothèque publique. Au sommet d'un édifice fortement hiérarchisé et contrôlé par un corps permanent d'inspecteurs, Charles-Maurice propose de créer à Paris un Institut national divisé en plusieurs classes. Daunou en 1795 puis Bonaparte en 1803 concrétiseront l'idée. L'instruction doit être progressive, des écoles de cantons aux écoles de départements, et complète : « physique, intellectuelle, morale ». Elle a pour but de perfectionner tout à la fois « l'imagination, la mémoire et la raison ». L'optimisme rationaliste des Lumières n'est pas loin. Condorcet non plus qui proposera d'ailleurs son propre plan d'éducation à la Législative en avril suivant. « L'instruction en général a pour but de perfectionner l'homme dans tous les âges, et de faire servir sans cesse à l'avantage de chacun et au profit de l'association entière, des lumières, de l'expérience, et jusqu'aux erreurs des générations précédentes[6]. » Les femmes, quant à elles, sont nettement moins bien traitées. « La maison paternelle vaut mieux à l'éducation des femmes. » Tout juste Charles-Maurice consent-il, dans quelques cas seulement, à les faire élever « au-dessus de leur condition » dans des établissements féminins, sur le modèle de ceux proposés par Adélaïde Labille-Guiard dans son *Mémoire sur l'instruction des jeunes filles de qualité*, un « modèle du genre » selon lui.

Les 216 pages de ce *Rapport* font de son travail sur l'éducation l'un des plus importants qu'il ait jamais entrepris. Mirabeau l'a sans doute en partie inspiré. Mme de Staël y aurait mis la main[7], Cabanis, Dupont de Nemours, Lagrange, Lavoisier, Condorcet, Monge, Laplace, Vicq d'Azir ont été consultés. On le sait depuis peu, certains savants plus obscurs en ont inspiré quelques parties : l'ancien bibliothécaire de Saint-Sulpice, l'abbé Mercier de Saint-Léger, par exemple[8]. Une fois de plus l'ancien séminaire du jeune abbé de Périgord est mis à contribution. L'éducation d'Ancien Régime n'était donc pas si mauvaise.

Malheureusement, Charles-Maurice arrive trop tard. L'Assemblée nationale constituante ferme ses portes le 30 septembre. Le 25, les 35 articles du décret d'application de son projet sont ajournés par les députés, et renvoyés à la « prochaine législature ». Il en sera, d'après Morris, « très irrité[9] ». Dans l'immédiat, il doit se contenter d'un succès d'estime. André Chénier lui écrit son admiration. Les journaux feuillants : le *Journal de Paris*, auquel collabore le poète, la *Chronique de Paris* accueillent « avec transport ce sublime projet », dans le style ampoulé de l'époque. Le club des Jacobins qui n'aime pourtant pas l'auteur, vote le 30 septembre un hommage à l'ouvrage[10]. Charles-Maurice est suffisamment content de son travail pour se faire représenter par Adélaïde Labille-Guiard, dans un portrait au pastel exposé au salon, « tenant à la main des papiers sur lesquels est écrit : « liberté des cultes et éducation nationale[11] ». C'est bien l'image du libéral et du modéré que Charles-Maurice veut laisser à la postérité, alors que se ferme une page de la Révolution avec la dissolution de l'Assemblée constituante.

La roue tourne.

En quittant l'Assemblée, Charles-Maurice est inquiet et sans beaucoup d'illusions sur l'avenir. D'autant plus que les voies de l'influence et du pouvoir sont de plus en plus étroites. Les députés sortants se sont interdit toutes fonctions publiques pendant deux ans. Ils se sont également condamnés à ne pas se représenter aux prochaines élections qui conduiront à la formation de la future Assemblée législative.

L'évêque parvient cependant, grâce à Mme de Staël, à placer Louis de Narbonne aux affaires. Avec Choiseul et Lauzun, Narbonne est l'un de ses plus vieux amis, au point qu'il signait son contrat de mariage en avril 1782 avec une riche héritière, la fille unique d'un premier président au parlement de Rouen. À cette époque, l'abbé de Périgord, le comte de Gouffier et le comte de Narbonne étaient inséparables. La reine, moqueuse, les appelait « le triumvirat ». Gouverneur Morris les décrit collectivement dans l'une de ses lettres à Washington : « Tous les trois appartiennent à de grandes familles ; ce sont des hommes d'esprit et de plaisir. [Narbonne et Choiseul] avaient eu de la fortune, mais l'avaient dépensée. Ils étaient tous les trois intimes, et avaient ensemble parcouru la carrière de l'ambition pour refaire leur fortune[12]. » Au-delà du brillant, du succès et du plaisir, Charles-Maurice et Narbonne sont très différents. L'un est prudent et calculateur, l'autre chevaleresque et enthousiaste. La nature de leur charme n'est pas la même. Le premier a de l'esprit, le second fait des mots. Erich Bollmann, un jeune médecin allemand qui, à la demande de Mme de Staël, aidera Narbonne à fuir Paris en août 1792, a bien saisi ce qui sépare les deux hommes : « Narbonne [...] regorge d'idées et d'esprit. Il possède à la perfection toutes les vertus mondaines. Il émane de lui un charme exceptionnel. Il séduit irrésistiblement et peut griser, à sa guise, un particulier ou toute une société ! Un seul homme en France lui [est] à cet égard, comparable et, à mon avis, le surpasse même de loin [...]. Narbonne plaît, mais il lasse à la longue ; on pourrait écouter Talleyrand pendant des années. On sent chez Narbonne un besoin de plaire, Talleyrand s'exprime avec naturel, et il se dégage constamment de lui une impression de calme et de bien-être. Ce que dit Narbonne est plus brillant ; ce que dit Talleyrand, plus charmant, plus subtil et plus gracieux. [...] Talleyrand, sans être moralement moins dépravé que Narbonne, est capable de toucher aux larmes ceux-là même qui le méprisent ! J'en pourrais citer des exemples remarquables[13]. » Charles-Maurice lui-même pense un peu la même chose : « Sa gaîté compromet souvent le goût. On s'amusait plus avec lui qu'on ne s'y trouvait bien[14]. » « Il brillantait trop », dira plus tard la duchesse de Dino[15].

C'est pourtant Narbonne qui devient ministre le premier[16]. Tout réussit à celui qui passe pour être le fils naturel de Louis XV. Il a été, grâce à sa mère, le chevalier d'honneur et le protégé de Madame Adélaïde, la fille aînée du Bien Aimé. Il a commandé deux des plus beaux régiments de l'armée, Angoumois puis Piémont, avant même que n'éclate la Révolution. Sans être beau, il plaît aux femmes. La vicomtesse de Laval a été sa maîtresse, avant d'être celle de Charles-Maurice.

Elle finira par vivre avec lui après la Révolution. Pour l'heure, Mme de Staël l'aime passionnément. Elle a déjà un enfant de lui et en aura bientôt un second. Elle rêve de faire de ce brillant général, libéral et fidèle au roi – depuis le mois de septembre, il commande sa « garde soldée » –, un ministre et un héros. À force d'intrigues, elle finit, grâce à Barnave qui agit sur la reine, par le faire nommer en décembre au ministère de la Guerre.

Avec Charles-Maurice, elle a pour lui un plan : sauver le roi en fortifiant l'armée saignée par l'émigration. Mais en proposant une intervention limitée à Trèves, sur la Moselle, contre les rassemblements d'émigrés, Narbonne fait le jeu de la Gironde qui veut la guerre au profit de la Révolution. Dans ses Mémoires, Charles-Maurice, qui se garde bien de parler des erreurs de cette époque, tient l'émigration pour l'une des principales causes de l'accélération du processus révolutionnaire. Il ne condamne pas les émigrés en tant que tels, individuellement, mais l'émigration prise en masse, considérée d'un point de vue politique, une « fausse combinaison » et un « mauvais calcul » à ses yeux, en particulier lorsque celle-ci fera le jeu de l'Autriche et de la Prusse en les appelant à la rescousse[17]. Une telle position le place en porte-à-faux vis-à-vis de l'ensemble de sa famille, sans parler de son milieu. Encore une fois, pour quelqu'un qui déteste les ruptures, son attitude, qui vise *in fine* à la réconciliation du roi et de sa noblesse, ne manque pas de courage. Dans les premiers mois de 1792, presque toute sa famille a quitté la France. Sa mère, que Morris juge « très aristocratique[18] », s'est réfugiée à Tournai. Son oncle l'archevêque a obtenu non sans mal, dès le mois de juillet 1791, ses passeports pour Spa, où il dit vouloir prendre les eaux qu'exigent son état de santé. Il réside successivement à Aix-la-Chapelle, Weimar et Brunswick d'où il adhère aux dernières protestations du côté droit de l'Assemblée nationale contre la Constitution. Il sera à Bruxelles en août 1792 où il célébrera le 15 la messe de la Saint-Louis, cinq jours après la prise des Tuileries. « Tous les Français qui y assistaient, rapporte Bombelles, fondaient en larmes[19]. » Ses frères et ses cousins de la branche aînée, Élie, prince de Chalais, et Adalbert de Périgord ont suivi. Boson,

son cadet, est à Coblence auprès des princes ; en avril 1792, on parle de l'envoyer à la cour de Naples comme chargé d'affaires du Conseil des princes à la place de son oncle, le baron de Talleyrand, qui a donné sa démission d'ambassadeur du roi en décembre de l'année précédente[20]. Archambaud sera le dernier à partir, « au péril de sa vie », peu après Charles-Maurice, en laissant sa femme – qui sauvera sa fortune mais mourra sur l'échafaud le 26 juillet 1794, la veille de la chute de Robespierre – et ses trois enfants. Il lèvera un régiment en Angleterre contre la Révolution et s'intéressera de près à Mme de Balbi, la maîtresse du comte de Provence. Seul le demi-frère aîné de son père, l'autre pied-bot de la famille, le comte de Périgord, refusera de quitter Paris, estimant sa place auprès du roi, et goûtera pendant près d'un an de la prison révolutionnaire[21].

En janvier 1792, les velléités guerrières de Narbonne contre l'empereur d'Allemagne Léopold II donnent à Charles-Maurice l'occasion de tenter, pour la première fois sur le terrain, son rêve de toujours : un rapprochement avec l'Angleterre et la mise en œuvre d'une solide alliance politique et commerciale entre les deux royaumes. Il quitte Paris le 15 janvier muni d'une lettre de recommandation du ministre des Affaires étrangères, Valdec de Lessart, pour Grenville, son homologue à Londres. Sa mission n'a pas de caractère diplomatique officiel, pour des raisons politiques, mais aussi parce que la Constitution le lui interdit. Lauzun, qui porte le titre de duc de Biron depuis la mort de son père, l'accompagne. Sa connaissance des milieux d'opposition à Londres lui sera utile. Biron, qui vient d'être nommé lieutenant général, est par ailleurs chargé par Narbonne d'un achat de chevaux pour la remonte de l'armée.

Officiellement, Charles-Maurice doit sonder les intentions de Londres en cas de guerre avec l'empereur, à l'instar du comte de Ségur à Berlin. En réalité, Valdec de Lessart l'invite à ne rien faire. Plus encore, ceux qui détiennent l'essentiel du pouvoir à ce moment-là, les triumvirs Barnave, Lameth et Duport, qui contrôlent le ministère, souhaitent s'en tenir au pacte de famille et conserver les alliances traditionnelles de la France avec l'Empire et l'Espagne bourbonienne. Morris, dans son Journal, se dit sûr que le roi et la reine ont donné « toutes assurances nécessaires à l'empereur et au roi d'Espagne ». De tous les ministres, Narbonne, en opposition avec Valdec de Lessart, est peut-être seul dans la confidence. Car, en partant pour Londres, Charles-Maurice se lance dans l'une de ces négociations « à tiroirs » dont il a le secret. Un exercice d'équilibrisme à sa mesure. L'ancien agent général du clergé est en fait secrètement mandaté par un groupe de financiers français et anglais qui cherchent par tous les moyens à étendre le traité de commerce liant les deux pays depuis 1786 et à le consolider par une alliance politique. Les lettres de John Petrie, l'agent anglais de l'assemblée coloniale de l'île de Tobago dans les Antilles, au Français Barthélemy Huber, l'un des directeurs de la Compagnie des Indes et l'agent à Paris des banquiers londoniens Bourdieu, Chollet et Bourdieu, découvertes par l'historien américain F.-L. Nussbaum, révèlent une partie de ce « grand plan » imaginé dans les derniers mois de 1791 et jusqu'alors ignoré[22]. Charles-Maurice joue ici le rôle de conseiller auprès d'Huber qu'il a sans doute connu à la Société de 1789, ou par l'intermédiaire de Radix. Les deux hommes partagent les mêmes idées libérales et anglophiles. De quoi s'agit-il ? L'île sucrière de Tobago, à l'extrémité sud des Petites Antilles, cédée par l'Angleterre à la France lors du traité de paix de 1783, est au centre des négociations. Son importance toute relative par rapport aux possessions coloniales des deux pays est sans commune mesure avec l'enjeu des négociations à venir, mais sa situation particulière en fait une excellente monnaie d'échange. Car Tobago a été cédée à la France avec plus de 20 millions de livres de créances aux mains d'investisseurs londoniens impliqués dans le commerce colonial de l'île, que le gouvernement français tarde à rembourser. Sa rétrocession à l'Angleterre mettrait un terme au litige et donnerait satisfaction aux financiers de Londres. Ceux-ci sont disposés à avancer 200 000 livres sterling pour voir aboutir leurs revendications. Charles-Maurice en touchera au passage une partie, les fameuses 40 000 livres qui lui permettent d'amorcer sa spéculation sur les terrains des Champs-

Élysées[23]. D'où sans doute son optimisme dans ses lettres à ses proches. De retour à Paris, il écrira à Biron le 23 mars : « Où en êtes-vous de vos affaires ? Les suivez-vous ? C'est là qu'il faut chercher le bonheur. Dans deux ans, il sera là tout entier pour nous qui ne sommes plus jeunes[24]. » Huber et Charles-Maurice veulent pourtant aller plus loin. Ils proposent non seulement de céder Tobago, mais d'accorder aux Anglais des « avantages considérables dans l'île Bourbon » (aujourd'hui l'île de la Réunion), dans l'océan Indien. En échange, un prêt de 50 millions de livres de l'Angleterre à la France, suivi d'un autre en Hollande, gagé sur les actions de la Caisse d'escompte et sur celles de la Compagnie des Indes, mettrait un terme au déséquilibre des changes entre les deux pays, qui ne fait que s'accentuer depuis les débuts de la Révolution, gêne les industriels anglais et favorise la contrebande. De plus, l'Angleterre et la France renonceraient d'un commun accord et par traité, pour la première à son alliance avec l'empereur, pour la seconde au vieux « pacte de famille » qui la lie avec l'Espagne. À terme, une coopération des deux pays en vue de la libération des colonies espagnoles du Nouveau Monde et de leur ouverture au commerce international est envisagée[25]. Le « plan » ne manque ni d'ambition ni de clairvoyance. La multiplication des différends maritimes et coloniaux entre la France et l'Espagne le rend plausible. Il est un peu le maillon manquant du grand œuvre de Charles-Maurice, de sa participation au traité de commerce franco-anglais de 1786 à la façon dont il poussera Napoléon en Espagne en 1806-1808, jusqu'à son ambassade à Londres en 1830. Ses intérêts privés et sa vision des rapports internationaux sont ici parfaitement d'accord, contre la « vieille diplomatie » française du « pacte de famille » et de la rivalité avec l'Angleterre. Il s'agit de faire de l'alliance entre les deux pays « la tige de la balance du monde », pour reprendre une expression de Charles-Maurice s'adressant au jeune Alphonse de Lamartine en 1831 ; une « *natural alliance* », dit-il encore à Grenville en février[26]. Or, du côté anglais, on envisage à terme l'ébauche d'une telle politique. Dès le mois de novembre 1791, Petrie voit Pitt, chancelier de l'Échiquier (ministre des Finances) et principal ministre du cabinet de Londres, pour qui « il ne peut y avoir de doute que la grande cause de guerre entre la France et l'Angleterre avait été et serait toujours leurs colonies[27] ». Certes, l'accord proposé sera long et difficile à négocier, mais, en fin de compte, il en est convaincu, les deux pays y parviendront. Quand Charles-Maurice arrive à Londres le 24 janvier, escorté de Jean-Joseph de Laborde, un parfait connaisseur des questions financières et actionnaire de la Caisse d'escompte, les négociations sont donc engagées depuis plusieurs mois. C'est moins Pitt et Grenville qu'il doit convaincre que, fort des assurances anglaises, le gouvernement français lui-même qui pour l'heure ne se doute pas de l'objet de ses démarches. Voilà bien une spécialité du futur ministre de Napoléon, la négociation « à front renversé », lorsque le donneur d'ordre n'est pas celui que l'on croit. Comme l'a parfaitement deviné Albert Sorel, qui toutefois ne connaissait pas les buts secrets de sa mission, les lettres de l'ex-évêque « sont moins des rapports qu'il adresse au ministre que des projets d'instruction qu'il expose[28] ». Les deux longues conversations qu'il a, en simple particulier, avec Grenville, le 15 février et le 1er mars, sont destinées à obtenir de ce dernier la confirmation de ce qu'il sait déjà : « Un rapprochement avec l'Angleterre n'est pas une chimère[29]. » La confiance s'installe, mais, à Paris, Valdec de Lessart, terrorisé par l'évolution de la situation, se tait, ce dont Charles-Maurice se plaint : « Vous ne m'écrivez donc point : je n'entends rien à cela et je vous jure que c'est mal[30]. » Précisément, le jour de son retour à Paris, le 10 mars, Valdec de Lessart est mis en accusation à l'Assemblée, sur la pression des Girondins. Tout le ministère tombe, y compris Narbonne.

Paradoxalement, ce changement de ministère, qui passe à la Gironde, est une aubaine pour Charles-Maurice. Sa mission à Londres en est consolidée et son « grand plan » prend d'autant plus de consistance. La chute de Valdec de Lessart et l'accession, le 15 mars, de Dumouriez aux Affaires étrangères, marquent en effet les débuts d'une « nouvelle diplomatie » en rupture avec celle de la cour et des Feuillants. Dumouriez cherche l'alliance de l'Angleterre pour pouvoir porter ses coups contre l'empereur. Quant à Clavière, l'ancien « associé » de Mirabeau, qui accède aux Finances, il est, par ses affaires, partie prenante dans la négociation des créanciers de Tobago et du prêt anglais. Auckland, l'ambassadeur d'Angleterre auprès des Provinces unies des Pays-Bas, salue la nouvelle de ses sarcasmes, dans l'une de ses lettres à Barthélemy Huber : « Ainsi, les Jacobins se montrent enfin tels qu'ils sont ; les voilà enchantés de prendre les pains et les poissons entre leurs propres mains – et quels pains ! et quels poissons[31] ! » Les liens entre affaires et politique sont vieux comme le monde. Les *Réflexions pour la négociation d'Angleterre en cas de guerre* du 30 mars, les instructions du 20 avril au jeune François de Chauvelin, qui, officiellement cette fois, quitte Paris pour Londres dans les derniers jours d'avril sous la conduite de Charles-Maurice, sont maintenant claires. Dans le premier document, inspiré par l'ancien évêque, dans le second, qu'il a lui-même rédigé, le but essentiel du « grand plan », le prêt garanti de l'Angleterre à la France est spécifiquement mentionné. Si Chauvelin compte peu et n'a été choisi que parce qu'il appartient à une famille de cour proche du roi afin de ne pas déplaire à George III – la marquise de Coigny, la maîtresse de Biron, dit « qu'il professera, et l'évêque [d'Autun] exercera[32] » –, les nouveaux compagnons de voyage de Charles-Maurice prouvent assez que son second séjour à Londres commence dans des conditions très différentes du premier. Jacques-Antoine Du Roveray et Étienne Dumont sont tous les deux genevois. Ils ont été l'un et l'autre attachés à « l'atelier » de Mirabeau. Charles-Maurice se servira de Du Roveray comme d'un « passeport », d'une « lettre de créance » auprès des « chefs du parti populaire », Brissot et Clavière, dont il est proche[33]. Du Roveray travaillera ensuite à la fois pour le compte de la République et du gouvernement anglais qui l'enverra en Suisse en 1794[34].

Comme Du Roveray, Étienne Dumont résidait déjà à Londres lors du premier séjour de Charles-Maurice. Il était au service du marquis de Lansdowne, l'un des chefs du parti d'opposition (*whig*) au cabinet de St. James et c'est sans doute chez lui que les deux hommes se sont retrouvés. Du Roveray et Dumont connaissent bien l'Angleterre qu'ils ont beaucoup pratiquée et sont parfaitement bilingues. Plus discrètement, des Renaudes, l'ancien grand vicaire et l'éternel homme à tout faire, est du voyage. Il fera la navette entre Londres et Paris, par Calais. Charles Reinhard, qui désormais ne quittera plus Charles-Maurice, surveillera Chauvelin avec le titre de secrétaire de légation. Enfin, l'ex-évêque, qui aime les gens d'esprit et veut donner un certain lustre à sa mission, part avec deux hommes de lettres : Dominique-Joseph Garat, le futur ministre de la Justice qui, dans quelques mois, « couvrira » les massacres de Septembre en se couvrant de honte ; Jean Antoine Gallois, l'ami de Cabanis et de Mme Helvétius. Tout ce petit monde arrive à Londres le 28 avril dans des conditions difficiles[35]. La révolution française et ses excès ont de moins en moins bonne presse là-bas. La cour de St. James, déjà très froide à l'égard de Charles-Maurice lors de sa première présentation en janvier, lui est hostile. Sa réputation sulfureuse commence à le précéder un peu partout. En ville, la colonie française aristocrate, réfugiée de la première heure, lui voue carrément une haine tenace. Ce sont sans doute les milieux émigrés qui, en février, ont produit de faux billets afin de faire arrêter pour dettes son ami le duc de Biron, détesté à cause de ses liens avec le duc d'Orléans[36]. Dumont raconte très bien l'accueil réservé par la bonne société de Londres aux membres de l'ambassade française, un soir d'avril, au Ranelagh, la promenade à la mode et le « rendez-vous général » des Anglais : « Les regards curieux, mais d'une curiosité qui n'était pas de la bienveillance, se dirigeaient de toutes parts sur notre bataillon, car nous étions huit ou dix. [...] On se retirait à droite et à gauche, à notre approche, comme si on eût craint de se trouver dans l'atmosphère de la contagion. Le bataillon devint d'autant plus remarquable qu'il se trouvait dans le vide et le formait en avançant. Une ou deux personnes courageuses vinrent saluer M. de Talleyrand. [...] Nous nous retirâmes bientôt après, observant que M. de Talleyrand n'était en aucune manière affecté ou déconcerté, et que M. Chauvelin l'était beaucoup[37]. » L'un a du flegme, l'autre pas. « Une figure de cire », dira plus tard un correspondant du baron de Vincent à Vienne.

Les négociations se poursuivent. Le 25 mai, Charles-Maurice obtient du gouvernement anglais une déclaration de neutralité de l'Angleterre en bonne et due forme qui sera saluée comme un succès par la Gironde et ses journaux[38]. Mais il demande en vain à Dumouriez le vote d'une loi qui entérine le principe de non-intervention de la France dans les affaires intérieures des autres pays. À Paris, l'atmosphère est à la guerre. Depuis le 20 avril, les hostilités sont ouvertes contre « le roi de Hongrie et de Bohême ». La dégradation de la situation, la chute du ministère girondin le 13 juin, la journée du 20 juin et les violences exercées contre le roi aux Tuileries freinent toute la partie financière, coloniale et commerciale des discussions avec les ministres anglais. Le « grand plan » est au point mort. Un agent de Calonne dépêché de Coblence – sans doute son secrétaire Christin chargé de contrecarrer la mission du protégé de l'ex-contrôleur général des finances devenu le conseiller très écouté des princes – résume bien la position de Pitt : « L'Angleterre désire maintenir la paix et ne souhaite donner ombrage à aucune puissance ou laisser aucun doute sur ses intentions ; et elle ne désire rien qui permette à quiconque de penser le contraire. » Une position prudente et attentiste qui fera dire au ministre anglais que l'abandon du pacte de famille est propre à donner « une idée malheureuse de la loyauté française[39] ». On est donc loin du compte.

Le remplacement de Dumouriez au ministère des Affaires étrangères ramène Charles-Maurice à Paris dans les premiers jours de juillet ; Chauvelin reste sur place. Ses deux missions à Londres, bien que peu fructueuses – mais la situation politique ne s'y prête pas –, lui ont cependant permis de poser des jalons et de se forger un langage et une méthode qui finiront par identifier le futur ministre de Napoléon, au point que le diplomate et sa méthode ne feront plus qu'un. « Il sait prendre le diapason des autres pour les mettre au sien[40] », disait déjà Mirabeau. On retrouve les secrets de cette méthode au fil de ses dépêches à Valdec de Lessart puis à Dumouriez. Un bon diplomate doit savoir s'adapter aux usages et au style de son adversaire : « Ce n'est pas le tout d'avoir raison ; encore faut-il prendre le temps de ceux auprès de qui l'on veut en faire usage[41]. » Il doit pouvoir considérer les intérêts de son propre pays du point de vue de ceux de son interlocuteur. Il doit éviter de lui répondre directement, avoir l'air de consulter son gouvernement et surtout ne jamais se presser. Il doit être partout, « à la cour, à la Bourse, parmi les négociants[42] », être régulièrement informé de la marche des événements dans son propre pays par un réseau de correspondants sûrs et surtout en contrôler l'opinion, au besoin en l'influençant, ce qu'il appelle « parler un peu bien de nous dans les journaux[43] ».

Revenu à Paris le 8 juillet, Charles-Maurice prend la mesure de la gravité de la situation. Depuis la journée du 20 juin, le conseil et le directoire du département de la Seine sont en conflit ouvert avec le maire de Paris, Pétion, qui a couvert les émeutiers. Le 6 juillet, le conseil prononce sa suspension et, le 13, un décret de la Législative le rend à ses fonctions de maire, tandis que des représentants des quarante-huit sections de la commune de Paris se succèdent à la barre pour demander pêle-mêle la suppression de l'administration du département de la Seine, la suspension de Louis XVI et la formation d'une convention nationale. Charles-Maurice est l'un des derniers, avec son ami La Rochefoucauld, à démissionner, le 20 juillet, du directoire du département. Il est resté par la suite étrangement discret sur son rôle au cours de la grande crise du 10 août[44]. Roederer, le procureur syndic du département de la Seine, dont le rôle est capital au cours de ces journées, affirme avoir appris par lui le projet avorté d'évasion du roi vers Rouen mis sur pied par ses amis Liancourt, et Le Chapelier. Bertrand de Molleville sert d'intermédiaire ; Liancourt commande à Rouen. Le roi devait se rendre à Gaillon en Normandie, puis se mettre à Rouen sous sa protection. Mais le 7 août, le projet est abandonné. D'après Bertrand, Marie-Antoinette s'y serait opposée. « M. Bertrand n'a pas pensé qu'il nous mettrait aux mains de constitutionnels. » Charles-Maurice fera plus tard à Mme de Staël une confidence sur l'un de ces nombreux épisodes

des derniers moments de la monarchie qui en dit long sur sa connaissance des influences contradictoires qui aux Tuileries immobilisèrent la cour jusqu'au 10 août. « Après Varennes, la royauté a été sauvée par le parti constitutionnel ; le 10 août, elle a été perdue par le parti aristocratique qui s'est opposé jusqu'au dernier moment à ce que le roi fût à Rouen[45]. »

Il était donc dans la confidence, ce qui est plausible[46]. Mais avant de sauver le roi, Charles-Maurice cherche surtout à se sauver lui-même. En temps de crise, les amitiés servent, surtout lorsqu'on a pris bien soin de les entretenir dans tous les partis. À la différence de la plupart de ses amis, décrétés d'accusation comme Louis de Narbonne et Liancourt, arrêtés comme François de Jaucourt et Lally, ou massacrés comme le duc de La Rochefoucauld, l'ex-évêque d'Autun multiplie les certificats de bonne conduite auprès des autorités qui comptent et qui, en ces temps désagréables, ont puissance de vie ou de mort. Le 28 août, la commune de Paris lui délivre un sauf-conduit, signé de six administrateurs. Trois lignes qui en disent long sur les relations qu'il a dû conserver avec Pétion et qui pour l'heure le rendent intouchable : « Nous, administrateurs et commissaires de la commune de Paris, certifions qu'il n'y a eu en notre comité de surveillance aucune déposition contre M. Talleyrand, ci-devant évêque d'Autun, ex-député de l'Assemblée constituante. Délivré par nous administrateurs, pour servir et valoir ce que raison[47]. » Les six membres du Conseil exécutif provisoire désigné par l'Assemblée législative après la suspension du roi sont loin, eux aussi, d'être des inconnus pour Charles-Maurice. L'ex-abbé Tondu, dit Lebrun-Tondu, chargé des Relations extérieures, est un ami de Dumouriez et de Brissot, Clavière est aux Finances. Danton, à la Justice, a la signature générale du Conseil qu'il préside en fait. Pendant plus d'un an, il a siégé, aux côtés de Charles-Maurice au directoire du département de la Seine. Cela crée des liens. On verra tout à l'heure à quoi ils serviront. Dans l'immédiat, le ci-devant évêque d'Autun fait comme si de rien n'était et se garde bien de rompre avec le nouveau ministre des Relations extérieures. Conscient des dangers qu'il court malgré ses protections, en particulier celle de Dumouriez, il cherche à se faire renvoyer à Londres, au mieux officiellement, au pire officieusement. Pour cela, il n'hésite pas à conseiller Lebrun et Bonne-Carrère, son directeur de cabinet. Ce qu'il dit, le 31 août, à Morris, devenu entre-temps ministre des États-Unis en France, sur les rapports de Brissot et de Lebrun, qui n'est selon lui que son homme de paille au ministère, ne trompe pas sur sa parfaite connaissance des bureaux et de leurs chefs, presque tous maintenus après le départ de Dumouriez[48]. Comme il l'écrira très finement plus tard, les ministres changent, ce ne sont que des noms, mais « le maintien des chefs de bureau compose le ministère et supplée à tout[49] ». C'est lui qui rédige, le 18 août, pour le Conseil exécutif provisoire le mémoire envoyé à Chauvelin et destiné à faire reconnaître le nouveau gouvernement français à Londres. Ce curieux texte lui servira de brevet de républicanisme à son retour en France sous le Directoire. Il y présente sans vergogne les événements du 10 août de manière à faire peser sur le roi l'entière responsabilité de sa chute. « La Constitution nouvelle, dans laquelle le roi occupait une si belle place, était insensiblement minée par lui. [...] Toutes les remontrances qu'on lui adressait à cet égard, loin de le ramener à son devoir, inséparable de ses intérêts, ne faisaient que l'aigrir davantage et lui rendre chaque jour plus odieuse la cause populaire. [...] Le peuple de Paris [...], réuni aux braves fédérés de tout le royaume, s'est porté en armes au château du roi[50]. » Deux mois plus tard, une fois libre et en Angleterre, les « braves fédérés » deviendront d'« atroces polissons » qui portent « un masque de sang et de boue[51] ». Le langage de l'adversaire, employé au bon moment, a au moins le mérite de vous sauver la vie, au risque de vous faire perdre votre âme, ou, plus modestement, votre intime conviction. Dans la foulée, il envoie au Conseil exécutif provisoire une note dans laquelle il plaide sa cause et manifeste le désir de servir « utilement la République française » à Londres[52]. Mais Brissot et Danton, prudents, lui refusent toute mission officielle. Le temps passe, dangereusement. Le 31 août, à 11 heures du soir, il fait le siège du cabinet de Danton au ministère de la Justice, place Vendôme. La prestigieuse place royale s'appelle alors la place des Piques et des ouvriers sont en train de mettre consciencieusement en pièces la statue équestre de Louis XIV qui en orne le centre. La Révolution suit son cours. L'admiration de l'ancien évêque d'Autun pour le Grand Siècle, sa langue et sa culture est comme un rêve évanoui. Barère, qui attend son heure et n'est pas encore l'« Anacréon de la guillotine », le croise dans l'antichambre du ministre « en culotte de peau, avec des bottes, un chapeau rond, un petit frac et une petite queue. » « J'avais été fort lié avec lui pendant les trois années de l'Assemblée constituante. Il m'aborda avec amitié ; je lui parus étonné de le voir à cette heure-là chez le ministre de la Justice. C'est, me dit-il, que je vais partir pour Londres avec une mission du pouvoir exécutif ; je viens chercher mes passeports que Danton doit me rapporter[53]. » Mais Danton ne rapporte rien. Le 2 septembre, les massacres commencent dans les prisons. Les Prussiens sont à Verdun, Stenay et Clermont. Charles-Maurice, qui, le 8, confie à Morris, non sans clairvoyance, qu'il ne croit pas au succès de l'armée prussienne du duc de Brunswick[54], attend toujours le fameux papier qui lui permettra, comme il l'écrit dans ses Mémoires, de quitter le pays sans « m'en fermer les portes pour toujours ». Comme souvent dans sa vie, ses « amies » ne l'oublient pas. Avec lui, elles sauront toujours influencer le destin au bon moment. Mme de Valence, la fille de Mme de Genlis, proche de Dumouriez par son mari, fait intervenir Théodore de Lameth à qui Danton, menacé lors des massacres du Champ-de-Mars le 17 juillet 1791, doit la vie. Mme de Staël, qui ne reste pas inactive, annonce son arrivée à Londres, d'un jour à l'autre, dans ses lettres au beau Narbonne qu'elle a pu sauver d'une mort certaine. L'inévitable Radix de Sainte-Foy enfin a dû suivre toute l'affaire de très près. Le 7 septembre, Charles-Maurice obtient son précieux « laissez-passer » signé des six ministres du Comité provisoire. Il quitte Paris le 10 avec son ami d'André, un ancien de l'Assemblée constituante, et arrive à Londres le 15, avec « toutes les difficultés du monde », et après avoir croisé « des milliers de prêtres » en fuite, comme il l'écrira à Radix[55].

Il était temps. Ces quelques jours ont sans doute été parmi les plus dangereux de sa longue vie. Les divisions qui apparaissent très vite entre les vainqueurs du 10 août, la haine féroce que se vouent mutuellement Brissot et Robespierre constituent pour lui un risque, malgré ses protections. D'une certaine façon, il doit son salut à Danton. Il jurera plus tard ne l'avoir pas payé et dira que celui-ci « ne chercha ni à l'effrayer ni à le tromper[56] ». S'il y a eu monnaie d'échange, on la trouve peut-être dans sa conduite, au moins jusqu'en décembre, en marge de la délégation française toujours emmenée par Chauvelin à Londres. François Noël, proche de Dumouriez et de Danton, quitte Paris en même temps que lui et le remplace officiellement auprès de Chauvelin. Si l'on compare le texte des instructions de Noël à celui du grand mémoire de Charles-Maurice envoyé au Conseil exécutif provisoire le 25 novembre, on se rend compte qu'ils procèdent d'une seule et même personne et d'un seul et même désir de conserver à tout prix la neutralité du gouvernement de Londres vis-à-vis de la République et de préserver les relations commerciales des deux pays. Dans ses dépêches à Lebrun, Chauvelin se félicite à plusieurs reprises du « patriotisme » de son ancien mentor qu'il continue de voir à Londres en octobre, et se recommande de lui[57]. Enfin Charles-Maurice écrit directement et à plusieurs reprises au ministre Lebrun et lui envoie le fidèle des Renaudes « qui va à Paris pour ses affaires »[58].

Y a-t-il eu plus ? L'historien Olivier Blanc émet une hypothèse. Charles-Maurice aurait secrètement travaillé pour le Comité exécutif en liaison avec les insurgés irlandais, en utilisant la menace d'un appui français aux indépendantistes pour empêcher Londres de rejoindre la coalition armée contre la France. Connaissant le personnage, ce n'est pas impossible. François Noël écrit au ministre Lebrun en septembre que « le retour de M. de Talleyrand a excité ici les plus vives inquiétudes[59] ». Mais lesquelles ? Malheureusement, les preuves manquent.

Olivier Blanc s'appuie sur le rapport tardif d'un agent de Grenville à Paris qui, évoquant la saisie des papiers de

Chamfort, arrêté en septembre 1793, fait tout bonnement de l'ancien évêque d'Autun l'un des principaux agents de renseignements des Girondins sur la question irlandaise[60]. On sait, grâce au *Diner Book* conservé au château de Bowood, que Charles-Maurice voyait régulièrement à Londres, chez son ami Lansdowne, le chef de l'opposition des lords au cabinet de William Pitt, originaire d'une vieille famille du Kerry, un petit groupe de députés engagés dans la cause irlandaise, en particulier l'ancien secrétaire de Lansdowne, Benjamin Vaughan, qui travaillera plus tard secrètement pour Barère et le Comité de salut public[61]. La Terreur a beau avoir été le creuset de tous les phantasmes et des rumeurs les plus folles, on peut se demander s'il n'existe pas un lien entre ces contacts et sa mise en accusation par le doyen des députés, Jacques Ruhl, à la Convention nationale le 5 décembre 1792[62]. Aux lettres compromettantes de l'ancien intendant de la liste civile du roi Arnaud de Laporte, découvertes dans l'armoire de fer, se superposent en effet les révélations d'Achille Viart, un agent de Lebrun envoyé en Angleterre pour enquêter sur le double jeu de certains agents des réseaux irlandais du ministère. Les partisans de Robespierre s'en emparent, et, le 7 décembre, François Chabot monte à la tribune pour dénoncer l'impéritie de Lebrun et les pressions exercées sur Viart, mis au secret à la prison de l'Abbaye. Charles-Maurice aurait été ainsi sacrifié sur l'autel des luttes de pouvoir entre Girondins et Montagnards. Garat, l'ancien compagnon de route de Charles-Maurice, qui vient de remplacer Danton à la Justice, contresigne sans sourciller le décret d'accusation. De Londres, le proscrit tente de se défendre. Il missionne pour cela des Renaudes qui, à Paris, fait paraître un premier article le 15 décembre dans la *Gazette nationale*, encore en des mains girondines, et rédige un mémoire destiné au comité de Sûreté générale, mémoire transmis le 18 janvier 1793 à la Convention afin d'obtenir l'annulation du décret d'accusation[63]. En vain. De son côté, Charles-Maurice rédige lui-même sa propre justification dans une lettre datée du 12 décembre, publiée par la *Gazette nationale*. Il nie bien sûr avoir eu le moindre rapport avec la cour. « Ma réponse à cette inculpation est simple et courte. [...] Je n'ai jamais eu aucune espèce de rapport direct ou indirect, ni avec le roi ni avec M. Laporte[64]. » Inexorablement, la machine judiciaire se déploie. Le 29 août 1793, il se retrouve sur la fatale liste des émigrés en compagnie de dix-sept membres de sa famille[65]. On perquisitionne à son domicile, rue de l'Université, ses papiers sont saisis et inventoriés[66].

Incontestablement, ses liens politiques et d'affaires avec Dumouriez et la Gironde, qui le sacrifie aux Jacobins, forment la toile de fond de son élimination politique. On en retrouve encore les traces, alors même qu'il s'est mis à l'abri outre-Manche. On sait par Pellenc, l'ancien secrétaire de Mirabeau devenu à Londres l'un des agents de renseignements du comte de Mercy-Argenteau, le représentant de l'Autriche à Bruxelles, qu'il cherchait, dans les derniers mois de 1792, à profiter des succès de Dumouriez en Belgique pour trafiquer sur les approvisionnements de l'armée. Dumouriez, explique Pellenc, est « depuis une année dans tous les tripots d'argent et d'affaires des sieurs Sainte-Foy, Talon, de l'évêque d'Autun et de Dufresne de Saint-Léon[67] », un ancien premier commis au Trésor, alors en prison pour avoir manipulé les créances de la liquidation des charges et des pensions de l'ancienne monarchie. L'affaire tournera court à cause des revers de Dumouriez au printemps suivant. Sainte-Foy devait rejoindre Bruxelles et Charles-Maurice, qui rencontrera pour cela Tort de La Sonde, un ami de Dumouriez, agioter à Londres. Tort de La Sonde signe en effet, le 4 novembre, avec les frères Simons, négociants bruxellois installés à Dunkerque, un contrat pour « le service des armées françaises ».

« Quand il ne conspire pas, Monsieur de Talleyrand trafique. » Chateaubriand a parfois raison. À force de trop confondre les affaires et la politique, les plus habiles s'y emmêlent et tombent.

Deuxième partie

L'EXIL

1.

À LONDRES

À la fin de 1792, l'ex-évêque d'Autun, exilé, proscrit et surveillé dans une ville qui lui est hostile, n'est pas dupe de sa situation. Le 10 août crée une cassure irrémédiable et met momentanément fin à sa carrière politique ainsi qu'à celle de ses amis constituants en France. Comme il l'écrit dans une note citée par Albert Sorel : « Le 10 août a dû nécessairement changer notre position. [...] Il nous a paralysés. Dès ce moment, il n'est plus possible de répondre des événements, il faut agir sur des bases nouvelles[1]. »

Ce sont ces « bases nouvelles » qu'il tente de définir dès le 25 novembre 1792, dans un long mémoire adressé à Danton, le premier de ses grands textes politiques. Elles sont à des années-lumière de l'esprit de conquête dont se nourrira désormais la Révolution. Ce qu'il écrit là ressemble autant à un testament qu'à un avertissement. La véritable puissance de la France ne se mesurera jamais à ses guerres, civiles ou extérieures, ni à ses victoires, mais à la sagesse et à l'utilité de son gouvernement. Le XVIIIe siècle tout entier, à travers ses errements comme ses succès, nous l'enseigne : « On a appris enfin que la véritable primatie, la seule utile et raisonnable, la seule qui convienne à des hommes libres et éclairés, est d'être maître chez soi, et de n'avoir pas la ridicule prétention de l'être chez les autres. On a appris, et un peu tard sans doute, que, pour les États comme pour les individus, la richesse réelle consiste non à acquérir ou envahir les domaines d'autrui, mais bien à faire valoir les siens. On a appris que tous les agrandissements de territoire, toutes ces usurpations de la force et de l'adresse, auxquelles de longs et illustres préjugés avaient attaché l'idée de rang, de primatie, de consistance publique et de supériorité dans l'ordre des puissances, ne sont que des jeux cruels de la déraison politique, que de faux calculs de pouvoir, dont l'effet réel est d'augmenter les frais et l'embarras de l'administration, et de diminuer le bonheur et la sûreté des gouvernés pour l'intérêt passager ou la vanité de ceux qui gouvernent[2]. »

C'est précisément ce bonheur et cette liberté que la France a perdus. À ses amis les plus proches, il ne mâche pas ses mots sur ce dévoiement de la Révolution française. « L'évêque dit que la nation est une parvenue et, par conséquent, insolente », rapportait déjà Morris en janvier. « Les clubs et les piques tuent l'énergie, écrit encore Talleyrand à son ami Lansdowne le 3 octobre, habituent à la dissimulation, à la bassesse, et si on laisse contracter au peuple cette infâme habitude, il ne verra plus d'autre bonheur que de changer de tyran. Depuis les chefs des jacobins qui se plient devant les coupe-tête jusques aux plus honnêtes citoyens, il n'y a aujourd'hui qu'une chaîne de bassesses et de mensonges dont le premier anneau se perd dans la boue[3]. »

Mais il faut vivre. Charles-Maurice s'installe d'abord à Londres à Kensington Square, près de Hyde Park[4]. Sa maison est tenue dans les premiers temps par une vieille amie, Charlotte de La Châtre, qui a sans doute été sa maîtresse à l'époque de son mariage en 1777[5]. Son mari, qui a pris le parti des princes et deviendra l'un des principaux conseillers d'exil du prétendant à Londres, est alors à Coblence. Mme de La Châtre, dont Pasquier dit qu'elle n'était pas « d'une austérité très imposante », est sincèrement libérale et « constitutionnelle ». Elle aime depuis plusieurs années un ancien député de la Législative, François de Jaucourt, proche de Charles-Maurice, dont elle a un enfant et qui la rejoindra en Angleterre après avoir échappé grâce à Mme de Staël aux massacres de Septembre. Avec François de Jaucourt, la plupart des amis politiques de Charles-Maurice parviennent peu à peu, au péril de leur vie, à rejoindre Londres dans les derniers mois de 1792 : les anciens constituants Lally, Liancourt, Malouet, Mathieu de Montmorency, le fils de sa vieille amie la vicomtesse de

Laval, Beaumetz, d'Arblay, l'ancien aide de camp de La Fayette. Selon le jeune Erich Bollmann, accueilli à bras ouverts pour avoir sauvé Narbonne, les réunions de Kensington Square sont brillantes[6]. On y compte souvent dix-huit à vingt personnes à table. Les femmes n'y sont pas absentes : la princesse d'Hénin, Mme de Poix, Mme de La Luzerne. Adélaïde de Flahaut est là aussi. Elles est arrivée de Paris en octobre grâce à son nouvel ami du jour, Wycombe, le fils de Lansdowne, qui a pu lui procurer un passeport. On discute de tout, on défend toutes sortes de systèmes, on raconte des anecdotes de tout genre sur la Révolution, on parle et on s'inquiète des amis restés en France. Bollmann, qui n'en a pas l'habitude, n'en revient pas de l'esprit et de l'entrain des conversations, alors que la plupart des convives sont exilés et sans grandes ressources. Par économie mais aussi pour fuir l'hostilité des royalistes intransigeants très nombreux à Londres, la plupart des amis de Charles-Maurice s'installent peu à peu autour de Londres[7]. Narbonne au sud, dans le Surrey, à Juniper Hall près du petit village de Mickleham, Mme de Genlis, dont Charles-Maurice vante en plaisantant « l'estimable frugalité », non loin de là chez Arthur Young à Bradfield Hall[8]. Mme de Flahaut a gardé son pied-à-terre à Half-Moon Street, mais passe les mois d'été avec son fils Charles chez lord Wycombe à Loakes House, près de High Wycombe. Charles-Maurice, qui entre-temps s'est installé Woodstock Street, s'y rend souvent avant d'y séjourner à son tour, à l'invitation des Lansdowne, par mesure d'économie[9]. On jette les filets et on pêche dans les étangs, on se promène dans les environs[10], on reçoit des amis anglais, Angelica Church, les Lock. À la fin de l'été, Charles-Maurice y corrige les épreuves du roman d'Adélaïde de Flahaut, *Adèle de Senanges*. Il s'est mis à la mode et « porte ses cheveux en queue[11] » – la vieille frisure ecclésiastique est bien oubliée. Chez Narbonne, il retrouve François de Jaucourt et sa maîtresse, Mathieu, Charles de Lameth, le général d'Arblay. La conversation s'anime avec l'arrivée de Germaine de Staël, fin janvier. Susan Philips et sa sœur, la romancière à la mode Fanny Burney, qui habitent près de Mickleham, ont toutes les deux évoqué dans leurs lettres la vie de la petite colonie française des « juniperiens ». D'abord rebutée par l'ex-évêque qui pourtant parle aussi bien l'anglais que le français, ce qui est rare dans son milieu[12], Fanny Burney tombe rapidement sous son charme et trouve sa conversation « admirable, prompte, élégante et néanmoins profonde à l'extrême. » « Je le considère maintenant, écrit-elle encore, comme l'un des membres les plus éminents [de la communauté]. Sa conversation est d'une force étonnante, tant par l'étendue de ce qu'il raconte que par sa façon de plaisanter et de se moquer des autres [*both in information and in raillery*][13]. » Un autre Anglais parle encore de ses « sarcasmes » qui « tombent négligemment » dans la conversation. De cette époque date sa réponse à un ami, qui bien que laid, ne cessait de vanter la beauté de sa mère : « C'est donc monsieur votre père qui n'était pas si bien[14]. » Et à un autre, qui disait n'avoir fait qu'une seule méchanceté dans sa vie : « Oui, et quand finira-t-elle[15] ? »

Charles-Maurice brille autant par les saillies de son esprit que par les douceurs de son charme. Ses biographes se sont beaucoup inquiétés de son esprit, peu ont parlé de son charme – « une ruse de plus », dira Sainte-Beuve – qui a tant frappé ses contemporains. Dans l'abandon de l'exil, il est d'autant plus pénétrant qu'il est désintéressé. À l'époque des soirées de Juniper Hall, le jeune Bollmann raconte, on l'a vu, qu'il était capable de faire pleurer son auditoire, même lorsque celui-ci lui était hostile. Quelques mois plus tard, à Philadelphie, un homme d'affaires hollandais, protestant de surcroît, Van Hobe, un ami de Ribbing, aussi éloigné de lui par sa culture que Bollmann ou les sœurs Burney, subira exactement la même fascination. « J'ai toujours été un ennemi juré du clergé ; vous le savez, mon cher Ribbing, et cependant un évêque vient de me faire passer des moments délicieux ; les moments les plus heureux que j'ai passés en Amérique[16]. »

Mais de quoi est fait le charme de Talleyrand ? Sans doute d'une très grande liberté de ton alliée à une très grande intelligence des faits et des personnes, à l'intuition qu'il a de celui à qui il parle, à ce tact très fin qui le dirige toujours, de manière à ne parler à chacun que le langage qui lui convient, à son aptitude à écouter enfin et à laisser briller les autres. Dans les notes qu'il a laissées sur son ami Chamfort, on lit cette maxime : « Pour être aimable dans le monde, il faut se laisser apprendre ce que l'on sait[17]. » « Qu'est ce qui rend le plus aimable dans le monde, demandait-on encore à Chamfort ? C'est de plaire, répondait-il. » Le charme de Talleyrand réside aussi dans le contraste de ses silences. Cet homme qui paraît successivement ennuyé et dédaigneux, puis attentif et prévenant en fascine plus d'un. Étienne Dumont parle de sa « politesse froide », de son « air de réserve » puis de sa façon de se livrer « au plaisir de la conversation », d'être « amusant pour être amusé[18] ». Fanny Burney, d'abord rebutée, est bientôt conquise. Elle lui dira beaucoup plus tard : « M. de Talleyrand m'a oubliée, mais on n'oublie pas M. de Talleyrand. » Charles-Maurice inscrit toujours ceux qu'il veut attirer dans cette distance. D'abord ignoré, vous entrez bientôt dans le cercle des intimes, et ce changement d'attitude vous flatte. Plus grande sera sa réputation, avec le pouvoir et les honneurs, mieux s'opérera la « capture ». « L'attrait qu'il possède et qui est grand tient beaucoup à la vanité des autres, notera plus tard Hortense de Beauharnais. J'y ai été prise moi-même. Le jour où il daigne vous parler, il est déjà aimable et l'on est tout près de l'aimer s'il vous demande des nouvelles de votre santé[19]. » Hortense parle de « se faire prendre ». La séduction naît de l'envie ou de l'intérêt qu'on a à séduire, elle suppose aussi une victime. Le comte Charles Clary, le petit-fils du prince de Ligne, en fera l'expérience. Il suffit de lire attentivement le Journal qu'il a laissé de son séjour à Paris en 1810 pour comprendre comment cela se passait. La proie est facile. Clary n'a que vingt et un ans, et Talleyrand en a cinquante-six. Bien qu'à demi disgracié par Napoléon, il est alors au faîte de sa puissance :

« Dimanche 1er avril 1810 : M. de Talleyrand, très froid et très dédaigneux.

— Vendredi 6 avril 1810 : Je vais faire quelques visites, puis dîner, hélas, chez M. de Talleyrand.

— Jeudi 26 avril 1810 : Nombreux mais très joli dîner en frac chez M. de Talleyrand.

— Lundi 14 mai 1810 : Visite à Talleyrand. [Il] me traite très bien, il s'est débridé, parle à présent devant et même à moi ; aussi suis-je parvenu à le trouver quelquefois très aimable. [...]

— Vendredi 15 juin 1810: J'ai vu le ballet de *Persée et Andromède* dans la loge de M. de Talleyrand. Je me suis placé contre la colonne cannelée, c'est [sa] place ordinaire[20]. »

En trois mois, le jeune comte autrichien s'est fait « retourner », pour parler la langue des services secrets. « Il possédait un charme que je n'ai rencontré chez aucun autre homme, note encore Mme de La Tour du Pin. On avait beau s'être armé de toutes pièces contre son immoralité, sa conduite, sa vie, contre tout ce qu'on lui reprochait enfin, il vous séduisait quand même, comme l'oiseau qui est fasciné par le regard du serpent[21]. » Mais les revirements peuvent être cruels. Le général d'Arblay, qui le revoit en juin 1814 au faîte du pouvoir après avoir été son intime en Angleterre, ne trouve plus chez lui qu'une « politesse froide et même repoussante[22] ». C'est qu'entre-temps d'Arblay s'est éloigné et revient vers lui pour lui demander quelque chose !

À Juniper Hall, Mme de Staël venue de Suisse rejoindre son cher Narbonne, mais qui semble « tout aussi attachée » à l'évêque, lit le soir quelques chapitres de son futur livre *Sur le bonheur*, Lally, « un très honnête garçon[23] », selon Charles-Maurice à demi moqueur, écrit une tragédie. Au passage, la sœur de Fanny Burney, Mrs Philips, note les critiques de Charles-Maurice sur la façon dont Germaine lit son ouvrage. C'est mesurer toute la distance qui existe entre le romantisme de cette femme passionnée et la rigueur classique du « meilleur des hommes[24] ». « Vous lisez très mal la prose, vous avez un chant, en lisant, une cadence, et puis une monotonie qui n'est pas bien du tout : en vous écoutant, on croit toujours entendre des vers, et cela a un fort mauvais effet[25]. » Germaine de Staël ne lui en tiendra pas rigueur. En juillet, de son château de Coppet qu'elle a rejoint en juin, elle lui enverra un exemplaire de ses *Réflexions sur le procès de la reine* pour qu'il le corrige et le fasse imprimer à Londres[26]. Elle lui proposera à plusieurs reprises de s'installer avec Narbonne en Suisse, d'abord à Céligny près de Genève, puis à Berne ou à Zurich, ou encore à Neuf-châtel. Charles-Maurice a sérieusement étudié la question[27]. Il pensera aussi, à la fin de l'année, se rendre à Florence puis à Naples[28]. La vie à Londres est chère et il semble à bout de ressources. C'est du moins ce qu'il dit. En avril, il vend sa bibliothèque qu'il avait fait venir lors de son premier voyage en Angleterre[29]. La vente se passe mal. « Aujourd'hui, mes livres vendus, j'ai en tout, hors de France, sept cent cinquante livres sterling ; à quoi cela est-il bon ? », écrit-il, désabusé, à Mme de Staël en novembre[30]. Si ses livres lui rapportent peu d'argent, leur vente publique est une nouvelle occasion de scandale dans la communauté religieuse française réfugiée à Londres comme du côté des aristocrates intransigeants. Certains des ouvrages vendus au catalogue sont en effet fort peu ecclésiastiques. « On raconte, écrit l'abbé Baston, qu'à la criée d'un exemplaire magnifique des œuvres de Voltaire, les Anglais eurent la faiblesse de se scandaliser en voyant que *La Pucelle* et ses gravures avaient été à l'usage de ce lord spirituel. Mais ce n'est rien en comparaison de l'indignation qui s'empara de tous les spectateurs, acheteurs et autres quand on exposa en vente les tablettes de cuivre qui servaient à multiplier et à perpétuer ces infamies[31]. »

Pour le reste, Charles-Maurice continue de fréquenter les milieux d'opposition au Parlement, même après l'entrée en guerre, le 1er février, de la République contre l'Angleterre et la Hollande, qui rend sa position encore plus délicate. Il séjourne régulièrement chez son ami Lansdowne dans son immense domaine de Bowood près de Bath et y passe, selon ses propres mots, des « jours d'esprit, de raison, d'instruction et de tranquillité[32] ». Les deux hommes partagent, malgré leur différence d'âge – Lansdowne a cinquante-cinq ans –, cette même attitude de réserve et de supériorité aristocratique alliée à des idées libérales. Plus tard, Charles-Maurice décrira Lansdowne dans ses Mémoires comme « un homme d'un esprit très élevé et d'une conversation vive et abondante. Il ne sentait pas encore les atteintes de l'âge. On souleva contre lui cette accusation banale de finesse avec laquelle, en Angleterre comme en France, on éloigne tous les gens dont on craint la supériorité[33] ». À Londres, il rencontre chez Lansdowne Samuel Romilly, Garbett, Vaughan, Sydney Smith et son frère Robert « Bobus » qui est amoureux de Mme de Flahaut, mais aussi Henry Richard Holland qu'il a connu à Paris, le cousin de Lansdowne et le neveu de Fox, tout ceux qui comptent dans les milieux *whigs* et francophiles du libéralisme anglais. Il voit aussi Charles Fox, l'adversaire de Pitt à la Chambre des communes, lord Stanhope, l'un des seuls à avoir protesté en janvier à la Chambre des pairs contre l'expulsion de l'ambassade française et qui attaque sans relâche les partisans de la guerre contre la France, le docteur Price, les publicistes libéraux Bentham et Sheridan…

Pour la première fois de sa vie, il n'a pas grand-chose à faire. Tout du moins, en apparence. Quand il n'est pas à la campagne chez Wycombe avec Mme de Flahaut et Charles, il habite, à la fin de son séjour en Angleterre, Downe Street, Piccadilly, à deux pas de l'appartement de son ancienne maîtresse. Il y consacre ses matinées à lire tout ce qui vient de France et d'Europe et à écrire. Il est sur le point de publier une Vie du duc d'Orléans, composée avec Beaumetz qui lui sert un peu de secrétaire avec Sainte-Croix, l'historien et futur membre de l'Institut, « qui est plus que personne propre à ne pas laisser une faute de ponctuation[34] ». Il écrit aussi une série d'articles pour soutenir le livre de Mme de Staël, ses *Réflexions sur le procès de la reine*, et travaille à plusieurs mémoires[35]. Parmi ceux-ci, un projet d'établissement d'une banque « indienne » à Paris, sans doute commencé en France. Son goût des affaires, son intérêt pour les Indes orientales et la reconversion des fortunes anglaises qui s'y trouvent ne le quittent pas, d'autant plus qu'il fréquente à Londres Warren Hastings, l'ancien gouverneur général des Indes, et plusieurs de ces nababs anglais qui y ont fait fortune[36].

Les affaires de France ne cessent de le préoccuper. Il est assez lucide pour ne pas avoir voulu, comme Narbonne, rentrer à Paris et sauver le roi au moment de son procès en janvier.

En revanche, il échafaude avec lui et ses amis le projet de rallier Toulon qui s'insurge en juillet contre la Convention et accueille les Anglais de l'amiral Hood, fin août. Pour la première et l'une des seules fois de sa vie, il a envie d'en découdre. Au cours de l'été, une bonne partie de ses discussions avec Narbonne tournent autour du sujet. « Pour prendre un parti, il faut d'abord savoir si celui qui nous conviendrait sera assez fort pour justifier l'espérance de succès ; sans quoi il y aurait de la folie à s'en mêler. Mais quant à moi, j'ai grande envie de me battre, je vous l'avoue. » Et encore : « Je vous donne ma parole que ce serait un plaisir de bien battre tous ces vilains gueux[37]. »

Parmi « les mille et un projets de l'évêque[38] » germe en septembre l'idée d'obtenir du gouvernement anglais son accord pour transporter à Toulon tous les anciens députés de l'Assemblée constituante qui pourraient s'y rendre et faciliter l'organisation d'élections, afin de ne pas laisser l'insurrection des provinces du Midi aux mains des royalistes intransigeants. « On aurait une assemblée et c'est l'essentiel : car il n'y a qu'une assemblée qui puisse avoir longtemps une popularité assez forte pour aller en avant. » Aux yeux de Charles-Maurice, la légitimité politique et le pouvoir représentatif ne font qu'un. Cette idée est au cœur de son projet et c'est bien ce qu'il fera en avril 1814 lorsqu'il convoquera le Sénat afin de faire voter la déchéance de Napoléon. Quant au gouvernement, il serait formé d'un « petit pouvoir exécutif » du parti constitutionnel avec Sainte-Croix, qui lui est tout acquis, aux Affaires extérieures et Narbonne à la Guerre. « Réfléchissez à tout cela, écrit-il à Mme de Staël le 29 septembre, et développez-en dans votre bon esprit les suites avantageuses pour nous tous. [...] Il faut trois semaines pour aller à Toulon, lorsque la traversée est heureuse, autant pour revenir, ainsi nous avons six ou sept semaines à attendre. C'est ce que je fais assez tranquillement à [W]ycombe, où je suis paresseux de mon mieux. Narbonne attend assez doucement de son côté[39]. » Mais, le 8 octobre, les chances de succès de l'entreprise semblent bien compromises. Le gouvernement anglais préfère traiter avec les « aristocrates émigrés [...] dont on ne connaît que les haines et les intrigues », plus malléables, plus proches aussi de ses intérêts. « D'André est refusé, Narbonne, on n'a pas voulu l'entendre et il a demandé par écrit un rendez-vous à M. Pitt qui lui a fait dire par M. Faukeen qu'il préférait que ce rendez-vous fût pour un autre moment[40]. »

Toujours auprès de Mme de Staël, Charles-Maurice développe ses idées sur le bon usage de l'aide étrangère au rétablissement d'une monarchie constitutionnelle en France. Une constante dans sa vie. Il sera confronté au même problème en 1814 et 1815. Le fait d'avoir été ou paru être républicain l'année précédente ne l'empêche pas de continuer à croire aux chances de cette monarchie « limitée » pour laquelle il se bat depuis le début de la Révolution. Charles-Maurice a le génie des coexistences d'idées et attache au fond peu d'importance aux personnes comme aux formes du gouvernement pourvu que celui-ci repose sur un pouvoir d'assemblée et sur des bases libérales. Enfin, encore une fois, tout dépend à qui il s'adresse. Or Mme de Staël est toujours attachée à la monarchie. Elle vient de défendre sincèrement la reine qui sera exécutée le 16 octobre, dans ses *Réflexions* sur son procès : « C'est de l'intérieur de la France que peut sortir la seule force en état de remplir le grand objet que les puissances doivent se proposer. [...] Il y a dans l'intérieur de la France un grand nombre d'hommes ennemis du joug abominable sous lequel ils sont. [...] L'expérience prouve que, dans le Nord, les puissances [Autriche, Prusse] ont pris de mauvaises mesures, car depuis qu'elles ont adopté dans leur succès toutes les formes de la conquête, les départements du Nord, qui s'étaient montrés d'abord les plus éloignés de l'esprit républicain, sont aujourd'hui les plus dévoués à la Convention et que le Midi, qui était primitivement républicain ardent, n'ayant point d'inquiétudes de la part des étrangers, est disposé à revenir à la monarchie limitée.

« J'invoque la grâce de M. Pitt pour lui demander de se placer au milieu de la France pour bien juger les moyens de succès. [...] On dit toujours que les constitutionnels n'ont point de parti en France. La France est leur parti. Car c'est précisément l'amour des Français pour la Constitution qu'on a employé pour la détruire. C'est en disant que le roi ne voulait pas être roi constitutionnel que les puissances belligérantes voulaient détruire la Constitution, qu'on a animé le peuple et qu'on a fait le 10 août. Ainsi, le peuple n'aurait pas songé à devenir républicain s'il n'avait pas été trompé ; ainsi, les puissances, en se déclarant franchement pour la Constitution, auraient peu désormais à combattre et auraient dans le sein de la France des milliers d'hommes prêts à les aider. »

En usant de cette politique, les amis sincères de la Constitution et des libertés, aidés et protégés par les puissances, pourraient « remuer le peuple, faire entendre le nom du roi sans terreur, arracher la reine de l'Abbaye, donner sans secousse aux émigrés les moyens de rentrer dans leurs propriétés, présenter aux Français et aux puissances une paix convenable et qui ne serait pas achetée par la servitude, changer enfin la Constitution pour la rendre plus monarchique, plus gouvernante ; mais tout cela sans un nouvel éboulement ».

Ni les puissances, y compris l'Angleterre, ni la presque totalité de l'émigration, ni surtout les insurgés les plus entreprenants de l'intérieur, particulièrement en Vendée, ne sont à cette époque prêts à suivre un tel programme. Charles-Maurice devra attendre plus de vingt ans avant que celui-ci ne se réalise, et encore en partie seulement. Car en ce qui concerne les biens d'émigrés, il mesure très vite l'irrévocabilité des confiscations révolutionnaires. Dans un mémoire adressé en juin 1794 au banquier Henri Cazenove, à Londres, sur les achats de terres en Amérique, Charles-Maurice évoque longuement cette question de la confiscation des biens d'émigrés, et envisage la mesure, comme il le fait souvent, sous son aspect économique plus que politique : « La proscription des individus émigrés n'a été imaginée par les chefs de la Convention que comme une ressource de finances. [...] Peut-on s'attendre après cela qu'ils lâcheront leur proie quand elle ne leur sera plus disputée et qu'ils fermeront les yeux sur la rentrée des individus à d'autres conditions qu'à celle de la perte définitive de leur bien[41] ? » C'est précisément ce qui se passera sous Bonaparte six ans plus tard. On est en 1794. Dans son milieu durement touché par la Révolution, et même parmi les libéraux, Charles-Maurice est sans doute le premier à avoir compris qu'on ne reviendra pas sur les confiscations révolutionnaires. Le futur Louis XVIII attendra 1814 et son retour sur le trône pour l'admettre. Plus difficile que celle de la restitution de certains biens spoliés après la Seconde Guerre mondiale dans les pays du bloc soviétique, la question des biens d'émigrés, tardivement réglée par une loi d'indemnisation, demeurera au centre du débat politique français jusqu'en 1825. Sur ce plan comme sur d'autres, Charles-Maurice évolue vite. Avec lui, la politique est bien cet « art du possible » qu'il façonne sans cesse. L'attitude du gouvernement anglais et des émigrés, dans les derniers mois de 1793, le fait douter des chances d'une restauration de la monarchie, quelle que soit sa forme.

Les mois de novembre et de décembre sont sans doute les plus noirs de sa vie. Le 8 novembre, il presse Mme de Staël de le rejoindre à Londres. « C'est pour vivre pour vous, lui écrit-il, en lui avouant ses difficultés financières, que je fais tous mes arrangements. » Ses appels à l'aide n'enlèvent rien à sa clairvoyance. En lisant attentivement les deux lettres qu'il adresse à son amie les 8 octobre et 8 novembre 1793, on a la clef de ce qui se passera en France jusqu'en 1799. L'intervention des puissances ne fera qu'alimenter la guerre civile et à terme risque de conduire le pays au despotisme militaire. Sur ce point, les *Considérations sur la révolution de France et sur les causes qui l'entretiennent* du publiciste genevois Mallet du Pan, qui viennent de paraître à Bruxelles, lui paraissent lumineuses. « J'ai été frappé de ce que dit sur cela Mallet du Pan qui effraie les puissances en annonçant qu'à la haine des étrangers, il se joindra en France des habitudes militaires impossibles ensuite à détruire et très près de se former par l'impossibilité de faire aujourd'hui un autre métier que celui des armes[42]. » Dans ce contexte, le double jeu de Louis XVI, l'engagement militaire de ses frères auprès des puissances, condamnent à terme l'ancienne famille régnante. « C'est une Maison finie pour la France que la Maison de Bourbon. Voilà de quoi penser[43]. » Bien sûr, la clairvoyance a des limites : vingt ans plus tard, en retrouvant son trône, le frère cadet de Louis XVI se souviendra de l'hostilité et des coups bas de son ministre, sous le Directoire, le Consulat et l'Empire.

Pour l'heure, Charles-Maurice ne donne pas cher de son propre avenir. Au seuil de sa « traversée du désert », ses lettres à Germaine de Staël prennent des allures de véritable profession de foi : « J'ai à dire et à dire bien haut ce que j'ai voulu, ce que j'ai fait, ce que j'ai empêché, ce que j'ai regretté ; j'ai à montrer combien j'ai aimé la liberté, que j'aime encore, et combien je déteste les Français ». Et là, il pense certainement autant aux émigrés qu'aux révolutionnaires. Il s'agit de se préparer maintenant à passer « plusieurs années à ne faire autre chose que vivre. » « S'il y avait une contre-révolution dans notre sens, s'en mêler. S'il y en a quelqu'autre, attendre[44]… » Sieyès aussi dira, lorsqu'on l'interrogera sur ses années sous la Terreur : « J'ai vécu. »

2.

LES FOUDRES DE PITT

Il est impossible que Charles-Maurice n'ait pas su ou deviné plusieurs mois à l'avance ce qu'il décrit dans ses Mémoires comme un coup d'éclat inattendu et soudain du cabinet anglais dirigé contre lui. L'arrestation de Girondins à Paris en juin, la saisie de leurs papiers, parfois rachetés par des agents étrangers, multiplient les risques. Le 28 janvier 1794, le gouvernement de Londres lui notifie qu'il entre dans les dispositions prises par le Parlement au début de l'année précédente en prévision de la guerre contre la France. L'Alien Bill place les étrangers sous la surveillance de la police et lui permet d'expulser ceux qu'elle juge indésirables sur le territoire anglais. Pitt ne s'en servira qu'en quelques rares occasions : contre Liancourt et contre lui surtout. Une fois de trop aux yeux de l'ex-évêque. « Mardi dernier, raconte-t-il à Mme de Staël, à cinq heures du soir, sont entrés chez moi deux hommes dont l'un m'a signifié qu'il était messager d'État et qu'il venait m'apporter un ordre du roi qui m'enjoignait de quitter ses États dans l'espace de cinq jours. J'ai lu l'ordre et j'ai dit, sans faire une réflexion et je crois même sans avoir montré le plus léger trouble, que j'exécuterai les ordres qui m'étaient signifiés[1]. » Il ajoute, non sans humour : « Ce qui se dit le plus, c'est que c'est sur la demande de l'empereur et du roi de Prusse que l'ordre de quitter le royaume m'a été donné. Apparemment que l'empereur et le roi de Prusse craignent les gens qui pêchent à la ligne pendant l'été et corrigent les épreuves d'un roman pendant l'hiver. C'est à cela qu'a été employée cette tête active dont le séjour en Europe est si inquiétant. »

Ses tentatives d'installation en Suisse et ailleurs au cours de l'automne, les trésors de précautions et de diplomatie qu'il prend avec le gouvernement anglais prouvent assez qu'il se doutait de quelque chose. Dès le 1er janvier 1793, il jure à Grenville vouloir « mener la vie la plus obscure, la plus tranquille et la plus étrangère à toute espèce d'affaires publiques et m'occuper uniquement de mes affaires personnelles[2] ». Il évite de se mettre en première ligne à l'époque de l'affaire de Toulon et fait intervenir Narbonne et d'André. Ce n'est pas assez. Dans ses Mémoires, Charles-Maurice reproche à Pitt de l'avoir sacrifié à une opinion publique de plus en plus hostile aux Français. Il accuse aussi les représentants de l'émigration active et intransigeante qui à Londres cherchent à se débarrasser de lui, d'avoir usé de leur influence sur le gouvernement anglais[3]. Ce qu'il ne dit pas, et que l'on n'appréhende qu'en partie, c'est qu'il est au centre d'un réseau d'informations et de renseignements trop perfectionné pour être honnête et trop divers pour ne pas inquiéter les Anglais[4]. Pitt et les représentants des puissances alliées à Londres, en particulier celui de Vienne, n'ont pas tort de le tenir pour un homme « profond et dangereux ». Stadion puis Louis de Starhemberg envoient régulièrement des rapports sur lui à la chancellerie d'État à Vienne. Il y est détesté, comme tous les pères de la Constitution de 1791[5]. Dans une lettre à Pitt du 30 janvier 1794, William Windham, le futur secrétaire d'État à la Guerre, au centre de toutes les manœuvres anglaises menées contre la République, avoue, en évoquant l'expulsion de Charles-Maurice, que la mesure le met dans l'embarras et craint qu'elle ne nuise « au succès de l'enquête commencée » sur lui[6]. On aimerait savoir ce que ses agents avaient découvert, en rapport avec l'Irlande, avec la France ? Rien de précis ne filtre dans les archives anglaises, sinon quelques allusions.

En apparence, Charles-Maurice prend la mesure avec désinvolture. Narbonne écrit à Mrs Philipps : « Rien n'égale son courage et son calme, il est presque gai. » En réalité, il se démène avec la dernière énergie pour faire annuler la mesure et veut qu'on lui en avoue les causes. Il écrit à Grenville et à Pitt le 30 janvier, envoie un mémoire à Dundas, le *Home Office Secretary*, prie William Windham, un ami de Mme de Flahaut, d'intercéder pour lui auprès de Pitt, fait intervenir Narbonne qui écrit une lettre au roi par l'intermédiaire du duc de Gloucester. Mais George III refuse de recevoir Narbonne et les ministres ne répondent pas[7]. Avec Pitt, Charles-Maurice tente en vain d'user de la corde sensible. Dans les années 1770, le tout-puissant ministre, alors jeune homme, avait été reçu par son oncle, l'archevêque de Reims. Il n'hésite pas à invoquer ses liens de famille. Tous ses membres sont du côté de l'émigration intransigeante qui fait alors le jeu des Anglais. « Monsieur l'archevêque de Reims, dont vous avez connu et estimé les vertus incorruptibles ; mes frères, qui portent les armes dans les armées des puissances combinées » répondent « de mes sentiments ». C'est aller un peu loin. Il n'empêche que, malgré l'absence de lettres, il y a toutes les raisons de penser que Charles-Maurice n'a jamais rompu les liens avec le reste de sa famille, au-delà de leurs divergences d'opinion. Le 8 septembre 1795, de New York, il s'inquiétera, dans une lettre à Mme de Staël, du sort des enfants de sa belle-sœur Archambaud, guillotinée le 26 juillet 1794 : « Dans ma dernière lettre, qui est peut-être au fond de la mer, je vous parlais des enfants de Mme de Périgord et je vous demandais de faire le possible pour eux. Ma famille et moi n'étant pas dans les mêmes opinions, c'est une raison de cœur de plus pour les servir[8]. » La solidarité du clan transcende les révolutions. Et puis il faut avoir un pied dans tous les partis.

Les démarches de Charles-Maurice ne serviront à rien sinon à obtenir un sursis de quelques semaines à son départ[9]. Mais où aller ? L'Europe entière le refuse. La curiosité, le goût des affaires lui font choisir les États-Unis. « J'ai pris mon parti, écrit-il à Mme de Staël début février, j'ai retenu ma place sur un bâtiment américain et je m'embarque samedi. [...] L'Amérique est un exil aussi bon que tout autre quand on fait son cours d'idées politiques. C'est un pays à voir. [...] Je ne fais là qu'un voyage et, je vous le répète, aussitôt qu'il sera possible à nous d'être tranquilles ou utiles quelque part, comptez sur moi. C'est à trente-neuf ans que je recommence une nouvelle vie, car c'est la vie que je veux : j'aime trop mes amis pour avoir d'autres idées[10]. »

Parmi ses amis si chers des environs de Londres, il se brouillera avec Narbonne, il abandonnera Mme de Staël au courroux de Bonaparte, il tournera le dos à d'Arblay en 1814. L'intérêt bien compris passe souvent, chez Charles-Maurice, avant l'amitié. Selon qu'il est en exil ou au faîte du pouvoir, elle n'a pas la même qualité. Mais l'amitié occupe aussi une très grande place dans sa vie. La complexité du personnage est à ce prix. Au moment de son départ en tout cas, Mme de Staël s'y laisse prendre. À l'un de ses correspondants, elle écrit, désespérée : « Ah ! L'Angleterre, ils m'en ont ôté mon aimable, mon excellent ami. [...] Depuis la Révolution, voilà pour moi le plus grand des malheurs. En partant, il n'est pas un seul des intérêts de ses amis dont il ne se soit tendrement occupé. C'est un caractère méconnu ; mais son esprit si orné, si charmant est [au] moins supérieur encore[11]. » C'est avouer en quelques mots, encore une fois, l'extraordinaire puissance de son pouvoir de séduction.

3.

VOYAGE DANS LE NOUVEAU MONDE

Le 2 mars 1794, l'« excellent ami » s'embarque à Londres sur le *William Penn* en partance pour Philadelphie. Narbonne est sur le quai, à demi pleurant. Charles-Maurice part avec un peu plus de 8 300 dollars en billets de change prêtés par son ami et plusieurs lettres de recommandation. Son valet Joseph Courtiade, un Gascon à son service depuis déjà quinze ans, est avec lui. Courtiade est un modèle de valet de comédie, omniprésent, astucieux, débrouillard et fidèle. Marié, de cinq ans son aîné, il est à Charles-Maurice ce que Passe-partout est à Philéas Fogg. Par habitude, il appelle encore son maître Monseigneur, comme à l'époque de l'évêché d'Autun. Il a sauvé son argenterie en la confiant à une dame de la halle peu avant leur départ de Paris. Il ne manque pas d'esprit. L'ancien évêque en rit et le laisse dire. L'abbé des Renaudes lui parlait un jour de la pureté de l'air de la Gascogne qui lui permettait de voir, enfant, de la terrasse de son père, un dindon piquant un grain de blé dans la cour de la ferme, à une demi-lieue de distance. « Monsieur, dit Courtiade, je suis du pays : que vous ayez vu le grain, cela ne m'étonne pas ; mais permettez-moi de vous dire que, pour le dindon, cela n'est pas possible[1]. » Au moment de monter à bord, il est en retard et embarque de justesse : « C'est cette maudite blanchisseuse qui a toutes vos belles chemises et vos cravates de mousseline. Sans elles que feriez-vous, au nom du ciel[2] ? »

De tous ses contemporains, Courtiade est certainement celui qui l'a le mieux connu. Dommage qu'il n'ait rien écrit. L'ancien constituant Briois de Beaumetz, bien décidé à faire lui aussi des affaires dans le Nouveau Monde, les accompagne.

« Beaumetz, tout aussi simplement que me l'aurait dit un des frères d'autrefois m'a dit qu'il partirait avec moi, et moi, tout aussi simplement, je l'ai accepté[3]. » Le bateau, endommagé par une forte tempête, relâche dans un port de la pointe de la Cornouailles, puis c'est la pleine mer.

Dans ses Mémoires, Charles-Maurice s'invente un personnage d'aventurier, abandonné aux charmes de l'océan et du voyage[4]. Il y a de bonnes raisons de penser qu'il était en fait amer et inquiet. Sa mauvaise humeur le porte très vite à ne plus supporter son compagnon de voyage. Bon-Albert de Beaumetz, qui va le suivre pendant deux ans aux États-Unis, est un ancien premier président au conseil supérieur de l'Artois, un juriste qui avait défendu à la Constituante le nouveau Code de procédure criminelle mais s'était aussi fait remarquer par ses louvoiements entre les partis. C'est une bonne nature, un peu faible et cyclothymique. Les deux hommes se sont beaucoup vus et ont travaillé ensemble à Paris et à Londres. Charles-Maurice le juge d'un trait sur le bateau qui les emporte à Philadelphie : « Beaumetz [...] est bien peu de chose pour mon cœur, il a des inquiétudes de vanité qui sont bien sèches et qui m'ont expliqué pourquoi, à quarante ans qu'il a, ses plus anciens amis sont des connaissances de dix-huit mois[5]. » Tout est dit. Une fois l'un parti pour les Indes, l'autre, rentré en France, ne lui écrira plus.

Charles-Maurice débarque à Philadelphie au milieu du mois d'avril et s'installe au coin de Spruce, seconde rue Sud, dans une « chétive maison », selon Bacourt qui la visitera en 1840[6].

Il va rester près de deux ans et demi, bon gré mal gré, dans ce pays qui vient de naître, immense, aux frontières encore mal dessinées et qui ne compte que quatre millions d'habitants. Trois ans avant lui, Chateaubriand y voyageait en écrivain, tout à sa « muse vierge que je venais livrer à la passion d'une nouvelle nature[7] ». Les Natchez, Atala, Chactas et beaucoup de bêtises sur les Indiens en sortiront. Vingt-cinq ans plus tard, Alexis de Tocqueville y étudiera le système pénitentiaire et le régime politique. Beaucoup plus pragmatique, Charles-Maurice s'y rend pour faire des affaires. Dès son arrivée, il descend chez Théophile Cazenove qui représente un groupement d'investisseurs hollandais, la Holland Land Company, engagés dans des opérations d'achat et de vente de terres autour de New York et en Pennsylvanie. Cazenove n'est pas un inconnu pour lui. Il l'a bien connu à Paris dans l'entourage de Panchaud. Aux États-Unis, il lui sera « très utile par ses qualités et par ses défauts ». Cazenove, qui accueille Charles-Maurice à bras ouverts dans sa belle maison de la rue du Marché à Philadelphie est au centre d'un réseau financier qui passe par Amsterdam, Londres – où réside son frère Henri à la tête d'une autre maison de banque – et les deux principales places de la côte Atlantique, Philadelphie et New York. À l'époque de l'arrivée de Charles-Maurice, les nouveaux territoires des États encore vierges de l'Union, en particulier, la Virginie, la Pennsylvanie dont se détachera plus tard le Maine, le seul des treize États à autoriser l'acquisition de terres par des étrangers, sont au centre de vastes opérations spéculatives qui engagent à la fois des hommes d'affaires américains et quelques grandes maisons de banque européennes. Celles-ci, gênées par la guerre en Europe, cherchent à placer à long terme des capitaux inutilisés en s'efforçant de prendre par ailleurs le moins de risques possible. Or les jeunes États de l'union sont non seulement en plein développement économique, mais forment la plus grande des puissances neutres du conflit qui se développe en Europe. La croissance américaine s'est toujours nourrie des querelles de l'Ancien Monde, jusqu'à notre dernière guerre mondiale. C'est déjà le cas à la fin du XVIIIe siècle. Le processus est simple. Des capitalistes américains achètent à crédit aux États de vastes territoires, par centaine de milliers d'hectares, et les revendent le double ou le triple de leur valeur à des investisseurs européens qui céderont ces mêmes terrains divisés en lots et pour certains viabilisés aux autochtones, agriculteurs et entrepreneurs, avec une plus-value équivalente.

Toute la réussite de telles opérations repose sur l'information : il faut deux mois pour qu'une lettre traverse l'Atlantique. Sur place, les intermédiaires américains ne sont pas toujours sûrs. Certaines opérations mal menées peuvent conduire à des faillites retentissantes, comme celle de Robert Morris incapable de revendre ses biens : terrains inaccessibles et surévalués, titres de propriété douteux, difficultés de trésorerie, allongement inattendu des délais entre l'achat et la vente. Pour toutes ces raisons, les maisons de banque européennes d'Amsterdam, de Hambourg et de Londres cherchent sur place des agents sûrs et perspicaces. Un Hollandais, Jan Huidekoper, est ainsi chargé d'inspecter les terres de deux spéculateurs américains, William Bingham et le général Knox, dans le Maine, pour le compte des banques Baring et Hope ; Francis Baring y enverra ensuite son fils Alexandre pour en négocier l'achat. Charles Williamson, qui représente la Pulteney, une association d'investisseurs anglais concurrente, y joue le même rôle. De son côté, Cazenove voit très vite le parti qu'il peut tirer de Charles-Maurice. « Ma raison me dit, écrit ce dernier à Mme de Staël, qu'il faut refaire un peu de fortune, afin de ne pas être dans la gêne et dans la dépendance continuelle lorsqu'on devient plus âgé ; cette idée m'occupe[8]. » Elle l'occupera d'ailleurs jusqu'à la fin de ses jours. Et à Mme de Genlis un peu plus tard : « Je m'occupe de refaire de la fortune et j'y porte l'activité que peut inspirer l'emploi que j'espère en faire[9]. »

Avec un tel tempérament, son sens aigu des affaires et sa grande connaissance des mécanismes financiers, Charles-Maurice est une aubaine pour tous ceux qui cherchent à entreprendre quelque chose là-bas. D'autant plus que, grâce aux lettres d'introduction de son ami Lansdowne, il se rapproche très vite d'Alexandre Hamilton, l'un de ceux qui connaissent le mieux la situation politique et financière du pays. Cet ancien secrétaire du Trésor, le fondateur de la Banque nationale des États-Unis, qui est alors en train de créer à New York un cabinet d'avocat d'affaires, fascine Charles-Maurice. Il en fait l'éloge dans ses Mémoires et le place « à la hauteur des hommes d'État les plus distingués de l'Europe[10] ». Son caractère, son esprit, la largeur de ses vues, mais aussi son honnêteté le laissent sans voix : « J'ai vu un homme qui a fait la fortune d'une nation, travaillant toute la nuit pour subvenir aux besoins de sa famille. » Il dira encore de lui, sous la Restauration, qu'il « avait deviné l'Europe[11] ». Grâce à ses liens avec Hamilton, il est à la source de l'information et cela se sait très vite. La grande variété de ses correspondants à Londres prouve qu'il a été entre Philadelphie, New York et Boston un agent de renseignements de première importance. Son sens de l'observation, ses intuitions, son expérience ont fait le reste. Aux États-Unis, il est jugé – et bien jugé –, en homme d'affaires. Dans une lettre inédite à son père, Alexandre Baring ne cache pas son admiration. C'est le seul texte qui subsiste dans lequel le futur diplomate est décrit comme un homme d'argent par un autre homme d'argent : « J'ai beaucoup vu M. de Talleyrand quand il était ici. Il a voyagé dans tout le pays avec un œil très averti et a vu plus loin qu'aucun autre de ses compatriotes. Ses remarques à lord Lansdowne se révèlent remarquablement justes et pertinentes et je n'ai jamais rencontré personne capable comme lui de tirer aussi bien parti de ce qu'il a vu et entendu. C'est un intrigant *de premier ordre* [en français dans le texte] qui sûrement jouera prochainement un grand rôle [...] en France. [...] Son caractère, par sa réserve, est à l'opposé de celui de ses compatriotes. [...] Son ambition, quel que soit le terrain où il se placera, est de faire de l'argent, et peut-être ne sera-t-il pas trop scrupuleux sur les moyens. Dans l'une de mes conversations avec lui, il s'est longuement arrêté sur les occasions de spéculer en France et m'a fait des ouvertures. [...] Je suis parfaitement de son avis et j'ai une haute opinion de ses capacités, mais je doute de son honnêteté. » Ce qui ne l'empêche pas de conclure : « Il peut nous être utile plus tard[12]. » Plus tard aussi, le duc de Richelieu, qui succédera à Talleyrand en septembre 1815 à la tête du gouvernement, écrira qu'« il existe six grandes puissances en Europe : l'Angleterre, la France, la Russie, l'Autriche, la Prusse et les frères Baring ». C'est dire l'importance du jugement d'Alexandre.

Dans ses lettres aux banquiers Bourdieu et Chollet, de vieilles connaissances, à Le Roy et Bayard, à Harrisson et Sterrett, au banquier de la cour Thomas Coutts, dont il a conservé une partie des minutes dans un carnet spécialement relié[13], ce qui prouve l'importance qu'il leur accordait, Charles-Maurice suggère tout ce qu'il est au monde possible de faire avec de l'argent : des opérations classiques, d'autres plus inventives. La création d'une banque de crédit à l'usage des voyageurs américains en Europe, d'une banque indienne destinée à recueillir les fonds des riches Anglo-Indiens désireux d'investir aux États-Unis sur le modèle de celle qu'il avait déjà imaginée à Paris, des opérations combinées d'achat de marchandises en spéculant en même temps sur les taux de change défavorables aux places américaines, des opérations sur les bons du trésor américains en pariant sur le succès du traité de commerce et d'amitié anglo-américain signé à Londres en novembre 1794 et en mettant à profit le délai de deux mois avant que la nouvelle ne parvienne de l'autre côté de l'Atlantique. Il fera acheter pour son propre compte, en janvier 1795, l'équivalent de 30 000 dollars de bons américains par l'intermédiaire d'Henri Cazenove à Londres pour les revendre à terme à Philadelphie.

Très vite, il évalue les forces et les faiblesses du pays. La liberté et l'égalité des cultes, l'absence de haine politique, le pragmatisme et le goût des affaires des Américains sont des atouts de taille. « L'affaire de tout le monde, sans aucune exception, est d'augmenter sa fortune, écrit-il à Lansdowne. Ainsi, l'argent est le seul culte universel ; la quantité qu'on en possède est la seule mesure de toutes les distinctions. » Mais le numéraire manque, les Américains préfèrent le commerce à l'agriculture et à l'industrie, la main-d'œuvre est rare et chère, le mouvement des affaires est sans proportion avec la réalité économique d'un pays qui est encore « dans l'enfance des manufactures ». Et puis Charles-Maurice a parfois de belles intuitions. Il souligne l'importance et l'avenir des échanges entre les États-Unis et les Antilles françaises et anglaises, d'autant plus que, quel que soit son gouvernement à venir, la France ne pourra plus revenir à l'ancien système d'exploitation de la canne à sucre depuis l'interdiction de l'esclavage dans les îles. Il pressent l'essor de New York qui ne compte alors que 10 000 habitants, loin derrière la capitale fédérale, Philadelphie, et lui prédit la première place financière et commerciale du pays[14]. C'est là, selon lui, que doivent s'installer les maisons correspondantes des grandes banques européennes. Par ailleurs, sa position centrale, « la facilité et la bonté de son port », une grande rivière qui favorise les communications intérieures sont autant d'éléments favorables à ses yeux. Et surtout, alors que les États-Unis viennent de se libérer du joug de l'Angleterre, alors que cette dernière est partout détestée pour son engagement contre la France révolutionnaire, alors que les deux pays sortent à peine d'une longue guerre commerciale larvée, il est convaincu qu'elle sera à l'avenir et pour très longtemps l'alliée et le partenaire privilégié de l'Amérique en Europe. L'identité de langue et de religion entre les deux nations, des habitudes communes, des lois communes – Charles-Maurice pense en particulier au jugement par les jurés, aux procédures judiciaires –, l'intérêt qui en Amérique domine tout et pousse ses habitants vers leurs anciens compatriotes et leurs manufactures ne le trompent pas. La lettre au marquis de Lansdowne dans laquelle il développe ces idées a des allures de traité d'économie politique et de manifeste. Destinée à être lue – Alexandre Baring en a eu connaissance –, elle est aussi un instrument de propagande. Charles-Maurice n'hésite pas à s'y mettre en avant : « Il faut plus de temps et de réflexion que n'en emploie un voyageur ordinaire pour découvrir que [...] l'Amérique est [...] toute anglaise : c'est-à-dire que l'Angleterre a encore tout avantage sur la France pour tirer des États-Unis tout le bénéfice qu'une nation peut tirer de l'existence d'une autre nation[15]. » Ni la longue guerre qui reprendra entre les deux pays de 1801 à 1814 ni l'incendie du Capitole par les Anglais en 1812 ne suffiront à le démentir.

Allant plus loin encore, il prédit l'hégémonie future des États-Unis d'Amérique en Europe et dans le monde. « Du côté de l'Amérique, l'Europe doit toujours avoir les yeux ouverts, et ne fournir aucun prétexte de récrimination et de représailles. L'Amérique s'accroît chaque jour. Elle deviendra un pouvoir colossal, et un moment doit arriver où, placée vis-à-vis de l'Europe en communication plus facile par le moyen de nouvelles découvertes, elle désirera dire son mot dans nos affaires et y mettre la main. [...] Le jour où l'Amérique posera son pied en Europe, la paix et la sécurité en seront bannies pour longtemps[16]. » C'est plus que lumineux, c'est prophétique.

4.

UN SPÉCULATEUR AMBULATOIRE

Charles-Maurice ne se contente pas de méditer sur l'avenir des États-Unis, il passe aussi son temps à voyager. Son ami Théophile Cazenove lui demande en juin 1794 de lui faire un rapport détaillé sur l'état des terrains à vendre dans le Maine, qu'il traverse, avec Beaumetz et Jan Huidekoper, en passant par Boston et Newport, en juillet et août. En octobre, il réalise la même enquête dans les *back countries* de l'État de New York, autour d'Albany et jusqu'aux chutes du Niagara, qu'il n'atteindra finalement pas à cause du mauvais temps. D'abord sceptique sur les avantages financiers des opérations sur les terrains américains, il finira par s'y mettre pour son propre compte. La question l'intéresse suffisamment pour qu'en dehors de ses deux rapports à Cazenove il écrive une note et deux mémoires détaillés sur les avantages de telles opérations, l'un en mai 1795, l'autre en mai 1796, peu avant son départ pour Hambourg. Le second de ces deux mémoires, le plus détaillé, lui servira d'argumentaire en Europe pour la revente dans un délai de quinze mois, de 50 000 hectares de terrains en Pennsylvanie achetés à terme à Robert Morris, 10 shillings l'acre (un demi-hectare environ). En février 1797, de retour en France, Charles-Maurice lui enverra l'équivalent de 142 000 dollars en lettres de change sur la vente des terrains. Il est difficile, faute de sources, de savoir quel bénéfice il en aura retiré, mais c'est sans doute sa meilleure affaire de la période américaine[1]. Si l'on en croit la lettre qu'il adresse en juillet 1804 au fils de Théophile Cazenove, Charles, qui s'occupera de ses affaires à Londres puis à Lausanne, ses deux années en Amérique n'ont pas été totalement inutiles : « Mon ami, M. votre père m'a entretenu, monsieur, des difficultés que la forme testamentaire vous présente pour m'assurer la propriété des 46 400 dollars fonds 8 % des États-Unis, et 84 actions de la banque des mêmes États pour lesquels vous avez bien voulu me prêter votre nom et dont les titres sont dans vos mains[2]. » Encore une fois, on touche là à la (toute petite) partie émergée de l'iceberg ! D'autres que lui se sont ruinés en spéculant sur les terrains américains ou mettront des dizaines d'années à s'en défaire…

De fil en aiguille, la recherche de débouchés à la vente des terrains américains le conduira à réfléchir sur la possibilité d'y intéresser les riches Anglo-Indiens de la Compagnie des Indes, à Calcutta et au Bengale. Charles-Maurice et Beaumetz écrivent ensemble un mémoire relatif au projet de création d'une banque asiatique en Amérique sur le modèle de celle qu'il voulait fonder à Paris. Ses contacts lui sont, sur ce plan, très utiles. Charles Goring, l'un de ces « nababs » anglais retirés à Londres, est l'un de ses correspondants au cours de son séjour aux États-Unis. En août, il se rend à Albany en compagnie d'un autre de ces anciens des Indes, Thomas Law, « le plus original des Anglais, qui le sont tous plus ou moins », selon Mme de La Tour du Pin. Il fera en Amérique de mauvaises affaires et finira par épouser une petite-fille de Washington. Mais le rêve indien de Charles-Maurice, qu'il prend bien soin d'évoquer dans ses Mémoires, s'arrête là. L'Inde en 1796 comme Constantinople en 1798 sont beaucoup trop exotiques pour lui. S'il s'intéresse aux voyages, il n'est pas voyageur. Son pays est l'Europe, le centre du monde, des affaires et de la politique. C'est son ami Beaumetz qui, en mai 1796, fera le voyage de Calcutta et s'y ruinera en cherchant sans succès à y placer des titres sur les terrains américains. Au même moment, Charles-Maurice ramasse la mise à Hambourg, à Amsterdam, à Londres et à Paris, et… oublie de lui écrire. En affaires, il est aussi lucide qu'égoïste et tenace. L'épisode de la cargaison du brick le *Glasgow*, révélé par sa correspondance avec le banquier new-yorkais d'origine française Olive, chez qui il effectue de nombreux séjours dans sa résidence de Chevilly au bord de l'Hudson, en est un bon témoignage. En avril 1795, les autorités françaises à New York arment un bateau américain chargé d'approvisionner l'armée française dans les Antilles. Avec Thomas Law, Charles-Maurice sert d'intermédiaire contre une commission de 1 800 dollars. À l'automne, la commission n'est toujours pas réglée et il harcèle tout à la fois le consul de France, son associé dans l'affaire Thomas Law et son ami Olive auquel il écrit le 22 février 1796 : « Il est vraiment ridicule qu'une réclamation de cette espèce soit pendante au consulat depuis environ neuf mois[3]. » Pour 1 800 dollars, il écrit chaque semaine, jusqu'en juin, et s'y intéresse encore sur le bateau qui le ramène en Europe.

À son arrivée à Philadelphie, Charles-Maurice découvre un pays bien différent de ceux dont il avait l'habitude. Dans les premiers mois, il éprouve un vrai plaisir au contact de la société américaine. Sa réputation, comme partout, le précède et, pour une fois, ne le dessert pas : « J'ai retrouvé ici, parmi les gens que je ne connaissais pas, des regards de bienveillance qu'il y avait longtemps que je n'avais rencontrés[4]. » Il fascine les Américains par ses manières d'Ancien Régime et par l'ampleur de ses connaissances. L'American Philosophical Society autrefois présidée par Benjamin Franklin, un club très fermé d'érudits et de savants qui a son siège à Philadelphie, le reçoit parmi ses membres. Mais Washington refuse de le voir malgré la lettre de recommandation de son ami Lansdowne. Car si les Américains lui font bon accueil, les autorités françaises en poste aux États-Unis le poursuivent de leur haine révolutionnaire. Le ministre de France à Philadelphie, Joseph Fauchet, proche de Robespierre et qui voit des contre-révolutionnaires partout, tient l'ex-évêque d'Autun pour l'un des chefs de « la conspiration [...] la plus vaste et la plus adroitement ourdie de toutes celles qu'on a formées contre la liberté », le fait surveiller et parvient à lui faire fermer la porte du président des États-Unis en menaçant de ne plus s'y rendre lui-même[5]. Un vrai revers diplomatique. Nulle trace de l'épisode dans ses Mémoires. Le 4 juillet 1794, alors qu'il assiste à New York à la fête de l'Independance Day des fenêtres d'une maison de Broadway, il se fait insulter par un cortège de Jacobins français conduit par l'ancien ministre de France aux États-Unis, Charles Genet, sur l'air de *La Marseillaise* et du *Ça ira*. En 1796, le successeur de Fauchet, Pierre-Auguste Adet, un futur préfet de Bonaparte, se montrera beaucoup plus tolérant. Les deux consuls généraux qui se succèdent à New York lui sont également favorables. L'un est une vieille connaissance de l'entourage de Choiseul, Alexandre d'Hauterive, l'autre, Antoine de La Forest, deviendra comme le premier l'un de ses plus proches collaborateurs au ministère des Relations extérieures sous le Directoire.

La colonie française du Nouveau Monde ne compte pas que des Jacobins. Charles-Maurice retrouve avec plaisir à Philadelphie et à New York quelques-uns de ses anciens amis de l'Assemblée constituante, issus comme lui des rangs de la noblesse libérale : le marquis de Blacons qui servit d'intermédiaire entre Mirabeau et la cour, le vicomte de Noailles, beau-frère de La Fayette, « Noailles la nuit » en souvenir de la nuit du 4 août, Moreau de Saint-Méry, le duc de Liancourt qui les rejoindra un peu plus tard, mais aussi Omer Talon l'âme damnée de la liste civile du roi à l'époque de Mirabeau. Talon et Noailles surtout font des affaires. Eux aussi se sont lancés avec Robert Morris dans l'achat et la mise en valeur d'une colonie de peuplement dans l'État de New York, baptisée Asylum. Mais l'opération tournera court et se terminera en débâcle. Alexandre Baring s'est amusé à décrire Noailles dans l'une des lettres à son père. Son portrait diffère sensiblement de celui de Charles-Maurice : « Il est venu de France avec quelques fonds qu'il augmente ici en jouant à la Bourse et en vivant chichement. Il a peut-être 10 000 à 15 000 livres sterling et du crédit. C'est un homme d'honneur et un bon compagnon, mais pas un homme d'affaires. Il n'en a aucune idée au-delà de ce que l'on peut espérer de la métamorphose d'un vicomte français qui a passé le plus clair de sa vie à l'armée[6]. » Moreau de Saint-Méry le croque dans ses Mémoires à la Bourse de Philadelphie, « son carnet dans une main, de l'autre tenant par un bouton un courtier ou un marchand et menant ses transactions avec le même sérieux que l'héritier légitime d'une maison de commerce[7] ». Liancourt quant à lui voyage, collectionne, répertorie et compose sa vie de futur philanthrope éclairé. « M. de L[iancourt] [...] est ici, écrit Charles-Maurice à Mme de Genlis, faisant des notes, demandant des pièces, écrivant des observations et plus questionneur mille fois que le voyageur inquisitif de Sterne[8]. » Quelques mois plus tard, Volney, qui débarque lui aussi dans le Nouveau Monde après avoir goûté de la prison révolutionaire, en fera autant. Étrange destinée que celle de ce petit groupe. Beaumetz, ruiné et qui se sera entre-temps marié avec une Américaine veuve et mère de trois enfants, mourra de fièvre à Calcutta en 1801. Noailles périra en 1803, à l'abordage d'une goélette anglaise, au large de Saint-Domingue. Talon passera au service de l'émigration, les espions de Bonaparte à ses trousses, et finira fou dans les geôles de Sainte-Marguerite, au large de Marseille. Blacons, criblé de dettes, séparé de sa femme, se suicidera à Paris en 1805. Talleyrand, alors tout-puissant ministre de Napoléon, ne lèvera pas le petit doigt. À Benjamin Constant venu le voir pour lui annoncer la mort de leur ami commun, il répondra en bâillant, le dos appuyé à la cheminée, avec l'air de penser à autre chose : « Pauvre Blacons[9] ! » Blacons lui aussi avait refusé de s'adapter au régime napoléonien. Tant pis pour lui...

De retour en France, Charles-Maurice ne reverra que Liancourt et Moreau de Saint-Méry. En décembre 1799, Moreau entrera au Conseil d'État par la grâce de son ancien ami d'Amérique qui ne cessera de le protéger. Cet ancien député de la Martinique à l'Assemblée constituante est un curieux, un érudit et un bibliophile, doublé d'un joueur et d'un bon vivant. À Philadelphie, il crée une librairie, édite un journal, *Le Courrier de la France et de colonies de Philadelphie*, dont Charles-Maurice sera l'éphémère collaborateur en y publiant en février 1796 des *Réflexions [...] sur la France*. Moreau rédige aussi une *Description de l'île de Saint-Domingue* qui sera traduite en anglais par un écrivain destiné à devenir célèbre, William Cobbett. Leur goût commun pour les livres et l'érudition rapproche les deux hommes. Charles-Maurice, dans ses lettres, lui donne familièrement du « mon cher maître » et l'« embrasse » de bon cœur. Il lui suggère tel ouvrage à éditer, lui adresse le texte de la Constitution de 1795 pour le faire traduire et publier, l'aide à corriger ses épreuves. Quand il est à Philadelphie, l'ex-évêque passe sa vie dans la librairie Moreau & Cie ou dans son appartement du premier étage, Front Street, avec les autres membres de la petite colonie française. En évoquant ces soirées passées en petite compagnie autour du poêle de sa chambre, un verre de lait à la main, Moreau laisse de Charles-Maurice une image très différente de celle que le futur prince de Talleyrand a voulu transmettre à la postérité, énigmatique, froide et distante. Il lève un pan du voile et prouve une fois de plus combien cet homme pouvait être différent et changeant en fonction des circonstances, du degré d'intimité et de connaissance de ceux avec qui il se trouvait. Il est là comme il sera plus tard dans le salon de Mme de Laval, détendu, gai, facétieux, joueur, le masque tombé. Seul Liancourt grogne et trouve qu'il s'amuse un peu trop « à faire du petit esprit d'abbé de cour que personne n'entend et qui n'aurait pas eu cours dans dix sociétés de Paris[10] ». Mais Moreau évoque ces soirées « où nous nous amusions souvent à polissonner surtout lorsque Blacons s'amusait à monseigneuriser Talleyrand qui s'en vengeait en lui donnant de son poignet de fer ce que les enfants appellent des “manchettes” » et le regrette après son départ : « Me voilà privé de l'une de mes plus douces jouissances. […] Tous les jours où nous fûmes réunis à Philadelphie, […] nous nous ouvrions nos cœurs, nous en épanchions les sentiments et nos pensées les plus intimes devenaient communes à l'un et à l'autre. » S'il est un moment de sa vie où on peut saisir Charles-Maurice « au naturel », c'est bien pendant son exil aux États-Unis. Il parcourt le Maine et l'État de New York – 3 000 km en cinq mois –, en bateau ou à cheval, s'arrête la nuit dans des cabanes de trappeurs, traverse des régions parfois dangereuses, sans piste ni chemin, entre deux tribus d'Indiens hostiles, toujours suivi du fidèle Courtiade et toujours affublé de son pied-bot, chasse et s'approvisionne comme il peut. À Boston, en juillet 1794, il s'est fait faire une selle spéciale pour pouvoir monter avec sa mauvaise jambe. En septembre 1795, il demande à Moreau de lui envoyer ses fusils à New York. Il est l'Européen raffiné, le voyageur des Lumières au pays du gigantisme. Le sentiment de la nature lui échappe complètement. Il ne voit pas les paysages parfois grandioses qu'il traverse tels qu'ils sont, mais tels qu'ils deviendront lorsqu'ils auront été mis en valeur par l'homme. Peu de temps avant lui, en route vers les chutes du Niagara, Chateaubriand était pris « d'une sorte d'ivresse d'indépendance. [...] Ici, plus de chemins, plus de villes, plus de monarchie, plus de république, plus de présidents, plus de rois, plus d'hommes[11]. » C'est précisément ce qui rend ces « forêts aussi vieilles que le monde » insupportables à Charles-Maurice. Alors que l'auteur des *Mémoires d'outre-tombe* ne voit que le paradis perdu, lui a déjà pris un bon siècle d'avance. Son imagination est toute pratique et spéculative. « Nous y placions des cités, des villages, des hameaux, les forêts devaient rester sur les cimes des montagnes, les coteaux être couverts de moissons et déjà des troupeaux venaient paître dans les pâturages de la vallée que nous avions sous les yeux. [...] On ne fait pas un pas sans se convaincre que la marche irrésistible de la nature veut qu'une population immense anime un jour cette masse de terres inertes et qui n'attendent que la main de l'homme pour être fécondées[12]. » Un monde sépare les deux hommes. Pour l'un, les Indiens du Niagara ne peuvent que ressembler au bon sauvage de Bernardin, pour l'autre, ce sont des êtres belliqueux, malodorants et à peu près inutilisables.

Au cours de ses voyages, Charles-Maurice fait aussi des rencontres plus civilisées. Près d'Albany, il rend visite, dans le petit village de Troy, à la nièce de sa vieille amie la princesse d'Hénin, Henriette Dillon, mariée au comte de Gouvernet, le fils du comte de La Tour du Pin, l'ancien ministre de Louis XVI et qui vient de mourir sur l'échafaud. Le jeune ménage, qui est parvenu à s'enfuir de Bordeaux pour Boston avec meubles, piano et enfants, est sur le point de faire l'acquisition d'une ferme dans la région et cherche à vivre du travail de la terre comme les colons des environs. C'est cette jeune femme de vingt-quatre ans, fille d'une dame d'honneur de la reine, nièce de l'archevêque de Narbonne, élevée à Versailles sous les yeux de Marie-Antoinette, que Charles-Maurice retrouve dans des circonstances pour le moins insolites, en 1794 : « Un jour de la fin de septembre, j'étais dans ma cour, avec une hachette à la main, occupée à couper l'os d'un gigot de mouton que je me préparais à mettre à la broche pour notre dîner. [...] Tout à coup, derrière moi, une grosse voix se fait entendre. Elle disait en français : – On ne peut embrocher un gigot avec plus de majesté. Me retournant vivement, j'aperçus M. de Talleyrand et M. de Beaumetz[13]. » Joie des retrouvailles. Tout le monde se rassemble le soir chez le général Schuyler, le héros de la bataille de Saratoga contre les troupes anglaises, dans sa maison d'Albany. C'est là que Charles-Maurice apprend à la fois la mort de sa belle-sœur Archambaud et la chute de Robespierre. Les La Tour du Pin resteront des amis proches jusque sous la Restauration. Avant leur départ des États-Unis, il aura l'occasion de leur rendre un service de taille en sauvant chez Robert Morris à Philadelphie les derniers 25 000 francs de leurs fonds sur la Hollande, la veille de la faillite de ce dernier.

Au fur et à mesure que les mois passent, Charles-Maurice ressent de plus en plus l'étrangeté de ce nouveau pays qu'il habite par la force des choses. Lui qui fait des affaires comme et même mieux qu'un homme de son temps, mais qui dépense son argent comme un grand seigneur d'Ancien Régime supporte mal l'ambiance un peu parvenue de la bonne société américaine. Parlant de ses amis proches restés à Londres, il a cette remarque caractéristique dans l'une de ses lettres à Mme de Staël : « Eux n'ont pas fait d'apprentissage pour faire fortune, et cet apprentissage donne des habitudes qui restent[14]. » Les Américains dépensent mal. « Leur luxe est affreux[15]. » Et puis il ne peut s'empêcher de sourire de ces gens pour qui le mariage est le but de la vie, qui n'ont ni amants ni maîtresses habituelles et qui, pire que tout, poussent le mauvais goût jusqu'à coucher ensemble, mari et femme, dans la même chambre. « Mme de Gouvernet a plu extrêmement à toutes les dames de Boston, qui sont les meilleurs juges de l'Amérique, écrit-il encore à Mme de Staël. Elle parle bien la langue, elle a des manières simples et, ce qui est fort recommandable ici, elle couche toutes les nuits avec son mari ; ils n'avaient qu'une chambre ; prévenez de cela Mathieu [de Montmorency] et Narbonne, dites-leur bien que c'est un article essentiel dans le pays[16]. » Au lieu de cela, on peut voir Charles-Maurice, ex-évêque d'Autun, au bras d'une mulâtresse, dans les rues de Philadelphie[17].

5.

RÊVES DE RETOUR

Le temps passe. La France, « un des lieux les plus délicieux à habiter[1] », lui manque et il s'ennuie malgré le train des affaires. Mme de Staël est l'une des rares à qui il se confie. Celle-ci écrit à François de Pange le 2 novembre 1795 que « l'évêque se morfond en Amérique[2] ». Plus tard, en lui demandant d'intervenir pour elle auprès de Napoléon, elle lui rappellera la tristesse de son exil américain : « Vous m'écriviez, il y a treize ans, d'Amérique : "Si je reste encore un an ici, je meurs." » Rien de tout cela ne transparaît vraiment, et surtout pas dans ses Mémoires. Encore une fois, il ne faut pas perdre la face. Ce n'est pas lui qui cherche à rentrer, c'est l'évolution des événements politiques en France qui rend sa présence nécessaire : « Il me semble que chaque homme doit suivre sa destinée, écrit-il à son ami Olive ; c'est une espèce de loi de la nature. Ici je suis hors de ma route, et puis quand les circonstances ont fait toucher un homme à la Révolution française il faut bien qu'il se livre tout entier à réparer quelques-uns des maux que cette irruption a produit[3]. » Il s'agit avant tout de sortir de « l'obscurité des comptoirs[4] », comme le lui écrit Bourdieu, de Londres. Précisément, la situation en France, attentivement suivie par Charles-Maurice, s'améliore. La chute de Robespierre, la Convention thermidorienne, la Constitution de l'an III qui inaugure le nouveau régime du Directoire sont autant d'événements positifs à ses yeux. Comme il l'écrit au marquis de Lansdowne en novembre 1795, « la France aura trois ou quatre mois d'essais de la nouvelle Constitution qui, sous le nom de République, est peut-être plus monarchique que ne l'était la nôtre. Le défaut de garantie pour les différents pouvoirs y est encore. Le directoire exécutif est trop faible, et je doute que cet édifice passe la postérité ; mais il me semble qu'un mot de plus et un préjugé de moins pourrait en faire une chose passable[5]. » En février 1796, il ne désespère pas complètement des soubresauts cahotiques du nouveau régime : « Mes dernières lettres de Paris me disent que le pays, depuis la dernière foucade du mois d'octobre [le coup de force du 13 vendémiaire an IV conduit par Barras contre les contre-révolutionnaires] est tellement fatigué qu'il n'est au pouvoir de personne de l'agiter. Il y a beaucoup de mauvaises gens qui se mêlent encore des affaires, mais il y a aussi une tendance générale de l'opinion vers la justice qui annonce le moment où la Révolution va se fixer ou au moins se reposer[6]. »

Le moment est venu d'obtenir une bonne radiation de la liste des émigrés. Là encore, officiellement, Charles-Maurice n'a rien fait, rien tenté. À son ami Lansdowne, il nie être à l'origine de la pétition – un plaidoyer pour son retour –, datée de Philadelphie le 16 juin 1795, et qui sera publiée dans *Le Moniteur* du 3 septembre par les soins de l'inévitable des Renaudes. « Cette pétition n'est pas de moi ; j'ai fait connaissance avec elle dans le *Times*. Apparemment mes amis ont jugé cette forme nécessaire ; je le veux bien. Je suis trop loin et je sais trop mal la France maintenant pour oser avoir une opinion, même sur moi[7]. » Même son de cloche, beaucoup plus tard, dans ses Mémoires. « Le décret de la Convention qui m'autorisait à rentrer en France avait été rendu sans aucune sollicitation de ma part, à mon insu[8]. » C'est un peu fort. Il est possible que la pétition elle-même, écrite à la troisième personne et dans laquelle il est question de « son dévouement [...] au sort de la République française » ne soit pas de lui. En l'absence de ses lettres à des Renaudes, il est difficile d'en savoir plus. En revanche, il est certain qu'il n'est pas resté les bras croisés, à attendre à Philadelphie que justice soit faite. C'est se donner une fois de plus le beau rôle de l'homme désintéressé qu'il n'est pas. Après tout, s'il a prêté serment à son arrivée à la République des États-Unis d'Amérique[9] – un serment de plus, le quatrième à ce jour –, il a tout fait pour éviter de se faire naturaliser américain. Lorsque plus tard il demandera au peintre Jean-François Garneray de le représenter en exil, ce sera à son bureau, une lettre de France à la main, datée de 1795[10]. Ses regards sont tournés de l'autre côté de l'Atlantique, et de l'autre côté de l'Atlantique il y a Mme de Staël, « de toutes les femmes celle qui aime le plus à rendre des services[11] ». Dans le portrait qu'il lui consacre, Benjamin Constant a raison de souligner le rôle essentiel qu'elle a joué au bénéfice exclusif « d'un citoyen dont le rang, le nom, les habitudes n'avaient rien de commun avec les formes sévères d'un républicanisme nouveau[12] ». On savoure l'ironie.

À Paris et à Enghien où elle est obligée de se réfugier en août après avoir été accusée par Legendre à la Convention de favoriser les émigrés, Germaine s'agite pour « le pauvre chat[13] ». Elle sollicite Barras, le tout-puissant directeur. Elle fait intervenir ses amis de la Convention : Marie-Joseph Chénier qu'elle appelle familièrement « le barde » à cause du *Chant du départ* dont il a écrit les paroles sur un air de Méhul, Daunou qui est aussi l'un des membres influents du Comité de salut public. Roederer, un proche de la Constituante, travaille la presse[14]. De New York, Charles-Maurice suit les événements, conseille, suggère, s'impatiente : « Il me semble qu'il ne faut pas que mon décret d'accusation à moi seul soit rappelé. [...] Je ne reçois ici aucun des décrets réglementaires, relatifs aux émigrés : je vous prie de me les envoyer. [...] Faites démener l'abbé des Renaudes[15]. » Il écrit aussi à Sieyès. L'ex-abbé est vaniteux et l'ex-évêque, expert en flatteries. Le « cher ami » se laisse flatter[16].

La bonne nouvelle lui parvient enfin début novembre : « Voilà donc, grâce à vous, écrit-il à Germaine, une affaire terminée, vous avez fait en totalité ce que je désirais. » Ce qui suit ne coûte guère et fait toujours plaisir : « Au printemps, je partirai d'ici pour le port que vous m'indiquerez, et le reste de ma vie, quelque lieu que vous habitiez, se passera près de vous. » Vingt ans plus tard, lorsqu'il évoquera les conditions de son retour en France dans ses Mémoires, il aura tout simplement oublié celle qui fut alors sa « seule protectrice ».

À Paris, tout s'est passé comme prévu. Le 11 août, Roederer publie une brochure dans laquelle il prend bien soin de distinguer les « fugitifs français » des « émigrés » et place bien sûr Charles-Maurice dans la première catégorie[17]. Le 4 septembre, Marie-Joseph Chénier, poussé par sa maîtresse Eugénie de La Bouchardie qui tient une maison de jeu dans laquelle Mme de Staël aurait eu des intérêts, finit par monter à la tribune de la Convention pour demander le rappel de « Talleyrand-Périgord ». « Je réclame de vous Talleyrand-Périgord, je le réclame au nom de ses nombreux services, je le réclame au nom de l'équité nationale, je le réclame au nom de la République qu'il peut encore servir par ses talents et ses travaux, je le réclame au nom de votre haine des émigrés dont il serait comme vous la victime si des lâches pouvaient triompher[18]. » Boissy d'Anglas, qui vient de jouer un rôle de premier plan dans la rédaction de la nouvelle Constitution, appuie l'orateur : « Ce n'est pas une question d'amitié, mais de justice. Talleyrand n'est pas un émigré. » Le décret de rappel et de radiation est voté à une très large majorité. Le tour est joué. Plus tard, Chénier, dindon de la farce, regrettera amèrement son geste. Charles-Maurice, devenu « une éponge qui s'imbibe de toutes les liqueurs dans lesquelles on la trempe », se gardera bien de le sortir de sa demi-disgrâce quand Bonaparte le chassera du Tribunat et lui fermera les portes du Sénat – pas assez souple. Il en restera un mot méchant : « Fouché marche dans tous les partis, Talleyrand n'y fait que boiter », et quelques vers vengeurs qui ne sont pas de la meilleure eau[19].

Comme une bonne nouvelle n'arrive jamais seule, Charles-Maurice apprend peu après sa nomination à l'Institut dans la classe des Sciences morales et politiques. Daunou, en soumettant le projet d'Institut national à la Convention[20], n'a pas oublié l'auteur du *Rapport sur l'instruction publique*, lu à la Constituante en septembre 1791. Charles-Maurice y suggérait à grands traits de créer une institution qui rassemblerait l'élite intellectuelle du pays. Pour une fois, il n'a rien demandé. Sa nomination est un juste retour des choses. Étant donné le rôle très politique que jouera l'Institut sous le Directoire, elle lui servira par la suite.

L'exilé peut partir. Encore faut-il choisir le bon moment et la bonne destination. On se demande pourquoi Charles-Maurice laisse passer sept mois entre la nouvelle de sa radiation et son départ pour Hambourg, dans les premiers jours de juin 1796. Ses affaires en cours le retiennent encore aux États-Unis. En France, la situation est confuse et il croit plus sage d'attendre encore un peu avant de juger plus clairement des orientations de la nouvelle République censitaire et bourgeoise. Enfin les conditions de navigation sont détestables en hiver et la guerre de course fait rage. Il prendra bien soin, en partant, d'expliquer et de justifier son retard vis-à-vis des représentants du gouvernement français. En lui délivrant ses passeports le 3 juin 1796, le consul général de France certifie qu'il a cherché depuis plusieurs mois à rentrer en France : « Il m'a demandé plusieurs fois mes offices à ce sujet et [...] je n'ai pu déterminer aucun armateur à lui donner passage direct ni indirect, dans la crainte des Anglais, de manière qu'ayant eu recours à des bâtiments d'autres nations neutres, il ne s'est trouvé que le capitaine du navire danois *Den Nye Prove* naviguant sous le pavillon de cette puissance qui ait voulu se charger du citoyen Talleyrand et de son domestique. » En réalité, Charles-Maurice n'a aucune envie de débarquer en France, ni en Espagne, par Cadix, comme les Gouvernet. Le Roi Catholique pourrait bien trouver la vie de l'ancien évêque d'Autun trop peu édifiante et le retenir chez lui[21]. Il se décide assez vite pour « la voie prudente » de Hambourg[22]. La place présente de nombreux avantages. Une ville neutre et surtout l'un des premiers centres de renseignements et d'affaires d'Europe. De Hambourg, il pourra rallier Amsterdam, autre grande ville d'affaires avant de regagner Paris. Baring lui remet avant son départ plusieurs lettres d'introduction pour les maisons de banque Voght à Hambourg et Hubbard à Amsterdam. De précieuses connexions qui lui faciliteront d'autant la vente de ses terrains, sans parler du reste. Encore faut-il trouver le bon bateau. À partir du mois de février, Charles-Maurice s'impatiente. Il pense d'abord embarquer sur le *Voltaire* puis y renonce, se rend à New York en avril pour consulter les registres de la capitainerie du port, jette enfin son dévolu sur le *Den Nye Prove*, mais celui-ci se fait attendre. « Le bâtiment sur lequel j'ai le projet de partir n'arrive pas, on le dit au fond[23]. » Puis tout s'arrange. Le 16 juin, Charles-Maurice quitte Philadelphie et le Nouveau Monde pour ne plus jamais y revenir. L'expérience a été utile, mais douloureuse. « Nous voilà à la mer, mon cher ami, écrit-il à Moreau le 18. Il ne paraît point de corsaires sur la côte depuis plusieurs jours. Adieu. Dans quarante-cinq jours, je vous écrirai de l'Elbe[24]. » L'Elbe et puis la Seine. Sur le pont du brick, l'ancien proscrit a dans sa poche une curieuse boussole américaine achetée à Philadelphie, qui fait aussi office de cadran solaire[25]. Il s'agit maintenant, plus que jamais, de savoir s'orienter. Tout est à nouveau possible.

6.

EN RÉPUBLIQUE

Hambourg, où Talleyrand débarque le 31 juillet, est une excellente position pour « apprendre la France ». Cette petite république libre des bouches de l'Elbe qui est aussi un grand port de commerce et l'une des premières places financières du nord de l'Europe fourmille d'hommes d'affaires, d'agents doubles ou triples, d'émigrés de tous bords. Le voyageur d'Amérique y retrouve quelques vieilles connaissances, Adélaïde de Flahaut qui vient d'y publier son second roman *Eugénie et Mathilde* et s'intéresse de près au comte de Souza, le riche diplomate portugais qu'elle épousera dans quelques années, Mme de Genlis qui réside non loin de là à Altona, les frères Lameth, Dumouriez. Le hasard lui fait croiser le jeune duc d'Orléans en partance pour Philadelphie. Il faudra attendre encore longtemps avant qu'il ne contribue puissamment à en faire un roi des Français, en 1830, sous le nom de Louis-Philippe Ier et le représente à Londres. Pour le moment, il n'est pas encore l'heure. Alors que son nom circule à Paris comme une éventuelle solution de rechange au régime en place, Charles-Maurice, toujours perspicace, ne voit en lui qu'un « pauvre instrument » aux mains de quelques ambitieux[1]. Plus sérieusement, à Brême, sur la route du retour, il passe de longs moments avec le ministre de la République française près les villes hanséatiques, Charles Reinhard. Lui aussi est une vieille connaissance. Il a servi sous les ordres de l'ancien évêque d'Autun à Londres en 1792 et deviendra son homme-lige à Paris en le remplaçant au ministère des Relations extérieures peu avant le coup d'État du 18 Brumaire. Placé comme il l'est, Reinhard est très bien informé de ce qui se passe en France et en Europe. Ses avis ont dû servir. « Les émigrés sont doux ; ils cherchent tous à rentrer, détestent l'Angleterre d'abord, ensuite les princes, et sont prêts à abandonner les trois quarts de leur fortune pour vivre sous le ciel de France », écrit-il à son ami Moreau, le 31 août, et encore, à Mme de Staël : « La vente des biens [nationaux] fait des milliers de républicains[2]. » Tout en prenant le pouls de la situation, Charles-Maurice n'oublie pas de faire des affaires. Hambourg et Amsterdam, où il s'arrêtera dans les premiers jours de septembre, sont parmi les premières places financières de l'Europe du Nord. Il est arrivé aussi avec des lettres de recommandation d'Olive pour le banquier Mathiessen dont il loue les « manières obligeantes » et l'« instruction[3] ». Il habite d'ailleurs à Hambourg chez un autre banquier, Parish, à la fois consul des États-Unis en ville, agent de Hope à Amsterdam et associé de Baring à Londres. Ce n'est pas tout. Par Casenove, il entre en contact avec le Vaudois Jacques de Chapeaurouge et son associé le comte de Ricé, un ancien familier de la maison d'Orléans et proche de Mme de Genlis, qu'il évoque rapidement dans ses Mémoires. Ricé fait les affaires de tout ce qui compte encore dans les milieux de l'émigration à Hambourg et à Altona. Il est en contact avec Mallet du Pan et reçoit chez lui les agents de Londres. Pierre Bellamy, un compatriote vaudois de Chapeaurouge recommandé par Mme de Staël, lui sert d'agent de liaison et d'intermédiaire entre Hambourg et Paris. Encore quelques années et Bellamy travaillera pour le compte de Charles-Maurice, mi-négociant, mi-espion[4]. Les réseaux de banque sont d'une importance capitale à l'époque. C'est là que le renseignement, l'information financière et politique, circule le plus vite et le plus sûrement alors qu'il y a toutes les chances pour qu'une lettre adressée à quelqu'un d'important par la poste soit interceptée, ouverte et copiée pour le compte de tel ou tel gouvernement. En France, le « cabinet noir », l'officine discrète qui, à la solde de la direction des postes, est particulièrement chargée de ce travail d'espionnage, terrorise tout le monde. Charles-Maurice le sait mieux qu'un autre. Les circuits de la finance et de l'argent, qu'il pratique en spécialiste, auront toujours sa préférence lorsqu'il s'agira de faire parvenir à bon port des informations sensibles, ou d'en obtenir. Il en est d'autant plus convaincu que, dans quelques années, il sera le premier, cette fois au service de Bonaparte, à traquer les agents anglo-royalistes en faisant saisir les livres de comptes de leurs correspondants dans les maisons de banque et les bureaux de commerce[5]. Suivez l'argent, vous aurez l'information. En attendant, il place dans certaines maisons de banque hanséatiques une partie de ses souscriptions sur les terrains américains, spécule sur les changes. « L'affaire que j'espérais faire ici, écrit-il à son ami Moreau à la veille de son départ, traîne en longueur ; mais une autre toute petite et toute jolie fait que vous pouvez tirer mille piastres sur Cadignan [à Philadelphie] au 15 février[6]. » Les contacts noués à Hambourg serviront par la suite. Hambourg sera pour Charles-Maurice, avec Londres et Amsterdam, l'une de ces places financières discrètes et sûres qui lui permettront de multiplier ses affaires… et d'étoffer le contenu de ses comptes en banque. Devenu ministre des Relations extérieures et, par intérim, pour quelques mois, ministre de la Marine du Directoire, il intéressera tout naturellement Jacques de Chapeaurouge, son correspondant à Hambourg, aux marchés des fournitures de la marine. Bonaparte aura à peine le temps de s'emparer du pouvoir qu'il s'en plaindra. « La maison Chapeaurouge nous doit quatre millions, écrit-il furieux à son ministre en mars 1801, ces quatre millions ont été volés à la République avec une infâme impudence. […] Le premier consul espère que les magistrats de Hambourg lui feront promptement rendre justice[7]. » C'est à voir. En 1803, le ministre de Bonaparte fera acheter par le même Jacques de Chapeaurouge, près de Hambourg dans le Mecklembourg, le vaste domaine de Wandsbeck. Coût de l'opération, un million de marks, d'après Lewis Goldsmith qui ne donne pas le nom de l'acquéreur, mais dont les informations – il s'agit d'un rapport secret au grand juge Régnier – sont confirmées par l'espionnage royaliste. Le marquis de Bonnay évoque la même opération qu'il évalue à 2 400 000 francs dans l'une de ses lettres à Mgr de La Fare, le représentant du prétendant à Vienne. « C'est une précaution sage, ajoute-t-il, contre la chance toujours possible d'une disgrâce[8]. »

En 1796 déjà, les affaires du futur ministre de Bonaparte l'occupent si bien qu'elles déteignent sur son passeport. Celui qu'il se fait délivrer pour son voyage jusqu'à Paris, par la magistrature de Hambourg, le 24 août, ne manque ni de charme exotique ni d'ironie. Il est rédigé en latin pour le marchand suisse « *honestus Talayran negociator helveticus*[9] ». Le futur vice-grand électeur de Napoléon en marchand suisse… La réalité dépasse presque la fiction, et puis, en ces temps troublés, mieux vaut voyager sous la protection d'un pays neutre !

Charles-Maurice fait route en compagnie de deux négociants français, MM. Vidal et Bérard, passe par Brême, Amsterdam, Bruxelles, Amiens et Chantilly. On l'imagine songeur, à la fois curieux, inquiet et bien décidé à prendre sa revanche, à quelques jours de son retour à Paris qu'il a quitté depuis quatre ans. Sur la route, il écrit à d'Allarde, un proche de Radix, et à des Renaudes chargé de préparer son arrivée et de lui trouver un logement « à l'hôtel de la Paix ou dans les environs[10] ». De Coppet où elle est de nouveau reléguée par le gouvernement français, Mme de Staël suit son retour et s'efforce d'aplanir les dernières difficultés qui semblent avoir surgi au sujet de son certificat de radiation signé par le consul de la République à New York[11]. Le 25 septembre, *Le Courrier républicain* annonce, non sans ironie : « Paris, le 3 vendémiaire. M. de Taleyrand [*sic*]-Périgord, ci-devant évêque d'Autun, émigré privilégié, est arrivé à Paris depuis quatre jours. » L'« émigré privilégié » est aussi un grand pragmatique, passé maître dans l'art du camouflage, comme dans celui de s'adapter très vite au terrain sur lequel il se trouve.

Paris a beaucoup changé depuis le sinistre mois de septembre 1792. Si la République est en guerre, elle jouit pourtant d'une relative paix intérieure. En septembre, on juge les babouvistes et on s'apprête à prendre des mesures d'assouplissement en faveur des prêtres réfractaires et des émigrés. Barras règne en maître sur le Directoire. L'argent refait surface et les affaires reprennent. Paris danse et se déshabille. La société n'a plus grand-chose à voir avec ce qu'elle était au début des années 1790. D'ailleurs, beaucoup de ses amis sont absents. Mme de Staël est encore en Suisse. Elle ne rentrera qu'en janvier. Les connaissances communes pourtant ne manquent pas. Grâce à elle, le jeune Benjamin Constant entre dans son orbite. À Hambourg, Charles-Maurice a lu avec intérêt l'un de ses tout premiers essais politiques[12]. D'anciens réseaux subsistent, comme ceux des constituants de 89. Il s'agit de les reconstituer. À l'occasion de l'une de ses premières visites à Mme de Staël à peine rentrée, Charles-Maurice lui présente Roederer qui siégeait avec lui à l'Assemblée nationale À Auteuil, il retrouve chez Mme de Boufflers et chez Mme Helvétius, quelques-uns de ses anciens amis[13] : Garat, Cabanis, Daunou, qui s'est associé à Chénier pour obtenir son rappel, Destutt de Tracy, entre autres. Daunou et Cabanis siègent au Conseil des Cinq-Cents. À l'Institut dont Charles-Maurice est membre, ils représentent avec Tracy le groupe des « idéologues » dont le rôle sera central sous le Directoire. Tous sont proches de Sieyès que l'ancien évêque retrouve également à Paris, avec Maret et son vieux complice Sémonville à qui il ne tardera pas à rendre service[14]. Dans cette société très mêlée – au point que Charles-Maurice dira plus tard, en se moquant des dîners hétéroclites (et de mauvais goût, selon la duchesse de Dino), de la villa Orsini chez Thiers : « Nous avons fait un dîner du Directoire » –, les salons où l'on se retrouve sont ceux de la banque et de la finance. Il renoue, rue de la Chaussée-d'Antin, avec son ami Jean-Frédéric Perregaux qui a traversé la Révolution sans trop de casse à la tête de sa maison de banque et joue un rôle de premier plan, entre autres, comme intermédiaire dans les relations entre le Directoire et le gouvernement anglais. Perregaux était proche de Panchaud avant la révolution et les deux amis se connaissent depuis longtemps. L'Anglais Henry Swinburne, qui séjourne à Paris peu de temps après le retour de Charles-Maurice, le croise à plusieurs reprises à dîner au domicile du banquier suisse, un hôtel somptueux qui a autrefois appartenu à la Guimard, avec Sainte-Foy, Roederer et Beaumarchais.

« Nous avons renouvelé connaissance. Tout diable boiteux qu'il est, c'est un homme très agréable[15]. »

Les fournisseurs et munitionnaires de la marine et de l'armée occupent aussi le haut du pavé. Parmi eux, le futur ministre des Relations extérieures entre en rapport, grâce à son ami Sainte-Foy, avec Michel Simons qui en novembre fonde avec Jean Werbrouck une société chargée de convertir les monnaies étrangères en espèces de France. À l'époque où il le rencontre, Simons est très amoureux de la belle Élise Lange, l'une des reines de la scène parisienne. Chez elle, dans son petit hôtel de la rue Saint-Georges, Charles-Maurice ne voit pas seulement des hommes de lettres comme Arnault, Collin d'Harleville ou même François de Neufchâteau, bientôt ministre puis directeur. C'est sans doute là qu'il fait la connaissance de Gabriel-Julien Ouvrard, proche de Barras, le bientôt célèbre brasseur d'affaires et futur munitionnaire général de la marine. Ce dernier avoue, en passant, dans ses Mémoires, l'avoir « beaucoup connu dans la société » et avoir bénéficié de sa part d'« une grande bienveillance qu'il me conserva lorsqu'il fut parvenu au pouvoir ». Évidemment, il n'est pas une seule fois question d'Ouvrard dans les Mémoires de Charles-Maurice.

Les opérations sur les monnaies, les fournitures de la marine peuvent être utiles en temps et heure. Il suffit pour cela d'occuper un ou plusieurs des postes politiques qui ouvrent les portes du Trésor. En attendant, Charles-Maurice est assez proche de Michel Simons pour témoigner à son mariage avec la belle Mlle Lange le 24 décembre 1797[16]. De même, Ouvrard lui cédera en mars 1799 le bail de sa maison de la rue Taitbout[17]. Autant de signes qui ne trompent pas.

Charles-Maurice est surveillé et il le sait. Les « mouches » de la police du Directoire sont à ses trousses et rapportent le moindre de ses faits et gestes. Si Paris vaut bien une messe, la perspective d'un ministère mérite une attitude irréprochable. Il s'agit d'être et de se montrer fidèle et loyal envers la République. Avec cela, tout peut arriver. « Je fais des vœux pour le succès de la République, écrit-il à Mme de Staël en février 1797. Je déteste plus que jamais l'aristocratie[18]. » La situation politique qu'il juge bonne dans les premiers mois de 1797 lui fait penser qu'il a plus que jamais ses chances d'arriver au pouvoir. Paris est « extrêmement peu révolutionnaire[19] » et de plus les élections du tiers sortant des Conseils, c'est-à-dire les représentants élus des deux chambres, celle des Cinq-Cents et celle des Anciens, qui représentent la puissance législative selon la Constitution de l'an III, s'annoncent bien, « malgré les réacteurs et malgré les anarchistes[20] ». À tel point d'ailleurs que Charles-Maurice songe à s'y présenter à Paris. Mais l'accalmie parisienne est trompeuse. La guerre épuise les moyens de la République. Le pays manque cruellement de numéraire ; les mandats territoriaux, qui ont pris la place des assignats, ont perdu toute valeur. En novembre 1796, une loi règle la vente de 500 millions de propriétés nationales. La trésorerie, incapable de faire face aux dépenses extraordinaires, s'en remet aux « faiseurs », munitionnaires et affairistes de tout poil. La crise financière que traverse le pays est dans un sens une chance pour Charles-Maurice qui propose discrètement ses bons offices. La presse, les comptes rendus des débats dans les Chambres en gardent quelques traces. En décembre 1796, un plan de réforme signé d'un certain Ferrières, mais que la rumeur attribue en réalité à l'ex-évêque d'Autun, circule dans Paris. Il s'agit d'autoriser la création de « cédules hypothécaires », c'est-à-dire des titres qui représentent la valeur des propriétés nationales encore à vendre, et de créer une banque susceptible de les escompter. Il en résulterait une nouvelle circulation monétaire au service de l'emprunt, dont le gouvernement a cruellement besoin. Le Directoire n'est pas resté insensible à la proposition. Réal, dévoué à Barras, tente de la faire passer devant les Conseils en défendant, le 31 décembre 1796, le principe d'une réforme du code hypothécaire. Mais tout ce que la droite compte dans les deux chambres de crypto-royalistes, qui rejettent le principe même des ventes nationales, s'oppose au projet[21].

C'est par ces manœuvres souterraines beaucoup plus que par le succès de ses deux discours à l'Institut, lus les 4 avril et 3 juillet 1797, sur l'Amérique et sur les colonies, que l'ancien émigré se rapproche du pouvoir dans les derniers mois de

1796[22]. D'autant que, simultanément, sa collaboration avec Simons s'intensifie. Le 14 janvier 1797, celui-ci signe avec le gouvernement un accord par lequel ce dernier met 4 millions de francs en numéraire à sa disposition. Ceux-ci doivent être employés à l'achat de guinées d'Angleterre et de matières d'or et d'argent du Portugal, le but de l'opération étant de faire frapper, en profitant du change, l'équivalent de 6 millions de francs en pièces d'or par les monnaies de Lille et de Bordeaux. Simons et ses associés prendront 2,5 % sur le montant des pièces d'or qui sortiront des ateliers français. En signe de bonne volonté, le gouvernement concède à la société représentée par Simons la libre exportation des produits agricoles de neuf départements français, « à charge d'introduire en France une quantité de guinées proportionnée à la valeur de ces articles. » Dominique-Vincent Ramel est alors aux Finances et Charles-Maurice connaît très bien cet ancien habitué des comités de l'Assemblée constituante. À la lumière des papiers de Michel-Jean Simons conservés aux Archives nationales, on s'aperçoit vite que l'ancien évêque s'intéresse de près à toute l'opération. Radix de Sainte-Foy, son homme lige, est chargé de la correspondance entre Ramel, Simons et Werbrouck à Bruxelles[23]. Bref, comme l'écrit Henry Swinburne, en bon observateur, Talleyrand « remue ciel et terre pour se faire employer par le Directoire[24] ». Entre la politique et les affaires, il nage en eaux troubles. Et dans ces eaux le gros poisson s'appelle Barras.

Paul-François de Barras, d'une vieille famille de noblesse provençale partage avec Talleyrand le fait de tenir à la fois à l'Ancien Régime et à la Révolution, à cette différence près qu'il a été beaucoup plus loin que l'ex-évêque en votant la mort du roi, comme d'ailleurs ses quatre autres collègues du Directoire qui se partagent collectivement la puissance exécutive. Il flotte autour de l'ex-vicomte comme un parfum de scandale et d'affaires qui remonte à l'époque où il gouvernait Toulon après l'avoir reprise aux Anglo-royalistes. Celui dont on dit qu'il était « le mari de toutes les femmes et la femme de tous les maris » collectionne ostensiblement les maîtresses, et les plus belles, à commencer par Joséphine de Beauharnais et Theresia Cabarrus, « Notre-Dame de Thermidor ». Il est le seul à avoir un semblant de cour, reçoit fastueusement au Luxembourg et dans son château de Grosbois près de Paris où il partage avec les anciens rois la passion de la chasse. Une grande taille, une belle figure, des yeux verts, des manières polies et pleines de tact héritées de l'Ancien Régime font de cet ancien militaire de quarante-deux ans, un homme à la mode avant d'être l'homme fort du régime, le seul des treize directeurs qui se succéderont de 1795 à 1799 – soit par tirage, soit au gré des vents politiques et contraires – à s'arranger pour ne pas quitter la place.

Barras doit sa fortune à la chute de Robespierre. Il en a été l'un des principaux artisans, avec Fouché et Tallien. La peur qui l'a conduit au pouvoir le pousse maintenant à s'y maintenir. Il s'agit avant tout de ne pas le perdre. Tête politique et manœuvrier habile, il gouverne entre les extrêmes jacobins et royalistes en pratiquant une politique de bascule, d'épurations en coups de main, à la poursuite d'une impossible « République sans révolution ».

Talleyrand est présenté à Barras au Luxembourg par Mme de Staël dans les premiers mois de 1797. Rentrée d'exil en janvier, celle-ci habite Luzarches où elle séjourne au château d'Hérivaux chez Benjamin Constant puis à Paris où elle se réinstalle définitivement en mai à l'hôtel de l'ambassade de Suède, rue de Grenelle. En recevant « le matin les Jacobins, les émigrés le soir, et à dîner tout le monde », elle se retrouve « pour ainsi dire le dépositaire de tous les projets, et profit[e] de sa situation pour faire réussir les siens[25]. ». Barras compte parmi ses amis. « Son attachement à Talleyrand », le « cher chat », « son amour de la célébrité » vont faire le reste. Elle croit sincèrement que le candidat de son cœur est aussi le meilleur gage de la réconciliation intérieure comme de la paix à l'extérieur des frontières[26]. « Talleyrand avait besoin qu'on l'aidât pour arriver au pouvoir, écrira, plus tard, amèrement, "la plus dévouée" des amies délaissées ; mais il se passait ensuite très bien des autres pour s'y maintenir[27]. »

Une fois en présence, Barras et Talleyrand se rapprocheront vite. Ils s'écrivent et se voient constamment. On a retrouvé un petit billet inédit de l'ex-évêque au directeur daté du 7 mai, qui prouve qu'ils étaient dès cette époque dans les meilleurs termes : « Je suis dans mon lit avec une migraine de tous les diables. Il m'est impossible d'aller dîner avec vous. [...] J'irai vous voir dans la soirée. Adieu, je vous suis attaché par le plus tendre et le plus inaltérable dévouement[28]. »

Le tout-puissant directeur et l'ancien émigré avaient trop d'intérêts communs pour ne pas s'être entendus. Tout à sa politique d'équilibre instable, Barras a besoin d'un homme comme Talleyrand. L'ancien évêque connaît les affaires. Il est capable, à Paris, de se lier à tous les partis et, en Europe, de rassurer les alliés de la République en cas de coup dur. Et puis il a du charme. Un charme dangereux. On sait ce qu'il faut penser du dévouement de Charles-Maurice. En politique, seule la réussite compte.

Plus tard, dans leurs Mémoires, les deux hommes s'arrangeront avec l'histoire pour donner leur version des faits. Charles-Maurice n'a bien sûr jamais cherché à devenir ministre ; l'amitié que lui voue Barras tient à la fois du hasard et d'un heureux concours de circonstances. Pour ne pas donner plus d'importance qu'il n'en faut à sa passion du pouvoir, il se cache derrière Mme de Staël qui a tout fait, tout arrangé, sans vraiment lui demander son avis. D'abord, « n'apercevant aucun élément d'ordre » dans le gouvernement, « je mis du soin à me tenir loin des affaires[29] ». Ensuite, puisque Mme de Staël insistait tant, « il fallut accepter » de rencontrer Barras à un dîner d'hommes de cinq couverts, à Suresnes, petite maison de campagne réservée aux intimes. Précisément, ce jour-là, l'aide de camp préféré du directeur, en réalité son amant de vingt-deux ans, Raymond Valz, se noie dans la Seine. Barras pleure, Charles-Maurice le console, avec cette « convenance réservée », dira-t-il encore, que l'ancien régicide en larmes apprécie[30]. L'affaire est faite. L'ennui, c'est que la scène se passe le 15 juillet, la veille de son accession au ministère – il suffit de vérifier la date du décès de Raymond Valz pour le savoir. C'est un peu trop court pour être honnête. Et pourtant tous les biographes de Talleyrand, ce formidable metteur en scène de sa vie, reprendront sa version sans la discuter. Dans la foulée, le portrait très personnel qu'il fait de Barras est celui d'un homme sensible, capable de se lier en cinq minutes. C'est un militaire, un Provençal. Avec lui, le cœur l'emporte sur la tête : « Je n'ai eu qu'à me louer de Barras, écrit-il sans rougir. C'était un homme passionné, tout de mouvement, d'entraînement ; il n'y avait pas deux heures que je le connaissais que j'aurais pu croire que j'étais, à peu de choses près, ce qu'il aimait le mieux[31]. » On savoure l'ironie. Le tout-puissant directeur l'a aidé, il a perdu. Voilà tout.

Barras, le vaincu de l'histoire, n'a pas de ces indulgences. Au moment où il écrit ses Mémoires, sous la Restauration, il rumine toujours sa haine et sa colère d'avoir été joué par celui qu'il a fait ministre. Dans ses notes réutilisées par son neveu Alexandre de Saint-Albin et dont il faut se servir avec précaution, il décrit carrément l'ancien évêque comme une sorte de réincarnation malfaisante de son vieil ennemi Robespierre. Le portrait qu'il en fait à l'occasion de leur première rencontre est à verser au dossier des plus beaux morceaux choisis de la légende noire de l'évêque défroqué : « En voyant entrer chez moi Talleyrand, son visage blême, insignifiant, mort, les yeux inanimés, fixes, je crus revoir Robespierre lui-même. Je fus encore plus frappé en le considérant de plus près : ces os saillants, cette tête courte, ce nez retroussé, cette bouche méchante et sèche, […] la même coiffure poudrée à blanc, le même port raide et immobile[32]. »

Et cet homme à tête de mort, au sourire sans lèvres, sait mieux que personne « faire marcher les femmes » pour assouvir son ambition. C'est toujours Barras qui raconte. Talleyrand l'assaille de prévenances, lui envoie tour à tour Mme de Brancas, « Mmes de M. », ses cousines, et surtout Mme de Staël. Un jour, celle-ci se présente chez lui au Luxembourg, toute à sa passion du pouvoir pour son cher Talleyrand. Elle commence par une véritable déclaration d'amour pour le directeur : vous êtes courageux, vous l'avez prouvé au siège de Toulon, vous êtes grand, vous êtes beau. Puis elle passe au « cher chat » : Talleyrand est votre homme. Il ferait n'importe quoi pour vous. Il sera votre âme damnée, votre confident, votre espion. Il aime la liberté et ne craint pas le sang. Faites-en votre ministre. Et au fur et à mesure, elle se rapproche de Barras jusqu'à le toucher, toutes voiles dehors. « Je vois encore ses grands yeux fixés sur moi avec un air de tendresse presque voluptueuse, et cependant non sans quelque chose d'impérieux. [...] Elle me serrait de très près, à ma cheminée, et il n'y avait pas moyen de rompre comme à l'escrime[33]. »

Barras se venge. Derrière Mme de Staël qui lui sert de prétexte, le portrait qu'il fait de Talleyrand est l'un de ceux qui ont sûrement contribué à fixer, pour l'histoire, la mue du jeune abbé de Périgord, couleur de rose, en homme « de tous les vices », en sphinx immobile et inquiétant. Même à l'époque, dans les journaux qu'ils écrivent et les lettres qu'ils s'adressent, les contemporains de Charles-Maurice ont saisi cette transformation. La légende qui le précède est déjà telle qu'elle a dû contribuer, dans les imaginations, à l'exagération des traits, à la saisie uniforme d'une apparence jouée, beaucoup plus mobile et complexe, selon les circonstances, que la caricature qu'on en a fait.

La marche au pouvoir est une affaire de volonté. Elle suppose aussi de bien organiser son jeu, d'avoir « un pied dans tous les partis ». Charles-Maurice tisse sa toile. Il se sert de Benjamin Constant qui vient de publier un nouvel essai (*Des réactions politiques*), et commence à se faire une réputation à Paris. L'amant de Mme de Staël vient d'y fonder le Cercle constitutionnel, dont les six cents membres se réunissent dans le grand salon de l'hôtel de Salm, rue de Lille[34]. On y trouve tous ceux qui, dans les Conseils et ailleurs, soutiennent la politique de Barras face aux Jacobins d'une part, aux royalistes du club de Clichy de l'autre. Charles-Maurice s'y inscrit et s'y montre avec Sieyès, Garat, Merlin. Il possède aussi parmi les royalistes modérés quelques appuis précieux. Pierre-Louis Roederer, Jean-Nicolas Démeunier qu'il a connu à Philadelphie, Dufresne de Saint-Léon, élu en mars au Conseil des

Cinq-Cents sont de vieux complices. Dufresne de Saint-Léon sera l'un de ses fondés de pouvoirs « autorisés » sous l'Empire. Au Conseil des Anciens, Dupont de Nemours a l'avantage d'avoir collaboré avec lui dans l'entourage de Calonne, bien avant la Révolution. Le 1er septembre 1797, quelques jours avant l'épuration royaliste de Fructidor, dont il réchappera de justesse grâce à Mme de Staël, il vantait encore « la capacité du nouveau ministre », « ses idées nettes », « son talent facile », « son caractère ferme », « son grand désir de mériter l'opinion publique par des services réels[35] ». La victoire des « royalistes » et des modérés aux élections de mars représente un atout de taille pour Charles-Maurice qui ne cache pas ses sentiments pacifistes et qui a salué en avril la nouvelle des préliminaires de paix avec l'Autriche, signés par un certain Bonaparte à Leoben. La nouvelle majorité des Conseils demande un changement de ministère, l'entrée de Barthélemy au Directoire, élu le 5 mai par cette même majorité pacifiste et anglophile, le conforte dans son ambition. L'ancien ambassadeur de France à Berne connaît Charles-Maurice et partage ses idées en matière de politique extérieure[36]. L'occasion est trop belle, pour ce dernier, de tenter à nouveau « la grande entreprise » et de « faire entrer la France dans la société européenne ». C'est mot pour mot ce qu'il dira en 1814 et en 1830. De même, il se présente comme l'un de ceux qui peuvent contribuer à la réconciliation des partis au sein du régime. Tout cela ne l'empêchera pas d'abandonner sans scrupules nombre de ses alliés royalistes des Conseils, brutalement épurés en Fructidor pour avoir voulu tenter un coup de force contre le pouvoir. Il est même très possible que son entrée au ministère ait été conditionnée par la promesse faite à Barras de soutenir son coup d'État antiroyaliste envisagé dès le mois de juin[37]. Dans la foulée, la reprise des hostilités avec l'Autriche ne lui fera pas non plus quitter sa place. L'ambition et l'intérêt commandent la patience. Le pragmatisme politique, dans ces cas-là, n'est jamais très éloigné du cynisme. Après tout, ses Mémoires sont là pour le justifier : « Dans les affaires de ce monde, il ne faut pas s'arrêter seulement au moment présent. Ce qui est, presque toujours, est peu de chose, toutes les fois que l'on pense que ce qui est, produit ce qui sera. » Voilà pour la théorie. La pratique vient tout de suite après : « Et, en vérité, pour arriver, faut-il bien se mettre en route[38]. »

Dans cet état d'esprit, Charles-Maurice est, bien sûr, prêt à « accepter » un ministère, comme l'écrira par la suite ironiquement Mme de Staël. Les Conseils veulent de nouveaux ministres. L'ancien évêque est le candidat de presque tout le monde, si l'on excepte les Jacobins. Mais c'est le Directoire, cette « aristocratie du régicide », qui, en dernier lieu, choisit. Barras lui est acquis. La Révellière-Lépeaux, hypocrite petit bossu, adepte de la théophilantropie, une drôle de religion inventée par lui, anticlérical et vaniteux, tombe dans ses filets, à force de flatteries. Lavalette a raison de dire dans ses Mémoires que, sur ce plan, le ci-devant grand seigneur de Talleyrand-Périgord, avait de quoi séduire ces bourgeois parvenus de la République[39]. Autre avantage, La Révellière, comme Reubell, qui se décidera pour lui au dernier moment, appartiennent avec Charles-Maurice au réseau des anciens membres de l'Assemblée constituante.

En fin de course – car c'est bien d'une course au pouvoir dont il s'agit –, la nomination de « l'émigré privilégié » au ministère des Relations extérieures se joue entre le 13 juin et le 16 juillet. La préparation des négociations de paix avec l'Angleterre, après l'Autriche, sert de toile de fond et de prétexte à la discussion des cinq directeurs, autour de sa candidature. Le 13 juin, Barras propose de l'envoyer à Lille où vont se tenir de nouvelles conférences de paix avec lord Malmesbury[40]. Maret, l'ancien directeur Letourneur et Pléville Le Pelley, un marin et l'un des premiers adhérents du Cercle constitutionnel sont finalement choisis. À défaut d'être dans la place, Charles-Maurice usera de Maret – mais aussi de Perregaux – comme d'un agent de renseignements, jusqu'à sa nomination définitive en juillet.

Hugues-Bernard Maret est l'une de ces éminences grises de la Révolution qui ont touché à tout et ont été de toutes les négociations secrètes. Cet ancien rédacteur du *Bulletin* de l'Assemblée nationale entré dans la mouvance girondine sert sous

Lebrun qui l'envoie à deux reprises négocier à Londres le maintien de la neutralité anglaise. Nous sommes en décembre 1792. Maret, comme Noël, travaille en fait pour Dumouriez, le vainqueur de Valmy qui, sept ans avant Bonaparte, rêvait de brûler les étapes du pouvoir[41]. L'aventure tournera court. Il n'en reste pas moins qu'à Londres Charles-Maurice de Talleyrand et Hugues-Bernard Maret ont dû avoir beaucoup de choses à se dire. Ils se retrouvent donc en vieux complices dans les derniers mois de 1796. L'un rentre d'exil, l'autre de captivité dans les prisons autrichiennes d'où il a été échangé par le gouvernement contre la fille de Louis XVI. Si Charles-Maurice n'est pas nommé à Lille, son accession au ministère est d'ores et déjà programmée. Ce n'est qu'une question de jours. Le 16 juillet, Carnot propose de remplacer quatre ministres afin d'obéir au vœu de la nouvelle majorité des Conseils. La discussion a sans doute été vive, mais sans commune mesure avec le ramassis d'injures lancées contre l'ancien évêque, inventé dans les pseudo-Mémoires de Barras. La résistance vient de Carnot, l'organisateur de la victoire, sincèrement républicain, le moins corruptible des cinq membres du Directoire : « Qu'on ne lui en parle pas ! Il a vendu son ordre, son roi, son dieu ! Ce catelan de prêtre vendra le Directoire tout entier. » On passe au vote. Le candidat est élu à la majorité de trois voix contre deux, en remplacement de Charles Delacroix[42]. N'en déplaise à la légende, l'ancien évêque s'est contenté de prendre la place de Delacroix nommé ministre en Hollande. Il n'a pas, par acquit de conscience, couché aussi avec sa femme, Victoire Oeben, la mère d'un garçon né en avril de l'année suivante, Eugène Delacroix, le peintre que l'on sait. La légende est née d'une supposition tardive et rien ne la confirme. Tous ceux qui ont aimé à forcer le trait de leur personnage, à commencer par Jean Orieux, se sont laissé tenter, sans se soucier du reste, ni surtout des sources ou plutôt de l'absence de sources. Une fois pour toutes, Talleyrand n'est pas le père d'Eugène Delacroix. On ne prête qu'aux riches[43]... En juillet 1797, il est ministre de la République, ce qui n'est dejà pas si mal.

Car on ne peut s'empêcher de saluer la performance. Un grand seigneur d'Ancien Régime, évêque défroqué, ancien émigré, à peine rentré dans les bonnes grâces d'une République qu'au fond il méprise, se sert, pour en devenir le ministre, des blocages d'une Constitution à laquelle il va prêter serment dans quelques jours, et tourne à son profit le conflit qui oppose les deux puissances législative et exécutive du régime. Intermédiaire de génie, il promet son concours aux uns et aux autres, jouant en fait les uns contre les autres. Il abandonnera sans sourciller les royalistes des Conseils dans deux mois, et Barras dans deux ans. C'est précisément cela que Mme de Staël appellera plus tard « un mauvais songe[44] ».

La « providence » est « une bonne femme qui ne va pas vite, mais qui peut vous mener loin ». Il parlait en connaissance de cause. C'était quelques jours avant sa nomination, en plaisantant avec son ami François de Jaucourt[45]. Mais la providence a bon dos. Il s'agit avant tout de faire comme si elle n'existait pas. « J'ai accepté le ministère parce que j'ai été nommé. Voilà mon seul motif. C'était un ordre de monter à la brèche[46] », explique-t-il sans broncher à l'un de ses collaborateurs.

Le lendemain de sa nomination, Mme de La Tour du Pin, qui vient de rentrer d'émigration, le rencontre chez Mme de Valence, la fille de Mme de Genlis et sa maîtresse du jour[47]. On parle des événements du moment. La conversation roule sur « des choses futiles et indifférentes. Quelques instants plus tard, raconte Mme de La Tour du Pin, il se prit à dire avec cet air nonchalant qu'il faut avoir vu pour s'en faire une idée : « À propos, savez-vous que le ministère est changé ; les nouveaux ministres sont nommés. » À force de questions, il finit par lâcher, comme en passant : « Ah ! aux Affaires étrangères ? Eh ! mais […] [c'est] moi, sans doute ! » Puis, il prend son chapeau et s'en va[48]. Toute cette scène, extraordinaire de composition, est à l'opposé du mot dramatique envoyé par Chateaubriand à la comtesse de Castellane en juin 1824 : « Madame, je ne suis plus ministre. Je vous verrai demain. »

Quand on connaît les subtilités manœuvrières de Charles-Maurice, quand on sait les trésors de finesse, de flatterie et de diplomatie dont il a usé pour arriver à ses fins – ministre à quarante-quatre ans –, on reste pantois. Sa maîtrise de soi est telle qu'il n'y a aucune raison de penser que ce que d'autres ont dit de ses réactions, à l'opposé de celle-ci, ne soient pas crédibles. Tout dépend des circonstances et de ceux à qui il parle. Barthélemy, toujours honnête dans ses Mémoires, évoque ses difficultés financières et dit avoir appris, quelques jours avant sa nomination, qu'il avait besoin de se procurer cent mille livres de rentes[49]. Devant Mme de Staël, qui aime le mélodrame, il aurait jeté sa bourse à moitié vide : « Voilà le reste de ma fortune ! Demain ministre ou je me brûle la cervelle[50] ! » Lorsque l'on consulte les archives de ses notaires, les dossiers sont étrangement vides pour 1797. Or, d'une façon générale, lorsque ses affaires sont prospères, Charles-Maurice achète terres ou maisons, et signe. On ne trouve rien de la sorte avant Brumaire. Il n'y a donc encore une fois aucune raison de penser qu'apprenant la nouvelle de sa nomination le 16 juillet dans la soirée au Cercle des étrangers, rue Grange-Batelière, et se rendant en voiture au Luxembourg pour remercier les directeurs en compagnie d'un ami intime, le marquis de Saisseval, grand joueur comme lui, il n'ait pas murmuré d'une voix sourde, d'un bout à l'autre du trajet : « Nous tenons la place : il faut y faire une fortune immense, une immense fortune ; une immense fortune, une fortune immense[51]. »

C'était « un homme d'infiniment d'esprit, qui manquait toujours d'argent », dira un jour Stendhal en parlant de lui[52].

Troisième partie

LA PATIENCE

1.

AFFAIRES ÉTRANGÈRES

Le 19 juillet 1797, le citoyen Charles-Maurice Talleyrand-Périgord s'installe au ministère des Relations extérieures, entre la rue de Grenelle et la rue du Bac, comme s'il y avait été depuis toujours. L'ancien et très aristocratique hôtel de Galliffet qui abrite les bureaux de la diplomatie républicaine est un vaste et bel édifice à péristyle et colonnades, construit peu avant la Révolution, entre cour et jardin. On arrive à l'hôtel du ministre par deux cours, séparées par un premier bâtiment où logent les bureaux politiques. L'ensemble existe toujours et abrite aujourd'hui les services culturels de l'ambassade d'Italie. Par la suite, Charles-Maurice obtiendra de faire transporter les archives et la bibliothèque dans un hôtel voisin, ci-devant de Maurepas, acquis par le gouvernement. En 1797, le ministère des Relations extérieures est une petite machine administrative, si on le compare à ce qu'il est aujourd'hui : un secrétariat général qui regroupe les bureaux des traducteurs, du chiffre, des passeports et de la correspondance, trois divisions politiques, les bureaux du contentieux et des fonds, le dépôt des archives. Dans quelques mois, le nouveau ministre rétablira le bureau des consulats, supprimé par son prédécesseur, ce qui prouve assez l'importance qu'il accorde à la dimension économique de son travail. Au total, une cinquantaine de personnes, sans compter huit garçons de bureau et un colleur de chiffres.

Si Charles-Maurice touche peu aux structures déjà réformées par Delacroix juste avant son entrée en fonction, il ne tarde pas à peupler ses bureaux d'hommes à lui. On parlera tout à l'heure de son entourage officieux, assez singulier, c'est le moins qu'on puisse dire. Officiellement, trois hommes arrivent rue de Grenelle, qui ne quitteront plus leur ministre jusqu'à la Restauration. Si Alexandre-Maurice Blanc d'Hauterive entre par la petite porte – il est nommé provisoirement à un poste subalterne au bureau des consulats –, il ne tardera pas à jouer les premiers rôle auprès de Talleyrand. Les deux hommes ont déjà beaucoup en commun. Ils se sont connus dans l'entourage de Choiseul et se sont revus aux États-Unis. D'Hauterive, destitué par Genet de son poste de consul à New York, était alors en pleine disgrâce. C'est Charles-Maurice lui-même qui obtiendra sa radiation et le fera rentrer en France. Après avoir collaboré pour le ministre à la publication d'un habile plaidoyer en faveur de Bonaparte[1], il sera bientôt nommé à la tête de la deuxième division politique, dite du Midi, et s'imposera comme l'une des éminences grises de Charles-Maurice qui, tout en le traitant par dérision « d'homme de lettres », le consulte sur l'ensemble des affaires politiques et lui confiera l'intérim du ministère pendant ses absences. D'Hauterive, « le plus doux des hommes bourrus », selon l'un de ses collaborateurs, est sans doute l'un de ceux qui ont le mieux percé à jour le caractère du « patron ». Il le sert fidèlement, ce qui ne l'empêche pas d'exercer son indépendance. Les divergences de vues politiques qui ont parfois opposé les deux hommes, comme en 1805 sur la Prusse, seront l'occasion de colères mémorables. Dans ces cas-là, le collaborateur n'hésite pas à jouer au jeu des quatre vérités avec son ministre. « J'ai lieu de croire qu'avec tout votre discernement vous n'avez pas apprécié que je connaisse parfaitement le fort et le faible de vos affections et des miennes ; vous avez cru que c'était en aveugle que je m'étais toujours laissé entraîner, à mon insu, à mettre dans cette association beaucoup plus du mien que vous ne mettez du vôtre. Je veux que sur cela vous sachiez deux choses : la première, que je n'ai jamais cessé de voir très clair ; et la seconde, que l'association de sentiments, commode pour vous, active et vivante dans moi seul, n'avait jamais varié, et qu'elle dure encore[2]. » Hauterive n'est pas dupe. Il ne manque pas non plus de courage quand on sait la puissance du ministre à cette époque. À l'inverse, l'existence même de ces lignes prouve que son destinataire était capable de les entendre. Qu'on imagine aujourd'hui un directeur de cabinet écrire cela à son ministre ! Avec d'Hauterive, Antoine-René de La Forest, un autre « Américain », prend la tête du bureau des Fonds et remet de l'ordre dans l'organisation financière d'un ministère fortement endetté. Le troisième homme, Durant, est déjà là à l'arrivée du nouveau ministre, mais prend une importance accrue à la tête de la première division politique, dite du Nord, qui a en charge, entre autres, la correspondance avec l'Angleterre. Durant, futur baron de Mareuil, est le plus éclectique des collaborateurs de Charles-Maurice. Il a été tour à tour dans les affaires, puis inspecteur général de la fabrication des assignats et enfin militaire à l'armée du Rhin. Il devra s'éloigner en 1805, à cause de ses liens avec Radix de Sainte-Foy, et servira successivement à Dresde, Stuttgart puis Naples.

Comme toujours avec l'ancien évêque d'Autun, ce ministère a une apparence et une réalité. Sur le papier, les ministres, révocables à merci sont pieds et poings liés aux décisions du pouvoir exécutif. Quand elles ne sont pas prises par les généraux, les grandes décisions diplomatiques, armistices et traités, sont étudiées et décidées au Luxembourg. Le ministre conseille éventuellement, suit et exécute. De plus, il est bombardé de directives et de règlements très tatillons sur les horaires, l'habillement, les bonnes mœurs, les salaires de ses agents. Ceux-ci s'en vengeront d'ailleurs en publiant anonymement une *Ordonnance burlesque du gouvernoire de la république iroquoise* dans laquelle il est défendu aux horloges de se déranger, mais recommandé aux commis de courir dans les couloirs et de ne jamais être malades[3]. Charles-Maurice a dû en sourire comme il sourira des maladresses de ses diplomates à l'étranger, sortis des assemblées révolutionnaires ou de l'Institut et nommés par les directeurs. Les manières et les habitudes de ces « aristocrates du régicide », comme les appelle Mme de Staël, sont très différentes de celles des cours de vieille noblesse auprès desquelles ils représentent la République. Charles-Maurice a beau leur conseiller : « Sachez vous faire aimer, estimer, respecter. Ne heurtez point les mœurs, les usages, les préjugés des pays où vous êtes[4] », ses ambassadeurs n'en font qu'à leur tête.

À Naples, le citoyen Garat se compare, en présentant ses lettres de créances, à Pythagore et aux sages de la Grèce, et forme pour la reine Marie-Caroline des vœux de « repos » et de « bonheur personnel ». Cela aurait été très bien si l'ambassadeur n'avait pas précédemment notifié à Louis XVI son arrêt de mort, et si la reine de Naples n'avait pas été la sœur de Marie-Antoinette. À Berlin, Sieyès, toujours très content de lui, avoue dans une dépêche, à propos de sa présentation au roi de Prusse : « J'ai parlé de moi beaucoup plus qu'il n'eût été décent de le faire en tout autre circonstance. » Dans le même registre, mais encore plus pitoyable, Truguet, persuadé d'avoir ensorcelé, à Madrid, la reine d'Espagne d'une laideur à fuir, écrit sans s'émouvoir : « J'ai cru m'apercevoir que j'ai fait des progrès très sensibles sur le cœur de cette princesse qui serviront utilement aux intérêts de la République. » La palme revient à Ginguené, ci-devant ambassadeur de la République à Turin près le roi de Sardaigne. Citons d'abord ce petit dialogue charmant entre le vieux roi Charles-Emmanuel, marié à la sœur de Louis XVI, et le membre de l'Institut : « Avez-vous des enfants, Monsieur l'ambassadeur ? – Non, Sire, mais je m'en console, comme Votre Majesté, par la tendresse d'une vertueuse épouse. » Là-dessus, Ginguené en profite pour demander au roi la permission de lui présenter Mme Ginguené, ce qui, à ce qu'il paraît, ne faisait pas partie de ses instructions, et insiste pour l'introduire à la cour en chapeau et en bas de coton blancs ; puis écrit à Paris, en manière de triomphe, avoir « inauguré le pet-en-l'air », aux yeux des souverains ébahis. Malheureusement, c'est Charles-Maurice qui reçoit la dépêche et qui fait imprimer illico la note suivante dans les journaux : « Un ambassadeur de la République française a écrit, dit-on, au ministre des Relations extérieures, qu'il venait de remporter une victoire signalée sur l'étiquette de la cour d'une vieille monarchie, en y faisant recevoir l'ambassadrice en habits bourgeois. [...] Le ministre lui a répondu que la République n'envoyait que des ambassadeurs parce qu'il n'y avait chez elle que des directeurs, et qu'on n'y connaissait de directrices que celles qui se trouvaient à la tête de quelques spectacles[5]. »

La morgue aristocratique de l'ancien abbé de Périgord n'a pas manqué de s'exercer contre les « faiseurs » de la République. « On voit bien, aurait-il dit, qu'il n'y a pas très longtemps qu'ils marchent sur du parquet[6]. » C'est aussi une question de vocabulaire. À Barras le comparant avec le secrétaire général du Directoire, Joseph Lagarde, qu'il apprécie particulièrement, il a cette réflexion : « Lorsque vous dites "f[outre]", Lagarde ne dit que "s[acrebleu]"[7]. »

Tous ces mots rapportés et que Charles-Maurice laisse courir sont aussi pour lui une façon comme une autre de se démarquer d'un régime qu'il sert sans pouvoir vraiment le conduire. Dans les *Éclaircissements* qu'il publiera le 14 juillet 1799 à sa sortie du ministère, il prendra bien soin de dire qu'il n'a été pour rien dans les décisions du régime, qu'il ignorait « les grandes mutations de la Suisse et de l'Italie », devenues à l'époque catastrophiques pour le pays, qu'on lui faisait demander des lettres de créances « en blanc » à la nomination des ambassadeurs des républiques sœurs[8]. Même son de cloche, beaucoup plus tard, dans ses Mémoires. Pour une fois, il ne ment pas tout à fait.

Dès son entrée au ministère, il écrit à Maret : « J'éprouve des difficultés d'en haut pour les changements que je voudrais faire dans mes bureaux[9]. » La lecture des procès verbaux des séances du Directoire conservés aux Archives nationales laisse peu de doute sur l'étroitesse de sa marge de manœuvre. Les directeurs chargés en particulier des Affaires étrangères de la République, Jean-François Reubell, d'un caractère violent et impropre aux négociations diplomatiques, puis Jean-Baptiste Treilhard ont la plupart du temps le dernier mot dans leurs discussions avec le ministre qui conseille mais ne décide pas. De même les ambassadeurs et les agents à l'étranger, nommés par le Directoire, conservent une réelle indépendance. Les travers d'orgueil et la vanité de certains d'entre eux sont peu de chose comparés à leur pouvoir de nuisance sur place. « De tous côtés, ce sont les agents intérieurs et extérieurs qui mènent et dirigent le Directoire », écrit en juillet 1798 Sandoz-Rollin qui représente le roi de Prusse à Paris[10].

Malgré tout, quelques nuances s'imposent. Bien sûr, le ministre des Relations extérieures du Directoire ne peut pas grand-chose contre les tendances lourdes d'une Europe des monarchies, décidée à poursuivre une guerre que les victoires fulgurantes de Bonaparte en Italie n'ont fait que suspendre en 1797 et qui reprend partout dans les derniers mois de 1798. En s'agrandissant, en créant des satellites sous sa dépendance, la République bouleverse les vieux équilibres d'Ancien Régime. Ce n'est simplement pas supportable. Si le ministre n'est pas en position d'agir comme il l'entend, il ne se prive pas de parler. Il désapprouve discrètement l'essaimage des Républiques batave, helvétique, cisalpine, ligure, romaine et autre parthénopéenne, première version de l'Europe impériale, dynastique et familiale, dont il dira plus tard en Angleterre qu'elle fut la plus grande faute de Napoléon[11]. La liberté de ton et de jugement de ses rapports officiels sur la politique conduite par les maîtres du Directoire est étonnante. Peu après la paix de Campoformio (décembre 1797), il rédige un mémoire qui est un chef-d'œuvre de philosophie politique, la plus rare des formes de sagesse humaine, commente Gugliemo Ferrero, parce que d'habitude les philosophes ne savent pas agir et les politiques ne savent pas penser : « Dans la situation où se trouve une république qui s'est élevée nouvellement en Europe en dépit de toutes les monarchies, et sur les débris de plusieurs d'entre elles, et qui y domine par la terreur de ses principes et de ses armes, ne peut-on pas dire que le traité de Campoformio et que tous les autres traités que nous avons signés ne sont que des capitulations militaires plus ou moins belles ? La querelle, momentanément assoupie par l'étonnement et la consternation du vaincu, n'est point de nature à être définitivement terminée par les armes, qui sont journalières, tandis que la haine subsiste. Les ennemis ne regardent, à cause de la trop grande hétérogénéité des deux parties contractantes, les traités qu'ils signent avec nous que comme des trêves semblables à celles que les musulmans se bornent à conclure avec les ennemis de leur foi sans jamais prendre des engagements pour une paix définitive. [...] Ils continuent non seulement d'être nos ennemis secrets, mais demeurent dans un état de coalition contre nous, et nous sommes seuls en Europe, avec cinq républiques que nous avons créées et qui sont pour ces puissances un nouvel objet d'inquiétude[12]. » On ne peut être plus lucide.

La peur est, de part et d'autre, le moteur de la guerre qui se prolonge et cette guerre n'est autre que l'affrontement de deux systèmes inconciliables, l'un de conquête et d'idéologie, l'autre d'équilibre et de famille. D'un côté la Révolution, de l'autre l'Ancien Régime. On ne peut se parler quand on ne parle pas la même langue, comme entre les chrétiens et les musulmans. Un an et demi plus tard, il dira encore : « L'Europe s'arrangera de nous, tranquilles, et s'en arrangera parfaitement. De nous, propagandistes, elle ne s'en arrangera jamais. Il faut sortir de cette idée-là[13]. » Même s'il parvient à maintenir la neutralité prussienne, ses « échecs » ou plutôt son impuissance, de la rupture des négociations de Lille avec l'Angleterre en septembre 1797 à la reprise de la guerre avec l'Autriche, n'ont à ses yeux pas d'autres causes que la « propagation » par la République « de son système », qui provoque « l'effroi » et « la haine » de « toutes les monarchies, toutes les aristocraties, toutes les hérédités ». « Il y a des circonstances, écrit-il encore en juin 1799, et celle-ci en est une, où la passion peut être plus forte que l'intérêt ; et la République française, quoique toujours empressée à chercher des amis et à les conserver [c'est à lui qu'il pense lorsqu'il écrit cette dernière phrase], doit avoir cependant pour première maxime de ne compter réellement que sur ses propres forces[14]. »

Dans ses rapports au Directoire, il donne sans cesse des conseils de prudence, en particulier dans celui du 10 juillet 1798, lorsqu'il souhaite ouvertement une République « constante, habile et sage[15] », sans être vraiment écouté.

L'ambition et la cupidité s'accrochent au moment qui passe, comme à l'absolu, pourvu qu'il leur soit favorable. Pour voir aussi loin dans l'avenir, il faut aussi un élan désintéressé de l'esprit, un irrésistible besoin de comprendre, de n'être ni la dupe ni la victime des événements. Talleyrand est à la fois l'un et l'autre, ambitieux et visionnaire. Et il reste en place. Sa démission, en juillet 1799, s'explique par de tout autres causes. S'il sert un régime « beaucoup trop révolutionnaire et propagandiste » pour qu'il l'accepte sincèrement, il a trop à gagner, trop « à pêcher en eau trouble », selon l'expression de Sainte-Beuve, dans les remaniements incessants des républiques voisines, pour renoncer si facilement au ministère[16].

2.

ÉTRANGES AFFAIRES

La réalité de la puissance du ministre des Relations extérieures sous le Directoire est moins politique que financière. La modestie des dépenses courantes du ministère qui ne dépassent pas 3 millions de livres en 1796, les plaintes incessantes adressées par Charles-Maurice au ministre des Finances Dominique-Vincent Ramel – « Je ne puis vous exprimer dans quel embarras me plonge la modicité des sommes dévouées jusqu'ici à ce service, lui écrit-il en août 1798[1] » – cachent l'énormité des dépenses, secrètes ou extraordinaires, sur lesquelles les Conseils n'ont aucun contrôle après les avoir votées. En 1796, elles s'élèvent à la somme de 2 millions de livres. De plus, depuis le mois d'octobre 1796 et à cause de l'incurie de la trésorerie qui se déclare incapable d'honorer la totalité des dépenses du gouvernement, le ministre détermine lui-même « l'ordre des paiements » – immédiats, par acomptes, ou différés –, ce qui lui donne le pouvoir arbitraire de favoriser tel ou tel banquier ou tel ou tel fournisseur par rapport à tels autres… et représente autant d'occasions de corruption. Lorsque l'on sait par ailleurs que ces derniers bénéficient à la même époque de « délégations spéciales » sur certains revenus du gouvernement contre les avances qu'ils acceptent de lui faire, comme à la belle époque de la monarchie, on mesure l'ampleur des tripatouillages.

Des conditions idéales pour un homme qui maîtrise à fond les mécanismes financiers d'Ancien Régime. Sur ce plan, les années de son premier ministère ne sont pas sans rappeler celles qui précédèrent la révolution. La montée en puissance d'une discrète « diplomatie parallèle », mise en place par

Charles-Maurice dès son entrée au ministère, ne s'explique pas autrement. Le rôle de cette dernière est double : le renseignement et ce que l'on pourrait appeler pudiquement, les « opérations spéciales ». Chateaubriand ne manque évidemment pas l'occasion de le signaler dans ses Mémoires. Encore une fois : « Quand M. de Talleyrand ne conspire pas, il trafique. »

Dans quelques années, on évoquera en aparté dans les salons parisiens l'existence d'une certaine liste qui circulait sous le manteau et donnait le montant des dessous-de-table, commissions et autres pourboires diplomatiques touchés par Charles-Maurice, ministre du Directoire. Il y a de bonnes raisons de penser qu'elle est l'œuvre du plus mystérieux de ses collaborateurs officieux, à la fois écrivain stipendié et agent double, le publiciste anglais d'origine juive Lewis Goldsmith, *alias* Henri, *alias* George Levy puis George Hamilton, du nom de sa mère. Goldsmith « entre » tardivement au ministère des Relations extérieures, en 1800 et le quitte en 1803. Il prend en charge, à la demande de Charles-Maurice qui a dû le rencontrer à Londres et s'est toujours intéressé à ce genre de personnages, la presse et la propagande. Avec l'argent de la caisse noire du ministère, il commence par monter à Londres une officine de propagande contre la politique de Pitt, puis fonde l'*Indépendant* devenu l'*Argus*, destiné à être diffusé en France et en Angleterre à l'époque de la paix d'Amiens et à propager vraies et fausses nouvelles[2]. L'un de ses collaborateurs est André d'Arbelles, que l'on retrouvera plus tard. Goldsmith, furieux contre son patron qui ne le protège pas et ne le paie pas suffisamment[3], le quitte bientôt, rentre à Londres puis effectue plusieurs missions d'espionnage dans le nord de l'Europe pour le compte de Régnier, Berthier et Desmarets. Il retourne à Londres en 1809 où il fonde un peu plus tard l'*Anti-Gallican Monitor*. Avant même d'écrire son *Histoire secrète du cabinet de Napoléon Buonaparte*, publiée à Londres et à Paris en 1814, il poursuit Charles-Maurice de sa haine en faisant paraître à Londres dès 1805 les pseudo-Mémoires de son ancien patron, sous la signature de Stewarton[4]. La fameuse liste s'y trouve. Elle sera reprise, complétée et augmentée, dans les Mémoires de Barras qui avait tout intérêt à charger son ancien ministre, pour se couvrir lui-même[5]. On est en pleine légende noire. Si les chiffres annoncés sont invérifiables et souvent fantaisistes, il n'en reste pas moins qu'ils cachent sans doute un fond de vérité. Il n'y a pas de fumée sans feu. Pour les seuls mois de juillet à décembre 1797, l'auteur égrène – c'en est presque monotone – les 20 000 guinées offertes par l'Angleterre à l'occasion des négociations de paix à Lille, les 12 000 frédérics de Prusse contre l'assurance d'une poursuite de la guerre avec l'Angleterre, les 10 000 doubles-souverains d'Autriche contre celle de rompre avec la Prusse, les 12 000 sequins du pape et les 18 000 sequins du roi de Naples contre la promesse de plaider la défense de leur neutralité, les 100 000 francs de la Suisse, virés à Hambourg, puis à Londres, les 500 000 francs versés par le Portugal pour conclure la paix, également virés à Londres, chez Hope. La liste n'est pas exhaustive. Elle ne respecte pas l'ordre des négociations Elle est même parfois au-dessous de la vérité. Sur le moment, le ministre nie tout en bloc. Beaucoup plus tard, le vieux diplomate se montrera plus bavard. Le temps est passé par là. À Londres, en 1832, il se vantera devant lord Alvanley d'avoir fondé sa fortune en saisissant l'occasion des négociations de paix avec le Portugal, peu de temps après son arrivée aux affaires. Il aurait distribué un million de dessous de table à chacun des directeurs et en aurait gardé trois pour lui[6].

Dans leurs correspondances, même privées, les diplomates parlent rarement des contreparties financières, toujours très secrètes et toujours orales, de leurs discussions. Il faut que celles-ci tournent mal pour que l'on en apprenne vaguement quelque chose. Dans l'affaire du Portugal, la remise en cause de la paix signée avec la France[7] par le gouvernement de Lisbonne sur la pression des Anglais, qui aura pour conséquences le blocage des commissions, les malversations de la banque anglaise chargée de les reverser, les indiscrétions du banquier auprès de son gouvernement évidemment ravi de gêner les Français ; enfin les rivalités entre les directeurs, en particulier Barras et Reubell, créèrent les conditions du scandale. L'affaire devient publique. Dans ces cas-là, on en sait toujours un peu plus qu'à l'ordinaire, parce que la presse parle, parfois à tort et à travers, et parce qu'il en reste des traces dans les archives. Antonio de Araujo de Azevedo, le diplomate portugais chargé des négociations et bailleur de fonds des dessous-de-table, tente ainsi de se justifier, d'autant plus qu'il est personnellement menacé et mis à la prison du Temple en janvier 1798. Ce qu'il dit sur Charles-Maurice peut en déconcerter plus d'un, étranger aux usages des négociations internationales d'hier et d'aujourd'hui. À ses yeux, il n'y a pas de quoi fouetter un chat, et de plus l'ancien évêque est plutôt moins malhonnête et surtout beaucoup plus doué que les autres. Araujo évoque d'abord, dans une dépêche à son ministre Luis Pinto, les implications des uns et des autres, en particulier Barras et Reubell, puis il ajoute : « Quant à Talleyrand, ce fait [avoir conservé une partie de la commission à la barbe des directeurs] suffirait à prouver son immoralité, mais comme tous sont de la même espèce, Talleyrand au moins sait servir et, mis à part cette coquinerie, il m'a toujours été fidèle, il cessera de l'être quand son intérêt le lui conseillera[8]. » Voilà qui est clair.

Parmi les affaires « manquées » ou « éventées » des débuts de son ministère, celle des négociations pour le rétablissement de la neutralité américaine aura des conséquences politiques encore plus graves. À l'époque de l'arrivée de Charles-Maurice au pouvoir, la République française est au plus mal avec la jeune République américaine. La France conteste le traité de commerce et d'amitié signé par les États-Unis avec l'Angleterre en 1794 et le considère comme une violation formelle de ses propres accords, signés en 1778. Les deux pays sont alors en pleine guerre maritime : on évalue à plus de 800 le nombre des navires américains arraisonnés par les corsaires français de 1797 à 1800[9]. En octobre 1797, trois émissaires américains, Charles Pinckney, John Marshall, le futur président de la Cour suprême, et Elbridge Gerry, l'un des signataires de la Déclaration d'indépendance, des « hommes simples », débarquent à Paris avec la mission de rétablir la neutralité américaine et de demander des indemnités pour les dommages infligés à leur pavillon. Le 22 octobre, dans une longue dépêche à leur gouvernement, ils racontent, éberlués, avoir reçu de curieuses visites. C'est d'abord une mystérieuse femme, puis Pierre Bellamy, l'agent de la maison de banque Chapeaurouge à Hambourg, accompagné de l'homme d'affaires personnel de Barras, Jean-Conrad Hottinguer, qui connaît bien Charles-Maurice pour l'avoir rencontré en Amérique où il était lui aussi chargé par un consortium, la Cie Cérès, d'acheter des terrains en Pennsylvanie. Ils rencontrent ensuite trois des « courtiers » favoris de l'ancien évêque : Radix de Sainte-Foy, Casimir de Montrond et André d'Arbelles. L'affaire est très simple. Si les Américains veulent négocier et voir le ministre, ils n'ont qu'à souscrire un emprunt de 32 millions de florins de Hollande, offrir au Directoire 50 000 louis d'or, enfin, prévoir des « douceurs » (*sweetness*) pour le ministre et des « faux frais » pour les intermédiaires. Tout cela prend quelques mois. Mais loin de céder, et pour des raisons de politique intérieure, le président John Adams saisit le Congrès de toute la négociation dans un message du 3 avril 1798. Les journaux américains et anglais s'emparent du scandale. On lui donne un nom de code formé des trois dernières lettres de l'alphabet, XYZ, qui désignent les trois intermédiaires encore inconnus du ministre. La presse française, très contrôlée, se montre plus discrète, mais le gouvernement de Londres parvient à introduire dans le pays une partie de la correspondance américaine traduite en français. Le 31 mai, Charles-Maurice, qui couvre Barras, tente de se justifier discrètement dans la presse. Il n'a rien vu, rien entendu. Il rencontre tant de personnes dont il n'est aucunement responsable « qu'il n'a aucun moyen pour empêcher l'abus qu'elles font, loin de lui, des visites les plus insignifiantes dont elles se prévalent, au gré de leur intérêt, auprès des hommes sans expérience ». Et aussi, plus déclamatoire, dans son mémoire au Directoire : « Ce qui est de moi est dans ce que j'ai dit, dans ce qu'ont traduit en mon nom les employés du département des Relations extérieures, et là, tout est simple, tout est pur, tout est digne de la loyauté française. » L'un des envoyés américains, Gerry, confirme les dires du ministre. Les deux pays sont pourtant passés tout près de la guerre. Charles-Maurice mettra des mois à réparer une entrée en matière devenue désagréablement publique. Grâce à son savoir-faire, il parviendra, *in extremis*, à garder le contact par l'intermédiaire du ministre des États-Unis à La Haye et à renouer les fils de la négociation qui se terminera par un accord en septembre 1800. Sur le fond, sa position n'a pas varié : « Nous n'avons rien à désirer des États-Unis, sinon de les voir prospérer[10]. »

Ces deux exemples comptent parmi les rares cas où il se soit (presque) fait prendre la main dans le sac, même si on ne saura jamais son degré d'implication, puisque, comme d'habitude, il n'agit pas directement. Ce dont on est sûr, en revanche, c'est que très vite l'argent coule à flots, toujours en liquide, sans reconnaissance de créances ni obligations écrites. Jacques Laffitte, l'associé de Perregaux, en donne une preuve dans ses Mémoires en racontant comment Charles-Maurice s'y prenait, sous le Consulat, pour lui apporter de l'argent. Pour commencer, il lui doit 150 000 francs. Cela dure une certain temps, trois ans exactement. Première lettre, deuxième lettre, troisième lettre, rien. Arrivent les menaces d'huissiers. Puis, un beau jour, Laffitte entend dire par un ami commun qu'à un certain dîner Talleyrand n'a eu de cesse de chanter ses louanges : « Quel homme d'esprit, de bon ton, le premier des banquiers, voyant les choses de loin et de très haut, etc. » Le lendemain, Charles-Maurice est comme par hasard en personne dans son bureau, boitant comme d'habitude, « s'accoudant, s'appuyant sur le dos de chaque chaise pour ne pas tomber ». On parle de politique générale. Les opinions des deux hommes s'accordent. Puis commence le dialogue suivant : « À propos ! Voulez-vous m'ouvrir un compte à l'anglaise ? [on dirait aujourd'hui un compte à la suisse, sans nom ni traces]. – Volontiers. – Ni intérêts pour moi ni commission pour vous ? – C'est entendu. » Puis tirant de sa poche un gros paquet de billets de banque : « Tenez, faites mettre cela sur mon compte. – Combien y a-t-il ? – Trois cent mille francs. – Attendez la quittance. – Ce n'est pas nécessaire. Au revoir ! » « Depuis lors, conclut Laffitte sans s'énerver, nous avons toujours été bons amis, disant, lui toujours du bien de moi, moi de lui[11]. »

3.

MONTROND ET QUELQUES « SPÉCIALISTES »

Les opérations en eaux troubles dépendent de ce que l'on appelle pudiquement l'« entourage » du ministre. Dans ce genre d'affaires, il est presque toujours intouchable, d'autres agissent à sa place. Charles-Maurice, qui déteste pourtant la mauvaise compagnie, a passé sa vie à la subir, au moins le matin lorsque les gens du monde ne sont pas encore levés ou le soir dans le secret de son cabinet. Les aventuriers, les espions, les agents doubles et autres flibustiers lui sont indispensables. Il s'est servi d'eux, il les a payés. Certains vont le détrousser, le tromper et le faire chanter jusqu'à la fin de ses jours. Les hommes doubles ont cela de dangereux que précisément ils sont doubles. Ils apportent et ils emportent[1].

Le comte François-Casimir Mouret de Montrond qui entre en scène dans l'affaire XYZ est sans doute le plus extraordinaire d'entre eux. Il est si proche de l'évêque qu'on lui a donné toutes sortes de surnoms : « l'âme damnée de Talleyrand », « un Talleyrand à cheval », selon Roederer qui lui prêtera ce nom peu après Brumaire. Charles-Maurice l'appelle lui-même « l'Enfant Jésus de l'enfer ». C'est tout dire. Cet ancien officier de cavalerie de bonne noblesse franc-comtoise entre dans sa trentième année lorsqu'il retrouve Charles-Maurice à Paris sous le Directoire. Joueur impénitent, grand amateur de femmes, très beau, « blond, doux et rose[2] », protégé par la princesse d'Hénin, une vieille amie de l'évêque d'Autun, il appartenait avant la Révolution, comme Archambaud de Périgord et Félix Le Peletier, au groupe des jeunes *fashionables* parisiens, très à la mode, très en vue, qui copiaient les habitudes anglaises, se passionnaient pour les attelages et les chevaux et menaient un train d'enfer. Il fréquentait aussi les salons du duc d'Orléans, avec les Noailles, Narbonne, Choiseul-Gouffier, La Fayette et Théodore de Lameth dont il sera l'aide de camp en 1791. Sans nul doute, c'est là que l'ancien évêque d'Autun l'a rencontré et non à Londres où il se réfugie en 1793 avec la jeune duchesse de Fleury, plus connue sous le nom d'Aimée de Coigny. Montrond l'épouse en janvier 1795, après avoir passé plusieurs mois avec elle dans les prisons révolutionnaires, la ruine et divorce un peu plus tard.

Une légère déformation de la main l'oblige à porter un gant, ce qui passe pour une coquetterie. Son goût pour les duels auxquels il sacrifie pour un oui ou pour un non est déjà légendaire. À un ami anglais qui lui demandait s'il connaissait un certain M. de Champagne, officier comme lui, il aurait répondu sans se démonter : « Par Dieu si je le connais, je l'ai tué[3] ! » Dans les dernières années du Directoire, d'Estourmel le croise à la table de jeu de la duchesse de Luynes. « Il était beau de calme et de sang-froid au milieu des alternatives de la fortune, des péripéties du jeu : tantôt les mains pleines, et certes ce n'était pas comme les innocents, tantôt à sec et toujours également insouciant et railleur, que la fortune lui fût mère ou marâtre[4]. »

À l'instar de Charles-Maurice, c'est au jeu que l'on juge le mieux la personnalité de Montrond qui, à cette époque, entre définitivement dans l'orbite du ministre. Montrond devient à la fois son commensal, son conseiller et son confident. La liberté d'esprit et de ton qu'il conservera toujours avec son ami et maître, même aux époques de grande fortune, lui fera pourtant rarement oublier ce qui les sépare, la distance du grand seigneur de cour au militaire, cadet de noblesse dont la mère tient bureau d'esprit à Besançon.

Casimir sert à tout, est employé aux missions les plus secrètes et les plus tordues, vend son influence sur le ministre, transforme sa maison de la rue Cérutti en bureau de recettes et d'espionnage, entre autres avec les Anglais. Il en sera quitte, sous l'Empire, pour quelques années de prison et de résidence surveillée à Châtillon d'où il s'enfuira de façon rocambolesque en 1812. Sous le Directoire, l'un des correspondants parisiens du prétendant le traite d'« aboyeur de M. de Talleyrand avec lequel celui-ci passe sa vie ». On confond si bien les deux hommes que certains de leurs meilleurs mots passeront pour être à la fois de l'un et de l'autre. Celui-ci par exemple : « Défiez-vous des premiers mouvements parce qu'ils sont bons », ou encore : « La parole a été donnée à l'homme pour l'aider à cacher sa pensée[5]. » Mais il y a plus de raillerie froide d'un côté, de persiflage de l'autre. L'esprit de Montrond « se nourrit de chair humaine », dira plus tard le duc de Laval, et le vieux prince trouvera l'expression « très vraie », « très jolie[6] ». Malgré leurs brouilles, ce n'est que dans les dernières années de sa vie que Charles-Maurice se mettra à parler de son ami. À sa nièce, la duchesse de Dino, qui détestait Montrond après avoir sans doute été sa maîtresse, il racontera en 1834 que celui-ci n'avait jamais pu s'imposer la moindre privation, que son « esprit prompt et incisif » et son « charme » le fascinaient[7]. Et à Thiers, sur le même registre : « C'est certainement l'homme du monde qui a le plus d'esprit ; de fait, il n'a pas un sou de bien, il ne jouit d'aucun traitement, il dépense soixante mille francs par an et n'a pas de dettes[8]. » En février 1810, il lui écrit : « Personne ne vous connaît aussi bien que moi », et ajoute : « Mettez bien dans votre esprit et votre cœur que tout ce qui vous touche est et sera toujours en tout temps, et toute circonstance, en bonheur, en ennui, en malheur, un puissant intérêt pour moi. Je dis cela une fois pour toutes[9]. » Casimir de Montrond, qui s'est réfugié à Anvers, est alors poursuivi par les séides de Napoléon et Talleyrand, lui-même en semi-disgrâce, n'hésitera pas à plaider sa cause auprès de Savary, le tout-puissant ministre de la Police. On fera plus tard du cynisme des deux hommes, qui se reflète de l'un à l'autre comme en un jeu de miroirs, un passage obligé de leur légende noire. Sainte-Beuve s'en délecte et rapporte plusieurs de leurs dialogues, auxquels il ne croit d'ailleurs qu'à demi. À une tierce personne : « Savez-vous pourquoi j'aime assez Montrond ? C'est parce qu'il n'a pas beaucoup de préjugés. – Savez-vous pourquoi j'aime tant M. de Talleyrand ? C'est qu'il n'en a pas du tout[10]. » « Eh ! mon Dieu, madame, aurait encore dit Montrond à sa maîtresse Fortunée Hamelin en parlant de Talleyrand, qui ne l'aimerait pas ? Il est si vicieux ! » Il existe évidemment sur tout cela d'infinies variantes[11].

Si Casimir de Montrond est, avec des Renaudes, l'un des mentors du cabinet occulte du ministre, il n'est pas le seul. Ce que Frédéric Masson appelle l'« agence confidentielle » du ministre ne cessera de s'étoffer du Directoire au Consulat. Il y a d'abord la pléiade de ses secrétaires particuliers dirigés par l'inévitable Radix : Marin-Joseph Osmond[12], son ancien secrétaire à l'Agence générale du clergé, bientôt chargé des affaires personnelles de l'ancien évêque et dont le frère, André, sera le précepteur de ses neveux, les enfants d'Archambaud, Louis et Edmond de Périgord, puis Ange-François-Charles Bourjot[13] jusqu'en 1807, et Antoine Roederer[14], le fils de l'ancien constituant, sans parler de Théophile Cazenove plus spécialement chargé des affaires de Bourse du ministre. Plus tard, on verra apparaître quelques jeunes gens de moins en moins recommandables, Charles-Maxime de Villemarest, le neveu du baron de Saint-Étienne, un ancien écuyer à la cour de Versailles peu connu et très proche du ministre[15], et surtout le dangereux Gabriel-Antoine Perrey. Tous, ou presque, ont fait de belles carrières par la suite, grâce à la protection de leur patron. Bourjot sera chef de la division du nord du ministère sous la Restauration, Roederer, auditeur au Conseil d'État en 1805 puis préfet, Osmond administrateur général des postes. À l'exception de Villemarest qui publiera une biographie bien informée de son ancien patron, peu de temps avant la mort de ce dernier, ils n'ont pas laissé de Mémoires[16]. C'est dommage car ils ont vu et entendu beaucoup de choses, à une époque où on ne voyait pas et où on ne savait pas. Car le cabinet privé du ministre contient, outre la correspondance privée de ses agents, des fac-similés manuscrits de souverains, ministres d'État, ambassadeurs, les sceaux de toutes les personnalités notables de l'Europe. On y fabrique des faux, habilement mis en circulation, destinés à faire pression sur les gouvernements ou à agir sur les opinions publiques. Certains billets doux reçus par Louis Bonaparte au printemps 1801 seraient sortis en fait de l'atelier particulier de la rue du Bac[17].

Casimir de Montrond croqué sur le vif à Londres
en 1831 par Alfred d'Orsay.
À soixante-deux ans, l'« Enfant Jésus de l'enfer »
s'adonne encore à sa passion dominante : le jeu.
Reproduit dans le quatrième volume du
Journal de Thomas Raikes, Londres, 1856.

Le « vieux » Radix de Sainte-Foy, dont Charles-Maurice aime tant le flegme et le sens des affaires, gouverne cet univers du secret et gère sans doute la caisse noire du cabinet avec l'ami Perregaux devenu le banquier des opérations les plus discrètes du ministre. Pour Olivier Blanc, celui-ci est depuis la Révolution l'un des principaux agents de renseignements du gouvernement britannique. Il entretient une correspondance régulière avec Whitehall, le ministère des Affaires étrangères anglais. Son mystérieux interlocuteur est sans doute le baron d'Auckland, l'un des signataires du traité de commerce de 1786, un ferme partisan de Pitt à la Chambre des lords. Sur ordre du ministre ou de ses conseillers, le futur régent de la Banque de France confie des lettres de change à certains envoyés secrets à l'extérieur qui les endossent chez ses correspondants à Londres, Amsterdam ou Hambourg[18] !

On a déjà parlé de la propagande et des journaux. Charles-Maurice y recrute de façon temporaire, et selon ses besoins, un essaim de jeunes rédacteurs : parmi eux, André d'Arbelles qui deviendra en 1814 l'historiographe officiel du ministère et Lesur – tous deux collaborent à l'*Argus* publié en anglais[19] – mais aussi des directeurs de journaux comme Amable de Baudus, rentré en France après avoir été à Hambourg (encore Hambourg !), le rédacteur principal de la *Gazette d'Altona* et du *Spectateur du Nord*. La façon dont son futur patron le choisit, le retourne et l'engage est bien dans sa manière. À Hambourg, l'émigré Baudus de Villenove est royaliste. Il correspond avec certains des agents du prétendant, en particulier le représentant de ce dernier à Hambourg, le baron de Flaschlanden, mais également avec les Russes. Charles-Maurice le « croise » en 1796. Mme de Flahaut écrit des articles pour lui. Son imprimeur, le royaliste Fauche, est l'un de ceux dont le futur ministre du Directoire parle dans ses lettres à Moreau de Saint-Méry. Deux ans plus tard, Baudus se retrouve l'un de ses agents d'information pour l'Allemagne, et l'un de ses publicistes appointés à l'étranger sur la caisse noire du ministère. En clair, il est devenu l'un des agents doubles de Charles-Maurice avant de rentrer en France avec son aide et d'être chargé des rapports juridiques du cabinet, lorsqu'il ne sera pas envoyé en mission de renseignement, à Ratisbonne en 1803, par exemple[20].

Mais le plus expérimenté de tous ces écrivains stipendiés, informateurs ou désinformateurs comme l'on voudra, est un ancien oratorien de vingt-huit ans, Antoine-Athanase Roux-Laborie, chargé du *Bulletin des ambassadeurs* remis aux diplomates étrangers accrédités à Paris et réservé aux informations confidentielles ou supposées telles, dont il tire de large bénéfices. Roux est un homme de presse. Après diverses expériences, il fondera avec les frères Bertin le *Journal des Débats* puis *de l'Empire*, le plus lu à cette époque quand il ne sera pas interdit. Il est aussi à l'origine de la création du *Publiciste*, avec Suard. Les articles diplomatiques et politiques « puisés à la source du cabinet de M. de Talleyrand » assureront le succès des deux journaux. Charles-Maurice le recrute dès son entrée au ministère pour en faire son premier courtier et son expert en tripotages. Passé maître dans l'« intox », il sert à tout : affaires, presse, renseignement. Il appartient à la Société des idéologues, celle des Morellet, Suard et Saint-Lambert, fréquente le salon de Mme de La Briche, belle-sœur de Mme d'Houdetot, l'un de ces rares endroits à l'ancienne mode qui s'entrouvrent sous le Directoire. C'est là que Norvins le rencontre et le saisit sur le vif. Le portrait « de cet homme si multiple et si rapide, si connu par la variété, le nombre et la brièveté de ses lettres et de ses visites » est aussi celui de tous ceux qui, attachés à Charles-Maurice par des liens mystérieux, se font passer pour des hommes spécieux, en mission permanente, sachant tout sur tous. On a là le portrait type, jusque dans sa caricature, de l'homme d'influence : « On l'annonçait : alors il traversait au pas de course le salon et allait directement jeter deux ou trois mots dans l'oreille de celui ou de celle qu'il savait y trouver, puis il disparaissait. [...] Il était insaisissable. » Il avait inventé pour son usage personnel une sorte de langage codé. Le temps de lire ses billets et de les déchiffrer et il était déjà passé à autre chose. Lorsqu'on lui en demandait le sens, il vous répondait invariablement d'un ton net et assuré : « Ce n'est plus cela. [...] La question est ailleurs. » « Il était au reste bienveillant, officieux, même serviable et spirituel, de l'esprit surtout qu'il s'était créé[21]. »

Frénilly, qui le voit souvent chez Mme de Staël, le décrit encore « fluet à passer partout, souple à plier à tout, hardi à arriver à tout[22] ». Bref, comme l'écrit Mathieu Molé, « en sachant son "Laborie", on n'était étranger à rien[23] ».

4.

LES BOTTES D'ITALIE : BONAPARTE ENTRE EN SCÈNE

Montrond, Laborie, Radix, l'abbé des Renaudes sont autant d'hommes de main fort utiles, qu'il est possible d'ignorer s'ils se compromettent. Le système parallèle du ministre est bien rodé, Charles-Maurice n'a aucune raison, même politique, d'y renoncer, sinon sous la contrainte.

D'autant plus qu'en Italie un petit général de vingt-huit ans le fait réfléchir. Buonaparte ne ressemble pas aux autres généraux de la République. Non content de remporter des victoires éclatantes dans le nord de la péninsule et de le faire savoir, il joue à Milan les proconsuls et a pris l'initiative de signer lui-même, en avril 1797, les préliminaires de paix de Leoben, à une centaine de kilomètres de Vienne, avec les Autrichiens. Avant même d'accéder au ministère, Charles-Maurice écrit, le 10 mai 1797, à son ami Olive : « Voilà la paix au moment d'être définitivement conclue, les préliminaires signés, et quelle belle paix ! Aussi quel homme que notre Bonaparte. Il n'a pas vingt-huit ans : et il a sur sa tête toutes les gloires. Celles de la guerre et celles de la paix, celles de la modération, celles de la générosité. Il a tout. »

Belle entrée en matière. Quelques jours après sa prise de fonctions, il lui adresse un message qui mérite d'être cité intégralement. Charles-Maurice y est au mieux de sa forme et dans ces cas-là, nul mieux que lui n'excelle dans l'art de flatter : « J'ai l'honneur de vous annoncer, général, que le Directoire exécutif m'a nommé ministre des Relations extérieures. Justement effrayé des fonctions dont je sens la périlleuse importance, j'ai besoin de me rassurer par le sentiment de ce que votre gloire doit apporter de moyens et de facilités dans les négociations. Le nom seul de Bonaparte est un auxiliaire qui doit tout aplanir.

« Je m'empresserai de vous faire parvenir toutes les vues que le Directoire me chargera de vous transmettre, et la renommée, qui est votre organe ordinaire, me ravira souvent le bonheur de lui apprendre la manière dont vous les avez remplies. » Cela tranche avec le style républicain en usage à l'époque. On respire entre les lignes un léger parfum d'Ancien Régime, et Bonaparte n'y est pas insensible. La réponse ne se fait pas attendre : « Le choix que le gouvernement a fait de vous pour ministre des Relations extérieures fait honneur à son discernement. Il prouve en vous de grands talents, un civisme épuré et un homme étranger aux égarements qui ont déshonoré la révolution.

« Je suis flatté de devoir correspondre souvent avec vous et de vous mettre par là à même de vous convaincre de l'estime et de la considération que j'ai pour vous[1]. »

Avant même de se rencontrer, les deux hommes se connaissent. Chateaubriand a construit ses *Mémoires d'outre-tombe* sur du rêve, sur l'histoire manquée et imaginée de ses rencontres avec Bonaparte. On est ici, dans cette première passe d'armes entre le ministre et le général, de l'autre côté du miroir, de plain-pied dans la réalité politique la plus serrée. L'allusion à la Révolution et au rôle du ministre qui a cherché à en éviter les dérives, n'est évidemment pas innocente. Ici, on ne fait pas de littérature, on pose les premiers jalons d'une association. Et celle-ci passe par Barras dont les deux hommes sont également les obligés. Le premier lui doit son commandement en Italie et le second son ministère. Si l'on devait parler d'amour en reprenant les termes inventés par Stendhal, la cristallisation de l'association entre les trois hommes se situe entre les mois de juillet et de septembre 1797, autour de la préparation du coup de force ou plutôt du coup d'État contre la majorité royaliste des Conseils qui est resté dans l'histoire à la date du calendrier révolutionnaire de l'opération, le 18 Fructidor, an V, soit le 4 septembre 1797. Ce jour-là, Barras,

Reubell et La Révellière, le « triumvir » du Directoire, éliminent à la fois les deux autres directeurs de l'exécutif : Barthélemy et Carnot et 140 députés royalistes ou crypto-royalistes des Conseils. D'Italie, Bonaparte leur prête la main et leur dépêche Augereau qui à Paris dirige la partie militaire du coup de force. Comme on n'est plus en 1793, on use de la « guillotine sèche », autrement dit la déportation en Guyane, pour se débarrasser des gêneurs, qui en mourront pour la plupart. Le Directoire est provisoirement « sauvé ». Barras, Bonaparte et Talleyrand récoltent les bénéfices de l'opération. Pour des raisons différentes, ni le directeur, ni le général, ni le ministre n'ont intérêt à voir le régime se transformer en une restauration royaliste, par le jeu des élections annuelles du cinquième des Conseils. Barras veut se maintenir au pouvoir, Bonaparte, qui nourrit déjà de grandes ambitions, n'a aucune envie de jouer les généraux supplétifs de la monarchie et Talleyrand sait parfaitement qu'une grande partie de l'émigration « dure » n'a pour lui que haine et mépris[2].

Autrement dit, il existe une « alliance objective » entre les trois hommes. Le reste est une question de savoir-faire politique. Dès le mois de juillet, Barras orchestre les relations entre Charles-Maurice et Bonaparte, et charge le premier d'informer le second, soit directement, soit par l'intermédiaire de l'aide de camp du général, Lavalette, de l'évolution de la situation. Les deux hommes échangent donc une double correspondance, l'une officielle, l'autre privée et discrète, avouée par l'un et par l'autre, mais dont il reste bien sûr peu de traces[3]. À Paris, l'hôtel du ministère des Relations extérieures ne désemplit pas de militaires et de généraux de l'armée d'Italie. Le 2 septembre, le ministre y organise un dîner de trente couverts. Berthier, Lannes, Augereau, Junot, Bernadotte et Kléber s'y retrouvent aux côtés de quelques amis politiques des Conseils mis dans le secret de la conspiration : Jean Debry, Poulain Grandpré. Les inévitables Sainte-Foy et Castellane sont de la partie. Chemin faisant, Charles-Maurice use et abuse des jeux de la séduction. Lavalette raconte comment, à la fin de l'un de ces dîners de la rue du Bac, le maître des lieux introduisit ses invités dans un cabinet « pour y voir le portrait du héros[4]. » On s'exclame et on admire, surtout Mme de Staël qui est présente ce soir-là. Tout cela est joliment mis en scène. Tôt où tard, Bonaparte le saura. Dans le même temps, Charles-Maurice cherche à renforcer le nombre des partisans de Barras au sein des Conseils. Les réunions hétéroclites de l'hôtel de Suède servent à cela. Là, Benjamin Constant et Mme de Staël travaillent de leur mieux pour « le meilleur des hommes ». Thibaudeau est l'un de ces députés modérés approchés par le couple. La manœuvre, bien rodée, a dû servir de nombreuses fois. On se voit une première puis une deuxième fois. La troisième fois, Talleyrand survient comme par hasard. On convient d'un dîner rue du Bac, puis la négociation commence. Cette fois-ci, elle n'aboutira pas, mais la méthode reste la même[5]. En agissant de la sorte, Germaine de Staël est persuadée de sauver la liberté. Elle sera la première à ne pas admettre les conséquences politiques du coup d'État de Fructidor. « Mme de Staël a fait le 18 Fructidor, mais non pas le 19 », dira Charles-Maurice en pensant à ceux qu'elle tentera de sauver de la proscription, le lendemain. Comme à son habitude, l'ancien évêque jouait aux cartes, rue du Bac, la nuit où les grenadiers d'Augereau investirent les Conseils, ce qui ne l'empêchera pas de s'employer lui aussi, discrètement, à aider quelques amis menacés, entre autres Maret, Dupont de Nemours et Roederer qu'il recommandera par la suite à Bonaparte[6]. « Tout était violent, et, par conséquent, rien ne pouvait être durable », écrira-t-il plus tard dans ses Mémoires en précisant, ce qui le révèle tout entier, que la liberté, l'égalité et la fraternité n'étaient alors que des mots[7]. Certes, mais en attendant il a été, « froidement », comme le dira Lavalette, l'un des principaux acteurs de cette violence qu'il justifiera dès le lendemain du coup d'État : « Cette belle expérience de vigueur », comme il le dira sans rire, dans une circulaire à ses agents en poste à l'étranger. « Le Directoire, par son courage, par l'étendue de ses vues et ce secret impénétrable qui en a préparé le succès, a montré au plus haut degré qu'il possédait l'art de gouverner dans les moments les plus difficiles[8]. »

Avec Bonaparte, informé des événements au jour le jour, il se montre moins lyrique : « Le courrier d'aujourd'hui vous apportera de grandes nouvelles de Paris. Les proclamations du Directoire, les actes du corps législatif, les papiers publics [...] vous apprendront les détails et vous mettront à même de saisir l'ensemble de cet événement de la révolution que votre esprit supérieur a dû pressentir [on savoure la litote], qu'il saura apprécier et qui doit avoir une si grande influence sur les destinées de la République. Je n'ai donc presque rien à vous dire. Toutefois, j'ai voulu ajouter ce peu de mots : Paris est calme, la conduite d'Augereau parfaite, on voit qu'il a été à bonne école, les patriotes respirent. Point de mouvement populaire. [...] Des mesures sévères ont été prises, plusieurs étaient nécessaires, quelques-unes pourront être adoucies. [...] On est sorti un instant de la Constitution, on y est rentré, j'espère, pour toujours. [...] Dans tous ces événements, Barras a montré une tête extraordinaire, c'est-à-dire sang-froid, prévoyance, résolution. Salut et respectueux attachement[9]. »

Il est plaisant de penser que les liens qui uniront ces deux hommes si extraordinairement différents et qui dureront, bon an mal an, jusqu'en 1814, ont pris racine dans les méandres d'une conspiration et la violence d'un coup d'État. Si l'intérêt partagé n'explique pas tout, il est pourtant déterminant. Dès le 3 août, Charles-Maurice soutient auprès du Directoire le principe des préliminaires de paix signés par Bonaparte[10]. Le 26 octobre, peu après la signature définitive de la paix avec l'Autriche à Campoformio, il lui écrit une lettre incroyablement flatteuse. Sainte-Beuve la compare à du Voltaire dans sa lune de miel avec le grand Frédéric : « Voilà donc la paix faite et une paix à la Bonaparte. Recevez-en mon compliment de cœur, mon général ; les expressions manquent pour vous dire tout ce qu'on voudrait en ce moment. Le Directoire est content, le public enchanté. Tout est pour le mieux. On aura peut-être quelques criailleries d'Italiens ; mais c'est égal. Adieu, général pacificateur ! Adieu. Amitié, admiration, respect, reconnaissance : on ne sait où s'arrêter dans cette énumération. » Les « criailleries d'Italiens » sont une allusion à l'abandon de Venise par Bonaparte à l'Autriche, contre les ordres du Directoire, ce dont Charles-Maurice ne souffle mot.

Quel contraste avec ses confidences au ministre de Prusse à Paris : « Devait-on abandonner une négociation de cette importance aux mains de deux jeunes généraux [Bonaparte et Clarke] dont le plus âgé n'a pas vingt-huit ans ?[11] » Mais ce même jeune général, « assez entreprenant pour attacher à son jeune génie de grandes espérances », « assez ambitieux pour désirer le rang suprême[12] », est désormais quelqu'un avec lequel il faut compter. Charles-Maurice le sait si bien qu'il usera de tous les moyens pour exercer sur lui ce que Benjamin Constant appelle la « supériorité de son esprit[13] ». À Paris, il flatte Joséphine, amuse sa fille Hortense avec quelques cadeaux[14], présente au Directoire, le 31 octobre, les envoyés du jeune proconsul en Italie, Monge et son chef d'état-major, Berthier, porteur du traité de paix, avec les mots dont s'est servi le « général négociateur » lui-même. Il fait tant et si bien que, le 6 décembre 1797, le lendemain de son arrivée à Paris, Bonaparte lui rend visite rue du Bac et s'enferme plusieurs heures avec lui dans son cabinet.

La première rencontre entre ces deux grands prédateurs à sang froid également ambitieux, également lucides est décisive. Même si rien n'a filtré de leur conversation, on peut en imaginer la teneur. Les deux hommes ont dû évoquer la situation du Directoire à l'intérieur et à l'extérieur, envisager de possibles changements constitutionnels et parler de leur avenir personnel. Dès le 19 septembre, Bonaparte envoyait au ministre un projet de Constitution qui supposait la concentration de tous les pouvoirs dans les mains de l'exécutif[15]. Tous les historiens s'accordent à penser qu'il avait dès cette époque l'idée de s'en emparer. Certains croient que, ce jour-là, Charles-Maurice se contenta de jouer le rôle de « confident de la première heure[16] » et de conseiller, celui du vieux sage de quarante-quatre ans auprès du jeune général de vingt-huit ans. Les circonstances, le caractère des deux hommes, font plutôt penser qu'ils ont dû traiter de puissance à puissance. Ils ont un même but et sont complémentaires. L'un tient une bonne partie des fils du moment, il possède l'expérience des révolutions, la connaissance des hommes – à commencer par Sieyès – et des arcanes du pouvoir, l'autre a la gloire, la renommée et la force armée. Rien n'empêche aussi de dire qu'au-delà de l'ambition et de l'intérêt, les deux hommes ont dû exercer l'un sur l'autre la puissance de leur charme.

Les voilà pour la première fois face à face, l'un immobile, froid et attentif, le visage glabre quoique encore étonnamment jeune, le nez « insolemment retroussé », les cheveux poudrés comme sous l'Ancien Régime, le cou enveloppé dans une cravate très haute ; l'autre en uniforme de général en chef, petit, maigre, le geste bref et vif, de longs cheveux noirs lui tombant sur le front et sur les oreilles, des yeux gris, une allure irrésistible de force et de domination : d'un côté le grand seigneur de cour, de l'autre l'ambitieux nobliau corse. Cette longue distance d'âge et de condition ne les empêchera nullement de se rapprocher, et sans doute de se fasciner l'un l'autre, bien au contraire.

« Au premier abord, raconte Charles-Maurice qui se souviendra de ce jour dans ses Mémoires, Bonaparte me parut avoir une figure charmante ; vingt batailles gagnées vont si bien à la jeunesse, à un beau regard, à de la pâleur et à une sorte d'épuisement. Il me parla avec beaucoup de grâce de ma nomination au ministère des Relations extérieures et insista sur le plaisir qu'il avait eu à correspondre en France avec une personne d'une autre espèce que les directeurs. »

Barras est déjà mis sur la touche, mais c'est la suite qui est la plus extraordinaire. D'un coup, il pose pour l'histoire et place d'un côté l'orgueil de l'homme de vieille race, de celles qui durent et ne tombent pas, et de l'autre, la vanité du parvenu à mauvaises fortunes, relégué dans une île lointaine à l'heure où il écrit. « Sans trop de transition, il me dit : Vous êtes neveu de l'archevêque de Reims. [...] J'ai aussi un oncle qui est archidiacre en Corse ; c'est lui qui m'a élevé. En Corse, vous savez qu'être archidiacre c'est comme d'être évêque en France[17]. » La méchanceté est un art et la vengeance un exercice que l'ancien évêque d'Autun affectionne particulièrement. Au passage, la recomposition de ses rapports avec le futur empereur des Français est en marche. On en verra bien d'autres exemples.

Pour l'heure, il s'agit de plaire. Le 10 décembre 1797, le ministre des Relations extérieures présente le jeune général au Directoire au cours d'une cérémonie brillante au Luxembourg. Le simple fait que Charles-Maurice lui serve officiellement d'introducteur, en lieu et place de tout autre, en dit long sur ses rapports avec Bonaparte. Pour le reste, la réception du jeune général ressemble à s'y méprendre à n'importe laquelle de ces grandes manifestations de propagande républicaine servies au peuple de Paris depuis la fête de la Fédération. Dans ce domaine, Charles-Maurice connaît la musique. On a fait construire pour l'occasion, dans la cour du Petit Luxembourg, un autel de la patrie (encore un !) et trois statues de circonstance : la Liberté, l'Égalité et la Paix. Le public est nombreux, quelques jolies femmes se pressent aux fenêtres du palais directorial. Bourrienne note pourtant que la cérémonie fut « d'un froid glacial ». « Tout le monde avait l'air de s'observer », ajoute-t-il[18]. Les directeurs feignent d'être contents d'un général dont ils redoutent la puissance et Bonaparte se méfie. Le soir, au cours du grand dîner que lui offrira le ministre de l'Intérieur, il ne touchera à aucun plat. Pasquier dit tenir de Lavalette qu'il craignait furieusement d'être empoisonné[19]. Dans ce climat tendu, Charles-Maurice, coiffé du chapeau empanaché des ministres du Directoire, l'épée au côté, son texte en main (car il improvise mal), prononce un discours parfait de tact et de diplomatie convenue. Benjamin Constant écrit drôlement qu'il « innocente » le général victorieux[20]. Si on l'en croit, le « libérateur de l'Italie », le « pacificateur du continent » n'a pas d'ambition et ne songe qu'à la retraite. « Et quand je pense à tout ce qu'il fait pour se faire pardonner [sa] gloire, à ce goût antique de la simplicité qui le distingue, à son amour pour les sciences abstraites, à ses lectures favorites, à ce sublime Ossian qui semble le détacher de la terre quand personne n'ignore son mépris profond pour l'éclat, pour le luxe, pour le faste, ces méprisables ambitions des âmes communes ; ah ! loin de redouter ce que l'on voudrait appeler son ambition, je sens qu'il nous faudra peut-être le solliciter un jour pour l'arracher aux douceurs de sa studieuse retraite. » Il faut s'appeler Charles-Maurice de Talleyrand pour prononcer sans rire un pareil discours. Sans doute les deux grands comédiens l'ont-ils préparé ensemble. À la fin, on y trouve pourtant une phrase mystérieusement prémonitoire. « La France entière sera libre : peut-être lui ne le sera jamais, telle est sa destinée. » « Merveilleusement deviné ! » note Chateaubriand qui, pour une fois, daigne lui faire un compliment[21].

Non content de prononcer son propre discours, Charles-Maurice a sans doute écrit celui de Barras[22]. Bonaparte leur répond « avec une sorte de négligence affectée, comme s'il eût voulu faire comprendre qu'il aimait peu le régime sous lequel il était appelé à servir[23] ». Trois semaines plus tard, le ministre s'approprie encore un peu plus le vainqueur d'Arcole et de Rivoli en donnant, « en son hôtel, grande rue du Bac », le 3 janvier 1798, un bal en l'honneur de Joséphine. La caresse est habile et flatteuse lorsque l'on sait la passion de Bonaparte pour sa femme. C'est elle qui compose en partie la liste des cinq cents invités de la soirée. L'hôtel des Relations extérieures, entièrement décoré par l'architecte Bélanger qui a été autrefois l'ordonnateur des fêtes du comte d'Artois, est prêt depuis quatre ou cinq jours. On y arrive par un magnifique escalier ovale, orné de colonnes ioniques et couvert de plantes odoriférantes : épicéas, lauriers-thyms, myrtes, romarins, orangers en caisse. Des musiciens, placés à l'étage autour de la coupole, accueillent les invités sur des airs à la mode. À minuit, on jouera le *Chant du retour* écrit spécialement par Marie-Joseph Chénier pour Bonaparte. Dans les jardins, Charles-Maurice a fait construire un petit temple étrusque et y a placé le buste de Brutus pris au Capitole et envoyé par le jeune conquérant. Dans les cours, deux tentes aux couleurs des différents régiments en garnison à Paris abritent les convives. Les salons sont parfumés à l'ambre et décorés de guirlandes de fleurs artificielles fournies par le déjà célèbre Nattier. Jamais, écrira Stanislas de Girardin, on ne vit « une réunion de plus jolies personnes[24] ». Les invités vivront cette soirée « du luxe et de la beauté » comme une sorte de « retour à la galanterie », une denrée rare depuis les débuts de la Révolution[25]. La jeune Laure Permon, invitée avec sa mère, proche de Bonaparte, consacre une demi-page de ses Mémoires à décrire sa robe de bal, en crêpe blanc avec deux larges rubans d'argent et un « bouillon » en gaze rose lamée d'argent, et Victorine de Chastenay avoue avoir renoncé à se rendre à la fête faute « de souliers blancs, ni d'ajustements d'aucun genres[26] ». Le bal est précédé d'un feu d'artifice organisé par Ruggieri. Un « Vive la République ! » apparaît comme par magie en lettres de couleur. Le tout est suivi d'un souper de trois cents couverts, réservé aux femmes seules, assises en amphithéâtre dans la grande galerie de l'hôtel qui donne sur les jardins. Charles-Maurice s'est placé derrière Joséphine, la reine de la soirée. On porte des toasts. Tout le monde remarque celui du maître de maison : « À la citoyenne qui porte le nom le plus cher à la gloire ! » Cela n'empêche pas la citoyenne Bonaparte, volage et dépensière, de tromper allègrement son mari avec le beau capitaine Charles, ni de le plonger dans des embarras financiers qui le laissent furieux. De cela aussi, Charles-Maurice sera le confident discret et saura se servir[27]. En attendant, les toasts se succèdent, suivis de couplets composés par Després et Despréaux, chantés par Laÿs, Chenard, Chéron et Dugazon. En voici un exemple édifiant sur des paroles de Despréaux et sur l'air de : « Il faut qu'on aime une fois. » : « Du guerrier, du héros vainqueur, / Ô compagne chérie ! / Vous qui possédez tout son cœur, / Seule avec la patrie, / D'un grand peuple à son défenseur / Payez la dette immense ; / En prenant soin de son bonheur, / Vous acquittez la France. »

Bonaparte est arrivé rue du Bac, à 10 h 30 et en est reparti à 1 heure du matin. Malgré l'appareil de la flatterie, tout le monde l'a trouvé, ce soir-là « concentré et presque morose[28] ». Il dira pourtant plus tard à Sainte-Hélène, dans ses *Commentaires*, à propos de cette fête, qu'elle avait été « marquée au coin du bon goût[29] ». Et la duchesse d'Abrantès de renchérir en parlant du ministre : « Il a toujours entendu admirablement l'ordonnance des fêtes qu'il donnait. Quand on a de l'esprit, on le met à tout ce que l'on fait[30]. »

C'est au cours de cette soirée que Mme de Staël, folle d'impatience, aborda le héros pour la première fois. Tout le monde connaît le dialogue célèbre qui s'ensuivit. Germaine bombarde le jeune vainqueur de questions : « Général, quelle est la femme que vous aimeriez le plus ? – La mienne. – C'est tout simple, mais quelle est celle que vous estimeriez le plus ? – Celle qui sait le mieux s'occuper de son ménage. – Je le conçois encore. Mais enfin quelle serait pour vous la première des femmes ? – Celle qui fait le plus d'enfants, madame. » Et là-dessus le « général pacificateur » lui tourne le dos[31]. Ils ne se parleront presque plus. L'agacement né de cette première conversation comptera beaucoup dans le refroidissement des rapports de Germaine et de Charles-Maurice.

On a une idée de ce qu'a pu coûter une pareille fête en examinant l'état des factures des fournisseurs conservées aux Archives nationales[32]. Les presque 13 000 livres de la soirée, ce qui est énorme pour l'époque, ont donné lieu à un bout de dialogue savoureux, sans doute enjolivé par la suite, s'il n'a pas été inventé, entre la citoyenne Merlin, la femme de l'un des directeurs présents ce soir-là, et le ministre maître de maison, futur prince de Talleyrand : « Cela a dû vous coûter gros, citoyen ministre ? – Pas le Pérou, citoyenne. » On ne dépense jamais assez lorsque l'on investit sur l'avenir, sur un homme en particulier et sur le pouvoir.

Charles-Maurice s'impose décidément comme l'intermédiaire obligé entre le Directoire et le jeune général qui vient de recevoir le commandement de l'armée d'Angleterre mais ne quittera Paris qu'en février. Pour calmer l'hostilité de la gauche jacobine, et peut-être pour compromettre Bonaparte qui, à cette époque, n'est pas insensible aux sirènes royalistes, Barras lui dépêche son ministre. Il s'agit de le convaincre d'assister à la fête anniversaire du 21 janvier. Le jour de la mort du roi – « Louis Capet » en langage révolutionnaire –, avant de devenir un jour de deuil national sous la Restauration, était inscrit au calendrier comme un jour de réjouissance. Les conseils de Charles-Maurice, « avocat d'office et médiocrement convaincu[33] », ont dû jouer. La demi-mesure de déminage adoptée par les deux hommes est bien dans la manière de l'ancien évêque. Bonaparte participera à la cérémonie non pas en uniforme de général en chef, mais comme simple membre de l'Institut qui vient de l'élire. Le ministre des Relations extérieures aussi, bien sûr. Ironie de l'histoire : le 21 janvier 1798 à Paris, comme le 21 janvier 1815, à Vienne, Charles-Maurice de Talleyrand-Périgord, ministre de la République, puis ministre de Sa Majesté Très Chrétienne Louis le dix-huitième, assiste, également imperturbable, à une même commémoration qui entre-temps aura radicalement changé de sens. « Il y a, dans la vie de Talleyrand, de ces contrastes et de ces contradictions », note l'un de ses meilleurs biographes, Lacour-Gayet.

On le voit, les occasions de discuter ne manquent pas entre les deux hommes. Mais au-delà des manœuvres politiques à contrer et des pièges à déjouer, il est surtout beaucoup question entre eux, dans les premiers mois de 1798, de ce qui deviendra l'une des aventures les plus téméraires et les plus folles de l'histoire de la Révolution, la première tentative française de colonisation en terre musulmane : l'expédition d'Égypte.

5.

L'ÉCHAPPÉE BELLE ÉGYPTIENNE

Comme pour le coup d'État du 18 Fructidor, le projet égyptien réunit les deux hommes autour d'un faisceau d'intérêts sinon communs, du moins complémentaires. Pour l'un comme pour l'autre, le fruit du pouvoir n'est pas mûr. Bonaparte s'est découvert en faisant sonder Barras pour savoir s'il s'opposerait à sa candidature au Directoire, assortie d'une révision de la Constitution. À force, il risque de se perdre à ce petit jeu des manœuvres politiques, en plein bourbier directorial, en butte aussi aux attaques de plus en plus virulentes de la gauche qui soupçonne ses ambitions. À Cambacérès, il dira plus tard avoir envisagé l'expédition d'Égypte « afin de ne pas rester sous la main d'un gouvernement que je n'estimais pas, et dont la conduite me faisait prévoir de nouvelles crises[1] ». De plus, après l'échec cuisant de Hoche en Irlande, il ne croit pas à la réussite du projet de descente en Angleterre, dont le Directoire vient de lui confier le commandement. Enfin, il y a cette fameuse « tentation d'Orient », selon l'expression heureuse de l'historien persan Iraj Amini. Depuis l'Italie, Bonaparte pense à l'Égypte en pleine déréliction et qui est à prendre puisque personne, et surtout pas les Anglais, ne la contrôle. Son secrétaire Bourrienne évoque ses conversations sur le sujet avec Monge, à son quartier général de Passeriano en Italie[2]. Il commande des cartes, commence à lire le Coran, annote le déjà célèbre *Voyage en Syrie et en Orient* de Volney. Il parle à plusieurs reprises dans ses dépêches au Directoire d'étendre l'influence française en Méditerranée et jusqu'en Égypte. Au Directoire… et à Charles-Maurice. Avec ce dernier, il se montre plus précis. Car le ministre n'a aucun mal à le rejoindre sur ce point. Leurs vues sont identiques. Le futur ministre de Bonaparte sent bien que les récentes victoires du général en Italie, la reconnaissance de la possession des îles Ioniennes par l'Autriche à la République, tire la politique de la France en Méditerranée. La conquête de l'Égypte en assurerait la maîtrise… « Quant à l'Égypte, vos idées à cet égard sont grandes, et l'utilité doit en être sentie. […] L'Égypte comme colonie remplacerait bientôt les productions des Antilles et, comme chemin, nous donnerait le commerce de l'Inde[3]. »

Le 3 juillet 1797, il développait déjà ce motif dans un mémoire lu à l'Institut sur les *Avantages à retirer des colonies nouvelles dans les circonstances présentes.* Bonaparte l'a lu et admiré. Charles-Maurice y formalisait une théorie coloniale très neuve, en rupture avec les vieilles habitudes strictement mercantiles du lobby colonial d'Ancien Régime : créer un « colonialisme d'empire » durable, fondé sur les notions de territoire, de population, de prospérité économique et de liberté politique. Ce faisant, il tirait les conséquences de la quasi-perte des « îles » françaises des Caraïbes, à commencer par Saint-Domingue, depuis le début de la Révolution, et du caractère irréversible, à terme, de l'abolition de l'esclavage et de la traite des Noirs[4]. Il devait penser aussi certainement au destin des anciennes colonies américaines vis-à-vis de l'Angleterre. Dans son mémoire, Charles-Maurice se tournait résolument vers la Méditerranée, envisageant tout autant la colonisation des côtes africaines que celle du delta du Nil, presque trente ans après le duc de Choiseul et le comte de Saint-Priest qui, à l'époque où Catherine II s'emparait de la Crimée, projetaient déjà de mettre la main sur l'Égypte[5].

C'est sans doute la fascination de Bonaparte pour cet ancien fleuron de l'Empire ottoman, son désir aussi « de s'emparer de l'imagination des hommes », comme l'écrit Mme de Staël, en « portant la guerre dans un pays presque fabuleux[6] », qui le conduira à se concentrer sur cette destination. D'autant plus que le Nil est l'un des passages obligés du commerce des Indes, alors aux mains des Anglais, et auquel il s'est toujours intéressé, en affaires et politiquement.

Quant aux détails de l'opération, il lui suffit de puiser dans les quelques mémoires envoyés à son prédécesseur Charles Delacroix, qui n'y croyait pas, et qui dorment dans les archives du ministère[7]. Charles Dubois, chargé d'une inspection aux échelles d'Égypte et de Syrie en 1796, est l'auteur de l'un d'entre eux. Le plus récent, le plus important et le plus précis est signé, à la demande du ministre lui-même, du consul général de la République en Égypte, Charles Magallon, qui se trouve alors à Paris. Les raisons, les moyens et le déroulé des opérations, exposés par Magallon qui connaît bien le pays pour y avoir vécu depuis trente-cinq ans, lui serviront de canevas. Sur cette base, étayée de ses vues personnelles, Charles-Maurice se forge un alibi qu'il présentera aux directeurs en leur cachant sciemment les difficultés qu'une telle expédition risque de rencontrer à Constantinople. La France demeure « l'ancienne amie de la Sublime Porte ». La République s'autorise seulement à soumettre les beys d'Égypte, révoltés contre son autorité[8]. La conquête est d'autant plus légitime, à ses yeux, que la France n'a pas bénéficié du récent partage de la Pologne qui profite à la Prusse, à l'Autriche et à la Russie, et constitue un précédent[9].

Tout cela est mis au point entre le ministre et le général dans la seconde quinzaine de janvier[10]. Le 27 janvier, Charles-Maurice envoie son premier rapport au Directoire « sur la situation de la République française vis-à-vis de la Porte[11] ». Tactiquement, il importe que Bonaparte reste étranger à la manœuvre face au Directoire qui se méfie de lui. Pendant que le ministre passe à l'offensive, le général part en tournées le long des côtes de la mer du Nord afin de se faire une idée exacte des difficultés d'un débarquement en Angleterre auquel il a en fait déjà renoncé. Le 14 février, Charles-Maurice, aidé de Charles Magallon, précise son projet dans un second rapport au Directoire[12]. Le 20, Bonaparte rentre à Paris, le 21, il voit longuement son complice, le 24, il donne les conclusions de son voyage d'inspection au Directoire. Le débarquement en Angleterre est illusoire. À la place, il propose deux autres solutions : attaquer le Hanovre ou conquérir l'Égypte. Le tour est joué, mais les directeurs – « les cinq rois à terme », comme les appelle Bonaparte – mettront quand même un certain temps à se laisser convaincre. Cela flaire le coup politique. Et puis toute l'opération est incroyablement risquée. Comment atteindre les côtes égyptiennes étant donné l'immense supériorité de la flotte anglaise en Méditerranée sur la flotte de la République ? Reubell en particulier refuse de céder. Mais, de guerre lasse, le Directoire finit par donner son accord le 5 mars. Après tout, si Bonaparte veut conquérir l'Égypte, qu'il y aille. Au pire, l'éloignement d'un général qui leur fait tant d'ombrage vaut bien le sacrifice de trente mille soldats. Bon débarras. Bonaparte s'embarque à Toulon à la mi-mai et entre au Caire fin juillet.

Toute cette histoire paraît limpide. On n'a pas encore parlé des arrière-pensées du ministre, une spécialité chez Charles-Maurice. La plupart de ses biographes l'accusent de perfidie sur un point précis. Dans l'arrangement du 5 mars avec le Directoire, il devait se rendre en personne à Constantinople pour s'occuper de la partie diplomatique de l'entreprise et calmer la colère prévisible du grand sultan. D'autant plus que le représentant de la République à Constantinople, Aubert-Dubayet, vient de mourir en décembre. Or Charles-Maurice ne bouge pas de Paris, malgré l'insistance de Bonaparte qui, furieux, lui écrit à plusieurs reprises et le presse de partir[13]. Il lui envoie même de Malte une frégate qui n'arrivera jamais à Toulon. Indigné, Lacour-Gayet prend cela pour une trahison vis-à-vis de Bonaparte ; la première, selon lui, d'une longue série. Les choses sont un peu plus complexes. D'un côté, Charles-Maurice n'aime pas les aventures. La perspective de se retrouver enfermé aux Sept-Tours, la sinistre prison du sultan à Constantinople, ne l'enchante pas. Il n'est pas non plus dans ses habitudes de s'éloigner du centre du pouvoir, et celui-ci est à Paris. Il a songé à poser sa candidature à l'un des cinq postes de directeur laissé vacant par le départ automatique, au tirage au sort, de François de Neuf-château en mai[14]. Après le mois d'octobre, avec l'entrée en guerre de la Turquie contre la République, il est trop tard. De plus, la destruction de la flotte française à Aboukir, le 1er août, par la flotte de Nelson change les données du problème en faisant de Bonaparte le « prisonnier de sa conquête ».

Entre-temps, rien ne prouve non plus que les directeurs, qui n'ont même pas pris la peine de le nommer officiellement à Constantinople, lui aient donné l'ordre de partir[15]. Il y a même de fortes raisons de penser qu'ils n'ont pas voulu le lâcher. L'incertitude des relations franco-autrichiennes, la gestion de la crise qui éclate en mai entre les deux républiques française et américaine, à la suite de l'affaire XYZ, font du ministre un homme indispensable. Charles-Maurice connaît bien les États-Unis. C'est lui qui réglera, non sans habileté, le problème américain[16].

Certes, il ne s'est pas précipité pour se faire envoyer. Son manque d'enthousiasme et sa prudence cachent encore autre chose. Derrière les imprécations officielles du ministre contre l'Angleterre, « ce colosse aux pieds d'argile », cette nation « d'un machiavélisme honteux et criminel[17] », l'homme de la paix tisse sa toile et négocie tranquillement avec Londres. On en a les traces. Dans cette perspective, il envisage peut-être aussi l'expédition d'Égypte comme un moyen de détourner les velléités belliqueuses de la République à ses frontières et d'alléger les risques encourus par l'Angleterre… Et tant pis si Bonaparte ne s'en tire pas. Depuis la rupture des négociations de Lille avec Londres en septembre 1797, il continue à travailler discrètement pour la paix. D'autres diront : à renseigner l'ennemi. C'est une question de point de vue. Dans ses conversations avec le représentant de la Prusse, M. de Sandoz, il y revient à plusieurs reprises au point que ce dernier le considère comme le meilleur candidat au Directoire : « Savez-vous que tandis que le Directoire crie guerre contre l'Angleterre, moi, je crie au contraire paix, comme le dernier terme de ses ressources[18] ? » Derrière ces belles paroles se cache comme toujours une poignée d'agents secrets, en contact avec Londres pour le compte du ministre, parfois par l'intermédiaire des émigrés. Parmi ceux-ci, une certaine Catherine Grand, la future princesse de Talleyrand, fait à cette occasion une entrée publique pour le moins fracassante dans la vie de Charles-Maurice. Dans l'une de ses lettres interceptées par les agents de Barras, et jusqu'alors peu connue, elle évoque « l'affaire d'Égypte [...] mise sur pied au bénéfice de nos amis anglais[19] ». L'expédition aurait-t-elle été soutenue par Charles-Maurice comme une manœuvre de diversion pour éviter l'irréparable avec l'Angleterre ? Ce serait bien dans la manière de ce grand joueur de cartes. On retrouvera plus tard ce même tour de main dans l'affaire d'Espagne[20]. En un sens, cela résoudrait une énigme que les historiens se posent toujours : celle de savoir par quel miracle la petite flotte française de Bonaparte a pu arriver sans encombre à Alexandrie en évitant les escadres anglaises de la Méditerranée. Y aurait-il eu des complicités anglaises tacites, dans le seul but d'éloigner durablement l'encombrant général en chef, et Charles-Maurice y est-il pour quelque chose ? Simple hypothèse de travail en forme de question.

6.

L'ÉNIGMATIQUE CATHERINE GRAND

Derrière l'affaire égyptienne, on commence à entrevoir une silhouette féminine hors du commun et qui va prendre beaucoup de place dans cette histoire : Noël-Catherine Verlée, épouse de François Grand. En 1799, la presse jacobine évoque à demi-mot le personnage. Le 7 juillet, le *Journal des hommes libres* la cite pour la première fois dans un article très polémique dirigé contre le ministre des Relations extérieures[1]. Informé par la rumeur ou par des fuites du ministère de la Police, l'auteur anonyme de l'article évoque longuement une « femme Legrand » (il déforme légèrement son nom), « émigrée », « protégée d'une puissance royale neutre » (le Danemark), qui joue à la fois le rôle « d'agent diplomatique » et de « sultane favorite » du ministre. En réalité, il fait allusion à des événements vieux de plus d'une année.

Là encore, il faut faire la part de la légende et de la réalité. Depuis la Restauration et jusqu'à très récemment, les biographes de Talleyrand ont propagé une très jolie histoire propre à l'édification des jeunes filles dans les chaumières, inventée de toutes pièces par leur propre personnage. En 1798, un beau jour de mars, une belle émigrée française ayant séjourné longtemps aux Indes et récemment rentrée de Londres se fait annoncer en larmes à l'hôtel du ministère des Relations extérieures. Poursuivie par la police du Directoire, elle demande la protection du ministre et fait promettre des « révélations ». Ému par « la plus belle chevelure blonde qui ait peut-être jamais existé », le ministre « qui n'en est pas moins homme » lui fait préparer une petite chambre dans les combles de son hôtel. Le lendemain matin, il s'informe de sa pensionnaire qui lui paraît plus belle encore que la veille. Il l'invite à déjeuner, puis à dîner, puis, puis, puis… la belle Indienne s'installe à demeure. Et cela durera jusqu'en 1814. L'histoire est touchante, mais évidemment suspecte[2].

Catherine Grand est déjà une femme d'âge mûr à cette époque. Elle est née le 21 novembre 1761 à Tranquebar, petite colonie danoise située sur la côte de Coromandel, non loin de Pondichéry[3]. Elle a donc trente-six ans en mars 1798, et Charles-Maurice, quarante-trois. Seulement l'original de son acte de naissance est introuvable, et elle passera sa vie à mentir sur son âge, en se rajeunissant progressivement, d'après les différents actes qui la concernent : 25 novembre 1762, 20 mai et 20 novembre 1763 et même 21 novembre 1765, si l'on en croit son contrat de mariage de 1802. Par ce simple détail, on peut déjà prendre la mesure du personnage : soit coquetterie féminine, insouciance, soit habitude déjà bien exercée de manipuler et de falsifier les documents. Ses biographes ont beau la traiter d'« aventurière anglaise », ses parents sont français. Son père, Jean-Pierre Verlée, puis Werlée et Worlée suivant les déformations progressives de son nom sous l'influence de la langue anglaise qui domine en Inde, est né à Vannes. Il s'embarque pour les Indes où il sert le roi pendant quinze ans comme lieutenant puis capitaine du port de Pondichéry. C'est là qu'il se marie en 1758 avec Laurence Alleigne, elle-même originaire de Brest.

En 1760, l'armée anglaise s'empare de Pondichéry et la famille remonte progressivement vers le nord pour s'installer à Chandernagor, comptoir français à l'embouchure du Gange, non loin de Calcutta. Jean-Pierre Verlée y est nommé capitaine du port, « pour le roy en cette colonie », sous l'autorité de Jean-Baptiste Chevalier, le gouverneur de la ville. Calcutta est « anglaise », et tout naturellement la jeune Catherine Verlée épouse dans sa seizième année un officier naturalisé anglais de la Compagnie des Indes, secrétaire de la commission des sels, George-François Grand. C'est un bon mariage pour les parents de Catherine qui ne sont pas riches. George-François Grand n'est pas plus britannique que sa jeune femme. Il est issu d'une famille protestante et vaudoise – ses parents possèdent la « bourgeoisie » de Lausanne[4]. Ses cousins tiennent une maison de banque avec des filiales à Genève et Amsterdam. Son père l'a envoyé à Londres s'initier au commerce qu'il pratique lui-même. Protégé par Warren Hastings, gouverneur général de toutes les possessions anglaises aux Indes, il est promis à une belle carrière au sein de l'administration de la Compagnie. Seulement son mariage tourne très vite au désastre. La jeune Catherine, d'une beauté à couper le souffle d'après tous ceux qui l'ont connue là-bas, se lasse très vite de cet homme de presque trente ans, aux habitudes un peu routinières et très anglaises : le club, le jeu et les soirées entre hommes. Tout commence par un scandale. En décembre 1778, un membre éminent du conseil suprême du Bengale, marié, écrivain à ses heures et surtout grand séducteur, le « beau » Sir Philip Francis, est pris sur le fait, à une heure où il ne devrait pas y être, dans la chambre de Mme Grand. Le mari furieux intente un procès à l'amant et le fait condamner à 50 000 roupies de dommages et intérêts, soit 5 000 livres sterling ou 120 000 livres tournois, une très forte somme pour l'époque. Tout cocu qu'il est, George Grand ne perd visiblement pas le sens des affaires. La jeune Mme Grand se réfugie chez sa sœur à Chandernagor puis s'embarque deux ans plus tard pour l'Angleterre vers de nouvelles aventures. Elle ne reverra jamais plus son mari. Leur séparation a cependant été négociée en actions de la Compagnie des Indes que la belle Catherine touchera en Europe. On n'est jamais trop prévoyant, malgré d'indéniables atouts. Encore tout ébloui, Philip Francis parle dans son Journal de « cette femme qui ne fait aucun pas sans que la grâce ne règle en secret ses mouvements et ne l'accompagne partout[5] ». À dix-huit ans Catherine Grand est une beauté : grande, très bien faite, langoureuse, des formes généreuses, une peau de blonde, un visage parfait, de grands yeux bleus, des cheveux magnifiques qui tombent en boucles sur ses épaules, une très jolie bouche aux lèvres pleines qui lui donne un air de jeune fille mutine et boudeuse. Une beauté « piquante » selon sir Francis, vite remarquée en Europe, en Angleterre puis à Paris où elle s'installe en 1782. Elle appartient à cette catégorie particulière de « femmes des îles », nonchalantes et enfantines, qui plaisent beaucoup aux hommes. Bonne musicienne – Mme Vigée-Lebrun la représente en 1783, une partition à la main[6] –, elle est peu cultivée. Elle a été élevée très sommairement en Inde au milieu de ses ayahs[7], mais elle est douée d'un vrai sens de l'intrigue et d'une intelligence naturellement vive. Sa langue maternelle est le français. Avant son départ des Indes, elle ne possédait encore que quelques mots d'anglais[8] qu'elle apprendra vite par la suite, car elle apprend vite. Pendant dix ans, de 1782 à 1792, elle va mener à Paris la vie d'une femme à la mode, courtisée par des hommes parfois considérables. Si elle avait vécu sous le second Empire, on aurait pu la qualifier de demi-mondaine. Mais ne faisons pas d'anachronismes. Les mœurs sont beaucoup plus libres à la fin du XVIIIe siècle et la société des femmes plus mélangée. À Paris, les succès de mode et de coteries comptent presque autant pour une jolie femme que les origines sociales ; il suffit de respecter les convenances. Catherine Grand n'est pas une prostituée, même de luxe, ni une femme entretenue, ce qu'a été Jeanne Bécu, la future comtesse du Barry, au début de sa carrière. Elle est libre et indépendante, ce qui ne l'empêche pas d'avoir des « protecteurs », selon ses goûts, ses besoins et ses humeurs. Le maître des requêtes Nicolas Valdec de Lessart, Jean-Frédéric Perregaux, puis l'un des Rilliet, les banquiers de Genève, puis Louis Monneron, peut-être aussi Radix de Sainte-Foy se partagent ses faveurs. Tous sont des hommes d'argent, de banque et de finance. Avant d'accéder aux Affaires étrangères, Valdec de Lessart appartenait à l'administration du contrôle général des finances du roi. Jusqu'en 1790 elle habite rue du Sentier, faubourg Poissonnière, l'un des quartiers de la haute finance parisienne. Le quartier est prédestiné. C'est là que Jeanne Poisson, la future marquise de Pompadour, a fait ses premières armes. Jeanne Poisson et Catherine Grand, la future princesse de Talleyrand, ont des parcours assez semblables. La première sera la maîtresse puis l'amie du roi. La seconde aura deux ministres des Affaires étrangères pour amants.

Harenc de Presle[9] lui loue un appartement dans son hôtel particulier. Ce riche banquier, collectionneur et amateur d'art et de littérature, est un ami du discret et efficace Valdec qui, quant à lui, paie les factures sans broncher, et lui avance sans intérêts jusqu'à 64 000 francs de billets dans les années 1785-1787. Elle s'installe ensuite dans un autre quartier de la finance, plus récent et très à la mode, faubourg Saint-Honoré, 13, rue d'Artois, dans un hôtel tout neuf avec jardin, propriété de l'architecte Vincent Barré. Elle paie pour cela 4 200 livres par an, ce qui est cher, et Louis Monneron se porte caution. La vie est belle. À l'époque de Valdec, ses fournisseurs, bijoutiers, modistes et couturiers sont souvent les plus chic du Palais-Royal, ceux de Monsieur ou du comte d'Artois. Elle fait réaménager son appartement de fond en comble en 1786. Elle est abonnée aux Italiens, à l'Opéra, au Théâtre-Français où elle loue une loge. Elle aime les livres, achète les 32 volumes de l'*Histoire naturelle* de Buffon et s'abonne au début de la Révolution au *Lycée des arts* fondé par La Harpe, ce qui prouve au moins qu'elle se cultive. Elle possède attelage et chevaux blancs. Pour sauver les apparences, on la présente comme la lectrice de la tante de Valdec, Mme Verdeilhan des Forniels, la riche veuve d'un ancien fermier général, mais personne n'est dupe[10]. Cette « beauté céleste, encore rayonnante de jeunesse, avec des dents incomparables, une blancheur transparente, et une forêt de cheveux blonds clairs qu'on n'a vus qu'à elle », accompagnée de sa jeune servante Caroline, « Indienne de couleur noire », ne passe pas inaperçue[11]. En 1814, Édouard Dillon, ébloui, se souvenait encore d'avoir soupé avec elle en 1787, « au sortir de l'Opéra », nue, « les cheveux détachés et tombant de façon à en être complètement voilée », « *naked but not ashamed* » ajoute Mme de Boigne, perfide[12]. Lorsqu'elle s'habille, elle n'en est pas moins envoûtante. Le 22 février 1787, elle donne à danser chez elle rue du Sentier. Elle porte ce soir-là « un fourreau de taffetas blanc brodé d'une frange de soie rose, une jupe de crêpe blanc, une guirlande de pied d'alouette pour la taille, une ruche de tulle au bord du corset ». Tout cela a coûté 264 livres, payées par Valdec.

Jusqu'à présent les historiens, à l'exception d'Olivier Blanc, se sont peu intéressés à la vie parisienne de Catherine Grand dans les années 1780. Ses liens avec Valdec, qui sera l'un des derniers ministres des Affaires étrangères de Louis XVI avant d'être massacré à Versailles en septembre 1792, puis avec Louis Monneron, député des colonies françaises des Indes orientales à la Constituante, font que Charles-Maurice a de grandes chances de l'avoir croisée à cette époque-là. C'est Valdec qui envoie l'ex-évêque à Londres en mars 1792. Constituant et grand spécialiste du commerce des Indes, ce dernier connaissait sûrement Louis Monneron. Il est également proche du banquier Perregaux qui fait les affaires de la belle Indienne avant la Révolution, vit dans le même quartier qu'elle et est l'un des familiers des Harenc de Presle dont il a épousé la fille, Adélaïde.

Et puis il y a le jeu. En 1791, Catherine Grand tient une partie de « 31 » avec Emmanuel de Lambertye, un ancien officier aux gardes-françaises, son nouvel amant et peut-être le seul grand amour de sa vie, à la vieille Chancellerie d'Orléans transformée en maison de jeu, rue de Valois, au Palais-Royal. Elle y fréquente des représentants du monde de la finance, mais aussi ce qui reste de l'entourage du roi et des princes – la sœur d'Emmanuel de Lambertye, Mme de Villemain est la maîtresse de Jules de Polignac[13]. Peu après le 10 août, elle disparaît et se réfugie à Londres avec un passeport anglais. En septembre, l'un de ses jeunes soupirants, Nathaniel Belchier, lui rapporte, au péril de sa vie, une partie de son argenterie et de ses bijoux restés à Paris. À Londres, elle fait des démarches pour obtenir la levée du séquestre sur ses biens de la rue d'Artois. Elle fréquente à la fois les milieux de l'émigration, des diplomates, des Anglo-Indiens, comme John Whitehill, l'ancien gouverneur de Madras, des banquiers suisses comme les Pictet. Toujours proche de Lambertye qui a émigré et joue les agents de renseignements pour le comte d'Artois, elle se lie avec le marquis de Spinola, l'ancien ministre de Gênes à la cour de France dans les années 1780, qui représente maintenant son pays à Londres. Il est devenu son amant et travaille indirectement pour le compte du gouvernement anglais[14]. C'est sans doute avec lui qu'elle se rend à Hambourg, passage obligé sur la route de Paris – les passeports y sont plus facilement délivrés – et rentre en France en avril ou mai 1797. Charles-Maurice est alors sur le point d'accéder au ministère.

Qu'ils se soient déjà rencontrés à Paris, Londres ou Hambourg importe peu ; dans un sens, ce qui compte, c'est que leur liaison commence à peu près à cette époque[15]. Un signe ne trompe pas. Le 7 avril 1798, Catherine obtient son divorce d'avec son premier mari, tout en continuant à porter son nom[16]. Elle habite alors rue Saint-Nicaise puis rue de la Loi (l'actuelle rue de Richelieu) et non évidemment rue du Bac, chez le ministre. C'est plus discret, d'autant plus qu'elle s'adonne à des activités de renseignements pour le compte du gouvernement anglais, que la République réprouve. Ses lettres sont adressées à Lambertye, obligé de fuir Paris après le 18 Fructidor et de nouveau réfugié à Londres où il est en contact avec Robert Smith, un haut responsable de la chancellerie de l'Échiquier du gouvernement Pitt. On se souvient de sa correspondance sur l'expédition d'Égypte. Ce qu'elle dit de Charles-Maurice qui est alors son amant ne manque ni d'humour ni de lucidité. Dans l'une de ses lettres interceptées en mars 1798, sans doute datée de janvier, elle l'appelle assez drôlement « Piedcourt », parle aussi des préparatifs de la République contre l'Angleterre, de l'emprisonnement de son ami Antonio de Araujo, chargé de négocier la paix franco-portugaise, des projets d'élection de Charles-Maurice au Directoire. À moins que cette lettre ne soit carrément un faux, elle est très bien renseignée. On a surtout une idée, en la lisant, du pouvoir qu'elle exerce sur le ministre : « Piedcourt est plus amoureux que jamais, il m'obsède du matin au soir, [...] me parle mariage depuis quelques jours. Il espère dit-il, mettre un sceptre à mes pieds. Le public le met sur les rangs pour le Directoire. S'il y parvient, je [l'] épouse. Jusque-là, je promets et je profite[17]. » Et dire que son amant qui deviendra son mari réussira à la faire passer pour complètement idiote ! En 1798, il n'est pas encore question de justifier un mariage par l'indifférence ou l'insignifiance.

Au-delà de la passion – qui n'est pas partagée, semble-t-il –, les rapports qui s'établissent entre le ministre et la belle Indienne sont loin d'être simples. Charles-Maurice est sans doute au courant des informations qu'elle délivre aux Anglais et se sert délibérément d'elle. Contrairement à ce que raconte Barras, il n'est pas le seul à lui avoir écrit pour sortir « la plus désoccupée de toutes les femmes que j'aie jamais rencontrées » des griffes de la police de Sotin, à la fin du mois de mars 1798. Le ministre du Danemark à Paris, M. de Dreyer, dont elle obtient la protection grâce à son passeport danois, a joué un rôle dans cette affaire[18]. Au bout du compte, cette royaliste de cœur, très hostile à la Révolution, devait savoir beaucoup de choses. Quels sont ses liens avec Cristoforo de Spinola qui, jusqu'à son expulsion de Paris en juillet 1797, travaillait contre les projets de Bonaparte en Italie, notamment l'annexion de Gênes à la République cisalpine ? Spinola, qui a épousé une Française, est le beau-frère de Doulcet de Pontécoulant, député des Cinq-Cents fructidorisé, un ami de Charles-Maurice. Qu'est-elle allée faire à Hambourg en août 1799, puis à nouveau en 1800 ? Elle y a vu James Crawfurd, l'un des éléments les plus actifs du contre-espionnage anglais dans le nord de l'Europe et le neveu de l'une de ses vieilles amies, la belle Mme Sullivan. Était-elle chargée par son amant de trouver le moyen d'approcher le tsar de Russie Paul Ier afin de lui communiquer des lettres du ministre, ou plus simplement de suivre ses affaires sur place[19] ? La « belle espionne » avait plus d'une corde à son arc. On verra plus loin que sa disgrâce auprès de Napoléon s'explique moins par sa prétendue bêtise ou son statut de femme mariée à un ancien évêque que par ses activités de renseignements et son habileté à « rançonner » les uns et les autres. Ne serait-elle d'ailleurs pas la fameuse inconnue de la négociation manquée avec les représentants américains, dans l'affaire XYZ ?

Adélaïde de Flahaut et Catherine Grand ont au moins un point commun. Les sentiments de Charles-Maurice pour elles sont étroitement liés à son goût de l'intrigue et des affaires. À Thiers qui lui demandera plus tard de lui parler politique plutôt que des femmes, il répondra : « Mais les femmes, c'est la politique[20] ! » Au fond, ces deux aventurières, également ambitieuses, reflètent, dans les particularités de leur rapport avec lui, un peu de sa nature profonde. Seulement, l'une réussit là où l'autre échoue : le mariage. Toutes les deux lui donnent également l'occasion d'exercer un sentiment qu'il s'est bien gardé de montrer au début de sa vie : l'affection et l'attachement très profond qu'il éprouve pour les enfants. On se souvient de son intérêt pour Charles de Flahaut. Cela commence beaucoup plus étrangement avec Catherine Grand. Au cours des mois d'été de l'année 1798, le « pseudo-couple » séjourne à Auteuil, à la Tuilerie, une maison de campagne louée par Charles-Maurice. Ils y reçoivent la princesse Falconieri, veuve du prince de Santa Croce, et sa fille de huit ans. Cette ancienne maîtresse en titre du cardinal de Bernis à l'époque où il était ambassadeur de France à Rome, est une vieille connaissance. Le jeune abbé l'a sûrement croisée là-bas, lors de son voyage en Italie. Elle joue maintenant les agents mondains du ministre, en le renseignant sur la situation de son pays… et émarge discrètement aux fonds secrets de la rue du Bac. Au moment de son retour à Rome, elle confie sa fille Anne-Françoise au couple, qui l'élèvera et la mariera sous l'Empire, dans le voisinage de Valençay, à Amédée Godeau d'Entraigues[21]. Cette petite princesse romaine, la « chère Nana » comme l'appelle familièrement Charles-Maurice, est la première des enfants « mystérieuses » à entrer dans la vie de l'étrange ménage. Elle ne sera pas la dernière.

7.

BONAPARTE, QUITTE OU DOUBLE

L'envoûtante et experte Mme Grand n'épuise pas toutes les journées du ministre en cette fin d'été 1798. Car Charles-Maurice a de quoi s'inquiéter. Les nouvelles d'Égypte sont mauvaises. En septembre, les Ottomans entrent en guerre contre la République. Les négociations censées régler à Rastadt, près de Carlsruhe, la question des compensations aux princes allemands évincés de la rive gauche du Rhin, reconnue par l'Autriche à la France à Campoformio, s'enlisent. Le Directoire ne veut pas lâcher Cologne et refuse toute compensation à l'Autriche. Le débarquement de Bonaparte en Égypte accélère la marche à la guerre. En décembre, les Anglais et les Russes signent un traité d'alliance contre la République, à l'origine d'une nouvelle coalition antifrançaise que rallie l'Autriche en mars de l'année suivante.

La situation intérieure, fragilisée par la reprise de la guerre, n'est pas meilleure. L'élection de Sieyès, l'ex-abbé de la Constituante, qui remplace Reubell en mai au sein du Directoire, sonne comme un coup de tonnerre. Elle prouve qu'il existe dans les Conseils une majorité de représentants favorable à une révision de la Constitution. De la rue du Bac, Charles-Maurice suit les événements avec intérêt. Sieyès qui avait refusé une première fois d'entrer au Directoire, accepte cette fois son élection. Sa réputation de grand stratège de la politique qui a toujours une Constitution d'avance est intacte, et ses partisans sont nombreux. Rentré de son ambassade de Berlin en juin, il s'arrange avec la majorité des Conseils pour éliminer ceux des directeurs qui lui sont hostiles. Cette fois, le « manufacturier des Constitutions » (Mallet du Pan) est prêt à passer à l'action et à s'emparer d'un pouvoir qu'il n'a pas vraiment eu l'occasion de goûter jusqu'à présent. Du 16 au 20 juin, Treihard, La Révellière et Merlin sont remplacés par Gohier, Moulin et Roger-Ducos. C'est un quasi-coup d'État, un de plus, qui passera à la postérité à sa date républicaine (30 Prairial an VII). Le ministre des Relations extérieures ne se contente pas de laisser faire, il soutient discrètement Sieyès.

Les deux hommes, qui se connaissent de longue date, diffèrent profondément. On l'a vu, Charles-Maurice n'aime pas l'ex-grand vicaire de Chartres, l'ancienne tête pensante de la Constituante, et se méfie de son goût pour les systèmes. Quand on lui lance en privé que le maître ès Constitutions est un homme profond, il répond : « Profond ? C'est creux, très creux que vous voulez dire[1]. » Il ne lui prête pas non plus beaucoup de courage politique. Au temps de la Constituante, il l'appelait déjà méchamment « M. l'abbé La Peur. » Plus tard, dans ses Mémoires, il le jugera à la fois « orgueilleux », « pusillanime », « envieux » et « défiant » – excusez du peu. Il lui trouve pourtant une qualité. Sieyès est l'homme des « mots », et ses mots ont, depuis dix ans, décidé des grands tournants de la Révolution[2]. Le « Qu'est-ce que le tiers état ? » de 1789 en est un. « Il ne dit que des mots, mais chaque mot exprime une pensée et indique de la réflexion. » Dans le portrait qu'il lui consacre, Saint-Beuve ne dira pas autre chose. En cela, Sieyès est l'un de ceux qui peuvent « finir » la révolution » – on disait à l'époque : sauver la République. En homme qui jauge admirablement une situation, Charles-Maurice le sait. Au ministre de Prusse à Paris, il le décrit comme « quelqu'un qui a été fort avant dans la Révolution, qui en est très dégoûté et qui est aujourd'hui aussi exagéré contre qu'il a été exagéré pour elle ». Sieyès est vaniteux, il aura le temps au cours des mois de son ambassade à Berlin de le flatter. Même si la correspondance privée du ministre à l'ambassadeur est perdue, on l'imagine de la même eau que la lettre qu'il lui envoyait de New York en juillet 1795 : « Adieu, conservez-moi votre amitié ; la mienne pour vous ne finira qu'avec la vie[3]. » Les ressources de son esprit, son pouvoir de dissimulation sont tels qu'il parvient à séduire un homme pourtant naturellement hostile à ce qu'il représente, l'Ancien Régime et la grande aristocratie de cour. Benjamin Constant écrit de Sieyès qu'il « a abjuré pour [Talleyrand] ses principes de caste ». « Je l'ai vu aimer des hommes d'esprit avec une sorte d'inconséquence qui étonne, quand on rapproche cette affection de ses haines et de ses principes. Personne jamais n'a plus profondément détesté la noblesse[4]. » C'est ainsi que Sieyès use de son influence à la Convention pour faire rentrer l'ancien évêque en France. À peine nommé au Directoire, il tentera de l'y faire élire à la place de Gohier, mais sans succès, ce qui montre les limites de son pouvoir[5].

À cette époque, le ministre des Relations extérieures a de plus en plus mauvaise presse dans les Conseils. Comme l'écrit pudiquement Cambacérès, ses liens « avec des hommes soupçonnés d'incivisme [...] lui avaient fait perdre de son crédit dans l'esprit des patriotes, qui ne trouvaient d'ailleurs en lui ni les mœurs ni les manières républicaines[6]. » En clair, Charles-Maurice commence à dégager un parfum de scandale qui indispose. D'autant plus que, du 15 mars au 2 juillet, il assure l'intérim du ministère de la Marine en remplacement de son ami le vice-amiral Bruix nommé commandant de l'escadre de Brest, chargée de rétablir les communications avec l'Égypte. Le ministre des Relations extérieures et le marin s'apprécient. Ils deviendront intimes, assez pour qu'en mars Bruix adresse ses « tendres hommages à Mme Grand[7] » dans une lettre à son ami. Le calme imperturbable du premier tranche sur l'agitation permanente du second. Tous deux sont de grands amateurs de cartes[8]. Bruix et Barras sont sûrement derrière cette nomination provisoire au ministère de la Marine, très politique puisqu'elle le rapproche du sort de Bonaparte coincé en Égypte, mais aussi très lucrative, et cela se sait. Comme par enchantement, et presque au même moment, Ouvrard obtient l'entreprise du service de la marine : un contrat de 64 millions de livres pour une durée de six ans. Il y a parfois dans la vie de Charles-Maurice des coïncidences troublantes. D'autant que le nouveau munitionnaire de la marine, chargé des approvisionnements des flottes française et espagnole, pare au plus pressé et, à la demande de Barras, bouche les trous du Trésor : 10 millions en novembre 1798, puis propose un plan de finance fondé sur l'existence d'une dette publique garantie par une caisse d'amortissement, une vieille idée de l'ancien évêque d'Autun[9] !

Ce surcroît de pouvoir agace encore un peu plus la gauche des Conseils et des clubs, en particulier la société du Manège et les Jacobins, qui depuis plusieurs mois hurlent contre le ministre. On l'accuse de complicité avec l'Angleterre, on lui reproche d'avoir volontairement envoyé Bonaparte en Égypte pour affaiblir la République. On le soupçonne de malversations. La dernière en date, reprise par la presse, concerne l'annexion du duché de Bénévent par le roi de Naples. L'affaire remonte au printemps de l'année précédente. À la faveur de l'occupation des États du pape par l'armée française, Naples en profite pour mettre la main sur Pontecorvo et Bénévent et demande au gouvernement français de fermer les yeux. La négociation s'engage avec Charles-Maurice sur un mode classique : bouche cousue mais poche remplie. La reine de Naples parle elle-même dans l'une de ses lettres à son principal ministre, de 300 000 ducats[10]. Sous l'Empire, Napoléon se souviendra sans doute de cette histoire lorsqu'il nommera en 1806 son ministre prince régnant de Bénévent. Le hasard fait bien les choses. Voilà une façon discrète mais cinglante de lui prouver qu'il n'oublie rien…

Comme si cette dernière affaire, colportée par les indiscrétions d'une presse jacobine qui le traite ouvertement d'« anglo-émigré », ne suffisait pas, Charles-Maurice doit subir dans les premiers jours de juillet l'affront d'un procès que lui intente l'adjudant-général Jorry[11]. Pour une fois, il n'y peut pas grand-chose. Jorry est l'un de ces nombreux espions stipendiés du ministère, doublé d'un diffamateur dans l'âme et d'un escroc qui depuis plusieurs mois manipule son ancien patron à grand renfort de « placards » affichés dans Paris et d'articles de presse[12]. Dans cette histoire, Charles-Maurice n'est coupable que de légèreté, mais elle lui sera fatale. L'affaire Jorry est un peu comme la goutte d'eau qui fait déborder le vase de l'opinion publique. Pourtant le tribunal de police correctionnelle de Paris ne retient pas la plainte de l'imposteur. Charles-Maurice ne se rend d'ailleurs pas au procès. Il n'empêche que, le lendemain 13 juillet, le ministre donne sa démission qu'il renouvelle le 20. Cette fois, celle-ci est acceptée, mais du bout des lèvres. Sieyès a tout fait pour le retenir. Le Directoire le sacrifie sur l'autel de l'opinion, tout en le ménageant, ce qui montre assez combien il lui est utile. La réponse des directeurs à sa lettre de démission, publiée dans le *Moniteur* est élogieuse. C'est Reinhard, l'un de ses fidèles, son « élève » comme il le lui écrit lui-même, qui le remplace en attendant des jours meilleurs[13]. Il n'arrivera d'ailleurs de Florence qu'à la fin du mois d'août.

En un sens, sa démission, à demi forcée, à demi consentie, lui donne les mains libres, car la partie qui commence est sans doute l'une des plus délicates de sa carrière. L'ancien évêque d'Autun a beau n'être jamais meilleur que dans les crises, la situation n'est pas simple. Le Directoire est en faillite. Sieyès est décidé à passer à l'action. Barras est indéchiffrable, Bonaparte retenu en Égypte. Dans les interstices, Charles-Maurice joue comme d'habitude sur tous les tableaux. Sieyès fait tout pour empêcher Bonaparte de rentrer. Le général risque de lui faire de l'ombre. Pour mener à bien le coup d'État qu'il projette, il lui faut l'aide de l'armée, mais il cherche une épée, pas un grand sabre. Autrement dit, il veut un général docile, populaire, mais pas trop, qui lui permette de garder et l'initiative et les bénéfices de l'opération. Le général Joubert, qui a recueilli une partie de la gloire de Bonaparte en Italie, est prêt à jouer un rôle. Charles-Maurice fait les premiers pas, pour le compte de Sieyès, avec Sainte-Foy et Sémonville. Après tout, on a toujours besoin d'un général de remplacement. Joubert est nommé à la tête de la division militaire de Paris, un poste stratégique dans la perspective d'un coup politique, mais il se fait malencontreusement tuer près de Novi, en août. Charles-Maurice, en bon fils spirituel du cardinal de Retz, a toujours su conserver plusieurs fers au feu. Joubert n'est pas le seul des généraux « disponibles » avec qui il entretient de bonnes relations. Il s'intéresse aussi de très près à Brune qu'il couvre de louanges dans les lettres qu'il lui adresse. Brune est un général politique qui allie l'audace à la ruse. Il a joué l'année précédente un rôle clef à Berne en mettant la main sur le trésor de la ville, ce qui a permis de financer en partie l'expédition d'Égypte, puis à Turin en forçant le roi du Piémont à composer avec la République. Il y a fort à parier que Charles-Maurice ait été mêlé de près à ces événements. En septembre 1799, Brune bat l'armée anglo-russe du duc d'York à Bergen, en Hollande. « Vous voilà donc le libérateur du pays batave, et avec quelle infériorité de moyens ! et quels obstacles ! Mais votre audace et votre génie ont tout subjugué. Les Anglais et les Russes s'en souviendront longtemps[14]. » On croirait entendre une petite musique que les biographes de Charles-Maurice, faute de connaître ces lettres, ont réservée aux oreilles du seul Bonaparte. Or Brune appartient, avec Bernadotte et Jourdan, à l'aile gauche de l'armée. Il est hostile au vainqueur des Pyramides. Ses succès militaires, son goût du pouvoir et de l'argent, ses talents d'organisateur et de diplomate en font un homme intéressant ; et le ministre s'y intéresse : « Écrivez-moi quelques fois, mon cher Brune, des détails sur l'Italie. J'aime beaucoup à converser avec votre bon esprit et avec votre philanthropique philosophie[15]. »

Joubert et Brune sont donc autant de sauveurs « possibles ». Avec Talleyrand, on mesure mieux la complexité et les potentialités d'une situation que l'on imagine après coup unilatéralement favorable à celui qui l'emportera. Mais, en septembre 1799, Bonaparte est encore loin. Et, à Paris, on ne fait rien pour faciliter son retour. À peine élu au Directoire, Sieyès fait annuler l'ordre qui avait été donné à Bruix de préparer à Brest une expédition de secours en Égypte. On imagine bien que la position de Charles-Maurice est plus nuancée. Son scepticisme ne l'empêche pas d'être prudent. Bonaparte, même piégé en Égypte, reste un atout majeur. S'il n'hésite pas à préparer les voies d'un coup d'État sans Bonaparte, il ne l'oublie pas pour autant. Même si l'on n'en a pas la trace directe, il y a de fortes chances pour qu'il soit resté en relation avec lui, malgré le blocus anglais. Le 5 juillet, il écrit à Barras pour lui communiquer une lettre de Bonaparte à Joséphine transmise

« par la voie de Tunis[16] ». En juin, alors que Bruix était sur le point de quitter Brest, il lui avait déjà demandé d'informer le général sur la situation intérieure de la République. Il y a de bonnes chances pour qu'il ait réussi à lui faire parvenir des lettres. Plus encore, on peut se demander s'il n'est pas intervenu discrètement auprès de l'amiral commandant de la flotte anglaise en Méditerranée afin de préparer les moyens du retour de Bonaparte à Toulon. Sydney Smith est un ami de longue date. Il l'a beaucoup vu à Londres en 1793 ; son frère était à l'époque amoureux de Mme de Flahaut. Comment expliquer autrement l'aveuglement des Anglais qui, aux portes d'Alexandrie, laissent passer la frégate française *Muiron*, et son illustre passager ? Pour les Anglais, le retour de Bonaparte en France marque la fin des velléités hégémoniques françaises en Méditerranée. C'est une manière de victoire, d'autant que la République est maintenant trop affaiblie pour reprendre ses projets de descente à travers la Manche. De Paris, le débarquement du vainqueur des Pyramides à Toulon, le 9 octobre, suscite l'approbation de l'ancien ministre. « Quelle belle destinée se prépare pour nous ! écrit-il à Brune[17]. » En réalité, il devait être un peu « embarrassé », pour reprendre l'expression de Bonaparte lui-même. Depuis le mois de mai de l'année précédente, Charles-Maurice a « oublié » de se rendre à Constantinople, comme il en était convenu avec Bonaparte, il s'est rapproché de Sieyès, il a couvert de louanges certains des chefs de l'armée les plus hostiles à l'ancien général d'Italie et surtout il a carrément nié avoir joué un rôle quelconque dans le projet égyptien lui-même. Dans ses *Éclaircissements*, publiés quelques jours avant son départ du ministère, il répond aux accusations lancées à la tribune des Cinq-Cents[18] : non, il n'a pas sciemment affaibli la République en engloutissant une armée entière dans les sables de l'Égypte ; d'ailleurs ce n'est pas lui, mais son prédécesseur, Charles Delacroix, qui, le premier, a eu l'idée de l'expédition[19]. Quel aplomb ! Tout cela, Bonaparte le sait. Le général et l'évêque défroqué ne sont pas dupes. Ce sont deux grands joueurs, chacun à sa manière. Leur complicité est née des chances d'un premier coup d'État, en Fructidor an V.

La préparation de ce qui deviendra le coup d'État de Brumaire an VIII la renforce. Pour le général, l'ancien ministre est le seul à pouvoir le rapprocher de Sieyès qui, par son influence, est indispensable à sa réussite. De plus, il connaît à fond les rouages politiques du régime. Pour Charles-Maurice, puisque Bonaparte est là, il n'y a plus à reculer. Après tout, il est le seul, à ses yeux, à être en mesure de lui conserver « puissance, richesse et sûreté[20] ». « Au point où l'on en était, s'excuse-t-il presque dans ses Mémoires, il fallait vouloir ce qu'il voulait ; les événements le rendaient maître de la négociation[21]. »

Ce n'est pas précisément une « négociation » que les deux hommes entament à la fin du mois d'octobre, mais la mise en œuvre d'un coup politique extrêmement risqué. Même s'il se garde bien d'en parler longuement dans ses Mémoires, Charles-Maurice est au cœur de la conspiration qui se prépare. La duchesse de Dino, qui le connaît mieux que personne, a raison de souligner que, au-delà de sa légendaire prudence, il n'a manqué dans ce coup-là, comme souvent dans les moments difficiles, ni d'audace ni de courage.

8.

BRUMAIRE AN VIII

Le coup d'État des 18 et 19 Brumaire an VIII (9 et 10 novembre 1799), qui va mettre fin au régime directorial et consacrer le pouvoir de Bonaparte, ressemble un peu à une pièce de théâtre en trois actes. Premier acte : les acteurs s'observent ; deuxième acte : ils nouent l'intrigue ; troisième acte : ils passent à l'action.

La seconde quinzaine du mois d'octobre est celle des hésitations. Bonaparte consulte, ouvre aux uns et aux autres sa porte de la rue de la Victoire, gardée par le fidèle Berthier, et se persuade pendant quelques jours qu'il peut arriver à ses fins en se faisant élire au Directoire. Même si on n'en a pas la preuve, Charles-Maurice est sans doute l'un de ceux qui l'en ont dissuadé. La stratégie du coup d'État est, à ses yeux, la seule possible, à condition de respecter certaines règles. La réussite de la conspiration dépend de la discrétion des conjurés. Le secret est indispensable. Il s'agit donc de ne mettre dans la confidence qu'un nombre limité de personnes, mais dont l'influence est certaine, au sein même du Directoire, dans les Conseils, l'administration de Paris, les milieux d'affaires et l'armée.

Pour que la conspiration « prenne », un peu comme une mayonnaise, il faut user de certaines armes précises. La peur en est une. Charles-Maurice est le premier à savoir que son retour au pouvoir dépend de l'anéantissement de ceux qui l'en ont chassé : ceux que Cambacérès appelle « les terroristes », la gauche jacobine représentée au Directoire par Gohier et Moulin. Tout va être fait dans la presse pour persuader les « modérés », ceux qui réclament « des lois protectrices et un pouvoir exécutif plus concentré[1] », que les Jacobins sont d'indécrottables terroristes et de vieux nostalgiques du grand Comité de salut public. Il y a quelques bonnes raisons pour le penser. Depuis plusieurs mois, ce sont eux qui font les lois et celles-ci ne rassurent personne : loi sur la conscription (28 juin), les otages (1er juillet), l'emprunt forcé de 100 millions (6 août), la peine de mort (24 septembre). Par-dessus tout, le 29 octobre, les Cinq-Cents proposent de suspendre les « délégations » accordées aux fameux munitionnaires et de soumettre leurs comptes à une vérification complète. De quoi les inciter à soutenir Bonaparte qui, dans le feu de l'action, laissera les Anciens suspendre le texte. Enfin, le coup d'État, pour être acceptable, doit se donner un semblant de légalité. Cambacérès, tout nouveau ministre de la Justice, a dû y travailler. Charles-Maurice y a mis la main. Cela deviendra une spécialité chez lui. En 1814, pour renverser celui-là même qu'il a porté au pouvoir en 1799, il usera des mêmes faux-semblants parlementaires. Il suffit pour cela de convoquer les chambres légitimes du régime dont on veut se débarrasser puis de leur faire voter la fin de ce même régime. En 1814, ce sera le Sénat conservateur. En 1799, ce sont les Conseils, et d'abord le Conseil des Anciens.

Pour que tout cela marche, Sieyès doit en être. Il peut entraîner avec lui deux des quatre autres directeurs : Roger-Ducos, qui lui est dévoué, et sans doute l'inamovible Barras. À trois sur cinq, cela donne une majorité. De plus, son influence est immense au Conseil des Anciens. Enfin, à force de silences, il est parvenu à persuader presque tout le monde que lui seul peut modifier la constitution. Or, à la fin du mois d'octobre, le général et le directeur s'obstinent toujours à jouer entre eux au chat et à la souris. Leurs relations sont détestables.

Avec un sens consommé de la négociation et de la persuasion, Charles-Maurice va tout faire pour les rapprocher. Il est l'un de ceux qui parviendront à convaincre les deux hommes que leurs projets respectifs de régénération de la République ne sont pas incompatibles. Après tout, la vision de Sieyès « d'un édifice social » qui « se termine en pointe » plaît à Bonaparte. La rencontre décisive a lieu le 23 octobre[2]. À partir du 1er novembre, les deux hommes se parlent régulièrement, chez Lucien Bonaparte, qui préside les Cinq-Cents et jouera le 10 novembre (19 Brumaire) un rôle décisif. Au cours de ces réunions, Bonaparte suit les plans qu'il a mis au point avec son complice. Insensiblement Sieyès est marginalisé. Il n'est pas question pour Bonaparte d'imposer une Constitution – celle de Sieyès – toute faite. Le futur gouvernement sera provisoire et désigné par les Conseils. Il comprendra trois consuls : Bonaparte, Sieyès et Ducos. La Constitution sera rédigée par une commission législative et soumise à la nation. À Bonaparte l'action, à Sieyès les projets. Avant même d'entrer dans le vif du sujet, le directeur se sait en partie joué.

Les conspirations laissent peu de traces écrites. On rêverait d'une collection de billets de la main de l'évêque à Barras, Sieyès ou Bonaparte. Faute de mieux, il reste les souvenirs de quelques-uns des conjurés : Roederer, Lavalette, Cambacérès, Réal, Arnault, Miot, et inévitablement de quelques-unes de leurs victimes : Barras et Gohier. À travers ce qu'ils disent des manœuvres du « diable boiteux », on discerne surtout une manière et un style. Jeune abbé, Charles-Maurice lisait déjà avec passion *La Conjuration du comte de Fiesque* du cardinal de Retz. Charles-Maurice de Talleyrand, ci-devant grand seigneur, futur prince de Bénévent, est un conspirateur-né. Il en a toutes les qualités : le goût du secret, le sang-froid, l'art de convaincre, celui aussi de propager vraies et fausses nouvelles, l'art d'être toujours le premier informé. Ses acolytes, des Renaudes, Laborie, Montrond, sont là pour ça. Et dans ce genre d'affaires, celui qui l'emporte est celui qui sait. Pour le reste, l'indifférence affectée, l'air de ne pas y toucher servent à tromper ceux qui ne savent pas. À son ami Jaucourt qui lui demande en octobre ce qu'il compte faire, il répond sans sourciller : « Moi ! Je ne fais rien, j'attends[3] ! » À un mois du coup d'État… C'est admirable !

En réalité, il fait tout, sauf attendre. Dans les derniers jours d'octobre et les premiers jours de novembre, Charles-Maurice mène la vie d'un oiseau de nuit. Il se couche à trois heures et se lève à six. Jouer les chouettes, oiseau de Minerve, n'est pas pour lui déplaire. Roederer évoque leurs randonnées tardives, bras dessus, bras dessous, à travers les rues de Paris, jusqu'au Luxembourg où réside Sieyès. L'évêque laisse l'ancien constituant dans sa voiture, monte chez le directeur, s'assure que la voie est libre et redescend le chercher tout en boitant. Les conciliabules secrets peuvent alors avoir lieu entre les trois complices[4]. Tout cela ne se passe pas sans risques car la police surveille, et le ministre de la Police n'est autre que Fouché qui ne se déclarera qu'au dernier moment. Le 2 novembre, alors que Charles-Maurice se trouve en pleine conférence avec Bonaparte chez lui, 9, rue Taitbout, les deux hommes se font surprendre à une heure du matin par un grand bruit de roues, des pas d'hommes et de chevaux qui s'arrêtent devant la maison. « Le général Bonaparte pâlit et je crois bien que j'en fis autant. » On éteint les bougies et l'ex-évêque va voir ce qui se passe, toujours boitant « à petits pas par la galerie vers un des pavillons qui donnait sur la rue ». Ce n'est que la voiture de la banque des jeux accompagnée d'une escorte de gendarmes qui s'en revient du Palais-Royal. Un peu plus, et les deux complices se faisaient prendre en flagrant délit de conspiration[5]. Quatre jours plus tard, le 6 novembre, Charles-Maurice fait, comme presque tous les jours, sa partie de whist avec Regnaud, Mme Grand et Mme de Cambis. Tout est prêt. Il ne manque plus que le mot d'ordre. L'évêque attend calmement le retour d'Arnault envoyé en émissaire rue de la Victoire chez Bonaparte pour savoir si « la chose », comme le dit pudiquement Regnaud, se fera le lendemain ou le surlendemain. Arnault, qui rapporte la scène, note seulement qu'il était, cette nuit-là, un peu plus distrait que d'habitude en faisant ses levées. On imagine facilement son état de tension[6]. À chaque moment important de sa vie, on est sûr de trouver Charles-Maurice à une table de jeu. Comme si les cartes lui permettaient de conserver cette « impassibilité élégante[7] » dont il ne se défait presque jamais.

Car on a peine à imaginer l'activité débordante de l'ancien ministre au cours de ces journées et de ces nuits. Il faut trouver des fonds pour financer le coup d'État. Collot, un ami personnel, le fournisseur de viandes de l'armée d'Italie prête de 500 000 francs à 2 millions, selon les sources. Perregaux, dont on connaît les liens avec Charles-Maurice et dont la fille est mariée à l'un des aides de camp de Bonaparte, le général Marmont, Cretet, Nodler, Lecouteulx, Simons ont avancé des fonds. L'ancien évêque les connaît tous. Il faut également préparer les placards anonymes qui seront affichés dans Paris. L'un d'eux porte un titre qui est un programme à lui tout seul : « Ils ont tant fait qu'il n'y a plus de Constitution. » La maison de la rue Taitbout sert de laboratoire. Roederer dicte, son fils Antoine rédige, Talleyrand corrige. Les textes sont ensuite portés chez Demonville, l'imprimeur de la conspiration. Regnaud sert de garçon de course. Un vieux prote nommé Bouzu est chargé de l'impression. Remarquablement sot, il a cette particularité de pouvoir reproduire avec conscience toutes les lettres des mots, sans saisir leur sens, ce qui est un avantage pour des gens qui tiennent à rester discrets[8]. Petit à petit, Charles-Maurice tisse sa toile. Tous ses amis sont de la partie, à commencer par Roederer et Regnaud qui est aussi un ancien constituant. Avant que Regnaud ne s'embarque pour Alexandrie avec Bonaparte, Charles-Maurice l'avait beaucoup vu dans les environs de Paris, à Saint-Leu-Taverny, chez sa tante Mme Hutot de Latour, en compagnie de sa jeune femme, la divine Laure Regnaud, de la sœur de cette dernière, Sophie, et de son amant, l'écrivain Antoine-Vincent Arnault, également de l'expédition d'Égypte, également l'un des conjurés de Brumaire[9]. À Paris, les Regnaud habitent le Marais avec la belle Fortunée Hamelin, « déshabillée à ravir » et qui est elle-même la maîtresse de Casimir de Montrond, l'homme lige de Charles-Maurice. La mère de Laure Regnaud, la comtesse de Bonneuil, effectuera sous le Consulat plusieurs missions secrètes pour le compte de l'évêque, à Hambourg, Saint-Pétersbourg puis Londres. Elle accompagnera Charles-Maurice en 1801 aux eaux de Bourbon-l'Archambault, ce qui prouve assez leur intimité[10]. On voit à quel point les liens qui réunissent tous les conjurés autour de l'ancien ministre sont nombreux et complexes. Ce n'est plus une société de conspirateurs, c'est presque une association de famille. Il y a aussi tous les amis de l'Institut et des

Conseils. Cabanis, Boulay de la Meurthe, Chénier agissent aux Cinq-Cents. Daunou, à qui Talleyrand avait demandé d'être son secrétaire général au ministère en juillet 1797, Volney, Régnier travaillent les Anciens.

À force d'être retardée, la conspiration est devenue un secret de polichinelle. Heureusement les Jacobins n'osent pas agir les premiers. Bonaparte confie ses angoisses à Roederer : « Je me grossis tous les dangers et tous les maux possibles dans [ces] circonstances. Je suis dans une agitation tout à fait pénible. Cela ne m'empêche pas de paraître serein devant les personnes qui m'entourent. Je suis comme une fille qui accouche. » L'accouchement dépend en partie de Barras qui louvoie. Le 30 octobre, le général est chez ce dernier, au Luxembourg, et tente en vain d'obtenir sa neutralité. À partir de ce jour-là, Charles-Maurice va chercher les moyens de l'exclure en douceur, en évitant qu'il n'use de son pouvoir de nuisance. Si Barras passe ouvertement à l'opposition, les conjurés perdent la majorité au sein du Directoire. Il le voit à plusieurs reprises. Le 6 novembre, il est chez lui avec Joseph Bonaparte, Fouché et Réal. Mais Barras ne cède toujours pas et fait monter les enchères. Alors que faire de Barras ? Charles-Maurice, qui lui doit tout, à commencer par son ministère, ne s'est pas arrêté à ce genre de considération. Dans les cas d'urgence, la reconnaissance ne l'étouffe pas. Il est fort possible qu'informé de ses récentes tractations avec les Bourbons, il ait joué au maître-chanteur : son silence contre une démission en douceur. L'argent a peut-être été un autre de ses arguments. Mais on n'est sûr de rien. Barras prétend dans ses Mémoires que Talleyrand aurait subtilisé les 2 millions qui lui étaient destinés contre sa démission. C'est encore Barras qui raconte le mieux la visite que lui fait Charles-Maurice, accompagné de son ami Bruix en avocat patelin, dans la matinée du 9 novembre, la première des deux journées du coup d'État. La scène est digne de la meilleure des comédies, mais ce n'est pas du théâtre, c'est de la politique, et c'est risqué. Barras est tout à fait capable de se défendre. Coutumier du fait, l'ancien évêque est arrivé au Luxembourg, une paire de pistolets dans les poches, déterminé à s'en servir au besoin. Ce ne sera pas nécessaire. Tout se passe en fausses politesses : « Le plus grand et le plus sincère intérêt pour moi les amène, raconte Barras ; il est dicté par la reconnaissance de tout ce que j'ai fait pour eux. Ils me doivent tous les deux leur vie, leur fortune. S'ils ont jamais imaginé pouvoir s'acquitter et me prouver toute leur reconnaissance, c'est réellement aujourd'hui, car il ne s'agit pas seulement de mon existence, il s'agit de ce qu'ils savent m'être plus cher que ma propre existence : la conservation de la République. » Et cela continue sur le même ton. Bonaparte, qui veut sauver la République, est maître de l'armée. Sieyès et Ducos ont donné leur démission. Gohier et Moulin sont prêts à la donner. Le Conseil des Cinq-Cents vient de donner son accord au décret de translation des Chambres à Saint-Cloud, pris par les Anciens tôt dans la matinée. Ces deux dernières affirmations sont fausses, et sans doute Barras le sait-il. Il sait parfaitement aussi que la lettre de démission qu'il va signer et qu'il s'attribue a été rédigée par Roederer, rue Taitbout et corrigée par Charles-Maurice. Chaque mot en est pesé : « Je rentre avec joie dans les rangs de simple citoyen, heureux, après tant d'orages, de remettre entiers et plus respectables que jamais les destins de la République dont j'ai partagé le dépôt. Salut et respect[11]. » On imagine la « joie » de Barras. Le directeur déchu a cessé d'être une menace. Pour faire bonne mesure et pour plus de sûreté, un détachement de dragons l'escorte hors de Paris, jusqu'à sa terre de Grosbois, en Seine-et-Marne. On ne le reverra plus. Charles-Maurice a vraiment été ce jour-là, l'exécuteur des basses œuvres de Bonaparte. Mais, il n'a pas fait que cela.

La journée a commencé très tôt. Roederer et son fils Antoine sont venus le chercher à six heures du matin rue Taitbout. De là, ils se sont rendus tous les trois place Vendôme, au siège de l'administration du département de la Seine. Ils y ont rencontré Pierre-François Réal, le commissaire du Directoire, proche de Barras, mais qui s'est rangé du côté des conjurés depuis plusieurs semaines. Sa complicité est indispensable à la réussite du complot. Il est l'un de ceux qui peuvent tenir la ville et empêcher les troubles. Les trois conjurés sont allés ensuite rue de la Victoire chez Bonaparte. À ce moment-là, la partie parlementaire du coup d'État est déjà bien engagée. Les Anciens ont voté la translation des Conseils à Saint-Cloud, ce qui est légal, et la nomination de Bonaparte à la tête de la division militaire de Paris, ce qui ne l'est pas. La rue de la Victoire est pleine de militaires venus faire allégeance à leur général. C'est l'heure des serments. Charles-Maurice jure solennellement devant Bonaparte de ne rien révéler de ce qu'il sait. Pour une fois, il tiendra parole. Pour pimenter la scène, Barras prétendra par la suite qu'on se serait servi d'un crucifix[12]. L'anecdote est presque trop belle pour être vraie : l'âme damnée de la conspiration, l'évêque apostat prêtant le plus sérieusement du monde serment sur la croix, tendue par son seigneur et maître le général Bonaparte, futur empereur des Français…

Autant la journée du 9 novembre s'est déroulée conformément aux prévisions, autant celle du 10 va être riche en imprévus. Charles-Maurice ne fait bien sûr pas partie de ces « quelques amateurs » distingués qui assistent en curieux à l'événement, comme il voudra nous le faire croire dans ses Mémoires[13]. Il continue à tenir le 10 le rôle qu'il a joué la veille, mais en prenant beaucoup plus de risques. Il assiste, conseille, surveille, informe, entouré de ses intermédiaires habituels – sa petite cour – chargés de donner d'opportuns coups de pouce aux moments les plus critiques. Vers dix heures du matin, toujours accompagné de Roederer, il monte en voiture et prend la route de Saint-Cloud. C'est là, dans l'ancien palais du duc d'Orléans, que la crise va se dénouer. Les Cinq-Cents ouvrent leur séance dans l'orangerie du château à une heure trente environ, sous la présidence de Lucien Bonaparte, les Anciens peu après. Contre toute attente, les Anciens, au lieu de voter, comme le voulaient les conjurés, les deux commissions prévues – une « exécutive provisoire » formée de Bonaparte, Sieyès et Ducos, et une « législative intérimaire » chargée d'élaborer une nouvelle Constitution –, hésitent, louvoient, s'interrogent sur la réalité du prétendu « complot jacobin » et perdent un temps précieux. Au même moment, les Cinq-Cents crient à la dictature et prêtent individuellement serment de fidélité à la Constitution de l'an III. C'est mal parti, et cela s'aggrave lorsque Bonaparte, qui s'affole, tente d'intervenir et s'invite dans les Conseils. Il n'est pas si facile « de faire taire les avocats ». Grâce au sang-froid de son frère Lucien qui harangue la troupe, et après l'intervention musclée des grenadiers de Murat, les députés des Cinq-Cents, en toge à la romaine et bonnets carrés, n'ont pas d'autre choix que de sauter par les fenêtres de l'orangerie. Ils sont dissous ! On préférera le plus expéditif : « Foutez-moi tout ce monde-là dehors », généreusement prêté à Murat. Contre toute attente, Bonaparte sauve la situation. Les Anciens se « ressaisissent », votent ce qu'il faut voter et les Cinq-Cents, tout du moins ceux qu'on a bien voulu aller chercher aux quatre coins de Saint-Cloud, confirment, tard dans la nuit. On a frôlé la catastrophe.

Les incertitudes de la journée n'ont pas manqué de déteindre sur l'humeur des conjurés. En fin de matinée, Charles-Maurice s'est rendu dans une maison de Saint-Cloud louée par Collot, le financier du coup d'État. Collot a les poches pleines d'or au cas où cela tournerait mal ; l'abbé des Renaudes, qui accompagne son patron, pousse de gros soupirs et s'inquiète[14]. On a laissé une berline attelée dans une rue adjacente, histoire de ne pas être pris au dépourvu. Sieyès et Ducos ont eu la même idée. Comme l'écrit Thierry Lentz, il devait y avoir beaucoup de berlines en stationnement dans Saint-Cloud ce jour-là.

À l'entrée en séance des Conseils, Charles-Maurice rejoint Bonaparte et Sieyès dans les appartements du premier étage du château. Ses auxiliaires sont avec lui. Il y a Montrond, Laborie, Radix, Moreau de Saint-Méry, Arnault, Adrien Duquesnoy, un ancien de la Constituante également proche de Regnaud avec qui il collaborait à l'*Ami des patriotes* financé par Valdec. Les uns l'informent de la situation à Paris, les autres de celle des Conseils. C'est sans doute l'un d'entre eux qui à sa demande est allé prévenir Lagarde, le secrétaire du Directoire, au Luxembourg où Gohier et Moulin sont toujours retenus et refusent de céder. Au milieu de l'après-midi, Lagarde adresse un message au président du Conseil des Anciens et lui annonce la démission de l'un des deux « détenus » du Directoire. C'est faux, mais peu importe. Sur le papier, cela fait quatre démissions sur cinq. Sieyès, Ducos et Barras ont déjà donné la leur la veille. De quoi décider les Anciens à agir. Lagarde est aux ordres de Charles-Maurice qui est sans aucun doute derrière cette manœuvre de désinformation typique de sa façon de faire[15]. Au moment le plus tragique, alors que Bonaparte sort avec peine et dans la bousculade de la salle de l'orangerie, sous les injures des représentants jacobins des Cinq-Cents, Charles-Maurice est encore là, dans la cour du château, s'entretenant avec Lavalette, l'aide de camp du général. Des fenêtres de l'orangerie, on crie : « À bas le dictateur ! Hors la loi ! ». À l'extérieur le désordre est indescriptible. La garde des Conseils hésite. « Ce terrible mot, hors la loi, avait encore toute sa magie, note Lavalette, et si un général de quelque renom se fût mis à la tête des soldats de l'intérieur, on ne peut calculer ce qui serait arrivé. » Augereau ou Jourdan, hostiles à Bonaparte, auraient très bien pu faire l'affaire. Dans la cour, c'est la débandade. Lavalette a tout juste le temps de remarquer que, parmi ses amis, seuls Talleyrand et Arnault sont encore là. L'ancien évêque n'a fait que pâlir. Son sang-froid légendaire a fait le reste[16]. Il est toujours là dans la soirée lorsque, voyant Bonaparte sorti d'affaire, il décide de se rendre à Meudon, dans la maison de campagne de son ami Michel Simons. Les jeux sont faits. Il est huit heures : « Il faut dîner, dit-il[17]. » On peut avoir passé la journée la plus difficile de sa vie et rester superbement laconique.

Le dîner de Meudon qui rassemble Talleyrand, Montrond, Roederer, Arnault et Radix de Sainte-Foy chez Michel Simons ressemble un peu à ces soupers d'acteurs dans la coulisse, une fois la pièce jouée. La belle Mlle Lange, la femme de Michel Simons est là. Charles-Maurice a dû bien s'amuser. Montrond n'en finit pas de reprocher ses faiblesses à Bonaparte, si pâle et hors de lui au milieu des députés hostiles de la salle des Cinq-Cents. On inventera plus tard, pour le justifier, une prétendue conspiration des « représentants du poignard ». En attendant, Montrond n'en pense pas moins : « Général, cela n'est pas correct ! » Et puis il y a Mme Simons, aux charmes irrésistibles. Au temps de sa splendeur, Barras était son amant. Barras n'est plus rien. Son ancien obligé, le ministre mal-jambé, triomphe. Quelle belle revanche sur ce parvenu, sur le Directoire et sur tout le reste[18] ! Il aura fallu user de la force pour en arriver là. Sur le moment, Charles-Maurice ne s'en afflige pas plus que de raison. Bonaparte non plus d'ailleurs, qui lui écrivait le plus sérieusement du monde le 19 septembre 1797 : « C'est un si grand malheur pour une nation de 30 millions d'habitants et au XVIIIe siècle d'être obligé d'avoir recours aux baïonnettes pour sauver la patrie ! Les remèdes violents accusent le législateur[19]. » La vie est variable. Lorsque l'intérêt commande, la nécessité fait loi. Bonaparte devenu Napoléon n'usera jamais plus des baïonnettes de Brumaire. Encore quelques années et Talleyrand lui répondra, comme en écho : « On peut tout faire avec des baïonnettes, sauf s'asseoir dessus. »

9.

NOUVEAU RÉGIME

Charles-Maurice devra attendre encore quelques jours avant de toucher les dividendes du coup d'État. Il n'est nommé par Bonaparte au ministère des Relations extérieures que le 22 novembre 1799. Cette fois, il y restera plus de sept ans. A-t-il cherché dans l'intervalle à se faire nommer aux finances ? Au banquier Lecouteulx, qui le lui suggérait le 10 novembre, Bonaparte aurait répondu : « Jamais ! » Le général a beau le féliciter, le 14, avec Roederer, pour son « zèle » au cours des journées décisives, il se méfie trop des coups tordus de l'ancien évêque et de son indépendance pour en faire son grand argentier. Gaudin, beaucoup plus sûr, beaucoup plus « premier commis », est finalement choisi. Qu'à cela ne tienne, les Relations extérieures sont toujours bonnes à prendre. L'ancien évêque annonce, laconique, son retour aux affaires à Mme de Staël : « Me voilà donc encore ministre. J'ai des raisons de position pour en être bien aise, des raisons de caractère pour en être fâché ; c'est fort loin d'être un plaisir complet. J'irai vous voir ce soir[1]. » Il sait bien que Bonaparte n'est pas Barras et que rien ne sera plus comme avant.

Jusqu'à la rupture de la paix avec l'Angleterre, en mai 1803, les relations entre le général et l'ex-évêque vont avoir l'intensité de ces pièces de théâtre dans lesquelles les deux acteurs principaux connaissent si bien leur texte qu'ils improvisent sans cesse comme pour se surprendre l'un l'autre et se pousser réciproquement à la faute. Les deux hommes commencent en novembre 1799 un jeu de séduction tragique proprement fascinant. D'emblée, Charles-Maurice propose ses règles. Bourrienne, le secrétaire de Bonaparte, qui tient la plume le jour de la première audience particulière du ministre au Luxembourg, raconte : « Citoyen consul, vous m'avez confié le ministère des Relations extérieures, et je justifierai votre confiance ; mais je crois devoir vous déclarer dès à présent que je ne veux travailler qu'avec vous. Il n'y a point là de vaine fierté de ma part, je vous parle seulement dans l'intérêt de la France : pour qu'elle soit bien gouvernée, pour qu'il y ait unité d'action, il faut que vous soyez le premier consul et que le premier consul ait dans sa main tout ce qui tient directement à la politique, c'est-à-dire les ministères de l'Intérieur et de la Police pour les affaires du dedans, mon ministère pour les affaires du dehors. » Aux deux autres consuls, on peut confier la justice et les finances, « cela les occupera, cela les amusera ». Bonaparte, qui aspire au pouvoir personnel est ravi : « Savez-vous Bourrienne, que Talleyrand est de bon conseil ; c'est un homme d'un grand sens. [...] Talleyrand n'est pas maladroit, il m'a pénétré. Ce qu'il me conseille, vous savez bien que j'ai envie de le faire[2]. » C'est précisément ce qu'il fera dans les premiers jours de décembre en nommant Cambacérès second et Lebrun, troisième consuls, éliminant du même coup Sieyès et Ducos.

Charles-Maurice, toujours laconique, aurait baptisé le nouvel attelage à trois d'une formule latine cinglante : *Hic, Haec, Hoc*. Celui-là (le masculin) pour Bonaparte, celle-là (le féminin) pour Cambacérès dont tout le monde connaît le « petit défaut » et cela (le neutre) pour Lebrun[3].

Il ne se contente pas d'un bon mot, il agit surtout efficacement en faveur de Bonaparte en intervenant en tiers dans les discussions parfois vives qui l'opposent à Sieyès autour de la future Constitution du régime, promulguée le 15 décembre. Le rêve « métaphysique » de Sieyès d'un grand électeur neutre, inamovible et sans pouvoir ne tiendra pas longtemps face aux exigences de Bonaparte qui cherche avant tout à établir un régime « stable et fort » et plus précisément à concentrer le pouvoir exécutif entre ses mains pour dix ans, en attendant mieux. Sous ses ordres, des conseillers d'État chargés de préparer les lois et des préfets dans les départements chargés de les faire respecter. Le principe même de la souveraineté du peuple résiste mal à la forte dose d'élitisme introduite dans la Constitution. La représentation parlementaire, affaiblie, repose sur des élections très filtrées et très progressives qui conduisent à l'établissement d'une liste nationale et permanente de notables. Ce sont eux qui choisissent les membres du Sénat conservateur « juges » de la Constitution, et, à travers ces derniers, ceux des chambres législatives : le Tribunat chargé de discuter les projets de loi proposés par le gouvernement et le Corps législatif, chargé de les voter.

Charles-Maurice n'aura de cesse de pousser Bonaparte au renforcement de l'ensemble du système en lui donnant le caractère le plus monarchique possible. Certes, il aurait souhaité une représentation parlementaire bicamérale à l'anglaise[4], plus conforme au modèle qu'il avait déjà défendu sous la Constituante, mais il est avant tout pragmatique et travaille à partir de ce qui existe. D'emblée, toute la question pour lui, face à l'inquiétude de l'Europe, est de parvenir à convaincre Bonaparte de transformer en douceur le régime consulaire en un régime héréditaire, tout en tirant les leçons de la Révolution. C'est ce qu'il expliquera plus tard dans ses Mémoires : « Il fallait rétablir la monarchie ou avoir fait en vain le 18 Brumaire. [...] La monarchie a trois degrés ou formes : elle est élective à temps, ou élective à vie, ou héréditaire. Ce qu'on appelle le trône ne peut appartenir à la première de ces trois formes, et n'appartient pas nécessairement à la seconde. Or arriver à la troisième sans passer par les deux autres, à moins que la France ne fût au pouvoir de forces étrangères, était une chose absolument impossible. Elle aurait pu, il est vrai, ne l'être pas, si Louis XVI eût vécu, mais le meurtre de ce prince y avait mis un insurmontable obstacle. Le passage de la polygarchie à la monarchie héréditaire ne pouvant être immédiat [...], il fallait faire un souverain temporaire, qui pût devenir souverain à vie, et enfin monarque héréditaire[5]. » Autrement dit, comment parvenir à un pouvoir stable sans blesser les nouvelles habitudes de la nation ? En évitant de rappeler les Bourbons, bien sûr, qui représentent le retour en force et sans transition de la monarchie héréditaire et s'excluent eux-mêmes de ce processus qu'il imagine tout en finesse, en adresse et en demi-mensonges. Bonaparte, en revanche, est l'homme de la situation. La théorie est convaincante, mais pas assez séduisante pour nous faire oublier la position personnelle de son auteur à l'époque, irréconciliable à terme avec l'ancienne monarchie, tout autant à cause de son adhésion à la Révolution que de sa rupture avec l'Église.

En attendant, Charles-Maurice va tout faire pour consolider le pouvoir de Bonaparte. Très subtilement, il place le Sénat au cœur de ce processus. Il propose d'abord de renforcer le contrôle du gouvernement sur la liste nationale des notables éligibles en y agrégeant d'office un nombre fixe de hauts fonctionnaires civils et militaires. En renvoyant le rapport au Conseil d'État, Bonaparte demande qu'on le prenne « en grande considération[6] ». Puis il préconise d'utiliser les « sages » aux mesures d'exception qu'imposent les circonstances. Les sénatus-consultes, comme celui du 14 janvier 1801 qui vise les auteurs présumés de l'attentat de la rue Saint-Nicaise contre Bonaparte, donnent une apparence de légalité à ce qui n'est qu'une flagrante violation de la Constitution. « À quoi bon avoir un sénat, si ce n'est pour s'en servir[7] ? » Le mot, en forme de boutade va faire fortune. Il est la clef de toutes les dérives constitutionnelles des années à venir, du consulat à vie à l'empire héréditaire. Dans ses lettres à Bonaparte, Charles-Maurice ne cesse de lui conseiller d'étendre son autorité sur le Sénat, d'en faire l'instrument privilégié de son pouvoir : « Le Sénat n'est pas encore votre Sénat, lui écrit-il en 1803 ; il le sera quand la majorité des hommes de votre choix, jouissant de quelque considération personnelle que fera ressortir l'honneur de votre suffrage, attireront toute l'attention publique et ne laisseront apercevoir qu'en arrière-masse les hommes des circonstances[8]. » Ce qu'il ne dit pas, c'est que lui aussi pousse, discrètement mais sûrement, la plupart de ses amis au Sénat : Démeunier et Roederer en 1802, Emmery, Jaucourt et Luynes en 1803, Beurnonville et Sémonville en 1804. Lui-même y siégera comme membre de droit après la proclamation de l'Empire. Grâce au Sénat, Bonaparte se débarrasse de ses opposants du Tribunat et du Corps législatif. Quelques mois plus tard, en août 1802, un nouveau sénatus-consulte modifie sensiblement la Constitution en lui enlevant ce qui lui restait encore de parlementaire. La « Constitution » de l'an X, ainsi appelée, entérine le plébiscite de juillet qui donne le pouvoir à vie à Bonaparte, y ajoute le droit de grâce et le libre choix de son successeur. Le Sénat prend la première place dans le dispositif parlementaire du régime et peut désormais dissoudre les deux autres chambres. En échange, il donne à Bonaparte le droit de nommer directement une partie de ses membres.

Le ministre des Relations extérieures joue son rôle dans cette évolution. De mars à juin 1802, il fait campagne, avec Roederer, en faveur de l'instauration d'un régime héréditaire et pousse les journaux dans ce sens[9]. Il a les moyens d'influencer Bonaparte, qui ne demande qu'à l'être mais craint encore de brusquer l'opinion, en mettant sous ses yeux tout ce qui, dans les lettres qu'il reçoit de ses agents à l'étranger[10], va dans ce sens. « Talleyrand, dira le premier consul devenu empereur des Français à Caulaincourt en 1814, est un de ceux qui ont le plus contribué à établir ma dynastie[11]. » Tout à cette politique, l'ancien évêque n'hésite pas à rompre avec quelques-uns de ses plus vieux amis. Il se brouille avec des Renaudes qu'il abandonne sans scrupules à son sort, alors que celui-ci se fait exclure du Tribunat pour cause d'opposition sourde au régime[12]. Pour les mêmes raisons, il lâche aussi Benjamin Constant. En octobre 1797, Charles-Maurice le recommandait à Bonaparte, comme un « ami sincère de la liberté », « d'un esprit et d'un talent en première ligne », et lui proposait de l'employer à « l'organisation des républiques italiques[13] ». Les temps changent et les amis aussi. Mme de Staël, restée fidèle à son ancien amant en disgrâce ne sera pas mieux traitée. Son indépendance, son agitation agacent Bonaparte. La publication en juin 1802 des *Dernières Vues de politique et de morale* de son père, très critiques sur le régime consulaire et les ambitions de l'ancien général d'Italie, met le comble à sa colère. Germaine est reléguée à Genève. Le « meilleur des hommes » ne fait rien pour la protéger, bien au contraire. À peine nommé ministre par Bonaparte, il l'éloigne du maître et lui ferme sa porte malgré ses supplications et « la douleur d'une amitié blessée[14] ». À Sainte-Hélène, Bonaparte dira à Bertrand : « Talleyrand ne l'a pas servie dans mon esprit. Il la connaissait et la craignait. [...] C'est une femme périlleuse[15]. » Un an plus tard, Mme de Staël se vengera de son ancien ami dans le plus célèbre de ses romans, *Delphine.* Elle l'humiliera sous les traits de l'un des personnages les plus antipathiques de son livre. Comble de l'ironie, c'est une femme, une intrigante du nom de Madame de Vernon : « Mme de Vernon, fausse jusqu'à la perfidie, [...] n'aimait rien, ne croyait à rien, ne s'embarrassait de rien. [...] Sa seule idée était de réussir, elle et les siens, dans tous les intérêts dont se compose la vie du monde, la fortune et la considération[16]. » « Le ministre a pour la "célèbre" une haine égale à la reconnaissance qu'il lui doit », note Mme de Cazenove dans son Journal, en février 1803[17]. En public, il affecte de se moquer de l'exilée et s'en tire par un bon mot. On sait que, dans son roman, Mme de Staël se cache elle-même derrière Delphine tout en la faisant belle, féminine et séduisante, alors qu'elle était elle-même un peu massive, un peu colorée, un peu virile, selon les mots de Lamartine. L'occasion est trop belle. « On m'assure, insinue Charles-Maurice à propos de l'ouvrage, que nous y sommes tous les deux, déguisés en femmes[18]. »

10.

L'EUROPE EN 1800, SELON TALLEYRAND

Dans l'esprit du ministre des Relations extérieures, la consolidation d'un régime pérenne et stable en France est l'une des conditions essentielles au rétablissement de la paix européenne auquel il va travailler de toute son intelligence et de toute son adresse jusqu'en 1803. Il l'écrivait déjà, avant Brumaire, à Lacuée, son confrère de l'Institut qui le questionnait sur la meilleure organisation du pouvoir exécutif quant aux relations extérieures : « Ce qu'il faut pour la nation française, c'est lui montrer le but et le terme des sacrifices qui sont exigés d'elle ; ce qu'il faut pour les nations étrangères, c'est de les rassurer sur leur indépendance, c'est de leur présenter une constitution inébranlable, un gouvernement fixe avec lequel elles puissent traiter[1]. »

Aussi, il cherche à ce que la bataille de Marengo, remportée par Bonaparte en Italie sur l'armée autrichienne le 14 juin 1800, et celle de Hohenlinden, gagnée en Bavière par Moreau le 3 décembre, ne conduisent pas à de simples « trêves de champ de bataille ». En partie grâce à lui, et avec lui, les années 1800, 1801 et 1802 sont les années de tous les traités, soit de paix, soit d'alliance, celles de la réconciliation spectaculaire de la république consulaire avec le monde : avec les États-Unis le 30 septembre 1800, avec l'Autriche le 9 février 1801 (traité de Lunéville), avec les Deux-Siciles le 28 mars 1801, avec le Portugal le 29 septembre 1801 (traité de Madrid), avec la Russie le 9 octobre 1801, avec la régence d'Alger le 27 décembre 1801, avec l'Angleterre le 25 mars 1802 (traité d'Amiens), avec la Turquie le 26 juin 1802. Par ailleurs la question de l'indemnité des princes laïques et ecclésiastiques de la rive gauche du Rhin est réglée avec la Diète et l'empereur par le recès de Ratisbonne du 25 février 1803.

« L'avènement du Consulat, note Sainte-Beuve, eut cela d'abord d'excellent pour [Talleyrand] que la politique nouvelle lui offrait avec un vaste cadre, des points d'appui et des points d'arrêt : elle le contint et il la décora. » En réalité, Charles-Maurice, le plus apte à tirer parti du désir de paix de Bonaparte qui cherche à cette époque à pacifier la République et à consolider son pouvoir, a fait mieux que décorer sa politique.

Sa démarche procède d'une véritable vision européenne dont on trouve les traces dans divers textes qui n'ont, pour certains, jamais été commentés, ni rapprochés. Le plus important d'entre eux s'intitule *De l'état de la France à la fin de l'an VIII*, un ouvrage de 350 pages, publié anonymement en octobre 1800, quelques mois après la victoire de Marengo. Derrière les précautions d'usage, on trouve la patte de Talleyrand, aidé de son fidèle d'Hauterive qui collabore largement à l'ouvrage et lui prête son nom[2]. Les considérations, souvent très techniques, qui ferment le livre sur la puissance commerciale de l'Angleterre ou encore sur l'organisation du crédit public ne trompent pas sur l'identité de l'auteur[3]. Lorsque l'on rapproche ce texte majeur de certaines des lettres de Talleyrand à Bonaparte ou à d'autres, comme de ses rapports officiels ou secrets, on mesure mieux les directions qu'il s'impose et les principes sur lesquels il construit son système.

Pour commencer, l'équilibre et la paix européenne dépendent du respect par les puissances de ce qu'il appelle un ensemble « de maximes, de principes et de lois » qu'il nomme « droit public ». Ce droit n'est pas immuable, il évolue au gré des traités de paix et d'alliance entre les puissances, en fonction aussi de l'état de leur commerce et de leur industrie ; il est fait à la fois d'usages, de traditions et de modernité. À vrai dire, l'ancien évêque saura faire évoluer la notion, comme il le fera de ses autres principes – légitimité, non-intervention, neutralité – dont il se servira par la suite, par commodité, pour défendre un ordre européen, bien concret celui-là, fait de l'agencement, de la combinaison, de l'équilibre et du respect des intérêts des uns et des autres. Quoi qu'il en soit, ce qui est intéressant, c'est qu'il situe l'origine des déséquilibres européens dans la période qui suit immédiatement la paix de Westphalie, en 1648, et non au début de la Révolution française. C'est assez dire combien, à ses yeux, ceux-ci ne sont pas tant de nature idéologique qu'économique. L'Europe est bouleversée, mais qui en est coupable ? Pas la France bien sûr. Les trois fauteurs de trouble sont, dans l'ordre, la Russie, qui n'a cessé depuis la guerre de Sept Ans d'intervenir dans les affaires européennes, la Prusse qui, au sein de l'empire germanique a voulu, par la conquête, s'assurer une position hégémonique, et l'Angleterre, qui par son Acte de navigation de 1651, s'est donnée les moyens de dominer les océans. Chemin faisant, l'Europe est sortie du droit public. Les guerres révolutionnaires n'ont fait qu'aggraver les choses.

Charles-Maurice tire de cette évolution quelques conclusions et un principe. D'abord, une méfiance viscérale vis-à-vis de l'empire russe, « cette montagne de neige[4] », qu'il s'agit de contenir dans ses limites naturelles. C'est cette préoccupation constante qui lui fera écrire au baron de Bourgoing, en mai 1807, juste avant Tilsit : « Mon cher Bourgoing, je désirerais que vous fissiez un grand mémoire où vous recherchassiez ce qu'est la Russie depuis 1770, ce qu'elle était à cette époque, quels ont été depuis la marche et le but de son ambition, et toutes les affaires des autres peuples qu'on est bien aise d'analyser ses ressources, ses vûes, sa position. L'ouvrage n'offre pas un simple intérêt de circonstance ; il constate une époque remarquable en histoire. C'est depuis 1770 que datent l'affaiblissement ou la disparition d'une partie des États voisins de la Russie, l'envahissement de la Crimée en 1783, celui de la Bessarabie dans la guerre suivante, l'assujettissement partiel de la Moldavie et de la Valachie, les démembrements de la Pologne, la réunion de la Géorgie, la guerre de Perse et les invasions auxquelles elle a donné lieu, l'établissement des Russes à Corfou et sur d'autres points de l'Adriatique, leurs liaisons plus habituelles avec l'Angleterre qui menace par l'Inde et la Méditerranée les deux puissances mahométanes, tandis que la Russie attaque au nord leurs frontières. Voilà des séries de faits. [...] Le sujet est riche et attachant[5]. »

Deuxièmement, la montée en puissance de la Prusse doit conduire la France à maintenir à tout prix l'équilibre entre la Prusse et l'Autriche au centre de l'Europe. Il s'agit de « tenir la balance entre les deux maisons de Brandebourg et d'Autriche », en évitant les occasions de conflits entre elles et en donnant le plus d'importance possible à l'empire, cette fédération de petits États plus ou moins sous dépendance. « Si le corps germanique n'existait pas, il faudrait l'inventer. » Lui seul, écrivait-il encore deux ans avant l'avènement de Bonaparte, dans ses *Considérations sur le traité de Rastadt*, est susceptible d'empêcher « le partage de l'Allemagne en deux grandes monarchies, l'une au nord et l'autre au midi. » « On ferait un livre, ajoute-t-il, pour démontrer les dangers de ce partage, on en ferait un autre pour y répondre[6]. » Il ne dira pas autre chose quatre ans plus tard dans son rapport au premier consul sur le plan de médiation de la France au congrès de Ratisbonne chargé de régler l'indemnisation des princes allemands. Le « système germanique » est « la base essentielle d'un contrepoids nécessaire » à l'Autriche et à la Prusse. Il permet d'éviter, entre autres par l'agrandissement de la Saxe, « tout contact de territoire entre les deux puissances qui ont le plus souvent ensanglanté l'Europe par leurs querelles et qui, réconciliées de bonne foi, ne peuvent avoir aujourd'hui un désir plus vif que celui d'éloigner toutes les occasions de mésintelligence qui naissent du voisinage, et qui, entre des États rivaux, ne sont pas sans péril[7]. » Ce sont ces mêmes arguments qu'il reprendra en 1805 auprès de Napoléon et en 1815 au congrès de Vienne. On peut reprocher beaucoup de choses à Talleyrand, à condition d'éviter au moins de l'accuser d'aveuglement ou d'incohérence dans ses idées. Ce sont les seules qu'il n'ait jamais « trahies ».

Troisièmement, la domination maritime de l'Angleterre doit cesser. Par sa position, la France a sur ce point un grand rôle à jouer. Elle est la mieux à même, par la paix et par les traités, de conduire à un nouveau partage des mers plus équitable et plus équilibré. Et avant même que la paix ne soit rétablie avec l'Angleterre, puis consolidée comme il le souhaiterait par un traité de commerce, Charles-Maurice est bien l'un des seuls à prôner l'abolition de la guerre de course et le respect du pavillon des puissances neutres. Par ailleurs, la France doit ressaisir la part qui lui revient du commerce maritime. Tout le travail diplomatique de Talleyrand avec l'Angleterre, avant et pendant la paix d'Amiens, va dans ce sens, lorsqu'il permet le rétablissement des relations commerciales avec les États-Unis en 1800, lorsqu'il pousse à la formation d'une « ligue du Nord » et cherche les moyens de la paix avec la Russie en 1801, lorsqu'il ouvre la mer Noire au commerce français par le traité de paix avec la Porte en 1802 et tente par tous les moyens d'accroître l'influence de la France en Méditerranée[8].

Dans son esprit, ces divers bouleversements apportés à l'ordre européen autorisent la France à conserver en partie les fruits des conquêtes révolutionnaires. L'annexion de la rive gauche du Rhin, consacrée par le traité de Lunéville, celle de la Savoie et du comté de Nice ne lui posent aucun problème. Ces agrandissements de territoire compensent naturellement les accroissements passés des autres puissances, en particulier à la faveur des trois partages de la Pologne au siècle dernier. « Il n'est pas difficile d'établir, note-t-il dans l'État de la France, que ses droits sur ces acquisitions étaient tirés de la nécessité de pourvoir à sa sûreté future, et de rétablir parmi les grandes puissances l'équilibre que l'imprévoyance de l'ancien gouvernement de France avait laissé altérer en Europe depuis plus de cent ans[9]. » Contrairement à ce qu'ont soutenu certains historiens, Charles-Maurice n'est pas un adversaire des frontières naturelles et se démarque sur ce point de ces prédécesseurs d'Ancien Régime, Choiseul et Vergennes. Avant tout pragmatique, il tire les leçons de l'Histoire. La rive gauche du Rhin, l'accroissement des petits États intermédiaires comme le grand-duché de Bade sont autant de garanties données à la République vis-à-vis de la Prusse, « cette ambitieuse maison ». « Faut-il répéter que, sous aucun rapport, il ne convient à la République française de se placer côte à côte d'une puissance qui, soit en considération, soit en force, est vraiment la puissance rivale[10]. » Il en va de même en Italie vis-à-vis de l'Autriche : « L'Autriche dut conserver l'espérance d'en posséder la plus belle partie, écrit-il à Clarke en 1801, tant qu'elle y eut des fiefs et des États qui seraient devenus un jour contigus par l'agrandissement de chacun d'eux, mais rejetée aujourd'hui sur la rive gauche de l'Adige, ses plans de conquête ont dû changer et ce n'est plus en Italie qu'il lui importe de tourner ses vues[11]. » On le verra, il reprendra cette même idée en 1805. Dans cette perspective, les changements survenus depuis 1797 en Italie permettent de desserrer encore un peu plus l'étau de la maison d'Autriche autour de la France dont l'influence en Méditerranée s'accroît d'autant. Le « système fédératif » qu'elle y installe lui agrée à condition que les républiques-sœurs italiennes : la Cisalpine (Milan), relative indépendance. À condition aussi que le roi de Sardaigne ne soit pas dépossédé du Piémont et de Turin. Il désapprouvera ainsi l'incorporation du Piémont à la France (avril 1801-septembre 1802) voulu par Bonaparte « contre tous les conseils de prudence[12] » et cherchera à donner à la Constitution de la Cisalpine, dont il présidera les travaux à Lyon en décembre 1801, le plus d'indépendance possible vis-à-vis de la France.

Contenue dans des limites raisonnables, débarrassée des excès et des passions nés de la Révolution, la République peut reprendre sa place – une place superbe – au sein de l'Europe. À une condition toutefois – qui vaut d'ailleurs pour l'ensemble des puissances et qu'il défendait déjà en 1792 –, qu'elle renonce aux conquêtes, à la « diplomatie de l'épée[13] », pour reprendre sa propre expression.

Toute la difficulté de l'exercice tient au fait qu'il aura à convaincre Bonaparte autant que les puissances extérieures du bien-fondé de cette politique de modération. C'est ce qu'il explique à un ami peu après la victoire de Marengo : « Je sais bien ce que devrait faire le premier consul, ce que demandent son intérêt, le repos de la France et celui de l'Europe. Deux routes lui sont ouvertes : le système fédéral, qui laisse chaque prince, après la conquête, maître chez lui à des conditions favorables au vainqueur ; aussi, aujourd'hui, le premier consul pourrait rétablir le roi de Sardaigne, le grand-duc de Toscane. Mais veut-il, au contraire, réunir, incorporer ? Alors il s'engage dans une carrière qui n'a pas de terme[14]. »

Il ne cessera jusqu'en 1805 de tenir ce discours au maître. Il ne l'affronte pas – l'affrontement n'est pas dans sa manière, et, d'ailleurs, très vite, celui qui gouverne la France n'autorisera plus personne à le contrer –, mais il insinue, il contourne, il répète sans cesse. Ainsi, pendant la paix d'Amiens, il se sert en les déformant des dépêches d'Otto, son représentant à Londres, et des avis du cabinet britannique pour faire passer ses propres idées : « Le ministère anglais, écrit-il à Bonaparte en novembre 1802, voit avec la plus grande satisfaction tout ce qui peut confirmer la puissance du premier consul dans l'intérêt de la France, et [...] désirerait même de la voir aboutir à un système héréditaire dans sa famille, mais [...] tout ce qui peut tendre à agrandir cette puissance au-dehors doit nécessairement fixer [son] attention[15]. »

Le principe de sa politique comme de ce qui détermine les rapports entre les États n'est pas dans la conquête mais dans ce qu'il appelle le « perfectionnement des États » les uns par rapport aux autres. L'idée, à elle seule, occupe plusieurs pages de l'*État de la France*. Ceux qui liront ce livre, écrit-il, « comprendront que, dans tout État policé, le commerce, l'administration, le gouvernement sont de grandes et savantes combinaisons sociales qu'on ne peut considérer isolément, qui tiennent les unes aux autres par l'enchaînement de leurs effets, et qui, considérées dans les rapports extérieurs des peuples, ne cessent jamais d'être le principe de l'action ou l'objet de la réaction d'une influence combinée. [...] Ils concevront, en mettant en opposition tout ce que les États de l'Europe ont fait depuis un siècle avec ce qu'ils auraient dû faire, qu'il est moins dans l'intérêt de chaque puissance d'étendre son système militaire, son système maritime et son système administratif que de les perfectionner ; que la règle du développement de ces trois systèmes est moins encore dans la connaissance du besoin qui s'en fait sentir que dans celle des moyens que l'on est assuré d'avoir, et de la solidité ainsi que de la durée de ces moyens ; qu'à cet égard non seulement chaque gouvernement est intéressé à ne pas s'écarter de la règle, mais encore qu'il doit veiller à ce que ses voisins, ses amis, ses rivaux, ne s'en écartent pas plus que lui[16]. »

Ce perfectionnement des États ne va pas de soi. L'auteur nous en donne la clé. Il suffit de prendre exemple sur l'Angleterre qui jusqu'à présent fait malheureusement cavalier seul. Chaque pays doit rechercher et maintenir une juste adéquation entre son système politique, son système administratif et sa puissance économique. Cet équilibre et le respect partagé de cet équilibre ne pourront que consolider la paix. Ce qu'il appelle les « moyens » économiques – infrastructures, esprit d'entreprise, capitaux – doit « produire les mêmes fruits d'abondance, de richesse et de pouvoir dans tous les lieux où l'administration et la politique conformeront leurs principes et leurs mesures aux circonstances, aux mouvements, aux combinaisons variables du commerce général[17] ». Cet hymne au libéralisme économique que d'aucuns trouveront aujourd'hui un peu utopique doit être replacé dans l'époque, alors que la liberté de commerce, sur mer et sur terre, n'existe pas et que les barrières douanières sont partout.

Telle est la vision de Talleyrand, une vision large, puissante, parfois prophétique, qui ne s'écarte en rien de ce qu'il disait dans les premières années de la Révolution. Les mots que l'on entend dans ce livre sur l'Angleterre sont presque ceux d'aujourd'hui sur l'Amérique.

11.

LUNE DE MIEL

Jusqu'à la paix d'Amiens au moins, le modèle d'équilibre européen proposé par Talleyrand est en marche. Sur ce plan, le jeu qu'il a joué au cours des trois premières années du Consulat a été décisif. C'est à cette époque qu'il « crée » littéralement le « rôle » de ministre des Relations extérieures, comme Fouché celui de la Police. « M. de Talleyrand est le bras droit de Bonaparte [en] politique, et son bras gauche pour la guerre est le bon et respectable général Berthier », note Mme Divoff en 1802, alors qu'elle vient à peine de s'installer à Paris et cherche à se renseigner sur les uns et les autres[1]. Bourrienne, qui à l'époque est encore le secrétaire de Bonaparte, confirme et parle de Talleyrand comme du « second personnage du gouvernement consulaire[2] ». Il est l'homme du moment. On ne parle que de lui. On lui dédie des vers et on le compare au Grand Condé[3]. Ses fêtes sont célèbres. Même sa chienne Jonquille est la coqueluche du jour ! Sa naissance, ses relations européennes, ses idées et son désir de paix le rendent indispensable. À aucun autre moment de sa vie, sinon à Paris puis à Vienne en 1814 et à Londres dans les années 1830, il ne retrouvera cette occasion d'exercer et de mettre à profit les qualités de son esprit, son savoir-vivre et son savoir-faire[4]. Benjamin Constant, qui pourtant a de quoi lui en vouloir, parle de sa « connaissance profonde des hommes », du « coup d'œil avec lequel il démêle leur genre d'aptitude à lui être utile » et de « son ascendant sur ceux-mêmes qui croient n'être dominés en rien par son influence[5] », et lord Alvanlay de sa « grande finesse de tact qui lui permet de percevoir rapidement les événements et d'en suivre les méandres [*to float on its surface*][6] ».

« Ce qu'il sait admirablement, ajoute Pasquier qui a beaucoup travaillé avec lui, c'est se saisir d'une idée ; qu'elle lui soit venue ou qu'elle lui ait été fournie par autrui, il s'en empare, il la retourne sous toutes ses faces et en fait jaillir, en traits nombreux et variés, tout ce qu'elle peut avoir de brillant ; il vit longtemps sur cette pensée, il l'épuise jusqu'à satiété[7]. » Aussi, dans une discussion, choisit-il toujours son terrain. Il suggère les questions et répond rarement à ce qui lui paraît en dehors de son sujet. « Vous êtes le roi de la conversation en Europe. Quel est donc votre secret ? » lui demandait un jour Bonaparte. Et Charles-Maurice de se comparer à un chasseur qui ne tirerait qu'à coup sûr : « Dans une conversation, je laisse passer mille choses éloignées auxquelles je pourrais faire des répliques ordinaires, mais ce qui passe entre les jambes, je ne le manque jamais[8]. »

Il a « l'art des conversations rapides » comme du travail rapide. Sa manière de rédiger se nourrit de cette vitesse et de cette profusion dans l'exploitation d'une idée. Mais il part de loin et rumine longuement son thème avant de se lancer. L'un de ses collaborateurs, le correspondant anonyme du comte d'Antraigues, décrit très bien sa méthode. Tous ses rapports à Bonaparte, toutes ses instructions ont été fabriqués sur le même modèle : « Il fait son plan, réunit ses idées et les écrit, mais avec peu de méthode et beaucoup de confusion. [...] Il voudrait tout entasser dans une page ; il écrit d'une manière totalement illisible, et ce travail l'excède ou l'impatiente. [...] Je le lis ou Durant [de Mareuil] le lit. [...] J'en tire copie. Alors Durant ou moi allons, seul ou ensemble, causer avec [lui], ce qui est nécessaire pour saisir l'ensemble de tout ce qu'il a réuni sur son brouillon. [...] Cela fait, Durant dresse la pièce. [...] Il dit des corrections ou les écrit, ou les met au net. [...] Tout ce qui y est, est de Talleyrand en totalité[9]. » Lorsque ce n'est pas Durant, c'est d'Hauterive ou La Besnardière, ou un autre. Le style, lui, ne change pas.

Dans le secret de son cabinet, Charles-Maurice travaille, et travaille de façon acharnée. Il n'aura jamais autant travaillé qu'au cours de ces années du Consulat. Comme il n'a besoin que de très peu de sommeil, ce qu'il expliquera en confidence à Thomas Raikes par la lenteur de son rythme cardiaque[10], il donne le change. Ses contemporains l'ont vu tous les soirs jusqu'à trois heures du matin, à une table de jeu, dans un salon, chez lui ou chez ses intimes, jouant les vieux courtisans indolents et paresseux, ou encore le matin après dix heures traînant à sa toilette. Ce qu'ils ne savent pas, c'est qu'une fois rentré chez lui il retourne à son bureau, lit toute la correspondance du jour, l'annote et y indique les réponses qu'il souhaite. En marge de la correspondance officielle, il écrit lui-même toutes ses lettres personnelles. On sait par quelques allusions que celles-ci sont le plus souvent écrites la nuit. Ses innombrables lettres autographes, que l'on découvre encore tous les jours (ou presque !), témoignent assez de son activité et font mentir Bonaparte qui à Sainte-Hélène prétendait qu'il ne savait pas écrire[11]. À peine couché, il se lève à six heures, reçoit ses collaborateurs et leur indique le contenu des réponses aux rapports de ses agents. Méneval l'a vu tôt le matin, dans sa chambre, couché dans son lit, dictant à deux rédacteurs debout devant un secrétaire à la Tronchin, les rapports du jour[12]. Le premier jet est rarement le bon. Thomas Raikes raconte qu'à Londres encore, à presque quatre-vingts ans, il usera ainsi plus d'un jeune secrétaire[13]. On le croit volontiers, ne serait-ce que par son habitude de les reprendre cent fois sur le même texte : « Ce n'est pas cela » ou « ce n'est pas encore cela » ou bien « ce n'est pas tout à fait cela », sans autre explication, jusqu'à la sentence finale et libératrice : « C'est cela[14] ! » Talleyrand est derrière tout ce qu'il écrit, en collaboration ou seul. Ses rapports les plus élaborés, ses lettres personnelles ou ses billets intimes sont du même tonneau. Le style y est net, rapide, élégant, plein de naturel, tout droit sorti du siècle des Lumières[15].

Bonaparte, sans être dupe, l'apprécie. Sans aucun doute, le jeu qu'ils ont joué l'un envers l'autre n'est pas innocent. Encore faut-il démêler le jugement que l'empereur portera plus tard sur son ancien ministre des quelques appréciations notées à chaud par certains de ses collaborateurs, sous le Consulat, à l'époque de leur « lune de miel ». D'une façon générale, il attend d'un ministre des Relations extérieures qu'il sache « improviser » et « séduire[16] ». Sur ce plan, les adresses de langage de Charles-Maurice, sa grande maîtrise de conversation, son aptitude aussi à écouter l'ont admirablement servi. Seulement, il a été beaucoup plus qu'« un excellent ministre pour les conférences », comme le dira un jour Bonaparte à Pasquier. Il a été pour lui plus qu'un ministre des Relations extérieures tout court. « Il était consulté sur tout », écrit Mme de Rémusat. « Talleyrand me comprend », dira Bonaparte à Bourrienne. Mais en quoi ? Les lettres, parfois quotidiennes, adressées par le ministre au maître donnent en partie la réponse. Elles ne sont pas familières. Elles ne ressemblent pas non plus toujours à de simples rapports de travail sur les affaires diplomatiques du jour. Par petites touches successives, Charles-Maurice, amende, conseille, suggère. Telle note au ministre d'Espagne à Paris lui paraît trop comminatoire[17], telle réponse mériterait un certain délai de réflexion avant d'être envoyée[18]. Le principe de temporisation et le recours à la lenteur sont ses armes principales dans le combat qu'il mène avec le maître. « Je crois que M. de Talleyrand, écrit Pasquier dans une note inédite qu'il a laissée sur lui, n'a jamais développé plus de savoir-faire, plus d'habileté que dans la manière dont il a su, en entrant autant qu'il le fallait dans les idées du premier consul, assouplir en quelque sorte ses idées toujours fort tranchantes[19]. » Bonaparte, en métaphysicien de l'action, ne négocie pas, n'attend pas. Pour Charles-Maurice, toujours en embuscade, tout le jeu consiste à essayer de contenir cette force brute, toute d'exécution et de premier mouvement. Bourrienne, qui a vu le premier consul et son ministre au travail presque quotidiennement, est resté frappé de ce contraste, qui très souvent joue en faveur du ministre. « Quand il arrivait à M. de Talleyrand de suspendre l'exécution d'un ordre, jamais Bonaparte n'en témoignait la moindre impatience, et je dois dire à son éloge que jamais de pareils retards ne furent l'objet du plus léger reproche. Lorsque, le lendemain d'un ordre donné à ce ministre dans un moment de colère, M. de Talleyrand se présentait pour travailler avec le premier consul, celui-ci lui demandait : – Eh bien, avez-vous envoyé le courrier ? – Je m'en serais bien gardé, répondait le ministre ; je n'aurais pas voulu le faire avant de vous montrer ma lettre. Alors il arrivait le plus souvent que le premier consul ajoutait : – Toute réflexion faite, n'envoyez pas cela. » Et de conclure : « Voilà comment il fallait se conduire avec Bonaparte[20]. »

La méthode qui consiste à remettre au lendemain ce que l'on ne peut pas faire aujourd'hui bien et facilement est érigée en axiome de base de toute la diplomatie du ministre. « Dans les affaires importantes, note Charles-Maurice dans ses Mémoires, le reproche de lenteur contente tout le monde ; il donne à ceux qui le font un air de supériorité, et à celui qui le reçoit l'air de la prudence[21]. » « Hâte-toi lentement ! » Dans ses instructions aux agents en poste à l'extérieur, dans ses lettres il répète sans cesse la même chose : ne vous pressez pas, restez sur la réserve, retranchez-vous derrière la nécessité de consulter votre gouvernement, évitez d'être précis lorsque cela vous affaiblit face à votre interlocuteur. À propos de ses conférences avec le ministre au sujet de la médiation de son gouvernement dans le rapprochement esquissé par la République avec la Russie, Sandoz-Rollin note dans l'une de ses dépêches à Berlin : « Il n'est pas dans le caractère de Talleyrand de s'énoncer clairement et péremptoirement. [...] Il espère négocier mieux et obtenir davantage en s'expliquant moins. » Il parle ailleurs de ses « subterfuges » et de ses « vaines paroles[22] ». Dans ses instructions à Otto qui vient d'être nommé à Londres pour négocier l'échange des prisonniers entre les deux pays, Charles-Maurice insiste dans ce même sens : « Tenez pour règle constante qu'avec le cabinet britannique il faut être sans cesse sur la réserve, et ne céder que pied à pied les choses sur lesquelles on pourrait être décidé[23]. »

Ce qui relève de la méthode et du travail diplomatique va bientôt passer pour un air général de paresse et d'indolence indispensable à qui veut réussir : « Il ne faut jamais se presser. Moi, je ne me suis jamais pressé, et je suis toujours arrivé. » « Monsieur, dira encore Talleyrand à son successeur Champagny, en lui présentant ses bureaux en 1807, voici bien des gens recommandables dont vous serez content. Vous les trouverez fidèles, habiles, exacts, mais, grâce à mes soins, nullement zélés. » Et d'en rajouter, devant le novice ébahi : « Oui, monsieur. Hors quelques petits expéditionnaires, qui font, je pense, leurs enveloppes avec un peu de précipitation, tous ici ont le plus grand calme et se sont déshabitués de l'empressement. Quand vous aurez eu à traiter un peu de temps des intérêts de l'Europe avec l'empereur, vous verrez combien il est important de ne point se hâter de sceller et d'expédier trop vite ses volontés[24]. » On est ici en pleine « composition ». La paresse élevée au rang de qualité supérieure et paradoxale permet au diplomate d'accentuer le contraste qu'il a voulu laisser de ses rapports avec Bonaparte. Elle justifie en même temps sa conduite future. Charles-Maurice a décidément le goût des raccourcis. « L'empereur a été compromis le jour où il a pu faire un quart d'heure plus tôt ce que j'obtenais qu'il fît un quart d'heure plus tard[25]. » Il y a aussi le superbe : « Quel dommage qu'il ne soit pas paresseux ! » dont on ne sait pas s'il est de lui, mais qui a le mérite de tout résumer.

Il n'y a pas que la paresse qui différencie les deux hommes. Chateaubriand s'est donné beaucoup de mal dans ses *Mémoires d'outre-tombe* pour mettre en scène ses rares rencontres, réelles ou rêvées, avec Bonaparte ; Talleyrand n'a, lui, qu'à laisser faire. Après tout, les contrastes de tempérament entre l'illustre aristocrate déclassé et le grand parvenu sont assez tranchés pour habiller la légende. L'impassibilité, le calme imperturbable du ministre dessinent en négatif l'activité débordante et les accès de colère du maître. Les « scènes » de Bonaparte à son ministre n'ont pas commencé après leur quasi-rupture de 1807. Bourrienne en rapporte plusieurs dans ses Mémoires, qui remontent au début du Consulat[26]. Les pratiques financières pour le moins douteuses du diplomate en sont le plus souvent la cause. À aucun moment Charles-Maurice n'est dupe. Après avoir assisté à la scène faite par Bonaparte en pleine audience diplomatique à lord Whitworth, l'ambassadeur d'Angleterre à Paris, en mars 1803, peu avant la rupture de la paix d'Amiens, il fait cette remarque à Mme de Rémusat :

« Ce diable d'homme trompe sur tous les points. Ses passions mêmes vous échappent ; car il trouve encore le moyen de les feindre quoiqu'elles existent réellement[27]. » Beaucoup plus tard, il rapportera à lord Alvanley, à l'occasion de l'un des séjours de l'Anglais à Valençay, une scène extraordinaire. Alors que Bonaparte venait de s'emporter, criant et frappant du poing sur la table, contre le chargé d'affaires russe d'Oubril, il se retourna vers Talleyrand et, lui tendant son poignet, lui dit : « Tâtez mon pouls. Je suis parfaitement calme[28]. » Pas étonnant, dans ces conditions, qu'il trouve à Bonaparte « un sourire de Satan[29] », et qu'il le considère comme son premier adversaire dans l'exercice de ses fonctions. Car tous les deux sont également doués d'un étonnant mélange de force et de ruse. Il dira un jour à Mme de Rémusat que, dans la place qu'il occupe, c'est surtout avec Bonaparte qu'il lui faut négocier[30]. Dans l'une de ses lettres à Beurnonville, il qualifie encore le premier consul d'« homme le moins influençable et le plus tenace que Dieu ait créé ». Bonaparte n'est pas plus la dupe de son ministre que celui-ci ne l'est de lui. Après avoir relu le roman de Mme de Staël à Sainte-Hélène, il jugera le portrait de son ancien ministre « parfait », l'un des meilleurs jamais écrit. « Il est difficile, ajoute-t-il, de faire un portrait plus ressemblant[31]. » En fin psychologue, en homme qui sait remarquablement se servir des autres, il prend l'ancien évêque d'Autun comme il est, en ayant parfaitement conscience des risques comme des avantages que comporte la collaboration d'un homme aussi complexe et sans doute aussi impénétrable et indéchiffrable que lui-même. « Talleyrand a beaucoup de ce qu'il faut pour engager et suivre des négociations diplomatiques, explique-t-il à Cambacerès, peu après le coup d'État de Brumaire : l'esprit du monde, la connaissance des cours de l'Europe, de la finesse, pour ne pas dire quelque chose de plus, une immobilité dans les traits que rien ne peut altérer, enfin un grand nom. Avec ces moyens, il sera un bon ministre des Affaires étrangères. Je sais qu'il n'appartient à la Révolution que par son inconduite, mais les engagements qu'il a pris sont tels qu'il lui serait impossible d'obtenir le pardon de ses torts. Évêque et grand seigneur, Jacobin et déserteur de son ordre sous l'Assemblée constituante, il serait perdu si un prince de la maison royale remontait sur le trône. Nous pouvons donc employer sans crainte Talleyrand : son intérêt nous répond de lui[32]. » C'est dit avec cynisme mais c'est bien juger l'homme.

En 1800, nous n'en sommes pas encore à la « trahison ». Pourtant, dès les débuts du régime consulaire, Charles-Maurice s'inquiète. Tout l'édifice de Brumaire repose sur les épaules d'un seul homme. La question même de l'hérédité ne viendra que plus tard. Dans le « S'il passe une année, il ira loin ! » qu'il lance à Hyde de Neuville en décembre 1799, il y a : « S'il passe une année[33] », qui prouve au moins qu'il se posait la question, un mois après Brumaire. Bonaparte n'a pas encore tout à fait gagné son pouvoir sur le champ de bataille de Marengo. Et si le sort des armes lui était défavorable ? Et si le général d'Italie trouvait la mort dans la bataille ? On n'est jamais trop prudent. En mai et juin 1800, Charles-Maurice n'a sans doute pas comploté, comme le prétendra Balzac dans sa *Ténébreuse Affaire*, mais il s'est inquiété.

L'écrivain y accuse Fouché d'avoir organisé l'enlèvement du sénateur Clément de Ris pour récupérer des papiers qui auraient pu révéler l'existence d'une conspiration destinée à préparer, avec Talleyrand, le remplacement de Bonaparte en cas de revers en Italie. On pense aujourd'hui qu'il s'agit plutôt d'une affaire de chouannerie manipulée par le ministre de la Police[34]. Mais il n'y a pas de fumée sans feu. Des conversations ont certainement eu lieu dans la maison de campagne de Talleyrand à Auteuil avec Sieyès et Fouché. Peu après Marengo, Lucien Bonaparte, resté à Paris à la tête du ministère de l'Intérieur, informe son frère Joseph de leur teneur : « Les intrigues d'Auteuil ont continué, on a beaucoup balancé entre Carnot et La Fayette. […] Votre ami d'Auteuil [Talleyrand] est l'âme de tout. […] Quant à nous, si la victoire avait marqué la fin du premier consul à Marengo, à l'heure où je vous écris, nous serions tous proscrits[35]. » Tout cela est sans doute exagéré, mais plausible. À chaque tournant critique de sa longue existence, Charles-Maurice a toujours pris soin de prévoir des solutions de rechange.

Une fois passée la « crise » de Marengo, tout rentre dans l'ordre. À son retour précipité d'Italie, Bonaparte fait comme si rien ne s'était passé. Talleyrand lui est indispensable. La fin de l'année et l'année suivante sont celles de la plus étroite collaboration entre le Corse et l'ancien évêque d'Autun. Le jeune Mathieu Molé, qui n'est pas encore auditeur au Conseil d'État, se fait l'écho des rumeurs de salon qui roulent sans cesse sur la vie du premier consul : « On ne parlait que de ses longs entretiens en tête à tête et à des heures indues, avec tantôt M. de Talleyrand qui avait alors sa plus grande faveur, tantôt avec Maret, tantôt avec ses frères[36]. » Bonaparte le consulte sur le choix des conseillers d'État, des préfets, sur toutes les grandes mesures de régénération qu'il médite et prépare pour le pays. Il lui confie les négociations les plus délicates. Il l'envoie présider à Lyon l'assemblée des députés italiens qui donneront une constitution à la République cisalpine.

Il redouble d'attentions à son égard, le reçoit sans cesse à la Malmaison dans l'intimité, séjourne chez lui, dans sa maison d'Auteuil, et y chasse en simple particulier[37], s'informe de sa santé souvent fragile : « J'ai appris avec intérêt le rétablissement de votre santé. J'ai besoin et j'espère que vous vivrez longtemps[38]. » Il favorise ses amis et ses frères Archambaud et Boson, qu'il autorise à rester en France et fait rayer de la liste des émigrés bien avant l'amnistie générale d'avril 1802[39]. Il restitue enfin ses biens confisqués au fils aîné du frère cadet de son père, le baron de Talleyrand[40].

Beaucoup plus tard, en s'attardant dans ses Mémoires sur ses rapports avec le premier consul à cette époque, Charles-Maurice risquera une profession de foi : « J'aimais Napoléon, je m'étais attaché même à sa personne, malgré ses défauts ; à son début, je m'étais senti entraîné vers lui par cet attrait irrésistible qu'un grand génie porte en lui ; ses bienfaits avaient provoqué en moi une reconnaissance sincère. Pourquoi craindrais-je de le dire ? J'avais joui de sa gloire et des reflets qui en rejaillissaient sur ceux qui l'aidaient dans sa noble tâche[41]. »

Tout cela ne l'empêche ni de prendre ses précautions ni de rester foncièrement indépendant, ce qu'il sera toute sa vie. Mais il possède un atout. On n'est pas impunément le rejeton d'une famille qui a vécu à la cour depuis plusieurs générations. Personne ne sait manier le compliment mieux que lui. Ses lettres à Bonaparte du début du Consulat sont pleines d'une sorte d'affectueuse flatterie qui frise l'admiration et délasse des éloges empoulés de l'Empire. Le courtisan s'y révèle très subtil, et le masque est difficile à lever. De toute façon, on ne démêlera jamais le vrai du faux.

On peut tout au mieux suggérer quelques morceaux choisis : « Quel début et quel dénouement ! lui écrit-il après la victoire de Marengo. La postérité pourra-t-elle croire aux prodiges de cette campagne ? Sous quels auspices votre retour nous est promis ? Il n'y a point eu d'empire qui ne fût fondé sur le merveilleux, et ici le merveilleux est la vérité[42]. » À son départ pour les eaux de Bourbon-l'Archambault en juin 1801, il lui écrit encore : « Je pars avec le seul, mais bien vif regret de m'éloigner de vous. Le sentiment qui m'attache à vous, ma conviction que le dévouement de ma vie à votre destinée, aux grandes vues qui vous animent n'est pas inutile à leur accomplissement, m'ont fait mettre au soin de ma santé un intérêt que je n'avais jamais senti[43]. »

Puis cela se précise et se complique dans le raffinement. En juillet de la même année : « Voilà le moment où je m'aperçois bien que, depuis deux ans, je ne suis plus accoutumé à penser seul : ne pas vous voir laisse mon esprit et mon imagination sans guide : aussi vais-je probablement écrire de bien pauvres choses, mais ce n'est pas ma faute, je ne suis pas complet quand je suis loin de vous[44]. » Et le même jour, alors qu'il vient d'apprendre qu'il est souffrant : « Je n'aime point votre bibliothèque, vous y êtes trop longtemps, je la crois humide ; les rez-de-chaussée ne vous valent rien, vous êtes fait pour les hauteurs[45]. » Deux mois plus tard, il le compare à Henri IV : « Permettez-moi d'emprunter à l'histoire d'une amitié très célèbre ce qu'un ministre d'Henri IV disait à son maître : Depuis que je suis attaché à votre sort, je suis à vous, à la vie à la mort[46]. » Le rapprochement ne manque pas de tact, en pleine négociation du concordat. Encore quelques années et ce sera Charlemagne. Là, au moins, on est sûr qu'il ne croyait pas un mot de ce qu'il lui disait.

Qu'elle qu'en soit l'intensité, Bonaparte n'est pas insensible à ce genre de musique. Quand les parvenus qui l'entourent en sont à l'adulation, le grand seigneur d'Ancien Régime fait de la flatterie un art où il épuise tout ce que son goût a de finesse, son esprit et sa langue de plus délicat. Charles-Maurice dégage un parfum d'ancienne noblesse qui plaît au premier consul. C'est chez lui et chez lui seulement que le jeune consul « apprend » la noblesse, ces grands noms d'autrefois que l'habile courtisan fait sonner agréablement à ses oreilles en lui envoyant régulièrement la liste de ceux qu'il invite à ses soirées. On a conservé celle des « personnes non dansantes » de la fête du 25 février 1800, donnée en son honneur, à Neuilly, trois mois seulement après le coup d'État. À la lire, on se croirait en 1789 : Mmes d'Aiguillon, de Castellane, de Crillon, de Custine, de Jaucourt, de Jumilhac, de Lameth, de La Rochefoucauld (née Rohan-Chabot), de Noailles, de Ségur, de Vergennes, de Witt, etc.[47]. La fête qu'il donne au vainqueur de Marengo, le 14 juillet 1800, dans les salons du ministère de la rue du Bac, est décrite par l'un des convives comme « un chef-d'œuvre de tact, d'à-propos et de politique ». La vieille cour rescapée de la tourmente révolutionnaire est encore mieux représentée. Charles-Maurice n'hésite pas à jouer de ses liens avec le faubourg Saint-Germain qui se repeuple peu à peu au début du Consulat et fascine Bonaparte. Pourtant celui-ci dira plus tard à Sainte-Hélène que Talleyrand craignait son ancien milieu et écartait ses amis les plus proches : « Comme ministre des Affaires étrangères, précisera-t-il, il avait tant de moyens indiscrets, même sans se mettre en avant, d'agir contre quelqu'un, de faire tomber une lettre dans mes mains[48]. » C'est sans doute vrai pour les plus doués, pour ceux qui pouvaient lui faire de l'ombre : Calonne, Breteuil et surtout son vieil ami Narbonne qui n'entrera au service de Napoléon que très tard, en 1809. Le gendre de Narbonne, le comte de Rambuteau, racontera dans ses Mémoires la façon dont Charles-Maurice s'y prenait pour éviter que les lettres de sollicitation de l'ancien ministre de la guerre de Louis XVI ne tombent sous les yeux du maître[49]. Narbonne est trop fin pour que son ami le laisse s'approcher du pouvoir. C'est lui qui aurait eu cette réponse, alors que Napoléon lui demandait où en étaient les sentiments de sa mère, qui le détestait, à son égard : « Sire, Mme de Narbonne n'en est encore qu'à l'admiration. »

Talleyrand a pourtant rendu nombre de services à son ancien milieu. Charles Brifaut qui le rencontre souvent à l'époque chez Mme de Genlis à l'Arsenal où se réunissent des hommes de lettres comme La Harpe, Fontanes ou Millevoye, cite dans ses Souvenirs l'exemple d'une « très grande dame » qu'il avait fait rayer de la liste des émigrés et à qui il prêta 3 000 francs. Par discrétion et pour ne pas l'indisposer, il se contentait de la croiser dans le monde, avec un fin sourire[50]. La duchesse d'Escars raconte comment il obtint la radiation de son mari en faisant intervenir le roi de Prusse auprès de Bonaparte[51]. Le comte d'Espinchal, proche des Polignac, lui doit le retour de son fils, réfugié à Naples et raccompagné en France par le propre neveu du ministre, Louis de Talleyrand[52]. Au tout début de l'Empire, il protégera la duchesse de Chevreuse, la belle-fille de sa vieille amie la duchesse de Luynes, des foudres du maître, et la fera entrer à la cour de Joséphine[53]. C'est par lui que l'on passe pour obtenir des places et des prébendes. Ce genre de position paradoxale entre l'ancien et le nouveau monde l'amuse. Il se moque des dames de l'ancienne cour qui se disent « forcées » d'entrer dans la nouvelle cour, comme des fausses pudeurs de certains membres de l'ancienne émigration qui font en même temps tout pour se faire bien voir de Bonaparte.

Il s'en moque, et en use. Cette générosité-là n'est pas toujours gratuite. Elle a des allures de placement à long terme. Sans doute Talleyrand est-il capable comme un autre d'un bon mouvement, mais il est aussi plus décidé qu'un autre a n'y obéir que s'il y a intérêt. Les services qu'il rend lui permettent de se réconcilier avec son milieu, qui globalement le déteste, et de se ménager de précieux appuis pour l'avenir. Et puis Bonaparte, tout à sa politique de fusion des élites, approuve. Le premier consul a « du goût » pour la noblesse, la bonne éducation et l'ancienneté des services. Il est entiché de ses propres origines, fait faire des recherches à Clarke dans les archives de Pise et de Florence, laisse le conseil municipal de Montpellier voter l'érection d'un monument à son père avec une inscription qui laisse croire que ce dernier a été député de la noblesse de Corse à l'Assemblée nationale[54]. Au général d'Andigné qu'il rencontre à l'occasion des discussions sur la pacification des provinces de l'Ouest en décembre 1799, il dit : « Nous autres nobles…[55]. » Charles-Maurice sait tout cela et joue à fond de cette corde sensible. Le raffinement de ses manières, le dédain de son silence ont le caractère indélébile du grand seigneur, si bien en contraste avec les formes rudes des militaires. Stendhal voit dans sa naissance « de grands avantages sur les hommes passionnés et peu élégants qui avaient fait la Révolution. » « Je me souviens, ajoute-t-il, qu'un général en faveur au palais des Tuileries eut l'occasion d'aller chez M. de Talleyrand. Il le trouva qui se faisait coiffer à la fois par deux valets de chambre ; chacun s'occupait d'un des côtés de cette bonne tête. Le général fut même un peu couvert de poudre, mais il ne le trouva point mauvais, tant était grand en France l'empire des grandes manières. En deux heures, tout l'intérieur des Tuileries fut rempli du récit de [sa] toilette. Sa considération s'en augmenta. » Sans jamais l'avouer, Bonaparte est certainement tombé dans cette forme de snobisme. « Il y avait du parvenu chez Bonaparte, ajoute Stendhal. Il écoutait M. de Talleyrand d'une tout autre manière que les Cretet, les Defermon, les Regnaud, les aigles de son Conseil d'État, alors le corps influent[56]. »

Le passage insensible à des formes de cour de plus en plus visibles aux Tuileries doit beaucoup à celui qu'il considère comme le prince du bon ton et comme la mémoire vive des anciens usages de Versailles. Le comte de Ségur, grand maître des cérémonies, viendra plus tard. Ainsi le ministre des Relations extérieures conseille-t-il discrètement aux diplomates étrangers en poste à Paris de porter le « deuil de cour » à la mort du général Leclerc, le beau-frère de Bonaparte[57]. Il fait adoucir les formules de politesse toutes républicaines du courrier diplomatique. Le « Je vous salue » remplace le « Salut et fraternité » du Directoire ; « Votre Excellence[58] » fait une entrée discrète dès 1803. Encore quelques mois, et on tombera dans l'« Altesse Sérénissime » des grandes heures de l'Empire. La fête qu'il donne le 8 juin 1801, en l'honneur du prince Louis de Parme, peut être considérée comme la première grande fête de cour du régime. Louis descend directement de Philippe V d'Espagne. De plus, il est marié avec une fille du roi régnant, Charles IV. Par le traité d'Aranjuez du 21 mars 1801, négocié par Charles-Maurice et Lucien Bonaparte, il vient d'échanger ses droits sur le duché de Parme contre la couronne d'Étrurie, l'ancien grand-duché de Toscane cédé par l'Autriche à la France et érigé en royaume. C'est la première fois depuis la mort de Louis XVI en 1793 que la République accueille un Bourbon. L'événement est de taille. La fête a lieu dans le parc du beau château de Neuilly, l'ancienne propriété de Radix, située derrière Longchamp, non loin des bords de la Seine, face à l'île de Puteaux et louée depuis plusieurs mois par le ministre au fournisseur des armées Delannoy[59]. La soirée débute à 9 heures et s'achève à l'aube. Elle s'ouvre par un concert avec les voix de Mmes Scio et Grassini, les cantatrices en vogue. Puis les quelque mille invités sont conviés dans le parc à une sorte de mise en scène reconstituée de la création du royaume de Toscane. Sur une place de Florence, devant la façade du palais Pitti « simulé par une illumination brillante », des acteurs habillés à l'italienne jouent les événements de la journée, apprennent l'heureuse nouvelle, se réjouissent, dansent et chantent des vers du Tasse et de Pétrarque. On tire ensuite un feu d'artifice avant le souper « renouvelé cinq fois dans la nuit ». Au rez-de-chaussée du château, les tables sont disposées autour de grands orangers dont les dômes fleuris servent de surtouts et de décoration centrale. À minuit la belle Pauline Bonaparte, mariée au général Leclerc, ouvre le bal au bras du prince de Parme[60]. Le maître de maison s'est à cette occasion « surpassé en inventions d'élégance, d'à-propos et de somptuosité, écrit Norvins. Cette fête fut réellement un chef-d'œuvre de génie artistique et courtisanesque[61] ». Bonaparte est content. En filigrane, c'est lui qui porte la couronne de Toscane. Il est au centre de la soirée, beaucoup plus que les princes de Parme qui ne sont que des marionnettes. « Chacun en revint enchanté, note Laure Junot, et M. de Talleyrand fut gracieux, poli, tout en ne souriant jamais, et en étant si égal en apparence pour tous qu'il le fallait bien connaître pour savoir qu'il voulait être plus poli avec vous qu'avec tout autre[62]. »

12.

PORTRAIT DE L'ARTISTE DANS LA PÉNOMBRE

Décidément, Charles-Maurice excelle dans l'art de la distance, dans celui des apparences qui sont chez lui comme une seconde nature et autorisent tout. On lui fera dire beaucoup plus tard des choses qu'il ne se serait sans doute jamais permis de dire à Bonaparte, encore moins à Napoléon, mais qui confortent l'image d'un homme qui n'est pas dupe de ses propres louanges et se moque de l'adulation ambiante des débuts de l'Empire. Mme de Rémusat, qui commence à le voir en 1803 et vient d'entrer au service de Joséphine, en est frappée au point de ne lui trouver « aucune espèce d'illusion ni d'enthousiasme sur ce qui se passait autour de nous. Le reste de cette cour en éprouvait plus ou moins. [...] Les ministres affectaient ou ressentaient une profonde admiration. [...] Le calme, l'indifférence de M. de Talleyrand me déconcertaient. – Eh ! bon Dieu, osai-je lui dire une fois, comment se peut-il que vous puissiez consentir à vivre et à faire sans recevoir aucune émotion de ce qui se passe, ni de vos actions ? – Ah ! que vous êtes femme et que vous êtes jeune !, répondit-il. Et alors il commençait à se moquer de moi comme de tout le reste[1]. »

Charles-Maurice de Talleyrand est avant tout maître de lui-même. Voici encore comment il annonce à Bonaparte l'assassinat de Paul Ier de Russie en avril 1801. La mort de ce dernier, sans doute fomentée par le cabinet de Londres, représentait un sérieux revers pour la République alors en pleine négociation secrète avec la cour de Russie. Le premier consul dînait ce soir-là aux Tuileries avec Talma, Michaud et une dizaine de personnes. Charles-Maurice les rejoint en boitant, s'assied à côté de l'ancien vainqueur de Marengo, et lui murmure quelques mots à l'oreille. Son visage est de marbre. Bonaparte, pour sa part, ne peut s'empêcher de pousser un « Ah !!! », se frotte le visage, se penche sur la table en se prenant les mains[2]. Un an plus tard, il sera capable de rester une heure entière à travailler avec Bonaparte avant de lui présenter, comme si de rien n'était, le traité de paix avec l'Angleterre qui vient d'être signé à Amiens par Joseph Bonaparte et lord Cornwallis. Bonaparte, qui attendait la nouvelle avec impatience, n'en revient pas. « Cette force dans le silence frappa le premier consul et ne le fâcha point, parce qu'il conclut sur le champ à quel point il pourrait en tirer parti[3]. » Il dira à Sainte-Hélène en se souvenant peut-être de cette scène : « Le visage de Talleyrand était tellement impassible qu'on ne savait jamais rien y lire. » C'est bien le visage « du plus impénétrable et du plus indéchiffrable des hommes » (Mme de Staël). Le général Lannes traduit cela en langage militaire. Si on lui donnait un coup de pied au cul, « sa figure ne vous en dirait rien[4] ».

Aux Tuileries, aux réceptions diplomatiques du ministère de la rue du Bac, aux tables de jeu de ses amis, il promène partout ce même visage de cire, qui, à cette époque, se fige presque définitivement. Encore quelques années et, sous la Restauration, on y découvrira aussi du mépris. Nous n'en sommes pas encore là.

Bertie Greethead qui le voit à l'occasion d'une présentation diplomatique de groupe, rue du Bac, lui trouve l'air d'un « méchant chien » (*a nasty looking dog*)[5]. Même impression de la part de l'Allemand Reichardt au cours d'une présentation équivalente : « Talleyrand nous a à peine laissé le temps de lui faire quelques compliments. Avec son air fatigué, sa physionomie maussade et son grand habit bleu chamarré de broderies d'argent, il ne répond guère à l'idée que l'on a de sa haute capacité[6]. » Mme de Cazenove d'Arlens, la belle-sœur de Théophile, très proche du ministre, le rencontre pour la première fois dans des circonstances un peu différentes, au cours d'une grande réception au ministère. Pourtant, elle le décrit presque avec les mêmes mots : « J'arrive, je monte le grand escalier éclairé, rempli de fleurs. Un valet de chambre me conduit, je trouve Théophile qui, dans le premier salon, me présente à une figure qui me parut celle d'un mort habillé d'un habit de velours rouge avec une large broderie en or : grande veste, manchettes, épée, grande coiffure. C'était le ministre, c'était M. de Talleyrand. Ah ! quelle mine[7] ! » Tous sont fascinés par le contraste d'une réputation de grand diplomate qui le précède partout et de sa physionomie. Il faut être fin psychologue, comme John Bernard Trotter, le secrétaire de James Fox qui le rencontre en septembre 1802, pour atteindre l'esprit du personnage, derrière le masque. « Extérieurement, M. de Talleyrand n'est en rien agréable. Il s'arrange pour avoir une contenance et une apparence noble et digne. Toutefois, il n'est pas sans charme. Je suis assez versé dans la science des visages pour ne pas douter de la supériorité d'un individu, même lorsque son apparence extérieure est repoussante ou que ses yeux n'expriment rien. Quoi qu'il en soit, Talleyrand m'est apparu comme un homme plein de ressources, d'un esprit vif, infatigable et parfaitement agréable[8]. »

Chateaubriand a écrit dans ses *Mémoires d'outre-tombe* que Talleyrand « signait les événements, il ne les faisait pas ». Ce n'est pas vrai en ce qui concerne les premières années du Consulat. Dès les premiers mois de son accession au ministère, il renforce l'étendue de son contrôle personnel sur la machine diplomatique française. Dans deux rapports présentés à Bonaparte en janvier et en mars 1800, il propose en évoquant un nécessaire retour aux traditions, d'établir un système fixe de grades et d'avancement au sein du personnel du ministère. Malgré les réserves de Cambacérès et les quelques modifications apportées au projet par le Conseil d'État, celui-ci est adopté dans ses grandes lignes[9].

La plupart du temps, les agents nommés en poste à l'extérieur sont ceux qu'il a proposés à Bonaparte, que ce soit pour des missions extraordinaires ou ordinaires. Charles-Maurice tisse sa toile en plaçant aux postes clés des amis sûrs : Beurnonville à Berlin, Bourgoing à Copenhague puis Stockholm,

Sémonville à La Haye, Reinhardt à Hambourg. Moreau de Saint-Méry et Démeunier, deux amis intimes du temps de son exil en Amérique, sont envoyés successivement en mission extraordinaire, l'un à Parme en mars 1801, l'autre à Berne en décembre 1802. Il lui arrive pourtant d'échouer dans ses choix. Pour Londres, ambassade capitale, il aurait voulu nommer l'un de ses amis de longue date, Jean de Vaisnes, un ancien premier commis des finances autrefois renvoyé par Necker, membre du Conseil d'État, dont la femme tient un salon qu'il fréquente régulièrement. Il pense aussi au général Sébastiani dont il est proche et qui entrera définitivement dans son orbite en épousant une Coigny en 1806. Mais Bonaparte a d'autres projets. Il veut favoriser Andréossy, un fidèle des campagnes d'Italie et d'Égypte, peu versé dans la diplomatie et sans surface sociale. Bourrienne rapporte, amusé, le dialogue de sourds qui s'ensuit à la Malmaison en mai 1802, entre le premier consul et son ministre : « "J'ai envie de nommer Andréossy." M. de Talleyrand, qui n'était pas bien disposé sur ce choix, lui répondit d'un air spirituel et malin : "Vous voulez nommer André aussi ! Quel est donc cet André ? – Je ne vous parle pas d'un André, je vous parle d'Andréossy ; est-ce que vous ne le connaissez pas ? Pardieu ! Andréossy, général d'artillerie. – Andréossy ! Ah ! Oui, oui, c'est vrai, Andréossy ; je n'y pensais pas : je cherchais dans la diplomatie, et je ne l'y trouvais pas. C'est vrai ; oui, oui, c'est vrai, il est dans l'artillerie[10]". »

On reviendra sur les conséquences de ce choix. Quant aux frères du consul, Joseph et Lucien Bonaparte, le prestige des missions qui leur ont été confiées ne doit pas faire oublier que, le plus souvent, la réalité des négociations leur échappe. C'est surtout vrai pour Joseph, signataire du traité de Mortfontaine avec les États-Unis, plénipotentiaire de la République à Lunéville puis à Amiens, chargé de signer les accords de paix avec l'Autriche et l'Angleterre. Joseph, l'aîné des Bonaparte, « dont l'esprit était aussi médiocre que la vie avait été obscure », note Molé, est proche du ministre qui le flatte et, par la même occasion, flatte son frère en proposant de l'employer dans les occasions importantes[11]. À Amiens, il laissera les négociations traîner en longueur, sous l'emprise de son homologue anglais lord Cornwallis et frisera même la rupture. De même Lucien, à Madrid, signera trop rapidement la paix avec le Portugal. Le traité, dénoncé à Paris, devra être renégocié et sera ratifié définitivement le 29 septembre 1801. Cela n'empêche pas Charles-Maurice de contrôler l'essentiel de la situation. Dans le cas des négociations de Lunéville, les discussions importantes se déroulent à Paris avec le comte de Cobenzl, l'envoyé de Vienne, qui séjourne chez Talleyrand lui-même, rue d'Anjou. À Lunéville, Joseph est flanqué du fidèle La Forest qui joue auprès de lui le rôle de gouverneur et d'espion. Même chose à Amiens. Il suffit de lire les instructions et la correspondance en partie publiée par Poniatowski[12], du ministre à son plénipotentiaire, quotidienne, précise et pressante, pour se rendre compte de la faible marge de manœuvre de ce dernier dans les négociations. Pour remettre les choses à leur place, elle est aussi faible que celle de Talleyrand avec Bonaparte, mais dans ce dernier cas le ministre est d'une autre force. À Amiens, par exemple, Joseph entretient une correspondance directe avec son frère et lui envoie la copie de ses lettres au ministre. Ainsi, celle du 12 mars 1802 : « La conférence est terminée ; vous en connaîtrez le résultat par la copie de ma lettre au ministre des Relations extérieures. […] Par précaution, j'en envoie le duplicata[13]. » Bonaparte est donc bien informé, ce qui n'empêche pas son ministre de poursuivre pour son propre compte et souvent par intérêt des négociations secrètes à l'insu de son maître, quitte à les abandonner en cours de route. On en a la preuve à Amiens grâce à Rutger-Jan Schimmelpenninck, le négociateur batave. Par l'intermédiaire de Lehoc, l'ancien chargé d'affaires français à Hambourg, et de Comps, celui-ci cherchait à obtenir du ministre, contre sa signature, la révision du traité d'alliance franco-batave de La Haye qui liait son pays à la France vis-à-vis de l'Angleterre et faisait de Flessingue un port commun. Dans sa réponse du 24 février 1802, confiée à Lehoc, Talleyrand, de peur de mécontenter Bonaparte et afin de ne pas risquer les chances de la paix, n'accorde rien, ce qui ne l'empêche pas d'exiger son dû : 600 000 francs en bons du trésor hollandais. Dans son Journal, Schimmelpenninck se dit *gedegoûteerd ;* on aura compris le sens de ce mot… « Eh bien ! Dites à M. de Talleyrand que j'aimerais mieux être pendu que de lui faire palper la moindre chose pour cette lettre[14]. »

On a déjà parlé en partie des méthodes de Charles-Maurice en diplomatie. Dans son rapport de mars 1800 au premier consul, il énumère les qualités du parfait diplomate. Accordons-lui la « circonspection », la « discrétion ». Il y ajoute « un désintéressement à toute épreuve » – là, on a du mal à le prendre au sérieux – et surtout il oublie d'évoquer la ruse. Il la pratique, il n'en parle pas. À la fin de sa vie encore, il aura soin, au cours de sa dernière intervention publique à l'Académie française, de faire l'éloge de la « bonne foi » en diplomatie[15], ce qui ne l'empêche pas d'être passé maître dans l'art de berner son adversaire en le conduisant insensiblement au-delà de ce que ses instructions contiennent. En juillet 1800, il flatte si bien le comte de Saint-Julien, l'envoyé de Vienne qui précède à Paris le comte de Cobenzl, qu'il lui fait signer des préliminaires de paix que celui-ci avait pourtant ordre de ne pas signer. Il devait gagner du temps, il se retrouvera pris au piège, à tel point que, de retour à Vienne, on l'enverra à la forteresse de Klausenbourg en Transylvanie, pour le remercier. En octobre 1801, Charles-Maurice aura également raison de la naïveté d'Ali Effendi, l'envoyé de la Porte, en lui faisant signer secrètement, non sans avoir acheté son drogman grec Codrika, un avantageux traité d'évacuation des troupes françaises en Égypte. En accordant à cette occasion des privilèges commerciaux à la République, il provoquera l'ire des représentants russe et anglais à Constantinople. Selim III devra désavouer son ambassadeur qu'il traitera de « bougre d'âne[16] ». On peut aussi mettre sur le compte de la ruse la manœuvre qui consiste à dissocier ou même à créer la discorde entre deux adversaires liés ensemble. Toutes les négociations de cette incroyable diplomatie, « faites avec toutes les puissances », des premières années du Consulat passent par là. Il écrivait déjà à Treihard, sous le Directoire, à propos des rapports de la Prusse et de l'Autriche au congrès de Rastadt : « Il faut brouiller les gens qu'on veut raccommoder.

[…] Il me paraît qu'un arbitrage suppose une querelle. Votre premier soin doit être d'abord d'entretenir la jalousie, l'aigreur, d'exciter même quelque altercation, de l'animer de rendre enfin votre médiation nécessaire[17]. » Au début du Consulat, il n'est pas question de médiation de la France, mais il est question de séparer les intérêts des différents membres de la coalition antifrançaise, afin de traiter avec chacun séparément. D'où le long travail d'approche tenté par Talleyrand vis-à-vis de la cour de Saint-Pétersbourg pour isoler la Russie et créer une éphémère « ligue du Nord » contre l'Angleterre. D'où aussi sa détermination à convaincre l'Autriche, alliée de l'Angleterre, à traiter séparément avec la France. Tout cela passe bien sûr par le maintien et l'entretien constant d'un excellent réseau de renseignements.

On entre ici dans la part la plus trouble des activités de Charles-Maurice, celle qui à terme inquiétera le plus Bonaparte, beaucoup plus que ses manœuvres financières. Pour comprendre ce qui se passe, il faut savoir qu'il existe sous le Consulat et encore plus sous l'Empire, une multitude de réseaux d'agents financés par des instances différentes et souvent concurrentes : le cabinet de Bonaparte, le ministère des Relations extérieures, celui de la Police, la préfecture de la Seine, etc. Certains de ces agents travaillent pour plusieurs patrons à la fois, quand ce n'est pas aussi pour une puissance extérieure. Tout le jeu consiste à être le plus rapide et à mettre la main sur les informations des réseaux concurrents. Avec ces réseaux, on touche à la fois la surveillance des factions hostiles au régime, jacobine ou royaliste, mais aussi aux négociations parallèles et secrètes avec l'ennemi, à l'envoi comme à la collecte d'informations hors des frontières. L'organisation du cabinet noir du ministère des Relations extérieures n'a pas sensiblement changé depuis l'époque du Directoire. En se réinstallant rue du Bac après Brumaire, Charles-Maurice ne fait que la reprendre. Ce qui change, c'est qu'il se heurte désormais à la concurrence de Joseph Fouché, le puissant ministre de la Police de Bonaparte, l'ex-régicide et l'ancien mitrailleur de Lyon. En apparence tout sépare le petit oratorien du collège de Juilly de l'ancien évêque d'Autun. Fouché est la Révolution incarnée auprès de Bonaparte. Il a, comme Talleyrand, mais dans un autre ordre que lui, la réputation de ces hommes qui ont un secret. Il est de ceux à qui l'on suppose des profondeurs, des liens cachés, des armes occultes. Il protège et surveille tout le monde, ses anciens amis comme ses anciens ennemis. Il voit tout, il sait tout. Sans affection réelle, il est tout aussi capable de sacrifier les uns et les autres pour le moindre intérêt du moment. Il possède au suprême degré l'habileté, sinon l'impudence du mensonge, médite ses coups de loin, manipule tout le monde et surtout les émigrés rentrés, en leur faisant croire qu'il les sert alors qu'il les poursuit. Il est passé maître, dit Pasquier, dans « l'art de faire des dupes ». Et l'ancien préfet de police de Napoléon, qui aura plus d'une fois l'occasion de travailler avec lui, parle d'expérience : « Quand j'ai été plus tard dans le cas de connaître les rapports sortis de son cabinet, les ordres qu'il avait donnés, qu'ai-je trouvé ? Des faits contradictoires avec ses assertions, c'est-à-dire presque toujours des rapports propres à envenimer les affaires les plus simples, des ordres d'une extrême rigueur, le tout revêtu de sa signature[18]. » « Il avait du charlatanisme », dit encore Mme de Chastenay.

Avec de telles qualités, Fouché est un adversaire de taille pour Charles-Maurice. Mais qu'on ne nous fasse surtout pas croire que leur rivalité roule sur des principes ou des opinions. Tous deux sont des hommes de pouvoir, des guetteurs, des êtres à sang-froid, les paupières lourdes, le visage immobile. C'est en cela qu'ils se rejoignent, s'affrontent et se disputent leur part d'influence dans les affaires et auprès de Bonaparte qui se garde bien de les rapprocher et attise leurs rivalités pour mieux régner. Seulement, dans cette course au pouvoir, Charles-Maurice est le plus fin. Lorsque l'un croira pouvoir disposer du consul en conservant les formes républicaines et viagères de sa puissance, l'autre a vu les choses de plus haut et compris que, si Bonaparte hérite de la Révolution, il ne cherche nullement à s'en faire le continuateur. Aidé de Joseph et de Lucien Bonaparte, le ministre des Relations extérieures finira par se défaire – momentanément – de son adversaire.

En septembre 1802, Fouché est « débarqué » du ministère de la Police pour avoir tenté de manœuvrer le Sénat contre l'octroi à Bonaparte du pouvoir à vie[19]. Il aura fallu à Charles-Maurice, posté le plus souvent en embuscade derrière Lucien Bonaparte qui déteste l'ancien conventionnel, plus de deux années et quelques péripéties pour parvenir à ses fins.

En 1802, il n'en était pas à sa première tentative. En décembre 1800, l'attentat manqué contre Bonaparte, rue Saint-Nicaise, près des Tuileries, lui donne une première occasion de jouer Fouché. Bonaparte est persuadé, contre l'avis de son ministre de la Police, que le coup vient des Jacobins. Pendant quelques jours, les liens connus et avoués du ministre avec le parti d'extrême gauche rendront sa position extrêmement délicate. Talleyrand en profita et aurait même suggéré au premier consul, selon Pasquier qui ne garantit pas la fiabilité de son information, de le faire arrêter et fusiller[20]. Tout rentrera dans l'ordre lorsque l'on se rendra compte par la suite que Fouché avait raison, et qu'il fallait chercher du côté des royalistes pour mettre la main sur les coupables. L'excellente connaissance qu'avait le ministre des Relations extérieures des réseaux anglo-royalistes à l'époque laisse penser qu'il savait aussi bien que Fouché qui était derrière l'explosion de la rue Saint-Nicaise, mais qu'il se taisait.

Car la lutte entre les deux hommes est une lutte de réseaux, d'ombres et de silences. Jusqu'à la paix d'Amiens, l'Angleterre, au centre de toutes les coalitions contre la République, est le principal bailleur de fonds des hommes de main et espions de tout genre qui s'infiltrent en France. C'est là qu'est la source des informations les plus utiles. Pour parvenir à ses fins, il arrive à Charles-Maurice d'employer des agents doubles qui, tout en le renseignant, travaillent pour le compte du cabinet de Londres ou de l'agence royaliste du comte d'Artois. On en sait un peu plus là-dessus grâce à l'arrestation à Calais, en mai 1800, d'un certain Dupérou par les soins de la police de Fouché qui s'en servira pour essayer de déstabiliser son adversaire. De la prison du Temple où il a été mis au secret, Dupérou écrit un mémoire dans lequel il accuse le ministre des Relations extérieures de livrer des documents et des renseignements importants aux Anglais. Charles-Maurice devra se fendre d'une lettre au premier consul alors en Italie pour se plaindre d'être privé, par suite de mesures arbitraires, de l'un de ses meilleurs agents secrets, chargé selon lui d'intoxiquer le gouvernement de Londres[21]. Dupérou n'est pas le seul contact de Talleyrand avec le ministre anglais Whickham et sans doute avec le comte d'Artois. Il en existe bien d'autres. Pourquoi Otto, à Londres, se plaint-il dans une lettre d'août 1801 à son ministre, de fuites en provenance du ministère de la rue du Bac[22] ? Laborie et peut-être son complice Bertin de Vaux sont certainement à l'origine de ces fuites. Au su de son patron, le premier rédige depuis peu, rue du Bac, en marge de son bulletin des ambassadeurs, des bulletins autographes remplis de révélations importantes ou d'anecdotes secrètes, envoyés tous les mois à leur cour par les représentants des puissances neutres ou amies à Paris.

Au même moment, La Forest, une autre « créature » de Charles-Maurice qu'il est parvenu à placer à la tête de l'administration des postes profite de sa position pour communiquer à son ministre les lettres interceptées les plus sensibles, modifiées selon ses vues, ou créées de toutes pièces, avant d'être soumises au premier consul. Fouché découvre le pot aux roses, et, trop content de l'aubaine, révèle tout à Bonaparte. Comme d'habitude, Charles-Maurice n'est au courant de rien. Les fusibles sautent. En septembre 1801, Laborie quitte précipitamment Paris, la police à ses trousses, pour Hambourg, puis Londres. Chateaubriand le voit passer à Savigny-sur-Orge où il réside dans une maison de campagne louée par son amie, la comtesse de Beaumont. « Un soir, nous vîmes dans notre retraite quelqu'un entrer à la dérobée par une fenêtre et sortir par une autre : c'était M. Laborie ; il se sauvait des serres de Bonaparte[23]. » En novembre, La Valette, l'aide de camp fidèle, est mis par Bonaparte à la tête de l'administration des Postes, à la place de La Forest[24]. C'est sans doute à la suite de toute cette affaire que Bonaparte, de plus en plus méfiant, aura demandé à Otto de lui communiquer directement de Londres les préliminaires de paix signés avec l'Angleterre. Charles-Maurice, dépité, n'apprendra la nouvelle que par le canon des Invalides[25].

La petite guerre de tranchée que se mènent les ministres de la Police et des Relations extérieures est, on le voit, une guerre dangereuse, où chacun marque des points. Elle a le mérite de mettre à jour certaines des pratiques de Charles-Maurice, les échanges de services dont il use et abuse entre le renseignement et le contre-renseignement. Le contre-renseignement, on le verra avec l'assassinat du duc d'Enghien en 1804, lui permet non seulement de faire passer de vraies ou fausses nouvelles, mais aussi de donner sa propre version de son implication dans certaines affaires sensibles, à l'usage des cours étrangères. Les services de renseignements de Charles-Maurice sont si sophistiqués et cloisonnés que Bonaparte mettra des années à en démonter les rouages. Laborie est démasqué, Montrond le sera un peu plus tard. Beaucoup d'autres, femmes du monde ou du demi-monde, gentilshommes de fortune, anciens émigrés, échapperont à la perspicacité de ses propres espions et resteront à jamais dans l'ombre[26]. Outre le renseignement, Charles-Maurice emploie certains de ses informateurs à des missions précises auprès de telle ou telle puissance. Cette diplomatie parallèle, ou cette diplomatie « d'approche », précède en général les discussions officielles de paix ou d'alliance avec d'anciens adversaires. L'amélioration des rapports de la République avec la Russie, en 1800, lui doit beaucoup. Dans ses lettres à Bonaparte, Charles-Maurice évoque les démarches qu'il envisage de tenter auprès de certains émigrés à Saint-Pétersbourg : son ami Choiseul, et surtout Victor de Caraman, le représentant du prétendant auprès de Paul Ier, afin de les utiliser comme intermédiaires entre la République et le gouvernement russe[27]. Mais il ne parle pas de celle qu'il envoie avec des lettres confidentielles et chiffrées pour amorcer les discussions. On a déjà évoqué Michelle de Bonneuil, pseudo-comtesse, aventurière à grande guide, la belle-mère de Regnaud, connue de Charles-Maurice depuis les années 1780, grâce à leur ami commun, le comte de Vaudreuil. En mai, on la retrouve sous une fausse identité à

Hambourg, où elle est reçue par Jean-François de Bourgoing. En juillet, elle quitte Hambourg pour Saint-Pétersbourg où elle séjourne pendant plusieurs mois. Elle voit Victor de Caraman, mais surtout se lie avec le comte Rostopchine – le père de la comtesse de Ségur – qui pousse Paul Ier vers la France et cherche à éloigner le très anglophile et puissant ministre comte Panine, finalement exilé dans ses terres grâce à une manœuvre habile de la belle espionne. L'assassinat de Paul Ier, en mars 1801, contrarie ces manœuvres de rapprochement. Mais, comme l'écrit Beurnonville à Charles-Maurice, la belle aventurière n'a pas été « tout à fait étrangère » à l'évolution « des dispositions de Paul Ier » vis-à-vis de la République[28]. En juillet 1801, Mme de Bonneuil est en France et accompagne le ministre des Relations extérieures aux eaux de Bourbon-l'Archambault. Elle devait sans nul doute avoir des lettres à lui communiquer et beaucoup de choses à lui raconter. Mme de Bonneuil n'est pas la seule de ces dames utilisées par l'habile ministre à la fois à des fins personnelles et pour des raisons de politique générale. La future princesse de Talleyrand, Catherine Grand, était à Hambourg avec Mme de Bonneuil en mai 1800. La belle Mme Visconti, la maîtresse de Berthier, l'actrice Sophie Gay ont eu de semblables missions à Londres en 1802.

13.

UN CONCORDAT PARTICULIER

La solidité de la paix extérieure passe par la consolidation du régime, et cette dernière par la pacification militaire et surtout religieuse de la République. Charles-Maurice est au centre des négociations qui vont conduire à la signature d'un concordat avec Rome et mettre (en partie) fin aux divisions de l'Église en France. La situation est unique en son genre. Un évêque suspendu et excommunié, qui a déserté son ordre et contribué, qu'il le veuille où non, au schisme de l'Église en consacrant d'autres évêques sans le consentement de Rome est, dix ans plus tard, celui qui précisément travaillera à la réconciliation de la République avec le pape Pie VII.

Mais pas à n'importe quelle condition, on s'en doute. Dans ses Mémoires, il prend bien soin de se donner le beau rôle et parle de sa « contribution essentielle » au concordat[1]. La réalité est plus trouble. Charles-Maurice est juge et partie dans cette négociation qu'il quittera d'ailleurs en cours de route, à cause de sa mauvaise santé, pour les eaux de Bourbon-l'Archambault. Tout en restant fidèle à ses principes libéraux en matière religieuse, il cherche à tirer son épingle du jeu et à régulariser coûte que coûte son retour à la vie séculière. Pour les envoyés du pape, les cardinaux Spina et Consalvi – dont il dira en souriant que, « pour faire un bon secrétaire d'État à Rome, il faut prendre un mauvais cardinal[2] » –, Charles-Maurice est l'avocat du diable en personne, boitant sans cesse autour d'eux, jetant de l'huile sur le feu et leur mettant des bâtons dans les roues. Caselli, un autre envoyé du pape le qualifie d'« ennemi [...] implacable et très puissant[3] ». Consalvi lui trouve « un rire sardonique ».

Il n'est pas question, aux yeux du ministre, fidèle en cela à ses idées de 1789, que, dans le préambule du concordat, la religion catholique soit désignée comme la « religion dominante » ou « religion de l'État », mais plus modestement comme la « religion de la majorité des citoyens ». Sur ce point, il va faire plier Bonaparte et s'attirer les foudres de Rome. Dès le début des négociations, il fait écrire par son éminence grise, d'Hauterive, plusieurs rapports dans lesquels il défend l'idée d'une organisation simultanée et parallèle de tous les cultes existant en France, idée prohibée sous l'ancienne monarchie et revendiquée au nom de la liberté de conscience[4]. La religion, quelle qu'elle soit, ne doit jamais être une « puissance » élevée « contre les principes de la liberté ». En conséquence, le gouvernement de la République n'a pas à se réclamer officiellement d'une obédience quelconque[5]. Par ailleurs, en ce qui concerne la religion catholique elle-même, il conteste les prétentions du Saint-Siège à intervenir dans les affaires intérieures des Églises « nationales » autrement que pour des questions de dogme et de discipline interne, en puisant directement aux sources du vieux gallicanisme français et aux « quatre articles » de la Déclaration du clergé de 1682[6]. C'est lui qui inspire, dans les premiers mois de 1802, les fameux « articles organiques » annexés au Concordat qui restreignent encore l'influence de Rome sur le clergé français et organisent les cultes protestants[7].

Il use bien sûr, pour arriver à ses fins, de tous les moyens dont il dispose, idéalement placé comme il l'est entre les différents protagonistes de la négociation[8] et Bonaparte. Parmi les multiples projets et contre-projets qui circulent entre Paris et Rome, l'un est remplacé par un autre, plus conforme aux idées de Charles-Maurice, à l'insu de l'envoyé du Saint-Siège, un second est modifié et renvoyé à Bonaparte avec des réserves, alors que ce dernier l'avait lui-même approuvé, après l'avoir lu une première fois[9].

Mais tout en défendant le principe de la liberté de conscience, Charles-Maurice n'oublie pas ses propres intérêts. À la faveur du concordat, il cherche à obtenir la régularisation de sa situation personnelle vis-à-vis de Rome par une mesure de portée générale, ce qui la rendrait plus discrète. Alors même que les négociations débutent à Verceil, près de Turin, peu après la bataille de Marengo, il insiste pour que les ecclésiastiques mariés soient « réduits à la communion laïque. » Il reviendra à la charge sur ce point jusqu'au dernier jour, face à l'opposition du pontife et du Sacré Collège. « Le Saint-Père, écrit-il à Bonaparte le 29 mai 1801, a supprimé dans son projet l'article relatif aux ecclésiastiques mariés. [...] Cet article est moralement aussi indispensable que l'est, politiquement, celui relatif aux biens nationaux. Il serait souverainement injuste de laisser indécis l'état d'une foule d'individus qui sont devenus pères de famille et citoyens. » Il n'en est pas encore là, mais on peut être sûr qu'il pense à lui. « Cette déclaration [du pape] attirera à la mesure de la réconciliation [le Concordat] des partisans très zélés [de Bonaparte], qui sans elle en seraient les plus dangereux ennemis. » Rome ne cède pas. Consalvi, qui, dans les tout derniers jours de la négociation, affronte encore d'Hauterive dépêché tout exprès par Talleyrand parti pour les eaux de Bourbon-l'Archambault, non plus. La mesure ne figure pas dans le texte du projet définitif signé à Paris le 15 juillet 1801. Si, dans un bref daté de septembre, Pie VII consent à absoudre les seuls prêtres du clergé séculier qui ont rompu avec l'Église, les évêques « schismatiques » – et Charles-Maurice en est un – ne bénéficient pas de la même indulgence.

Il ne lui reste plus qu'à négocier à part son cas personnel. Cette partie-là de sa vie n'est pas la plus glorieuse. L'ex-évêque d'Autun est en quête de respectabilité. Il veut avoir raison de Rome et régulariser sa situation avec celle qui partage sa vie depuis cinq ans. La belle Catherine Grand, de son côté, rue dans les brancards. Elle n'est toujours que la maîtresse du tout-puissant ministre des Relations extérieures et à la longue cela lasse. Elle est de plus en plus sensible à sa réputation et supporte mal la gêne et les fausses pudeurs d'une bonne partie de l'ancienne société et du corps diplomatique. Charles-Maurice essaie de sauver les apparences. Il habite officiellement le ministère de la rue du Bac et loue à sa maîtresse le petit hôtel de Créquy qu'il a acquis rue d'Anjou, en plein faubourg

Saint-Honoré, mais cela ne change rien[10]. Ils reçoivent ensemble dans leur maison d'Auteuil puis de Neuilly. La belle Indienne fait les honneurs des grands dîners diplomatiques de la rue du Bac comme des soupers plus intimes de la rue d'Anjou ou son amant passe sa vie. La future duchesse d'Abrantès trouve la maison, « petite », mais « fort jolie ». Talleyrand y fera construire pour l'agrandir une « galerie en manière de serre chaude » qui donne sur les jardins. L'hôtel est à l'image de celle qui l'habite : intime, luxueux et confortable. Le mobilier moderne est à la grecque et à l'orientale. Les murs de la bibliothèque en rotonde, éclairée par une verrière et surmontée d'une petite galerie qui dissimule un orchestre sont garnis d'ottomanes de velours vert à crépine d'or. On respire là le luxe et la volupté d'un roman libertin. Le scandale est tel que certains diplomates, anglais en particulier, se font prier. Peu avant la paix d'Amiens, lord Cornwallis refuse de lui être présenté. Même après son mariage avec le ministre, l'ambassadeur lord Whitworth s'arrangera pour ne pas citer son nom dans sa correspondance officielle. Elle n'est que « la dame qui préside sa demeure, qui porte son nom et se trouve de fait mariée avec lui pour autant que la sanction de l'Église romaine puisse rendre un tel mariage légitime[11] ».

On ne plaisante pas avec la morale sous le Consulat. Mme de Bourgoing, la femme de l'un des collaborateurs du ministre, invitée à Auteuil par les deux amants, note ses scrupules et ses hésitations dans ses souvenirs intimes. Ils sont à l'image des sentiments pour le moins réservés d'une bonne partie de la société « comme il faut » : « Un ami commun qui sentait bien que je pourrais mettre une certaine délicatesse à me lier avec cette femme fut au-devant de toutes mes objections, et engagea mon mari à ne pas nous laisser perdre par une espèce de pruderie[12]. » Dans l'esprit de la future comtesse de Bourgoing, « cette femme » est ni plus ni moins une « créature ».

Mme de Staël qui de son côté rumine sa rancune, note, ironique, dans l'une de ses lettres à Joseph Bonaparte : « Savez-vous qui se faisait scrupule de la recevoir ? Mme Fouché ! Mais son mari l'a rassurée en lui jurant qu'elle était mariée à

M. de Talleyrand. C'est un vrai problème parmi la ci-devant bonne compagnie de savoir ce qu'il vaut mieux, d'être la maîtresse d'un prêtre ou sa femme, mais chez Fouché l'on n'hésite pas[13]. » On comprend mieux pourquoi Mme de Staël s'amuse lorsqu'on sait que la très laide femme du ministre de la Police était née Bonne-Jeanne Coiquaud, fille d'un bourgeois de Nantes, ce qui dans l'esprit de la fille de Necker la plaçait mal comme arbitre du goût et de la morale.

La vanité et le besoin de reconnaissance sociale, l'intérêt aussi poussent Catherine Grand au mariage. Les raisons qui vont conduire Charles-Maurice à franchir le pas sont beaucoup moins claires. Il faut sonder la tête et le cœur et là tout est énigmatique. Comme d'habitude, l'ancien évêque ne facilite pas la tâche de l'historien. Il a fait de son mariage une sorte de casse-tête chinois en supprimant toutes ses lettres, certainement nombreuses, à la « belle Indienne ». Il n'en reste pas une ! Qu'est ce qui fait courir le grand seigneur d'Ancien Régime, futur grand dignitaire de l'Empire, après une femme mal née, qui n'est plus toute jeune et traîne derrière elle une vie d'intrigues et de protecteurs ? À n'en pas douter, elle est encore très belle, à plus de quarante ans. François Gérard la représente en 1803, chez elle, rue d'Anjou, debout devant la cheminée, les cheveux courts, dans une robe de mousseline blanche, encore lascive et voluptueuse, le visage impeccable[14]. À cette époque, Mathieu Molé la juge encore du premier coup d'œil « la plus belle femme de Paris[15] » et ne peut s'empêcher de remarquer sa ressemblance avec son amant : même nez retroussé, mêmes yeux bleus de porcelaine, mêmes cheveux blonds. On sait que Charles-Maurice n'est ni très vert ni très porté sur la bagatelle. À supposer qu'il y ait eu entre eux une passion sexuelle, nous n'en sommes plus, en 1802, à l'ardeur et à la fraîcheur des premiers moments après cinq années de vie presque commune. Il faut explorer d'autres pistes. Charles-Maurice est un homme d'habitudes, dans tous les sens du terme. Il est resté fidèle à sa famille, à ses amis lorsqu'ils ne dérangent pas son ambition, à ses amies qu'il a presque toutes gardées et enterrées en les pleurant. Sous le Consulat, la princesse de

Vaudémont, la comtesse de Montesson, la duchesse de Luynes et la vicomtesse de Laval forment le fond de sa société. Il est constamment chez elles, ne quitte ni leur salon ni leur table de jeu. Il a horreur des contrariétés et des changements dans sa vie, jusqu'au choix de ses villes de cure qui sont toujours les mêmes : Bourbon-l'Archambault et plus rarement Bourbonne ou Cauterets dans les Pyrénées. Il a très bien pu se marier, de guerre lasse, pour éviter des scènes – Catherine a mauvais caractère – et préserver sa tranquillité, d'autant plus qu'il est souvent malade à cette époque, et donc plus fragile que d'habitude[16]. Et puis le mariage, dans la haute société, n'a rien à voir avec ce qu'il est aujourd'hui. Chacun jouit d'une très grande liberté de mouvements. On habite le même hôtel, mais dans des appartements séparés, etc.

Parmi les habitudes de Charles-Maurice, il y a aussi celle des affaires et des secrets politiques qu'il partage avec sa maîtresse. Peut-être a-t-il tout simplement décidé qu'il ne pouvait, sur ce plan-là, courir le risque d'une rupture. Tous deux savent si bien tirer profit de tout que leurs fortunes sont de plus en plus imbriquées. En parcourant les divers actes qu'ils signent ensemble à Paris et à Gonesse, près d'Épinay-sur-Seine, où Catherine séjourne jusqu'à son mariage dans une maison louée par Talleyrand[17], on a le sentiment que c'est elle qui tient la main et dicte ses conditions à son amant dont elle se protège. Le 1er avril 1801, il lui vend – s'agit-il d'une vente fictive ? – son mobilier de la rue d'Anjou. Le 21 mai, il se porte garant de la propriété de son argenterie et de ses bijoux, contre toute forme de contestation de la part de ses héritiers et de sa famille[18]. Dans leur contrat de mariage, les seuls bijoux et diamants de Catherine sont évalués à la somme, énorme pour l'époque, de 300 000 francs. En décembre, ils achètent ensemble les bois de Belleux, Colinet et autres lieux, d'une superficie de près de 900 hectares, la terre, le château et la forge de Pont-de-Sains, dans le nord de la France, près d'Avesnes. Dans la mesure où ils n'y séjourneront pas avant longtemps, il s'agit sûrement d'un placement, sans doute conseillé par Michel Simons qui est originaire de cette région. Pour assurer la discrétion d'une transaction qui concerne probablement d'anciens biens d'Église, Charles-Maurice et Catherine ont recours à un subterfuge. La vente est conclue au bénéfice d'un certain Sébastien Vanwervick, franc-maçon, négociant et futur maire d'Avesnes, qui paie les 670 000 francs du domaine avec de l'argent emprunté à un prête-nom. La situation est en effet cocasse : un évêque défroqué achète tranquillement avec sa maîtresse des biens ecclésiastiques de seconde main dont il avait lui-même décidé la vente au profit de la nation au début de la Révolution ! Ni Catherine ni Charles-Maurice n'apparaissent donc dans le contrat. Mais, une fois de plus, la belle Indienne profite de l'opération. Au terme d'une déclaration séparée, Charles-Maurice s'engage en effet à rembourser les deux tiers du capital emprunté et consent à laisser sa maîtresse disposer de l'ensemble des biens achetés s'il venait à mourir le premier[19].

À l'époque de son mariage, Catherine est riche. Elle possède d'autres terres, sans doute dans l'Eure, et des titres : 140 000 francs de créances sur diverses banques, à Hambourg, chez l'ami Perregaux à Paris, 140 000 francs de rentes d'État et 75 000 francs en liquide. Elle jouit aussi des revenus de deux des maisons achetées par son amant rue d'Anjou[20]. Catherine est une excellente femme d'affaires qui ne s'en laisse pas conter. Le comte de Bentheim venu réclamer à Paris la restitution de ses droits évoque à demi-mot la façon dont elle usait de son pouvoir auprès du ministre et en profitait au passage. Si le comte veut voir son affaire aboutir, il doit d'abord lui verser 50 000 francs. Puis les enchères montent. Les intermédiaires s'activent – Radix doit sûrement en être. Catherine multiplie les « scènes épouvantables ». La précieuse convention que le comte était venu chercher, signée par Bonaparte et contresignée par son ministre, rapporte finalement 100 000 francs à la « belle Indienne ». Tout cela porte un nom. C'est du trafic d'influence à l'état pur[21]. Si Bonaparte ne sait pas tout, il se doute sûrement de ce qui se passe. Il se méfie des femmes, en particulier de celles qui écrivent et encore plus de celles qui intriguent. Lorsque à l'époque du consulat à vie il organisera pour Joséphine un semblant de cour aux Tuileries, Catherine n'y sera pas appelée, et rarement invitée. Son passé sulfureux n'est pas seul en cause. Comme il le dira à Sainte-Hélène, « je lui interdis ma cour parce que […] je découvris que des marchands de Gênes lui avaient payé 400 000 francs afin d'obtenir quelques avantages commerciaux par le moyen de son mari[22]. »

Bonaparte est aussi l'un de ceux – et ils sont rares – qui savent que son ministre s'est marié contre l'assentiment du Saint-Siège. Il est d'autant mieux placé pour le savoir qu'il a personnellement tenté d'obtenir du pape qu'il relève l'ancien évêque d'Autun de ses vœux. Il en parle à plusieurs reprises au représentant du Saint-Père à Paris, le cardinal Caprara : « Accordez-lui cela, pour mettre fin aux bavardages que l'on fait sur sa liaison avec Mme Grand. » En mai 1802, il adresse au pape une note très pressante, jointe au dossier de Charles-Maurice : une édifiante liste de hauts dignitaires de l'Église mariés ou revenus à la vie laïque, de César Borgia aux cardinaux de Bourbon, tendant à prouver que son cas n'est pas unique. Rome prend la chose très au sérieux. Il s'agit de ne pas mécontenter la République. On nomme un conseil de cardinaux, les archivistes du Vatican s'activent dans le plus grand secret, en vain. « Les recherches les plus poussées pour voir si véritablement il ne subsiste aucun exemple de dispense donné à un évêque consacré pour se marier ont démontré l'absence d'une telle supposition[23]. » Pour sortir de cette « terrible impasse », le pape finit par signer le 29 juin un bref de réconciliation par lequel il dégage l'ancien évêque d'Autun « du lien de toutes les excommunications » et lui permet de porter l'habit séculier[24] ». Pas plus. Il n'est pas question de dissoudre les sacrements qui l'ont fait prêtre et évêque, ni *a fortiori* de l'autoriser à se marier. Charles-Maurice prétendra dans ses Mémoires que Pie VII aurait dit de lui à Consalvi : « Que Dieu ait son âme, mais, moi je l'aime beaucoup. » L'ex-évêque d'Autun s'est toujours arrangé avec son âme. Pour le reste, il exagère sans doute à peine, car, en négociant son « concordat particulier », en s'adressant directement à Dieu plutôt qu'à ses saints, il rend indirectement hommage à Rome. La démarche est habile. Elle montre qu'il reconnaît le pape et qu'il peut être son allié auprès de Bonaparte. C'est précisément ce qu'écrit le légat Caprara à Consalvi le 3 juillet 1802. Si l'on rebute Talleyrand tout à fait, que pouvons-nous attendre du premier consul[25] ? Rome opte donc pour une demi-mesure et avoue, confuse, ne pas pouvoir aller plus loin, à moins de contrevenir aux sacrements comme à la discipline de l'Église.

Pour Bonaparte, l'affaire est réglée et le mariage tombe à l'eau. Mais Charles-Maurice ne s'avoue pas vaincu. Dans toutes ses négociations, et celle-ci est capitale, il a toujours été incroyablement pugnace. Le léger nuage d'insouciance et de légèreté qu'il laisse flotter derrière lui ne trompe que les crédules. À la grande fureur du cardinal Consalvi et de Pie VII, il va trouver le moyen de falsifier le bref de réconciliation en le faisant enregistrer par le Conseil d'État sous une forme suffisamment vague pour laisser croire à son entière liberté vis-à-vis de l'Église. Il est simplement indiqué dans l'arrêté du 20 août 1802 que « Charles-Maurice Talleyrand [...] est rendu à la vie séculière et laïque[26] ». Tout le monde pensera par la suite qu'il pouvait désormais se marier. En réalité, Rome ne reconnaîtra jamais son mariage et le considérera toujours comme sacrilège. Au congrès de Vienne, Consalvi mettra un mois avant de trouver le moyen de répondre à une lettre très aimable de Catherine tout en taisant son nom de femme mariée, ce qui serait avouer la validité de son union. Il finira par imaginer un stratagème assez sournois et très ecclésiastique en l'appelant simplement Madame dans sa lettre et en faisant écrire l'enveloppe par quelqu'un d'autre, sans la cacheter à ses armes[27]. C'est que le mari est évêque et consacré.

Pire encore, Consalvi ne pouvait se douter à l'époque que la mariée elle-même, bien que divorcée, n'était pour l'Église romaine pas plus libre que son mari. On ne le sait que depuis peu, mais, en 1777, Catherine Worlée et George Grand, l'une catholique et l'autre protestant, s'étaient mariée successivement selon les deux rites, devant un prêtre à Saint-Louis de Chandernagor puis devant le pasteur dans une maison particulière de Calcutta[28]. Si les protestants ne s'opposent pas au remariage, il en va tout autrement des catholiques, à moins d'une déclaration de nullité en cour de Rome, que Catherine n'a jamais demandée. Charles-Maurice lui-même connaissait-il la situation de sa future femme ? On peut en douter. George Grand, en revanche, était bien placé pour tirer parti d'un pareil imbroglio. Ses affaires à lui ont plus ou moins mal tourné en Inde. Il est en procès avec la Compagnie des Indes, et vit à Londres depuis quelque temps (mars 1800). Il est très vite mis au courant de l'intéressante position de son ex-femme et lui écrit en juin, sans doute pour lui proposer un rapprochement. Nous n'avons pas sa lettre, mais la réponse de Catherine est on ne peut plus froide : « J'ai reçu, monsieur, votre lettre du 30 juin. Elle exige de moi une réponse franche et loyale qui vous fait connaître toute ma situation. Il y a près de deux ans que mon divorce a été prononcé. Le motif que j'ai donné pour l'obtenir était votre absence depuis plus de dix ans, et, selon les lois nouvelles, ce motif a été reconnu comme suffisant. Je vous envoie copie de cet acte. Voilà, monsieur, ma position, j'ai dû vous la faire connaître[29]. » C'est une fin de non-recevoir. Mais Grand ne se décourage pas. Il débarque à Paris en juillet 1802, à la faveur de la paix d'Amiens. Charles-Maurice et Catherine sont alors à Bourbon-l'Archambault. La réponse négative du pape vient d'arriver. George Grand ne le sait pas, mais il sait qu'il s'est marié à l'église avec la belle Indienne. Il est aussi le seul à connaître le scandale de sa vie à Calcutta, et pour cause. Étant donné sa situation, il n'y a aucune raison de penser qu'il n'ait pas tenté de monnayer son silence. C'est ce qu'avancent en tout cas les agents du prétendant à Paris, qui le créditent de 80 000 francs obtenus sur « la cassette de l'évêque[30] ». On n'en sait pas plus, mais on est en revanche sûr que les deux amants, sur le point de se marier, se sont arrangés pour éloigner l'encombrant M. Grand en l'envoyant au cap de Bonne-Espérance, possession hollandaise au sud de l'Afrique, à l'autre bout du monde. À La Haye, Van der Goes, le secrétaire d'État de la République batave est l'obligé de Charles-Maurice[31]. L'affaire est rondement menée par Catherine elle-même. Dans les premiers jours de septembre, George Grand est nommé conseiller de régence au Cap, où il se remariera et mourra en 1814, non sans avoir écrit ses souvenirs et dit tout le mal qu'il pensait de sa première femme[32]. Sur le moment pourtant, il n'est pas mécontent. En septembre, il quitte Paris pour Lausanne où habite son cousin Paul Grand, puis Bâle et Amsterdam. Peu de temps avant de s'embarquer pour l'Afrique, il écrit à son cousin sans toutefois entrer dans des détails peu glorieux : « J'ai accepté un emploi qui m'a été offert au service d'Hollande et au cap de Bonne-Espérance, place après celle de gouverneur, la plus honorable et conséquemment la plus honorablement lucrative[33]. » Deux mille florins par an, c'est inespéré.

La farce parisienne du mari abandonné devenu maître-chanteur, de l'amant puissant et de la maîtresse volage aurait été incomplète sans la présence du premier amant de la belle Indienne, Sir Philip Francis, et du juge, Sir Elijah Impey, qui, à Calcutta, vingt ans auparavant, avait vidé la querelle avec l'ex-mari cocu au profit de ce dernier. L'ancien juge de Calcutta en profitera pour raconter avoir rencontré tout ce joli monde à dîner, un beau soir d'août, chez Charles-Maurice, dans son château de Neuilly. On sait bien que Paris regorge d'Anglais à la faveur de la paix d'Amiens, mais pour le coup, la coïncidence est trop belle[34] !

Ces quelques bombes désamorcées, il reste encore à obtenir de Bonaparte qu'il ne s'oppose pas au mariage. Contrairement à ce que la plupart des contemporains de Talleyrand ont écrit, il est probable que depuis l'échec de la négociation avec le pape, le premier consul était beaucoup plus réservé et cherchait plutôt à obtenir de son ministre qu'il rompe publiquement avec sa maîtresse[35]. D'autant plus que l'étrange projet de l'ancien évêque d'Autun intervient en plein refroidissement avec lui. L'affaire du voyage d'Archambaud parti pour Londres, avec la bénédiction de son frère, toucher le solde de ce que lui devait le gouvernement anglais sur les frais de son ancien régiment, autrefois levé contre la République, les trafics de moins en moins discrets des deux amants, l'atmosphère de chantage et d'agitation qui les entoure et dont il n'a pas pu ne pas entendre parler ne lui plaisent pas. Il n'a pas « attaché » Catherine Grand à son mari « comme un écriteau », ainsi que le prétendra méchamment Chateaubriand[36]. Il a laissé faire et consenti du bout des lèvres à ce qu'il considère comme un scandale contraire à la morale qu'il veut faire respecter dans son entourage. C'est en tout cas l'avis de deux de ses plus proches collaborateurs. Bourrienne nie énergiquement la légende du maître qui ordonne, mais que Charles-Maurice aura intérêt à propager par la suite pour justifier une union devenue désastreuse[37]. Sur le moment, le ministre use de son légendaire pouvoir d'inertie plus qu'il ne résiste aux injonctions de Bonaparte lui demandant de renvoyer sa maîtresse. Catherine est la partie agissante du couple dans cette affaire. C'est elle qui emporte l'accord du consul. Méneval, qui à cette époque vient de remplacer Bourrienne auprès de Bonaparte, rapporte de son côté une scène qu'il prétend avoir vue et prouve, s'il en était encore besoin, les talents de persuasion de Mme Grand : « L'impératrice Joséphine, écrit-il, amie de Mme Grand, servait celle-ci de tout son crédit sur l'esprit de [Bonaparte]. » À plusieurs reprises, Joséphine lui parle du désir de son amie de se marier, mais le premier consul ne veut rien entendre. Un soir, alors que Catherine est chez elle aux Tuileries dans son appartement du rez-de-chaussée, elle emprunte le petit escalier qui mène directement au cabinet de travail du consul. « J'allai lui ouvrir, raconte Méneval ; c'était pour prévenir Bonaparte que Mme Grand était là et pour le supplier d'écouter cette dernière un instant. Napoléon consentit enfin à se laisser séduire et descendit chez sa femme où il trouva Mme Grand dans l'attitude d'une suppliante, qui le conjura à mains jointes de ne pas mettre d'obstacle à son mariage. Napoléon ne pouvait résister aux larmes ni aux prières d'une femme et promit de garder la neutralité ; c'était tout ce qu'il pouvait promettre. Le mariage se fit, mais il ne devait pas être heureux[38]. » Bonaparte fera plus que cela puisqu'il consentira à signer le contrat de mariage des futurs époux le 9 septembre 1802.

Puis Catherine, devenue « Talleyrand-Périgord, née Worlée » sera éloignée de la cour et tenue à l'écart par Bonaparte qui ne la traitera plus que de « vieille fille sans esprit » ou carrément de « putain[39] » et feindra lui aussi de la croire idiote. Un tel mépris a certainement été vécu comme une terrible humiliation par le couple. Les biographes de Charles-Maurice ne l'ont pas assez dit[40].

14.

L'ÉVÊQUE SE MARIE

Talleyrand ne dit pas un mot, nulle part, de ses « deux mariages », le mariage civil à la mairie de la rue de Verneuil, le 10 septembre 1802, et le mariage religieux discrètement célébré par le curé d'Épinay-sur-Seine, l'abbé Pourez, chez l'ami Bruix à Saint-Gratien, dans la vallée de Montmorency[1]. C'est tout de même une étrange chose que cette union d'une femme mariée de quarante et un ans et d'un évêque de quarante-huit ans. Les témoins choisis des deux côtés sont d'ailleurs tout aussi étonnants. Il y a là la fine fleur des « intimes » : Roederer, Bruix, Beurnonville et Radix de Sainte-Foy à la mairie, devant Adrien Duquesnoy, l'ancien collaborateur de Mirabeau, une vieille connaissance du temps de l'Assemblée constituante. Bruix et Sainte-Foy rempilent le lendemain devant le prêtre. Montrond les accompagne. Il n'en est plus à ça près. À un autre prêtre qui l'exhortera plus tard sur son lit de mort, à confesser ses péchés, il dira : « M. le curé, j'ai toujours vécu dans la bonne compagnie[2]. » La preuve ! Le dernier des témoins est plus insolite encore. Le prince de Nassau-Siegen connaît Talleyrand depuis longtemps. De passage à Paris à cette époque, il lui rend volontiers le service de témoigner pour lui. Ce fils illégitime d'un prince allemand et d'une Française, Mlle de Mailly, a fait plusieurs fois le tour du monde, voyagé avec Bougainville, entrepris de fonder un royaume au Dahomey. Il a servi tour à tour dans les armées du roi d'Espagne, du roi de France et de la tsarine de Russie, Catherine II, se battant pour elle contre les Suédois puis contre les Turcs. « C'était le courtisan de toutes les cours, le guerrier de tous les camps, le chevalier de toutes les aventures[3] », écrit joliment de lui le comte de Ségur qui l'a bien connu à Saint-Pétersbourg au début de la Révolution. Une sorte de mercenaire de très haut parage, en somme.

Heureusement que les témoins sont des proches, car ils signent des actes tout aussi étranges qu'eux. À la mairie, Catherine ment sur sa date de naissance et se rajeunit de plusieurs années[4]. Au curé elle se déclare veuve, ce qui évidemment simplifie beaucoup les choses. Quant à Charles-Maurice, il fait mourir sa propre mère avec plusieurs années d'avance. Il s'agit sans doute d'un artifice juridique puisque celle-ci vivait encore en Allemagne à l'époque, sans bénéficier de l'amnistie générale accordée aux émigrés par Bonaparte. Elle ne rentrera à Paris qu'en 1803 où elle s'installera dans la même rue que son fils, ce qui en dit long, une fois de plus, sur leur connivence, qui durera jusqu'à la mort de l'ancienne dame de la Maison de la reine, en 1809[5].

Le lendemain même de son mariage, Charles-Maurice est aux Tuileries, comme si de rien n'était, et préside l'audience diplomatique. Le soir, à l'occasion d'un grand dîner, rue du Bac, il convient avec Radix de la manière incroyable dont il annoncera la nouvelle à ses invités. Le dîner commence. Encore une fois, Charles-Maurice fait comme si de rien n'était et ne souffle mot. Il se montre courtois, nonchalant, imperturbable, comme tous les jours. Soudain la porte s'ouvre. Radix feint d'arriver en retard. Il se tourne vers Catherine, s'excuse et lui dit : « Madame de Talleyrand, je suis au désespoir. » Le tour est joué. « Rien ne préserve du ridicule comme l'habileté et une réputation satanique », commente Molé qui ajoute avec finesse : « En un mot, on n'est jamais tenté de rire de ce que l'on craint[6] ! »

L'aplomb de Charles-Maurice contraste avec la joie de celle qui désormais est sa femme, Mme de Talleyrand-Périgord et bientôt Son Altesse Sérénissime la princesse de Bénévent. Ce mariage est son œuvre et sa victoire. C'est elle qui emporte l'adhésion de Bonaparte, fait face au chantage de son premier mari, s'arrange pour rendre la chose indiscutable. L'idée du prêtre vient sûrement d'elle. C'est sans doute elle qui prévient Rome en secret. Tout cela la protège d'un possible revers de son mari. L'avenir lui donnera raison. Bien que séparée de Charles-Maurice sous la Restauration, elle mourra princesse de Talleyrand. Elle le doit peut-être aussi à une mystérieuse petite fille de cinq ans que tout le monde appelle Mlle Charlotte et qui fait une apparition discrète rue d'Anjou, dans les mois qui suivent le mariage. Les avis sont très partagés sur ses origines. Comme d'habitude, Charles-Maurice ne souffle mot, ou presque. Si ses amis les plus proches ont su quelque chose, ils se sont montrés d'une discrétion exemplaire. « Charlotte ? Charlotte ?, répondra l'un d'entre eux à un curieux, eh bien, c'est un entremets qu'on fait avec des pommes[7] ! » Charlotte est pourtant un bien grand personnage dans la maison pour qu'en octobre 1807 Charles-Maurice se charge de la « tutelle officieuse » de la jeune fille qu'il mariera un peu plus tard à son cousin Alexandre-Daniel baron de Talleyrand, le préfet, et dotera richement[8]. Dans les actes officiels, Charlotte s'appelle Elisa-Alix-Sara et est née de père et de mère inconnus à Londres le 4 octobre 1799. Tout laisse penser qu'elle est la fille illégitime de Catherine et de Charles-Maurice. Catherine Grand n'aurait-elle pas pu, à l'occasion de l'un de ses mystérieux voyages à Hambourg, en particulier celui d'août 1799, s'arrêter discrètement à Épinay pour y passer les quelques semaines les plus critiques de sa grossesse et accoucher tout aussi discrètement. Goldsmith, souvent bien renseigné, parle d'un certain docteur Seiffert, éloigné de Paris par le ministre des Relations extérieures peu après Brumaire, parce qu'il « en savait trop[9] ». Il y aura bien quelques bonnes âmes, à commencer par Mme de Rémusat[10], pour soutenir que Charlotte est la fille illégitime d'une aristocrate française réfugiée à Londres, d'autres bonnes âmes moins bienveillantes pour profiter de l'occasion et faire chanter le puissant ministre[11], les coïncidences troublantes subsistent, les dates parlent. Dans les tout premiers jours d'août 1799, Catherine est à Hambourg dans le salon du chargé d'affaires anglais James Crawfurd[12]. Puis personne ne mentionne sa présence à Paris dans les mois qui précèdent le coup d'État de Brumaire, en septembre et octobre. Dans les premiers mois de l'année suivante, un certain médecin allemand quitte la France pour trois ans. Pourquoi les autres pupilles de Charles-Maurice et de Catherine n'ont elles pas bénéficié ni de la même affection ni des mêmes avantages à leur mariage ? Pourquoi le mari choisi par Talleyrand est-il son cousin et porte-t-il son nom ? Il y a de bonnes raisons de penser que la situation du couple illégitime était déjà suffisamment scandaleuse pour qu'il renonce à reconnaître comme le leur un enfant né hors mariage. Dans ces circonstances, l'adoption fictive est un artifice discret et efficace qui vaut toutes les légitimations du monde. On peut aller plus loin et penser que Charlotte a été un argument de poids, du côté de Catherine Grand, pour décider son amant au mariage.

En attendant, Charlotte est l'objet de toutes les attentions du couple. Charles-Maurice lui donne lui-même ses leçons, la confie à une gouvernante anglaise et à un maître de musique allemand qui lui dédie plusieurs de ses sonates[13]. Il l'emmène partout avec lui. À Paris comme à Valençay, elle sera considérée comme l'enfant de la maison. Charles-Maurice parle d'elle avec tendresse dans ses lettres, fait faire son portrait, commande un service de porcelaine à son image, qu'il lèguera plus tard à ses enfants. Charlotte lui donne un peu de cette douceur et de cette ingénuité qu'il aime tant chez les enfants. Quand, disgracié par Napoléon, il l'emmènera avec lui en août 1809, dans sa propriété de Pont-de-Sains dans le nord de la France, se promenant chaque matin avec elle à travers bois, il aura à son sujet un mot délicieux : « Je lui raconte des choses qu'elle ne sait point et elle m'en dit que je ne sais plus et que j'aime[14]. »

Quoi qu'il en soit, avec ou sans Charlotte, l'homme qui pendant plus d'un demi-siècle aura affronté les plus grandes intelligences de son temps vient de céder. À qui ? À la fille d'un petit capitaine de port breton exilé en Inde ! « Je suis sensible, monsieur, à tout ce que vous m'écrivez d'obligeant à l'occasion de mon mariage, écrit Catherine le 26 novembre en réponse aux félicitations d'un lointain cousin de son premier mari : il assure mon bonheur, et les vœux que vous faites à ce sujet se réalisent chaque jour davantage[15]. » C'est peu dire. Sa prodigieuse ascension sociale lui tourne un peu la tête. Ses ennemis, tous ceux qui ne supportent pas sa nouvelle position, et il sont nombreux, ont exagérés les défauts de la belle Indienne. Elle se donne des airs, craint d'être trop polie avec les autres, se montre parfois désagréable, ne cache pas son goût immodéré pour le luxe et la parure. « Les princesses impertinentes ne sont pas de mon goût, surtout lorsqu'elles sont des parvenues », dira la comtesse Potocka, furieuse d'avoir eu à l'attendre chez elle pendant plus d'une heure[16].

Charles-Maurice quant à lui feint l'indifférence, ne modifie en rien ses habitudes et fera de plus en plus comme si sa femme n'existait pas. Si l'on en croit certains rapports d'espionnage, à peine marié, il a déjà une maîtresse[17]. Pour ce qui est de sa femme, « pourvu qu'en entrant et en sortant de son salon, on lui fît une révérence », il n'en demande pas davantage[18]. En revanche, il ne pourra rien contre la rumeur qui va bientôt faire de la citoyenne Talleyrand la femme la plus stupide du monde. La plupart des mots méchants lancés contre la belle Catherine ont très probablement été inventés dans l'entourage même de Charles-Maurice. Montrond la déteste, ses belles amies, à commencer par la vicomtesse de Laval, aussi. Catherine refuse d'ailleurs de se rendre chez cette dernière. « Elle se rend justice », dit-elle[19]. Une foule d'anecdotes circule bientôt sur les reparties malheureuses de la « fée Bêtise », comme l'appelle Brifaut[20] L'une d'entre elles a fait fortune. Elle remonte aux dernières années du Consulat. Malgré ses nombreuses variantes, la trame est à peu près la même. Denon, alors directeur du Musée central des arts, est invité à dîner, rue du Bac. Charles-Maurice suggère à sa femme de parcourir son *Voyage dans la Basse et la Haute-Égypte* qui vient de paraître avec succès et relate l'expédition de 1798. Chevalier, le bibliothécaire, prié de mettre les deux volumes de l'ouvrage à la disposition da la maîtresse de maison, se trompe et lui fait parvenir *Robinson Crusoé* de Daniel Defoe. Arrive le dîner. La femme du ministre complimente son voisin de table pour son livre, puis passe au contenu, parle de ses voyages, de sa vie si difficile dans son île déserte et finit par lui demander ce qu'a bien pu devenir « le pauvre Vendredi » qu'elle a trouvé si sympathique. Denon, d'abord ahuri d'avoir été pris pour Robinson, se tord de rire et raconte l'histoire à tout le monde, y compris à Bonaparte qui s'en amuse[21]. Curieusement, il n'existe aucune trace écrite de cette histoire jusqu'à la chute de l'Empire. Le libelliste anglais Lewis Goldsmith, qui poursuit Talleyrand de sa haine, l'évoque pour la première fois dans son *Histoire secrète du cabinet de Napoléon Buonaparte et de la cour de Saint-Cloud*, un pamphlet violent où le faux se mêle au vrai, publié en 1814[22]. Il n'est encore question que de l'interversion des ouvrages, pas du « mot » de Mme de Talleyrand. Puis tout le monde s'en empare. Le poète irlandais Thomas Moore la raconte dans son Journal en 1821[23]. Elle est reprise en 1829 par Henri de Latouche dans son *Album perdu* qui n'est qu'une suite d'anecdotes plus ou moins facétieuses sur la vie privée de l'ancien ministre de Napoléon[24]. Là, la variante est de taille, car c'est le ministre lui-même qui, voulant jouer un bon tour à sa femme, intervertit les volumes.

Presque tous les biographes de Talleyrand citent l'anecdote, sans commentaire, sinon pour souligner la bêtise de l'ancienne courtisane. Ce que personne ne dit, c'est qu'elle n'est pas originale. Avant la Révolution, Horace Walpole racontait dans l'une de ses lettres à Horace Mann une histoire presque identique arrivée à l'un de ses amis, Sir Thomas Robinson. Original et distrait, celui-ci était arrivé un soir chez sa sœur à Londres, en plein milieu du dîner, en tenue de chasse, un chapeau de postillon sur la tête. On annonce M. Robinson. Il entre. « Sir Thomas, poursuit Walpole, frappa d'étonnement tous les convives, entre autres un abbé français, qui porta trois fois sa fourchette à ses lèvres et trois fois la remit sur la table, avec un air tout ébahi. Ne pouvant retenir plus longtemps sa curiosité, cet abbé s'écria : "Excusez-moi, Monsieur, êtes-vous le fameux Robinson Crusoé dont l'histoire est si extraordinaire ?[25]" » On est en 1741, une vingtaine d'années après la parution du déjà célèbre roman de Defoe. Or, sous le Consulat, les aventures de Robinson connaissent un regain d'intérêt. Le roman est réédité à plusieurs reprises dans des versions différentes. Comme par hasard, l'une des traductrices n'est autre que la vicomtesse de Laval, l'ancienne maîtresse de Charles-Maurice et l'ennemie irréconciliable de sa femme[26]. Si les anecdotes naissent souvent d'éphémères concours de circonstances, elles ne sont jamais innocentes. Le scandale du mariage et l'hostilité du « faubourg Saint-Germain » aidant, la rumeur courut tous les salons et fut reprise plus tard dans la presse. Napoléon raconte que son ministre lui-même était ennuyé de cette histoire. À son secrétaire Colmache qui lui demandait s'il pouvait lui confirmer l'anecdote, Charles-Maurice répondra, énigmatique, que, si elle avait été vraie, il l'aurait prévenue[27]. Ce n'est que plus tard qu'il laissera faire. Après sa séparation, il ne verra aucun inconvénient à laisser croire à la sottise de sa femme, devenue grosse et laide. Ses « commentateurs » ne se priveront pas de l'aider. On leur doit d'innombrables mots sur Catherine, tous plus apocryphes les uns que les autres. « Elle me délasse de Mme de Staël ». « Elle est d'Inde et elle a de l'esprit comme une rose » – on pense au mot du général de Gaulle : « Les traités sont comme les jeunes filles et les roses ; cela dure ce que ça dure[28] » – et, plus travaillé : « Une femme d'esprit compromet souvent son mari, une femme stupide ne compromet qu'elle-même[29]. »

La vanité de Catherine, qui lui faisait trouver que les Talleyrand étaient beaucoup mieux que les Noailles[30], ne l'empêche pourtant pas d'être aimable, ni d'être capable de soutenir une conversation suivie à son avantage. Elle parle musique et danse avec le comte de Bentheim, puis, quelques jours plus tard, de Delille et de sa traduction de *L'Énéide*. Le comte allemand trouve sa conversation « intéressante » et même « extraordinaire pour Paris, car l'on parla littérature[31] ». Plus tard, en 1816, elle sera capable de citer en traduction française quelques vers de l'un de ses poèmes à son auteur Thomas Moore[32]. Trotter, le secrétaire de Fox, la regrette en quittant Paris. Mme Divoff la trouve « charmante ». « Elle n'a pas l'air plus bête que d'autres[33] », écrit Charles Clary, pourtant prévenu contre elle. Et Mme de Chastenay, très bas-bleu et qui n'aime pas les femmes, n'hésitera pas à écrire plus tard dans ses Mémoires : « Je n'ai rien entendu sortir de sa bouche qui ressemblât aux propos vides de sens que l'on se plaisait à lui prêter. Jamais elle n'a proféré devant moi une phrase de mauvais ton, jamais elle n'a dit un mot qu'on pût qualifier de bêtise[34]. » Mais le faubourg Saint-Germain veille. Ainsi naissent les légendes.

15.

« UNE IMMENSE FORTUNE »

Si Bonaparte n'a pas été la dupe du mariage de son ministre, celui-ci de son côté mettra peu de temps à comprendre les ambitions de son maître, qui fragilisent, jour après jour, la paix avec l'Angleterre. La paix, pour être durable entre deux pays, suppose qu'elle soit signée de bonne foi. Or ni Bonaparte ni le faible Addington qui a remplacé Pitt à la tête du cabinet de Londres ne le sont. Trop favorable à la France qui récupère ses possessions outre-mer aux dépens de ses alliés, l'Espagne et la Hollande, et conserve la rive gauche du Rhin, la paix d'Amiens laisse les mains libres à Bonaparte sur le continent. Il ne s'en prive pas et étend sa puissance en Europe à la fureur des Anglais qui, de leur côté, tardent à rendre l'île de Malte à son ancien ordre. Avec le recès de Ratisbonne (février 1803), l'Allemagne passe sous l'influence de la République consulaire, aux dépens de l'Autriche, vieil allié de l'Angleterre. Peu à peu, Bonaparte réorganise l'Europe à son profit. L'annexion de l'île d'Elbe (août 1802) puis du Piémont (septembre 1802), le traité de médiation suisse (février 1803), qui lui permet d'étendre son contrôle sur la Confédération helvétique, le maintien de ses troupes en Hollande et en Toscane, sans parler de l'agitation qu'il entretient en Orient, inquiètent l'Angleterre. Charles-Maurice fait tout pour la rassurer. S'il s'oppose en vain à l'annexion du Piémont, il empêche au moins Bonaparte de prendre la présidence de la République helvétique. Le ministre de Prusse à Paris, souvent bien renseigné, prétend même qu'il mettra sa démission en jeu pour l'éviter et ne prendra aucune part aux délibérations des commissions nommées pour la confection de la nouvelle Constitution de la Suisse[1].

Il tente d'éviter enfin tout ce qui dans les rapports officiels – en particulier celui de Lebrun sur la situation du pays à l'ouverture des Chambres – ou dans la presse officieuse risque de blesser le cabinet britannique[2]. Mais la polémique enfle des deux côtés de la Manche et le ciel est à l'orage. Addington, qui ne bénéficie que d'une faible majorité aux Communes, joue double jeu et ne peut empêcher la déclaration du roi qui, le 8 mars, annonce qu'il s'apprête à réarmer. À la différence de Pitt, il n'est ni aristocrate ni orateur. C'est sans doute ce que Talleyrand a voulu signifier dans ses Mémoires lorsqu'il écrit qu'il « aurait volontiers laissé Malte aux Anglais en toute propriété, pourvu que le traité [d'Amiens] eût été signé par M. Pitt ou par M. Fox[3] ».

À Paris, il a également fort à faire avec l'ambassadeur d'Angleterre, le « grand et magnifique[4] » lord Whitworth. Vaniteux, impérieux, insolent, l'ordonnateur et en tout cas le financier de l'assassinat de Paul Ier, violemment francophobe, arrive à Paris bardé de sérieux préjugés contre « le tripot ministériel » de la rue du Bac, comme l'appelle Mme de Cazenove d'Arlens, et se méfie de l'évêque défroqué. Il apprendra pourtant vite à le connaître. Talleyrand s'impose face à lui comme le meilleur défenseur de la paix dans l'entourage de Napoléon. Au cours de la crise de mars et d'avril 1803 qui conduira à la rupture de la paix d'Amiens, il n'aura de cesse de modérer les ardeurs de Bonaparte, soit directement, soit par l'intermédiaire de Joseph, comme d'éclairer Whitworth sur les intentions du premier consul. À Joséphine, Bonaparte avouera d'ailleurs à demi-mot que les conseils de modération de son ministre l'avaient mis dans une telle fureur que, rencontrant, après leur entretien, quelques diplomates au cercle de sa femme, chez elle aux Tuileries, il s'était retourné contre l'ambassadeur d'Angleterre et l'avait violemment pris à parti. « C'est vrai, j'ai eu tort. Je ne voulais pas descendre aujourd'hui. Talleyrand m'a dit des choses qui m'ont donné de l'humeur et ce grand flandrin d'ambassadeur est venu se mettre devant mon nez[5]. » Michel Poniatowski a retrouvé les lettres et les rapports de l'un des nombreux intermédiaires utilisés par Charles-Maurice pour tenter d'aplanir les différends entre les deux pays. Il s'agit de Barthélemy Huber, une vieille connaissance qui jouait déjà un rôle équivalent auprès du ministre en 1792, à l'époque du grand projet d'alliance entre la France et l'Angleterre. « Quant à M. de Talleyrand, écrit-il à Whitworth le 3 mai, vous savez, Milord, que son intérêt comme ministre et comme individu est si décidément lié à la paix, qu'on peut compter sur son aide si quelque incident lui donne cette influence[6]. »

Les ultimatums en provenance de Londres se succèdent : Malte ou la restitution du Piémont au roi de Sardaigne, Malte ou l'évacuation de la Hollande. Le 9 mai Whitworth, qui a déjà demandé ses passeports à plusieurs reprises rue du Bac, et dont les voitures sont chargées, reçoit une ultime note de son gouvernement. Le 10, Bonaparte décide, au cours d'un Conseil privé de sept personnes réuni à Saint-Cloud, de rejeter les propositions anglaises. Il ne veut pas abandonner Malte aux Anglais, même pendant dix ans seulement, ni les laisser dominer la Méditerranée. Il veut garder les mains libres sur le continent. « Joseph Bonaparte et Talleyrand, écrit Whitworth à son ministre Hawkesbury le même jour, furent les seuls à voter la paix. Tous les autres se montrèrent plus obéissants que Talleyrand au désir du premier consul et s'efforcèrent de faire leur cour en se conformant à ses vœux. » Et il ajoute : « Il semble que, lors de la conférence qu'il a eue avec moi, M. de Talleyrand se soit engagé à plus qu'il ne pouvait obtenir. Il avait espéré qu'avec l'aide de Joseph Bonaparte, il aurait pu formuler une proposition de manière à la rendre acceptable et au premier consul et à nous-mêmes[7]. »

On mesure les contraintes du rôle de Talleyrand, face à Bonaparte, en lisant les ordres brefs et précis que ce dernier lui a transmis la veille. Le billet daté de Saint-Cloud, le 9 mai, à quatre heures et demie de l'après-midi, précède l'entrevue décisive évoquée dans sa lettre du 10 par le diplomate anglais. Il est éloquent. Bonaparte y règle au détail près la mise en scène de ce qu'il ne considère même plus comme la conférence de la dernière chance. On n'y trouve pas seulement des indications de texte, mais de comportement et d'attitude. La diplomatie est un grand théâtre. « Je reçois votre lettre qui m'a été remise à la Malmaison, écrit Bonaparte. Je désire que la conférence ne se tourne pas en partage. Montrez-vous-y froid, altier et un peu fier !!! Si la note contient le mot ultimatum, faites-lui sentir que ce mot renferme celui de guerre, que cette manière de négocier est d'un supérieur à un inférieur [...], que jamais on n'obtiendra de nous ce que l'on a obtenu des dernières années des Bourbons, que nous ne sommes plus ce peuple qui recevait un commissaire à Dunkerque ; que l'ultimatum remis, tout deviendra rompu. Effrayez-le sur les suites de cette remise. S'il est inébranlable, [...] radoucissez un peu la fin de la conférence et invitez-le à revenir avant d'écrire à sa cour[8]. » La reprise de la guerre avec l'Angleterre est un échec personnel pour Charles-Maurice, la première marche des degrés de la diplomatie napoléonienne qui conduiront à la rupture entre les deux hommes. Les Anglais, au moins, ne sont pas dupes du rôle joué par Talleyrand à cette époque. Dans quelques mois paraîtra à Londres, chez l'un des nombreux marchands de mode et de nouveautés de Piccadilly, une curieuse caricature de Gillray, l'un des meilleurs dessinateurs du moment. Elle s'intitule *Boney and Talley*, du nom des deux diminutifs familiers employés en Angleterre pour désigner Bonaparte et son ministre. On y voit Charles-Maurice, vêtu d'un curieux chapeau, mi-mitre d'évêque, mi-panache ministériel, aux prises avec son maître qu'il cherche à retenir de toutes ses forces. Ce dernier, représenté en boucher dans une boutique qui regorge des dépouilles animales figurant les différents pays conquis par la France, brandit, l'air féroce, une hache en direction du taureau anglais qu'il veut égorger[9].

Quoi qu'il en soit, si le ministre mesure parfaitement les conséquences de l'événement, il considère aussi qu'on n'abandonne pas une puissance, du moins pas tout de suite et pas complètement. Telle une huître accrochée à son rocher, il hantera encore les salons de la rue du Bac pendant plus de quatre années : une décision controversée qui explique la façon dont il s'y prendra plus tard pour se justifier. Sur ce point, les lettres de Bonaparte ne sont pas perdues pour tout le monde. Celle du 9 mai servira de pièce à conviction, versée au classique dossier du : j'ai fait ce que j'ai pu, mais je n'étais pas libre. Charles-Maurice qui sait mieux que personne qu'une réputation dépend de ce que l'on dit, du moment où on le dit, et de la personne à qui on le dit use très subtilement du document. En plein congrès de Vienne, il la donne, en gage d'amitié, au duc de Wellington qui en fait lui-même cadeau au ministre Robert Peel. Dans les dîners londoniens, du temps de la Restauration, les milieux bien informés en parlent. Walter Scott en fait le texte de la deuxième édition de son *Napoléon*[10]. Charles-Maurice n'oublie ni ne néglige jamais rien. Jour après jour, ce diable d'homme compose sa vie, et, en passant, soigne, en Angleterre, sa réputation d'homme de paix. Elle lui servira en 1830 !

S'il n'est pas dupe de la situation, le calcul qu'il fait à ce moment précis reste encore largement favorable au régime consulaire qui par ailleurs – et ce n'est pas un détail – l'a fait puissant et riche. Il ne faut pas oublier qu'à l'époque de la rupture de la paix d'Amiens, il vient d'achever l'une des opérations « diplomatiques » les plus fructueuses de sa carrière. D'août 1802 à février 1803, à Ratisbonne et à Paris, le règlement des indemnités dues aux princes dépossédés de la rive gauche du Rhin, prévu au traité de Lunéville, va donner lieu au plus extraordinaire marchandage politico-financier du moment. En fait, la carte de l'ancien Saint Empire romain germanique formé d'une multitude d'États (principautés, évêchés, électorats, villes et villages libres) est redessinée de fond en comble, avec la bénédiction des deux « médiateurs » de l'opération : la République française et le tsar de toutes les Russies. À coups de trocs et de partages, on supprime trois électorats et on en crée deux autres (le Bade et le Wurtemberg), on incorpore – à la Prusse et à la Bavière beaucoup plus qu'à l'Autriche – vingt évêchés, quarante-quatre abbayes, quarante-cinq villes libres. Trois millions d'habitants changent de souverain. L'Allemagne passe insensiblement sous influence française et le recès de Ratisbonne prépare en quelque sorte la future Confédération du Rhin de 1806. Le comte de Senfft, au service de l'électeur de Saxe, note au passage qu'à cette occasion Talleyrand a sans doute été celui qui a le plus fait dans le principe « pour l'asservissement de l'Allemagne ». Tout cela en dépit du droit public, notion chère à Charles-Maurice qui n'a pas eu l'air, en la circonstance, de s'en inquiéter. C'est que l'affaire est juteuse, une « mine d'or », selon Molé. Ratisbonne ressemble à une immense bourse de terres ecclésiastiques mises aux enchères au profit des princes allemands. L'arbitrage de la République et en particulier de son ministre en faveur de tel où tel principicule, médiatisé ou non, se paie. Sur place, à Ratisbonne, les citoyens Laforest et Jacques Mathieu mettent les affaires en musique[11]. À Paris, Durant (de Mareuil), « grand notaire » de l'opération, et le vieux Radix réceptionnent les plaignants, accueillis en bout de course – et à bout de souffle – par le puissant ministre. Ces nains politiques qui débarquent à Paris sont du pain bénit pour Charles-Maurice, plus railleur que jamais. On connaît sa réplique cinglante au petit prince de Reuss qui déclarait solennellement vouloir bien reconnaître la République française : « Le prince de Reuss reconnaît la République française. Et la République française, répond Talleyrand, est charmée de faire connaissance avec le prince de Reuss[12]. » Plus sérieusement, Pasquier, souvent fiable, évalue à plus de 10 millions de francs le montant des compensations diplomatiques empochées à cette occasion par le ministre et ses amis. « Il faut [lui] rendre cette justice, ajoute-t-il, qu'il ne gardait pas pour lui seul les produits de sa vénalité[13]. » Le baron de Gagern avoue tout net dans ses Souvenirs qu'un peu plus tard, au moment de la formation de la Confédération du Rhin, il paya de bonne grâce comme les autres, non pas « en tabatières ou en brillants, suivant la coutume », mais « en argent comptant ». « Il était de ma situation et de mon devoir de suivre le torrent, mais je répète qu'entre lui et moi, directement ou indirectement, aussi bien pour ce qui concerne les Nassau [il représente alors le duc de Nassau-Weilbourg] que pour les autres princes nombreux que je fis entrer dans la Confédération du Rhin, il ne s'est jamais agi en aucune façon de marché, de conditions ou d'offres. Je les taxai moi-même d'après mes appréciations générales et, après avoir consulté le vieux Sainte-

Foy, je proposai mes estimations dans le Nassau, ou bien je décidai pour eux, et j'espère encore maintenant avoir droit à leur reconnaissance pour avoir, en ces conjonctures, agi avec autant de sagacité que d'économie[14]. » Autrement dit : merci, tout cela se passait très bien, entre gens du monde. Heureusement, les intermédiaires n'étaient ni des fripouilles ni des voleurs ! Sainte-Beuve ironisera sur cette vénalité tempérée par la modération et la sagesse.

Napoléon n'est pas dupe du trafic. D'ailleurs grand manieur d'argent lui-même, il sait parfaitement faire ses affaires quand l'occasion s'y prête. En 1806, une liste des exactions de Ratisbonne, avec le nom de leurs auteurs, parvint jusqu'à lui. Il la renvoya à Mollien, ministre du Trésor et on n'en entendit plus jamais parler[15]. Seuls quelques subalternes furent inquiétés. Molé prétend que Bonaparte laissait faire pour avoir à l'occasion un moyen de pression sur son ministre. Il cherchera pourtant, un jour, à l'embarrasser en lui demandant devant beaucoup de monde : « Citoyen Talleyrand ? Savez-vous que vous passez pour avoir fait fortune ? » Et le « citoyen » de lui répondre du tac au tac : « Ce n'est pas sans raison, citoyen premier consul, j'avais mis tout ce que je possédais en tiers consolidé la veille du 18 brumaire », et j'ai tout revendu le surlendemain. La rente valait 11 francs le 17, 20 francs le 21. C'était dire à demi-mot que le 18 brumaire avait réussi. C'était lui dire aussi, mais encore plus subtilement, que le 18 brumaire n'était qu'un vulgaire coup d'État. « Bonaparte, poursuit Molé, avait été si frappé de tant de présence d'esprit qu'il me raconta la réponse de Talleyrand cinq ans plus tard[16]. » Les tripatouillages de Charles-Maurice n'en demeurent pas moins comme une épée de Damoclès entre les deux hommes. Au cours de son voyage à Aix-la-Chapelle et à Mayence en septembre 1804, Bonaparte en apprendra suffisamment pour se mettre en colère. Il sera mis coup sur coup au courant des trafics de Ratisbonne et de Hollande, en particulier de la façon dont son ministre s'était permis de prélever pour son usage personnel une partie de l'indemnité payée par le gouvernement de La Haye à l'ancien stathouder dépossédé, le prince de Nassau-Orange[17]. « Combien Talleyrand vous a-t-il coûté ? » demandera-t-il un jour à brûle-pourpoint, à un prince allemand très haut placé[18]. Sur l'affaire de Hollande, Charles-Maurice, imperturbable comme d'habitude, nie tout. L'algarade a dû être vive. « Quel menteur, mais quel menteur ! » dira Bonaparte, et l'affaire s'arrêtera là. Le ministre en sera quitte pour rentrer à Paris plus tôt que prévu, mais ne perdra pas son poste[19].

Pour Stendhal, « le suprême bonheur de M. de Talleyrand, c'était de réunir un million et de le dépenser[20]. » Les millions assurent en effet un train de maison qui en surprend plus d'un. Déjà, à l'époque des soupers d'Auteuil, Lucien Bonaparte parlait de « leurs raffinements sans cesse renouvelés ». « Le service s'y faisait à la grecque ; des nymphes à noms mythologiques servaient le café dans des aiguières d'or ; les parfums brûlaient dans des cassolettes d'argent. » Trotter confirme. À table, la maîtresse de maison se fait servir par deux valets noirs splendidement habillés. Lorsqu'elle tient son cercle, elle est toujours accompagnée de deux vestales vêtues de blanc dont le seul rôle est de brûler de l'encens[21]. Charles-Maurice a toujours aimé les parfums. « Cela sent l'évêque », notera méchamment lady Bessborough en revenant de l'un des dîners « magnifiques » de la rue du Bac[22]. Certes, au début, le ministre se contente de louer les propriétés qu'il habite : Auteuil puis Neuilly, mais aussi le pavillon de la Muette sur les hauteurs de Passy, l'ancienne maison de Mlle Lange à Meudon (celle du 19 Brumaire), le château de Bry-sur-Marne, tout près de Paris[23].

Mais les millions du ministre ne partent pas tous en fumée. Dès le début du consulat, Charles-Maurice se lance dans une vaste politique d'investissement en terres et en immeubles, très classique à l'époque. On a parlé de l'acquisition de l'hôtel de la rue d'Anjou et, avec Catherine, du château et des bois de Pont-de-Sains dans le Pas-de-Calais. Tout aussi spéculativement, il achète, le 28 février 1801, aux frères Fumel, négociants à Bordeaux, le château et les vignes de Haut-Brion pour 255 000 francs[24].

Le 7 mai 1803 – on est alors en plein milieu du processus de rupture avec l'Angleterre ! –, il passe à la vitesse supérieure et achète aux Legendre de Luçay, qui croulent sous les dettes, les terres et châteaux de Valençay, Luçay et Veuil dans le département de l'Indre, pour 1 600 000 francs, soit près de 12 000 hectares de terres et de forêts et une propriété presque royale qui avait abrité autrefois la Grande Mademoiselle. « Cette terre princière était une province », écrit le comte de Cheverny dans ses Mémoires. Charles-Maurice mettra quand même plus de six ans à la payer. Sa nièce, Dorothée de Dino, prétendra plus tard que Bonaparte, souhaitant pour son ministre une très belle terre où il puisse tenir son rang, aurait mis la main à la poche. On n'en a pas la preuve[25]. Si Charles-Maurice séjourne peu à Valençay sous le Consulat et l'Empire, il y réalisera par la suite son rêve de très grand propriétaire foncier à l'anglaise, à la fois entrepreneur et philanthrope, étendant son influence sur toute la région[26]. Pasquier écrit méchamment que la fortune amassée par le ministre sous le Consulat l'avait sauvé par la suite de la déchéance. « Que serait-il aujourd'hui sans elle ? Qu'on veuille un moment le supposer pauvre et qu'on se fasse une idée de son existence ; il est plus que probable que le reste de ses jours irait, comme ceux de tant d'autres, se consumer dans l'oubli et dans l'abandon[27]. » C'était sous la Restauration, en pleine disgrâce du vieux diplomate. Le futur chancelier ne pouvait deviner qu'en 1830 son vieil ennemi reviendrait au pouvoir, à plus de soixante-quinze ans, pour ne le quitter que peu de temps avant de mourir. Il a tout de même raison sur un point. Toute sa vie Charles-Maurice s'est situé à égale distance du grand seigneur dépensier d'Ancien Régime et de l'homme d'affaires rusé et avisé du siècle bourgeois. C'est à lui-même qu'il pensera lorsqu'il dira du comte de Blacas, le ministre favori de Louis XVIII en 1814 : « C'est le plus habile financier que je connaisse ; sur 150 000 francs de traitement, dans l'espace de neuf mois, il est parvenu à faire huit millions d'économies. » Mais Blacas est beaucoup moins grand seigneur que Talleyrand. Ce n'est pas lui qui dirait en riant : « Ma foi, je ne sais comment vont mes affaires, mais je mange plus que je n'ai[28]. »

16.

L'AFFAIRE

De négociations en spéculations, le Consulat s'achemine tout doucement vers l'Empire, et l'Empire suppose le « corps sanglant[1] » d'un prince. La fondation de la quatrième dynastie ne devient pas seulement possible par la mise à l'écart de l'ancienne maison des Bourbons. Elle demande une rupture radicale avec cette dernière. C'est ce que Fouché appelle encore mettre entre Napoléon et les Bourbons un fleuve de sang. À la faveur de la reprise des manœuvres et des complots anglo-royalistes dans toute l'Europe, ce sera, en mars 1804, l'enlèvement et l'exécution du duc d'Enghien, le descendant du Grand Condé et le neveu de celui qu'on appelle à Paris, le prétendant, à l'étranger, le comte de Lille, Louis XVIII, frère de Louis XVI.

Charles-Maurice n'aime pas les gestes irréversibles. Ils obscurcissent l'avenir et l'avenir doit rester ouvert. Aussi, depuis le Directoire, son attitude à l'égard de la vieille monarchie n'en a-t-elle été que plus sinueuse. C'est lui qui sert d'intermédiaire au cours des entretiens secrets de décembre 1799 entre les chefs royalistes de l'intérieur et Bonaparte. Il accompagne Hyde de Neuville, contacté grâce à Bourgoing, à deux reprises aux Tuileries. L'un de ses agents doubles, Dupérou, travaille pour Hyde, infiltre la police de Fouché et contribue à la formation d'une efficace contre-police royaliste. Ses contacts avec les réseaux royalistes et les agences des princes en Angleterre ne manquent pas. Barthélemy Huber sert d'agent de liaison avec le gouvernement de Londres. Mme de Bonneuil voit le comte d'Artois à Édimbourg en septembre 1802[2]. Charles-Maurice rencontre régulièrement, chez la duchesse de Luynes, l'un des principaux agents de Louis XVIII à Paris, l'abbé de Montesquiou, son successeur à l'Agence générale du clergé en 1785, qu'il traite « comme un ancien camarade[3] ». Selon ce dernier, il lui aurait même demandé un blanc-seing de Louis XVIII afin de négocier directement avec Bonaparte. On se demande quel usage il en aurait fait[4]. Faute de mieux, il le fait surveiller à Varsovie en dépêchant sur place l'un de ses espions, Gallon-Boyer[5], et tourne longtemps autour d'une idée diabolique qui aurait consisté à éliminer politiquement le frère de Louis XVI en l'achetant. Markov, le ministre de Russie à Paris, en parle à plusieurs reprises dans ses lettres à sa cour. Il avait été autorisé par son gouvernement à demander si la République accepterait d'aider le tsar à subvenir aux besoins de la cour du prétendant en exil. Le 4 juillet 1802, il rapporte le texte d'une étrange conversation qu'il vient d'avoir avec Talleyrand : « J'ai voulu pressentir M. de Talleyrand si le premier consul avait quelques propensions à accorder en général des secours pécuniaires à cette infortunée famille. Il me répondit que le premier consul n'en était pas éloigné et qu'il n'attendait peut-être pour cela que le rassemblement de cette famille dans un endroit éloigné de France, et qu'il se proposait de faire des démarches auprès du gouvernement anglais pour faire sortir du pays ce qui y restait encore de la maison de Bourbon, savoir : le comte d'Artois, les trois fils du dernier duc d'Orléans et le prince de Condé. » Cela impliquerait-il leur renonciation au trône de France ? demande Markov. Réponse du ministre : « Les actes de renonciation ne sont pas valides selon les lois de l'ancienne monarchie ; mais ce qui les rendra telles, c'est l'avilissement des individus qui sera complet de cette manière[6]. » Il sait de quoi il parle. Tout cela ne l'empêchera pas de devenir le principal ministre de Louis XVIII en 1814, mais en attendant il suit son idée, écrit lettre sur lettre à Otto puis à Andréossy à Londres pour obtenir le départ d'Artois et des princes d'Orléans[7], et tente à Varsovie d'approcher directement « le dernier roi » en lui dépêchant par Beurnonville un envoyé du roi de Prusse, Von Meyer. Selon ce dernier, « la France [est] toute au nouveau régime ». Si le prétendant renonçait à ses droits, Bonaparte lui accorderait de généreuses compensations financières. Sinon, les subventions russes pourraient cesser[8].

Même si Talleyrand se cache soigneusement derrière cette négociation, celle-ci témoigne pour une fois d'un étrange manque de psychologie de sa part. À moins qu'il en ait profité pour faire passer un second message, très différent du premier, ce qui serait bien dans sa manière. Car Louis, qu'il connaît bien, est « roi partout comme Dieu est Dieu », selon l'expression de Chateaubriand. Il ne perdra jamais, même au pire moment de son exil « le souvenir de la puissance de son berceau[9] ». Le 28 février 1803, le prétendant publie, avec son frère, un refus catégorique aux propositions d'argent de Bonaparte et de son ministre. Il a très bien vu la maladresse de la démarche. Bonaparte « se trompe s'il croit m'engager à transiger sur mes droits, loin de là. Il les établirait lui-même, s'ils pouvaient être litigieux, par la démarche qu'il fait en ce moment[10] ».

C'est l'impasse. Le titre de roi, que Charles-Maurice aurait de loin préféré à celui d'empereur, n'est pas libre. Ce sera l'empire. Mais, avant d'en arriver là, il s'agit de rassurer tous ceux qui, de près ou de loin, acheteurs de biens nationaux, anciens membres des assemblées délibérantes, régicides, tiennent à la Révolution. L'occasion va se présenter. Bonaparte va s'en saisir.

Le contexte de « l'affaire du duc d'Enghien » est connu. La guerre a repris avec l'Angleterre. En France, Bonaparte consolide jour après jour son pouvoir personnel. En butte à d'incessantes menaces, celui-ci reste fragile. Dans les derniers mois de 1803, les réseaux anglo-royalistes décident de frapper un grand coup et de supprimer le premier consul. Georges Cadoudal, que tout le monde appelle « Georges », est au cœur de la conspiration. Depuis ses premiers coups de main dans le bocage breton il n'a jamais baissé les bras contre la République et voue une haine personnelle à l'usurpateur. Il débarque le long des côtes normandes le 31 août et s'installe à Paris. Il a de nombreux appuis, y compris parmi les hauts gradés de l'armée. Pichegru est de la partie, Moreau, son ancien général, le vainqueur d'Hohenlinden, le seul qui puisse rivaliser avec

Bonaparte, est au courant de l'affaire et attend de voir quelle tournure prendront les événements. La police apprend la présence de Cadoudal à Paris dès le mois d'octobre. En février, on arrête les premiers conjurés, puis les chefs de la conspiration. Tous parlent d'un prince de la maison de Bourbon qui doit les rejoindre et prendre la place de Bonaparte. Par le plus grand des hasards, il s'en trouve justement un à portée de main, à Ettenheim, de l'autre côté du Rhin, dans l'électorat de Bade. C'est là qu'habite Louis-Antoine-Henri de Bourbon, duc d'Enghien, le neveu de Louis XVIII et le petit-fils du prince de Condé. À trente-deux ans, le jeune et fougueux duc d'Enghien est déjà une légende dans les milieux de l'émigration militaire. Il s'est battu avec courage pendant presque dix ans, sous les ordres de son grand-père, contre les armées de la Révolution, aux frontières de la République. Depuis la dissolution de « l'armée de Condé », il vit plutôt pacifiquement dans le pays de Bade, avec une maigre pension du gouvernement anglais. Peu importe, le rapprochement est vite fait entre la conspiration Moreau-Cadoudal et le jeune prince. La police envoie des espions sur place et apprend que Dumouriez, un autre vieil ennemi de Bonaparte, est également présent sur les bords du Rhin. Le 15 mars 1804, Enghien est capturé par une troupe de 200 hommes commandée par le général Ordener. Conduit à Strasbourg, puis à Paris, il est fusillé à Vincennes dans la nuit du 20 au 21 mars, après avoir été très sommairement jugé par un tribunal militaire de six membres, présidé par le général Hulin.

Voilà la trame d'une affaire qui a fait couler beaucoup d'encre et dont le romantisme s'emparera pendant plus d'un siècle. Si l'on fait la part de la figure sanctifiée du jeune prince héroïque et innocent, ce « Marceau des royalistes[11] », brave au combat, généreux et incapable de complot, elle est politiquement importante car elle fait basculer Bonaparte, qui jusqu'alors n'avait rien à se reprocher vis-à-vis des Bourbons, du côté des régicides et de la Révolution. Après le duc d'Enghien, Bonaparte ne peut plus revenir en arrière. À Sainte-Hélène, il n'a jamais nié sa responsabilité dans l'assassinat du jeune d'Enghien. Mais s'il a pris sa décision en connaissance de cause, il ne l'a pas prise sans consulter ses proches. De ce côté-là, rien ne va plus, car après la chute de l'Empire et le retour des Bourbons sur le trône, ceux-ci n'ont cessé de se rejeter la responsabilité du « meurtre » les uns sur les autres. Bonaparte, sur ce point, semble avoir pris un malin plaisir à charger son ministre des Relations extérieures. Si on lit attentivement tout ce qu'il a dit sur cette affaire, Talleyrand est le grand coupable. Le comte de Montesquiou et Pasquier notent tous les deux que Napoléon lui reprochait déjà son rôle dans l'affaire, à son retour d'Espagne, en janvier 1809, alors qu'il venait d'apprendre qu'il conspirait contre lui avec Fouché. Au cours d'une scène mémorable, suffisamment violente pour avoir saisi d'effroi ceux qui y ont assisté, il le prend directement à partie sur le sujet : « Cet homme, ce malheureux, par qui ai-je été averti du lieu de sa résidence ? Qui m'a excité à sévir contre lui ? Quels sont donc vos projets ? Que voulez-vous ? Osez le dire[12]. » Il reprend les mêmes arguments devant Caulaincourt, en décembre 1812[13], les répète de nouveau à l'île d'Elbe en 1814[14], puis en route pour l'exil sur le bateau qui le conduit à Sainte-Hélène[15]. Bertrand en 1816 et Montholon en 1818 s'en font l'écho dans leurs journaux.

Bonaparte ne changera plus de version : Talleyrand lui a fait connaître l'existence du duc d'Enghien non loin des frontières ; il lui a suggéré de le faire arrêter ; il l'a poussé à le faire exécuter. « Il faut que le duc d'Enghien soit fusillé avant le jour », lui aurait-il dit[16]. Mais il semble hésiter sur les raisons secrètes de son ministre. Si, dans un premier temps, il lui suppose quelque intention machiavélique à son égard, il lui donne finalement raison tout en assumant lui-même entièrement son geste. En marge du livre de Fleury de Chaboulon sur les Cent Jours, il note à propos de l'affaire du duc d'Enghien : « Talleyrand s'est conduit en cette occasion comme un fidèle ministre[17]. » À Sainte-Hélène, il s'interroge tout haut devant Bertrand : « Si Talleyrand a eu quelques mauvais desseins, ç'a été de faire coïncider l'affaire du duc d'Enghien avec celle de Moreau. Voulut-il me tendre un piège de loin ? Je ne le crois pas. Il était à cette époque si mouvementée, dans mes intérêts, et parlait raison d'État[18]. » Il le défendra aussi d'avoir intercepté une prétendue lettre d'Enghien écrite peu avant son exécution et demandant à voir le premier consul[19].

Charles-Maurice, de son côté, fait comme d'habitude. Il se tait. En 1814, Pasquier tente de lui parler de l'affaire et lui raconte ce qu'il en sait. « L'impassible figure de M. de Talleyrand éprouva pendant ce récit une contraction que je ne lui avais jamais vue. Il ne répondit pas une parole, et, comme de raison, je m'arrêtai à temps dans le cours de mon récit[20]. » Lorsqu'il parle, c'est seulement à ses amies du « sérail » et c'est bien sûr pour nier toute responsabilité dans l'assassinat du jeune duc. « Le caractère connu de M. de Talleyrand n'admet guère une telle violence », écrit Mme de Rémusat qui, angélique, reprend mot pour mot sa version des faits. Bonaparte était décidé. Le vin était tiré. Il n'aurait servi à rien de le contredire[21]. Mais il n'en pense pas moins. « C'est plus qu'un crime, c'est une faute. » Le mot le plus célèbre du ministre, que certains donnent à Fouché, circulait déjà dans les salons au moment des faits. Dans ses Mémoires, il se garde bien de parler de lui à propos de cette affaire, mais n'hésite pas à rejeter l'odieux de ce qu'il appelle un « assassinat » sur Bonaparte : « Il monta sur le trône, mais sur un trône souillé du sang de l'innocence, et d'un sang que d'antiques et glorieux souvenirs rendaient cher à la France[22]. » Un peu plus tard, à la suite des accusations publiques portées contre lui par l'ancien aide de camp de Bonaparte, le général Savary, il se croira obligé d'ajouter un appendice au texte de ses Mémoires. N'oublions pas que, dans son testament, il demandera à ce que ceux-ci ne soient publiés que trente ans après sa mort. C'est un curieux morceau. Il y nie une fois de plus avoir suggéré ou conseillé quoi que ce soit à Bonaparte, replace l'événement dans le contexte de l'époque – «un crime isolé » – et fait l'apologie de tous ceux qui, en ces temps difficiles, ont eu comme lui le courage de continuer à servir la France. Il a donc fait son métier de ministre des Relations extérieures et s'est borné à prévenir le ministre de Bade, sur ordre de Bonaparte, de la nécessaire violation de son territoire. Il a fait son travail, en marge de l'affaire, ni plus ni moins[23].

Il n'est pas sûr que Napoléon n'ait pas voulu compromettre son ancien ministre lorsqu'il dira et fera publier sous la Restauration qu'il l'avait bien servi en lui suggérant de faire arrêter le duc d'Enghien. Il y a en revanche de bonnes raisons de penser qu'il mentait lorsqu'il affirmait qu'il n'aurait pas su, sans Talleyrand, qui était le jeune duc ni où il était. Grâce à Méhée de La Touche, un agent double de haut parage qui est parvenu à tromper pendant plusieurs mois l'un des chefs de l'espionnage anglais, basé à Munich, Francis Drake, les réseaux royalistes des deux côtés du Rhin n'ont plus de secrets pour lui. Dès le mois de janvier 1804, Desmarest, chargé de la police secrète hors des frontières, signe une note à l'intention de ses espions envoyés sur la rive droite du Rhin dans laquelle il est question du duc d'Enghien[24] Le 8 février, Bouvet de Lozier, chargé de la logistique de la conspiration de George, est arrêté à Paris par la police. Réal, qui la dirige sous les ordres du ministre de la Justice Régnier, l'interroge les 11 et 12 février. Le chouan parle, compromet Moreau, Pichegru, et avoue que le prince dont il est sans cesse question, n'est autre que le comte d'Artois. Mais celui-ci est hors de portée à Londres. C'est alors que Bonaparte multiplie les missions de renseignements sur le Rhin. On a voulu l'assassiner, il lui faut un coupable. Il apprend par Moncey, qui commande sa gendarmerie, que Dumouriez se trouve sur le Rhin. On saura par la suite qu'il venait de quitter les bords du Rhin et qu'il avait été confondu avec le général de Thumery, par une fatale erreur de prononciation, à l'allemande. Ce qui importe, c'est que Bonaparte ne le sait pas, dans les premiers jours de mars. La « conspiration » du Rhin lui est confirmée par un rapport de Régnier qui lui parvient directement, sans passer par Réal, le 7 mars[25]. Le même jour, il convoque Réal et Talleyrand et s'emporte contre eux. L'un comme l'autre n'ont pas fait leur travail et ne lui ont rien dit.

Si Talleyrand ne lui a pas communiqué les dépêches de son chargé d'affaires à Carlsruhe près de l'électeur de Bade,

Nicolas Massias, c'est pour une très bonne raison. Celles-ci sont anodines et ne contiennent rien qui puisse faire suspecter le duc d'Enghien. Au ministre de l'électeur de Bade à Paris qui lui demandait en janvier s'il y avait lieu de s'alarmer de la présence des quelques émigrés français sur le territoire de son maître, il répondra que, puisqu'il n'existait aucune plainte à leur sujet, la meilleure chose à faire était encore de « les laisser tranquilles[26] ».

Pourtant, le 7 mars, Charles-Maurice tourne casaque et entre dans le jeu de Bonaparte. Il accuse froidement Massias de lui avoir caché la vérité pour protéger l'une de ses prétendues parentes, la baronne de Reich, coupable d'intrigues avec les émigrés[27]. Le 8 mars, il écrit à Bonaparte une lettre capitale : « J'ai beaucoup réfléchi à ce que vous m'avez fait l'honneur de me dire hier. La forme du gouvernement qui nous régit est la plus appropriée aux mœurs, aux besoins, aux intérêts de notre pays. Mais ce qu'on ne sent pas assez en France et même en Europe, c'est que cet ordre de choses si précieux tient uniquement à votre personne, qu'il ne peut subsister et se consolider que par elle. Les convictions à cet égard seraient même à peu près unanimes, si quelques intrigants mal intentionnés n'avaient l'art de semer continuellement des bruits qui tendent à faire croire que vos idées ne sont pas complètement arrêtées, que vous pourriez tourner vos regards vers l'ancienne famille régnante. Ils vont même jusqu'à donner à entendre que vous pourriez vous contenter du rôle de Monk. Cette supposition, répandue avec une grande perfidie, fait le plus grand mal. Voilà qu'une occasion se présente de dissiper toutes ces inquiétudes. La laisserez-vous échapper ? Elle vous est offerte par l'affaire qui doit amener devant les tribunaux les auteurs, les acteurs et les complices de la conspiration récemment découverte. Les hommes de Fructidor s'y retrouvent avec les Vendéens, qui les secondent. Un prince de la maison de Bourbon les dirige. Le but est également l'assassinat de votre personne. Vous êtes dans le droit de la défense personnelle. Si la justice doit punir rigoureusement, elle doit aussi punir sans exception. Réfléchissez-y bien[28]. »

Si cette lettre est un faux, son auteur est un génie. Car tout y est cohérent. Le discret rappel à « leur » premier coup d'État de fructidor, la nécessité d'y revenir, la défense personnelle du maître, placé au-dessus des lois. Il parle d'un prince, mais à la date de sa lettre, il ne peut s'agir que du duc d'Enghien. Il ne conseille pas de l'arrêter ou de l'enlever, mais de le « punir rigoureusement ». Dans le contexte de l'époque, il ne s'agit pas de vingt ans de prison, mais bien de la mort.

Charles-Maurice est entré dans la danse. Comme l'écrit son amie Aimée de Coigny, s'il n'a d'abord pas voulu la mort du duc d'Enghien, il n'a pas hésité à se rallier à Bonaparte[29]. Il n'a rien à perdre et beaucoup à se faire pardonner. L'affaire du duc d'Enghien est pour lui un moyen de se remettre en selle. La crise éclate. Il veut en sortir non seulement indemne, mais retrempé. Ses liens avec l'ancienne émigration, les « fuites » de documents vers l'Angleterre, que Bonaparte n'ignore pas, son attitude équivoque au moment de la crise de Marengo le rendent suspect. On sait qu'à cette époque le nom d'Enghien circulait avec celui du duc d'Orléans comme un candidat possible au trône de France. Parmi les amis du ministre, il en est plus d'un, bien placés au Sénat ou au Conseil d'État, qui penchent secrètement pour Moreau. Tous ces nouveaux possédants préféreraient au fond un régime moins absolu et plus sage que la dictature personnelle qui se prépare[30]. Dans cette perspective et si l'on va plus loin, peut-être le ministre se rallie-t-il au maître dans l'espoir de l'adoucir après lui avoir donné la satisfaction de la vengeance d'État, en l'orientant vers les formes futures d'un régime aussi raisonnable que possible. D'un autre côté, Talleyrand n'a pas toujours été le modéré que l'on croit. Lorsque l'intérêt commande, il n'hésite pas à se ranger du côté des violents. Il a justifié la journée du 10 août. Il est l'homme de deux coups d'État (Fructidor et Brumaire). En 1797, il a froidement envisagé de se débarrasser du prétendant en le faisant capturer[31]. Il a ensuite essayé de l'acheter. En 1815, il fera la même chose pour le compte de celui qu'il poursuit, contre celui qu'il sert aujourd'hui. Apprenant le débarquement de Bonaparte sur les côtes de France, il écrit au roi, le 7 mars 1815 : « Toute entreprise de sa part sur la France serait celle d'un bandit. C'est ainsi qu'il devrait être traité, et toute mesure permise contre les brigands devrait être employée contre lui[32]. » Les mots qu'il utilise pour préparer l'enlèvement du duc d'Enghien, puis pour le justifier, sont les mêmes. Au baron d'Edelsheim, il parle le 11 mars des « brigands vomis en France par le gouvernement anglais » et d'un « crime qui, par sa nature, met hors du droit des gens, tous ceux qui manifestement y ont pris part ». Après l'exécution, il écrit à Champagny, son représentant à Vienne : « Le duc d'Enghien a prostitué le courage qu'il avait montré dans quelques occasions, au danger de suivre de plus près et de seconder l'accomplissement du crime [contre Bonaparte], et à l'espérance d'en recueillir les fruits[33]. » À Hédouville, le 17 mai 1804, il traite le gouvernement russe, qui vient de protester contre l'exécution d'Enghien, par le mépris et critique « cette affectation de porter le deuil d'un homme coupable, tombé sous le glaive des lois pour avoir tramé des assassinats sous l'influence de l'Angleterre[34] ».

Il dit déjà certainement la même chose le 10 mars, aux Tuileries, alors que Bonaparte réunit autour de lui son conseil pour arrêter les mesures à prendre contre Enghien. Il y a là Cambacérès, Lebrun, Régnier et Fouché. Bonaparte est décidé à agir, mais consulte son entourage. Seul Cambacérès se permet de timides réserves. Il en sera quitte pour une réprimande : « Il vous sied bien d'être si scrupuleux, de vous montrer si avare du sang de vos rois, vous qui avez voté la mort de Louis XVI[35]. » Le 10 mars, Talleyrand n'a certainement pas ce genre de « scrupules ». Le lendemain, les généraux Ordener et Caulaincourt partent pour Strasbourg. C'est Charles-Maurice qui a conseillé à Bonaparte d'envoyer Caulaincourt, l'un de ses aides de camp de confiance. Porteur d'une lettre du ministre, il est chargé de justifier sur place la violation du territoire de Bade. À Paris le représentant de l'électeur de Bade Éméric-Joseph de Dalberg – le neveu de l'électeur archichancelier et primat d'Allemagne qui avec la complicité de Talleyrand a très bien tiré son épingle du jeu à la Diète de Ratisbonne –, facilite les choses avec Carlsruhe. « À mesure que mon séjour durait, écrira-t-il plus tard, je gagnais plus la confiance du ministre et j'eus l'occasion d'admirer [...] l'extrême finesse de sa conduite[36]. » Il scelle en travaillant à ce moment précis pour Charles-Maurice, une amitié de trente ans[37].

Dans les jours qui séparent l'arrestation de l'exécution du duc d'Enghien à Vincennes dans la nuit du 20 au 21 mars, Charles-Maurice apprend ce qu'il savait déjà. Les papiers saisis à Ettenheim et à Offenburg révèlent l'insignifiance politique d'Enghien qui passe ses journées à chasser, écrire ou voir sa maîtresse, Charlotte de Rohan, à Strasbourg. La maigre pension qu'il reçoit du gouvernement anglais ne justifie pas son arrestation. Pourtant, Talleyrand ne change pas d'attitude. Quelques jours avant l'exécution du prince, alors que la nouvelle de son arrestation vient de se répandre dans Paris, il est au jeu de son amie la duchesse de Luynes. À un proche qui lui demande, inquiet : « Mais que ferez-vous du duc d'Enghien ? » il répond sans hésiter : « On le fusillera[38]. » Le 20 mars, jour de l'arrivée du duc à Vincennes, son emploi du temps est bien rempli. Il a un long tête-à-tête le matin avec Bonaparte à la Malmaison. Joseph Bonaparte, qui cherche à voir son frère et plaide l'indulgence, est accueilli par Joséphine avec ces mots : « Hâtez-vous de rompre ce long entretien : ce boiteux me fait trembler[39]. » En fin d'après-midi, Savary le croise sortant de chez Murat, gouverneur militaire de Paris. Il y a de bonnes raisons de penser qu'il a dû discuter le matin avec Bonaparte de l'attitude à adopter afin d'apaiser les réactions prévisibles des cours étrangères, et transmettre le soir les consignes du premier consul à Murat sur la marche à suivre dans la nuit. Peut-être était-il là également pour arracher à Murat l'ordre de nomination des membres de la commission militaire chargée de juger le duc d'Enghien, que ce dernier avait déjà refusé de signer une première fois. Les relations très amicales qu'il a toujours entretenues avec Murat et Caroline, la sœur de Bonaparte, le font penser[40].

« Le vin est tiré, il faut le boire[41]. » On fusille le duc d'Enghien dans les fossés de Vincennes le 21 mars à six heures du matin. Dans la journée, d'Hauterive, qui vient d'apprendre la nouvelle, aborde son ministre l'air consterné. Il est furieux et menace de démissionner : « On ne peut pas continuer à servir cet homme-là. » Charles-Maurice ne bronche pas. Il entre dans son cabinet en boitant, s'assied et lui répond, l'air blasé : « Eh bien, quoi, ce sont les affaires[42]. » Trois jours plus tard, il donne un grand bal au ministère.

« M. de Talleyrand fut le nœud de cette affaire », écrit Mme de Coigny. Il a conseillé et facilité l'arrestation et l'exécution d'un Bourbon. Il l'a justifiée à l'étranger. En cela, il a pris un risque considérable motivé à ses yeux par la raison d'État, sans parler des bénéfices qu'il comptait en tirer deux mois plus tard à la faveur du passage à l'Empire. Si Bonaparte est le premier responsable du crime – ou de la faute, comme l'on voudra –, Talleyrand n'est pas loin derrière.

Chateaubriand écrira méchamment en 1820 du ministre Decazes qu'il accusait de complicité dans l'assassinat d'un autre Bourbon, le duc de Berry, l'un des fils du comte d'Artois : « Les pieds lui ont glissé dans le sang, il est tombé. » À la différence de son lointain successeur, Talleyrand n'est pas tombé, même après la chute de l'Empire, même avec le retour des Bourbons. Sous la Restauration, il a frôlé le scandale en parvenant toutefois toujours à l'éviter. On aborde ici l'artiste, l'homme des leurres, des miroirs déformants et des artifices. Plus un événement le met en danger, mieux il se recompose par rapport à lui, fabriquant, inventant tour à tour des alibis, des fausses pistes, des faux témoignages. Sur ce plan, il est de loin le plus habile. Tous les protagonistes de l'affaire devront subir les conséquences de leur plus ou moins grande implication dans le drame. Caulaincourt, Savary surtout ne s'en sortiront pas. C'est qu'ils n'ont pas son imagination.

En 1886, un certain abbé Dassance découvre chez le libraire Masson, à Paris, une lettre autographe de Talleyrand à Fouché, datée du 12 mars 1804. Tous les experts de l'époque se sont penchés sur son écriture comme sur sa signature et les ont authentifiés. Dans cette lettre qui se situe juste après la décision prise par Bonaparte de faire arrêter le duc d'Enghien,

Talleyrand a l'air de ne pas être au courant de ce qui se passe : « Il a dû vous revenir que l'on prépare quelque chose contre les émigrés qui sont sur le Rhin. Je ne le sais pas positivement. » Il supplie Fouché d'intervenir auprès du premier consul pour l'empêcher de faire une bêtise : « Usez de toute votre influence pour calmer la tête du premier consul que l'on cherche à agiter et à inquiéter[43]. » Lorsqu'on sait ne serait-ce que le détail des journées de Talleyrand à cette époque, lorsqu'on lit ses autres lettres, à Bonaparte, aux diplomates en poste à l'étranger, cette lettre est presque incroyable. L'abbé Dassance, qui cherchait à l'époque à réfuter le légitimiste Michaud, très hostile à Talleyrand, l'a lue et commentée, dans sa crédulité, au premier degré : avec une lettre pareille, on voit bien que ce bon M. de Talleyrand n'est pas coupable. À la réflexion, il ne peut s'agir que d'une lettre vraiment écrite et vraiment envoyée à Fouché qui, sans être à l'époque le ministre de la Police en titre de Bonaparte, regagnait toute son influence sur le premier consul. Est-elle un leurre, ou un piège tendu à Fouché ? Talleyrand, tout au contaire, a-t-il réellement tenté de temporiser, sans se « mouiller » directement ? Pourquoi, alors, passe-t-il par l'ancien régicide dont il devait savoir qu'il était partisan de la manière forte, derrière une apparente modération, sinon pour mieux se couvrir ? On s'y perd.

La lettre est restée entre les mains de Fouché. Celle qu'il aurait envoyée à Charlotte de Rohan, à Strasbourg, pour la prévenir de l'arrestation imminente de son amant n'a jamais été retrouvée. Bourrienne en parle comme d'un « fait positif » et Pasquier, qui tient l'anecdote du comte d'Hauterive, juge son existence plausible. Seulement le courrier aurait été retardé par un accident et serait arrivé trop tard à Strasbourg. « Il se peut, à toute rigueur, commente Pasquier, que, malgré tant de démarches faites dans un but bien différent, il soit entré dans l'esprit d'un politique de cette trempe de se ménager une ressource dans toutes les hypothèses ; ce ne serait pas la seule occasion de sa vie où il aurait eu recours à de telles précautions. » Charles-Maurice en aurait présenté une preuve – une minute vraie ou fausse de la lettre ? – au duc de Bourbon, le père du duc d'Enghien, en 1814[44]. Une dame, cependant, n'a pas été dupe de toute cette histoire. La comtesse de Brionne, la tante de Charlotte de Rohan, l'une des plus vieilles amies de Charles-Maurice, réfugiée en Autriche, à Linz, lui refusera sa porte en novembre 1805, peu avant la victoire d'Austerlitz. Elle avait demandé pour lui, avant le Révolution, le chapeau de cardinal. C'est à elle qu'il se confiait encore, au tout début de la Révolution, avant qu'elle ne s'exile définitivement de son pays. Elle devait en savoir long, par sa nièce qui n'a jamais rien dit, sur le compte de son ancien protégé[45].

S'il a cherché à donner le change en direction de l'ancienne famille royale et de l'émigration, en obtenant par exemple la grâce d'Armand de Polignac compromis avec Cadoudal et condamné à mort[46], il s'est montré encore plus subtil vis-à-vis des cours étrangères. Officiellement, on l'a vu, il oppose aux réactions hostiles de Vienne, de Berlin et surtout de Saint-Pétersbourg une fin de non-recevoir. Il envoie à d'Oubril, le chargé d'affaires russe à Paris, qui proteste officiellement contre la violation par l'armée française du territoire de Bade, « une réponse un peu sévère[47] ». Dans le *Moniteur*, on ne s'encombre pas de nuances et on renvoie les Russes à leurs crimes en rappelant les circonstances de l'assassinat de Paul Ier. Mais, à Saint-Pétersbourg, Alexandre Ier n'en pense pas moins. Il fait prendre le deuil du duc d'Enghien qui, il y a quelques années, se battait encore au service des tsars, et célèbre en son honneur un service funèbre. Chateaubriand raconte qu'on pouvait lire sur le cénotaphe l'inscription suivante : « Au duc d'Enghien que le monstre corse a dévoré[48]. » Plus sérieusement, l'affaire d'Enghien est la goutte d'eau qui provoquera la rupture entre les deux pays et fera basculer Alexandre dans la coalition formée contre la France dans les premiers mois de 1805.

Pour Talleyrand, il s'agit de ne pas perdre la face vis-à-vis d'Alexandre et de camper les hommes sages et modérés face à Bonaparte. Cela pourra toujours servir par la suite. Dans les lettres envoyées par le mystérieux informateur du comte d'Antraigues – un proche collaborateur de Charles-Maurice au ministère surnommé « l'ami » – et renvoyées par ce dernier au gouvernement russe pour lequel il travaille, on en trouve une qui est incroyable[49]. Elle est datée du 19 avril, près d'un mois après l'exécution. Il n'a pas fallu moins de temps pour mettre au point la petite fiction, soi-disant vécue par « l'ami », et plus certainement inventée par lui avec la complicité de Charles-Maurice. Cela se serait passé le 11 mars. Le ministre vient de prendre connaissance de l'ordre d'arrestation du duc d'Enghien. Il entre « pâle et consterné » dans le bureau de Durant, chef de la division du Nord. Tout de suite, il cherche avec lui une parade et expédie au jeune duc cet avis : « Partez à l'instant. » Dans cette version, la lettre arrive, mais le duc d'Enghien ne suit pas les précieux conseils du ministre qui joue ici le rôle de comparse désolé et de confident malgré lui de Bonaparte, non de conseiller et d'apologiste de l'attentat, comme cela a été le cas en réalité. Caulaincourt, en revanche, est dénoncé comme le principal responsable de l'exécution du prince.

Peu importe ce que Talleyrand a payé pour cette lettre, ce qui compte c'est qu'Alexandre l'a lue. Jusqu'au bout, le tsar restera convaincu que Talleyrand a été la victime et non le complice de l'assassinat. Si cela n'avait pas été le cas, jamais il n'aurait écouté l'ancien évêque à Erfurt en 1808 et à Paris en 1814. La survie politique du ministre dépendait de cette fausse lettre de renseignements qui a parfaitement joué son rôle de désinformation. Qu'on songe aux difficultés qu'aura Caulaincourt, lors de son ambassade à Saint-Pétersbourg après la paix de Tilsit, à se faire pardonner sa complicité, pourtant bien légère dans cette affaire si on la compare à celle du ministre. Sur ce plan, Caulaincourt a été berné de bout en bout par Talleyrand, comme un vulgaire pion. On le voit, le double jeu de Charles-Maurice vis-à-vis de la Russie, qui au bout du compte décidera du sort de l'Empire, ne date pas d'Erfurt, mais remonte bien plus haut.

Dans ce savant jeu de fumée, il y a les fausses lettres que l'on envoie, mais aussi les vraies lettres embarrassantes que l'on tente de détruire. L'histoire de la lettre du 8 mars 1804, qui a été citée plus haut et compromet gravement Charles-Maurice, est à elle seule un vrai roman. Dix ans après l'affaire du duc d'Enghien, en 1814, peu de jours avant l'abdication de Napoléon et alors que les Bourbons sont sur le point de revenir au pouvoir, un certain M. de Villers se présente au Louvre[50]. Il est muni d'un ordre officiel d'un certain prince de Talleyrand qui préside le gouvernement provisoire mis en place depuis peu. Villers est chargé d'apposer les scellés sur les archives de la secrétairerie d'État de l'Empire – c'est-à-dire les papiers personnels de Napoléon – récemment entreposées dans la grande galerie. En réalité, Charles-Maurice a demandé à son secrétaire Gabriel Perrey qui l'accompagne de faire discrètement le tri et de lui rapporter tout ce qui pourrait le compromettre dans un avenir proche : ses négociations avec le Saint-Siège, le sort des Bourbons de France et d'Espagne. Villers dépose plusieurs liasses chez Talleyrand, rue Saint-Florentin. Perrey les brûle. Seulement Perrey, franchement malhonnête, a de la suite dans les idées. Il décide de garder à l'insu de son maître quelques-uns des documents qu'il juge les plus sulfureux. Parmi ceux-ci, le fameux billet du 8 mars 1804.

Premier acte, silence. Tout se passe bien jusqu'en 1826. Cette année-là, Perrey se fâche avec son patron et le quitte, en emportant avec lui bon nombre de documents dont des fragments des Mémoires de l'ancien ministre. Le chantage commence peu après. Contre la promesse de brûler les documents qu'il possède, Perrey obtient toujours plus d'argent[51]. Exaspéré et inquiet, Talleyrand qui cette fois a trouvé plus retors que lui, finit par lui envoyer son homme d'affaires, Rihouet. En février 1831, celui-ci, accompagné de son fils, se rend chez l'escroc, rue de Vaugirard, une nouvelle proposition d'argent en poche. Toute la scène, racontée plus tard par le fils de Rihouet, est extraordinaire. « Monsieur Perrey nous reçut très gracieusement, le sourire sur les lèvres. Il nous fit asseoir devant la cheminée de sa chambre et, soulevant un tableau suspendu près de cette cheminée, il prit derrière un papier plié qui s'y trouvait caché. » Il lit le « papier », le montre à ses visiteurs. Pas de doute, c'est la fameuse lettre à Bonaparte du 8 mars 1804. Seulement il ment sur la façon dont il l'aurait obtenue – dans une corbeille à papier, le jour même, alors qu'il n'était pas encore au service du ministre – et refuse de la céder. Rihouet est d'ailleurs persuadé qu'il s'agit d'un brouillon et qu'elle n'a jamais été envoyée au premier consul. Mais Charles-Maurice lui a demandé de reprendre tous les documents subtilisés. On négocie contre argent, et finalement Perrey accepte de brûler la lettre devant ses visiteurs qui repartent à demi soulagés[52].

Fin du deuxième acte, silence. Talleyrand meurt en 1838. En 1844, quarante ans après l'affaire, Rihouet, le fils, lit par hasard le premier volume récemment publié des Mémoires de Méneval et tombe à la renverse. L'ancien secrétaire de Bonaparte y parle d'une certaine lettre de Talleyrand que lui a montrée une personne – qu'il ne nomme pas – et dont il se souvient pour l'avoir vue sur le bureau du premier consul, le 8 mars 1804. La description qu'il en fait, l'analyse de son contenu sont en tous points identiques à celle qu'a lue l'homme d'affaires en 1831, chez Perrey[53]. De deux choses l'une, soit l'habile Perrey a brûlé une copie apocryphe très bien faite de l'original de la lettre qu'il a conservé, ce qui paraît probable puisqu'il a refusé de la céder, soit le contraire. Toujours est-il que Méneval n'est pas le seul à avoir vu le document. Perrey ne donne ni ne vend, mais montre volontiers. Molé, Pasquier et Thiers en ont eu connaissance. Chateaubriand en parle dans ses Mémoires[54]. Cela devient un secret de polichinelle dans les milieux « bien informés ». Pour prévenir des fuites aussi gênantes, les gardiens du trésor, la duchesse de Dino, légataire universelle de son oncle et son amant de cœur, Adolphe de Bacourt, un ancien diplomate au service de Talleyrand à Londres dans les années 1830, chargé de la conservation des papiers du grand homme, inventent l'affaire des faux. Les lettres de Talleyrand, lorsqu'elles sont trop compromettantes, ne peuvent être bien sûr que des contrefaçons inventées par l'ignoble Perrey, le seul capable d'imiter à la perfection l'écriture et la signature de son ancien maître[55]. Après la mort de Perrey, la fameuse lettre finira par tomber entre les mains d'un académicien, fin lettré du grand monde, le comte d'Haussonville, qui la publie en 1867, puis, pris de remords, se rétracte et met en doute l'authenticité du document. C'est que les Mémoires de Talleyrand ne sont pas encore publiés à cette époque. Si Dorothée de Dino n'est plus là pour défendre la mémoire de son oncle, d'autres veillent, et poursuivent systématiquement tout ce qu'ils ne contrôlent pas. *Verba volant, scripta manent*… C'est fou ce qu'une simple lettre peut devenir embarrassante et retenir l'attention de dizaines de personnes pendant plus d'un demi-siècle comme la sulfureuse pièce à conviction d'un très mauvais roman policier. Talleyrand s'y est si bien pris, et d'autres après sa mort qu'il aura fallu attendre plus de soixante ans pour que les documents les plus importants de l'affaire parviennent à la connaissance du public. Aujourd'hui, les « révélations » de toutes natures, politiques ou financières, sortent au grand jour en quelques mois, au pire au bout de quelques années.

Cette conspiration du silence dont il est passé maître lui a permis de survivre à toutes les attaques, en particulier à celle lancée contre lui par Savary en 1823. Sous la Restauration, cet ancien aide de camp et ancien ministre de la Police de Napoléon, devenu duc de Rovigo, ne supportera pas, comme les autres, l'opprobre et la suspicion qui entourent sa participation à l'assassinat du jeune duc d'Enghien. En réalité, en intimant l'ordre à la commission militaire de procéder immédiatement à l'exécution de la sentence de mort, à Vincennes le 21 mars, il n'a été que le serviteur zélé et brutal du premier consul. Sa culpabilité dans l'affaire est autrement moins grave que celle de Talleyrand. Mais Savary veut se refaire une virginité et ne trouve pas mieux, pour minimiser son rôle, que d'attaquer ce dernier[56]. Grave erreur. Le combat est par trop inégal. Loin de le servir, il va se retourner contre lui et permettre à son vieil ennemi de balayer les derniers soupçons publics qui pèsent contre lui. Pourtant, au départ, la position de l'ancien évêque revenu de tout paraît plus qu'inconfortable. Louis XVIII le déteste, il est en semi-disgrâce de cour depuis 1816, la presse ultraroyaliste, l'*Oriflamme* en tête, se déchaîne contre lui. « La famille royale ne peut souffrir monsieur de Talleyrand, écrit son ancienne maîtresse qui le poursuit de sa vengeance, dans une lettre à leur fils Charles de Flahaut […], il y a plus de six mois que le roi ne lui a pas parlé et […] si tout ce qu'on dit de la part qu'il a eue à la mort du duc d'Enghien était publiquement mis au jour, le public, qui ne résiste pas aux imprimés, trouverait très bien qu'on lui ôtât sa place de grand chambellan et qu'on l'exilât de la cour[57]. » C'est le contraire qui va se produire. La comtesse de Boigne, toujours bonne observatrice, juge l'artiste au travail en quelques lignes : « Un homme moins habile que M. de Talleyrand aurait été abîmé par les révélations contenues dans le mémoire du duc de Rovigo, d'autant que bien des personnes vivantes pouvaient justifier de leur exactitude. Mais, il comprit, tout de suite, que le coup venait d'un homme qui n'était pas situé de façon à pouvoir l'asséner vigoureusement et il se plaça si haut que ce fut le duc de Rovigo qui manqua son atteinte et fut renversé. Il y a peu de circonstances où monsieur de Talleyrand ait mieux jugé sa position aussi bien que son adversaire et se soit conduit avec plus d'habileté[58]. » Talleyrand sait que Savary n'a pas de preuves écrites de sa culpabilité, et pour cause. Il a passé son temps à les détruire ou à les brouiller. Il sait aussi que le roi ne bougera pas. L'affaire est trop nauséabonde. Sous le Consulat, les Condé et les Bourbons se détestaient. Enghien, ce jeune héros, était un concurrent direct pour le prétendant qui n'a pas dû le pleurer très longtemps en 1804. Sorel parle dans ses *Lectures historiques* des « étranges sous-entendus des agents de Louis XVIII sur la mort du duc d'Enghien », « un des secrets, poursuit Balzac, sur lequel, comme sur quelques autres, les princes de la maison de Bourbon ont gardé le plus profond silence ». Dans ces conditions, Charles-Maurice joue sur du velours en demandant au roi de traduire publiquement son accusateur devant la Chambre des pairs. D'après la Constitution, il a droit à ce procès comme membre de la chambre haute du royaume. La réponse ne se fait pas attendre. Le comte de Villèle, qui préside le Conseil des ministres, lui écrit de la part du roi : « Sa Majesté a voulu que le passé restât dans l'oubli : elle n'en a excepté que les services rendus à la France et à sa personne. Le roi ne pourrait donc approuver une démarche inutile et inusitée qui ferait éclater de fâcheux débats et réveillerait les plus douloureux souvenirs. Le haut rang que vous conservez à la cour, prince, est une preuve certaine que les imputations qui vous blessent et qui vous affligent n'ont fait aucune impression sur l'esprit de Sa Majesté[59]. » Deux jours plus tard, le duc de Rovigo est interdit de cour et publiquement disgracié. Échec et mat. Il ne restera plus à Savary qu'à ravaler sa rancune et à se défendre des sarcasmes de son adversaire. On a retenu ce mot de Talleyrand sur les Mémoires de l'ancien séide de Napoléon : « Si c'est de l'histoire de France, c'est bien petit ; si c'est l'histoire du duc de Rovigo, c'est bien grand. » Sur le moment pourtant, Charles-Maurice n'a pas dû rire. Il ne s'est pas contenté d'écrire au roi, il a manœuvré la presse en sous-main[60]. Comme l'écrit Rémusat à Barante en novembre, « sous une feinte oisiveté, il a caché beaucoup de manœuvres[61]. » C'est son habitude, au point que la duchesse de Broglie n'en reviendra pas : « M. de Talleyrand est sorti blanc comme neige de cette affaire : convenez que c'est une bonne fortune pour lui d'être calomnié[62]. »

Voilà une bien longue digression dans le temps. Elle a pourtant le mérite de montrer comment Talleyrand faisait pour « tenir » aussi longtemps et à travers des régimes si différents, sur des affaires aussi délicates. Paradoxalement pourtant, sur le moment, il ne retire pas tous les bénéfices de l'énorme risque qu'il a pris en mars 1804.

Entre Talleyrand et Bonaparte, il y a un avant et un après l'affaire du duc d'Enghien. Contrairement à Fructidor et à Brumaire, l'enlèvement et l'exécution du prince qu'ils ont également vécus comme un « coup d'État » ne les ont pas rapprochés, mais les ont divisés. « Je n'hésite pas à dater de ce moment, écrit Pasquier dans un texte inédit qu'il a laissé sur les rapports entre les deux hommes, le cours des sinistres pensées qui germèrent à la fois dans l'âme de M. de Talleyrand et de Napoléon. N'ayant que trop bien reconnu, après cet attentat, ce dont ils étaient capables, ils se firent peur l'un à l'autre. Des deux parts, ils ne s'attendirent plus qu'à des perfidies, à des trahisons ; et quand on étudie avec un peu de soin leur conduite réciproque, depuis cet instant jusqu'au mois de mars 1814, on ne saurait concevoir aucun doute sur les pièges, qu'ils se sont réciproquement tendus[63]. »

17.

L'EMPIRE HÉRÉDITAIRE

Le cadavre du duc d'Enghien a été pour Bonaparte la dernière marche vers le trône. Charles-Maurice, comme son « ancêtre » le comte de Périgord, voulait faire un roi, il fera un empereur à contrecœur. « Il y avait là, dira-t-il à Mme de Rémusat, une combinaison de république romaine et de Charlemagne qui lui tournait la tête[1]. » Le « vague » et l'« étendue » du titre d'empereur l'inquiètent. On sort de l'ordinaire pour entrer dans l'extraordinaire. Mais le principe de l'hérédité subsiste. À ses yeux, l'empire, comme la royauté, place le pays dans « une position immuable[2] ». Dans son esprit, la mort du duc d'Enghien le 21 mars 1804 et la proclamation de l'Empire le 20 mai 1804, relèvent d'une même logique, longuement expliquée dans une circulaire aux diplomates en poste à l'étranger : « La France est en ce moment une famille fière de sa fortune, mais inquiète de l'avenir, et qui demande que l'adoption mutuelle, qui lie ensemble ses destinées et celles du chef qui la gouverne, soit pour jamais mise à l'abri des caprices du sort et des vicissitudes du temps. » C'est dans ce sens qu'il travaille à l'Empire en avril et en mai, jouant de sa position, de son influence et de ses nombreuses relations. Il pressent aussi le retour à la guerre, la formation d'une nouvelle coalition contre la France. Dans ces conditions, mieux vaut un régime fort pour la combattre. Pourtant, jusqu'au bout, fidèle en cela à ses idées de 1789, il tente, directement ou par l'intermédiaire de ses amis du Sénat, de préserver dans la nouvelle Constitution impériale quelques garanties essentielles : « L'indépendance des grandes autorités, le vote libre et éclairé de l'impôt, la sûreté des propriétés, la liberté individuelle, celle de la presse, celle des élections, la responsabilité des ministres et l'inviolabilité des lois constitutionnelles[3]. » Des garanties qui n'existent d'ailleurs déjà plus depuis plusieurs années. C'est dans ce même sens qu'il parle le 13 avril, avec Portalis, Fontanes et Regnaud, au conseil privé réuni par Bonaparte à Saint-Cloud pour décider de l'Empire et, du 11 au 13 mai, aux réunions de la commission de dix membres chargée de modifier la Constitution consulaire. Un combat d'arrière-garde qui explique peut-être, sans reparler du reste, qu'il n'ait pas été nommé le 18 mai l'un des six grands dignitaires de l'Empire, ces ronflantes charges honorifiques et lucratives du nouveau régime, destinées à en rehausser le prestige et dont il avait lui-même suggéré la création. Pour couper court à toute discussion, Napoléon déclarera les grandes dignités incompatibles avec la fonction de ministre. Charles-Maurice visait la place d'archichancelier d'État et de cour qui aurait fait de lui « le personnage le plus éminent dans la politique extérieure et dans l'intérieur du palais ». La dignité restera finalement vacante, sans doute à la demande de Cambacérès nommé pour sa part archichancelier d'Empire[4]. Pour se venger, Talleyrand aurait, insinue ce dernier toujours très à cheval sur ses prérogatives, poussé les ambassadeurs en poste à Paris à refuser de lui donner le titre d'ailleurs assez ridicule de « Grandeur » que lui conférait sa nouvelle fonction[5] ; on s'en tiendra à celui d'Altesse sérénissime. Mais pour un descendant des comtes de Périgord, qu'un ancien conseiller à la Cour des comptes de Montpellier (Cambacérès) et qu'un ex-petit avocat au barreau de Paris (Lebrun, élevé à la dignité d'architrésorier) soient ainsi « monseigneurisés » dépasse la mesure. « Je trouve comme vous l'Altesse sérénissime bien ridicule donnée aux dignités, écrit-il le 2 juin à Caulaincourt. Pour la famille impériale, on ne peut pas assez faire. Pour les autres, et surtout pour ceux qui ont reçu de plus de 500 personnes de Paris un louis pour consultation [il s'agit de Lebrun], l'Altesse, qui est un titre émanant de la souveraineté, n'a pas le sens commun[6]. » En compensation, Napoléon fait le 11 juillet de son ministre des Relations extérieures son grand chambellan, l'une des premières places parmi les grands officiers civils de la nouvelle cour impériale[7]. Avec 100 000 francs d'appointements par an, ce qui n'est pas rien, le grand chambellan dirige le service de la chambre et de la garde-robe du souverain[8]. Assisté de Rémusat, il a la haute main sur les spectacles de la cour, les fêtes, les théâtres et la musique de la chapelle. Il annonce et précède l'empereur dans les cérémonies publiques. Au milieu d'une cour qui n'a plus rien de la vieille lenteur de Versailles et marche sans cesse au galop au rythme du maître, la tâche n'est pas facile. Sa mauvaise jambe le gêne et les jeunes aides de camp de service s'amusent de l'embarras du ministre comme des énervements du souverain[9].

Dans cet étonnant jeu de séduction que les deux hommes exercent l'un sur l'autre, Charles-Maurice exécutera en silence, avec tact et souplesse, tout en avalant sa rancune, son métier de premier serviteur du maître, un métier de tous les instants, qui expose sans doute plus que celui de ministre sa vanité et son amour-propre. Napoléon a dû se délecter de pouvoir traiter ce grand seigneur d'Ancien Régime comme on traiterait son maître d'hôtel. Ses lettres sont parfois implacables, jusque dans les moindres détails, comme celui de la rédaction d'une invitation à dîner : « Monsieur mon grand chambellan, lui écrit-il au beau milieu des cérémonies du sacre, je vous fais cette lettre pour vous témoigner mon mécontentement de ce que vous avez permis que les invitations de mercredi portent le mot souper puisque l'heure pour laquelle elles sont est celle de mon dîner et qu'on substituât la date de l'ancien calendrier à celle du nouveau qui est celui de l'Empire. Mon intention est que dans mon palais, comme ailleurs, on obéisse aux lois[10]. » Au-delà de l'allusion au respect des lois, déjà assez cinglante, on imagine comment le descendant des comtes de Périgord devait prendre ce genre de leçon de civilité, de la part de l'ancien général d'Italie. On imagine encore mieux Napoléon dire l'ordre au lieu de l'écrire, avec son accent corse, en prononçant « Taillerand » au lieu de « Talleyrand », alors que ce qui se faisait de plus chic à l'époque était encore d'escamoter le « e » plutôt que de rajouter un « i » qui passait pour une faute de goût. Mme de Rémusat raconte qu'il se vengeait des contraintes de sa charge et de son maître, qui régissait tout jusqu'aux divertissements, par des mots : « Mesdames, l'empereur ne badine pas, il veut qu'on s'amuse[11]. » Rares sont ceux qui ont saisi Charles-Maurice dans ses fonctions de chambellan. Le contraste avec ses activités de ministre et de diplomate est tel que Mme Potocka en sera frappée, à Varsovie, en janvier 1807 : « Je ne saurai rendre la surprise que j'éprouvai en le voyant s'avancer péniblement jusqu'au milieu du salon, une serviette pliée sous le bras, un plateau de vermeil à la main, et venir offrir un verre de limonade à ce même monarque qu'à part lui il traitait de parvenu[12] ! » Il se vengera de tout cela, plus tard, dans ses Mémoires, en traitant les fastes de la cour impériale de « luxe érudit » copié un peu partout, à Vienne, à Saint-Petersbourg et jusqu'aux marches de Rome, avec « bien peu de chose de l'ancienne cour de France où la parure dérobait si heureusement la magnificence sous tous les arts du goût. » « Ce que ce genre de luxe faisait ressortir surtout, ajoute-t-il, c'était le manque absolu de convenance : et en France, quand les convenances manquent trop, la moquerie est bien près. » Il ne s'en privera pas devant ses amis.

Le voilà courtisan dans un monde de parvenus dominé par un ancien petit gentilhomme corse, et plus le temps passera, plus il s'éloignera de Napoléon, plus il épousera le style et les manières du courtisan, comme si l'excès de flatterie compensait peu à peu l'intimité des débuts. Alors qu'en août le nouvel empereur se rend à Aix-la-Chapelle, Charles-Maurice, qui s'apprête à le rejoindre, n'hésite pas : « Il paraîtra grand et juste que la ville, qui fut longtemps la première des villes impériales, qui a toujours porté le nom spécial de siège et trône royal des empereurs, qui fut la résidence habituelle de Charlemagne, se ressente avec éclat de la présence de Votre Majesté et fasse ressortir la ressemblance de destinées que l'Europe a déjà saisie entre le restaurateur de l'Empire romain et le fondateur de l'Empire français[13]. » Le ton de l'Empire est donné. Charles-Maurice ne quittera plus, jusqu'en 1814, ce ronflement de circonstance qui cache ses véritables sentiments. C'est déjà une forme de renoncement. C'est aussi sa façon à lui de rester indépendant. Si, comme le dit le comte de Saint-Aulaire, Talleyrand s'est jeté dans les bras de Napoléon, s'il a été à ses pieds, il ne s'est jamais mis dans ses mains. Dans son grand tableau du sacre de Napoléon, David a senti cela. Le peintre a choisi le moment où l'empereur couronne l'impératrice, sous le regard du pape Pie VII. Tous les dignitaires du Nouveau Régime sont représentés. Talleyrand est debout, au pied de l'autel, au premier plan, entre Eugène de Beauharnais, Berthier, Cambacérès et Lebrun. Il est revêtu du lourd manteau rouge de grand chambellan orné de la plaque d'argent de grand-aigle de la Légion d'honneur, les cheveux frisés et poudrés sous un chapeau à plumes ostentatoire[14]. Tous les participants ont l'air figé, comme pétrifiés dans leur dignité. Lui seul échappe à cet effacement général et semble conserver, jusque dans le rayonnement du maître, sa liberté d'allure et d'attitude. Il est ni plus ni moins chamarré que les autres princes et grands officiers de l'Empire, mais il se distingue de tous par son aisance naturelle, par son calme imperturbable, par le rictus sardonique de ses narines et de ses lèvres, par le regard insolent et dédaigneux qu'il promène sur toute l'assemblée[15]. Il ne relève de personne, il n'appartient qu'à lui-même. On est frappé de ce contraste. Sous les dorures de la livrée impériale, Charles-Maurice de Talleyrand-Périgord, futur prince de Bénévent, garde son libre arbitre. Il en sera ainsi pendant tout le reste de sa vie. Sous l'Empire, les charges et les titres n'y changeront rien. D'instinct, David a senti, ce 2 décembre 1804, sous les voûtes de Notre-Dame de Paris, la destinée singulière de cet homme. À quoi pouvait-il penser en raccompagnant l'empereur, après la cérémonie, de la cathédrale à l'archevêché ? D'après le procès-verbal du sacre, il marche ou plutôt boite, dans la longue procession des dignitaires du régime, juste devant Napoléon, entre Lauriston et Rémusat[16]. Nul autre que lui n'a déjà vécu, depuis trente ans, les fastes du sacre de Louis XVI à Reims en juin 1775, ceux du *Te Deum* célébré à Versailles pour l'ouverture des États généraux du royaume en mai 1789, ceux de la messe solennelle chantée au

Champ-de-Mars pour la fête de la Fédération en juillet 1790. De quoi méditer sur la grandeur et la chute des empires. La fascination qu'il exerce et qu'il exercera de plus en plus sur les autres dans la deuxième partie de sa vie tient aussi à cela. Il commence peu à peu à devenir non seulement un acteur de l'Histoire, mais un personnage de l'Histoire, comme si cette histoire lui appartenait, sous le masque de l'indifférence et de l'ironie.

Et à partir de 1805, l'Histoire s'accélère. La plupart des biographes de Talleyrand se servent du sacre pour marquer une pose dans leur récit. Tous ou presque quittent le fil des événements pour ouvrir une parenthèse, plus ou moins longue, sur le thème du service et de l'État. Le paradoxe avancé est presque toujours le même. Pour les plus indulgents, Talleyrand a servi Napoléon tant que les intérêts du maître et ceux du pays ont été les mêmes. Il a cessé de le servir lorsque ceux-ci se sont distingués. Pour les autres qui s'embarrassent moins de nuances, il a tout simplement abandonné son maître et la France. Les uns et les autres se chamaillent sur la date exacte de ce « tournant » : 1805, 1807 ou 1808. Ils s'opposent aussi sur la nature de la rupture du maître et du ministre, du ministre et du maître. Pour ses détracteurs, Talleyrand est évidemment coupable de « trahison » vis-à-vis de Napoléon, un crime de « lèse-majesté » impardonnable à leurs yeux. Pour ses apologistes, il est simplement resté fidèle aux intérêts supérieurs de son pays. La question de la trahison a tellement envenimé le débat des historiens français sur Talleyrand que ceux-ci ont fini par se montrer incapables de l'aborder dans sa dimension d'homme d'État. La trahison a tout occulté[17]. Les uns et les autres n'ont jamais réfléchi au simple fait que le propre d'un régime autocratique comme celui de Napoléon est de n'admettre aucune forme d'opposition légitime. Il ne reste plus à celui qui croit sincèrement que son pays souffre et souffrira à l'avenir d'une politique dangereuse ou fausse qu'à choisir entre deux solutions : assister en simple spectateur à la catastrophe ou agir secrètement en prenant des dispositions que ses adversaires qualifieront de « déloyales », pour ne pas dire plus.

Par ailleurs, l'histoire serait trop belle si elle était purement dialectique, symétrique et manichéenne. Curieusement, les considérations qui la font telle relèvent presque toujours de la morale, ou d'une certaine conception de la morale à la fois civique et chrétienne, héritée de la Révolution. Le paradoxe de Talleyrand, c'est qu'il est l'un des seuls de sa génération à avoir parfaitement compris les enjeux et les conséquences de la Révolution tout en restant en dehors des règles morales et idéologiques qu'elle suppose. Psychologiquement, il est resté un homme d'Ancien Régime. Les notions de patrie et de nation ne veulent pas dire grand-chose pour lui. Il s'en sert, il ne les sert pas. Comme le dit drôlement Napoléon, dans ce domaine, « [sa] philosophie sait s'arrêter à propos ». Il partage d'ailleurs avec lui une méfiance irréductible pour la métaphysique et pour les philosophes. Son mépris pour Sieyès et plus tard pour les idéologues du royalisme, de Bonald à Maistre, ne s'explique pas autrement. En revanche, il ne croit pas, comme Napoléon, au culte de la volonté, que d'autres appellent ambition, et qui résume toute l'histoire de l'Empire. Le monde civilisé dans lequel il vit est à ses yeux beaucoup trop complexe pour admettre l'existence d'un quelconque démiurge. Son héritage est là, dans cette capacité à comprendre qu'en général nous ne pouvons intervenir que modestement sur le cours des événements, que nous sommes capables de peu : ajuster, prévenir, écarter. C'est en cela que Talleyrand est l'homme des petits coups de pouce, de la virgule placée au bon endroit et non de la phrase qu'on biffe et qu'on remplace rageusement. L'Autrichien Metternich, autre grand diplomate de ces temps confus, remarque très justement dans ses Mémoires que « le plus grand talent de cet homme d'État » consistait en cela : « Empêcher de faire quelque chose de définitif. » Napoléon le jugeait d'ailleurs ainsi lorsqu'il disait de lui en forme de boutade : « Quand je veux faire une chose, je n'emploie pas le prince de Bénévent ; je m'adresse à lui quand je ne veux pas faire une chose en ayant l'air de la vouloir[18]. » On pensera alors que l'esprit de puissance aveugle et que l'esprit de finesse éclaire. Cela est vrai, comme il est également vrai que Napoléon a été une sorte de génie de la guerre, quand Talleyrand s'est toujours montré l'homme de la paix. Mais au-delà des divergences de « visions », leur opposition grandissante s'explique surtout par les rapports de joueurs qu'ils ont entretenus pendant près de quinze ans, par leur capacité – et, dans ce domaine, le ministre était sans doute plus doué que le maître – à évaluer le jeu de l'adversaire, à savoir qui a les bonnes cartes, de la bonne couleur, au bon moment. Dans ces cartes, il y eut, au début de l'Empire, les conditions de la viabilité du régime, les chances de la paix et celles de la guerre, jusqu'à l'imminence de la catastrophe. C'est sans doute en pensant à cela que Sorel évoquait, à propos de Talleyrand, ce « don de prévoyance » qu'il avait plus qu'un autre. Il n'a pas de principes, sinon des principes fabriqués au gré des circonstances, mais il a des pressentiments.

Pour toutes ces raisons, Napoléon et Talleyrand ne se sont pas séparés en un jour. Les différences de caractère, l'intérêt, ont joué leur rôle. Cela a mis du temps. Comme l'écrit Talleyrand dans ses Mémoires, « il n'était pas si aisé qu'on pourrait le penser de cesser des fonctions actives près de [Napoléon][19] ». Pourtant tout était déjà en germe à l'époque du sacre. La formation du Grand Empire ne fera qu'accélérer les choses.

Le 17 mars 1805, Napoléon est proclamé roi d'Italie et se fait sacrer en grande pompe à Milan le 26 mai. Le 4 juin, il annexe Gênes et la Ligurie à la France et crée trois nouveaux départements qui viennent s'ajouter aux six départements déjà taillés en 1802 dans l'ancien royaume du Piémont. Quelques jours plus tard, il donne la petite principauté de Lucques à sa sœur Élisa. Son emprise sur la péninsule italienne ne fait que croître, inquiète la Russie et surtout l'Autriche habituée depuis longtemps à se croire chez elle en Italie et repliée faute de mieux en Vénétie. C'est un *casus belli*. Aux yeux de Charles-Maurice, la situation au lendemain du sacre demandait « la prudence la plus vulgaire ». Or Napoléon fait précisément le contraire. Il occupe le Hanovre depuis deux ans. Il s'apprête à mettre la main sur la Hollande à qui il impose en mars une nouvelle Constitution, plus monarchique. Par « vanité », selon Charles-Maurice, il s'empare de la couronne d'Italie et devient empereur et roi, à l'égal de François II d'Autriche, empereur « germanique » et roi de Hongrie. Le nouveau royaume, le premier des royaumes napoléoniens créé en dehors des frontières de l'Empire, se superpose à l'ancienne République cisalpine devenue italienne en 1802, au nord de l'Italie. « Au lieu de prendre simplement le titre de roi de Lombardie, note encore Charles-Maurice, il choisit le titre plus ambitieux, et par cela même plus alarmant de roi d'Italie, comme si son dessein était de soumettre l'Italie entière à son sceptre. » La critique est aisée, dira-t-on. Charles-Maurice écrit ces lignes sous la Restauration, plusieurs années après la chute de l'Empire. Pourtant, au moment même de la création du royaume d'Italie, il pressent une « année orageuse[20] » au cas où rien ne serait tenté et cherche des parades et des artifices afin de rassurer l'Autriche. Il pensait déjà, sous le Consulat, que Lucien Bonaparte ferait un très bon chef de la République italienne. Faute de mieux, Joseph pourrait être un roi d'Italie plus acceptable et moins entreprenant que Napoléon[21]. Mais, en janvier, Joseph refuse une royauté sous tutelle, fait la fine bouche et défend avant tout ses droits à la succession du trône de son frère en France[22]. Il ne reste plus à Charles-Maurice qu'à s'adonner à un exercice auquel il excelle et qu'il répétera dans la plupart de ses rapports officiels au Sénat : faire passer des mesures de conquête ou de contrainte tout en ayant l'air de louer la modération et la retenue de Napoléon. Certains prendront cela pour de l'hypocrisie, d'autres pour une manière de revanche. Le style est dans l'homme. C'est en tout cas une façon comme une autre d'exposer ses idées tout en se soumettant à celui qui ordonne. Son rapport sur la création du royaume d'Italie, lu au Sénat, devant Napoléon, le 18 mars, est un chef-d'œuvre du genre. En distinguant les conquérants des fondateurs, il n'hésite pas à placer Napoléon dans cette dernière catégorie et l'interroge directement. « Dans ses glorieuses expéditions et dans ses plus hardies entreprises, [Votre Majesté] a-t-elle été entraînée par une passion vague et indéfinie de dominer et d'envahir ? Non, sans doute, Votre Majesté voulut rappeler la France à des idées d'ordre, et l'Europe à des idées de paix.

[...] Un temps viendra où l'Angleterre même, vaincue par l'ascendant de votre modération, abjurera ses haines, et [...] ne manifestera plus envers vous que le sentiment de l'estime, de l'admiration et de la reconnaissance. »

Talleyrand devait sourire intérieurement en lisant cela, d'autant plus que Napoléon se rendait sans doute parfaitement compte qu'en feignant de prendre ses désirs pour la réalité, son ministre lui adressait autant d'avertissements, solennellement et en public, ce qui n'était pas sans courage. Tout cela ne l'empêchera pas d'être à Milan dans les premiers jours de mai, d'y recevoir l'empereur, d'assister dans la célèbre cathédrale de marbre à son couronnement, puis de l'accompagner, mi-grand chambellan mi-ministre, à travers son nouveau royaume et jusqu'à Gênes où il séjourne avec la cour dans les premiers jours de juillet. Il y retrouve l'un de ses vieux adversaires du temps de l'Assemblée nationale, l'abbé Maury, venu de Rome se prosterner comme les autres devant le grand homme. Belle occasion de se moquer des courbettes du nouveau courtisan, futur archevêque de Paris, autrefois si ombrageux et soucieux de son indépendance[23]. Le voyage est triomphal. Les fêtes se succèdent. Joséphine en profite pour exhiber ses pierreries et Charles-Maurice pour se faire accompagner de la belle Mme Simons. Il ne reste pas insensible non plus au charme des Italiennes. Si l'on en croit son amie Mme de Vaisnes, il la leur fait « courte et bonne », entre autres avec une ancienne maîtresse du ministre de France à Milan qu'il comble de cadeaux[24]. Mme de Talleyrand, quant à elle, est restée à Paris. Un témoin qui croise le ministre à Gênes le trouve très engraissé[25] et aussi blasé que couvert de décorations. De Berlin, Frédéric-Guillaume lui envoie les deux ordres de l'Aigle noir et de l'Aigle rouge de Prusse, puis il reçoit celui de la Couronne de fer, créé par Napoléon à Milan, l'équivalent en Italie de la Légion d'honneur en France[26].

18.

DERNIÈRES CHANCES DE PAIX

Les fastes du voyage impérial ne suffisent pas à couvrir les bruits de bottes. Depuis plusieurs mois, une troisième coalition se forme contre la France. Alors que l'armée se morfond depuis deux ans le long des côtes de la Manche sans pouvoir la traverser faute de posséder la maîtrise des mers, à Londres, l'inflexible Pitt tient ses alliances et les moyens de ses combats. En avril, il signe avec l'envoyé d'Alexandre Ier, Novossiltsov, une alliance défensive et offensive à laquelle l'Autriche se rallie en août. Le principe de l'accord est toujours le même : de l'or anglais contre des soldats russes et autrichiens. Le but de ce qui ressemble à s'y méprendre à une très belle machine de guerre est de ramener la France à ses frontières de 1792. Dans les premiers jours de septembre, le représentant de l'Autriche à Paris, Philippe de Cobenzl, remet à Talleyrand une note en forme d'ultimatum. S'il veut la paix, Napoléon doit renoncer entre autres au royaume d'Italie. Au même moment, les troupes autrichiennes pénètrent en Bavière. Constatant l'échec des manœuvres de l'amiral Villeneuve qu'il attend vainement dans la Manche, Napoléon fait volte-face et décide d'attaquer l'ennemi en Allemagne sans laisser le temps aux troupes russes et autrichiennes de se rejoindre. « Dans cet état de choses, je cours au plus pressé : je lève mes camps [...], je marche sur Vienne[1] », écrit-il à son ministre le 23 août en lui demandant de le rejoindre à Boulogne.

Talleyrand se vantera plus tard en Angleterre d'avoir assisté, avec Decrès et Berthier, à cette fameuse nuit au cours de laquelle à Pont-de-Briques, près de Boulogne, Napoléon dicta à Daru toutes les opérations de la Grande Armée jusqu'à

Vienne[2]. Les légendes ont la vie dure. Il s'agit au mieux d'une réflexion approfondie sur une manœuvre complexe déjà engagée depuis le début du mois par une multitude d'ordres. Il y a pourtant de quoi être fasciné. Gageons que Charles-Maurice, malgré son flegme, a subi ces jours-là l'attrait du général en chef surdoué, maîtrisant parfaitement son sujet. Il ne pourra s'empêcher de raconter à Lavalette que, voyageant en voiture avec Napoléon, le 2 septembre, à leur retour pour Paris, ils avaient croisé un peloton de soldats perdus et qu'il avait suffi à l'empereur de connaître le numéro de leur régiment et le jour de leur départ pour leur dire précisément où ils devaient aller : « Vous trouverez votre bataillon à telle étape[3]. »

Charles-Maurice est lui aussi en pleine possession de ses moyens en ce début de septembre. Si l'on en juge par la façon dont il prépare diplomatiquement la campagne d'Allemagne, il est au sommet de son art. Il renforce les liens de l'Empire avec les États du sud de l'Allemagne, en particulier la Bavière, endort la méfiance de l'Autriche en manipulant le faible et crédule Philippe de Cobenzl qui représente François II à Paris et pousse la Prusse à signer un traité d'alliance. La Forest y travaille à Berlin dans le plus grand secret depuis plusieurs mois et propose la cession du Hanovre. La négociation échoue en partie par la faute de Duroc envoyé à Berlin dans les premiers jours de septembre[4]. C'est en tout cas l'avis de Talleyrand qui a horreur de ces militaires, diplomates d'occasion, utilisés à tout bout de champ par Napoléon pour conclure une négociation et qui prennent le pas sur « ses » diplomates de carrière. À Lucchesini, le représentant du roi de Prusse à Paris, il prêche la modération et désapprouve la guerre. « M. de Talleyrand est au désespoir, et s'il avait pu, s'il pouvait encore ou empêcher l'éclat [de la guerre], ou en arrêter promptement le cours, avant que le succès ou les défaites excitassent l'ambition et forçassent l'honneur à la continuer, il compterait cette circonstance comme la plus glorieuse de son ministère[5]. » Chez Talleyrand, les crises ont toujours été synonymes de double jeu. Les opérations sont trop engagées et le ministre connaît trop bien son maître pour penser que la paix est encore possible.

À la mi-septembre, il abat ses cartes et, après avoir sagement attendu la réponse de Vienne à ses notes des 13 et 15 août afin de laisser à Napoléon le temps de se retourner, il écrit à Philippe de Cobenzl sur le ton de la victime : « Si les sentiments pacifiques dont S. M. l'empereur d'Allemagne se dit animé sont réels, il sentira qu'aucune négociation, aucun congrès, aucun pourparler ne peut avoir lieu qu'au préalable les troupes autrichiennes n'aient repassé l'Inn [entre l'Autriche et la Bavière] et ne se soient replacées sur leur frontière. […] Si la cour de Vienne se refusait à des choses aussi justes, l'intention de S. M. l'empereur est de l'y contraindre par la force des armes. Les maux qui sont la suite inévitable de cette guerre retomberont sur l'Autriche et la victoire sera favorable à la cause du faible contre l'oppresseur[6]. » Il répète la même chose au Sénat, en présence de Napoléon, le 23 septembre, dans son rapport sur les relations entre la France et l'Autriche depuis le traité de Lunéville. « L'empereur, obligé de repousser une agression injuste qu'il s'est vainement efforcé de prévenir, a dû suspendre l'exécution de ses premiers desseins. Il a retiré des bords de l'océan ses vieilles bandes tant de fois victorieuses, et il marche à leur tête. Il ne posera les armes qu'après avoir obtenu satisfaction pleine et entière, et sécurité complète, tant pour ses propres États que pour ceux de ses alliés. » La propagande napoléonienne est en marche. L'habile porte-parole du maître, toujours pragmatique, jette l'éponge. Puisque le vin est tiré… Il fait plus que cela encore et renseigne efficacement le cabinet de Napoléon sur les mouvements des armées adverses grâce à ses réseaux à l'étranger. Depuis plusieurs mois, ses diplomates en poste à Munich, Salzbourg et Ratisbonne (Otto, Lezay et Bacher) s'y emploient grâce aux fonds secrets du ministère distribués par le fidèle et discret Bresson. En voyage, sur les arrières de la Grande Armée, ses portefeuilles seront pleins de faux passeports suisses ou portugais « qui peuvent servir pour des espions[7] ».

Un diplomate n'est pas fait pour l'armée. Sa présence au milieu des camps a quelque chose d'insolite, voire d'inconvenant. Dans leur merveilleux : *Madame de…*, le cinéaste Max

Ophüls et le dialoguiste Marcel Achard font dire à Vittorio de Sica qui joue le rôle du baron Donati : « Si les diplomates faisaient bien leur travail, les militaires seraient inutiles. » *A contrario* Napoléon racontait souvent en plaisantant que ses victoires facilitaient considérablement le métier de son ministre des Relations extérieures. « Monsieur de Talleyrand, maintenant que j'ai gagné la bataille, vous êtes un grand ministre », lui aurait-il lancé à Brünn en l'abordant peu après la journée décisive d'Austerlitz[8]. On se doute de ce que pensait le ministre. Les miracles militaires le laissent de marbre quand ils ne le contrarient pas. Il aura beaucoup de mal, au cours de cette campagne de 1805, à se démarquer de l'enthousiasme ambiant. À Vienne, quelques jours avant la bataille d'Austerlitz, il confie en aparté au comte de Rémusat : « Au moment de conclure la paix, vous verrez que ce sera avec l'empereur lui-même que j'aurai le plus de peine à négocier, et qu'il me faudra bien des paroles pour combattre l'enivrement qu'aura produit la poudre à canon[9]. » Tout cela ne l'empêche pas bien sûr de rester courtisan. Une fois de plus, Napoléon est couvert d'éloges. La manœuvre d'Ulm qui permet à Napoléon de capturer le 20 octobre les 30 000 hommes du général Mack à la tête de la première des armées autrichiennes, le « transporte[10] », et lorsqu'il apprend la lourde défaite navale de Villeneuve au large des côtes espagnoles, à Trafalgar, il a cette phrase sublime : « Le génie et la fortune étaient en Allemagne[11]. » Pour Charles-Maurice, le meilleur moyen de convaincre est encore de flatter, pour commencer.

Le ministre quitte Paris dans les derniers jours de septembre pour Strasbourg, puis Carlsruhe, Stuttgart et Munich où il s'installe à la mi-octobre. Il a l'esprit gai et s'amuse de tout, comme à son habitude. « Je suis sûr que vous n'avez aucune idée de ce qu'on appelle un quartier général, écrit-il à d'Hauterive à qui il a confié son ministère à Paris, le 5 octobre : c'est un lieu où on ne rencontre personne dans les rues pendant le jour, où l'on est couché à neuf heures, où il n'y a d'autres uniformes que ceux des pompiers, et où se trouvent quatre dames du palais, une impératrice, trois employés au département des Relations extérieures, Maret et moi[12]. » Voilà qui change sérieusement ses habitudes. Mais, au fur et à mesure que la campagne s'avance, il se rapproche du théâtre des armées et le ton change. Sur la route de Munich à Vienne, près de Saint-Pölten, le triste spectacle des lendemains de combat ne lui échappe pas : « Manquer de pain, de chevaux, et trouver des morts sur la route, n'entre pas dans nos éducations de cabinet[13]. » Les pillards isolés de l'arrière-garde russe sont à l'œuvre. « On tire sur les voitures et on pille et brûle dans les villages, écrit-il encore à Napoléon le 17 novembre [...] À une lieue de Strengberg on a tiré sur moi[14]. » Du coup, à Paris, on le croira mort pendant quelques jours. Charles-Maurice en joue. Il écrit à d'Hauterive le 20 novembre, en guise de faire-part : « Je vous embrasse et vous aime. Présentez mes hommages à Mme d'Hauterive. Elle sera bien aise d'avoir les nouvelles d'un mort qui aime beaucoup son mari[15]. » Au prince Joseph Bonaparte qui à Paris s'était donné la peine d'aller rassurer Mme de Talleyrand, il adresse encore ce petit chef-d'œuvre de flatterie, de délicatesse et d'esprit : « Monseigneur, madame de Talleyrand m'a mandé quel empressement aimable Votre Altesse impériale avait bien voulu mettre à la rassurer. L'expression de ma reconnaissance vous parviendra bien tard, mais je ne fais que d'apprendre ma mort ; ma résurrection m'est arrivée par le même courrier. Il faut bien que tout ce qui est attaché à l'empereur fasse aussi son petit miracle. Comme je viens d'éprouver, à la vie à la mort, la bienveillance de Votre Altesse impériale, je la prie d'agréer au même titre les assurances de [mon] profond respect et de [mon] attachement sans bornes[16]. » C'est bien là ce qu'on pourrait appeler « la soie de l'esprit français[17] ».

S'il n'est pas mort, Talleyrand, l'homme de la paix, n'a jamais approché le trépas d'aussi près qu'au cours de cette campagne. Le 9 décembre, il visite avec Marmont le champ de bataille d'Austerlitz en homme d'Ancien Régime. Il n'a pas un mot de commisération pour les cadavres. Le récit qu'il fait de sa course à d'Hauterive est précis, froid et comptable. En 1745, dans l'une de ses lettres à Voltaire, d'Argenson, le ministre de Louis XV, regrettait un peu les morts de Fontenoy. En

1805, son lointain successeur les remarque sans les plaindre : « Austerlitz, 9 décembre. Quelle date pour un ministre des Affaires étrangères de France, mon cher d'Hauterive ! Je viens de parcourir un champ de bataille sur lequel il y a quinze à seize mille morts : je ne parle pas de ce qui a péri dans les lacs. On n'a retiré les cadavres d'aucun. Dans l'espace que j'ai parcouru, il y avait bien deux mille chevaux écorchés. » « Marmont pleurait à chaudes larmes, dira-t-il encore plus tard, quant à moi, je vous assure que cela ne me faisait aucun effet[18]. » Cet homme complexe, tout en contrastes, est autant capable d'insensibilité pour ce qui ne le regarde pas que de très grandes preuves d'affection pour sa famille ou certaines de ses amies. D'Hauterive, choqué, lui répond le 20 décembre : « Je reçois votre lettre d'Austerlitz, il y a de quoi être confondu. Vous parlez de champ de bataille, de morts, de soldats noyés, de chevaux écorchés, comme ferait un cosaque zaporogue[19]. » On est évidemment loin du 30e bulletin, comme de la scène triomphale des drapeaux russes apportés par le général Rapp à Napoléon sur les hauteurs de Pratzen, peinte par Gérard[20].

Négocier tout en voyageant n'est pas des plus confortable. Charles-Maurice supporte tout, le brouillard, le froid, l'odeur des morts, les mauvaises routes moraves et les glaces du Danube, les poêles qui fument aux gîtes d'étapes. L'intendance ne suit pas toujours. À Brünn où il rejoint Napoléon, venant de Vienne peu après la bataille d'Austerlitz, les hôpitaux regorgent de blessés et on manque de tout, de pain et de viande surtout. C'est là que commencent les choses sérieuses et que s'ouvrent les négociations de paix avec les Autrichiens. Elles se poursuivront et s'achèveront à Presbourg le 25 décembre. « Une négociation est pour moi ce qu'est à l'armée un jour d'affaire[21] », écrit Charles-Maurice à d'Hauterive. Cela se prépare dans les moindres détails, même les plus infimes. Sur ce plan, le diplomate, qui pense toujours à tout, est d'une étonnante minutie. De Vienne, il écrit, avant de partir pour Brünn, une longue lettre à l'un de ses collabateurs resté à Munich. Il lui demande de faire venir Boucher, son chef de cuisine, accompagné de son second, Chevalier. Le matériel devra être convoyé dans « le chariot de Courtiade ». Boucher « emportera ce qu'il y a de serviettes et de couverts d'argent. [...] Il prendra en passant à Vienne de la volaille, des pommes de terre et du pain. On manque de pommes de terre, même à Vienne. S'il y en a provision ainsi que des fèves à Munich, il faut qu'il en emporte. Il portera le vin qu'il a[22] ». Même dans les pires conditions, Charles-Maurice soigne sa table. « Ce sont les bons dîners qui font les bonnes dépêches. » Le comte de Boissy le lui fera encore dire à la Chambre des députés en 1845, dans l'espoir d'obtenir une augmentation de traitement des diplomates[23].

Plus sérieusement, Talleyrand est inquiet. Il sent, depuis le début de la campagne, « la plus étonnante et la plus simple, la plus méthodique et la plus rapide » de toutes ses campagnes, que Napoléon lui échappe. Déjà le 12 novembre, à Munich, bien avant la victoire d'Austerlitz, il écrit : « Nous avons fait assez de grandes choses, de miraculeuses choses, il faut finir par s'arranger[24]. » Décidément, il n'aime pas les miracles et l'histoire de la marche des armées de Napoléon de septembre à décembre, des côtes de la Manche au fin fond de la Moravie, en regorge. Quand il arrive à Brünn, le 8 décembre, il est loin d'avoir la situation en main. Les généraux ne pensent qu'à poursuivre la guerre et à liquider les restes de l'armée russe réfugiés en Pologne. L'atmosphère est à l'enthousiasme. Napoléon a pris soin de le tenir à l'écart des négociations d'armistice, signé le 6. Tenu de rester à Vienne, il en était réduit à « amuser » les Autrichiens Gentz et Stadion avec des promesses de paix et à étudier le plan de médiation prussien proposé par Haugwitz. On sent son impatience en lisant ses lettres à d'Hauterive, car pendant ce temps-là Napoléon s'enfonce en Moravie. « Je trouve que l'empereur va bien loin », écrit-il le 20 novembre[25]. Il est presque certain que Napoléon, qui se méfiait de son indulgence envers l'Autriche, le faisait surveiller par Maret qui habitait avec lui les appartements du château de Schönbrunn. C'est de cette époque que datent la mésentente puis la haine du ministre pour le secrétaire d'État de Napoléon, autrefois son complice.

Pourtant, depuis plusieurs mois, Talleyrand médite un plan de paix précis et audacieux. Depuis l'époque du Directoire, l'Autriche accapare de plus en plus son attention. Elle est à ses yeux le point de passage obligé d'un rapprochement éventuel avec l'Angleterre. Son existence est indispensable à l'équilibre européen qu'il faudra bien un jour ou l'autre rétablir. Elle est la plus civilisée des puissances continentales et s'impose « contre les barbares » comme « un boulevard nécessaire ». L'Histoire le prouve, ses résolutions et sa politique sont fiables, contrairement à celles de la Prusse et de la Russie. « Cette puissance dira-t-il en 1810, est la seule qui ait en Europe un cabinet dont l'influence survive à la durée de chaque règne, qui soit par conséquent en état de concevoir, d'adopter et de suivre persévéramment un plan de conduite[26]. » Peu à peu, le prince de Kaunitz, le ministre incontournable du règne de Marie-Thérèse, l'homme de l'alliance avec le royaume de France entre dans le panthéon de ses modèles. Il le cite de plus en plus souvent, au point qu'il finira par l'imiter à la fin de sa vie en copiant les usages et les rites peu ragoûtants de sa toilette du matin, exécutée en public[27].

Mais l'Autriche est fragile. Elle a perdu de sa puissance depuis l'époque de Marie-Thérèse et surtout elle est, à la différence de la France, forte par sa cohérence, « un composé mal assorti d'États différant presque tous entre eux par le langage, les mœurs, la religion, les régimes politique et civil, et qui n'ont d'autre lien commun que l'identité de leur chef[28] ». Il faut donc la ménager et trouver pour elle une solution équitable qui tienne compte de la nouvelle domination française en Italie. Avant même que ses armées ne soient écrasées et que Napoléon ne couche à Vienne, Charles-Maurice tourne et retourne dans son esprit ce qui deviendra « son » grand projet européen, envoyé le 17 octobre de Strasbourg à Napoléon.

Il l'évoque déjà à Paris en août devant le ministre de Prusse Lucchesini dont il a fait son confident, comme une hypothèse de travail. « M. de Talleyrand me dit qu'il aimait quelquefois à faire des romans en politique et que je devais prendre pour tel celui dont il voulait m'entretenir. » Pour la première fois, il lui parle du destin des provinces danubiennes, la Moldavie et la Valachie (l'actuelle Roumanie) le long de la mer Noire, à l'est de l'Europe. Placées sous la tutelle théorique de la puissance ottomane, alliée traditionnelle de la France, elles sont constamment convoitées par les tsars de Russie qui poursuivent obstinément leur longue marche vers le sud et Constantinople, l'ancienne Byzance orthodoxe dont ils se réclament et qu'ils rêvent de conquérir. La domination de la mer Noire, le contrôle des détroits du Bosphore, qui ouvrent les portes de la Méditerranée, sont également un enjeu économique et commercial de taille pour les Russes. La seconde moitié du XVIIIe siècle est marquée par la persistance des troubles dans cette région. À deux reprises, de 1768 à 1774 et de 1787 à 1791, les Russes qui peu à peu grignotent du terrain et les Ottomans se sont disputé longuement les provinces danubiennes. Par contrecoup, toute l'Allemagne en est ébranlée et l'Autriche risque à terme de se retrouver prisonnière des Russes à ses frontières. C'est cette question que Charles-Maurice cherche à résoudre tout en vidant en même temps la querelle italienne qui oppose l'Autriche et la France depuis la Révolution. La méthode consisterait à promettre les provinces danubiennes à l'Autriche afin de la renforcer à l'est et d'éloigner d'autant les Russes d'Europe, et de lui retirer en échange ce qui lui reste de ses possessions italiennes, Venise et sa terre ferme, susceptibles, avec Trieste, de redevenir une petite puissance indépendante placée entre l'Autriche et le royaume d'Italie dont Napoléon céderait la couronne ; on rendrait également le Tyrol indépendant. « Alors [l'Autriche] sera tout à coup hors de contact avec la France et sans sujet de contestation avec cet empire. D'un autre côté, elle se trouvera placée de manière à contenir les Russes dans leurs vues [européennes][29]. »

Un tel échange, par son importance politique et son retentissement équivaudrait à peu près aux trois partages de la Pologne d'avant la Révolution, entre les Russes, les Prussiens et les Autrichiens, mais cette fois aux dépens des Russes que Charles-Maurice persiste à vouloir contenir hors d'Europe. On est loin de l'Europe de l'Atlantique à l'Oural du général de Gaulle... Charles-Maurice médite toujours longuement ses projets, en parle et en reparle avant de les formaliser. L'entrée en campagne de Napoléon, ses premiers succès ne modifient en rien ses idées. À Strasbourg, il y travaille toujours avec l'aide de La Besnardière qui l'accompagne. Le soir, il rêve et confie à d'Hauterive : « Voici ce que je voudrais faire des succès de l'empereur ; je les suppose grands. Je voudrais que l'empereur, le lendemain d'une grande victoire qui ne me paraît plus douteuse, dît au prince Charles [le frère cadet de l'empereur d'Allemagne] : Vous voilà aux abois, je ne veux pas abuser de mes victoires. J'ai voulu la paix, et ce qui le prouve, c'est que je la veux encore aujourd'hui. Les conditions d'un arrangement ne peuvent plus être les mêmes que celles que je vous aurais proposées il y a deux mois. Venise sera indépendante et ne sera réunie ni à l'Italie ni à l'Autriche. J'abandonne la couronne d'Italie, comme je l'ai promis. [...] Je vous aiderai pour vous emparer de la Valachie et de la Moldavie. À ces conditions, je ferai avec vous un traité d'alliance offensif et défensif et toute idée d'alliance avec la Prusse ira au diable. Voulez-vous cela dans vingt-quatre heures ? J'y consens ; sinon, craignez les chances qui appartiennent presque de droit à une armée victorieuse. Voilà mon rêve de ce soir. Mille amitiés[30]. » Charles-Maurice écrit cela le 11 octobre, une semaine avant la « capture » d'Ulm, six semaines avant la victoire d'Austerlitz sur les troupes austro-russes qu'il devine.

Le 17 octobre, ses confidences répétées prennent la forme d'un mémoire de dix pages adressé à Napoléon, suivi d'un projet de traité de paix et d'amitié détaillé en 14 articles avec l'Autriche[31]. C'est du Talleyrand des grands jours. L'Europe est présentée comme le théâtre d'un drame. Quatre grandes puissances s'y affrontent : la France, l'Angleterre, l'Autriche et la Russie. L'alliance des trois dernières enferme la France et prolonge la guerre indéfiniment. En déplaçant la puissance de l'Autriche du sud vers l'est, de la Méditerranée vers la mer Noire, on supprime les raisons du conflit avec la France, on dissocie ses intérêts de ceux de l'Angleterre et on la met en opposition avec ceux de la Russie, en faisant en sorte que cette opposition même garantisse l'Empire ottoman. L'alliance de la France avec l'Autriche n'est pas une fin en soi. Elle n'a ni le poids ni la valeur d'une alliance avec l'Angleterre qui reste la préférée du ministre, mais elle peut former la tige d'un nouvel équilibre européen et fonder une paix durable. Isolée, l'Angleterre ne pourra que s'y rallier. Charles-Maurice expose son système méthodiquement, en stratège, en joueur aussi, comme si quatre partenaires disputaient une partie de cartes dont la paix européenne serait l'enjeu. La hauteur de vue de l'ancien évêque d'Autun, sa « vision » européenne n'empêchent ni le tact, ni la finesse, ni l'incroyable savoir-faire du courtisan et du ministre aux prises avec un homme tel que Napoléon : « Il ne m'appartient pas de rechercher quel était le meilleur système de guerre : V. M. le révèle en ce moment à ses ennemis et à l'Europe étonnée. Mais, voulant pouvoir lui offrir un tribut de mon zèle, j'ai médité sur la paix future, objet qui, étant dans l'ordre de mes fonctions, a de plus un attrait particulier pour moi, parce qu'il se lie plus étroitement au bonheur de V. M. » À ce stade du projet, la mise en œuvre pratique de son plan de paix passe au second plan. Ce qui compte pour lui, c'est de trouver le moyen de ne pas humilier l'Autriche en lui conservant une place digne d'elle en Europe, tout en cherchant à plaire à Napoléon[32].

Le drame de Talleyrand est d'avoir été confronté à un homme qui à ce moment précis avait les moyens politiques et militaires d'appliquer un plan d'une telle ampleur mais n'en accepta jamais tout à fait la vision. Dès qu'il retrouve Napoléon à Munich le 26 octobre, il sent que son projet lui échappe. « Nous travaillons tous les jours à des plans de pacification. En voici un nouveau que je vous laisse à faire », écrit-il à d'Hauterive. Et de lui signaler les agrandissements projetés, aux dépens de l'Autriche, en faveur des électeurs de Bavière, de Bade et du Wurtemberg, comme du royaume d'Italie. « Les réunions sont décidées contre mon avis », ajoute-t-il, avant de conclure : « Un traité d'alliance avec l'Autriche, en lui donnant la Valachie et la Moldavie, ainsi que la Bessarabie et la Bulgarie, a été rejeté malgré dix mille bonnes raisons. On [Napoléon] préfère un traité avec la Russie, après avoir affaibli l'Autriche : ce n'est pas là mon opinion, mais la mienne à cet égard est rejetée. Cette lettre est pour vous seul[33]. »

À la veille de rejoindre Napoléon, après la victoire d'Austerlitz, il a encore moins d'illusions. Il sait pourtant que l'empereur a besoin de sa signature, derrière la sienne. Ses « opinions conservatrices » rassurent les puissances et semblent « aux souverains étrangers une morale suffisante pour eux[34] ». Le 5 décembre, il tente une dernière fois de convaincre Napoléon : « Aujourd'hui abattue et humiliée, [l'Autriche] a besoin que son vainqueur lui tende une main généreuse et lui rende, en s'alliant à elle, la confiance en elle-même que tant de défaites et tant de désastres lui ôteraient pour toujours. J'oserai dire à V. M. que c'est là ce qu'attendent de sa politique prévoyante et de sa magnanimité tous les sincères amis de sa gloire [...] Je supplie V. M. de bien vouloir relire le projet que j'eus l'honneur de lui adresser de Strasbourg. J'ose, aujourd'hui plus que jamais, le regarder comme le meilleur et le plus salutaire. Les victoires de V. M. le rendent maintenant facile[35]. » Il a d'autant plus de courage à écrire cela que Napoléon vient de le prévenir que la bataille gagnée change les conditions de la paix et les rendent plus difficiles pour l'empereur d'Autriche. On ne trouvera plus jamais ce ton après la paix de Presbourg. Car, à Brünn, son rêve s'effondre définitivement. À soixante ans de distance, le ministre des Relations extérieures de Napoléon s'est retouvé à Brünn dans la même position que le prince de Bismarck à Nikolsbourg après la victoire prussienne de Sadowa en 1866. Dans les deux cas l'Autriche était battue. Dans les deux cas, les deux hommes d'État ont été les seuls à voir dans l'ennemi défait d'aujourd'hui l'allié puissant de demain. Là où Bismarck l'emportera de justesse, grâce à l'appui du prince héritier, Talleyrand se heurte inexorablement à Napoléon, autrement moins malléable que le roi Guillaume de Prusse. Le « successeur de Charlemagne » veut remodeler l'Europe au mieux de ce qu'il pense être les intérêts de son empire et ne l'entend pas, même s'il l'écoute. Il veut une paix « sévère » avec l'Autriche. « La paix est un mot vide de sens, écrit-il à son frère Joseph le 13 décembre ; c'est une paix glorieuse qu'il nous faut[36]. » De Paris, le fidèle d'Hauterive se montre tout aussi lucide et pessimiste que son patron : « Vous voyez que l'empereur ne peut arriver à rien qu'il n'ait fait place nette en Europe et qu'il n'ait écrasé tout le monde. Voilà une terrible besogne et la paix est bien loin[37]. »

En attendant, Napoléon fait des rois aux marches de son empire. Les 11 et 12 décembre, les électeurs (du Saint Empire) de Bavière et du Wurtemberg reçoivent leur couronne de grands vassaux. Contre l'avis de son ministre, le maître est également décidé à s'allier avec la Prusse. Aux yeux de Talleyrand, les variations constantes de Frédéric-Guillaume de Prusse au cours de la campagne d'Allemagne augurent mal de la fiabilité de cette puissance alors moyenne et qu'il place au cinquième rang en Europe dans son mémoire du 17 octobre. Le roi tergiverse, passe de la neutralité à la médiation armée, laisse entrer les troupes suédoises et russes sur son territoire, reçoit Alexandre à Berlin début novembre et signe avec lui à Potsdam un accord qui l'engage dans la coalition au cas où Napoléon ne renoncerait pas d'ici le 15 décembre à ses « conquêtes » du Consulat. Charles-Maurice, après avoir travaillé sans conviction à l'alliance prussienne au cours de l'été, change de position, d'accord en cela avec d'Hauterive. Il est passé de la méfiance au mépris. Que cette puissance « timide, cauteleuse et intéressée » qui « voudrait s'accroître, mais sans risques », « reste donc dans sa petitesse, puisqu'elle n'a pas voulu profiter de l'occasion qui lui était offerte de s'élever à la grandeur[38] ». Mais l'alliance avec la Prusse participe, dans l'esprit de Napoléon, de l'abaissement de l'Autriche et Duroc signe à Vienne, le 24 décembre, un traité avec le comte d'Haugwitz aux termes duquel l'empereur cède au roi de Prusse l'électorat de Hanovre, possession du roi d'Angleterre jusqu'alors occupé par les troupes françaises.

On a l'impression, en le lisant et en l'observant, que Talleyrand boit en ce mois de décembre le calice jusqu'à la lie. À Brünn et à Presbourg, il entrevoit le désastre final. Il est difficile de ne pas lui donner raison à ce moment précis, même si on ne saura jamais si l'Autriche aurait accepté de négocier les bases de son projet. Toujours est-il qu'après la paix de Presbourg, Napoléon donnera libre cours à ses ambitions familiales et se lancera dans la formation de ce qu'on appellera le Grand Empire, que l'Angleterre continuera d'orchestrer des alliances continentales contre la France, que l'Autriche humiliée et rabaissée ne fera rien contre la Russie qui de son côté se sentira parfaitement libre d'agir aux côtés de la Prusse. La Prusse quant à elle ne mettra pas six mois à se retourner contre la France et à dénoncer son alliance. Émile Dard date peut-être un peu vite de cette époque la résolution de Talleyrand de quitter le ministère. Il est en tout cas certain qu'il signe le traité de Presbourg avec l'Autriche à contrecœur et sous la férule de Napoléon, rentré à Vienne. Il suffit de lire les lettres du maître au ministre pour s'en apercevoir. En lui annonçant la signature du traité avec la Prusse, il lui écrit le 15 décembre : « Mon intention est de régler en conséquence les conditions de l'Autriche. Rédigez un projet de traité. [...] Vous me l'enverrez pour que je l'approuve et ensuite vous le communiquerez aux ministres autrichiens en les assurant que je n'y changerai pas un mot, qu'ils peuvent prendre leur part, faire la paix ou la guerre. [...] C'est la seule façon de traiter avec ces gens-là[39]. » « La paix de Presbourg, note Charles-Maurice deux ans plus tard, fut une conséquence trop nécessaire de l'immortelle journée du 2 décembre pour avoir un lustre qui lui soit propre. La victoire d'Austerlitz en avait dicté toutes les conditions et le travail des négociations se réduisit à les écrire. » Et, il ajoute, non sans humour : « La seule négociation tant soit peu difficile fut celle qu'il fallut d'abord entreprendre avec les glaces dont le Danube était couvert, lorsqu'étant arrivé le 22 décembre sur la rive droite de ce fleuve je dus le traverser sur une petite barque pour gagner la rive opposée où le magistrat de Presbourg et bon nombre de ses habitants s'étaient réunis[40]. »

À l'issue des négociations de paix, l'Autriche perd la Vénétie rattachée au royaume d'Italie qu'elle reconnaît. Le Brisgau va au grand-duché de Bade. Le Tyrol et toutes ses possessions en Souabe serviront à agrandir les nouveaux royaumes alliés de Bavière et du Wurtemberg. Il n'est évidemment pas question de compensations, si ce n'est la vague promesse de donner Wurtzbourg à l'archiduc Ferdinand déchu de son grand-duché de Toscane. Le ministre de Napoléon a dû s'incliner et subir les volontés du maître comme ses changements d'humeur. Après Austerlitz, Napoléon, magnanime, avait promis à François II qu'il lui conserverait le Tyrol, avant de changer d'avis. Le projet de mariage d'Eugène de Beauharnais avec la princesse Augusta de Bavière fait basculer le Tyrol du côté de la Bavière. De Presbourg, Talleyrand regagne Vienne pour demander des instructions et plaider la cause du Tyrol. En vain. « M. de Rémusat, qui voyait beaucoup M. de Talleyrand alors, m'a dit souvent qu'il était réellement indigné. Non seulement il voyait la guerre prête à recommencer, mais encore le cabinet de France était entaché d'une perfidie dont une partie de la honte rejaillirait sur lui. Sa course à Presbourg ne serait plus que ridicule, montrerait le peu de crédit qu'il avait sur son maître, et détruirait cette considération personnelle qu'il s'appliquait toujours à conserver en Europe[41]. » Faute de pouvoir imposer son plan, il s'arrangera quand même pour réduire de 10 millions le montant des indemnités de guerre imposées à l'Autriche. Cela agacera Napoléon. Évidemment, les bonnes langues habituelles – Pasquier puis Vitrolles – prétendent qu'il se serait servi sur la différence. En l'absence de preuves, on en est réduit aux conjectures[42]. Metternich, alors sur le point de quitter Vienne pour Paris et qui aura de nombreuses occasions, comme membre du corps diplomatique, d'observer Charles-Maurice de près, a raison de l'affirmer : c'est sans doute à Presbourg que le ministre prit la résolution de s'opposer « de toute son influence » à ce qu'il appelle « les projets destructeurs de Napoléon ». Si son influence directe sur l'empereur, ajoute-t-il, était dès ce moment, « subalterne », par sa position, par ses réseaux, « ses moyens journaliers d'exécution » restaient puissants[43].

Dès lors, tout se passe comme si plus les deux hommes s'éloignent l'un de l'autre, plus le ministre en rajoute dans la flatterie et plus son patron le comble d'honneurs. Comme si l'un et l'autre cherchaient à retarder le plus longtemps possible leur séparation. Le premier parce qu'il sait que son influence réelle en France et en Europe, sans parler de sa fortune, passe par l'exercice du pouvoir. On ne trahit pas en solitaire, dans son coin, mais dans la place. Sur ce plan, Charles-Maurice est un adepte de la vieille méthode du cheval de Troie. *A contrario*, Napoléon se croit mieux à même, à tort nous semble-t-il, de surveiller son ministre en l'ayant sous la main. Et le meilleur moyen de le garder, à ses yeux, est encore l'intérêt.

19.

PRINCE DE BÉNÉVENT ET MINISTRE EN SURSIS

La fulgurante campagne d'Allemagne, la défaite de l'Autriche et l'alliance prussienne poussent Napoléon, dont Talleyrand dit qu'il a été reçu à Munich, à son retour de Vienne, « comme un dieu[1] », à mettre en œuvre ce qu'il médite depuis longtemps : une nouvelle politique continentale fondée sur un système d'alliances familiales tous azimuts. En mars 1806, Joseph devient roi de Naples et remplace Ferdinand IV, cet incorrigible adversaire de la « Grande Nation », coupable de s'être risqué à jouer double jeu entre la France et ses ennemis. En juin, son cadet, Louis, est nommé roi de Hollande. Dans la foulée, Napoléon crée des fiefs d'Empire taillés dans ses conquêtes et attribués à ses proches métamorphosés en autant de vassaux de la couronne. Son beau-frère Murat est ainsi fait duc de Berg et de Clèves, le fidèle Berthier, prince de Neufchâtel. Le 5 juin 1806, en récompense de ses « services », Charles-Maurice de Talleyrand, grand chambellan de Sa Majesté empereur des Français et son ministre des Relations extérieures devient prince duc de Bénévent et prend le titre d'Altesse Sérénissime[2]. On ne saura jamais dans quel état d'esprit il reçut la chose, d'autant que Napoléon refusa de le doter comme il le fera pour ses autres princes et ducs « italiens », en compensation des faibles revenus de leurs nouvelles possessions. « Talleyrand est assez riche », dira-t-il à son frère Joseph[3]. Mme de Talleyrand, née Catherine Worlée, épouse divorcée de George Grand, y trouvera quant à elle de quoi satisfaire sa vanité et son goût des honneurs, au point de signer ses lettres d'un triomphal « princesse régnante de Bénévent ».

Talleyrand connaissait parfaitement l'existence du duché de Bénévent pour en avoir déjà tiré profit sous le Directoire et pour en avoir récemment parlé à Napoléon[4]. Cette petite ville de 20 000 habitants jusqu'alors administrée par le Saint-Siège et enclavée dans le royaume de Naples n'est pas très prospère. « On est encore au XIIe siècle dans ce pays », note l'honnête Louis de Beer chargé de l'administration du duché, en octobre 1807[5]. Pendant quatre ans, son « propriétaire » n'en tirera pas grand-chose et s'efforcera de réinvestir ses revenus : principalement le produit des droits de douane et ceux des communautés religieuses sécularisées, aux travaux d'urbanisme les plus urgents, à l'amélioration des routes et au développement de l'industrie. Au marquis de Gallo, il parle en riant de Bénévent comme d'une « principauté honorifique » dans la mesure où elle ne lui rapporte rien, et dans ses lettres à Louis de Beer, il utilise souvent le mot « sacrifices ». Pour un homme qui a la réputation d'être si attaché à l'argent, voilà qui sonne étrangement. Même s'il ne mettra jamais les pieds à Bénévent, Talleyrand s'y comporte en tout point comme un prince éclairé et libéral, soucieux du bien-être de ses « sujets ». « Persuadez-vous, monsieur, écrit-il à Dufresne de Saint-Léon chargé de prendre possession de son duché en juillet 1806, que le bien que vous ferez et celui que vous préparerez seront les plus sûrs moyens d'attacher l'opinion publique au nouveau gouvernement, et de donner à ma principauté toute la valeur qu'elle doit recevoir d'une bonne administration. Mon inclination et mes intérêts sont que les habitants soient dès les premiers moments heureux et bien gouvernés. […] Si cette souveraineté a quelque prix pour moi, c'est surtout par l'espérance et le désir que j'ai de faire aimer mon pouvoir[6]. » Il introduit successivement à Bénévent le code civil et le code criminel, crée un lycée, un jardin botanique et une bibliothèque, rend la vaccine obligatoire, développe l'extraction du charbon. Aucun détail ne lui échappe. On est loin des dessous-de-table et autres douceurs diplomatiques. À chaque fois que Charles-Maurice a eu affaire au gouvernement des hommes, dans son évêché d'Autun avant la Révolution, à Bénévent comme à Valençay, il s'est comporté en homme des Lumières, en administrateur moderne, à la fois sage et curieux de nouveautés et de progrès. Cela donne la mesure du personnage. C'est seulement dans les dernières années de son règne, voyant le peu d'avenir de ce grand fief immédiat d'un empire en pleine décomposition et personnellement très gêné dans sa fortune, qu'il cherchera à récupérer la totalité des revenus de sa principauté, peu de chose en comparaison de ses traitements, de ses coups de Bourse comme de ses « revenus diplomatiques »[7].

Comme prince souverain de Bénévent, Talleyrand entre dans un système qu'il réprouve en silence. Sur le moment, il conseille de ne rien faire qui puisse contrarier les habitudes et les institutions des grands royaumes distribués aux Bonaparte. Il écrit au conseiller d'État Miot qui vient d'être nommé ministre de Joseph à Naples : « Le prince doit monter simplement sur le trône, ne faire aucune Constitution, laisser la noblesse et les institutions qui existent dans le pays, mais ne mettre que des Français en place. [...] Il doit enfin agir comme s'il montait sur le trône par ordre de succession naturelle[8]. » Autrement dit, il lui suffit de se glisser dans le lit de son prédécesseur dépossédé et réfugié en Sicile, et d'attendre. C'est déjà critiquer implicitement le maître pour qui la création des nouveaux royaumes de famille ne va pas sans de profondes réformes, sur le modèle et à l'image de son empire. A-t-il été plus loin ? À lord Alvanlay, il dira plus tard avoir abordé directement le sujet, en privé, avec Napoléon : « Vous avez créé un empire que vous ne devez qu'à vous-même, mais vos frères sont faibles. Couvrez-les d'honneurs et de richesses, mais n'en faites pas des rois, ils mineraient peu à peu votre prestige[9]. » Rien ni aucune lettre ne permet de vérifier ce qu'il affirme et qu'il répétera plus tard longuement dans ses Mémoires, après la chute du maître, ce qui est plus facile. Il voit dans la formation du Grand Empire « un principe de dissolution » du régime napoléonien. « Quand Napoléon donnait une couronne, il voulait que le nouveau roi restât lié au système de cette domination universelle, de ce Grand Empire dont j'ai déjà parlé. Celui, au contraire, qui montait sur le trône, n'avait pas plutôt saisi l'autorité qu'il la voulait sans partage et qu'il résistait avec plus ou moins d'audace à la main qui cherchait à l'assujettir. Chacun de ces princes improvisés se croyait placé au niveau des plus anciens souverains de l'Europe, par le seul fait d'un décret et d'une entrée solennelle dans sa capitale occupée par un corps d'armée français. Le respect humain qui lui commandait de se montrer indépendant en faisait un obstacle plus dangereux aux projets de Napoléon que ne l'aurait été un ennemi naturel[10]. » Pour l'ancien ministre des Relations extérieures de Napoléon, ce principe de contradiction, ce « vice radical » du Grand Empire en formation en annonce la chute.

C'est donc sans beaucoup d'illusions que Talleyrand tente de sauver la dernière occasion de faire la paix avec l'Angleterre offerte à Napoléon au début de l'année. Pitt meurt fin janvier et George III se résout à ouvrir le nouveau ministère dirigé par Grenville à certains membres de l'opposition libérale, en particulier à deux amis proches de Talleyrand, Lansdowne, le fils aîné de son vieux complice et de son hôte lorsqu'il séjournait en Angleterre sous la Révolution, et Fox. L'un et l'autre sont favorables à un rapprochement avec la France. Fox, qui prend en main les Affaires étrangères, connaît Talleyrand depuis presque vingt ans. Il l'a rencontré à Paris au tout début de la Révolution, accueilli à Londres sous la Terreur et revu en France à la faveur de la paix d'Amiens. Les deux hommes, également aristocrates, s'estiment. Ils partagent les mêmes vues modérées et libérales. Talleyrand évoquera encore le souvenir de Fox à Londres sous la Monarchie de Juillet, allant rendre visite à sa veuve et parlant de lui avec affection. « Il était enchanté de s'étendre sur la simplicité, la gaieté, le côté à la fois primesautier et profond de Fox », note Greville en 1833[11]. Pitt laisse un pays en crise, de plus en plus divisé sur la nécessité de poursuivre la guerre après la déroute austro-russe de décembre 1805. Puisque la suprématie maritime de l'Angleterre est acquise et que la France a perdu ses colonies, n'y aurait-il pas un moyen de s'entendre avec elle ? Le 20 février, Fox écrit très officiellement à Talleyrand pour lui dénoncer une tentative de complot contre Napoléon, et, dès le 5 mars, ce dernier lui fait des ouvertures de paix[12]. Tout cela est trop rapide pour que les deux hommes n'aient pas été en contact depuis longtemps. Les moyens officieux de correspondre avec l'Angleterre ne manquent pas, à l'époque. Perregaux, grâce à son réseau de maisons de banque en Hollande et à Londres, joue sa partie. En conservant la haute main sur les passeports délivrés aux nombreux Anglais retenus à Verdun depuis la rupture de la paix d'Amiens et désireux de voyager en France ou de rentrer en Angleterre sur parole pour leurs affaires, le ministre des Relations extérieures dispose par ailleurs d'une source d'informations et de contacts non négligeables. Il existe aux Archives nationales un précieux dossier, peu connu, sur ces prisonniers anglais qui voyagent en toute innocence entre Verdun, Paris et Londres : le colonel MacLeod, John Nicholls, lord Elgin, le général Abercromby, lord Yarmouth entre autres. Derrière les raisons avouées de leurs déplacements se cachent parfois des missions politiques précises. On prend contact avec le prince de Galles, le futur George IV, connu pour ses positions favorables à la France et proche de Fox comme des milieux *whigs*, on transmet des lettres du ministre, tout cela bien avant l'entrée de Fox au ministère[13]. Le comte de Yarmouth occupe une place à part dans ce réseau. Il est très proche de Montrond, son compagnon de plaisirs et, presque publiquement, l'amant de sa femme. Lorsque, en janvier 1805, lady Yarmouth accouche d'un garçon, Henry Seymour – le futur fondateur du Jockey Club –, personne n'hésite sur la véritable paternité de l'enfant. Yarmouth est joueur, grand buveur, spéculateur acharné, mais il a aussi toute la confiance de Fox et partage ses idées politiques au Parlement. Tout naturellement, c'est lui que Talleyrand propose à Fox dans les premiers jours de juin pour conduire les négociations[14]. Il n'y a pas d'exemples dans les commencements d'une négociation où les partenaires aient été de meilleure foi. On ne peut, de part et d'autre, multiplier autant les bons procédés : « L'empereur n'a rien à désirer de ce que possède l'Angleterre », écrit Talleyrand le 1er avril. Et il ajoute, en pensant déjà au futur traité de commerce que pourraient signer les deux pays : « La paix avec la France est possible et peut être perpétuelle, quand on ne s'immiscera point dans ses affaires intérieures et qu'on ne voudra ni la contraindre dans la législation de ses douanes et dans les droits de son commerce, ni faire supporter aucune insulte à son pavillon. » Et Fox lui répond le 8 avril en écartant toute idée de traité qui désavantagerait l'industrie et le commerce français : « Rien n'est plus éloigné des idées qui prévalent chez nous. [...] Ce n'est, monsieur, pas moi seulement, mais tout homme raisonnable qui doit reconnaître que le véritable intérêt de la France c'est la paix, et que par conséquent c'est sur sa conservation que doit être fondée la vraie gloire de ceux qui la gouvernent. » Fidèle à sa méthode des petits pas, Talleyrand tente d'amener insensiblement Napoléon à la paix. Dans ses discussions informelles avec Yarmouth, il promet toujours un peu au-delà de ses instructions. Il admet le principe du fait accompli et le respect des conquêtes des deux pays, maritimes d'un côté, continentales de l'autre. Cela s'appelle selon l'ancienne dénomination latine utilisée en diplomatie, l'*uti possidetis*. Il fait espérer la restitution du duché de Hanovre à l'Angleterre, alors même que celui-ci a été promis à la Prusse en échange de son alliance. De même, il fera tout pour que Malte reste sous domination anglaise, comme la Sicile que Napoléon ne réclame pas. « Nous ne vous demandons rien. » Enfin, il accepte d'engager la discussion conjointement avec la Russie, alliée de l'Angleterre[15]. Tout se passe comme si Talleyrand cherchait à prendre tout le monde de vitesse, à commencer par Napoléon. Or celui-ci veut gagner du temps. Tout à la construction de son système, en Allemagne et en Italie, il tergiverse, se tait, cède puis reprend tout en mettant l'Angleterre devant le fait accompli. Il est au fond persuadé que celle-ci, exangue, lâchera beaucoup plus qu'elle ne le dit. À la fin du mois de juin, il ordonne brusquement à Talleyrand de revendiquer la Sicile qu'il veut réunir au royaume de Naples. Début août, il estime « à déshonneur » la simple idée de traiter sur la base de la conservation de leurs conquêtes respectives par les deux puissances. Au même moment, il parvient, contre l'avis de Talleyrand, à conclure avec les Russes un traité d'alliance (20 juillet) qui lui permet de ne plus rien avoir à céder aux Anglais. D'Oubril, chargé de la négociation pour Alexandre Ier, déclare entre autres que son souverain ne s'opposera pas à l'abandon de la Sicile au royaume de Naples. Malgré cela, lord Lauderdale, que Fox envoie à Paris en renfort, arrive avec des instructions qui auraient pu rendre la paix possible si Napoléon l'avait voulu. Fox cède sur la Sicile à condition de dédommager équitablement Ferdinand IV et ouvre la négociation aux anciennes colonies françaises et hollandaises occupées par l'Angleterre, sur la base d'échanges territoriaux honnêtes. On ne peut aller plus loin[16].

Mais Napoléon tergiverse encore. Il attend la ratification de son traité de paix avec la Russie à Saint-Pétersbourg. À force de jouer sur tous les tableaux, il finira par tout perdre. Car la partie compte en réalité quatre partenaires. En août, la Prusse s'y invite avec fracas. Depuis plusieurs semaines Frédéric-Guillaume s'inquiète de la volte-face de Napoléon sur le Hanovre. De plus, la création de la Confédération du Rhin, qui met fin en juillet au vieux Saint Empire romain germanique, renforce encore la domination de la France dans le sud de l'Allemagne. Son « protecteur », qui n'a toujours pas retiré ses armées d'Allemagne, en a fait une arme puissante en obligeant ses alliés, les seize princes allemands signataires, dont Murat, grand-duc de Berg et de Clèves, à lui fournir un contingent de plus de 60 000 hommes en cas de guerre. La Prusse, invitée de son côté à former une hypothétique alliance du Nord, entre dès lors en ébullition. Frédéric-Guillaume cède aux instances de sa femme et du parti antifrançais. Il se dispose à prêter main-forte à son allié de l'Est (Alexandre) contre son allié de l'Ouest (Napoléon). Début août, il met son armée sur le pied de guerre et envoie un ultimatum à Napoléon. De son côté, Alexandre désavoue le traité négocié par d'Oubril. C'est la guerre[17].

Les pourparlers avec l'Angleterre n'y survivront pas, comme ils ne survivront pas à la mort de Fox, le 14 septembre. Pourtant Talleyrand et Lauderdale feront tout pour les poursuivre. Alors que Napoléon envoie déjà des ordres dans toute l'Allemagne et prépare sa prochaine campagne contre la Prusse, le prince de Bénévent lui écrit encore le 18 septembre pour l'informer que Lauderdale « ne veut point rompre, il désire que les négociations reprennent bientôt, il voudrait finir avant la rentrée du Parlement[18] ». Peine perdue. L'ancien évêque ne s'est jamais montré aussi opiniâtre qu'au cours de ces discussions des mois de juin à septembre 1806. Il a tout supporté : les revirements et les dissimulations du maître, les humiliations également, en particulier lorsque ce dernier lui impose deux nouveaux plénipotentiaires : Clarke en juillet et Champagny en août, comme s'il redoutait de le laisser seul face aux Anglais[19]. « L'esprit du grand homme devient tous les jours moins doux, note le ministre de Prusse, Lucchesini, le 22 juillet. Les succès le rendent presque intraitable[20]. » Depuis le début de l'année, Napoléon renforce son contrôle sur son ministre. Le ton de ses lettres se fait de plus en plus cassant. « Je désire mettre de la régularité dans mon travail des relations extérieures, lui écrit-il le 28 février. Il est donc convenable que vous m'envoyiez tous les jours, après que vous les aurez lues, toutes les lettres de mes ambassadeurs et agents des relations extérieures, mon intention étant de lire toutes les correspondances. Je vous enverrai un portefeuille dont je garderai une clef. […] Cet arrangement aura lieu dès demain[21]. » Et le 15 mars : « En vérité, je ne peux concevoir votre façon de faire les affaires ; vous voulez faire de votre chef et ne vous donnez pas la peine de lire les pièces et de peser les mots. […] Apportez-moi ce soir des explications sur cette affaire[22]. » De son côté, Talleyrand n'est pas dupe de la manœuvre de Napoléon qui sacrifie la paix à « son » système. Savary, qui ne l'aimait pourtant pas, lui rend hommage sur ce point : « M. de Talleyrand poussait les conférences avec l'Angleterre avec activité. Rien ne lui eût coûté pour faire conclure la paix. Il disait à qui voulait l'entendre que, sans elle, tout était problème pour l'empereur, qu'il n'y aurait qu'une suite de batailles heureuses qui le consolideraient et que cela se réduisait à une série dont le premier terme était A et dont le dernier terme pouvait être Y ou zéro. Il entrait en fureur quand il s'apercevait des petites intrigues des ambitieux qui amenaient la guerre en parlant des armements de la Prusse, qu'eux-mêmes provoquaient tous les jours par leur jactance et leurs menaces[23]. »

« M. de Talleyrand, qui [...] veut quitter les affaires, se fait un point d'honneur de parvenir à la conclusion de la paix avec l'Angleterre », écrit encore le baron de Vincent à Vienne[24].

20.

LES MANŒUVRES DE VARSOVIE

Napoléon quitte Paris le 25 septembre pour une nouvelle campagne fulgurante. Le 14 octobre, les armées de Frédéric-Guillaume de Prusse sont écrasées à Auerstaedt et à Iéna. Comme l'année précédente, son ministre marche derrière lui à quelques jours de distance. Il est à Metz le 28 septembre, à Coblence puis à Mayence début octobre. Il ne sait pas encore qu'il ne rentrera en France qu'au cours de l'été suivant. D'Hauterive, resté à Paris, est aussi pessimiste que lui. « J'ai bien étudié la valeur du mot coalition et celle du mot Empire français, lui écrit-il le 19 octobre. Ces deux choses sont dans un état de mortelle inimitié et ne peuvent exister de longues années ensemble. Il faut que l'une tue l'autre. Jusqu'à présent la France a conservé son terrain, mais elle n'a pas détruit son ennemi : elle l'a cependant fait par partie ; à une guerre elle détrône un roi ; à une autre elle en détrône un autre. Il faut ou qu'elle périsse ou qu'elle détrône assez de rois pour que ce qui en reste ne puisse composer une coalition. Cela sera, je crois, quand la Prusse sera détruite. La coalition aura détruit l'Empire français le jour où elle l'aura fait rétrograder : car dans cette marche on ne s'arrête pas[1]. »

Talleyrand se montre tout aussi lucide, à cette différence près qu'il n'a jamais l'air de rien prendre au tragique, comme d'Hauterive. La tournure sérieuse des événements l'incite plus que jamais à se montrer aimable. Paradoxalement, alors que ses rapports avec Napoléon tournent à l'aigre, il n'a jamais été plus puissant au regard des autres. En apparence, il est au faîte de la faveur. La fortune du maître rejaillit sur lui. « Tous les ministres étrangers s'empressent également chez lui et lui font une cour assidue, note le baron de Vincent, alors qu'il est encore à Paris, car les choses sont montées ici à une telle hauteur que le ministre participe aux hommages que, de toutes parts et de toutes manières, on offre à un maître que la fortune et les circonstances ont porté à un point de puissance aussi considérable qu'étonnant. [...] L'accès dans le cabinet de M. de Talleyrand est presque impossible ; un mot d'attention accordé au moment d'une rencontre fortuite est un événement heureux et la moindre prévenance en société est remarquée et considérée comme une faveur[2]. » À Mayence où s'établit la cour, à Berlin puis à Varsovie, il reçoit tout ce que l'Allemagne compte de princes et de ducs régnants venus quémander le pardon ou la protection du maître au sein de la Confédération du Rhin à la faveur des batailles gagnées contre le roi de Prusse. À Berlin, le représentant du duc de Saxe-Weimar, l'ami de Goethe, passe, comme beaucoup de ces « solliciteurs qui m'obsèdent et qui m'accablent[3] » (Talleyrand), « cinq heures de mortelle attente et de vive tension nerveuse » dans son anti-chambre. Puis « la porte s'ouvre enfin pour livrer passage à un vieux monsieur assez fort, de taille moyenne, vêtu d'un habit brodé à la française, aux cheveux poudrés, boitant avec gravité. Son visage pâle, immobile et sans trait saillant, me fit l'effet d'un voile épais tendu devant son âme. Ses petits yeux grisâtres n'avaient pas la moindre expression, mais un léger sourire mi-sérieux et mi-ironique animait sa bouche[4]. » Sans jamais se départir de son flegme et toujours avec ce même sourire « ironique », il fait ainsi entrer de nombreux clients dans la Confédération : l'électeur et les cinq ducs de Saxe, à Posen, en décembre, les deux princes de Lippe, les trois ducs d'Anhalt, les quatre princes de Reuss, les princes de Schwarzburg et de Waldeck à Varsovie en avril 1807. Le ministre négocie, les princes paient, sa réputation de diplomate habile, incontournable et sulfureux s'accroît d'autant, dans toute l'Europe.

C'est à cette époque, et à force d'anecdotes rapportées par les uns et par les autres, que le ministre emporte aussi la palme du tact et de la politesse en diplomatie. Pour Heiberg, l'un des traducteurs du ministère, qui le voit presque tous les jours au cours de ce voyage et dîne souvent à sa table, son génie consiste à savoir se saisir de la moindre occasion pour placer exactement le compliment qui charme et enlève la décision. À l'envoyé du roi de Saxe venu lui faire cadeau à Varsovie d'une caisse de précieux vin de tokai, il fait remarquer au dessert que les bouteilles présentent un fond plat et ne sont pas creuses comme à l'ordinaire : « Savez-vous bien, Monsieur le Colonel, finit-il par dire, que vos bouteilles sont de bonne foi, à l'égal de votre roi[5]. » Tout à son jeu d'acteur consommé, Son Altesse sérénissime, M. le prince de Bénévent est devenu un personnage considérable qui ne se déplace pas sans une suite nombreuse. En Allemagne, il est accompagné d'une partie de son personnel diplomatique : les chefs des divisions du Nord et du Midi, La Besnardière et Roux de Rochelle, les deux frères Durant, l'aîné, Mareuil, ministre plénipotentiaire à Stuttgart et le cadet, Saint André, sous-chef de la division du Nord ; son traducteur danois Andreas Heiberg ; son copiste Challaye ; trois secrétaires « à la main », sans oublier Courtiade, le cuisinier Chevalier et trois ou quatre domestiques[6]. Il est le plus souvent magnifiquement logé, à Berlin dans l'hôtel du ministre d'État comte d'Haugwitz obligé de quitter la ville à l'approche des troupes françaises, le long de la prestigieuse avenue Unter den Linden, à Varsovie dans le bel hôtel du banquier Tepper, rue Miodowa. C'est le seul de l'ancienne capitale lithuanienne, jusqu'alors sous administration prussienne et désertée par la noblesse polonaise, encore en bon état, meublé à la française et surtout garni d'un lit fermé de rideaux, note le jeune Barante qui s'est donné beaucoup de mal pour le trouver[7]. Seules les routes restent détestables, surtout en Pologne, en plein mois de décembre. Entre Posen et Varsovie, sa voiture verse et il se retrouve sur le bord de la route pendant vingt-quatre heures avant qu'on ne la lui remplace. « Je vous réponds, écrit-il alors, désabusé, à Mme de Rémusat, du milieu des boues de la Pologne. Peut-être, l'année prochaine, vous écrirai-je des sables de je ne sais quel pays. Je me recommande à vos prières[8]. » Dans le même registre, il écrivait déjà de Berlin à d'Hauterive : « Je ne sais rien de notre avenir ; J'appelle avenir la semaine prochaine[9]. » Napoléon est en campagne et son ministre ne le voit que de loin en loin, quelques jours seulement à Mayence, Berlin, Posen et Varsovie. Le reste du temps, il lui écrit, le tient au courant des négociations en cours, lui envoie les dépêches du jour. Il s'efforce dans les premiers jours d'octobre de convaincre certains princes allemands de rester neutres et de ne pas s'allier au roi de Prusse. Il fait pression sur Joséphine qui à Mayence, inquiète de la nouvelle campagne, pleure et prête l'oreille aux partisans de la modération[10]. Il tente d'adoucir les dures conditions exigées par Napoléon aux offres d'armistice implorantes du roi de Prusse à la fin du mois d'octobre[11].

Sous les ors de la flatterie, la petite musique de paix du ministre, très feutrée, très lointaine, se fait encore entendre. « Votre Majesté a depuis longtemps épuisé l'admiration, lui écrit-il après la victoire d'Iéna ; notre amour et notre reconnaissance pour elle sont seuls inépuisables. Aujourd'hui, tous nos vœux sont pour voir mettre fin à des périls dont les fidèles serviteurs de Votre Majesté sont d'autant plus alarmés qu'elle les compte elle-même pour rien[12]. » Mais Napoléon maintient ses exigences – la cession par le roi de Prusse de tous ses territoires de l'Elbe au Rhin, une contribution de guerre de 100 millions de francs, l'alliance contre la Russie et l'Angleterre –, et Frédéric-Guillaume choisit de poursuivre la lutte aux côtés de la Russie. Napoléon fait son entrée à Berlin et décide de prolonger la campagne au cœur de l'hiver. D'après Savary, Talleyrand, en le rejoignant à Berlin, lui aurait remis une nouvelle note en vue de la pacification générale. Elle n'aura pas plus de succès que celle d'octobre 1805. Pourtant Napoléon le consulte. De nombreux historiens, jusqu'à Lacour-Gayet[13] ont reproché à Talleyrand d'avoir signé sans sourciller le long rapport du 20 novembre, daté de Berlin, qui prépare les conditions d'un blocus économique aussi hermétique que possible contre le commerce anglais. Ce que Talleyrand appellera plus tard le « gigantesque et désastreux système continental[14] », plus connu sous le nom de Blocus continental, qui obligera

Napoléon à étendre toujours plus sa domination en Europe à seule fin d'asphyxier les îles Britanniques, ruine d'un trait de plume tout ce qui reste d'espoir de paix. C'est au fond ce que le ministre dit implicitement et habilement dans son mémoire, en feignant d'en faire le reproche au gouvernement anglais : le blocus est contraire au droit des gens, il risque de nuire à notre commerce, il serait inutile s'il n'était complètement appliqué. À elle seule, l'entrée en matière de son rapport est superbe, parfaitement dans la logique de sa pensée : « Sire, trois siècles de civilisation ont donné à l'Europe un droit des gens que, selon l'expression d'un écrivain illustre [c'est Montesquieu], la nature humaine ne saurait assez reconnaître. Ce droit est fondé sur le principe que les nations doivent se faire, dans la paix, le plus de bien, et dans la guerre, le moins de mal possible. […] Ce droit, né de la civilisation, en a favorisé le progrès. C'est à lui que l'Europe a été redevable du maintien et de l'accroissement de sa prospérité, au milieu même des guerres fréquentes qui l'ont divisée. » Cambacérès, chargé de le transmettre au Sénat, note à juste titre dans ses Mémoires : « En proposant [le blocus], le ministre Talleyrand indiqua tous ces inconvénients. Ce n'était pas de plein gré qu'il agissait et dans cette occurrence, comme en plusieurs autres, il parla contre sa propre conviction[15]. » On en a la confirmation par l'un des membres du personnel diplomatique présent à Berlin à cette époque, le Danois Heiberg. Le 19 au soir, tout le personnel est convoqué dans le cabinet du ministre : « J'ai à vous montrer quelque chose qui vous fera dresser les cheveux sur la tête. » Talleyrand se dirige alors vers son bureau et prend un papier qu'il tend à La Besnardière en disant : « Il est dans l'usage général qu'un décret impérial s'appuie sur un rapport qui le précède et qui ait été présenté à l'empereur par le ministre compétent. Voici au contraire un décret déjà signé par l'empereur, qui se fonde sur un rapport encore inexistant. C'est ce rapport qu'il faut rédiger et c'est votre affaire, La Besnardière, d'avoir à mettre de l'ordre dans le désordre. Dès demain matin des courriers devront être envoyés dans toutes les légations françaises pour y porter des copies, tant du rapport que du décret[16]. » Talleyrand ne cessera par la suite de s'opposer à Napoléon sur le principe même d'une sortie du conflit par des moyens économiques en désorganisant les bases sociales de l'adversaire et en semant le désordre chez l'ennemi. Il a toujours considéré le régime politique anglais, constitutionnel et aristocratique, comme un modèle à préserver absolument. Lorsque, en 1808, puis en 1811, l'économie anglaise donnera quelques signes momentanés de faiblesse, il s'en inquiétera plus que tout autre. « Tremblez ! Insensés que vous êtes, des succès de l'empereur sur les Anglais, dira-t-il un jour à Mme de Rémusat. Car, si la Constitution anglaise est détruite, mettez-vous bien dans la tête que la civilisation du monde en sera ébranlée jusque dans ses fondements[17]. »

L'échec final du blocus continental tenté par Napoléon lui donnera finalement raison. Cette politique qu'il désapprouve, combinée avec la poursuite de la guerre en Silésie et en Posnanie, l'incite à chercher une nouvelle fois à Berlin puis à Varsovie les conditions d'une alliance avec l'Autriche qu'il proposait déjà à Mayence en octobre[18]. À court terme, elle garantirait la neutralité de l'Autriche dans la guerre en cours et protégerait les provinces danubiennes des ambitions russes, à long terme elle est toujours à ses yeux le seul moyen de parvenir à une paix générale. L'ancienne Pologne, partagée depuis 1795 entre les trois grandes puissances du Nord, peut en être l'enjeu. Au fur et à mesure de la marche des troupes françaises vers Varsovie, Talleyrand multiplie les contacts avec Vienne. Le 18 novembre, il sonde le cabinet autrichien par l'intermédiaire de son représentant sur place, le général Andréossy, pour savoir si les termes d'un échange entre la Galicie, l'ancienne province polonaise annexée par l'Autriche, et la Silésie, arrachée à l'impératrice Marie-Thérèse par Frédéric II, conviendraient à François Ier. La reconstitution de l'ancien royaume, dont il n'a jamais admis le démembrement, est au bout de cette politique qu'il défendra un peu plus tard dans un mémoire adressé à Napoléon le 28 janvier 1807. Mais, à la différence de ce dernier qui tourne également autour de cette idée, en cherchant seulement à s'appuyer sur le patriotisme polonais dans sa lutte contre la Russie, sans vraiment s'engager, Talleyrand envisage cette reconstitution de façon durable comme un rempart contre la Russie et comme le moyen de brouiller durablement la Prusse et l'Autriche[19]. L'opposition absolue de l'Autriche, qu'il cherche avant tout à contenter, va le faire évoluer. De plus, une fois à Varsovie, et plus son séjour se prolongera, il s'interrogera sérieusement sur la capacité des Polonais à se gouverner eux-mêmes. Il dira au baron de Vincent, en mars 1807 : « Je déteste ce pays-ci ; Je n'ai rien vu de plus léger et de plus inquiétant que ces gens-là ; ils réunissent toutes les qualités dangereuses des autres peuples. » La Pologne était dans son esprit l'une des voies d'accès à l'alliance autrichienne qu'il continuera pourtant à défendre vaille que vaille au cours des quatre mois de son séjour forcé à Varsovie, des derniers jours de décembre 1806 aux premiers jours de mai 1807. Mais dans l'immédiat, et puisque Napoléon y séjourne quelques semaines en janvier, son ministre s'occupe de tout autre chose. Il veut amuser « l'inamusable » et, sans doute plus subtilement, l'assouplir, le distraire de la guerre et de l'ambition par les plaisirs de la société et de l'amour. Il regrettera toujours, avec Caulaincourt, que l'amour ait rarement été pour Napoléon « un besoin et peut-être même un plaisir[20] ».

Le 17 janvier, il lui donne une fête mémorable où se retrouve tout le corps diplomatique et une partie de la haute société polonaise accourue à Varsovie pour voir son « libérateur ». Il y a là beaucoup de jolies femmes. Napoléon y danse avec une certaine Marie Walewska, une jeune et séduisante personne de la noblesse, mariée à un vieillard octogénaire qu'on ne voyait jamais. Le lendemain même, la belle Polonaise succombe au maître, avec autant de facilité que la forteresse d'Ulm, note méchamment la comtesse Potocka[21]. « C'est Talleyrand, dira plus tard Napoléon à Gourgaud, qui me l'a procurée ; elle ne s'est pas défendue[22]. » « Il avait toujours ses poches pleines de femmes », dira-t-il encore sans penser que son ministre jouait en l'occurrence le rôle très classique du grand seigneur entremetteur, dans la tradition de l'ancienne cour. La maîtresse du roi vous dit toujours ce que vous voulez savoir lorsqu'elle est votre obligée.

En arrivant à Varsovie, Charles-Maurice fait également très tôt la connaissance de l'une des nièces de l'ancien roi de Pologne Stanislas II Auguste, Marie-Thérèse Poniatowska, mariée au vieux comte Vincent Tyszkiewicz, l'ancien grand référendaire de Lithuanie, dont elle est séparée depuis longtemps. La comtesse Tyszkiewicz n'est ni très jeune ni très belle – elle a largement dépassé la quarantaine et cache un œil de verre (le gauche) sous de vastes chapeaux –, mais elle a de l'esprit et de la grâce, connaît tout le monde et jouit d'une immense considération. Son frère, le prince Poniatowski, sera le ministre de la Guerre du futur duché de Varsovie créé par Napoléon et jouera le rôle que l'on sait dans ses armées pendant la campagne de Russie. C'est elle qui donne à Varsovie les fêtes les plus brillantes dans son palais de La Blacha, où elle vit avec son frère et la maîtresse de celui-ci, la comtesse de Vauban. Charles-Maurice devient très vite la passion dominante de sa vie. Elle lui tombe dans les bras et devient sa maîtresse avant d'être, lorsqu'elle le rejoindra plus tard à Paris, l'une de ses confidentes, la plus sentimentale, la plus dévouée pour ne pas dire la plus acharnée du « vieux sérail ». Peu après le départ de son amant, elle lui enverra un coffret d'ébène destiné à recevoir ses lettres et censé lui rappeler les jours heureux de Varsovie. On peut encore y lire sur le couvercle : Doux souvenir / Tiens-moi lieu d'espérance / 1806-1807[23].

Elle le couvrira d'ailleurs toute sa vie de cadeaux et se ruinera à moitié pour lui. Talleyrand s'arrangera très bien de cette situation. Il se moquera bien un peu d'elle mais finira par tout faire avec elle. La princesse aura sa chambre à Valençay, l'accompagnera aux eaux de Bourbon et s'imposera comme une familière parmi les familières. À sa mort, Talleyrand la pleurera sincèrement : « Ma malheureuse amie est morte hier à Tours, écrira-t-il à la duchesse de Bauffremont en 1834. Vingt-sept ans de dévouement absolu ! J'ai le cœur percé[24]. »

À Varsovie, il fait de Marie-Thérèse Tyszkiewicz un agent d'influence et de renseignement incomparable, et de son salon une annexe de l'hôtel Tepper. C'est par elle qu'il rencontre le comte Alexandre Batowski, l'ancien chambellan du roi de Pologne, qui jouera un rôle de premier plan dans la constitution du duché de Varsovie. Batowski dîne presque tous les soirs chez Talleyrand et joue les intermédiaires en transmettant discrètement les ordres et dépêches du ministre[25]. Très bel homme, il est encore à cette époque le confident de la duchesse de Courlande après avoir été son amant. C'est sans doute grâce à lui que Charles-Maurice commence à songer à marier l'un de ses neveux, les fils d'Archambaud, Louis ou Edmond de Périgord, avec la fille cadette de la richissime duchesse, la princesse Dorothée qu'il ne connaît pas encore. Batowski, sans le savoir, bouleversera la vie de Charles-Maurice en faisant de Dorothée, future duchesse de Dino, sa nièce.

Varsovie est perçue à l'époque comme « une ville asiatique ». « De grands palais et de belles constructions y côtoient dans un désordre lyrique les plus misérables cabanes[26]. » Les rues sont boueuses quand il ne neige pas, l'éclairage inexistant. Talleyrand dîne rarement hors de chez lui où il reçoit tous les soirs à six heures, une vingtaine de convives venus des quatre coins de l'Europe. Chaque matin, il invite son personnel diplomatique dans sa chambre à coucher et donne les ordres de la journée pendant que son valet de chambre le coiffe et achève sa toilette. Avant tout, il déteste être seul. À son départ, à la fin du mois de janvier, Napoléon l'a chargé du ravitaillement de son armée, une question essentielle au cœur de l'hiver, dans des régions où les routes n'existent pas ou sont impraticables. Les Russes ayant choisi de poursuivre les combats, la Grande Armée se retrouve pour la première fois, mais pas la dernière, prisonnière du froid et de la faim, quand des bataillons entiers ne trouvent pas la mort au cours des sanglantes batailles de Pultusk et d'Eylau, le 8 février. Pris à contre-emploi et sans doute à contrecœur, Talleyrand se sortira si bien de sa mission que Napoléon, surpris, l'en félicitera. En cherchant à l'occuper à autre chose qu'à des manœuvres diplomatiques dont il sent obscurément qu'elles lui échappent de plus en plus, il finira par se retrouver redevable du travail de fourmi et de précision – un travail « à la Daru » – de son ministre des Relations extérieures. En janvier, Talleyrand parvient une première fois à sauver Varsovie de la famine en s'opposant avec Berthier au « parti vigoureux » de Savary qui voulait affamer la ville pour nourrir l'armée[27]. Après le départ de Napoléon, il joue un peu le rôle de gouverneur civil de la région. Ses lettres de Varsovie envoyées à Osterode, au quartier général de la Grande Armée, ont pour une fois presque toutes été conservées[28]. Elles donnent une idée de son incroyable activité. Il supervise avec le prince Poniatowski la formation des légions polonaises confiées à Masséna, veille aux plans des fortifications avancées de Varsovie, suscite la formation d'« associations patriotiques » en Podolie et en Lithuanie russe et y entretient des agents d'insurrection, informe Napoléon de l'état des troupes autrichiennes en Galicie, de la situation en Moldavie et jusqu'en Géorgie, de la défense de Constantinople contre la flotte anglaise. On a le sentiment que rien ne lui échappe de ce qui se passe dans le monde alors même qu'il exécute scrupuleusement les ordres du maître, en assurant une grande partie du ravitaillement des 150 000 hommes de la Grande Armée répartis le long de la Vistule. Le prince de Bénévent, aidé du gouverneur militaire de Varsovie et de la commission de gouvernement polonaise, joue, à la lettre et sans sourciller, son rôle de fourrier en chef d'une armée qui manque de tout. Il fait construire des bateaux, marcher les moulins et livre un peu de tout par le fleuve jusqu'à Thorn et Plock ou par la route : de l'eau-de-vie, de la bière, des toiles et surtout des farines, du pain et du biscuit. À la fin du mois de mars, il fait acheminer plus de 30 000 rations de biscuit par jour. Sans lui et sans ses réseaux de fournisseurs juifs, de commissionnaires allemands, galiciens et autres, on se demande ce qu'aurait été la reprise des combats en mai, et si Napoléon aurait pu vaincre les Russes à Friedland le 4 juin. « Faites des miracles, lui écrivait Napoléon le 12 mars. Aujourd'hui, le sort de l'Europe et les plus grands calculs dépendent des subsistances. Battre les Russes, si j'ai du pain, c'est un enfantillage[29]. » Et quelques jours plus tard : « Je vois tout le mouvement que vous vous donnez pour nous procurer des subsistances. C'est très bien fait[30]. »

En jouant à la perfection ce rôle qui lui déplaît, Talleyrand cherche en fait, en se montrant bon élève, à amadouer Napoléon et à le convaincre de la pertinence de son plan d'alliance avec l'Autriche. Il sait qu'à Varsovie les circonstances lui sont favorables. L'Autriche joue à ce moment-là le rôle tenu par la Prusse en décembre 1805. Elle est neutre, mais elle peut à tout moment, au moindre revers français, se retourner contre Napoléon, d'autant plus que, le 26 avril, Alexandre Ier convainc le roi de Prusse de signer un traité d'alliance avec lui, contre la France. La Suède et l'Angleterre s'y rallient bientôt. Talleyrand sait que Napoléon redoute une attaque de flanc de l'empereur d'Autriche et multiplie les contacts avec le baron de Vincent envoyé à Varsovie par le cabinet de Vienne. Ce diplomate discret, sensé et fin observateur, jouera un grand rôle dans la vie de Charles-Maurice. Les deux hommes se connaissent depuis longtemps. Ils se sont récemment rencontrés à Vérone en mai 1805 et s'entendent très bien. Dalberg, qui représente l'électeur de Bade à Varsovie, sert d'intermédiaire. Comme souvent, Charles-Maurice l'utilise pour lui faire dire un peu plus que ce qu'il serait prudent de dire directement à Vincent. Depuis les débuts de son ambassade parisienne, Éméric de Dalberg voue une affection « filiale » à Talleyrand qui, en février 1808, « mitonnera » son mariage avec Marie-Pelline de Brignole-Sale, la fille de l'une de ses plus vieilles amies, pleine d'esprit, marquise génoise et dame du palais de Joséphine[31]. Il déteste Napoléon, aime l'Autriche et travaille secrètement, comme son oncle le prince-primat, à l'indépendance de l'Allemagne. La comtesse Potocka, qui le voit beaucoup à Varsovie à cette époque, lui trouve la délicatesse d'un Français et les passions d'un Allemand qui vont jusqu'à lui faire commettre des imprudences et à traiter Napoléon de « tyran » et d'« usurpateur[32] ».

Au fil de ses conversations informelles avec Talleyrand et son émissaire, fidèlement rapportées à son ministre le comte de Stadion, le baron de Vincent prend de plus en plus le ministre français pour un ami et pour un allié contre Napoléon dont il use comme d'une menace afin de convaincre l'Autriche de son système d'alliance. « Son opinion constante, écrit Vincent, ramène toujours le même axiome ; qu'il n'y a que l'alliance de deux grandes puissances qui puisse donner la paix à l'Europe[33]. » À défaut d'une alliance, Stadion propose, à la mi-mars, la médiation de l'Autriche dont Napoléon accepte le principe quelques jours plus tard[34]. Il est question de réunir en congrès à Vienne toutes les puissances belligérantes, y compris l'Angleterre, et d'obtenir une suspension d'armes de trois à six mois. Tout en continuant à plaider l'alliance de part et d'autre, Charles-Maurice se retrouve en fait pris en tenaille entre les deux parties, Napoléon d'un côté et Stadion de l'autre, qui cherchent tous les deux à gagner du temps. Napoléon amuse son ministre à Varsovie et s'en sert pour contenir l'Autriche[35]. C'est à l'alliance russe et non autrichienne qu'il pense, tout en se gardant bien de révéler ses intentions. « Je suis d'opinion, lui écrit-il d'un ton badin le 14 mars, qu'une alliance avec la Russie serait très avantageuse, si ce n'était une chose fantasque[36]. » Une fois les Russes battus à Friedland, le « fantasque » deviendra possible à Tilsit, sur le Niemen, dans les premiers jours de juillet.

Comme rarement, Talleyrand se retrouve la dupe de son maître. Napoléon, vainqueur, reprend l'initiative, mais si les dieux de la guerre lui avaient été contraires, il aurait sans doute été le premier étonné des manœuvres de son ministre. Car celui-ci ne s'est pas contenté de discuter avec le baron de Vincent, il a fait des suggestions et, comme toujours, prévu des solutions de rechange. En mai, Aldini, le secrétaire d'État de la République italienne, préconise à Vienne en son nom la réunion d'une armée de réserve en Bohême afin de contraindre Napoléon à la paix[37]. La victoire très indécise d'Eylau en février autorise tout. Talleyrand, une fois de plus, se pose la question de la mort accidentelle de Napoléon au combat ou de son assassinat. Si l'on en croit Metternich, des conversations très secrètes eurent lieu sur le sujet entre Vincent, Dalberg et Talleyrand. En cas d'accident, un courrier était prêt à quitter Varsovie pour

Naples. On sait les relations amicales qu'entretiennent depuis longtemps Talleyrand et Joseph Bonaparte. Avant d'accepter le royaume de Naples, l'aîné des Bonaparte avait cru bon de solliciter l'avis de Charles-Maurice. « Cet homme, disait Talleyrand à qui voulait l'entendre, m'a consulté pour savoir s'il accepterait une couronne[38]. » Le roi Joseph, invité à se rendre à Lyon, aurait pris la succession de son frère selon un plan précis négocié par Talleyrand et Dalberg à Vienne. Le ministre y aurait conclu une alliance secrète dirigée contre la Russie et entamé des discussions en vue de la pacification générale de l'Europe contre des concessions accordées à l'Autriche sur la côte dalmate et en Italie. Le gouvernement autrichien n'aurait eu que douze heures pour se décider. Talleyrand aurait rejoint Joseph à Lyon et le nouvel empereur aurait fait son entrée dans Paris le jour de la proclamation de la paix. Metternich dit tenir tous ces détails d'une personne « qui doit convenir à l'Autriche » et qui a la confiance du ministre des Relations extérieures. Il ne peut s'agir que de Dalberg. Le futur duc de Dalberg, doté de 200 000 francs de rente par la grâce de Napoléon qui ne se doute de rien, a si bien travaillé pour l'Autriche que Stadion lui-même demandera à Metternich de lui témoigner sa « reconnaissance personnelle des avis qu'il nous a transmis par M. de Vincent, ainsi que du prix que je mets et que nous mettrons à tout ce qui vient de lui[39] ». Derrière Dalberg, le ministre des Relations extérieures de l'empereur des Français est dès lors considéré par le cabinet de Vienne comme un allié qu'il faut ménager. Mais c'est encore un allié en sursis qui peut être aussi bien « utile » que « dangereux ». On ne sait jamais avec ce diable d'homme.

Comme l'écrit Metternich en septembre 1808 : « Des hommes tels que M. de Talleyrand sont comme des instruments tranchants avec lesquels il est dangereux de jouer ; mais aux grandes plaies il faut de grands remèdes, et l'homme chargé de les traiter ne doit pas craindre de se servir de l'instrument qui coupe le mieux[40]. » Le succès de l'opération envisagée par Talleyrand à Varsovie en 1807 reposait bien sûr sur la vitesse et la qualité de l'information. Les jeunes neveux du prince, tous aides de camp et officiers d'ordonnance à l'armée, servent à cela. Bien placés par leur oncle auprès de Napoléon ou de ses proches, ils peuvent transmettre des nouvelles, donner des détails rapides et précieux sur ce qui se passe à l'armée. Les fils d'Archambaud de Périgord, Louis, puis Edmond à partir du mois de juillet, leur cousin Alfred de Noailles servent à l'état-major de Berthier qui aime s'entourer de jeunes gens issus des meilleures familles[41]. D'après la correspondance du baron de Vincent, un Sainte-Aldegonde, capitaine d'état-major de Berthier, est également en contact régulier avec Dalberg. Au même moment, Talleyrand, qui sera témoin en mars 1808 au mariage de Berthier dont il est proche, cherche à placer Charles de Flahaut auprès de Murat[42]. Pasquier prétend, dans l'un de ses textes tardifs et inédits sur Talleyrand, que Napoléon soupçonnait sans en savoir plus que son ministre ne lui révélait pas le fond de ses conversations avec Vincent[43]. C'est plausible. Sinon pourquoi celui-ci aurait-il pris la peine de le rassurer peu avant son départ de Varsovie : « Votre Majesté doit être assurée que je mets dans mes relations avec M. de Vincent toutes les formes qui appellent la confiance mais plus encore la circonspection et même la réserve qui m'est assez naturelle et que Votre Majesté me recommande. J'ai reçu de lui bien des confidences sans lui en avoir fait aucune[44]. » Sans doute considère-t-il comme de la « réserve » de dire à l'ambassadeur autrichien que « les lenteurs ne conviennent pas », que Napoléon « est bien seul », qu'il est imprévisible et qu'il lui faut sans cesse lutter contre son caractère « irascible et véhément[45] ». Avec deux hommes de la trempe de Talleyrand et de Napoléon, on ne sait jamais qui l'emporte dans l'art de la dissimulation.

Le 3 mai, Talleyrand quitte Varsovie pour le château de Finckenstein en Prusse-Orientale, propriété du comte de Dohna, où Napoléon, qui s'y est établi depuis un mois, l'appelle. « Je suis dans un très beau château [...] qui a des cheminées dans toutes les chambres, ce qui est une chose fort agréable. Vous aurez un fort bel appartement si vous venez me rejoindre[46]. » Les deux hommes savent qu'ils vont se séparer et pourtant, en comédiens consommés, ils continuent à se faire des compliments. Dans un autre registre, celui des sous-entendus, l'un des innombrables écrivains militaires soucieux de raconter leur petite part de l'épopée napoléonienne, le brave capitaine Krettly, guide de Sa Majesté, nous gratifie d'une scène dont le surréalisme détonnant n'a d'égal que l'innocence du témoin qui la rapporte. Un jour de mai, Napoléon, Talleyrand et quelques maréchaux se promènent à cheval dans le joli parc de Finckenstein. Le guide Krettly ouvre la marche. Il est si près de ces grands personnages qu'il entend tout. La conversation tombe sur le siège de Dantzig et la désertion de l'un des officiers d'état-major du vieux maréchal Lefèbvre, le mari de « Madame Sans-Gêne », qui commande le siège. On s'indigne et Charles-Maurice fait chorus. Krettly raconte : « Le prince de Talleyrand s'exprimait en termes énergiques pour qualifier cette action infâme : – Je ne comprends pas, disait-il à l'empereur, qu'il y ait un traître parmi nous. Napoléon lui frappa alors l'épaule et lui dit doucement et finement : – Ce n'est que cela, Talleyrand, si je n'étais trahi que quinze fois par jour, cela ne m'empêcherait pas de marcher en avant[47]. » On savoure le dialogue. S'il n'avait pas existé, il aurait fallu l'inventer. Alexandre Dumas ne l'aurait pas renié.

21.

RUPTURE ET REPLÂTRAGE

La prise de Dantzig, à la fin du mois de mai, et l'éclatante victoire de Friedland sur les troupes russes du général Bennigsen, le 14 juin, laissent Napoléon libre de négocier « sa » paix avec Alexandre Ier qu'il rencontre à Tilsit, sur le Niemen, le 25 juin. Talleyrand – et son ambassadeur, le général Andréossy, à Vienne – lui a permis sans le vouloir de tenir l'Autriche à l'écart du conflit. Maintenant, il n'a plus besoin de lui. De Dantzig, « le lieu du monde où il [...] arrive le moins de nouvelles[1] », le ministre un peu désœuvré lui écrit le 18 juin pour le féliciter de la victoire de Friedland. Derrière les compliments d'usage, il lui adresse une nouvelle fois un avertissement sans frais ni illusions : « J'apprends enfin quelques détails de la bataille de Friedland ; et j'en connais à présent assez pour savoir qu'elle sera comptée parmi les plus célèbres dont l'histoire perpétuera le souvenir. Mais ce n'est pas seulement sous des rapports de gloire que je me plais à l'envisager, j'aime à la considérer comme un signe avant-coureur, comme un garant de la paix ; comme devant procurer à Votre Majesté le repos qu'au prix de tant de fatigues, de privations et de dangers elle assure à ses peuples ; j'aime à la considérer comme la dernière qu'elle sera forcée de remporter ; c'est par là qu'elle m'est chère ; car toute belle qu'elle est, je dois l'avouer, elle perdrait à mes yeux plus que je ne puis dire si Votre Majesté devait marcher à de nouveaux combats et s'exposer à de nouveaux périls sur lesquels mon attachement s'alarme d'autant plus facilement que je sais trop combien Votre Majesté les méprise[2]. » Dès le 20 juin, Napoléon lui fait sentir qu'il traitera directement avec Alexandre[3]. Il lui a même retiré le soin des discussions avec l'envoyé de la Porte, Seïb-Wahib, confiées à Dantzig à son grand écuyer Caulaincourt[4]. En négociant un traité d'alliance avec la Russie, Napoléon veut prendre le continent en tenaille pour en éliminer d'un coup l'influence de l'Angleterre. Talleyrand n'est évidemment pas convié à travailler à ce « partage du monde » auquel s'attellent les deux empereurs qui se voient et se « charment » presque tous les jours pendant deux semaines. Pourtant on continue à croire en son influence. Clarke et Caulaincourt n'ont cessé de lui dire qu'il était le seul à pouvoir négocier une « grande paix ». Les diplomates prussiens, qui craignent à juste titre d'être sacrifiés sur l'autel de l'alliance russe, l'attendent comme le Messie. Le comte de Goltz le considère comme « le seul homme qui peut nous être utile ». « Je me mettrai en quatre, écrit-il à Hardenberg le 2 juillet, pour gagner la confiance du duc de Bénévent[5]. »

Mais à Tilsit, devenue un moment la « première ville de l'Europe[6] », Talleyrand se contente de tenir la plume et de mettre en forme avec le prince Kourakine les articles patents et secrets des traités de paix et d'alliance signés par Napoléon et Alexandre le 7 juillet. Il est probable que le ministre nourrissait à ce moment-là les sentiments qu'il décrira dix ans plus tard dans ses Mémoires. « J'étais indigné de tout ce que je voyais, de tout ce que j'entendais, mais j'étais obligé de cacher mon indignation[7]. » On se souvient de l'analyse qu'il faisait de l'état des équilibres européens en 1800. Sept ans plus tard, à Tilsit, il mesure combien la situation s'est aggravée. Le traité consacre l'ingérence permanente de la Russie, qu'il a toujours critiquée, dans les affaires européennes en rendant la paix avec l'Angleterre d'autant plus difficile. Il accentue et entérine le déséquilibre, qu'il a toujours redouté, entre la Prusse et l'Autriche. Sans parler de ses territoires polonais, appelé à former le duché de Varsovie sous l'autorité du roi de Saxe, le roi de Prusse perd tout ce qu'il possède entre l'Elbe et le Rhin. Napoléon en fera un nouveau royaume de Westphalie donné à son jeune frère Jérôme Bonaparte. Enfin l'intégrité de la partie européenne de l'Empire ottoman, qu'il a toujours défendu au moins contre la Russie, est mise à mal. Par un article secret du traité d'alliance, Napoléon et Alexandre prévoient de régler ensemble le sort des provinces turques d'Europe, à l'exclusion de Constantinople. Il aimera raconter plus tard sa conversation avec la belle reine Louise de Prusse venue à Tilsit, le 6 juillet, implorer la clémence de Napoléon. « Monsieur le prince de Bénévent, il n'y a que deux personnes malheureuses ici. Vous et moi[8]. » Cela en dit long sur la teneur de ses discussions, dans le secret des cabinets, avec les Prussiens et les Autrichiens frustrés d'avoir été tenus à l'écart de la paix, alors même qu'ils avaient fait accepter à Napoléon le principe de leur médiation. Ses divergences de vues avec l'empereur, qu'il cache de moins en moins, lui gagnent au moins la réputation d'être le « ministre de la paix » européenne. Il est battu et pourtant tous les regards se tournent vers lui. En attendant, l'humiliation de la Prusse, réduite de 9 à 4 millions d'habitants et qui conserve ses seules provinces du Brandebourg, de Poméranie et de Silésie, sans parler du mécontentement de l'Autriche, lui font envisager le pire. On le sait aujourd'hui grâce aux Mémoires inédits de Dalberg. C'est à Tilsit, et non à Paris comme l'affirment la plupart de ses biographes, qu'il annonce et obtient de Napoléon sa retraite prochaine du ministère[9]. D'après Metternich, il envisageait cette éventualité depuis la paix de Presbourg. Il n'est pas douteux que Napoléon aurait cent fois préféré le garder dans sa main. Il ne se méfie pas seulement de ses manœuvres. Il sent aussi que Talleyrand lui échappe, qu'il ne l'enchante ni ne le captive plus depuis longtemps. « L'exercice de son pouvoir lui paraissait incomplet, note finement Mme de Rémusat, quand il manquait son effet sur la pensée ; le vrai moyen de lui plaire était de se montrer crédule. » « Vous aimez Berthier, lui dira un jour Talleyrand, parce qu'il croit en vous[10]. »

Mis devant le fait accompli, Napoléon tentera de reprendre le dé. Dans la version destinée au public et à la postérité qu'il dictera à Sainte-Hélène, c'est lui et lui seul qui aurait décidé du départ de son ministre : « Les rois de Bavière et de Wurtemberg m'ont fait tant de plaintes sur sa rapacité que je lui retirai le portefeuille[11]. » Mais en privé, devant Caulaincourt et d'autres, tout en lui reprochant ses mensonges, son goût de l'intrigue et de l'argent, tout en pestant contre « la canaille » qui l'entoure, il avoue garder un faible pour lui, le charme de son esprit, la profondeur de ses vues et, de loin en loin, laisse échapper des regrets. En mars 1812 : « Talleyrand a fait une folie de quitter le ministère car il mènerait encore les affaires tandis que sa nullité le tue. » En avril 1814 : « Mes affaires ont été bien tout le temps que Talleyrand les a faites. C'est sa faute s'il s'est perdu dans mon esprit : pourquoi a-t-il voulu quitter le ministère ? C'est l'homme qui connaît le mieux la France et l'Europe. » En mai 1815 : « Je lui dois cette justice : lorsqu'il était ministre, il était le mieux informé des intentions et des projets de toutes les puissances et il ne m'en laissait rien ignorer[12]. » C'est avouer implicitement qu'il ne savait pas tout, avant comme après la démission de son ministre, des conversations privées de ce dernier avec certains diplomates, ou que ce qu'il soupçonnait ne lui paraissait pas suffisamment grave pour être relevé. Il ne croira sérieusement à sa « trahison » que quelques mois avant sa chute. « Talleyrand me trahissait depuis six mois », dira-t-il à Caulaincourt[13]. Mais c'était en avril 1814. En juillet 1807, il aurait préféré le garder. Alors même qu'il est en train d'étendre et de consolider « son » système européen, Talleyrand est sa caution. Sa réputation d'homme de paix sert ses intérêts. « L'empereur fut très fâché de ce changement », écrit Savary en évoquant le départ de son ministre des Relations extérieures depuis presque huit ans. Et puis il en sait trop : sur ses affaires d'argent, sur les secrets d'État, sur ses rapports avec Joséphine comme sur certains détails intimes de sa vie. Il est l'un des rares à avoir assisté à l'une de ses crises d'épilepsie, à Strasbourg, en septembre 1805[14].

Pour Talleyrand, l'affaire est entendue : « Je quittai alors le ministère comme je le voulais[15]. » Sainte-Beuve lui fera dire cette jolie phrase qu'il n'aurait sans doute pas reniée : « Je ne veux pas être le bourreau de l'Europe. » Par sa « sagesse biologique[16] », selon l'expression de l'Italien Roberto Calasso, l'un de ses meilleurs exégètes, il a le don de percevoir la limite alors même qu'il sait que Napoléon risque par sa politique de le conduire au-delà de toutes limites. « Tous les leviers de l'ancienne politique sont rompus ou près de l'être. » Il reviendra sur ce thème à plusieurs reprises dans ses Mémoires : « Pendant tout le temps que j'ai été chargé de la direction des Affaires étrangères, j'ai servi Napoléon avec fidélité et avec zèle. Longtemps, il s'était prêté aux vues que je me faisais un devoir de lui présenter. Elles se réglaient sur ces deux considérations : établir pour la France des institutions monarchiques qui garantiraient l'autorité du souverain ; ménager l'Europe pour faire pardonner à la France son bonheur et sa gloire. En 1807, Napoléon s'était depuis longtemps déjà écarté, je le reconnais, de la voie dans laquelle j'ai tout fait pour le retenir ; mais je n'avais pu, jusqu'à l'occasion qui s'offrit alors, quitter le poste que j'occupais [...][17]. » Et plus tard : « Je servis Bonaparte empereur comme je l'avais servi consul ; je le servis avec dévouement, tant que je pus croire qu'il était lui-même dévoué uniquement à la France. Mais dès que je le vis commencer les entreprises révolutionnaires qui l'ont perdu, je quittai le ministère, ce qu'il ne m'a jamais pardonné[18]. » Il écrit cela respectivement en 1816 et en 1836, alors qu'il connaît la fin de l'histoire. On est là dans la posture, celle d'un homme qui tire les conséquences de la situation et assume ses responsabilités.

Mais que se sont dit les deux hommes sur le moment, à Tilsit, ou plutôt qu'est ce qu'ils ne se sont pas dit ? Parmi les ingrédients du drame, et comme souvent, la vanité et l'amour-propre entrent et sortent par la fenêtre. Charles-Maurice n'a sans doute jamais pardonné à Napoléon l'ultime vexation de Tilsit, celle d'un ministre des Relations extérieures sans emploi. Napoléon ne se contente pas de ne pas l'écouter, il le joue puis l'écarte. Charles-Maurice dira plus tard à lord Alvanlay qu'il se considérait à l'époque comme sa victime et qu'en conséquence il avait le droit de le quitter[19]. Par ailleurs, il croit sa réputation de diplomate suffisamment solide pour pouvoir se permettre de donner sa démission et pense secrètement que Napoléon ne pourra pas se passer de lui. À Dresde, sur la route du retour, le roi de Saxe qui lui doit un peu son royaume et accessoirement d'avoir pu garder sa célèbre collection de tableaux convoitée par Denon, lui a réservé un accueil grandiose[20]. Le ministère a beau lui peser et le gêner, il sait qu'il ne peut vivre et respirer que dans les affaires. De son côté, Napoléon se retrouve pour la première fois en face d'un homme qui cherche à lui fausser compagnie. Lorsqu'on sait de quelle manière il envisageait le service de sa personne et l'immense autorité qu'il avait sur tout et sur tous, on l'imagine volontiers furieux. Mais, encore une fois, nous avons affaire à deux très grands comédiens. Talleyrand invoque la fatigue, sa mauvaise santé et sollicite à nouveau l'honneur d'accéder à l'une des grandes dignités de l'Empire dont on sait que Napoléon les jugeait incompatibles avec les fonctions de ministre.

L'élévation de Joseph et de Louis aux trônes de Naples et de Hollande libère les charges de grand électeur et de connétable de l'Empire. Les apparences sont sauves. Rentré à Paris après un court séjour à Dresde, Talleyrand donne officiellement sa démission de ministre le 9 août, et le même jour Napoléon le nomme vice-Grand Électeur de l'Empire – *vice* parce que le roi Joseph garde nominalement le titre de Grand Électeur sans en assumer les fonctions. Un mot, attribué à Fouché, court immédiatement les salons de Paris : « Il ne lui manquait que ce vice-là. Dans le nombre, cela ne paraîtra pas[21]. » Dans son message au Sénat, Napoléon lui dispense un peu plus que les compliments d'usage : « C'est une marque éclatante de notre satisfaction que nous avons voulu lui donner pour la manière distinguée dont il nous a constamment secondé dans la direction des affaires extérieures de l'Empire. » Qu'on se le dise, les nouvelles fonctions de l'ex-ministre des Relations extérieures n'ont rien d'une disgrâce. Deux hommes tels que Napoléon et Talleyrand savent se quitter tout en sauvant les apparences. Même Cambacérès, pourtant très au fait des subtilités du pouvoir, aura droit à un bout de dialogue digne d'un vaudeville. C'est lui qui est chargé, bien à contrecœur, de rédiger le décret de nomination de Talleyrand. Alors qu'il se trouve, le 9 août, dans le cabinet de l'empereur à Saint-Cloud, Talleyrand entre et Napoléon l'aborde de but en blanc : « Je gage que vous allez encore m'entretenir du désir d'être l'un des grands dignitaires. En vérité, je ne vous conçois pas. Comment pouvez-vous préférer une place qui n'a presque pas de fonctions au portefeuille des Relations extérieures que je ne vous conserverai pas et dont vous avez su tirer de très grands avantages ? – Je suis fatigué, Sire, et hors d'état de continuer la vie de ministre, beaucoup trop active pour moi. – Mauvaise excuse ! Vous le voulez : j'y consens. Je vous nomme vice-Grand Électeur[22]. » Fin du premier acte.

Aux yeux du plus grand nombre, Son Altesse sérénissime le prince duc de Bénévent, grand chambellan de Sa Majesté, vice-Grand Électeur de l'Empire, en habit et manteau de velours bleu semé d'abeilles d'or, reste plus que jamais au faîte de la hiérarchie du pouvoir et des honneurs. Et les honneurs rapportent, sous l'Empire. Les 330 000 francs de sa nouvelle charge valent bien les 100 000 francs de son ancien ministère. Qui plus est, cette nouvelle dignité n'est pas seulement honorifique. Elle lui donne le droit de présider le Sénat sous certaines conditions, ce docile Sénat conservateur qui abrite tant de ses amis. Charles-Maurice n'est pas homme à négliger un moyen pareil. En apparence, la métamorphose de l'ancien ministre en grand dignitaire change peu sa position. La réalité est plus cruelle. Si Talleyrand a cru pouvoir se placer comme il le voulait, à la fois à côté et au cœur du pouvoir, en restant maître des affaires, c'est qu'il n'a pas assez compté avec la profonde dissimulation de Napoléon. Il se souviendra plus tard que Napoléon lui disait en plaisantant à Finckenstein : « Je sais quand il le faut quitter la peau du lion pour prendre celle du renard. » Et il notera sans appel, en homme qui connaît son sujet : « Il aimait à tromper, il aurait voulu tromper pour le seul plaisir de le faire, et, au défaut de sa politique, son instinct lui en aurait fait une sorte de besoin[23]. »

« La relation entre Napoléon et Talleyrand est un fétiche hérissé de miroirs et de clous », remarque encore Calasso. En se faisant beaucoup prier pour accepter sa démission, en le couvrant d'éloges et d'honneurs, Napoléon berce d'illusions son ancien complice de Brumaire, avant de jeter le masque. Il commence par nommer Champagny à sa place, sans le consulter, puis interdit formellement à ce dernier de communiquer à qui que ce soit, sans sa permission, aucune des affaires du ressort de son portefeuille. Tout cela n'est d'abord perçu que d'un très petit nombre d'individus. Charles-Maurice, pour sa part, n'a pas été dupe très longtemps. Comme souvent chez lui, sa déception se manifeste par le sarcasme. « C'est un homme propre à toutes les places la veille du jour où on l'y nomme », dira-t-il un jour à Napoléon en parlant de son successeur[24]. À Caulaincourt, il se plaint sans cesse des maladresses et de la nullité du nouveau ministre sur lequel il avoue d'ailleurs n'avoir « aucun crédit ». « C'est une mauvaise manière d'être doué pour les affaires que de déplaire, comme le fait votre ministre, à tous les étrangers qui ont affaire à lui et aussi à tous les Français qui sont employés dans l'étranger. Avec cette disposition, [...] on parvient à créer des malveillants où il n'y en avait pas[25]. » C'est sans doute précisément à cause de sa timidité et de sa faiblesse de caractère que Napoléon a choisi Champagny. Fatigué d'un ministre auquel le public attribuait trop souvent le succès des négociations, il voudra qu'à travers son successeur, « souple, brouillon et de vues très bornées », tout le monde soit bien convaincu que désormais lui seul conçoit et surveille l'exécution de ses plans[26]. Désormais, Talleyrand ne lui parlera et ne le conseillera que lorsqu'il le lui demandera.

Ce changement de position, auquel il ne s'attendait pas, explique en bonne partie son attitude tortueuse des dernières années du régime, de l'opposition larvée au double-jeu manifeste. « C'est ici le lieu de nous arrêter, commente Pasquier dans ses Mémoires, sur la bizarre situation de cet homme, qui semblait toujours revêtu d'une haute confiance, et cela dans le moment où il n'en inspirait et, dans la réalité, n'en obtenait aucune ; qui paraissait lui-même animé d'un zèle fort sincère, lorsqu'il était impossible que ceux qui le pratiquaient un peu doutassent de son mécontentement[27]. »

22.

LA COMÉDIE ESPAGNOLE

Pour comprendre le rôle de Talleyrand dans les coulisses du drame qui va marquer les dernières années de l'Empire et qu'on appellera la guerre d'Espagne, il faut se replacer dans ce contexte très particulier de ce qui ressemble fort à une demi-disgrâce. Charles-Maurice qui, mi-vanité mi-calcul politique, supporte très mal ce genre de situation, cherche les moyens d'un nouveau rapprochement avec Napoléon. C'est à Fontainebleau, où la cour s'installe à la fin du mois de septembre 1807 à l'occasion des fêtes du mariage du roi de Westphalie, qu'il parvient à ses fins et s'impose comme une sorte de ministre *in partibus* du maître, selon l'expression de Vitrolles. Napoléon lui demande de s'y rendre et d'y tenir une « maison ». La vie à Fontainebleau est brillante : chasses le matin, le soir spectacles, concerts ou bals. Talma se produit sur scène. Le fameux professeur Charles donne des cours de physique. Le château est encombré de nombreux souverains et princes allemands, éternels obligés de l'empereur. Les fêtes n'empêchent pas les événements de suivre leur cours. Le gouvernement de Londres répond à la proposition de médiation russe en vue de la paix générale en faisant bombarder Copenhague par sa flotte. Napoléon prend des mesures de renforcement du blocus contre le commerce britannique et s'inquiète de la résistance du roi du Portugal qui refuse de fermer ses ports d'Europe et d'Amérique aux navires anglais.

La question de l'avenir de la monarchie espagnole survient naturellement dans ce contexte de renforcement de la lutte contre l'ennemi héréditaire anglais. Elle n'est pas nouvelle. L'Espagne supporte de plus en plus mal l'alliance que lui impose

Napoléon, héritier d'une révolution universellement détestée dans la péninsule. De plus, le gouvernement espagnol est fragile, divisé entre des monarques sans qualité : le roi Charles IV et la reine Marie-Louise, trop heureux de laisser « régner » leur favori l'impopulaire Manuel Godoy, appelé le prince de la Paix en souvenir du traité signé avec la République française en juillet 1795, et d'autre part, l'héritier de la couronne, le prince des Asturies, futur Ferdinand VII. L'année précédente, au commencement de la campagne de Prusse et peu avant la victoire d'Iéna, le prince de la Paix avait eu la maladresse de lancer une proclamation à la fois hostile et vague, appelant les Espagnols à s'armer sans désigner explicitement leur ennemi. Il entamait parallèlement des négociations secrètes avec Londres en vue d'une alliance. Tout était rapidement rentré dans l'ordre, mais Napoléon en avait conçu une méfiance et une colère rentrée contre l'Espagne. Il eut avec Talleyrand, qui à l'époque était encore son ministre, des conversations secrètes à Berlin et à Varsovie sur le sujet. Il était dans un sens logique qu'il fasse de nouveau appel à lui à Fontainebleau. Méneval a assisté à ces entretiens qui eurent lieu presque tous les soirs à Fontainebleau, tard dans la nuit, après le jeu de l'impératrice. Nul doute que Talleyrand, décrit par le secrétaire de Napoléon dans le rôle de celui qui écoute et affecte « une réserve étudiée », en ait éprouvé une immense satisfaction[1].

La simple répétition de ces tête-à-tête pendant une partie du mois d'octobre prouve que Napoléon hésitait entre plusieurs solutions au sujet de l'Espagne et avait besoin d'un interlocuteur très averti de la question pour se fixer les idées. Et qui mieux que Talleyrand connaissait l'imbroglio espagnol ? Comme ministre, il a suivi toutes les péripéties de l'alliance franco-espagnole depuis son retour au pouvoir sous le Directoire. Qui plus est, la politique de Madrid est depuis longtemps pour lui une source inépuisable de revenus. Barras soupçonne l'ancien ministre d'avoir tiré des sommes fabuleuses – mais invérifiables – de don Isidore Izquierdo, l'agent officieux du prince de la Paix à Paris, en échange de ses bonnes grâces dans diverses circonstances, en particulier en 1803, lorsque

Bonaparte exigera de l'Espagne un subside en échange de sa non-participation à la reprise de la guerre contre l'Angleterre[2]. Par ses papiers d'affaires, on sait Talleyrand impliqué dans presque toutes les opérations d'argent qui touchent l'Espagne et ses colonies américaines. Il prête sous le Consulat des sommes importantes en espèces d'or et d'argent (296 000 francs) au banquier, diplomate et conseiller des finances de Charles IV, don Joseph Martinez de Hervas. Hervas est le correspondant de la banque Saint-Charles à Paris, la banque d'État espagnole fondée à Madrid en 1782 par Cabarrus[3]. Ses bureaux sont installés dans l'important hôtel de L'Infantado, à l'angle de la rue Saint-Florentin et de la place dite de l'Orangerie-des-Tuileries qui donne sur la place de la Concorde. En 1812, comme par hasard, cet hôtel deviendra la propriété du prince de Bénévent. Ses liens avec Hervas, Michel Simons et Ouvrard, lequel, depuis 1804, a le monopole de l'argent et du commerce avec l'Amérique espagnole, expliquent par ailleurs son implication dans ce qu'on appellera plus tard « l'affaire des piastres », au cœur de la grave crise financière des derniers mois de 1805. Pour faire vite, Ouvrard et ses nombreux associés de la Compagnie des négociants réunis avancaient au Trésor impérial le subside espagnol sur un emprunt lancé pour le compte du gouvernement espagnol par la banque Hope d'Amsterdam et par sa correspondante à Londres la banque Baring, bien connue de Talleyrand. Ils comptaient se rembourser sur la plus-value des piastres d'argent et d'or extraites des mines espagnoles d'Amérique du Sud, achetées sur place et finalement convoyées de Veracruz par des frégates de la marine anglaise, ce qui est un comble ! Compliquée par la guerre, l'opération traîne en longueur. Les premiers bateaux n'arrivent qu'en 1807, le temps pour plusieurs des associés d'Ouvrard de faire faillite[4]. Un mystérieux compte B chez Baring à Londres grossit régulièrement pendant ces années troubles, sans jamais être débité. Il sera soldé le 15 juillet 1815, et servira à l'ouverture d'un nouveau compte crédité de 30 000 livres sterling au nom de… « M. le prince de Talleyrand[5] ». Le même jour, l'ex-empereur des Français s'embarquait sur le *Bellerophon* pour l'île de Sainte-

Hélène ! S'agit-il d'une « gratification » secrète d'Izquierdo ? Plus probablement, d'une commission du ministre sur l'emprunt espagnol qu'il a dû soutenir discrètement à Amsterdam. On en est d'autant plus convaincu qu'il s'est retrouvé mêlé à un autre emprunt lancé à Amsterdam par le Trésor espagnol de plus en plus endetté, en mai 1807[6]. Pierre-César Labouchère, l'associé principal de la banque Hope à Amsterdam et le gendre de Francis Baring à Londres prend en charge l'opération. Il comptera parmi les plus vieux amis du prince de Talleyrand à la fin de sa vie et fera plusieurs séjours à Valençay. Charles-Maurice lui écrivait sans façon « dear Labouchère », en souvenir de leur longue complicité d'affaires[7].

Tout cela décuple l'intérêt bien compris de l'ancien ministre pour l'Espagne. Dans ses Mémoires, il nie bien sûr en bloc toute participation aux premiers balbutiements de l'engrenage espagnol et dit avoir combattu avec force les projets de Napoléon. Il a pris soin par ailleurs de faire disparaître des archives impériales tout ce qui pouvait regarder de près ou de loin son implication dans cette affaire[8]. Ce n'est pas ce que pensent ni Cambacérès, ni Decrès, ni Champagny, ni Méneval, ni Napoléon lui-même bien sûr[9]. Très concrètement, Sainte-Beuve, au moment où il écrivait son *Talleyrand*, avait déjà rassemblé plusieurs notes prouvant l'existence de mémoires copiés par Perrey à Fontainebleau, dans lesquels le vice-grand électeur proposait diverses solutions à Napoléon[10]. Évidemment, tous ces Mémoires ont été opportunément brûlés en 1814. Napoléon en a rappelé l'existence à plusieurs reprises, à Roederer en 1809, à Caulaincourt en 1812[11].

Comme souvent, Talleyrand a évolué sur l'affaire d'Espagne depuis ses premières conversations sur le sujet avec Napoléon à Berlin, jusqu'à Fontainebleau et Bayonne. On discerne cependant une constante dans son approche de la question espagnole. À Berlin, il justifie la nécessaire soumission de l'Espagne à la France par l'Histoire, qui fait de Napoléon l'héritier naturel de Louis XIV et de sa politique espagnole. Depuis 1700, l'avènement du petit-fils du Roi-Soleil, le duc d'Anjou, au trône d'Espagne sous le nom de Philippe V, a rapproché les deux pays, ne serait-ce que par leurs liens dynastiques qui donneront naturellement naissance à ce qu'on appelait sous l'Ancien Régime la « politique de famille ». Napoléon règne maintenant en France et les Bourbons n'ont plus rien à faire en Espagne. Pasquier dit avoir entendu plusieurs fois Talleyrand reprendre l'argument chez Mme de Rémusat : « La couronne d'Espagne a appartenu depuis Louis XIV à la famille qui régnait sur la France. L'établissement de Philippe V a seul assuré la prépondérance de la France en Europe. C'est donc une des plus belles portions de l'héritage du grand roi, et cet héritage, l'empereur doit le recueillir tout entier ; il n'en doit, il n'en peut abandonner aucune partie[12]. » Il disait encore, mais de façon plus vague, à Mme de Rémusat à Fontainebleau : « C'est un mauvais voisin pour [Napoléon] qu'un prince de la maison de Bourbon, et je ne crois pas qu'il puisse le conserver[13]. » La haine personnelle qu'il voue aux Bourbons, dont il n'a rien à espérer même s'il a tout fait pour leur cacher son rôle dans la fusillade du duc d'Enghien, entre assez dans ce genre de pensée et pour l'heure sert ses intérêts. L'argument dynastique lui tient aussi lieu de faire-valoir et flatte Napoléon. Si l'on gratte un peu, c'est sans doute l'un des moyens dont il a usé pour tenter d'imposer, en désespoir de cause, sa vision de l'Europe. À Berlin, la paix avec l'Angleterre est encore possible à ses yeux. Le renforcement des liens avec l'Espagne, « la coopération de l'Espagne et du Portugal contre l'Angleterre », peut contraindre cette dernière à la paix. De plus, il croit toujours à l'alliance autrichienne et la Prusse n'a pas encore été tout à fait humiliée comme elle le sera à Tilsit. Les ambitions espagnoles de Napoléon peuvent distraire l'attention du maître, du nord au sud de l'Europe, et faciliter d'autant la signature d'une paix équitable avec la Prusse.

Mais, entre Berlin et Fontainebleau, la situation générale de l'Europe a profondément changé et le « système » hégémonique de Napoléon s'est sérieusement consolidé. À Fontainebleau, face à Napoléon cette fois décidé à intervenir, son ancien ministre ne pouvait pourtant se renier complètement. D'autant qu'il cherche, ne l'oublions pas, à rentrer en grâce. Il s'est toutefois montré probablement beaucoup plus prudent qu'à Berlin sur les moyens à utiliser pour « domestiquer » l'Espagne. Il a dû tourner autour de plusieurs possibilités au cours de ses entretiens secrets avec Napoléon, du mariage de l'héritier de la couronne espagnole avec une princesse française à l'abdication pure et simple du roi en faveur de son fils, combinées avec une occupation militaire temporaire de la Catalogne, au nord de l'Espagne, jusqu'à la paix maritime avec l'Angleterre[14]. De ses conversations avec Mme de Rémusat dont il a fait sa confidente à Fontainebleau, il ressort que ses préférences vont toutefois à une solution franche. Napoléon doit s'appuyer sur la nation espagnole contre le favori, unanimement haï. Ferdinand est le plus populaire des princes espagnols ; c'est donc lui qu'il faut soutenir. Or Napoléon va faire tout le contraire. « Le voilà enferré dans une intrigue pitoyable, dit-il à son amie. Murat veut être roi d'Espagne ; ils enjôlent le prince de la Paix et veulent le gagner, comme s'il avait quelque importance en Espagne. C'est une belle politique à l'empereur que d'arriver dans un pays avec la réputation d'une liaison intime entre lui et un ministre détesté[15]. » Ce sera pourtant la politique du traité secret signé à Fontainebleau, le 27 octobre 1807, entre Duroc et Izquierdo, qui impose au roi d'Espagne l'entrée sur son territoire d'un corps expéditionnaire français chargé de l'occupation du Portugal, mais favorise en même temps le prince de la Paix en lui accordant une partie des dépouilles du royaume des Bragance. Le 26 novembre, Junot occupe Lisbonne et de nouvelles troupes ne cessent d'entrer en Espagne. Talleyrand nie dans ses Mémoires toute participation au traité secret de Fontainebleau. Il est possible qu'il l'ait discrètement désapprouvé, mais il ne pouvait pas ne pas être au moins averti du détail de la négociation. Elle eut lieu, sous ses yeux, à Fontainebleau même, et du côté espagnol, Izquierdo était une vieille connaissance[16].

Dans les mois qui suivent, les événements se précipitent. Le 20 février 1808, Napoléon fait de Murat son lieutenant général en Espagne. Le 19 mars, le peuple contraint Charles IV à abdiquer en faveur de son fils qui devient roi sous le nom de

Ferdinand VII ; le prince de la Paix est emprisonné. Quelques jours plus tard, Murat entre dans Madrid. Godoy est délivré, Charles IV revient sur son abdication. À force de manœuvres, de ruses et de menaces, Napoléon parvient à réunir tout le monde à Bayonne, fin avril. Le 2 mai, Madrid se révolte et Murat ne fait pas de quartier. Le 6 mai, à Bayonne, Charles IV et Ferdinand VII abdiquent, d'un même élan, la couronne qu'ils se disputent, et le 8 juillet, Joseph Bonaparte échange son royaume de Naples pour celui d'Espagne.

Chose étrange, Talleyrand, « l'âme » du traité de Fontainebleau selon Napoléon, n'est pas à Bayonne. À Caulaincourt, il écrit le 9 mars que cela lui fait « de la peine[17] » de ne pas être du voyage. C'est probablement là, dans cette nouvelle disgrâce qui ne peut s'expliquer que par son opposition feutrée à la dérive espagnole de l'empereur, qu'il faut chercher les raisons de son revirement. Napoléon le dira « déçu dans ses espérances de fortune et d'influences[18] », mais lesquelles ? Des lettres envoyées par Talleyrand à Napoléon à l'époque de Bayonne, on peut seulement déduire qu'elles ne manquent pas de franchise. L'ancien ministre y prêche la modération et recommande au maître de ne pas commettre l'irréparable en franchissant les Pyrénées. « J'espère que Bayonne est le terme où s'arrête Votre Majesté et qu'elle ne s'éloignera pas davantage[19]. » Au fil des événements qui ont précédé le départ de Napoléon pour Bayonne, il a probablement dû soutenir avec de plus en plus de force la solution du mariage français de Ferdinand VII, plus populaire que son père Charles IV. « C'était vers ce dernier avis qu'il penchait, note Mme de Rémusat, et il faut lui rendre cette justice : il prédisait alors à l'empereur qu'il ne retirerait que des embarras d'une autre marche[20]. » Le mariage d'un Bourbon d'Espagne avec une princesse de la famille de Napoléon est à ses yeux la voie la plus douce et la plus politique menant au règlement de la question espagnole. L'ambassadeur de France, François de Beauharnais, qui, à Madrid, partage le même avis, en sera lui-même quitte pour un exil de plusieurs années. Napoléon n'en veut pas. Il dira plus tard à Roederer : « J'ai conquis l'Espagne ; je l'ai conquise pour qu'elle soit française, il ne s'agit pas de recommencer Philippe V[21]... » De Fontainebleau à Bayonne, les points de vue divergent de plus en plus. Si ces différences éclairent en partie la mise à l'écart de l'ancien ministre à Bayonne, elles n'excusent en rien sa responsabilité première dans ce qui deviendra une catastrophe sanglante. « Encore fallait-il que le maître soit prêt à écouter son conseiller », écrit très justement Thierry Lentz. Dans le partage des responsabilités « espagnoles », Napoléon joue évidemment les premiers rôles[22].

Dès le mois d'août, Talleyrand commence à faire entendre sa propre voix. Il ne condamne pas encore les buts de l'entreprise, mais les moyens utilisés par Napoléon pour mettre la main sur l'Espagne. À ses yeux, le guet-apens de Bayonne est inexcusable. Ses reproches ne sont encore réservés qu'au petit cercle de ses intimes. « Ses victoires, dit-il à Beugnot sur le point de partir pour le grand-duché de Berg, ne suffisent pas pour effacer de pareils traits, parce qu'il y a là je ne sais quoi de vil, de la tromperie, de la tricherie. Je ne peux pas dire ce qui en arrivera, mais vous verrez que cela ne lui sera pardonné par personne[23]. » Beugnot, son futur ministre de la Police sous la Restauration, y voit pour une fois l'accent de la vérité : « Lorsqu'il m'en a parlé, c'était avec une sorte de colère qu'il n'éprouve qu'en présence des événements qui le remuent fortement. » Il est possible qu'il n'ait pas apprécié le guet-apens, en forme de « souricière » imaginé par Napoléon à Bayonne. La méthode est plus dans la manière d'un bandit corse que d'un grand seigneur, mais le mal était déjà fait. Au fur et à mesure de la dégradation de la situation, son opposition ira *crescendo*. Encore quelques années et sous la Restauration l'ancien ministre de Napoléon aura désapprouvé et condamné depuis le début cette « entreprise » de « trahison[24] ». À Berlin, écrit-il dans ses Mémoires, Napoléon « jura de détruire à tout prix la branche espagnole de la maison de Bourbon ; et moi, je jurai intérieurement de cesser, à quelque prix que ce fût, d'être son ministre, dès que nous serions de retour en France[25]. » Autrement dit, la guerre d'Espagne explique et justifie sa démission du ministère. De tous ses mensonges, c'est sans doute le plus grossier. On y perçoit des relents de vengeance contre son ancien maître. Car dans l'affaire d'Espagne, Talleyrand s'est fait prendre à son propre jeu. Napoléon ne s'est pas contenté de l'écarter à Bayonne, il a disposé de lui pour en faire le geôlier des Bourbons d'Espagne. Le 9 mai, il lui intime l'ordre de recevoir à Valençay le prince des Asturies, son frère don Carlos et son oncle don Antonio. Le vieux roi Charles IV, sa femme et leur favori seront quant à eux relégués à Compiègne. La lettre qu'il lui envoie à cette occasion est un chef-d'œuvre de perfidie. Napoléon ne se contente pas de l'humilier, il le compromet vis-à-vis de l'ancienne famille régnante d'Espagne comme du reste de l'Europe. Le vaste château de Valençay est transformé en une sorte de prison dorée. À son propriétaire, Napoléon suggère d'y construire un théâtre, d'y faire venir sa femme et des dames de compagnie, d'y susciter quelques intrigues amoureuses, bref, de divertir et de surveiller à la fois les princes d'Espagne. « Votre mission est assez honorable, lui écrit-il sans rire : recevoir trois illustres personnages pour les amuser est tout à fait dans le caractère de la nation et dans celui de votre rang. Huit ou dix jours que vous passerez là avec eux vous mettront au fait de ce qu'ils pensent et m'aideront à décider ce que je dois faire[26]. » Albert Sorel dit de cette lettre qu'elle fut « le seul trait d'esprit de cette répugnante et burlesque tragédie ». Mais, ajoute-t-il, le sarcasme porte loin.

Condamné à l'organisation des loisirs d'un prince déchu, « bête au point que je n'ai pu en tirer un mot », lui écrit Napoléon de Bayonne, meurtri et sans doute furieux, Talleyrand ne perd pas son sang-froid pour autant. Plus Napoléon l'humilie, plus il est calme. Imperturbable, il le félicite, le 8 mai, de « la marche si heureuse[27] » des événements de Bayonne et lui rend compte, le 13, avec ce flegme qui n'appartient qu'à lui, des dispositions qu'il a prises pour accueillir les princes : « Je répondrai par tous mes soins à la confiance dont [Votre Majesté] m'honore. Madame de Talleyrand est partie dès hier soir pour donner les premiers ordres à Valençay. Le château est abondamment pourvu de cuisiniers, de vaisselle, de linge de toute espèce. Les princes y auront tous les plaisirs que peut permettre la saison, qui est ingrate. Je leur donnerai la messe tous les jours, un parc pour se promener, une forêt très bien percée, mais où il y a très peu de gibier, des chevaux, des repas multipliés et de la musique. Il n'y a point de théâtre, et d'ailleurs il serait plus que difficile de trouver des acteurs. Il y aura d'ailleurs assez de jeunesse pour que les princes puissent danser, si cela les amuse[28]. »

Les princes arrivent à Valençay, le 18 mai en fin d'après-midi, dans leur antique carrosse madrilène en bois doré, « d'une forme tout à fait gothique », note leur hôte qui les reçoit en grand apparat dans la cour du château. Leur installation ne passe pas inaperçue. Le seul service d'honneur compte plusieurs dizaines de personnes : les grands chambellans, intendants, aumôniers, écuyers, valets de chambre et valets de pied, tout un personnel d'office de cuisine et d'écurie. La vie des prisonniers s'organise rapidement, à l'abri de l'étiquette et des événements du monde, sous l'étroite surveillance d'un gouverneur, le comte d'Arberg, qui, avec le comte de Tournon, a reçu l'ordre à Bayonne d'accompagner les princes à Valençay et de les servir. On prend des leçons de danse, de musique et d'équitation, on se promène en calèche dans le parc et la forêt, on pêche, on chasse. Charles-Maurice a fait venir de Paris le guitariste Castro. Dussek, son maître de musique, joue au piano des airs de folie d'Espagne, monotones et tristes. On entend la messe tous les matins. Le soir, au retour de la promenade, tout le monde se rassemble pour les prières. Valençay, gardé par un ancien évêque défroqué, respire à plein nez l'encens des dévotions espagnoles. La situation est plutôt cocasse. Les princes ont leur table. On ne les aborde qu'en habit habillé, l'épée au côté. Boucher, le cuisinier de la maison, s'emploie à leur confectionner quelques « mauvais ragoûts[29] » en souvenir de leur pays natal. Les princes parlent mal le français, ne s'intéressent pas aux livres, ne reçoivent aucunes nouvelles extérieures. La conversation est limitée et Charles-Maurice s'ennuie, dans l'attente des ordres de Napoléon qui trouve un malin plaisir à le reléguer plus longtemps que prévu au fin fond du Berry. Geôlier et prisonniers vivent également en exil. La seule différence entre eux tient au fait que l'un est parfaitement informé des événements extérieurs, ne serait-ce que par les nombreux amis qui viennent le voir cet été-là[30], et les autres non. Ses lettres au maître se font de plus en plus pressantes. « J'espère que l'ignorance absolue dans laquelle j'ai désiré qu'on fût à Valençay pendant toute la junte et l'oubli des affaires qui en a été la suite aura rempli les vues de Votre Majesté, écrit-il le 15 juillet. Cet état de mort convenait à la disposition de tristesse dans laquelle je suis personnellement[31]. » Comme une mauvaise nouvelle n'arrive jamais seule, Talleyrand vient d'apprendre la mort de son neveu Louis, le fils aîné de son frère Archambaud, frappé d'une « fièvre inflammatoire » à Berlin le 18 juin. C'est un coup dur pour celui qui depuis longtemps s'est naturellement imposé comme le chef de famille. Louis était intelligent, brave, très apprécié de Berthier sous les ordres duquel il servait. Charles-Maurice, qui fondait tous ses espoirs sur lui, devra se rabattre sur le cadet, Edmond, qui n'a pas les qualités de son aîné. Pour une fois, sa tristesse n'est pas feinte. « Je suis bien malheureux, je vous assure, écrit-il à son amie la duchesse de Bauffremont : tout l'avenir de ma vie était dans ce beau jeune homme qui avait tant d'âme, tant d'élévation, tant de bon esprit, de la force, de la bonté ; qu'elle est donc impitoyable cette cruelle mort qu'aucun de ces avantages ne peut fléchir[32]. »

Talleyrand ne quitte Valençay que le 5 août, après y avoir passé près de trois mois. Les princes d'Espagne, qui devaient également n'y rester que quelques semaines, n'en partiront qu'en mars 1814, en plein effondrement du régime. Leur long séjour à Valençay modifiera durablement la physionomie du domaine. Le château hérite grâce à eux d'un théâtre et de vastes écuries, construites en demi-cercle en 1809. Très habilement, dans ses lettres et ses conversations privées, Talleyrand cherche, avant même de quitter le Berry pour Nantes où Napoléon lui a demandé de le retrouver, à s'imposer comme le protecteur de Ferdinand VII contre la « fourberie » de l'empereur et les sarcasmes de ses proches. Il se console comme il peut de son séjour forcé à Valençay, écrit-il à La Besnardière le 16 juin : « J'aime autant cela que votre pays où il me revient qu'on insulte le malheur par les plus mauvaises plaisanteries ; je déteste le mélange continuel de tragédie et de calembours qui fait la conversation de Paris[33]. » Il fait aussi très vite répandre à Paris le bruit que Napoléon lui a imposé les prisonniers de Valençay pour se venger de son opposition à ses projets en Espagne et joue la carte de l'héritier de la couronne contre le roi et la reine d'Espagne qu'il évitera de voir dans leur exil de Compiègne[34]. Les événements lui donneront raison. En 1814, c'est Ferdinand VII qui régnera de nouveau en Espagne à la place de son père Charles IV.

23.

« À ERFURT, J'AI SAUVÉ L'EUROPE »

Les retrouvailles avec Napoléon à Nantes appartiennent à l'histoire chaotique et sinueuse de leurs relations des dernières années de l'Empire. Adolphe de Bacourt, le secrétaire de Talleyrand à Londres et l'exécuteur testamentaire de ses papiers, fera dire à son ancien patron, dans ses Mémoires qu'il a parfois enjolivés et « complétés » de son propre chef, des choses que celui-ci n'a certainement jamais prononcées à Nantes devant Napoléon. Il ne se serait jamais risqué à le traiter de paria et de « tricheur », comme le suggère Bacourt, tout en critiquant violemment l'affaire de Bayonne. Il est beaucoup trop fin et prudent pour cela, surtout à ce moment précis, après la gifle de Valençay et alors que, contre toute attente, l'empereur lui demande de l'accompagner à Erfurt, en septembre, où il doit rencontrer le tsar[1].

D'autant plus que l'ancien ministre des Relations extérieures sait qu'à Erfurt Napoléon joue une grosse partie. L'imbroglio espagnol, la reconnaissance de Ferdinand VII comme roi d'Espagne par une junte « rebelle », la tournure inquiétante prise par les événements militaires, en particulier la capitulation en rase campagne du général Dupont à Baylen face aux troupes espagnoles du général Castaños, qui crée un précédent et brise le mythe de l'invincibilité des armées impériales, remuent l'Europe entière. Face au réarmement de l'Autriche, Napoléon ressent la nécessité de retremper l'alliance russe de Tilsit afin d'avoir les mains libres en Espagne, en rencontrant personnellement Alexandre Ier. La survie même de son système européen en dépend. Le projet était dans l'air depuis le début de l'année. Il prend un caractère d'urgence dans les premiers jours d'août. La ville d'Erfurt, en Saxe, est choisie.

De l'entrevue d'Erfurt, Napoléon attend plusieurs choses qu'il avoue lui-même à Talleyrand, à Paris, dans les premiers jours de septembre : « Nous allons à Erfurt ; je veux en revenir libre de faire en Espagne ce que je voudrai ; je veux être sûr que l'Autriche sera inquiète et contenue, et je ne veux pas être engagé d'une manière précise avec la Russie pour ce qui concerne les affaires du Levant. Préparez-moi une convention qui contente l'empereur Alexandre, qui soit surtout dirigée contre l'Angleterre, et dans laquelle je sois bien à mon aise sur le reste ; je vous aiderai : le prestige ne manquera pas[2]. »

En emmenant Talleyrand avec lui à Erfurt, Napoléon commet une grave faute de jugement. Alors qu'il quitte Paris pour l'Allemagne, il est pourtant persuadé que son ancien ministre des Relations extérieures et vice-grand électeur, plus que son ministre en titre, est une fois de plus l'homme qu'il lui faut. À Varsovie, Talleyrand, à son insu, l'a merveilleusement servi en contenant l'Autriche et en évitant l'entrée de cette dernière dans le conflit. Il le sait hostile à la Russie, grand partisan de l'alliance autrichienne et compte lui faire jouer à Erfurt la même partition qu'à Varsovie. Seulement Talleyrand n'a pas l'intention d'être une deuxième fois la dupe de Napoléon. S'il a sans doute exagéré son rôle dans ses Mémoires, il en a fait assez à Erfurt pour s'y forger une durable réputation de trahison. Dans son esprit, la « trahison » prend évidemment les allures d'une manœuvre de salut public, pour le bien du pays. « Tout le monde a sauvé la France, puisqu'on la sauve trois ou quatre fois par an, dira-t-il plus tard à Vitrolles en plaisantant ; mais, voyez-vous bien, à Erfurt, j'ai sauvé l'Europe d'un complet bouleversement[3]. »

Dans le projet de convention franco-russe dont il l'avait chargé à Paris, Napoléon avait insisté pour qu'y figurent plusieurs dispositions susceptibles de contenir l'Autriche, en particulier l'engagement d'Alexandre de faire cause commune avec lui au cas où cette dernière lui déclarerait la guerre. Pour le reste, il compte sur son charme personnel et sur la poudre d'or des fastes de leur rencontre pour convaincre le jeune autocrate de toutes les Russies qui fêtera bientôt son trente et unième anniversaire. Tout ce qui compte d'alliés de Napoléon se réunit à Erfurt, un vrai « parterre de rois », dira ce dernier qui traite les uns et les autres, princes et souverains, en maître absolu – tout juste une « plate-bande », aurait murmuré Talleyrand. Dans ses Mémoires, celui-ci n'aura pas de mots assez durs pour brocarder la bassesse des obligés de l'empereur, leurs flatteries et leurs courbettes. « Je suis tenté de croire, et cette idée m'est venue à Erfurt, qu'il y a des secrets de flatterie révélés aux seuls princes, non pas descendus du trône, mais qui ont soumis leur trône à un protectorat toujours menaçant ; ils savent en faire l'emploi le plus habile, lorsqu'ils se trouvent placés autour de la puissance qui les domine et qui peut les détruire. [...] Les petits princes ne savent que se jeter à terre, et ils y restent jusqu'à ce que la fortune vienne les relever. Je n'ai pas vu, à Erfurt, une seule main passer noblement sur la crinière du lion[4]. » On ira jusqu'à organiser une chasse en l'honneur de Napoléon sur les lieux mêmes de la bataille d'Iéna, le jour anniversaire de sa victoire. Au théâtre, la moindre allusion du répertoire au grand homme est applaudie. Le duc de Weimar le reçoit chez lui et lui fait rencontrer les membres de son académie, Goethe et Wieland en tête. Talleyrand, toujours curieux de tout, demandera à Friedrich von Müller, chambellan du duc et ami de Goethe, de lui transcrire le contenu de leur conversation, ce qui nous vaut un dialogue surréaliste entre Napoléon et Wieland sur Tacite et la tyrannie romaine. Quand il n'y a ni fêtes, ni bals, ni spectacles, ni chasses, tout se passe en tête à tête entre les deux empereurs Napoléon et Alexandre. Les vaincus, le roi de Prusse et l'empereur d'Autriche n'ont pas été invités. Le premier y envoie son frère, le second le baron de Vincent, officiellement porteur d'une lettre de félicitations pour Napoléon, officieusement chargé de surveiller ce qui se passe.

Talleyrand, qui arrive à Erfurt le 24 septembre, s'installe dans l'hôtel d'un riche marchand de la ville, Am Anger, à deux pas de la résidence d'Alexandre[5], et trouve très vite l'occasion de le rencontrer en privé chez la sœur de la reine de Prusse et grande amie de la duchesse de Courlande, la princesse de Thurn und Taxis. Alexandre est d'emblée bien disposé vis-à-vis de l'ancien ministre de Napoléon. Il l'a déjà vu à Tilsit. Caulaincourt qui représente Napoléon à Saint-Pétersbourg, lui a chanté ses louanges. Par le comte Tolstoi, son ambassadeur à Paris, il est au courant jusqu'à un certain point de sa position ambiguë vis-à-vis de Napoléon. À Erfurt, Caulaincourt, sincèrement mais naïvement partisan de la paix et de la modération, fait un pas de plus dans le jeu de Talleyrand dont il sera encore la dupe. Il croit en leur amitié, d'autant plus que l'ancien ministre se donne l'air de tout faire pour avancer son projet de mariage avec la belle Mme de Canisy, auquel Napoléon s'oppose, puisque celui-ci passe par un divorce et qu'il n'en veut pas dans son entourage. Dans ce genre de situation délicate, on le sait, l'ex-évêque d'Autun est un expert. Il est d'autant mieux placé que Mme de Canisy, liée aux Brienne par sa mère, appartient à la société du faubourg Saint-Germain qui ne pardonne pas à Caulaincourt son rôle dans l'affaire du duc d'Enghien, ce qui ajoute encore un peu aux difficultés de l'ambassadeur. Et puis, Mme de Canisy est très proche de Mme de Laval, l'une des meilleures amies de Talleyrand[6]. Dans ses Mémoires, ce dernier se dit « parfaitement d'accord » avec Caulaincourt qu'il voit dès son arrivée à Erfurt et joue pour lui les intermédiaires avec Alexandre et Tolstoi. Metternich confirme et parle « de l'influence sans bornes qu'il [Talleyrand] exerce sur l'esprit de M. de Caulaincourt[7] ».

En arrivant à Erfurt, Alexandre est prêt à écouter Talleyrand. Metternich a bien défini le tsar en parlant de son caractère comme d'un curieux « mélange de qualités viriles et de faiblesses féminines ». À la fois influençable, méfiant et secret, le jeune autocrate joue le jeu de la séduction avec Napoléon tout en restant sur ses gardes. Il cherche à gagner du temps. Dans une lettre à sa mère écrite peu avant son départ pour Erfurt, il parle de la nécessité où il est d'« entrer pour quelque temps encore dans les vues de Napoléon, afin de pouvoir respirer et augmenter les moyens et les forces dont il dispose », ce qu'il ne saurait faire « en annonçant sur les places publiques les armements et les préparatifs que l'on poursuit et en déclamant contre celui dont on se méfie[8] ». Le blocus continental le gêne. Il a retenu la leçon de Bayonne. « Des ajournements de haine » : avec son génie visionnaire, Chateaubriand définit exactement, d'une seule phrase, la parade d'accords intimes et de faux-fuyants que les deux souverains ont mis en spectacle à Erfurt au cours de leur seconde et dernière rencontre. Un terrain parfait pour le Diable boiteux.

Dans toute manœuvre de Talleyrand, il faut distinguer le fond de la forme, la pensée des artifices empoisonnés de la flatterie. À Erfurt, il a dû se surpasser, susurrant à Alexandre au moment de son départ, alors qu'au même moment Napoléon prenait la route de Paris : « Ah ! Si Votre Majesté pouvait se tromper de voiture[9] ! » Sur le fond, s'il déteste les « barbares » russes, il va tout faire pour s'attirer la confiance du tsar. C'est en se servant de lui qu'il compte à terme contenir, voire ébranler le système napoléonien. Il est dans le cheval de Troie. En attisant la suspicion et la méfiance d'Alexandre à l'égard de Napoléon, en lui suggérant de rassurer l'Autriche au lieu de la menacer, il prépare l'entrée en guerre de cette dernière en 1809, et travaille à la construction de la grande coalition européenne qui cinq ans plus tard finira par renverser Napoléon. C'est à Erfurt qu'il distingue pour la première fois, ouvertement, Napoléon de la France. Metternich a transcrit dans ses Mémoires les propos qu'il aurait tenus à Alexandre au cours de leur première rencontre. C'est un bon résumé de leur conversation. Même s'il est plus dans la manière de l'exévêque de procéder par allusions et par touches successives, le sens de sa pensée s'y trouve : « Sire, que venez-vous faire ici ? C'est à vous de sauver l'Europe, et vous n'y parviendrez qu'en tenant tête à Napoléon. Le peuple français est civilisé, son souverain ne l'est pas ; le souverain de la Russie est civilisé et son peuple ne l'est pas ; c'est donc au souverain de la Russie d'être l'allié du peuple français[10]. »

Il lui dit encore : « Le Rhin, les Alpes, les Pyrénées sont la conquête de la France ; le reste est la conquête de l'empereur ;

la France n'y tient pas[11]. » Müller, qui, ne serait-ce qu'à Weimar dans les premiers jours d'octobre, a eu mille occasions de parler à Talleyrand, confirme la réalité de ces propos, sans toutefois citer de nom : « Un jour, on m'exprima très ouvertement, du côté français, les inquiétudes que devait provoquer l'effréné désir de conquête de Napoléon et tout particulièrement ses projets extravagants sur l'Espagne et le Portugal ; et combien il serait souhaitable pour la France que l'empereur Alexandre ne se montrât pas trop accommodant et obligeant. Napoléon avait le plus grand besoin de l'amitié de l'empereur Alexandre et serait probablement amené à renoncer à bien des projets et à prendre des décisions plus modérées si l'empereur Alexandre agissait sérieusement dans ce sens[12]. » Tout cela revient aux oreilles d'Alexandre par le duc d'Oldenburg qui lui apprend ce qu'il savait déjà.

À Erfurt, la manœuvre de l'ex-évêque est d'une simplicité machiavélique. N'oublions pas qu'il est après l'empereur l'un des quatre personnages les plus importants du régime. Le matin, il voit Napoléon qui le retient après le lever et l'entretient de tout, de ses vues sur l'Empire ottoman, des afffaires d'Espagne, de la conduite qu'il veut tenir envers Alexandre. Le soir, chez la princesse de Thurn und Taxis, après le spectacle, il répète à Alexandre ce qui est susceptible de lui déplaire. Puis le tsar et l'ancien ministre de Napoléon décident ensemble de ce qu'il faudra répondre le lendemain. Vitrolles, pourtant bien renseigné par Dalberg, raffine encore un peu plus lorsqu'il écrit que « tout était concerté jusqu'aux paroles que prononcerait l'empereur dans ses entrevues avec Bonaparte » et ajoute : « Lorsque Alexandre craignait de ne pas retenir assez bien les phrases importantes, les mots sacramentels, la princesse les écrivait sous la dictée de M. de Talleyrand, et l'empereur les emportait pour les relire et les apprendre par cœur[13]. » L'image est séduisante, celle de l'autocrate le plus puissant du monde rabaissé au rang d'élève docile et aveugle du grand dignitaire félon, mais dans la réalité, l'empereur de toutes les Russies n'était certainement pas à ce point le pion de l'ex-évêque d'Autun, fût-il Satan. Le témoignage de la princesse

Antoine Radziwill est plus sérieux. Elle n'était pas dans la confidence, mais elle se dit frappée de l'influence du prince de Bénévent sur Alexandre et note que ses conversations avec le diplomate lui avaient redonné confiance face à Napoléon[14].

Le degré d'intimité entre les deux hommes est tel à Erfurt qu'Alexandre lui montre le projet final du traité secret franco-russe. Ce dernier en profite pour persuader le tsar d'atténuer et de diluer, jusqu'à les rendre insignifiants, les articles qui regardent l'Autriche[15]. L'histoire de ce traité est unique dans les annales de la diplomatie. Talleyrand y « met la main » des deux côtés, si l'on peut dire, français et russe, alors qu'il n'est même pas le ministre en titre. C'est Champagny, dont on se demande un peu ce qu'il fait à Erfurt, qui le signe. Tout à ses préoccupations autrichiennes, le vice-grand électeur de Napoléon rassure en même temps le baron de Vincent qui a reçu de sa cour l'ordre de recevoir ses confidences. Il lui dit ce qu'il a déjà dit à Metternich à Paris, peu avant le départ de ce dernier pour Vienne où il ira prêcher la reprise de la guerre de l'Autriche contre Napoléon, avec la bénédiction de la Russie : « L'intérêt de la France exige que les puissances en état de tenir tête à Napoléon se réunissent pour opposer une digue à son insatiable ambition. [...] L'Europe ne peut être sauvée que par la plus intime réunion entre l'Autriche et la Russie. » Et le diplomate autrichien de conclure : « Nous sommes enfin arrivés à une époque où des alliés semblent s'offrir à nous dans l'intérieur même de cet empire ; ces alliés ne sont pas de vils intrigants ; des hommes qui peuvent représenter la nation réclament notre appui ; cet appui est notre cause elle-même, notre cause tout entière, celle de la postérité[16]. »

Dans le tableau qu'il a consacré sous la Monarchie de Juillet à l'entrevue d'Erfurt, le peintre Nicolas Gosse a parfaitement saisi l'importance du rôle de Talleyrand. L'épisode choisi est celui où le baron de Vincent, reçu par Napoléon, lui présente la lettre de l'empereur d'Autriche. Au second plan, mais au centre, exactement entre les deux hommes, le prince de Bénévent assiste, impassible, à la scène[17]. Il a dû sourire, en revanche, en voyant jouer *Cinna* à Erfurt par les acteurs du

Théâtre-Français, au moment où Émilie s'écrie : « La perfidie est noble envers la tyrannie[18]. »

En fin de compte, le protocole secret signé le 12 octobre par les deux empereurs est un échec pour Napoléon. S'il renouvelle l'alliance de Tilsit, il ne marque aucune avancée par rapport à l'année précédente, ni sur la question d'Orient ni sur les négociations de paix avec l'Angleterre. Et surtout Alexandre évite soigneusement de s'engager trop formellement à combattre l'Autriche au cas où celle-ci déclarerait la guerre à la France[19]. Pour faire bonne mesure, Talleyrand va plus loin encore en exploitant les maladresses de Napoléon. En mal d'héritier, pensant au divorce sans en parler et secrètement désireux d'obtenir la main de l'une des sœurs d'Alexandre, celui-ci demande à son ancien ministre d'être son confident et son émissaire auprès du tsar. Il ne veut pas faire le premier pas et aimerait qu'Alexandre se déclare.

S'il voit en Alexandre Ier un allié momentané et tactique dans la perspective d'un effondrement du système napoléonien, Talleyrand ne veut en aucun cas d'une alliance dynastique à long terme avec lui. Laissons parler le messager : « J'avoue que j'étais effrayé pour l'Europe d'une alliance de plus entre la France et la Russie. À mon sens, il fallait arriver à ce que l'idée de cette alliance fût admise pour satisfaire Napoléon, et à ce qu'il y eût cependant des réserves qui la rendissent difficile. Tout l'art dont je croyais avoir besoin me fut inutile avec l'empereur Alexandre. Au premier mot, il me comprit, et il me comprit précisément comme je voulais l'être[20]. »

Talleyrand n'a pas le monopole de la duplicité. Alexandre aussi a un vrai sens du double-jeu. Au cours de l'une de ses rencontres avec Napoléon, il évoque la question du mariage sans toutefois s'engager formellement. Les deux souverains se quittent le 14 octobre sur un quiproquo gros de complications redoutables. À peine rentré à Pétersbourg Alexandre mariera l'aînée de ses deux sœurs, la grande-duchesse Catherine, au cadet de la maison d'Oldenbourg, le prince Frédéric-Georges de Holstein, une union bâclée et peu prestigieuse, mais qui aura au moins le mérite de couper momentanément court aux velléités de Napoléon. La cadette, Anne, est encore trop jeune. Dans peu de temps, Alexandre, comme Talleyrand, lui feront jouer à merveille le rôle des vierges inaccessibles.

Si Charles-Maurice excelle dans l'art de faire échouer un projet, il n'oublie jamais ses propres intérêts. Tout service mérite récompense. Avant même de quitter Erfurt, il touche les dividendes de ses conseils au tsar. Depuis son séjour à Varsovie, il songeait à marier l'aîné de ses neveux avec la fille cadette de la duchesse de Courlande, la princesse Dorothée. Cette riche héritière du Nord est l'un des meilleurs partis d'Europe. Si la famille ne règne plus sur la Courlande, annexée à l'Empire russe à la suite du dernier des « partages » de la Pologne, la mère de Dorothée est arrivée à ses fins en négociant avec Alexandre tombé sous son charme de larges compensations financières. De plus, le dernier duc régnant n'a cessé sa vie durant d'acquérir de vastes domaines en Saxe, en Silésie et en Bohême. Dorothée, qui n'a pas encore seize ans à l'époque du congrès d'Erfurt, a perdu son père à l'âge de sept ans. Sa mère l'a mise entre les mains d'un abbé florentin fin et cultivé, Scipione Plattoli, l'ancien secrétaire du dernier roi de Pologne, et d'une gouvernante allemande, Regina Hoffmann. Elle a vécu assez libre entre Berlin où elle habite le palais des ducs de Courlande, Unter den Linden, et Löbichau, l'un des châteaux de sa mère dans le duché d'Altenbourg, en Saxe. Elle appartient au monde très fermé des familles princières internationales de haute volée, liées à toutes les cours européennes. Sa mère est très proche de la famille royale de Prusse. Ses sœurs, toutes mariées ou remariées, sont les princesses Troubetskoï, Hohenzollern-Hechingen et Pignatelli. Dans les Souvenirs qu'elle a écrits sur ses années de jeunesse, Dorothée s'est décrite sans complaisance : « Petite, fort jaune, excessivement maigre, depuis ma naissance toujours malade, j'avais des yeux sombres et si grands qu'ils étaient hors de proportion avec mon visage réduit à rien. J'aurais décidément été fort laide, si je n'avais pas eu, à ce que l'on disait, beaucoup de physionomie. » Elle est très en dessous de la réalité. Encore quelques années et la chrysalide deviendra papillon. Mais peu importe la beauté de la jeune princesse. Pour l'oncle du prétendant, seules sa fortune et sa haute position européenne comptent. Reste à investir la place. Les Périgord ont beau se considérer comme l'une des plus vieilles familles de l'ancien royaume de France, ils ne pèsent pas grand-chose face aux Courlande. Les deux sœurs aînées de Dorothée sont hostiles au projet par snobisme autant que par haine de Napoléon. La jeune intéressée, elle-même amoureuse du prince Adam Czartoryski, est assaillie de séduisants prétendants : le prince Florentin de Salm, les princes de Mecklembourg et de Reuss.

Edmond de Périgord n'est, à vingt et un ans, qu'un simple capitaine de l'armée française. Tous ses contemporains insistent sur sa droiture et sa bonté de cœur mais le connaissent déjà pour son goût du jeu où, comme son père, il perdra des sommes énormes. Charles-Maurice n'aura de cesse par la suite de demander à ses amis, en particulier à Berthier et à Caulaincourt, de veiller sur lui et de le protéger de cette « longue séduction » dont il le sent incapable de se défaire[21]. Il passe déjà son temps depuis plusieurs années à éteindre les dettes de son père, Archambaud[22]. D'ailleurs celui-ci, écarté par Napoléon, n'exerce aucune fonction officielle au sein du régime. De l'immense fortune qui lui vient de sa femme, déjà bien écornée par la Révolution, son fils n'a reçu en héritage que de la terre et le château de Rosny qui seront bientôt vendus, sous la Restauration, à la duchesse de Berry, la nièce de Louis XVIII. Edmond n'est décidément pas un très bon parti et ne vaut que par son oncle. Pour toutes ces raisons, l'intervention d'Alexandre Ier va être déterminante. À son départ d'Erfurt, le tsar, accompagné de Caulaincourt et d'Edmond, s'arrête quelques heures au château de Löbichau. Il se donnera encore la peine d'écrire à la duchesse de Courlande en janvier de l'année suivante, avec la complicité de Caulaincourt. Edmond, qui entre-temps a obtenu la permission de passer trois mois à Saint-Pétersbourg à la suite de l'ambassadeur, remet lui-même la lettre à Löbichau où il séjourne pour la troisième fois, fin janvier. On ne peut être plus pressant : « M. de Périgord a augmenté encore, pendant son séjour ici, l'estime que je lui portais déjà ! C'est un jeune homme charmant, rempli d'excellentes qualités et bien fait pour faire le bonheur d'une femme. Je désire beaucoup que Votre Altesse et la jeune princesse le jugiez de même et que cette union tant désirée puisse réussir. » Edmond se fiche pas mal du bonheur de sa future femme. « J'espère, monsieur, que vous serez heureux dans le mariage que l'on a arrangé pour nous », lui dit Dorothée qui a fini par céder à contrecœur aux vœux de sa mère, et la réponse du futur mari a au moins le mérite de la franchise, sinon de la délicatesse : « Je ne me marie que parce que mon oncle le veut, car, à mon âge, on aime bien mieux la vie de garçon[23]. »

Du côté d'Edmond, c'est l'oncle, et non le père, qui joue le rôle de chef de famille. La revanche du mariage de 1778 est largement prise. Quant à la mère de Dorothée, il serait impensable qu'elle résiste à la volonté du tsar dont dépend par ailleurs une partie de sa fortune. Pour le reste, le mariage d'Edmond et de Dorothée est avant tout une affaire d'argent et d'influence. Les sentiments n'ont rien à voir à l'histoire. La mère et l'oncle des deux futurs époux négocient à distance, par personnes interposées, sans se connaître encore. Le seul fait que Talleyrand fasse du comte Batowski, envoyé à Löbichau avec Edmond, son fondé de pouvoirs chargé des arrangements d'argent en dit long sur son état d'esprit. Par sa femme, Batowski est lié à un monde qu'il connaît bien, celui des affaires et de la haute finance parisienne. Son beau-père, Édouard de Walkiers, était sous le Directoire en relation d'affaires avec Perregaux. La mère de ce dernier était une Nettine, alliée aux Laborde, aux Tavernier de Boullongne, aux Micault d'Harvelay, bref à tout ce qui comptait dans la banque de cour et la haute administration des finances à l'époque de Calonne et des dernières années de la monarchie[24]. Sans ces liens anciens, Talleyrand n'aurait jamais confié à Batowski, resté en très bons termes avec la duchesse de Courlande après avoir été son amant, une mission aussi délicate qui engage l'avenir de sa famille. Et Batowski s'en tire avec les honneurs. Le contrat de mariage signé à Löbichau le 15 avril 1809 est tout à l'avantage de l'ex-ministre de Napoléon. Talleyrand promet, mais ne donne rien, alors que de son côté la jeune princesse de Courlande apporte une fortune considérable en terres reçues en héritage de son père. D'un côté, Edmond dispose immédiatement de l'ensemble des revenus de sa future femme, à l'exception d'une pension annuelle de 30 000 francs qui lui est réservée. De l'autre, si son oncle lui donne l'équivalent de 800 000 francs sur ses terres du Berry, il s'en réserve la jouissance juqu'à sa mort[25]. De plus, ladite somme lui sera restituée au cas où son neveu viendrait à mourir le premier ou s'il obtenait de Napoléon la succession du duché de Bénévent.

On s'amusera pendant longtemps d'un tel coup de maître. Talleyrand le premier, en plaisantera la duchesse de Courlande venue s'installer à Paris avec sa fille après la célébration du mariage à Francfort, le 23 avril 1809. « Cette pauvre duchesse, écrit cette mauvaise langue d'Aimée de Coigny, qui a connu l'Europe avec le faste et le rang d'une princesse, qui a tenu une cour dont elle était la souveraine dans ses terres, débute à cinquante ans en France, à la suite d'un vieil amant obscur et polonais [Batowski] que personne ne connaît, comme belle-mère d'un capitaine de l'armée française. [...] Tout le monde s'en moque, mais surtout M. de Talleyrand. Il a bien raison, car voici sur quoi il établit ses plaisanteries : le mariage de la duchesse [*sic*] Dorothée, recherchée par tous les princes les plus puissants et les plus riches de l'Europe, avec Edmond de Talleyrand, neveu d'un ministre disgracié, fils d'un homme obscur dans ce régime-ci, ayant 80 000 livres de rentes au plus. Car le cher prince, pour rendre le sujet encore plus drôle, ne lui a rien assuré du tout par contrat de mariage[26]. » Si la dernière affirmation est en partie inexacte, on voit que tout se sait dans les salons de l'ancien faubourg Saint-Germain où l'on n'a jamais été tendre. Il faut dire que l'événement est de taille.

Le mariage d'Edmond est pour Talleyrand une façon de se rapprocher encore un peu plus d'Alexandre qu'il bombarde de remerciements : « Sire, la négociation que Votre Majesté m'avait permis d'entamer sous ses auspices pour le bonheur d'Edmond est terminée avec une satisfaction réciproque, lui écrit-il en mentant volontairement, le 24 mars. Les conventions en sont arrêtées. Tout a réussi, Sire, comme on devait le croire, lorsque deux aussi grandes puissances que la vôtre et celle de l'amour prenaient la peine d'y influer.

« J'ai tous les jours une plus vive reconnaissance à mettre aux pieds de Votre Majesté. Je lui serais dévoué quand elle n'aurait rien fait pour moi. Je le serai parce qu'elle m'inspire les sentiments les plus vrais, parce qu'on voit en elle la plus parfaite bonté et toutes les belles qualités qui ennoblissent encore le premier trône du monde. Il est doux de penser que sur vous, Sire, reposent aujourd'hui les destinées de l'univers et les progrès de la civilisation, qui sont le vœu de votre âme noble et sensible[27]. » Le sous-entendu est à peine voilé, mais le flatteur est encore là. Et plus que jamais depuis son retour d'Erfurt, Talleyrand est bien décidé à vivre, en flatteur, « aux dépens de celui qui l'écoute ».

Le mariage d'Edmond est l'une de ses plus belles victoires, d'autant plus remarquable qu'en matière de stratégie matrimoniale la famille a de l'expérience. Il est typique du mélange de genre qu'il pratique entre ses intérêts bien compris et ceux de son pays. Les Courlande et leurs immenses domaines entrent dans la famille à la suite d'une « trahison » et, le plus extraordinaire, c'est que, jusqu'à la fin de son règne, Napoléon ne se doutera de rien. Il attribuera d'abord les résistances et l'entêtement d'Alexandre au maréchal Lannes dont il craignait l'esprit frondeur et qu'il avait envoyé au-devant du tsar peu avant son arrivée à Erfurt[28]. Ce n'est que plus tard, à Sainte-Hélène qu'il réalisera le rôle joué par son ancien grand chambellan auprès d'Alexandre, et encore pensera-t-il que c'était après Erfurt[29]. Dans ses Mémoires, longtemps après la mort de Napoléon, le baron de Vitrolles lui aussi n'en reviendra pas de ce « chef-d'œuvre de perfidie ». « C'est ainsi et par une grande intrigue, la plus grande peut-être qui ait été tissée de main d'homme, que ces fameuses conférences préparées pour partager l'Europe et déraciner toutes les anciennes maisons souveraines n'eurent d'autres résultats que le mariage du neveu de M. de Talleyrand[30]. »

24.

LA « MERDE » ET LE « BAS DE SOIE »

À peine revenu d'Erfurt, Napoléon file en Espagne. Il veut en finir avec les insurgés et replacer son frère solidement sur son trône. En novembre, ses lieutenants battent les troupes anglo-espagnoles partout, tandis qu'il marche et entre dans Madrid le 4 décembre 1808, après un bref bombardement de la ville. Depuis Paris, Talleyrand le poursuit de ses louanges. Le 8 décembre, il le félicite de sa victoire de Somo Sierra et en profite pour proposer quelques modifications dans l'organisation du Sénat. Sa lettre se termine par le couplet habituel : « La gloire immense que V. M. a recueillie a jeté à une grande distance en arrière de nous le point d'où nous sommes partis. L'éclat de ce règne a ébloui tous les esprits ; et les degrés par où V. M. nous a élevés au point où nous sommes ne sont plus aperçus ni mesurés par personne[1]. »

L'hyperbole est trop belle pour être tout à fait honnête. Charles-Maurice conspire. Depuis l'affaire du duc d'Enghien, il est resté avec Fouché « en rapport de méfiance et de jalousie », pour reprendre la jolie litote de Mme de Rémusat. Entre-temps, Fouché est redevenu ministre de la Police de Napoléon et Talleyrand le poursuit de ses bons mots. Décidément Fouché lui fait de l'ombre et s'occupe trop souvent de ses affaires. « Un ministre de la Police est un homme qui se mêle d'abord de ce qui le regarde, et ensuite de ce qui ne le regarde pas[2]. » À quelqu'un qui lui faisait remarquer le mépris du premier policier de France pour ses semblables, il aurait encore froidement répondu : « Sans doute s'est-il beaucoup étudié ! »

Les deux hommes s'étaient opposés l'année précédente autour de la question du divorce de l'empereur en se disputant le premier rôle entre Napoléon et Joséphine. Mais un même intérêt les unit. Tous les deux pensent qu'un héritier, que Joséphine ne peut à l'évidence lui donner, conduirait Napoléon à la pacification générale[3]. Dans cette affaire, tout le monde trompe tout le monde. Napoléon laisse croire qu'il est opposé au divorce alors qu'il y songe sérieusement, et Talleyrand, qui continue à traiter Fouché de « révolutionnaire » devant l'empereur, le persuade qu'il est toujours brouillé avec son ministre de la Police, ce qui rassure le maître. En réalité, les deux hommes sont tout à fait capables de s'entendre en cas de force majeure. Napoléon ne s'en doute pas. Il tombe des nues en Espagne lorsqu'il apprend par son fidèle Lavalette et sans doute par d'autres, que l'ex-évêque et l'ex-oratorien se sont rencontrés publiquement à Paris, au cours d'une fête donnée dans les derniers jours de décembre par l'ancien ministre dans le bel hôtel de Monaco (l'actuel hôtel Matignon) qu'il vient d'acheter. Comme si de rien n'était, les deux compères passent toute la soirée à se promener bras dessus bras dessous, d'une pièce de réception à l'autre, bavardant sans façon comme s'ils étaient les meilleurs amis du monde. « Je me souviens encore de l'effet que produisit l'apparition de M. Fouché, le jour où il entra dans ce salon pour la première fois, écrit Pasquier. Personne ne voulait en croire ses yeux[4]. » La nouvelle va faire le tour des cours européennes. Une telle démonstration publique est dangereuse pour les deux hommes, et on peut se demander pourquoi Talleyrand, si prudent d'habitude, a pris ce risque.

En réalité le vice-Grand Électeur et le ministre de la Police de l'Empire n'en sont pas à leur coup d'essai. Voilà quelque temps qu'ils se rencontrent discrètement à Bagneux chez d'Hauterive qui joue les intermédiaires et à Suresnes, dans l'ancienne maison de Barras, chez la princesse de Vaudémont, qui aime l'intrigue et n'a jamais trahi un secret[5]. Toutes ces rencontres finissent quand même par donner l'alarme. Comme l'année précédente, Talleyrand se pose une fois de plus la question de la succession de Napoléon en cas d'« accident » en Espagne. Avec Fouché, il jette cette fois les yeux sur Murat, qui règne à Naples. L'ancien duc de Berg est furieux de n'avoir pas été choisi pour le trône d'Espagne. Sa femme Caroline, la plus ambitieuse des sœurs de Napoléon, déteste Joséphine. Elle a été mêlée l'année précédente aux intrigues du ministre de la Police autour de la question du divorce. Ce dernier a toujours été très proche du ménage. Charles-Maurice, quant à lui, tient le nouveau roi de Naples pour un pantin, aussi facile à élever au trône qu'à renverser. Des lettres circulent entre Paris et Naples. Méneval parle de plusieurs lettres de Murat destinées à l'un de ses hommes de confiance et chambellan à Paris, découvertes un peu par hasard deux ans plus tard et déposées aux archives impériales. Le chambellan, dont le secrétaire de Napoléon ne cite pas le nom, en sera quitte pour un séjour à la prison de Vincennes[6]. Pasquier, bien informé par Lavalette, est persuadé que, ayant eu vent de l'intrigue alors qu'il était encore en Espagne, Napoléon la prit suffisamment au sérieux pour décider de rentrer précipitamment à Paris dans les premiers jours de janvier 1809. Une lettre imprudente de Murat à Fouché, interceptée par le cabinet noir de Milan, lui aurait été transmise par Lavalette. Le ministre de la Police avouera peu après, dans une note, qu'il avait fait préparer de nouveaux relais pour que Murat puisse arriver plus rapidement à Paris[7]. « Le roi de Naples, poursuit Pasquier, devait se tenir prêt à venir, au premier signal, chercher en France les hautes destinées qui l'attendaient[8]. » Au sein du futur conseil de gouvernement prêt à se mettre en place, les deux compères se réservaient évidemment la meilleure part, n'hésitant pas à bousculer l'ordre établi de succession au trône, en faisant l'impasse sur Joseph Bonaparte. Toutes ces lettres, si elles ont jamais existé, ont bien sûr disparu. Mais il n'y a pas de fumée sans feu.

Dans toute l'Europe, on suit attentivement la situation. Metternich, qui vient de rentrer de Vienne et reprend avec Talleyrand ses conversations « privées », en informe sa cour. Ses lettres à Stadion, écrites à chaud, laissent supposer que l'ancien ministre de Napoléon était prêt à tout, sans donner plus de détails : « J'ai eu hier une conversation très longue avec Talleyrand, lui confie-t-il le 17 janvier. [...] Je les vois, lui et son ami Fouché, toujours de même, très décidés à saisir l'occasion, si cette occasion se présente, mais n'ayant pas assez de courage pour la provoquer. Ils sont dans la position de passagers qui, voyant le timon entre les mains d'un pilote extravagant et prêt à faire chavirer le vaisseau contre des écueils qu'il est allé chercher de gaieté de cœur, sont prêts à s'emparer du gouvernail dans le moment même où leur propre salut serait encore plus menacé qu'il ne l'est, dans le moment où le premier choc du vaisseau renverserait le pilote lui-même[9]. » L'« occasion », c'est la mort de Napoléon par « la balle du guérillero » – le mot est de Méneval – en Espagne ou ailleurs. Pour le reste, Metternich pense sans doute au « coup essentiel », l'assassinat, comme à la belle époque des agents anglais, sous le Consulat. Talleyrand et Fouché y ont-ils pensé ?

Napoléon ne sait pas tout. Pourtant les critiques de plus en plus audibles du vice-Grand Électeur de l'Empire sur l'affaire espagnole, ses rencontres secrètes puis publiques avec l'omniprésent ministre de la Police de Napoléon, le parfum d'intrigues et de scandales qui en émane suffisent à expliquer en partie ce qui va suivre.

Napoléon arrive à Paris le 23 janvier en début de matinée. La reconquête de l'Espagne reste inachevée. À l'est, l'Autriche est de plus en plus menaçante. Le soir même, il convoque Cambacérès et lui reproche de ne lui avoir rien dit du rapprochement de Talleyrand et de Fouché, comme de leurs intrigues[10]. Il est décidé à punir. En ce qui concerne Fouché, il verra. Talleyrand quant à lui y perdra sa charge de grand chambellan. Le 27, Napoléon lui écrit et lui demande de remettre à Duroc, son grand maréchal du palais, sa clef de grand chambellan – le comte de Montesquiou, un autre grand nom d'Ancien Régime, prend sa place[11]. Le 28, Talleyrand tente de conjurer l'orage en lui faisant porter un billet tout sucre et miel : « Sire, j'ai obéi aux ordres de Votre Majesté en remettant à M. le grand maréchal du palais la clef de grand chambellan. Mais que Votre Majesté me permette de le lui dire : Je lui ai pour la première fois obéi avec douleur. Des dignités dont elle avait daigné m'honorer, celle qui m'attachait plus spécialement au service de sa personne m'était la plus chère. Ainsi, l'un des bienfaits de Votre Majesté est devenu pour moi le sujet des plus vifs regrets ! Ma consolation est d'appartenir à Votre Majesté par deux sentiments qu'aucune douleur ne saurait ni surmonter ni affaiblir, par une reconnaissance et un dévouement qui ne finiront qu'avec ma vie[12]. » Rien n'y fait. Le lendemain, qui est un dimanche, Napoléon convoque son Conseil dans son grand cabinet des Tuileries, en début d'après-midi, après la revue. Il y a là Cambacérès, Lebrun et Talleyrand, les ministres Gaudin, Decrès et Fouché. Le comte de Montesquiou, venu prêter serment, y est introduit un peu plus tard. De toutes les personnes présentes ce jour-là, seul Montesquiou a consigné la scène dans ses Mémoires, mais tous en ont été tellement frappés qu'ils en ont largement parlé autour d'eux[13]. Talleyrand, toujours bien informé, devait certainement s'attendre au grain – ce n'était pas la première fois –, mais ne se doutait sans doute pas de la violence de l'attaque. Il y a toujours dans les colères de Napoléon une part de jeu. Ce sont des emportements tactiques, si l'on peut dire. C'est certainement par calcul, dans l'espoir de diviser les deux hommes, qu'il ne s'en est pas pris à Fouché, pourtant tout aussi coupable que Talleyrand.

Ce jour-là, Napoléon, après s'être contenu pendant toute la durée du Conseil, s'est surpassé. Pendant une demi-heure, « redevenu sous-lieutenant », il accable son ancien ministre de reproches et d'injures[14]. Il le renvoie brutalement à ses responsabilités, en forçant volontairement le trait, pour faire bonne mesure. C'est lui qui l'a supplié à genoux d'intervenir en Espagne, c'est lui qui le premier lui a parlé du duc d'Enghien et lui a conseillé de le faire fusiller. Sa maison est un repaire d'escrocs et de catins. Il devrait le faire pendre aux grilles du Carrousel. Pasquier, bien informé par leur amie commune Mme de Rémusat, à laquelle Charles-Maurice racontera la scène le soir même, donne un bon aperçu de la prose de Napoléon : « Vous êtes un voleur, un lâche, un homme sans foi, vous ne croyez pas en Dieu ; vous avez toute votre vie manqué à tous vos devoirs, vous avez trompé, trahi tout le monde ; il n'y a pour vous rien de sacré ; vous vendriez votre père. Je vous ai comblé de biens, et il n'y a rien dont vous soyez capable contre moi[15]. » Et puis, il y a le fameux : « Tenez, monsieur, vous n'êtes que de la merde dans un bas de soie. » Napoléon n'a sans doute pas prononcé l'ultime injure, mais il y a pensé[16].

Cette fois, Napoléon a perdu son sang-froid. Plus il l'invective, plus Talleyrand fait comme s'il n'était pas concerné. Sainte-Beuve disserte, dans son « lundi » consacré à Talleyrand, de l'indifférence : celle du fond que partagent nombre d'hommes politiques trempés ou blasés et, beaucoup plus rare, celle du premier mouvement, lorsqu'on est atteint en face, piqué, insulté à bout portant. Dans ces situations-là, l'ancien évêque d'Autun est capable de commander à chacun de ses traits. À force d'y travailler, son visage, ce « masque imperturbable, sans grimace ni sourire », est devenu proverbial[17].

Impassible, pâle, les yeux mi-clos, appuyé contre une console pour soulager sa mauvaise jambe, ne disant pas un mot, n'essayant même pas de lui répondre, il fait face à l'empereur qui sans cesse se déplace de la cheminée aux fenêtres de son cabinet, les mains derrière le dos, sans jamais s'arrêter de crier, marchant soudain droit sur lui et le menaçant du poing. Tout le monde est debout, pétrifié. On entend l'algarade dans tout le grand appartement des Tuileries. En sortant, Talleyrand croise le comte de Ségur, le grand maître des cérémonies, et lui murmure à l'oreille : « Il est des choses qu'on ne pardonne jamais. » Pasquier dira qu'à partir de ce jour-là ce sera entre les deux hommes « une question de vie ou de mort ». Le fait est que tout le monde croira, à l'issue du Conseil, à l'emprisonnement de l'ancien ministre outragé. Voyant entrer Savary, quelques jours plus tard, Talleyrand qui avait des raisons d'être inquiet lui aurait demandé : « Est-ce à Ham ou à Vincennes[18] ? »

Mais Napoléon se contente des injures et Charles-Maurice fait comme d'habitude : il joue les désinvoltes et lâche négligemment quelques bons mots dans les salons. L'un d'entre eux est resté célèbre. « Quel dommage qu'un si grand homme soit si mal élevé[19] ! » Après une telle charge, toute personne normalement constituée aurait pris le parti de la discrétion, en évitant de se faire remarquer. Talleyrand fait exactement le contraire. Puisqu'il est toujours vice-Grand Électeur de l'Empire, il décide de remplir à la lettre les devoirs de sa charge. Le lendemain même de la scène, il est là, au cercle de la cour, dans la salle du trône, au milieu des dignitaires et des ministres, comme s'il ne s'était rien passé[20]. Le ministre des Finances Gaudin, en l'y apercevant, en sera saisi d'étonnement. Napoléon l'évite. Le dimanche suivant, il est à nouveau là, imperturbable. On questionne son voisin qui bafouille et il répond à sa place. La glace est rompue. Il y a de quoi être stupéfait d'un tel aplomb[21]. André Suarès pensait certainement à ces deux scènes lorsqu'il évoquera, à l'acide, les rapports des deux hommes : « Napoléon n'a pas cessé de haïr Talleyrand sans réussir à se passer de lui. Talleyrand était sa faiblesse, son vice, son bas de soie, son goût perverti [...]. L'intelligence glacée du maudit boiteux échappait aux reproches : cet esprit reste incorruptible dans toutes les putréfactions de l'action et des mœurs. Il se dérobe même au mépris, par le mépris supérieur du sceptique et de l'égoïste accompli. Il émousse la violence du tyran par le masque impassible qu'il oppose aux offenses ; et il est plus fort que la menace, plus fort que les coups, mettant entre eux et lui la distance cruelle de l'ironie et l'éloignement infini d'une politesse qui ne fut jamais prise en défaut, et qui ne livre rien de soi[22]. »

25.

DANS LE « SÉRAIL »

Talleyrand se livre d'autant moins qu'au même moment il se rapproche encore un peu plus de Metternich. Les injures de Napoléon le décident à collaborer plus activement avec l'Autriche. Grâce aux dépêches chiffrées de Metternich, on sait maintenant qu'il a conseillé et encouragé Vienne à précipiter ses préparatifs de guerre contre la France. Dans les premiers mois de 1809, il voit régulièrement et discrètement l'ambassadeur. Après le départ de ce dernier en mai, à la suite de l'entrée en guerre des deux pays, ils communiqueront par Francfort, grâce à la maison de banque de Maurice-Simon Bethmann qui sert à toutes les tractations autrichiennes et russes[1]. Ce n'est pas par hasard si Talleyrand achète, en mars 1809, pour son neveu Edmond, l'hôtel loué par Metternich à l'angle des rues Neuve-Grange-Batelière et du Faubourg-Montmartre, ni que la duchesse de Courlande y loue en juin le premier étage[2]. Cela prouve assez l'étroitesse des liens qui pouvaient exister entre Metternich et Talleyrand. Dès le 31 janvier, l'ambassadeur d'Autriche à Paris note, à l'intention de Stadion : « La tension commence à acquérir son plus grand degré. L'empereur n'a jusqu'à présent pas osé attaquer Fouché. La voie qu'il choisit contre Talleyrand montre que ces hommes sont ancrés très fort. L'empereur se cuirasse ; il serait plus simple de paralyser ses adversaires ; il ne l'ose donc pas. Le gant est décidément jeté entre les parties. X [Talleyrand] s'est dépouillé de tous masques vis-à-vis de moi. Il me paraît très décidé à ne pas attendre [pour engager] la partie. Il m'a dit avant-hier que le moment était arrivé ; qu'il croyait de son devoir d'entrer en relations directes avec l'Autriche […] : "Je suis libre maintenant et nos causes sont communes. Je vous en parle avec d'autant moins de retenue que je crois que chez vous on désire m'obliger[3]." »

Dès lors les dépêches sont de plus en plus précises. Talleyrand conseille aux Autrichiens de bien observer les mouvements du corps d'Oudinot en Allemagne, de persuader les Russes des torts de Napoléon dans la guerre qui s'annonce, de ne pas perdre de temps et de ne pas se laisser devancer. Tout cela n'est pas gratuit. Talleyrand demande sans sourciller 300 000 à 400 000 francs. Le 10 février, Stadion envoie à Metternich un premier acompte de 100 000 francs. Le marché est clair : « Vous saisirez cette circonstance pour lui faire entrevoir que ce sera d'après la valeur des services que se régleront les sommes et pour le mettre dans le cas de se prononcer avec plus de précisions sur ce qu'il pourra et sur ce qu'il voudra faire[4]. »

Jusqu'à sa chute, Napoléon ne saura jamais rien des manigances de son vice-Grand Électeur avec les Autrichiens, comme un peu plus tard avec les Russes. Le secret est bien gardé. Seuls les deux empereurs François et Alexandre Ier, Stadion, Metternich puis Floret du côté autrichien, Nesselrode et Speransky du côté russe sont au courant. Talleyrand utilise les courriers étrangers et la police qui intercepte ses lettres comme celles de ses amis ne trouve rien, sinon des informations insignifiantes ou faites pour être lues[5]. Napoléon soupçonne son ancien ministre de malveillance, pas de trahison. C'est ce qu'il dit à Caulaincourt en février 1809, lorsqu'il évoque la « coterie de mauvaises mœurs qui l'environne, ce qui donne lieu à des commérages qui sont peu agréables[6] ». C'est ce qu'il répète à Roederer un peu plus tard : « Je ne lui ferai aucun mal ; je lui conserve ses places ; j'ai même pour lui les sentiments que j'ai eus autrefois, mais je lui ai retiré le droit d'entrer à toute heure dans mon cabinet. Jamais il n'aura d'entretien particulier avec moi ; il ne pourra plus dire qu'il m'a conseillé ou déconseillé une chose ou une autre[7]. »

Talleyrand connaît parfaitement ces dispositions et va tout faire pour rentrer en grâce. Il y parviendra plus ou moins, par éclipses. La manœuvre est très politique. Durablement disgracié, il perdrait tout crédit vis-à-vis de cours étrangères qui le considèrent de plus en plus comme « leur » homme au sein même du régime. Dans un premier temps, il est pourtant scrupuleusement tenu à l'écart. Champagny prend sa revanche. L'ancien ministre ne participe en rien aux négociations qui précèdent la nouvelle campagne contre l'Autriche, ni à celles de la paix signée en octobre après la victoire de Wagram. L'idole est brisée, « son temple est fermé, ses oracles sont muets », écrit ironiquement Aimée de Coigny à la fin du mois de juillet[8]. Ce n'est pas faute d'écrire à l'empereur pour lui rappeler son existence. À la fin du mois d'avril, il le félicite de sa brillante entrée en campagne, après la victoire d'Eckmühl et la prise de Ratisbonne : « Il y a treize jours que Votre Majesté est absente et elle a ajouté six victoires à la merveilleuse histoire de ses précédentes campagnes. Elle ne pouvait nous étonner que de cette manière ; car aucun triomphe ne pourra nous surprendre par sa grandeur, mais aucun de nous ne comprendra jamais qu'une campagne ait pu approcher si près de son terme lorsqu'on s'attendait à peine qu'elle pût être près de son début[9]. » Lorsqu'on sait les incertitudes de la bataille d'Essling qui suivra, comme la demi-victoire de Wagram, le 7 juillet, on mesure les exagérations de sa lettre. Il redevient juste dans ses Mémoires lorsqu'il écrit : « Chaque triomphe, celui de Wagram même, n'était qu'un obstacle de plus à l'affermissement de l'empereur. » Les adversaires de Napoléon, y compris les Autrichiens, commencent à tirer les leçons de presque vingt années de guerres. Pour la première fois, le grand stratège n'écrase pas ses adversaires, même s'il finira par imposer une nouvelle fois « sa » paix, une paix coûteuse et humiliante, à l'Autriche.

Pendant ce temps-là, Charles-Maurice de Talleyrand, prince de Bénévent, vice-Grand Électeur de l'Empire mène une vie presque ordinaire. S'il préside le Sénat début avril, il passe les mois suivants en voyage, à Bourbon où il effectue sa cure en mai, au château de Rosny, près de Paris, chez Edmond et Dorothée puis chez lui à Pont-de-Sains en juillet où il se rend en compagnie de Mme de Laval, de Zoé, sa négresse, et de sa chère Charlotte. Sa société familière est son refuge[10]. Adèle et Aurore de Bellegarde, deux vieilles filles excentriques et divertissantes, amies intimes d'Aimée de Coigny, la belle Laure Regnaud, l'ami Choiseul et son inséparable Hélène de Bauffremont, que l'on appelle dans le monde Mme de Listenois, le retrouvent à Pont-de-Sains. Peu après le départ de Choiseul et de la princesse de Bauffremont, il écrit à la duchesse de Bauffremont, belle-sœur de cette dernière, l'une des lettres les plus délicieuses jamais envoyées à une femme. Il faut la citer pour apprécier le ton délicat des rapports qu'il entretenait avec quelques-unes de ses amies les plus intimes et chères à son cœur : « Si nous ne sommes pas à neuf heures du matin, pensez quelquefois au Pont-de-Sains, et si vous êtes bien éveillée, essayez de nous écouter : je consens que vous nous entendiez ; du reste, je ne sais guère de moment de la journée où je [ne] craigne d'être entendu par vous. C'est pourtant quelque chose de singulier que cette confiance que vous m'avez inspirée. Il me semble que vous avez tout ce qui rend la confiance facile et chère. Votre humeur sauvage a pour moi un grand charme[11]. »

À son retour à Paris, il partage ses soirées entre ses amies du « sérail ». Il est surtout constamment chez Mme de Laval, rue Roquépine. Depuis la Révolution, la fortune des Montmorency n'est plus ce qu'elle était. La maison qu'elle habite avec Narbonne est petite, son salon « arrangé à l'anglaise[12] » est modeste, mais c'est un brevet de bon goût et d'amabilité que d'y être admis. C'est là que Charles-Maurice est le plus à l'aise et qu'il s'abandonne avec naturel au plaisir de la conversation. En parlant de lui, Mlle Raucourt, l'actrice, disait à Napoléon : « C'est une vraie boîte en fer-blanc ; mais après la soirée, dans un petit cercle de cinq ou six amis, on n'a qu'à le laisser aller ; il bavarde alors comme une vieille femme[13]. » La vicomtesse de Laval est la plus malicieuse et la plus spirituelle des amies de Charles-Maurice. Elle partage avec son ancien amant un goût de la moquerie qui n'épargne personne et surtout pas Napoléon qu'elle méprise du haut de son aristocratie. Son salon, bien que situé rive droite, dans le faubourg Saint-Honoré, est un petit morceau de faubourg Saint-Germain. L'ancien évêque y retrouve la plupart de ses amis d'avant la Révolution : Narbonne quand il n'est pas en mission, Castellane, Choiseul, Auguste de La Marck maintenant prince d'Arenberg, tous les Montmorency, son fils Flahaut et le « sérail » au grand complet : la duchesse de Luynes, la duchesse de

Talleyrand et Zoé, la « négresse »
favorite de la vicomtesse de Laval, croqués
par Aurore de Bellegarde en juin 1810.
Reproduit dans les Souvenirs de Charles Clary,
Trois mois à Paris, Plon, 1914, p. 361.

Bauffremont, la comtesse de Jaucourt, sans parler des nouvelles arrivantes, la princesse Tyszkiewicz et la duchesse de Courlande qui, avec Mme de Laval, forment depuis peu la garde rapprochée de « l'armée des femmes » du prince. « Le désir de lui plaire les a souvent subjuguées, écrit Mme de Rémusat. Elles vivent près de lui dans une sorte de servage, qu'on exprimerait fort bien par cette phrase ordinaire dans le monde, en disant qu'elles l'ont beaucoup gâté[14]. » Toutes lui sont fidèles et dévouées, mais aucune n'est de la première fraîcheur. Le marquis de Giambonne les appelle, non sans perfidie, les « vieux garçons » du prince de Talleyrand et Vitrolles, ses « dévotes »[15].

Rue Roquépine, Mme de Laval est ordinairement à sa tapisserie et conduit la conversation avec « une grâce si originale et si piquante que tous étaient sous le charme », note la comtesse Potocka. La grosse Zoé sert le thé, puis s'assied sans façon avec les autres invités. C'était la mode sous l'Ancien Régime d'avoir un « négrillon » à son service. Zoé est là depuis si longtemps qu'elle fait partie de la famille.

Charles-Maurice plaisante avec elle, lui fait des niches. Charles Clary, un peu abasourdi[16], les a vus un soir, se tapotant et jouant ensemble « comme des chiens ». Aurore de Bellegarde a laissé un croquis saisissant de la scène. Tous les deux sont assis sur le même canapé, Zoé un foulard enroulé autour de la tête, d'énormes anneaux aux oreilles, Charles-Maurice, les jambes tout d'une pièce, boutonné jusqu'au col, ses cheveux frisés et grisonnants retombant sur ses épaules un peu trop larges et encadrant son visage, son nez retroussé. On est loin du sphinx. Ceux qui le connaissent intimement le savent bien. Lorsque le jeune Clary, qui vient d'arriver à Paris, avoue aux deux Bellegarde que l'ancien ministre lui en impose et qu'il « a l'air de manger tout le monde » avec sa manière sèche et monocorde de parler à ceux qu'il ne connaît pas, sans jamais changer de visage, elles éclatent de rire.

Charles-Maurice retrouve chez lui, rue de Varenne, la même société qu'il côtoie chez ses amies ou aux tables de jeu de la duchesse de Luynes et de la princesse de Vaudémont. L'affluence y est moins importante que l'année précédente. Le « monde énorme » dont parle Mme de Rémusat s'est en partie clairsemé au bruit de la disgrâce. On n'en est plus non plus aux quatre dîners de trente-deux couverts par semaine, imposés par Napoléon pendant la campagne d'Espagne afin que son vice-Grand Électeur puisse lui « rendre compte de l'état des esprits ». Le gros du faubourg Saint-Germain continue à le bouder. Une bonne partie de l'élite impériale se montre plus discrète. Sa réputation n'est restée intacte qu'hors de France et son nouvel hôtel de la rue de Varenne reste le rendez-vous habituel des diplomates comme des étrangers de passage à Paris. Le somptueux hôtel de Monaco dans lequel il termine d'importants aménagements à l'automne – entre autres l'adjonction de deux ailes en retour sur la terrasse, l'une qui abrite une salle à manger et l'autre un salon de musique – n'a rien à voir avec son hôtel de la rue d'Anjou. À titre de comparaison, il vend le premier pour la somme de 300 000 francs et achète le second en mars 1808 pour le double[17]. Plus précisément, il procède à un échange entre les deux demeures avec l'ancien propriétaire de l'hôtel de Monaco, une vieille connaissance des années troubles de la Révolution, Quintin Crawfurd. Cet Écossais interlope est tout à la fois un grand joueur de whist, un fin lettré, amateur d'art et collectionneur, un redoutable homme d'affaires et sans doute l'un des agents de renseignements du gouvernement anglais les plus secrets et les mieux protégés en France. Il a fait fortune en Inde puis à Manille dans les années 1760. De retour en Europe, il a appartenu à ce groupe des riches nababs anglais que fréquentait Talleyrand à Londres pendant la Révolution. Il a beaucoup voyagé et n'a jamais caché ses convictions royalistes. C'est lui qui a financé en partie la fameuse berline de la fuite à Varennes, utilisée par la famille royale en juin 1791. Son neveu n'est autre que James Crawfurd, un pilier du contre-espionnage britannique en Suisse puis à Hambourg. Sous le Consulat, il deviendra l'un des intimes du ministre des Relations extérieures et fréquentera assidûment les salons de la rue du Bac. Curieusement, il est l'un des rares Anglais à passer à travers les mailles du filet de la police consulaire après la rupture de la paix d'Amiens en 1803. On le retrouve même mêlé aux négociations de paix de 1806 avec Yarmouth et Lauderdale. Sa maîtresse, qu'il épousera en 1811, la ballerine italienne Anne-Éléonore Franchi, plus connue sous le nom de Mme Sullivan, est restée célèbre pour ses extravagances amoureuses. Enlevée à plusieurs reprises, mariée trois fois, elle a été dans les années 1770 la maîtresse du duc Charles-Eugène de Wurtemberg dont elle a eu entre autres une fille, la mère d'Alfred d'Orsay, le modèle et la coqueluche de tous les dandies de Londres et de Paris dans les années 1820. Les aventures d'Éléonore Franchi ne sont pas sans rappeler celles de Catherine Grand, princesse de Bénévent. Les deux femmes, aussi riches que sulfureuses, également boudées par la bonne société, sont d'ailleurs les meilleures amies du monde. Charles Clary, qui les rencontre en 1810 chez le prince Kourakine, toutes les deux engraissées et couvertes de diamants, fait cette remarque qui devait être partagée par son milieu : « J'ai eu envie de rire en me remémorant ce qu'étaient ces deux grandes dames-là[18]. »

« Les » Crawfurd, pourtant étroitement surveillés par la police, vivent à Paris sur un très grand pied. C'est « Madame » qui vend l'hôtel de Monaco et son parc de deux hectares à Charles-Maurice. À lui seul, le mobilier est évalué à 307 000 francs. Le grand salon compte la bagatelle de quatre canapés, vingt fauteuils et vingt chaises en bois doré. De quoi transformer le lieu en « palais enchanté », comme l'écrit Claire de Rémusat à son mari[19]. Talleyrand y installe une magnifique bibliothèque et y joue toujours aussi parfaitement les maîtres de maison. Victorine de Chastenay, l'amie de Réal et de Fouché, a laissé une jolie description de ses réceptions de la rue de Varenne, à l'époque de sa disgrâce. « C'était le soir, le plus souvent, que j'allais dans cette maison. On y arrivait vers onze heures, quand on n'y avait pas dîné. Il était rare qu'on fût invité spécialement. À minuit, on servait une espèce de souper ; c'était d'ordinaire à ce moment que paraissait le prince de Bénévent. Après le souper et quelques moments de conversation, le whist s'établissait et les gens qui ne jouaient pas pouvaient faire retraite. Les acteurs ordinaires du whist, les anciens amis, les constantes amies de M. de Talleyrand se trouvaient habituellement à ces soirées. [...] Quelquefois on faisait de la musique, mais à l'orientale. Dussek (au piano), Libon (au violon), Naderman (à la harpe) se faisaient entendre à certains moments ; point de concert d'apparat. [...] Le cercle était presque cérémonieux et même parfois un peu guindé, pour les personnes qui n'avaient point le ton libre et le privilège d'une intimité qui s'impose[20]. »

Hors du « sérail », Charles-Maurice poursuit scrupuleusement ses activités officielles. Début novembre, il est à Meaux et remplit ses fonctions toutes protocolaires d'archichancelier d'État en recevant le roi de Saxe. Napoléon le tient toujours à distance et ne l'invite pas à Trianon où il se réfugie quelques jours peu après son divorce, annoncé publiquement le 16 décembre 1809. Talleyrand s'en plaint et lâche parfois quelques mots de dépit qui ne trompent pas sur la complexité et l'intimité de leur ancienne relation. « Autrefois, quand l'empereur avait du chagrin, il me demandait[21]. » Ses biographes ont beaucoup trop insisté sur le rôle décisif qu'il aurait eu dans la résolution prise par Napoléon de se remarier avec une princesse autrichienne plutôt qu'avec une princesse russe. Dans ses Mémoires, Talleyrand prend bien soin d'insister lourdement sur son rôle au cours du conseil privé du dimanche 21 janvier 1810 convoqué par Napoléon afin de prendre les avis des princes (Murat et Eugène), des grands dignitaires du régime et de ses principaux ministres. Il aurait, dit-il, longuement plaidé pour la solidité de l'alliance autrichienne. On ne peut mettre en doute la sincérité ni la pertinence de ses arguments. En opinant pour le mariage autrichien, il est logique avec lui-même. Depuis longtemps, il est le principal avocat du bien-fondé d'un rapprochement avec l'Autriche. À Erfurt, il a tout fait pour torpiller le projet de mariage russe caressé par Napoléon. Mais cela ne l'empêche pas d'avoir délibérément cherché à se donner de l'importance aux yeux de la postérité. La version de Cambacérès est certainement plus conforme à la vérité. Le 21 janvier Talleyrand opine pour le mariage autrichien, sans faire plus de commentaires et surtout sans grand risque[22]. D'une part, il est déjà très bien informé par la femme de Metternich restée à Paris alors que son mari, remplacé par le prince Schwarzenberg, dirige maintenant le ministère des Affaires étrangères à Vienne, des dispositions favorables de l'Autriche, prête à « livrer » l'archiduchesse Marie-Louise, la propre nièce de Marie-Antoinette, à l'empereur des Français[23].

D'autre part, Napoléon est trop en froid avec lui pour lui avoir demandé de se mettre en première ligne dans cette affaire dont il ne tirera d'ailleurs aucun bénéfice. En l'occurrence, ce sont les deux complices, Maret et Sémonville, qui tireront leur épingle du jeu. Ce sont eux qui, avec le consentement de Napoléon, feront les premières démarches auprès du chevalier de Floret, alors chargé d'affaires de la cour d'Autriche auprès de la cour de France, pour connaître les dispositions de l'empereur François.

Le 21 janvier, tout est déjà décidé dans l'esprit de Napoléon qui consulte pour la forme. Talleyrand a beau confier à Caulaincourt, début février, que « Napoléon me traite mieux qu'il ne l'avait fait depuis un an[24] », celui-ci continue à prendre plaisir à l'humilier. L'une des fâcheries qui les oppose n'est autre que Catherine Grand qui depuis presque un an occupe à nouveau le devant de la scène. Depuis l'installation des princes espagnols à Valençay, la princesse de Bénévent entretient une liaison de moins en moins secrète avec le grand chambellan de Ferdinand, le duc de San Carlos, bel homme d'à peine quarante ans alors que la princesse en a presque cinquante. Mme de Chastenay en parle comme d'un homme « doux, aimable, et remarquable par une grande simplicité et une extrême finesse de ton[25] ». San Carlos, autorisé à quitter Valençay de temps en temps, n'a d'autre maison lorsqu'il vient à Paris que celle des Talleyrand. Charles-Maurice, toujours pragmatique, s'accommode très bien de la situation. Il dira plus tard à Dalberg à l'occasion de la mort du grand d'Espagne : « Le duc de San Carlos était l'amant de ma femme ; il était homme d'honneur et lui donnait de bons conseils dont elle a besoin. Je ne sais pas maintenant dans quelles mains elle tombera[26]. » Mais Napoléon, qui a une autre idée de la morale publique que celle de son grand dignitaire, ne l'entend pas de cette oreille. Peut-être soupçonne-t-il aussi, grâce à sa police, quelques conciliabules secrets favorables aux Bourbons d'Espagne, à l'occasion des séjours de San Carlos à Paris. En mars 1809, le duc est exilé à Bourg-en-Bresse puis à Lons-le-Saulnier. Au même moment, l'empereur fait interdire sa cour à la princesse de Bénévent, ce qui ajoute encore à l'injure. Catherine fera tout pour revoir son amant, à tel point qu'en août 1811 elle sera elle-même menacée d'être reléguée dans sa terre de Pont-de-Sains. C'est Savary qui, à l'époque, remplaçait Fouché au ministère de la Police. Talleyrand alla le voir et trouva le moyen d'arranger les choses[27]. De cette passe d'armes, il reste l'une des plus célèbres réponses du prince à Napoléon. Vitrolles en a fait, un peu au hasard, l'épilogue de la scène du 29 janvier : « Vous ne m'aviez pas dit que le duc de San Carlos était l'amant de votre femme. – En effet, Sire, je ne pensais pas que ce rapport pût intéresser la gloire de Votre Majesté, ni la mienne[28] ! »

Sa femme n'est pas la seule menacée. Plusieurs de ses amis les plus proches subissent également le courroux de Napoléon. L'impertinente duchesse de Chevreuse, la belle-fille de la duchesse de Luynes, doit quitter Paris pour les bords de la Loire. Fouché parvient à adoucir son régime et Talleyrand ira la voir à plusieurs reprises, avec Mme de Laval, à son château d'Esclimont, près de Rambouillet, dans les premiers mois de 1810. Casimir de Montrond s'est réfugié à Anvers chez son ami d'Argenson. Étroitement surveillé par la police, il sera bientôt enfermé au château de Ham avant d'être assigné à résidence à Châtillon-sur-Seine d'où il s'évadera, en vieux dandy, avec ses perruques, ses parfums et son bidet d'argent. Le 8 octobre 1810, Talleyrand lui écrit une lettre pleine de tristesse : « Vous me trouverez, à ce que je crois, changé. De l'ennui pour soi, de l'inquiétude pour les autres pendant un long temps altèrent nécessairement le caractère. Si de vous voir ne me remet pas à mon état naturel, c'est fini[29]. » Il commence à cette époque à ressentir les premières atteintes d'un catarrhe aux yeux qui le gêne[30].

Curieusement, il ne souffre pas trop de la disgrâce qui cette fois atteint Fouché dans les premiers jours de juin 1810. Il va même tenter de tirer parti de la vieille rivalité entretenue depuis toujours par Napoléon entre son ministre des Relations extérieures et son ministre de la Police, pour tenter un retour en faveur à demi réussi dans les derniers mois de l'année. Le 3 juin, Fouché, accusé par Napoléon d'avoir engagé à son insu des ouvertures de paix avec le gouvernement de Londres, est destitué avec fracas de son ministère et remplacé par le général Savary que tout le monde redoute. Depuis deux ans, Fouché et Talleyrand n'ont jamais cessé de rester en contact. Lorsque le jeune comte Charles de Nesselrode, attaché à l'ambassade de Russie à Paris, mais en fait secrètement accrédité auprès de Talleyrand, rend compte de l'événement dans l'une de ses lettres codées à son interlocuteur Speranski qui lui sert d'intermédiaire avec Alexandre Ier, c'est la première chose qu'il souligne : « Le départ du président [Fouché] me dérange beaucoup. C'est chez lui que notre jurisconsulte [Talleyrand] puisait les renseignements pour la commission des lois [Alexandre][31]. » Il ne fait aucun doute que Talleyrand était parfaitement au courant des négociations menées par Fouché, par l'intermédiaire d'Ouvrard, avec le ministère anglais des Affaires étrangères. Tous les protagonistes de cette affaire sont proches de l'ancien ministre des Relations extérieures. On connaît ses liens avec Ouvrard. Labouchère, l'associé de la banque Hope à Amsterdam qui voit Richard Wellesley, le frère du futur duc de Wellington à Londres, une première fois à l'instigation de Napoléon lui-même et de son frère Louis, une seconde fois avec en poche des ouvertures de paix de Fouché et d'Ouvrard, est en relations politiques et d'affaires constantes avec Talleyrand. D'Hauterive, chargé par Napoléon de faire un rapport sur l'affaire, prendra bien soin de disculper son ancien patron. Il avouera pourtant plus tard à Pasquier avoir vu chez Talleyrand certains des documents saisis chez Fouché[32]. Nesselrode dit encore que tout le monde remarqua une certaine visite que le prince de Bénévent fit à Fouché, pendant le voyage de Napoléon en Belgique en mai[33]. Napoléon le lui reprocha mais ne put rien trouver de plus. L'animal est d'un naturel prudent, surtout en ces temps de disgrâce. Du coup, Napoléon, pour mieux charger Fouché, se plaira à lui vanter la finesse de son complice. C'est ce qu'il lui dit au cours de la scène qu'il lui fait le 2 juin à Saint-Cloud : « Vous vous croyez bien fin et vous ne l'êtes guère cependant ; c'est Talleyrand qui est fin, et dans cette occasion il vous a joué comme un enfant, il a fait de vous un instrument. » On imagine le sourire du vice-Grand Électeur, présent ce jour-là et qui devait certainement penser à la scène du 29 janvier de l'année précédente. À chacun son tour[34].

Le lendemain, alors que Napoléon réunit les grands dignitaires de son empire et ses ministres pour connaître leur avis sur le successeur de Fouché, il est pourtant le seul à le défendre. Il le fait, comme à son habitude, sous la forme d'une boutade, une légère expression d'ironie peinte sur son visage : « Sans doute M. Fouché a eu grand tort, et moi je lui donnerais un remplaçant, mais un seul, c'est M. Fouché lui-même[35]. » « Napoléon, ajoute Cambacérès, eut l'air de ne pas s'apercevoir de cette censure, et nous congédia assez brusquement. » Tout cela ne manque pas de courage, surtout lorsqu'on sait combien la situation des deux hommes était fragile à cette époque. Nesselrode écrit avec justesse, en comparant les deux anciens ecclésiastiques dans leurs rapports avec leur maître, qu'ils furent les seuls à avoir « osé mitiger la sévérité de ses ordres [...], en retarder l'exécution, quelquefois s'y opposer, et user de l'influence que [leur] donnait la supériorité de [leur] esprit pour le ramener à des résolutions plus réservées[36] ». À cette différence près que Talleyrand affrontait Napoléon le lendemain même de sa disgrâce, alors que Fouché, qui avait aggravé son cas en brûlant ses papiers les plus compromettants, perdit son sang-froid et s'enfuit en Toscane se faire oublier pendant quelque temps.

La fuite de Fouché donne la mesure des dangers du moment. Les biographes de Talleyrand ne s'en sont pas inquiétés plus que cela. Puisqu'il est toujours là, puisqu'il conserve ses places, tout n'allait pas si mal. On se l'imagine en parfaite sécurité entre deux explosions de colère, libre de dire en privé tout ce qu'il pense. Mais, nous sommes sous l'Empire, pas sous la Ve République. En réalité, de 1809 à 1814, le vice-Grand Électeur de Napoléon est à la merci d'un homme en proie au délire de la persécution, qui tour à tour le caresse et le tourmente et joue avec lui comme le chat avec la souris. Il ressemble un peu à un condamné en sursis. Et que fait-il ? Il ne se contente pas de faire face à Napoléon en grand seigneur impassible qui sait mépriser le danger quand il n'est pas encore temps de se révolter. Il cherche aussi à se consolider, en homme qui sait détenir « le premier rang dans l'opinion et dans l'influence du moment[37] ». Derrière son immobilité de façade, la persévérance et la ténacité sont les traits dominants de son caractère. Début août il écrit à Napoléon pour lui faire, selon Méneval, des offres de service, mais se heurte à un refus sévère. Sa lettre a disparu et on ne saura jamais ce qu'il lui proposait, peut-être carrément de reprendre le ministère des Affaires étrangères, si l'on en juge par la réponse de l'empereur : « Monsieur le prince de Bénévent, j'ai reçu votre lettre. Sa lecture m'a été pénible. Pendant que vous avez été à la tête des Relations extérieures, j'ai voulu fermer les yeux sur beaucoup de choses. Je trouve donc fâcheux que vous ayez fait une démarche qui me rappelle des souvenirs que je désirais et que je désire oublier[38]. » Mais Napoléon, qui, depuis son mariage en avril, s'applique à remettre de l'ordre dans son régime et veut parfaire son image à l'étranger, cultive les apparences. Une brouille prolongée avec son vice-Grand Électeur ne peut qu'inquiéter. Insensiblement, la situation de son ancien ministre s'améliore. En septembre, sa nièce Dorothée de Périgord est nommée l'une des six nouvelles dames du palais de l'impératrice Marie-Louise. Elle a dix-sept ans, elle embellit et commence à avoir beaucoup de succès à Paris. Le jeune Beyle qui la croise à la messe des Tuileries le 1er janvier 1811 lui trouve « une physionomie pure[39]. » « Elle a vraiment un succès étonnant, quand on pense à toutes les préventions qui devaient nécessairement exister contre elle, écrit Charles Clary. Tout le monde l'aime et la loue. Ses yeux sont magnifiques et, dans quatre ou cinq ans, après qu'elle aura eu des enfants, ce sera une des plus jolies femmes de Paris. Toutes les Allemandes qui ont épousé des Français ne réussissent pas aussi bien[40]. »

Dans l'une de ses lettres à Caulaincourt, Talleyrand note que l'empereur est, « depuis deux ou trois semaines, beaucoup mieux pour moi. Il m'a rendu ses petites entrées (espèce de faveur qui n'existe que depuis votre départ). Je reste bien en arrière et je tâche de faire qu'on ne dise ni bien ni mal de moi[41] ». Si Caulaincourt est souvent la dupe de son ami qui, avant tout, ne veut pas perdre la face, d'autres se montrent plus perspicaces. Pour Nesselrode, « cette bienveillance momentanée n'est qu'apparente, il n'y aura pas de rapprochement complet et sincère entre ces deux hommes supérieurs. Depuis la guerre d'Espagne, il y a une contradiction formelle de leurs vues politiques. Celles de M. de Talleyrand tendent à la conservation, tandis que l'empereur n'a d'autres buts que de détruire[42] ».

26.

DÉSORDRES FINANCIERS

S'il n'a plus guère d'illusions sur l'évolution du régime, surtout depuis l'intégration au Grand Empire des États pontificaux et du royaume de Hollande, transformés en départements, Talleyrand a en revanche cruellement besoin d'argent. Son train de maison est considérable. Il paie de fortes pensions à ses deux frères Archambaud et Boson qui n'ont pas de revenus[1]. L'achat et l'entretien de l'hôtel de Monaco et de son joli pavillon de la Muette pèsent lourd. Depuis plusieurs années, il ne cesse d'acheter des biens et des forêts dans l'Indre près de Valençay[2]. Après sa disgrâce, Napoléon s'est bien gardé de lui régler les dépenses supplémentaires occasionnées par le séjour des princes espagnols à Valençay. Comme un fait exprès, il l'empêche également de vendre sa principauté de Bénévent au royaume de Naples, alors qu'au même moment il laisse Bernadotte tirer parti du capital de Ponte-Corvo[3]. Disgrâce oblige, Napoléon montre de la mauvaise volonté. Mais il n'a certainement pas « suivi à son égard un système de persécution qui tend à le ruiner de fond en comble », comme le prétendra Charles-Maurice qui cherchera à mettre tous les torts sur le dos de Napoléon pour mieux se faire plaindre et jouer les martyrs face au despote[4]. Son intérêt politique, notamment vis-à-vis des cours étrangères, lui commande de jouer, comme souvent, faussement mais finement la partie. En réalité, l'ex-évêque n'a à s'en prendre qu'à lui-même. Il n'a rien fait pour réduire son train de vie alors que ses revenus, tout du moins ceux qui sont visibles, ont diminué. Il a perdu le traitement de sa charge de grand chambellan, et depuis qu'il a quitté son ministère les « douceurs » diplomatiques rapportent moins. Les poursuites exercées par Napoléon contre les anciens associés d'Ouvrard n'ont pas dû arranger les choses. Méneval prétend qu'il aurait perdu une grosse somme d'argent dans la faillite de son ami Michel Simons[5]. Pour parer au plus pressé, Talleyrand, incapable de faire face au remboursement de ses dettes, tente de trouver de l'argent par tous les moyens. Puisque Napoléon fait la sourde oreille, il se tourne vers Vienne et Saint-Pétersbourg. Metternich paie bien ses conseils, on l'a vu. À partir du mois de mars 1810, Nesselrode s'exécute à son tour. Celui qu'il appelle dans sa correspondance secrète à Speranski « mon cousin Henry » ou encore « le jurisconsulte » manœuvre en coulisses contre Napoléon aussi bien avec Vienne qu'avec Saint-Pétersbourg. Le 24 mars, Nesselrode évoque un premier « mémoire important » qu'il recommande d'utiliser avec une grande prudence. « Si Caulaincourt le savait, cela pourrait faire fusiller deux personnes. » Dans la même lettre, il demande au conseiller d'Alexandre de mettre à sa disposition une première somme de 30 000 à 40 000 francs, sur la caisse extraordinaire de l'ambassade, à ouvrir en crédit chez MM. Perregaux et Laffitte « avec lesquels j'ai les relations les plus suivies[6] ». On connaît les liens de Talleyrand avec les Perregaux. Son contemporain Jean-Frédéric, devenu entre-temps régent de la Banque de France, est mort depuis deux ans. C'est son fils Charles, associé à Jacques Laffitte, qui poursuit les affaires de famille. Profitant de ces premières bonnes dispositions russes, Talleyrand franchit une étape supplémentaire en s'adressant directement à Alexandre Ier le 15 septembre 1810. Sa lettre toujours conservée aux archives de Moscou est hallucinante. Il faut lire l'original entièrement écrit de sa propre main pour y croire : « Depuis Erfurt, un système suivi de reproches, de gêne, de tourments intérieurs a rendu ici ma position, et par suite celle de mes affaires, fort difficile. Tout mouvement, toute chose simple dans d'autres temps, pouvant être mal interprétés, il fallait donc laisser le temps tout seul détruire par son action les préventions de l'empereur. [...] Mais l'éloignement absolu des gens d'affaires dans lequel il a fallu vivre, le soin que j'ai dû prendre pour que mon nom ne soit jamais prononcé a conduit mes affaires, qui dans le fond sont bonnes, à un embarras qui augmente chaque jour et dont, avec beaucoup d'efforts, je ne vois pour sortir aucun moyen qui ne présente de graves inconvénients.

« J'ai besoin de 1 500 000 francs et c'est au mois de novembre qu'il me serait important de les avoir. Quoique ce soit une chose simple en soi, je dois mettre beaucoup de précautions dans le choix des moyens à prendre pour me les procurer à présent et pour les rendre dès que mes circonstances auront changé[7]. » Il lui indique ensuite la façon de lui faire parvenir l'argent, en ouvrant au consulat général de Russie à Paris un crédit équivalent endossable sur la banque Bethmann à Francfort. Alexandre, prudent, esquive, mais l'ancien ministre de Napoléon ne se décourage pas. En mars 1811, il suggère encore à Nesselrode de pousser le gouvernement russe à établir des licences à l'importation des denrées interdites dans les ports russes. Au passage, il lui demande d'en mettre une cinquantaine à sa disposition[8]. Ce système des licences, une sorte de contrebande légale autorisée par Napoléon depuis 1809, était très lucratif. Il permettait aux navires neutres d'écouler leurs marchandises prohibées contre un droit de licence qui variait selon la valeur et le contenu du chargement. Là encore, Nesselrode ne donnera pas suite à sa demande.

Tout cela est ébouriffant, en particulier les 1 500 000 francs réclamés au tsar sous la forme d'un prêt déguisé. Imagine-t-on, sous la Ve République, Couve de Murville écrivant secrètement à Brejnev, après l'avoir renseigné sur les intentions du général de Gaulle vis-à-vis de l'Union soviétique, pour lui demander froidement 20 millions de francs, à lui faire parvenir par des moyens qu'il indiquera ?

Au même moment, Napoléon multiplie les vexations et les blessures d'amour-propre. Mme de Rémusat, qui l'a beaucoup côtoyé, insiste sur le plaisir qu'il éprouvait d'une façon générale à persécuter ses proches, à les embrouiller, à s'immiscer dans leurs affaires personnelles. Talleyrand est un gibier de choix. Il ne lui épargne pas les coups d'épingle. Un jour, il défend publiquement son cousin Auguste de Talleyrand, alors ministre à Berne, dans une sombre affaire de prêt qui oppose les deux hommes[9] ; un autre, il prend sa nièce Dorothée à partie et lui reproche les dépenses extravagantes de son mari. Ses propos sont volontairement blessants : « Cette sottise est au fond plus excusable que maintes autres dont il est coutumier. Du reste, ajoute-t-il, ces pauvres Périgord me sont, comme vous savez depuis longtemps complètement indifférents. » Dorothée fond en larmes. « C'est une triste manière de prouver sa puissance », commente Talleyrand[10]. Pris de court, Charles-Maurice pare au plus pressé et vend quelques-uns de ses tableaux et de ses livres[11]. Il vend encore l'hôtel de Monville, rue d'Anjou, à son ami Dalberg[12]. Contre toute attente, c'est Napoléon lui-même qui le tirera de ce mauvais pas financier.

Il est très difficile d'apprécier cette volte-face de l'empereur tout puissant. On en est réduit aux conjectures. Peut-être a-t-il voulu éviter le spectacle de l'un des premiers personnages de son régime acculé à la banqueroute. Certains ont évoqué son machiavélisme. En laissant tranquillement son ancien ministre se ruiner, peut-être pensait-il pouvoir le tenir financièrement par la suite ? N'oublions pas ce qu'il disait à Cambacérès en 1800 : « Son intérêt nous répond de lui. » Ou faut-il tout simplement mettre cela sur le compte des hésitations d'un homme qui, tout en disant : « Il n'y a que Talleyrand qui m'entende », parlait au même moment de le faire enfermer à Vincennes[13] ? Encore une fois, Napoléon, qui a décidément du mal à se défaire de ses anciens attachements, prend avec « ce diable d'homme » le parti le plus risqué : celui de l'humilier publiquement tout en l'aidant discrètement. De février 1811 à avril 1812, il donne l'ordre à Mollien, son ministre du Trésor, de faire verser, sur la caisse du Domaine extraordinaire, la somme colossale de 2 697 000 francs au remboursement des frais d'occupation de Valençay par les princes espagnols et au rachat d'une partie des immeubles parisiens de son ancien ministre : le pavillon de la Muette, sa maison de la rue de Babylone et surtout son hôtel de Monaco, acheté le 11 décembre 1811 2 180 000 francs « afin de faciliter l'arrangement de ses affaires[14] », écrit-il encore à Cambacérès, sans parler des 307 000 francs du mobilier.

Contrairement à ce que tout le monde a dit et que Talleyrand a cyniquement laissé dire, le vice-Grand Électeur ne perd rien à l'affaire, au contraire. Même si l'on tient compte des 600 000 francs de travaux qu'il a fait faire dans l'hôtel de Monaco, la plus-value qu'il réalise est importante[15]. Non seulement Napoléon ne l'a pas acculé à la vente forcée d'une partie de ses biens, mais il l'a tiré d'un très mauvais pas.

C'est dans ce contexte qu'éclate le scandale du sénat de Hambourg. À la suite de l'annexion à l'Empire des territoires côtiers de l'Allemagne du Nord, en décembre 1810, on découvrit dans les papiers de banque du sénat de Hambourg la trace de « dons » importants faits par la ville à plusieurs grands personnages, dont Talleyrand, mais aussi Brune et Bourrienne, en échange de leur influence au service de la défense des intérêts économiques de la place. Curieusement, Napoléon, qui dans un premier temps ordonnera à Mollien de poursuivre Talleyrand, renoncera très vite au recouvrement de la prétendue « dette » de son ancien ministre[16]. Pour sauver la face et faire croire que Napoléon le poursuivait toujours de sa vengeance, Charles-Maurice prétendra sur le moment qu'il lui aurait confisqué son hôtel de Monaco en échange des sommes injustement réclamées sur Hambourg[17]. Ce n'est que très tardivement, peu avant de mourir, qu'il reconnaîtra implicitement les faits en avouant, dans une « confession politique » annexée à son testament : « La fortune que je lègue à mes neveux me vient en grande partie de lui[18] ». Avec Talleyrand, le mensonge est toujours une affaire de circonstances.

Indéniablement, les sommes qu'il reçoit du Trésor en 1811 ne lui servent pas seulement à rembourser ses dettes. Il procède l'année suivante à de nombreuses acquisitions. Le 5 mars 1812, il achète 500 000 francs, à Joseph Martinez de Hervas, le bel hôtel de l'Infantado, construit par Chalgrin, en 1767 aux frais de la Ville de Paris, d'après les plans de Gabriel. À l'époque où Talleyrand s'y installe, l'hôtel est situé au numéro 2 de la rue Saint-Florentin, à l'angle de la toute nouvelle rue de Rivoli qui débouche depuis peu place de la Concorde. On finit tout juste de démolir l'ancienne fontaine du cul-de-sac de l'Orangerie, également construite par Gabriel, qui barrait la rue à la hauteur de la rue de Mondovi. L'hôtel, dit communément de Saint-Florentin, du nom de son premier propriétaire, le duc de La Vrillière, comte de Saint-Florentin, ministre de la Maison de Louis XV, est moins prestigieux que l'hôtel de Monaco, ce qui ne l'empêche pas d'être très imposant : un corps de bâtiments encadré de deux ailes en retour d'équerre de deux étages sur entresol, de vastes écuries circulaires pour seize chevaux, une cour d'honneur ouvrant par un porche monumental sur la rue Saint-Florentin, deux cours de service, l'une dite des cuisines et l'autre des remises, et des jardins. Le très bel escalier en pierre qui conduit aux étages est couronné d'une peinture de Jean-Simon Berthélemy qui à elle seule symbolise tout le programme politique du nouveau propriétaire des lieux : « La Force, la Prudence et la Renommée portent à l'Immortalité le globe de la France. » Mais un détail laisse rêveur. L'œuvre date des années 1780 et le globe, orné de fleur de lys, est celui de la monarchie et non de l'empire. Cette dernière résidence parisienne de Talleyrand, qui abrite aujourd'hui le consulat des États-Unis, est la plus connue de toutes celles, et elles ont été nombreuses, qu'il a habitées durant sa longue vie. C'est là qu'il mourra, c'est aussi là que se décideront le sort de Napoléon et de la France en 1814[19]. Trois mois plus tard, Talleyrand fait l'acquisition du château de Saint-Brice, près de Montmorency au nord de Paris. La demeure est agréable, entourée d'un parc clos de murs de seize hectares. Saint-Brice succède au pavillon de la Muette dans la série des petites résidences de campagne proches de Paris que Charles-Maurice a toujours possédées. Il y séjournera presque tous les ans, le plus souvent en été.

Comme souvent, son nouvel hôtel parisien et le château de Saint-Brice ne lui ont pas coûté le prix annoncé dans les actes. L'hôtel de la rue Saint-Florentin, qu'il n'achète pas par hasard, ne l'a obligé à débourser que 70 000 francs. Son ancien propriétaire, Joseph de Hervas, devenu entre-temps marquis d'Almenara et conseiller d'État du nouveau roi d'Espagne Joseph Bonaparte, lui devait depuis plus de dix ans près de 300 000 francs qui, augmentés des intérêts et transportés sur plusieurs de ses créanciers, ont réduit d'autant le prix d'achat de l'immeuble[20]. De même, on se demande s'il a jamais dépensé un sou pour Saint-Brice. Il emprunte les 160 000 francs de la vente à un obscur employé du ministère de la guerre, Étienne Roux, certainement un homme de paille, et les verse au Trésor en déduction de la dette du vendeur qui n'est autre que le banquier Michel-Jeune, impliqué avec son frère dans la faillite de la compagnie des négociants réunis dont il a déjà été question. Curieusement, deux ans plus tard, Roux transporte sa créance au profit de Marie-Antoinette Bernard de Civrieux qui n'est autre que la femme de Marc-Antoine Michel, l'ancien propriétaire du château ! L'inscription hypothécaire en garantie du prêt est levée et on ne trouve par la suite plus aucune trace de remboursement de l'argent, du moins devant notaire. Charles-Maurice est coutumier de ce genre de passe-passe financier. On se perd en conjectures. Peut-être Saint-Brice a-t-il servi de monnaie d'échange à des opérations moins avouables entre Michel, qui, ne l'oublions pas, était l'associé d'Ouvrard, et Talleyrand[21]. Vitrolles, « l'effronté Gascon », a tort d'écrire que les acquisitions de Talleyrand en terres et en immeubles n'étaient que « des fantaisies onéreuses ». Il a toujours acheté ce qu'il a possédé dans de très bonnes conditions et toujours revendu avec d'importants profits. Le seul hôtel de la rue Saint-Florentin sera cédé, peu après sa mort, par sa nièce Dorothée à James de Rothschild pour la somme astronomique de 1 181 000 francs.

27.

« LE COMMENCEMENT DE LA FIN »

L'amélioration de la situation financière de Talleyrand dans les derniers mois de 1811 tient lieu de baromètre, car elle suit, à peu de chose près, les méandres de son retour en grâce auprès de Napoléon. La partie jouée par le prince de Bénévent en 1811, en pleine dégradation des rapports de la France et de la Russie, est difficile à démêler. Nombre de ses biographes l'ont mal comprise ou mal interprétée, d'autant plus que rien ou presque ne filtre, sur le moment, de ses manœuvres et que ses contemporains n'en parlent pas dans leurs Mémoires. On sait simplement par Nesselrode qu'il continue, jusqu'au départ de ce dernier en septembre, à lui livrer ses conseils et ses avis. Au fil des lettres du diplomate russe apparaissent les éléments d'un plan de plus en plus précis qui n'a d'autre but que le maintien de la paix européenne, de plus en plus compromise depuis la fin de l'année précédente. L'annexion par Napoléon du petit duché d'Oldenbourg, dont le duc régnant Pierre n'est autre que l'oncle d'Alexandre, donne au tsar l'occasion de trancher dans le vif les différends économiques nés de la politique du blocus continental qui l'oppose à Napoléon. Par un oukase resté célèbre, il déclare, le 31 décembre 1810, une sorte de guerre économique à la France en accordant l'entrée libre des marchandises sous pavillon neutre et en proscrivant les produits français. Sans même parler du sort de la Pologne qui reste par ailleurs un sujet de mécontentement permanent entre les deux pays, la situation est désormais explosive. Des deux côtés on arme et on fait état de ses griefs. L'esprit de Tilsit n'est plus qu'une ombre.

Dans ce contexte, Talleyrand défend un plan précis. La conservation de la paix au nord et à l'est de l'Europe passe à ses yeux par la formation d'une alliance défensive entre les empires russe et autrichien. Mais celle-ci n'est possible que si la Russie cesse de convoiter au Sud, le long de la mer Noire et sur la route de Constantinople, les fameuses provinces danubiennes, la Moldavie et la Valachie, qui ont toujours empoisonné ses rapports avec l'Autriche. Malgré les promesses faites à Tilsit et après un bref armistice, la guerre russe contre l'Empire ottoman a repris dans les provinces comme une mauvaise blessure difficile à cicatriser. Talleyrand conseille d'abord et avant tout à Nesselrode de pousser Alexandre à faire sa paix avec le sultan « à quelque prix que ce soit », puis lui propose de définir, avec Vienne et Berlin, le tracé d'une « ligne défensive » de la Baltique aux frontières de l'Empire autrichien. Son franchissement par des troupes soit françaises, soit confédérales, serait considéré comme une déclaration de guerre[1]. L'alliance russo-autrichienne est au cœur de son dispositif. A-t-il plaidé simultanément la cause de l'Autriche seule, à Napoléon lui-même ? Émile Dard évoque cette possibilité. Les deux hommes se seraient rencontrés discrètement à Trianon en juillet ou août et auraient évoqué le sujet. Il faut s'en tenir aux textes. En les lisant, on constate qu'à partir d'août Napoléon commence à évoquer « la garantie de l'Autriche » dans le règlement des différends qui l'opposent à Alexandre, ce qu'il ne disait pas auparavant[2]. Il est possible que Talleyrand ait contribué à lui faire accepter cette idée. Après tout, depuis l'avènement de l'Empire, il n'a cessé de réclamer la médiation de l'Autriche. Le mémoire que Nesselrode remet à Alexandre en octobre va dans ce même sens et semble avoir été conseillé, sinon dicté, par Talleyrand aidé de Caulaincourt revenu de son ambassade[3]. La garantie de l'Autriche est présentée comme « la clef de voûte » d'un arrangement franco-russe, elle favoriserait également le rapprochement des deux grandes puissances du Nord. « La Russie et l'Autriche, écrit Nesselrode, c'est-à-dire les deux seules puissances continentales dont aujourd'hui encore la réunion produirait un contre-poids efficace à l'énorme pouvoir de la

France, se trouveraient pour la première fois depuis six ans unies non seulement par un intérêt commun, mais par un lien positif et avoué. » Talleyrand ne disait pas autre chose à Alexandre en 1808 et à Metternich l'année suivante. La garantie de l'Autriche, acceptée par Napoléon – mais était-il de bonne foi ? – sera finalement refusée par Alexandre[4]. Nesselrode qui, dans l'esprit de Talleyrand, devait être le négociateur principal du rapprochement entre les deux pays, ne reviendra pas à Paris. « L'année 1812, écrit Charles-Maurice à Metternich dès le mois de septembre, sera comme vous me le disiez il y a deux ans, fort orageuse[5]. »

Dans les premiers mois de 1812, les chances de paix diminuent de jour en jour. Il est de plus en plus question de soumettre Alexandre Ier chez lui, au fin fond des plaines de la Sainte-Russie. Pourtant, à la veille de s'engager dans « l'entreprise la plus grande, la plus difficile » qu'il ait jamais tentée à la tête de la plus formidable de ses armées, Napoléon songe encore à son ancien ministre. En mars, il a avec lui plusieurs conversations, parfois tard dans la nuit, et finit par lui demander confidentiellement de « diriger les affaires polonaises » tout en surveillant « Vienne et l'Allemagne », pendant la durée de la campagne. L'empereur est partagé entre la méfiance et la certitude que Talleyrand serait, plus qu'aucun autre, l'homme qui conviendrait le mieux à Varsovie. Il se souvient des services qu'il lui a déjà rendus là-bas en 1807 et n'a par ailleurs aucune envie de le laisser seul derrière lui, à Paris, pendant son absence. Albert Sorel prétend que Charles-Maurice aurait feint d'accepter tout en faisant ce qu'il faut pour faire échouer le projet. C'est le supposer machiavélique à contre-temps ou à contre-emploi. L'ancien ministre des Relations extérieures aime trop le pouvoir pour avoir joué ce jeu-là. Varsovie est un poste d'observation idéalement placé qui ne se refuse pas[6]. Mais Napoléon changera d'avis par excès de méfiance. La précipitation, les bavardages du sérail, l'ouverture aventureuse d'un crédit de 60 000 francs à Vienne, les calomnies sorties du salon de Mme Maret, duchesse de Bassano, qui craignait infiniment que « l'enchanteur boiteux » ne prenne la place de son mari à la tête du ministère des Relations extérieures – que ce dernier dirigeait à la suite de Champagny depuis le mois d'avril 1811 –, eurent raison des velléités impériales. Il n'y a aucune raison de ne pas croire Caulaincourt qui, d'accord avec Talleyrand, fit tout pour rattraper la situation. Mais Napoléon ne voudra rien entendre, refusera de recevoir son ancien confident et, furieux, parlera encore une fois de le faire exiler, lui et son amie la vicomtesse de Laval[7]. L'archevêque de Malines, ex-abbé de Pradt, « l'aumônier du dieu Mars », comme il se surnomme drôlement lui-même, vaniteux et un peu fou, ira finalement à Varsovie à la place de Charles-Maurice. Plus tard, Napoléon le regrettera amèrement. « C'est ce choix qui m'a fait manquer ma campagne, dira-t-il, désabusé, à Caulaincourt en décembre, après avoir perdu la presque totalité de son armée dans les glaces et les neiges de la Bérézina. Talleyrand m'a bien souvent manqué ici. [Il] aurait plus fait [à Varsovie] par le salon de Mme Tyszkiewicz que Maret et l'abbé de Pradt avec leur zèle, leur bavardage et toutes leurs menées polonaises[8]. » Mais il écrivait encore en août à sa femme pour lui interdire d'inviter son ancien ministre à sa partie de whist à la cour et lui recommander de ne rien faire avec lui qui puisse être interprété comme une faveur[9].

Étroitement surveillé par les sbires de Savary, de nouveau disgracié, Talleyrand devra se contenter de suivre la marche de la Grande Armée sur une immense carte de la Russie, étalée sur la table du salon de Saint-Brice où il passera la fin de l'été, après sa traditionnelle cure aux eaux de Bourbon-l'Archambaud. Il a vu partir Napoléon pour Mayence, Dresde et Moscou, sans illusions et sans états d'âme, « poussé à bout », selon Caulaincourt, après l'ultime volte-face du maître. Le comte de Sémonville, un autre connaisseur, esprit fin et souple s'il en est, disait au passage de l'armée en marche vers le nord : « Tout ce qui passe là est perdu ; il n'en reviendra pas. » Le mot de Talleyrand est plus expéditif, plus noir et plus féroce : « C'est le commencement de la fin[10]. » Les lettres qu'il écrit à cette époque à sa chère amie la duchesse de Courlande le montrent prudent et mélancolique : « Il faut tâcher de ne pas s'aigrir trop, afin d'être tout entier pour les temps qui se préparent et qui ne s'annoncent pas pour être facile[11]. »

Il est seul aussi. Son vieil ami Sainte-Foy est mort au début de l'année. La comtesse Tyszkiewicz a quitté Paris pour Varsovie où elle veut suivre les destinées de sa chère Pologne. La duchesse de Courlande la suit le 4 juin. Elle se rend prudemment à Löbikau pour ne pas perdre les bénéfices de la pension considérable que lui verse le tsar de toutes les Russies. « J'ai organisé le départ de ces dames de telle façon que toutes les après-midi, huit jours durant, à une heure et demie, j'en accompagne une à sa voiture. Cela est vraiment drôle[12]. » En réalité, il n'a pas le cœur à rire. La duchesse de Courlande l'a quitté en larmes. Depuis deux ans, il éprouve pour elle une passion partagée. Certains s'en moquent bien un peu à cause de leur âge – elle a cinquante et un ans et il en a cinquante-huit –, mais personne ne doute de la sincérité de leurs sentiments. Cela a dû se passer très vite puisque, en mai 1809, au moment même de l'installation de la duchesse de Courlande à Paris, lady Yarmouth prévient Montrond que Talleyrand vient de tomber éperdument amoureux de la duchesse (« M. *de Talleyrand is tumbled in a very violent love with the D.C., and nothing seems to captivate him so much as old age* »), ajoute-t-elle méchamment[13]. Pourtant tout le monde trouve encore à Dorothée de Medem, duchesse de Courlande, ce que la comtesse Potocka appelle « des restes de beauté ». Elle a de la grâce et de l'esprit, vit sur un très grand pied et se comporte en souveraine. Même son gendre, Edmond de Périgord, « lui donne de l'Altesse », remarque Clary en plaisantant. Talleyrand fait de longs séjours chez elle, à Saint-Germain-en-Laye où elle loue en 1811 l'un des pavillons de l'ancien « château neuf » d'Henri IV, près de la grande terrasse. La comtesse Kielmannsegge, toujours mauvaise langue et un peu espionne, les y surprend au cours de l'été, en compagnie de Nesselrode et du beau colonel Alexandre Tchernitchev qui passe sa vie entre Paris et Saint-Pétersbourg et sera finalement renvoyé par Napoléon pour espionnage. Elle les décrit, lui dictant, et elle écrivant une lettre à Alexandre, ce qui n'est pas invraissemblable[14]. Talleyrand n'a jamais fait de différence entre ses sentiments et sa vie politique. Il a toujours su faire « marcher les femmes ». C'est sa propre expression et elle ne manque pas de cynisme. À Paris, la duchesse règne sur les « dévotes » du prince. Dans le salon de Mme de Laval, il est convenu d'admirer tout ce qu'elle fait. « Je l'ai vue plus d'une fois arriver à minuit, note la comtesse Potocka. Elle venait montrer sa robe de bal ou un bijou nouveau, ainsi qu'aurait pu le faire une femme de vingt ans. Son vieiladorateur l'attendait toujours et la contemplait avec une admiration propre à faire mourir de jalousie tout le sérail[15]. » L'adorateur – et certainement l'amant – sait être très tendre avec elle. Ses lettres, qui ont été en partie publiées, le prouvent assez. Il l'appelle « mon ange », se préoccupe de sa santé et des moindres détails de sa vie. En février 1814, en pleine invasion de la France par les armées alliées, il lui donnera même un petit portrait de la Vierge – ce qui ne manque pas de sel de la part d'un ex-évêque défroqué et marié – pour la protéger de « la mauvaise fortune[16] ». Il lui dévoile cette part secrète de sa personnalité qu'il a toujours su et voulu cacher aux autres. C'est un autre Talleyrand qui s'exprime dans ces lignes : « Chère amie, mes vœux sont de passer ma vie avec vous, mes vœux sont que vous ayez tout le bonheur que vous méritent vos qualités aimables et douces. [...] Je vous aime, cher ange, de toute mon âme[17]. » Seules quelques très rares « chères amies » ont droit à cette musique-là. En 1812, la duchesse est loin et ne rentrera d'Allemagne qu'en octobre de l'année suivante.

Après avoir occupé son « inutilité » à la campagne avec son frère Boson, sourd comme un pot, sa nièce Dorothée et Charlotte, avec lesquelles il monte à cheval tous les matins, Charles-Maurice s'apprête à rejoindre Paris, lorsque éclate, le 23 octobre, la conspiration du général Malet. Ce jour-là, une poignée d'hommes déterminés parvient à faire arrêter coup sur coup le ministre et le préfet de police, Savary et Pasquier, puis à créer pendant quelques heures un gouvernement provisoire en faisant croire à la mort de Napoléon. Tout rentre très vite dans l'ordre, mais la leçon n'est pas perdue pour tout le monde. Charles-Maurice, appelé en renfort par Cambacérès, suit les événements de très près tout en feignant l'indifférence. C'est « une espèce de petit mouvement produit par un mauvais sujet de général qui n'était pas assez surveillé[18] », écrit-il faussement tranquille, le 26 octobre, à la duchesse de Courlande. En réalité, la tentative manquée de Malet et de Lahorie, des opposants de toujours au régime napoléonien, prouve plus que jamais la fragilité de la situation lorsque Napoléon n'est pas présent en personne. Charles-Maurice note également, non sans finesse, qu'il a suffi au général Malet de brandir de faux décrets du Sénat pour avoir momentanément gain de cause. À Caulaincourt, il se dit étonné de voir « avec quelle facilité on égare des soldats, un sénatus-consulte à la main ». « On n'a pas, dans la masse, d'idées claires sur le Sénat[19] », ajoute-t-il quelques jours plus tard. Tout cela va lui donner des idées. Il est probable que c'est à ce moment-là qu'il commence à penser que le Sénat pourrait lui servir utilement en cas de crise. Même si son rôle a été considérablement réduit depuis le début de l'Empire, même s'il n'a plus les pouvoirs constitutionnels qu'il avait sous le Consulat, le public ne le sait pas. C'est la seule institution du régime qui conserve une apparence de légitimité. Et dans certaines circonstances les apparences suffisent. Depuis la Révolution, il le sait d'expérience et d'instinct. Dans l'une de ses conversations avec Aimée de Coigny, courant novembre, il revient sur la question. Lorsque celle-ci lui parle de renverser Napoléon, il évoque le vieux parti révolutionnaire du Sénat, leur goût ancien de la liberté : les Garat, les Sieyès. « Il faut ranimer dans leur esprit les pensées de leur jeunesse, c'est une puissance[20]. » On sent qu'il commence, dès cette époque, à tourner et à retourner cette idée dans son esprit. Sa charge de grand dignitaire de l'Empire lui donne dans certaines circonstances le pouvoir de présider le Sénat. Nombre de ses amis y siègent. Depuis des années, le Sénat appuie servilement toutes les mesures prises par Napoléon. Il pourrait tout aussi servilement voter sa déchéance. C'est alors que tombe la nouvelle du 29e bulletin qui raconte sans fard le désastre de la Bérézina puis, quelques jours après, celle du retour de Napoléon revenu à l'improviste à Paris le 18 décembre, accompagné de son seul grand écuyer Caulaincourt.

On aurait tort d'imaginer Talleyrand en train de comploter ouvertement contre l'Empire dès cette époque. Il est beaucoup trop intelligent pour cela. Ses fonctions de grand dignitaire lui donnent un rôle à jouer et il le joue. Le 3 janvier, Napoléon réunit en conseil ceux qu'il veut entendre sur la question de la paix et de la guerre avec Alexandre, alors que le cabinet de Berlin donne déjà les premiers signes d'un changement de politique qui le conduira bientôt à signer un traité d'alliance avec les Russes. Ce qui reste de la Grande Armée repasse péniblement le Niémen. Napoléon s'apprête à décréter la levée de 350 000 recrues supplémentaires. Talleyrand, sans illusions, mais soutenu par Caulaincourt, Cambacérès et Decrès, conseille une fois de plus, la paix, la modération et la médiation autrichienne[21]. « Négociez, aurait-il dit à l'empereur. Vous avez maintenant en mains des gages que vous pouvez abandonner ; demain, vous pouvez les avoir perdus, et alors la faculté de négocier avantageusement sera perdue aussi. » Mais il sait aussi qu'un conseil extraordinaire comme celui du 3 janvier est de pure forme et que Napoléon est décidé à poursuivre la guerre continentale. Pour forcer en quelque sorte l'empereur à la paix, l'Autriche doit montrer sa puissance et imposer sa médiation. C'est dans cet esprit qu'il continue à prodiguer discrètement ses conseils au représentant de Vienne à Paris, le prince de Schwarzenberg et à son conseiller, le chevalier de Floret : « La paix est entre les mains de l'Autriche, mais, pour l'avoir, il faut qu'elle la commande ; elle ne le pourra que lorsqu'elle aura au moins une armée de 200 000 hommes ; elle doit même exagérer ses forces. Qu'elle déclare : j'arme pour la paix, et tous les peuples sont à ses pieds[22]. » Vis-à-vis de l'Autriche, Talleyrand joue encore la carte de Napoléon en laissant croire que ses défaites, sur la Bérézina comme en Espagne, l'obligeront à admettre un retour aux frontières du traité de Lunéville. En 1804, il aurait préféré un royaume à l'Empire, c'est encore ce qu'il souhaite en 1813, en homme qui cherche à convaincre Metternich aussi bien que Napoléon. Le 15 avril, alors que ce dernier s'apprête à entrer à nouveau en campagne, en Allemagne, contre les armées russo-prussiennes, il reçoit le prince de Schwarzenberg chez lui, rue Saint-Florentin, et poursuit son idée : « Il nous faut que l'empereur devienne roi de France ; jusqu'ici tout ce qu'il a fait a été fait pour l'Empire ; il a perdu l'Empire lorsqu'il a perdu l'armée ; du moment qu'il ne voudra plus faire la guerre pour l'armée, il fera la paix pour le peuple français ; et alors il deviendra roi[23]. »

Les lettres de Floret, exhumées par Émile Dard, prouvent clairement qu'à cette époque Talleyrand n'a pas encore de solution de rechange. Il n'en est qu'aux manœuvres exploratoires, et celles-ci sont délicates. Napoléon n'a pas entièrement tort lorsqu'il se dit persuadé, devant Mathieu Molé, en mars, que son ancien ministre est l'« ennemi naturel de la République et des Bourbons[24] ». Depuis la Révolution, il s'est systématiquement opposé à l'ancienne famille royale, « une maison finie » comme il l'écrivait à Mme de Staël, quand il n'a pas combattu dans l'ombre son représentant naturel, le comte de Lille, le futur Louis XVIII, frère de Louis XVI, alors réfugié en Angleterre.

Comment rétablir le contact avec la cour en exil à Hartwell ? Même si les chances d'une restauration monarchique sont encore très faibles dans les premiers mois de 1813, elles ne doivent pas être négligées. Devant Cambacérès, Talleyrand feint l'indifférence, et lorsque Napoléon l'interroge sur la dernière proclamation de Louis XVIII qui circule sous le manteau à Paris, il prétend ne pas la connaître. Le prétendant y promet pour la première fois « union, repos, paix et bonheur ». Il garantit le maintien des autorités administratives du régime napoléonien et se défend de toute forme de vengeance et de proscription. Napoléon dira encore à Molé qu'en la lisant devant lui l'ex-évêque d'Autun l'aurait trouvée « maladroite[25] ». On est sceptique. Non seulement Talleyrand devait en connaître l'existence, mais on se demande même s'il n'en a pas orienté discrètement certains passages. On reconnaît sa patte derrière l'hommage rendu au Sénat, cette assemblée où « siègent des hommes que leurs talents distinguent ». Qui aurait pu mieux que lui inspirer un tel paragraphe, d'autant plus surprenant de la part du prétendant qu'il devait mépriser de toutes ses forces la servilité de la Haute Assemblée pour Napoléon. Loin d'être « maladroite », la proclamation royaliste du 1er février 1813 est très habile et cherche à rassurer les élites impériales.

Talleyrand avait les moyens, à l'époque, de communiquer avec Hartwell. Savary prétend qu'au cours de ses conversations du matin avec son amie Aimée de Coigny, dans sa bibliothèque de la rue Saint-Florentin, il lui faisait écrire à son oncle le duc de Coigny, très proche du roi en exil[26]. Toute sa famille, à commencer par ses frères, est royaliste. Son propre oncle, l'archevêque de Reims, remplit à Hartwell la charge très politique de grand aumônier du roi. C'est peut-être grâce à lui que Talleyrand aura repris contact avec le prétendant. L'un de ses anciens collaborateurs au ministère des Relations extérieures, Maxime de Villemarest, fait allusion à plusieurs lettres communiquées au roi par le prélat. « Dieu soit loué, aurait répondu Louis XVIII. Bonaparte doit toucher à sa chute ; car je parie que lorsque le Directoire fut près de la sienne, votre neveu écrivit dans les mêmes termes au vainqueur de l'Italie. Si vous lui répondez, marquez-lui que j'accepte l'augure de son bon souvenir[27]. »

Au-delà de la haine et des inimitiés, un homme comme Talleyrand n'est pas à négliger du côté de la cour en exil. Ces lettres, si elles ont jamais existé, ont évidemment disparu. On ne sait pas non plus comment elles sont arrivées en Angleterre. Seul Henri Beyle, *alias* Stendhal, alors jeune auditeur au Conseil d'État, prétend les avoir vues. Interceptées par la police et confiées à l'une des sections du Conseil d'État, elles auraient été, cette fois, directement adressées à Louis XVIII et commençaient par « Sire », ce qui était grave puisque c'était reconnaître la légitimité du prétendant[28]. Cette découverte est-elle à l'origine d'une nouvelle « scène » de Napoléon qui, une fois de plus, parle de le faire enfermer et de le traduire devant une cour de justice ? Plusieurs des proches de Talleyrand l'évoquent dans les derniers jours de janvier. Selon la comtesse de Kielmannsegge, l'ancien ministre en aurait presque eu une attaque et se serait plaint d'avoir été « entièrement pénétré » par Napoléon[29]. Si tel a été le cas, les lettres de Talleyrand, bien que compromettantes, devaient être anodines. Peut-être une lettre de félicitations de l'ancien évêque d'Autun à l'ex-comte de Provence pour son anniversaire, le 17 novembre. C'est toujours comme cela, très indirectement qu'il reprend contact. Sinon, on n'expliquerait pas la clémence de Napoléon, qui n'est certainement pas due aux seules interventions de Cambacérès, de Savary et de Berthier en sa faveur. On comprend dans ces conditions pourquoi Napoléon s'est demandé pendant longtemps, devant Caulaincourt à Fontainebleau, puis devant Las Cases à Sainte-Hélène, quand Talleyrand « avait commencé véritablement à le trahir[30] ». Car les scènes vont se répéter, de plus en plus fréquentes dans les derniers mois du règne de Napoléon. Le 10 novembre 1813, alors qu'il vient de rentrer d'Allemagne en sauvant les restes de son armée après la cruelle défaite de Leipzig qui scelle l'union de toute l'Allemagne contre lui, il l'apostrophe de nouveau violemment, à son lever, aux Tuileries : « Que venez-vous faire ici ? Je sais que vous vous imaginez que, si je venais à manquer, vous seriez le chef du Conseil de régence. Prenez-y garde, monsieur, on ne gagne rien à lutter contre ma puissance. Je vous déclare que, si j'étais dangereusement malade, vous seriez mort avant moi. La réponse de Talleyrand est restée célèbre. Elle est l'une de celles qui marquent le mieux son style, entre le sang-froid et l'ironie glacée : « Sire, je n'avais pas besoin d'un pareil avertissement pour que mes vœux ardents demandent au ciel la conservation des jours de Votre Majesté. »

Cela recommence en janvier. Dans ses billets presque quotidiens à la duchesse de Courlande, Charles-Maurice parle de « matinée orageuse » et de « bourrasque[31] ». Quand Napoléon le prend à partie, il ne l'appelle plus prince de Bénévent, mais, ironiquement, M. le vice-Grand Électeur.

Car tout en lui faisant des scènes, Napoléon le tolère au Conseil de régence où il siège de droit comme grand dignitaire de l'Empire depuis son organisation en février 1813. Plus encore, à son retour d'Allemagne, en novembre, il va tenter une dernière fois de le reprendre à son service à la tête du ministère des Relations extérieures. Mieux vaut avoir Talleyrand avec soi que contre soi. Mais ce qui est le plus difficile à comprendre, c'est qu'après tant de haine accumulée, tant de méfiance, de mépris, de rancœur, Napoléon continue à voir en lui « le plus capable des ministres que j'ai eus », le seul qui sache « me comprendre, ce qui est donné à peu de monde[32] ». Lui seul saurait affronter la situation désespérée dans laquelle il se trouve, alors que, début novembre, à Francfort, les alliés lui soumettent des conditions de paix plus draconniennes que jamais en lui imposant un retour aux limites naturelles : les Pyrénées, les Alpes, le Rhin. Il le voit régulièrement, rarement seul, à Saint-Cloud ou aux Tuileries, pendant les deux mois qu'il passe à Paris avant de reprendre la tête de ses armées pour l'ultime baroud, les deux mois d'espoir et d'abattement de la campagne de France, jusqu'aux adieux de Fontainebleau.

Talleyrand fait même partie de la commission extraordinaire du Sénat chargée, le 22 décembre, de prendre connaissance des pièces communiquées par le gouvernement sur l'état de la France. Napoléon reconnaîtra par la suite la justesse des derniers conseils qu'il lui a donnés. Il critique le règlement de la question espagnole qui aboutira au traité bâclé de Valençay le 11 décembre et met l'empereur en colère lorsqu'il lui prédit qu'il ne sera jamais accepté par la junte espagnole. Napoléon aurait, selon lui, dû s'adresser directement à la nation espagnole en reconnaissant ses torts et ne rien exiger de la junte en ce qui concerne ses relations futures avec l'Angleterre. Au lieu de demander à l'Espagne qu'elle ne cède rien à l'Angleterre, il aurait été mieux inspiré de traiter avec Wellington qui venait de battre les troupes du roi Joseph à Vitoria en juin[33]. Il regrettera de ne pas avoir écouté ses avertissements sur les risques d'une guerre en France et sur la lassitude de la nation. « Je lui dois cette justice, dira-t-il à Las Cases. Il ne cessait de me répéter que je me méprenais sur l'énergie de la nation ; qu'elle ne seconderait pas la mienne, que je m'en verrais abandonné, qu'il me fallait m'accommoder à tout prix. Il paraît qu'il était alors de bonne foi, qu'il ne me trahissait pas encore[34]. »

Napoléon est obsédé par cette idée de trahison, sans s'apercevoir que la question n'est plus là et qu'elle arrive trop tard. À ce compte-là, ce sont presque toutes les élites qu'il a créées qui s'apprêtent à le trahir. À force de tout rapporter à lui-même, les hommes et les événements, il perd pied et entre dans la tragédie de la fin de son règne. Caulaincourt le dépeint très bien à Saint-Cloud, tournant en rond dans son cabinet et s'interrogeant encore et encore sur l'utilité de se servir de celui qu'il craint plus que tout autre. Un changement à la tête du ministère des Relations extérieures serait un signe fort en direction des alliés qui s'apprêtent à franchir le Rhin et à entrer en France. Maret est presque unanimement détesté. Il n'est qu'un exécutant docile, sert aveuglément Napoléon et passe, en partie à tort, pour être l'homme de la guerre alors que tout le monde aspire à la paix. Talleyrand, le premier, ne ménage pas ses sarcasmes. Après avoir été son complice, Maret, duc de Bassano, est devenu sa bête noire. Il a de toute façon tendance à ne supporter aucun de ceux qui l'ont remplacé au ministère des Relations extérieures. « La vue d'un ministre des Affaires étrangères [lui] fait toujours mal », écrit Castellane[35]. Comme Champagny et plus tard le duc de Richelieu, Maret, au-delà de ses maladresses diplomatiques, est coupable de crime de lèse-majesté. Peu après la désastreuse campagne de Russie, comme Dalberg annonçait que « tout le matériel de l'armée était perdu » : « Non pas, aurait répondu Talleyrand, car le duc de Bassano vient d'arriver[36]. » Quand il est de mauvaise humeur, il est encore plus expéditif : « Bête comme Maret, épais comme Bassano[37]. » Pour Napoléon lui-même, Maret n'est plus l'homme de la situation. Pour conduire les ultimes négociations de paix qui se tiendront bientôt à Châtillon-sur-Seine, il lui faut une puissance dont la réputation soit intacte aux yeux de ses adversaires. Napoléon hésite, sonde Caulaincourt et se résout, sur les conseils de ce dernier, à approcher Talleyrand. En le reprenant, il le force à s'engager dans sa cause et celle de sa dynastie. Il l'empêche d'intriguer et s'assure les services d'un homme dont il reconnaît encore les qualités politiques. Talleyrand a « le plus de vues, d'adresse », lui seul est capable de céder le moins possible aux alliés. Mais il met une condition invraisemblable à son retour. Qu'il se débarrasse de sa femme. « Je ne veux pas qu'elle paraisse [...] Entre elle et moi, entre la France et une catin, le choix [ne] peut être difficile[38]. » Napoléon n'a pas trouvé autre chose pour lui montrer qu'il est encore le maître. Cette fois, Talleyrand refuse. Caulaincourt fait à trois reprises la navette entre Saint-Cloud et Paris. Savary, le comte de Flahaut le supplient d'accepter. Rien n'y fait.

L'ancien ministre n'est pas homme à se jeter à l'eau pour sauver quelqu'un qui se noie. Officiellement, il explique à Caulaincourt que l'empereur ne veut pas sincèrement la paix et qu'il ne changera plus[39]. Toute la négociation s'achève le 18 novembre. Talleyrand rentre de Saint-Cloud où Napoléon l'a appelé et jette quelques lignes sur un billet à l'intention de la duchesse de Courlande : « J'arrive de Saint-Cloud. Toujours même politesse publique un peu froide. Tout le monde parti, on m'a fait demander, et la conversation a été pressante. Même refus de ma part d'après les conditions que l'on faisait. Cela a fini sans humeur. On m'a demandé le secret[40]. » C'est Caulaincourt qui se dévoue et prend finalement le ministère. Maret redevient son secrétaire d'État et fera en fait toujours office de ministre pendant l'absence du duc de Vicence à Châtillon.

Quatrième partie

LE POUVOIR

1.

« UN 18 BRUMAIRE À L'ENVERS »

La messe est dite. Napoléon n'a plus d'avenir. La nouvelle coalition qui s'est formée contre lui n'a jamais été aussi imposante. Au sud, Wellington, avec une armée de 100 000 hommes, force le passage de la Bidassoa dès le 8 octobre. À l'est, une vague alliée de 220 000 à 230 000 hommes franchit le Rhin dans la seconde quinzaine de décembre. Napoléon n'entrera en campagne, fin janvier, qu'avec 60 000 hommes. Jusqu'alors, la Russie, la Prusse, l'Autriche et l'Angleterre n'ont été en guerre contre lui que tour à tour. Pour la première fois, les quatre grandes puissances européennes sont unies, sans parler des États de second rang. Dans le cercle de ses intimes, Talleyrand n'a pas de mots assez durs pour celui qui est encore le maître de la France. Chez Mme de Vaudémont, chez Mme de Rémusat, devant Pasquier qui est tout de même son préfet de police, il le traite d'homme seul, seul en Europe depuis longtemps et maintenant seul dans son propre pays : « Qu'est-ce que la force et la passion sans conseil, quand la passion reste et que la force s'en va ? Il s'est mis dans le vide. Il n'écoute que ceux qui lui répondent ce qu'il leur dit. » Autour de lui Berthier n'a pas assez d'esprit pour savoir lui dire ce qu'il pense. Daru, l'intendant général de son armée, est un bœuf et ne fait que travailler, Maret est un imbécile, Cambacérès n'a pas assez de courage[1].

Ce que Charles-Maurice dit n'est pas innocent. Il voit beaucoup de monde, cherche à convaincre ceux qui pourront lui servir plus tard, et avec une infinie prudence, lance quelques pistes nouvelles qui en surprennent plus d'un. Dans le courant du mois de novembre, la comtesse de La Tour du

Pin, sur le point de quitter Paris pour rejoindre son mari qui vient d'être nommé préfet à Amiens, le voit chez l'un de leurs amis communs, le comte de Lally, et lui demande des nouvelles de l'empereur : « Oh ! Laissez-moi donc tranquille avec votre empereur. C'est un homme fini. – Comment fini ? fis-je. Que voulez-vous dire ? – Je veux dire, répondit-il, que c'est un homme qui se cachera sous son lit. Je connaissais, ajoute-t-elle, la haine et la rancune de M. de Talleyrand contre Napoléon, mais jamais je ne l'avais entendu s'exprimer avec une telle amertume. Je lui fis mille questions auxquelles il répondit par ces seuls mots : "Il a perdu tout son matériel. Il est à bout. Voilà tout." » Puis Talleyrand se livre à son petit jeu favori qui consiste à sonder son interlocuteur, et, sans en avoir l'air, à laisser tomber dans la conversation une allusion sur ses intentions. N'oublions pas que le mari de Mme de La Tour du Pin occupe un poste stratégique et appartient à l'élite impériale. « Fouillant dans sa poche, il en tira un papier imprimé en anglais et, tout en mettant deux bûches dans le feu, ajouta : – Tenez, comme vous savez l'anglais, lisez-moi ce passage-là. En même temps, il m'indiqua un assez long article marqué au crayon, à la marge. Je prends le papier et je lis : "Dîner donné par le prince régent [d'Angleterre] à madame la duchesse d'Angoulême." Je m'arrête, je lève les yeux sur lui, il a sa mine impassible : – Mais lisez donc, dit-il. » Il n'est question dans l'article que de toasts en l'honneur du roi de France et de fleur de lys sur les tables. La duchesse d'Angoulême est la fille de Louis XVI et la nièce de Louis XVIII. « Arrivée au bout, je m'arrête, je le regarde stupéfaite. Il reprend le papier, le plie lentement, le remet dans sa vaste poche et dit, avec ce sourire fin et malin que seul il possédait : – Ah ! Que vous êtes bête ! À présent partez, mais ne vous enrhumez pas. Vous ferez mille amitiés à Gouvernet [son mari] de ma part. Je lui envoie cela pour son déjeuner. Vous arriverez à temps[2]. » Voilà toute la manière du prince de Bénévent. Il attend, observe attentivement, réfléchit et sonde le terrain. Lorsqu'on lui demandera un an plus tard à Vienne ce qu'il a fait à Paris à la veille de la campagne de France, il répondra, laconique : « J'ai boité[3]. » Tant que la situation n'est pas mûre, il est extrêmement prudent, d'autant plus qu'il se sait surveillé par la police de Savary, même si c'est une surveillance pour la forme. Pasquier, de son côté, ferme les yeux et ne dit pas un mot, dans ses rapports, sur les agissements du prince à cette époque. « Il n'y a pas de quoi être inquiet encore, écrit-il à la duchesse de Courlande le 28 décembre. Il faut se préparer aux événements sans trouble pour ne pas faire des imprudences[4]. » Napoléon s'apprête à partir pour sa dernière campagne.

Le 25 janvier 1814, les deux hommes se voient pour la dernière fois. Talleyrand est en sursis, mais libre. Il est à Paris, mieux encore, il siège au Conseil de régence avec l'impératrice Marie-Louise ; Napoléon l'y a nommé le 23. On s'explique mal une telle marque de confiance, alors que, le matin même, il lui a encore fait une scène épouvantable – la dernière – devant tous ses ministres[5]. Sans doute pense-t-il pouvoir mieux le contrôler en le plaçant à côté de Cambacérès et de son frère Joseph nommé lieutenant général. Mais c'est aussi laisser un loup dans la bergerie. « Je vous le répète, écrit Napoléon à Joseph, le 8 février, méfiez-vous de cet homme. Je le pratique depuis seize années ; j'ai même eu de la faveur pour lui ; c'est sûrement le plus grand ennemi de notre Maison maintenant que la Fortune l'a abandonnée depuis quelque temps. Tenez-vous aux conseils que j'ai donnés. J'en sais plus que ces gens-là[6]. » Le 3 avril, à Fontainebleau, devant Caulaincourt, il regrettera de ne pas l'avoir fait juger la veille de son départ. « Je l'ai maltraité ; j'ai eu tort de lui laisser le temps de se venger[7]. » À la veille de son abdication, Napoléon juge son ancien ministre en Corse, comme si la ruine de sa dynastie se réduisait à une affaire de *vendetta* entre les deux anciens conspirateurs de Brumaire.

La haine dont tout le monde a parlé n'explique pas tout. Elle suppose la passion alors qu'en politique Talleyrand est le plus dépassionné des hommes. Plus que le ressentiment, le calcul et la mesure exacte des chances de chacun vont déterminer sa conduite.

Tandis que Napoléon se bat en désespéré à quelques dizaines de lieues de Paris, que les chefs de la coalition se disputent sur les buts de la guerre qu'ils conduisent et que Caulaincourt négocie sans illusion à Châtillon, Talleyrand s'apprête à jouer « le grand acte historique de sa vie » et à devenir pendant quelques jours une sorte de « vice-roi » de France en cherchant les moyens de son salut personnel dans le salut commun. Du grand art politique. On ne saura jamais tous les fils qu'il a tenus en main au cours de ces mois de février et de mars 1814. « Tout Paris venait le voir en secret et en tête à tête, écrit Aimée de Coigny. Chaque personne qui sortait, rencontrant celle qui entrait, semblait dire : Je vous ai devancée ; c'est moi qui l'ai pour chef[8]. » Chateaubriand, qui le jalouse et le déteste, le voit « clopiner aux pieds du colosse qu'il ne pouvait renverser », cherchant à « tirer parti du moment pour ses intérêts : le savoir-faire, ajoute-t-il fielleux, était le génie de cet homme de compromis et de marché[9]. » C'est ce que Vitrolles appelle encore : jeter « des plombs dans toutes les chances de l'avenir. Il se prêtait, et le terme était court ; mais il ne se donnait jamais[10] ».

Fascinés par le personnage, presque tous ses contemporains ne se sont intéressés qu'à son style. Mais son expérience des révolutions, son art de l'évaluation des situations, le poids de son influence, tout cela ne lui aurait servi à rien si la projection de sa pensée n'avait pas été au-delà des prévisions ordinaires et s'il n'avait pas eu une idée claire et déterminée du but à atteindre. Il en donnera un jour une définition, sous forme de boutade, à Aimée de Coigny : il s'agit de faire un « 18 Brumaire à l'envers » en restaurant les libertés et les pouvoirs d'assemblée de la France, bafoués par Napoléon, en promulguant une Constitution qui se rapprocherait le plus possible du modèle anglais, ce qu'il appellera « des institutions si bien éprouvées chez un peuple voisin ». Comme l'écrit encore Barante, « les opinions de 1789 reprirent un instant possession de l'ancien constituant[11] ». En réalité, il ne les a jamais oubliées.

Le régime qui conviendrait le mieux à ce programme libéral dépend de la situation du moment et ne s'imposera à son esprit que peu à peu, au gré des informations souvent contradictoires qui lui parviendront. Comme il l'écrira dans ses Mémoires, la bonne solution, la solution juste consistait à « trouver ce que la France voulait et ce que l'Europe devait vouloir[12] ». La régence pour le compte du petit roi de Rome est tentante mais présente ce risque de conserver Napoléon comme une hypothèque qui pèserait sur le nouveau régime. Le duc d'Orléans, alors à Palerme, est un candidat possible. Il n'est pas invraisemblable que Talleyrand ait été informé de ce côté par Casimir de Montrond qui, en juin 1813, au bout de son exil et après avoir échappé aux griffes de Napoléon, a fini par rejoindre le chef de la branche cadette des Bourbons en devenant l'un de ses intimes. Le duc d'Orléans n'a jamais caché son goût pour les idées libérales mais, en présence de son cousin Louis XVIII, il n'est, par rapport à Napoléon, qu'un « usurpateur de bonne maison[13] ». Reste, faute de mieux, la branche aînée des Bourbons. Talleyrand sait parfaitement qu'il ne peut travailler au retour du frère de Louis XVI et de sa famille sans s'exposer. Louis XVIII, qui jusqu'en 1804 au moins n'a rien cédé à la Révolution, saura-t-il s'adapter et accepter une Constitution ? Sera-t-il surtout de ceux qui n'ont rien appris et rien oublié, comme on le dira d'une partie de l'émigration ? Ce ne serait pas sans inconvénient pour l'ancien évêque d'Autun qui a beaucoup à se faire pardonner. À l'époque de l'Assemblée constituante, Talleyrand a trempé dans l'affaire Favras, il n'a cessé sous le Consulat de poursuivre le prétendant de ses manœuvres et même s'il a tout fait pour se mettre hors de cause dans l'assassinat du duc d'Enghien, il sait bien qu'il restera toujours quelque chose de cette affaire.

En février, au cours de ses conversations avec Aimée de Coigny, il revient à plusieurs reprises sur les inconvénients de sa position pour le moins inconfortable vis-à-vis de l'ancienne famille royale : « Je m'accommoderais encore assez bien de M. le comte d'Artois parce qu'il y a quelque chose entre lui et moi qui lui expliquerait beaucoup de ma conduite ; mais son frère… Je ne veux pas, je vous l'avoue, au lieu d'un remerciement, m'exposer à un pardon ou avoir à me justifier. » On sait, par Mme de Coigny, que son amant, Bruno de Boisgelin, lié au parti royaliste et en contact avec la cour exilée à Hartwell, écrivit à Louis XVIII une lettre lue et approuvée par Talleyrand : « L'explication abrégée, quoique générale de sa conduite, sa haute position politique et l'impossibilité que, sans lui, le roi pût jamais parvenir au trône, tout cela fut tracé d'une main assez habile[14]. » La lettre a bien sûr disparu. On peut raisonnablement penser qu'elle ne fut pas la seule garantie offerte au roi par le vice-Grand Électeur de l'Empire. Dans les tout premiers jours d'avril, à Fontainebleau, Napoléon évoquera cette question devant Caulaincourt : « S'il parvient à rétablir un jour les Bourbons, ce sont eux qui me vengeront un jour de lui. Comment peut-il croire qu'on lui pardonne d'avoir officié au Champ-de-Mars et de les avoir poursuivis[15] ? » Il n'avait pas entièrement tort.

Dans l'intervalle, Talleyrand s'applique essentiellement à tout observer, à tout savoir, et travaille à aggraver les embarras qui pourraient naître d'un moment à l'autre, en se tenant prêt à porter le dernier coup. Un exercice difficile alors que la situation est particulièrement volatile et fluctuante. « Les événements vont si vite, écrit-il à la duchesse de Courlande le 1er mars, que vingt-quatre heures changent la scène[16]. » Dalberg, qu'il voit tous les jours, le sert utilement. Son vieux complice Roux-Laborie, toujours heureux d'avoir quelque chose à faire et qui aime l'intrigue pour l'intrigue, est chargé de fureter dans les affaires des autres, de divulguer certaines informations, de lui en rapporter d'autres. Par Bourrienne souvent fourré chez son ami Lavalette, qui, à la tête de la direction des postes, reçoit tous les courriers envoyés par estafette de l'armée et tient chez lui une grande carte des opérations, il est au courant, presque journellement, des manœuvres de Napoléon entre Seine et Marne contre les Autrichiens de Schwarzenberg et les Prussiens de Blücher[17]. La mort du lion blessé sur le champ de bataille arrangerait évidemment bien des choses. La régence, avec la fille de l'empereur d'Autriche, deviendrait cette fois viable et la paix facile à imposer. Mais Napoléon ne trouvera pas la mort glorieuse qu'il cherchait peut-être, même à Arcis-sur-Aube le 20 mars, lorsqu'il poussera son cheval sur un obus fumant qui éclatera sans le toucher. Des succès et des revers de l'empereur sur le terrain dépendent aussi l'issue des négociations de Châtillon. On sait par Aimée de Coigny que Talleyrand disposait d'un chiffre avec Caulaincourt, chargé par Napoléon de conduire la délégation des plénipotentiaires français. D'Hauterive, qui tient l'intérim du ministère des Relations extérieures à Paris pendant l'absence de Caulaincourt, a dû le renseigner aussi. Il est inutile ici de revenir sur le détail de ces discussions de Châtillon où tout le monde a été de mauvaise foi. Les alliés veulent traiter sur la base des limites de « l'ancienne France » – à peu près les limites actuelles de notre pays –, Napoléon sur celle des « limites naturelles » de la France révolutionnaire, en conservant les conquêtes de la rive gauche du Rhin, jusqu'à la Belgique.

La paix aurait pu être signée après les victoires à Champaubert et Montmirail sur Blücher les 10 et 11 février, puis à Montereau sur Schwarzenberg le 18 février, mais Napoléon, sûr de ses succès, refuse l'armistice demandé par le généralissime autrichien, envoie à Caulaincourt des instructions de plus en plus restrictives et écrit le 21 février à son beau-père l'empereur d'Autriche une lettre qui ne laisse aucun doute sur ses intentions. Il ne veut pas d'une France réduite aux frontières de l'ancienne monarchie ; ce serait perdre du même coup la légitimité de son pouvoir.

Ce tournant des derniers jours de février n'a certainement pas échappé à Talleyrand. Castlereagh, le ministre des Relations extérieures du gouvernement anglais, quitte Châtillon le 22 février. C'est un signe qui ne trompe pas. À la différence de beaucoup d'autres, Talleyrand a toujours lié la question de la paix à celle de la nature du régime en France. Il sait que les alliés ne transigeront plus sur les limites de l'ancienne France. La nécessité d'imposer et de défendre les « limites naturelles », celles du Rhin en particulier, a commandé toute la politique extérieure depuis 1792. Napoléon est d'une certaine manière l'héritier de cette politique. Détruire ces limites, c'est abandonner du même coup l'héritage révolutionnaire et revenir à la situation des derniers jours de la monarchie. Talleyrand est avant tout un pragmatique. La politique est l'exacte mesure de ce qui est possible compte tenu d'une situation donnée. Pour faire la paix, il est prêt à abandonner, le premier, ce dogme des frontières naturelles qu'il a lui-même défendu comme ministre du Directoire, puis de Bonaparte. Il a aussi parfaitement compris, à la fin du mois de février, que si la situation ne change pas, seuls les Bourbons pourront consentir, sans rien y perdre, à la paix voulue par l'Europe, parce que celle-ci s'accorde à leurs propres principes : ancienne dynastie, anciennes frontières et paix ne font qu'un.

La nouvelle de la « révolution du 12 mars » à Bordeaux renforce encore sa conviction. Ce jour-là, les autorités de la Ville accueillent le duc d'Angoulême, le fils aîné du comte d'Artois et le neveu de Louis XVIII aux cris de « Vive le roi ! ». Pour la première fois depuis vingt-cinq ans, une grande ville française manifeste publiquement son ralliement à la monarchie. Dans une lettre du 17 mars à la duchesse de Courlande qui s'est réfugiée à Rosny avec toute la famille, il prend la mesure exacte de l'événement : « Les nouvelles d'aujourd'hui qui intéressent viennent de Châtillon ou de Bordeaux. De Bordeaux, il paraît que Louis XVIII a été proclamé au moment de l'entrée des Anglais. [...] Quarante-huit heures décident une foule de questions. Si la paix ne se fait pas, Bordeaux devient quelque chose de bien important dans les affaires : si la paix se fait, Bordeaux perd de son importance. Il la perdrait de même si l'empereur était tué, car nous aurions alors le roi de Rome et la régence de sa mère[18]. » Mais il n'a pas attendu les événements de Bordeaux pour tenter d'influencer les alliés, pour leur faire connaître l'état des esprits à Paris et savoir aussi leur position. Il est inquiet. Les alliés sont à moins de trente lieues de la capitale. Il sait par Dalberg qu'Alexandre défend des projets qu'il juge fantaisistes[19]. Et puis Napoléon se bat toujours. « Tant qu'il vit, tout reste incertain et il n'est donné à personne de prévoir ce qui arrivera[20]. » Le baron Louis, l'ancien complice de la fête de la fédération, furieux de n'avoir pas été mieux employé pour ses compétences financières, le dit plus brutalement : « L'homme est un cadavre, mais il ne pue pas encore. Voilà le fait. »

La mission est risquée. Du côté français, on fusille facilement les dissidents royalistes. Du côté des alliés, on les arrête. Talleyrand jette son dévolu sur un homme qui a tout à gagner et rien à perdre à se faufiler à travers les lignes ennemies. Ce sera le baron de Vitrolles. Ce gentilhomme provençal rallié à l'Empire ronge son frein à la direction des Bergeries impériales, une fonction qu'il juge au-dessous de ses capacités. Il a été recommandé par Dalberg et a l'avantage d'être connu de la duchesse de Courlande qui l'a reçu chez elle à Löbikau, à l'époque de son émigration. Il est aussi l'un des habitués du salon de Mme de Vaudémont où l'on passe son temps à conspirer. Royaliste de cœur, mais souple, fin et charmeur, Vitrolles comptait déjà rejoindre le comte d'Artois arrivé depuis peu à Nancy, derrière les lignes autrichiennes. Dalberg le décide à se rendre à Châtillon pour y rencontrer Stadion et Nesselrode. Mais comment le faire admettre auprès des deux diplomates qu'il ne connaît pas sans le compromettre et sans se compromettre, au cas où l'aventure tournerait mal ? Les sauf-conduits que Dalberg lui remet, avec l'accord de Talleyrand, sont bien dans le style de ce dernier. Au comte de Stadion, Vitrolles doit montrer un mot écrit à l'encre sympathique qui ne comporte que deux prénoms : ceux de deux anciennes maîtresses de Dalberg à Vienne que l'Autrichien connaît bien et un cachet à ses armes. Puis, toujours à l'encre sympathique, Dalberg écrit deux lignes pour Nesselrode. Cette fois, le message est clair : « Vous tâtonnez comme des enfants quand vous devriez marcher sur des échasses. Vous pouvez tout ce que vous voulez ; veuillez tout ce que vous pouvez. Vous connaissez ce signe ; ayez confiance en qui vous le remettra. » On ne va pas plus loin. Dalberg ne parviendra jamais à convaincre Talleyrand d'écrire lui-même. « Vous ne connaissez pas ce singe ; il ne risquerait pas de brûler le bout de sa patte, lors même que les marrons seraient pour lui tout seul[21]. » Oui, bien sûr, mais le singe risque aussi sa tête dans ce genre d'opération.

Vitrolles quitte Paris le 6 mars, rejoint Châtillon le 10, où il voit Stadion qui le dirige vers Troyes au quartier général allié. Il y rencontre le 11 Metternich et Nesselrode, puis

Alexandre lui-même. Sa mission n'a sans doute pas été aussi décisive qu'il le prétendra dans ses Mémoires[22]. Metternich dont Talleyrand, avec l'intuition qu'on lui connaît, se méfiait et qu'il soupçonnait d'être toujours favorable à Napoléon, le reçoit très froidement[23]. Vitrolles se vantera plus tard d'avoir décidé Alexandre à marcher droit sur Paris. Mais c'était déjà l'intention du tsar depuis plusieurs semaines. Schwarzenberg, général en chef des armées coalisées, et Metternich s'y opposaient alors. L'ordre n'en sera donné que le 23 mars, après la bataille gagnée contre Napoléon à Arcis-sur-Aube. Une lettre interceptée de Napoléon à Marie-Louise, qui dévoile une partie du plan de bataille français, emporte la question. L'ennemi étant trop nombreux face aux débris de son armée, l'empereur malheureux a décidé de risquer le tout pour le tout en marchant à l'est, vers Saint-Dizier, pour tenter de couper les arrières des armées coalisées. Paris est à découvert. La route est libre.

Ce n'est pas Vitrolles qui apprendra cette décision capitale à Talleyrand. Au lieu de revenir à Paris, le baron royaliste, ce « sous-Talleyrand de Provence », comme l'appelle Frénilly, a choisi de poursuivre sa route vers Nancy où il retrouve le comte d'Artois fin mars. Pour autant, les informations qu'il aurait pu transmettre au prince de Bénévent ne l'auraient pas rassuré. Les alliés sont toujours divisés sur les buts de la guerre qu'ils conduisent contre Napoléon. Alexandre, très hostile aux Bourbons, parle maintenant de laisser aux Français le choix de leur gouvernement. Reste que la mission du gentilhomme provençal a laissé des traces. Vitrolles, en parlant au nom de Talleyrand, est parvenu à convaincre les alliés qu'à Paris le prince est à la tête d'un parti puissant et influent décidé à faire tomber Napoléon. Lorsque Alexandre entrera dans la capitale, la leçon ne sera pas oubliée.

2.

LE COUP DE BLUFF DU 31 MARS ET LE COUP D'ÉTAT DU 1er AVRIL

Dans la capitale de l'Empire en ruine, la lassitude, l'anxiété et l'affolement gagnent un peu plus chaque jour. À partir du 25 mars, toutes les communications avec Napoléon sont interceptées. Il devient évident que les armées alliées, à peine contenues par les maréchaux Marmont et Mortier, se rapprochent de la capitale. Talleyrand s'apprête à abattre ses cartes. Quelques jours auparavant, Savary était entré chez lui à l'improviste, mi-sérieux, mi-riant, sans se faire annoncer par son valet. Il y avait là, dans son salon, la fine fleur des intimes : Dalberg devenu duc, l'ex-abbé Louis devenu baron, l'ex-abbé de Pradt devenu archevêque de Malines, tout cela par la grâce de Napoléon, et plusieurs autres. « Ah ! Je vous prends donc tous en flagrant délit de conspiration contre le gouvernement[1]. » En réalité Savary est un jouet entre ses mains. En lui faisant craindre la possibilité d'un retour des Bourbons, il le manipule en lui rappelant sans cesse son rôle dans l'exécution du duc d'Enghien et en lui conseillant d'éviter toute sévérité vis-à-vis des royalistes qui s'organisent. C'est ainsi qu'il a pu favoriser indirectement l'évasion d'Armand et de Jules de Polignac, retenus prisonniers depuis l'affaire de 1804. Savary est tellement persuadé de l'utilité de Talleyrand face aux manœuvres royalistes qu'il avait refusé, fin février, d'obtempérer à l'ordre de Napoléon de l'éloigner de Paris : « N'ai-je pas assez des royalistes de toute la France à contenir ? Veut-il encore me jeter le faubourg Saint-Germain sur les bras ? C'est Talleyrand seul qui le contient et l'empêche de faire des sottises. Je n'exécuterai pas cet ordre et, plus tard, l'empereur m'en saura gré[2]. » On devient une puissance en faisant croire qu'on l'est. Il s'agit donc de jouer serré.

Le 28 mars, Joseph Bonaparte convoque le Conseil de régence pour décider de la question du séjour de l'impératrice à Paris. Doit-elle rester où partir ? Talleyrand y siège avec Cambacérès et Lebrun, Molé, le grand juge, Régnier duc de Massa, président du Corps législatif, et tous les ministres, en particulier Clarke à la Guerre et Savary à la Police. Joseph préside aux côtés de Marie-Louise. La grande majorité du Conseil insiste pour que l'impératrice reste à Paris. Sa présence est une garantie pour la ville face aux armées alliées. Pasquier, qui n'était pas là, prétend que Talleyrand évita de se prononcer, mais Savary affirme qu'il opina clairement en faveur du maintien de la cour à Paris, ce qui est plausible[3]. Après avoir pris les avis des uns et des autres, Joseph lit alors une lettre de Napoléon. Elle est datée du 6 mars et lui demande de ne laisser en aucun cas l'impératrice et le roi de Rome aux mains de l'ennemi. Le 8 février, il lui écrivait déjà : « Si Talleyrand est pour quelque chose dans cette opinion de laisser l'impératrice à Paris, dans le cas où nos forces l'évacueraient, c'est une trahison qu'ils doivent comploter. » Peut-être Talleyrand connaissait-il, par Clarke, le contenu de ces lettres. Dans ce cas, il lui était facile de plaider sans risque la cause de la résistance puisqu'il savait d'avance que Joseph suivrait les avis de son frère et emporterait la décision en faveur du départ de la cour. L'impératrice, les grands dignitaires et les ministres quittent Paris pour Blois dans un grand bruit de voitures entre le 29 et le 30 mars. L'inquiétude est à son comble. Pour le vice-Grand Électeur de l'Empire, le départ de la cour et du gouvernement met presque les Bourbons sur le trône.

Les autres peuvent bien partir. Il lui importe, lui, de rester car le champ est libre. Après six mois de patience, le moment est venu d'agir. C'est à Paris que tout va se jouer et le dénouement est imminent. Le stratagème dont il va user, le 30 mars dans la soirée, pour parvenir à ses fins est bien dans la manière du comédien hors de pair qu'il est dans les moments les plus critiques, alors que la ville est livrée à elle-même et que les armées russe et prussienne se battent déjà dans les faubourgs. Après avoir demandé pour la forme au ministre de la Police, qui ne la lui accorde pas, la permission de rester, il organise une fausse sortie avec ses gens, ses bagages et ses voitures. Il n'est pas temps encore de brûler ses vaisseaux. Talleyrand sait par expérience que Napoléon s'est déjà sorti des pires situations. Il a peu de goût pour les spectres. Le risque énorme qu'il s'apprête à prendre le rend plus prudent que jamais. Son ami le comte de Rémusat commande une compagnie de la Garde nationale à la barrière de Passy. Il sortira donc par là en grand équipage, avec son secrétaire Gabriel Perrey, après avoir discrètement donné la consigne de lui refuser le passage. Officiellement, le prince de Bénévent, vice-Grand Électeur de l'Empire, est « retenu » dans la capitale, contre son gré. La ficelle est un peu grosse, mais tout se passe à merveille. Le prince voyageur fut, commente Pasquier, « très poliment invité à retourner chez lui, ce qu'il exécuta sans se faire prier[4] ». D'autant plus qu'au même moment Marmont et Mortier négocient la reddition de la ville auprès des émissaires russes, avec l'autorisation du roi Joseph parti pour Rambouillet au milieu de la bataille.

À peine revenu chez lui, le prince diplomate file chez Marmont, rue de Paradis. Il est environ dix heures du soir. En attendant de nouvelles instructions d'Alexandre sur le sort de la garnison de Paris, l'un des négociateurs russes, le comte Orlov, s'est constitué l'otage de Marmont qui l'a conduit chez lui. Orlov admire profondément Talleyrand qu'il a connu à Tilsit et à Erfurt. Il le voit entrer chez Marmont accompagné de Bourrienne et s'enfermer avec lui dans son cabinet. On ne saura jamais ce que le prince et le maréchal se sont dit. Les négociations piétinent depuis plusieurs heures et le temps presse. Talleyrand veut une capitulation rapide. Il craint trop de voir Napoléon revenir sur les arrières de l'armée alliée. À quelques heures près, cela aurait pu être le cas. Le prince de Bénévent a-t-il donné au duc de Raguse des assurances sur son sort au cas où une monarchie succéderait à l'Empire ? On peut le penser. Et puis Marmont est aussi le beau-frère de Perregaux, le fils de l'ancien ami et homme d'affaires de

Charles-Maurice. Laffitte, son associé, est également présent rue de Paradis cette nuit-là et plaide la cause de la paix et de l'ancienne dynastie. Pendant toute la nuit, le jeune Charles Perregaux fera la navette, aux dires de Laffitte, entre l'hôtel de son beau-frère et celui de Talleyrand, rue Saint-Florentin. Toute conspiration cache des financiers. Au moins connaît-on leurs visages dans les derniers jours de mars et les premiers jours d'avril 1814[5]. À trois heures du matin, la capitulation de Paris est signée. Alexandre a cédé en laissant les troupes françaises quitter librement la capitale. Mais de son côté Marmont, qui s'était montré jusqu'alors très combatif, devait être bien ébranlé.

Talleyrand sait maintenant qu'il va se retrouver face à Alexandre. Il vient de prendre connaissance de la proclamation alliée signée du prince de Schwarzenberg. Elle est en fait l'œuvre du tsar et de son conseiller, le Corse Pozzo di Borgo, qui poursuit Napoléon de sa haine depuis plus de vingt ans. Destinée aux habitants de Paris, elle se veut généreuse et magnanime. « Le but de la marche [des armées alliées] vers la capitale de la France est fondé sur l'idée d'une réconciliation sincère et durable avec elle. » Il n'y est question ni de Napoléon ni des Bourbons, mais de l'instauration « d'une autorité salutaire en France, qui puisse cimenter l'union de toutes les nations et de tous les gouvernements avec elle. » Orlov a dû lui donner des précisions sur l'état d'esprit d'Alexandre dont tout dépend. Castlereagh, le « ministre de l'Europe », et Metternich sont bloqués à Dijon. À la fois vaniteux et idéaliste, le jeune tsar de toutes les Russies veut effacer le souvenir de l'entrée de Napoléon dans Moscou déserte et silencieuse par sa propre entrée triomphale dans Paris intacte et reconnaissante. Il se sent l'âme d'un libérateur plus que d'un conquérant, ce qui n'empêche pas ses Cosaques de mettre le pays en coupe réglée. Alexandre ne veut plus entendre parler de Napoléon. Il méprise les Bourbons qu'il tient pour nuls. Pour le reste, il est influençable, malléable et pétri de contradictions. Autocrate chez lui, il rêve de libertés et veut débarrasser la France de l'absolutisme napoléonien[6]. Talleyrand le connaît bien et l'a déjà manœuvré. Il sait qu'Alexandre aime par-dessus tout se faire admirer. C'est même « la première de ses pensées », note Gentz, toujours perspicace[7]. À Paris comme à Erfurt, il saura le flatter tout en finesse. Il a connu des sujets plus difficiles. Encore faut-il le rencontrer. Tous les historiens ont évoqué leur entrevue du 31 mars comme si celle-ci était parfaitement naturelle. Elle a été au contraire un formidable coup de dés, et un coup de dés risqué.

Le 30, Talleyrand le prépare à sa manière. Tout ce qui est resté de son entretien avec l'aide de camp du tsar tient dans ce court échange, remarquable de sous-entendus : « Monsieur, veuillez bien vous charger de porter au pied de Sa Majesté l'empereur de Russie l'expression du profond respect du prince de Talleyrand. » « Prince, je porterai, soyez-en sûr, ce blanc-signé à la connaissance de Sa Majesté. » « Un léger, un imperceptible sourire effleura les lèvres du prince, poursuit Orlov. Satisfait probablement d'avoir été compris à demi-mot, il sortit sans ajouter un seul mot de plus à sa première phrase. » En écoutant le récit d'Orlov, Alexandre dira : « Ce n'est encore qu'une anecdote, mais cela peut devenir de l'Histoire[8]. »

Tandis que le préfet de police et les membres de la municipalité de Paris font le voyage de Bondy où ils se présentent à Alexandre tôt dans la matinée du 31, Talleyrand prépare activement l'arrivée du tsar. Pour l'avoir sous la main, il veut l'avoir chez lui. Le comte de Nesselrode passe le voir dans la matinée alors que les troupes alliées s'apprêtent à défiler par la porte Saint-Denis. Sur les boulevards, la foule est immense et silencieuse. Le prince est à sa toilette avec Dalberg. On a l'impression qu'il est toujours en train de se faire coiffer et poudrer au moment des crises les plus graves. Tout se passe comme si le sort de la France s'était joué, pendant plus d'un demi-siècle, entre deux « levers » du prince de Bénévent. Voilà pour le style. Nesselrode, chargé par son maître de superviser avec le prince « les premières mesures à prendre », est convaincu que ce dernier est l'homme de la situation. Il est parfaitement averti de sa position et de son opposition à Napoléon depuis son ambassade à Paris. Vitrolles a achevé de le convaincre. Il en faut peu pour le décider à établir son maître rue Saint-Florentin plutôt qu'à l'Élysée où il devait se rendre et qui, de plus, passe pour être miné[9]. Alexandre Ier occupera le premier étage de l'hôtel du prince tandis que ce dernier habite ce qu'on appelle l'entresol, dont les fenêtres donnent sur la place de la Concorde, entre rez-de-chaussée et étage. Par un tour de force dont il n'y a sans doute pas d'autres exemples dans l'Histoire, le vainqueur devient l'hôte et un peu l'obligé de l'un des premiers serviteurs du vaincu.

Le 31 mars est à proprement parler une journée révolutionnaire. Ce jour-là, Talleyrand jette le gant et se découvre. À Caulaincourt qui en début d'après-midi passe le voir et défend devant lui la cause de Napoléon, il lâche : « L'empereur nous a perdus[10]. » Il se montre froid et distant. Le malheureux Caulaincourt, son ami de plus de dix ans, devient subitement gênant. Décidément, le vent tourne. En fin d'après-midi, le tsar, précédé de son grand maréchal le comte Tolstoï, entre chez lui. Les deux hommes se voient une première fois en tête à tête. Puis tout le monde se retrouve en conseil dans le grand salon du premier étage. La Restauration s'est faite à ce moment-là. Alexandre préside la séance, entouré de Nesselrode et de Pozzo. Dans l'ombre du tsar, le roi de Prusse est également présent. Les princes de Schwarzenberg et de Liechtenstein représentent l'empereur l'Autriche. Face au tsar, Talleyrand, aidé de son vieux complice Dalberg, ne représente que lui-même. Il est encore pour quelques heures le grand dignitaire d'un régime qu'il va mettre à mort. Il n'a aucun mandat pour parler au nom des Bourbons qu'il va défendre. Il n'a sans doute jamais été aussi persuasif que ce jour-là.

Pour convaincre Alexandre, il va parler au nom d'un principe qu'il a dû méditer, tourner et retourner dans sa tête des semaines durant. Il sait le goût du tsar, l'ancien élève de La Harpe, pour les idées abstraites. Il sait aussi que le jeune autocrate, tout à son triomphe, ne cherche qu'à plaire et à être aimé. Il n'est pas l'inventeur de ce principe qu'il va reprendre à son compte parce qu'il en mesure à la fois la force et la souplesse. Ce n'est que plus tard, dans ses Mémoires, qu'il s'en fera le théoricien habile et profond[11]. Il s'en sert parce qu'il lui paraît correspondre au mieux à la situation du moment. Raymond Aron constate avec justesse, dans l'un de ses essais les plus brillants, que les périodes de guerre et de crise ont souvent coïncidé avec une remise en question du principe de légitimité et d'organisation des États[12]. Talleyrand le sent et le sait. Devant les souverains d'une Europe encore organisée selon le principe de l'hérédité monarchique, il va plaider le retour de son pays à la légitimité, c'est-à-dire à une forme de pouvoir attribué et exercé d'après un principe accepté du plus grand nombre. Dans son esprit, ce principe, qui n'est pas figé, relève à la fois des droits historiques consacrés par le temps et de ce qu'il appelle l'opinion publique née de la Révolution : les Bourbons et une Constitution libérale. Une parfaite quadrature du cercle que certains qualifieront de paradoxe et qui à terme sera la cause de bien des méprises. Cette légitimité-là est l'exacte négation de l'usurpation et du despotisme incarnés par Napoléon. Elle est le meilleur moyen de rassembler et de pacifier le pays. Elle est aussi le seul moyen de sortir l'Europe du cycle de la peur et de la force qui la bouleverse depuis vingt-cinq ans. Alors qu'Alexandre s'interroge sur la nature du régime qui conviendrait le mieux à la France : Napoléon, la régence ou les Bourbons, il trouve la parade qui convient : « Sire, des intrigants de plus d'une espèce vont s'agiter autour de vous ; mais, et souffrez l'expression, ni vous ni moi ne sommes assez forts pour faire réussir une intrigue [...]. Nous pouvons tout avec un principe. Je suppose d'admettre celui de la légitimité qui rappelle au trône les princes de la maison de Bourbon. Ces princes rentrent aussitôt en communauté d'intérêt avec les autres maisons souveraines de l'Europe, et, celles-ci, à leur tour, trouvent une garantie de stabilité dans le principe qui aura sauvé cette ancienne famille. On sera fort avec cette doctrine à Paris, en France, en Europe[13]. » Puis il s'efforce de rassurer les souverains sur l'état des esprits dans le pays à l'égard de la famille royale en exil, comme sur la menace que représente toujours ce qui reste de l'armée napoléonienne. Il s'attache enfin à démontrer la pertinence des moyens qu'il suggère pour parvenir à ses fins. Voilà plusieurs semaines qu'il y pense et qu'il y travaille. Il en parlait déjà à Mme de Coigny en février. C'est ce qu'il appelle « arranger tout ceci d'une manière noble et sérieuse ». Il est prêt, déclare-t-il, à convoquer le Sénat et à en obtenir ce que l'on voudra : la nomination d'un gouvernement provisoire, la déchéance de Napoléon et des garanties constitutionnelles au retour des Bourbons, pourvu que le tsar l'appuie d'une déclaration par laquelle il renonce publiquement à traiter avec Napoléon et avec sa famille.

Le concours d'Alexandre, qui finit par se rallier au plan du prince et publie, dans ce sens, une nouvelle déclaration datée du 31 mars au nom de l'ensemble des souverains coalisés, autorise toutes les audaces[14]. La convocation du Sénat en est une, car Talleyrand n'a aucun droit de le faire. Il a beau être l'un des premiers grands dignitaires de l'Empire, il ne préside pas la haute assemblée. Au Conseil de régence du 28 mars, Cambacérès a même pris la précaution d'arrêter qu'il écrira à tous les membres du Sénat de ne se rendre à aucune convocation illégale, hors des formes prescrites par la Constitution[15]. Depuis deux jours, une vingtaine de membres de l'assemblée se retrouvent chez l'un des leurs, le comte Lambrechts. Tous sont d'anciens ténors des assemblées révolutionnaires, comblés d'honneurs mais nostalgiques des idées de 1789 : les Garat, Lanjuinais, Grégoire et autres, en opposition feutrée à Napoléon. Talleyrand sait le parti qu'il peut tirer de ce mélange de velléités presque factieuses et de circonspection timide qui les anime. Par ses amis Beurnonville, Jaucourt, tous deux sénateurs, par Dalberg, il a les moyens de les manœuvrer pourvu qu'il leur promette de leur conserver leur position et de les laisser délibérer sur un projet de Constitution libérale. Il est trop adroit et exerce depuis trop longtemps une influence d'opinion sur le Sénat pour ne pas douter de son succès. Les convocations partent dans la nuit. La peur est telle que seuls soixante-quatre sénateurs sur quatre-vingt-dix présents à Paris répondent à l'appel. Ce sont eux qui élisent, le 1er avril, un gouvernement provisoire chargé de « rétablir l'action administrative » du pays et de leur présenter un projet de Constitution qui puisse convenir aux Français. Pour l'instant, Talleyrand se moque de la Constitution. Le pouvoir est vacant, il faut l'occuper. Les membres élus du gouvernement provisoire ont évidemment été choisis à l'avance. Véron écrit drôlement qu'ils composent « la table de whist du prince de Bénévent[16] ». C'est vrai de l'indispensable Dalberg, du marquis de Jaucourt et de Beurnonville qui sont de vieux complices. En revanche, l'abbé de Montesquiou, l'ancien conseiller secret du prétendant, n'est pas un intime. Il est là pour faire bonne mesure vis-à-vis des royalistes qui s'agitent de plus en plus dans Paris. Talleyrand préside le tout, sans en avoir l'air. Le soir, il invite quelques sénateurs à dîner à la table du tsar et leur offre un petit coup de théâtre à sa façon. Au moment de sortir de table, Alexandre se lève et leur propose de boire à la santé de Louis XVIII. On imagine l'effroi des convives. Tout le monde pense aux Bourbons mais personne ou presque n'ose encore en parler[17]. Pourtant l'impulsion est donnée. Le lendemain, les sénateurs votent la déchéance de Napoléon et de sa famille sur la proposition de Lambrechts. Sans plus de fioritures, l'empereur est accusé d'avoir « déchiré le pacte qui l'unissait au peuple français[18] ». Les complices désavouent le chef, les serviteurs le maître. Le 3, on discute des motifs de la déchéance votée dans la foulée par le Corps législatif convoqué par le gouvernement. Il n'est pas encore officiellement question des Bourbons, mais on y arrive[19].

À ce moment précis du processus révolutionnaire, Talleyrand peut se féliciter d'avoir réussi un sans-faute. Les adhésions au gouvernement provisoire commencent à affluer. Benjamin Constant, toujours prêt à voler au secours de la victoire, surtout lorsqu'elle est libérale, le remercie d'« avoir à la fois brisé la tyrannie et jeté les bases de la liberté » et le compare curieusement à Maurice de Saxe, le vainqueur de Fontenoy[20]. La révolution du prince de Bénévent a pourtant été toute pacifique, alors même qu'elle se déroule dans une capitale en armes, occupée par les troupes alliées qui campent sur les Champs-Élysées. Le fruit de la lassitude et de la peur était mûr. Talleyrand a su le cueillir au bon moment. En 1799,

Bonaparte était arrivé au pouvoir avec l'aide des grenadiers de Murat. Il est tombé sous le coup d'une simple délibération, sans baïonnettes ni fusils.

Pour y arriver, l'ancien évêque d'Autun n'a manqué ni d'habileté ni de courage. Car toute la partie est incroyablement risquée. Napoléon, qui n'a pu éviter la reddition de sa capitale, est à Fontainebleau. Ce qui reste de son armée lui est fidèle. Il dispose encore de 45 000 hommes sous ses ordres immédiats, qui se concentrent progressivement au sud de Paris, derrière l'Essonne. La capitale est donc directement exposée et Alexandre s'en inquiète. À quelques exceptions près, la proclamation du gouvernement, qui, le 2 avril, délie l'armée de son serment, est restée sans effet. Seule la Garde nationale de la capitale, confiée au général Dessoles, s'est ralliée au gouvernement provisoire. La situation peut se retourner à tout moment et les « ralliés » savent ce qu'ils risquent. Dalberg recrute ses partisans en prononçant en riant la phrase rituelle : « Si vous n'avez pas peur que l'empereur vous fasse guillotiner, vous devriez m'accompagner chez le prince[21]. »

Talleyrand sait qu'il n'a aucun moyen de convaincre l'armée. Il lui reste à la diviser et à la désorganiser. Est-ce lui ou Dalberg qui le premier pense de nouveau à Marmont ? Ce dernier commande à Essonne l'avant-garde des troupes de Napoléon et le couvre entre Paris et Fontainebleau. Si, par une convention secrète signée avec le prince de Schwarzenberg, généralissime des troupes alliées, Marmont consentait à se retirer avec les deux divisions (12 000 hommes) de son corps d'armée, la position de Napoléon, laissé à découvert, deviendrait intenable. Lorsque Talleyrand apprend le succès de la manœuvre, le 5 avril au matin, il a le triomphe modeste et se contente d'annoncer la « bonne nouvelle » à la duchesse de Courlande[22]. Il faudrait avoir oublié tout le flegme du personnage pour ne pas mesurer l'importance de l'événement. De son côté, Pasquier avoue plus franchement que la capitulation de Marmont « fut pour nous un grand soulagement ». Sans elle, on se serait peut-être battus une nouvelle fois aux portes de Paris et Napoléon n'aurait sans doute pas abdiqué sans condition, le 6 avril. Ce jour-là Talleyrand écrit à Marmont une longue lettre et le félicite d'avoir « si honorablement contribué » à ce « grand événement[23] ». Du côté des napoléonides, « l'honneur » du maréchal Marmont, duc de Raguse, porte un nom : c'est de la trahison pure et simple, une « ragusade » – le mot est resté. Du même coup, les projets plus extrêmes imaginés dans l'entourage de Talleyrand entre le 2 et le 4 avril perdent toute raison d'être.

On entre ici dans les eaux troubles du gouvernement du prince dont Napoléon disait qu'il était toujours entouré de la pire « racaille ». Tout a déjà été écrit sur le pseudo-comte de Maubreuil, un ancien chouan couvert de dettes, et sur son « coup essentiel » contre l'empereur. Sa mort simplifierait en effet bien les choses. Talleyrand y a certainement pensé. Le 20 mars, il en évoquait déjà froidement la possibilité à propos d'une conspiration de généraux dont il avait eu vent[24]. Dans les premiers jours d'avril, Napoléon n'est plus à ses yeux qu'un bandit de grand chemin, comme il le sera de nouveau à Vienne en mars 1815. Le Sénat l'a destitué et la messe est dite. Il devait probablement être à demi prévenu de ce qui se tramait dans les salons de sa propre maison. Dans ce genre de situation, il sait toujours beaucoup de choses sans les savoir. Roux-Laborie, son homme à tout faire, y a pensé et a certainement vu Maubreuil, rue Saint-Florentin. Dalberg en a parlé à mots couverts à Pasquier le 2 avril : « Il y a des mesures prises ; on ira au-devant de la chance qu'il faut en effet redouter. » Il reste que l'expédition, imaginée plus que projetée, sur Fontainebleau n'a jamais reçu de début d'exécution. Personne n'a parlé non plus des difficultés techniques d'un assassinat quasi irréalisable, compte tenu des circonstances dans lesquelles se trouvait Napoléon à Fontainebleau.

Certes, tout cela est à mettre au compte du tumulte, des passions, de la peur et de l'incertitude d'une situation transitoire dont certains ont cherché à profiter. Talleyrand, que Maubreuil, royaliste de fortune, de sac et de corde, accusera gravement par la suite, pour mieux couvrir une opération de grand banditisme, cette fois bien réelle – le vol des bijoux de la reine de Westphalie –, n'a certainement donné aucun ordre formel dans ce sens, comme le prétendra le chouan. Ce n'est pas dans sa manière. Mais gageons qu'il aurait laissé faire et ne se serait pas ému des résultats si ce genre de coup de main avait réussi, et surtout si les manœuvres tentées sur Marmont avaient échoué[25]. Car le 4 avril, dans la soirée, la tension est extrême. Napoléon essaie ce jour-là de faire accepter par Alexandre son abdication conditionnelle, en faveur de la régente et du roi de Rome. Il lui envoie Caulaincourt, Ney, Macdonald et Marmont lui-même qui, après avoir signé avec Schwarzenberg, a donné l'ordre de suspendre tout mouvement de son corps dans l'attente des résultats de la négociation. Cette nuit-là Alexandre a certainement hésité, recevant successivement et à plusieurs reprises Talleyrand et les membres de son gouvernement puis les envoyés de Napoléon. Talleyrand a beau lui rappeler sa promesse formelle de ne plus traiter ni avec Napoléon ni avec sa famille, le tsar est fortement ébranlé par les arguments des maréchaux. Ce n'est qu'en apprenant, tôt dans la matinée du 5 avril, le mouvement inespéré du corps de Marmont vers Versailles, sans que ce dernier en ait connaissance, qu'il rompt la négociation avec les représentants de Napoléon[26]. Pasquier, qui était aux côtés de Talleyrand, a parfaitement saisi la gravité de cet incroyable chassé-croisé. « Nous avions assisté à une des scènes les plus extraordinaires dont l'Histoire ait gardé le souvenir. Un souverain arrivant des confins de l'Asie, avait fait discuter froidement l'existence d'une dynastie fondée par le plus grand homme des temps modernes, et le rappel de la plus ancienne dynastie européenne, enlevée de son trône vingt-deux ans auparavant par la plus terrible des révolutions. Il avait mis fin à la discussion en disant : "J'aurai décidé demain matin à neuf heures[27]." » Talleyrand s'est montré cette nuit-là parfaitement calme et flegmatique. Il a pourtant dû avoir très peur. Le 4 avril, à huit heures du soir, il comptait renvoyer Vitrolles à Nancy afin de précipiter l'arrivée du comte d'Artois, le frère du roi, à Paris. Il était sur le point de lui remettre une lettre personnelle lorsqu'il apprit la nouvelle de l'arrivée des émissaires de Napoléon à Paris. « Un incident », dit-il froidement à Vitrolles en remettant la lettre dans sa poche. L'émissaire royaliste ne se mettra en route que le lendemain. Si les choses avaient mal tourné, il aurait pu ne jamais partir.

3.

QUASI-ROI DE FRANCE

Incertitude, désordre et confusion. Pour se faire une idée exacte de l'atmosphère de ces quelques jours d'avril où le sort du pays bascule, il faut bien connaître la scène du drame.

Depuis le 1er avril, tout le gouvernement de la France tient dans les six pièces de l'appartement de Talleyrand, rue Saint-Florentin. Alexandre habite au-dessus avec ses aides de camp, et tous les soirs le prince dîne à ses côtés. La table est nombreuse, largement masculine. Tout ce qui compte à Paris de princes, de ministres, de diplomates, d'anciens dignitaires de l'Empire s'y retrouve. On dîne aussi en famille. Le 10 avril, le tsar reçoit la duchesse de Courlande, Dorothée et Archambaud. La princesse de Bénévent est rarement présente. Le comte de Nesselrode est installé au second, avec ses secrétaires. Il y a des soldats russes, des Cosaques de la garde un peu partout, dans les escaliers, dans la cour et jusque dans la rue de Rivoli où stationne une compagnie entière de la Garde impériale russe qui, le soir à l'heure de la retraite, joue une musique de tous les diables. De quoi rappeler aux uns et aux autres que le pays est encore en guerre, sous la coupe d'une armée d'occupation. Des officiers, des ordonnances russes, autrichiennes et prussiennes vont et viennent en permanence. À l'entresol, les trois pièces de l'appartement du prince qui donnent sur la cour, deux antichambres et une salle à manger, sont abandonnées au public. Tous les intrigants du monde s'y pressent pour arriver jusqu'à Roux-Laborie, l'homme des expédients et des coups de main, proche de Sémallé et des milieux royalistes, qui occupe une petite pièce au fond. L'antre de l'intrigue sert en temps ordinaire de buffet et de garde-manger, tout un symbole.

La voiture de Laborie, « le cabriolet jaune du gouvernement provisoire », est stationnée en permanence à la porte de l'hôtel pour un message à porter, une visite à faire[1].

De la seconde antichambre on passe dans un grand salon qui donne au sud, sur le jardin des Tuileries, où travaillent pêle-mêle les secrétaires du gouvernement sous la direction du vieux Dupont de Nemours qui collaborait déjà avec Talleyrand à l'époque où il n'était encore que l'abbé de Périgord, sous Calonne. Dufresne de Saint-Léon est là aussi pour les affaires d'argent. Perrey, le secrétaire particulier de Talleyrand, copie les rapports confidentiels, André Sers, recruté par Dalberg, et Dumersan, le vaudevilliste, arrangent les articles destinés au *Moniteur*. Les ministres – Beugnot, qui a quitté sa préfecture de Lille, à l'Intérieur, Dupont, le vaincu de Baylen, à la Guerre et Louis aux Finances – et tous les hommes en place qui ont des rapports à faire ou des ordres à attendre y ont accès[2]. Le gouvernement lui-même siège, presque en permanence, dans la propre chambre à coucher du prince, le « saint des saints » selon Vitrolles. La pièce n'est pas grande, quarante mètres carrés dans un décor de boiseries peintes rehaussées d'or qui est resté celui de Chalgrin tel qu'il l'avait imaginé dans les années 1760. Le lit du prince est disposé face aux deux fenêtres qui donnent également sur le jardin des Tuileries. Au-dessus des portes, deux trumeaux peints de deux jeunes femmes figurent le Jour et la Nuit. Le ton est celui d'un salon mondain du siècle des Lumières, à la fois léger et raffiné. C'est là que va être préparé et discuté l'un des projets de Constitution les plus modernes d'Europe sous la houlette d'un homme qui, à l'image des lieux qu'il habite, allie l'esprit et le goût de l'ancien monde à l'intelligence de son temps.

Lorsqu'il a un moment pour voir quelqu'un en particulier, ce qui est rare, Talleyrand traverse le grand salon et se réfugie dans sa bibliothèque, du côté opposé à celui de sa chambre. Beugnot le décrit essayant de passer d'une pièce à l'autre, avec sa démarche embarrassée, arrêté par l'un, saisi par l'autre, barré par un troisième jusqu'à ce que de guerre lasse il renonce à voir le malheureux qui parfois l'attendait depuis

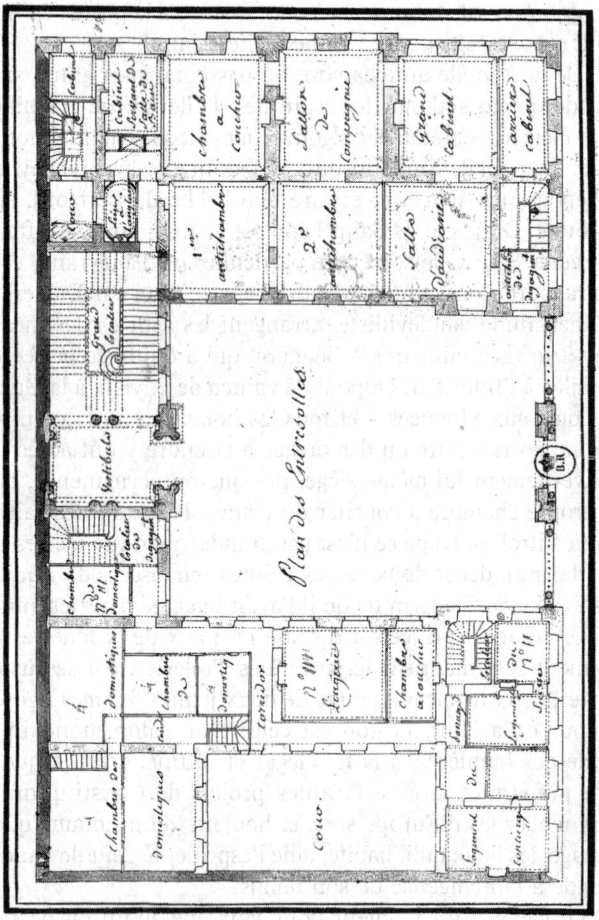

Les six pièces des appartements de Talleyrand
(à droite de la cour) n'ont pas beaucoup changé
de destination depuis l'époque de Chalgrin, l'architecte
de l'hôtel et sans doute l'auteur de ce plan.
Seuls la « salle d'audiance » (*sic*) et le « grand cabinet »
sont devenus respectivement salle-à-manger
et bibliothèque. BNF, Estampes, Ha 50 in-4° (vers 1767).

des heures. Une grande agitation, un désordre indescriptible règnent partout. L'appartement ne désemplit pas, même la nuit. Pendant ces quelques jours, Charles-Maurice se couche rarement avant six heures du matin pour se lever à neuf. Le seul rite immuable qu'il a conservé est celui de sa toilette. C'est à ce moment-là qu'il dicte à l'ex-abbé de Pradt son discours au Sénat du 1er avril. Les ministres, les princes et les généraux peuvent bien lui parler pourvu qu'on le coiffe et qu'on le poudre dans les règles[3]. Le 8 avril, il écrit à la duchesse de Courlande : « Depuis dix jours, je ne pense qu'aux affaires. Je ne vis qu'avec des gens que je ne connais pas, mais qui sont utiles à tout ce qui se passe ; j'aspire au moment où j'aurai quelques libertés. »

Pendant ces quelques jours, le style qu'il imprime à son gouvernement est unique. De sa chambre, en habit habillé et bas de soie, il réorganise l'administration du pays. Les réunions de cabinet sont rares et ne se tiennent jamais à heure fixe. Le formalisme des Conseils de l'Empire fait place à l'abandon, à la légèreté et à la vitesse. Tout se passe en mouvements, en conversations particulières. Charles-Maurice ne s'étonne de rien. Les questions les plus inattendues sont celles qui lui plaisent le plus. Les idées les plus utiles, dont il fait des ordonnances, lui viennent au fil de ses discussions. On a là la quintessence de l'esprit d'un gouvernement de transition. Le prince y excelle. « M. de Talleyrand était dans son salon, raconte Vitrolles ; c'était le théâtre où brillait ce grand comédien. Il avait élevé la conversation à la hauteur des affaires ; ou plutôt, il faisait descendre les affaires au niveau de la simple conversation. Il n'admettait que ce qui se traduit dans cette langue. Son travail était de parler, et c'est en parlant qu'il cherchait ses idées. » Mais cette légèreté insouciante n'est qu'apparente. Pasquier, le préfet de police dont le métier est de deviner les autres, ne s'y trompe pas. D'un jour à l'autre et d'une visite à l'autre, il voit Talleyrand marcher « à son but sans hésitation, ne se laissant arrêter ni par les obstacles ni par les dangers. Les sept jours qui se sont écoulés depuis le 31 mars et y compris le 6 avril sont, dans sa carrière, ceux qui font le plus d'honneur à sa mémoire ». Et pourtant Pasquier le déteste[4]. Metternich confirme dans une lettre à son souverain du 10 avril : « Le succès dépasse tout ce qu'on pouvait espérer[5]. »

Dès les premiers jours, Talleyrand imprime à son gouvernement une touche libérale. Par conviction mais aussi très habilement, il tente d'imposer la force de son autorité en supprimant tout ce que le despotisme napoléonien avait de plus insupportable. Il fait rendre les conscrits des dernières levées napoléoniennes à leur famille, libérer les prisonniers politiques et les otages, échanger les prisonniers de guerre, il rétablit la liberté de circulation des lettres, facilite le retour du pape à Rome et celui des princes espagnols à Madrid, rattache les agents de la police générale de l'Empire, devenus odieux, à l'autorité des préfets. Il s'efforce surtout de rassurer tout le monde et maintient autant que faire se peut tous les fonctionnaires dans leur poste. Deux préfets seulement sont remplacés. La tâche est immense et compliquée en pleine occupation du territoire, alors qu'aucun armistice n'a encore été signé. Les communications à travers les lignes armées sont difficiles. Le 10 avril, Soult se fait battre à Toulouse par les Anglais avant même d'avoir pris connaissance de l'abdication de Napoléon. À l'exception des troupes anglaises, très disciplinées, les armées occupantes, les bavaroises et les prussiennes surtout, multiplient les exactions. En l'absence de tout règlement, les plaintes affluent et les conflits avec les autorités civiles dégénèrent. À Paris et en province, les royalistes, exaltés et difficiles à tenir, relèvent la tête et refusent d'obéir à un gouvernement composé en presque totalité d'anciens hauts fonctionnaires de Napoléon. Quant à l'armée, elle est loin, le 6 avril, d'être encore rentrée dans le rang. Beugnot compare l'administration qu'il prend en main à une maison en ruine dont on ne reconnaît pas les débris. Malgré tout, les communications sont rétablies, les marchés approvisionnés. Paris ne manquera jamais de pain au cours de ces jours de crise. Pour faire tourner la machine, on use d'expédients et on pare au plus pressé. Talleyrand est bien placé pour obtenir de la banque parisienne qu'elle consente des avances de trésorerie. Pasquier, dans une note, parle de

12 millions[6]. Louis, aux Finances, trouve 10 millions en or dans les caves des Tuileries. Pour le reste, il envoie Dudon saisir à Orléans, sans autre forme de procès, 11 autres millions en numéraire et les bijoux de la Couronne emportés par l'impératrice à son départ de Paris le 29 mars. Tout cela frise parfois le rocambolesque et autorise les coups de main des innombrables escrocs qui, à la faveur des troubles du moment, se réclament d'une autorité quelconque pour agir. L'affaire du vol des bijoux de la reine de Westphalie, la belle-sœur de Napoléon, par le comte de Maubreuil, en est un exemple.

Hors les affaires courantes, la grande œuvre de Talleyrand et de son gouvernement est surtout constitutionnelle. Dès le 1er avril, il s'était arrangé pour se faire nommer à la tête du gouvernement provisoire, à condition que ce dernier soumette à la Haute Assemblée un projet de Constitution susceptible de garantir les libertés fondamentales du pays. Sa modération naturelle, ses convictions libérales s'accordent parfaitement aux sentiments des élites impériales qui veulent respirer et sont prêtes à délibérer sur un système de monarchie tempérée. L'obsession constitutionnelle de Talleyrand est également stratégique. Son projet est à ses yeux une précaution contre les Bourbons auxquels il ne veut pas se livrer sans garanties, pour lui-même, ses amis et le pays. Il va donc tout tenter pour faire apparaître le retour de l'ancienne famille royale comme une conséquence et non comme le but du changement de régime qui s'opère. Il a su, jusqu'à présent, s'interposer entre le pays et la coalition européenne, il veut maintenant s'imposer comme une sorte de puissance médiatrice entre la royauté et le peuple français. Il connaît les qualités politiques de Louis XVIII, son habileté et sa subtilité. Il a vu le frère de l'ancien roi à l'œuvre au début de la Révolution. Il sait aussi que sa conversion aux acquis de la Révolution est récente. Le zèle intransigeant des royalistes parisiens conduits par le comte de Sémallé qui représente le comte d'Artois le gêne et l'inquiète. Lorsqu'il réunit, le 3 avril, son gouvernement, ses ministres et quelques sénateurs, pour délibérer du projet de Constitution, il leur présente le roi comme une puissance redoutable dont il faut se méfier : « Il faut que vous songiez, messieurs, que l'œuvre à laquelle vous allez travailler sera jugée par un homme d'un esprit supérieur. Le prince qui doit l'accepter et lui donner vie est plus en état que personne de la juger. […] Il est en état de juger article par article, peut-être mieux qu'aucun de nous, tout ce qui doit entrer dans une Constitution sagement modérée ; il ne faut pas le dissimuler, nous aurons affaire à forte partie, nous serions mal venus si nous offrions à un tel prince un ouvrage faiblement conçu, qui ne satisferait ni sa forte raison ni ses hautes lumières ; il faut par conséquent faire du bon et éviter par-dessus tout de nous perdre dans les détails[7]. » Talleyrand conçoit sa Constitution comme un moyen d'équilibre des pouvoirs entre le roi et la nation, mais aussi comme une arme face aux Bourbons auxquels il va devoir bientôt se mesurer. Dans cet esprit, les émissaires qu'il envoie auprès de Louis XVIII, qui est encore en Angleterre, ne sont pas choisis au hasard. Son vieil ami le duc de Liancourt en particulier représente tout ce que la petite cour en exil déteste, un grand seigneur révolutionnaire et philanthrope, constitutionnel et libéral. À Beugnot qui lui reproche un tel choix, il répond : « Ce qui est passé est passé ; la nature n'a pas donné aux hommes d'yeux par-derrière, c'est de ce qui est devant qu'il faut s'occuper, et il nous restera encore assez à faire. […] Nous allons entrer dans un régime constitutionnel où le crédit se mesurera sur la capacité. C'est par la tribune et par les affaires que les hommes prendront désormais leur place[8]. » Liancourt n'accomplira qu'à moitié sa mission et ne sera même pas reçu par le roi. Le message est tellement bien passé qu'il va bientôt se retourner contre son envoyeur.

À Paris, les discussions constitutionnelles suivent leur cours. Talleyrand repousse d'un revers de main la Constitution de 1791 que Lebrun, qu'il a consulté, a la bonhomie de prendre pour la meilleure. Cette Constitution monocamérale, qu'il a échoué à combattre en son temps, ne lui convient pas. Il lui faut l'équilibre des pouvoirs : deux chambres, l'une, héréditaire, représentant l'élite, l'autre, élective, parlant pour la nation, sur le modèle anglais, des garanties pour les hommes de la Révolution et toutes les libertés. Le 6 avril dans la soirée, ce sont ces bases qui sont votées à l'unanimité par les 63 membres du Sénat présidé par Talleyrand. Celui-ci donne un titre au texte. Il est habile dans la mesure où il allie une vieille dénomination du droit français à la moderne notion de Constitution. Ce sera la « Charte constitutionnelle ». Le mot restera. Les garanties les plus importantes, bafouées par Napoléon, sont rétablies : le libre vote de l'impôt, l'institution des jurés, l'inamovibilité des juges, la liberté des cultes et de conscience, la liberté de la presse, sauf, et la nuance est de taille, la répression légale des délits qui pourraient résulter de l'abus. Face à l'ancienne dynastie, les intérêts de tous ceux qui ont su profiter de la Révolution sont préservés : la dette publique de l'Empire est garantie, les ventes des propriétés nationales maintenues, les titres, les pensions et les grades militaires conservés. Personne ne pourra être recherché pour des votes – on pense en particulier à celui de la mort du roi – ou des opinions émis pendant le cours de la révolution. Mais Talleyrand n'a pas su éviter le ridicule de vieux sénateurs accrochés à leurs privilèges et qui, dans un article particulièrement scandaleux, prennent bien soin de sauver leurs dotations et leurs lucratives sénatoreries impériales. Les royalistes en feront des gorges chaudes en traitant la Constitution du 6 avril par le mépris. C'est « une constitution de rentes », écrivent-ils. Les libéraux en seront gênés. Mais ce qui compte le plus dans ce texte touche à la souveraineté. En appelant « librement au trône Louis-Stanislas-Xavier, frère du dernier roi, et, après lui, les autres membres de la famille de Bourbon dans l'ordre ancien », le gouvernement et le Sénat subordonnent la légitimité royale au vœu de la nation. La nation, en l'occurrence les élites révolutionnaires et impériales qui sont censées la représenter, préexiste au roi invité à prêter serment à un texte auquel il n'a pas participé.

Talleyrand, qui remporte là une victoire à la Pyrrhus, a gravement sous-estimé la capacité de résistance de celui qui se fait encore appeler le comte de Lille, un adversaire souvent plus coriace que Napoléon lui-même. Des profondeurs de son exil, Louis a résisté à tout depuis vingt-trois ans et se veut roi à part entière. Sa conception de la légitimité n'est évidemment pas la même que celle du président du gouvernement provisoire de la France. On ne joue pas impunément avec son pouvoir souverain. Que devient le droit divin d'un roi qui n'est pas roi héréditairement à la suite de son neveu, le petit Louis XVII, depuis la mort officielle de ce dernier au Temple en 1795, mais roi par la volonté du Sénat ; qui n'est pas Louis XVIII, héritier de la couronne, mais Louis-Stanislas-Xavier, frère du dernier roi ?

Tout imparfaite qu'elle soit, mal écrite, fabriquée en quatre jours, la Constitution du 6 avril pose les bases d'un régime monarchique et parlementaire qui durera, bon an, mal an, jusqu'en 1848. Talleyrand qui en a été l'inspirateur sans en avoir eu la maîtrise de bout en bout, faute de temps, la prend comme elle vient : « Cette Constitution n'est pas bonne, dit-il à Dalberg, mais, après tout, il y a là-dedans de quoi gouverner[9]. » Elle est surtout un incroyable tour de force quand on songe à ceux qui y ont travaillé. Parmi les membres de la commission sénatoriale chargée de rapporter le projet, on compte un Grégoire qui a voté la mort de Louis XVI, un Garat, une vieille connaissance de Charles-Maurice, chargé de lire sa sentence de mort au roi à la prison du Temple. Même Sieyès, qui déteste la monarchie, l'a votée. Et tous ces révolutionnaires rappellent sur le trône ces mêmes Bourbons qu'ils ont martyrisés vingt ans auparavant. Charles-Maurice a dû sourire du paradoxe et méditer sur la vanité du pouvoir...

À peine écrite, la Constitution sénatoriale, que Talleyrand compare très finement à « un nœud coulant[10] », s'interpose entre les Bourbons et lui.

Alors que Louis XVIII est toujours en Angleterre, son frère cadet, le comte d'Artois le représente en France avec le titre de lieutenant général du royaume. C'est lui qui entrera le premier dans Paris. Talleyrand, qui n'a que trois ans de plus que lui, a été l'un de ses proches avant la Révolution. Malgré son absence totale de sens politique, il l'aime bien, ne serait-ce qu'en souvenir de leur jeunesse et de ce « plaisir de vivre », à jamais évanoui, des dernières années de la monarchie. De toute la famille, c'est certainement lui qu'il préfère. La lettre qu'il lui écrit le 5 avril, par l'intermédiaire de Vitrolles, est pleine de tact et de bons sentiments : « Nous avons assez de gloire, Monseigneur ; mais venez, venez nous rendre l'honneur[11]. » Artois serait sans doute tombé dans le panneau si Vitrolles, cet « homme d'esprit », écrit Talleyrand, qui commence à le trouver encombrant, ne l'avait pas averti des dangers qui le menacent[12]. On discutera donc de la Constitution, répond le gentilhomme provençal. Quant au prince, il entrera dans Paris avec ses couleurs, celles de la monarchie, le blanc et non pas les trois couleurs de la Révolution. L'enjeu, bien que symbolique, est de taille. L'armée et une grande partie du pays répugnent à abandonner le drapeau tricolore et la cocarde qui en est le signe et que tout le monde, à l'époque, porte à son chapeau. Talleyrand est suffisamment fin pour chercher d'abord à éviter de blesser le pays en changeant ses couleurs, puis face à l'intransigeance du comte d'Artois, il s'incline, simplement parce qu'il juge qu'il ne peut pas faire autrement[13]. Les anciens bonapartistes et certains libéraux lui reprocheront longtemps cette faiblesse en oubliant la légèreté de cet homme peu ordinaire qui est capable de s'amuser et de se moquer de tout et de tous au milieu des événements les plus graves.

Quelques jours auparavant, il avait conseillé à l'archevêque de Malines, Dominique de Pradt, furieux de ne pas avoir été nommé au gouvernement et qui lui demandait ce qu'il devait faire, de se servir de son mouchoir pour prouver son royalisme tout neuf. « "Avez-vous un mouchoir blanc ? – Oui. – Mais très blanc ? – Sans doute. – Eh bien, montrez-le." Et l'archevêque tire son mouchoir de sa poche ; M. de Talleyrand le prend, et, le saisissant par l'une des cornes, en fait une sorte de drapeau qu'il agite en tout sens en criant : "Vive le roi ! – Vous voyez ce que je viens de faire ; maintenant, descendez, prenez les boulevards, toujours en agitant votre mouchoir, et criant : "Vive le roi ! – Mais, prince, vous n'y pensez pas ; considérez donc mon costume : je suis coiffé en ecclésiastique, je porte ma croix, mon ordre de la Légion d'honneur. – Précisément, tout cela fera scandale, et c'est du scandale qu'il nous faut". » Et Pradt, tout fier de sa mission, de s'exécuter jusqu'à se heurter à des partisans de Napoléon qui lui font rapidement rebrousser chemin. De retour chez Talleyrand, il lui raconte en détail son expédition tout en vantant son courage et ses succès. Et Talleyrand de lui répondre froidement : « Je vous avais bien dit qu'habillé comme voilà, vous feriez un effet prodigieux ! » La scène est authentique[14].

Avec ou sans la cocarde blanche, le comte d'Artois finit par faire son entrée dans Paris. C'est un 12 avril. Le temps est admirable, l'un de ces premiers jours de printemps doux et ensoleillé qui annoncent l'été. Tout le gouvernement se rend en cortège à la barrière de Pantin pour y accueillir le frère du roi. Artois est à cheval, entouré de ses familiers, revêtu de l'uniforme de la garde nationale. La garde présente les armes, la foule est immense et la joie sincère. « Dès qu'il vit paraître le prince, raconte Beugnot, M. de Talleyrand alla à sa rencontre, et en s'appuyant sur [son] cheval, avec la grâce nonchalante qu'autorise la faiblesse de ses jambes, il lui débita un compliment de quatre lignes, frappé au coin d'une sensibilité exquise : "Monseigneur, le bonheur que nous éprouvons en ce jour de régénération est au-dessus de toute expression, si Monsieur reçoit, avec la bonté céleste qui caractérise son auguste Maison, l'hommage de notre religieux attendrissement et de notre dévouement respectueux". »

La réponse est moins nette. Artois est tellement ému qu'il ne parvient qu'à bredouiller quelques sons. On arrangera cela le soir même dans la chambre de Talleyrand. « Une journée comme celle-là n'est pas bonne s'il n'y a pas un mot », explique le prince qui s'y connaît et charge Beugnot de l'inventer. Le troisième essai est le bon : « Plus de divisions, la paix et la France ; je la revois enfin ! Et rien n'y est changé si ce n'est qu'il s'y trouve un Français de plus[15] ! » Le « … Français de plus » fera fortune.

Dans la soirée, Artois s'installe au château des Tuileries quitté par Napoléon il y a trois mois à peine. C'est là que se transporte le gouvernement qui achève, dans l'aile dite du pavillon de Marsan, son règne absolu de douze jours. Alexandre, de son côté, s'est déplacé à l'Élysée, et l'hôtel de la rue Saint-Florentin retrouve un peu de son calme. Mais tout reste à faire car le Sénat par la grâce de la nation et le lieutenant général du royaume par la grâce du roi refusent de se reconnaître mutuellement. Les sénateurs boudent ostensiblement. Le 13 avril, on ne sait toujours pas de quelle autorité le prince tient ses pouvoirs. À force de transactions et grâce au sénateur Joseph Fouché, qui, arrivé trop tard pour profiter des événements, cherche déjà à se rendre utile, on trouve le 14 un compromis acceptable par les deux parties. D'un côté le Sénat accepte de déférer « le gouvernement provisoire de la France » au comte d'Artois, en attendant le retour de « Louis-Stanislas de France », de l'autre le prince déclare vaguement pouvoir admettre « les bases » de la Constitution au nom de son « auguste frère »[16]. Talleyrand, irrité des intrigues de Fouché dont il se serait volontiers passé, en voudra aux sénateurs d'avoir cédé aussi facilement. Le garde-fou constitutionnel qu'il a installé avec succès dans les premiers jours d'avril perd peu à peu de son efficacité. De plus, la séance du 14 avril ne règle rien sur le fond, la question de la souveraineté n'est pas tranchée et le comte d'Artois est maintenant dans la place.

4.

LOUIS XVIII, PAR LA GRÂCE DE DIEU

L'arrivée d'Artois change considérablement la position de Talleyrand. Certes, il reste l'unique interlocuteur des alliés, il est également l'homme le plus influent du Grand Conseil formé des anciens membres de son gouvernement, des maréchaux Moncey, Oudinot et du général Dessoles, mais il n'est plus seul. D'autant plus que Vitrolles lui met des bâtons dans les roues et qu'Artois, qui a le goût du pouvoir sans savoir l'exercer, s'entoure de ses propres conseillers réunis au sein d'une sorte de cabinet occulte royaliste[1]. Les Bruges, les La Maisonfort et autres Terrier de Montciel sont ceux-là mêmes que Charles-Maurice a combattus depuis les débuts de la Révolution. Les deux pouvoirs, officiel et officieux, ne vont pas tarder à s'affronter et l'ancien tout-puissant chef du gouvernement provisoire va en faire les frais. Aux yeux de l'émigration qui gagne du terrain, Talleyrand est toujours l'évêque d'Autun infidèle à son ordre, à son Dieu et à son roi. Le marquis de La Maisonfort, rentré d'Angleterre depuis peu et qui a passé sa vie à conspirer pour la cause royaliste, le décrit « prêtre marié, évêque apostat », à peine sorti du « bourbier » révolutionnaire et incapable de respirer « l'atmosphère tellement pure, tellement respectable » de l'émigration[2]. Même Artois, pourtant peu regardant sur « ses goûts un peu jeunes », trouve qu'il devrait arranger ses affaires avec le pape, rentrer dans l'Église et se faire donner le chapeau[3]. Avec le retour des Bourbons, le prince de Bénévent par la grâce de Napoléon revient vingt ans en arrière et il le sait.

Ses premiers contacts avec le roi, qui débarque à Calais le 24 avril, n'améliorent pas sa position. Il a beau être bien informé, il sait peu de choses sur l'intimité du roi en Angleterre et il apprendra à Pasquier, comme une nouvelle, que le comte de Blacas n'est pas seulement son conseiller, mais aussi son favori depuis la mort du comte d'Avaray[4]. En revanche, il a bien connu le roi lui-même, lorsque celui-ci ne s'appelait que Monsieur, au début de la Révolution. Il le sait, comme lui, très habile politique, secret, voire tortueux, ombrageux et très à cheval sur ce qu'il appelle la « considération » qui fonde l'autorité de son pouvoir monarchique. Louis est également cultivé, fin latiniste – il cite Horace à tout bout de champ. Il a de l'esprit et partage avec Talleyrand le goût de la raillerie et de l'espieglerie, à tel point que ce dernier, qui en souffrira, l'appellera « le roi des niches » ou encore « le roi nichard ». Le roi et le prince de Bénévent se ressemblent et c'est pour cela qu'ils se détestent avant même de se retrouver. Tous les deux sont des spectres d'Ancien Régime. Ils ne peuvent pas se séduire puisqu'ils se connaissent. Ils se sont partagé Mme de Balbi, avant la Révolution, et le roi ne le pardonne pas[5]. Contrairement à Napoléon, l'héritier de la plus ancienne famille régnante d'Europe n'a aucune raison d'être fasciné par l'aristocratie et le prestige d'un Périgord. Il le lui fera assez sentir. Enfin, Louis sait à quoi s'en tenir sur l'homme qui, depuis vingt ans, l'a poursuivi, espionné, qui a sans doute projeté et conseillé de le faire enlever, qui a tenté de l'acheter et de l'avilir. Très soucieux des formes, des règles et des apparences, il n'aime pas cet évêque en rupture de ban et s'en méfie naturellement. À Hartwell, il l'appelait « Asmodée », qui, comme l'on sait, est le nom donné par les rabbins au prince des démons dans la Bible.

Malgré cela, Charles-Maurice croit sa position encore assez forte pour s'imposer auprès du roi comme son principal conseiller. Il est presque certain, d'après ce qu'il en a dit à Pasquier le 1er mai, avant de se rendre à Compiègne où Louis s'est arrêté avant de faire son entrée dans Paris, que le roi acceptera sa constitution et qu'il suivra son plan de conduite politique. Il va déchanter. Arrivé au château, on le fait attendre plus de deux heures comme un vulgaire courtisan du temps de Versailles, avant que l'inévitable Blacas ne le conduise dans le cabinet du roi et ne le présente selon les règles d'une étiquette surannée.

L'accueil est poli mais froid. Toute la scène de ces retrouvailles, extraordinaire de duplicité et de sous-entendus, mérite d'être décrite. Louis est assis derrière sa table de travail. Il est extrêmement gros et souffre de fréquentes crises de goutte. Il porte un habit d'un autre âge, gros-bleu à boutons d'or ornés de fleur de lys avec des épaulettes couronnées, sur un gilet blanc qui lui tombe presque jusqu'aux genoux, le cordon bleu en bandoulière[6]. Talleyrand est debout devant lui, il soutient sa mauvaise jambe droite avec une canne. Il est en habit habillé à la française, les cheveux frisés et poudrés retombant sur ses épaules. Les deux hommes ont sensiblement le même âge, soixante ans, ils ne se sont pas vus depuis vingt-trois ans, mais c'est comme s'ils s'étaient quittés la veille. On est en 1791 autant qu'en 1814. C'est le roi qui engage la conversation, très fine, très ironique. « Monsieur le prince de Bénévent, je suis charmé de vous revoir. Il s'est passé bien des choses depuis que nous nous sommes quittés. Vous le voyez, nous avons été plus habile. Si c'eût été vous, vous me diriez : "Asseyons-nous et causons" ; et moi je vous dis : "Asseyez-vous et causons"[7]. » Le « nous » est un nous de majesté. Lorsque l'on sait cela, on a tout compris et Talleyrand a dû comprendre dans l'instant. C'est lui qui a eu tort et le roi qui a raison. En se mettant du côté des plus habiles, Louis range implicitement son interlocuteur parmi les imbéciles. Fort du pouvoir monarchique et de la raison politique, celle de l'exil et de la patience depuis vingt-trois ans, il établit d'emblée un rapport de forces intenable pour l'ancien constituant devenu ministre de Napoléon.

Revenu de Compiègne après avoir été invité à la table de Louis et de sa nièce la duchesse d'Angoulême, la sœur du petit Louis XVII, qui ne lui a pas dit un mot, Talleyrand prétendra avoir été très content de son entrevue. Le roi l'a écouté, lui a témoigné sa satisfaction pour les services rendus, quelques témoignages de confiance sur ceux qu'il rendrait encore, il s'est inquiété de savoir si le titre de prince français ne lui conviendrait pas mieux que celui de prince de Bénévent, mais pour le reste il ne lui a rien dit : rien sur la constitution sénatoriale, ni sur l'organisation du futur gouvernement. Lorsqu'un sujet le gêne, Louis sait parfaitement trouver la parade. Il a l'art de perdre un propos sérieux dans les petits riens de la conversation, sans oublier d'y jeter ça et là quelques allusions qui blessent. Lorsque Mme de Rémusat cherchera à savoir quel homme est véritablement le roi, Talleyrand à bout d'arguments finira par lui répondre, laconique : « C'est un homme qui a de la mémoire[8]. » Il sait que la restauration était nécessaire, mais il doute de plus en plus de parvenir à la rendre sage et reconnaissante.

Il a sans doute eu le tort de vouloir faire admettre au roi une Constitution toute ficelée au lieu de se contenter de quelques principes qu'il devra défendre à Saint-Ouen, le lendemain, lorsque Louis émettra le vœu de publier une déclaration aux Français avant son entrée dans sa capitale. Le roi y a lui-même mis la main, avec Blacas. Vitrolles et La Maisonfort lui ont donné sa forme définitive et Talleyrand aura toutes les peines du monde à y supprimer une phrase sur l'utilité des transactions entre les anciens et les nouveaux propriétaires des biens nationaux, qui risquait de remettre en cause tout l'édifice révolutionnaire. De même il écarte la fameuse « dix-neuvième année de notre règne » qui achève la proclamation et permet au roi de ressaisir sa souveraineté en datant son pouvoir de la mort de son neveu en 1795. « Le mort saisit le vif. Le roi est mort, vive le roi ! » Mais son combat est un combat d'arrière-garde. Même si la déclaration de Saint-Ouen est libérale, Louis ne veut pas être « roi par la grâce du Sénat », et tant qu'à admettre une Constitution devenue inévitable il aime encore mieux la donner que la recevoir[9]. Il n'a l'intention de céder ni sur ce qu'il appelle « ses droits » ni sur la place de la religion catholique dans l'État. « Nous trouverons sur tout cela beaucoup d'opposition dans Talleyrand », fait-il remarquer à l'un de ses conseillers les plus fidèles, le comte Ferrand[10]. Louis se méfie tellement de lui qu'il l'écarte volontairement de la commission chargée en mai de délibérer sur un nouveau projet de Constitution[11].

La Charte octroyée le 4 juin 1814, qui décide du nouveau régime, est une manière de soufflet pour Charles-Maurice, même si celui-ci a su trouver les moyens de son influence et plier en partie le texte à ses idées. La Charte reprend les bases « libérales » de la Constitution sénatoriale et entérine les acquis de la Révolution, mais elle replace aussi le roi au centre du dispositif. Ce dernier conserve l'essentiel de sa souveraineté malgré quelques sérieuses concessions accordées au bicaméralisme à l'anglaise – deux chambres, une Chambre des députés et une Chambre des pairs qui remplace l'ancien Sénat, votent l'impôt et ont un droit d'initiative indirecte des lois[12]. Si Louis a cru devoir céder une petite partie de sa puissance législative, il est resté ferme sur le reste. La continuité du régime monarchique est clairement énoncée. Cette fois, le roi date sa Charte de la dix-neuvième année de son règne. Il l'accorde et la concède à ses sujets par le libre exercice d'une autorité qui lui est antérieure. Talleyrand avait tenté avec la Constitution sénatoriale de faire admettre au roi le principe d'un « pacte » ou d'un « compromis » avec la nation. On en est loin et la nature du régime de la Charte du 4 juin est plus proche de celle d'une « monarchie limitée » que d'une monarchie parlementaire. Cela transpire nettement dans l'organisation du pouvoir exécutif entièrement dans les mains du roi. Les ministres ne sont ni responsables devant les Chambres ni solidaires. Talleyrand avait espéré pouvoir prendre la présidence du ministère formé par le roi le 13 mai. Il n'est, aux Affaires étrangères, qu'un ministre un peu plus important que les autres. Son influence sur l'ensemble du Conseil n'est que partielle. Le Conseil, que le roi convoque sporadiquement, n'a d'ailleurs rien à voir avec notre moderne Conseil des ministres. Les princes y siègent de droit et le roi n'y appelle que les ministres et conseillers d'État qu'il veut voir. Louis ne fait confiance qu'à Blacas qu'il a nommé à la tête de sa Maison. Les ministres sont convoqués individuellement et ne lui soumettent que les affaires de leur département. Talleyrand, qui doit affronter la réserve courtoise de Blacas et l'hostilité déclarée de l'abbé de Montesquiou, nommé au ministère de l'Intérieur, est à peine mieux traité que les autres. Louis aime causer. Les longs rapports l'ennuient. N'entrez pas dans les détails, conseille Blacas à Beugnot, formé sous Napoléon et peu habitué à ce genre de laisser-aller. En réalité, le roi contrôle tout et se montre très jaloux de son pouvoir. Dans l'une de ses lettres à Nesselrode, Pozzo di Borgo regrette, à propos de Talleyrand, que Louis « ne veuille pas l'initier plus intimement aux affaires de l'État. Supérieur à tous ses collègues, il connaît d'avance, par ses relations personnelles, l'effet de chaque démarche sur les ramifications les plus compliquées de tous les partis et de tous les intérêts[13] ». Mais le roi tient à son système d'« anarchie paternelle ». Il cède trop souvent aux influences de sa cour, aux remugles de favoritisme et de vieille étiquette qui s'emparent de son gouvernement, comme aux sollicitations incessantes des émigrés qui réclament le prix de leur fidélité. D'où les dérives d'un gouvernement qui prend de plus en plus la couleur et le parfum de l'Ancien Régime. Si Talleyrand n'a pas le pouvoir d'y résister tout à fait, on l'accuserait à tort d'avoir cédé au roi. Le jeune Guizot, à l'époque secrétaire général du ministère de l'Intérieur, se trompe lorsqu'il écrit que « le grand air et le grand jour de la liberté » ne lui convenaient pas. Bien au contraire, l'ancien évêque d'Autun regarde la Constitution et le gouvernement libre « comme un bien qu'il préfère, et non comme un expédient dont il aurait été impossible de se passer[14]. » Le mot est de Pozzo, devenu l'ambassadeur du tsar à Paris, qui est le seul à évoquer l'opposition du ministre des Affaires étrangères au projet de loi de censure des journaux présenté par l'abbé de Montesquiou en Conseil des ministres à la fin du mois de juin[15]. L'abbé, dont Talleyrand tentera en vain de se débarrasser, défend la prérogative royale et tire le gouvernement dans une direction qui ne lui convient pas. « Ce n'est pas ce fils-là que j'avais dans la tête », dira le prince à Barante, en juillet, à propos du gouvernement, en pastichant un mot de Mme de Créqui.

Au risque de le répéter, sa situation au cours de ces premiers mois de restauration des Bourbons est étrange. Grand seigneur déclassé et libéral, évêque défroqué et marié, il se retrouve aux prises avec ceux qu'il a combattus pendant vingt ans. Ses relations personnelles dans le faubourg Saint-Germain, les services qu'il a rendus ne suffisent pas. L'entourage du roi et plus encore celui de Monsieur lui est contraire. Le roi lui-même le tient pour un « objet d'horreur[16] ». L'odeur d'encens et d'expiation des crimes de la Révolution ne convient pas mieux au ministre-diplomate que le bruit des armes. Il a beau en sourire, il ne peut empêcher les vieux inconditionnels du trône et de l'autel de se préoccuper très sérieusement de son âme. La présence de l'ancien évêque d'Autun auprès du roi est « un étrange spectacle », note le comte de Maistre qui n'en reviendra toujours pas de l'avoir croisé à Notre-Dame, à la messe célébrée le 14 mai en mémoire du roi martyr. Il est vrai que, sous le Directoire, Charles-Maurice assistait déjà à ce genre de cérémonie, mais à l'époque on se réjouissait de la mort de Louis XVI, on ne la pleurait pas. Maistre poursuit à demi résigné sur le sort de ce « bon sujet de M. de Talleyrand », comme il l'appelle dans ses lettres : « Le roi se sera donc servi du gentilhomme et du ministre en laissant l'évêque au jugement de Dieu[17]. » « Dieu fasse paix à son âme », écrit encore le baron de Frénilly, un ultra-royaliste notoire qui le voit déjà en enfer. Plus d'un grand seigneur de cour est persuadé que c'est la Providence, et non pas ce diable d'évêque d'Autun qui l'a ramené en France. « Des incompatibilités insurmontables », le mot est de Pasquier qui a très bien noté ce changement d'esprit au cœur du pouvoir, des derniers jours de l'Empire aux premiers jours de la Restauration : « Il y avait cette immense différence que, sous le règne précédent, les émigrés n'avaient été reçus qu'à titre de grâce et comme pardonnés, tandis que, sous les Bourbons, ils arrivaient en vainqueurs, et que ce qu'on leur avait imputé comme un crime devenait évidemment un mérite. Comment faire de l'émigration un sujet de reproche à qui que ce fût, alors qu'elle reprenait possession du trône[18] ? »

Pourtant Talleyrand revient de loin et son œuvre est immense. En quelques mois, il est parvenu à détacher la France de « l'esprit d'aventure », ou « d'entreprise » comme il l'appelle. Il a su imposer les voies de la paix et de la raison, et jeter les bases d'un gouvernement qui à l'époque est probablement le plus libéral d'Europe. « Pendant la Révolution, on se battait ; sous l'Empire, on se taisait ; la Restauration avait jeté la liberté au sein de la paix », note Guizot. Il a su conserver en même temps les strucures administratives de l'Empire et l'ancien personnel de Napoléon, tout en introduisant, avec le baron Louis, les moyens de la confiance et du crédit. Le premier budget de la Restauration qu'il défend lui-même à la Chambre des pairs le 8 septembre est en un sens révolutionnaire. Il y introduit, sur le modèle de ce qui se pratiquait déjà en Angleterre, une idée encore neuve pour le pays : l'obligation pour l'État de payer ses dettes. C'est revenir aux sources du problème qui avait provoqué la Révolution mais que celle-ci n'avait jamais pu ni voulu résoudre. Pour Talleyrand, c'est aussi prendre une belle revanche sur ses échecs de l'Assemblée nationale[19]. Là encore, il fait preuve d'une remarquable fidélité à des idées qu'il a défendues pendant toute sa vie. On ne mesurera jamais assez la patience et la pugnacité de cet homme qui a attendu son heure pendant vingt-cinq ans avant de réussir à faire passer les éléments d'une organisation politique et financière qu'il défendait déjà au début de la Révolution, du bicaméralisme parlementaire à l'organisation financière de l'État.

5.

LA PLUS BELLE PAIX DU MONDE

Talleyrand est l'homme des libertés. C'est surtout l'homme de la paix. À défaut d'avoir les responsabilités d'un Premier ministre, il règne sans partage sur la diplomatie. Presque tous ses biographes lui ont reproché d'avoir négocié trop légèrement les conditions de la paix avec la coalition européenne, entre avril et mai 1814. Leurs premières critiques concernent le traité particulier qui, début avril, règle le sort de Napoléon et de sa famille. Le traité dit de Fontainebleau, qui attribue à Napoléon la souveraineté de l'île d'Elbe, lui conserve le titre d'empereur et règle le montant de sa dotation, a beau avoir été signé chez Talleyrand, au premier étage de l'hôtel de la rue Saint-Florentin, ce dernier n'en est en rien responsable. Tout s'est passé entre Alexandre et Caulaincourt. C'est Alexandre qui, à l'insu de Talleyrand, et sans se rendre compte des dangers que pouvait représenter la présence de Napoléon à quelques encablures des côtes françaises et italiennes, a tout réglé avec Nesselrode. Le ministre des Affaires étrangères de Louis XVIII mettra au contraire beaucoup de mauvaise volonté à renvoyer l'acte d'accession du roi au traité. Caulaincourt ne l'obtiendra que le 31 mai, grâce à l'intervention pressante du tsar, sur le point de quitter Paris[1].

En revanche, Talleyrand est au centre de la convention d'armistice du 23 avril qui pose les bases de la paix future du pays avec la coallition. Celle-ci est conforme à tout ce qu'il a dit depuis six mois. La France est ramenée à ses limites de 1792. L'évacuation du territoire est subordonnée à la remise des places fortes encore occupées par l'armée, au-delà des frontières de l'ancienne France. L'« abandon » de ces cinquante-trois places fortes, en particulier Hambourg, Mayence, Anvers, Mantoue et Alexandrie, rendues aux alliés avec tout leur matériel, a fait hurler l'armée et tous ceux qui étaient encore attachés à la gloire de l'Empire. On a beaucoup reproché à Talleyrand d'avoir agi trop vite en gâchant inutilement le seul moyen qu'il avait d'obtenir des alliés qu'ils acceptent les frontières du Rhin. Tout cela n'est que littérature. Tout le compromis d'avril tourne autour de cette équation : ancienne dynastie, anciennes frontières. Une fois engagé dans ce processus, Talleyrand ne pouvait ni ne voulait revenir en arrière, d'autant plus que les alliés en avaient fait depuis Châtillon la condition *sine qua non* du retour à la paix. Ils occupent les deux tiers du territoire et sont en position de force absolue, au point qu'ils évoqueront, dans le protocole de leur conférence du 14 avril, un retour aux frontières de 1789, et non pas de 1792. Enfin, dans l'esprit du ministre, le maintien du *statu quo* dans les places assiégées d'Allemagne, de Belgique et d'Italie présentait sans doute un risque. L'insurrection, la révolte ouverte de certaines garnisons contre le nouveau gouvernement au nom de Napoléon, qui – ne l'oublions pas – ne quittera Fontainebleau que le 20 avril, aurait pu compliquer singulièrement une situation déjà fragile et très inégale. La démobilisation de l'armée impériale, qui reste un véritable danger pour le gouvernement, sa soumission le préoccupent tout autant que le départ des troupes d'occupation. L'une est la condition de l'autre. L'une et l'autre sont indispensables à la pacification et à la remise en ordre du royaume qu'il juge urgente. Sur ce plan, la convention du 23 avril, « une belle chose », écrira-t-il à la duchesse de Courlande[2], est même inouïe puisque l'évacuation du territoire n'est pas subordonnée à la conclusion de la paix et que d'autre part la cessation des hostilités n'est pas limitée dans le temps. Dans l'immédiat, cette convention très particulière, qui ne porte même pas le nom d'armistice et s'ouvre sur une allusion appuyée au « rétablissement des rapports d'amitié entre les puissances alliées et la France », met un terme à l'avancée des armées alliées et clarifie la situation sur le terrain. Aucune nouvelle place forte située dans les limites de 1792 ne sera occupée. L'administration des villes déjà investies sera remise par les alliés aux autorités françaises. Les réquisitions de toutes sortes cessent. Il était temps dans un pays en plein marasme économique, en proie au chômage et à la misère.

Quant à la paix européenne signée à Paris, le 30 mai suivant, dans l'esprit de la convention du 23 avril, elle est unique en son genre. Talleyrand a raison de s'en réjouir. « J'ai fini ma paix avec les quatre grandes puissances, écrit-il le 31 à la duchesse de Courlande. Elle est très bonne ; faite sur le pied de la plus parfaite égalité et plutôt noble. » Dans une autre lettre, il la compare à la paix de 1783 avec l'Angleterre en la trouvant meilleure. Clairement, il se place dans la perspective de l'Europe du XVIIIe siècle et des grands équilibres d'avant la Révolution. Si l'on ne sait pas cela, on ne comprend rien à cette paix de Paris qui a l'incroyable mérite d'avoir permis aux grandes puissances européennes de faire l'économie d'un nouveau conflit généralisé jusqu'en 1914. On aurait du mal à citer un autre traité de paix qui ait tenu aussi longtemps. Pendant des décennies pourtant, la plupart des biographes français du diplomate, de Lacour-Gayet à Madelin, vont se montrer extrêmement critiques, voire injustes à son égard, en se plaçant dans la perspective d'une historiographie républicaine, anti-allemande et revancharde, les yeux rivés sur la frontière belge, comme si l'« abandon » de Namur, de Tournai et de Charleroi avait été la cause de tous les maux de la France en 1914 et en 1940. Seul Albert Sorel le défend[3]. Ce qui s'est passé en Allemagne, de 1866 à 1914, avec les conséquences qui s'en sont suivies, est précisément ce que Talleyrand est parvenu à empêcher en 1814 et en 1815. Pour le reste, les traités de paix ne sont pas éternels, et les conditions matérielles, économiques, politiques et psychologiques d'un ensemble de pays concurrents évoluent profondément en un siècle. Ce qui fait le caractère exceptionnel de cette paix du 30 mai tient à deux choses. D'une part, la France qui sort vaincue de vingt-cinq ans de guerres de conquête révolutionnaire n'est pas écrasée. Elle a pourtant des comptes à rendre aux pays qu'elle a bouleversés. Comme le remarque justement Talleyrand dans ses Mémoires, « depuis vingt ans [les peuples d'Europe] avaient vu leurs territoires occupés, ravagés par les armées françaises ; ils avaient été rançonnés de toutes les façons ; leurs gouvernements insultés, traités avec le plus grand mépris ; il n'était sorte d'outrage, on peut le dire, qu'ils n'eussent à venger, et s'ils s'étaient résolus à assouvir leurs passions haineuses, quels moyens la France avait-elle de leur résister[4] ? » Il ne faut pas oublier que la défaite française n'a pas été décidée seulement dans les états-majors des armées alliées. La France a été confrontée à de véritables guerres de délivrance ou de libération, en Espagne depuis 1808, au Tyrol en 1809, en Allemagne à partir de 1813[5]. Le mérite des négociateurs de la paix de 1814 est d'avoir su rompre avec ce cycle infernal et infini des guerres de conquête et des guerres de libération. Alexandre, à la poursuite de son rêve de générosité et ivre d'une popularité qui ne s'est pas démentie depuis les premiers jours d'avril, a su entendre Talleyrand et entraîner dans son sillage les représentants des trois autres puissances, à commencer par Hardenberg et Metternich. Castlereagh lui-même cherchera à plusieurs reprises, notamment sur la question du port d'Anvers, à assouplir son ministre lord Liverpool à Londres. Cela n'était pas gagné d'avance. S'ils avaient été là, Metternich et Castlereagh n'auraient jamais souscrits à la déclaration du 31 mars, préparée par Talleyrand et signée par Alexandre. Le comte de Munster, ministre du Hanovre, la traite de « boîte de Pandore » dans l'une de ses lettres au prince-régent d'Angleterre[6]. Talleyrand s'en réclamera constamment au cours des négociations qui commencent officiellement le 10 mai. Le tsar, conduit par Talleyrand, y disait vouloir « faire plus » que de respecter les anciennes limites d'une France qu'il promettait de laisser « grande et forte », « pour le bonheur de l'Europe ».

C'est tout le paradoxe de cette paix du 30 mai. D'une certaine manière, les vainqueurs y font preuve de courage et de bon sens, en écoutant le vaincu. La solidité d'un traité de paix, quel qu'il soit, repose sur une contradiction et consiste, de la part du vainqueur, à doser la coercition, qui est dans la nature même de la victoire, avec ce qu'il faut de concessions pour faire de la paix un engagement moral et durable. Grâce à Talleyrand, qui sait les alliés enfermés dans un piège, cela va marcher en 1814. Si d'un côté ces derniers veulent se protéger de la France conquérante, de l'autre ils savent que les Bourbons sont leur meilleure garantie contre le réveil de cette France des mauvais démons. Il s'agit donc de ménager Louis XVIII et de ne pas l'humilier. Avec sa prodigieuse lucidité, l'ancien ministre de Napoléon a su exploiter ce point faible. Si on le compare aux traités imposés par Napoléon à l'Autriche en 1805 et 1809, à la Prusse en 1807, celui de 1814 est d'une incroyable modération pour la France. On ne lui réclame aucune indemnité de guerre[7]. On lui rend ses colonies, à l'exception de l'île de France (Maurice) dans l'océan Indien, de Tobago et de Sainte-Lucie dans les Antilles. En revanche, Malte devient anglaise, ce qui représente un échec à l'influence française en Méditerranée. La France s'engage également à abolir la traite, à l'exemple de l'Angleterre, dans un délai de cinq ans[8]. Territorialement, elle améliore ses positions défensives au nord et à l'est, en particulier autour de Landau qui constituait avant 1792 un point isolé en Allemagne et se trouve rattaché au royaume. Elle est un peu plus grande, en mai 1814, qu'elle ne l'est aujourd'hui. Par rapport à ses frontières de 1792, elle s'accroît d'un morceau de Sarre et de Palatinat, du pays de Gex, d'une partie de la Savoie avec Chambéry et Annecy. Les alliés lui reconnaissent la propriété d'Avignon, de Montbéliard, de Mulhouse et, en Alsace, de toutes les enclaves allemandes dont elle s'était emparée pendant la Révolution[9]. Afin de ménager l'orgueil national, Talleyrand obtient enfin la conservation des tableaux et objets d'art « prélevés » dans toute l'Europe au fil des campagnes de la Révolution et de l'Empire. Mais l'orgueil national ne se contente pas de dépouilles. Pour certains, la paix de 1814 est une trahison. Vingt-cinq ans de guerre, une défaite cuisante, l'échec patent du « système » napoléonien n'ont découragé en rien tous les nostalgiques de la Grande Nation, napoléonides, Jacobins et patriotes. De ce côté-là aussi, autant que du côté royaliste, on n'a rien appris ni rien oublié[10].

Aux yeux du diplomate, le sort de la France est également indissociable de celui du Grand Empire qu'elle abandonne, de la Belgique à l'Italie. La place de la France en Europe est relative. La reconstruction d'un système européen fondé sur « une juste répartition des forces entre les États qui la composent », pour reprendre le préambule de la convention du 23 avril qu'il a largement inspiré dépend du sort réservé aux anciennes possessions françaises. Dès le 12 mai, le prince demande à être partie prenante de la discussion des principes qui vont conduire à la réorganisation de l'Europe[11]. Les bases en ont été arrêtées entre les cinq puissances, à Paris, et non au congrès de Vienne quatre mois plus tard. Loin d'avoir été mis devant le fait accompli comme de nombreux historiens l'ont prétendu, Talleyrand avait obtenu, bien avant l'ouverture du congrès, l'essentiel de ce qu'il voulait. L'Autriche, qui se contente de la Lombardie et de la Vénétie en échange du Piémont, ne se montre pas trop gourmande en Italie. Avec la Prusse, elle accepte le principe de l'indépendance des États allemands unis par un lien fédératif. Talleyrand y tenait par-dessus tout. Le maintien d'une Allemagne morcelée, fédérative et indépendante entre la Prusse et l'Autriche est une constante de sa politique depuis la Révolution. La Prusse, quant à elle, pourra disposer, à titre de compensation seulement – et non d'agrandissement, la nuance est de taille –, de certains États allemands de la rive gauche du Rhin. Les alliés garantissent l'indépendance de la Hollande, grossie des anciennes provinces belges qu'ils décident de placer sous la souveraineté de l'ancienne maison d'Orange. La Suisse restera indépendante et recevra, conjointement avec la France, une nouvelle organisation. Que signifient ces articles secrets annexés au traité ? Que les alliés s'engagent envers la France à respecter l'indépendance de l'Allemagne, de la Suisse et de la partie de l'Italie, « composée d'États souverains », qui ne sera pas donnée à l'Autriche, qu'ils renoncent également à mettre la main sur la future Hollande à laquelle on promet l'indépendance, alors même que les anciennes provinces belges étaient autrichiennes avant la Révolution. Après vingt-cinq ans de guerres et une défaite totale, on pouvait imaginer pire pour la France. Dans ses Mémoires, Talleyrand résume d'une phrase la nouvelle situation du pays : « Avec les Bourbons, la France cessait d'être gigantesque pour devenir grande. »

Même si l'on n'en a pas le texte, on peut être sûr, d'après les lettres de Castlereagh et celles du comte de Munster, que les discussions ont été « vives » entre vainqueurs et vaincus et que Talleyrand a dû se battre pour contenir les prétentions des uns et des autres, celles des Prussiens en particulier qui réclamaient une lourde indemnité de guerre à la France. Toujours est-il que le système européen qui sort de ces discussions et que Talleyrand défendait déjà en 1792 est en grande partie celui qui prévaudra au congrès de Vienne. Il prend forme à Paris, et non à Vienne, pour durer un siècle, après quatre semaines de négociations, conduites dans un esprit presque miraculeux, en tout cas exceptionnel, de modération et de respect d'un droit public calqué sur l'ancien droit des gens d'avant la Révolution, tel que le concevait l'ex-évêque d'Autun. On trouve aussi, et paradoxalement dans le traité de Paris, des articles étonnamment modernes sur le droit des étrangers, sur la liberté de circulation sur certains fleuves « internationaux » comme le Rhin et l'Escaut qui seront modifiés et rétrécis à Vienne. D'autres, plus spéculatifs, n'ont pas été insérés dans le traité et dorment encore dans les archives de Vienne. L'un d'entre eux, qui, par la manière et le style est certainement de Talleyrand, tourne autour d'une question dont on parle beaucoup depuis cinquante ans. En 1814, cet article était révolutionnaire : « Comme un État qui entretient de grandes forces en temps de paix met tous les autres dans la nécessité de l'imiter, ce qui produit l'accablement des peuples, convertit l'état de paix en un état d'efforts de tous contre tous et fait naître la guerre de ce qui paraissait destiné à la prévenir, les hautes puissances contractantes sont convenues d'examiner sincèrement à quel nombre elles pourraient, en temps de paix, réduire leurs armées respectives, eu égard toutefois à l'étendue, à la population, à la situation géographique et à la situation intérieure de chacune d'elles[12]. » On le voit, l'« esprit » de Paris a pu conduire les uns et les autres à aborder des sujets étrangement neufs comme celui du désarmement, presque jamais évoqué jusqu'alors. Comment, dans ces conditions, Talleyrand, qui dans une lettre au roi parle « d'enchantement », comme s'il s'était agi d'un sortilège, aurait-il pu prévoir la dégradation de cet « esprit » qui conduira les alliés à tout remettre en question à Vienne et l'obligera à lutter pied à pied pour les amener à tenir leurs promesses ?

Il se doutait peut-être de quelque chose pourtant, si l'on en juge par la lettre qu'il enverra à Alexandre, peu après son départ. Dans les derniers jours de mai, l'enthousiasme du jeune tsar tourne de plus en plus au mécontentement. Il a été déçu par Louis XVIII qui l'a reçu à Compiègne comme le représentant d'une dynastie de second ordre – que sont les Romanov, ces parvenus, à côté des Bourbons ! –, il a été piqué au vif par l'escamotage de « sa » Constitution du 6 avril qu'il a défendue aux côtés du chef du gouvernement provisoire. Il estime que l'on ne paie pas assez de retour les services qu'il a rendus à la France et à l'Europe. Le 30 mai, Alexandre est un homme blessé qui commence à trouver que le désintéressement ne vaut pas les bonnes vieilles ambitions territoriales de tout autocrate qui se respecte. La Pologne, par exemple, l'intéresse. Le duché de Varsovie, attribué par Napoléon au roi de Saxe, par le traité de juillet 1807, est à prendre. Le roi de Saxe, resté fidèle à l'empereur, appartient au camp des vaincus. Alexandre a dû évoquer cette question de la Pologne, au grand embarras de ses alliés, dans les derniers jours de mai. Cela expliquerait le silence total des articles secrets du traité du 30 mai sur la Saxe et la Pologne. Le tsar quitte Paris, fâché et sans doute animé par un besoin de revanche qu'il n'avait pas en y entrant. Sentant le vent du boulet, Talleyrand, qui n'a même pas été invité à voir l'illustre habitant de la rue Saint-Florentin au moment de son départ, prend les devants. Il le flatte une nouvelle fois : « Vous avez sauvé la France ; votre entrée à Paris a signalé la fin du despotisme ; quelles que soient vos secrètes observations, si vous y étiez encore appelé, ce que vous avez fait, il faudrait le faire encore. » Il le rassure aussi en lui rappelant un principe politique qui vaut pour tous les temps. Une Constitution – en l'occurrence la Charte du 4 juin – ne vaut rien par elle-même, tout dépend de l'usage qu'on en fait. « Les principes libéraux marchent avec l'esprit du siècle, il faut qu'on y arrive ; et si Votre Majesté veut bien se fier à ma parole, je lui promets que nous aurons de la monarchie liée à la liberté[13]. » C'est une lettre très habile. Il y fait allusion au congrès d'Erfurt, aux services qu'il a pu lui rendre, à son amitié pour la duchesse de Courlande qu'il a beaucoup vue à Paris, rue Saint-Florentin et à son hôtel de la rue du Faubourg-Poissonnière[14].

Mais Alexandre ne lui répond pas. Cette ultime tentative de rapprochement ne lui servira pas à grand-chose à Vienne, où les puissances signataires du traité de Paris ont décidé de se rendre pour finir de réorganiser l'Europe sur les ruines du Grand Empire de Napoléon.

Car il faut être à Vienne. D'ailleurs, à Paris, l'atmosphère devient irrespirable. Talleyrand est isolé. Au-delà de sa sphère ministérielle, il ne parvient même pas à placer convenablement ses amis les plus proches[15]. Le roi n'en fait qu'à sa tête. Blacas le jalouse. La cour le déteste. Le gouvernement manœuvre au gré des influences des uns et des autres. L'animosité royaliste d'un côté, la fureur des nostalgiques de l'Empire de l'autre l'ennuient et le fatiguent. Tous ces « petits esprits », comme il les appelle dans l'une de ses lettres à la duchesse de Courlande, le lui rendent bien. Dans son Journal inédit, le baron Viennet prétend que le prince n'a jamais reçu autant de lettres anonymes qu'à cette époque. Les bonapartistes le traitent de « fichu bancal[16] », les émigrés de « monstre mitré ». La presse se déchaîne et le poursuivra jusqu'en Autriche. « On m'envoie de Paris des ouvrages que je n'aime guère », écrira-t-il à Mme de Staël avec qui il s'est « raccommodé ». « L'oubli a bien besoin d'être prêché. Rappelez à ceux qui vous entourent ce que dit un auteur allemand : l'oubli est tellement nécessaire que, même en jugeant son étonnante difficulté, on a besoin de l'espérer encore[17]. »

6.

UN PARTERRE DE ROIS QUI SE DISPUTENT

Empêché par le roi de diriger le gouvernement, soucieux de la dégradation des relations entre les puissances depuis le traité de Paris et désireux de défendre sa vision de l'Europe, Talleyrand obtient de Louis XVIII de se faire nommer son ministre, au premier et au plus gigantesque des congrès européens de tous les temps. Le fidèle François de Jaucourt prend l'intérim du ministère à Paris. « Il fallait, écrit-il, un négociateur bien convaincu de l'importance des circonstances, bien pénétré des moyens qui avaient contribué aux changements opérés en France, et qui fût en position de faire entendre un langage vrai et ferme aux cabinets qu'il était difficile de distraire de l'idée qu'ils avaient triomphé. » Cet homme, c'est lui bien sûr. Ses Mémoires sont là pour le justifier : « Il faut avant tout faire ce que l'on sait faire ; et ici j'entreprenais une tâche dans laquelle j'avais la confiance de réussir[1]. » Plus prosaïquement, ce qu'il ne dit pas, c'est qu'il va tenter de regagner à Vienne l'influence qu'il a perdue à Paris, en s'imposant à nouveau dans l'esprit du roi comme l'homme indispensable. Il faut bien se pénétrer de cette position pour apprécier les *Instructions* qu'il rédige avec La Besnardière avant son départ, le 16 septembre 1814. Un petit chef-d'œuvre. Comme souvent avec lui, ses *Instructions* – «qui ressemblent à du Talleyrand », dit Orieux –, prennent la forme d'un véritable cours de philosophie politique et comme souvent aussi leur apparence théorique cache le pragmatisme de l'homme d'action[2].

Elles s'articulent autour de l'idée centrale d'« équilibre européen » qui sous-tend toute sa réflexion. C'est à cela que l'on doit parvenir à Vienne. Mais de quoi s'agit-il ? Une fois de plus, ses vues sur la véritable nature de l'équilibre européen sont plus réalistes et plus pratiques que celles de la plupart de ses contemporains. À ses yeux, il n'y a pas d'équilibre absolu, il n'y en a que de relatif. « Une égalité absolue des forces entre tous les États, outre qu'elle ne peut jamais exister, n'est point nécessaire à l'équilibre politique et lui serait peut-être, à certains égards, nuisible. Cet équilibre consiste dans un rapport entre les forces de résistance et les forces d'agression réciproques des divers corps politiques. » Or ces « corps politiques » sont « divers ». Les uns sont « simples », ce sont les grandes puissances, les autres « composés », divisés en une poussière de petits États qui doivent, à chaque fois que cela est possible, être réunis par un lien fédératif. Il serait donc illusoire de vouloir reconstruire l'Europe selon un modèle arithmétique, comme on essaiera d'ailleurs de le faire à Vienne, en comptant les populations et en les attribuant à tel où tel selon leur nombre. La reconstruction de cet équilibre européen, forcément « artificiel et précaire », ne peut être durable qu'à la condition d'être négociée par tous, à condition aussi que tous respectent ce qu'il appelle parfois la « justice » et plus souvent le « droit public », une vieille notion qu'il utilisait déjà dans son *État de la France* sous le Consulat. On l'a dit, ce « droit des gens » hérité de l'Ancien Régime n'est pas un corps de doctrine juridique comme l'est aujourd'hui notre moderne droit international ; il consiste en un ensemble de règles et d'usages qui reposent sur une certaine forme de morale publique et de modération. Au centre de ces usages, Talleyrand place la légitimité en donnant une force nouvelle à ce droit public dont il n'avait fait autrefois qu'esquisser la définition. Le principe lui agrée d'autant plus qu'il lui a servi à replacer sur le trône le souverain qu'il va représenter à Vienne et qu'il fait de son pays le modèle et l'arbitre de la reconstruction de l'Europe. La définition qu'il prête à cette légitimité dans ses *Instructions* est un peu plus restrictive que celle qu'il en donnera plus tard dans ses Mémoires. Toute l'Europe n'est pas libérale. Des deux éléments qui fondent la légitimité, l'histoire et les opinions publiques, il ne retient que le premier terme. Un souverain est légitime lorsqu'il détient sa souveraineté soit par le jeu de l'hérédité, soit par droit de traité. La souveraineté ne peut être acquise par le simple fait de la conquête. Elle est fondée en droit quand elle a été cédée et quand l'ensemble des États européens ont reconnu cette cession. Dans l'esprit de Talleyrand tout cela ne se résume pas à de simples déplacements sur l'échiquier des familles régnantes européennes. La légitimité est un facteur de stabilité qui vaut aussi bien pour les peuples que pour les souverains. C'est ce qu'il dira un peu plus tard dans une circulaire à ses agents : « Elle a été consacrée bien moins dans l'intérêt des familles illustres qui occupent les différents trônes que dans l'intérêt de leurs sujets [...] parce que l'expérience de tous les temps, et surtout de ceux que nous venons de traverser, a prouvé que, sous un pouvoir illégitime, les peuples ne peuvent marcher que de révolution en révolution, qui les mènent promptement à leur ruine[3]. »

Peu importe si la théorie ne s'accorde pas toujours à la pratique. Talleyrand laissera faire à Vienne bien des arrangements qui ne correspondent en rien à ses sacro-saints principes. Pourquoi, dans ces conditions, a-t-on traité à Vienne avec Bernadotte plutôt qu'avec Gustave de Suède qui courait l'Europe en fugitif, avec Ferdinand d'Espagne plutôt qu'avec son père Charles qui n'avait pas renoncé à ses droits, avec l'empereur d'Autriche et le roi de Sardaigne plutôt qu'avec les légitimes représentants des anciennes républiques de Venise et de Gênes ? Les principes ne l'intéressent que lorsqu'ils ont aussi une valeur d'usage immédiate. Le sauvetage de l'Europe par les légitimités consolide la position d'une France « restaurée ». Il permet aussi d'exploiter la vieille rivalité austro-prussienne, dans l'espoir de regagner de l'influence en Allemagne et en Italie. La défense des anciennes dynasties est bonne pour le royaume de Louis XVIII sorti des décombres de l'Empire : celle du roi de Saxe contre la Prusse, celle des Bourbons de Sicile contre Murat dont le maintien à Naples, garanti par l'Autriche, menace toute l'Italie, celle des Savoie dans le Piémont dont l'indépendance protège la France contre cette même Autriche.

Le droit public et les légitimités servent une politique qui était déjà celle de la France d'Ancien Régime. Talleyrand la défend depuis toujours et ne l'a jamais aussi clairement exposée que dans ses *Instructions* de Vienne : « En Italie, c'est l'Autriche qu'il faut empêcher de dominer en opposant à son influence des influences contraires ; en Allemagne, c'est la Prusse. La constitution physique de sa monarchie lui fait de l'ambition une sorte de nécessité. Tout prétexte lui est bon. Nul scrupule ne l'arrête. »

Il pourra d'autant mieux feindre le désintéressement et plaider les droits de l'Europe qu'il ne demande rien pour son pays dont le sort a été réglé à Paris en mai : une « belle position » selon le comte de Gentz, l'homme à tout faire de Metternich.

Pourtant, au moment même où il met la dernière main à ses *Instructions*, il sait que les puissances qui ont signé le traité de Paris commencent à le regretter. Les anciens alliés pensent avoir laissé la France trop puissante et craignent que celle-ci ne les gêne à Vienne. Comme l'écrit très justement Frédéric de Gentz, leur but ultime est moins de rétablir la paix sur une juste répartition des forces que de se partager entre soi « les dépouilles enlevées au vaincu[4] ». Le rôle de Talleyrand à Vienne en sera d'autant plus délicat. Il prend bien soin d'ailleurs, avant de partir, d'exagérer encore la faiblesse de sa position. Cela pourra toujours servir, par contraste, au triomphe futur de sa politique. De cela, soyons-en sûrs, il ne doute pas[5].

Pourtant tout commence mal, pour lui, à Vienne. La veille de son arrivée dans la capitale autrichienne, le 22 septembre, avant même l'ouverture du congrès prévue pour le 1er octobre, les représentants des quatre puissances victorieuses ont signé un protocole par lequel ils conviennent de ne traiter qu'entre eux et dans lequel le principe du droit de conquête, contre lequel ils s'étaient pourtant battus, est remis au goût du jour : « La disposition sur les provinces conquises, est-il écrit, appartient, par sa nature même, aux puissances dont les efforts en ont fait la conquête. » Cela ne peut être plus clair. Le congrès censé réunir toute l'Europe se fera à quatre pour toutes les questions relatives aux « grands intérêts de l'Europe », sur le principe des « convenances » particulières des puissances dominantes. La France, comme l'Espagne, le Portugal et la Suède, également signataires du traité de Paris, sont reléguées au rang de simples spectateurs. « Chacun relisait le traité de Chaumont », écrit Talleyrand. Ce traité conclu en mars entre l'Angleterre, l'Autriche, la Russie et la Prusse était censé resserrer les nœuds de l'alliance contre Napoléon. En fait, il survit à la guerre et fonctionne maintenant comme une machine à exclure la France.

À peine installé à Vienne, Talleyrand est « invité » à assister, le 30, à l'une des conférences des quatre puissances. Cela se passe chez Metternich, dans le cadre intime de sa villa du Rennweg, dans les faubourgs de la ville. Le prince y arrive en début d'après-midi et trouve les ministres des quatre cours réunis en séance autour d'une longue table. À l'une des extrémités, le grand Castlereagh, le ministre anglais, semble présider. En face de lui, le comte de Gentz tient la plume ; assis de part et d'autre, les Prussiens Guillaume de Humboldt et Hardenberg, que sa surdité n'autorise pas à siéger seul, le Russe Nesselrode et Metternich lui-même.

À peine le « diable boiteux » est-il entré en scène que le grand jeu commence. Invité à lire le protocole du 22 septembre qui règle l'organisation des conférences, il se lève et après un long silence affecte la plus vive surprise. Il a raconté ce moment dans l'une de ses lettres à Louis XVIII qui sont toutes des petits chefs-d'œuvre de mise en scène. Au mot « puissances alliées », il feint de ne pas comprendre. De quels alliés s'agit-il ? Alliés contre qui ? Contre Napoléon ? Il est à l'île d'Elbe ? Contre Louis XVIII ? Sommes-nous donc toujours en guerre ? Puis, profitant de la confusion générale, il s'engouffre dans la brèche. De quel droit, demande-t-il, les puissances s'autorisent-elles à siéger et à rédiger des protocoles alors que le congrès n'est pas encore officiellement ouvert ? « Il y a pour moi deux dates entre lesquelles il n'y a rien : celle du 30 mai [traité de Paris] où la formation du congrès a été stipulée, et celle du 1er octobre où il doit se réunir. Tout ce qui s'est fait entre ses deux dates m'est étranger et n'existe pas pour moi. » Il se montre très grand seigneur, cassant, hautain, contrariant, définitif. « Messieurs, parlons franchement : s'il y a des puissances alliées, je suis de trop ici. [...] Et cependant si je n'étais pas ici, je vous manquerais essentiellement. Je suis peut-être le seul qui ne demande rien. De grands égards, c'est là tout ce que je veux pour la France. Je ne veux rien, je vous le répète, et je vous apporte immensément. La présence d'un ministre de Louis XVIII consacre ici le principe sur lequel repose tout l'ordre social. Le premier besoin de l'Europe est de bannir à jamais l'opinion qu'on peut acquérir des droits par la seule conquête et de faire revivre le principe sacré de la légitimité d'où découlent l'ordre et la stabilité. [...] Si, comme déjà on le répand, quelques puissances privilégiées voulaient exercer sur le congrès un pouvoir dictatorial, je dois dire que je ne pourrais consentir à reconnaître dans cette réunion aucun pouvoir suprême et je ne m'occuperais d'aucune proposition qui viendrait de sa part[6]. » Toute la force de Talleyrand consiste à faire de l'intérêt du souverain qu'il représente l'intérêt général de l'Europe. Après les avoir « bien tancés pendant deux heures » (Gentz), il leur communique le lendemain une note officielle dans laquelle il demande que les huit puissances signataires du traité de Paris soient invitées à siéger dans la commission chargée de préparer un congrès dont il demande l'ouverture le plus rapidement possible. Le tsar, qui le voit entre-temps, est furieux, Metternich aussi qui pour une fois laisse échapper un mot sincère : « Nous aurions mieux fait de traiter nos affaires entre nous ! » Talleyrand tout en soulignant dans l'une de ses lettres au roi que sa position est « difficile », continue à se montrer irascible. Le 3 octobre, il menace de ne plus participer à aucune conférence, le 8, il insiste pour faire figurer la notion de droit public parmi les principes sur lesquels le congrès, dont l'ouverture est enfin prévue pour le 1er novembre, fondera ses débats. L'échange qui en est résulté avec Guillaume de Humboldt est resté célèbre. Humboldt, qui ne pense qu'à agrandir la Prusse par tous les moyens, hausse le ton. « Que fait ici le droit public ? – Il fait que vous y êtes, lui répond Talleyrand plus froid et sardonique que jamais[7]. »

La plupart de ses biographes ont salué cette performance de Talleyrand à Vienne. D'abord admis par simple convenance d'étiquette, il est parvenu à se rendre redoutable en s'imposant naturellement comme le porte-parole des puissances de seconde zone, pour qui la réunion du congrès est le seul moyen de se faire entendre face aux grands. Mais cela ne s'est pas passé aussi rapidement que certains historiens ont bien voulu le dire. Il lui a fallu des semaines avant de se faire jour en exploitant les dissensions qui très rapidement vont s'envenimer, au cours du mois d'octobre, entre les ambitions d'Alexandre et du prince de Hardenberg d'un côté et les craintes de Metternich, bientôt soutenu par Castlereagh de l'autre.

Dans les premiers temps du congrès, en effet, toute la question va porter sur le sort de la Pologne convoitée par Alexandre et sur celui de la Saxe que les Prussiens veulent annexer en dédommagement de leur partie de Pologne promise aux Russes. La Saxe, qui compte deux millions d'habitants avec Dresde et Leipzig, n'est pas un enjeu d'importance en soi. Si Talleyrand va passer trois mois à défendre son indépendance à Vienne en ralliant successivement Metternich puis Castlereagh à sa cause, c'est qu'elle occupe une position stratégique au centre de l'Allemagne et qu'elle symbolise à elle seule toute la politique qu'il conduit. Depuis l'époque du Directoire, il a toujours considéré que l'équilibre de l'Europe dépendait en partie du maintien d'une Allemagne fédérale placée en tampon entre la Prusse et l'Autriche. En donnant une frontière commune aux deux puissances rivales, l'absorption de la Saxe créerait une coexistence dangereuse en Europe centrale. L'avenir lui donnera raison puisque le maintien de puissances secondaires au centre de l'Allemagne – la Saxe, mais aussi la Bavière et le Wurtemberg – a certainement contribué à préserver un certain équilibre entre les « maisons de Habsbourg et de Brandebourg », en freinant les ambitions prussiennes. Ce n'est que cinquante ans après Vienne que la Prusse parviendra à mettre définitivement la main sur l'Allemagne en écartant l'Autriche, battue à Sadowa. La France ne viendra qu'ensuite. Aux yeux de Talleyrand, la Saxe constitue quasiment un cas d'école. Ce qui est en jeu avec elle, c'est ce fameux principe du droit des gens, hérité de l'Ancien Régime, qu'il défend en défendant les droits de son souverain, Frédéric-Auguste, coupable d'être resté trop longtemps fidèle à Napoléon, retenu prisonnier à Frederichsfeld et menacé de dépossession. Avec la Saxe, l'équilibre de l'Europe tel que le conçoit Talleyrand et le principe de légitimité ne font qu'un[8]. La partie est belle, d'autant plus que Louis XVIII est personnellement intéressé au sort du malheureux roi de Saxe dont il est le parent par sa mère. En œuvrant pour la Saxe, Talleyrand travaille aussi pour lui, en courtisan. Mais il se donnera beaucoup de mal avant d'arriver à une solution.

Car, malgré ses coups d'éclat, malgré la transformation de la conférence des quatre en conférence des huit à partir du 8 octobre, tout se passe encore au cours du mois de novembre en discussions informelles entre les représentants des quatre puissances, cette fameuse « voie confidentielle » voulue par Metternich, au milieu d'un congrès toujours aussi fantomatique et dont l'ouverture est repoussée de jour en jour. Dans ces conditions, le ministre du roi de France n'est consulté et informé que de loin en loin. On s'en méfie et on le craint. Deux décennies de manœuvres et de règne diplomatique, cela marque, surtout quand on se souvient qu'à l'époque de son dernier séjour à Vienne, en 1805, la capitale des Habsbourgs était alors occupée par les armées de Napoléon dont il était le ministre tout-puissant. Et c'est ce même homme qui vient maintenant prêcher la morale aux puissances victorieuses d'un système qu'il a servi, même s'il l'a fait à sa manière. L'Italien Giuseppe Carpani, l'un des meilleurs agents du baron de Hager, le chef de la police secrète autrichienne, résume cela d'une phrase : « L'Évangile reste l'Évangile, même dans la bouche du diable. » Plus que jamais, sa réputation le précède. De Paris, Pozzo en prévient Nesselrode au moment même de l'arrivée du prince dans la capitale autrichienne : « Son intérêt pour les autres est proportionné au besoin qu'il en a dans le moment ; ses civilités mêmes sont des placements à usure qu'il faut payer avant la fin de la journée. […] Au reste, vous connaissez l'animal mieux que moi[9]. » Le prince de Ligne, qui passe les derniers jours de sa vie à se moquer du spectacle de cette ville ordinairement calme et grave, tout à coup effervescente, et qu'il aime plus que tout au monde, le tient pour l'une des têtes les plus dangereuses et les plus méchantes du congrès[10]. À son image d'ailleurs. On lui prête ce mot, alors que l'ancien ministre de Napoléon lui avouait avoir été soupçonné de trahison depuis sept ans : « Quoi, sept ans seulement, et moi, il y a vingt ans que je vous soupçonne[11]. » Le soupçon est une activité très prisée à Vienne, en ces temps de congrès. On ne saura jamais le nombre des informateurs qui travaillaient à ce moment-là pour la police viennoise. Talleyrand, « le fin merle », est l'objet de toute leur attention. Mais en dehors d'un vieux domestique et d'un garçon de chancellerie qui leur procure quelques papiers déchirés trouvés dans sa corbeille, ils n'ont pas grand-chose à se mettre sous la dent. « [Sa] maison, écrit un informateur désabusé le 14 octobre, n'est rien moins maintenant qu'une place forte, dans laquelle il tient garnison avec les seuls individus dont il se croit sûr[12]. » Ce n'est qu'un peu plus tard que la place forte va s'ouvrir, grâce à l'un des meilleurs agents « mondains » du baron de Hager, le comte de Bentzel-Sternau, très proche des Dalberg – il est le ministre des Finances du grand-duché de Francfort[13]. Par lui, on possède de nombreux détails sur la vie privée du prince et de ses principaux collaborateurs à Vienne.

L'ambassade française est l'une des plus nombreuses de la ville. Le duc de Dalberg, l'ami de toujours, le seul aussi en qui Charles-Maurice ait – à tort, semble-t-il – entièrement confiance, occupe une place à part. Il va jouer à Vienne, avec le titre d'ambassadeur extraordinaire du roi, un rôle de premier plan qui n'a encore jamais été étudié sérieusement. Le comte de La Garde-Chambonas, qui le croise à Vienne, lui trouve « la finesse spirituelle du regard », « le calme imperturbable dans les traits », « le maintien de l'homme supérieur », « les manières aisées et naturelles[14] » – on croirait qu'il parle de Talleyrand. Il connaît à fond les milieux diplomatiques allemands et italiens. Un informateur du baron de Hager écrit qu'il est le seul

« diplomate étranger qui connaisse assez bien les relations et le système politique de la maison d'Autriche et de l'Empire allemand ». L'ancien ministre de Bade, le neveu du prince primat de la défunte Confédération du Rhin et grand-duc de Francfort, Karl von Dalberg, est apparenté à tout ce qui compte en Allemagne et en Autriche, les Metternich, les Stadion et les Schönborn entre autres. Sophie de Schönborn est d'ailleurs sa maîtresse à Vienne, en toute tranquillité puisque sa femme est à Bologne. Par ses alliances, par ses relations anciennes avec la cour de Berlin, avec Stein, avec toutes les cours protestantes, il s'impose comme le premier informateur et le premier agent de Talleyrand. C'est lui qu'on vient voir en premier. C'est lui qui arrange les rendez-vous secrets de son ministre et ami avec tous ceux qui se méfient et s'inquiètent des ambitions russes et prussiennes, qui les guide et les fédère. C'est lui aussi qui organise la contre-police du prince en se servant du ministre badois, le baron de Hacke, sans parler des alliés politiques de l'ambassade, le comte Schulenburg et les Saxons, les princes médiatisés allemands et tous les mécontents de Nassau, du Wurtemberg et de Bavière. Plus tard, Dalberg siégera dans plusieurs des commissions chargées de régler certaines affaires particulières du congrès, entre autres celle dite des évaluations et celle de la Confédération helvétique. C'est lui qui rédige la correspondance officielle de l'ambassade à Jaucourt.

Le comte de La Tour du Pin, l'ancien préfet de Napoléon, et Alexis de Noailles, qui n'arrive d'ailleurs à Vienne qu'en novembre, viennent en seconde ligne. Noailles, royaliste de toujours et catholique fervent, est là pour améliorer les rapports de son ministre avec la cour des Tuileries comme avec le pape. Son admiration, sinon sa dévotion pour l'ancien évêque défroqué est quelque chose d'assez curieux, surtout lorsque l'on sait qu'il était de ceux qui avaient diffusé clandestinement dans les dernières années de l'Empire la bulle d'excommunication et les écrits hostiles du pape contre Napoléon et son régime. Vitrolles, méprisant, parle de sa « servilité » et dit de lui qu'il « attachait les souliers de M. de Talleyrand[15] ». C'est bien sûr

Noailles que Talleyrand enverra au roi lorsque celui-ci devra s'exiler à Gand après le retour de Napoléon de l'île d'Elbe.

Les deux ministres plénipotentiaires sont là pour des raisons politiques. À Vienne, la réalité du travail diplomatique est entre les mains du fidèle La Besnardière. Talleyrand a créé pour lui, lors de la réorganisation de son ministère en mai 1814, une sorte de direction générale des affaires politiques qui chapeaute les anciennes divisions du Nord et du Midi. D'Hauterive, qui a d'ailleurs demandé un congé, est en semi-disgrâce. Talleyrand n'a probablement pas supporté ses avertissements et sa franchise sur l'incroyable fragilité de sa position dans les premiers mois de la Restauration[16]. Avec La Besnardière, on trouve les habituels chefs de bureau, Saint-Mars, Flury, Damour et les secrétaires à la main, en particulier Gabriel Perrey, qui, tout en ayant pris du grade à la tête du secrétariat du bureau des chancelleries, reste chargé des lettres les plus délicates[17]. Flassan, l'historiographe du cabinet du roi, s'occupe des brochures. Officiellement il est chargé de rédiger une histoire du congrès[18].

Pour se faire respecter, il faut savoir se montrer fastueux. Talleyrand, naturellement grand seigneur, arrive à Vienne avec sa « maison » : le peintre Isabey, son pianiste attitré, le jeune Sigismond Neukomm qui joue pour lui pendant qu'il travaille dans son cabinet, ses domestiques et sa cuisine. Antonin Carême est peut-être de la partie. L'homme aux cent quatre-vingt-dix potages français et aux cent trois potages étrangers, entré au service du prince au tout début de l'Empire, formé par Boucher et par Louis Ebralt, est déjà célèbre. À Paris, Alexandre avait tellement aimé sa cuisine qu'une fois installé à l'Élysée il l'avait « emprunté » à son hôte pendant toute la durée des négociations du traité de paix. Ce pâtissier de formation est dans son élément à Vienne, ce qui ne l'empêche pas de faire venir ses truffes de Paris par le courrier diplomatique. Ses « extraordinaires » au palais de l'ambassade française, la *domus peccatorum*, comme l'appelle plaisemment un agent de la police secrète autrichienne, sont restés dans toutes les mémoires. L'ancien hôtel du prince de Kaunitz, somptueux édifice baroque situé au centre de Vienne à deux pas de la cathédrale Saint-Étienne, dans la Johannes Gasse, devient vite l'un des endroits les plus prisés de Vienne. Les grands dîners servis à la française et les fêtes s'y succèdent. Celle du 23 février a sans doute été la plus belle. Le clou du spectacle consistait en une sorte de « tableau vivant », très à la mode à l'époque, représentant l'Olympe et joué par les plus belles femmes de Vienne. La salle est pleine de souverains. « Ce que l'on appelle l'Olympe a été magnifique, écrit Charles-Maurice le lendemain à la duchesse de Courlande ; beaucoup de parures, beaucoup d'élégance, beaucoup de lumières et toutes les attitudes de quatre-vingts déesses parfaitement glorieuses. Après le spectacle, les compliments ont été sans nombre. L'empereur de Russie même a bien voulu faire des éloges, cela est à compter quand on tient à la France[19]. »

À ce congrès, qui est aussi la plus grande réunion mondaine de tous les temps, Talleyrand tient son rang et joue son rôle à la perfection. Il est parfaitement dans son élément au milieu de cette internationale aristocratique dont la langue principale est le français et dont il connaît par cœur les valeurs, les codes et les usages. « M. de Talleyrand, dans sa sphère très élevée assurément, a toujours le ton et l'autorité d'un diplomate-roi, écrit Mme du Montet : on le flatte ; il règne ; on a peur de son esprit : l'Europe est sur le qui-vive dans la crainte d'un de ses bons mots[20]. » Il y a foule, foule royale à Vienne, deux empereurs, des rois et des princes sans parler des quatre-vingt-treize ministres accrédités auprès du congrès qui représentent tous les États d'Europe, et de la plèbe : solliciteurs, hommes d'affaires, acteurs, escrocs et courtisanes de tout poil. L'empereur d'Autriche veut du faste et des plaisirs. Chaque souverain dispose à la Hofburg d'une table de trente couverts, d'une ou de plusieurs calèches achetées spécialement pour l'occasion. Les seuls frais de bouche du palais impérial s'élèvent à cinquante mille florins par jour. Un comité des fêtes règle avec le plus grand sérieux l'ordre des cérémonies données par la cour : des parades militaires, des concerts – Beethoven se produira à Vienne pendant le congrès –, des ballets à l'Opéra, des chasses au Laxenburg, des mascarades, des carrousels et surtout des bals et des redoutes, à la cour mais aussi dans toutes les grandes maisons de Vienne. Le prince de Ligne évoque en souriant cette « pluie de sires » qui s'amusent et dansent jusqu'à l'aube. Entre deux conférences informelles, les souverains se reposent. Ce sont des vacances de rois. « Les fêtes vont bien, chère amie, mais les affaires vont mal », écrit Talleyrand à la duchesse de Courlande le 19 octobre[21]. « Il y a du noir derrière tout ce clinquant », note encore Astolphe de Custine[22].

7.
DOROTHÉE

En attendant son ouverture officielle, le congrès ne marche pas, il danse, comme le dit le prince de Ligne. L'air est propice aux intrigues amoureuses, les questions les plus importantes sont livrées le soir aux dominos d'une salle de bal et la nuit aux lits des alcôves. « À Vienne, note Ferdinand Bac, l'alcôve est le cabinet de travail de la diplomatie[1]. » La passion d'Alexandre pour la princesse Bagration, les démêlés de Metternich avec la sulfureuse duchesse de Sagan, sa rivalité amoureuse avec Alexandre qui envenime encore leur rivalité politique, occupent une bonne partie des rapports de la police secrète viennoise. Gageons que le ministre du roi de France, qui passe une partie de ses soirées au palais Palm chez Wilhelmine de Sagan, a su tirer parti de tout cela[2]. La duchesse de Sagan est la fille aînée de sa « chère amie » la duchesse de Courlande. Deux des sœurs de la duchesse volage, qui avouait à une amie s'être « ruinée en maris », Pauline, princesse de Hohenzollern-Hechingen et Jeanne, princesse Pignatelli, sont également à Vienne.

La troisième, et la cadette, n'est autre que la comtesse de Périgord, la nièce de Talleyrand. Elle est venue avec son oncle et habite avec lui à l'ambassade de France. Dorothée de Périgord n'a que vingt et un ans à l'époque de ce séjour, décisif pour elle. Elle a deux jeunes fils et vient de perdre une fille, ce qui l'a bouleversée[3]. Ses rapports avec son mari Edmond, rentré à Paris et devenu entre-temps maréchal de camp des armées du roi, sont orageux. Elle est malheureuse, tourmentée même, mais elle a jusque-là gardé la réputation de lui être restée fidèle. Elle est devenue excessivement jolie avec ses immenses yeux noirs et sa peau mate. Le jeune Cussy, qui la verra un peu plus tard à Dresde, lui trouve « la plus jolie taille du monde, le plus joli sourire et les plus admirables yeux qu'il soit possible de voir[4] ». Admirables et dangereux. II y brille parfois « une clarté d'enfer », note Sainte-Beuve. Quelques-unes de ses connaissances ont été frappées à cette époque par le mélange d'intelligence, de passion insatisfaite et de ferveur religieuse qu'elle développe. Elle est la seule de sa famille à s'être convertie au catholicisme en 1811, ce qui est loin d'être innocent. Cette coexistence troublante d'innocence juvénile, d'idéalisme « à l'allemande » et de passion féminine en a fasciné plus d'un. Gentz parle de la « subtilité de son esprit » et de la « dépravation de son cœur[5] ». Neumann, le fils naturel de Metternich, rapporte de façon très symptomatique qu'après qu'elle lui eut fait part de l'état de ses sentiments, il la croyait réellement amoureuse de lui. Il a, à ce propos, les mots les plus justes qui aient jamais été écrits sur elle : « C'est une femme étonnante, pleine d'esprit, le cœur aimant ; et pourtant il y a chez elle quelque chose de mystérieux et d'impénétrable qui la rend encore plus attirante[6]. »

Vienne a été pour Dorothée une révélation. Elle s'y taille très vite un succès que ses sœurs vont finir par lui envier. L'ambassadeur anglais lui offre un cheval. Le grand écuyer de la cour, Trauttsmandorff, la courtise poliment. C'est avec lui qu'elle paraît le 23 novembre au somptueux carrousel de la cour qui a plus impressionné les Viennois que n'importe quel traité diplomatique. Elle fait partie des vingt-quatre « belles d'amour » qui évoluent sur de superbes chevaux hongrois, en quatre quadrilles, avec leur vingt-quatre chevaliers servants en costume de la Renaissance, dans la grande salle du manège de l'empereur, sous les yeux éblouis de la cour et du congrès. Aux dires de Talleyrand, sa belle écharpe ponceau (rouge vif) brodée de fleurs de lys d'or a fait le plus bel effet. « Dorothée plaît ici, et s'amuse. Son succès est général », écrit-il encore à la duchesse de Courlande[7]. Quand elle n'est pas à cheval, elle paraît tous les soirs aux cercles de Vienne, joue les meilleurs rôles des pièces que l'on donne en société, figure dans les tableaux vivants comme cette incroyable partie d'échecs,

« une espèce de ballet où les personnages habillés en fou, en roi, reine, tour, exécutent une partie savante » que donne un soir la comtesse Sophie Zichy. « Les bals et les fêtes n'ayant pas discontinué, écrit en souriant le duc de Dalberg, elle est une des personnes les plus occupées du congrès[8]. » Dorothée joue aussi les maîtresses de maison au palais du prince de Kaunitz. Elle commence à s'exercer à la haute politique. Villemain, qui la connaissait bien, affirme que certains passages des lettres de son oncle au roi, ceux qui ont « des touches plus vives, plus délicates », sont d'elle. Le fait est que Charles-Maurice appréciait déjà, avant de partir pour Vienne, « ses petites observations qui sont toutes justes et bienveillantes[9]. » Il apprendra vite qu'en société Dorothée peut être aussi parfaitement malveillante ! Elle sert d'intermédiaire, notamment avec le prince Adam Czartoryski, dont elle était amoureuse autrefois, et qui est à Vienne l'un des principaux conseillers d'Alexandre. Mais pourquoi elle et pas sa mère, dont l'influence et les rapports avec Alexandre sont infiniment plus profonds et solides ? La duchesse de Courlande ne rejoindra Vienne que beaucoup plus tard, à la fin du mois de mars de l'année suivante, pour échapper à Napoléon revenu à Paris. Du point de vue de Charles-Maurice, il n'était pas question non plus de tenir son rang à Vienne avec sa femme. Pour la pauvre princesse de Talleyrand, qui au moment du départ de son mari s'en va tristement passer quelques jours seule à Valençay, le passage de l'Empire à la Restauration est aussi « le commencement de la fin ». Au congrès, où l'on ne cesse de chuchoter méchamment sur l'ancienne condition épiscopale du ministre du roi de France, sa présence aurait été par trop scandaleuse[10].

De retour dans la capitale des Habsbourgs, près de trente ans plus tard, Dorothée laissera échapper ces mots qui ne trompent pas : « Vienne. Toute ma destinée est dans ce mot[11]. » Que s'est-il passé à Vienne entre la nièce et l'oncle ? D'après leurs actes de naissance, trente-neuf ans les séparent. D'après les lettres qui existent et surtout celles qui n'existent plus, un immense silence nous sépare d'eux[12]. Comme toujours avec les femmes qui ont le plus compté dans sa vie, Charles-Maurice se tait.

On chercherait en vain l'une de ses lettres, et elles ont dû être nombreuses, à sa nièce. Dans leurs rapports, les agents secrets de la police autrichienne, pourtant obsédés par la « bagatelle », ne soufflent mot d'une quelconque liaison sentimentale entre eux. Mais Charles-Maurice a toujours été plus discret que les autres et la jeune comtesse de Périgord habite chez lui. Dans ses lettres à la duchesse de Courlande, il donne parfaitement le change et parle de Dorothée comme un oncle parlerait des progrès et des succès de sa nièce préférée. Il évoque même, sans chercher à le lui cacher, ses conversations du matin avec elle, dans sa chambre, tandis qu'ils bavardent ensemble et qu'elle est assise sur son lit. Le Genevois Jean-Gabriel Eynard la verra sortir « un peu à la hâte » de la chambre du prince, en déshabillé du matin, à midi, alors qu'il attendait une audience. Sans même reconnaître la jeune personne qui s'échappe, il en fait des gorges chaudes, en bon calviniste qu'il est[13]. Tout cela intrigue, mais ne prouve rien. On en est réduit aux conjectures.

Talleyrand, qui, au début du mariage de Dorothée avec son neveu, la jugeait « maigre et chétive » et, tout à ses amours avec la duchesse de Courlande s'en désintéressait, commence à se préoccuper d'elle bien avant le congrès de Vienne. La comtesse de Kielmannsegge parle d'une brouille entre l'oncle et la nièce en avril 1812. Pour quelles raisons ? Dès 1813, quelqu'un d'aussi bien informé que Savary ne doute pas qu'elle lui ait déjà cédé. Si Charles-Maurice emmène Dorothée avec lui à Vienne, ce n'est pas seulement pour l'éloigner momentanément d'un mari avec lequel elle entretient des rapports détestables, c'est aussi par goût. Il a horreur de se contraindre. Pourquoi également fait-il, à la veille de son départ, en sa faveur et en celle de ses enfants, des arrangements de fortune qui contrastent avec l'extrême prudence dont il avait fait preuve à l'époque des négociations de son mariage à Francfort[14] ?

À Vienne, il voit ses succès, il la voit évoluer, se transformer en femme de plus en plus accomplie. Il commence à éprouver de la jalousie lorsque, à la fin de son séjour dans la capitale autrichienne, elle montre une préférence un peu trop marquée pour un bel aide de camp du prince de Schwarzenberg, le comte Clam-Martinitz. Est-ce pour ne pas la laisser seule avec lui qu'il prolonge son séjour à Vienne jusque dans les premiers jours de juin ?

Dorothée n'a peut-être pas été la maîtresse de son oncle à Vienne. Elle l'a sûrement été peu de temps après. À son retour à Paris en juillet 1815, elle affiche carrément sa liaison avec Clam, au point qu'Edmond aurait provoqué ce dernier en duel, aux dires de la police autrichienne, au point aussi qu'elle quittera Paris en novembre pour rejoindre son amant à Vienne et peut-être à Milan[15]. Est-ce un coup de tête ou une fuite en avant, entre un mari jaloux et volage qu'elle refuse de voir et qu'elle appellera bientôt par ironie « le veuf » et un oncle chez qui elle habite désormais et qui se montre de plus en plus pressant ?

De retour à Vienne, elle parle publiquement de divorce, ce qui étonne de la part d'une femme aussi secrète. Pendant toute cette période, tous ceux qui ont côtoyé Talleyrand le disent abattu, distrait et « livré à un sentiment dont l'ardeur l'a absorbé, au point de ne plus lui laisser aucune liberté d'esprit[16] ». Puis au retour de sa nièce, brouillée avec Clam dont elle aura un enfant qu'elle ne reconnaîtra pas, il retrouve sa gaieté. Fin avril 1816, ils font ensemble le voyage de Valençay, chaperonnés par l'éternelle princesse Tyszkiewicz. Charles de Rémusat, qui voit le prince un mois plus tard à Paris, en est étonné. « Il rit, il est content de tout, pas moyen de lui faire trouver quelque chose de mal[17]. » C'est de cette époque que date l'une des rares lettres sauvées de la destruction, de Dorothée à celui qu'elle appelle maintenant « Mon cher ange ». Elle y évoque son état de santé – elle est enceinte de Clam – et s'impatiente de l'absence de son oncle : « Le beau temps est un bon remède, mais le véritable médecin, c'est vous, rien ne fixe, hélas, votre retour. [...] J'ai besoin de savoir que chaque jour me portera une preuve de votre affection. » Elle y commande comme une femme qui règne dans le cœur d'un homme, elle s'y exprime aussi comme une maîtresse en se donnant l'un de ces petits noms dont les deux amants usaient sans doute dans l'intimité. Elle est son « petit marsouin ». Elle le restera pendant des années[18].

8.

ENTRE LA GUERRE ET LA PAIX

À la fin du mois d'octobre, à Vienne, le congrès boite toujours un peu. « Nous allons ici comme des tortues, mais enfin nous allons un peu, écrit Talleyrand le 31[1]. En un sens, il est le premier à avoir en partie contribué à ce blocage autour de la question de la Saxe et de la Pologne. Par son influence, Metternich, qui avait envisagé un moment d'abandonner la Saxe à la Prusse, en cédant au plan de conquête d'Alexandre en Pologne, revient progressivement en arrière. Talleyrand ne l'aime pas et l'appelle « le blafard » à cause de la pâleur de son visage. Dans ses lettres au roi, dans ses lettres intimes, il se plaint continuellement de lui, le trouve frivole, vague, fat et faux. « Son grand art est de nous faire perdre du temps, croyant par là en gagner. » Il finira par avoir raison de ses hésitations en jouant sur les peurs de ce grand conservateur qui se vantera plus tard d'être le « rocher de l'Europe ». L'esprit révolutionnaire qui règne en Allemagne, la sécurité militaire de l'Autriche sont autant de bonnes raisons, à ses yeux, pour que Metternich se montre ferme face aux Prussiens. La note que le chancelier autrichien finit par remettre le 10 décembre au prince de Hardenberg et dans laquelle il se refuse à livrer la Saxe à la Prusse constitue pour lui une première victoire. Il lui aura fallu, en même temps, convaincre Castlereagh, très ignorant des questions allemandes – il cite même à ce propos une phrase de Kaunitz dans l'une de ses lettres au roi : « C'est prodigieux tout ce que les Anglais ignorent » – et à qui il reproche de « ne voir que des masses sans s'embarrasser des éléments qui servent à les former ».

Ce lent travail de rapprochement avec l'Autriche et l'Angleterre se fait sur fond d'affrontement avec le tsar. Leur premier entretien du 31 septembre est resté célèbre. Le jeune autocrate s'y montre véhément : « La Pologne est ma conquête, je garderai ce que j'occupe », et s'échauffant à propos du roi de Saxe, il parle avec mépris de « ceux qui ont trahi la cause de l'Europe », ce qui lui vaudra la réponse la plus cinglante et la plus ironique qu'on connaisse de l'ancien ministre de Napoléon : « Sire, c'est là une question de date. » Alexandre lui aussi avait signé un traité d'alliance avec Napoléon en 1807, Talleyrand était bien placé pour le savoir. Comme l'écrit Gentz, ce jour-là, l'ancien évêque sut en imposer au tsar « par son esprit, ses reparties et son savoir-faire[2] ». Lors de ses autres entrevues avec lui, Alexandre se montrera nettement plus aimable. Il louvoie, lui propose de l'aider sur la question du rétablissement des Bourbons sur le trône de Naples à la place de Murat, solution pour laquelle le ministre de Louis XVIII milite, en échange de ses bons services en Pologne. Il se rend compte qu'il ne se débarrassera pas comme cela de ce diable d'homme dont l'influence se fait de plus en plus sentir sur Metternich et Castlereagh. Le 15 novembre, il l'invite cette fois « sans cérémonie et en frac, comme autrefois ». C'est pour Talleyrand l'occasion de rester ferme sur la Saxe et de lui exposer sa position sur la Pologne : soit, dit-il, le congrès rétablit l'ancienne Pologne indépendante dans ses frontières d'avant les partages des années 1770-1790 – il disait déjà en 1800 que les trois partages de la Pologne avaient été le signal de tous les bouleversements de l'Europe –, soit, si décidément le tsar veut se faire roi de Pologne, on tente de réduire le plus possible les frontières de l'ancien duché de Varsovie afin de ne gêner ni l'Autriche ni la Prusse[3].

Toutes ces manœuvres, ne l'oublions pas, sont des manœuvres du faible au fort. Talleyrand, comme ministre d'un roi dont l'armée est vaincue et désorganisée, n'a pas les moyens de sa politique. Un proche de Metternich compare les plénipotentiaires français à Vienne à des chiens qui aboient, mais qui ne mordront pas pour la défense de la Saxe[4]. Talleyrand n'a aucune intention de faire la guerre, mais il fait comme s'il n'en écartait pas la possibilité. Il sait, grâce à Jaucourt qui le tient au courant de la situation en France, que si l'armée serait prête à marcher pour la rive gauche du Rhin, elle ne bougerait pas pour la Saxe. « Croyez-moi, on n'est nullement touché d'une politique désintéressée qui armerait pour la Saxe et la balance de l'Europe telle qu'elle était en 1792[5]. »

À Vienne, on en est réduit aux effets de manche, à demander des instructions complémentaires au roi de France et à faire venir le général Ricard avec le rang de conseiller militaire[6]. Pourtant, de novembre à la fin du mois de décembre, les menaces de guerre sont réelles. Coup sur coup paraissent une circulaire du prince Repnine qui remet le gouvernement général de la Saxe, jusqu'alors occupée par l'armée russe, aux Prussiens et, à Varsovie, une proclamation du grand-duc Constantin, le frère d'Alexandre, appelant l'armée polonaise à « combattre pour l'indépendance de la patrie ». Tout Vienne s'agite tandis que Talleyrand poursuit patiemment son travail de rapprochement avec Metternich et Castlereagh.

On a beaucoup critiqué le « traité » d'alliance défensive qu'il va finir par leur arracher à Vienne le 3 janvier[7]. C'est peut-être parce que lui-même a péché par excès d'orgueil et par complaisance, en le présentant au roi et à ses contemporains comme un acte décisif destiné à durer dans le temps. C'est ce qu'il écrit au roi, en bon courtisan, le 4 janvier : « Maintenant, Sire, la coalition est dissoute, et elle l'est pour toujours. Non seulement la France n'est plus isolée en Europe, mais Votre Majesté a déjà un système fédératif tel que cinquante ans de négociation ne sembleraient pas pouvoir parvenir à lui donner. Elle marche de concert avec deux des plus grandes puissances [d'Europe]. Elle sera véritablement le chef et l'âme de cette union, formée pour la défense des principes qu'elle a été la première à proclamer[8]. » En réalité la convention du 3 janvier est limitée aux circonstances du congrès et son « inventeur » le sait très bien. Les parties contractantes – la France, l'Autriche et l'Angleterre – se promettent assistance militaire en cas d'agression d'une puissance qui n'est pas nommée mais ne peut être que la Russie épaulée par la Prusse. Le traité du

3 janvier est un arrangement tactique, un gigantesque coup de bluff destiné à faire peur et à débloquer une situation dangereuse et conflictuelle créée par les ambitions expansionnistes d'Alexandre : en Pologne pour lui-même, et en Saxe pour le compte du roi de Prusse qui menace l'intégrité de l'Autriche et les équilibres de l'Allemagne. Une fois de plus, fidèle en cela à ce qu'il n'avait cessé de répéter à Napoléon, Talleyrand considère l'Empire autrichien, qu'il compare à « la Chambre des pairs de l'Europe », comme un élément essentiel de stabilité et de paix. Il faut donc l'aider. Il ne s'est pas trompé puisque les rumeurs qui ont couru à Vienne autour de cet acte prétendument secret ont suffi à faire retomber la tension.

Dans le courant du mois de janvier, on s'achemine enfin vers un règlement général des questions polonaise et allemande. « J'ai toutes les raisons d'espérer que le danger de guerre est maintenant écarté », écrit Castlereagh à Liverpool, le 5. Trois jours plus tard, après trois mois d'efforts, de patience et de manœuvres, Talleyrand est définitivement admis à siéger au sein du comité qui réunit les quatre anciennes puissances alliées contre la France. Pour fêter ce succès, il lui prend l'idée plutôt cynique de réunir tout le congrès à une grand-messe expiatoire en mémoire de la mort de Louis XVI, le 21 janvier, à la cathédrale Saint-Étienne. Pour l'ancien serviteur d'un Directoire peuplé de régicides, cela ne manque pas de sel. À cette époque-là, le 21 janvier, le ministre aimait emmener son fils Charles de Flahaut au Champs-de-Mars, parce que le gouvernement y donnait des courses de chevaux pour fêter la mort du « tyran »[9]. Dans son esprit, la célébration de Vienne est un acte essentiellement politique destiné à consolider le prestige du roi de France : « Un grand et touchant hommage rendu à la maison de Bourbon, dont la chute momentanée avait été la cause et l'origine de tous les maux qui ont accablé l'Europe », écrit-il sans rire à Jaucourt[10].

Le 11 février, les « cinq » finissent par s'accorder sur un projet général qui livre une « Pologne » réduite à une partie seulement de l'ancien duché de Varsovie à Alexandre et conserve une bonne partie de la Saxe, avec Dresde et Leipzig, à son ancien roi. Talleyrand, accompagné de Metternich et de Wellington, ira lui-même à Presbourg pour convaincre ce dernier de cet arrangement. Mais dans la mesure où les Prussiens ne récupèrent qu'un morceau de Saxe, tout en perdant Varsovie destinée à devenir la future capitale du nouveau royaume polonais d'Alexandre, il reste à leur trouver des compensations suffisamment importantes pour ramener le royaume à ce qu'il était avant les défaites d'Iéna et de Friedland. Tant que Hardenberg, le ministre prussien, pouvait espérer se saisir de toute la Saxe, il s'était refusé à toute idée de compensation sur la rive gauche du Rhin, à l'exception de quelques places fortes stratégiques : Mayence et Luxembourg. Son point de vue est clairement exprimé dans sa note du 15 octobre à Metternich : « La Prusse désire, si cela se peut, n'avoir aucune frontière en commun avec la France parce que, comparativement, sur le Rhin, elle se trouvera toujours plus faible. » Une fois la question de la Saxe décidée, il tentera faute de mieux et sous la pression de l'armée et des idéologues de la Grande Nation prussienne, Stein en tête, d'emporter le plus gros morceau de Rhénanie possible. En fin de compte, la Prusse va finir par obtenir une partie non négligeable de la Rhénanie, le long du royaume des Pays-Bas, de Duisbourg à Cologne, Bonn et Trèves. Talleyrand ne s'y est qu'à demi opposé, en veillant à ce que la Prusse ne soit ni à Mayence, ni dans le Palatinat, ni au Luxembourg, là où elle aurait été la plus dangereuse, ce qu'il obtiendra, non sans mal. Mayence en particulier, grande place forte sur le Rhin, occupée militairement par les Prussiens et réclamée par eux sera finalement intégrée au grand-duché de Hesse[11]. Par ailleurs, il a contribué à faire du Rhin un fleuve libre, doté d'un règlement international et débarrassé du plus gros de ses entraves douanières, d'État à État. Sur le moment, à Vienne, cette installation de la Prusse sur le Rhin, à la place du roi de Saxe comme le proposait Alexandre, n'a suscité aucun commentaire public et peu de critiques, sinon celles de l'ex-abbé de Pradt[12].

Dans l'esprit de Talleyrand, il valait cent fois mieux fabriquer à Vienne une Prusse disséminée et sans continuité territoriale, de Trèves à Königsberg, qu'une Prusse unie et puissante au centre de l'Allemagne. D'autant plus que cette discontinuité était également culturelle. La Rhénanie du concordat et du code civil, catholique et libérale, était à ses yeux moins facilement assimilable à la Prusse protestante et militaire que la Saxe. Ce sera l'opinion de Thiers, cinquante ans plus tard, en 1867, à la lumière des événements de Sadowa : « Si j'avais été à la place de M. de Talleyrand à Vienne, aurais-je pu y agir mieux que lui ? Je ne le crois pas. Avec la Saxe, la Prusse acquérait la force qui lui manquait. Voilà ce qu'il n'a pas voulu. La Prusse, maîtresse de la Saxe, devenait maîtresse de l'Allemagne. [...] Puisqu'il fallait choisir entre deux maux, que la Prusse prît la Saxe ou qu'elle eût une colonie sur la rive gauche du Rhin, M. de Talleyrand choisit le moindre[13]. » En 1815, ce sont les Prussiens et non les Français qui craignaient cette coexistence des deux pays, par ailleurs limitée à une cinquantaine de kilomètres, au sud du Rhin. Et ce n'est qu'à Langensalza en Thuringe puis à Sadowa, cinquante ans plus tard, que la Prusse réalisera ce dont elle rêvait en 1815, en battant les Autrichiens et en forçant la Saxe, la Hesse électorale et les États de Thuringe à entrer dans son orbite, au sein de la puissante Confédération du Nord qu'elle préside. La guerre contre la France, en 1870, aurait été impensable du point de vue prussien sans la victoire de Sadowa. Sedan suit Sadowa et ne la précède pas. Napoléon III, en autorisant, à partir de 1864, les entreprises prussiennes contre l'Autriche et ses alliés, en négociant dans l'espoir d'obtenir d'hypothétiques compensations sur le Rhin, n'a pas vu ce que Talleyrand avait vu à Vienne. Ce n'est pas tant sur le Rhin mais à Leipzig et à Dresde, en obligeant les Allemands à s'unifier en leur centre, que la Prusse menaçait la France. Mais entre-temps l'unité douanière allemande, les limitations prussiennes apportées à la liberté de navigation du Rhin, l'essor de la puissante sidérurgie rhénane avaient achevé d'obséder la France. La première salve critique lancée contre Talleyrand date de cette époque[14]. Ces attaques contre la politique du diplomate à Vienne relèvent la plupart du temps d'un courant de pensée qui traverse tout le siècle et se réclame de l'alliance russe doublée d'une entente avec la Prusse dans l'espoir de retrouver le Rhin, contre les partisans de l'alliance austro-anglaise, dont Talleyrand est un peu le père.

Au siècle suivant, l'exacerbation de l'antagonisme franco-allemand fera regretter encore plus l'abandon de cette Rhénanie que l'on pensait profondément francisée. Seul Lucien Febvre abordera cette question peu avant la Seconde Guerre mondiale avec les nuances qui s'imposent. Certes, Henri Heine disait dans les années 1830 en parlant des Rhénans : « Qu'aiment-ils ? Certainement pas les Prussiens », mais, enchaîne Febvre dans son beau livre consacré au Rhin : « L'idée candide que sur la rive gauche du Rhin les horloges s'étaient arrêtées en 1814 et marquaient obstinément l'heure française – une heure qu'aux temps même de la République et de l'Empire elles n'avaient pas toujours sonnée allègrement –, cette idée-là, un historien ne saurait la faire sienne[15]. »

Une fois le sort de la Saxe décidé, on s'achemine lentement et laborieusement à Vienne vers le règlement de la question allemande dans son ensemble, en donnant naissance début juin à la Confédération germanique, dotée d'une Constitution et d'un Parlement à Francfort. L'empereur d'Autriche et le roi de Prusse s'y partagent l'influence prépondérante. Statique et pacifique, cette nouvelle Allemagne confédérale qui prend la place de l'ancien Saint Empire va jouer pendant un demi-siècle le rôle d'une masse intermédiaire et stable, interposée entre les deux puissances prussienne et autrichienne, telle que l'envisageait Talleyrand. Au même moment, ce dernier se heurte de nouveau à Metternich sur les affaires italiennes en défendant partout les droits des anciennes branches bourboniennes : dans le duché de Parme, promis par le traité de Fontainebleau – qu'il a pourtant signé – à Marie-Louise, et à Naples, où Murat règne toujours en vertu d'un traité signé avec l'Autriche l'année précédente. Dans son esprit, la réinstallation des cousins Bourbon en Italie est encore le moyen le plus sûr de contrebalancer l'influence de l'Autriche installée au Nord, en Lombardie-Vénétie et dans le grand-duché de Toscane. Talleyrand sera furieux quand il apprendra après le congrès que Metternich, à bout d'arguments, avait inventé en février, de négocier à son insu, directement avec Blacas et Louis XVIII à Paris[16]. Le seul fait que ce dernier se soit prêté à ce jeu prouve que les compliments d'usage qu'il ne cessait de faire dans ses lettres à son ministre ne pesaient pas grand-chose devant la méfiance, pour ne pas dire l'hostilité qu'il continuait d'éprouver pour lui, malgré ses succès. Il faut se souvenir de cela si l'on veut comprendre l'attitude de Talleyrand à Vienne au cours de l'intermède des Cent-Jours.

Si l'ex-évêque d'Autun tient ferme sur les droits des Bourbons de Naples, c'est probablement aussi pour des questions d'argent. C'est à Vienne qu'il va négocier au plus fort l'abandon de sa principauté de Bénévent, à défaut de pouvoir la garder. Chateaubriand commente cela avec sa hargne habituelle : « Il vendait sa livrée en quittant son maître[17]. » Concrètement, au début du congrès, la principauté de Bénévent est occupée par les troupes de Murat. La promesse de son rachat qui n'oblige personne, Napoléon ayant abdiqué et le traité de paix du 30 mai 1814 ne prévoyant aucune indémnité aux anciens donataires de l'Empire, est un moyen de pression idéal pour Murat d'un côté et de l'autre pour Ferdinand de Bourbon, qui essaient tous deux de se concilier l'ancien prince régnant dont l'influence à Vienne est déterminante pour eux. Le premier veut rester à Naples et être reconnu par l'ensemble du congrès, le second, qui ne règne plus qu'en Sicile sous la protection de l'armée anglaise, veut recouvrer la totalité de son royaume. Dès le mois de septembre, Murat aurait offert 5 millions de francs à Talleyrand pour Bénévent et ses bonnes grâces, payables à la conclusion du congrès – sans résultat[18]. Du côté de Ferdinand, les négociations ont dû commencer au même moment avec ses deux représentants à Vienne, le chevalier Louis de Medici et le commandeur Alvaro Ruffo que Talleyrand remerciera d'ailleurs plus tard dans son testament pour ses bons services[19]. C'est du côté du pape, l'ancien propriétaire de Bénévent, et de son représentant à Vienne, le cardinal Consalvi, une vieille connaissance, que les difficultés vont surgir. Les discussions vont donc se prolonger bien au-delà du congrès, après le retour de Ferdinand à Naples qui, par la faute de Murat autant que par les manœuvres de Talleyrand à Vienne, règne à nouveau sur l'ensemble de son royaume, avec le titre de roi des Deux-Siciles. Sur le point de rentrer à Paris, le prince, qui ne lâche jamais une affaire en cours de route, enverra sur place son homme de confiance Gabriel Perrey, avec une lettre pour l'ambassadeur de France[20]. Officiellement Perrey est chargé de régler la question des arriérés des revenus échus de sa principauté sur lesquels Murat avait mis l'embargo, soit plus de 120 000 francs qui lui seront d'ailleurs payés. En réalité Perrey va servir à Naples d'intermédiaire dans la négociation commencée à Vienne sur les conditions et le montant de la cession de sa principauté. Celles-ci se compliquent du fait que Bénévent a été rétrocédé au pape, qui en était l'ancien souverain, par Ferdinand, dans l'acte final du congrès de Vienne. Dans un article secret, le pape promet en échange d'indemniser le roi de Naples en proportion. C'est là que Talleyrand intervient. Première étape et première victoire de cette longue affaire, le 5 novembre 1815, Ferdinand lui confère le titre de duc de ses États avec la faculté de le transmettre à qui bon lui semblera[21]. Talleyrand aurait aimé être fait duc des Deux-Siciles, il sera finalement duc de Dino, du nom d'une obscure petite île des côtes de la Calabre. Et bien sûr avec lui, quand il y a des titres et des honneurs, il y a aussi de l'argent. Très subtilement les revenus officiellement attachés à son nouveau duché lui seront payés, à partir de 1816, par le pape et non par Ferdinand, sur son ancienne principauté de Bénévent et selon des proportions à peu près équivalentes à ce qu'il touchait sous Napoléon, *via* le trésor de Naples. Le prince-homme d'affaires continue donc de bénéficier des revenus d'une principauté qui ne lui appartient plus et sur laquelle il va obtenir de surcroît une indemnité consistante qui lui sera payée un peu plus tard, en partie par Rome, en inscriptions sur le grand livre de Naples, à raison d'1,5 million de francs, une somme qui correspond à l'évaluation de Bénévent en 1807[22]. La négociation toute privée, mais très politique, de son ancienne principauté napoléonienne est un chef-d'œuvre du genre.

9.

COUP DE THÉÂTRE

Entre la politique et les affaires, le congrès ronronne doucement lorsque survient, le 7 mars, une nouvelle inouïe qui prend les allures d'un grondement de tonnerre : Napoléon vient de quitter l'île d'Elbe pour une destination encore inconnue. Pour Talleyrand, c'est une catastrophe. D'un seul coup, son immense expérience des hommes et de l'histoire, les trésors de stratégie, de fermeté et de persuasion, de brillant et d'esprit, de tact et d'à-propos qu'il vient de déployer depuis cinq mois risquent de voler en éclats. Il n'est pas étonnant dans ces conditions qu'il ait cherché d'abord à rassurer les uns et les autres, et à minimiser la portée de l'événement. Lorsque Metternich, mis au courant dans la nuit par une dépêche envoyée de Gênes, lui apprend que Napoléon à quitté son île de pacotille, il fait semblant de ne pas s'inquiéter : « Il débarquera sur quelque côte d'Italie et se jettera en Suisse[1]. » En public, il conserve son calme légendaire et affecte même de plaisanter. Mais il connaît trop bien l'homme pour ne pas être convaincu qu'il a déjà débarqué en France et qu'il fonce sur Paris. En privé, il se montre à la fois admiratif, furieux et inquiet : « Voilà un coup de maître », dit-il à ses collaborateurs le 7 mars[2]. Mais ce coup de maître n'aurait jamais réussi sans la générosité mal placée d'Alexandre, coupable d'avoir mis Napoléon à l'île d'Elbe, à deux pas de la France, et sans les lenteurs et la pusillanimité du congrès incapable de prendre les mesures d'éloignement qui auraient convenu[3]. Le romantisme en politique mène toujours au pire. En parlant du tsar et de son désastreux traité de Fontainebleau, il parle en homme des Lumières, en pragmatique qui se soucie peu des sentiments d'Alexandre Ier, le « romanesque souverain » : « Je n'aime pas la politique sentimentale et c'est cette politique sentimentale qui nous replonge dans les malheurs de la Révolution et de la guerre[4]. » Dans ses lettres au roi, à Jaucourt et à la duchesse de Courlande, il ne mâche pas ses mots. Les nouvelles qui lui parviennent à Vienne avec une semaine de retard sont mauvaises et le succès du formidable coup de poker tenté par le souverain de l'île d'Elbe se confirme. À Vienne, il n'est évidemment pas question de « vol de l'aigle » ni de miracle. Napoléon est tour à tour un « monstre », un « brigand », un « flibustier » qui s'est jeté dans quelque forêt du Dauphiné. Il faut l'arrêter et le pendre. Voilà tout[5]. Un peu plus tard, Talleyrand parlera encore de son retour comme de la « plus cruelle et la plus folle indignité » d'un « fou » qu'on ne haïra jamais assez d'avoir « remis en jeu » le pays qui lui avait pourtant tout donné[6].

Mais l'événement a au moins cela de bon qu'il met un terme au traité de Fontainebleau et aux avantages concédés à toute la famille de Bonaparte. Il fera également sortir Murat de son royaume. Battu par les Autrichiens alors qu'il s'est engagé avec eux, par traité, à ne rien tenter en Italie, il est du même coup mis hors jeu. On est frappé par la rapidité et la pugnacité avec laquelle Talleyrand va parvenir à Vienne, en quelques jours, à ressouder les énergies. Son « indolence hautaine », comme dit Villemain, n'est qu'apparente. Les querelles de chapelle sont oubliées et Napoléon redevient en quelque sorte le plus petit dénominateur commun de la politique européenne. Stendhal, dont on connaît l'admiration pour Napoléon, est le premier à saluer l'adresse avec laquelle son ancien ministre a su empêcher les « rois de l'Europe » de prendre peur en les forçant « à marcher vite » et à ne pas « laisser à l'homme le temps de s'établir[7]. »

« Je tiens un peu la plume pour les personnes qui ont signé la déclaration du 13 mars[8] », écrit-il à Mme de Staël en lui demandant de lui envoyer Benjamin Constant qu'il juge utile à Vienne. Cette déclaration, à laquelle il fait allusion dans sa lettre, est son œuvre. Elle est signée des huit puissances du traité de Paris et place Napoléon, dont la « fuite » est qualifiée de « délire criminel et impuissant », « hors des relations civiles et sociales », comme « ennemi » et perturbateur du repos du monde ». Talleyrand mesure parfaitement la nouveauté d'un tel acte. « Vous mettez à Paris Bonaparte hors la loi, dit-il à la princesse Tyszkiewicz le 15 ; ici, nous faisons mieux, nous le mettons hors du genre humain. La déclaration est certainement l'acte le plus fort qui ait jamais été fait contre un individu[9]. » D'une violence et d'une concision peu commune dans les annales diplomatiques, elle lie les puissances alliées entre elles et tue dans l'œuf toute velléité hésitante, notamment de la part de l'Autriche dont l'empereur est tout de même le beau-père de Napoléon et le grand-père de l'« Aiglon ». « Ne voyez-vous pas que, pour empêcher l'Autriche de se souvenir jamais qu'elle avait un gendre, il fallait lui faire mettre sa signature au bas d'une sentence de mort civile, et non d'une déclaration de guerre ? On peut toujours traiter avec un ennemi ; on ne se remarie pas avec un condamné[10]. »

Elle est aussi une manifestation de solidarité envers le roi de France. Les puissances promettent de lui porter secours au cas où Napoléon réussirait à le détrôner et s'engagent à respecter le traité de paix qu'elles ont signé avec lui à Paris[11]. Ce dernier point est important. Talleyrand a tout de suite senti que le retour de Napoléon, pour peu qu'une partie de la nation le soutienne, risquait à terme de remettre en question les conditions de la paix du 30 mai 1814. La déclaration du 13 mars est sa seule garantie vis-à-vis de l'Europe. Elle est aussi à ses yeux un moyen de propagande contre les hommes « timides » ou « égarés » en France. Sans savoir encore ce qui se passe à Paris, il va tout faire de Vienne pour lui donner le plus de publicité possible en l'envoyant par courrier diplomatique aux préfets les plus immédiatement atteignables dans les départements limitrophes de l'est du royaume. Dans ce même esprit, il tentera d'envoyer La Tour du Pin à Marseille pour stimuler les énergies dans le sud de la France. Mais les nouvelles qu'il reçoit de Paris, ce qu'il apprendra aussi de ceux qui à la fin du mois vont faire le voyage de Vienne pour échapper à Napoléon le rendent de plus en plus pessimiste. Le départ du roi pour la Belgique, l'arrivée de Napoléon à Paris le marginalisent. La déclaration du 13 mars était une victoire, mais une victoire éphémère. Le 25 mars, les quatre puissances alliées renouvellent le traité de Chaumont du 1er mars 1814 contre Napoléon, sinon contre la France[12]. Le roi de France est invité à y adhérer pour la forme. Talleyrand, laconique, annonce la nouvelle au roi le 29. Mais Louis XVIII n'en a cure. Il est embourbé dans les chemins qui mènent à Bruxelles et à Gand.

La réinstallation presque naturelle de Napoléon aux Tuileries, la faiblesse, voire l'absence de résistance des royalistes donnent la preuve évidente de leur nullité et ébranle profondément les négociateurs de Vienne, au point qu'ils ne savent plus où ils en sont. Metternich hésite, comme d'habitude. Alexandre envoie carrément Louis XVIII et sa famille à tous les diables. Il est d'autant plus furieux qu'on vient de lui communiquer un exemplaire de la fameuse convention du 3 janvier en grande partie signée contre lui. Malgré les recommandations de Talleyrand, Reinhard, le directeur de la chancellerie du ministère des Affaires étrangères en avait pris une copie avec lui en quittant Paris à la suite du roi. Arrêtés à Liège par les Prussiens, ses papiers avaient été saisis et envoyés à Vienne[13]. Faute de parvenir à obtenir des puissances, en partie à cause de la résistance de Talleyrand aidé de Clancarty, la signature d'une déclaration laissant les Français libres de choisir leur gouvernement après l'intermède napoléonien, le tsar fait publier le 11 avril dans la *Gazette de Francfort* une note officieuse qui ressemble étrangement à celle qui a précédé son entrée à Paris en mars 1814. Tout est à refaire. Une fois encore, les « puissances » déclarent vouloir se battre contre Bonaparte, sans plus s'occuper des Bourbons réduits au rang de prétendants parmi d'autres[14]. En réalité, ils ne représentent plus grand-chose. Louis XVIII est installé à Gand dans les Pays-Bas, avec quelques-uns de ses ministres – Jaucourt est parmi eux –, et une cour réduite à presque rien. Le duc d'Angoulême, après avoir organisé un semblant de défense dans le sud de la France, a été pris par Bonaparte et renvoyé en Espagne.

À Vienne, Talleyrand est confronté à l'un des moments les plus tragiques de sa vie. Il est à la tête d'une légation qui représente un roi en exil et un pays contre lequel les puissances avec lesquelles il négocie s'apprêtent à se battre. Faute de moyens, il est obligé de renvoyer une partie du personnel de son ambassade et de demander aux Anglais de lui avancer de l'argent. Dans leurs rapports, les agents autrichiens du baron de Hager le montrent taciturne et inquiet. « Il n'y a personne qui ait assez de prévoyance dans l'esprit pour savoir ce qui arrivera », écrit-il à la duchesse de Courlande, le 10 avril. Les nouvelles qui lui parviennent de « la petite réunion de Gand » ne le rassurent pas. À Jaucourt, il se plaint des habitudes d'émigration de Blacas qui continue à jouer les premiers rôles auprès du roi. Il recommande en vain la formation en Belgique d'une armée nationale capable d'agréger les débris des armées napoléoniennes, lorsque celui-ci sera battu, ce dont il ne doute en revanche pas. À Paris, Bonaparte a mis ses biens sous séquestre et la presse se déchaîne contre lui[15]. Une caricature publiée en avril le représente en train de signer la déclaration du 13 mars assisté d'un diable fourchu qui lui parle à l'oreille avec un cornet, un vieux motif remis une fois de plus au goût du jour. *Le Nain jaune*, une feuille satirique dirigée par des publicistes libéraux ralliés à Bonaparte, fait preuve d'imagination. Le 25 mars, le journal crée l'ordre de la Girouette, un ordre fictif qui dit bien son nom et dont le grand maître est bien sûr Talleyrand drolatiquement rebaptisé « Périgueux, prince de Bienauvent ». Un mois plus tard, le même journal publie une caricature destinée à devenir célèbre et qui en dit long sur l'état de l'opinion à son égard. « L'homme aux six têtes » fait du diplomate le traître de toutes les causes. Après avoir crié successivement : « Vive les notables ! Vive la liberté ! Vive le premier consul ! Vive l'empereur ! Vive le roi ! le diplomate-Protée qui tient une crosse d'évêque dans une main et une girouette dans l'autre s'apprête à crier un nouveau nom resté en blanc[16].

Tous ses contemporains pensaient que Talleyrand avait à Vienne un pied dans tous les partis. Ses biographes en diront autant. Il y a en effet de quoi être troublé lorsqu'on voit arriver à Vienne les intermédiaires des mauvais jours, les interlopes sans scrupules qui n'ont jamais quitté l'entourage du prince. À leur tête, Casimir de Montrond débarque dans la capitale autrichienne le 3 avril, et sans autre forme de procès, s'installe chez Talleyrand lui-même. Son ami de toujours le fait passer, dans ses lettres au roi et à Jaucourt, pour un émissaire de Bonaparte, ce qui est douteux. D'après les agents viennois, Montrond est parti de Paris avec un passeport visé le 14 mars, six jours avant le retour de Napoléon que de toute façon il déteste. S'il est arrivé à Vienne sans se faire arrêter, comme Flahaut, ce n'est pas seulement parce qu'il a l'art de se faufiler, c'est sans doute aussi parce qu'il est innocent de tous liens avec le nouveau maître des Tuileries. Tout ce que les historiens ont raconté à ce sujet ne repose que sur du vent. On prêtera toujours à Talleyrand beaucoup plus de complots qu'il n'en a véritablement ourdi. Il n'empêche que les deux complices ont dû se raconter beaucoup de choses dans leur chambre du palais Kaunitz, en évoquant les chances de l'avenir. Montrond a certainement dû plaider la cause du duc d'Orléans auprès de son ami, comme de Nesselrode et de Metternich. Il en est question à Vienne, et Alexandre s'y intéresse. Compte tenu de la faiblesse du parti d'Orléans à l'époque, il est peu probable que Talleyrand ait songé à changer de camp. Cela aurait remis en cause toute son œuvre bâtie sur le principe de la légitimité[17]. Il a certainement été sensible, en revanche, aux arguments du duc d'Orléans, rapportés par Montrond, sur les fautes du gouvernement et la nécessité de le réformer. Le libéralisme affiché du duc est un atout dans le jeu qu'il compte mener avec la cour de Gand. Le duc d'Orléans à Londres et le prince de Talleyrand à Vienne ont des positions semblables vis-à-vis du gouvernement du roi. Il est donc surtout question de se servir de lui auprès de Louis XVIII. Si le duc d'Orléans est le candidat officieux d'Alexandre, le roi a d'autant plus intérêt à adopter à l'avenir un programme franchement constitutionnel et libéral qui se démarquera des errements passés. Pour le reste, quel intérêt Talleyrand aurait-il à ne pas rester en bon terme avec le duc d'Orléans ? On ne sait jamais[18]. « La porte n'est pas ouverte encore, mais si elle venait jamais à s'ouvrir, je ne vois pas la nécessité de la fermer avec violence[19]. »

Montrond – comme Dufresne de Saint-Léon qui fera également, un peu plus tard, le voyage de Vienne – a probablement rencontré Talleyrand pour des raisons privées autant que politiques[20]. À Paris, les affaires du prince vont mal. Le gouvernement en place procède à l'inventaire de ses biens. Il faut donc trouver les moyens de se protéger. Le 1er avril, le jeune Bresson quitte Vienne et rejoint Londres pour les mêmes raisons : des arrangements avec Baring et Labouchère, sans doute. Il prend aussi contact avec la princesse de Talleyrand, qui sans ressources depuis qu'elle a fui Paris, début mars, loue une petite maison à Richmond. À Gand, Charles-Henri Roux, l'avocat et homme d'affaires de Charles-Maurice, sert d'intermédiaire tout en distillant au prince un doux venin sur le compte de sa femme, coupable selon lui d'avoir pris des dispositions peu favorables à ses intérêts, à son départ de Paris. Dans les lettres qu'elle adresse à son mari, à Vienne, Catherine qui a été obligée de vendre ses bijoux, se défend avec l'énergie du désespoir. On sent que la fin est proche : « Réfléchissez un moment, très cher ami, que nous ne sommes plus d'âge à faire des légèretés et que je connais le peu d'étendue des droits d'une femme. » Elle est abandonnée, certes, mais elle n'en est toujours pas plus sotte pour autant[21].

10.

« JE NE ME SUIS JAMAIS PRESSÉ, ET CEPENDANT JE SUIS TOUJOURS ARRIVÉ À TEMPS[1] »

Alors que la guerre est imminente et que les armées de Napoléon d'une part, de Blücher et de Wellington de l'autre se concentrent de chaque côté de la frontière des Pays-Bas, Talleyrand engage un bras de fer discret mais sérieux avec le roi, à Gand. Il y va de son influence contre celle de Blacas et d'une cour où domine plus que jamais un « esprit d'émigration » qui a été fatal au régime. Si le roi veut de lui, il faudra qu'il suive ses avis. Il n'est pas question pour lui de recommencer Compiègne et les humiliations de 1814. Dans ces cas-là, Talleyrand agit comme d'habitude, il se fait désirer. Auprès de Louis XVIII qui lui demande en mai de le rejoindre à Gand et lui fait promettre par Alexis de Noailles de le mettre à la tête du gouvernement, il invoque la nécessité de sa présence à Vienne où l'acte final du congrès n'est toujours pas signé[2]. Il est vrai qu'il n'a pas envie non plus de laisser Dorothée seule avec Clam ni de lâcher les négociations en cours sur Bénévent. Il est vrai aussi que, dans la seconde quinzaine de mai, les Russes tenteront de faire reporter *sine die* la signature du traité de Vienne pour éviter que Talleyrand ne le paraphe au nom de Louis XVIII[3]. Compte tenu de la position du roi à Gand, Talleyrand médite son plan. Des avertissements répétés de Jaucourt sur « notre état ministériel, financier et constitutionnnel », de tout ce qu'il a lu, entendu et vu avant de quitter Paris pour Vienne, il va tirer quelques enseignements simples présentés dans un mémoire destiné au souverain. En gouvernant sans tenir compte de l'opinion publique qui a profondément évolué depuis vingt ans sous l'influence des acquis de la Révolution, le roi a pris le risque de mécontenter une grande partie de la population. L'épuration de l'Institut et de l'Université, une magistrature livrée à l'inquiétude puisque le roi s'est réservé de donner ou de refuser l'investiture des juges en place, à commencer par ceux de la Cour de cassation, ont blessé trop d'intérêts. À force de gouverner par ordonnances en se mettant au-dessus des lois et de la Charte, à force de laisser planer le doute sur la validité des ventes nationales, à force de mécontenter l'armée, l'immense majorité des élites issues de la Révolution et de l'Empire ne croit plus à la sincérité du nouveau régime. Les succès de Bonaparte en mars ne s'expliquent pas autrement. Il ne peut plus être question à présent de droit divin ni d'absolutisme. Le pouvoir légitime, pour survivre, doit respecter les garanties constitutionnelles qu'il s'est données dans la Charte : les libertés individuelles, la liberté de la presse, l'inamovibilité de la magistrature, un gouvernement solidaire et responsable. Le roi doit se donner les moyens de faire voter des lois susceptibles de mettre les promesses énoncées dans la Charte à l'abri de tout soupçon. Son retour sur le trône en dépend, quelle que soit l'issue de la guerre livrée par les armées alliées contre Bonaparte[4]. Il n'y a pas d'exemple de réquisitoire plus sévère d'un ministre à son souverain. Mais il ne suffit pas de faire connaître au roi ses intentions, encore faut-il le faire sans se compromettre avec tout ce qu'il déteste et dont il se méfie : Blacas, la petite cour de Gand et l'esprit d'émigration. Le 9 juin, il signe en grande réunion l'acte final du congrès en 121 articles, et, le 10, il quitte Vienne pour Francfort sans se presser. Il veut attendre l'ouverture des hostilités et connaître les chances de la campagne avant de rejoindre le roi. Il souhaite une défaite rapide et sans appel de Bonaparte et de son armée, au point qu'il presse Wellington, dont le quartier général est à Bruxelles, d'entrer en campagne. Il n'a d'ailleurs aucune pitié pour ces soldats français qu'il considère comme autant de rebelles à leur pays et à la paix européenne. « J'augure bien du résultat de la campagne, écrit-il à la mi-juin à la comtesse de Schönborn. Il faut en tuer tant qu'on peut, les conduire en Sibérie et les laisser faire des enfants[5]. »

À Francfort, il voit le duc de Richelieu et compte sur son appui pour influencer Alexandre. Ce grand seigneur français, l'arrière-petit-neveu du cardinal, a vécu toute la Révolution et l'Empire en Russie où il a fait la preuve de ses talents d'organisateur et d'administrateur, en gouvernant Odessa et les provinces du sud de l'empire pour le compte du tsar dont il est devenu l'ami. Les deux hommes ne se doutent pas encore qu'ils vont se succéder dans trois mois, à Paris, à la tête du gouvernement du roi. Sur le moment, Richelieu est impressionné : « Nous avons beaucoup causé. La clarté des idées de cet homme me frappe toujours, ainsi que la supériorité de son esprit. » Mais, ajoute-t-il de façon caractéristique, comme l'auraient fait la plupart de ceux de son milieu, même parmi les plus tolérants et les plus modérés : « Quel dommage qu'il n'ait pas toujours suivi le droit chemin[6] ! » Talleyrand, qui se dit malade depuis son départ de Vienne, reste deux jours à Francfort chez le prince de Dalberg. Il est accompagné de son médecin, « le bonhomme Nicod », qui a loué pour lui, au cas où, une maison à Wiesbaden, une ville d'eau réputée d'Allemagne. À un ami qui lui annonçait, un jour, la fièvre du comte de Sémonville, il aurait répondu : « Quel avantage a-t-il à cela[7] ? »

Mais les armées sont en présence et le prince décide malgré tout de poursuivre son voyage, au hasard des routes coupées et couvertes de troupes. C'est sans doute en arrivant à Aix-la-Chapelle, le 19 juin dans la nuit, qu'il apprend la défaite de Napoléon à Waterloo. Dès lors il va tenter de rejoindre le roi à Gand le plus vite possible. Maintenant que les dés sont jetés, il s'agit d'arriver à temps. La réussite en politique est une question de moment. C'est « un paresseux qui a bien su prendre ses moments », dit Sainte-Beuve de lui, en forme de boutade. Talleyrand sait qu'il peut compter à Gand sur quelques amis fidèles : Jaucourt, le baron Louis, Lally, Beugnot qui le pressent de venir.

Chateaubriand aussi est là : à Gand, il est entré au Conseil du roi et joue les ministres de l'Intérieur *in partibus* en dirigeant, avec Bertin et Roux, une version bourbonienne du très officiel *Moniteur*. Il est persuadé depuis un an qu'on ne l'a pas utilisé à la hauteur de ses talents. Il croit sincèrement que sa brochure de 1814 : *De Buonaparte et des Bourbons*, a fait plus pour la Restauration qu'une armée de cent mille hommes, comme il le fera dire complaisamment à Louis XVIII dans ses Mémoires. L'ambassade de Suède, que Talleyrand lui a donnée et où il ne s'est jamais rendu, ne lui suffit pas[8]. Puisqu'il a manqué son entrée en scène à la faveur du premier retour du roi, il veut cette fois-ci saisir sa chance et être ministre pour de bon. À Gand, il s'est rangé du côté des amis de Talleyrand contre Blacas d'une part, le comte d'Artois et les princes de l'autre. Le diplomate qui revient de Vienne tout auréolé du prestige des résultats obtenus est son ultime espoir, d'autant plus que, jusqu'à présent, celui-ci s'est montré plutôt bienveillant à son égard. L'ex-ministre de Bonaparte a couvert et protégé l'ancien officier de l'armée des Princes rallié à la République lorsque celui-ci donnait sa démission de ministre dans le Valais, après l'assassinat du duc d'Enghien[9]. Il l'a recommandé en 1806 auprès de Sébastiani, son ambassadeur à Constantinople, dans le seul but de lui faciliter son voyage d'Orient, celui-là même qui donnera naissance au fameux *Itinéraire de Paris à Jérusalem*[10]. Mais il est sans illusions sur l'expérience politique de cet homme ombrageux et imprévisible et se moque un peu de la conversion soudaine du poète en stratège qui prétend à tout et se blesse de tout. Devant Mme de Duras, la chère amie de René, il s'interrogeait, peu avant de partir pour Vienne, sur le véritable crédit de l'écrivain à la cour et s'étonnait que ce dernier fasse appel à lui pour se placer, tout en lui donnant indirectement une jolie leçon d'opportunité politique : « Le premier jour, à l'arrivée des princes, on devait lui offrir tout, le second eût été bien tard et le troisième n'eût plus rien valu[11]. » Qu'il se le tienne pour dit. Plus tard, en privé, le prince se moquera de cet homme qui, à force de vivre au milieu de ses livres, dans son cabinet, n'a jamais pu apprendre à connaître les hommes[12]. Dans ses Mémoires, il prétendra que l'auteur du *Génie du Christianisme* lui aurait écrit à Vienne une lettre désespérée dans laquelle il se serait plaint avec amertume de tout ce qui se faisait alors à Paris et lui aurait annoncé que, ne voulant pas se rendre en Suède, il comptait faute de mieux se mettre au service d'Alexandre[13].

Entre Vienne et Gand, les deux hommes qui partagent tout de même le même goût des libertés, se sont écrit. À ce moment précis, ils ont besoin l'un de l'autre. Talleyrand compte sur le rédacteur du *Moniteur de Gand* pour faire passer ses idées et ce dernier entre résolument dans ses projets et l'assure de son « dévouement ». À un ami anglais, il écrit qu'il suivra quoi qu'il arrive « le sort de Talleyrand ». Le 6 mai, il lui adresse, par Noailles, une lettre apparemment enthousiaste en le pressant d'arriver au plus vite : « Je vous dirai seulement, mon prince, que j'ai remis hier une note qu'on m'avait demandée. Dans cette note, je propose deux choses : de mettre monsieur le duc d'Orléans à la tête de l'armée, et vous, mon prince, à la tête d'un ministère solidaire. [...] Aux grands maux les grands remèdes ; et nous ne sommes plus au temps des demi-partis : nous jouons une couronne, et cela vaut la peine de bien jouer[14]. » Dirigez le ministère et je serai ministre : en substance, c'est bien cela que l'on comprend. Deux semaines plus tard, l'un aura effectivement pris la tête d'un nouveau ministère et l'autre sera écarté. Toute la haine de Chateaubriand pour le représentant immoral et boiteux de l'« aristocratie des vanités » date de cette époque. Le fiel des *Mémoires d'outre-tombe*, le portrait violent rajouté en 1838 prennent racine à ce moment-là. L'homme du « mépris » et l'homme « méprisable » le lui rendront bien, mais à leur façon, celle de la raillerie froide et précise qui fait mouche. Alors que, dans les années 1830, l'auteur des *Mémoires d'outre-tombe*, définitivement écarté de tout, devenait sourd, Talleyrand aura un mot terrible pour lui. La vanité de l'écrivain n'y résistera pas : « M. de Chateaubriand se croit sourd depuis qu'il n'entend plus parler de lui[15]. »

S'ils ne se sont pas entendus, c'est aussi et surtout parce qu'ils sont profondément différents. Ils n'ont que quatorze ans d'écart et ils appartiennent pourtant à deux générations qui n'ont rien à voir. La Révolution les divise profondément, alors même que paradoxalement l'un en a été le témoin et l'autre l'acteur. Chateaubriand a bu au « fleuve de sang » qui sépare l'ancien monde du nouveau. Il est spirituellement et charnellement l'homme des bouleversements, des orages et des déchirures de cette époque, tandis que Talleyrand est resté en esprit sur l'autre rive, celle du « plaisir de vivre » d'un siècle évanoui. Tandis que la carrière politique de l'un est cahotique, tout réussit à l'autre. Tandis que l'un naît à Saint-Malo, gentilhomme breton et crotté, l'autre commence sa vie à Paris, grand seigneur, dans une famille de cour et de prébendes. Et puis comment l'auteur du *Génie du Christianisme* ne mépriserait-il pas au fond de lui-même l'ancien prêtre infidèle à son ordre et à sa dignité d'évêque ? Tout les sépare donc, et tant mieux. Car s'il n'y avait pas eu cette haine, certaines des plus belles scènes qui vont suivre et qui touchent au second retour du roi à Paris n'auraient jamais été écrites.

Le quasi-vaudeville qui se prépare, entre Gand et Paris, tient à la fois de la crise politique moderne et de la bonne vieille disgrâce de cour. Talleyrand, qui à Bruxelles apprend le départ du roi de Gand sur les arrières de l'armée anglaise, précédée d'un détachement de cavalerie prussienne commandé par Gneisenau, décide de changer de route et de le rejoindre directement à Mons où il arrive le 23 dans l'après-midi. Il s'installe, prend son temps et le temps de consulter ses amis. Il a, dit Chateaubriand, « l'humeur d'un roi qui croit son autorité méconnue ». Il est vrai qu'il arrive avec la reconnaissance de l'Europe presque entière. Il est prêt à affronter le Bourbon, de puissance à puissance. Et puis, il y a toujours cette revanche de Compiègne qu'il lui faut absolument prendre.

Cela commence mal. Le roi le prie à son dîner, le reçoit comme s'il l'avait vu d'hier et ne s'occupe pas plus de lui que cela. Alors que les deux hommes ne se sont tout de même pas vus depuis neuf mois et que la situation est dramatique, il n'y a pas plus insignifiant que ces retrouvailles de Mons. Lorsqu'il est sur la défensive, le vieux Louis sait très bien se réfugier derrière l'étiquette. À table, la conversation est inexistante. Au bout d'un moment, le premier gentilhomme de service, le duc de Duras, marque de l'inquiétude, s'agite, demande la parole et déclare du ton le plus respectueux : « J'ai le regret de prévenir Votre Majesté que le beurre est rance. » C'était, ajoutera le prince en racontant l'anecdote avec cette ironie froide qui ne le quitte jamais, « les premiers mots d'affaires » que j'entendais depuis Vienne. Ce qu'il se gardera bien d'avouer, c'est qu'il payait là ses retards et ses « flâneries » entre Vienne et Gand – « l'exactitude est la politesse des rois[16] ».

Le soir, il parvient tout de même à voir le roi en audience particulière et lui expose son plan. Louis doit former un ministère constitutionnel et solidaire dont il prendra la tête, il doit reconnaître les fautes commises avant le retour de Bonaparte dans une déclaration publique, il ne doit pas apparaître comme le roi des armées coalisées contre Napoléon en rentrant à Paris « dans les fourgons de l'étranger », selon une expression devenue célèbre. Le prince, soutenu en cela par Metternich, lui conseille de se rendre à Lyon d'où il régnera avec plus de liberté en attendant la fin des hostilités[17]. Mais le roi lui fait sa « tête de bois », c'est l'expression dont il use lorsqu'il cherche à signifier qu'il ne veut rien entendre. Pour une fois, le diplomate s'emporte, menace de donner sa démission, de tout laisser tomber et de se rendre dans une ville d'eau en Allemagne. L'entrevue est longue – deux heures, de dix heures à minuit – et orageuse. Talleyrand n'y gagne que le départ de Blacas. Le lendemain, le favori quittera Mons pour Ostende et l'Angleterre[18]. Sur tout le reste, il rentre bredouille. Beugnot, qui le voit peu après, le trouve très en colère. « Je suis peu content de ma première entrevue », écrit-il, laconique, à la duchesse de Courlande. Le roi « fait sa nuit » et le lendemain matin, à huit heures, comme si de rien n'était, monte en voiture pour rejoindre le quartier général de Wellington au Cateau sur la route de Paris. Talleyrand n'y croyait pas. Chateaubriand, tout à ses rêves d'histoire lui fera dire le mot du duc de Guise avant qu'Henri III ne le fasse assassiner : « Il n'osera ! » Et pourtant le roi ose. Ce matin-là est sans doute l'un des seuls de sa vie où Charles-Maurice n'a pas eu le temps de sacrifier au rite de sa toilette. Il se précipite à la portière du roi, appuyé au bras de M. de Ricé. On l'ouvre. Il tente une dernière explication. Confortablement installé dans sa berline, Louis se penche et, sur le mode badin, feignant l'étonnement : « Prince de Talleyrand, vous nous quittez ? Les eaux vous feront du bien. Vous nous donnerez de vos nouvelles. »

Le signe de la disgrâce est tombé comme un couperet, dans la plus pure des traditions monarchiques. Ce qui s'est passé ce matin-là ressemble beaucoup à la fameuse journée des dupes du 11 novembre 1630. Sur la route de Mons, Talleyrand a mal évalué le pouvoir de nuisance de Monsieur, frère du roi, et de ses amis. « Ne vous moquez pas des sots, ils sont une puissance dans les temps de crise », écrira Fouché à Mme de Custine quelques semaines plus tard. Depuis Gand, tout le parti ultra a repris consistance. Les émigrés tard revenus, les intransigeants, les ambitieux insatisfaits, les nostalgiques de la monarchie absolue, tous ces « voltigeurs de Louis XIV », comme on les appelait à l'époque, ont eu beau jeu de démontrer au roi que si Bonaparte est revenu avec autant de facilité, c'est que l'on n'a pas été assez ferme, que l'on s'est montré trop faible avec les hommes de la Révolution et de l'Empire, que l'on s'est fait berner. Tous ces gens se sont regroupés autour du frère du roi et de son fils, le duc de Berry, qui commande la petite armée royaliste de Gand et affecte les manières militaires de Napoléon. Ils préconisent une épuration massive, un gouvernement par ordonnances et une politique de salut public. Ils ont des appuis au Conseil, le duc de Feltre, nommé à la Guerre en pleine crise du mois de mars, et le vieux chancelier Dambray, dont l'heure s'est arrêtée un peu avant la convocation des États généraux. Monsieur, qui les représente, n'a jamais eu autant d'influence sur son frère qu'à ce moment-là. « Toutes les fois que le roi pense à loisir, Monsieur pense avec lui[19]. » Jaucourt, qui cherchait alors sérieusement à donner sa démission du Conseil, écrivait cela dès le mois de mai. Sur la route de Paris, le parti d'Artois pense faire coup double en se débarrassant à la fois de Blacas et de Talleyrand, les deux principaux gêneurs. Pour Blacas, c'est chose faite le 23 juin. Monsieur y a poussé. Involontairement, Talleyrand l'a aidé. C'est maintenant son tour. Le 24 juin, son élimination est en bonne voie.

Ce qui s'est passé ce jour-là est grave. Il n'y a plus de Conseil, plus de gouvernement, plus rien. Talleyrand et ses partisans restent à Mons, ceux de Monsieur partent avec le roi. On entraperçoit la violence de l'affrontement à la lecture des Mémoires de La Maisonfort, toujours dans le sillage du comte d'Artois. L'ancien agent royaliste décrit le prince arrivant à Mons « pour replonger la France dans le bourbier dont elle sortait », préparant ses manœuvres entouré de sa « cour » : « Le baron Louis avec des plans et un caractère décidé. Beugnot avec des plumes taillées et le projet de n'en point avoir. Jaucourt avec l'habitude de la servitude et tous les fidèles avec la souplesse accoutumée et l'espérance de tirer parti du moment[20]. »

La force de Talleyrand tient au fait qu'il est capable de se remettre très vite des coups les plus durs. Beugnot, qui dîne avec lui le 24 au soir, le trouve « excellent compagnon ». « Il fut d'une humeur charmante et épancha son esprit en contes joyeux et en mots piquants. Je ne l'avais jamais surpris dans un si aimable abandon. [...] Assurément, à le voir et à l'entendre, on ne l'eût jamais pris pour un ministre disgracié quelques heures auparavant. Monsieur de Talleyrand cédait-il au plaisir d'être débarrassé des affaires de France, plus lourdes en effet et plus difficiles que jamais ? Ou bien cachait-il sous cette apparente hilarité les regrets et la colère dont il était intérieurement dévoré ? Le second parti est certainement le plus probable : mais quel homme est-ce donc que monsieur de Talleyrand[21] ? » En effet !

Le roi, arrivé au Cateau, est désormais entièrement dans les mains de son frère, probablement encouragé par les Prussiens qui poussent à la politique du pire. Dans cette petite ville du Cambrésis, première étape française sur la route de Paris, Louis signe le 24 juin une proclamation qui va à l'opposé de ce qu'aurait voulu Talleyrand. Les Anglais, désignés comme les « alliés du roi », y sont maladroitement préférés aux Français qualifiés de « satellites du tyran ». En promettant de « récompenser les bons et de mettre à exécution les lois existantes contre les coupables », les auteurs du texte divisent le royaume entre fidèles et infidèles, en offrant à l'avenir tous les ingrédients d'une future guerre civile. Frénilly, enthousiaste, dira dans ses Mémoires que la déclaration du Cateau donnait enfin « quelques espérances aux gens de bien », entendez à tous les ultras d'une monarchie sans concessions. Paradoxalement, c'est aussi cette déclaration qui va faciliter le retour de Talleyrand. Wellington s'en inquiète et le presse dès le 24 au soir de « rejoindre sur-le-champ le roi » qu'il invite de son côté, même s'il s'en défend dans sa lettre, à rappeler son ministre[22]. Dès le 25 au matin un courrier arrive à Mons, convoquant les ministres restés sur place au Conseil que Louis compte tenir le lendemain à Cambrai. D'après Beugnot, Talleyrand aurait hésité, prétendant que son voyage aux eaux de Wiesbaden ou de Carlsbad lui semblait « aussi bon après qu'avant la lettre ». C'est son oncle, le cardinal de Talleyrand, toujours présent aux moments les plus importants de la vie de son neveu, qui l'aurait convaincu[23]. Nous n'en croyons rien. Charles-Maurice n'a pas dû hésiter une seconde. Le 26 au soir, il est au Cateau, puis à Cambrai où il retrouve le roi. Tous ses amis sont avec lui, y compris Chateaubriand qui, persuadé d'avoir manqué la succession de Blacas au ministère de la Maison pour avoir refusé de suivre le roi à Mons, commence à regretter de s'être intéressé « bêtement à M. de Talleyrand ». À Cambrai où l'enthousiasme est à son comble, Talleyrand n'a sans doute pas entendu le chœur des demoiselles « les plus jolies et les plus respectables » de la ville, chargé de complimenter le roi, mais il a vu les cantonnements anglais un peu partout dans les environs. « Je suis [il pourrait dire : *poursuis*] le roi à Cambrai, écrit-il à un ami, pour me mettre dans les bagages de l'armée anglaise. » Ce n'est pas un mot à double sens comme il en a l'habitude, mais une simple constatation qui ne manque pas d'amertume. Le 27 juin, à dix heures du matin, Louis assemble son Conseil. Talleyrand y reprend place en maître. Cette fois, Louis XVIII, chapitré par le duc de Wellington et par tout le corps diplomatique, à commencer par le comte Pozzo di Borgo et par le baron de Vincent, se montre docile et résigné. Dans la mesure où on lui impose littéralement l'homme de Vienne, il n'a pas le choix, sinon celui de la contrainte. Le Conseil s'en ressent. Il commence presque silencieusement par la lecture d'une nouvelle déclaration royale, conforme cette fois aux vues du prince. Louis XVIII y déclare avoir voulu se placer entre les armées alliées et les Français, il avoue ses fautes passées, affirme vouloir désormais gouverner constitutionnellement et promet le pardon aux Français égarés, à l'exception des « auteurs et des instigateurs de la trahison de Bonaparte » qui seront déférés devant les Chambres. C'est Beugnot qui a rédigé ces lignes ; Talleyrand y a fait quelques corrections de dernière minute.

Dans sa première version surtout, celle qui est lue au Conseil et non celle qui sera publiée le lendemain, le texte, sans concession, a dû être ressenti par le roi comme une atteinte intolérable à sa dignité. Selon Beugnot, Louis l'aurait écouté à deux reprises, « non sans quelque émotion ». Mais c'est surtout Monsieur et son fils Berry qui réagissent violemment. Parmi les garanties constitutionnelles promises aux Français, la formation d'un ministère uni et solidaire les met directement en cause en leur ôtant toute possibilité de siéger au Conseil avec les ministres et donc de participer au gouvernement du roi. Le duc de Berry s'emporte et Monsieur se fâche. De toute la discussion, Beugnot a retenu cet étrange dialogue entre le frère du roi et le ministre à peine sorti de sa disgrâce. Là où le premier juge la déclaration avilissante pour la royauté, le second la défend comme nécessaire : « Le roi a fait des fautes ; ses affections l'ont égaré ; il n'y a rien là de trop. » Par « affections », il faut entendre bien sûr, dans l'esprit de Talleyrand, l'influence néfaste du comte d'Artois. Ce dernier ne s'y trompe pas : « Est-ce moi qu'on veut indirectement désigner ? – Oui, puisque Monsieur a placé la discussion sur ce terrain ; Monsieur a fait beaucoup de mal. – Le prince de Talleyrand s'oublie ! – Je le crains ; mais la vérité m'emporte[24]. »

On imagine la violence de la scène, en présence même du roi. C'est tout juste si le duc de Berry ne met pas la main à l'épée. Mais Talleyrand, appuyé par Louis et Jaucourt, finit par avoir gain de cause. La déclaration de Cambrai, qu'il contresigne cette fois en s'imposant par là même comme le futur chef du gouvernement, est une déclaration de guerre à tous les extrémismes. Les ultras, de plus en plus nombreux à Cambrai dans l'entourage de Monsieur, sont furieux. Pour le baron de Damas, elle consacre ni plus ni moins, toute l'œuvre de la Révolution. Frénilly y voit l'œuvre indigne du « Méphistophélès de l'Europe ». Elle n'est qu'une « basse et honteuse palinodie » où le roi ne pardonne plus mais demande pardon, ne châtie plus les traîtres, ne disgracie plus les ennemis mais les appelle à sa confiance, aux dignités et aux places[25]. On ne peut pas passer sous silence cette immense déception des ultras qui se croyaient déjà dans la place, si l'on veut comprendre les raisons de leur vengeance trois mois plus tard.

11.

LE GOUVERNEMENT DU « VICE » ET DU « CRIME »

Talleyrand a beau avoir redressé la situation, il n'a pas en main toutes les cartes d'un jeu complexe qui se joue autant sinon plus à Paris qu'à Cambrai. Dans la déclaration qu'il a fait signer au roi, le prince s'est bien gardé d'évoquer les pouvoirs constitués à Paris par Napoléon pendant l'interrègne. Il n'est question ni de la Chambre des pairs nommée par l'ancien souverain de l'île d'Elbe ni de la Chambre des députés élue en mai. Comme en avril 1814, deux légitimités se retrouvent face à face. Entre les deux, Fouché, redevenu ministre de la Police de Napoléon pour la troisième fois, et dont Talleyrand se serait bien passé, ne va pas hésiter à saisir sa chance. Les crises sont son élément. La seconde Restauration est un peu son œuvre et son chant du cygne. À coups de complots véritables ou inventés, de proclamations de ses agents, de rapports contradictoires, d'ombres et de peurs, il va remarquablement bien jouer sa partie. Telle une araignée tentaculaire, il tisse sa toile et guette sa proie. C'est lui qui tour à tour parvient à prendre la présidence d'une commission provisoire de gouvernement élue par les Chambres, obtient l'abdication conditionnelle de Napoléon puis écarte son fils de la succession, encourage enfin les députés à préparer une Constitution ultra-libérale qu'il agite comme un chiffon rouge devant les alliés et le roi. Il sait que le retour des Bourbons est inévitable. Pour se maintenir au pouvoir, il est bien décidé, comme l'écrit Frénilly, à « mener le trône en laisse à travers un labyrinthe de brouillards sillonnés d'éclairs fantastiques qui ne lui montrent qu'écueils et précipices[1]. » Talleyrand connaît son homme et n'est pas dupe, mais il n'est pas seul. Le faubourg Saint-Germain est subjugué, et Monsieur qui voulait déjà en faire un ministre peu avant le retour de Napoléon à Paris est persuadé, comme le sont toujours les faibles, que son frère ne rentrera pas aux Tuileries sans lui.

Fouché n'a pas attendu que le roi se mette en route pour lui envoyer ses émissaires à Gand. Mme de Vitrolles, dont le mari emprisonné à Paris est entièrement dans les mains de l'ancien régicide, plaide sa cause. L'un de ses anciens secrétaires, Gaillard, fait la navette sur la route de Gand. Archambaud de Périgord, le propre frère du prince, fait le voyage de Cambrai avec des passeports délivrés par Fouché. Le marché est simple : l'ancien régicide promet de livrer Paris au roi contre des garanties personnelles. Talleyrand est réticent malgré les assauts de l'abbé Louis, qui ne s'embarrasse pas de nuances et le pousse à faire « le grand saut » en prenant Fouché dans son ministère. Il se moque de l'engouement soudain de tout le parti ultra pour l'ancien mitrailleur de Lyon. Il sait par cœur les artifices du policier et ne voit pas la nécessité d'un choix qui risque à terme d'affaiblir son ministère. À Barante il dira que c'est Monsieur qui a emporté la conviction du roi. Contrairement à ce que la plupart de ses contemporains ont prétendu, il résistera pendant plusieurs jours au Conseil avant de se laisser convaincre[2]. Après tout il a passé presque toute sa vie à tout faire pour écarter l'encombrant personnage.

S'il cède, c'est à contrecœur et en grande partie à cause de Wellington dont tout dépend. Car la question du retour du roi à Paris est militaire autant que politique. Wellington, le vainqueur de Waterloo, commande avec Blücher et son chef d'état-major Gneisenau l'avant-garde des armées alliées. C'est lui qui, le 29 juin, reçoit à Estrées, près de Compiègne, une délégation des Chambres venue de Paris demander la régence pour le compte du fils de Napoléon et ne leur donne aucun choix sinon celui d'accepter le retour du roi. C'est lui qui à Gonesse, les 1er et 2 juillet, empêche Blücher d'entrer dans Paris les armes à la main et négocie en urgence avec le maréchal Davout une capitulation qui sauve la capitale[3]. Talleyrand lui doit beaucoup. « Wellington a fait tout seul les affaires de tout le monde, écrit-il de Roye, le 3 juillet, à la duchesse de Courlande. C'est un homme admirable. Son caractère est beau et simple[4]. » Mais Wellington exige la présence de Fouché au ministère en gage de réconciliation nationale et pour rassurer les « Jacobins » qui dominent encore la Chambre des représentants. Talleyrand sait aussi qu'il faut aller vite. Les environs de Paris, où il arrive dans les premiers jours de juillet, sont ravagés par les troupes de Blücher qui crient vengeance. À Gonesse, il s'inquiète dans une lettre à Metternich de l'irritation de Blücher et le presse d'arriver avec le tsar[5]. La Maisonfort décrit Arnouville, où Talleyrand s'installe avec le roi le 4 juillet dans la soirée, dévasté par les Prussiens. Il n'y a plus rien à manger. Les maisons sont béantes, sans portes ni fenêtres. Avant d'arriver au château d'Arnouville, il est passé par Gonesse au quartier général de Wellington où il a vu le « duc de fer », avec Stuart et Pozzo. Macirone, un ancien aide de camp de Murat devenu l'agent de Fouché, les y retrouve en grand secret. On convient d'obtenir de l'ancien conventionnel la dissolution la plus rapide possible des Chambres et de la commission provisoire qu'il préside. En échange, Talleyrand lui fait sans doute espérer la conservation du ministère de la Police. Par pragmatisme, il commet là une faute grave et signe à terme la chute de son ministère, alors même que celui-ci n'est pas encore formé[6]. Le lendemain 5, à midi, le roi tient Conseil. Chateaubriand reste presque le seul à combattre l'entrée de Fouché au ministère : « Une couronne vaut-elle un pareil sacrifice ? » Louis se tait. Talleyrand reste vague. « Ce fut à Arnouville, écrit encore Mme de Chateaubriand, que l'on commença à jouer les grandes marionnettes. » On dîne à quatre heures, dans le grand salon du château à demi délabré. La table du roi compte quatorze couverts. Monsieur est à sa droite, le duc de Wellington à sa gauche, le duc de Berry à la droite de Monsieur. Talleyrand est là. Vitrolles raconte la scène. Au sortir du dîner, l'ancien évêque d'Autun monte en voiture avec Wellington pour retrouver Fouché à Neuilly. Le roi lui a donné carte blanche : « Vous allez à Neuilly, vous y verrez le duc d'Otrante, faites tout ce que vous croirez utile à mon service ; seulement ménagez-moi et pensez que c'est mon pucelage[7]. »

Le dépucelage du roi consiste à prendre pour ministre un homme qui a voté la mort de son propre frère. Dans la soirée, l'affaire est presque faite. Elle se termine le lendemain 6. Talleyrand retourne à Neuilly. Il a dans sa poche l'arrêté du roi qui nomme Fouché ministre et dîne avec lui chez Wellington dans l'ancienne maison de campagne de Baudard de Saint-James. L'endroit lui est familier et a dû lui rappeler des souvenirs heureux d'avant la Révolution. Puis le prince de Talleyrand et le duc d'Otrante partent pour Saint-Denis se présenter au roi et lui prêter serment de fidélité. Pozzo les voit monter ensemble en voiture. « Je voudrais bien entendre ce que disent ces agneaux », dit-il à son voisin[8]. Peu avant minuit, l'ancien évêque d'Autun et l'ancien oratorien entrent en se tenant la main dans les anciens bâtiments de l'abbaye où le souverain s'est installé la veille au soir. Par chance, Chateaubriand est là, avec Beugnot et quelques autres, dans la grande salle du rez-de-chaussée des appartements de la surintendance qui précède le cabinet du roi. Il faut le laisser parler. Sous sa plume, la scène est inoubliable. « Je rôdais à l'écart dans les jardins [...], je n'étais plus appelé ; les familiarités de l'infortune commune avaient cessé entre le souverain et le sujet. [...] Le soir, vers les neuf heures, j'allai faire ma cour au roi. [...] J'entrai d'abord dans l'église ; un pan de mur attenant au cloître était tombé : l'antique abbatiale n'était éclairée que d'une lampe. Je fis ma prière à l'entrée du caveau où j'avais vu descendre Louis XVI : plein de crainte sur l'avenir, je ne sais si j'ai jamais eu le cœur noyé d'une tristesse plus profonde et plus religieuse. Ensuite je me rendis chez Sa Majesté : introduit dans une des chambres qui précédaient celle du roi, je ne trouvai personne ; je m'assis dans un coin et j'attendis. Tout à coup une porte s'ouvre : entre silencieusement le vice appuyé sur le bras du crime, M. de Talleyrand marchant soutenu par M. Fouché ; la vision infernale passe devant moi, pénètre dans le cabinet du roi et disparaît. Fouché venait jurer foi et hommage à son seigneur ; le féal régicide, à genoux, mit les mains qui firent tomber la tête de Louis XVI entre les mains du frère du roi martyr ; l'évêque apostat fut caution du serment. »

Cela a été écrit longtemps après l'événement. Sur le moment, Chateaubriand est saisi de stupeur. Fouché est ministre, il est maintenant certain que lui ne le sera pas. Beugnot se tourne alors vers lui et lui chuchote à l'oreille : « Ce que nous voyons là est digne du pinceau de Tacite. » Le pinceau vengeur du « noble vicomte » – une vulgaire « plume de corbeau », dira Talleyrand – n'est pas mal non plus[9].

Le lendemain, le Conseil est à nouveau réuni à Saint-Denis. La formation du gouvernement n'est pas encore officielle mais elle est en cours. Les tractations vont bon train. Chateaubriand, d'humeur guerrière et maussade, arbore ce jour-là un grand sabre turc rapporté de Syrie, suspendu à son côté par un long cordon rouge. Fouché a demandé qu'on lui laisse encore une journée avant de faire entrer le roi dans Paris. Il a fait fermer les barrières en faisant croire à des difficultés de dernière minute. La lettre qu'il adresse ce jour-là aux présidents des deux Chambres pour leur demander de se dissoudre fait déjà regretter à Talleyrand de l'avoir appelé au Conseil. C'est une « imposture », selon Pozzo. Comme pour s'excuser, l'ancien régicide y invoque la volonté des ministres et des généraux coalisés qui, en lui imposant le roi, ne lui laissent pas d'autre choix. Ce n'est pas absolument faux, mais c'est faire publiquement du Bourbon le roi de l'étranger, alors même qu'il est maintenant son ministre, ce qu'il se garde bien d'avouer. Il sera plus expéditif avec Carnot, l'ancien « organisateur de la victoire », qui faisait partie de sa commission provisoire : « Où veux-tu que j'aille, traître ? – Où tu voudras, imbécile. »

12.

LES PIRES DIFFICULTÉS

Le 8 juillet, Talleyrand retrouve son hôtel de la rue Saint-Florentin presque comme s'il l'avait quitté la veille. Toute sa maison l'attend. On s'est contenté d'enlever les scellés. Rien n'a été déplacé depuis le départ de la princesse de Talleyrand pour Londres. Cela semble avoir été comme cent jours de vacances. Cent jours de légitimité interrompue. Au coin de la rue, le buste d'un abbé dont on n'a jamais su le nom accueille toujours les passants. Il a traversé toutes les révolutions sans encombre. C'est en pensant à lui que l'écrivain Arnault appelait Talleyrand « l'abbé de plâtre », à cause de son teint de cire, mais aussi parce que l'évêque défroqué est de ceux qui, une fois de plus, ont su traverser indemne les derniers orages[1]. Alors qu'il s'apprête à être ministre des Affaires étrangères pour la quatrième fois et chef de gouvernement pour la deuxième fois, il semble plus immobile que jamais.

Pourtant, à peine le roi est-t-il entré dans Paris, « bombardé à l'improviste aux Tuileries » (Pozzo), que les difficultés commencent. À la différence de ce qui s'était passé en avril 1814, Paris est cette fois une ville militairement occupée. De nombreuses maisons sont réquisitionnées. Blücher fait camper ses troupes devant le Louvre, sous les fenêtres mêmes du roi. Les Anglais bivouaquent aux Champs-Élysées. Les Cosaques seront bientôt là. La ville est mise en état de siège sous l'autorité du peu conciliant gouverneur prussien, le général-baron de Müffling. Les Prussiens menacent de faire arrêter Chabrol, le préfet de la Seine, puis décident de faire disparaître tout ce qui est susceptible de leur rappeler les campagnes napoléoniennes. Le jour même de l'arrivée du prince, on vient l'informer qu'ils sont en train de poser des mines sous le pont d'Iéna avant de le faire sauter, pour la simple et bonne raison qu'ils n'aiment pas les noms de défaite. Pendant que Giambonne est envoyé en reconnaissance, Beugnot court au Palais-Royal pour tenter de calmer Blücher. Dans l'intervalle, Talleyrand ne trouve pas mieux que de faire rédiger en urgence une ordonnance par laquelle tous les édifices publics parisiens reprennent les noms qu'ils portaient au 1er janvier 1790. Le roi la signe et le pont, redevenu pont des Invalides, est sauvé. Ce n'est qu'après coup qu'il fera écrire à Louis XVIII « une lettre admirable » et publier au *Moniteur* un article par lequel ce dernier déclarait vouloir se faire porter en personne sur le pont et se faire sauter avec lui. Imagine-t-on Louis XVIII avoir une pareille idée[2] ? L'épisode est symptomatique de l'esprit qui règne à Paris comme en province au cours de ce désagréable mois de juillet. Des régiments entiers, russes allemands et autrichiens en particulier, entrent encore en France jusqu'aux premiers jours d'août. Soixante départements sont occupés. Les nouveaux préfets nommés le 12 juillet n'ont aucune autorité réelle dans leur département et assistent le plus souvent impuissants au pillage des caisses publiques, quand ils ne sont pas menacés ou faits prisonniers pour avoir tenté de résister. Le propre cousin de Charles-Maurice, le baron Alexandre de Talleyrand, le mari de Charlotte, est arrêté à Orléans. Il doit quitter son département et n'ose toujours pas y remettre les pieds en août de peur d'être déporté par les Bavarois. Dans le nord, les Prussiens se sont mis en tête de vendre le château et la terre de Pont-de-Sains qui appartient au prince. Puisque Napoléon a mis la propriété sous séquestre pendant les Cent-Jours, elle est à leurs yeux tout simplement « de bonne prise ». Talleyrand devra intervenir personnellement pour en faire annuler la saisie. « Vous avouerez que cela est un peu fort », dit-il à Pozzo[3]. Tout chef de gouvernement qu'il est, il n'est pas plus épargné que les autres. Cela donne assez la mesure de l'extrême fragilité de son pouvoir.

D'autant plus que le ministère qu'il préside, officiellement formé le 9 juillet, est incomplet. Pozzo di Borgo, qui a suivi le roi de Gand à Paris, devait prendre le ministère de l'Intérieur, mais s'esquive. Le ministère de la Maison, une place éminemment stratégique auprès du roi, n'est pas plus pourvu. Talleyrand avait pensé y mettre le duc de Richelieu. Il porte un grand nom, il est capable et occupe de droit la survivance de l'une des charges de premier gentilhomme de la Chambre. Mais, le 20 juillet, le duc décline poliment la proposition. Tout en invoquant son éloignement d'un pays qu'il ne connaît plus et sa répugnance à prendre la succession de Blacas, il évite soigneusement de lui avouer qu'il n'a aucune envie de siéger à côté de Fouché au Conseil du roi[4]. Pozzo et Richelieu ont tous les deux la particularité d'être français, tout en étant au service d'Alexandre. Le premier est son ambassadeur à Paris. Le second est toujours gouverneur d'Odessa où il compte d'ailleurs retourner. Le tsar est arrivé à Paris le 10 juillet. Il est irrité de ne plus jouer les premiers rôles comme l'année précédente et surtout, il est très mal disposé à l'égard de Talleyrand. Il a probablement conseillé, à l'un comme à l'autre, de ne pas bouger. Talleyrand comptait sur eux pour s'attirer à nouveau les faveurs de l'autocrate russe. Leur refus sonne comme un avertissement de mauvais augure.

Bien qu'inachevé et incomplet, le ministère du 9 juillet prend une couleur franchement libérale et constitutionnelle. Les fidèles de Gand, les ministres du parti de Monsieur sont écartés : à la Guerre, Clarke est remplacé par Gouvion Saint-Cyr, Beugnot par Jaucourt, à la Marine. Le vieux chancelier Dambray, qui a été obligé de remettre les Sceaux à Pasquier également chargé de l'Intérieur par intérim, se venge en répétant à qui veut l'entendre que « ce beau ministère de M. de Talleyrand ne durera pas toujours », ce qui n'est pas complètement faux[5]. L'ex-abbé Louis, dont l'influence sur Talleyrand a été déterminante au cours de ces premiers jours de juillet, triomphe au ministère des Finances. Plus encore que les hommes qui composent le ministère du 9 juillet, c'est l'esprit dans lequel celui-ci a été arrêté qui compte. Talleyrand, depuis son retour de Vienne, n'a cessé d'insister sur la nécessité de former un ministère uni et solidaire. À l'inquiétude des puissances alliées sur la bonne marche du gouvernement, Pasquier répond le 31 juillet au nom du roi : « Les intentions et la marche du gouvernement sont en ce moment indiquées d'une manière non équivoque par la formation d'un ministère solidaire et responsable[6]. » Concrètement, on substitue un gouvernement véritable à une coterie bigarrée de courtisans. Sur plusieurs points et grâce à Talleyrand, le cabinet du 9 juillet se révèle une organisation moderne, très supérieure à ce qui existait en 1814. Il forme un Conseil auquel n'assistent que les ministres et secrétaires d'État ayant département, comme l'explique le préambule de l'ordonnance du 9 juillet rédigé par Pasquier, et qui se réunit régulièrement une fois par semaine en présence du roi, et tous les jours à midi chez Talleyrand. S'il n'a duré que deux mois et demi, le ministère conduit par Talleyrand a initié un ensemble de réformes qui, faute d'avoir été toutes mises en œuvre par manque de temps, auraient sans doute définitivement levé les ambiguïtés de la Charte – qui pèseront sur toute la Restauration – en lui donnant une tournure franchement constitutionnelle. Dès le 13 juillet, une ordonnance soumet à la révision des Chambres quatorze articles de la Charte sur l'organisation des élections et sur la puissance législative. Dans l'esprit de Talleyrand, celle-ci doit être renforcée au profit des Chambres. Les modifications annoncées concernent l'article 6 sur l'initiative des lois qui, jusqu'à présent, n'étaient qu'indirecte, et l'article 46 sur le droit d'amendement que le roi s'était empressé de contourner en lui enlevant toute efficacité. C'est annoncer un véritable partage du pouvoir législatif entre le roi et les Chambres. C'est admettre aussi implicitement une libéralisation du mode d'élection par l'abaissement des conditions d'âge et de cens (l'impôt direct) imposés aux électeurs comme aux élus. D'après la Charte, les conditions d'éligibilité et d'élection sont extrêmement restrictives : 1 000 francs d'imposition directe et quarante ans révolus pour être député ; 300 francs d'imposition pour être électeur, ce qui réduit le corps électoral à une petite minorité d'environ cent mille propriétaires fonciers, sur près de trente millions d'habitants. On imagine avec quel entrain Louis XVIII a dû signer une pareille ordonnance qui à terme menace de restreindre sa puissance législative jusqu'alors presque entièrement préservée. Quelques jours plus tard, le 20 juillet, une autre ordonnance libère la presse et les écrits non périodiques de toute autorisation préalable en assouplissant considérablement le régime mis en place l'année précédente par l'abbé de Montesquiou. Le 17 août enfin, Talleyrand obtient du roi, non sans difficulté, la transformation de la pairie à vie en pairie héréditaire. Contrairement à ce que l'on pourrait penser aujourd'hui, l'hérédité de la pairie, déjà défendue par le prince en mai 1814, était à l'époque un « dogme constitutionnel ». Héréditaires, les pairs reprennent en effet leur indépendance et leur liberté vis-à-vis du roi qui les nomme. Mieux vaut, aux yeux des libéraux, une chambre héréditaire, dont les membres se perpétuent au sein des mêmes familles avec la durée et à la stabilité en gage de sagesse, qu'une chambre viagère aux ordres du souverain. Louis XVIII, furieux, ne consentira à cette mesure qu'après plusieurs jours de réflexion. « Aucune nécessité pratique, aucune forte opinion publique n'imposait à la royauté restaurée ces importantes réformes, commente Guizot ; mais le cabinet voulait se montrer favorable au large développement des institutions libres, et donner satisfaction au parti [...] des esprits éclairés et impatients. »

Une lettre envoyée par Talleyrand, le 11 août, à un correspondant inconnu donne un bon aperçu de son état d'esprit sur ces questions. Il envisage vraiment cette seconde restauration comme une révolution libérale, en renvoyant également aux oubliettes de l'Histoire les émigrés spoliés et les donataires de l'Empire qu'il met sur un même plan, celui du passé : « Dans la situation où se trouvent la France, l'Europe et presque toutes les têtes humaines, il faut établir une nouvelle ère et partir de là. Pour faire ce que je demande, il faut que Bonaparte soit le dernier roi d'Ancien Régime. [...] La troisième race finit là. Un nouvel ordre des choses commence avec la maison de Bourbon qui a si souvent et à plusieurs reprises si glorieusement régné. Les trois branches de cette maison [France, Espagne et Naples] adoptent le même système ou des systèmes analogues. Il avait été dans la destinée de chacune d'elles, chacune suivant sa situation, d'affranchir les peuples qui lui étaient soumis. C'est à cela qu'il faut que cette maison se montre comme appelée[7]. » On voit qu'il ne manque pas d'ambition pour les Bourbons. On voit aussi qu'il était convaincu à l'époque que les rois d'Espagne et des Deux-Siciles imiteraient de bonne grâce le régime constitutionnel français, ce qui fut loin d'être le cas.

Car tout se complique lorsque l'on quitte le domaine des principes et que l'on passe à celui de leur mise en œuvre sur le terrain. Talleyrand a cette particularité d'être une tête libérale entée sur un corps d'Ancien Régime. Il ne conçoit pas son rôle de chef de gouvernement comme on le concevrait aujourd'hui. La plupart de ses anciens collaborateurs – Guizot, secrétaire général à la Justice, Molé nommé à la direction des Ponts et Chaussées et même le fidèle Barante, secrétaire général à l'Intérieur –, n'y ont rien compris et se sont plus tard retournés contre lui en l'accusant dans leurs Mémoires de n'avoir pas été à la hauteur des événements. Mathieu Molé le trouve « vieilli et baissé ». « Sa faiblesse et son inhabileté, ajoute-t-il, passèrent tout ce que j'avais prévu[8]. » Guizot le montre « faible et embarrassé[9] ».

Seul Pasquier tente d'expliquer cette « faiblesse ». Ses propos ne manquent pas de pertinence, même si l'homme aux deux ministères se venge en passant de ses propres fautes sur son patron : « Il se laissa beaucoup trop aller, écrit-il, à l'idée qu'il était indispensable à la France, même à l'Europe. Il se fiait donc sur la marche des événements et sur la force des choses, pour fixer et maintenir dans ses mains l'influence que lui avaient donnée les services rendus, sa capacité et ses talents hors ligne. Tout cela peut expliquer peut-être l'apathie dont il a fait preuve pendant près de deux mois, la stagnation dans laquelle il a laissé les affaires ; car il est certain qu'il n'y a rien dont il se soit moins occupé, alors que tous les jours étaient si précieux[10]. » Il est vrai que l'ancien évêque d'Autun n'a jamais été aussi sûr de lui qu'à cette époque de sa vie. À son amie Mme Crawfurd, il dit que la France devra le considérer comme un nouveau cardinal de Richelieu[11]. Si Pasquier a mieux vu les choses en ne se laissant pas obnubiler par les apparences, mais en cherchant une explication du côté du caractère, c'est peut-être parce qu'il est presque de la même génération que Talleyrand. Tous les autres appartiennent à une autre époque. Ils sont nés dans les toutes dernières années d'un Ancien Régime qu'ils n'ont pas connu. Ils ont été formés sous l'Empire. Ce sont les hommes des futurs ministères de la Monarchie de Juillet, des hommes de leur siècle en politique, incapable de comprendre le comportement d'un homme resté fidèle à son style. Mathieu Molé s'irrite de voir le chef du gouvernement laisser les affaires se régler au gré des discussions de son salon, autour d'une table de creps. Le prince, note-t-il, venait de temps en temps y « jeter quelques pièces d'or » entre une heure et quatre heures du matin, après avoir passé le reste de sa soirée à jouer chez l'une où l'autre de ses amies du vieux sérail. Comment un moderne chef de gouvernement peut-il également perdre deux heures tous les matins à sa toilette ? Il faut lire Molé pour comprendre son étonnement devant des usages d'un autre temps qu'il décrit presque en ethnologue : « Entre onze heures et midi, M. de Talleyrand, sortant de son lit, passait dans son cabinet où l'attendaient tous les journaux anglais et français qu'il ne regardait pas, Mme Edmond de Périgord [Dorothée] et Mme Alexandre de Talleyrand [Charlotte] par qui il se laissait embrasser, deux ou trois valets de chambre, son chirurgien et ceux de ses familiers qui avaient devancé son réveil. Couvert de flanelle de la tête aux pieds, enveloppé dans une douillette ouatée de taffetas gris, et la tête affublée de plusieurs bonnets, il se traînait lentement vers une glace où il attachait sur son visage pâle et défait ses regards plus qu'éteints. Devant lui étaient étalés sur une table tous les instruments de sa toilette ; il procédait alors à une opération dont le spectacle n'était rien moins que ragoûtant : un valet de chambre lui tenait sous le menton un bol immense rempli d'eau, il y plongeait une énorme éponge qu'il promenait ensuite sur sa face, puis, mettant son nez dans le bol, il y faisait entrer une incroyable quantité d'eau qui retombait de sa bouche avec fracas. Ces ablutions et cette cascade duraient plus d'un quart d'heure pendant lequel son cabinet se remplissait des hommes les plus considérables, sans qu'il parût s'apercevoir de leur présence. Il n'était guère d'usage de lui dire bonjour, ni de lui adresser la parole en premier ; ce n'était souvent qu'au bout d'une demi-heure qu'un signe, ou une parole dite d'une voix sépulcrale et la plupart du temps en tournant le dos, apprenait à chacun qu'il avait été aperçu. [...] Au premier lavabo dont j'ai parlé succédait un bain de pieds pendant lequel on le coiffait ; il produisait à tous les regards ses griffes qui lui tiennent lieu de pieds, avec un cynisme et une indifférence dont j'ai toujours été surpris. Pendant qu'on le peignait et qu'il essuyait ses pattes, il contait des histoires, faisait des lazzis sans cesse interrompus pour donner une signature, et quelquefois un ordre important. Il se levait ensuite pour s'habiller et commençait une espèce de promenade qui durait plus d'une heure et pendant laquelle il changeait de chemise, mettait sa culotte devant ces dames sans songer même à se retourner. [...] Un valet de chambre, portant sa chemise ou armé d'un gilet, suivait attentivement sa marche incertaine et chancelante, guettant le moment favorable pour lui passer ses manches[12]. » L'ex-évêque d'Autun est là au sommet de son art. On se croirait à Versailles sur le grand théâtre de la monarchie. Ce n'est pas la toilette d'un président du Conseil que décrit Molé, c'est le petit lever du roi. Qu'on ne s'y trompe pas, les apparences servent à masquer la réalité. Ce que l'on vient de lire et qui ressemble tant à une scène du règne de Louis XIV s'adapte parfaitement au commentaire qu'avait fait en son temps l'un des esprits les plus subtils du Grand Siècle, le chevalier de Méré : « Je suis persuadé qu'en beaucoup d'occasions il n'est pas inutile de regarder ce qu'on fait comme une comédie, et de s'imaginer qu'on joue un personnage de théâtre. Cette pensée empêche d'avoir rien trop à cœur, et donne ensuite une liberté de langage et d'action qu'on n'a point quand on est troublé de crainte et d'inquiétude[13]. »

C'est avec cette liberté que Talleyrand conçoit son rôle de chef de gouvernement. Il donne l'impulsion, crée les conditions d'une rupture dans la marche du gouvernement et laisse ses ministres agir à l'intérieur. D'autant plus que les questions de politiques extérieures suffisent largement à l'accaparer. Barante parle de « son insouciance pour tout ce qui n'était pas la vue générale, la direction d'ensemble de son ministère[14] ». Dans cet esprit, il charge Pasquier de préparer les élections de la Chambre des députés, sans s'en mêler directement. Il a sans doute eu le tort de ne pas avoir voulu conserver l'ancienne Chambre de 1814 qui avait fait ses preuves en se montrant somme toute relativement modérée. En voulant appliquer d'emblée certains des principes libéraux évoqués dans l'ordonnance du 13 juillet – le nombre des députés est augmenté, leur âge limite est abaissé à vingt-cinq ans –, il prend le risque de se retrouver face à une Chambre inexpérimentée et entièrement nouvelle. D'autant plus que les préfets, qui pour la plupart ont été changés ou déplacés, sont trop nouveaux dans leurs départements pour prétendre exercer une influence quelconque sur les élections. Lorsqu'ils ne se heurtent pas aux autorités d'occupation, ils doivent affronter dans le Midi une administration parallèle qui se réclame du duc d'Angoulême récemment rentré d'Espagne et tente d'imposer un programme d'un royalisme pur et sans concession.

Or ces préfets vont avoir la possibilité d'user d'une ancienne disposition sénatoriale en choisissant directement vingt électeurs censés compléter les collèges départementaux. Au lieu d'infléchir les élections dans le sens de la modération, les préfets, livrés à l'esprit du moment – un fort mouvement de réaction contre les Cent-Jours parmi les élites provinciales – et mal conseillés, en arriveront au résultat exactement opposé à ce que voulait le gouvernement. Les avis délivrés directement par Talleyrand à quelques-uns de ses amis chargés de présider les collèges électoraux étaient pourtant clairs et montrent que le chef du gouvernement ne se faisait aucune illusion sur la situation. À son vieil ami le comte de Castellane, il demande « d'éviter les élections de royalistes purs autant et plus que celles des Jacobins[15] ». C'est sans doute pour avoir senti le danger, et avant même de connaître le résultat des élections, dans les derniers jours d'août, qu'il se mêlera de faire nommer une « fournée » de 94 nouveaux pairs chargés, avec les pairs maintenus de 1814, de former la nouvelle chambre haute. Il s'agit, grâce à des hommes sûrs nommés à la chambre haute, de contrebalancer une chambre basse qui semble déjà avoir toutes les chances de se montrer hostile au gouvernement. Talleyrand agit sur la Chambre des pairs comme il l'avait fait autrefois avec le Sénat. Il y fait nommer des amis et des hommes à lui : Dalberg, Choiseul-Gouffier, Castellane, Bruno de Boisgelin, La Tour du Pin, son cousin Auguste de Talleyrand, le diplomate, et beaucoup d'autres, en particulier des hommes de l'Empire comme Molé. La méthode est purement arbitraire, mais, dans l'urgence, elle a au moins le mérite d'être efficace. Vitrolles, qui dit avoir surpris Talleyrand chez lui, tranquillement assis à une table, « occupé à faire des pairs » avec Pasquier, raconte la scène non sans humour : « Le prince appelait les noms qui lui venaient à la pensée à peu près comme il aurait fait pour une invitation à dîner ou pour un bal. Chacun des ministres qui arrivait, sans discuter la mesure, ne s'occupait qu'à suggérer des noms. [...] Je ne voulais pas être en reste, et après avoir nommé quelques amis, je désignai des compatriotes[16]. » Pour plaire à Louis XVIII, Talleyrand fait une bonne part à la cour et ajoute *in extremis* les noms du comte de Blacas, l'ancien favori, et du comte de La Châtre, l'un des plus fidèles serviteurs du roi qui a la particularité d'avoir été le premier mari de sa vieille amie la marquise de Jaucourt[17]. La façon dont il fera passer sa liste à la signature du roi est tout aussi savoureuse : « Comment, vous insistez, vous, monsieur de Talleyrand, pour que nous nommions tous ces gens-là pairs et pairs héréditaires ! » Et de citer les noms de quelques vieux sénateurs d'origine plus que roturière et donc douteuse à ses yeux. « Oui, Sire, répond froidement Talleyrand, c'est surtout pour ces pairs et pour ceux de leur classe que je demande l'hérédité. » Beugnot parle, à propos de cette discussion, d'un « joli badinage » et d'une « débauche d'esprit entre deux hommes qui en avaient tous deux beaucoup[18] ». En réalité et une fois de plus, Talleyrand est passé en force devant le roi, en ne lui laissant pas le choix de la contradiction[19].

Il va se battre également sur un autre plan en faisant tout pour éviter de trop sacrifier à l'ambiance générale de « chasse aux sorcières » contre les coupables des Cent-Jours qui ne fait que croître depuis la formation de son gouvernement. Hostile à l'idée même d'épuration et de proscription par ordonnance royale, il veut renvoyer le procès des plus coupables au jugement des Chambres, comme il l'avait annoncé fin juin, dans sa déclaration de Cambrai. Sans le dire, il cherche à gagner du temps en espérant que d'ici là les esprits s'apaiseront. C'est ainsi qu'il tente d'empêcher puis de réduire au maximum l'épuration des pairs de la première restauration coupables d'avoir siégé pendant les Cent-Jours, épuration qui précède les nouvelles nominations d'août. Il parvient finalement à limiter la purge à vingt-six noms, contre l'avis de Pasquier, encouragé par le roi : « L'existence de la pairie est tellement importante pour la monarchie, explique-t-il à son ministre de la Justice, que tout ce qui porterait atteinte à son inviolabilité, pourrait avoir les plus fâcheuses conséquences. » La suite lui donnera raison et les pairs destitués ne cesseront d'embarrasser le gouvernement jusqu'en 1819. Sur cette question, il va surtout se heurter à Fouché qui, à force de vouloir donner des gages de bonne volonté à Monsieur et à ses partisans ultras, tente de faire cavalier seul. C'est Fouché qui est à l'origine de la liste de cinquante-sept noms promis à la vengeance des tribunaux pour certains, assignés à résidence en attendant le jugement des Chambres pour d'autres. Des hommes de premier plan, comme Ney ou Savary se mêlent à d'illustres inconnus, ce qui rend l'ensemble peu crédible. À l'origine, cette fameuse liste qui fera couler beaucoup d'encre et conduira à l'exécution de Ney et de La Bédoyère était beaucoup plus longue. « Il y a beaucoup d'innocents sur votre liste[20] ! » aurait dit Talleyrand à Fouché. Le prince parle dans ses Mémoires d'une « lutte pénible » de plusieurs jours avec l'ancien conventionnel qui pousse le cynisme jusqu'à frapper ses propres amis. Au bout du compte, il parvient à sauver plusieurs de ses proches, à commencer par son fils Flahaut, Caulaincourt et d'autres. Mais là encore, c'est l'arbitraire qui l'emporte. Talleyrand ne dit pas non plus dans ses Mémoires qu'il n'était pas tout à fait libre sur cette question, pris entre la volonté du roi et la pression des alliés.

Après avoir prêché la modération en 1814, Alexandre comme Wellington et Blücher lui demandent maintenant des « garanties » contre les « traîtres » des Cent-Jours « dont la présence est incompatible avec l'ordre public » et le poussent à la sévérité[21]. Cette regrettable ordonnance du 24 juillet manque son but et n'arrête en rien la réaction à la catastrophe des Cent-Jours qui s'intensifie dans tout le pays. Non seulement parmi les élites propriétaires, bourgeoises ou nobles, mais aussi dans le peuple qui se livre, surtout dans le Midi, à des exactions spontanées et meurtrières contre les protestants et les partisans de Bonaparte. Pour rétablir le calme contre cette « terreur blanche », le chef du gouvernement devra publier au nom du roi une nouvelle proclamation contre ces « vengeances privées », qualifiées d'« attentats au roi et à la loi et promises à la sévérité des tribunaux[22] ». Il devra aussi démentir les rapports alarmistes de l'ancien mitrailleur de Lyon, habilement diffusés dans le pays alors qu'ils auraient dû rester confinés dans le secret du Conseil du roi, et accepter le rétablissement de la censure de la presse dont il avait défendu la liberté[23].

Dès lors, Talleyrand, plus persuadé que jamais que Fouché prétend lui disputer l'influence, va tenter de s'en débarrasser. La vie même de son gouvernement en dépend. Monsieur, qui a fait de Fouché le ministre de son frère, réclame maintenant sa tête et le roi commence à le trouver de plus en plus gênant. Talleyrand va être involontairement aidé auprès du roi par le jeune Élie Decazes, nommé à la préfecture de police de Paris sur la recommandation du baron Louis. Decazes, qui deviendra le mieux aimé des favoris du roi, est encore un inconnu à cette époque. « Qu'est-ce que monsieur Decazes ? Le connaissez-vous, Beugnot ? » disait Talleyrand le jour où il le vit pour la première fois dans son salon, et, se tournant vers Vitrolles : « Savez-vous, ce monsieur a un peu les allures d'un assez beau garçon perruquier[24]. » Decazes, né bourgeois à Libourne, n'est pas seulement beau, il est ambitieux. Barante raconte la façon dont il se mit à recevoir, chaque jeudi, chez lui, tous les jeunes secrétaires généraux du gouvernement, réunis en une sorte de « second ministère ». Decazes est alors la coqueluche et « l'idole » (Molé) des ultras. Il a contribué, comme préfet de police, aux arrestations de La Bédoyère et de La Valette. Il écrit bien. Il a des grâces d'élève appliqué. Le roi commence déjà à l'apprécier plus que de raison. Une prétendue tentative d'empoisonnement d'Alexandre le conduit tout droit dans le cabinet du monarque[25]. Il ne le quittera plus et fera dès lors tout pour nuire à Fouché dans l'esprit de Louis XVIII.

Dans les derniers jours d'août, le renvoi de l'ancien conventionnel devient l'un des sujets favoris de l'entresol. Le départ de Fouché faciliterait la nomination d'un homme à poigne au ministère de l'Intérieur dont Pasquier tient toujours – et mal – l'intérim avec Barante. Talleyrand veut aussi le jeter en pâture aux députés tout récemment élus qui commencent à arriver à Paris pour l'ouverture de la session, fin septembre. Les élections ont été mauvaises pour le gouvernement. Les royalistes exagérés, qui pour certains souhaitent un retour pur et simple à l'Ancien Régime, ont bien travaillé. Chateaubriand, rallié aux ultras par dépit après les avoir combattus pendant trois mois, résume leur politique en une phrase, dans son discours d'ouverture au collège électoral d'Orléans : « Choisir les bons, écarter les méchants. » Les « méchants », ce sont pêle-mêle les libéraux, les régicides « couverts de crimes et de honte » et les membres d'un gouvernement douteux qu'il faut renverser pour un autre, pur de tout compromis. En laissant la France, écrit Villèle, l'un des futurs chefs du parti ultra-royaliste, aux mains des Talleyrand et des Fouché, à « la coterie des idéologues », « aux jeunes conseillers d'État, administrateurs et magistrats de l'école impériale », on s'expose aux pires déboires. Les royalistes du Midi n'ont pas réussi à faire bouger les choses, les députés ultras, d'obscurs nobles de province, inexpérimentés et très exaltés, vont y parvenir par leur seule présence à Paris, avant même l'ouverture des Chambres. Ils ne veulent pas de Fouché, ce « drapeau tricolore [qui] flotte sur la place de la Bastille », comme l'appelle Vitrolles. Certains parlent carrément de faire guillotiner l'ancien guillotineur. La seule présence du ministre de la Police à la Chambre risque de provoquer une émeute. Mais son renvoi n'est pas facile. Wellington continue à le soutenir. Au sein du ministère, le baron Louis et Jaucourt y sont hostiles.

La façon dont Talleyrand va s'y prendre est bien dans son style. « Il ne suffit pas qu'il quitte le ministère, dit-il à Pasquier, il faut qu'il sorte de France. » C'est alors que l'idée lui vient, peut-être soufflée par Vitrolles, d'en faire l'un de ses ambassadeurs. La scène qui suit est fascinante. Paul Léautaud la qualifie à juste titre d'« admirable[26] ». Elle est la dernière passe d'armes entre ces deux géants. Comme d'habitude, Talleyrand aborde le sujet de façon indirecte, sans avoir l'air d'y toucher. Le Conseil vient de s'achever. Les ministres s'apprêtent à sortir. Le prince, à demi appuyé contre son bureau entre les deux fenêtres de sa chambre, se tourne alors vers Vitrolles assis dans un fauteuil, et « avec le ton d'esprit qui lui est si particulier », commente Molé, se met à bavarder à propos de l'Amérique, de ses souvenirs, de ses voyages : « C'est un si beau pays ! Vous ne connaissez pas ce pays-là, M. de Vitrolles ? Moi, je le connais, je l'ai parcouru, je l'ai habité ; c'est un pays superbe. Il y a là des fleuves comme nous n'en connaissons pas, le Potomac, par exemple ; rien de plus beau que le Potomac ! Et puis ces forêts magnifiques, pleines de ces arbres dont nous avons ici quelques-uns dans des caisses... Comment s'appellent-ils donc ! des... des... – Des daturas, répond Vitrolles. – C'est cela, reprend le prince, des forêts de daturas. » On imagine le comique de cette manière de conversation sérieuse à la sortie d'un Conseil des ministres. Puis, sans transition, Talleyrand évoque les postes diplomatiques à pourvoir. Justement celui des États-Unis est libre. « Je n'en connais pas de plus considérable, enchaîne-t-il. Une grande existence, beaucoup de considération, une tranquillité parfaite, l'occasion d'observer, d'étudier ce grand pays tout neuf qui tient déjà une place si importante dans le monde. Que voulez-vous de mieux que cela ? » Pas une fois il ne regarde Fouché qui a l'air de ne pas entendre et se borne à toiser Vitrolles des pieds à la tête, avec « ses petits yeux flamboyants ». « Cette fois seulement, il me fit baisser les yeux, avoue le baron[27]. » Ce qui rend la scène particulièrement savoureuse et en fait toute l'ironie, c'est que, l'année précédente, ce même Fouché conseillait à Napoléon de s'exiler aux États-Unis en lui vantant les avantages du pays : « Là, vous recommencerez votre existence au milieu de ces peuples assez neufs encore[28] »… Le soir même, Talleyrand est chez le roi et lui propose le renvoi du son ministre de la Police, qu'il accepte avec joie. L'ambassade de Dresde et non celle de Philadelphie servira finalement de baume à la disgrâce[29].

Malheureusement, l'annonce officielle de la démission de l'ancien mitrailleur de Lyon et proconsul à Nevers ne donne pas les résultats escomptés. Roux-Laborie et Bourrienne, chargés par leur patron de propager l'information à la Chambre, se font vertement rabrouer. Fouché est parti, très bien ; mais quand renverra-t-on l'autre ? L'autre, quel autre ? Mais M. de Talleyrand lui-même. Le roi ferait bien de se débarrasser de ce « ministre révolutionnaire ». Sans même parler du parjure et du traître, Talleyrand représente tout ce que ces provinciaux détestent : la race, le grand seigneur, l'esprit, le ton, les façons méprisantes. La plupart des amis du prince lui reprocheront de n'avoir rien fait à ce moment-là pour tenter de se concilier les députés d'une chambre que le roi qualifiera lui-même d'« introuvable », tant elle se montrera réactionnaire. « Je ne connais pas de mœurs plus incompatibles avec les mœurs du gouvernement représentatif que celles de M. de Talleyrand, écrit Molé. Soit qu'un instinct secret l'avertît du peu de succès qu'auraient sa politesse dédaigneuse, sa réserve de grand seigneur et ses grâces d'évêque à bonnes fortunes auprès des députés ; soit que la crainte de s'ennuyer ou l'horreur de se gêner le domine dans cette circonstance comme dans tant d'autres, jamais nous ne pûmes en obtenir d'attirer chez lui aucun de ceux qu'il lui était si important de se concilier[30]. » Barante raconte encore qu'il eut beaucoup de mal à lui faire recevoir Lainé, l'avocat bordelais et futur président de la Chambre. Le prince finira par l'inviter en le noyant dans un dîner diplomatique de quarante couverts, et en ne lui adressant qu'à peine la parole. Talleyrand ne manque pourtant pas de capacités manœuvrières. Il les a suffisamment exercées sous la révolution comme député à l'Assemblée constituante. Il avait alors trente-cinq ans. Il en a aujourd'hui soixante et un, avec la carrière que l'on sait derrière lui. La hauteur, les habitudes, l'ennui, un certain mépris pour un monde qu'il ne connaît pas, l'orgueil, la certitude d'être intouchable quoi qu'il arrive peuvent expliquer ce dédain. D'ailleurs, se serait-il mis en mal pour des hommes si différents de lui et si incompatibles que cela n'aurait sans doute pas servi à grand-chose. Peut-être les aurait-il affrontés s'il avait eu le soutien de la cour. Mais Monsieur, dont la future Chambre se sentira toujours plus proche que du roi, se laissait dire au même moment par le duc de Fitz-James : « Hé bien, monseigneur, le vilain boiteux va donc la danser ? » en approuvant d'un sourire cette pointe lancée contre un homme qui par deux fois avait remis la Maison de Bourbon sur le trône[31].

13.

RENVOYÉ « À L'ANGLAISE »

Talleyrand a aussi d'autres préoccupations. Les négociations pour la paix avec les puissances alliées – les secondes en un peu plus d'un an – viennent de s'engager et s'annoncent beaucoup plus difficiles que celles de l'année précédente. Le pays est récidiviste, ce qui n'arrange pas les choses. Pour le reste, le prince diplomate n'a jamais été plus isolé. Alexandre, après l'avoir soutenu en avril 1814, lui est maintenant franchement hostile. Il n'a pas supporté sa liberté de ton et son indépendance à Vienne. Talleyrand a joué contre lui et il a perdu. Comme l'écrit Beugnot, « les choses n'étaient pas sur le même pied, cette année-là, entre l'empereur de toutes les Russies et l'altesse de la rue Saint-Florentin ». Beugnot, Molé, Pasquier insistent tous sur ce fait dans leurs Mémoires. Les rapports entre les deux hommes se résument en deux mots : « réserve » et « froideur ». « On lui a appris à être méfiant », dit Nesselrode de son maître en parlant à Pasquier. Talleyrand, qui croit tant à « la puissance des tentations », n'arrive à rien[1]. Même s'il le reçoit tous les soirs chez lui, il n'est pas toujours au mieux non plus avec Wellington qui lui a imposé Fouché et se met bientôt en tête de donner au roi « une leçon de haute morale politique », comme l'écrit Liverpool resté à Londres. Aussi le « duc de fer » fait-il enlever militairement pour le compte du roi de Hollande les objets d'art du Louvre pris à La Haye par Napoléon et Denon. Gentz rapporte à ce sujet qu'il y eut, rue Saint-Florentin, au cours d'un dîner diplomatique, « une scène des plus orageuses » entre l'ancien ministre de Napoléon et le vainqueur de Waterloo[2]. L'émotion des Parisiens contre cet « acte de barbarie » est difficile à imaginer aujourd'hui. Talleyrand, qui a sans doute eu le tort de se draper dans l'honneur français en refusant toute forme de compromis sur la nature et le nombre des œuvres d'art à restituer, en subira le contrecoup dans l'opinion. Il se sent d'autant plus seul et impuissant que les alliés le tiennent soigneusement à l'écart – au moins officiellement – des projets de traités qu'ils concoctent solidairement à l'ambassade d'Angleterre où ils tiennent une conférence quotidienne. Metternich veut que le projet final qui sera présenté à Talleyrand soit « une déclaration péremptoire de notre volonté[3] ».

La peur et le désir de revanche sont tels, surtout de la part des Prussiens, représentés par Hardenberg et Humboldt, que les mémorandums qui se succèdent entre juillet et août ont de quoi inquiéter le plus flegmatique des hommes. « L'événement a prouvé, écrivait le comte de Stadion à Metternich dès le 5 juillet, qu'on a laissé la France beaucoup trop forte, en possession de beaucoup trop de moyens et qu'une sage politique exige qu'elle soit mise hors d'état de nuire. » Et de suggérer de la réduire de quelques provinces, histoire de la rendre inoffensive[4]. Hardenberg, dans son mémorandum du 4 août, propose « d'exterminer l'exterminatrice » et défend l'idée d'un droit de conquête pur et simple sur le pays. Il réclame sans sourciller Dunkerque et Lille, Strasbourg et Metz, Mulhouse et Belfort. Pozzo, d'ailleurs rapidement écarté de la négociation par Alexandre qui le trouve trop « crûment bourbonnique », selon l'expression de Nesselrode, parle d'un « chef-d'œuvre de destruction ». C'est de la « force travestie en machiavélisme[5] ». Castlereagh, qui mesure les conséquences qu'un pareil plan pourrait entraîner sur l'ensemble des équilibres établis à Vienne, parvient à calmer le jeu et rallie Metternich.

Le protocole en forme d'ultimatum que les puissances adressent à Talleyrand le 20 septembre repose sur l'idée que la paix ne pourra être assurée en Europe que sur la base d'un système de « garanties temporaires » auquel la France doit se soumettre. Il est moins meurtrier que le projet prussien, mais reste extrêmement sévère et humiliant. Le prince, qui traite la proposition d'« insolente », y perd tout ce qu'il avait obtenu et sauvé l'année précédente, et plus encore. Le roi des Pays-Bas reprend la plupart des territoires qui appartenaient à l'Autriche avant 1789. Le roi de Sardaigne rentre en possession de la totalité de la Savoie. Du côté de l'Allemagne, la France perd ses principales places fortes, en particulier Landau, et doit détruire les fortifications d'Huningue. Il lui faut céder à la Prusse son morceau de Sarre avec ses gisements houillers – les plus riches du bassin. Elle financera elle-même, à hauteur de 200 millions, une ligne de fortifications tournées contre elle, à construire le long de la frontière des Pays-Bas. Elle paiera en outre une indemnité de guerre de 600 millions de francs. Elle restera occupée à ses frais pendant sept ans, de Valenciennes à Strasbourg, par une armée de 150 000 hommes sous commandement allié. Le royaume est placé sous surveillance, ses moyens de défense sont largement désorganisés, ses finances fortement mises à mal – d'autant plus qu'en août le baron Louis a déjà été obligé de lever une imposition extraordinaire de 100 millions pour subvenir aux réquisitions de guerre. Les cessions exigées vont bien au-delà de la traditionnelle définition des anciennes limites. Sarrelouis appartient à la France depuis 1680, Landau depuis 1697. Démembrement, désarmement, appauvrissement, la curée est complète. Ce projet de paix de la conférence alliée ressemble fort, à la différence du précédent, aux traités que Napoléon imposait à l'Europe sous l'Empire. La leçon est cinglante.

Talleyrand, prévenu quelques jours à l'avance, en avait averti ses ministres à un dîner chez Jaucourt. La veille, il est allé voir le roi avec le baron Louis et Dalberg qu'il s'est adjoint aux négociations, et lui a demandé son appui formel « envers et contre tous ». Il pensait probablement à une déclaration publique de Louis XVIII destinée aux puissances alliées comme aux Chambres. Si le roi s'y refusait il se verrait contraint de donner la démission de son ministère. Il ne peut, sans se déshonorer, entrer dans une négociation qui le remet en jeu, lui et les résultats obtenus lors du traité du 30 mai 1814, à moins que le roi ne l'y encourage formellement et ne mette le poids de son autorité dans la balance. On peut être sûr qu'à ce moment précis, Talleyrand offre sa démission sans y croire et surtout sans la vouloir. De toutes les réponses royales, la réaction du frère de Louis XVI est sans doute celle à laquelle il s'attendait le moins. « Eh bien, répond tranquillement le roi en levant les yeux au plafond après un court silence, je prendrai un autre ministère. » Tout cela s'est passé très vite. Le soir même, tout le cabinet, solidaire, vient présenter collectivement sa démission[6]. « C'est comme en Angleterre », dira Louis, enchanté d'avoir montré autant de fermeté, en recevant Molé peu après[7]. « La vérité sur ce ministère, écrit très justement Beugnot, c'est que Talleyrand y était seul : les collègues qu'il s'était donnés ne vivaient que de sa vie ; aussi ne lui ont-ils pas survécu d'une minute. » À l'exception toutefois de Decazes, le grand gagnant de l'opération. Dans quelques jours, le jeune favori deviendra ministre de la Police à part entière.

Ce coup de théâtre rend la suite des négociations peu intéressante pour nous. Dans une note à La Besnardière datée du 20, Dalberg écrit : « Je ne peux pas signer de telles conventions. Il n'y a ni France ni roi avec cela[8]. » Il n'aurait jamais avancé une chose pareille si le ministère n'avait pas été démissionnaire. Le lendemain, Talleyrand envoie aux alliés, pour la forme, une réponse extrêmement ferme dans le ton, tout en cédant un peu. Il admet de discuter sur la base des frontières de 1790 et d'une indemnité raisonnable[9]. Est-ce une porte ouverte laissée à son successeur, une façon de ne pas rompre brutalement des négociations à peine commencées ou la simple prise en compte d'un état de fait désespéré ? Au moins est-il sincère sur ce plan lorsqu'il décrit à Mme de Rémusat la singularité de sa situation au moment de son départ : « Des impasses partout ; aucun point d'appui. Songez donc, traiter en licenciant son armée[10] ! » Ce jour-là, les alliés savent qu'il n'est plus ministre – Wellington comme Metternich le regrettent déjà – et la nouvelle se répand dans Paris. Le comte de Saint-Aulaire, assez proche de Talleyrand, en écrit à son ami d'Estourmel : « Les amis des ministres disent qu'ils ont quitté leur place pour ne pas signer le traité qui est fort dur. Je sais des gens fort importants qui disent au contraire que le roi les a renvoyés, indigné de ce qu'ils avaient négocié un pareil traité. Ces deux versions sont faites pour tirer à soi la popularité. Le gros du monde voit seulement dans cet événement le triomphe du parti de la cour sur celui de la Révolution, et chacun s'en applaudit[11]. » C'est cette dernière version qui est la bonne. Auguste de Staël, qui passe chez Talleyrand le soir même, y trouve tout l'ancien Conseil en pleine discussion. Les langues commencent à se délier : « Des ministres renvoyés sont bien plus amusants que ceux qui ont le secret de l'État à garder[12]. »

Talleyrand est persuadé d'être tombé dans un piège et il n'a pas complètement tort. Alexandre, qui vient de montrer sa force en faisant ostensiblement défiler une partie de ses troupes près de Châlons, a certainement influencé puissamment le roi contre lui en préconisant, dès le 15 septembre, son renvoi en même temps que celui du ministre de la Police. « Votre Majesté y gagnera doublement[13]. » Louis XVIII ne demande qu'à se laisser convaincre. Depuis plusieurs jours, Pozzo lui explique que le tsar peut tout, à condition de se débarrasser du prince. Tout le parti de Monsieur dit la même chose et pense contre-révolution. À partir du 21 septembre, le tsar va jouer personnellement un rôle de premier plan dans la formation du nouveau ministère. Ce jour-là, il a une conversation décisive avec « son » candidat et fidèle ami, le duc de Richelieu, qu'il délie, pour le convaincre, de tous ses engagements avec lui : « Soyez le lien sincère de l'alliance entre les deux pays. Je l'exige au nom du salut de la France. » En réalité, il est persuadé de trouver en Richelieu un interlocuteur moins encombrant et plus docile que ce diable de Talleyrand, en regagnant du même coup toute son influence sur le gouvernement. Le lendemain 22 septembre, il reste, d'après les journaux, si longtemps dans le cabinet du roi qu'il oblige ce dernier à reporter son déjeuner d'une heure et demie, une entorse rarissime à l'étiquette royale et aux habitudes extrêmement régulières du souverain. Louis XVIII joue le jeu, avec juste ce qu'il faut de perfidie pour exaspérer son ancien ministre. Sinon pourquoi aurait-il fait écrire par Pozzo, en son nom, une lettre publique adressée à Alexandre, dans laquelle il menace de renoncer au trône si les alliés refusent de modifier leurs propositions de paix ? C'est précisément cette lettre, datée du 23 septembre, que Talleyrand demandait au roi le 19, et qu'il lui avait refusée[14]. Richelieu s'en servira. Il est officiellement nommé à la tête du nouveau gouvernement le 26 septembre. On comprend la fureur de son prédécesseur contre celui qui, après avoir refusé d'entrer dans son propre ministère, accepta finalement, non sans hésitations, de prendre sa suite. Le lendemain, le roi sauve les apparences en faisant de son ministre déchu son grand chambellan. La position est purement honorifique mais prestigieuse. C'est la première des grandes charges de cour. Talleyrand y tenait beaucoup après l'avoir eue une première fois sous l'Empire. La place est surtout lucrative : 100 000 francs d'appointements auxquels s'ajoutent 20 000 francs comme ministre d'État.

C'est bien le moins de la part du Bourbon qui a le sentiment d'avoir pris une revanche méritée sur un homme qu'il déteste. Comme l'observera Chateaubriand, Louis XVIII, « sans être cruel, n'était pas humain ». Talleyrand lui a été imposé le 27 juin. Il s'en est débarrassé le 19 septembre. Il a été plus fin que lui, ce qui n'est pas donné à tout le monde. Voilà tout. Mais il n'aurait pas bougé si les événements ne l'avaient pas aidé : des ultras qui hurlent, des alliés qui exigent, un pays très mal en point. On ne dira jamais assez combien les rapports du prince et du roi ont été durs et sans concessions, sans doute plus durs que ceux que l'ancien ministre des Relations extérieures entretenait avec Napoléon. Pendant près de trois mois Talleyrand s'est imposé à lui, faisant passer ses décisions en force. Il n'a jamais été moins courtisan qu'avec Louis XVIII. « J'aime qu'on me persuade », se plaisait à dire le roi, certainement peu habitué à si peu de ménagements. Il va rendre coup pour coup ce qu'il a eu à subir. Napoléon injuriait Talleyrand, Louis XVIII l'a humilié, et à deux reprises au moins : à Mons le 24 juin et aux Tuileries le 19 septembre. Comme l'écrira le ministre renvoyé à la duchesse de Courlande, le lendemain : « L'ingratitude n'est pas assez voilée. »

Pourtant Talleyrand quitte le ministère convaincu que sa retraite n'est que momentanée, qu'on ne pourra se passer de lui, qu'on le rappellera avant peu. C'est compter sans l'obstination du vieux roi goutteux qu'il connaît pourtant bien, et sans les talents du modeste duc de Richelieu. En attendant, l'ancien président du Conseil se drape dans un patriotisme de bon aloi. Il ne peut s'empêcher de se moquer de son successeur : « Monsieur de Richelieu. Excellent choix ! C'est l'homme de France qui connaît le mieux la Crimée[15]. » « Chère amie, écrit-il le 27 septembre à la duchesse de Courlande, voilà un ministère complet. Le président est russe [Richelieu], le ministre des Finances génois [il s'agit de Corvetto qui remplace le baron Louis]. Tout cela pour défendre les intérêts de la France. Ce sera curieux à écrire quand j'écrirai. » Par jalousie et par haine, il va faire passer celui qu'il suppliait, il y a encore peu, de devenir son ministre, pour le « vassal » d'Alexandre, alors que le noble duc, le moins machiavélique des hommes, ne tardera pas à se montrer ombrageux et indépendant vis-à-vis de son ancien maître. Puis il l'accusera injustement d'avoir succombé aux exigences des alliés alors que la paix du 20 novembre 1815 est sans doute la moins mauvaise que l'on pouvait signer compte tenu des circonstances. « [Le duc de Richelieu] a perdu le titre de Français en signant [la paix] », dit-il à Mme de Staël[16]. Lui-même se serait fait couper les poings plutôt que de céder. La vérité, c'est que l'ancien évêque n'aurait sans doute pas fait beaucoup mieux, même si *a contrario* l'appui accordé par Alexandre à son protégé n'a pas vraiment amélioré la situation. Mais Talleyrand ne se serait certainement pas roulé par terre de désespoir en se déclarant perdu, comme le fera son sentimental successeur en paraphant le triste traité du 20 novembre. Les deux hommes sont profondément différents. Tous les deux portent un grand nom, mais autant le premier est simple, chevaleresque, un peu sauvage et ombrageux, autant le second est raffiné, froid et multiple. Lorsque Richelieu peste contre les subtilités de la civilisation, Talleyrand en est l'expression la plus accomplie. L'un s'habille de façon négligée, en bottes et cravate noire, fume la pipe et semble tout droit sorti d'une garnison des steppes, l'autre se parfume à l'ambre et vit en bas de soie et souliers à boucle. « C'est le grand seigneur poudré, parfumé, chamarré de l'œil-de-bœuf [l'un des salons de Versailles du temps de l'ancienne cour], écrit Molé, pendant que la noblesse de M. de Richelieu, toute native et naturelle, semble prendre son origine dans l'instinct de son âme et de son sang[17]. » Beau contraste de légende noire.

Avec ses proches, Talleyrand évoque sans cesse « le mépris » de l'opinion pour le nouveau et naïf ministre des Affaires étrangères, toujours aux ordres des puissances étrangères et en particulier des Russes[18]. « Il n'y a plus de patrie », dit-il encore à Mme de Rémusat, dans un registre plus grave et plus triste[19]. Au début de l'année suivante, Wellington, devenu le commandant en chef de l'armée d'occupation, le trouvera si violent sur le compte du duc qu'il le croira fou[20]. En réalité, Talleyrand s'impatiente de n'être toujours pas rappelé. Jamais il n'a autant menti dans ses Mémoires qu'en parlant de la chute de son ministère. « Je quittais le pouvoir sans de trop vifs regrets[21]. » Quelle litote ! En réalité, il sèche sur place. Pasquier parle des derniers mois de 1815 comme de « la période la plus pénible de sa vie[22] ». « Je plains cette âme (s'il a une âme) trompée dans ses espérances, blessée dans son orgueil, écrit Mme de Souza à son fils[23]. » En septembre 1816, la dissolution de la Chambre introuvable consolide encore le nouveau ministère. Decazes, qui est derrière ce coup de force dirigé contre les ultra-royalistes, devient la bête noire de Talleyrand. D'autant plus que le ministre de la Police se laisse quelque peu dépasser par le zèle de ses agents qui, pendant tout l'été, surveillent le prince sans beaucoup de discrétion : à Valençay et jusqu'aux eaux de Bourbon-l'Archambault où il se rend en août et doit subir les désagréments du maire de la ville, un peu trop aux ordres du ministère[24]. Ses lettres sont systématiquement interceptées par le cabinet noir des Tuileries et mises sous les yeux du roi. Decazes croit, comme Talleyrand, aux vertus de la corruption et de la manipulation. Mais il n'a ni son doigté ni sa finesse. Molé se dira dégoûté lorsqu'un jour le jeune ministre de la Police lui montrera une lettre de l'une des intimes de la rue Saint-Florentin à Dorothée, interceptée par ses services et peu amène pour l'ancien collaborateur du prince. C'est comme cela que Decazes brouille les uns avec les autres puis attire ceux dont il a besoin. Et en effet, le ministère renvoyé en septembre 1815 commence à se séparer.

Au retour de Talleyrand à Paris, à l'automne, c'est l'incident[25]. Le 17 novembre, l'ancien Premier ministre se rend à un dîner donné à l'occasion de l'anniversaire du roi par l'ambassadeur d'Angleterre, sir Charles Stuart. Pasquier est présent. Il vient d'accepter la présidence de la nouvelle Chambre, élue à la suite de la dissolution du 5 septembre, et très favorable aux nouveaux ministres. Talleyrand prend cela pour une trahison. Il a une conception très anglaise de la solidarité ministérielle. Un ministère battu reste uni dans l'opposition, un peu à la façon d'un *shadow cabinet*. Le ralliement de Pasquier à Richelieu et à Decazes est un peu la goutte d'eau qui fait déborder le vase. À la fin du dîner, il prend son ancien ministre de la Justice à part, dans l'embrasure d'une fenêtre. Pasquier, gêné, lui répond par monosyllabes puis parvient à s'échapper. C'est alors que, d'un bout à l'autre du salon, il l'apostrophe de sang froid, devant tout le monde. Il y a là des diplomates, des pairs, des étrangers capables d'exploiter l'événement dans leur pays, en particulier Canning, le chef de l'opposition à la Chambre des communes, de passage à Paris. « Retenez bien, M. Pasquier, ce que je vous ai dit. Le ministère de la Police est une chose honteuse. C'est le guet, et voilà tout. » « Un bourbier », dit-il encore[26]. Puis il lui conseille de ne pas laisser les députés traîner « dans l'ornière » de Decazes, un vulgaire « maquereau », et d'un gouvernement qui avilit et perd le pays. « L'endroit de la scène, la circonstance, les personnes [présentes], le but et la publicité fixèrent dans l'instant l'attention de tout Paris », écrit Pozzo à Nesselrode[27]. La réponse des Tuileries ne se fait pas attendre. C'est la disgrâce. « Il m'a paru qu'il était impossible de laisser passer l'affaire de Talleyrand, et j'ai décidé de lui faire écrire par le duc de La Châtre de ne pas reparaître aux Tuileries jusqu'à nouvel ordre. Ce qui a été exécuté. Je crois que j'ai bien fait[28] », écrit le duc de Richelieu. Decazes suggère, Richelieu exécute et le roi ordonne, sans déplaisir. Talleyrand n'est pas dupe. « J'obéirai à l'ordre de Votre Majesté. [...] J'y obéirai avec douleur, mais sans comprendre que les rapports que Votre Majesté reçoit fassent quelque impression sur elle lorsqu'il est question de moi[29]. » Il ne peut s'empêcher non plus de lui rappeler à sa manière que, sans lui, il ne régnerait pas. La fin de sa lettre est un petit chef-d'œuvre d'allusion perfide à ses services comme aux secrets peu avouables qu'ils ont ensemble depuis la révolution. « Je lui demanderais pardon [au roi] de ma mauvaise écriture, si je ne savais qu'elle la connaît depuis longtemps et qu'elle la lit aisément. »

En attendant, ses salons de la rue Saint-Florentin sont plein de monde. On va rue Saint-Florentin comme on allait à Chanteloup voir Choiseul après sa disgrâce, sous le règne de Louis XV. « Tous les exagérés le portent aux nues », rapporte Charles de Rémusat. On le félicite ou on le console. Germaine de Staël est là aussi, histoire de lui apprendre « comment on doit se conduire avec ses amis malheureux ». « Comme il m'a abandonnée sous Bonaparte, je m'amusais du contraste et c'était une vengeance comme une autre », ajoute-t-elle[30]. En réalité, Talleyrand ne gagne rien à ce coup de sang très calculé. Le ministère en sort renforcé. Les ultras qui voulaient le pendre l'année dernière se mettent à le courtiser, faute de mieux. Et le roi ne cède pas. Talleyrand va l'apprendre à ses dépens à l'occasion de l'anniversaire de la mort de Louis XVI, le 21 janvier 1817, dans la basilique de Saint-Denis. Fidèle à lui-même et à sa méthode qui consiste à agir comme s'il avait oublié sa disgrâce, il prend place parmi les grands officiers de la couronne qui entourent le catafalque drapé de noir du roi martyr. Le marquis de Dreux-Brézé, le grand maître des cérémonies, celui qui s'était fait apostropher par Mirabeau le 23 juin 1789, vient alors lui signifier que l'ordre du roi ne lui permet pas de rester avec la cour à laquelle il n'appartient plus comme grand chambellan. Devant le roi, les princes et toute la cour, Talleyrand est alors obligé de boiter dans la nef de la basilique jusqu'aux fauteuils réservés aux pairs de France. Encore « une humiliation qui a dû le blesser sensiblement », note Mme de Souza, ravie. Décidément, les choses étaient plus simples à la cour de Napoléon.

Un mois plus tard presque jour pour jour, le roi lui fait envoyer le duc d'Aumont, son premier gentilhomme de la chambre, pour l'autoriser à se présenter à nouveau devant lui aux Tuileries[31]. Mais le retour en grâce n'est qu'apparent. Dans la même année, Talleyrand n'obtient, ni du roi de France, ni d'ailleurs du roi d'Espagne, l'érection de sa terre de Valençay en duché pour son frère Archambaud. On comprend leur refus lorsque l'on sait qu'il réclamait cet honneur en remerciement des services rendus par lui au roi d'Espagne sous l'Empire. Ses ambiguïtés à l'époque de l'intervention de Napoléon en Espagne, son rôle forcé mais assumé de geôlier de Ferdinand VII à Valençay ne plaident pas en sa faveur. On est là du côté sombre du personnage. Ce n'est pas de la désinvolture, c'est de la vanité et du cynisme à l'état pur[32]. Tout cela ne l'empêche pas de continuer à faire placidement son service de grand chambellan aux Tuileries. Pendant toute la Restauration, il remplira ses fonctions de cour de la façon la plus scrupuleuse, en homme qui connaît son étiquette et qui y attache de l'importance. Ce sont les seuls devoirs qui lui paraissent sacrés, dira méchamment Mme de Montcalm. Lorsqu'il est à Paris, on peut le surprendre, le dimanche, à la messe du roi, debout, la main appuyée sur le fauteuil du souverain, à côté de son oncle le cardinal de Talleyrand qui officie. Mme de Boigne ne se lasse pas de le voir s'agenouiller maladroitement, à cause de sa jambe estropiée, au moment de l'élévation, impassible, comme d'habitude. S'agissant d'un évêque défroqué, on la croit volontiers lorsqu'elle évoque son « maintien inimitable[33] ». À la cour, le roi lui parle à peine[34]. Decazes, qui prend de plus en plus d'ascendant sur Louis au point de devenir son favori en titre, n'en pense pas moins, et le prince se venge. Tantôt il représente le Bourbon comme un modèle de duplicité, tantôt comme une espèce de Cassandre ou de vieillard débile dupé par un jeune homme ambitieux. Ses railleries sur le roi ne sont jamais gratuites. Derrière leur apparence légère, elles tendent à faire croire que le régime des Bourbons est fragile, et nourrissent l'inquiétude générale sur la durée de leur règne. À une dame très royaliste qui reprochait au roi de ne l'être pas assez, il répondra : « Comment pouvez-vous dire cela ? Il n'a point signé l'Acte additionnel [aux Constitutions de l'Empire], il a été à Gand et il est prêt à y retourner[35]. » L'exil du roi à Gand pendant les Cent-Jours est son thème favori. On connaît le dialogue, sans doute inventé, qu'il aurait eu avec Louis XVIII. Au roi qui lui demandait quelle distance il pouvait bien y avoir de Paris à Valençay, en lui signifiant sa disgrâce, il aurait répondu : « À peu près la même, Sire, que de Paris à Gand. » Les bons mots cachent souvent des manœuvres. Celles des années Decazes sont sans doute les moins avouables. Comme le dit justement Lacretelle, Talleyrand est « contre le pouvoir des autres ». Dès lors, tous les moyens sont bons. À force de dépit et de mépris, à force de railler les ministres du roi qui « savent si bien rester sur leur pieds au milieu des ruines et des décombres qu'ils entassent autour d'eux », à force de les traiter de « charlatans de vertus » et de « faux Catons[36] », il va finir par courtiser ses pires ennemis. L'alliance éphémère de Talleyrand avec les ultra-royalistes, revenus à l'opposition depuis la dissolution de la Chambre en septembre 1816, est sa façon à lui de « s'entretenir la main[37] ».

Les tractations ont dû commencer au moment même des élections qui ont suivi. Talleyrand est alors en pleine disgrâce et Villèle, qui s'est imposé à la Chambre à la tête du parti ultra-royaliste, commence déjà à dire publiquement que le prince serait le seul chef de gouvernement convenable vis-à-vis des puissances étrangères en cas de victoire. Talleyrand représente à ses yeux tout ce qui manque à son parti : un homme d'État qui connaît l'Europe. De son côté, le prince multiplie les contacts avec tout ce qui porte les chances de l'avenir, avec Blacas à qui il envoie Giambonne à Rome où il représente le roi, avec Monsieur et surtout avec les royalistes des deux Chambres. Bruno de Boisgelin puis Vitrolles, qui sont tombés sous le charme de Dorothée, travaillent pour lui. Toute sa famille, très ultra-royaliste, le sert aussi. Charles de Rémusat, qui tente de l'excuser, dit qu'il voyait alors « les chefs du côté droit plutôt [comme] des meneurs parlementaires que [comme] des sectaires monarchiques[38] ». Au mois de février 1818, Mme de Boigne, qui le rencontre à l'occasion d'un bal donné par le duc de Wellington, se dit frappée de la façon dont les princes de la famille royale se comportent avec lui, alors qu'ils ne lui adressaient pas la parole à l'époque de la chute de son ministère. « J'avais laissé M. de Talleyrand honni au pavillon de Marsan [l'aile des Tuileries habitée par le frère du roi] ; je le retrouvai dans la plus haute faveur de Monsieur et son monde. [...] Je me le rappelais l'année précédente se traînant derrière les banquettes pour arriver jusqu'à la duchesse de Courlande [...], mais, cette fois, l'attitude était bien changée. Il traversait la foule qui s'écartait devant lui ; les poignées de main l'accueillaient et le conduisaient droit sur Monsieur ; monsieur le duc de Berry s'emparait de cette main si courtisée pour ne la céder qu'à Monsieur. Les entours étaient également empressés[39]. » Les disgrâces ont du bon en régime parlementaire, au mépris des convictions des uns et des autres. La politique d'opposition du parti ultra consistait alors à contrarier le duc de Richelieu dans ses négociations avec les puissances pour la libération du territoire, toujours occupé selon les dispositions du traité de novembre 1815. Aux yeux de Monsieur comme de ses amis, la présence des armées alliées en France est la seule garantie sérieuse à la dérive libérale du ministère Richelieu-Decazes. Il faut donc tout faire pour les y maintenir. Jusqu'où Talleyrand s'est-il prêté à ce jeu ? « Monsieur de Talleyrand était trop habile à tâter le pouls du pays, écrit encore Mme de Boigne, pour ne pas reconnaître que la fièvre d'indépendance s'accroissait chaque jour et ferait explosion si on ne la prévenait ; mais certainement il s'unissait à toutes les intrigues pour chasser le duc de Richelieu, et c'était là un suffisant motif d'alliance. »

Il est probable que, selon son habitude, Talleyrand s'est associé à la politique du pavillon de Marsan, sans se livrer. Son attitude cauteleuse et prudente à la veille de l'ouverture du congrès qui doit se réunir à Aix-la-Chapelle en vue de la libération définitive du territoire le prouve. Nous sommes en mai 1818. À la demande de Monsieur, Vitrolles prépare une note, plus connue sous le nom de « note secrète », destinée à alerter les puissances européennes sur les dangers d'une évacuation prématurée du territoire français. La note est volontairement alarmiste. Le roi, livré à lui-même, pourrait bien succomber à une révolution. Pour appuyer cette note au congrès, le parti cherche à y envoyer quelqu'un capable de la soutenir de son influence et de son crédit. Le choix tombe évidemment sur Talleyrand qui reçoit discrètement Vitrolles peu avant son départ pour Valençay, dans les premiers jours de mai. Le baron provençal a raconté la scène. Alors qu'il le supplie de dépêcher à Aix, en son nom et au nom de Monsieur, un homme sûr capable de défendre le point de vue ultra-royaliste, le prince lui répond benoîtement qu'il ne peut faire confiance à personne, qu'il aimerait bien accéder à la demande de Monsieur mais que tout le monde l'a trahi et qu'il ne peut plus compter que sur lui-même. C'est évidemment une façon comme une autre de se dérober. Le naïf Vitrolles sera tellement convaincu de l'argument qu'il en fera un thème dans ses Mémoires, sur l'ingratitude du prince incapable de se lier avec quiconque[40]. Tout cela n'est pas sérieux et servira à nourrir la légende, mais, en attendant, le stratagème marche. Ce sont finalement Vitrolles lui-même et le comte de Scey qui iront à Aix. De Valençay, Dorothée et son oncle se contenteront de consoler le pauvre baron, démissionné par le roi de son Conseil privé à la suite de la découverte de sa note[41]. Peu de temps auparavant, Mme de Staël lui demandait s'il était vrai qu'il fût un ultra, et Talleyrand lui aurait répondu, faussement naïf, qu'il ne savait pas ce qu'elle voulait dire mais que, ultra ou pas, il se plaçait décidément dans l'opposition à Decazes[42]. Talleyrand est assez fin pour savoir que, tout diable qu'on est, on ne se marie pas avec son pire ennemi. D'ailleurs, tous ses amis le lui disent. « M. de Talleyrand ne peut pas au fond, écrit Mme de Rémusat, compter sur un parti qui voulait le pendre il y a six mois, et qui, six semaines après son retour aux affaires, se séparait de lui[43]. » Même Adélaïde de Souza, son ancienne maîtresse maintenant rivale, est lucide à ce sujet : « Les ultras veulent de lui, écrit-elle à [leur] fils Charles, comme d'un mal utile, sans oublier ni pardonner tout le mal qu'il a fait dans les commencements de la Révolution. [...] M. de Talleyrand ne sera pour eux qu'un charlatan, dont on se sert dans les crises, mais qu'on renvoie bien vite, comme dangereux, pour reprendre le bonnet de docteur[44]. » Six ans plus tard, lorsque les ultras seront au pouvoir, la baronne de Damas – une lointaine cousine –, dont le mari occupera le ministère des Affaires étrangères, refusera obstinément de lui donner le bras, rue du Bac, au moment de passer à table. L'intérêt passe, les dégoûts profonds ont la vie dure[45]. À force d'avoir la « maladie du ministère » comme le dit drôlement Molé, à force de manœuvres, à force de faire et refaire, sur le papier, des combinaisons de substitution, Talleyrand passe à deux doigts du pouvoir, en décembre 1818, à la faveur de la première grande crise politique du régime.

Le duc de Richelieu vient de rentrer d'Aix-la-Chapelle. Il y a obtenu un grand succès diplomatique en mettant un terme, deux ans avant la date prévue, à l'occupation préventive du territoire. Mais les élections sont à ses yeux « mauvaises ». D'une année sur l'autre, la Chambre glisse insensiblement à gauche. Richelieu est inquiet et son ministère profondément divisé. Le duc est partisan d'une alliance à droite alors que Decazes veut rester fidèle à sa politique qui consiste, comme il l'a dit lui-même dans l'un de ses discours, à nationaliser la royauté et à royaliser la nation. Le ministère ne tient plus qu'à un fil et la crise éclate dans la seconde quinzaine de décembre. Talleyrand attend son heure. Il a tenté au dernier moment un rapprochement avec Decazes à la faveur du mariage du favori avec la fille de son ami et cousin, Saint-Aulaire. Tandis que les ministres donnent et reprennent successivement leur démission en se croisant chez le roi dans la plus grande des confusions, Talleyrand fait circuler des listes dans les salons. Il est prêt à prendre la tête d'un ministère d'amalgame, un ministère « en macédoine » comme il l'appelle drôlement[46]. Son gouvernement est tout prêt. C'est ce qu'il appelle, dans le salon de Mme de Duras, d'un air énigmatique, « un petit moyen, si l'on savait s'en servir[47] ». Mais le roi n'y songe pas. Il veut garder Richelieu et Decazes qui de leur côté veulent bien rester, mais à condition de ne pas rester ensemble. Une chose est sûre, en revanche, ni l'un ni l'autre ne veulent de Talleyrand. Richelieu, influencé par Pozzo qui ne cesse de lui parler de la haine profonde d'Alexandre pour l'ancien ministre de Napoléon, est persuadé que le retour du prince au pouvoir provoquerait une nouvelle invasion du territoire. Decazes n'en veut pas parce que le roi n'en veut pas. « Songez pourtant que vous me réduisez à la déplorable extrémité de recourir à M. de Talleyrand que je n'aime ni n'estime », répète-t-il à ses ministres[48]. « Dans l'embarras général, on a reparlé de M. de Talleyrand, écrit Saint-Aulaire, qui joue les intermédiaires. Mais mon gendre [Decazes] ayant refusé avec lui toute collaboration, il ne se trouve guère moins empêché que M. de Richelieu[49]. » C'est finalement Decazes qui va l'emporter à la tête d'un ministère affaibli, orienté plus à gauche que le précédent. Talleyrand commence à comprendre que tant que le vieux roi têtu vivra, il n'arrivera jamais à rien. Il se console en trouvant un nouveau surnom au duc de Richelieu, le « prince de l'évacuation », mais c'est ce dernier et non pas lui qui revient au pouvoir en février 1820, après l'assassinat du duc de Berry et le départ forcé de Decazes poursuivi par la haine des ultras[50]. « Les nouvelles n'arrivent qu'aux personnes qui ont devant elles un avenir, et j'ai clos le mien, écrit-il, fataliste, de Valençay, au duc de Montmorency. La haute sagesse du roi, ajoute-t-il, ironique, m'assure qu'il sera tranquille ; à cet égard, ma confiance est entière[51]. »

14.

L'ESPRIT, LA TABLE, LES LIVRES

Pendant toute cette période, l'entresol de la rue Saint-Florentin est resté un centre politique, diplomatique et mondain sans égal à Paris. Lorsque Talleyrand n'est pas à Valençay ou dans une ville d'eaux, son salon est ouvert tous les soirs. Il y a réception deux fois par semaine. C'est, écrit Pasquier, « une espèce de club assez commode » où l'on se rend sans être prié et où l'on retrouve tout le corps diplomatique, des étrangers de marque, les anciens ministres, des pairs, des députés, des amis. Il n'a pas à cette époque une couleur politique bien déterminée. Il est simplement de bon ton d'y fronder le gouvernement. On y arrive généralement vers une heure du matin et l'on y reste jusqu'à quatre ou cinq. On y joue énormément, au whist, au creps. « C'est l'époque de ma vie où j'ai joué le plus gros jeu », avoue Boniface de Castellane qui y a perdu beaucoup d'argent et se souvient du maître de maison assis à une table, jetant ses dés et disant : « Sept à la main », avec ce flegme imperturbable qui ne l'abandonne jamais[1]. La vieille princesse Tyszkiewicz s'y ruine pour le plaisir de jouer avec lui. On y cause aussi, avec un agrément et une liberté qui n'existent nulle part ailleurs. Le maître de maison, « le curé » comme l'appellent familièrement ses chères amies, y a « le nez très fin sur les moindres apparences de recherche dans les autres ».

« En général, ajoute Mme de Rémusat qui veut initier son fils Charles à cet esprit très particulier de la conversation, rue Saint-Florentin, il faut prendre les choses en masse, et surtout entendre bien et vite, donner occasion de dire, laisser tomber tout ce qu'on a voulu dire, et ce qu'on ne voudrait pas qui fût relevé. Approuver du sourire et du regard, ce à quoi celui dont je parle [le maître de maison] est fort sensible, et laisser percer l'approbation et l'affection sans les trop étaler, parce qu'on n'aime point dans cet endroit les émotions fortes. Tout cela demanderait mille petites explications que vous ajouterez vous-même ; et surtout, remarquez encore que le plus grand plaisir de cet esprit, entre nous un peu blasé, c'est de découvrir et non de voir. Quand on le connaît un peu, cela est commode, parce qu'on a tout bonnement qu'à être soi, et à le laisser faire. Si vous comprenez quelque chose à ce galimatias, vous serez habile. Vous en tirerez ce qu'il y a de bon et de vrai, qui est caché là-dessous quelque part[2]. »

Mais de quoi est fait encore cet esprit si subtil que Mme de Rémusat tente d'analyser pour son fils ? En cherchant à rendre, dans ses Mémoires, le style de la conversation du vieux prince, Vitrolles commence par dire ce qu'elle n'est pas. Talleyrand évite soigneusement « les phrases toutes faites, les comparaisons vulgaires, les locutions triviales ». Il déteste le « Comment-vous portez-vous ? » qui sert généralement d'entrée en matière, évite de le dire et n'y répond jamais. Il ne se presse pas de parler et se cache le plus souvent sous le piquant des anecdotes. Ce qui domine alors, c'est la finesse et la grâce. Il aime par-dessus tout la conversation décousue, feint de se rappeler tout à coup, au milieu d'une phrase et comme par accident, une chose essentielle qu'il glisse sans en avoir l'air, parle par allusions et excelle à jeter, au milieu d'un dîner de douze personnes, une anecdote qu'un seul de ses invités pourra comprendre. « Il connaît l'art de cacher sa pensée ou sa malice sous le voile transparent des sous-entendus, ces paroles qui laissent deviner un sens au-delà de celui qu'elles expriment », dit Vitrolles. D'une femme qui comprend « le sel le plus fin » de cette conversation directement héritée de la culture mondaine des années 1780, il dit : « Elle n'a pas d'esprit, mais elle a de l'entente. » C'est son mot favori[3]. Il n'est jamais le même en fonction de ceux qu'il reçoit, se montre plus ou moins gracieux, plus ou moins laconique, selon les personnes qu'il veut distinguer. Lord Glenbervie, qui est passé chez lui, est frappé de ses manières de cour, presque hiérarchiques, qui le font se déplacer jusqu'à son antichambre pour recevoir une personne à laquelle il accorde de l'importance, et ne pas remarquer la suivante[4]. Tous ceux qui le voient pour la première fois lui trouvent l'air d'un spectre[5]. Le visage de Talleyrand est celui du portrait de Dorian Gray, à la fin de sa vie. Avec le temps, il est devenu extrêmement laid, « une figure blafarde, inanimée, aux yeux couleur de jonc », dit Charles de Rémusat, et James Gallatin, le fils de l'ambassadeur des États-Unis, trouve qu'il ressemble à « un vieux rat[6] ». Plus tard, Chateaubriand, vengeur, métamorphosera cette laideur physique en laideur morale et se servira du visage de son modèle pour camper la légende. Le portrait est saisissant de méchanceté rageuse : « M. de Talleyrand, en vieillissant, avait tourné à la tête de mort ; ses yeux étaient ternes, de sorte qu'on avait peine à y lire, ce qui le servait bien ; comme il avait reçu beaucoup de mépris, il s'en était imprégné et l'avait placé dans les deux coins pendants de sa bouche[7]. »

Le spectre s'anime pourtant, à table et en petit comité, mais c'est toujours un spectre d'Ancien Régime. Alors que les modes changent, Charles-Maurice a gardé ses vieilles habitudes vestimentaires. Quand il est chez lui, il porte des bas de soie blanche, une culotte de soie noire et de longs souliers à boucle. Il s'habille toujours d'une redingote très ample, de forme carrée, grise, bleue ou noire, boutonnée jusqu'au cou et marquée seulement du ruban rouge de la Légion d'honneur. Sa tête est comme tenue par une lourde et haute cravate de mousseline blanche qui lui recouvre tout le bas du visage. Ses cheveux, devenus blancs mais toujours abondants et fins, frisés, pommadés, poudrés, tombent assez bas autour de sa tête et sont retenus à l'arrière par une petite queue imperceptible[8]. Il a l'air de dormir, mais il peut être extrêmement vert lorsqu'il se lâche devant ses intimes. À propos de telle ou telle de ses anciennes maîtresses, il se retourne parfois vers Courtiade, sanglé dans sa livrée jaune et rouge, qui n'est jamais loin et lui ressemble de plus en plus, et lâche une phrase sortie tout droit d'une pièce de Crébillon ou d'un salon du temps de Louis XV : « Te souviens-tu d'avoir vu madame D… qui est venue à mes deux derniers jours de réception ? – Certainement, je la connais, répond le valet ; nous b… avec elle, il y a trente ans, au Luxembourg. – Oui, achève l'ancien évêque en souriant, il y a trente ans ; c'était en 1788[9]. » D'après Molé, certaines de ses histoires d'après-dîner « faisaient baisser les yeux aux plus aguerris[10] ». Mais elles n'étaient réservées qu'à quelques-uns.

Si Talleyrand est toujours « à la mode », c'est aussi à cause de Dorothée. À peine rentrée de Vienne, son influence sur son oncle est de plus en plus évidente. Elle habite, rue Saint-Florentin, l'un des appartements du premier étage et fait le soir les honneurs de l'entresol. Charles de Rémusat raconte qu'un beau jour le prince avait fait accrocher dans son salon une grande aquarelle représentant « une jeune et brillante dame au teint brun et aux yeux d'aigle ». Sous le portrait, on pouvait lire l'inscription latine : *Dorothea, forma, ingenio, natalibus praestat* (la beauté, l'esprit ont illuminé sa naissance)[11]. Plus le temps passe, plus Dorothée embellit. Son visage n'est pourtant pas d'une parfaite régularité, mais son nez d'oiseau de proie est délicat et comme ciselé avec finesse, ses yeux et ses cheveux, d'un noir de jais, artistement coiffés et tenus par un bandeau, admirables. Elle a vingt-cinq ans. Elle est si mince et svelte qu'elle en paraît grande. La plupart de ceux qui la rencontrent trouvent sa conversation « attachante et distinguée », pour ne pas dire plus. C'est une « femme étonnante », dit Molé qui prétend qu'elle a cédé à son oncle par ambition. Elle a la passion du pouvoir et de la politique et tous les talents pour gouverner un homme célèbre. Molé décrit sa colère en apprenant le refus lancé par Pasquier de se réconcilier avec son oncle, après la fameuse algarade de l'ambassade d'Angleterre. « Elle était verte et tremblait de la tête aux pieds[12]. » La défection de Pasquier, c'est une marche en moins vers le ministère. Jusqu'à un certain point, le vieux prince entre dans l'orbite de sa nièce. C'est elle que l'on va d'abord voir lorsque l'on veut obtenir quelque chose du prince. « Elle avait sur lui, écrit Vitrolles qui l'a bien connue au point d'avoir peut-être été son amant, les droits d'un esprit fort et ferme en ses desseins, et ceux que lui donnaient l'habitude des causeries intimes et des longues veillées que le prince aimait prolonger bien avant dans la nuit jusqu'à deux ou trois heures du matin. Sa facile et haute compréhension se prêtait à tous les sujets ; elle aidait M. de Talleyrand à penser et le forçait à préciser et compléter ses idées. […] Enfin, souvent, elle l'inspirait[13]. » Lorsque Talleyrand parle de celle qu'il appelle familièrement « Madame Périgord », c'est toujours pour la louer. À Rémusat, il la compare à demi-mot à la Grande Mademoiselle et regrette qu'elle n'ait pas vécu à l'époque de la Fronde[14]. Il dira plus tard à lord Greville qu'elle est la personne la plus intelligente qu'il ait jamais rencontrée, hommes et femmes confondus[15]. Dorothée est omniprésente. Elle ne quitte généralement le salon de son oncle qu'à la fin de la soirée lorsque l'on dresse les tables pour le jeu. Jusque-là, elle est ordinairement assise, devant son métier à broder, tout en parlant. Ses manières sont très libres. Le jeune écrivain Mary-Lafon, qui lui est présenté en juillet 1830, n'en revient pas, lorsqu'en pleine conversation, alors qu'elle est adossée à la cheminée, elle relève tout à coup jupes et jupons jusqu'aux reins pour se chauffer tranquillement les fesses devant ses invités. « J'ouvrais de grands yeux émerveillés de la nouveauté du spectacle, du sans-gêne de la dame et du calme du prince qui continuait la conversation comme auparavant. Voyant ma surprise : mode russe, dit-il, en s'étendant dans son fauteuil[16]. » Dorothée a pris la première place aux côtés de son oncle. Sa mère, la duchesse de Courlande, n'est pas écartée pour autant et restera jusqu'à sa mort en 1821 l'une des très chères vieilles amies du prince, ce qui en dit long sur la complexité des rapports d'affection de Charles-Maurice avec les femmes.

La « sultane » préférée va en revanche tout faire pour éloigner durablement Mme de Talleyrand qu'on a laissée en Angleterre à l'époque des Cent-Jours. Dès le mois de juillet 1815, le prince lui avait envoyé à Londres celui qu'il envoie généralement dans les moments délicats, son avocat Charles-Henri Roux. D'après les lettres de Roux qui ont été récemment publiées, on connaît aujourd'hui les termes précis de l'arrangement qu'il lui propose. Des « motifs de position » l'obligent à lui demander, soit de rester à Londres, soit de s'installer en Suisse, « en adoptant un mode de vie tellement simple que le changement de votre situation, surtout dans les premiers moments, ne soit pas aperçu[17] ». L'éloignement de Catherine a probablement été négocié avec le roi au moment du retour au pouvoir du prince à la fin des Cent-Jours. Mais, l'année suivante, les exigences de Dorothée aggravent la situation. Les indiscrétions de Catherine sur les amours du prince et de sa nièce, son départ inopiné de Londres, en mai, pour sa terre de Pont-de-Sains qui lui appartient en partie, irritent la jeune femme qui se montre intransigeante. D'autant plus que la dépensière Catherine « mange » à Londres bien au-delà de la pension que lui verse son mari[18].

Contrairement à ce qu'affirme Mme de Boigne dans ses Mémoires, les conseils de sagesse de son père, le marquis d'Osmond, qui vient d'être nommé à l'ambassade de Londres et a été chargé par Charles-Maurice d'une mission de médiation, n'ont pas dû porter tous les fruits espérés. Catherine résiste[19]. Elle accepte le principe d'une séparation mais pose des conditions financières qui ne sont pas celles de son mari. Dans la lettre qu'elle envoie à son oncle-amant, de Valençay, le 4 juin 1816, la nièce-maîtresse n'y va pas par quatre chemins : « Mme de Talleyrand […] me fait craindre de plus en plus qu'un beau jour elle n'entre subitement dans votre chambre. Elle commencera par vous dire qu'elle ne restera que peu d'heures, mais qu'elle veut avoir une explication avec vous-même ; le tout dans l'espoir de tirer quelques argents de plus. […] Comme l'argent est le vrai mobile de toutes les actions de madame de Talleyrand, il faut toujours vis-à-vis d'elle partir de ce point de vue […] Faites partir M. Perrey [le secrétaire du prince] avec une espèce de lettre de créance, qu'il soit chargé par vous d'annoncer à Mme de Talleyrand qu'elle ne touchera pas un sol de la rente que vous lui faites que lorsqu'elle sera en Angleterre et que hors de là, elle n'obtiendra pas un denier. Que M. Perrey l'accompagne jusqu'à Calais ou Ostende et ne revienne qu'après l'avoir vue s'embarquer[20]. » On ne peut pas être plus comminatoire. On a le sentiment, en lisant cette lettre extrêmement violente, non dans la forme mais sur le fond – d'une véritable lutte de territoire entre deux femelles, la légitime et la maîtresse, même si la bataille est déjà gagnée. Entre les deux, le vieux prince a avant tout horreur du bruit et des portes qui claquent. Il ne veut plus voir Catherine, mais il ne veut plus la voir dans le silence et la discrétion. Il veut bien être cynique, à condition de sauver les apparences. Au lieu de suivre les conseils de sa nièce, il va user d'une arme autrement plus redoutable que celle de l'argent, le chantage social. Il va donc laisser Catherine s'installer à Paris dans un pied-à-terre qu'il lui trouve, mais il l'isole. Tant qu'elle n'acceptera pas ses conditions, elle ne verra personne. « M. de Talleyrand, écrit Mme de Souza, toujours prête à charger son ancien amant, [...] a déclaré qu'il regarderait comme son ennemi personnel et qu'il ferait fermer sa porte à quiconque verrait madame de Talleyrand[21]. »

La princesse s'en plaint puis finit par céder aux exigences de la « morale publique » en évitant un « pénible débat », comme l'écrit son avocat[22]. Le prince accepte que sa femme habite Paris, mais discrètement et dans un quartier autre que le sien. En contrepartie, il en profite pour réduire le montant de la pension qu'il lui versera[23]. La pauvre Catherine finira ses jours tranquillement avec sa dame de compagnie, Angélique de Ponsot, à Auteuil et dans un hôtel de la rue de Lille loué au général Klein. Elle n'est pas si isolée et tient un semblant de salon où elle reçoit surtout des Anglais. « Lorsque je la vis, écrit lady Brownlow quelques années plus tard, elle avait encore des restes de beauté ; sa physionomie était celle d'une bonne pâte de femme », ce qui n'est pas si sûr, même si c'est elle et non pas lui qui joue le beau rôle au moment de leur séparation, le rôle de la victime[24].

Les convenances sont sauves et Dorothée triomphe. De son côté aussi, elle va procéder aux arrangements indispensables à sa situation. Edmond, poursuivi par ses créanciers, continue sa vie désordonnée et dépensière. Il a dilapidé l'héritage de sa mère et commence à entamer sérieusement celui de sa femme qui obtient, en mars 1818, la séparation de biens par jugement contradictoire puis, six ans plus tard, la séparation de corps[25].

L'oncle et la nièce ont fait des arrangements en ce qui concerne Valençay que Dorothée loue (fictivement ?) pour 20 000 francs par an avec le droit d'y chasser et d'y pêcher[26]. Ils ont dû passer le même genre d'accord pour la rue Saint-Florentin. Dorothée n'est pas une « nièce » entretenue, elle est indépendante financièrement grâce à ses riches revenus allemands mis à l'abri des extravagances de son mari[27]. Elle est indépendante, et surtout fantasque. Quelques intimes de la rue Saint-Florentin ont noté que les relations entre l'oncle et la nièce étaient souvent orageuses. Dorothée a des passions et sans doute une sensualité qui est hors de portée d'un homme de trente ans plus âgé qu'elle et qui n'a jamais été très vert. Elle avoue elle-même à demi-mot, dans l'une de ses lettres à Vitrolles, être agitée en permanence de désirs amoureux auxquels elle demande de remplir le vide de son cœur[28]. Elle est extrêmement séduisante et ne sait pas toujours dire non. La rumeur parisienne, note lord Glenbervie en décembre 1818, s'amuse de son nouveau titre de duchesse de Dino (*dit non*) qui ne correspond pas au nombre de ses amants[29]. On en connaît quelques-uns, en particulier le beau Théobald Piscatory grand défenseur de la cause grecque et futur député de Chinon. Elle le rencontre à Marseille en décembre 1825, au cours d'un voyage dans le Midi avec son oncle, et tombe bientôt amoureuse de lui. Des enfants naissent de ces amours, toujours très discrètement : le 23 janvier 1826, à Hyères, une petite Julie-Zulmé dont on ne sait pas très bien qui en est le père, le 10 septembre 1827, à Bordeaux, une autre Antonine-Pélagie qui est cette fois probablement de Piscatory. Dorothée ne les reconnaît pas plus qu'elle n'avait reconnu Marie-Henriette Dessalles, née de sa passion pour Clam.

La plus intéressante de toutes ces filles se nomme Pauline. Elle est née le 29 décembre 1820 à Paris et a été reconnue comme le troisième enfant légitime d'Edmond et de Dorothée, qui portent maintenant le titre de duc et duchesse de Dino. Pauline est une énigme, comme l'avait été Charlotte sous le Consulat. Comme elle, Charles-Maurice la couve, suit son éducation avec tendresse, l'emmène à Londres en 1830 et l'appelle « ma minette », du même surnom inventé par Mme de Graffigny pour Mlle de Ligneville avant qu'elle ne la marie à Helvétius. Elle est « l'ange de la maison ». Les querelles de paternité ont beaucoup occupé les biographes de Talleyrand. Si le cas de Pauline, future marquise de Castellane, n'est pas intéressant en soi, il nous en apprend pourtant un peu sur les relations peu ordinaires de l'oncle et de la nièce. Pourquoi Pauline a-t-elle été reconnue par sa mère et son grand-oncle qui l'avantagera financièrement à sa mort, à la différence des autres « filles » de Dorothée ?

L'année 1820 est une année charnière pour Charles-Maurice. En février, l'assassinat du duc de Berry le met à nouveau très près du pouvoir. Pour l'oncle et la nièce, il s'agit surtout d'éviter le moindre scandale. À la fin du printemps Dorothée tombe enceinte, et, au même moment, alors que sa grossesse est encore insoupçonnable et secrète, son mari la rejoint publiquement, rue Saint-Florentin. Pauline naît fin décembre. Tout semble avoir été organisé pour faire croire à une réconciliation momentanée du jeune couple dont Pauline serait le fruit. De là à conclure que le vieux prince de Talleyrand est le véritable père de l'enfant… L'abbé Dupanloup, le confesseur de Pauline, en sera persuadé, l'abbé Mugnier, très proche d'elle à la fin de sa vie – elle est morte en 1890 –, aussi[30]. Mais personne ne s'est intéressé à ce que disaient ou plutôt murmuraient les contemporains de Dorothée, sur le moment. Sa liaison avec Bruno de Boisgelin était pourtant de notoriété publique à l'époque. Grâce à Aimée de Coigny, le marquis de Boisgelin appartient depuis plusieurs années au petit cercle des familiers du prince dont il est l'homme lige et qu'il défend et représente à la Chambre des pairs. Quelques-unes de leurs lettres datées de 1817, très familières et amicales, ont été publiées[31]. Évidemment, les lettres de Bruno à Dorothée, car elles ont certainement existé, ont disparu. Depuis la mort de sa vieille amie Mme de Coigny en janvier 1820, Bruno de Boisgelin s'est encore rapproché de Dorothée. Beugnot, toujours très bien renseigné, évoque longuement leur liaison dans une note restée volontairement inédite[32]. Mme de Souza s'empresse d'en faire le thème de ses médisances dans ses lettres à son fils. « On ne peut guère lui parler, écrit-elle à propos de Dorothée en juin, car c'est chose convenue que de laisser une petite chaise près d'elle à M. de Boisgelin et là, ils chuchotent ensemble toute la soirée[33]. »

À la fin du mois de juin, Talleyrand se fâche, fait fermer sa porte à l'ami Boisgelin et quitte Paris pour Valençay avec Dorothée dont la grossesse commence à se voir. Le mari est du voyage. À Valençay, on s'occupe beaucoup d'œuvres pieuses. On termine dans le village les travaux de la maison de charité tenue par les sœurs de la congrégation des Filles de la Croix. Dorothée se montre très fervente. « Le pauvre Edmond assiste en pitoyable spectateur à cette grossesse envoyée par la grâce de Dieu », écrit encore Adélaïde de Souza en août, plus méchante que jamais. Et Pauline naît. Dans toute cette histoire, Talleyrand s'est comporté avec Boisgelin comme il l'avait fait avec Clam, en homme jaloux d'être préféré, mais aussi très soucieux d'éviter le moindre scandale. De là à conclure quoi que ce soit… L'anecdote prouve seulement qu'entre l'oncle et la nièce tout est toujours plus compliqué que prévu.

Si Talleyrand reçoit tous les soirs dans ses salons de la rue Saint-Florentin, il y donne aussi à dîner. Si l'on n'observait pas Talleyrand à table, il ne serait pas complet. Les usages de la table font partie de sa manière d'être et entrent dans la composition de son art de vivre. Au début du XXe siècle, Anna de Noailles répondait à l'un de ses amis qui lui demandait si telle personne était bien élevée : « Je ne sais pas, je ne l'ai pas encore vu manger une pêche[34]. » Talleyrand est, à table, fidèle aux usages du XVIIIe siècle. Rue Saint-Florentin, on dîne encore « à la française » et non « à la russe ». Sa table est, à Paris, la dernière de la « vieille école », note Thomas Raikes. Les plats sont posés à mesure. Chaque convive est assisté de son propre valet de pied qui se tient derrière lui, le sert et le dessert. Dans les grandes occasions, et pour certains plats de viande, le maître de maison fait lui-même les honneurs du découpage. Latouche a retenu ce petit dialogue qui ne dépare pas, quand on connaît l'homme. Le maître de maison s'adresse tour à tour à chacun de ses invités en fonction de leur rang : « Monseigneur, me ferez-vous l'insigne honneur d'accepter ce morceau de bœuf ? – Monsieur le duc, aurai-je la grande joie de vous offrir ce morceau de bœuf ? – Monsieur le marquis, voulez-vous me faire le plaisir d'accepter ce morceau ? – Mon cher comte, voulez-vous bien me permettre... ? – Baron, vous enverrais-je du bœuf ? – Chevalier, vous plaît-il ? – Eh là-bas ! Montrond ? – Durant [de Mareuil], bœuf ? »

Les usages de la table sont le baromètre des bonnes manières et demasquent l'imposteur. James Gallatin raconte dans son Journal une anecdote qui lui a été rapportée par l'un de ses amis en 1818. Alors que le prince était au pouvoir, sous le Consulat, sans doute au moment des négociations de Ratisbonne, un prince allemand, margrave de C., lui demande à dîner. Le maître de maison le place à sa droite, selon son rang, jusqu'au moment où circulent le vin de madère et les olives, dont il a introduit l'usage après les potages. Le pseudo-margrave prend sa fourchette et pique une olive. Charles-Maurice le voit, frappe dans ses mains, appelle son service et traite froidement son invité d'imposteur. « Un gentilhomme ne mange pas ses olives avec une fourchette. » Vérification faite, l'homme n'était ni prince ni margrave[35]. Talleyrand connaît les usages, il passe aussi pour avoir l'une de meilleures tables de Paris, même si, sous la Restauration, Antoine Carême, « le Talleyrand de la cuisine », officie ailleurs. Les cuisines de la rue Saint-Florentin sont splendides et occupent à elles seules tout un quartier de l'hôtel autour d'une « cour des cuisines », au nord de la cour d'honneur. Le service de bouche, dirigé par Louis Ebralt, emploie entre dix et vingt personnes selon les moments. Thomas Raikes, qui a tenté de débaucher l'un des cuisiniers du prince pour un lord de ses amis, en sait plus que les autres sur les « mystères succulents » de la rue Saint-Florentin. Talleyrand dispose de quatre chefs, un rôtisseur, un saucier, un pâtissier et un officier spécialement préposé aux pièces montées, glaces et confitures. La dépense est illimitée et Ebralt a « carte blanche ». Dans les cuisines, on se souvient surtout d'une phrase régulièrement répétée par le maître de maison « Pourquoi ne dépensent-ils pas plus[36] ? » Tout ce petit monde s'active « dans un gouffre de chaleur », mais, dit Carême, « c'est l'honneur qui commande ». Le menu n'est jamais le même pour chaque jour de l'année, à Paris, comme d'ailleurs à Valençay où l'on conserve encore un menu de 1822. C'est un menu d'été, relativement simple : « Consommé Brunoise à la Colbert, truite saumonée sauce gribiche, mousse de jambon, épinards au beurre, courgettes au jus, punch Talleyrand, caneton voisin à la gelée, salade de laitue, petits pois à l'anglaise, glace Saint-Louis, pailles au parmesan[37]. » Un Anglais écrivait à sa femme, au moment de se rendre à dîner chez le prince, rue Saint-Florentin, que « son cuisinier passe pour le meilleur de Paris[38] ». Une autre Anglaise, lady Shelley, note qu'à table, où elle était assise à la droite du prince, la conversation portait exclusivement sur la cuisine, ce qui l'avait étonnée. Elle est l'une des rares à décrire précisément le dîner : « Le potage avait été placé au milieu de la table. Talleyrand se mit à le servir avec une louche. Il en renversa une carafe d'eau avec son coude, ce qui ne le déconcerta pas le moins du monde. Nous eûmes un somptueux dîner qui s'est terminé par un immense plat de poisson au point que je me suis demandé si nous étions condamnés à dîner une deuxième fois. Pendant tout le repas, la conversation générale a couru sur la nourriture. Chaque plat était commenté, et l'âge de chaque bouteille de vin brillamment discuté. Talleyrand lui-même en parlait avec autant d'intérêt et de sérieux que s'il discutait d'une affaire politique de la plus haute importance[39]. »

Charles-Maurice s'impose pourtant à lui-même un régime alimentaire très sévère. Il ne déjeune pas le matin et se contente vers dix heures d'une grande tasse de café au lait. Plus tard, il se mettra à la camomille qu'il juge plus efficace pour combattre les maux de tête. Il ne mange qu'une seule fois dans la journée, à dîner, vers six heures. Molé en déduira que cela lui chauffait le sang et que c'est après son dîner, qu'à l'époque de Napoléon, « il laissait échapper ses bons mots qui causèrent sa disgrâce[40] ». Il dîne en épicurien, goûtant à tous les plats sans jamais les terminer, s'avivant le palais [*to humour the palate* dit Raikes], d'une gorgée de vin après chaque bouchée. Carême prétend que ses « connaissances en cuisine étaient de premier ordre. Il savait faire un choix, selon les périodes, entre les mets les plus succulents et dignes de paraître à sa table. Il distinguait avec subtilité entre les multiples pâtés que recelait sa réserve : foie d'oie de Strasbourg, foie de canard de Toulouse, terrine de Nérac, mortadelle de Lyon et saucisson d'Arles[41] ».

Quelques mois avant de mourir, il recommandait encore à son cuisinier de se faire envoyer des poulardes de Bresse, « trois par semaine, à compter de la première semaine de janvier[42] ». Toute sa vie, cet homme « paresseux » et « insouciant » s'est préoccupé des moindres détails de son intendance. Ses lettres familières sont pleines de questions de bouche. À la duchesse de Bauffremont, il demande un jour la recette de sa « poule bouillie[43] ». À une autre de ses amies Mme Gentil de Chavagnac, il adresse de Valençay une liste de près de trente variétés de pêches, de la Double de Troyes à la Belle Chevreuse vineuse[44]. De Marseille où il est en voyage en décembre 1825, il disserte longuement sur les usages du café et sur ses bienfaits : « On dit que le café moka est le grand remède pour la migraine. [...] Il ne faut pas s'effrayer de la saleté, attendu que le système du Levant et celui des gourmands de Marseille est que le café a plus de goût et se conserve mieux lorsqu'on le brûle avec la coque et même la poussière. Pour qu'il soit dans sa perfection, il faut qu'il soit légèrement brûlé. La couleur doit être carmélite clair : et l'on doit mettre un cinquième de café de la Martinique avec quatre cinquièmes de café moka[45]. » Brillat-Savarin, le roi des gastronomes note dans sa *Physiologie du goût* que le prince est l'introducteur en France d'au moins deux usages : « servir du parmesan avec le potage », et, on l'a vu, « offrir après le potage un verre de madère sec ». Il a aussi donné son nom à de nombreuses recettes : le filet de dinde à la Talleyrand (les filets ont la particularité d'être saupoudrés de truffes crues et hachées), les timbales de truffes à la Talleyrand, les blanquettes de poularde à la chicorée dites « à la Talleyrand ». Ces deux dernières recettes ont été inventées par Louis Ebralt dans les cuisines de la rue Saint-Florentin. Du fromage de Brie, Talleyrand disait encore que c'est « le roi des fromages » – «la seule royauté à laquelle il soit resté fidèle », commentera Eugène Sue[46]. Talleyrand, qui est un grand amateur de xérès secs et de vins de Bordeaux – après tout il a été le propriétaire de Haut-Brion sous le Consulat –, avait aussi une façon très particulière de disserter du cognac, un alcool qu'il trouvait trop fort : « On prend son verre dans le creux de la main, on le réchauffe, on l'agite en lui donnant une impulsion circulaire, afin que la liqueur dégage un parfum. Alors on le porte à ses narines, on le respire… Et puis, on pose son verre et on en parle[47]. » Cette très fine gueule survivra pourtant à la cuisine anglaise, les presque quatre dernières années de sa vie, comme il avait supporté autrefois le régime américain, un pays dont il disait en souriant qu'on y trouve « trente-deux religions et un seul plat[48] ».

Après son dîner, Talleyrand est souvent dans sa bibliothèque. Il n'est jamais plus charmant qu'au milieu de ses livres, surtout en petit comité entouré de gens qui aiment et cultivent les lettres. « Personne ne sait causer dans une bibliothèque comme Talleyrand, écrit Aimée de Coigny : il prend les livres, les quitte, les contrarie, les laisse pour les reprendre, les interroge comme s'ils étaient vivants, et cet exercice, en donnant à son esprit la profondeur de l'expérience des siècles, communique aux écrits une grâce dont leurs auteurs étaient souvent privés[49]. » « Rien n'était comparable à la façon dont il montrait ses livres, dit encore la comtesse Potocka ; il ne disait jamais ce qu'on pouvait savoir ou ce que d'autres avaient déjà dit ou écrit[50]. » C'est en parlant de ses livres qu'il se rapproche sans doute le plus de cette grâce mondaine, du naturel à la française, poli et inventé dans les salons de Mme de La Fayette et de la marquise de Sévigné, qu'il aimait tant[51].

« Il n'y a pas plus français au monde que lui », écrivait Ligne à d'Arenberg en juillet 1807 en pensant sans doute à l'une de ces conversations[52]. Charles-Maurice, qui a beaucoup lu dans sa vie, déteste faire étalage de sa culture. On ne la saisit que par bribes. Comme tous les hommes de sa génération, il parle le grec et le latin couramment. Cussy note qu'au sacre de Napoléon il recevait les membres de la députation ionienne en s'adressant à eux en grec moderne[53]. Dans ses lettres, il lui arrive souvent de citer Horace[54]. Il lit tout, Machiavel et l'Almageste, Voltaire, Lacretelle et Bonald, les brochures politiques, les ouvrages d'économie, les récits de voyages, mais il apprécie avant tout les mémoires et les moralistes : Chamfort, l'académicien Thomas, l'ami de Marmontel, dont il loue l'*Essai sur les éloges*[55], et, plus loin, Saint-Évremond et bien sûr La Rochefoucauld. Il a toujours aimé la brièveté et la concision des moralistes, au point de noter lui-même, dans un cahier, les maximes et les pensées qui lui venaient à l'esprit. Il en existe une en particulier qui remet l'ancien honneur aristocratique qu'on lui a tant reproché d'avoir bafoué, à sa place ou plutôt dans son époque : « L'honneur, dans nos temps de corruption, a été inventé pour faire produire à la vanité les effets de la vertu[56]. » La lecture est moins pour lui une façon d'apprendre que de se divertir. « J'ai beaucoup lu de vieux livres, écrit-il à son fils Charles en novembre 1834. Lire est bien plus agréable, bien plus paresseux que d'écrire. Les pensées qui restent après une longue lecture ont une forme de rêverie qui vaut bien mieux que de penser sérieusement à la pauvre politique que nous essayons chaque jour de faire. » Puis il lui conseille de lire les *Mémoires* de Saint-Simon dont il parle constamment dans ses lettres à ses amis : « Il y a là divertissement et profit. Je trouve que les ministres d'alors avaient d'abord plus d'esprit, et aussi plus d'égards pour le pays, plus de désir de bien faire que nous n'en voyons, après notre révolution, dans nos ministres actuels[57]. » « Les vieux livres, dira-t-il encore à la duchesse de Bauffremont en pensant peut-être encore à la différence des époques, apprennent que nous avons depuis quarante ans vécu d'illusions[58]. » Lorsque Coulmann lui demande une liste de livres pour l'un de ses jeunes amis qui veut faire l'apprentissage de la diplomatie, il lui conseille les Mémoires de Sully, ceux de Torcy et de Noailles, les *Mémoires de la Régence* de Marmontel[59]. La pédanterie et ce que l'on appelle la culture savante l'agacent. « Voyez-vous, messieurs, il y a trois savoirs : le savoir proprement dit ; le savoir-faire et le savoir-vivre : les deux derniers dispensent bien souvent du premier[60]. »

Charles-Maurice aime aussi les livres pour eux-mêmes, pour les collectionner, les conserver dans sa bibliothèque. On ne le sait pas toujours, mais il a été un bibliophile de premier ordre. Il a passé sa vie à acheter des livres, et aussi à les vendre, quand il avait besoin d'argent. La dernière grande vente qu'il organise à Londres en mai 1816 – le catalogue indique près de 3 500 numéros, y compris des manuscrits, des incunables, des Elzévirs, ne l'empêche pas de conserver à Valençay près de quinze mille livres, sans parler de sa bibliothèque parisienne[61]. Charles Fercoc, son dernier bibliothécaire, habite rue Saint-Florentin et accompagne son maître à Valençay l'été. Déjà, de Brünn, en décembre 1805, peu après avoir visité le champ de bataille d'Austerlitz, Charles-Maurice écrivait à d'Hauterive pour lui recommander certains arrangements concernant sa bibliothèque de la rue d'Anjou. Il profite de Caulaincourt, en poste à Saint-Pétersbourg pour se faire envoyer du cuir de Russie. De Bénévent, Saint-Léon lui expédie par Marseille les livres rares les plus intéressants qu'il a trouvés dans les couvents de la ville[62]. « Il avait, dit Mme de Rémusat, la fantaisie des livres, et sa bibliothèque était superbe[63]. » Le prince possède aussi au premier étage de son hôtel – un véritable monde qui abrite au bas mot une bonne cinquantaine de personnes – un cabinet de peinture qu'il fait volontiers visiter. Il protégeait déjà sous l'Empire un jeune élève de l'académie de France à Rome, Pierre-Athanase Chauvin qui peindra pour lui, à la fin de l'Empire, plusieurs vues de Bénévent et de Naples. Il est depuis longtemps proche d'Isabey. Gérard, « un des plus beaux génies de notre siècle », qu'il a présenté au roi à son retour en France, lui doit la poursuite de sa carrière sous la Restauration. Il a d'ailleurs peint les portraits de presque tous les membres de sa famille. Talleyrand, qui possède un certain nombre de tableaux modernes, dont la *Corinne au cap Misène* de Gérard dans une version réduite, acquis en 1822 pour Dorothée, collectionne surtout les maîtres flamands et hollandais du XVIIe siècle[64], dans la tradition des grands amateurs de l'époque de Louis XV.

15.

À VALENÇAY

Sous la Restauration, le prince est parisien l'hiver et campagnard l'été et l'automne, jusqu'à l'ouverture des Chambres. C'est à cette époque qu'il commence à séjourner régulièrement dans son château de Valençay dont il a jusque-là peu profité et où il n'a pas mis les pieds depuis sa visite aux princes espagnols en juillet 1808. L'immense château, construit à diverses époques, de la Renaissance à l'âge classique, est assez dégradé. Valençay sera presque constamment en travaux pendant toute la Restauration. Comme s'il n'était pas assez grand, le domaine s'étoffe encore en janvier 1818 des huit cents hectares de la terre et du château de Bouges, « un pavillon bâti à l'italienne, comme neuf, charmant dans tous ses détails, meublé par [le prince] complètement [...] sans qu'il y ait encore couché », commente Castellane, ahuri, qui le visite dix mois après son acquisition[1]. D'autant que Bouges n'est rien à côté de Valençay lui-même, qui domine de ses tours orgueilleuses 12 000 arpents de terres, de bois et d'étangs. Plus il y séjourne, plus Charles-Maurice s'attache à ce coin de Berry, au point de vouloir s'y faire enterrer. « Avec un peu de temps », Valençay deviendra « un des plus beaux lieux qu'on puisse habiter », écrit-il à La Besnardière en mai 1816[2]. « Ce n'est pas de repos que je sens le besoin, écrit-il un an plus tard au duc de Montmorency, mais c'est de liberté. Faire ce que l'on veut, penser à ce qu'il plaît, suivre sa pente au lieu de chercher son chemin : voilà le vrai repos dont j'ai besoin et celui-là, je le trouve ici[3]. » Et puis tout l'amuse dans ce Berry un peu exotique : « Quand on quitte Paris, je ne sais rien de si curieux qu'un lieu ou la tonte des bestiaux et les affaires de la forge sont l'unique intérêt de six lieues à la ronde. On dit qu'on a des nouvelles parce que les lettres arrivent deux fois par semaine et il n'y a personne qui désire voir arriver les lettres plus souvent[4]. » La politique est proscrite à Valençay, mais, dit Castellane, elle finit toujours par revenir par la fenêtre.

À Valençay, Charles-Maurice reproduit les modes et les habitudes des très grands aristocrates anglais à la campagne. Il plante, dessine, agence, supervise, régente. Dans le goût de ce qui se faisait déjà au siècle précédent – on sait par exemple qu'il admirait beaucoup le parc de Méréville –, il agrémente les abords de son château de fabriques et de folies, fait construire un petit kiosque turc « servant de cabinet de lecture » au coin de la grande terrasse qui domine le Nahon, par l'architecte Renard, un pavillon pittoresque qui sert de salle de bal, une chaumière « à la cosaque », un pont chinois sur le Nahon dont le cours a été modifié.

À partir des derniers jours d'août, on chasse à tir et à courre. Du coup, les habitudes matinales du prince sont un peu dérangées. Billard, son garde général, vient prendre ses ordres dans sa chambre, tous les matins à huit heures. « C'est insupportable », écrit Charles-Maurice, mi-furieux mi-content, à Bruno de Boisgelin[5]. La chasse est la grande occupation du mois de septembre. Les écuries de Valençay comptent une bonne vingtaine de chevaux, une meute et deux équipages, l'un de sanglier et l'autre de chevreuil, réputés dans la région. Dorothée se transforme en Diane chasseresse et s'adonne avec passion à ce sport favori. Le prince, qui ne monte plus à cheval, se contente d'une course en calèche dans ses bois, chaque matin. Dans quelques années, Pauline l'y accompagnera, montée sur son âne. Les bois l'intéressent énormément et ses lettres sont remplies d'indications de projets de plantation, de demandes d'envois de graines, de commentaires sur les coupes. Chaque année, on fête à Valençay la Saint-Maurice, le 22 septembre, et la Saint-Charles, le 4 novembre. Le théâtre construit à l'époque des princes espagnols est mis à contribution. On y joue des comédies légères : *Crispin médecin, Le Dernier Jour de fortune* et *Les Héritiers*, en octobre 1829[6]. Dans les grandes occasions, on fait venir une troupe et le répertoire est plus classique. Il n'y a jamais moins de vingt à trente invités, l'automne, à Valençay. Barante, qui y séjourne à plusieurs reprises sous la Restauration, donne une bonne idée, dans l'une de ses lettres à son amie Mme Anisson du Perron, de la vie qu'on pouvait y mener : « Me voici donc dans ce grand château où tout est magnifiquement hospitalier, où règne une richesse aristocratiquement dépensée, dont il n'y a plus ou dont il n'y a pas encore un autre exemple en France. C'est un parc de trois cents arpents [environ cent cinquante hectares] avec des troupeaux de daims et de chevreuils. Ce sont de vastes forêts percées comme au bois de Boulogne où l'on se promène aussi facilement que dans un jardin. Ce sont des chasses, des chevaux, des calèches au service des hôtes. C'est aussi une population de commensaux de toutes sortes, médecin, aumônier, précepteur, musiciens, gens d'affaires, puis un mobilier très riche, des marbres, des tableaux, des gravures, une bibliothèque de dix mille volumes, enfin tout ce qu'on raconte des grands châteaux en Angleterre.

« Les promenades en voiture sont un des principaux plaisirs d'ici, et dès hier, M. de Talleyrand m'en a fait faire une de quelques lieues, l'agrémentant de sa conversation si pleine de souvenirs et si spirituelle. Ce lieu lui plaît ; il le montre avec complaisance, et l'on voit, malgré sa négligente indifférence, que c'est une sorte d'affection pour lui[7]. »

Valençay est aussi une entreprise. Comme à Bénévent sous l'Empire, le châtelain de Valençay s'intéresse à tout ce qui peut économiquement améliorer le sort des habitants de la région. En mars 1818, il entre en commandite dans l'entreprise des sieurs Bélanger et Jourdain qui viennent d'installer dans le village un établissement « pour la filature de la laine et la fabrication du drap ». Il y entre « par le seul désir, lit-on dans le contrat, de procurer de l'occupation à la classe ouvrière de Valençay[8]. » Il développe aussi les activités de la forge de Luçay-le-Mâle qui, grâce à l'eau et aux bois environnants, produit des fers de toutes sortes. Castellane la visite en 1818 et parle de ses quatre cents ouvriers et de ses deux cents mulets[9]. Talleyrand se conduit à Valençay en grand seigneur philanthrope, paternaliste et éclairé. Il fait construire une maison de charité dans le village, distribue toutes sortes de secours et d'aumônes. Des dizaines d'ouvriers, de terrassiers, de bûcherons, de jardiniers, gardes et domestiques vivent sur le domaine.

Il réalise en tous points le programme rêvé par toute une génération d'hommes politiques qui, sous la Restauration, ont cherché à asseoir la pairie sur la grande propriété et à exercer leur influence en province. C'est ce que souligne le préfet de l'Indre dans un rapport inédit à son ministre, lorsqu'il propose de faire nommer le prince au conseil général de son département après l'avoir choisi pour la mairie de Valençay. « Il n'y a ni mendiant ni individu absolument nécessiteux à Valençay parce que monsieur le prince de Talleyrand a établi des ateliers où il y a du travail pour tous les âges. Ceux que la maladie atteint sont visités, secourus, consolés par des sœurs de charité qu'il a dotées et fixées dans cette petite ville. C'est aussi par ce moyen que les enfants des pauvres, et notamment les petites filles, sont élevées dans l'amour du travail ; l'éducation qu'ils reçoivent est morale et religieuse. Les personnes pieuses et charitables ne peuvent encore qu'être satisfaites à la vue de l'hospice et de la chapelle que M. de Talleyrand a fondés à Valençay[10]. » Si Talleyrand s'est arrangé comme il l'a voulu, c'est-à-dire très librement, de sa propre conscience religieuse, il appartient aussi à cette génération d'hommes qui croient que la religion est essentielle à l'organisation et à la paix sociale. Il pensera certainement à cela à la fin de sa vie lorsqu'il signera son ultime traité avec Rome et le clergé.

C'est aussi à Valençay que Charles-Maurice retrouve toute sa famille et s'impose comme le chef de sa lignée. Il a soutenu, pensionné, placé ses frères, cousins et neveux pendant toute sa vie. Il a toujours eu un goût prononcé pour la vie de famille. « C'est à l'intérieur [dans le sens de son intérieur] qu'il faut revenir pour les vrais plaisirs », écrit-il à son ami Dalberg en 1816[11]. Ses deux généraux de frères – Archambaud, qui a l'air toujours jeune et conserve comme lui « la grâce de l'esprit de 1780 », et Boson, gouverneur du château de Saint-Germain-en-Laye, de plus en plus sourd mais grand chasseur et bon vivant –, sa fille Georgine et son mari, le duc d'Esclignac, font de fréquents séjours à Valençay. Les deux aînés de Dorothée, Louis et Alexandre, y viennent avec leur mère. Sous la Restauration, ils apporteront beaucoup de gaieté au château, naturellement austère par ses proportions. « Les enfants vont nous quitter, écrit Charles-Maurice à Barante le 19 octobre 1828 : les voilà qui entrent dans la vie. L'un part pour Brest et l'autre pour l'Italie. Il ne nous restera plus que Pauline. Le jeudi et le dimanche, où tout le collège entrait le matin dans ma chambre, vont devenir bien froids[12]. » Si Alexandre ne s'entend pas très bien avec son grand-oncle, Louis, l'aîné, devient peu à peu le neveu préféré de Charles-Maurice. Il est « le bon côté de mon cœur », dit-il, ce qui suppose, par symétrie, un mauvais côté. En le mariant, en février 1829, à Alix de Montmorency, un très grand mariage aristocratique qui allie deux familles de premier plan, il ne le fait pas vraiment sortir de la « famille ». Alix est la seconde fille de la duchesse de Montmorency, de la branche aînée, celle des « premiers barons chrétiens », née Caroline de Matignon, la propre petite-fille du baron de Breteuil. Elle était considérée avant la Révolution comme la plus riche héritière du royaume. Sous l'Empire, à l'époque de l'affaire d'Espagne, tout Paris ne parlait que de ses amours avec l'ancien évêque d'Autun. Quelques mois plus tard, la princesse de Bénévent prenait le duc de San Carlos pour amant, peut-être par vengeance. La belle-mère de Louis est en tout cas une vieille connaissance[13].

Talleyrand lègue Valençay au jeune marié tout en se réservant la jouissance du domaine sa vie durant. Il organise les choses de façon à faire de lui le futur chef de sa maison. Son libéralisme s'arrête aux portes de sa propre famille. Dans ce domaine, c'est le conservatisme qui l'emporte, autour de cette idée que le maintien des grandes propriétés est une base essentielle à la continuité et à la stabilité de l'État[14]. Dans une lettre annexée à son testament, écrite à l'intention de Louis peu après son mariage, il l'invite à « donner du soin à la conservation de la fortune que je vous assure. J'en ai établi l'administration sur une base patriarcale. Il est bon que vous en connaissiez les détails pour que vous puissiez en apprécier l'utilité[15] ». Et un peu plus tard, à propos des « espérances » de sa femme, comme on disait alors d'une mère qui attend un enfant, il lui écrit quelques lignes où l'affection compte autant que la conviction qu'il a de laisser une famille assez solide pour affronter les hasards de l'histoire… et du code civil : « C'est une grande satisfaction à mon âge que de penser que c'est toi que je laisse comme chef de notre famille. Je suis sûr que tu seras honoré dans le monde, bien placé dans la vie, compté dans la France et que tu mériteras, lorsque tes enfants devront se marier, que l'on dise… Ces enfants-là ! Ils sont bons à épouser, ils viennent d'une bonne race[16]. » L'Histoire ne lui donnera pas raison. Il suffira de deux générations pour que les rêves d'avenir de Talleyrand s'écroulent. L'orgueil aristocratique de l'illustre descendant des comtes de Périgord lui a fait croire qu'il pourrait construire sa famille sur le roc. Cet orgueil-là a sans doute été sa seule illusion et sa grande utopie.

De Valençay, Talleyrand fait chaque année et très régulièrement une escapade aux eaux de Bourbon-l'Archambault, et plus rarement aux eaux de Cauterets dans les Pyrénées, comme à celles d'Aix-la-Chapelle où il se rend une fois en juillet 1829 « un peu au hasard, sans trop savoir si elles me conviennent. Il me semble, ajoute-t-il, que de se confier au hasard rajeunit un peu ; et je me plais avec forte raison, à me donner cette illusion-là[17] ». Les eaux lui sont conseillées pour ses pieds depuis l'époque du Consulat.

Cet homme, qui vivra quand même jusqu'à quatre-vingt-quatre ans – un grand âge pour l'époque – et dont Mme de Boigne vante « la vigueur physique », commence à être sujet à des « palpitations de cœur », surtout après un premier avertissement survenu, toujours selon la mémorialiste, dans les derniers mois de 1827[18]. Avec l'âge, l'état de ses jambes ne s'arrange pas. Il souffre dans les derniers mois de 1829 d'une congestion de l'œil gauche, une « ophtalmie » qui le gêne et le préoccupe. S'il ne dit jamais rien de sa santé en public, il s'en ouvre très souvent dans ses lettres à ses chères amies. Toutes ses habitudes d'hygiène tournent autour de sa santé.

Les gargarismes du matin, les frictions à l'eau de cologne, les ventouses et les cataplasmes de belladone ne sont pas d'un excentrique mais d'un homme de plus en plus obsédé par son bien-être et qui tourne à l'hypocondriaque. L'ex-abbé de Pradt affirme qu'il ne mettait pas moins de quatorze bonnets de coton pour dormir, à demi assis sur ses oreillers. Dans la journée, il se couvre de plusieurs épaisseurs de laine et de flanelles qu'il porte sous son habit. Comme Talleyrand est aussi un homme d'esprit extraordinaire, ses lettres sur sa santé sont parfois de petits bijoux de raffinement, de charme et de drôlerie sorties tout droit du siècle des Lumières. L'une d'entre elles, inédite et sauvée du brûlage général et de l'éparpillement de ses archives, adressée à la princesse de Vaudémont, sans doute dans les premières années de la Restauration, donne le ton de cette correpondance très attachante : « C'est vrai que j'ai eu une grosse fluxion, c'est vrai que j'avais l'air d'un malade d'hôpital, c'est vrai que mon nez était gros comme celui du grand juge Régnier dont vous n'avez pas la mémoire fraîche. C'est vrai que j'ai mis hier des sangsues en quantité et qu'elles me mangeaient quand vous êtes venue chez moi. C'est vrai que mon sang était noir et épais. C'est vrai que je suis parti aujourd'hui à peu près bien, en voilà terriblement de moi ; j'espère n'en plus parler d'un an. Je n'ose avec ma fluxion [ne] baiser que la patte d'un de vos chiens. » On se souvient que Mme de Vaudémont, « la reine des hiboux » (Fouché), adorait les animaux dont elle était entourée[19]. « Ce sont deux personnes qui se soignent toujours, se courtisent même souvent et se blâment habituellement », dit Dorothée, ironique, à propos de son oncle et de la princesse[20].

Toute sa vie, Charles-Maurice s'est entouré d'hommes de science et de praticiens, de Cabanis à Mège. Il aura toujours un médecin particulier qui le suit partout : Nicod puis Jean-Baptiste Mège, le phrénologue, à partir de 1819, et dans les dernières années de sa vie Cogny, « soigneux et adroit », et Cruveilhier, qui l'assistera au moment de sa mort. Il consulte régulièrement toutes les sommités de l'époque, Dupuytren et Beauchesne sur les bienfaits des bains de mer, Bourdois et

Koreff, ce dernier, mi-aventurier, mi-magnétiseur et médecin. Le docteur Bretonneau, son voisin de Touraine, viendra l'ausculter à Valençay sous la Monarchie de Juillet.

Talleyrand ne se déplace jamais aux eaux de Bourbon qu'en cortège, accompagné d'une suite d'une douzaine de personnes : médecins, hommes d'affaires et domestiques. La vieille princesse Tyszkiewicz l'accompagne le plus souvent. Aux eaux, il s'ennuie. « C'est un curieux endroit que celui-ci, écrit-il de Bourbon le 4 août 1828 à la duchesse de Bauffremont. Il n'y a pas un libraire, pas une personne qui sache jouer à aucun jeu. L'écarté n'a pas pénétré dans ce département-ci. “Comment va votre rhumatisme ? – À quel degré avez-vous pris la douche ?” C'est à cela que se borne toute la conversation. Si vous ne voulez pas que j'aie l'air trop niais quand je rentrerai à Paris, mandez-moi quelque chose de ce qui se passe dans le monde. Adieu, il me semble qu'il est bien hardi à quelqu'un de Bourbon-l'Archambault de finir cette lettre à une dame des beaux quartiers de Paris en lui disant qu'il l'embrasse et qu'il l'aime, c'est cependant ce que je fais[21]. » Mais ses séjours aux eaux sont aussi des moments propices pour écrire – c'est à Bourbonne, en août 1813, qu'il commence ses Mémoires – ou pour éloigner Dorothée de la rumeur parisienne, lorsque les rondeurs d'une prochaine naissance sont trop visibles.

16.

L'OPPOSITION LIBÉRALE

À partir de 1821 et après avoir frayé avec la mouvance ultra-royaliste, Talleyrand entre résolument dans l'opposition libérale. Puisque le duc de Richelieu a ouvert son second ministère aux ultras sans faire appel à lui, il sait qu'il a tout à perdre et plus rien à gagner de ce côté-là. Il frappe un premier grand coup en prononçant à la tribune de la Chambre des pairs, le 24 juillet, un discours contre la proposition faite par le gouvernement de proroger la censure préalable des journaux. Cette dernière avait été votée dans la précipitation et la panique le 30 mars de l'année précédente, peu après l'assassinat du duc de Berry, considéré par les ultras comme la conséquence d'une vaste conspiration libérale. Son discours est superbe. L'ancien député du clergé aux États généraux s'efforce de démontrer que la liberté de la presse établie par la Constituante, inscrite dans la Charte, est une nécessité du temps et qu'elle est indispensable à l'existence même d'un gouvernement représentatif digne de ce nom[1]. « Je reste ici quelques jours, écrivait-il peu avant de monter à la tribune, pour donner mon vote, quelque inutile qu'il soit, contre la censure, mais il faut rester dans les doctrines qu'on a professées toute sa vie. » En février 1822, alors qu'un ministère carrément ultra, conduit par le comte de Villèle, a pris la suite de celui du duc de Richelieu, il récidive en plein débat sur la question des délits et des jugements de presse. Les ultras tentent à cette occasion d'étendre considérablement le nombre des délits de presse, aux atteintes à la morale publique, à la religion et à l'autorité du roi. Les mots d'« autorité constitutionnelle du roi » sanctionnés dans les lois précédentes sont symboliquement oubliés. Talleyrand saisit cette occasion pour rappeler solennellement les origines constitutionnelles de la Charte dont il est un peu le père fondateur, pour défendre l'institution du jury dans les procès de presse, dont le maintien avait été promis par la Charte, et fustiger la protection accordée par le nouveau projet de loi aux fonctionnaires. Il cite Malesherbes, le défenseur constant des encyclopédistes et des Lumières sous le règne de Louis XV, et achève son discours par une phrase oratoire que tout le monde reprendra le lendemain dans les salons d'opposition : « Je vote avec Malesherbes le rejet de la loi[2] ».

Talleyrand est dans son élément car la chambre haute commence à ce moment précis son combat contre les députés majoritairement ultra-royalistes de la chambre basse pour la défense des libertés. Son discours fut, note Charles de Rémusat, « l'un de ces légers symptômes qui décèlent aux gouvernement et aux sociétés les maux qui les menacent et les remèdes qui les peuvent sauver[3] ».

En attendant, le « grand faiseur » – comme on commence à l'appeler – ne se fait pas d'illusion sur le succès à terme de l'opposition libérale au gouvernement. Il confie à l'ambassadeur d'Autriche à Paris que le ministère, fort d'une imposante majorité à la Chambre des Députés, a « plus d'obstacles à franchir que de réels dangers à craindre ». Faute de mieux, on s'adonne, rue Saint-Florentin, a un exercice que l'on pratique avec délice : le persiflage. Talleyrand raconte un jour que Mathieu de Montmorency, le propre fils de sa vieille amie la vicomtesse de Laval, devenu ultra et dévot, ayant demandé à son cocher, le jour de sa nomination au ministère des Affaires étrangères, de l'y conduire, fut mené par erreur à l'hôtel des Missions étrangères, haut lieu de la congrégation et du « parti prêtre » dont il était le chef. Un autre jour, la duchesse de Dino insinue perfidement que changer le directeur des postes, c'est comme changer de confesseur. On sait que le directeur des postes lisait les lettres interceptées dont il faisait des rapports au roi, un peu comme une confession. De plus, c'est le duc de Doudeauville, grand seigneur inexpérimenté, mais surtout très pieux et dévôt, qui venait d'y être nommé[4].

Tout cela est méchant, mais a le mérite de viser juste en moquant la dérive cléricale du nouveau ministère. En revanche, Talleyrand n'a pas saisi ou n'a pas voulu saisir l'importance de la mort de Napoléon, à Sainte-Hélène, qui marque les débuts de la légende. « Ce n'est pas un événement, c'est seulement une nouvelle », dit-il en cherchant volontairement à minimiser l'impact de ce qui s'avérera être précisément un événement[5]. C'est pourtant en pensant à Napoléon qu'il fait imprimer le discours qu'on ne lui donnera pas le temps de lire à la tribune, le 3 février 1823, contre le projet d'intervention en Espagne décidé par le gouvernement. L'Empire est loin. Cette fois, le contexte est très différent. En 1820, Ferdinand VII avait été contraint d'accepter une Constitution libérale à l'anglaise. Deux ans plus tard, il se retrouve pratiquement prisonnier de son gouvernement, un peu comme Louis XVI après Varennes, lorsqu'éclate une insurrection royaliste dans le nord de l'Espagne. L'intervention française vise, aux yeux de presque tout le parti ultra, à combattre l'hydre révolutionnaire espagnole et à rétablir les Bourbons dans leurs droits. Les libéraux, qui défendent au contraire le gouvernement constitutionnel espagnol, s'y opposent. Pour faire bonne mesure, Talleyrand ne va pas hésiter à évoquer la « sincérité » de son opposition à la guerre d'Espagne en 1808, au risque « de déplaire » à Napoléon, « en lui révélant tous les dangers [...] d'une agression non moins injuste que téméraire », pour mieux convaincre son auditoire des dangers d'une nouvelle guerre dans la péninsule. Tout en rapprochant deux guerres qui n'ont pas grand-chose à voir, ni dans leur nature ni dans leurs buts, il en profite pour se présenter vierge et blanc comme neige aux yeux de l'Histoire, avec un aplomb incroyable quand on se souvient de ses ambiguïtés – c'est le moins qu'on puisse dire – sous l'Empire.

Chateaubriand, alors au ministère et qui défend avec fureur « sa » guerre, prend bien sûr Talleyrand – sa « bête noire ou plutôt violette », dit Marcellus – en flagrant délit de mensonge, au point qu'il n'hésite pas, dans ses Mémoires, à en commettre un lui-même. Il nous fait croire que le prince a réellement lu son discours à la tribune, ce qui est faux, pour mieux porter son attaque : « Il y a des absences de mémoire qui font peur : vous ouvrez les oreilles, vous vous frottez les yeux, ne sachant qui vous trompe de la veille ou du sommeil. Lorsque le débiteur de ces imperturbables assertions descend de la tribune et va s'asseoir impassible à sa place, vous le suivez du regard, suspendu que vous êtes entre une espèce d'épouvante et une sorte d'admiration ; vous ne savez si cet homme n'a point reçu de la nature une autorité telle qu'il a le pouvoir de refaire ou d'anéantir la vérité.

« Je ne répondis point ; il me semblait que l'ombre de Bonaparte allait demander la parole et renouveler le démenti terrible qu'il avait jadis donné à M. de Talleyrand[6]. »

Il est vrai que, par ailleurs, certains des arguments avancés par l'ancien ministre de Napoléon font mouche, notamment lorsqu'il affirme que la guerre projetée en Espagne, « ce donquichotisme politique », « n'est pas une question dynastique », mais « une question de parti » : « Il ne s'agit pas des intérêts de la royauté, non, il ne s'agit que des intérêts d'un parti fidèle à ses vieilles haines, à ses vieilles prétentions, et qui aspire moins à conserver qu'à reconquérir. C'est une revanche que l'on veut prendre sur les hauteurs des Pyrénées. » En un mot, les libertés reconquises du peuple espagnol blessent l'orgueil des ultras qui cherchent à faire outre-Pyrénées ce qu'ils n'ont pas pu faire en France, la contre-révolution. « On trompe le roi, messieurs, notre devoir est de le détromper[7]. »

L'impact du discours de Talleyrand dans l'opinion est énorme. Stendhal l'a lu et loue ses qualités littéraires à l'un de ses correspondants anglais. « Il y a dans ce discours une naïveté tout à fait conforme au génie de la langue française qui, naturellement, est ennemie jurée des grandes phrases à la Chateaubriand et à la d'Arlincourt. » En grand pourfendeur des romantiques, il compare encore le discours du prince à ceux de Mirabeau et cite la rumeur : « C'est la Restauration de M. de Talleyrand », dit-on[8]. Dans le courant du mois de février, toute l'opposition libérale applaudit l'auteur avec émotion. Royer-Collard, le « théologien » comme l'appelle Mme de Rémusat, en tout cas l'un des théoriciens les plus brillants de la pensée doctrinaire, lui écrit le 6 février : « Je remercie infiniment M. le prince de Talleyrand. Les choses si vraies et si fortes qui abondent dans son opinion ne sont pas ce qui saisit davantage ; elles sont attendues ; on est bien plus frappé de la hauteur de laquelle ses paroles descendent. C'est le tuteur de la Restauration qui se fait entendre ; position unique, bien prise, bien établie et que la solennité du langage élève encore[9] ! » Depuis deux ans, l'orateur entretient avec le prince et la duchesse de Dino « une liaison discrète et de choix ». L'oncle et la nièce étaient venus lui rendre visite, de Valençay à Châteauvieux, un beau jour d'été, en le comblant de prévenances. La difficulté des chemins pour arriver jusqu'à lui et l'austérité de ce janséniste intransigeant aidant, Charles-Maurice l'avait salué, avec un fin sourire, par ces mots : « Monsieur, vos abords sont bien rudes ! »

À la suite de son opposition à la guerre d'Espagne, ce qui n'empêchera pas celle-ci d'avoir lieu – et de ne pas tourner à la catastrophe, au contraire –, Talleyrand apparaît de plus en plus comme l'un des seuls capables de fédérer les différentes nuances de l'opinion libérale. Son salon est plus à la mode que jamais. Charles de Rémusat se souvient, dans ses Mémoires, de son excitation et de sa curiosité en se rendant pour la première fois à une invitation à dîner chez le prince le 21 février. Il y trouve tout le gratin de l'opposition au gouvernement : le général Foy, le général Clauzel, Laffitte, Ternaux, Stanislas de Girardin, Dalberg : « On aurait dit que la présence de chacun dans cette maison était une démarche qui avait un but. Tout entretien ressemblait à une conférence. On échangeait d'un air d'intelligence les nouvelles, les conjectures, les hypothèses. Il y avait entre tout le monde comme un secret qu'on ne se disait pas, mais sur lequel on s'entendait à demi-mot. On semblait heureux de se rencontrer et de se trouver d'accord à l'approche d'un événement. Tout, en un mot, avait un air de conspiration et c'est ainsi que les gouvernements qualifient ces réunions où domine le "voir venir" et où l'on se place d'un commun accord dans la supposition de leur chute pour préjuger [de] ce qu'il faudra faire[10]. »

C'est aussi à cette époque que le prince commence, selon Barante, à être en grande faveur au Palais-Royal, chez le duc d'Orléans. « Les uns, ajoute-t-il, avaient cœur à ses chances, les autres les trouvaient hasardeuses et tristes[11]. » Sur ce plan, on peut se fier au flair imperturbable de l'ancien évêque. Le général Foy note qu'au cours d'un dîner chez Laffitte, en février 1823, Talleyrand, en rapprochant la position ambiguë du régime à sa naissance de la position actuelle et clairement libérale du duc d'Orléans, lui avait dit ; « Ce que nous n'avons pas pu faire en une fois, nous le ferons en deux[12]. » « Prenez garde, disait-il déjà à Vitrolles à propos des Bourbons, le duc d'Orléans marche sur leurs talons. »

Talleyrand a beau s'afficher face à l'avenir comme l'un des chefs de l'opposition libérale au gouvernement, doublé d'un visionnaire – un « prophète » dit Charles de Rémusat –, il est aussi sans cesse rattrapé par son passé. La Restauration est pour lui une période de mauvais rêves, où des cadavres – ceux des Bourbons et ceux de Bonaparte – sortent de leurs placards comme une farce de l'Histoire. En octobre 1823, Savary publie un extrait de ses Mémoires consacré à l'affaire du duc d'Enghien, dans lequel il charge volontairement l'ancien ministre de Napoléon et l'accuse d'avoir poussé à l'exécution du petit-fils du prince de Condé. Talleyrand, alors à Valençay, rentre précipitamment à Paris pour combattre « les plus infâmes calomnies, les plus monstrueuses productions d'un esprit de parti hideux », dit la duchesse de Dino qui ne savait sans doute pas jusqu'à quel point son oncle était impliqué dans cette affaire[13]. On sait avec quel succès il va se sortir de ce mauvais pas. La manœuvre ultraroyaliste va se retourner contre son instigateur, disgracié et proscrit de la cour, tandis que le prince poursuivra tranquillement sa carrière, tout en payant discrètement le silence de son ancien secrétaire Gabriel Perrey qui possède des documents sensibles sur l'affaire et le fera chanter dans les dernières années de la Restauration[14].

Vers cette même époque, un autre spectre vient lui rappeler brutalement un autre épisode trouble de sa vie. Le 20 janvier 1827, Talleyrand assiste à Saint-Denis, comme tous les ans, à la messe expiatoire en mémoire de l'exécution de Louis XVI. Depuis la mort de Louis XVIII en septembre 1824, il a conservé sa charge de cour en officiant, comme grand chambellan, au sacre de son successeur, Monsieur, devenu Charles X, à Reims, le 29 mai 1825. C'est le troisième sacre de l'ancien évêque, après ceux de Louis XVI et de Napoléon – il avait déconseillé à Louis XVIII une telle cérémonie. Alors que, ce 20 janvier, il sort de la basilique entre deux haies de gardes du corps et s'apprête à raccompagner le dauphin (le duc d'Angoulême) jusqu'à sa voiture, un homme jaillit de la foule et lui assène une gifle magistrale. Le prince, en habit de cour, revêtu de ses ordres, la Toison d'or en sautoir, le grand cordon bleu du Saint-Esprit en bandoulière, en tombe par terre sous le choc. Il a tout de même soixante-treize ans… L'homme en profite pour le rouer de coups de pied avant d'être arrêté par la garde sur l'ordre de Marmont qui était juste derrière lui. On apprend très vite que le coupable n'est autre que le comte de Maubreuil, de triste mémoire. Depuis l'affaire du vol des bijoux de la reine de Westphalie, Maubreuil a traîné son existence de procès en évasions, mais ne désarme pas devant le prince qu'il continue de poursuivre de sa haine en l'accusant sans cesse d'avoir commandité l'assassinat de Napoléon à Fontainebleau, dans les premiers jours d'avril 1814 : « J'ai été sa victime, je ne ménagerai rien. » Talleyrand, qui à cette époque a déjà pris soin de rédiger une réponse aux accusations de Maubreuil, insérée dans ses Mémoires, va tout faire pour étouffer le scandale et se garde bien de porter plainte. Lorsque le juge viendra prendre très respectueusement son témoignage, rue Saint-Florentin, il dira avoir été à Saint-Denis à titre privé, ce qui est faux, et avoir été indisposé moins de vingt jours après l'attentat, ce qui, d'après le code pénal, met Maubreuil – et surtout sa victime – à l'abri d'un procès retentissant en cour d'assises. Et bien sûr, il dira aussi n'avoir jamais vu ni rencontré son agresseur auparavant. L'accusé sera jugé plus discrètement en simple correctionnelle, fin février, et condamné à cinq ans de prison. Son appel sera rejeté. « L'affaire Maubreuil que je lis dans les journaux, écrit le prince, des eaux de Bourbon, à son amie la comtesse Mollien, me paraît se réduire à ceci : donnez-moi de l'argent, ou je ferai du scandale. On ne lui donne pas d'argent et il fait du scandale, si l'on peut appeler scandale des injures bien grossières adressées par un voleur de grand chemin à des gens qu'il n'a jamais vus[15]. » Décidément, il insiste beaucoup pour dire qu'il n'a jamais vu Maubreuil ! Dans l'intervalle, l'agression de Saint-Denis provoque une petite émotion bien parisienne. Toute la ville s'inscrit pour rendre visite au prince molesté qui reçoit dans son fauteuil, imperturbable, un grand morceau de taffetas d'Angleterre sur le front. « Il m'a assommé comme un bœuf », répète-t-il à qui veut l'entendre. À Charles X qui lui demande un peu plus tard des détails sur son agression, il répond : « Sire, c'était un coup de poing. » Le mot est resté célèbre. Évidemment le prince de Talleyrand, duc de Dino, ministre d'État et grand chambellan de Sa Majesté, ne peut avoir reçu une vulgaire gifle. Le soufflet est au-dessous de sa condition. Mme de Boigne, maligne, note pourtant qu'à Saint-Denis « ses lèvres seules furent saignantes ». Quoi qu'il en soit, tout l'épisode a dû lui être très « désagréable », comme le note le jeune Rodolphe Apponyi, le neveu de l'ambassadeur d'Autriche[16]. Pozzo, qui a assisté à la scène, racontera à Mme de Boigne, avec sa faconde habituelle, comment le vieillard lui était apparu « presque évanoui [...] suffoqué [...] dans [un] désordre de vêtement, pâle, échevelé, les esprits égarés, venant achever une carrière si traversée de grandeur et de souillures, sous la flétrissure de la main d'un hideux maniaque, dans le temple du Dieu qu'il avait abjuré, à l'heure consacrée au roi qu'il avait trahi ». « Il y avait là une sorte de rétribution qui frappait l'imagination », ajoute la mémorialiste enchantée du récit de l'ambassadeur de Russie et n'en perdant pas une miette[17].

Pozzo se trompe cependant sur un point. À Saint-Denis, le 20 janvier 1827, un peu plus de dix ans avant sa mort, Talleyrand est loin d'avoir achevé sa carrière. Et comme l'avenir s'annonce plein de surprises avec un ministère Villèle qui s'affaiblit d'année en année par des élections de plus en plus libérales, il prend ses dispositions. Ses biographes ont ignoré l'importance politique des tractations privées et financières qu'il va mener discrètement au cours de l'été de 1827, entre les deux maisons princières d'Orléans et de Condé.

À cette époque, Talleyrand, toujours soupçonné d'avoir mis la main à l'assassinat du duc d'Enghien, n'a pas encore fait sa paix avec la maison de Condé. Le prince de Condé est mort en 1818 sans l'avoir reçu. Son fils, le vieux duc de Bourbon, le propre père du duc d'Enghien, ne se montre pas plus commode. La position grandissante de la maîtresse du vieux duc, Sophie Dawes, une prostituée ramassée dans le ruisseau de Londres et ramenée d'Angleterre, lui donne une ouverture. Mariée, pour donner le change, à un jeune officier naïf, Adrien Feuchères, nommé gentilhomme ordinaire de la maison du duc de Bourbon, anobli et élevé au grade de colonel d'infanterie en moins de cinq années, elle règne sans partage auprès de son vieil amant, grâce, dit-on, à des manipulations strangulatoires très particulières capables de réveiller la sensualité assoupie du dernier des Condé. Mais au bout d'un certain temps, le jeune baron de Feuchères découvre le pot aux roses. Indigné, il demande une séparation qui fait scandale et ferme les portes des Tuileries et du Palais-Royal à sa femme. Pendant plusieurs années, celle-ci n'aura de cesse de reparaître à la cour et de regagner sa position mondaine. C'est à ce moment-là que l'ancien évêque d'Autun intervient. La baronne de Feuchères, traitée tout bas de courtisane et de catin, est bientôt reçue rue Saint-Florentin par l'oncle et la nièce, comme si elle était la princesse de Condé en personne, dit Vitrolles. Un autre jeune gentilhomme naïf du duc de Bourbon, Alphonse de Durfort, joue les intermédiaires[18]. Vitrolles appelle cela « atteindre le sublime dans le genre le plus bas ». Et encore, il ne connaissait pas la suite. C'est par la baronne de Feuchères que Charles-Maurice va parvenir à ses fins. Il se montre prêt à l'aider, en lui promettant son appui comme celui du duc d'Orléans auprès du roi pour la faire rentrer en grâce, à condition toutefois qu'elle amène le duc de Bourbon, qui n'a pas d'enfant, à choisir son filleul, le duc d'Aumale, quatrième fils du duc d'Orléans, pour héritier. Et puisqu'il ne fait jamais rien sans rien, il lui demande aussi d'obtenir du duc de Bourbon qu'il passe l'éponge sur sa participation à l'exécution de son fils. Le marchandage est serré.

Si les alliances entre les deux familles d'Orléans et de Condé lui facilitent les choses, les d'Orléans ne sont pas seuls en première ligne pour l'héritage. Les Rohan peuvent y prétendre. L'enjeu est considérable, à la hauteur de l'immense fortune des Condé – l'une des premières du royaume – qui possèdent entre autres les châteaux de Saint-Leu, de Chantilly et, à Paris, le Palais-Bourbon. Nous sommes en 1827. Les tractations commencent au printemps et se poursuivent pendant une partie de l'été. C'est l'un des rares étés où Talleyrand revient des eaux de Bourbon à Paris, fin juin, pour repartir pour Valençay un peu après la mi-août. Pour changer à ce point ses habitudes, il faut une raison importante. La police qui le surveille n'y comprend rien et évoque vaguement les liens du prince avec la « faction » d'Orléans sans deviner le fin mot de l'affaire. Il est vrai que Montrond et son amie de cœur, Mme Hamelin, multiplient les allées et venues entre Paris et Londres au cours de cette période. La police note que Montrond fait passer ses lettres à son « patron » par la maison de banque de Gabriel Delessert, qui est par ailleurs le tuteur du jeune Demorny, le fils de Flahaut. Talleyrand est également très souvent au Palais-Royal, cet été-là. Il y vient au moins le 3 juillet, puis de nouveau le 6 août avec, dans sa poche, une lettre de Mme de Feuchères à la duchesse d'Orléans. La maîtresse du duc de Bourbon promet à la duchesse de « mettre toute sa sollicitude » pour obtenir de son amant l'adoption du duc d'Aumale. C'est précisément ce que Charles-Maurice conseillait au duc d'Orléans le 3 juillet. Elle lui annonce aussi le mariage de sa nièce, Mathilde Dawes, avec le jeune comte de Chabannes, et sollicite humblement la permission de la présenter au Palais-Royal. Comme par hasard, le jeune Chabannes est le propre neveu de Talleyrand, le petit-fils de la sœur de son père. Le mariage scelle en fait la réconciliation du prince avec le duc de Bourbon.

La cérémonie a lieu à Paris le 16 août. La veille, Talleyrand écrit – le billet est inédit – dans l'urgence, à la duchesse de Bauffremont : « En voilà bien d'autres. Monsieur le duc de Bourbon me fait demander à dîner pour samedi [18] ! Tout cela n'est-il pas singulier ? Vous avez droit à mon premier étonnement, voilà pourquoi je vous écris tout de suite. Je n'ai ni cuisine, ni office, ni domestiques [ils sont tous déjà partis pour Valençay]. J'aurai recours à votre petit Belge[19]. »

En réalité il devait savoir à quoi s'en tenir, beaucoup plus qu'il ne veut bien le dire dans son billet. Poussé par sa maîtresse, le duc de Bourbon, en s'invitant chez le prince, pardonne ce jour-là à celui qu'il a toujours soupçonné, à juste titre, d'être l'un des principaux complices de l'assassinat de son fils. Les tractations vont se poursuivre encore longtemps, et, en août 1829, le duc de Bourbon établit enfin un testament par lequel il fait du duc d'Aumale son légataire universel. En février 1830, le roi permet enfin à la baronne de Feuchères de se présenter à la cour[20]. À la mort, également mystérieuse, du duc de Bourbon le 27 août 1830, le fils de Louis-Philippe d'Orléans hérite d'une cinquantaine de millions de l'époque, une somme énorme. La baronne s'est servie au passage. Dans toute cette affaire, Talleyrand aura déployé « un extraordinaire zèle philippiste », comme l'écrit, non sans ironie, l'excellent biographe du duc d'Orléans, Guy Antonetti[21]. En se servant de l'intrigante et belle baronne de Feuchères et en donnant la main à ce qui ressemble fort à une captation d'héritage, il a fait coup double. Le duc d'Orléans se retrouve son obligé car il lui a rendu un immense service et il efface en même temps les dernières traces de ressentiment public du duc de Bourbon pour le complice du « crime » de mars 1804. Comme il l'avait fait avec Bonaparte peu avant Brumaire, le prince scelle-là une sorte de traité avec le futur roi des Français. Sa garantie, les conditions de l'engagement réciproque des deux parties reposent une fois de plus sur le secret. L'identité des vues entre les deux hommes, leurs communes convictions libérales n'expliquent évidemment pas tout. Talleyrand se rapproche aussi de la sœur du duc d'Orléans, Mademoiselle, que l'on appellera bientôt Madame Adélaïde. Il donne de ses nouvelles dans ses lettres à Barante. Mademoiselle est l'une des premières à le féliciter très amicalement à l'occasion du mariage de son petit-neveu Louis avec Alix de Montmorency. Elle parle de « l'intérêt que je prends à ce qui vous touche[22]. » Il y a entre Adélaïde d'Orléans, l'élève de Mme de Genlis, et Dorothée de Périgord des similitudes de position et surtout d'influences : sur son frère pour l'une, sur son oncle pour l'autre. La princesse de Vaudémont, aussi proche des Talleyrand que des d'Orléans, joue les intermédiaires et fait circuler l'information.

17.

« JE PORTE MALHEUR AUX GOUVERNEMENTS QUI ME NÉGLIGENT »

Dans le courant de 1827, Villèle, au pouvoir depuis 1822, soutenu bec et ongles par Charles X, commence à perdre pied. Sa majorité « retrouvée » de 1824 à la Chambre des députés s'effrite face à l'alliance des oppositions : le parti de la « défection », depuis le renvoi de Chateaubriand du ministère des Affaires étrangères, les « pointus » à droite et les libéraux à gauche. La Chambre des pairs lui est encore plus hostile. C'est elle qui a fait tomber, en avril, son projet de loi dit « de justice et d'amour » qui réduit fortement la liberté des journaux et de la presse. Le ministre en est réduit aux coups de main. Il fait dissoudre la Garde nationale à la suite d'une revue parisienne un peu houleuse contre le roi et le gouvernement. Le 24 juin, faute de loi sur la presse, il rétablit la censure. Talleyrand suit attentivement la situation. « Je n'ai jamais été absent de Paris avec de si mauvais pressentiments sur les affaires publiques, écrit-il de Bourbon à la comtesse Mollien le 20 juin. Sans prévoir rien de ce que l'on fera, je crains que, malgré notre apathie, on ne nous lance dans les grandes aventures de Révolution si l'on se laisse aller à la tentation de la censure. C'est le premier anneau d'une chaîne qui peut entraîner au précipice. »

La dissolution de la Chambre en novembre, des élections exécrables pour le gouvernement obligent Villèle à remettre sa démission en janvier 1828. Son gouvernement est remplacé par un éphémère ministère dont la personnalité dominante est le comte de Martignac, un modéré du centre droit. Charles X le supporte avec impatience et finit par céder à ses vieux démons en nommant, en août 1829, un ministère de « défensive royale » selon son cœur, emmené par un trio très impopulaire : le prince de Polignac, le comte de Bourmont et le comte de La Bourdonnaye. Aussitôt la presse se déchaîne et apostrophe le trio dominant : « Coblence, Waterloo, 1815 ». Polignac, le « cher Jules », fidèle d'entre les fidèles, a suivi le frère cadet de Louis XVI en émigration ; Coblence, sur le Rhin, où résidaient les princes émigrés est le symbole de l'opposition politique et armée à la Révolution ; Bourmont a déserté les rangs de Napoléon pour passer à « l'ennemi » peu de temps avant la bataille de Waterloo. La Bourdonnaye réclamait à la Chambre en 1815 « des fers, des bourreaux, des supplices » contre les coupables des Cent-Jours. Véhément et violent, il incarne à lui seul cette Terreur blanche qui a suivi la parenthèse napoléonienne. Le nouveau ministère commence d'abord par ne rien faire, puis, en janvier 1830, décide de convoquer les Chambres en mars. Contrairement aux prévisions de Talleyrand – et de son ami Royer-Collard – qui croyait à la démission anticipée de Polignac, comme l'avait fait Villèle en décembre 1827 de peur d'affronter les Chambres, le « cher Jules » choisit de faire face. Talleyrand, qui le connaît depuis toujours – Jules est le fils de l'ancienne favorite de Marie-Antoinette – et a contribué à sauver sa tête des foudres de Bonaparte sous le Consulat, à l'époque du procès de Georges, le trouve ironiquement un peu « nouveau dans les affaires[1] ». Il se méfie surtout de cet homme de foi qui ne doute de rien et est capable du pire parce qu'il ne sait pas analyser convenablement une situation. L'exaltation un peu mystique d'un esprit borné peut conduire aux décisions les plus dangereuses. Or Polignac et le roi sont persuadés que l'autorité du pouvoir monarchique est bafouée par les Chambres, que la religion est foulée aux pieds par la presse, qu'un vaste complot libéral se prépare et que Louis XVI s'est perdu par sa faiblesse en 1789.

Talleyrand jure, dans ses Mémoires, n'avoir rien fait contre le régime dans les mois qui ont précédé la révolution de juillet 1830 : Je puis le déclarer ici en toute sincérité, je n'ai pas cessé de souhaiter le maintien de la Restauration, et cela n'était que naturel, après la part que j'y avais eue : je n'ai rien fait pour l'ébranler et je repousse toute solidarité avec ceux qui se vantent d'avoir contribué à sa chute[2]. » Il est permis d'en douter. On connaît sa phrase célèbre, rapportée par d'Hauterive et qui date de cette époque : « C'est singulier, je porte malheur à ceux qui me négligent[3]. » Talleyrand, en grand maître des cérémonies du pouvoir, sait très bien donner le petit coup de pouce qu'il faut, au bon moment. C'est sa contribution personnelle au malheur des autres. Il a l'odorat très fin et sent bien le vent, surtout quand il tourne. Il a aussi largement les moyens de jouer sa partie. Rémusat note que, fin novembre, peu avant de partir pour Rochecotte chez sa nièce où il achèvera de soigner ses yeux, il dicte pour le *Journal des Débats* plusieurs articles qui jettent l'alarme à propos d'un hypothétique projet de réforme électorale initié par le gouvernement[4].

Le vieux prince se répand dans les salons d'opposition en propos hostiles. Chez son fils Charles de Flahaut, dont il s'est beaucoup rapproché et qu'il a invité avec sa femme à Valençay l'année précédente, il joue les oracles. S'il a rappelé les Bourbons en 1814 pour avoir la paix, dit-il assez fort pour que cela revienne aux oreilles de Stendhal, il faudra sans doute les chasser pour avoir la tranquillité[5]. Ses divers séjours à Rochecotte en 1829, chez sa nièce, prennent des allures de conspiration des bords de Loire.

Rochecotte est plus discret que Valençay. Dorothée y invite en mai le jeune Adolphe Thiers, ce brillant avocat marseillais qui signe des articles remarqués dans divers journaux d'opposition. Dorothée le connaît, avec son ami Mignet, depuis 1823. C'est chez elle, au premier étage de l'aile gauche de l'hôtel et non chez son oncle que Thiers vient dîner rue Saint-Florentin. « Ce n'est pas chez moi, c'est chez ma nièce », dit finement le vieux prince, comme pour s'excuser de la présence d'individus si clairement hostiles à la branche aînée. Parmi la « nuée des jeunes littérateurs libéraux » dont Dorothée s'entoure grâce à son intelligence et à ses beaux yeux, Talleyrand ne sera pas long à distinguer Thiers et à lui mettre la main dessus. Le petit homme aux lunettes qui porte sa bourgeoisie en bandoulière est exactement son contraire. Mais les deux hommes partagent les mêmes idées libérales et brillent également par leur conversation. Un Américain, Sanderson, remarque que Thiers est « presque aussi expert en bons mots que le vieux prince de Talleyrand[6] ». Thiers parle ouvertement de recommencer la révolution anglaise, celle de 1688, qui a vu Guillaume d'Orange remplacer Jacques II Stuart au pouvoir, en appelant sur le trône le prince de la branche cadette, la plus proche de la branche régnante, autrement dit Louis-Philippe d'Orléans. Sa ligne est « monarchique et antidynastique », comme il le précise lui-même. Il ne croit pas à la sincérité constitutionnelle du roi. « Enfermez les Bourbons dans la Charte, fermez les portes, ils sauteront immanquablement par les fenêtres. » Thiers a besoin de son propre journal pour s'exprimer et Talleyrand va l'aider. C'est sans doute à Rochecotte qu'est établi le projet du *National*. Sautelet, l'ami de Stendhal et de Mérimée, en sera le gérant, Thiers, Mignet, Armand Carrel et Stapfer, le traducteur de Goethe, les principaux rédacteurs. Le journal, qui devient rapidement une puissance, naît le 3 janvier 1830. C'est Laffitte, le banquier de Talleyrand, qui finance pour les trois quarts les six mille francs de rentes du cautionnement. Le prince n'est sans doute pas actionnaire, mais il apporte sa caution, son influence et son soutien. « Peut-être demandera-t-on quel résultat monsieur de Talleyrand prétendait atteindre en se servant de si dangereux instruments ? s'interroge Mme de Boigne ? Je répondrai hardiment : arriver au pouvoir[7]. » Et Chateaubriand ne s'embarrasse pas plus de nuances lorsqu'il évoque cette association. Il y met cependant sa touche personnelle, un mélange de mépris et de haine jeté du haut de son magistère moral : « M. de Talleyrand n'apportait pas un sou à la caisse ; il souillait seulement l'esprit du journal en versant au fonds commun son contingent de trahison et de pourriture[8]. »

Les perspectives politiques de l'année qui s'ouvre ne le consolent pas tout à fait des déboires et des malheurs de famille. Son frère cadet, Boson, meurt le 28 février. « Mon pauvre Boson était l'un des meilleurs hommes que l'on pût connaître : son caractère l'avait fait aimer dans toutes les situations où il s'était trouvé. Ce n'était pas lui, dans l'ordre de la nature, qui devait mourir le premier[9]. » Talleyrand est aussi très inquiet des dettes de jeu accumulées depuis des années par son neveu Edmond. Depuis le début de la Restauration, il a beaucoup payé, mais il ne le peut ni ne le veut plus. Il est lui-même empêtré dans la crise financière qui depuis 1825 touche tous les marchés, à commencer par la place de Londres. D'autant plus qu'il s'est associé vers cette époque à une société de banque créée entre Pierre-François Paravey qui en est le gérant et son ami Dalberg. Talleyrand apporte un million de francs au capital de la banque contre le cinquième des bénéfices[10]. Engagée dans de mauvaises affaires, entre autres des avances aux anciens colons de Saint-Domingue sur la promesse du règlement de leurs créances par le gouvernement métis de l'île (Haïti), en échange de sa reconnaissance par la France, la banque fait faillite en novembre 1826 et Charles-Maurice mettra des années avant de récupérer une partie de ses fonds. En décembre 1829, il n'a plus de liquidités et en est au point d'être obligé d'engager ses tableaux pour une somme importante. Au même moment, Edmond s'est fait arrêter pour dettes en Angleterre où il avait fui ses créanciers français. Il ne sortira de prison que sur l'intervention du duc de Laval, un vieil ami de Talleyrand et l'ancien mari de la vicomtesse de Laval, qui avance 60 000 francs et le met sur un bateau pour Bruxelles. De là son oncle fait tout pour le faire voyager sans encombre jusqu'en Espagne où il s'est assuré pour lui de la protection du roi, mais le mal est fait et son neveu s'obstine. Il ira finalement à Florence. Faute de pouvoir atteindre le neveu, les créanciers se retournent vers l'oncle qui en écrit, exaspéré, à son fils Flahaut : « Le jour où [...] j'ai trouvé dans ma cour deux usuriers d'Edmond qui venaient juger sur ma figure à quel taux ils pouvaient lui acheter mon héritage, ce jour-là, j'ai compris jusqu'où l'excès du désordre et de la faiblesse pouvait le porter[11]. » Et à Mme de Vaudémont : « L'intelligence des hommes d'affaires que l'on emploie aboutit toujours à : Cela s'arrangera, car M. de Talleyrand payera. Il y a un malheur, c'est que M. de Talleyrand ne le peut pas. Il a prouvé que s'il le pouvait, il le ferait bien volontiers ; mais tout a un terme. Le fait est que, quand j'ai eu de l'argent, j'ai payé aux uns des dettes (et des dettes considérables), j'ai donné des pensions à d'autres, j'ai assuré des domaines, donné des dots, enfin je me suis dépouillé pour le mariage de Louis[12]. » En effet, Talleyrand a beaucoup fait pour sa famille sans recevoir grand-chose en retour. « Il n'a jamais essuyé autre chose que de l'ingratitude », dira Montrond, en le défendant[13]. Au même moment, tandis que le neveu s'étourdit aux tables de jeu et dans les bras des prostituées, à cause d'une situation qui a tout de même été en partie créée par son oncle – il l'a séparé de sa femme et le fait passer publiquement pour le dindon de la farce –, la nièce file un amour de plus en plus passionné avec Théobald Piscatory. Quelques indices laissent penser que, peu avant le départ pour Rochecotte, le temps était à l'orage entre l'oncle et la nièce. Dans quelques-unes de ses lettres, Dorothée évoque à nouveau à demi-mot « l'inquiétude maladive » de son vieil amant[14]. A-t-elle eu, à ce moment-là, de nouveau le désir de fuir ?

L'année de la révolution de Juillet est décidément une année agitée, et, on s'en souvient, le mauvais état de ses finances incite souvent Charles-Maurice à se lancer dans l'aventure politique pour se refaire. C'était déjà le cas sous le Directoire et dans les dernières années de l'Empire. Mais cette fois-ci, il a soixante-seize ans !

De retour à Paris, fin février, il attend l'ouverture des Chambres. Molé le décrit alors comme quelqu'un qui attire, à l'image de tout ce qui vous échappe, alliant « l'esprit et les principes » des Lumières, « la grâce et la politesse de l'ancienne cour » à « l'indépendance de jugement propre à notre époque et au dévergondage de la Révolution ». Il le compare un peu à un monument historique appelé à disparaître, sans deviner que le monument n'en a pas fini avec l'Histoire[15]. Le 2 mars, le prince entend le discours du roi à l'occasion de la réunion des deux Chambres pour la session parlementaire. « Si de coupables manœuvres suscitaient à mon gouvernement des obstacles que je ne veux pas prévoir, je trouverai la force de les surmonter. » La menace est claire. La réponse de la

Chambre des députés, « poliment factieuse » selon un journal ultra, aussi. Votée par 221 députés d'opposition, du centre droit à la gauche, elle invite le roi à choisir entre le renvoi de ses ministres et la dissolution. Le roi ne cède pas. Il proroge d'abord les Chambres, puis, le 16 mai, dissout la Chambre des députés, annonce de nouvelles élections et convoque la nouvelle Chambre élue pour le 3 août. Le 19 mai le ministère, toujours conduit par le prince de Polignac, est remanié. C'est un nouveau coup de barre vers l'extrême droite. Le roi compte sur le succès de l'expédition militaire envoyée à Alger pour gagner les élections. Entre-temps, Talleyrand est parti pour Valençay où il reçoit Royer-Collard, le président de la défunte chambre et l'artisan de l'adresse des 221. On aimerait savoir ce qu'ils se sont dit. Il suit attentivement la situation, de Valençay puis de Bourbon où il se rend aux eaux, à la mi-juin. Un petit détail nous fait penser qu'il s'attend au pire. Alors qu'il comptait rentrer à Paris, par Valençay, il écrit début juillet à la princesse Tyszkiewicz qu'il pourrait être amené à rentrer directement à Paris, « d'un moment à l'autre ». Dès le mois de juin, ses lettres sont de plus en plus alarmistes. « Je ne sais en vérité où nous allons, écrit-il à Flahaut le 11, nous n'avons ni boussole ni pilote. Cela peut-il mener à autre chose qu'à un naufrage ? » Et à Mme de Vaudémont, le même jour : « Le moment décisif approche. » La situation est « grave et le devient de jour en jour davantage », lui écrit-il encore quatre jours plus tard. « Le bon parti est celui du silence avec les yeux ouverts », ajoute-t-il. Pour ce qui est de garder les yeux ouverts, on lui fait confiance. « Nous entrons dans de nouveaux hasards », poursuit-il de plus en plus inquiet à Barante. Il constate que les élections sont exécrables pour le gouvernement – elles renforcent encore l'opposition largement majoritaire face aux partisans de Polignac – et se dit, à juste titre, sûr que la nouvelle de la prise d'Alger ne renforcera pas la position du roi[16]. Il sait au contraire, par Montrond, par les deux ambassadeurs de France à Londres et d'Angleterre à Paris, le duc de Laval et lord Stuart, que le gouvernement de Wellington et de Peel est furieux de cette nouvelle intrusion de la France en Méditerranée. Polignac suit aussi une ligne prorusse et rêve de signer un traité avec le tsar sur la base d'un plan chimérique préparé par son directeur politique Bois-le-Comte. Pour comprendre l'attitude de Talleyrand pendant la Révolution de juillet, il faut prendre la mesure de cette constante de sa pensée : la France et l'Angleterre ne doivent pas rompre. Cette rupture conduirait la France à toutes les aventures. Or, compte tenu de la situation internationale, un coup de force réussi du roi face aux Chambres risquerait d'y conduire. C'est encore en pensant à l'Angleterre, son modèle politique par excellence, qu'il écrit à Barante le 19 juillet : « Le portrait du roi d'Angleterre sous lequel il y a : “Il règne, mais il ne gouverne pas”, entre bien dans nos affaires[17]. » C'est aussi un joli clin d'œil à la célèbre formule de Thiers qui s'impose comme le slogan de la campagne menée par le *National* contre le régime : « Le roi règne et ne gouverne pas. »

Le lendemain de l'arrivée du prince à Paris, le 25 juillet, Charles X signe à Saint-Cloud les fameuses ordonnances qui vont le renverser. La première suspend la liberté de la presse périodique, la seconde dissout la nouvelle Chambre à peine élue et pas encore réunie, la troisième modifie la loi électorale dans un sens très restrictif en réduisant les électeurs aux seuls collèges de départements formés du quart le plus imposé des votants. Pour justifier le tout, le roi se réclame de l'article 14 de la Charte qui lui permet de gouverner par ordonnances en cas d'atteinte à la sûreté de l'État. Comme le note Charles de Rémusat en une formule saisissante, Charles X a fini par « tomber du côté où il penchait », celui de l'absolutisme monarchique. Talleyrand se contentera pour sa part de fustiger la faiblesse des derniers ministres de la Restauration qui auront eu la bêtise de contresigner les ordonnances suicidaires du 25 juillet. Il ne parlera plus, dans ses *Mémoires*, que du « ministère imbécile » de Polignac et de Peyronnet. Quant au vieux Charles X, il en est persuadé, celui-ci croyait de bonne foi être chargé d'une « mission », en prenant le risque des ordonnances[18].

18.

LE PETIT COUP DE POUCE

On ne fait pas la révolution à soixante-seize ans, mais on peut encore, très efficacement, jouer les souffleurs en coulisses, ou à sa fenêtre. Après tout, sans souffleur et quand l'acteur principal a le trac, la pièce s'arrête ou bien capote. C'est un peu ce qui s'est passé entre Talleyrand et Louis-Philippe d'Orléans du 26 au 31 juillet 1830. Les ordonnances publiées au *Moniteur* le 26 juillet ne provoquèrent pas l'émeute dans l'instant. Le duc de Broglie n'entendra le premier coup de fusil que dans la soirée du 27. Ce n'est que dans la nuit du 27 au 28 que Paris se couvre de barricades.

Le premier soin du prince sera de faire ôter les lettres d'or d'« hôtel de Talleyrand » au fronton du porche de sa maison. Après tout, c'est lui qui a remis la branche aînée des Bourbons sur le trône en 1814. On ne sait jamais. Le duc de Broglie, qui passe le voir dans la soirée du 27 juillet, le trouve en compagnie de Charles Stuart, l'ambassadeur d'Angleterre. Stuart revient tout juste de Saint-Cloud où il s'est rendu avec Pozzo di Borgo et le nonce du pape pour supplier le vieux roi de retirer ses ordonnances pendant qu'il en est encore temps. Comme par hasard, c'est Talleyrand qu'il va voir pour lui rendre compte de sa tentative. Stuart est un vieil ami. Il représente le roi d'Angleterre à Paris depuis le début de la Restauration et a été mêlé aux premières manœuvres autour de la candidature du duc d'Orléans à l'époque de l'exil de Gand. « Au point où nous en étions, écrit Broglie dans ses Souvenirs, ils ne se gênèrent pas en ma présence ; ce qu'ils se dirent sur ce qui ne pouvait manquer d'arriver n'était pas à coup sûr de gens qui en parlaient pour la première fois[1]. » Autrement dit, cela fait déjà un certain temps que le prince pense à la suite. Mais laquelle ? Il n'est pas absurde d'imaginer que Talleyrand ait cherché, tout au moins dans les premiers jours de la révolution, à faire jouer un rôle de premier plan au duc d'Orléans. Pour ne pas rompre la continuité dynastique du trône, il aurait préféré faire abdiquer le roi en faveur de son petit-fils, le duc de Bordeaux qui n'a pas dix ans, sous la régence de son cousin d'Orléans. Après tout, c'est une solution à laquelle il avait déjà pensé dans les premiers mois de 1814, pour le roi de Rome. La rupture dynastique remettrait en cause le principe même de légitimité qu'il défend depuis quinze ans, risquerait d'affaiblir l'État et de provoquer des haines insurmontables au sein de la maison de Bourbon, ce qui ne manquera d'ailleurs pas d'arriver. Mme de Boigne, bien renseignée par Pasquier qui préside la Chambre des pairs et s'est réconcilié depuis longtemps avec Talleyrand, pense « qu'il inclina » en effet pour Henri V et la régence du duc d'Orléans[2]. Une telle solution aurait permis d'engager une politique conforme à la volonté du pays tout en conservant les apparences de la légitimité.

Pour l'heure, il fait prévenir le duc d'Orléans, qui est chez lui à Neuilly, de ne pas s'éloigner de Paris et conseille d'agir comme si les ordonnances n'existaient pas. Les Chambres se réuniraient le 3 août, le jour prévu de leur convocation avant la publication des ordonnances, et le roi ne pourrait que se soumettre[3]. Mais les événements vont aller plus vite. Pendant que les parlementaires présents à Paris hésitent, les meneurs républicains les plus décidés prennent en main l'insurrection qui fait rage du 28 au 30 juillet. Les Trois Glorieuses contraignent les troupes royales commandées par Marmont à quitter Paris par la barrière de l'Étoile et livrent la ville à la révolution. Le 29 juillet Talleyrand voyant la tournure prise par les événements, dépêche son secrétaire à Neuilly, sans doute Charles Colmache qui raconte la chose, auprès de Madame Adélaïde, la sœur du duc d'Orléans. Colmache est chargé de lui porter un billet de quelques lignes destiné à être détruit au moment où il sera reçu – on n'est jamais trop prudent. Pasquier, qui a lu le billet au moment où Talleyrand allait le faire porter, en donne la substance. Le duc d'Orléans, qui entre-temps est allé se réfugier au Raincy, un autre château de la famille, est invité à ne pas perdre un instant. Il doit entrer dans Paris et prendre la tête du mouvement s'il veut éviter le pire. Mais en même temps, le prince lui conseille la plus extrême prudence. « Saura-t-il qu'il faut avant tout négocier ? » demande-t-il à Pasquier. « Je meurs de peur qu'il ne se laisse entraîner à quelque parti qui rendrait ensuite tout rapprochement impossible. » Dans son esprit, Orléans doit préserver l'avenir. Il n'est pas encore temps de rompre avec la branche aînée. Mieux vaudrait dans cette perspective qu'il prenne le commandement de la place de Paris, au lieu d'accepter la lieutenance générale du royaume que d'autres lui proposent, à commencer par Thiers. « Avec ce titre, il peut se mettre à la tête de tout et ne sera gêné en rien », dit-il encore à Pasquier[4].

Le geste de Talleyrand est prudent, mais c'est un geste. En se déclarant, le vieux prince donne au futur roi des Français la caution des milieux diplomatiques accrédités à Paris et de l'opposition libérale à la Chambre des pairs. « Puisque M. de Talleyrand se prononçait, Louis-Philippe pouvait se risquer », écrit Sainte-Beuve. Le duc ne se décide pourtant à franchir le pas que le lendemain, lorsqu'il apprend que Charles X a quitté Saint-Cloud avec la cour pour Rambouillet. C'est un signe. Le vieux roi abandonne la partie. Entre les risques de l'affrontement et ceux de la capitulation, Charles X choisit la solution de la « chaise de poste[5] ». Son concurrent regagne discrètement le Palais-Royal dans la soirée. En chemin, il s'arrête à dix heures du soir rue Saint-Florentin, pour s'entretenir avec Talleyrand, ce qui en dit long sur la complicité des deux hommes, et sur l'importance que met le duc à convaincre l'ancien familier de son père qu'il doit aller plus vite que ce dernier ne l'aurait voulu. Le lendemain, le duc reçoit une délégation de députés qui viennent lui offrir la lieutenance générale du royaume. Talleyrand, dont l'hôtel se trouve à quelques centaines de mètres du Palais-Royal, est de nouveau consulté, peut-être par Sébastiani. Il lui conseille probablement d'accepter mais de prendre son temps. La marche vers le trône est engagée, même si, comme on l'a vu, la royauté de Louis-Philippe n'était pas la seule solution, et peut-être pas la meilleure, envisagée par le vieux prince. Le 9 août, Louis-Philippe Ier, roi des Français et non plus roi de France et de Navarre, est « intronisé » solennellement par les Chambres et jure fidélité à la Charte de 1814, préalablement « libéralisée ». Il ne s'agit pas, à proprement parler, d'un couronnement mais d'un « pacte d'alliance » passé entre le nouveau roi, dont la souveraineté n'est plus immanente, et les représentants de la nation.

Talleyrand, présent à la cérémonie, au Palais-Bourbon, a dû la vivre comme une revanche sur ce qu'il avait tenté en avril 1814 avec sa Constitution sénatoriale. À Londres, il ne cessera de répéter que l'avènement de Louis-Philippe est « la vraie restauration », l'autre, celle de Louis XVIII, étant une « simple transition[6] ». En parlant de restauration, le prince fait aussi, très habilement, tout son possible pour masquer la rupture dynastique de 1830. Il se gardera bien, comme Guizot ou Broglie, de parler de la « quasi-légitimité » de Louis-Philippe. Mais en privé il n'en pense pas moins. Dans une digression amusée sur le berceau des Bourbons, il évoque, de Bourbonne où il prend les eaux, « le berceau un peu sale que j'ai vu en juillet 1830 », et ajoute : « Si, en 1814, on avait un peu plus oublié le vieux berceau, on ne serait pas à Prague. » « Le vieux berceau », c'est l'absolutisme monarchique. « On » désigne Charles X. « Prague » est le dernier lieu d'exil du vieux roi, qui mourra à Göritz en 1836[7]. Le prince trouvera aussi que le nouveau régime est né sans panache. Le baiser républicain de La Fayette à Louis-Philippe, devant la foule, sur le balcon de l'Hôtel de Ville, le 31 août, a dû le faire sourire. Il sait à quoi s'en tenir sur La Fayette, sa « meilleure des républiques » et sa popularité. Le vieux « Gilles César », qui mourra d'ailleurs avant lui, n'est pas précisément le revenant qu'il aurait souhaité pour adouber le nouveau roi à la face du pays. « Monsieur, ce qui manque à tout cela, c'est un peu de conquête », dira-t-il un jour devant la duchesse de Dino, dans un demi-sourire paradoxal[8]. Chateaubriand, qui stigmatisera pour l'éternité la « monarchie ambulante » du « candidat royal » en route pour l'hôtel de ville, entouré des députés « couverts de sueur et de poussière », en chapeaux ronds et redingotes, beuglant à tour de rôle des « Vive le duc d'Orléans ! » abandonnés à la foule hostile, n'en pensait pas moins. Mais chez lui, le regret ironique du prince fait place à la haine toute pure d'une monarchie de substitution née dans le ruisseau. Chateaubriand, ce chantre des causes perdues, s'est retiré sous sa tente.

En septembre 1830, à presque quatre-vingts ans, Talleyrand qui n'a pas ce goût de la retraite boudeuse et magnifique, rentre tranquillement aux affaires. « Il est comme les chats, il s'arrange toujours de manière à se trouver sur ses pieds », disait déjà de lui Napoléon, en avril 1814[9].

19.

AMBASSADEUR À LONDRES

« Ce n'est pas à Paris, c'est à Londres qu'on a besoin de moi », écrit Talleyrand dans ses Mémoires. Louis-Philippe y a probablement pensé dès les premiers jours de son règne. La révolution de 1830 inquiète l'Europe. Depuis quinze ans, les grandes puissances du Nord, la Russie, l'Autriche et la Prusse, assises sur les traités de 1815 et drapées dans les plis de la Sainte Alliance qui fait de la politique européenne une affaire de conscience et de morale, ont passé leur temps à éteindre les foyers révolutionnaires allumés de loin en loin, aux quatre coins du continent. L'Angleterre observe et autorise, du bout des lèvres. La France de la Restauration, invitée à jouer son rôle dans le service d'ordre – en Espagne en 1823 –, n'en a pas moins toujours été tenue pour suspecte. La vieille alliance de Chaumont des anciennes puissances coalisées contre Napoléon n'est pas morte. La chute de la branche aînée est bien faite pour réveiller toutes les peurs. D'autant plus que l'agitation parisienne se propage. Le 25 août, les Belges se soulèvent et chassent les troupes de Guillaume Ier, le roi des Pays-Bas qui règne sur un pays taillé, à Vienne, sur mesure contre la France. À Paris, tout ce qui compte de révolutionnaires et de bonapartistes, de Lamarque à Mauguin et Cavaignac, s'enflamme pour la Belgique et pousse à la guerre. La révolution de Bruxelles est l'occasion rêvée d'une nouvelle croisade en faveur des peuples opprimés par la Sainte Alliance des rois. La reconquête des anciens départements français de Belgique est à la portée des fusils de la révolution de Juillet, et par extension toute la Rhénanie devenue prussienne est menacée.

C'est dans ce contexte difficile de « rechute dans la guerre de propagande et de conquête », comme l'écrit Guizot[1], que Louis-Philippe cherche à faire reconnaître son régime des capitales européennes. Tout dépend de l'attitude de l'Angleterre. À Londres, Guillaume IV vient de succéder à son frère George IV. Wellington préside un cabinet conservateur avec lord Aberdeen aux Affaires étrangères. La sincérité parlementaire du nouveau régime français, l'affaiblissement général d'un pays engagé jusqu'alors dans une politique d'alliance avec la Russie et d'expansion en Méditerranée ne sont pas pour déplaire à Londres. Mais on se méfie. Avant même que le général Baudrand, l'aide de camp de Louis-Philippe, ne vienne chercher en août l'adhésion du gouvernement en lui communiquant une lettre très rassurante du roi des Français, lord Aberdeen écrit à Metternich qu'il gardera la neutralité tant que le pays se montrera sage. Il reconnaît le nouveau régime, mais il le met sous surveillance. C'est une première étape, nécessaire mais insuffisante. Aux yeux du roi des Français, la consolidation du régime de Juillet passe par le maintien de la paix et celle-ci dépend de la garantie de l'Angleterre. Si la France s'accorde avec elle, les puissances du Nord ne bougeront pas. La mission est délicate, et Talleyrand est le seul à pouvoir la remplir. Il « tiendra le dé », dit Louis-Philippe à Cuvillier-Fleury[2]. Ses convictions anglophiles et pacifiques sont connues et son expérience immense. Le vieux prince est d'autant plus convaincu de l'importance du maintien de la paix que le nouveau régime est fragile. Il le répétera dans ses lettres sur tous les tons. Au général Sébastiani : « On ne peut pas trop se dire qu'un royaume peut être créé pour la guerre, mais qu'un royaume né au milieu d'une tempête ne s'établit bien que dans la paix. » À son amie la princesse de Vaudémont : « Le roi fonde, et la paix est son seul moyen[3]. » De son côté, l'Angleterre veut la paix, non seulement parce qu'elle n'a pas les moyens de la guerre – elle sort d'une crise économique grave, elle est endettée et son armée est réduite –, mais parce qu'elle tient à conserver des équilibres qui, en Europe, lui conviennent. La paix enfin est la condition indispensable de sa prospérité économique.

Talleyrand pense pouvoir exploiter cette situation en jouant à fond la carte de l'exception politique des deux pays, dans une Europe encore largement autocratique et théocratique. La lettre qu'il écrit à ce sujet au général Sébastiani n'est pas sans rappeler la situation internationale dans laquelle nous sommes plongés aujourd'hui : « L'Europe est certainement dans un état de crise. Eh bien, l'Angleterre est la seule puissance qui, comme nous, veuille franchement la paix ; les autres puissances reconnaissent un droit divin quelconque, la France et l'Angleterre seules n'attachent plus là leur origine. […] [Les puissances] soutiennent leur droit divin avec du canon ; l'Angleterre et nous, nous soutiendrons l'opinion publique avec des principes ; les principes se propagent partout, et le canon n'a qu'une portée dont la mesure est connue[4]. » S'il est convaincu de l'absolue nécessité d'un rapprochement avec l'Angleterre, il n'est pas, pour autant, partisan d'une alliance bilatérale exclusive. Depuis la Révolution, les déséquilibres entre les deux pays sont trop importants. Tant que l'Angleterre dominera aussi outrageusement le commerce maritime – une mainmise qu'il compare à celle de Napoléon sur le continent, avec des conséquences tout aussi « funestes » –, il ne faut pas y penser. Les alliances, dans leur principe, sont dangereuses et contraignantes. Il le souligne encore dans sa même lettre à Sébastiani : « La France ne doit pas songer à faire ce qu'on appelle des alliances ; elle doit être bien avec tout le monde et seulement mieux avec quelques puissances, c'est-à-dire entretenir avec elles des rapports d'amitié qui s'expriment lorsque des événements politiques se présentent ; ce sont les progrès de la civilisation qui formeront désormais nos liens de parenté ; nous devons donc chercher à nous rapprocher davantage des gouvernements où la civilisation est la plus avancée. C'est là que sont nos vraies ambassades de famille. Ceci conduit naturellement à regarder l'Angleterre comme la puissance avec laquelle il nous convient d'entretenir le plus de relations. »

Talleyrand a évolué depuis l'époque du ministère Calonne. Il était alors fermement convaincu de la nécessité d'une alliance formelle avec l'Angleterre. S'il est devenu plus pragmatique, c'est que la France a pris du retard par rapport à sa voisine depuis le règne de Louis XVI, c'est aussi qu'il connaît beaucoup mieux les Anglais qu'il ne les connaissait alors. Certes, l'Angleterre est incontournable en Europe et c'est pour cela qu'il faut s'en rapprocher : « Un pays aussi attentif à ses affaires et aussi puissant que l'est l'Angleterre, sous une forme ou sous une autre, impose toujours sa politique parce qu'il sait ce qu'il veut[5]. » Son gouvernement est également doué d'un solide « bon sens », mais sa politique s'arrête là où cessent ses intérêts. En arrivant à Londres, il parle froidement de ses habitants : « Quinze cent mille âmes, si l'on peut désigner par âmes les égoïstes qui l'habitent[6]. » Est-ce qu'on a jamais fait faire à l'Angleterre quelque chose par complaisance, écrira-t-il encore à Flahaut ; que ce soit Castlereagh, le duc de Wellington, lord Grey, c'est ce qui est dans l'intérêt présumé du pays, c'est ce qui ne sera pas le sujet d'une attaque au Parlement qui motive la direction que l'on prend[7]. » Talleyrand a du goût pour l'Angleterre. Il est lié avec une bonne partie de la haute aristocratie du pays, surtout dans sa mouvance libérale. Il aime le tempérament, le mode de vie des Anglais, mais il n'est pas pour autant aveuglément anglophile. S'il est un Français capable de comprendre les qualités et les défauts des Anglais, c'est bien Talleyrand, le plus insulaire des hommes d'État français. La mission de Londres lui convient parce qu'elle est à la fois française et européenne. « Les vrais intérêts de la France ne sont, dans mon opinion, jamais en opposition avec les vrais intérêts de l'Europe », écrira-t-il peu avant de mourir. Le prince partage cette vision avec le roi. Tous deux sont convaincus que « la cause de l'ordre au-dedans et celle de la paix au-dehors » (Guizot) sont étroitement liées.

Il aura fallu à l'ancien ministre de Napoléon attendre l'âge de près de quatre-vingts ans avant de trouver un souverain qui lui convienne à peu près et partage ses idées. Mais si Talleyrand est « l'ambassadeur de son choix », comme l'écrit

Madame Adélaïde à propos de son frère, c'est aussi parce que les caractères du roi et du prince s'accordent. Sous les apparences bourgeoises d'un homme qui se promène benoîtement dans Paris son parapluie à la main, Louis-Philippe a, comme Talleyrand, l'orgueil de sa race et une très haute idée de sa destinée. La « comédie des manières simples » (Antonetti) du duc d'Orléans devenu roi ne l'a jamais trompé. Louis-Philippe est entiché de sa naissance, et il est fier d'avoir épousé la fille de Ferdinand IV de Bourbon-Sicile. Sous la Restauration, il a cherché en vain à se faire accorder par Louis XVIII le titre d'Altesse royale auquel il pensait avoir droit, comme chef de la branche cadette, en lieu et place de celui d'Altesse Sérénissime qui ne lui donne pas la même position à la cour. Les humiliations d'étiquette que lui a fait subir son cousin – aux Tuileries, il passe après sa femme qui est Altesse Royale et les portes ne s'ouvrent pour lui qu'à un, et non à deux battants – sont sans doute parmi les plus mauvais souvenirs qu'il conserve de cette époque. Rémusat écrit dans ses Mémoires que, chez lui, « la vanité domine même l'ambition[8] ». Les positions des deux hommes sont étrangement semblables. À l'instar du prince, toute la vie du roi des Français est une affaire de revanche sur ses cousins de la branche aînée, sur la mémoire bafouée de son père Philippe-Égalité. Voilà plus de trente ans qu'il guette le pouvoir et il a joui avec un immense plaisir de sa victoire de 1830, un avènement médité de longue date. Le « Je me suis dévoué » – autrement dit : c'était moi ou le chaos – qu'il servira aux souverains étrangers comme aux députés pour justifier sa prise de pouvoir est évidemment destiné à la galerie.

Le roi des Français et le prince de Talleyrand ont été, l'un comme l'autre, d'excellents acteurs de leur vie. Ils partagent tout à la fois le goût de la dissimulation, la patience en politique, le sens des affaires et de la famille, une très grande finesse d'appréciation des hommes et des événements. Ils sont également tous deux attentifs et fidèles, dans une certaine mesure, à la grande tradition diplomatique héritée de l'ancienne monarchie. L'un et l'autre savent parfaitement que Louis XV a déjà renoncé une première fois à la Belgique en 1748, au traité d'Aix-la-Chapelle. Lorsqu'il voudra féliciter son ambassadeur de ses succès à Londres, Louis-Philippe le comparera au comte d'Avaux, le négociateur français du traité de Westphalie en 1648[9]. Le duc d'Orléans a beau être le roi des Barricades, le prince de Talleyrand le constituant de 1789, l'un et l'autre ont une mémoire de l'ancienne monarchie qui les isole d'autant plus de la nouvelle génération arrivée au pouvoir au début de la Monarchie de Juillet. Il y a entre eux du respect et de l'estime, si ce n'est de l'affection. La duchesse de Dino tient carrément Louis-Philippe pour « le plus habile homme de France[10] » et son oncle l'apprécie. Alors que la situation intérieure mettra du temps à s'apaiser, il loue le courage du roi qui sait affronter sans ciller l'émeute et les attentats. Il le compare même à l'occasion à son ancêtre Henri IV, mais c'est dans une lettre à Flahaut qui est indirectement destinée au roi et à son fils aîné Chartres[11]. Chez lui, il faut toujours faire la part des habitudes de flatterie. Au début du Consulat, il comparait déjà Bonaparte au Béarnais. Talleyrand mesure aussi à leur juste valeur les qualités politiques de l'homme. À Bacourt, il parle du « bon esprit du roi », de « sa supérieure manière de voir[12] ». « Le fait est, écrit-il encore à Barante, que nous avons le roi le plus éclairé de l'Europe[13]. » Mais il ne s'illusionne pas sur les qualités humaines du souverain. Comparant le roi et la reine, il dira curieusement à Rémusat : « S'il y a un conseil à donner qui demande de l'âme, c'est la reine qui le donnera. S'il ne faut que de l'esprit sans beaucoup d'âme, c'est le roi qui décidera[14]. »

Tels qu'ils sont, les deux hommes se conviennent. Talleyrand n'a pas été pour autant imposé par le roi à ses ministres. Guizot affirme dans ses Mémoires que tous les membres du cabinet du 11 août ont été consultés. La décision de nommer Talleyrand ambassadeur extraordinaire à Londres est prise au Palais-Royal, à l'issue du Conseil du 3 septembre 1830. Les Dupin, les Laffitte, les Guizot, qui ont passé leur temps à critiquer le vieux prince, son inconstance politique et son immoralité, lui trouvent tout à coup toutes les vertus du monde. C'est qu'ils se le sont appropriés. D'une certaine façon, du moins le croient-ils, le « Nestor de la politique », comme l'appelle Rémusat, passe à leur service. Il y a de la vanité dans cet étonnant revirement. Au fond, tous ces bourgeois conservateurs de l'ancienne opposition libérale sont flattés de pouvoir compter dans leurs rangs un descendant des comtes de Périgord. Lorsque, en septembre 1831, Talleyrand écrit à Casimir Perier, alors président du Conseil : « J'espère, monsieur, que vous serez content de moi », l'ancien banquier lit avec satisfaction la lettre du prince à Guizot. « Je me rappelle, écrit ce dernier, perfide, le petit moment d'orgueilleux plaisir avec lequel M. Casimir Perier me montra cette lettre, et à d'autres aussi sans doute[15]. » Guizot, qui a tant critiqué son ministère de 1815 et qui le pensait « mort pour la politique » quelques mois avant la chute de Charles X, le trouve maintenant presque parfait : « M. de Talleyrand avait, comme négociateur, deux qualités précieuses et rares. Il savait à merveille démêler, dans la situation du gouvernement qu'il servait, le fait dominant à faire valoir, le but essentiel à poursuivre, et il s'y attachait exclusivement, dédaignant et sacrifiant, avec une insouciance à la fois calculée et naturelle, toutes les questions, même graves, qui auraient pu l'affaiblir dans la position à laquelle il tenait, ou le détourner du point qu'il voulait atteindre. Il excellait dans l'art de plaire, et de plaire sans s'abaisser, singulièrement soigneux, par tous les moyens, pour toutes les personnes dont il avait besoin, grandes ou petites, et en même temps gardant toujours avec elles ses habitudes et ses libertés de grand seigneur, ce qui donnait, à ses flatteries comme à ses services, bien plus de charme et de prix[16]. » Le duc de Broglie, pour sa part, trouve à cet « homme de tête et de poids » « du coup d'œil, de la mesure et de l'aplomb[17] ». Sans nul doute, ce mélange d'intelligence libérale et d'habitudes aristocratiques, d'immobilité et de hardiesse, de patience froide et de tact rapide va faire merveille en Angleterre. La rentrée de Talleyrand aux affaires paraît tellement extraordinaire que toute la presse s'y intéresse. On la critique à Paris et on l'approuve à Londres, ce qui ne manque pas de sel. En France, tout ce qui compte de républicains et de bellicistes crie à la trahison. Victor Hugo aurait rêvé d'envoyer La Fayette à Londres – on imagine la catastrophe –, voyant déjà la voiture du héros des deux mondes dételée et traînée de Douvres à Londres par une foule en délire. « Wellington eût été paralysé devant La Fayette. Qu'avons-nous fait ? Nous avons envoyé Talleyrand. Le vice et l'impopularité en personne. »

Tandis que Chateaubriand, fraîchement nommé ambassadeur à Londres sous la Restauration, était allé méditer, « étranger à mes grandeurs », sur les lieux de son exil, dans le West End londonien qu'il hantait autrefois, lorsqu'il n'était qu'un pauvre noble émigré fuyant la Révolution, Talleyrand prend placidement sa revanche. À peine débarqué à Douvres le 24 septembre, il est accueilli par une salve de canon tirée de la forteresse en son honneur et escorté jusqu'à Londres par une garde d'apparat commandée par le propre fils de son vieil ami Wellington. En janvier 1794, Pitt l'avait forcé à quitter Londres comme un malpropre. Que fait le nouvel ambassadeur ? Il ne s'attendrit pas sur son passé, il saisit tranquillement l'occasion, lors de l'un de ses séjours chez le Duc de fer, pour aller coucher dans le propre lit de Pitt, à l'endroit même où celui-ci l'avait chassé d'Angleterre en usant de l'*Alien bill*, quarante-deux ans auparavant. Puis il fait écrire un article dans le *Constitutionnel* sur ce petit geste en apparence banal, afin que tout le monde le sache bien. Voilà sa vengeance, froide, nette, précise. Pitt et sa haine de la France sont dans la tombe. Talleyrand, un demi-siècle plus tard, poursuit tranquillement son chemin, défait ce qu'il avait fait… et dort dans son lit[18].

20.

LA BELGIQUE ET LA PAIX

En acceptant l'ambassade de Londres et non les Affaires étrangères que Louis-Philippe voulait lui donner, « le vieux », comme on l'appelle familièrement au Palais-Royal, se place très habilement sur une hauteur et évite les crachats de tribune, sans parler de la tâche harassante d'avoir à conduire un ministère au milieu des chaos et des heurts d'un régime encore mal affermi. Le choix, concerté entre les deux hommes, est judicieux. La nomination du prince ne convient pas seulement aux Anglais, elle rassure toute l'Europe. Molé prétend qu'en apprenant la nouvelle le tsar Nicolas Ier, le successeur d'Alexandre, se serait décidé plus rapidement qu'il ne l'aurait voulu, à reconnaître le roi des Français qu'il tient pour un usurpateur et qu'il a toutes les raisons de craindre et de détester. « Puisque M. de Talleyrand, aurait dit l'empereur, se rattache au nouveau gouvernement français, ce gouvernement doit avoir nécessairement des chances de durée. »

Le seul à ruminer, c'est le ministre en titre. Le comte Molé commence à se demander à quoi il va bien pouvoir servir, avec un homme de cette envergure, théoriquement placé sous ses ordres, à Londres. D'emblée, Talleyrand se comporte en effet comme si le pauvre Molé n'existait pas, lui adresse des dépêches insignifiantes dans lesquelles il ne lui parle de rien sinon des droits d'entrée sur les vins du Portugal. Les ministres qui suivront ne seront pas beaucoup mieux traités. En réalité, le prince communique directement avec le roi, ou par l'intermédiaire de Madame Adélaïde et de leur vieille amie commune, la princesse de Vaudémont. « C'est uniquement entre le roi, vous et moi », lui écrit Madame Adélaïde à propos d'une affaire importante[1].

« Je n'en parle pas à Paris, écrit encore le prince à la duchesse de Dino, parce que l'on me donnerait des instructions et que je veux agir sans en avoir[2]. » Comme le suggère en souriant Estherazy à son ministre, le prince de Talleyrand se comporte un peu à Londres à l'image du jeune Roi-Soleil se saisissant des rênes du pouvoir devant le Parlement : « La France c'est moi[3]. » Dans ses Mémoires, le diplomate se plaira à souligner cette situation exceptionnelle, quitte à mentir un peu. Il prétendra n'avoir appris les événements de Belgique qu'en débarquant en Angleterre, alors qu'on les connaissait à Paris depuis plusieurs semaines. L'insurrection du Brabant inquiète le cabinet de Berlin qui parle de faire entrer des troupes dans le royaume des Pays-Bas. Le vieux roi Frédéric-Guillaume III concentre une armée sur le Rhin. Pour le grand voisin prussien, la menace est réelle. La ville de Luxembourg, qui appartient en propre au roi des Pays-Bas, est une place de la Confédération germanique, et la révolution de Bruxelles risque de s'étendre en Allemagne. Ce que Talleyrand ne dit pas, c'est que, dès le 31 août, Molé faisait savoir au baron de Werther, l'ambassadeur prussien à Paris, que, si la France n'avait pas l'intention de bouger, elle n'admettrait aucune intervention étrangère en Belgique. Autrement dit : si vous entrez en Belgique, nous entrons aussi. Talleyrand ne fera donc que développer à Londres une position déjà prise qu'il aura cependant l'intelligence de formaliser dans un principe destiné à faire fortune, celui de la « non-intervention ». Comme tous les principes polis par la patte du vieux diplomate, celui-ci n'a de valeur que circonstantielle. À lord Alvanlay qui lui demandera plus tard ce que voulait dire au juste la non-intervention, il répondra en souriant : « C'est un mot métaphysique et politique qui signifie à peu près la même chose qu'intervention[4]. » Le fait est qu'au cours de la crise belge les troupes françaises entreront par deux fois en Belgique, en août 1831 pour aider les Belges contre l'armée du roi Guillaume Ier des Pays-Bas qui cherche à récupérer ses provinces perdues, en novembre 1832 pour dégager la place d'Anvers occupée par ces mêmes soldats. Mais elles y entreront avec l'accord de l'Angleterre et sans provoquer une guerre générale en Europe.

Talleyrand et la façon dont il va aborder la crise belge dès son arrivée à Londres, en jouant « les cartes de la France sur la table du roi d'Angleterre »[5], sont pour beaucoup dans ce succès. Dès les premiers jours, il voit Wellington et Aberdeen qui sont rentrés précipitamment de leur séjour à la campagne pour lui, et les rassure. Non seulement, leur promet-il, le gouvernement français ne bougera pas, mais il est décidé à agir en parfaite harmonie avec Londres. L'union intime des deux pays est la meilleure garantie de la paix. Autrement dit, le prince utilise d'emblée la crise belge, c'est-à-dire la question qui divise par excellence, pour en faire audacieusement et patiemment le terrain du rapprochement avec l'Angleterre. Les jeux n'étaient pas faits d'avance. Wellington est le père du royaume des Pays-Bas, créé de toutes pièces à la chute de Napoléon par la réunion des anciens départements français de Belgique au royaume de Hollande et confié à l'ancienne dynastie des princes d'Orange, alliée à la maison de Hanovre qui règne en Angleterre. Le contrôle des Pays-Bas, du port d'Anvers, la liberté de navigation sur l'Escaut sont des questions vitales pour la sécurité comme pour le développement du commerce anglais sur le continent. En cas de guerre, Anvers, disait Napoléon, est « un point d'attaque mortel » contre Londres. Toute la politique anglaise va donc consister à se prémunir contre la France en faisant construire le long de la frontière des Pays-Bas une ligne de forteresses destinée à surveiller et à contenir son vieil ennemi. La politique de la « barrière » a une longue histoire. Les Anglais en avaient déjà imaginé le principe contre Louis XIV au traité d'Anvers en 1715. Ils le réactualisent à Vienne un siècle plus tard. La situation est d'autant plus tendue qu'au moment où Talleyrand rencontre Wellington, les Belges, dans leur enthousiasme révolutionnaire, viennent de repousser une première tentative de reprise en main militaire lancée par le roi des Pays-Bas, qui dans le même temps appelle les puissances de l'ancienne coalition de 1814 à la rescousse. Wellington et Talleyrand se connaissent depuis quinze ans et s'apprécient. La duchesse de Dino trouve « un admirable bon sens » et de la « droiture de jugement » à l'ancien vainqueur de Waterloo. Les rapports de confiance qui s'établissent dès le début entre les deux hommes expliquent la réception solennelle que le roi d'Angleterre, revenu de Brighton, réserve au prince le 6 octobre, à St. James. En lui remettant ses lettres de créances, l'ambassadeur lui adresse un court discours, d'autant plus émouvant qu'il ressemble un peu à un acte de foi : « Sire, de toutes les vicissitudes que mon grand âge a traversées ; de toutes les diverses fortunes auxquelles quarante années, si fécondes en événements, ont mêlé ma vie, rien peut-être n'avait encore aussi pleinement satisfait mes vœux qu'un choix qui me ramène dans cette heureuse contrée. Mais quelle différence dans les époques ! Les jalousies, les préjugés qui divisèrent si longtemps la France et l'Angleterre ont fait place aux sentiments d'une estime et d'une affection éclairée. Des principes communs resserrent encore plus étroitement les liens entre les deux pays. L'Angleterre, au-dehors, répudie comme la France le principe de l'intervention dans les affaires intérieures de ses voisins, et l'ambassadeur d'une royauté votée unanimement par un grand peuple se sent à l'aise sur une terre de liberté et près d'un descendant de l'illustre maison de Brunswick[6]. » C'est Dorothée qui a écrit le texte du discours, le matin même, alors que son oncle achevait sa toilette à l'ambassade de France, 50 Portland Place. Celui-ci s'est contenté de corriger quelques mots.

L'habitude est prise désormais. Depuis toutes ces années passées ensemble, la nièce a si bien su pénétrer l'esprit de l'oncle que ce qu'écrit l'un pourrait être écrit par l'autre. La duchesse de Dino est arrivée à Londres avec sa fille Pauline quelques jours après Talleyrand. Elle délaisse en France le beau Piscatory pour Adolphe de Bacourt dont elle va bientôt devenir la maîtresse. Le secrétaire d'ambassade, arrivé à Londres en novembre, sera complaisant, discret et fidèle. Sa liaison avec Dorothée ne semble pas avoir importuné le prince qui s'en arrangera d'autant mieux que sa nièce y trouvera le calme et l'équilibre dont a besoin le vieil homme. À peine arrivée,

Dorothée est reçue à la cour d'Angleterre comme l'ambassadrice en titre et se forge très vite une position politique et mondaine exceptionnelle. La femme de l'ambassadeur de Russie, Dorothée de Benckendorff, princesse de Lieven, jouait jusqu'alors les premiers rôles à Londres. En quelques mois, la « douairière des congrès », comme l'appelait Chateaubriand qui la trouvait nulle et vaine, se fera détrôner dans les salons de Londres où elle courtisait pourtant systématiquement les ministres en place. La duchesse de Dino est plus jeune, plus belle et surtout plus fine. L'antagonisme des deux femmes se superpose à l'antagonisme politique des deux pays qu'elles représentent. La princesse russe mettra peu de temps à succomber. « Madame de Dino était si intelligente et Talleyrand si remarquable que madame de Lieven était irrésistiblement attirée », note Henry Greville, le secrétaire particulier de Wellington[7]. Les deux Dorothée finiront par devenir intimes sans être dupes l'une de l'autre. Au détour de ses lettres, la duchesse de Dino lui assène quelques-uns des traits dont elle a le secret. La princesse est somme toute un peu vulgaire, elle est incapable de penser par elle-même et de rester seule cinq minutes : « Le mouvement des nouvelles et de la conversation lui est indispensable, et elle ne connaît d'autre emploi à la solitude que le sommeil[8]. »

La duchesse de Dino joue à Londres, auprès de son oncle, les conseillères et les confidentes. Talleyrand, écrit-elle à Barante, « a besoin de quelqu'un à qui confier les prévisions, les mécomptes, les espérances et les devoirs qui, sans relâche, occupent son esprit toujours actif, toujours raisonnable, toujours pratique. [...] Il n'est et il ne peut être en ouverture de cœur qu'avec moi, et c'est ce qui me fixe ici[9]. » Femme d'influence et de pouvoir, elle connaît tout le monde, devient l'intime des plus hauts personnages de l'État, tient une correspondance suivie avec Madame Adélaïde et délivre à ses correspondants parisiens ce qu'il faut d'informations triées sur le volet pour consolider la réputation de Talleyrand.

Ce n'est pourtant pas ce dernier, mais Aberdeen, qui suggère au prince d'ouvrir, comme cela s'était fait pour le règlement de la question grecque, des conférences régulières réunissant les représentants des cinq grandes puissances européennes, afin de vider pacifiquement la crise belge. Vers le milieu du mois d'octobre, Talleyrand et Wellington se retrouvent au château de Middleton, chez leurs amis lord et lady Jersey, et conviennent ensemble que celles-ci se tiendront à Londres plutôt qu'à Paris, « au milieu de l'effervescence des mauvaises têtes ». Le 18 octobre, la capitale française est en effet secouée par de sérieuses émeutes, à l'occasion du procès des ministres de Charles X. Molé, qui voit son rôle diminuer d'autant, est furieux, s'en plaint à Louis-Philippe et menace de démissionner. Il laissera paraître sa mauvaise humeur en prenant son temps avant d'accréditer son ambassadeur aux conférences, en oubliant de faire publier le discours de ce dernier au roi d'Angleterre dans le *Moniteur* et en suggérant à Louis-Philippe d'envoyer à Londres un second négociateur qui serait cette fois un homme à sa main. La façon incroyablementméprisante dont l'ambassadeur et sa nièce vont traiter leur ministre à cette occasion est unique dans les annales de la diplomatie. « Nous sommes mécontents du ton des dépêches de M. Molé », écrit Dorothée à Madame Adélaïde en octobre[10]. Talleyrand, agacé d'apprendre que « son » ministre s'est permis d'écrire directement à Wellington sans l'en prévenir, fait perfidement remarquer à tout ce qui compte au Palais-Royal, que Molé lui semble « bien nouveau dans les affaires » et qu'il manque d'expérience[11]. Il aura plus tard un mot encore plus cruel sur lui : « Les hommes faibles et faux ne savent pas être simples[12]. »

Les conférences sur le règlement de la crise belge s'ouvrent à Londres le 4 novembre 1830. Il y a là de bonnes têtes, le prince Esterhazy et le baron de Wessenberg, l'un des négociateurs du congrès de Vienne, pour l'Autriche, le baron Henri de Bülow pour la Prusse, le prince de Lieven et le comte Matuszewic, un Polonais de culture libérale, très francophile, pour la Russie. Du côté anglais, Aberdeen cède rapidement sa place à lord Palmerston, après la chute de Wellington qui refuse toute ouverture sur l'acte de réforme électorale proposé par la Chambre des communes. Les *Whigs* (libéraux) rempla

Le vieux « Talley »,
ambassadeur de Louis-Philippe à Londres.
Sur la cheminée, on reconnaît quelques-uns des souverains qu'il a servis : entre autres Napoléon et Charles X.
Caricature lithographiée de Daniel Maclise (1806-1870),
qui signe cet exemplaire de ses « quatre-vingt-un croquis de personnages importants » sous le pseudonyme d'Alfred Croquis (vers 1833).

cent les *Tories* (conservateurs) à la mi-novembre. En obtenant l'accord des puissances sur le principe même des conférences sur la Belgique, Talleyrand emporte un succès personnel indéniable. Tout en évitant la guerre, le roi des Français et son ambassadeur ont réussi à rompre l'entente des alliés sur la question belge et à accéder de plain-pied, à égalité avec les autres puissances, au règlement de la crise. Le roi des Pays-Bas voulait à tout prix l'empêcher et les grandes monarchies du Nord y étaient *a priori* hostiles. Pour un régime qui n'a pas deux mois d'âge, ce n'est pas si mal.

Le vieux prince entre dans la négociation avec une « grande liberté d'allure et de langage, dit Guizot, pour son propre compte presque autant que pour celui de son souverain, comme on entre chez soi et dans sa société habituelle[13] ». Philipp Neumann, attaché à l'ambassade d'Autriche, dit qu'il la préside en fait, par son autorité et son expérience. Cela va devenir un thème habituel en Angleterre. À la Chambre, l'opposition parlementaire accusera régulièrement le gouvernement en place de se faire mener par le bout du nez par le diplomate français. Lord Londonderry fulmine à la tribune : « Je vois la France nous dominant tous, grâce à l'habile et actif politique qui la représente ici, et je crains qu'elle n'ait dans ses mains le pouvoir de décision et qu'elle n'exerce ce que j'appellerai une influence dominante sur les affaires européennes qui jusqu'alors avaient toujours été dirigées par la sagesse et le génie de l'Angleterre[14]. » La presse s'en mêle, et, en janvier 1832, paraît une curieuse caricature de John Doyle intitulée *The Lame Leading the Blind*. On y voit un vieillard aidé d'une canne tenant par le bras un très élégant jeune homme. Talleyrand le boiteux conduit Palmerston l'aveugle[15]. L'opposition conservatrice en Angleterre comme les cabinets des empires du Nord avaient évidemment intérêt à présenter les choses de cette façon[16]. La jeunesse, le dandysme de Palmerston, sa passion politique en ont trompé plus d'un. En réalité, Palmerston ne s'est pas laissé faire par « le vieux Talley ». Tout en ferraillant, les deux hommes marchent du même pas, tout au moins dans les commencements de l'affaire belge. Talleyrand saura faire à temps les concessions souhaitées par l'Angleterre, quitte à mécontenter Paris, et le gouvernement anglais, naturellement méfiant, n'aura jamais accordé à ce point sa confiance à un Français. Palmerston aurait pu dire, comme Talleyrand le jour de l'ouverture des conférences : « Messieurs, je viens m'entretenir avec vous des moyens d'assurer la paix. »

Les conférences de Londres, aux quelque soixante protocoles, ressemblent un peu dans leurs commencements, à un objet diplomatique non identifié. De quoi parle-t-on, à qui parle-t-on, et comment parle-t-on ? La conférence se placera-t-elle comme une simple médiatrice amicale dans le conflit qui oppose les Belges au roi des Pays-Bas, ou s'imposera-t-elle comme l'arbitre suprême et autoritaire du différend ? Quel horizon se donne-t-on : défendre les droits bafoués de la maison d'Orange ou reconnaître implicitement les droits des insurgés belges à l'indépendance, d'ailleurs autoproclamée à Bruxelles dès le 18 novembre ? Comme le note judicieusement Metternich, le véritable but de la négociation n'a jamais été défini. « La conférence s'est réunie dans le but d'arranger l'affaire ; mais laquelle ? celle de Sa Majesté néerlandaise ou bien l'affaire des révoltés belges[17] ? »

Talleyrand se gardera bien de trancher cette ambiguïté. Il en use, au contraire, face aux hésitations anglaises, comme aux velléités interventionnistes des cours du Nord en faveur de Guillaume Ier. La révolution belge et son règlement sont pour lui l'occasion d'en finir avec la suspicion générale des cabinets européens, qui ont toujours placé la France dans le camp des pestiférés, en brisant le carcan des traités de 1815. Il n'a jamais cru à la viabilité de l'éphémère royaume des Pays-Bas créé contre son pays : « Le résultat de cette combinaison, écrivait-il déjà peu après Vienne, me paraît moins dangereux pour la France qu'on ne le pensait ; car le nouveau royaume aura assez à faire pour se consolider. En effet, formé de deux pays divisés par d'anciennes inimitiés, opposés de sentiments et d'intérêts, il doit rester faible et sans consistance pendant beaucoup d'années. L'espèce d'amitié protectrice que l'Angleterre croit établir entre elle et le nouvel État me semble être pour longtemps encore un rêve politique. Un royaume composé d'un pays de commerce [la Hollande] et d'un pays de fabriques [la Belgique] doit devenir un rival de l'Angleterre ou être annulé par elle et par conséquent être mécontent[18]. »

La constitution d'une Belgique indépendante et souveraine est au bout de ce raisonnement. L'existence même de la Belgique fait éclater la Sainte Alliance et constitue une revanche partielle sur les traités de 1815. Le roi des Français et son ambassadeur partagent cette même idée, mais c'est à ce dernier que revient le mérite d'avoir pris seul l'initiative de l'indépendance belge. L'évolution de la situation politique à Paris lui facilite la tâche. Le ministère Laffitte, nommé en novembre, est faible. Aux Affaires étrangères, Molé a été remplacé par Sébastiani dont le nom a probablement été soufflé au roi par Talleyrand. Cet ancien général de Napoléon a goûté un peu à la diplomatie lorsqu'il était en poste à Constantinople, sous les ordres du prince, en 1807. Il est entré dans le cercle de ses intimes par son mariage avec la fille de la marquise de Coigny. Dans la lettre qu'il lui écrit pour lui annoncer sa nomination, il se réclame de lui comme son « ancien élève » et son « ami », et sollicite humblement ses « conseils affectueux[19] ». La différence d'âge et d'expérience le rendent docile, d'autant plus qu'il est prêt à avaler toutes les couleuvres pour rester en place. « Si vous changez un peu le ministère, faites que Sébastiani y reste, écrit le prince à Flahaut en décembre. Il est excellent, il est habile et il plaît aux étrangers, et plus que tout cela, il est aussi très fidèle. » Une fois réglée la question de l'armistice entre les belligérants, Talleyrand met également à profit l'insurrection de Varsovie, qui immobilise l'armée russe, pour agir vite. « Le temps presse, écrit-il à Sébastiani, tout se fera mieux et plus facilement pendant les troubles de Pologne[20]. » L'insurrection avortée des Polonais, que Talleyrand encourage en privé sans toutefois intervenir publiquement, favorise paradoxalement l'insurrection belge. Le 18 décembre, le vieux diplomate risque ce que Louis-Philippe appelle son « grand coup ». Palmerston le suit et accepte de plaider, à sa demande, le principe de l'indépendance de la Belgique. Talleyrand avait préparé un projet de protocole simple et net : « Les cinq puissances accèdent aux vœux des Belges et les reconnaissent comme un peuple formant un État séparé de tout autre et indépendant. »

Devant les réticences des représentants des puissances du Nord, pris de court mais résignés, la conférence finira par accoucher d'un texte plus timide qui parle « de combiner l'indépendance future de la Belgique [...] avec la conservation de l'équilibre européen ». Il n'est pas facile de jeter d'un coup aux orties ce que l'on a fait quinze ans auparavant, ou pire encore de scier la branche sur laquelle on est assis. Mais l'indépendance « future » de la Belgique engage tout le processus. Elle constitue une étape capitale de la négociation et une victoire personnelle pour Talleyrand. Tout en parvenant à éviter une guerre générale, il fait de simples rebelles à l'ordre européen des citoyens à part entière. Mais ce n'est pas sans arrière-pensée. Il ne veut pas d'une Belgique trop puissante, ni trop « conquérante » à côté de la France. Les historiens belges le lui reprocheront suffisamment. Il ne veut pas non plus d'une Belgique figée dans ses frontières. Le vieux diplomate ne s'est pas rallié aussi facilement que ses biographes l'ont dit à l'idée défendue par Palmerston et Grey de faire de la future Belgique un état neutre et intangible. Dans l'esprit des Anglais, la neutralité belge est une mesure de garantie contre les velléités annexionistes du gouvernement français. Talleyrand y consent, ne serait-ce que pour les mêmes raisons, mais considère au mieux le principe de neutralité comme un principe temporaire justifié par les seules circonstances présentes, et tente d'obtenir en échange quelques concessions pour son pays, en particulier une amélioration de sa frontière avec la Belgique par la rétrocession des places et des districts qui lui ont été arrachés après la défaite de Waterloo. Il combattra « comme un lion » pour obtenir au moins quelque chose, et, le 20 janvier 1831, ses collègues ne trouveront pas d'autre moyen que de le faire céder par la faim, en le retenant plus de huit heures en conférence, jusqu'à ce qu'il signe...

Tout le jeu de Talleyrand à Londres a consisté à renvoyer dos à dos les exigences des puissances alliées et celles de son gouvernement. À son gouvernement, il vante la neutralité comme le moyen le plus sûr de faire tomber d'elle-même la ligne des forteresses construite contre la France ; aux plénipotentiaires de Londres, il agite comme un chiffon rouge les projets de partage de la Belgique caressés par Sébastiani pour mieux se les concilier. À ce jeu diplomatique de haute volée, il évite trois crises successives, avec une menace de guerre européenne à la clef : en janvier 1831, lorsqu'il est question de choisir le futur roi des Belges et qu'il met un terme au double jeu du gouvernement français autour de la candidature du duc de Nemours, le quatrième fils de Louis-Philippe ; en septembre 1831, lorsqu'il parvient à convaincre son gouvernement de mettre fin à son intervention militaire en Belgique ; en janvier 1832, lorsqu'il obtient à l'arraché les ratifications du roi des Français au protocole dit des vingt-quatre articles qui établit le partage de la Hollande et de la Belgique, et fixe les limites des deux futurs États. Le différend portait cette fois-ci sur la question de la démolition des forteresses de la fameuse barrière élevée sous la Restauration le long de la frontière belge par crainte de la France. Le roi et son gouvernement y tiennent, par amour-propre et pour satisfaire leur opinion publique. Talleyrand estime quant à lui que la question est « une affaire de second ordre ». Si les Anglais veulent conserver leurs anciennes places fortes, autant leur faire cette concession pour préserver la paix. Les forteresses en elles-mêmes ne comptent pas, c'est l'usage qu'on veut en faire et les moyens qu'on se donne pour cela qui importent. Dans les mains du roi des Pays-Bas, occupées par les puissances de la Sainte Alliance, elles étaient une machine de guerre contre la France. Dans celles du roi des Belges, à la tête d'un pays ami, neutre et pacifique, elles sont sans objet. Dépourvues de garnisons, sans artillerie, elles s'écrouleront toutes seules. « Elles tomberont parce que personne ne les réparera[21]. » C'est exactement ce qui est arrivé par la suite.

Le 31 janvier 1832, l'échange final des ratifications des gouvernements français et anglais avec les plénipotentiaires belges sur l'organisation future de leur pays constitue une étape importante du rapprochement des deux puissances. Talleyrand ne considère pas cette « bonne et cordiale entente », pour reprendre l'expression de Palmerston, comme une fin en soi, mais encore une fois comme le gage le plus sûr au maintien de la paix européenne. « La France unie à l'Angleterre met un tel poids dans la balance politique de l'Europe que les autres puissances ne peuvent rien entreprendre contre elles ; c'est là notre force au-dehors et j'ose même dire, c'est là notre force au-dedans[22]. » Dans une autre lettre à Charles de Flahaut, il considère encore cette union comme « le salut de l'ordre social ». Les ratifications des trois puissances du Nord viendront compléter l'édifice dans le courant de l'année. Mais il faudra encore attendre jusqu'au mois d'avril 1839 avant que le roi des Pays-Bas ne consente à devenir simplement roi de Hollande et à abandonner ses provinces méridionales.

Si Guillaume Ier s'est montré de bout en bout un partenaire difficile, Talleyrand a trouvé dans le premier roi des Belges, élu par le congrès de Bruxelles et reçu dans sa capitale le 21 juillet 1831, un allié de poids. Il a senti dès le départ la force de caractère et l'indépendance d'esprit du prince Léopold de Saxe-Cobourg, d'abord détesté en France et considéré comme le candidat de Londres, parce que sa première femme, morte en 1817, était la fille de George IV et qu'il était naturalisé anglais. « Il est évident pour vous et pour moi que le prince Léopold est fort loin d'être ce qui s'appelle anglais, écrit-il à Sébastiani dès le mois de janvier 1831 ; ce sera peut-être difficile à faire comprendre aux ignorants et aux gens de mauvaise foi, mais c'est certain[23]. » L'avenir lui donnera raison. Léopold, fidèlement soutenu par Talleyrand et par Louis-Philippe dont il épousera bientôt l'une des filles, contribuera pour beaucoup au règlement de la crise belge.

Au-delà des résultats, ces deux années de marathon diplomatique constituent à elles seules une performance pour un homme de presque quatre-vingts ans. La mauvaise volonté et la duplicité du roi des Pays-Bas obligent à plusieurs reprises les plénipotentiaires à tout recommencer depuis le début, ce qui est usant. Les conférences s'éternisent parfois jusqu'à deux heures du matin. « Je suis très fatigué des dernières conférences qui ont duré beaucoup d'heures et de jours et de nuits, tout cela avec la fièvre et un gros rhume », écrit l'ambassadeur à son ministre en mai 1831[24]. « Nous entrons dans un labyrinthe », ajoute-t-il un peu plus tard. En mai de l'année suivante, il dit vouloir rentrer en France pendant quelques mois pour se reposer et se déclare « à bout de forces ». À Mme de Vaudémont, il avoue en souriant en avoir par-dessus la tête de l'imbroglio belge. « J'interdirai le mot de Belgique à trois générations de Talleyrand, tant j'en suis ennuyé[25]. » Plus tard, Wellington aimera citer en la trouvant « parfaitement diplomatique » sa réponse à quelqu'un qui lui demandait à l'issue d'une conférence longue et inutile, ce qui s'y était passé : « Mylord, il s'est passé trois heures[26]. » En jetant dans cette ultime négociation londonienne tout ce qu'il a accumulé depuis cinquante ans, d'expérience, d'instinct et de routine des affaires, il s'est naturellement placé au-dessus des autres. Charles de Rémusat, qui fait le voyage de Londres en mai 1832 pour le voir, parle de sa « gravité doctorale ». « Une telle supériorité d'esprit, d'âge, de rang, d'expérience empêchait qu'on n'écoutât pas avec attention et déférence les sentences qui sortaient de sa bouche[27]. » Dans ses lettres, on le surprend parfois à faire la leçon au roi sur ce qu'est par exemple une « note explicative » en diplomatie : « Je crains que l'on ait perdu de vue dans cette circonstance tout ce que le mot d'explication a d'importance dans le langage diplomatique, tout ce qu'il suppose, tout ce qu'il contient, quelle est son élasticité, son étendue, et tout ce qu'on peut y trouver et en tirer[28]. » En lisant la réponse hollandaise, dilatoire, longue et embrouillée, au protocole des vingt-quatre articles, il a cette réaction devenue quasi proverbiale à Londres : « Quand on a raison, on n'écrit pas quarante pages ! » : Et en refusant de s'inquiéter du retard mis par les Russes à envoyer leurs ratifications au même protocole, il dit encore : « Pétersbourg montrera sa puissance comme, à Paris, on montre son élégance, en arrivant tard. » L'autorité politique exercée par le vieux prince à Londres est d'autant plus remarquable qu'il représente un gouvernement encore mal consolidé, instable et régulièrement secoué par l'émeute. En apprenant l'insurrection des 5 et 6 juin 1832, celle des barricades de la rue Saint-Merri dont Victor Hugo s'emparera plus tard dans ses *Misérables*, le vieux prince en oublie sa placidité : « Faites donc des Affaires étrangères avec de pareils déments ! La veille, vous parlez au nom d'un gouvernement, il se trouve le lendemain que vous représentez une révolution[29]. »

21.

« THE UNCOMMON MAN »

Quelle que soit la position de son gouvernement à Paris, Talleyrand traîne derrière lui une telle réputation qu'il fascine et même, parfois, subjugue les Anglais. À son arrivée à Londres, il s'installe à l'ambassade de France, 50 Portland Place, et affecte les manières un peu négligées d'un gouvernement qui vient de naître. Raikes l'a vu recevant en audience à l'ambassade, coiffé d'un chapeau rond orné d'une énorme cocarde tricolore, entouré de jeunes attachés très entichés de républicanisme, insolemment allongés dans des fauteuils. Il n'en croyait pas ses yeux. Au bout de quelques semaines, la cocarde disparaît avec les jeunes attachés, aussi vite renvoyés à Paris et remplacés par des secrétaires du choix du prince[1]. Portland-House ne lui convient pas. Il trouve l'ambassade « froide, désagréable et tout aussi mauvaise pour la vie intérieure que pour la vie de représentation[2] ». Le « grand et effroyable » escalier qui conduit à ses appartements le fatigue. En octobre 1831, il emménage 21 Hanover Square, dans l'ancienne maison de la princesse de Lieven louée à la vieille duchesse de Devonshire. « Mon appartement a pour moi le grand charme d'un rez-de-chaussée », écrit-il à Flahaut. La maison a la fâcheuse réputation d'être habitée par un fantôme que lord Grey jure avoir vu. Mais lorsque Talleyrand évoque des fantômes, ce ne sont que ceux de la Sainte Alliance. Hanover House est confortable, voilà tout. Ses appointements d'ambassadeur, les 100 000 francs de gratifications annuelles que le roi des Français lui alloue en supplément, comme s'il avait voulu continuer les revenus de son ancienne charge de grand chambellan, supprimée comme presque toutes les charges de cour depuis la révolution de

Juillet, ne suffisent pas au train de vie fastueux de l'ambassade. « Nos dîners ont du succès ici et font époque dans la gastronomie de Londres », écrit Dorothée à Barante tout en se plaignant de l'incroyable cherté de la vie en Angleterre[3]. Talleyrand reçoit tout ce qui compte à Londres, mais ses amitiés vont plutôt aux représentants de la grande aristocratie libérale : les Holland, lord Alvanlay, lord Sefton, le marquis de Lansdowne, le second fils de celui qu'il estimait tant à l'époque de son premier séjour à Londres, lord Ashburton qui n'est autre que le jeune Baring, son ancien compagnon de voyage aux États-Unis. La duchesse de Dino qui s'est mise à la tête de tout ce qui mène la mode à Londres, dit Mme de Boigne, fait les honneurs de l'ambassade. Elle ne se choquera pas longtemps de « l'excès des façons aristocratiques » anglaises qu'elle signale à Barante à l'époque de son arrivée à Londres[4].

Il est vrai que la haute société anglaise conserve ce goût des rangs et des préséances qui s'est en partie perdu en France. « La noblesse a une pesanteur spécifique qui fait que chacun se trouve à son niveau, sans contestation[5]. » L'oncle et la nièce sont là dans leur élément. Par contraste, les invités de marque de l'ambassade, venus de France, ressemblent un peu à d'étranges animaux, et ne manquent pas d'intriguer les amis anglais du prince. Les Dupin et autres « hurleurs de la Chambre des députés » sont reçus à la perfection, ce qui n'empêche pas le vieux prince de faire la grimace. Lui aussi trouve tous ces messieurs de la « classe moyenne » « très embarrassants à produire. » « Il nous vient, note la duchesse de Dino qui n'en pense pas moins, des petits recommandés de nos différents ministères d'une suffisance, d'un tranchant, d'une pédanterie inouïs, avec des façons de parler incompréhensibles. L'autre jour, un protégé de Guizot dit à dîner chez nous, pour vanter la connaissance des hommes de son patron, qu'il a un grand frottement d'individualités. [...] Un autre petit monsieur venant de la rue des Capucines [le nouveau siège du ministère des Affaires étrangères] dit avec dédain que Mme de Sévigné n'avait pas l'esprit philosophique sans lequel on ne saurait avoir du style. C'est vraiment curieux et on rirait si on n'était

Talleyrand et sa nièce Dorothée de Dino,
lors d'une réception d'ambassade à Londres.
Imaginé et dessiné par Philippe Jullian qui,
comme beaucoup, en fait à tort un homme de petite taille
(*Mémoires d'une bergère*, Plon, 1959).

pas honteux[6]. » Talleyrand ne devait pas rire. Toute la distance entre deux mondes est inscrite dans ce passage. Même Thiers, que Talleyrand protège, ne fait pas bonne impression à Londres. Greville le trouve « tout petit, d'une apparence aussi mesquine que vulgaire, avec de drôles de lunettes et une voix grinçante[7] ». Mais cette fois les apparences sont trompeuses. « Il y a dans cette nature assez de salpêtre pour faire sauter dix gouvernements », dira Lamartine. Thiers soutient la politique du prince à la tribune de la Chambre, il a beaucoup d'esprit, un avenir brillant, et le vieux diplomate ne peut s'empêcher d'aimer ce petit homme sans préjugés qu'il considère un peu comme son élève[8]. Talleyrand parle et Thiers écoute. Les leçons de l'expérience, le mépris des injures en politique, le « courage d'être impopulaire », comme il le dira plus tard à Lamartine, ont la valeur des choses vécues : « Savez-vous bien, mon cher, lui dit-il un jour, que j'ai été l'homme le plus moralement discrédité qui existe en Europe, depuis quarante ans, et j'ai été toujours tout-puissant dans le pouvoir, ou à la veille d'y entrer[9]. » En septembre 1833, il donne un grand dîner en son honneur à l'ambassade et fait tout pour qu'il soit reçu le mieux possible à Londres. Thiers est alors ministre du Commerce après l'avoir été de l'Intérieur. Aux yeux de Talleyrand, ses qualités le dispensent de ses origines. Thiers, devenu par la suite président du Conseil par son influence, sera l'un de ses derniers hôtes à Valençay. « Nous nous faisons une grande joie de causer avec vous, lui écrit Dorothée : c'est pour votre esprit que M. de Talleyrand a son plus aimable sourire, et moi ma plus avide attention[10]. » Thiers plaira à Valençay. L'une des dernières lettres – inédites – du prince lui est consacrée. « C'est véritablement un homme extraordinaire que M. Thiers. Il a un esprit prodigieux : c'est la conversation la plus riche que l'on puisse rencontrer, et il est toujours bienveillant même pour les personnes qu'il n'aime pas. Ses jugements sur les personnes ne sont pas durs comme ceux de tous ces messieurs qui écrivent dans les journaux. Il fait de grandes parts à tous les amours-propres[11]. » « Dear Thiers », comme l'appelle le prince, n'est pas aussi « doctrinaire » que Guizot ou Broglie.

Il est souple, nuancé et fin. À Londres, Montrond, toujours féroce, disait qu'il n'était pas trop impertinent pour un parvenu, et Talleyrand lui répondait : « Je vais vous en dire la raison, c'est que Thiers n'est pas parvenu, il est arrivé[12]. »

Si les hôtes français de l'ambassadeur de France à Londres irritent ou amusent les Anglais, l'ambassadeur lui-même les fascine. Il est pour eux « *The uncommon man* ». Pendant quatre ans, son succès en Angleterre ne se démentira pas. À peine arrivé à Londres, après une traversée mouvementée, il est salué avec chaleur par les journaux. On va même jusqu'à lui trouver « l'air franc et ouvert », ce qui ne manquera pas d'amuser le vieux renard : « C'est parce que j'avais le mal de mer que l'on m'a trouvé cet air-là[13]. »

Ce serviteur de tous les régimes, ce ministre d'un homme qui a mené contre eux une guerre à mort intrigue tout le monde. L'étrangeté de sa figure et de sa tournure ajoute encore à sa vogue, à la cour comme dans les salons. « Son âge, écrit Greville, le charme de sa société, l'étalage qu'il faisait de cette sagesse conservatrice ponctuée d'avis modérés et apaisants, dans ses pensées comme dans ses actes, le faisaient ressembler à nos yeux, par sa prudence et sa discrétion, à un homme d'État comme Burgley ou Clarendon. À Londres il acquit une réputation en or. Il était considéré avec respect, souvent avec une sincère admiration, par toutes les classes de la société[14]. » Les sorties du prince dans Londres sont toujours un événement. À Kensington, en descendant de voiture, sa nièce remarque que certaines femmes se font porter par leur mari dans la foule pour mieux voir le diplomate. Lorsqu'en mai 1834 le célèbre marchand d'estampes, Colnaghi, affiche en devanture un exemplaire gravé du portrait du prince par Ary Scheffer, acheté par lord Holland au dernier Salon de peinture de Paris, on se l'arrache. Pitt et Talleyrand étaient exposés côte à côte. Un badaud anglais les observe et dit à son voisin, montrant tour à tour les deux portraits : « Voilà quelqu'un qui a créé de grands événements. Celui-ci a su les prévoir, les guetter et en profiter[15]. » En général, ceux qui écrivent leurs Journaux s'empressent d'y inscrire ce que le prince leur a dit. Il est pour eux « une mine d'anecdotes » dont ils ne se lassent pas. Grâce à ces « diaristes » anglais, très peu lus et utilisés jusqu'ici, on en apprend souvent beaucoup plus qu'avec les Français sur certains épisodes de sa vie. Les Anglais ont un goût du détail que nous n'avons pas. Un jour, pendant les quelques minutes d'attente qui précèdent le lever du roi à St. James, le prince s'était mis tout à coup à raconter à l'un de ses voisins tout ce qu'il savait sur les attentes de cour, évoquant tour à tour Louis XV, qui était « la ponctualité personnifiée », et faisait donner de la soupe au duc de Coigny pour le punir d'être arrivé en retard chez Mme du Barry, puis le « J'ai failli attendre » de Louis XIV et le mot fameux de Louis XVIII : « L'exactitude est la politesse des rois[16]. » Le vieux prince est bien le dernier à pouvoir parler, pour les avoir connus, à la fois de Voltaire, « l'esprit le plus éclairé qu'il ait jamais rencontré », dit-il à Neumann, de Choiseul ou de Mme Du Barry. Les Anglais aiment par-dessus tout ceux qui savent raconter et il y excelle. « Il adorait raconter des histoires, note encore Greville, ce qu'il faisait avec une abondance, une vivacité et une finesse toutes personnelles, de la plus grande séduction et du plus haut intérêt[17]. »

Le prince est invité partout. Le duc de Bedford lui prête sa loge à Covent Garden et à Drury Lane. On l'estime et on le reçoit régulièrement à la cour, à St. James, à Windsor ou à Brighton quand le roi s'y rend. « En ma qualité de vieux gentilhomme, écrit-il à la duchesse de Bauffremont, alors qu'il vient de retarder de quelques jours son départ pour Paris afin de se rendre auprès de Guillaume IV, je regarde une invitation du roi comme un ordre[18]. » Guillaume a servi dans la marine au temps de son frère le roi George. Il a des façons militaires, le goût des femmes, il est un peu whig, très antirusse et passe pour excentrique. Talleyrand cite souvent, pour s'amuser, dans ses lettres à Mme de Vaudémont à laquelle il ne cache rien, les toasts un peu verts portés par le roi « d'une voix de tonnerre » à la fin de certains dîners de cour, alors que les dames ont quitté la table selon l'usage anglais : « Aux yeux qui tuent / aux fesses qui remuent / au cul qui danse / honni soit qui mal y pense[19]. » Tous les salons de Londres sont également ouverts à l'ambassadeur de France. Le prince n'est pas seulement l'un des habitués du salon de lady Holland qui « règne en despote dans la société » (Dino), mais il est le seul à tenir en bride cette impertinente, fantasque et jolie personne en se moquant d'elle à la joie générale et surtout à celle de son mari. Holland House – «la maison de l'Europe », dit Greville – est la plus huppée de Londres. Le vieux prince aime sincèrement lord Holland avec qui il tient une correspondance suivie et qu'il considère comme le « bienveillant perturbateur » de la Chambre des lords à cause de ses idées parfois révolutionnaires et de sa marotte pour Napoléon[20]. À son départ de Londres, il le remerciera de l'avoir compté « comme l'un des vôtres », c'est-à-dire comme un membre à part entière de cette haute aristocratie *whig* à laquelle il appartient en esprit et par son rang – une position rarissime à l'époque pour un Français au sein de la société anglaise. Il ajoute aussi très finement en évoquant son premier séjour en Angleterre : « C'est un titre que M. Fox m'a permis de porter[21]. » Mérimée, de passage à Londres en décembre 1832, n'en revient pas de la place qu'occupe Talleyrand : « Les Anglais qui ont de grandes prétentions à l'élégance et au bon ton n'approchent pas de lui. Partout où il va, il se crée une cour et il fait la loi. Il n'y a rien de plus amusant que de voir auprès de lui les membres les plus influents de la Chambre des lords, obséquieux et presque serviles. » L'écrivain, invité un soir à dîner à l'ambassade, parle aussi de la façon dont tout le corps diplomatique attend debout et en silence qu'il en finisse avec ses peu attrayantes ablutions de fin de dîner, à deux pas de la table de salle à manger. Comme pour sa toilette du matin, le vieux diplomate a pris l'habitude, à la fin de sa vie, de renouveler l'opération le soir et ingurgite ainsi, chaque jour après son dîner, deux grands verres d'eau par le nez, qu'il recrache par la bouche. « Lady Holland, ajoute Mérimée fasciné, suivait tout le cours des verres d'eau avec un intérêt respectueux. Si elle avait osé, elle aurait tenu la cuvette. Il faut que le prince soit un bien grand séducteur pour obtenir tant de condescendance de sa part. » Puis Mérimée cite ce petit bout de dialogue : « C'est une bien bonne habitude, mon prince, dit lady Holland. – Oh ! très sale, très sale, répond Talleyrand, imperturbable, en lui prenant le bras après l'avoir fait attendre cinq minutes[22]. » La première chose que lord Sefton raconte à ses amis chez White's, le club le plus élégant de la capitale anglaise, c'est qu'il vient de voir le prince dont il est l'intime, à sa toilette du matin en train de se faire friser, poudrer et pommader. Même les cheveux de Talleyrand sont célèbres à Londres[23].

La société anglaise et la vie en Angleterre conviennent au prince. Les fastes des séjours d'automne à la campagne dans les grandes propriétés de l'aristocratie, les habitudes de club lui plaisent. Il est lui-même l'un des membres fondateurs du Cercle de la rue de Gramont (le cercle de l'Union) à Paris. À Londres, on montre encore au Traveller's la rampe spécialement aménagée à son intention, pour qu'il puisse monter à l'étage avec ses mauvaises jambes. Le Traveller's, à Pall Mall, est son club préféré. Il y passe presque toutes ses soirées et y joue sa partie de whist « avec une taciturnité tout anglaise ou si l'on veut toute diplomatique », note le rédacteur de la *Revue de Paris*[24]. « C'est une très bonne chose qu'un bon fauteuil, dira un jour le vieux prince à la duchesse de Bauffremont. Les Anglais font tout mieux que nous[25]. » Talleyrand est, à Londres, suivi de son ombre ou de son double, le comte de Montrond. Rémusat leur trouve plus que jamais « des mots, des tons, des accents, des tours de phrases semblables[26] ». Montrond agiote pour son propre compte et sans doute pour celui de son ami, passe son temps en allées et venues entre Londres et Paris et se fait payer par le Palais-Royal (1 000 louis par an selon Dorothée) pour rapporter discrètement les faits et gestes de son patron. Pour se venger de la duchesse de Dino qui le déteste, il lui jouera un tour pendable en faisant croire au fils de lady Palmerston, lord Cowper, qu'elle était amoureuse de lui. La fable donnera lieu à une scène de conquête un peu brusque, suivie d'une gifle retentissante. Le vieux dandy raconte le tout à Latouche qui publie un article compromettant sur la belle dans le *Figaro*, puis finit par se battre en duel avec Piscatory[27]. Mérimée et Beyle adorent ce genre d'histoire et en feront le fond de leur correspondance pendant plusieurs jours. Beyle, fidèle en cela à son goût des mots codés, appelle Montrond « colline ronde » et Mérimée trouve la nièce de Talleyrand « noire comme le cul du diable ». Avec ses quelque soixante ans et son air éternellement jeune, Montrond est pris à Londres pour modèle par tous les dandies de la capitale qui l'admirent pour ses saillies et ses allures tranchantes[28]. Il vit à l'ambassade, joue tous les soirs, gagne, passe son temps dans les clubs et à la longue agace le vieux prince qui le trouve un peu gênant[29]. Dorothée fait tout pour l'écarter. On la croit volontiers lorsqu'elle avoue ressentir en sa présence « cette espèce de malaise qu'éprouvent souvent ceux qui sont dans l'atmosphère d'un être venimeux, dont la piqûre est à redouter[30] ».

Les rapports de Montrond n'empêchent pas Talleyrand de conserver sa réputation à Paris, au point d'être considéré par le roi comme l'ultime recours dans les grandes crises ministérielles des débuts du régime. Broglie était déjà revenu d'un séjour à Londres, en mai 1831, très impressionné. En mai 1832, Charles de Rémusat est chargé par le roi et par Sébastiani de sonder le vieux prince sur la crise, ouverte en France par la mort brutale de Casimir Perier, la plus célèbre des victimes du choléra qui fait des ravages depuis plusieurs mois. On lui propose la présidence du Conseil des ministres qu'il décline. La position de Talleyrand est tellement « admirable » – il est « l'une des forteresses de la France », écrit Charles de Rémusat[31] – que le roi songe à l'interroger en premier, avant toute forme de consultation. Talleyrand n'a aucune envie de se replonger, à quatre-vingts ans, dans les hasards d'une situation révolutionnaire. Il sait la puissance des Chambres face au ministère en France – le parlementarisme n'est aujourd'hui qu'une pâle réplique de ce qu'il était sous la Monarchie de Juillet. Il considère qu'il n'est plus d'âge à affronter des débats houleux dans une atmosphère de suspicion et de haine qui ne fait pas honneur, écrit-il à Mme de Bauffremont, à la réputation de l'esprit français. Il appelle les députés des « paltoquets » et regrette qu'ils n'aient pas plus d'expérience politique et de hauteur de vue. Rémusat s'aperçoit très vite qu'il n'a aucune envie d'être Premier ministre, mais qu'il lui en coûte un peu de le dire. Lorsque Talleyrand décide de se taire, sa nièce parle pour lui. Talleyrand tient à rester à Londres. Il n'en a pas encore fini avec la place de la France en Europe. Il va tout de même faire, en juin, le voyage de Paris, où il est attendu « comme le Messie », note Dorothée, pour parler avec le roi[32]. Talleyrand conseille avant tout de poursuivre la politique d'ordre et de fermeté, engagée par Perier qu'il estime profondément, à la différence du roi, incapable de supporter un vrai ministre dirigeant à ses côtés. S'il penche nettement du côté *whig* à Londres, Talleyrand incarne plutôt à Paris une sorte de « torysme » à la française, ce parti de la résistance que l'on oppose depuis toujours au parti du mouvement. Des discussions du prince avec Louis-Philippe naîtra le 11 octobre « le ministère de tous les talents » présidé par le vieux Soult, avec Broglie aux Affaires étrangères, Thiers à l'Intérieur et Guizot à l'Instruction publique. Pour la première et la dernière fois de l'histoire de la Monarchie de Juillet, toute les nuances du centre droit ont su s'unir dans un même gouvernement. La rupture des droites, trois ans plus tard, affaiblira durablement le régime.

Paradoxalement, la présence du duc de Broglie aux Affaires étrangères embarrasse Talleyrand. Broglie est autrement plus difficile à manier que Sébastiani. Susceptible et cassant, il n'est pas d'humeur à laisser le vieux diplomate agir à sa guise à Londres. Il ne voit pas non plus, comme Talleyrand, la situation internationale évoluer, et ne jure que par une alliance exclusive de la France avec l'Angleterre. Les premiers mois de leur collaboration sont pourtant efficaces. L'imbroglio belge se termine en beauté. Talleyrand et Palmerston signent le 22 octobre une convention par laquelle les deux gouvernements conviennent d'user de la force pour obliger le roi de Hollande à respecter le traité des vingt-quatre articles qu'il se refuse toujours à appliquer. L'intervention concertée de la flotte anglaise et des troupes françaises, commandées par le maréchal Gérard, permet le mois suivant de dégager la citadelle d'Anvers, toujours occupée par les troupes du roi des Pays-Bas. Les monarchies du nord de l'Europe ne bougent pas. Le succès d'Anvers consolide le ministère du 11 octobre et lui donne ses lettres de noblesse. Talleyrand remporte là l'une de ses dernières grandes victoires diplomatiques. En faisant écrire des lettres confidentielles par Guizot, Broglie et Thiers à lord Grey, il a fait croire aux Anglais que le siège d'Anvers était une condition indispensable à la survie du nouveau ministère, et a obtenu leur accord. Même si les conférences traîneront encore jusqu'en août 1833, après Anvers, la crise belge se résorbe progressivement dans l'union intime de la France et de l'Angleterre.

Mais, à partir de 1833, le théâtre des crises internationales se déplace bientôt au sud de l'Europe, en Espagne et au Portugal. Les deux pays vivent une situation de guerre civile larvée. Au Portugal, Marie de Bragance affronte l'opposition de son oncle dom Miguel qui revendique la couronne, en Espagne, la reine Marie-Christine, qui prend la régence au nom de sa fille Isabelle, à la mort de Ferdinand VII en septembre 1833, se heurte également à son beau-frère don Carlos, l'ancien prisonnier de Valençay et le cadet de Ferdinand, qui fonde ses prétentions au trône sur l'ancienne loi salique espagnole. Marie-Christine joue le jeu des Cortès, tandis que don Carlos est soutenu par les monarchies absolutistes du nord de l'Europe. L'affrontement décuple la haine des légitimistes français contre l'usurpateur orléaniste, d'autant plus que le gouvernement du roi prend le parti d'Isabelle II contre son oncle. De Londres, Talleyrand suit l'affaire mais se fait quelque peu doubler par Palmerston qui négocie, à son insu, le principe d'une intervention des troupes d'Isabelle à Lisbonne contre les partisans de dom Miguel. Talleyrand va se donner beaucoup de mal pour transformer cette triple alliance en quadruple alliance, le 22 avril 1834. De loin, l'Angleterre et la France semblent s'être placées sur le même pied vis-à-vis de l'Espagne et du Portugal. Les deux gouvernements promettent leur concours militaire à Isabelle II et à la reine Marie de Bragance contre leurs opposants respectifs. Mais, dans le détail, la flotte anglaise est libre d'intervenir lorsqu'elle le juge bon, alors que les troupes du roi des Français ont besoin de l'accord préalable du gouvernement anglais et des deux puissances de la péninsule Ibérique. Cette « conception très anglaise de l'égalité », comme l'écrit Guy Antonetti, exaspère Talleyrand qui commence à mesurer les limites de sa politique de rapprochement avec Londres, dès qu'il se heurte un peu trop au domaine réservé de l'Angleterre. Les relations commerciales privilégiées qu'entretient cette dernière avec le Portugal et depuis peu avec l'Amérique du Sud, en font partie. Pour sauver la face, il affecte de présenter cette nouvelle quadruple alliance comme l'ébauche d'un bloc européen constitutionnel contre l'Europe absolutiste de l'est et du nord de l'Europe. En France, on considère le traité comme le nouveau « coup de maître » du vieux diplomate, mais dans les chancelleries personne n'est dupe. Peu à peu, le prince se lasse de Palmerston dont l'intransigeance, l'arrogance et même l'insolence augmentent au fur et à mesure des succès qu'il remporte. L'impérieux lord décline ses invitations à dîner et lui fait même l'affront de le faire attendre deux heures à la porte de son cabinet. Dans les premiers jours de juillet, la démission de lord Grey, très aimé de Talleyrand, et qui conduisait jusqu'alors le ministère *whig*, n'améliore pas sa position vis-à-vis du gouvernement. La réforme électorale, la grande bataille parlementaire des années londoniennes de Talleyrand, a changé la donne politique du pays. L'esprit naturellement oligarchique des Chambres s'estompe et le vieux prince ne s'y retrouve plus. « Ce qui était inébranlable ne l'est plus », disait-il déjà à Rémusat en mai 1832.

Tiraillé entre « une ambition encore vivace et une attention fatiguée », note sa nièce, voilà plusieurs mois qu'il songe à se retirer. Il en parlait déjà à Barante en décembre de l'année précédente. Mais son attirance pour le pouvoir est telle qu'il mettra encore longtemps avant de franchir le pas. Pour l'heure, il songe sérieusement à sortir son pays du carcan d'une alliance trop exclusivement anglaise et pousse le roi à se rapprocher de l'Autriche. L'Angleterre fait maintenant payer un peu trop cher à la France, trouve-t-il, son ralliement au régime de Juillet. À Londres, il entretient d'excellentes relations avec l'ambassadeur d'Autriche, le prince Esterhazy, avec lequel Dorothée songe secrètement à marier sa fille Pauline. Metternich, de son côté, commence à pardonner sa naissance un peu suspecte, au « régime de contrebande » qui se consolide peu à peu en France. Il ne croit plus en une restauration légitimiste et apprécie les efforts d'ordre contre l'agitation républicaine, menés successivement par Casimir Perier et Broglie à Paris. Au fond, Talleyrand rêverait d'aller à Vienne recommencer le traité de janvier 1815, avec l'Angleterre et la vieille monarchie autrichienne. En avril 1834, la retraite du très anglophile duc de Broglie, qui jusqu'alors s'opposait à tout projet de rapprochement avec Vienne, lui en donne la possibilité. « J'ai donné Londres au trône de Juillet ; je veux lui donner Vienne et j'y réussirai, si on me laisse faire[33]. » Le 8 août 1834, l'ambassadeur du roi des Français prend congé du roi d'Angleterre. Officiellement, il se rend en France pour se reposer quelques mois. Le dîner d'adieu que lui donne Palmerston est on ne peut plus froid. On se dit de part et d'autre « de petites vérités » qui ne plaisent pas. « Il y a eu, écrit la duchesse de Dino, beaucoup de sous-entendus, de *hints* [allusions], de coups de patte dans notre conversation. » L'oncle et la nièce quittent Palmerston, son « obstination », son « arrogance » et sa « mauvaise foi », sans l'ombre d'un regret[34]. Les vrais amis anglais du prince iront, eux, lui rendre visite à Valençay avant sa mort.

22.

FAUSSE RETRAITE

Malgré les déboires, scrupuleusement tenus secrets, de la fin de son ambassade, Talleyrand rentre à Paris avec une réputation inégalée. Ses quatre années londoniennes sont un peu son chant du cygne, et pour une fois personne ne lui conteste le succès de sa mission. La presse lui est favorable. On parle de son « courage », de sa « hardiesse » et de son « patriotisme ». Le patriotisme est un mot qu'on trouve rarement accolé à la politique du prince. Même Guizot le reconnaît un peu à contrecœur : « Quelque adonné qu'il fût à son ambition et à sa fortune, M. de Talleyrand n'a jamais été indifférent aux intérêts de la France. » Pour Barante enfin, son ambassade est « une belle page » de sa vie.

À peine rentré dans les derniers jours de septembre, le roi le traite aux Tuileries – où il est très à la mode, dit Dorothée – avec affection et déférence. Sa popularité est telle que dans la rue les passants s'arrêtent devant sa voiture et lui tirent leur chapeau. En décembre, à son retour de Valençay, lorsqu'il assiste à la réception de Thiers à l'Académie française, c'est lui et non le récipendiaire qui est l'objet de toutes les attentions. « Spontanément, tout le monde s'est levé, dans les tribunes comme dans l'enceinte, avec un certain mouvement de curiosité sans doute, mais aussi de considération[1]. » On lui laisse la meilleure place devant la tribune où Thiers prononce un discours qui l'émeut. Personne ne sait encore, à ce moment-là, qu'il vient de renoncer définitivement à son ambassade de Londres. L'attitude réservée du duc d'Orléans, le fils aîné du roi, venu faire une visite officieuse à Valençay dans les derniers jours d'octobre, a certainement joué dans ce sens. Orléans lui dit carrément que sa présence à Londres ne lui semble plus nécessaire. L'héritier de la couronne est très proche des Flahaut qui exercent une influence prépondérante au sein de sa Maison. Charles, attaché au prince royal comme écuyer, est lui-même brouillé depuis deux ans avec le vieux prince, son père naturel. Des divergeances politiques – l'un est, comme son maître, du côté du mouvement, l'autre, du côté de la résistance –, les médisances de Mme de Flahaut à Londres contre le « ministère de tous les talents » traité avec mépris de « ministère doctrinaire », la jalousie de Dorothée qu'elle déteste expliquent cette situation[2]. Les Flahaut n'avaient même pas pu accompagner le duc d'Orléans en Angleterre, en juillet 1833, parce que le vieux prince y avait mis son veto. Depuis, Charles est persuadé que son père fait tout pour contrarier ses projets, alors qu'il rêve secrètement de lui succéder à Londres. Par sa femme, née Mercer Elphinstone, le général de Flahaut, qui a longuement séjourné en Angleterre à l'époque de la Restauration, est aussi à l'aise à Londres qu'à Paris. Flahaut, dont Talleyrand dit subtilement qu'il ferait un aussi bon ambassadeur de France à Londres que d'Angleterre à Paris, ce qui équivaut à le considérer comme trop anglais, attise le feu[3]. Pour couronner le tout, Montrond, de plus en plus impertinent et inquiétant derrière ses lunettes vertes, s'est fait renvoyer comme un malpropre de Valençay par la duchesse de Dino peu de temps avant l'arrivée du duc d'Orléans. On le soupçonne plus que jamais de rapporter toutes les conversations du prince aux Tuileries.

Dans cette atmosphère de suspicion générale, la mort de la princesse Tyszkiewicz, à Tours, le 2 novembre, vient encore assombrir l'humeur du prince. Il est arrivé à une époque de sa vie où la disparition d'une amie si proche sonne pour lui comme un « avertissement ». Sa lettre de démission au ministre des Affaires étrangères part de Valençay, le 13 novembre 1834. La nomination du jeune Bresson aux Affaires étrangères, dans l'éphémère ministère dit « de trois jours » dirigé par le détesté duc de Bassano, est la goutte d'eau qui fait déborder le vase. Bresson, proche de Molé, avait été son premier secrétaire d'ambassade à Londres avant d'être envoyé à Bruxelles comme commissaire du gouvernement. Le double jeu qu'il avait mené là-bas, en favorisant en sous-main la candidature du duc de Nemours, avait profondément irrité l'ambassadeur en lui compliquant singulièrement la tâche. Talleyrand ne le dit pas, mais il répugne à se retrouver sous les ordres d'un homme qui était son attaché d'ambassade à Vienne vingt ans plus tôt. Une fois de plus, le premier jet de la lettre du 13 novembre, que Guizot juge « d'une rare fermeté de pensée et de langage », revient à Dorothée. Talleyrand et son ami Royer-Collard corrigent, suppriment et simplifient. Le prince y justifie davantage les services rendus au roi qu'il ne donne les vraies raisons de sa démission. Il a sorti la France de son isolement sans nuire à son indépendance, il lui a donné, comme il l'écrit encore à son ami le baron de Gagern, « le droit de bourgeoisie en Europe ». Son successeur devra maintenant faire comprendre à l'Angleterre qu'elle a autant besoin de la France que la France d'elle. Les « traditions anciennes » dont il est le dépositaire, son âge et ses infirmités ne lui permettent pas d'entreprendre cette tâche nouvelle[4].

Il s'explique plus en détail dans ses lettres à Madame Adélaïde, à Broglie et au roi lui-même[5]. Celui qui part a beau se dire « étranger » aux temps qui viennent, il se montre une fois de plus infiniment plus lucide et visionnaire que ceux qui restent. Sa lettre à Madame Adélaïde est un résumé remarquable de ce que sera la politique de l'Angleterre dans les décennies à venir, de l'intransigeance à l'isolement. À l'avenir, à moins d'une modification profonde des rapports de forces économiques entre les deux pays, on ne pourra plus rien en tirer d'utile. Toute l'histoire de l'affrontement des deux pays, au moment où commencera vraiment la conquête coloniale, est en germe dans ces quelques lignes. Il n'est pas question pour Talleyrand de « rentrer dans l'engourdissement qui seul [lui] convient maintenant », comme il l'écrit, faussement convaincu, au duc de Broglie. À Paris, on est alors en pleine crise ministérielle et le roi, « profondément affecté » du départ de « son » ambassadeur, fait tout pour le faire revenir sur sa démission.

Sa retraite, écrit Guizot, risque d'être prise comme « un fâcheux symptôme de l'état de notre gouvernement ».

De Valençay, le prince conseille, encourage et accepte finalement de tenir sa décision secrète jusqu'à nouvel ordre, ce qui prouve assez qu'il hésite encore à se retirer tout à fait. « La difficulté est d'en sortir heureusement et à-propos », écrit-il, narquois, à Gagern. Des dizaines de lettres arrivent de France comme d'Angleterre. Le thème est toujours le même : « Venez, on ne peut se passer de vous ; sauvez-nous. » Wellington lui-même, qui vient de revenir aux affaires, le lui demande. Mais le diplomate tient bon. Paradoxalement, il n'a jamais été plus populaire qu'au moment où il tire sa révérence. Au moins, cette révérence-là est-elle réussie. Talleyrand a toujours été parfait lorsqu'il s'est agi de son style. La duchesse de Dino note assez drôlement que l'opinion publique le réclame, parce qu'elle le tient « pour quelqu'un que le diable emportera un jour, mais, qui, en attendant, grâce au pacte qu'ils ont ensemble, ensorcelle à son gré l'univers[6]. » De retour à Paris en décembre, le prince démissionnaire est choyé. La duchesse de Dino parle « d'une défilade assourdissante de visites » chez son oncle, rue Saint-Florentin. Une fois encore, l'entresol ne désemplit pas. Le prince a beau marcher de plus en plus difficilement, il n'a rien de quelqu'un qui se serait retiré des affaires. Il semble plutôt se tenir en réserve, au cas où. Le roi le consulte à tout moment, lui propose à deux reprises de faire le voyage de Vienne et le tient pour indispensable. « Vous restez seul de la race des géants », lui écrit Royer-Collard[7]. De temps à autre, l'oracle parle, surtout dans les crises ministérielles, et elles sont nombreuses. L'union de la mouvance résistante qui avait permis au régime de se consolider sous Perier et Broglie est sur le point de voler en éclats. Guizot et Broglie se méfient de Molé qui déteste Thiers. En février 1836, la crise prend les allures d'un affrontement personnel entre le duc de Broglie et le petit Thiers.

Le duc de Broglie et son gouvernement tombent devant les chambres le 5 février 1836 sur la question récurrente et très sensible de la conversion de la rente et de l'allégement du poids de la dette publique. Talleyrand n'aime pas Broglie. Il a pris comme une « insulte personnelle » la mauvaise volonté du ministre des Affaires étrangères à tenir la promesse qu'il lui avait faite de nommer son protégé Adolphe de Bacourt à Carlsruhe. À la différence du duc de Broglie, ombrageux et inflexible, Thiers, pense-t-il, est beaucoup plus manœuvrable même s'il mesure parfaitement l'ambition insatiable de son ancien élève. « C'est un de ces hommes dont on ne peut se servir qu'à condition de le satisfaire », dit-il au roi en regrettant qu'on ne puisse plus en faire un cardinal, ce qui ne manque pas d'humour s'agissant d'un homme qui s'est toujours montré très anticlérical[8]. Le roi de son côté pense qu'il pourra gouverner plus à son aise avec ce parvenu qu'il méprise en silence. Les « dames Thiers », madame Dosne, l'ancienne maîtresse, et sa fille devenue la femme du ministre, lui répugnent. Au fond, Talleyrand pousse Thiers au pouvoir, faute d'oser prendre lui-même la présidence du Conseil sans portefeuille du nouveau gouvernement. Son âge et ses infirmités ne le lui permettent plus. Il cherche aussi sincèrement à défendre l'autorité du roi. À Bacourt, il cite une phrase de Mme de Staël, que « le temps actuel, dit-il, fera remarquer » : « La contrainte morale imposée au chef d'un gouvernement ne saurait fonder l'indépendance constitutionnelle de l'État[9]. »

La formation du premier ministère Thiers, à la fin du mois de février, est un peu son œuvre et la dernière grande manœuvre politique de sa vie. « La rue Saint-Florentin est bien active ; c'est un foyer d'intrigues incandescent », note Molé le 29 février[10]. Le mot d'ordre y est : « Tout plutôt que M. de Broglie » et son « âpre gaucherie ». La duchesse de Dino et la princesse de Lieven préparent de leur côté l'avènement du nouveau ministère en faisant accepter leur candidat par le corps diplomatique et les cabinets européens avec lesquels elles entretiennent une correspondance abondante et suivie. Elles sont tellement entreprenantes que « ce vieux chat de Sémonville », comme l'appelle Dorothée, s'amuse à faire circuler dans les salons la liste d'un ministère imaginaire présidé par Madame Adélaïde et composé exclusivement de femmes.

La nièce de Talleyrand y figure évidemment en bonne place, avec le portefeuille des Affaires étrangères[11].

Pourtant, la manœuvre, une fois réussie, ne donne pas les résultats espérés. Thiers au pouvoir n'en fera qu'à sa tête et s'empressera de ne pas suivre les conseils de son vieux maître. Talleyrand n'a pas seulement pris le risque de contribuer à la division des centres en favorisant la brouille entre Thiers (le centre gauche) et Broglie-Guizot (le centre droit), il livre le pays à la pente naturelle de Thiers qui tient les Affaires étrangères avec la présidence du Conseil. Dans les débuts du ministère, les deux hommes et le roi s'entendent pourtant sur le principe d'un rapprochement avec l'Autriche dont le très anglophile duc de Broglie ne voulait pas. Le vieux prince est à l'origine de la grande manœuvre matrimoniale des Tuileries en direction de Vienne. On espère marier le duc d'Orléans avec l'archiduchesse Thérèse, la cousine de l'empereur Ferdinand de Habsbourg. En juin 1836, le Prince royal fait le voyage de Vienne en passant par Berlin, accompagné entre autres par le duc de Valençay, le petit-neveu de Talleyrand. Mais le projet de mariage tourne court. Si à Vienne on reconnaît le régime de Juillet, on ne va pas jusqu'à épouser les princes d'un pays où depuis un demi-siècle il ne fait pas bon être archiduchesse autrichienne. Le vieux diplomate, qui s'y connaît pourtant en mariages autrichiens, prend la nouvelle avec philosophie, mais s'inquiète d'autant de l'avenir de la Monarchie de Juillet : un héritier célibataire tenu à distance par les vieilles cours européennes et un roi régulièrement miraculé des balles ou des bombes de ses ennemis ne portent pas à l'optimisme.

Lorsqu'il est de mauvaise humeur, le vieux prince prédit encore cinquante ans de révolution à son pays et il a raison. Il reste pourtant étonnamment fidèle au roi de Juillet au point de faire en courant à quatre-vingt-deux ans le voyage de Valençay à Paris, dans les premiers jours de juillet, pour le féliciter d'avoir réchappé à un nouvel attentat. Et lorsqu'il faut choisir entre son « amitié » pour Thiers et son « dévouement » pour le roi, il choisit le roi. La duchesse de Dino a beau écrire à Barante « qu'il ne faut plus user de nous [elle et son oncle] que comme des *reference books*[12] », l'un et l'autre ont joué un rôle dans la chute de Thiers en soutenant Louis-Philippe contre lui sur la question espagnole.

Depuis le traité de la Quadruple Alliance, la situation de la péninsule s'est encore dégradée, entre les partisans de don Carlos qui dominent en Navarre, et ceux de la régente Marie-Christine. La guerre civile fait rage et Marie-Christine, à qui les Cortès viennent d'imposer la très libérale Constitution de 1812, demande l'aide de la France, avec la bénédiction de Londres. La question s'était déjà posée à deux reprises en septembre 1834 et en juin 1835. Depuis le début de la guerre civile espagnole, Talleyrand n'a jamais changé d'opinion. Il conseille au roi, en cela entièrement d'accord avec lui, de ne pas bouger. La France n'a rien à gagner, sinon un peu plus de troubles, d'une expédition aventureuse dans la péninsule. Sur le plan des relations extérieures, l'aide militaire du gouvernement français aux Cortès ne ferait que mécontenter les cours du Nord, sans rapprocher pour autant le pays de l'Angleterre. « Intervenir dans un pays en révolution, c'est prolonger ses souffrances et rendre son mal contagieux[13]. » Thiers, soutenu par la gauche, a toujours été interventionniste. Il tombe en août 1836 sur cette question, face à l'opposition du roi. Talleyrand regrette le faux-pas, se tait, et conserve son amitié pour le petit homme. Tous les ministres qui vont suivre auront beau lui écrire pour solliciter son approbation, le vieux prince aura beau continuer une correspondance « animée et très affectueuse » avec Madame Adélaïde et voir régulièrement le roi qui le consulte toujours, avec la chute du ministère Thiers, l'heure de la vraie retraite a sonné.

Talleyrand n'est pas seul pour autant. Valençay, comme Rochecotte et son hôtel parisien, sont toujours pleins de monde. S'il s'isole, c'est plutôt moralement. Le jour de son quatre-vingt-troisième anniversaire, rue Saint-Florentin, il note, un peu désabusé : « Je ne sais si je suis satisfait quand je récapitule comment tant d'années se sont écoulées, comment je les ai remplies. Que d'agitations inutiles ! que de tentatives infructueuses ! de complications fâcheuses, d'émotions exagérées, de forces usées, de dons gaspillés, de malveillances inspirées, d'équilibres perdus, d'illusions détruites, de goûts épuisés ! Quel résultat enfin ? Celui d'une fatigue morale et physique, d'un découragement complet et d'un profond dégoût du passé. Il y a une foule de gens qui ont le don ou l'insuffisance de ne jamais prendre connaissance d'eux-mêmes. Je n'ai que trop le malheur ou la supériorité contraire ; elle augmente avec le sérieux que les années donnent[14]. » Il n'en est pas devenu mélancolique pour autant. À la mort de sa femme, la vieille princesse de Talleyrand qu'il n'a pas vue depuis plus de vingt ans, il dit sans sourciller : « Cela simplifie beaucoup ma position. » Les journaux légitimistes, en particulier *La France*, en ont bien sûr profité pour publier sur son compte quelques articles injurieux, mais le prince, pourtant gravement malade à ce moment-là, y a survécu. Il y a bien eu aussi quelques petites tracasseries au sujet d'une cassette qui ne contenait pas seulement les bijoux de la princesse mais sans doute des lettres à ne pas mettre entre toutes les mains, puis une brouille avec une nièce cupide, la duchesse d'Esclignac, qui voulait mettre la main sur le magot, mais tout est rentré dans l'ordre[15]. La princesse meurt riche et par son contrat de mariage toute sa fortune revient à son mari. Elle s'est conduite jusqu'à ses derniers jours avec intelligence, discrétion et sensibilité, de quoi démentir une fois de plus sa réputation de bêtise, faisant demander chaque jour des nouvelles du prince pendant sa maladie, en se souvenant qu'il avait eu la même attention pour elle à l'époque de la mort de son vieil amant le duc de San Carlos[16].

Son « veuvage » rend Talleyrand plutôt gai. Il ne faut pas l'imaginer sombre et abattu en permanence. À plus de quatre-vingts ans il continue à aimer les facéties de jeune homme. À Valençay, faute de pouvoir marcher dans les jardins, il a pris l'habitude de se faire conduire par un valet en petite voiture et s'amuse « à se faire pousser à la course et à se diriger en zigzag », jusqu'à ce que, un beau soir de juin 1836, la voiture verse. « J'en ai été quitte, écrit-il assez gaiement à la duchesse de Bauffremont, pour quelques couleurs au visage qui me rendent un peu plus laid qu'à l'ordinaire[17]. » Rue Saint-Florentin, il reçoit dans son salon de l'entresol, toujours aussi alerte et lucide, toujours aussi dangereux par la vitesse et le tranchant de ses reparties. À Charles Greville, avec qui il discute de la longévité de certains animaux, il répond à l'une de ses questions sur les perroquets en jetant un regard sarcastique à une certaine dame qui se trouvait là : « Je ne me connais pas dans la vie des perroquets, mais j'en ai vu beaucoup qui radotent[18]. » Castellane, le fils de son vieil ami, qui dîne chez lui dans l'intimité deux mois avant sa mort, le trouve étonnant d'esprit pour un homme de quatre-vingt-quatre ans. « Toujours malin comme un singe, il a causé avec la duchesse de Dino et madame de Castellane pendant le dîner, de la manière la plus piquante et la plus spirituelle[19]. » Au physique, tout le monde s'accorde à le trouver de plus en plus vieilli. Sa figure, toujours aussi blafarde, tourne définitivement à la tête de mort. Mérimée le compare à « un gros paquet de flanelle surmonté d'une tête de mort recouverte de parchemin[20] ». Et Maxime du Camp se souvient très bien de l'avoir vu, alors qu'il était encore enfant, peu de temps avant sa mort : « Je vis un grand vieillard poudré de blanc ; sa tête me parut une tête de mort ; le regard était terne et cependant hautain ; la pâleur était livide ; la lèvre inférieure pendait ; les épaules se courbaient en avant ; la claudication était si forte qu'à chaque pas le corps oscillait de droite à gauche, comme s'il allait tomber. » Et puisqu'il a toujours « la rage de dîner en ville » malgré ses jambes, il tombe inévitablement de temps en temps. À l'occasion d'un dîner à l'ambassade d'Angleterre en janvier 1838, alors qu'il donne le bras à la princesse de Lieven, l'une de ses jambes cède et il s'écroule la face contre terre. L'ambassadeur a la courtoisie de lui faire croire qu'il s'est pris le pied dans le tapis ou dans les plis de la robe de la princesse. Talleyrand sauve la face, comme à son habitude, en plaisantant pendant deux heures jusqu'à ce qu'une fois dans sa voiture il s'autorise enfin « à se laisser aller aux gémissements les plus douloureux ». Son obsession des convenances, la fidélité à son style l'auront rendu jusqu'aux derniers jours de sa vie incroyablement dur avec lui-même. La douleur est d'ailleurs permanente et plus personne ne sait s'il faut accuser un orteil foulé ou « l'état général de son pauvre pied » qui prend une drôle de couleur et avec lequel on essaie de tout : l'esprit-de-vin, les bains de moutarde[21]. Mais ce n'est pas le mauvais état de ses jambes qui le fera mourir. Depuis trois ans, les « palpitations » et les « oppressions » se multiplient du côté du cœur. Elles sont souvent légères, à la vérité, note Dorothée, « mais enfin l'ennemi se montre toujours[22]. »

Le vieux prince souffre en silence et sa nièce le soigne. Le dévouement de Dorothée dans les derniers mois de la vie de son oncle n'est pas seulement touchant. Il est presque sublime. Il n'y a bien sûr plus ni amant ni maîtresse, mais deux êtres « fusionnés » qui ne peuvent simplement pas se passer l'un de l'autre. Les quelques billets de Talleyrand à Dorothée, datés de cette époque, donnent le ton d'un attachement inégalé : « Vous êtes tout pour moi, le peu de temps que j'ai à vivre vous est consacré. [...] Soyez heureuse et tous mes vœux seront remplis[23]. » La mère, dont il a pleuré la mort en septembre 1821, et la fille, qui maintenant le couvre de son affection, auront été les deux derniers grands attachements de sa vie. « Je mérite et je demande, écrivait-il déjà à la sœur de Dorothée sous la Restauration, que vous me regardiez comme un des vôtres. Tant que je vivrai, je serai dévoué à toute votre famille[24]. »

23.

LA DERNIÈRE NÉGOCIATION

Jusqu'à la fin de sa vie, Talleyrand est en représentation. Alors qu'il ne marche presque plus, il tient à être présent aux événements marquants du règne. « Je ne fais que ce que je dois mais je veux faire tout ce que je dois. Je suis du vieux temps[1] », écrit-il à Mme de Jaucourt. À la fin du mois de mai 1837, il est à Fontainebleau pour le mariage du duc d'Orléans avec Hélène de Mecklembourg. La course aux fiancées dont dépend l'avenir dynastique du régime, et auquel les Talleyrand ont beaucoup participé, se termine enfin par un mariage, pas un grand mariage, mais un mariage solide. Hélène de Mecklembourg est la nièce du roi de Prusse. Elle fait entrer encore un peu plus les d'Orléans dans le réseau fort dense des familles princières allemandes. Le vieux prince est le témoin du duc d'Orléans au mariage civil, passe quatre jours à Fontainebleau. « C'est une faveur, note Dorothée, car presque tout le monde est échelonné par vingt-quatre heures[2]. » Il apprécie le cadre magnifique de Fontainebleau récemment restauré et le souci d'étiquette apporté à la cérémonie par le chef de la maison d'Orléans qui aurait tant préféré être roi *de France* plutôt que de l'être seulement *des Français*. Mais il ne peut s'empêcher de sourire au mélange savamment dosé des mille cinq cents invités. À Fontainebleau, les Cunin-Gridaine, qui sont enfin « quelque chose », côtoient les prince de Talleyrand et les duc de Choiseul. Toute cette foule qui s'observe est un peu compassée. La cérémonie, écrit Talleyrand en se souvenant sans doute de l'époque légère de sa jeunesse, a été « très brillante et très sérieuse »[3]. L'hiver suivant, il se rend régulièrement à dîner aux Tuileries à l'invitation du roi, quitte à se faire porter dans le grand et redoutable escalier du château.

La fin de sa vie est encore endeuillée par la disparition de l'un de ses plus vieux complices, l'ex-abbé Louis, puis par celle de son frère Archambaud en avril 1838. « C'est une des grandes calamités de la vieillesse. On voit disparaître tout son temps[4]. » Mais il s'est réconcilié avec Montrond et avec son fils Flahaut.

La duchesse de Dino aimerait, elle, qu'il se réconcilie aussi avec Dieu, ou au moins avec ses saints, le pape et l'Église. Thomas Raikes prétend dans son Journal que Talleyrand aurait préféré ne pas mourir en France pour éviter le scandale de sa mort et de ses funérailles, à cause de l'hostilité du clergé[5]. Car il a des comptes à rendre et il le sait. Il a « bradé » les biens de l'Église, il a sacré des évêques sans l'autorisation de Rome et surtout il s'est marié, sans que le pape ne le délie de ses ordinations de prêtre et d'évêque. Talleyrand sait le sort réservé par le clergé à ceux qui refusent de faire amende honorable. Avant la Révolution, le refus des sacrements était pour les Philosophes le geste suprême de l'incrédulité et de la fermeté face aux prêtres. Mais rares étaient ceux qui avaient le courage d'en affronter les conséquences : un enterrement à la sauvette, le scandale public et le silence. Déjà Voltaire avait été frappé par la mort du « pauvre Boindin », l'auteur de pièces de théâtre très à la mode à son époque, enterré comme un chien en 1751 pour avoir refusé de se soumettre. Et Voltaire s'était soumis. « Je ne veux pas qu'on jette mon corps à la voirie[6]. » Depuis la Révolution, l'Église n'a plus l'emprise qu'elle avait sur la société. Sous la Restauration, la réaction cléricale, l'alliance du trône et de l'autel invoquée par les ultras, expliquent en partie les motivations violemment antiprêtres des révolutionnaires de 1830. La mise à sac de l'archevêché de Paris, l'année suivante, en est l'illustration la plus spectaculaire. En 1838, l'Église commence tout juste à se remettre des coups portés contre elle. Elle travaille à obtenir du gouvernement la place qu'elle estime devoir être la sienne dans l'appareil de l'État. Cette année-là, le gouvernement Molé fait rétablir les crucifix dans les salles d'audience des tribunaux. La reconquête catholique, qui deviendra triomphante sous le second Empire, est en marche. Paradoxalement, depuis la Révolution, l'aristocratie et la haute noblesse parisiennes, autrefois plus ou moins incrédules, se sont spectaculairement ralliées au clergé. Les pratiques voire l'assiduité religieuses dominent largement, en particulier dans ce qu'on appelle le faubourg Saint-Germain, qui abrite à Paris quelques unes de ces grandes familles de l'ancienne France auxquelles les Talleyrand appartiennent. À tort ou à raison, Dorothée estime que l'avenir de sa famille, ses alliances, son rang social dépendent du faubourg resté en grande partie légitimiste et dont elle cherche à se rapprocher.

Talleyrand pour sa part est très soucieux de bienséances. Il ne veut pas s'exposer à un scandale en laissant au clergé la faculté de lui refuser sa sépulture comme elle l'a fait en 1836 pour Sieyès, resté ferme dans ses convictions. Un Talleyrand a droit au respect de tous, même de l'Église. À la différence de l'ex-abbé Sieyès, il ne s'est jamais montré délibérément hostile au clergé. Son indifférence en matière de foi ne l'empêche pas de croire au rôle de l'Église en termes d'ordre et de paix sociale. Il critique Lamennais, respecte scrupuleusement les usages religieux et suit la messe dans sa chapelle lorsqu'il est à Valençay. Mais de là à ce qu'un prêtre s'occupe de son âme ! Un soir, dans le grand salon de Valençay, alors qu'un orage très violent s'abat sur le château, Dorothée lui avoue qu'elle aurait horreur de mourir sans s'être confessée. L'oncle ne lui répond pas et continue sa partie de cartes comme si de rien n'était[7]. Lorsque, un peu plus tard, à Rochecotte, se sentant souffrante, elle parle de faire appeler le curé du lieu, à défaut de pouvoir faire venir son cher ami l'abbé Girollet qu'elle vient d'enterrer, il lui déconseille doucement de se laisser aller à « une semblable niaiserie ». « Quoi ! Cet ivrogne ? » aurait-il encore grommelé à propos du curé[8]. Les rares fois où il s'épanche, dans ses notes intimes, sur sa vie passée, il n'a pas un mot de contrition d'aucune sorte. Pourtant, depuis plusieurs années déjà, la duchesse de Dino, grande lectrice des sermons de Bossuet et de l'*Imitation de Jésus-Christ* qu'elle cite souvent dans sa *Chronique* écrite à partir de ses propres lettres, s'emploie discrètement et le plus adroitement possible à ramener son oncle à des sentiments religieux. Elle va jouer avec son cousin le duc de Noailles – un « admirateur passionné » dit perfidement Mme de Boigne – un rôle de premier plan dans les manœuvres tentées par l'Église pour ramener la brebis égarée – et quelle brebis ! – au troupeau. De son côté, l'archevêque de Paris, Mgr Hyacinthe de Quélen, l'ancien coadjuteur du cardinal de Talleyrand, l'oncle de Charles-Maurice, s'est juré de réussir ce qu'il considère comme l'œuvre de sa vie. Cette « conspiration des âmes pieuses », comme l'écrit drôlement Lacour-Gayet, ne date pas d'hier.

Dès le mois de septembre 1834, l'archevêque, dont Dorothée dit qu'il a le goût du martyre, s'était rendu en pèlerinage à Notre-Dame de la Délivrande, près de Bayeux, et confiait à la supérieure de la Congrégation de la Vierge fidèle la mission de sauver l'âme de l'évêque apostat. Pendant quatre ans on dira là des messes, là et ailleurs, pour le salut de l'ancien évêque. Il faut avoir la foi et la candeur du charbonnier pour vouloir à toute force convertir le diable. On est saisi à l'idée d'un homme qui aura suscité dans le cours de sa vie autant de haine irréductible que de dévouement charitable[9]. Le vieux prince ne s'inquiète pas plus qu'il ne le faut de toute cette ferveur. « Je sais, dit-il en riant à Dorothée à propos de l'ancien coadjuteur de son oncle, qu'il a bien envie de gagner mon âme et de l'offrir à M. le Cardinal[10]. » Mais il n'est pas dupe non plus des véritables intentions de l'archevêque de Paris, car si l'Église aime les prières, elle aime aussi la soumission. Pour Hyacinthe de Quélen qui reçoit ses avis de Rome, il s'agit d'abord d'obtenir de l'ancien prélat une rétractation publique de ses fautes envers l'Église avant de penser à sa conversion. On est cette fois plus près de la politique que de la religion. Un acte de soumission, signé d'un personnage aussi puissant et qui a fait tant de mal à l'Église, serait pour elle « une consolation de ses malheurs[11]. » Autrement dit, que cet ancien révolutionnaire revienne publiquement sur les fautes de la Révolution constituerait pour Rome comme pour le clergé français une victoire politique de taille.

En février 1835, Quélen reçoit du cardinal Lambruschini, secrétaire d'État à Rome sous le pontificat de Grégoire XVI, des instructions pressantes et précises. Il en parle en juin à la duchesse de Dino qu'il retrouve à l'occasion de la confirmation de sa fille Pauline. Dorothée lui conseille de prendre son temps et surtout de prendre des gants. Toute démarche directe provoquerait probablement un effet contraire à celui souhaité par l'Église[12].

Dans cette négociation qui s'ouvre, la dernière de sa vie et sans doute la plus importante, le vieux prince a toutes les chances de se montrer un partenaire des plus coriaces et des plus difficiles. Quélen rédige pourtant un premier projet de rétractation qu'il confie le 15 janvier 1836 à la duchesse de Dino. Talleyrand en prend connaissance et ne le signe pas. Il est beaucoup trop précis pour être tolérable. « Un bref, fait-on écrire au prince, [...] m'a rendu à l'état laïc, sauf le lien de chasteté perpétuelle sur lequel il n'a jamais été accordé aucune dispense par le Saint-Siège. [...] Ayant donné à ce bref, par une extension forcée, une extension dont il n'était pas susceptible, j'ai eu le malheur de contracter civilement et même devant les saints autels, le curé ayant été induit en erreur, un mariage illicite et nul d'après les lois canoniques. [...] Je renouvelle mon désaveu par la présente déclaration afin de donner à l'Église la satisfaction qu'elle a [le] droit d'attendre de moi[13]. » Évidemment, Talleyrand a passé des décennies à faire croire que le bref du 29 juin 1802 le libérait absolument de ses liens ecclésiastiques. On le voit difficilement accepter sans se défendre un tel désaveu de sa conduite qui est aussi un aveu de ses mensonges, d'autant plus que l'archevêque exige que la déclaration soit publiée avant sa mort. L'extrême-onction est à ce prix. Le projet est oublié dans un tiroir.

Deux années s'écoulent sans que l'Église ose entreprendre de nouvelles démarches. Dans les premiers mois de l'année 1838, l'année de sa mort, Talleyrand songe d'abord à écrire son testament politique avant de régler le contentieux qui l'oppose à

Rome. La mort de l'un de ses plus anciens collaborateurs, le comte Reinhard, lui en donne l'occasion. Le 3 mars, il se fait transporter à l'Académie des sciences morales et politiques et prononce l'éloge de l'ancien diplomate. Il est évidemment moins question, dans ce qui ressemble fort à des adieux publics, du défunt que de lui-même. « Dans le portrait d'un artiste par lui-même, écrit Lacretelle, il y a toujours un coup de pinceau trop habile qui tue la ressemblance. » Le portrait qu'il dresse du parfait diplomate, son éloge appuyé de « la bonne foi » et de « la religion du devoir » en politique ferait sourire si l'on n'y voyait pas les périodes obligées d'un exercice de style. On préférera cent fois ce qu'il écrivait à la même époque, sur le ton de la confidence, à son fils Flahaut : « On veut toujours, et l'histoire prouve la vérité de ce mot toujours, autre chose que ce qu'on demande. Signaler cette autre chose, quelle qu'elle soit, est qualifié de calomnie odieuse ; et cependant cette autre chose est réelle ; la Ligue, la Fronde avaient un langage qui éblouissait les hommes éclairés tout comme les hommes vulgaires. La Ligue parlait du maintien de la religion catholique, et ce qu'elle voulait, c'était un détournement, c'était la maison de Lorraine au lieu de la maison de Bourbon ; la Fronde disait éloigner du pouvoir Mazarin non pas, comme on le disait, pour sauver la dignité de la France, mais pour mettre les ambitions personnelles des princes et des gentilshommes à leur aise, et cela s'appelait comme de raison le bien de l'État. Je ne parle là que de l'histoire moderne, car si l'on voulait se rappeler de toutes les époques de troubles de l'histoire ancienne, on retrouverait dans sa mémoire que tous les grands troubles ont eu une autre cause que celle que l'on indiquait au peuple. Convenez maintenant avec moi que, quand on a plus de huit jours à vivre, il ne faut pas faire de concessions[14]. »

On a là le vrai Talleyrand, tout comme l'explication de texte de son discours du 3 mars fabriqué à deux mains avec sa nièce, pour la postérité. Cependant, les adieux public d'un homme devenu une sorte de légende vivante ont toujours quelque chose d'électrique qui provoque l'enthousiasme. Qui se souvient d'*Irène*, médiocre tragédie, dont Voltaire se servit comme d'un prétexte pour apparaître une dernière fois devant ses admirateurs ? Talleyrand est applaudi à l'Institut, moins pour ce qu'il lit que pour lui-même. Il y a là tous les fidèles. Royer-Collard, conquis, parle de sa gloire. Le matin même, le docteur Cruveilhier, affolé par les conséquences d'une telle journée sur l'état de santé de son malade, avait été jusqu'à le prévenir qu'il ne répondait pas des suites. « Et qui vous demande d'en répondre ? » aurait rétorqué Talleyrand, sèchement. Le lendemain, Dorothée est ravie, mais inquiète : « [Le] succès a dépassé mon attente ; les rapports de cinquante personnes qui ont assailli ma chambre après la séance ne me laissent aucun doute à cet égard. Il avait retrouvé toute sa voix, il a lu à merveille, il a marché, il était jeune, il était tout entier. Mais deux heures après, il était terrassé, et hors d'état de lutter[15]. » Les fatigues du 3 mars précipitent l'état de santé du vieillard et, cette fois, l'Église ne le lâche plus.

C'est à l'époque du discours à l'Institut que l'abbé Dupanloup entre en scène. Le futur évêque d'Orléans dirige le petit séminaire de Saint-Nicolas-du-Chardonnet. Il est proche de la duchesse de Dino, connaît bien sa fille Pauline dont il est le confesseur et a toute la confiance de l'archevêque de Paris. C'est lui qui va mener avec Talleyrand l'ultime négociation de sa rétractation. L'abbé dîne une première fois à l'hôtel de la rue Saint-Florentin en février. Le vieux prince sent tout de suite qu'il a en face de lui un interlocuteur suffisamment fin, réservé et souple pour pouvoir l'agréer. Il lui envoie un exemplaire de son *Éloge à Reinhard* et lui donne ainsi le prétexte d'une seconde visite, le 10 mars. De part et d'autre, on fait assaut de courtoisie. Pour le remercier de son discours, l'abbé lui adresse ses extraits des œuvres de Fénelon avec une lettre habile. Il lui rappelle que l'archevêque de Cambrai était comme lui un ancien élève de Saint-Sulpice. Derrière ce ballet ecclésiastique et diplomatique, l'enjeu est de taille : c'est celui du texte exact de la rétractation du prince. Jusqu'où celui-ci est-il prêt à aller ? On rédige de part et d'autre plusieurs projets. Dorothée y met la main et joue les intermédiaires entre son oncle, Dupanloup et l'archevêque de Paris qui réside à

Conflans. Talleyrand, comme d'habitude, fait traîner les choses en longueur tout en se montrant incroyablement pugnace, alors même qu'il commence sans doute à se sentir mourir. Dans les premiers jours de mai, il soumet à l'archevêque un projet déjà plusieurs fois remanié. Loin de se démettre, il en appelle à la justice du pape et surtout il reste volontairement vague sur certains points précis de sa vie comme son mariage[16]. Quélen a beau être prêt à toutes les concessions, il ne tient pas non plus à être pris pour le dindon de la farce. Malheureusement pour lui, l'ex-évêque d'Autun n'est pas un vulgaire pécheur. C'est un pécheur scintillant, habile et formidablement orgueilleux. Ce pécheur-là tient avant tout à rester jusqu'au bout maître de lui-même. En parlant de son frère Archambaud, retombé en enfance avant de mourir, le 28 avril, il fait allusion à la pauvreté de ceux qui n'ont plus conscience d'eux-mêmes à la fin de leur vie. Personne n'a remarqué à quel point Charles-Maurice est resté marqué par la mort de Louis XVIII qu'il a assisté de bout en bout dans sa charge de grand chambelan, sous la Restauration. L'agonie lucide du vieux roi, sa mort stoïcienne plus que chrétienne, dans le pus et la gangrène, l'ont tant frappé qu'il l'évoque à plusieurs reprises. Alors qu'on lui demandait si le roi était mort pieusement, il aurait répondu : « Tout au plus convenablement[17]. »

Comme Louis XVIII, Talleyrand va mourir en public, « convenablement », sur la scène d'un grand théâtre. Quitte à tirer sa révérence, autant éviter les fautes de goût. On dira dans le faubourg Saint-Germain qu'« il est mort en bon gentilhomme », ou encore qu'il est mort « en homme qui sait vivre », en tenant son rang, sans râles ni fausses notes, malgré les souffrances. Tous ceux, comme la duchesse de Broglie, qui auraient souhaité un peu de laisser-aller et de sincérité en seront pour leurs frais, sans penser que le spectacle réglé que le vieux diplomate a voulu donner de sa mort est peut-être sa façon à lui d'être sincère : « Je suis toute préoccupée de la mort de M. de Talleyrand. Espérons qu'il a dit vrai. Mais pourquoi tant de formes ? tant de pompe ? tant de courage ? J'aimerais mieux le cri du brigand sur la croix : “Mon Dieu, ayez pitié de moi !" Je voudrais être sûre qu'il a dit et senti cela du fond du cœur[18]. » L'abbé Dupanloup affirme que le prince fut sincère au moment de sa confession. Il note aussi quelque part dans le récit qu'il a laissé de son agonie : « Dieu seul sait le secret de sa miséricorde et les voies de sa grâce dans cette âme[19]. » Les voies du Seigneur sont en effet impénétrables, surtout lorsque celui-ci a affaire aux sceptiques et aux incrédules. Celles du monde et du théâtre de la mort sont en revanche du ressort de l'historien. Et jusque dans la mort, Charles-Maurice de Talleyrand est resté fidèle à son style.

La maladie se déclare sérieusement le jeudi 10 mai, au cours d'un dîner de vingt personnes, rue Saint-Florentin. Ce soir-là, le vieux prince est pris de frissons suivis d'une forte fièvre. Cruveilhier, appelé en consultation, détecte une tumeur à la cuisse. Une infection de furoncles dans le bas du dos complique encore les choses. Le lundi 14, il opère avec Marjolin, qu'il estime plus habile que lui au bistouri, et ne fait que constater l'étendue du mal. Le cœur, déjà très affaibli, risque de lâcher et le patient suffoque par moments. Le mardi 15 mai, on envoie chercher l'abbé Dupanloup qui passe une partie de la journée à discuter avec le malade des termes de sa rétractation. Il est venu avec un nouveau projet modifié, corrigé et certainement âprement négocié le jour même, dans la coulisse, par la duchesse de Dino avec l'archevêque de Paris qui, sans voir le prince, se rend chez lui à deux reprises. Le soir, la déclaration est au point.

Talleyrand tente cette fois moins d'y justifier sa conduite qu'il ne demande grâce et se soumet « à la doctrine et à la discipline de l'Église ». Il « déplore » aussi les actes de sa vie qui ont pu la « contrister », mais sans plus de précisions. Il n'est à aucun moment fait mention, dans ce texte, des trois principaux chefs d'excommunication qu'on lui reproche : son serment à la constitution civile du clergé, le sacre des évêques en rupture avec le pape, son mariage sacrilège. Il s'agit là plus d'une réconciliation avec l'Église que d'une rétractation. Comme si cela ne suffisait pas encore, l'oncle et la nièce obtiennent d'adjoindre à cette première déclaration une lettre personnelle du prince au pape dans laquelle il se défend de ses actes par l'argument d'une vocation d'abord forcée, puis balayée au vent de la tourmente révolutionnaire, ce qu'il appelle « l'égarement général de l'époque ». C'est dans cette lettre qu'on trouve la fameuse phrase qui arrange tout : « Le respect que je dois à ceux de qui j'ai reçu le jour ne me défend pas non plus de dire que toute ma jeunesse a été conduite vers une profession pour laquelle je n'étais pas né[20]. » Les deux textes sont suffisamment vagues et convenables pour être acceptés par le malade qui réserve toutefois sa signature, au grand désappointement de l'abbé. Talleyrand veut tout régler, jusqu'à l'heure de sa mort, et signer au tout dernier moment, par peur du ridicule en cas de convalescence soudaine, diront certains, plus probablement par calcul, afin de se donner le temps de lever une dernière question relative à la publicité des documents. Le pape l'exige, l'archevêque et l'abbé y tiennent, mais le moribond s'y refuse. Il n'a pas toute sa vie aimé le secret en vain et considère la publication de sa réconciliation avec l'Église comme une atteinte à sa dignité, surtout si celle-ci a lieu de son vivant et qu'elle conditionne son droit à recevoir les derniers sacrements. C'est pour cela qu'il demande froidement à Cruveilhier, le mercredi 16 au matin, alors qu'il vient de subir une première atteinte cardiaque : « Docteur, je veux savoir où j'en suis, dites-moi la vérité. » Ce jour-là, Dorothée trouve la solution en proposant d'introduire dans la chambre du moribond cinq témoins dignes de foi qui assisteront à la lecture et à la signature des deux documents. À défaut de publicité, le témoignage irréfutable de ces hommes attestera de la validité de l'opération. On est là très proche de l'étiquette de cour qui exigeait, par exemple, la présence de témoins à la rupture du cordon ombilical, au moment de la naissance d'un prince afin de s'assurer de sa légitimité.

Les deux derniers jours de la vie de Talleyrand ont donc été des jours de négociation, et quelle négociation ? Non pas avec lui-même et son intime conviction, mais avec l'Église en tant que puissance politique et sociale. Cette dernière victoire qu'il emporte sur le pape, dont aucune des exigences initiales ne sont respectées, est peut-être aussi pour lui une victoire sur la mort. Talleyrand a une telle maîtrise de lui-même qu'il parvient, alors qu'il est mourant, à s'occuper de tout autre chose que de son salut, à tel point qu'on ne sait plus que penser de cet incroyable acharnement à vouloir sauver les apparences et les convenances à quelques heures du grand saut. La plupart de ses biographes l'accuseront plus tard d'avoir voulu traiter avec Dieu comme avec une vulgaire chancellerie, mais ce n'est pas avec Dieu qu'il négocie, c'est avec le Saint-Siège. Là, l'orgueil résiste. Dieu s'arrangera du reste.

Sa pugnacité est d'autant plus étonnante qu'il n'est plus, la veille de sa mort, qu'une plaie souffrante. Tous ceux qui l'ont vu le 16 mai ont décrit son agonie sans complaisance. Depuis plusieurs jours, il ne peut plus se coucher à cause de l'énorme plaie qu'il a dans le dos. Hélie et Péan, ses valets – Courtiade est mort depuis longtemps – ont aménagé au-dessus de son lit un système de cordes et de poulies auquel ils ont suspendu un énorme coussin sur lequel le prince s'appuie, assis sur le bord du lit et penché vers l'avant, jambes pendantes. À mesure que ses forces l'abandonnent, il a le plus grand mal à soutenir sa tête qui tombe affaissée contre sa poitrine. Mais il a un tel sens de la politesse que, aidé de ses valets, il trouve encore la force de se lever à plusieurs reprises ce jour-là pour « témoigner sa reconnaissance, dit Mme de Boigne saisie par tant de courage, à ses nombreux visiteurs, profiter de leur conversation et y chercher quelques distractions aux maux qu'il endure avec patience ». Jusqu'à la dernière minute, il n'aura presque jamais été seul. À côté de sa chambre, le salon et la bibliothèque de l'entresol sont pleins de monde. L'agonie du prince est l'événement à la mode. « Voyons, a-t-il signé ? Est-il mort ? » Près d'une fenêtre, la jeune duchesse de Valençay, la femme de Louis, couchée sur un sofa, reçoit les hommages de ses admirateurs « agenouillés devant elle ou assis à ses pieds sur les coussins du divan. » Balzac est souvent en dessous de la vérité lorsqu'il décrit la société parisienne de cette époque dans sa *Comédie humaine*.

Dans la chambre du malade, pendant toute la journée du 16, il est surtout question de ne rien signer. Dorothée, qui n'a aucune envie de voir son ancien amant mourir sans les sacrements de l'Église, s'inquiète. À six heures du soir, elle le supplie de s'exécuter. À huit heures, l'abbé renouvelle la démarche. Pour le faire fléchir on lui envoie ses petites-nièces. Pauline, dix-sept ans et demi, la fille de Dorothée et la préférée du vieux prince entre dans sa chambre à onze heures. Sa mère lui a bien fait sentir que le salut du vieillard dépend d'elle. Elle racontera par la suite à son amie Marie Apponyi que, de terreur, elle s'est évanouie en sortant de la chambre[21]. Charles-Maurice tient bon. Il n'est pas pressé. Il veut laisser passer la nuit. Il signera demain, entre cinq et six heures du matin. Pasquier prétend que ses proches, de plus en plus inquiets, avaient fait avancer d'une heure toutes les pendules de la maison[22].

Pendant la nuit, le prince ne dort pas. L'abbé est à nouveau là à quatre heures, à cinq heures et demie, on fait venir Marie-Thérèse de Talleyrand, douze ans, la fille de Charlotte, habillée en communiante et qui s'effondre en larmes. Puis le prince demande l'heure. C'est le moment. Dorothée s'est mise d'accord la veille avec l'archevêque sur le choix des témoins qui vont assister à la signature. Ce sont Barante, Royer-Collard, Saint-Aulaire, son cousin le duc de Noailles et le comte Molé. Molé, qui dirige alors le ministère représente la partie politique du témoignage et donne à la cérémonie, car cela ressemble fort à une sorte de cérémonie expiatoire réglée à l'avance comme un ballet, sa garantie officielle. Les témoins se placent à l'entrée de la chambre du prince, dans l'embrasure de la porte, derrière une portière, dit Barante. On pense à Colbert assistant à la mort du cardinal de Mazarin caché derrière la porte de sa chambre. La chambre du prince elle-même est pleine de monde. Dorothée se saisit des deux pièces à signer et les lit à haute voix pour que les témoins et le malade lui-même puissent bien entendre. « J'ai eu la force de faire cette lecture, avec lenteur et gravité, écrira-t-elle plus tard à l'abbé, parce que je ne voulais ni ne devais rien ôter au mérite de son action. Il fallait qu'il pût se rendre parfaitement compte de ce qu'il allait accomplir. Ses facultés étaient [...] trop intactes, son attention trop présente pour qu'une lecture troublée, précipitée, eût pu le satisfaire[23]. » Tous ceux qui ont raconté cette scène extraordinaire ont en effet pris bien soin d'insister sur la présence d'esprit du moribond[24]. Tant que dure la lecture, il tient la tête haute et droite. Il trempe à deux reprises sa plume dans l'encrier qu'on lui présente et, soutenu par Hélie en larmes, signe les deux pièces de sa « grande signature » celle des traités de Paris, de Vienne et de Londres : « Charles-Maurice, prince de Talleyrand ». Puis il exécute une petite comédie, préparée de longue date avec Dorothée, en demandant d'une voix ferme la date de son discours à l'Académie. Son éloge à Reinhard a été le dernier acte de sa vie publique. Pour bien faire constater qu'il signe là des pièces « publiques », il les date du 10 mars 1838. Dans l'assistance, l'atmosphère était à ce moment-là « électrique », note Dupanloup. De tous les documents antidatés par le diplomate, ceux-là sont restés les plus célèbres. Étant donné son degré d'affaiblissement, on imagine l'effort que les quelque vingt minutes de cette cérémonie ont dû représenter pour lui. N'oublions pas qu'il va mourir dans quelques heures.

Il n'en a pas pour autant fini avec le monde. À huit heures et demie, le roi et sa sœur, Madame Adélaïde, viennent lui rendre visite. La démarche est exceptionnelle, hors de toutes les règles de l'étiquette de cour. Le prince le sait mieux que quiconque et s'occupe de faire préparer sa chambre en conséquence, suivant les usages commandés par la présence du roi, et que lui seul connaît encore, ajoute Mme de Boigne. Il donne des indications précises à Dorothée et à Louis sur la manière dont le souverain doit être reçu et lui présente lui-même ceux qu'il ne connaît pas, à son arrivée. On se souvient de son mot à Madame Adélaïde restée un peu plus longtemps que son frère à son chevet : « C'est un grand honneur pour ma Maison que la visite du roi. » Dans la plupart des récits publiés qui donnent cette phrase ou ses variantes, le mot « maison » est imprimé avec un m minuscule. Les éditeurs ont pensé qu'il s'agissait de l'hôtel de la rue Saint-Florentin, de la maison dans le sens de l'habitation. Mais c'est en pensant à ses origines, que Charles-Maurice de Talleyrand a prononcé le mot. La notion de Maison est à prendre ici dans le sens généalogique de la lignée avec un M majuscule comme la maison d'Orléans ou la Maison de Montmorency. Le prince mourant aura conservé jusqu'à son dernier souffle la fierté nobiliaire de sa naissance[25]. Chateaubriand ricane une dernière fois : « Jamais l'orgueil ne s'est montré si misérable[26]. » Lorsqu'il est question d'orgueil, le « noble vicomte » connaît pourtant son sujet sur le bout des doigts.

Il ne reste plus beaucoup de temps au prince, maintenant, pour le salut de son âme. À onze heures, l'abbé Dupanloup, après avoir dûment consulté l'archevêque et obtenu son accord, entre dans la chambre du malade pour son office. « Prince, lui dit-il, vous avez donné ce matin à l'Église une grande consolation ; maintenant, je viens au nom de l'Église vous offrir les dernières consolations de la foi. » La confession et l'extrême-onction durent une petite heure. En sortant, l'abbé ne fait qu'un seul commentaire, rapporté par Barante. « Je n'ai jamais vu une pareille maîtrise de soi-même, jointe à un repentir aussi sérieusement raisonné. » Il y eut donc encore de la « raison » dans cette ultime confession. Alors que pendant sa confession le prince était resté seul avec l'abbé, sa chambre est à nouveau pleine de monde au moment de l'extrême-onction. Talleyrand répond « d'une voix nette et intelligible à toutes les prières ». Puis l'abbé lui impose le saint chrême. Détail extraordinaire, le prince lui tend sa main fermée, tournée vers l'extérieur en lui disant : « N'oubliez pas, monsieur l'abbé, que je suis évêque. » Quand on administre l'extrême-onction à un prêtre ou a un évêque, l'onction des mains se fait en effet « à l'extérieur » et non dans la paume comme pour un simple chrétien[27]. L'abbé récite ensuite à genoux la litanie des saints, et le prince incline la tête à deux reprises au moment où il invoque saint Maurice et saint Charles. Vers midi, selon Montrond, il perd la voix et ne dit plus un mot[28]. Il meurt à trois heures trente-cinq de l'après-midi, le jeudi 17 mai 1838.

24.

LE « SAVOIR-VIVRE » ET LE « SAVOIR MOURIR[1] »

Alors qu'il n'a pas encore rendu son dernier soupir, dans les officines de la presse parisienne, on prépare déjà les articles du lendemain. « M. de Talleyrand était ce matin au plus mal, écrit le rédacteur du *Charivari*, et chacun se demandait si le vieux roué nous ménageait quelque mystification. On sait en effet qu'il ne fait jamais rien sans motif, et nul ne pouvait comprendre quel intérêt il avait à être à l'agonie[2]. » Talleyrand paie dans l'instant le poids de sa vie et la dimension politique de ses derniers jours. Ceux qui l'ont aimé se contentent de ce qu'ils ont vu : « Monsieur de Talleyrand est mort chrétiennement, ayant satisfait à l'Église et reçu les sacrements, écrit Royer-Collard à un ami. C'est le dernier cèdre du Liban et c'est aussi le type de ce savoir-vivre qui était propre aux grands seigneurs, gens d'esprit[3]. » Mais c'est surtout autour du « savoir mourir » du prince que l'on s'empoigne. Thiers, arrivé rue Saint-Florentin quelques instants après sa mort pour s'assurer, dit méchamment Thomas Raikes, que le cadavre est bien froid, fulmine en apprenant la comédie de la rétractation. « Le prince de Talleyrand, lâche-t-il, furieux, dans le salon qui jouxte la chambre du mort, a gâté toute sa vie par cette capucinade. » Mme de Castellane le traite de calomniateur[4]. De ce jour, la duchesse de Dino ne le reverra plus[5]. Il faut croire que cette fameuse rétractation était bien peu satisfaisante aux yeux du pape puisque Rome, qui avait envoyé de nouvelles instructions plus sévères encore que les premières, mais arrivées trop tard, après la mort du prince, ne se résoudra jamais à la publier. Pour des raisons exactement contraires, le roi et ses ministres n'y tiennent pas non plus. La question cléricale est encore terriblement délicate en mai 1838. Molé, Dupin et Sébastiani voient tour à tour l'internonce à Paris, Mgr Garibaldi, et lui font part de leurs craintes : la publication pourrait donner lieu à « quelque affligeante et scandaleuse sortie devant les chambres[6] ». Dans les milieux anticléricaux, on pourrait se montrer sceptique ou croire que la rétractation du prince lui aurait été ni plus ni moins extorquée par l'Église. Il est vrai qu'un député de l'opposition avait déjà affirmé, en plaisantant, ne pas croire aux conversions, pas même à celle des rentes. On s'inquiète aussi en haut lieu d'un possible scandale à l'occasion des funérailles du prince. Il n'y eut que des mots. Ce n'est pas un tribun de l'opposition ou un général de l'Empire qu'on enterre, comme Mirabeau ou Lamarque, c'est un diplomate. Cet homme-là n'est pas de ceux qui suscitent l'enthousiasme ou la haine populaire. Pourtant, le 22 mai, toutes les rues qui conduisent à l'église de l'Assomption où une cérémonie funèbre doit avoir lieu et où le corps reposera jusqu'à ce qu'on puisse l'enterrer à Valençay, sont bloquées par la troupe. Au dernier moment le gouvernement, toujours par peur d'une émeute, change le tracé du parcours entre la rue Saint-Florentin et l'église. Du coup l'immense foule des curieux est privée du spectacle du cortège. « Voyez donc, disent les badauds, il nous trompe même en mourant[7]. » Le grand catafalque noir du prince porte les armes et la devise des Talleyrand. Le « Rien que Dieu » des anciens comtes de Périgord, sera considéré par la presse comme l'ultime sarcasme adressé au ciel par l'ancien évêque d'Autun[8]. Le cortège est officiel et imposant. Six voitures de la maison du roi suivent les voitures de deuil, entre deux haies de soldats qui présentent les armes ; Hélie, le dernier valet de chambre de Talleyrand, porte la couronne ducale sur un coussin de velours.

La mort de Talleyrand fait toute la conversation des salons pendant quelques jours, puis on l'oublie pour d'autres événements : la naissance du comte de Paris, l'apothéose de Rachel au Théâtre-Français. Les ministres, les pairs, les députés, le corps diplomatique, l'Académie assistaient en corps à la cérémonie du 22 mai. Lorsqu'on l'enterre pour de bon à Valençay, le 5 septembre suivant, il n'y a déjà plus personne. Même Dorothée, peut-être pour échapper aux sarcasmes et pleurer en paix, a déserté Paris pour l'Allemagne après avoir vendu l'hôtel de son oncle à James de Rothschild. Montrond, l'abbé Dupanloup, Alexandre de Talleyrand, l'un des petits-neveux du prince, sont présents. Il y a aussi le vieux chien de Talleyrand, Carlos, qui cherche toujours son maître. Le corps est arrivé à Valençay dans la nuit, à la lumière des torches. Pas un de ceux qui « comptent », puissants de l'heure et du moment, solliciteurs ou protégés, n'a fait le voyage du Berry[9]. On ensevelit le corps du défunt dans un caveau, aménagé sous la chapelle de la maison de charité qu'il a lui-même fondée dans le village. Jusqu'en 1930, la partie haute du cercueil, recouvert de marbre noir et logé dans une niche aménagée le long de l'un des murs de la crypte, était pourvue d'une vitre. On pouvait encore y voir le visage momifié de l'homme aux « treize serments[10] », grimaçant pour certains, énigmatique jusque dans la mort pour d'autres, bâillant pour l'éternité, comme dirait Chateaubriand, son extraordinaire faculté à n'être pas un seul visage, mais plusieurs, sous le masque à la fois tangible et trompeur de l'immobilité.

Paris, le 31 mars 2003.

NOTES

Notes de l'Avant-propos

Page 15. 1. Roberto Calasso, *La Ruine de Kasch*, Gallimard, 1987, p. 119.

Page 16. 2. « Le prince », *Revue des Deux Mondes*, 15 octobre 1834, in *Œuvres autobiographiques*, éd. Georges Lubin, III, p. 851.

Page 17. 3. *Mémoires d'outre-tombe*, édition du centenaire établie par Maurice Levaillant, Garnier-Flammarion, 4 vol. ; rééd. 1981. Tome IV (IVe partie, livre onzième, 8) : « Monsieur de Talleyrand, Paris, 1838 », pp. 557-567.

4. *Choses vues*, « Talleyrand », 19 mai 1838.

5. « Monsieur de Talleyrand », *Le Temps*, 12 janvier-9 mars 1869.

Page 19. 6. *Mémoires du prince de Talleyrand*, publiés par le duc de Broglie, Paris, Calmann-Lévy, 5 vol., 1891-1892. I, pp. 10-12.

Page 20. 7. W. Goethe, *Über Kunst und Altertum am Rhein und Main*, Stuttgart, 1826, 5e volume, 3e fascicule. Goethe avait en main la *Collection des portraits historiques de M. le baron Gérard, premier peintre du roi, gravés à l'eau-forte par Pierre Adam…*, publiée à Paris en 1826 par Urbain Canel éditeur, rue Saint-Germain-des-Prés, n° 9.

8. *Mémoires du prince de Talleyrand*, I, p. 35.

Page 21. 9. Sur le goût et l'esprit selon les moralistes du XVIIe siècle, voir Benedetta Craveri, *L'Âge de la conversation*, Gallimard, 2002.

10. *Souvenirs du duc de Broglie*, Paris, Calmann-Lévy, 4 vol., 1886, IV, p. 51.

11. Dans son *Journal littéraire* pour Léautaud, dans *Cahier de Talamanca*, entre autres, pour Cioran, dans les *Mémoires d'une bergère* (Plon, 1959) pour Philippe Jullian, dans *Le Biographe* (Gallimard, 2000) pour Beaussant : « M. le prince de Talleyrand promena pendant toute la nuit son sourire à demi, et ne répondit point aux questions » (p. 12).

12. *Correspondance générale*, Paris, éd. Parturier. Le Divan, tome II (1942), lettre du 4 juin (1836).

13. Jules Barbey d'Aurevilly, *Du dandysme et de Georges Brumell*, *Œuvres romanesques complètes II*, Gallimard, « la Pléiade », 1966. Barbey écrit cela à propos du prince de Kaunitz, l'un des modèles de Talleyrand.

14. *Mélanges de politique et d'histoire*, Paris, 2 vol., 1933, I, « M. de Talleyrand », Marseille, 24-25 mai 1838.

15. *Mémoires de la comtesse de Kielmannsegge*, Victor Attinger, 2 vol., 1928, I, pp. 140-141.

Page 22. 16. Metternich à Stadion, Paris, 24 septembre 1808, in *Mémoires de Metternich*, Paris, Plon, 1880. II, p. 231.

17. *Souvenirs du baron de Barante*, Calmann-Lévy, 8 vol., 1890-1901, VI, p. 240, lettre du 24 juin 1839.

18. *Mémoires du baron de Vitrolles*, Charpentier, 3 vol., 1884. III, p. 444.

Page 23. 19. Balzac, *La Comédie humaine*, *Le Père Goriot*, Gallimard, « la Pléiade », III, p. 144. Balzac s'est beaucoup servi de Talleyrand, qu'il admirait, dans sa *Comédie humaine*. « M. de Talleyrand, l'homme qui se fout de tout et qui est plus haut que les hommes et les circonstances » (*Pensées, sujets, fragments*). Talleyrand est le héros du comte de Marsay, l'ami et le rival de Rastignac, le personnage de la *Comédie* qui incarne par excellence l'ambition et le goût du pouvoir.

Page 24. 20. *Du gouvernement civil* (Locke, 1690), l'*Esprit des lois* (Montesquieu, 1748), les *Rapports du physique et du moral de l'homme* (Cabanis, 1802) et les *Œuvres* de Newton (1779-1785) figurent au catalogue de la bibliothèque de Valençay (voir la bibliographie, Annexes).

21. L'historien australien Philip G. Dwyer a publié un répertoire bibliographique sur Talleyrand (1996) dans lequel il compte huit cent vingt-cinq références imprimées, et encore il en oublie quelques-unes.

22. Dans l'ordre : *Histoire du Consulat et de l'Empire* (1863) ; *L'Empire libéral* (Garnier frères, 1895, I, livre 1er, chapitre Ier ; *Talleyrand, Metternich, Chateaubriand* (Hachette, 1928) ; *Talleyrand* (Fayard, 1975). Maurice Schumann est sans doute celui qui l'a le mieux compris.

Page 25. 23. Louis S. Greenbaum, *Talleyrand, Statesman, priest*... (Washington, 1970) et H. Wendorf, *Die Ideenwelt der fürsten Talleyrand*... (1963. Voir la bibliographie, Annexes).

24. Dans l'ordre : *Discours de M. le baron de Barante à l'occasion du décès de M. le prince de Talleyrand* (1838) ; « Le prince de Talleyrand » (*Revue des Deux Mondes*, 15-5-1839) ; *Souvenirs contemporains*, (Didier, 2 vol., 1855) ; *Mémoires du prince de Talleyrand* (*op. cit.*, introduction) ; *Talleyrand* (Dunod, 1936) ; *Talleyrand et les États-Unis*, *Talleyrand et le Consulat*, *Talleyrand et l'ancienne France*, *Les Années occultées 1789-1792* (Perrin, 1976, 1986, 1988, 1995).

25. *Talleyrand ou le sphinx incompris* (Flammarion, 1970).

26. Dans l'ordre : *Talleyrand* (Payot, 4 vol., 1928-1934) ; *Talleyrand au congrès de Vienne* (1941, rééd. De Fallois, 1996) ; *Talleyrand* (Flammarion, 1944).

27. *Napoléon et Talleyrand* (Plon, 1935).

Page 26. 28. Dans l'ordre : *Le Cœur secret de Talleyrand* (Perrin, 1956) ; *Talleyrand amoureux* (France-Empire, 1975) ; *Talleyrand* (Royer, 1992 et 1998).

29. Archives du duc de Dino, lettres de Talleyrand à la duchesse de Bauffremont, X, 31 mai (1830). Lettre inédite. Talleyrand dit cela à propos de son amie la vicomtessse de Laval.

30. Dans l'ordre : « Les trois Talleyrand » (*Nouvelle Revue*, 1891), « De Napoléon » (*Cahiers de la quinzaine*, 23-7-1912) ; *La Ruine de Kasch* (1987) ; *Chateaubriand : Poésie et Terreur* (2003).

Page 27. 31. Voir mon chapitre sur le duc d'Enghien (« L'affaire », p. 416) et les Annexes.

32. Il s'agit des rapports du comte de Mercy, l'ambassadeur d'Autriche à Paris, au prince de Kaunitz. Dans l'un d'entre eux, daté de 1792, Bacourt supprime carrément un passage où Talleyrand est traité de scélérat. C'est Feuillet de Conches, chef du bureau du protocole aux Affaires étrangères et érudit célèbre sous le second Empire, qui lance la polémique. Il avait déjà eu maille à partir avec Bacourt en 1852, alors que ce dernier cherchait à lui racheter des lettres de Talleyrand qu'il possédait (Amédée Pichot, *Souvenirs intimes sur M. de Talleyrand*, Paris, Dentu, 1870, p. 205).

Page 28. 33. Avant sa dispersion, Alain de Grolée-Virville a eut la sagesse d'établir une note très complète sur ce fonds. Une copie de cette note m'a été aimablement communiquée par le collectionneur allemand Eberhard Ernst. Munich, « Filiation des papiers Talleyrand » (1972) (voir les Annexes).

Page 29. 34. Louis Bastide, *Vie religieuse et politique de Talleyrand-Périgord*, Paris, Faure, 1838, Avant-propos.

Page 30. 35. Marquis de Noailles, *Le Comte Molé, sa vie, ses mémoires*, Champion, 6 vol., 1922-1930, VI, p. 276.

Page 32. 36. *Les Papiers d'Aspern*, GF, 2002, p. 259.

Première partie
Notes du chapitre 1

Page 36. 1. « Extrait de généalogie de la Maison de Périgord », *Mercure de France*, janvier 1744.

2. Dans ses Mémoires, la pseudo-marquise de Créquy, qui n'est par ailleurs pas tendre pour les Talleyrand, note : « Mes grands-oncles disaient toujours à propos du premier mariage de Mme des Ursins, sous Louis XIV, qu'on avait été confondu de surprise en voyant une fille de la maison de La Trémoille épouser ce monsieur de Chalais, et que cela n'était provenu que de ce qu'on l'avait supposée dans la nécessité d'être mariée le plus tôt possible », *Souvenirs de la marquise de Créquy, de 1701 à 1803*, Paris, Garnier, 1855, vol. 1, t. I, p. 203 : « De la haute noblesse ». Malgré l'imagination fertile du véritable auteur de ces Mémoires, Cousin de Courchamps, il existe sans doute un fond de vérité aux remarques de la fausse marquise de Créquy, puisées à bonne source, auprès de la vieille marquise de Mesmes, ancienne dame de compagnie de Madame Victoire.

3. MAE MD Espagne 99, lettre de Philippe V à Mme de Maintenon, 11-4-1714.

4. *Mémoires du duc de Luynes sur la cour de Louis XV*, 1735-1758. Paris, publ. par L. Dussieux et E. Soulié, 1860-1865, 17 vol., V, p. 317, 1er février 1744.

Page 37. 5. D'après Saint-Allais qui résume et commente la généalogie de 1744, in *Précis historique des comtes de Périgord et des branches qui en descendent*. Paris, A. Guyot, imprimeur du roi et de sa maison, 1836.

6. Les armes de la maison de Talleyrand sont : « De gueules à trois lionceaux d'or, lampassés, armés et couronnés d'azur. »

7. BNF Cherin 192.

8. Saint-Allais, *op. cit.* et BNF Cherin 192. Saint-Allais avait publié une première généalogie « officielle » en 1818 dans la troisième édition de *L'Art de vérifier les dates*, qui lui avait été procurée par M. Osmond, secrétaire de Talleyrand. Pour sa rareté, on notera la publication sous l'Empire, en 1808, d'une autre généalogie, très orthodoxe, par un auteur anonyme d'origine allemande : elle commence par ces mots : « L'origine de la maison de Talleyrand-Périgord se perd dans la nuit des temps et lorsque les chroniques des chantres en font mention, elles la présentent à un degré d'illustration qui prouve qu'elle était déjà bien éloignée de sa souche. » Rien que cela ! (*Lettres à Clio*. AR… 1808…, « Notice sur la maison de Talleyrand-Périgord ».)

Page 38. 9. Flassan : « La famille des Grignols-Talleyrand descend-elle des anciens comtes de Périgord ? Son origine, discussion historique et généalogique » par M. de F., Paris, 1836, pp. 54 et 85. Suivi de « Dissertation de M. le comte de Flassan sur la nouvelle généalogie du prince de Talleyrand », Paris, 1837. Flassan est une vieille connaissance. Il a servi comme chef de la première division politique au ministère des Relations extérieures sous le Directoire. Prévenu de royalisme, il se réfugie à Marseille. Après avoir écrit une *Histoire de la diplomatie*, il est nommé, de 1812 à 1829, historiographe du ministère. En octobre 1814, l'un des espions de Metternich signale son arrivée à Vienne comme historiographe officiel du congrès (Commandant M.-H. Weil, *Les Dessous du congrès de Vienne.* Paris, 2 vol., Payot, 1917. I, p. 185, Vienne, 1er octobre 1814).

10. *Ibid.* et prince de Ponts, marquis de la Châtaigneraie, « Fragments tirés d'un gros recueil », Paris, S. Rançon, 1867. On peut y lire que Chalais est un « médiocre fief saintongeais (environ deux cent dix feux) venu par les femmes aux Grignols. Jamais, à notre connaissance, il ne fut une principauté, ni de soi, ni par érection, ni parce qu'un roi d'Espagne, grâce à Mme des Ursins, aurait princisé son maître en quelque commission de cour… Le certain est que ce fief relevait pompeusement du haut prélat diocésain. » « Une supercherie misérablement ridicule », selon la marquise de Créquy (*op. cit.*, vol. 1, t. I, p. 203).

11. « Réponse de M. de Saint-Allais à M. de Flassan à l'occasion de sa brochure intitulée… ». Paris, 1836, 38 p.

Page 39. 12. « Mémoires du prince de Talleyrand publiés avec une préface et des notes par le duc de Broglie », Paris, 5 vol., Calmann-Lévy, 1891, tome I, pp. 3 et 4.

13. Talleyrand à Charles X (février 1829), cité par Lacour-Gayet, IV, p. 181. Anciennes archives du château de Broglie.

14. Coulmann : « Réminiscences », Genève, Slatkine, 1973, tome I, p. 73.

15. Par Joseph Chabord (1786-1848), un élève de Regnaud.

16. Baron de Gagern, *Mémoires. Ma participation à la politique*, Francfort, 4 vol., 1823-1833. Voir Ch.-A. de Sainte-Beuve, « M. de Talleyrand », introduction et notes par Léon Noël. Monaco, éd. du Rocher, 1958, p. 237. Gagern place l'anecdote à Varsovie en 1807 à l'époque où Talleyrand était ministre des Relations extérieures de Napoléon et prince de Bénévent. D'Hauterive, *La Police secrète du premier Empire. Nouvelle série, 1808-1809*, Clavreuil, 1963. 19 janvier 1808, p. 23.

17. Michel Poniatowski, *Talleyrand et l'ancienne France*, Paris, Perrin, 1988, p. 24, note 3. Le mot est attribué à Louis XVIII.

Notes du chapitre 2

Page 40. 1. Marquise de La Tour du Pin, « Souvenirs d'une femme de cinquante ans », Paris, Mercure de France, 1989, p. 39.

2. *Journal du duc de Luynes*, *op. cit.*, 20 mai 1745.

Page 41. 3. *Souvenirs du marquis de Valfons*, Paris, Émile-Paul, 1906.

4. J. N. Moreau, *Mes souvenirs*, Paris, Plon, 1898. tome I, pp. 82 et 93.

5. *Mémoires de la duchesse d'Abrantès*, Paris, Garnier, s.d., tome I, p. 56.

6. *Le Faubourg Saint-Germain : rue de l'Université*, ouvrage collectif présenté par la Délégation à l'action artistique de la Ville de Paris. Paris, Institut néerlandais, 1987. « Hôtel de Talleyrand-Périgord puis Soult », notice de Françoise Magny, p. 103.

7. Bernard Dugoujon, étude inédite sur les Tuileries. La comtesse de Périgord disposa de l'appartement de 1758 à 1769.

8. Bachaumont, *Mémoires secrets*, XXXIV, 21-2-1787, p. 158.

Page 42. 9. Archives du château de Commarin. Lettre du comte de Talleyrand à la marquise d'Antigny, 5 avril 1759 : « C'est avec la plus grande satisfaction, Madame, que j'ai l'honneur de vous informer que je suis menin de Monsieur le Dauphin. C'est la place que je désirais le plus. » Un menin était un gentilhomme attaché à la personne du dauphin.

Page 43. 10. La conversion des livres (et leur équivalent en francs de l'époque) en euros est difficile à faire, tant les valeurs diffèrent à deux siècles de distance, selon les objets. On peut proposer cependant un rapport d'une livre pour trois euros. *Ibid.* « Histoire de la vie de Jeanne-Marie de Vienne », par Jacques-François de Damas.

11. An MC LXXXIII 1101, étude Boulard. « Inventaire après décès de M. Charles-Daniel de Talleyrand-Périgord, comte de Talleyrand », 13-11-1788.

12. Guy Chaussinand-Nogaret, Choiseul, Paris, Perrin, 1998, p. 19.

13. BHVP, Papiers Maurice Dumoulin, Topographie parisienne V, ms. 498 fol. 259 et *Le Faubourg Saint-Germain : rue Saint-Doninique*, ouvrage collectif présenté par la Délégation à l'action artistique de la Ville de Paris. Musée Rodin, 1985. « Hôtel Amelot de Gournay » par Martine Constant, p. 79. Le contrat de location date de 1767. Aujourd'hui, n° 1, rue Saint-Dominique, à l'angle du boulevard Saint-Germain.

Page 44. 14. William R. Newton, *L'Espace du roi. La Cour de France au château de Versailles, 1683-1789.* Paris, Fayard, 2000. Lettre de 1755, p. 411.

15. Archives du château de Commarin. Voir, entre autres, la lettre du comte de Talleyrand à sa belle-mère du 19 mars 1757.

16. *Ibid.* Lettre de Mlle Charlemagne à la marquise d'Antigny, 5 septembre 1777.

17. William R. Newton, *op. cit.* Voir en particulier le chapitre consacré à l'aile nord et le recueil des correspondances concernant l'appartement de Mme de Talleyrand, pp. 408-411.

Page 45. 18. « Journal du marquis de Bombelles ». Droz, 1978, tome I, 12 octobre 1782.

19. *Mémoires*, I, p. 3. À propos de ses parents : « Ils avaient une position de cour qui, bien conduite, pouvait mener à tout, eux et leurs enfants. »

20. *Souvenirs de la marquise de Créquy*, *op. cit.*, vol. 2, t. IV, p. 175 et vol. 1, t. I, p. 205. « Ils étaient si pauvres qu'ils y vivaient [à Versailles] des profits du grand commun. Ils avaient, en guise de maître d'hôtel, une sorte de maître-Jacques qui s'en allait tous les jours chercher leur probende à la desserte des tables royales, dont les officiers avaient ordre de les traiter favorablement. » Et Mme Campan, *Mémoires sur la vie privée de Marie-Antoinette*, Paris, Baudoin, 1823, tome III, p. 133.

21. Cela n'a été noté par personne, sinon par Villemarest (IV, 350). La lecture des Almanachs royaux de la Restauration est instructive à cet égard. Au sein de la garde royale, Edmond de Périgord, le fils de son frère Archambaud, commande un régiment de cavalerie. Son cousin Élie de Chalais est sous ses ordres à la tête d'une simple brigade (Almanach de 1817).

Notes du chapitre 3

Page 46. 1. Lucien Perey, *Hélène Potocka*, Paris, Calmann-Lévy, 1888, p. 305.

Page 47. 2. Archives du château de Commarin, livre de raison de Marie-Judith de Vienne. « Son mariage m'a bien saigné le cœur de voir mon nom si fort abâtardi. »

3. AN MC LXXXVIII 716, étude Bronod. « Inventaire après décès de Mme de Senozan », 9-9-1775 et Almanach royal de 1778.

Page 48. 4. AN MC 460, éude Lormeau. Contrat de mariage d'Archambaud de Périgord, 29 et 30-11, 1er et 2-12 1778, et Moreau, *op. cit.* pp. 102-103. Le contrat est signé à l'hôtel de Sénozan, rue de Richelieu.

5. AN MC 457, étude Rappeneau, testament de la princesse de Chalais, 29-01-1771.

6. Archives de Commarin. Charles-Daniel de Talleyrand à François de Damas, marquis de Ruffey, 22 février 1779.

7. *Mercure de France*, 5 février 1779. « La vicomtesse de Périgord fut présentée le même jour au roi et à la famille royale par la comtesse de Talleyrand » (24 janvier 1779).

Page 49. 8. Archives de Commarin. Lettre de Mlle Charlemagne à la comtesse de Talleyrand, 18 janvier 1779.

9. *Ibid.* Lettre de la comtesse de Talleyrand à sa mère, 9 novembre 1778.

10. *Ibid.* Lettre de Mlle Charlemagne à Marie-Judith de Vienne, 18 janvier 1779.

11. *Ibid.* Lettre de la comtesse de Talleyrand à sa mère, 15 février 1778.

12. L'un des rares portraits que nous ayons de lui est de H.M. Brougham et date des années 1790. Archambaud, « dont les facultés intellectuelles étaient infiniment moins bien servies par la nature que son apparence physique ». *Historical Sketches of Statesmen who Flourished in the Time of George III*. London, 1843. I, 162. Voir également Bombelles, Journal 1784-1789. Genève, Droz, 1982. II, 395.

13. Bachaumont et suiveurs, *Mémoires secrets*, XXXI, p. 89, 8 février 1786. Archambaud n'est pas le seul de la famille à défrayer la chronique. Un an plus tard, sa cousine germaine Adélaïde d'Antigny, chanoinesse de Remiremont, mariée au comte Charles de Simiane, fera parler d'elle à cause de sa liaison avec le marquis de La Fayette. De jalousie, son mari s'en brûlera la cervelle. Elle était « jolie comme un ange », dit Bombelles (II, p. 174), « la plus jolie femme de la cour » à laquelle elle appartenait comme dame de Madame, comtesse de Provence. *Mémoires secrets* (XXXIV, 14 mars 1787).

14. *Correspondance secrète inédite sur Louis XVI, Marie-Antoinette, la cour et la ville de 1777 à 1789, publiée par M. de Lescure.* Paris, 1860, II, 16, 22 février 1786. L'anecdote est également racontée par la baronne d'Oberkirch dans ses Mémoires à la date du 10 février et dans divers pamphlets sur Talleyrand. Entre autres, Marcade : *Charles-Maurice de Talleyrand, prêtre et évêque*, P. Rouveyre, 1883, pp. 115-116.

Page 50. 15. Voir sur ce point le premier chapitre du *Louis-Philippe* de Guy Antonetti, Fayard, 1994.

16. Benjamin Constant, *Portraits, mémoires, souvenirs*, Paris, Champion, 1992, p. 119.

Page 51. 17. Artaud de Montor, *Histoire... du comte d'Hauterive*, Paris, Adrien Le Clere, 1939. Lettre au comte d'Hauterive, Saint-Polten, 20 novembre 1805, p. 128.

Notes du chapitre 4

Page 52. 1. Un extrait de l'acte de naissance de Charles-Maurice, dont un exemplaire est conservé à la BN (Ms, N. acq. fr. 24346 fol. 44), a été publié par Nauroy, *Le Curieux*, 1883, 15 octobre. Le parrain de l'enfant n'est autre que Gabriel-Marie de Talleyrand, le demi-frère de son père.

2. Talleyrand à Mme de Jaucourt, Valençay, 23 (septembre 1837) (AN 86AP9, « papiers Jaucourt »). La lettre est reproduite dans l'édition Javal des Mémoires du prince, au tome I (1954).

Page 53. 3. *Mémoires, op. cit.*, p. 18.

4. Étienne Dumont, *Souvenirs sur Mirabeau et les deux premières assemblées de la législature, publiés par M.J.L. Duval.* Paris, 1908, p. 360. Voir également les *Mémoires* de Mme de Rémusat. Paris, Calmann-Lévy, 3 vol., 1881, III, p. 360.

5. Mme de Rémusat, *op. cit.*, III, p. 325. Il en profite dans la foulée pour justifier son engagement révolutionnaire en réaction aux brimades de sa famille : « [La Révolution] attaquait des principes et des usages dont j'avais été victime ; elle me

paraissait faite pour rompre mes chaînes, elle plaisait à mon esprit ; j'embrassai vivement sa cause, et, depuis, les événements ont disposé de moi » (III, p. 328).

6. *Mémoires, op. cit.* I, p. 7.

7. Mme de Boigne, *Mémoires*, Paris, Mercure de France, 1982. I, p. 66.

Page 54. 8. *Mémoires, op. cit.*, p. 7.

9. *Revue des Deux Mondes*, 15 mai 1839, p. 442 et *Talleyrand*, rééd. 1990, Paris, Payot, p. 15-16.

10. Michel Poniatowski, *op. cit.*, pp. 41-44.

Page 55. 11. Dans l'une de ces études médico-historiques à la mode entre les deux guerres, l'un des spécialistes du genre, le docteur Augustin Cabanès, évoque – sans citer sa source – l'un des rapports du docteur Cruveilhier, le médecin de Talleyrand, à la fin de sa vie, sur l'état de ses pieds. Celui-ci, d'après Cabanès, « n'aurait pas reconnu la moindre trace d'une blessure, la moindre cicatrice d'une lésion ancienne ». *Légendes et curiosités de l'histoire*, Albin Michel, 2e série, 1921. Le professeur lillois Marius Lacheretz vient de confirmer la thèse de l'hérédité dans un article récent, agrémenté de nombreuses illustrations : « Le pied-bot de Talleyrand et son association à un syndrome de Marfan », *Revue de l'Académie du Centre*, 115 (1989), pp. 64-75. Pour lui, les deux pieds de Charles-Maurice présentent « un défaut de formation généralisé du tissu conjonctif ». Son pied droit est atrophié et son pied gauche anormalement long, si l'on en juge par la chaussure orthopédique conservée à Valençay. Cette longueur anormale des phalanges, caractéristique du syndrome de Marfan se retrouve également dans les mains. D'après le portrait qu'il a fait de Talleyrand en 1828, le peintre Ary Scheffer est sans doute l'un des seuls à représenter les mains très allongées de son modèle. Toutes ces déformations ne peuvent provenir d'un accident. Enfin la myopie de Charles-Maurice, les conjonctivites à répétition qu'il devra soigner dans les dernières années de sa vie peuvent également relever de cette maladie de Marfan.

12. En général, dans ses dernières années. On retiendra surtout deux caricatures anglaises à l'époque de son ambassade anglaise sous la Monarchie de Juillet. « The Lame Leading the Blind » (le boiteux conduisant l'aveugle) le représente avec Palmerston en 1832. (HB [John Doyle], January 30th 1832), et « A Diplomatist after his 51th Protocol, 1831 », d'après le dessin du comte d'Orsay cité plus loin (publ. by Marianne Humphrey, 24 St.-James Street, London, nov. 8th 1831). Il faut mentionner aussi le croquis pris sur le vif par la comtesse Bruyère en juillet 1829 aux eaux d'Aix-la-Chapelle, reproduit *in* Louis Madelin, *Talleyrand*, Paris, Tallandier, 1979 (B.N. Cabinet des Estampes), et celui du comte d'Orsay, vers 1831, reproduit dans *Portion of a Journal kept by Thomas Raikes esq.* (London, Longman, 2 vol., 1853, frontispice du second volume).

13. *Mémoires* du chancelier Pasquier, Paris, Plon, 6 vol., 1893-1895. I, p. 216. Par ailleurs, l'abbé de Lageard de Cherval, condisciple de Charles-Maurice au collège d'Harcourt, affirme dans ses Souvenirs, sans plus de précisions, qu'il y aurait toujours eu un pied-bot, à chaque génération, dans sa famille.

14. Laure d'Abrantès, *Mémoires*, *op. cit.* I, p. 55.

15. Vente Pescheteau-Badin. Drouot, 22 mars 1995, n° 70, « Portrait de Monsieur Talleyrand-Périgord ». Coll. part. Nous remercions Élisabeth Royer de nous avoir communiqué une photo de ce portrait. Carmontelle a représenté deux autres membres de la famille. Le père de Charles-Maurice, Charles-Daniel (musée Condé, château de Chantilly), et le frère de ce dernier, Louis-Marie (vente Christie's, Londres, 15 décembre 1992, n° 181).

Page 56. 16. Benjamin Constant, *Portraits, Mémoires et souvenirs*, Paris, Champion, 1992, p. 37.

17. H. Welschinger, *La Mission secrète de Mirabeau à Berlin*, Paris, Plon, 1900, p. 31.

18. Mémoires et souvenirs du baron Hyde de Neuville, Paris, 2 vol., Plon, 1792. I, p. 274.

Page 57. 19. Archives de Commarin.

20. *Ibid.*, Lettre de la comtesse de Talleyrand à sa mère, 29 septembre 1757. L'austère château de Chalais, en Charente, existe toujours. Il est aujourd'hui propriété de l'hospice de la ville et maison de retraite.

21. Voir *supra*, note 38.

Notes du chapitre 5

Page 58. 1. J. de Norvins, *Mémorial*, Paris, Plon, 3 vol., 1896-1897. I, p. 10.

2. Talleyrand, *Mémoires, op. cit.* I, p. 21.

Page 59. 3. Colmache, *Revelations of the Life of Prince Talleyrand*, Londres, 1850, p. 105.

4. Archives Commarin. Livre de raison de Marie-Jeanne de Vienne (1742).

5. *Mémoires*, I, p. 20.

Page 60. 6. Nous renvoyons en particulier aux articles et ouvrages de Michaud, Bastide, Touchard-Lafosse, Villemarest.

7. La première version a été publiée par R. Limouzin-Lamothe en 1954 : « La rétractation de Talleyrand : documents inédits » *Revue d'histoire de l'Église de France*, XL (1954), 234. La version définitive, datée du 10 mars 1838 et signée le 17 mai, a été publiée successivement par l'abbé F. Lagrange (*La Vie de Mgr Dupanloup*, Paris, Poussielgue, 1883-1884, 3 vol., I, p. 255) et par le baron de Nervo (*La Conversion et la mort de M. de Talleyrand*. Paris, 1911, pp. 22-23). Pour la dernière citation : *Réponse de M. l'évêque d'Autun au chapitre de l'église-cathédrale d'Autun*, 29 mai 1790. Paris, Impr. nationale (s.d.), p. 5.

Notes du chapitre 6

Page 61. 1. Louis S. Greenbaum : « Talleyrand and his uncle. The genesis of a clerical career », *Journal of Modern History*, t. XXIX, 1957, p. 227. L'article sera repris dans un ouvrage plus conséquent : *Talleyrand Statesman Priest. The agent general of the clergy and the church of France at the end of the old regime*, Washington, 1970.

Page 62. 2. *Mémoires de Mme de Genlis*, Paris, Ladvocat, 10 vol., 1825.

3. Selon Mme de La Tour du Pin dans ses Mémoires, à propos de son oncle Dillon. I, p. 38.

Page 63. 4. *Mémoires*, I, pp. 18-19.

Page 64. 5. Norvins, *Mémorial*, I, p. 105.

6. *Mémoires*, I, p. 33.

7. Norvins, *Mémorial*, I, p. 105.

8. Boigne, *Mémoires*, I, pp. 33-34.

9. Beugnot, *Mémoires*, Paris, Dentu, 1868, I, pp. 158-159.

10. *Mémoires historiques littéraires et critiques de Bachaumont, depuis l'année 1762 jusqu'à 1788.* Paris, 2 vol., Léopold Collin, 1808, II, p. 113, 26 mars 1884. Cette satire sur l'absentéisme des évêques est attribuée au chevalier de Boufflers, elle a pour titre « La résidence ».

Page 65. 11. On citera, entre autres, les deux principaux panégyriques de l'archevêque de Reims, devenu grand aumônier du prétendant en exil en 1808 et archevêque de Paris à la Restauration : cardinal de Bausset, *Notice historique sur S.E. Mgr Alexandre-Angélique de Talleyrand-Périgord* (Versailles, 1821), et D. Frayssinous, *Oraison funèbre de S.E. Mgr le cardinal de Périgord* (Paris, 1822). Ni l'un ni l'autre ne parlent des relations de l'oncle et du neveu.

12. Archives départementales de la Seine et Archives de la Ville de Paris. Vente de mobilier d'émigré, 27 messidor an III (15 juillet 1795) DQ10 788.

13. Maurice Fleury, « Talleyrand à Valençay en 1816 ». Dans les dernières années de l'Empire, il cherchera à faire rentrer en France l'abbé Grammontet, « le secrétaire de l'archevêque de Reims à Londres », pour l'employer et sans doute pour s'en servir comme d'un intermédiaire avec son oncle. (AME, MD France, fonds Bourbon, vol. 620 f. 63).

Page 66. 14. *Journal du marquis de Bombelles.* Genève, Droz, 1978, II, p. 145, 11 juin 1786. « Lettres de Mgr de Boisgelin à la comtesse de Gramont », *Revue historique. Mélanges et documents*, t. LXXIX (mai-août 1902) et t. LXXX (sept.-déc. 1902). Bachaumont, *Mémoires secrets*, XXVI, 9, 24 mai 1784 et XXXIV, 158, 21 février 1787.

15. AN T 88 1, et 2, selon ses propres déclarations pour 1786 : « Alexandre-Angélique de Talleyrand-Périgord, ex-archevêque de Reims, émigré ». L'*Almanach royal* de 1787 (Paris, sd) donne un revenu global de 105 000 livres pour ses deux abbayes.

16. AN T 88 1, « Alexandre Angélique de Talleyrand-Périgord, ex-archevêque de Reims, émigré : état du mobilier et des réparations de l'hôtel de Gramont, rue de Bourbon ». Dans sa notice sur l'hôtel d'Humières, devenu hôtel de Gramont, Bruno Pons ne mentionne pas la vente d'avril 1789. *La Rue de Lille et l'hôtel de Salm*, publié par la Délégation à l'action artistique de la Ville de Paris, 1983, pp. 64-65. Alexandre-Angélique n'aura vécu qu'un peu plus de deux ans rue de Bourbon (aujourd'hui rue de Lille), jusqu'aux derniers mois de 1791, date de son émigration.

Page 67. 17. Archives Commarin. Alexandrine à la marquise d'Antigny, 27 septembre 1778.

18. Greenbaum, *Talleyrand Statesman and Priest*, *op. cit.*, p. 15, note 55.

19. *Mémoires*, I, p. 19 et *Éloge de M. le comte Reinhard prononcé à l'Académie des sciences morales et politiques* par M. le prince de Talleyrand dans la séance du 3 mars 1838 (Paris, 1838), pp. 7-9.

Page 68. 20. *Mémoires inédits de Mme de Genlis sur le* XVIII*e siècle et la Révolution française, depuis 1756 jusqu'à nos jours*, Ladvocat, 10 vol., 1825. Voir également Gabriel de Broglie, *Madame de Genlis*, Perrin, 1989.

21. *Mémoires*, I, pp. 162-163, *in* « De M. le duc d'Orléans », publié par le duc de Broglie à la fin de la première partie des *Mémoires* de Talleyrand consacrée aux années 1751-1791. Le texte, commencé à Londres en 1793, a été réécrit avant les *Mémoires*, dans les dernières années de l'Empire. Voir duchesse de Dino, *Chronique*, I, p. 136.

Notes du chapitre 7

Page 70. 1. E. Méric, *Histoire de M. Émery et de l'Église de France pendant la Révolution*, Paris, La Librairie catholique, 1885.

2. *Mémoires* de l'abbé Baston, chanoine de Rouen, Paris, Picard, 1897, vol. 1.

Page 71. 3. Selon le père Bourachot, septième supérieur du séminaire (1770-1777), *in* E. Méric, *op. cit.*

4. « Le bon ton, les bonnes manières, le bon maintien. » Note inédite (anciennes archives du château de Broglie) publiée par G. Lacour-Gayet, *Talleyrand*, Paris, Payot, 1934, t. IV, pp. 278-279.

5. L'influence de l'abbé Émery, supérieur de la Compagnie de Saint-Sulpice, dans les nominations aux nouveaux évêchés, est bien analysée par Jacques-Olivier Boudon, *Napoléon et les cultes*, Fayard, 2002.

6. « Discours prononcé dans la séance du mardi 13 novembre 1821 par M. le duc-prince de Talleyrand à l'occasion du décès de M. le comte Bourlier, évêque d'Évreux ». Procès-verbaux des séances de la Chambre des pairs, session de 1821, tome Ier. Paris, 1821-1822, pp. 30-31.

Page 72. 7. Dans son *Éloge du comte Reinhard prononcé à l'Académie des sciences morales et politiques le 3 mars 1838*, *op. cit.* Il tient déjà les mêmes propos au baron de Vitrolles en 1814, au cours d'une réunion de conseil du gouvernement provisoire qu'il préside, à propos de la suppression de l'École polytechnique. « L'homme, suivant lui, ne se formait que par son application à la jurisprudence et surtout à la théologie » (*Mémoires*, 3 vol., 1884, II, 97). Talleyrand n'a pas toujours eu cette complaisance, si l'on en croit son *Rapport sur l'instruction lu à l'Assemblée nationale le 10 septembre 1791.* Il y traite la théologie de « la plus antique des erreurs, la somme de tous les préjugés humains ». Paris, 1791, pp. 37-40.

8. D'après Louis S. Greenbaum (*Talleyrand : Statesman, Priest*, p. 223) qui a consulté la collection des papiers de Dupanloupdans les archives de B. de Lacombe, il existe une copie manuscrite de la thèse de bachelier du jeune abbé de Périgord, selon lui la seule copie connue à ce jour.

9. Cité par Lacombe, *Talleyrand évêque d'Autun*, Paris, Perrin, 1903. I, p. 11. C'est ce qu'il dit encore en 1827 à sa vieille amie Mme Gentil de Chavagnac afin de la dissuader de croire aux fragments apocryphes de ses Mémoires que faisait alors circuler son ancien secrétaire Perrey et que Hyacinthe de Latouche publiera d'ailleurs en 1829 dans son *Album* perdu. Il y est question des turpitudes amoureuses du jeune séminariste : « J'étais l'enfant le plus taciturne qui fût. [...] Il est certain que si quelqu'un aima la solitude et fréquenta peu ses camarades, ce fut moi. Je faisais mon petit Bonaparte au séminaire. Je m'étonne de n'y avoir pas été détesté » (6 octobre 1827 ?). Cité par Jean Gorsas, *Talleyrand, Mémoires, lettres inédites et papiers secrets*, Paris, Albert Savine, 1891, p. 39.

10. *L'Ami de la religion*, 5 juin 1838.

Page 73. 11. AN 40AP16 (notice sur M. de Talleyrand) autographe, sur papier à en-tête daté de 1828. Beugnot fit bien malgré lui l'expérience de ce caractère en 1815.

12. AN MM 258 fol. 469, 480, 527. Sur le déclin du prestige de la Sorbonne et l'influence grandissante des prélats sur les études de leurs protégés, voir P. Feret, *La Faculté de théologie de Paris, ses docteurs les plus célèbres* (Paris, 1909, IV, 44-45). Charles-Maurice y fut reçu hôte (*hospes*) le 12 avril 1775 et *socius* le 2 juin. Sur la définition des grades, voir E. Méric, *Le Clergé sous l'Ancien Régime* (Paris, 1890, pp. 486-489).

Page 74. 13. A. Frézet, *Le Cardinal de Talleyrand-Périgord*, Reims, 1936, p. 14.

Notes du chapitre 8

Page 75. 1. Archives du séminaire de Saint-Sulpice de Paris. *Souvenirs de Mgr Saussin, évêque de Blois.* IV, fol. 47.

Page 76. 2. AD Marne, archives ecclésiastiques G 249, fol. 82 Charles-Maurice démissionne du chapitre le 21 mars 1784. G 247, fol. 42. Peu avant, le 17 janvier, il a été nommé chapelain de la chapelle de la Sainte Vierge en l'église paroissiale Saint-Pierre de Reims. G 235 fol. 41.

3. G 649, Comptes de la sénéchaussée et des terres pour 1783-1784. Récapitulation de la recette : 107 222 livres ; *Almanach royal*, 1777. L'abbaye est taxée de 900 florins à Rome.

4. G 247 fol. 43 et 57. Son prieur est François-Louis de Coppy d'Oiry. Son procureur général est un prêtre de Reims, M. de La Condamine de Lescure.

5. Villemarest place l'anecdote en 1773 (M. de Talleyrand, I, 33). B. de Lacombe (p. 22) la tient déjà pour apocryphe. Elle repose sans doute sur un fond de vérité. Tout indique, dans son texte sur le duc de Choiseul (*Mémoires*, V, 584), que Talleyrand connaissait et fréquentait Mme du Barry.

Page 77. 6. AD Marne G 646 fol. 173, 4 mai 1775, 8 mai 1775 ; la *Chronique de Champagne*, I (1837), 119-120.

7. *Mémoires*, I, 33 ; AN S « Procès-verbal des religieuses de Belle-Chasse, 30 août 1790 » : « Bail de Mgr l'abbé de Périgord… 5 juin 1784. » À partir de 1786, son loyer est de 2 454 livres par an. Voir *Le Faubourg-Saint-Germain. La rue Saint-Dominique.* Catalogue de l'exposition présentée par l'Action artistique de la Ville de Paris et la Société d'histoire et d'archéologie du VIIe arrondissement. Paris, musée Rodin, octobre-décembre 1984. « Les maisons des dames de Belle-Chasse », pp. 82-86.

Notes du chapitre 9

Page 79. 1. D'après Laclos dans *Les Liaisons dangereuses*.

2. *Mémoires, op. cit.*, I, p. 24.

Page 80. 3. *Mémoires, ibid.*, I, pp. 21-22. Sur Dorothée Dorinville, dite Luzy, voir à la Bibliothèque historique de la Ville de Paris, le Ms 319, Papiers Jarry, fol. 180.

4. Pierre de Nolhac, *Autour de la reine*.

5. *Journal du marquis de Bombelles, op. cit.* I, pp. 125, 181 ; J.-N. Moreau, *Mes souvenirs*, Paris, Plon, 1898. I, p. 106 ; Mme Divoff, « Paris pendant le consulat », *Revue de Paris*, n° 16, 1914, p. 470. Voir également sur la duchesse de Luynes à la fin de l'Empire : *Mémoires de la comtesse Potocka*, Paris, Plon, 1897, p. 214.

6. *Le Faubourg Saint-Germain. La rue Saint-Dominique, op. cit.*, « Hôtel de Chevreuse puis de Luynes », pp. 54-67.

Page 81. 7. Gravé en 1783 par François Dequevauviller. La gravure est dédiée au duc de Luynes et de Chevreuse. « Cette estampe nous paraît représenter ce qui se passe dans les meilleures assemblées », écrit le *Journal de Paris* le 20 mars 1783. B.N. Estampes Aa 175 II : choix d'estampes du XVIIIe siècle.

Page 82. 8. *Journal d'Aimée de Coigny.* Paris, Perrin, 1981, pp. 204-205.

9. Norvins, *Mémorial, op. cit.*, I, p. 63.

10. *Mémoires, op. cit.*, I, pp. 59-60.

11. *Ibid.*, I, p. 63.

Page 83. 12. *Correspondance de M. de Rémusat*, Paris, 6 vol., Calmann-Lévy, 1883. II, p. 290, 9-12-1816.

13. *Ibid.*, II, p. 390, 22-1-1817.

14. Stendhal, *Souvenirs d'égotisme*, Paris, Gallimard, 1983, p. 127.

15. Talleyrand à Guizot : « Qui n'a pas vécu dans les années voisines de 1789 ne sait pas ce que c'est que le plaisir de vivre » (Guizot, *Mémoires pour servir à l'histoire de mon temps*, Paris, 1858, I, p. 6).

16. Comtesse de Bassanville, *Salons d'autrefois*, Paris (s.d.), I, p. 2.

Page 84. 17. Lucien Perey, *op. cit.*, p. 305.

18. Vitrolles, *op. cit.*, III, p. 453, « Note A : le prince de Talleyrand ».

Page 85. 19. Talleyrand à la princesse de Vaudémont, Bourbon, 19 juillet 1832, lettre citée par G. Lacour-Gayet, Talleyrand, *op. cit.*, IV, p. 202 (anciennes archives du château de Broglie).

20. *Mémoires de la comtesse de Kielmannsegge sur Napoléon Ier*, Paris, 2 vol., Victor Attinger, 1928. I, p. 141, 8-4-1812.

Page 86. 21. Archives de la Marne, G 249 fol. 129. La lettre d'excorporation est datée du 16 septembre, celle d'incorporation du lendemain. L'affaire a dû être préparée à l'avance par les deux prélats. D'après sa correspondance, l'archevêque de Reims était à Paris le 14 septembre. Voir Louis S. Greenbaum, « Talleyrand and his uncle… », *op. cit.*, pp. 234-235.

22. Archives de la Marne, *ibid.* Lettres du 17 septembre.

23. *Ibid.*, G 248 fol. 23.

24. *Ibid.*, G 248 fol. 23.

25. *Ibid.*, G 248 fol. 31.

Page 87. 26. D'après le *Pontificat de Paris*, avec l'aide aimable de M. Mathieu Smyth.

27. *Mémoires*, I, p. 23.

28. Archives de Commarin. La comtesse de Talleyrand à sa mère, la marquise d'Antigny, Hautvillers, près de Reims, 28 octobre 1769.

29. Duchesse de Dino, *Chronique de 1831 à 1862.* Paris, Plon, 1909. II, 240. Voir aussi p. 234.

Notes du chapitre 10

Page 88. 1. AN 01 124 fol. 631. « Lettres de conseiller d'État pour l'abbé de Talleyrand-Périgord, agent général du clergé », 16 octobre 1780.

Page 89. 2. Bachaumont, *Mémoires secrets*, 1782. XVII, 58-59 et 78-79. A.N. M788, Lettre de l'archevêque d'Aix à la comtesse de Gramont, 9-2-1781.

3. Il le dit lui-même dans ses *Mémoires*, *op. cit.* I, p. 50.

4. En particulier : *La Vie laïque et ecclésiastique de monseigneur l'évêque d'Autun* (Paris, 1789) ; *Précis de la vie du prélat d'Autun, digne ministre de la fédération* (Paris, 1790) ; *Les Miracles carnales de saint Charles, évêque d'Autun et patriarche de la Révolution* (Paris, 1792) ; *Confession de l'évêque d'Autun* (s.l.n.d.) ; *Le Diable boiteux révolutionnaire* (Paris, n.d.). Voir la bibliographie exhaustive qu'en donne Greenbaum dans son *Talleyrand : Statesman Priest*, *op. cit.*, pp. 232-233, note 86, et ma bibliographie.

Page 90. 5. *Ibid.*, p. 73. Les lettres et rapports de Talleyrand ont été consultés par Greenbaum aux Archives nationales, dans la série G 8 « Agence générale du clergé de France ».

6. *Mémoires*, I, p. 43.

Page 91. 7. *Procès-verbal de l'Assemblée générale du clergé de France tenue à Paris au couvent des Grands-Augustins*, 1789, pp. 872-873, 1451-1452.

8. Cité par Greenbaum, *op. cit.*, p. 175 ; 16 juillet 1784.

Page 92. 9. Louis S. Greenbaum, « Talleyrand and Vergennes. The Debut of a Diplomat », *Catholic Historical Review*, 1970-1971 (n° 3-4), pp. 543-550.

Page 93. 10. *Procès-verbal de l'Assemblée générale extraordinaire du clergé de France tenue à Paris au couvent des Grands-Augustins en l'année 1782*, Paris, Chez Guillaume Desprez, 1783, pp. 26-31.

11. *Mémoires*, I, p. 52.

Page 94. 12. *Rapport de l'agence contenant les principales affaires du clergé depuis 1785, par M. l'abbé de Périgord et M. l'abbé de Boisgelin, anciens agents généraux du clergé*, Paris, Chez Amboise Didot l'aîné, 1788. « Projet de correspondance », pp. 308-318.

Page 95. 13. Sénac de Meilhan, *Du gouvernement, des mœurs et des conditions en France avant la Révolution*, Hambourg, 1795.

14. Si Talleyrand évoque cette question dans ses Mémoires (I, p. 53), il se garde bien de parler de la partie répressive de son plan de pacification du clergé, largement développée dans son rapport à l'assemblée extraordinaire de 1782 (cf. *Procès-verbal de l'assemblée... en 1782*, Paris, *op. cit.*, p. 125). Voir aussi sa correspondance d'agent général sur cette question (A.N. G8* 2618 et 2620, en particulier #112, sa lettre sur l'affaire du curé du diocèse de Vienne, Henri Raymond, auteur des *Droits des curés et des paroisses considérés sous leur double rapport spirituel et temporel*, Paris, 1776. À son sujet et à ceux de ses partisans, Charles-Maurice parle d'« un ferment d'esprits turbulents allumant un feu prêt à se propager dans tout le diocèse ».

Page 96. 15. A.N. G8* 2619 #668, 30-12-1784.

16. *Procès-verbal de l'assemblée... de 1782*, *op. cit. Rapport de l'agence*, 13-11-1782, pp. 119-157.

Notes du chapitre 11

Page 98. 1. G8* 2618 # 523.

2. Duchesse d'Abrantès, *Histoire des salons de Paris*, *op. cit.*, IV, pp. 176-177.

3. *Mémoires*, I, p. 50.

4. H. Welschinger, *La Mission secrète de Mirabeau...*, *op. cit.*, p. 274, Mirabeau à l'abbé de Périgord, 14-10-1786.

5. *Mémoires* du comte Beugnot, Paris, Dentu, 2 vol., 1868. I, pp. 156-157.

Page 99. 6. *The Diary of Philip von Neumann, edited by Beresford Chancellor*, London, 1928, Philip Allan and Co, 2 vol., I, p. 252, 19 juin 1831.

7. Marquise de Créquy, *op. cit.*, vol. II, t. 3, p. 73.

8. *Mémoires*, I, p. 93.

9. Neumann, *op. cit.*, II, p. 83, 11 août 1838. Le comte de Mercy, qui l'accompagnait, raconte que Charles-Maurice se serait jeté au pied de son lit en la remerciant de la grâce qu'elle lui faisait. En 1805, alors qu'il était à Vienne, elle lui avait fermé sa porte. Elle mourra peu après cette dernière visite, le 22 mars 1815. Dans l'une de ses lettres à Jaucourt, Talleyrand écrira : « Elle a été un des soutiens de ma jeunesse : pendant plus de quinze ans, elle m'a traité comme un de ses enfants » (*Correspondance du comte de Jaucourt*, Paris, Plon, 1905, 23 mars 1815, p. 245).

10. *Mémoires*, V, p. 590. Il achève la première version de son mémoire sur Choiseul aux eaux de Bourbon-l'Archambault, en juillet 1812 (Lacour-Gayet, II, p. 313).

Page 100. 11. C'est ce qu'il dira encore à Londres en 1833 à lord Greville (*The Greville Diary*, London, William Heinemann, 2 vol., 1927. I, 24 janvier 1833, p. 89).

12. Bombelles, *Journal*, *op. cit.*, I, 254, 1er-9-1783.

Page 101. 13. *Mémoires*, I, p. 35.

14. *La Bibliothèque française*, I, 1868 (mai-octobre), p. 35, 18-10-1787.

15. Cité par Gouverneur Morris, l'homme d'affaires et diplomate américain à Paris de 1789 à 1792, proche de Charles-Maurice. *Cf.* sa lettre à Washington du 4 février 1792 : « Ce fut principalement par les intrigues de M. l'évêque [Talleyrand] que M. de Choiseul fut autrefois nommé aux Affaires étrangères, mais il préféra rester à Constantinople, jusqu'à ce qu'il puisse voir comment les choses tourneraient. » Claude-Antoine Valdec de Lessart sera finalement nommé en novembre à la place de Montmorin. *Journal de Gouverneur Morris pendant les années 1789, 1790, 1791 et 1792*, Paris, Plon, 1901, pp. 364-365.

16. Cité par Lacour-Gayet, *op. cit.*, IV, « Mélanges », p. 65, 20-1-1802.

17. Collection Eberhard Ernst, H 9, lettre de Talleyrand à Brune, 6 messidor an XI (25 juin 1803). Sous le Directoire, Charles-Maurice nommera l'ancien secrétaire d'ambassade de Choiseul à Constantinople, Jean-Baptiste Le Chevalier, à la bibliothèque du ministère des Relations extérieures, poste qu'il quittera en avril 1803 (*The Journal of Berthie Greatheed*, Richard Clay, 1953, p. 125).

18. Vitrolles, III, 446. Talleyrand échouera finalement à employer Choiseul dans son ministère, face au refus de Napoléon qui le traite de « drôle ». H. Carré, *La Noblesse de France et l'opinion publique au XVIIIe siècle*, Paris, 1920, p. 568.

Page 102. 19. Artaud de Montor, *Histoire de la vie et des travaux politiques du comte d'Hauterive*, Paris, Le Clère, 1839, pp. 16-17.

20. *Mémoires du duc de Choiseul*, Paris, Mercure de France, 1982. p. 324, 1766.

Page 103. 21. Cité par Michel Poniatowski, *Talleyrand et l'ancienne France*, *op. cit.* p. 256, 31-7-1832.

22. *Journal d'Aimée de Coigny*, Paris, Perrin, 1981, p. 203, note 1. Il existe plusieurs lettres de Charles-Maurice à l'occasion de la mort de Mme de Vaudémont en décembre 1832, entre autres une à son petit-neveu Louis de Talleyrand, duc de Valençay : « Mme de Luynes et Mme de Vaudémont étaient mes deux plus anciennes amies : elles me sont enlevées l'une et l'autre. C'est un grand avertissement pour moi » (slnd, Londres, janvier 1833), vente Couturier-Nicolay, Drouot, 30-10-1989, n° 141.

Page 104. 23. *Papiers d'Upsal*, t. XXII. La lettre a été publiée par Casimir Carrère (*Talleyrand amoureux*, France-Empire, p. 418). Cette démarche très secrète, dont Charles-Maurice ne soufflera mot, semble avoir été conduite avec soin. Gustave III était invité à solliciter l'autorisation du pape le plus discrètement possible, afin de ne pas susciter les jalousies, avant que le jeune abbé ne fasse au grand jour les démarches indispensables auprès du roi et de la reine. D'après une « Note manuscrite et inédite du chancelier Pasquier sur la vie du duc de Richelieu », l'abbé de Périgord est en personne à Rome au cours de l'été de 1784, afin de pousser l'affaire. Le jeune Richelieu, alors duc de Fronsac, qui fait son « grand tour » en Italie, le rencontre chez le cardinal de Bernis. Pasquier le décrit, d'après le récit de Richelieu, « ambitieux, cherchant à profiter du grand crédit dont le roi de Suède paraissait jouir auprès du pape ». Bernis était chargé de gérer à Rome les affaires suédoises. Gustave III quittera Rome pour Paris à la fin du mois d'août. Pour des raisons que l'on ignore, sinon peut-être la disgrâce de Mme de Brionne qui surviendra peu après, la démarche n'aboutira pas (archives du château de Sassy, note inédite, avec une copie complète de la lettre à Gustave III).

24. Bombelles, *op. cit.*, II, 99, 31-12-1785.

25. Mirabeau, *Lettres à Yet-Lie* (Henriette-Amélie de Nehra). Paris, Montaigne, 1929, p. 63, 1-6-1786.

26. Bombelles, *op. cit.*, II, 276.

27. Comte d'Hérisson, *Souvenirs intimes et notes du baron Mounier*, Paris, Paul Ollendorff, 1896, p. 222. Mounier tient ce mot de Sémonville.

Notes du chapitre 12

Page 105. 1. *Mémoires*, I, pp. 44-45.

2. Cité par Amédée Pichot, à propos de l'esprit, in *Souvenirs sur M. de Talleyrand*, Paris, Dentu, 1870, p. 270.

Page 106. 3. *Mémoires*, I, pp. 43-44.

4. Duchesse d'Abrantès, *Histoire des salons de Paris*, *op. cit.*, IV, p. 176-177 et 264.

5. *The Greville Diary*, *op. cit.*, I, 28 juin 1833, p. 89 (« *his usual mode of pumping up his words from the bottomest pit of his stomach* »).

6. Philadelphie, 3 juin 1796. In Lacour-Gayet, *op. cit.*, IV, p. 48.

Page 107. 7. Coll. de l'auteur.

8. Marquise de Créquy, *op. cit.*, vol. 1, t. I, p. 210.

9. *Mémoires de Madame la duchesse de Gontaut*, Paris, Plon-Nourrit, 1891, pp. 14-15.

10. *Mémoires*, I, p. 49.

11. *Souvenirs de lord Holland*. Paris, Firmin-Didot, 1862, p. 24. Voir également Vitrolles, III, pp. 443-444.

Page 108. 12. Boigne, I, p. 165. Voir également Norvins, I, pp. 124-125.

13. *Mémoires*, I, pp. 145-215, « De Monsieur le duc d'Orléans ». Ce texte, inséré dans les Mémoires de Talleyrand par le duc de Broglie, a été commencé à Londres en 1793.

14. Bernard, « M. de Talleyrand et les francs-maçons », *Éclair*, 15-6-1922. Voir une bibliographie plus complète sur le sujet dans Lacour-Gayet, I, p. 371, n. 73. L'appartenance de Charles-Maurice à la franc-maçonnerie dans les années 1780 est remise en doute depuis les années 1970 par certains historiens qui n'ont trouvé aucune preuve de son adhésion à une loge à cette époque. Cf. Casimir Carrère, *Talleyrand amoureux*, Paris, France-Empire, 1975 ; sa note en fin de volume, « Talleyrand et la franc-maçonnerie », d'après les travaux de Jean Bossu et Alain Le Bihan, p. 419.

Page 109. 15. *Mémoires de Dufort de Cheverny*, p. 256.

16. Talleyrand possédait encore à la fin de sa vie un portrait de son ami. Louis-Philippe le lui demanda pour le faire copier et l'avoir sous ses yeux aux Tuileries. Duchesse de Dino, *Chronique*, *op. cit.*, 12 décembre 1834, p. 297.

17. Bombelles, I, p. 42.

Page 110. 18. *Mémoires de Mme de Chastenay*, Paris, Perrin, 1986, p. 82.

Notes du chapitre 13

Page 112. 1. *Mémoires… de l'abbé Barruel*, 1797, V, 61. C'est Barruel qui le premier fait allusion à l'affiliation de Talleyrand à la franc-maçonnerie. Tous les contemporains de Talleyrand donnent dans leurs Mémoires la même version. « Quoiqu'il eût été l'agent du clergé, ce qui assurait l'épiscopat après cinq ans d'exercice de cette place, le roi, mécontent, à juste titre, de sa conduite ecclésiastique, s'était refusé à lui conférer l'épiscopat. » (*Mémoires* de la marquise de La Tour du Pin, *op. cit.* p. 131.)

2. *Chronique de Paris*, 8-2-1791, p. 39 ; *Talleyrand, ancien évêque d'Autun, à ses concitoyens* (Londres, 1792) ; *Éclaircissements donnés par le citoyen Talleyrand à ses concitoyens* (Paris, an VIII).

3. *Mémoires*, I, p. 49.

4. *Mémoires secrets*..., Paris, 1784. XXXIII, pp. 270-271.

Page 113. 5. Cité par Louis S. Greenbaum, « Ten priests in search of a miter. How Talleyrand became a bishop », *Catholic Historical Review*, octobre 1964, n° 50, pp. 315-317. Greenbaum cite les archives du *Vatican Processus consistorialis* # 189 fol. 183-185. Traduites par l'auteur.

6. MAE Rés. 35, 1884 # 8. Publié par H Welschinger, *La Mission secrète de Mirabeau à Berlin de 1786-1787*, Paris, Plon-Nourrit, 1900, p. 418. La date proposée est erronée.

7. « Nouveautés anecdotiques », *Le Bibliophile français*, I, 1868 (mai-octobre), p. 273.

Page 114. 8. *Ibid.*, p. 273.

9. Cité par A. Sicard, *Les Évêques avant la Révolution (L'ancien clergé de France)*, II, Paris, 1905. p. 266.

10. Archives de Commarin. La comtessse de Talleyrand à sa mère la marquise d'Antigny, 15-2-1778.

11. *Journal*, *op. cit.*, 15-2-1784, I, p. 307.

12. *Ibid.*, II, pp. 233 et 247, et Norvins, I, p. 202.

13. Lettre d'Alexandre-Angélique de Talleyrand à Mgr de Marbeuf, Paris, 24 mars 1788. Coll. part. citée par M. Poniatowski, *Talleyrand et l'ancienne France*, *op. cit.*, p. 455. Voir également Lescure, *op. cit.*, II, p. 238, 11 mars 1788 : « Il est question pour le siège de Bordeaux de l'abbé de Périgord, homme qui a tous les mérites, excepté celui de son état, qu'on a vu administrateur de la Caisse d'escompte, chef de l'agiotage, dépositaire des fonds de bienfaisance. » Il s'agit là, à notre connaissance, de l'une des toutes premières critiques, allusive et très indirecte, de sa conduite ecclésiastique.

14. *Le Bibliophile français*, *op. cit.*, Talleyrand à Choiseul-Gouffier, 17-10-1787, p. 273.

Page 115. 15. *Journal du maréchal de Castellane*, Paris, Plon, 1896. II, p. 264, 28-10-1828. L'auteur du Journal, Boniface de Castellane, rapporte les propos de son père.

16. G. Lacour-Gayet, *op. cit.*, IV, p. 181. Lettre de Sémonville au directeur du *Moniteur*, 23-11-1828.

17. BN, Catalogue Charavay, Paris, 25 mars 1818. Deux jours plus tard, il fera insérer une note dans le *Moniteur* pour défendre la mémoire de son « ami », Lauzun, mais aussi la vertu de ses « belles amies » autrefois légères : « Je crois devoir à la mémoire d'un homme dont je fus l'ami de déclarer qu'il n'a point fait, qu'il était incapable de faire et qu'il aurait eu horreur d'écrire les Mémoires qu'on a osé mettre sous son nom. » D'après lui, le manuscrit a été « terriblement falsifié », d'ailleurs, s'il l'a lu autrefois, il n'en a pas de copie. La duchesse d'Estissac lui écrit le lendemain pour le remercier. Dès lors, dit-elle, ces Mémoires n'existent plus. « Non, madame, répond finement Sainte-Beuve qui, à l'occasion, traite Talleyrand de menteur, ils existent et comptent deux fois plus après [le démenti], car on en sent mieux l'importance » (*Causeries du lundi*, VI, p. 24,

30 juin 1851). Sainte-Beuve avait raison. Molé le confirme dans ses Souvenirs – que le critique ne pouvait connaître à l'époque (Noailles, III, p. 247). Pour Talleyrand, tous les Mémoires qui mentionnent son nom et ceux de ses intimes étaient par principe apocryphes. Avant même leur publication, ceux de Lauzun étaient connus. Dans son Journal sur son séjour à Paris en 1810, Charles Clary parle déjà des différentes copies du manuscrit. L'une, qu'il avait lue, appartenait au prince Auguste d'Arenberg, l'ami de Mirabeau, plus connu sous le nom de comte de La Marck, l'autre à Talleyrand ! D'après lui, la princesse Czartoryska, compromise par Lauzun, avait déjà payé trois fois une forte somme pour qu'ils ne soient pas publiés (*Souvenirs du prince Charles Clary-et-Aldringen : trois mois à Paris*, Paris, Plon, 1914, pp. 242-243).

Notes du chapitre 14

Page 116. 1. Duchesse de Dino, *Chronique...*, *op. cit.*, I, p. 150.

2. *Mémoires*, I, p. 89.

3. *Ibid.*, pp. 36-37.

Page 117. 4. *Mémoires du comte Mollien*, I, p. 70.

5. *Mémoires*, I, p. 89.

Page 118. 6. AN MC X 783. Inventaire d'Isaac Panchaud, 23-8-1789 (cotes 44, 89, 265). Voir aussi Denise Ozanam, *Claude Baudard de Sainte-James, trésorier général de la marine et brasseur d'affaires*, Droz, Genève-Paris, 1969, pp. 82, 86.

7. BHVP Ms 813, fonds Charavay, fol. 179.

Page 119. 8. Michel Bruguière, *Gestionnaires et profiteurs de la Révolution*, Paris, Olivier Orban, 1986, pp. 185-186.

9. H. Welschinger, *op. cit.*, p. 50.

Page 120. 10. *Ibid.*, pp. 155, 225-226, 312, 416. On notera toutefois que, pris de scrupule, Mirabeau, dans son édition, transforme le « plan d'agiotage » de sa lettre originale en « plan de commerce », mais écrit à nouveau un peu plus loin : « Au nom des affaires et de l'amitié, n'oubliez pas un plan d'opérations de finances » (p. 227).

11. Mirabeau, *Lettres à Yet-Lie*, Paris, Montaigne, 1929, pp. 81-87, 17-8-1786.

Page 121. 12. *Opinion de M. l'évêque d'Autun sur la proposition de faire deux milliards d'assignats forcés*, Paris, Imprimerie de l'Assemblée nationale, 1790, p. 13.

13. *Mémoires*, I, p. 37 *et sq.*

Page 122. 14. Note d'octobre 1786 « Sur le traité de commerce » que Mirabeau s'attribue sans complexe dans son *Histoire secrète de la cour de Berlin*, H. Welschingen, *op. cit.* pp. 324-325.

Page 123. 15. Mollien, I, p. 70.

16. *Mémoires*, I, p. 89. Il répète exactement la même chose, mot pour mot, à Charles de Rémusat à Londres en juin 1832 (Charles de Rémusat, *Mémoires de ma vie*, Plon, 5 vol., II, p. 574.

Page 124. 17. Bachaumont, *op. cit.* XXXI, p. 100, 8 juin 1786.

18. *Correspondance secrète inédite sur Louis XVI, Marie-Antoinette, la Cour et la Ville de 1777 à 1792, publiée [...] par M. de Lescure*, Paris, 1860. I, pp. 528-529, 20 janvier 1785.

Notes du chapitre 15

Page 125. 1. Les liens d'amitié de Talleyrand et de Beaumarchais datent de cette époque. Ils se voyaient encore sous le Directoire. Après la mort de l'écrivain en 1799, Talleyrand, ministre de Bonaparte, soutiendra sa famille dans l'affaire de sa créance sur le gouvernement des États-Unis en paiement des armes et des équipements fournis à l'époque de la guerre d'Indépendance. Sur place, Alexander Hamilton, très estimé et proche de Talleyrand, défendait également les intérêts de l'écrivain. Voir la lettre du ministre à son chargé d'affaires à Washington, Pichon, citée par Maurice Lever (*Beaumarchais*, Fayard, t. II, 2003, p. 220) : « Je vous invite, citoyen ministre, à soutenir de votre influence les réclamations de la famille Beaumarchais... » (18 avril 1803).

Page 126. 2. *Mémoires*, I, 56.

Page 127. 3. Bachaumont, *Mémoires secrets...*, XXIII, p. 270, 30-10-1783. Voir aussi Bombelles, I, pp. 281-282, 6-11-1783.

4. *Opinion de M. l'évêque d'Autun sur la proposition de faire deux milliards d'assignats...*, *op. cit.*, p. 11.

5. *Opinion de M. l'évêque d'Autun sur la vente des biens nationaux*, du 13 juin 1790, p. 5.

Page 128. 6. Chambre des pairs, session de 1814, impressions diverses, t. II, « Discours de présentation du projet de loi des finances par le ministre des Affaires étrangères », 8 septembre 1814.

Notes du chapitre 16

Page 130. 1. Marmontel, *Mémoires*, Paris, Mercure de France, 1999, p. 378.

2. Desportes, *in* Michaud, *Biographie universelle*, t. 6.

3. Bachaumont, XXV, p. 118, 9 avril 1784.

4. Moreau, *op. cit.*, p. 106.

5. Comte de Ségur, *Mémoires*, II, p. 26 : « J'étais persuadé que le bien de l'État serait l'ouvrage de cet homme-là ; mais je n'aurais jamais cru qu'il le fît si vite. »

6. Bombelles, II, p. 195.

Page 131. 7. *Mémoires*, I, pp. 103-104.

8. *Journal de Mme de Cazenove d'Arlens*, Paris, Picard, 1903, p. 147.

9. Bachaumont, XXIX, p. 155, 21 juillet 1785.

Page 132. 10. Mirabeau, *Lettres à Yet-Lie*, Paris, Montaigne, 1929, pp. 79-80, Paris, (?) juillet 1786.

Page 133. 11. *Lettres à Yet-Lie*, *op. cit.* pp. 101-102, Liège, 23 mars 1787.

12. Librairie de l'abbaye, Autographes et documents historiques, s.d. n° 36. La lettre est inexactement datée de 1781.

13. Cité par Welschinger, p. 76. 27 avril 1787.

14. Lacour-Gayet, IV, p. 26, 9 octobre (1789).

15. Voir là-dessus la lettre de Mirabeau à Mme de Nehra du 21 juillet 1787 : « Tu as raison, l'abbé mérite de nous toute sorte de ménagements d'amour-propre et autres, ainsi que mon entier dévouement. Je lui offre un hommage public. » À propos de son *De la monarchie prussienne*, il écrit encore : « On a tiré quatre velins pour ce que j'ai de plus cher au monde – toi, l'abbé de Périgord, le duc de Lauzun et Panchaud. » *Lettres à Yet-Lie*, *op. cit.* pp. 116 et

158. La seconde brouille, déjà évoquée à la suite de la publication de l'*Histoire secrète de la cour de Berlin*, viendra plus tard, en janvier 1789.

Page 134. 16. Cité par G. Susane, *La Tactique financière de Calonne*, thèse de droit, Paris, 1901, p. 94.

Page 135. 17. *Ibid.*, pp. 210-211 et l'introduction éclairante de Michel Bruguière à son livre *La Première Restauration et son budget*, *op. cit.*, pp. 4-10.

18. H. Welschinger, *op. cit.* p. 418, (8-12) décembre 1786 et la réponse de Mirabeau, pp. 426-427.

19. *Ibid.*, pp. 102-103, 7 juillet 1786.

20. Bachaumont, *op. cit.* XXXII, octobre 1786, pp. 135-137.

Page 136. 21. *Mémoires*, I, p. 106. Le texte de ces mémoires lus par Calonne devant l'Assemblée des notables, le 22 février 1787, a été publié par G. Susane, *op. cit.* Première division, troisième, cinquième et sixième mémoire, pp. 136-140.

22. *Le Bibliophile français*, *op. cit.*, pp. 272-273, 4 avril 1787.

Page 137. 23. *Mémoires*, I, pp. 48-49.

Notes du chapitre 17

Page 139. 1. J. Sylvestre de Sacy, *Le Comte d'Angiviller, directeur général des bâtiments du roi*, Paris, Plon, 1853, p. 7.

2. En 1827, Charles-Maurice évoquera, dans l'une de ses lettres à sa vieille amie Marie-Madeleine Gentil de Chavagnac, ses « rires [de] l'hôtel d'Angiviller ». Cette dernière était la fille de l'architecte Verniquet, un ami du directeur des bâtiments du roi (Jean Gorsas, *op. cit.*, p. 34).

3. Bachaumont, XXX, p. 184, 1785. Voir Anne-Marie Passez, *Adélaïde Labille-Guiard, biographie et catalogue raisonné.* Paris, Arts et métiers graphiques, 1973. Le tableau a été exposé au salon de 1785 sous le numéro 55 : « Mme la comtesse de... avec son fils, âgé de trois mois. Ce tableau appartient à Mme la comtesse de... ». Aujourd'hui, coll. part. J.O.E. Hood, Jersey.

4. *Journal de Gouverneur Morris*, Paris, Plon, 1901, p. 198.

5. A. de Maricourt, *Madame de Souza et ses amis*, Paris, 1907, p. 101.

Page 140. 6. D'après une étude non publiée de Eberhard Ernst (1799) qui s'appuie sur le Journal de Windham (*The Diary of the right honorable William Windham, 1784 to 1810, edited by Henri Baring*, London, 1866). Son auteur met justement en doute les assertions fantaisistes de G. Castel-Çagarriga (« Un amour secret de la comtesse de Flahaut », *Revue des Deux Mondes*, 15 novembre 1966) qui attribue à Windham la paternité de Charles de Flahaut.

7. D'après les archives inédites conservées à Bowood House. Le *Lansdowne House Dinner Guests* (1788-1794) donne, au jour près, les dates des passages d'Adélaïde chez les Lansdowne à Londres. D'après la correspondance de Wycombe, elle a dû être la maîtresse du père après avoir été celle du fils. De novembre 1792 à 1794, elle dîne plus d'une centaine de fois avec Lansdowne à Londres. À cette époque, celui-ci portait le titre de lord Shelburne.

8. *Mémoires de la comtesse Potocka*, Paris, Plon, 1897, p. 203 ; *Mémoires de Mme de Chastenay*, Paris, Perrin, 1986, p. 350.

9. Mme de Staël la connaît bien, la verra à Paris, à Londres en 1792 puis à Coppet et la prendra pour modèle dans *Corinne* sous le nom de Mme d'Arbigny. Son portrait est flatteur : « Elle avait beaucoup de réserve et de finesse dans l'expression de ses regards, sa figure d'ailleurs était très agréable, sa taille pleine de

grâce et il y avait dans tous ses mouvements une élégance parfaite, elle ne disait pas un mot qui ne fût convenable, elle ne manquait à aucun genre d'égards sans que sa politesse fût en rien exagérée » livre XII, chap. Ier.

Page 141. 10. Voir sa correspondance avec Charles de Flahaut récemment acquise par les Archives nationales (565 AP, cote provisoire). Voir également comte Remarque, *Relations secrètes des agents de Louis XVIII*, Paris, Plon, 1899. Paris, 15 septembre 1802, pp. 118-122.

11. Dans une lettre à la comtesse de Neuilly datée de Hambourg, le 2 juillet 1804, d'Angiviller, le beau-frère d'Adélaïde, revient à plusieurs reprises sur l'ascendance de son neveu, et parle à propos de sa belle-sœur « de ses liaisons avec le monstre mitré qui fut son amant et qui est le père de son enfant » (J. Sylvestre de Sacy, *op. cit.* p. 160).

12. Lettre du 10 mai 1807 citée par Émile Dard *in* « Lettres inédites de Dalberg à Talleyrand », *Revue d'histoire diplomatique*, 1937, p. 172.

13. En juin 1810, Charles Clary écrit dans son journal, à propos de Flahaut, que « M. de Talleyrand à la fatuité de vouloir faire croire qu'il est son père ». Il est l'un des seuls à mettre en doute une paternité généralement discrètement admise (*Souvenirs du prince Charles de Clary-et-Addringen*, Paris, Plon, 1914, p. 364).

14. AN 565AP 1, Varsovie, 26 mars (1807). Cette lettre a été publiée par Couchoud dans son édition des *Mémoires* de Talleyrand (Paris, Plon, 1957, I, p. 400).

15. Margaret Mercer est la fille de lord Keith, grand propriétaire en Écosse. La fille des Flahaut (Emily Mercer, 1819-1895) épousera le petit-fils de Lansdowne, Henry, ce qui explique la présence d'une partie de la correspondance de Charles comme celle de sa mère à Bowood.

Page 142. 16. Maxime du Camp, *Souvenirs d'un demi-siècle*, Paris, Hachette, 2 vol., 1949. I, p. 227.

17. X. Doudan, *Mélanges et lettres*, Paris, Calmann-Lévy, 4 vol., 1876-1877. La fille de Morny, née de ses amours illégitimes avec la comtesse Lehon, avait épousé le prince Poniatowski – Michel Poniatowski en descend. Une variante de ce mot est lancé pour la première fois en 1854 par le magazine satirique anglais *Punch* et légende une caricature qui représente Morny présidant la Chambre et rêvant à ses origines : « Je nomme mon père comte ; j'appelle ma fille princesse ; je dis à mon frère Sire ; j'ai le titre de duc, et tout cela est naturel. »

18. Roger Portalis, *op. cit.*, p. 173.

19. J. Sylvestre de Sacy, *op. cit.*, p. 231. D'après les *Lansdowne Papers* conservés au château de Bowood, le marquis de Lansdowne a également contribué à l'éducation du jeune Charles. Cf. *Bowood accounts Books*, décembre 1794, et avril 1795, « *Payments for Master de Flahaut's education* ».

20. Sur les circonstances de sa mort, voir les Mémoires de la duchesse d'Escars, Paris, Émile-Paul, 1912, p. 18. Condamné par le Tribunal révolutionnaire, il était parvenu à s'échapper de sa prison. Apprenant que son défenseur était arrêté comme complice de son évasion, il vint se constituer prisonnier et fut guillotiné deux heures après.

Page 143. 21. *Journal de Gouverneur Morris*, 1789-1792, Paris, Plon, 1901, p. 164, 1er janvier 1790.

22. *Ibid.*, p. 102. Dans son Journal, Aimée de Coigny, proche d'Adélaïde, rapporte, à demi-mot, les mêmes déceptions de son amie : « Mme de Flahaut s'est exprimée crûment là-dessus, s'il s'est toujours entouré d'un sérail, il n'est pas grand abatteur de bois » (*Journal*, Perrin, 1981, p. 60). Plus tard, en 1805, une amie

proche, Mme de Vaisnes, confiera à Thibaudeau que sur ce plan elle ne le croyait pas un « foudre de guerre » (Thibaudeau, *Mémoires*, Paris, Plon, 1913, p. 168).

23. *Ibid.*, pp. 211-212.

24. *Lansdowne Papers*, Wycombe to Lansdowne, 16 juillet 1796.

Page 144. 25. *Lansdowne Papers.* Dans ses lettres à Lansdowne, elle parle beaucoup de « [son] ami Windham ». Cf. High Wycombe, 4 novembre 1793. En parallèle, on pense à la lettre du 30 janvier 1794 de Windham à Pitt, dans laquelle celui-ci parle d'une « information » en cours sur Charles-Maurice (voir p. 235, note 6). D'abord whig, Windham s'était alors rapproché de Pitt qu'il défendait à la Chambre des communes. Il entrera dans son cabinet en juillet 1794 avec le département de la Guerre.

26. AN 565 AP 6, Mme de Souza au comte de Flahaut, 14 novembre 1816. Les deux anciens amants seront au plus mal au début de la Restauration. Talleyrand intimera même l'ordre à son ancienne maîtresse restée très bonapartiste de quitter la France en juillet 1815 (cf. Eugène Forgues, *Le Dossier secret de Fouché*, Émile-Paul, 1908, un rapport de Foudras à Vitrolles du 22-7-1815, p. 30). Ils se réconcilieront à moitié sous la Monarchie de Juillet.

Notes du chapitre 18

Page 145. 1. D'après le témoignage de Philippe de Sausin, Archives du séminaire de Saint-Sulpice, papiers d'Émery, « Souvenirs de Mgr de Sausin, évêque de Blois », IV, fol. 47. Voir également les Mémoires de Lafayette, Paris, 1837), III, p. 62.

2. Le marquis de Damas, l'oncle maternel de Charles-Maurice, y siège en 1775, puis devient gouverneur des Dombes en 1782, en survivance de la charge de son oncle, le comte de Ruffey.

Page 146. 3. *Précis de la vie du prélat d'Autun, digne ministre de la Fédération*, Paris, n.d., p. 9.

4. Publiée par A. Devoucoux, « Monsieur le prince de Talleyrand », *Annales de la Société éduenne*, vol. 1853-1857, Autun, 1858, pp. 122-123.

5. AN MC LXXIII 1101, étude Boulard. Inventaire après décès de M. Charles-Daniel de Talleyrand-Périgord, comte de Talleyrand, 13-11-1788. L'inventaire mentionne « un habit de chasse du roy de drap bleu avec un galon en or et argent ». Charles-Daniel dispose également de deux garde-robes à Compiègne et Fontainebleau.

Page 147. 6. Cité par Louis S. Greenbaum, « Ten priest in search of a miter… », *op. cit.*, pp. 329-330.

7. D'après l'*Almanach royal*.

8. Dans un mémoire présenté au roi le 14 décembre 1788, à l'issue de la seconde Assemblée des notables, rédigé par son chancelier M. de Monthion, signé également des princes de Condé, duc de Bourbon et prince de Conti.

9. À Hyde de Neuville en décembre 1799 (*Mémoires et souvenirs du baron Hyde de Neuville*, Paris, 2 vol., Plon, 1792, I, p. 274).

Page 148. 10. AN MC LXXIII 1109, étude Boulard, Convention, 5 août 1790. Il doit s'agir d'une cession fictive puisque Charles-Maurice fait passer peu après ses livres à Londres, peut-être pour les protéger des créanciers de son frère.

11. *Journal de Gouverneur Morris*, Paris, Plon, 1901, p. 174.

12. AN MC LXXIII 1101, étude Boulard, 13-11-1788. Charles-Daniel décède à l'hôtel de Castellane, rue de Grenelle, où il habite depuis le printemps de 1788 avec Alexandrine. Les frais « de convoi et de deuil » s'élèvent à la modique somme de 3 800 livres.

13. André Beau, *Talleyrand, chronique indiscrète de la vie d'un prince* (Royer, 1992, p. 24) et F. Combaluzier, *L'Ami du Clergé*, n° 41, 12 octobre 1967, p. 590.

14. Bombelles, *op. cit.*, II, p. 45, 8 avril 1785.

Page 149. 15. Pasquier, *op. cit.*, I, p. 247.

16. Baron de Nervo, *La Conversion et la mort de Talleyrand, récit de l'un des cinq témoins, le baron de Barante, recueilli par son petit-fils le baron de Nervo*, Paris, Honoré Champion, 1910, p. 24.

Page 150. 17. *Mémoires*, I, p. 111.

Page 151. 18. *Le Bibliophile français*, *op. cit.*, p. 273.

19. Citée *in extenso* par Lacour-Gayet, *Talleyrand*, IV, pp. 26-27, 9 octobre 1789 (anciennes archives du château de Broglie).

20. « Opinion de M. le prince de Talleyrand sur le projet de loi relatif aux journaux et écrits périodiques », séance du mardi 24 juillet 1821, *in* Chambre des pairs de France. Session de 1820, Impressions diverses, III, n° 96, pp. 11-12. Au début de son discours, il évoque à nouveau le principe de « la nécessité du temps » pour appuyer son développement.

21. Sainte-Beuve, *op. cit.*, p. 91.

Page 153. 22. « Extrait du cahier des délibérations du clergé assemblé à Autun », in-8°, 14 p. Le biographe anglais Henry Bulwer en fait un commentaire très pertinent : *Historical Characters*, I. Leipzig, Bernhard Tauchnitz, 1868. Trad. fr. par G. Perrot sous le titre *Essai sur Talleyrand*, Paris, Reinwald, 1868, pp. 20-22. Voir également la publication qu'en donne l'abbé Devoucoux : « Le Prince de Talleyrand. Annales de la société éduenne », années 1853-1857. Autun, 1858, pp. 333 *et sq.*

23. Abbé Devoucoux, *op. cit.*

24. Il est élu à la presque unanimité de son collège du clergé, par 196 voix. Léon Lacomme, *Les Élections et les représentants de Saône-et-Loire depuis 1789*, Paris, 1885, p. 14.

Page 154. 25. *Mémoires tirés des papiers d'un homme d'État*, t. VIII, p. 111.

26. M. Missoffe, *Le Cœur secret de Talleyrand*, Perrin, 1946, p. 10.

27. *Mémoires*, I, p. 51.

Notes du chapitre 19

Page 155. 1. Gouverneur Morris, *op. cit.*, 4 mai 1789, p. 26.

Page 157. 2. E. de Waresquiel, *La Chambre des pairs héréditaire de la Restauration. Débat idéologique et pratique politique*, thèse de doctorat, université Paris-IV, novembre 1996. Voir en particulier le chapitre Ier ; à paraître chez Fayard.

3. *Mémoires*, *op. cit.*, I, pp. 123-124.

4. C'est la version d'Aimée de Coigny dans son *Journal*, *op. cit.*, p. 159.

5. Vitrolles, *Mémoires*, *op. cit.*, I ; pp. 342-343. L'exécuteur testamentaire de Charles-Maurice, Adolphe de Bacourt, chargé par la duchesse de Dino de la « mise en ordre » des Mémoires de son oncle, jugera cet épisode si favorable à la thèse légitimiste qu'il défend qu'il fera confirmer l'histoire par Vitrolles, dans un texte placé en annexe du premier chapitre de l'édition Broglie : « Note de M. de Bacourt sur les entrevues du comte d'Artois et de M. de Talleyrand », I, pp. 137-141. Bien sûr, les versions varient. Dans ce texte, il est également question d'une entrevue qu'eurent les deux personnages dans la nuit du 16 au 17 juillet 1789, à la veille du départ du comte d'Artois en émigration, départ déconseillé par Charles-Maurice.

Page 158. 6. Marmontel note le fait dans ses Mémoires comme un ralliement de poids, p. 425.

7. *Mémoires*, I, p. 132 et dans un fragment inédit de ses Mémoires publiés par Lacour-Gayet dans son *Talleyrand*, *op. cit.*, IV, p. 38. Il rendra également un hommage nuancé à l'œuvre de la Constituante dans l'un de ses discours à la Chambre des pairs, le 24 juillet 1821.

8. Lacour-Gayet, IV, p. 38 (anciennes archives du château de Broglie).

9. *Mémoires*, I, « De M. le duc d'Orléans », p. 211. Charles-Maurice détestait Sieyès dont « l'inflexibilité n'est que dans la tête » et qui « professe l'égalité » non par « philantropie », mais « par une haine violente contre le pouvoir des autres ». En 1834, à Londres, il se souviendra d'avoir entendu Sieyès lui dire : « Oui, nous nous entendons fort bien maintenant qu'il ne s'agit que de liberté, mais quand nous arriverons sur le terrain de l'égalité, c'est alors que nous nous brouillerons. » L'anecdote est caractéristique (duchesse de Dino, *Chroniques*, *op. cit.*, I, 19 juillet 1834, p. 185).

10. *Mémoires*, I, p. 136.

Page 159. 11. *Ibid.*, p. 129.

12. *Journal d'Aimée de Coigny*, *op. cit.*

13. *Journal d'Adrien Duquesnoy sur l'Assemblée constituante, 3 mai 1789-3 avril 1790.* Paris, Picard, 2 vol., 1894. I, p. 333, 14 juillet 1789.

14. *Correspondance entre Mirabeau et La Marck pendant les années 1789, 1790 et 1791, mise en ordre et publiée par A. de Bacourt*, Paris, Le Normant, 3 vol., 1851. p. 225, note 1.

15. Duquesnoy, I, 415.

16. Thibaudeau, *Mémoires*, Paris, Plon, 1913, p. 101.

Page 160. 17. *Réflexions politiques sur la Révolution*, chap. XIV.

18. F.-A. Aulard, dans ses *Orateurs de l'assemblée constituante* (Paris, Hachette, 1882), le classe dans le groupe des 96 députés qui interviennent le plus souvent à la tribune. De juillet 1789 à septembre 1791, il n'intervient pourtant que 23 fois. Voir la liste de ses interventions dans les sources.

19. Vincent A. Arnault, *Souvenirs d'un sexagénaire*, Paris, Dufey, 4 vol., 1833, IV, p. 23. « Champfort [*sic*] [...] s'applaudissait d'avoir trouvé dans l'évêque d'Autun un organe par lequel il pouvait faire proclamer à la tribune ses propres opinions. » Parmi les épaves des papiers de Talleyrand vendus par la maison Charavay, on trouve trois pages copiées de la main de Charles-Maurice de maximes de l'écrivain. L'une d'entre elles est de circonstance en ce début de révolution et prouve une fois de plus le souci constant qu'il a eu de l'opinion publique : « L'opinion publique est un tribunal qu'un honnête homme ne doit jamais reconnaître entièrement, mais qu'il ne doit jamais décliner » (BN Manuscrits, fichier Charavay, pièces diverses).

20. *Mémoires*, I, pp. 133-134.

21. Alexandre de Lameth, I, 35.

22. Daniel L. Wick, *A Conspiracy of Well-Intentioned men. The Society of the Thirty and the French Revolution.* Garland pub. Mc, New York and London, 1987. L'auteur donne à la fin de son livre (pp. 342-347) une liste des 55 membres de la société, sans toutefois citer clairement ses sources. Georges Lefebvre cite également Charles-Maurice comme l'un des membres de cette société, parmi les noms qu'il mentionne (in *La Grande Peur de 1789*, Paris, 1932, pp. 52-54). Selon D.L. Wick, les « trente » commencent à se réunir en novembre 1788 et se fondent en avril 1789 dans le club Breton. La plupart d'entre eux passent ensuite aux Jacobins.

Page 161. 23. Charles-Maurice est cité dans l'*Almanach* du club de Valois pour l'année 1790 : « Autun (Mgr l'évêque d') rue de l'Université » et dans le Règlement de 1790 de la Société de 1789 : « Périgord évêque d'Autun, rue de l'Université, vis-à-vis celle de Beaune ». Voir Augustin Challamel, *Les Clubs contre-révolutionnaires*. Paris, 1895. Et F.-A. Aulard, *La Société des Jacobins*, Paris, 6 vol., 1889. Charles-Maurice est très présent aux Jacobins dans les premiers mois de 1790 mais ne figure pas sur la liste des 1 200 membres de la société du 21 décembre 1790. Aulard signale qu'il vote en faveur de la candidature de Sieyès à la présidence de l'Assemblée nationale, le 4 juin 1790 (p. 135).

Page 162. 24. *Motion de M. l'évêque d'Autun sur les mandats impératifs ; exposé des motifs lu à l'Assemblée nationale le mardi 7 juillet 1789*. Le 8 juillet, l'assemblée vote à la majorité, sur la proposition de Mirabeau, qu'il n'y a pas lieu à délibérer.

25. Adrien Duquesnoy, *op. cit.*, I, pp. 161, 168, 170-171.

26. Voir en particulier *Les Chefs des jacobites aux Français* (slnd, in-8°, 18 p).

27. *Mémoires de M. le comte de Montlosier sur la Révolution française*, Paris, Dufey, 2 vol., 1830. II, 34-35.

28. *Mémoires de Malouet*, Paris, Plon, 2 vol., 1874. I, pp. 264-265.

29. In-8°, 2 vol., s.l.n.d. (Paris, 1789). Le portrait d'Amène correspond aux pages 83 à 86 du premier volume. Sur la question de l'identité de l'auteur du livre, la meilleure synthèse est celle de Léon Noël dans l'une de ses notes à son édition du *Talleyrand* de Sainte-Beuve. Monaco, Éditions du Rocher, 1958, note 12, p. 107.

Notes du chapitre 20

Page 164. 1. Gouverneur Morris, *op. cit.*, 15 juillet 1789, p. 62 et A. Duquesnoy, *op. cit.*, I, 16 juillet 1789, p. 221. Toute sa vie, Talleyrand considérera cette date du 14 juillet 1789 comme l'avènement d'un monde nouveau. « C'est du 14 juillet que datent les grands changements de la civilisation moderne. Quand tu en seras là, je me réserve de t'apprendre cette partie de l'histoire », écrira-t-il quarante ans plus tard, le 14 juillet 1829, à sa petite-nièce Pauline de Talleyrand. Exposition Talleyrand, BN, Paris, 1965, n° 371. Archives François de Castellane.

2. *Ibid.*, 18 juillet 1789, p. 228.

Page 165. 3. Duquesnoy évoque à plusieurs reprises le double jeu de Charles-Maurice à l'égard du ministre, entre autres à propos de l'intervention avortée de Necker en faveur du veto absolu, le 11 septembre, intervention suggérée par l'évêque pour mieux le discréditer dans l'opinion publique, ce qu'il nie (I, 14 septembre 1789, p. 338) ; et aussi à propos de son appui, le 26 septembre, au plan de « contribution patriotique » proposé par le ministre le 24. « M. d'Autun » avec Mirabeau, Lauzun, Castellane, le duc d'Orléans, « ont voté oui en espérant qu'il écrasera Necker car ils pensent le plan mauvais » (I, 26 septembre 1789, p. 370).

4. Friedrich Kapp, Justus Erich Bollmann, *Tableau biographique des deux mondes*, Berlin, Springer, 1880. Lettre de Bollmann à Mme Brauer, Paris, 15 juillet 1792, p. 67. Traduit de l'allemand pour l'auteur par Aline Weil.

5. *Mémoires de la marquise de La Tour du Pin*, Paris, Mercure de France, 1989, p. 109.

6. A. de Baecque, *Les Éclats du rire*, Paris, Calmann-Lévy, 2000, p. 132. Champcenetz est l'auteur avec Rivarol d'un *Petit Almanach des grands hommes* publié en 1788. Il n'est pas impossible qu'il soit également l'un des auteurs de la *Galerie des États généraux*. Voir également Norvins, *op. cit.* I, p. 150.

7. Bombelles, II, p. 287, 1er mars 1789. Le mot « billebaude » est un terme de vènerie. « Attaquer un animal à la billebaude », c'est-à-dire au petit bonheur, et à l'imprévu.

Page 166. 8. Gouverneur Morris, p. 92.

9. *Ibid.*, pp. 128 et 123 (4 novembre 1789).

10. *Ibid.*, p. 132, d'après Mme Dubourg à Morris, le 11 novembre.

11. *Voyages de Miss Berry à Paris*, traduit de l'anglais par Mme la duchesse de Broglie, Paris, Roblot, 1905, p. 26.

12. « Les lettres de madame de Staël à Adrien de Mun », in *Revue de Paris*, 1er décembre 1923, pp. 513-547. Mme de Staël à Adrien de Mun, Ormesson (septembre 1797), p. 535. Elle évoque dans cette lettre les sentiments partagés par Mme de Valence pour Charles-Maurice et Adrien. « Il en sait autant que nous sur tout ce qui vous regarde ; mais cela ne dérange point ses habitudes ni ses goûts. »

Page 167. 13. D'après la *Correspondance de Roucher, mort victime de la tyrannie décemvirale*… publiée en 1797 par son gendre François Guillois. Il y aura différentes variantes à l'anecdote originelle, entre autres celle racontées par Amédée Pichot dans ses *Souvenirs intimes*. Paris, Dentu, 1870, pp. 189-190.

14. Léon Noël est l'auteur du meilleur article consacré aux relations de Mme de Staël et de Talleyrand, in *Cahiers staëliens*, n° 24, 1er trimestre 1978.

15. Gouverneur Morris, *op. cit.*, 26 septembre 1789, p. 81. Adolphe de Bacourt, l'exécuteur testamentaire de Charles-Maurice, a été comme par hasard l'éditeur des lettres de Mirabeau à La Marck (Le Normant, 3 vol., 1851). En comparant le texte des lettres publiées aux originaux conservés à Enghien en Belgique par les descendants de La Marck, on constate que de nombreux passages concernant Talleyrand ont été supprimés ou déformés. Dans son introduction, Bacourt ne recule devant rien, et surtout pas devant l'affabulation d'une réconciliation tardive des deux hommes, à la mort du tribun, en avril 1791 (pp. 345-346). Le propos aura la vie dure puisque plusieurs proches amis de Charles-Maurice, comme Charles-Henri Fox (lord Holland), le reprennent dans leurs Souvenirs (Paris, Firmin-Didot, 1862, p. 7, note 1). Dans sa *Chronique*, la duchesse de Dino fait une allusion involontaire au formidable travail de nettoyage commencé par Charles-Maurice lui même sur ce sujet délicat de ses rapports avec Mirabeau et avec la cour : « M. de Talleyrand, ayant été, pendant la durée du gouvernement provisoire (en avril 1814), en possession des archives les plus secrètes de la Révolution, il y avait trouvé la quittance en règle donnée par Mirabeau de l'argent reçu de la cour […] La regardant comme un papier de famille et ne se sentant pas en droit de la garder, il l'avait remise à Louis XVIII et […] ignorait ce qu'elle était devenue » (I, pp. 134 et 136, 20 juin 1834). Comme ces choses sont élégamment dites… et répétées ! En janvier 1833, Charles-Maurice racontait déjà la même anecdote à lord Greville et précisait le montant de la quittance de Mirabeau : un million de livres (*The Greville Diary*, édité par Philip Whitewell Wilson, London, William Heinemann Ltd, 2 vol., 1927. I, p. 89). Il lui avouait aussi que les trois plus proches amis de Mirabeau étaient Narbonne, Lauzun et lui-même. La Marck n'aurait été pour le tribun qu'un intermédiaire avec la cour. On en doute.

16. A. de Bacourt, *Correspondance entre le comte de Mirabeau et le comte de La Marck pendant les années 1789, 1790 et 1791*, *op. cit.*, I, 11 octobre 1789, p. 358.

Page 168. 17. *Ibid.*, les deux notes de Mirabeau, non datées, sans doute de la fin du mois d'octobre, pp. 411 et 412.

18. *Ibid.*, Mirabeau à La Marck, 21 octobre 1789 et les Mémoires de La Fayette (Paris, H. Fournier-Aîné, 1837-1838, 6 vol., II, p. 432). Voir également Gouverneur Morris (pp. 91-92, 102, 120-121) et Duquesnoy (II, 29 novembre

1789, pp. 108-109) qui évoque un dîner avec Mirabeau et Liancourt chez le comte Auguste de La Marck.

19. Gouverneur Morris, p. 92, 7 octobre 1789.

20. *Ibid.*, p. 122, 3 novembre 1789 et Mémoires, I, pp. 68-69.

21. Selon La Marck, le surnom de Gilles-César donné à La Fayette aurait été inventé par le duc de Choiseul (Bacourt, *op. cit.*, II, p. 126). On lit dans la *Chronique* de la duchesse de Dino, le 23 mai 1834 : « Voilà M. de La Fayette mort. Quoiqu'il ait été toute sa vie "Gilles le Grand" pour M. de Talleyrand, sa mort ne lui a pas été indifférente » (I, p. 86).

Page 169. 22. Souvenirs de lord Holland, *op. cit.*, pp. 6-7. Dumont rentre en Angleterre en janvier 1790. L'anecdote daterait alors des derniers mois de l'année précédente.

23. Adrien Duquesnoy, *op. cit.*, I, pp. 338 (15 septembre 1789) et 355 (21 septembre 1789). Dans l'une de ses dépêches du 22 octobre 1789 au roi de Suède, le baron de Staël, qui avait de bonnes raisons de bien connaître Charles-Maurice, parle aussi de son ambition : « Homme d'esprit, apte aux affaires, il se nuit par son ambition » (A. Geffroy, *Gustave III et la cour de France*, 1867, II, p. 95).

24. Gouverneur Morris, 2 septembre 1791, p. 262. L'exclusion des constituants du ministère avait été aggravée par un décret du 7 avril 1791 qui, sur proposition de Robespierre, le leur interdisait pendant les quatre années suivant la session.

25. *Ibid.*, p. 98.

26. Duquesnoy, II, 29 novembre 1789, pp. 108-109.

Page 170. 27. Philip Mansel, *Louis XVIII*, Paris, Pygmalion, 1982, p. 58.

28. Gouverneur Morris, 26 décembre 1789, p. 157. « Je vais au Louvre. Mme de Flahaut me raconte l'histoire de ce discours. » Mais, le lendemain, il l'attribue à Mirabeau. Les deux hommes ont probablement travaillé ensemble à ce texte (*ibid.*, p. 158). Morris parle un peu plus tard, le 4 janvier 1790, de la lettre écrite au roi par Monsieur « demandant une place au Conseil », et ajoute : « Il est en cela d'accord avec l'évêque et le duc de Lévis » (p. 165).

29. Duchesse de Dino, *Chronique de 1831 à 1862*, *op. cit.*, I, pp. 134-136, Londres, 20 juin 1834. Voir la note 2, p. 634.

Notes du chapitre 21

Page 171. 1. Duquesnoy, I, p. 183, 19 juillet 1789.

2. *Ibid.*, I, p. 338, 14 septembre 1789.

Page 172. 3. *Mémoires*, I, pp. 132-133.

4. Duquesnoy, I, p. 306, 21 août 1789.

5. Œuvres du comte P.L. Roederer, III, p. 272. La lettre autographe *in* AN 29 AP 12, fol. 273 (papiers Roederer). L'assemblée venait de voter la clause dite du marc d'argent qui obligeait quiconque à payer l'impôt, soit l'équivalent d'un marc (224 grammes) d'argent, pour être éligible à la Législative.

6. Charles du Bus, *Stanislas de Clermont-Tonnerre et l'échec de la révolution monarchique, 1757-1792*, Paris, Félix Alcan, 1931, p. 138. Le 29 mai 1790, sa *Réponse… au chapitre de l'église cathédrale d'Autun* qui lui demande de signer la protestation du clergé contre le refus de l'assemblée de déclarer la religion catholique « religion d'État », le 13 avril 1790, s'inscrit dans le même esprit : « Tout moyen de contrainte, en matière de religion, est un attentat contre le premier des droits de l'homme : ce principe éternel de raison et de paix que l'ignorance et la passion ont pu seules obscurcir à des époques désastreuses

de notre histoire » (À Paris, de l'Imprimerie nationale, 1790). C'est sans doute parce que l'article 5 de la charte du 4 juin 1814 proclame la liberté religieuse et que son article 6 fait de la religion catholique la religion de l'État que Charles-Maurice dira en forme de raillerie à Mme de Duras en 1817 : « Savez-vous qui a donné l'avis de mettre ces articles ? – Non, mais ils sont excellents. – Eh bien, c'est moi. – Je suis enchantée que vous ayez fait cette bonne œuvre et je vous en félicite. – Mais savez-vous pourquoi j'ai donné ce conseil ? – Non, mais je suis certaine que vous aviez une bonne raison. – Eh bien, j'ai suggéré ces mots parce qu'ils ne signifiaient rien du tout. » Une façon également de se venger d'avoir été écarté par le roi de la rédaction de la Charte à laquelle il a eu peu de part. (George Ticknor, *Life, letters and journal of…*, Boston, 2 vol., 1876. Cité et traduit par G. de Bertier de Sauvigny, *La France et les Français vus par les voyageurs américains, 1814-1848*, Paris, Flammarion, 2 vol., 1982, I, p. 252.)

Page 173. 7. Adrien Duquesnoy, *op. cit.*, II, p. 329. Un peu plus tôt, le 20 décembre 1789, Morris note que Charles-Maurice est enchanté des mesures prises ce jour-là par l'assemblée « pour donner aux protestants accès aux fonctions publiques », même s'il n'a pas parlé (p. 155).

8. Au point que l'érudit bibliophile Barbier s'est demandé, à tort selon nous, si Talleyrand n'avait pas favorisé quelques pamphlets contre la constitution civile du clergé, en particulier : *Le Comité soi-disant ecclésiastique convaincu de plagiat ou Parallèle de la constitution civile du clergé avec les décrets de Julien l'Apostat…* À Antioche, de l'Imprimerie impériale et se trouve à Autun, Chez l'imprimeur de monseigneur l'évêque, 29 p. (1790).

9. *Rapport fait au nom du comité de constitution à la séance du 7 mai 1791 relatif à l'arrêté du département de Paris du 6 avril précédent, par M. de Talleyrand-Périgord, ancien évêque d'Autun.* Parmi les réponses indirectes à ce discours, venues de la droite : *Lettre à M. Talleyrand, ancien évêque d'Autun, chef de la commission des talleyrandistes, sur son rapport concernant l'admission égale et indéfinie de tous les cultes religieux.* Paris, Chez les marchands de nouveautés, 70 p. (1791).

10. *Opinion de M. le prince de Talleyrand sur le projet de loi relatif aux journaux et écrits périodiques*, 24 juillet 1821, *op. cit.*, p. 9.

11. *Ibid.*, p. 10.

Page 174. 12. Œuvres du comte P.-L. Roederer, 1854, III, p. 428.

13. *Des Loteries, par M. l'évêque d'Autun.* À Paris, Chez Barrois l'aîné, (4 juillet) 1789, p. 38. Dans le même registre : « L'empire des lois a sa mesure, et cette mesure, c'est l'intérêt que les hommes ont de la respecter ou de l'enfreindre. » Cf. *Opinion de M. l'évêque d'Autun sur la proposition de faire deux milliards d'assignats forcés.* Paris, imprimerie de l'Assemblée nationale, (18 septembre) 1790.

14. Duchesse de Dino, *Chronique*, *op. cit.*, I, Valençay, 10 octobre 1835, p. 378. Il existe plusieurs pamphlets sur la participation de Charles-Maurice à la constitution dite de 1791, surtout à droite. Ainsi, « Les couches de Monsieur Target », in *Les Facéties du vicomte de Mirabeau*, Paris, de l'Imprimerie Boivin, 1790, ouvrage anonyme sans doute rédigé par un groupe de publicistes royalistes des *Actes des apôtres.* Target donne naissance à une fille, la Constitution, baptisée par l'évêque d'Autun assisté de l'abbé Sieyès.

15. *Motion de M. l'évêque d'Autun sur la proposition d'un emprunt, faite à l'Assemblée nationale, par le premier ministre des Finances, et sur la consolidation de la dette publique, du jeudi 27 août 1789.* À Versailles, chez Baudoin, s.d., p. 8.

16. *Opinion de M. l'évêque d'Autun sur les banques et sur le rétablissement de l'ordre dans les finances à l'Assemblée nationale, le vendredi 29 décembre 1789, et imprimée sur son ordre.* À Paris, Chez Baudoin, 1789, p. 19.

Page 175. 17. Discours du 13 octobre 1789. L'affaire évoquée par l'abbé Maury est celle du procès du roi de Sardaigne contre le couvent des Célestins de Lyon dont le plaignant réclamait la rétrocession des biens, en 1784. D'après Duquesnoy, qui évoque l'épisode dans son Journal, Charles-Maurice aurait répondu à ceux qui lui demandaient les raisons de son silence face à l'attaque sévère de l'abbé Maury : « C'est qu'il a un genre d'inviolabilité tout particulier : je crains de le faire pendre ! » (II, p. 9). Ce même jour, les députés s'étaient occupés de la question de leur inviolabilité.

Page 176. 18. *Motion de M. l'évêque d'Autun sur les biens ecclésiastiques, 10 octobre 1789*, à Paris, Chez Baudoin, s. d., et *Opinion de M. l'évêque d'Autun sur la question des biens ecclésiastiques. Discours non prononcé à la séance du 2 novembre 1789* (*ibid.*). Il avait préparé le terrain dès le 27 août en argumentant sur la différence de nature des propriétés ecclésiastiques par rapport aux autres. D'autres que lui, en septembre, ont cherché à engager l'assemblée sur ce terrain. Le fait qu'il ait eu la primeur de la proposition le 10 octobre est sans doute le résultat d'une manœuvre politique et stratégique concertée avec Mirabeau dont l'intervention, le 2 novembre, sera déterminante, et plusieurs autres de ses amis de la minorité libérale de la noblesse. Par la suite, il abordera la question des biens ecclésiastiques à deux reprises : le 7 novembre 1789, pour demander la protection des biens mis en vente, sujets à des actes de vandalisme ; le 13 juin 1790 pour défendre encore une fois son plan de remboursement de la dette grâce à la vente de ces biens. Cf. *Opinion de M. l'évêque d'Autun sur la vente des biens domaniaux, en faveur des créances sur l'État.*

Page 177. 19. *Opinion de M. l'évêque d'Autun sur la proposition de faire deux milliards d'assignats forcés*, 24 septembre 1790, Paris, Imprimerie de l'Assemblée nationale, 1790. La brochure publiée d'après le discours prononcé à la tribune de l'assemblée par Charles-Maurice reprend et développe une première : *Opinion de M. l'évêque d'Autun sur les assignats forcés.* Jeudi 15 avril 1790. Paris, Imprimerie nationale, s.d. : « L'argent a horreur du papier. » Dès le 4 décembre 1789, il met en garde l'assemblée en combattant le projet de Necker (14 novembre) de création d'une banque nationale fondée sur la création « d'un papier non convertible à volonté en argent, par conséquent sur la création d'un papier-monnaie ». Il propose à la place un plan de remboursement par annuité des 90 millions de créances de la caisse d'escompte. Selon lui, les projets de banque nationale caressés avec Isaac Panchaud à la fin des années 80 ne sont plus adaptés à la situation actuelle, profondément dégradée, à tel point qu'il reprochera au banquier Jean-Joseph de Laborde de lui avoir subtilisé les plans de son ami qui venait alors de mourir pour les présenter comme étant les siens le 5 décembre à l'assemblée. Voir *Opinion de M. l'évêque d'Autun sur les banques et sur le rétablissement de l'ordre dans les finances, prononcée à l'Assemblée nationale le vendredi 4 décembre 1789 et imprimé sur son ordre.* À Paris, Chez Baudoin, 1789. Duquesnoy évoque dans son Journal le pas de deux de Laborde mais croit à tort que Charles-Maurice avait voulu lire lui-même le plan de Panchaud et lui en faire hommage (II, 8 décembre 1789, p. 145). Morris est plus exact sur cette affaire dont Charles-Maurice lui parle directement le 6 décembre (p. 150). Les dernières pages de l'opinion publiée de Charles-Maurice, complétée par rapport au texte de son intervention orale, donnent clairement sa position (*Opinion*..., p. 26). On notera encore deux interventions de Charles-Maurice sur la politique fiscale et les droits d'enregistrement au cours desquels il défend le principe des impositions indirectes qui touche le moins les pauvres (22 novembre 1790) et les questions monétaires : sur la fabrication des petites monnaies (12 décembre 1790).

20. Gouverneur Morris note le 8 octobre après avoir lu le texte de sa motion : « Il s'y attache comme en étant l'auteur », et ajoute : « Mauvais symptôme pour un homme d'affaires » (p. 92).

21. Lettre citée par Lacour-Gayet, IV, p. 27. À la date de cette lettre, le texte de sa proposition était sans doute connu, comme d'autres, de plusieurs cercles et clubs politiques avant d'être lu à la tribune de l'assemblée.

Page 178. 22. Duquesnoy, II, pp. 108-109.

23. *Ibid.*, p. 364.

24. Dans son *Précis de la vie de M. l'évêque d'Autun*, publié en 1790, l'auteur anonyme évoque ses « actions de la Caisse d'escompte » garanties par la vente des biens du clergé et le traite de chef des « rabbins ». « Il conseille le vol, enseigne le parjure / Et sème la discorde en annonçant la paix » (s.l.n.d.). Il existe au moins trois caricatures sur le sujet : « Talleyrand livrant l'Église de France contre des assignats » (gravure anonyme, publiée par le *Journal de la Cour et de la Ville*, le 29 décembre 1791, musée Carnavalet, reproduite par Claude Langlois in *La Caricature contre-révolutionnaire*, CNRS, 1988, n° 25). Charles-Maurice s'adresse à Camus, l'ancien avocat du clergé favorable à la nationalisation, les mains pleines de billets : « Combien me donné-vous et je vous la livre ». L'Église, qui a les traits de la synagogue, est conduite au sacrifice par le protestant Rabaut Saint-Étienne, un poignard à la main. « Branle d'Autun » (gravure à l'aquatinte anonyme, fin 1789 [?], BN Est. Qb1) ; « Speculum latinum » signalée par Lescure (II, 427, 27 février 1790). « Une gravure très rare représente le manège à découvert. D'un côté, le vicomte de Noailles qui s'empare des droits féodaux ; d'un autre l'évêque d'Autun qui donne les biens du clergé à la nation. Sur la porte est écrit : *Speculum latinum* » (caverne latine). Cette gravure semble avoir disparu des collections publiques existantes.

25. L'abbé Barruel, dans le *Journal ecclésiastique* (novembre 1789, pp. 282-293), le compare à Judas. Même mise en scène dans la « Passion de notre vénérable clergé, selon l'évangéliste du jour » (le *Rôdeur français*, n° 3, 29 novembre 1789) et dans « Les chefs des jacobites aux Français » (s.l.n.d., 16 février 1790, p. 6). Dans sa *Lettre à M. l'évêque d'Autun et compagnie, auteurs de l'adresse aux provinces*, François-Louis Suleau, l'un des pamphlétaires redoutés des *Actes des apôtres*, le traite de « patron du peuple d'Israël » : « Ne saviez-vous pas que ces hommes désintéressés, qui ne placent leur argent qu'à 20 %, s'empresseraient d'acheter des biens de l'Église, pourvu qu'on leur les donnât au denier 5 » (s.l. mars 1790). On retrouve aussi Charles-Maurice dans de nombreux pamphlets collectifs dont certains sont cités par A. de Baecque. Il serait l'auteur d'un « Traité sur l'apostasie » dans *Les Nouveautés du Palais-Royal, ou livres nouveaux des charlatans modernes* (Paris, s.d. 1790 ?) Il est le cheval « pie » des *Chevaux du Manège* (le lieu où s'installe l'assemblée à Paris début novembre), *ouvrage trouvé dans le portefeuille du prince de Lambesc, grand écuyer de France* (Paris, s.d.). Rivarol ne l'épargne pas non plus dans son *Petit Dictionnaire des grands hommes de la Révolution* (1790, rééd. Desjonquères, 1987, p. 88) : « Décidé de bonne heure à sacrifier le clergé à la nation, il a senti qu'il était plus sûr de le trahir que de l'attaquer, et il s'est fait évêque. » Curieusement, le serment qu'il prête à la constitution civile du clergé le 28 décembre 1790 attire peu l'attention. Il faudra attendre l'année suivante et la consécration des évêques constitutionnels pour que la polémique reprenne.

26. L'anecdote est citée par sir Henry Bulwer, député et diplomate anglais qui a connu personnellement Talleyrand dans les années 1830 à Londres et à Paris : *Essai sur Talleyrand*, Paris, Alfred Costes, 1922, p. 66, première traduction, Paris, Reinwald, 1868. Pour le texte en anglais : *Historical characters*, I, R. Bentley, 1867.

27. Antoine-Vincent Arnault, *Souvenirs d'un sexagénaire*, Paris, Duffey, 4 vol., 1833. IV, p. 20.

28. *Journal d'Aimée de Coigny, op. cit.*, p. 57.

29. Joué d'abord au théâtre, la censure lui ayant refusé le visa. Guitry en a publié le texte en 1948, l'année de la sortie du film : *Le Diable boiteux. Scènes de la vie de Talleyrand*, Paris, Éditions de l'Élan, 1948.

30. Roger Portalis, *Henri-Pierre Danloux peintre de portraits et son Journal pendant l'émigration (1753-1809)*, Paris, E. Rahir, 1910, p. 155, 15 septembre 1792.

31. « Quand le diable devient vieux, il se fait ermite. » *La Caricature*, n° 239 (1835), pl. 476. Voir un commentaire sur cette caricature qui représente Charles-Maurice en diable, priant avec le roi Louis-Philippe devant le crucifix de la République, dans Bosch-Abele, *La Caricature*, p. 569.

32. Cité par Ch. Brifaut, *Souvenirs d'un académicien*, Paris, Albin Michel, 2 vol., s.d. I, p. 271. Une autre caricature anonyme à l'image du diable, parmi les plus célèbres, publiée en avril 1815, s'intitule : « Monsieur Tout-à-tous ». On y voit Talleyrand rédigeant à Vienne sous la dictée du diable la déclaration du 13 mars 1815 (BN Est. Q b1).

Page 180. 33. Par 373 voix sur 603 votants contre l'abbé Sièyes pour qui il votera aux Jacobins le 4 juin, en préparation de l'élection de ce dernier le 8. Aulard, *op. cit.*, I, pp. 135-139.

34. Duquesnoy, II, 10 février 1789, p. 368.

35. À l'hôtel Bochart de Saron, 134, rue de l'Université, qu'il loue probablement en partie (nous n'avons pas retrouvé d'actes), aujourd'hui, 17, rue de l'Université. Une plaque posée sur la façade de l'hôtel rappelle que Charles-Maurice y habitait en 1790. D'après les actes notariés, il y vivait avec son frère Archambaud et sa femme. Voir *infra*, p. 218, note 66.

36. *Correspondance de Thomas Lindet pendant la Constituante et la législative (1789-1792), publiée par A. Montier.* Paris, Société de l'histoire de la Révolution française, 1899, lettre XXXIII, le 10 février 1790, p. 70. Son frère n'est autre que Robert Lindet, futur membre du Comité de salut public. Tous les deux voteront la mort du roi. Duquesnoy évoque aussi les applaudissements (II, p. 368). Le comte de Castellane, proche de Charles-Maurice, en parle comme du « succès » le « plus brillant » depuis l'ouverture de l'Assemblée nationale (Journal manuscrit du comte de Castellane, BN, NAF). La presse favorable à la Révolution salue unanimement l'événement : cf. *Journal de Paris* (n° 42, 11 février 1790) ; *Le Courrier national* (n° 107, 11 février 1790) ; *Journal universel ou révolution des royaumes* (12 février 1790) ; *Annales universelles* (n° 43, 12 et 17 février 1790) ; *L'Assemblée nationale* (n° 207, p. 610).

37. *Adresse aux provinces*, publiée dans le *Moniteur* (III, 340 à 352) puis en brochure à plusieurs milliers d'exemplaires. Par décret, la lecture en a été ordonnée au prône du dimanche, dans toutes les paroisses.

Notes du chapitre 22

Page 182. 1. D'après la dédicace de Palloy au plan aquarellé de la Bastille, solennellement remis à l'évêque le 14 juilllet 1790 : « Donné à monsieur l'évêque d'Autun, premier patriote du clergé le 14 juillet 1790, par son serviteur Palloy » (vente Tajan, Paris, 24 mars 1990, n° 47 du catalogue ; vente Sotheby's, Paris, 2 décembre 2004, n° 187, ill.). Cette source m'a été aimablement indiquée par le prince Charles d'Arenberg.

2. Dans ses lettres à La Marck, Mirabeau évoque à plusieurs reprises les réunions chez le marquis de Condorcet, destinées à préparer le texte du serment du roi, autour de Sieyès, La Rochefoucauld, Talleyrand et d'autres. Mirabeau au comte de La Marck, 7 juillet 1790, II, p. 88.

3. « Lettre de M. de Talleyrand, évêque d'Autun, à M. de Saint-Priest. Paris, le 13 juillet 1790. » AN F. 9-145, n° 1809.

Page 183. 4. *Mémoires du chancelier Pasquier*, *op. cit.*, I, p. 247. « Un pareil trait n'a pas besoin de commentaire », poursuit Pasquier qui tient l'anecdote de La Fayette lui-même et triche rarement dans ses Mémoires, même s'il n'aime pas Charles-Maurice. Au-delà de la question de la source, il n'y a psychologiquement aucune raison de mettre en doute cette réplique de Charles-Maurice, comme le fait Louis Madelin dans sa biographie. En revanche, l'histoire sacrilège de la messe répétée avec la complicité de Mirabeau, chez M. de Saisseval quelques jours auparavant, est peu crédible, d'autant plus que Charles-Maurice, qui officie également le 11 juillet à la fête civique versaillaise, trouve là une bonne occasion de se « préparer », pour le 14 (comte d'Hérisson, *Autour d'une révolution*, p. 47).

5. Mémoires de la marquise de La Tour du Pin, *op. cit.*, p. 131. Archambaud s'était porté candidat en mars 1789 à l'élection de la noblesse du baillage de Mantes. Il sera battu au second tour par le marquis de Gaillon (*Correspondance de Condorcet et de Madame Suard, 1771-1791*, Fayard, 1982, p. 148. Voir également les Mémoires du général Thiébault qui assiste à la cérémonie comme garde national (Paris, Plon, 1894, I, pp. 259-263).

6. *Mémoires du comte Valentin Esterhazy.*

7. Il le regrette dans ses *Mémoires d'outre-tombe*, Flammarion, 1982, I, p. 238.

8. Mémoires du baron de Frénilly, Paris, Perrin, 1987, p. 91.

9. Jean Gorsas, *Mémoires, lettres inédites et papiers secrets*, A. Savine, Paris, 1891, p. 71.

10. *Ibid.* et 8 novembre 1790, p. 75. Charles-Maurice évoque à cette occasion son serment à la constitution civile du clergé.

Page 184. 11. Morris, p. 206, 26 janvier 1791.

12. A. de Charmasse, *Mémoires de la Société éduenne*, t. XL, p. 381 et t. XLVI, p. 349. L'auteur a retrouvé aux Archives nationales la lettre de démission de Charles-Maurice à Montmorin, datée du 13 mars (AN F.19.418).

13. Il sera élu le 18 janvier, le treizième – sur trente-six –, administrateur du Conseil du département de la Seine, le même jour que Mirabeau. Dans la lettre du 19 janvier, où il déclare accepter ses nouvelles fonctions, il écrit : « Dès l'instant où les suffrages de l'assemblée m'ont averti de sa bienveillance, je me suis empressé d'écarter les obstacles qui pouvaient en arrêter les effets et mon choix était fait lorsque j'ignorais encore si le vôtre me permettrait de le réaliser » (*in* S. Lacroix, *Le Département de la Seine pendant la Révolution*, Paris, Société de l'histoire de la Révolution française, 1904. I, 393).

14. Si l'on en croit la lettre du cardinal Zelada, secrétaire d'État du pape, du 4 avril 1791, aux vicaires généraux d'Autun : « Sa démission et la nomination d'un successeur sont sans doute essentiellement nulles, à défaut de l'autorisation du souverain pontife. » La lettre est citée par Marcade, *Talleyrand, prêtre et évêque*, *op. cit.*, pp. 122-123. BN 8 Ld4-3480.

15. Autour de la déclaration en forme de protestation d'une minorité de l'Assemblée nationale contre le refus de la majorité de décréter nationale la religion catholique (13 avril 1790) : *Délibération du chapitre de l'église cathédrale d'Autun du lundi 10 mai 1790*, Dejussieu, Autun, 1790 ; *Réfutation de la réponse de M. l'évêque d'Autun à son chapitre par un membre du clergé de son*

diocèse, juin 1790 ; *Nouvelle réfutation…*, août 1790. Autour du serment prêté par Charles-Maurice à la Constitution civile du clergé, le 28 décembre 1790, et à la suite de sa *Lettre… aux ecclésiastiques fonctionnaires du département de Saône-et-Loire*, du 29 décembre (Dejussieu, Autun, 1791) : *Réponse des curés de Saône-et-Loire à Mgr l'évêque d'Autun*, s.l.n.d. (1791).

16. A. de Charmasse, « Deux documents inédits sur Talleyrand, évêque », *Mémoires de la Société éduenne*, *op. cit.*, pp. 345-354. Les administrateurs du district d'Autun, en réponse à la lettre de Charles-Maurice les avertissant le 20 janvier de sa démission, lui écrivent le 30 : « Nous ne connaissons personne dans le département qui puisse vous remplacer. »

Page 185. 17. *Mémoires*, I, p. 136.

18. Danloux rapporte qu'à Londres l'abbé de Luchet, grand vicaire de l'évêque de Saintes, considérait Loménie, Jarente et Talleyrand « déshonorés devant l'univers par la lâcheté de leur conduite » (R. Portalis, *op. cit.*, p. 56).

Page 186. 19. *Journal de Gouverneur Morris*, *op. cit.*, 24 février 1791, pp. 211-212.

20. *Souvenirs sur Mirabeau…*, *op. cit.*, pp. 370-371.

21. *Mémoires du cardinal de Retz*, II, 1872, p. 598. Beaucoup plus tard, sous la Monarchie de Juillet, Charles-Maurice usera du même procédé en racontant à sa nièce que « débarrassé de sa prêtrise, il se sentit le désir incroyable de se battre en duel ». Mais M. de Castries « à la fois colère et borné », auprès duquel il chercha querelle, se déroba. « C'est que, pour [lui], M. de Talleyrand ne pouvait cesser d'être prêtre » (*Chroniques* I, 9 mai 1834, p. 65). Dans ses Mémoires, le cardinal de Retz avoue de même s'être battu en duel avec l'espoir « de se débarrasser de sa prêtrise », mais en vain : « Je demeurai là avec ma soutane et deux duels » (I, p. 89). Les deux évêques qui l'assistèrent le 24 février étaient Gobel, évêque *in partibus* de Lydda, et Dubourg-Miroudot, évêque *in partibus* de Babylone, deux diocèses « sans fonction réelle », conservés par tradition dans d'anciens territoires de la chrétienté en Palestine et en Mésopotamie. Un compte rendu de la cérémonie figure dans une circulaire de la *Société des Amis de la Constitution*, Paris, 24 février 1791.

Page 187. 22. *Mémoires*, I, p. 136.

23. *Quod Aliquantum*.

24. *Charitas*.

25. En le qualifiant de *praecipuus schismatis auctor*, le pape, par un troisième bref du 19 mars 1792, le menace définitivement d'excommunication s'il ne lui a pas donné une « satisfaction convenable et proportionnée à son crime » dans un délai de deux fois soixante jours.

Page 188. 26. *Mémoires de la comtesse de Boigne*, *op. cit.*, II, p. 361.

27. Abbé Lyonnet, *Histoire de Mgr d'Aviau du Bois-de-Sanzay*, Lyon, Pélagaud, 1847, II, p. 331 *et sq.*

Notes du chapitre 23

Page 189. 1. *Journal d'Aimée de Coigny*, *op. cit.*, p. 54.

2. *Mémoires du baron de Vitrolles*, *op. cit.*, III, p. 450.

Page 190. 3. *Avis au public par M. l'évêque d'Autun sur les assignats*, s.l.n.d., de l'Imprimerie des Capucins [avril 1790].

4. Gouverneur Morris, *op. cit.*, pp. 254 et 255, juillet 1791.

5. *Mémoires du chancelier Pasquier*, *op. cit.*, II, p. 397.

6. *Ibid.*, p. 173.

Page 191. 7. *Mémoires de Madame de Chastenay*, Paris, Plon, 1986, pp. 70-71.

8. Aujourd'hui détruit, il occupait l'emplacement du 1, rue Caumartin, place de l'Opéra, et avait appartenu sous la Restauration au marquis d'Osmond. Cf. *Connaissance des Arts*, juin 1991.

9. À Mme de Kielmannsegge, le 19 février 1812, peu après la mort de son ami (*Mémoires*, Paris, 2 vol., Éditions Victor Attinger, 1928, I, p. 130).

10. Du 16 mars au 27 mai 1792, il dépense plus de 3 000 livres en journées de travail aux aménagements de son château de Neuilly et de son terrain des Champs-Élysées. AN C 219 /1/160 134. Dossier Sainte-Foy, « État des rôles de journées et dépenses faites par M. de Ste-Foy, tant en son château de Neuilly que dans son terrain joignant les Champs-Élysées, année 1792. » Le rapport des dates et de la dépense est étonnant.

11. *Correspondance*... II, p. 51, 25 juin 1790.

Page 192. 12. BHVP Ms fol. 103, papiers Jarry, Topographie de Paris. La vente est signée à l'étude de maîtres Coupery, Viénot et successeurs (AN MC XIV 514 Coupery, 20 avril 1792). La superficie du terrain est de 644 toises. Il est situé entre les anciennes rues d'Angoulême-Saint-Honoré (aujourd'hui rue de La Boétie) et Neuve-de-Berri. Charles-Maurice s'engage à verser au comte d'Artois, de six mois en six mois, le capital au denier 25 de la rente annuelle et perpétuelle de 3 000 livres que son ancien surintendant des finances lui doit, afin de le libérer de ses obligations envers lui. AN, *op. cit.*, dossier Sainte-Foy. Lettre de Sainte-Foy à d'Albarde, Saint-Quentin, 1er novembre 1792. Voir également Jean Stern, F.-J. Belanger, 2 vol., 1930, II, pp. 17-37. Cette vente s'inscrit dans un vaste projet d'ensemble d'urbanisation et de lotissement de l'ancien apanage du comte d'Artois constitué des terrains de la pépinière du Roule donnés par le roi à son frère cadet en 1779. À l'origine, dans les années 80, le projet avait été baptisé « nouvelle Amérique », en hommage à la guerre d'indépendance américaine. Talleyrand songeait depuis un certain temps à acheter ces terrains puisqu'il en parlait déjà dans l'une de ses lettres à son amie Mme de La Grange le 6 décembre 1791 (Gorsas, p. 92).

13. AN MC XV 1618 Chodron, 28 août 1815. « Dépôt de la vente faite le 10 juillet 1815 par Charles-Maurice de Talleyrand à Alexandre-Daniel de Talleyrand-Périgord d'une maison et d'un jardin, avenue des Champs-Élysées, n° 20. » Le prix de vente est dérisoire : 20 000 francs. C'est qu'Alexandre venait d'épouser la « fille adoptive » de Talleyrand, Charlotte.

14. *Mémoires de Laffitte (1767-1844)*, Paris, Firmin-Didot, 1932, pp. 57-58. Ce que Laffitte, l'associé de Perregaux, ne dit pas, c'est qu'il avait en fait seulement garantir un prêt de 110 000 francs consenti à Talleyrand par Jean-Marie d'Aigremont devant maître Coupery. C'est ce prêt qui servit à l'achat de l'hôtel de la rue d'Anjou.

Page 193. 15. AN MC XV 1636 étude Chodron, 13 novembre 1817, obligation de Benjamin-Henry Constant à Talleyrand, par le mandat de Rihouet (l'un des administrateurs des biens de Talleyrand sous la Restauration), d'une somme de 18 000 francs, remboursable à intérêts de 5 % en quatre échéances, de six mois en six mois. Le prêt de Talleyrand à Constant date du mois d'octobre 1798 ! Constant avait transporté sa dette sur Mme de Staël à qui Talleyrand devait une somme plus importante encore. On ne sait pas si Mme de Staël fut remboursée de la différence, mais, ce qui est sûr, c'est qu'à peine morte et ne pouvant plus défendre son ancien amant, Talleyrand réclamait à ce dernier le montant de sa créance et faisait saisir ses biens (Gustave Rudler, « Une créance de Talleyrand », *Revue des études napoléoniennes*, 4e année, janvier-juin 1915, Slatkine Reprint, Genève, 1976, pp. 425-431). Benjamin Constant, très gêné financièrement, demandera à plusieurs reprises une prorogation du paiement de sa dette. Voir les lettres citées par Rudler et d'autres, inédites, qu'il ne cite pas : cf. Benjamin Constant à Rihouet, Paris, 19 septembre 1819 ; Talleyrand au même, s.l.n.d. (Librairie de l'Abbaye, catalogue des autographes, janvier 2001) ; *ibidem*, 28 septembre 1819 : « Je ne puis m'expliquer, cher M. Rihouet, la lettre de M. Constant. Il ourdit une friponnerie ou une calomnie et probablement l'un et l'autre » (Collection E. Ernst, R12, inédite). Constant ne soldera sa dette... qu'en juillet 1830, quelques mois avant sa mort ! En affaires, Talleyrand ne lâche jamais rien. Il s'agit sans doute d'une dette de jeu. Coulmann, le secrétaire de Constant, affirme dans ses Souvenirs avoir lu la correspondance de jeu des deux hommes. « Ces deux grandes intelligences y dépensaient infiniment d'esprit dans des réclamations réciproques qui avaient pour objet des fonds prêtés ou donnés conditionnellement » (*Réminiscences, op. cit.*, III, p. 40).

16. Henry Lytton Bulwer, *op. cit.*, p. 28. L'anecdote devait circuler depuis longtemps puisqu'on la trouve avec des variantes chez plusieurs des mémorialistes qui écrivaient sous la Monarchie de Juillet, entre autres le banquier Jacques Laffitte (*Mémoires*, Paris Firmin-Didot, 1932, p. 57).

17. *Journal général de la cour et de la ville*, n° 24, 24 janvier 1791.

18. Vitrolles, III, p. 451.

Page 194. 19. Gouverneur Morris, *op. cit.*, p. 200, 10 janvier 1791.

20. D'après l'article « Whist » dans l'*Histoire des jeux* de Jean-Marie Lhôte, Paris, Flammarion, 1994. Talleyrand était un joueur par goût, par plaisir, parce que le jeu était pour lui un moyen d'exercer son esprit et son sens de l'anticipation, pas un « flambeur ». Le jeu ne l'a jamais dominé au point qu'il s'y ruine, comme ce sera le cas de son frère Archambaud et surtout de son neveu Edmond.

Page 195. 21. Cité par Capefigue, *in* Michaud, *Biographie universelle*, 2e édition, tome XL, p. 619.

22. Norvins, *op. cit.*, I, p. 65, à propos d'une partie chez Mme du Dresneuc à la fin des années 80.

23. *Chronique de Paris*, n° 39, p. 154, 8 février 1791.

Page 196. 24. D'après les *Mémoires du baron de Méneval*, Dentu, 1893-1894, 3 vol.

25. *Greville's Diary*, *op. cit.*, 28 novembre 1831, p. 89.

Page 197. 26. Norvins, *op. cit.*, I, p. 254.

27. Morris, p. 220, 2 avril 1791.

28. Charles Du Bus, *op. cit.*, p. 336.

29. Morris, p. 195, 27 novembre 1790.

30. *Ibid.*, p. 291, 1er décembre 1791.

Page 198. 31. *Journal d'Aimée de Coigny*, p. 58. Charles-Maurice n'est pas le seul à s'inquiéter. Duquesnoy, en contact avec Laporte depuis le mois de février 1790 et qui a joué un rôle d'intermédiaire entre Mirabeau et Montmorin en envoyant tous les jours au ministre un bulletin de l'Assemblée, n'est pas plus rassuré. « Je suppose que vous avez pris toutes les précautions nécessaires pour qu'on ne puisse pas pénétrer dans la maison et lever les scellés, écrit-il à La Marck le 3 avril. Il faut que la garde soit nombreuse. Je ne puis vous cacher que je ne serai content que quand j'aurai les miens [billets] chez moi, et que vous me direz que le reste est brûlé. J'ai un très grand nombre de billets qui sont à votre disposition ; mais faites-moi rendre les miens le plus tôt possible » (Correspondance du comte de La Marck, *op. cit.*, III, p. 113).

32. AN (Archives imprimées) a.d. / XVIII c / 218, n° CCCVIII et 217, n° IV. Procès de Louis XVI. Voir également a.d./ XVIII c / 217, n° CXXXIV, Lettre de Bertrand au roi (s.d.) : « Le ministre de la Marine a l'honneur d'informer le roi qu'il a eu hier une longue conférence avec MM. Beaumetz, Le Chapelier et l'évêque d'Autun, qui pensent tous unanimement qu'il est on ne peut plus instant que Sa Majesté fasse auprès de l'Assemblée nationale une démarche d'un grand éclat, capable de déconcerter les manœuvres abominables qui se trament

dans ce moment-ci avec une ardeur effrayante », in *Gazette nationale* (réimpression de 1847 avec des notes), n° 341, du jeudi 6 décembre 1792. Séance de la Convention du 5 décembre. Lecture par Rhul de différents documents : « Autre lettre de Laporte, apostillée de la main du roi, 22 avril 1791. » Charles-Maurice était alors en train de rédiger le rapport du Comité de constitution sur l'arrêté du directoire du département de la Seine concernant la liberté de culte dans les églises paroissiales. C'est ce rapport qui sera lu à l'Assemblée le 7 mai 1791. *Ibid.*, n° 348, du jeudi 13 décembre 1792. Présentation par Valazé au roi d'une « lettre de Laporte, apostillée, 16 avril 1791, dans laquelle on paraît se plaindre de l'abbé de Périgord, d'André, de Beaumetz, qui ne semblent pas reconnaissants des sacrifices qu'on a fait pour eux ».

33. *Gazette nationale*, n° 359, lundi 24 décembre 1792 « Lettre justificative de Talleyrand, ancien évêque d'Autun. Londres, le 12 décembre 1792, l'an Ier de la République. »

34. Il est l'auteur de l'adresse du département de la Seine au roi du 5 décembre 1791, dans laquelle les membres du département condamnent les mesures prises par l'Assemblée législative le 29 novembre 1791, contre les prêtres réfractaires. Il tente en vain de faire signer Pétion, le maire de Paris. Morris, p. 289, 4 et 6 décembre 1791.

Page 199. 35. Journal du comte P.-L. Roederer, éd. Maurice Vitrac, Paris, H. Daragon, 1909, p. 279-280.

36. Dans cette perspective, Charles-Maurice et ses amis travaillent en juillet et août au retour du frère cadet du roi, le comte d'Artois, qui à leurs yeux devait accompagner et fortifier l'acceptation par Louis XVI de la Constitution. On se souvient des rapports d'amitié qui liaient l'ancien évêque d'Autun au comte d'Artois. Il n'est pas innocent dans ces conditions que l'abbé Louis, très proche de Charles-Maurice, ait été chargé de cette négociation et envoyé à Bruxelles auprès du comte de Mercy (Correspondance du comte de La Marck, *op. cit.*, La Marck à Mercy, 5 août 1791, III, p. 172).

37. On retrouve son nom dans la première liste (16 et 18 juillet) des 365 membres fondateurs du club. A. Chalamel, *op. cit.*, p. 192.

38. Jean Gorsas, *op. cit.*, p. 90 (lettre à Mme de Flahaut, 24 octobre 1791) et Morris, p. 289, 6 décembre 1791.

Notes du chapitre 24

Page 200. 1. G. Lacour-Gayet, IV, *Mélanges*, p. 28, 1791.

2. *Mémoire sur la nécessité et les moyens de rendre uniformes, dans le royaume, toutes les mesures d'étendue et de pesanteur, adressée à l'Assemblée nationale le 9 mars 1790 ; Opinion de M. l'évêque d'Autun sur la fabrication des petites monnaies. Imprimée par ordre de l'Assemblée nationale, 12 décembre 1790.* Voir également Denis Guedj, *Le Mètre du monde*, Paris, Le Seuil, 2000, chapitre II : « Mesures du roi ou mesures inédites ».

3. Du Bus, *op. cit.*, p. 474.

4. *Rapport sur l'instruction publique fait au nom du Comité de constitution à l'Assemblée nationale, les 10, 11 et 19 septembre 1791*, Paris, Baudoin et Du Pont, 1791.

5. Morris, p. 159, 27 décembre 1789.

Page 201. 6. *Rapport...*, p. 6.

7. Dans une lettre à son ami suédois, l'écrivain diplomate Nils von Rosenstein, elle écrit le 16 septembre : « Mandez-moi si vous êtes content de

l'ouvrage de M. de Talleyrand sur l'instruction publique ; votre suffrage l'honorera » (G. Solovief, *Madame de Staël, ses amis, ses correspondants. Choix de lettres*, Paris, Klincksieck, 1970, p. 69).

8. Hélène Dufresne, *Éducation et esprit public au* XVIIIe *siècle...*, Paris, 1962, p. 251.

Page 202. 9. Morris, p. 267, 24 septembre 1791.

10. F.-A. Aulard, *La Société des Jacobins, op. cit.*, I, introduction.

11. Anne-Marie Passez, *Adélaïde Labille-Guiard, Biographie et catalogue raisonné*, Paris, *Arts et métiers graphiques*, p. 254, n° 124. La localisation actuelle de ce portrait reste inconnue.

Page 203. 12. 4 février 1792, p. 365.

13. Friedrich Kapp, *Justus Erich Bollmann, tableau biographique des deux mondes*. Berlin, Springer, 1880. Lettre XXXIX de Bollmann à Mme Brauer, Leipzig, 14 octobre 1793, pp. 156-157. Traduit de l'allemand pour l'auteur par Aline Weil.

14. *Mémoires*, I, p. 35.

15. Duchesse de Dino, *Chronique*, IV, pp. 143 à 146.

16. Talleyrand en conservera une certaine jalousie et fera tout sous l'Empire pour freiner sa carrière : « Il est sérieux, trop sérieux. Il s'attache, il se passionne, il a trop de zèle. S'il entrait dans les affaires, il se dévouerait sans mesure » (Mémoires du comte de Rambuteau, Paris, Calmann-Lévy, 1905, p. 43. Rambuteau est le gendre de Narbonne qu'il admire et dont il épousera, en 1808, la seconde fille.) Le ministre idéal est bien sûr celui qui sait prendre son temps. Narbonne est aussi trop indiscret : « Son caractère n'inspire pas la confiance qu'exigent les rapports intimes » (Mémoires, I, p. 35).

Page 204. 17. *Mémoires*, I, p. 125 et 127-128.

18. Morris, p. 169, 14 janvier 1790.

19. Bombelles, III, p. 266.

Page 205. 20. *Lettres de la marquise de Coigny*, Paris, Jouaust, 1884. La marquise de Coigny au duc de Lauzun, 13 avril 1792, p. 123.

21. Incarcéré à la prison de la Force le 5 octobre 1793, il est transféré le 8 novembre à la célèbre maison de santé du docteur Belhomme, rue de Charonne, où il ne jouira pas longtemps du régime de faveur accordé moyennant finance aux riches pensionnaires de l'établissement. Le 24 décembre 1793, il rejoint la maison de santé de Picpus, beaucoup moins sûre et confortable. Il n'en sortira que le 5 octobre 1794. Malade et très éprouvé par ses longs mois de prison, il mourra l'année suivante (Frédéric Lenormand, *La Pension Belhomme*, Paris, Fayard, 2002, pp. 149-152).

Page 206. 22. F.-L Nussbaum, « L'arrière-plan de la mission de Talleyrand à Londres en 1792 », in *Assemblée générale de la commission de recherche et de publication des documents relatifs à la vie économique de la Révolution*, 1939 (II, pp. 445-484). Le secret était si bien gardé que même les plus proches amis de Charles-Maurice ignoraient les buts réels de sa mission. Cf. Morris, pp. 295-296, 10 janvier 1792 et pp. 299-300, 6 mars 1792 et sa lettre à Washington du 17 mars, p. 369. À compléter avec l'étude classique et érudite de G. Pallain qui a pourtant l'inconvénient de ne pas faire état des documents publiés par Nussbaum : *La Mission de Talleyrand à Londres en 1792*, Paris, Plon, 1889.

Page 207. 23. *Ibid.*, p. 456. La marquise de Coigny, très proche de son ami Biron, lui prête même un crédit de 70 000 francs. *Lettres*, *op. cit.*, p. 101.

24. Pallain, *op. cit.*, p. 165.

25. Charles-Maurice défendra encore cette idée dans son *Mémoire sur les rapports actuels de la France avec les autres États de l'Europe, envoyé de Londres le 25 novembre 1792, au Conseil exécutif provisoire de la République.* Toute la fin

du mémoire porte sur un projet d'« expédition » commune des « vaisseaux de la France et de l'Angleterre » capable « d'ouvrir dans la mer Pacifique, dans la mer du Sud et dans l'océan Méridional le commerce libre de cette immense partie des Indes occidentales » (cité par G. Pallain, *Le Ministère de Talleyrand sous le Directoire*, Paris, Plon, 1891, pp. LX-LXI).

26. Paul W. Schroeder, *The Transformation of European Politics, 1763-1848*, Oxford, 1996, p. 99.

Page 208. 27. F.-L. Nussbaum, *op. cit.*, Petrie à Huber, Londres, 12 novembre 1792, p. 469.

28. Albert Sorel, *L'Europe et la Révolution française*, Paris, Plon, 1903, II : « La chute de la royauté, 1789-1792 », p. 389.

29. *Ibid.*, II, p. 388. Voir sa lettre du 17 février à Valdec de Lessart, citée par G. Pallain, *op. cit.*, p. 99.

30. *Ibid.*, lettre à Valdec de Lessart du 14 février 1792, p. 84.

Page 209. 31. F.-L. Nussbaum, *op. cit.*, Auckland à Huber, 30 mars 1792, p. 459.

32. *Lettres de la marquise de Coigny, op. cit.*, au duc de Biron, Hertford Street, n° 41, Mayfair, ce 23 (avril 1792), p. 123.

33. Étienne Dumont, *op. cit.*, p. 367.

34. F. Masson, *Le Département des Affaires étrangères pendant la Révolution*, Paris, Plon, 1877, pp. 199 et 262. Le pasteur genevois Étienne Dumont avait été le précepteur du fils du marquis de Lansdowne, Wycombe, avant d'être son bibliothécaire. Par la suite, Lansdowne lui trouvera une place dans l'administration des finances à Londres. Il sera aussi le secrétaire de Jeremy Bentham, le juriste proche de Brissot.

Page 210. 35. Une caricature conservée au musée Carnavalet et aux Estampes de la BNF évoque le voyage de Charles-Maurice à Londres. Elle s'intitule « Départ de Talleyrand et Chauvelin pour Londres » et représente le premier en âne mitré, dans un carrosse surmonté du chapeau épiscopal.

36. C'est ce que suggère, entre autres, la « Correspondance de Londres » du 13 février 1792, publiée dans le n° 70 de l'*Argus patriote*. Biron avait été arrêté le 6 février. Transferé à la prison de Kingsbench, il en sortira quelques jours plus tard grâce à la caution du prince de Galles. Voir sur cette affaire les lettres de la marquise de Coigny (pp. 90, 97, 101, 107, 112, 113) qui par ailleurs accuse Charles-Maurice de ne pas avoir levé le petit doigt pour son ami. Les accusations du député de droite Ribes à la Législative, le 4 juin, contre « la faction d'Orléans » ont la même origine.

37. Dumont, *op. cit.*, pp. 432-433.

Page 211. 38. Le texte de la proclamation signée de George III est reproduit dans Pallain, *op. cit.*, pp. 317-318.

39. Nussbaum cite intégralement les deux documents, l'un en six points, l'autre en sept, qui résument les discussions entre Pitt et Charles-Maurice, tirés des *Calonne Papers* conservés au Public Record Office à Londres, pp. 482-484. Dans son Journal, Henri-Pierre Danloux évoque la mission de Christin. Cf. R. Portalis, *op. cit.*, p. 150.

40. Cité par G. Pallain, *Le Ministère de Talleyrand sous le Directoire*, Paris, Plon, 1891, p. 240.

Page 212. 41. Pallain, Talleyrand à Valdec de Lessart, 27 janvier 1792, p. 48.

42. *Ibid.*, Talleyrand à Dumouriez, 8 juin 1792, p. 344.

43. *Ibid.*, Talleyrand à Bonnecarrère, 28 mai 1792, p. 332. AAE CP Angleterre 595 (1792 supplément), fol. 65. Il est probable que la plupart des notes de la *Gazette de France*, journal aux ordres de Dumouriez, auquel collabore entre autres Noël, qui travaille au sein du ministère avec Dumouriez et Bonnecarrère, concernant sa mission à Londres, sont de sa propre inspiration.

44. Ce qui a servi les propagandistes de sa légende noire. Michaud affirme qu'il aurait accompagné la famille royale au Manège le 10 août et aurait fait passer un mot au président de l'assemblée, Hérault de Séchelles, en lui demandant : « Envoyez-les à la tour du Temple » (*Histoire... de Talleyrand*, 1853, p. 25).

Page 213. 45. Lettre du 8 octobre 1793, in duc de Broglie, « Lettres de M. de Talleyrand à Madame de Staël tirées des archives du château de Broglie », *Revue d'histoire diplomatique*, 1890, première partie, p. 84.

46. *Chronique de cinquante jours, du 20 juin au 10 août 1792*, de La Chevardière, Paris, 1832.

47. BHVP, fonds Charavay, municipalité de Paris, Ms 813, fol. 181. Inédit.

Page 214. 48. Morris, *op. cit.*, pp. 328-329.

49. À Sandoz-Rollin, ministre de Prusse à Paris, le 6 juillet 1799 (voir Paul Bailleu, *Preussen und Frankreich von 1795 bis 1807*, Leipzig, 2 vol., 1881).

50. G. Pallain, *Le Ministère de Talleyrand sous le Directoire*, Paris, Plon, 1891, pp. V à IX.

51. Dans une lettre à lord Lansdowne du 3 octobre (1792), archives de Bowood. Elle est citée par Pallain, *op. cit.*, pp. 419-420.

52. G. Pallain, *Le Ministère de Talleyrand sous le Directoire*, *op. cit.*, p. V. Pour la cote exacte : MAE CP Angleterre 595 (1792 supplément) fol. 56. Cette note autographe n'est pas datée.

Page 215. 53. *Mémoires de Bertrand Barère*, Paris, 1842, II, p. 25.

54. Morris, p. 331. Voir la biographie de Michaud sur les rapports de Dumouriez et du duc de Brunswick.

55. BN Manuscrits, fichier Charavay, Londres, 18 septembre (1792).

Page 216. 56. *Souvenirs... écrits par Henri Richard lord Holland*, *op. cit.*, pp. 29-30. Charles-Maurice démentait déjà avoir payé son passeport dans sa « lettre justificative » du 12 décembre publiée par la *Gazette nationale*, le 24 décembre 1792. (G. Pallain, *Le Ministère de Talleyrand sous le Directoire*, XXI) Charles-Maurice n'est pas le seul des constituants sauvés par Danton. Adrien Duport aussi lui doit la vie.

57. En particulier sa lettre du 9 octobre 1792 (citée par G. Pallain, *La Mission de Talleyrand à Londres en 1792*, *op. cit.*, introduction, p. XXVIII, note 1). Chauvelin, évoquant les conséquences de la bataille de Valmy et la retraite des troupes prussiennes, se félicite du patriotisme de Charles-Maurice qui, dans sa lettre du 18 septembre à Sainte-Foy, est sûrement sincère lorsqu'il écrit : « Quand on est français, on ne peut supporter l'idée que des Prussiens viennent faire la loi à notre pays. » À cette époque, Charles-Maurice voit encore Grenville officieusement, à trois reprises selon Noël (lettre au ministre du 30-10-1792, Pallain, introduction, p. XXVI).

58. Pallain (introduction, p. XXVI) et Lacour-Gayet citent en partie la lettre du 23 septembre (I, p. 163). Nous l'avons retrouvée au MAE CP Angleterre 582 (août-oct. 1792), fol. 103. Voir également les Mémoires de Dumouriez, Paris, 1823, III, 384, qui cite l'une de ses lettres à Lebrun.

59. MAE CP Angleterre 582 Londres, le 18 septembre (1792).

Page 217. 60. Le rapport de l'agent anglais est daté du 20 décembre 1793. Cité par Olivier Blanc (*Les Espions de la Révolution et de l'Empire*, Paris, Perrin, 1995, pp. 34-35). Olivier Blanc exploite dans son livre un fonds qui présente un grand intérêt. Ce sont les copies, conservées à la Bibliothèque nationale, des rapports des agents anglais en France adressés au gouvernement de Londres, série FM, II, 473, n° 39. Poniatowski évoque par ailleurs une lettre du 10 octobre 1792 au ministre Lebrun (que nous n'avons pas retrouvée aux Affaires étrangères), dans laquelle Charles-Maurice envisage les moyens d'organiser un débarquement en Écosse et en Irlande et envoie « une copie des derniers états dressés ici [à Londres] dans les bureaux de la guerre » (*Talleyrand et les États-Unis*,

Perrin, 1976, p. 69.) Dans l'une des ses lettres à Chauvelin datée de la fin août, le ministre Lebrun a cette phrase qui laisse soupçonner une forme de rémunération secrète : « Quand aux arrangements pécuniers [*sic*] qui concernent MM. de Talleyrand et du Roveray, je me réserve d'en conférer avec eux à la première occasion. » C'était juste avant le retour de Charles-Maurice à Londres en septembre. AAE CP Angleterre 595 (1792 supplément), fol. 133.

61. *Lansdowne Papers*, château de Bowood. *Lansdowne House Dinner Guests, 1788-1794*.

62. Olivier Blanc, *op. cit.*, p. 34, et Elisabeth Sparrow, *Secret Service. British Agents in France, 1792-1815*, The Boydel Press, 1999, pp. 4-5. Le décret d'accusation in *Gazette nationale* (réimpression de 1847) n° 341 du jeudi 6 décembre 1792. Séance de la Convention du 5 décembre 1792.

63. AN F7 / 4775 / 24. Dossier 3, dossier individuel de l'émigré Talleyrand.

Page 218. 64. *Gazette nationale* (réimpression de 1847), 24 décembre 1792.

65. *Liste générale par ordre alphabétique des émigrés de toute la République*, Paris, l'an II de la République.

66. AN T 1668 « Saisies », pièce n° 44, 1685, pièces 12 et 337. Inventaire du 24 messidor an II (12 juillet 1794). L'adresse indiquée est « rue de l'Université, n° 900 (ancien n° 134), section de la Fontaine de Grenelle ». Ses papiers seront rendus à des Renaudes le 2 novembre 1795. Par ailleurs son mobilier du couvent de Bellechasse qu'il continuait à louer alors même qu'il habitait avec son frère et sa belle-sœur rue de l'Université sera vendu en deux vacations les 31 mars et 15-16 juillet 1795 pour 149 461 livres (archives de la Seine DQ 10, 788 et L.G., IV, p. 48).

67. Le rapport de Pellenc à Mercy sur les liens existants entre Talleyrand et Dumouriez est cité par Michel Missoffe (*Le Cœur secret de Talleyrand*, Paris, Perrin, 1956, p. 105) : « Je dois vous dire que l'évêque d'Autun dirige d'ici Dumouriez. » L'auteur ne donne ni ses sources ni la date du rapport. On peut penser qu'il a été écrit dans les premiers mois de 1793. Les renseignements donnés par Pellenc sont peut-être exagérés mais cohérents.

Deuxième partie
Notes du chapitre 1

Page 221. 1. *L'Europe et la Révolution française*, *op. cit.*, III, p. 17.

Page 222. 2. G. Pallain, *Le Ministère de Talleyrand sous le Directoire*, *op. cit.*, « Mémoire sur les rapports de la France avec les autres états de l'Europe », introduction, p. XLIII. Le mémoire de Talleyrand est adressé au Comité exécutif provisoire à Paris. Pallain le cite *in extenso*. L'original est conservé au MAE CP Angleterre Supplt 6.

3. Archives de Bowood, *Lansdowne Papers*, *op. cit.*

4. Herring House, au sud-est de Kensington Square.

5. Voir sa correspondance avec la comtesse de Jaucourt en 1837 et 1838, citée par Casimir Carrère, in *Talleyrand amoureux*, *op. cit.*, pp. 94-97.

Page 223. 6. Friedrich Kapp, *op. cit.*, lettre du 14 octobre 1793 à la femme du conseiller Brauer, pp. 172-173. Traduit de l'allemand.

7. Des listes de révolutionnaires condamnés aux galères où à la roue circulent à Londres en 1793. Elles concernent aussi les hommes de 89. Dans l'une d'elles, on peut lire le nom de Talleyrand. Cité par Lacour-Gayet, *op. cit.*, I, p. 171.

8. Mme de Genlis, IV, p. 351 et 355. À Bremgarten, en Suisse, où elle se réfugie après avoir quitté l'Angleterre, elle recevra de son ami alors en Amérique l'offre généreuse de 12 000 francs qu'elle refusera. Plus tard, il l'aidera encore en lui rachetant une partie de ses manuscrits pour 20 000 francs, manuscrits qu'il donnera à la princesse Hélène de Bauffremont (Ch. Grifaut, *op. cit.*, I, p. 271.

9. Broglie, en transcrivant les lettres de Talleyrand à Mme de Staël, ne connaissait pas l'existence de cette propriété appartenant aux Lansdowne. Par erreur, il orthographie High Wycombe en Heigh Hycombe à la date du 8 novembre 1793 (*op. cit.*, p. 89).

10. Archives de Bowood, *Lansdowne Papers*, lettre de Mme de Flahaut à lord Lansdowne, 12 juin 1793.

11. R. Portalis, *op. cit.*, p. 155.

Page 224. 12. Le journaliste anglais William Cobbett qui le rencontre à Philadelphie en 1796, dit qu'il connaît « la langue anglaise aussi bien que [lui] ». Lewis Melville, *The Life and Letters of William Cobbett in England and America*. Il a dû beaucoup améliorer son anglais aux États-Unis car, peu avant son départ pour Philadelphie, il le parlait encore mal, si l'on en croit une lettre d'Angelica Church à sa sœur Elisabeth Hamilton : « *I am sorry that you cannot speak French, or Mr. Talleyrand English...* » (London, February 27, 1794. Allan Mc Lane Hamilton, *The intimate life of Alexander Hamilton*, New York, 1910, p. 259.

13. *Diary and Letters of Madame d'Arblay, edited by her niece*, Londres, Henry Colburn, 1842. V (1789-1793). Miss Burney à son père, 29 janvier (1793) ; Miss Burney à Mrs Lock, (février 1793), p. 402. Fanny Burney épousera par la suite le général d'Arblay. Le retrouvant à Paris en juin 1814, celui-ci parle de « l'inabordable grand personnage qui naguère encore avait été si aimable » et évoque sa « politesse froide et même repoussante ». Sa femme parle encore de sa « constante impassibilité assurément affectée ». En vingt ans, le masque s'est formé (Fanny d'Arblay, *Du consulat à Waterloo...*, Paris, José Corti, 1992, pp 128-129 et 322).

14. D'après les souvenirs de lord Holland, p. 31, note 1.

15. Wellington situe l'anecdote sous le Directoire, en réponse à Régnier (Raikes, IV, p. 311, 1843). D'autres datent le mot des débuts de la Révolution, en réponse à l'historien Rulhière.

16. Mme de Staël, *Lettres à Ribbing*, Paris, Gallimard, 1960. Van Hobe à Ribbing, Philadelphie, 20 novembre 1794, p. 404.

Page 225. 17. BN Manuscrits, fichier Charavay, pièces diverses.

18. Étienne Dumont, *op. cit.*, pp. 361-362.

19. *Mémoires de la reine Hortense*, Paris, Plon, 3 vol., 1927. I, p. 270.

Page 226. 20. *Souvenirs du prince Charles Clary-et-Aldringen. Trois mois à Paris lors du mariage de l'empereur Napoléon I*[er] *et de l'archiduchesse Marie-Louise*, Paris, Plon, 1914.

21. Mémoires, *op. cit.*, pp. 340-341.

22. Fanny d'Arblay, *Du Consulat à Waterloo. Souvenirs d'une Anglaise à Paris et à Bruxelles*, Paris, José Corti, 1814. Lettre de M. d'Arblay à sa femme, Paris, 18 juin 1814, p. 128.

23. *Diary and Letters*, *op. cit.*, Mrs Philipps à Mrs Lock, 12 avril 1793, p. 410.

24. « He is the best of the men. » *Diary and Letters of Mme d'Arblay*, *op. cit.*, Miss Burney à Mrs Lock (février 1793), V, p. 401.

25. *Ibid.*, Mrs Philips à Miss Burney, 3 avril 1793.

Page 227. 26. Mme de Staël, *Lettres à Narbonne*, *op. cit.*, Coppet, 19 juillet (1793), p. 270.

27. Dans sa lettre du 1er novembre 1793 à Mme de Staël (cf. Broglie, *op. cit.*, première partie, p. 88). Il renonce finalement à son projet en décembre (17 décembre 1793, p. 93). Par ailleurs, dès le mois d'août, les autorités de

Berne s'étaient montrées très hostiles au projet, la présence de Charles-Maurice risquant de froisser le ministre français à Berne, François Barthélemy. Cf. Lettres à Narbonne, 6 août 1793, p. 279 et Paul Gautier, *Mathieu de Montmorency et Mme de Staël*, 1908, p. 14.

28. D'après Bombelles, *Journal*, *op. cit.*, IV, p. 146, 7 décembre 1793. Selon lui, les autorités napolitaines l'en empêchèrent. Quant au grand-duc de Toscane, il se range prudemment derrière sa déclaration de neutralité. *Moniteur universel*, 19 avril 1793.

29. *A Catalogue of the... Library of Mons. de Tellayrand [sic]-Périgord...*, Londres, 1793, in-8°, 71 pages. L'exemplaire du British Museum donne l'indication des prix des enchères. La vente « de l'entière, élégante et considérable bibliothèque de Mons. De Telleyrand » eut lieu en neuf vacations, du 12 au 23 avril. L'analyse du catalogue mériterait un article à part entière sur les usages de lecture, la culture et l'esprit de son propriétaire (voir ma quatrième partie, 14 : « L'esprit, la table, les livres »). Constituée dans les années 1780, elle est à l'image de « l'homme des Lumières » qu'est Charles-Maurice. On y trouve tout à la fois des classiques grecs, latins et modernes de divers pays, de l'archéologie, des sciences, de l'économie... Toutes ses bibliothèques futures seront constituées de la sorte. Les livres licencieux ne sont pas absents. Baston évoque *La Pucelle* de Voltaire. Morris s'était fait prêter en janvier 1790 *Le Portier des chartreux* (25 janvier, p. 174 : « Il est quelque peu drôle de recevoir *Le Portier des chartreux* des mains d'un révérend père en Dieu »). Le livre, anonyme, était si obscène qu'il valut à la comtesse d'Andlau, dame d'honneur de Mesdames, filles de Louis XV, un exil définitif pour l'avoir laissé traîner à Versailles. Chantal Thomas a étudié, à la Public Library de New York, les 105 volumes de pamphlets de la bibliothèque anglaise de Charles-Maurice, acquis en 1937 : on y trouve surtout des planches consacrées aux finances, au clergé, à la reine. La présence de cette importante collection de caricatures prouve autant sa curiosité et son sens de l'information que son aptitude à conserver une certaine distance ironique par rapport aux événements, voire son incrédulité (Chantal Thomas, *La Reine scélérate, Marie-Antoinette et les pamphlets*, Paris, Le Seuil, 1989, p. 71-73).

30. Broglie, *op. cit.*, 29 septembre 1793, p. 79-80. Il travaille ave Bigot de Sainte-Croix et fait aussi paraître des articles dans les journaux pour soutenir le livre.

31. *Mémoires de l'abbé Baston, chanoine de Rouen*, Paris, 3 vol., 1899. II, p. 90.

32. *Lansdowne Papers*, Bowood, lettre de Talleyrand à Lansdowne, 3 octobre (1792) D'après le *Lansdowne House Dinner Guests*, Charles-Maurice, parfois avec Adélaïde de Flahaut, dîne fréquemment chez Lansdowne à Londres en janvier et en mai 1793.

Page 228. 33. *Mémoires*, I, p. 225.

34. Broglie, *op. cit.*, première partie, p. 83, Talleyrand à Mme de Staël, 29 septembre 1793.

35. Mémoires, I, p. 227. Lord Holland y fait allusion dans ses Souvenirs, pp. 24 et 30. D'après lui, Charles-Maurice niait avoir jamais vu le duc d'Orléans à Versailles les 5 et 6 octobre 1789. Le projet est abandonné, mais ce premier texte a dû servir de première mouture à la « Vie de M. le duc d'Orléans » insérée dans la deuxième partie de ses Mémoires, tome I de l'édition de Broglie, p. 143.

36. Une copie en langue française de ce mémoire se trouve à la Library of Congress, Division of Manuscripts, une autre aux Archives nationales. L'original se trouvait dans les archives de Sagan en Silésie, aujourd'hui détruites et dispersées, avec d'autres lettres et papiers d'affaires contemporains du voyage de Charles-Maurice aux États-Unis. Les copistes, Hans Huth et Evelina Pugh, ont

assuré une publication en langue anglaise de ces papiers : *Talleyrand in America, Unpublished Letters and Memoirs*, Washington, 1942. La rédaction du mémoire sur une banque indienne à Paris dont Michel Poniatowski donne la version française dans son *Talleyrand aux États-Unis* (Paris, Perrin, 1976, pp. 240-244), doit se situer entre avril 1790, date de l'abolition du monopole de la Compagnie des Indes française, et mai 1793, date des grandes lois anticapitalistes de la Convention.

Page 229. 37. *Diary and Letters of Mme d'Arblay*, *op. cit.*, Mrs Philips à Miss Burney, 14 mai (1793), V, p. 416.

38. *Lettres à Narbonne*, 25 octobre (1793), p. 328.

39. Broglie, *op. cit.*, première partie, 29 septembre 1793, pp. 81-83. Voir aussi sa lettre du 3 octobre : « L'affaire de Toulon a toujours bonne mine » (pp. 83-84) et celle du 30 octobre dans laquelle il préconise de prendre le prince de Conti, « un homme de paille », afin de cautionner le projet (p. 87).

Page 230. 40. *Ibid.*, 8 octobre 1793, p. 85.

Page 231. 41. *Talleyrand in America*, *op. cit.*, 23 juin 1793, p. 33.

Page 232. 42. Broglie, *op. cit.*, première partie, 8 octobre 1793, p. 84. En France, à la même époque, Robespierre ne dit pas autre chose.

Page 233. 43. Broglie, *op. cit.*, première partie, 8 novembre 1793, p. 89-90.

44. Broglie, *op. cit.*, première partie, non datée (début février 1794), p. 90 ; 8 novembre 1793 (p. 90).

Notes du chapitre 2

Page 234. 1. Broglie, *op. cit.*, lettre non datée (début février 1794), p. 91. L'ordre d'expulsion, signé Henry Dundas, adressé à « Mr de Talleyrand, Bishop of Autun, 15, Downe Street, Picadelly », est conservé dans la collection du docteur Eberhard Ernst (D 2).

Page 235. 2. Lettre citée intégralement *in* Poniatowski, *Talleyrand aux États-Unis*, *op. cit.*, pp. 502-505. Dès le retour de Charles-Maurice à Londres en septembre 1792 paraissaient des articles rassurants dans le *Morning Chronicle* sur le compte des constituants réfugiés en Angleterre. Pour Chauvelin, celui du 18 septembre serait de l'évêque. cf. Lettre de Noël à Lebrun, 18 septembre 1792, AAE CP Angleterre 582.

3. *Mémoires*, I, p. 229.

4. Il était déjà soupçonné à Paris d'entretenir des contacts discrets avec les représentants de la Prusse, de l'Espagne et de la Russie (N.M. Loukine, *Poublicatsii documentov I.M. Simoline in Literatournoe Nasledstvo*, 1938, pp. 29-30).

5. Vienne, Haus-Hof-und Staatsarchiv, Frankreich varia, K 53 pour la correspondance de Stadion à Mercy en 1792. Dès le 24 janvier 1792, à l'arrivée de Charles-Maurice à Londres, Stadion écrit : « Je ne laisse pas d'avoir quelque sujet d'inquiétude à [son] égard. »

6. BN Manuscrit, fichier Charavay, Talleyrand à Windham, 29 janvier 1794 et Windham à Pitt, 30 janvier 1794. À Dundas, Windham dira encore, le 30 janvier, qu'il n'est pas question de donner à « l'évêque » les raisons de son expulsion, au risque « de révéler et de tarir la source de [nos] renseignements, et peut-être, de mettre en danger la vie des informateurs » (traduction de l'auteur ; collection Eberhard Ernst, D, n° 4). L'un de ces « informateurs » pourrait être l'agent de Grenville à Paris cité *supra*.

Page 236. 7. Sur le rôle de Narbonne, *Lettres à Narbonne*, *op. cit.*, appendice n° 22, pp. 515-516.

8. Broglie, *op. cit.*, deuxième partie, 8 septembre 1795, p. 215.

9. C'est ce qu'il demande dans une dernière lettre à Windham, datée du 1er février, écrite en anglais, citée par Jean Gorsas (*Talleyrand, mémoires, lettres inédites et papiers secrets*, Paris, Savine, 1891, p. 115).

Page 237. 10. *Ibid.*, première partie, lettre non datée (début février 1794).

11. *Madame de Staël, ses amis, ses correspondants*, éd. G. Solovieff, *op. cit.*, lettre à Meister, 12 mars (1794), p. 110.

Notes du chapitre 3

Page 238. 1. Comte d'Hérisson, *Souvenirs intimes et notes du baron Mounier*, Paris, Paul Ollendorff, 1896, pp. 222-223. Mounier (le fils du constituant) tient l'anecdote de Sémonville.

2. D'après Colmache. Voir son état-civil dans l'attestation datée du 2 juin 1796, signée du consul général de la république aux États-Unis, Lecombez, *in* Poniatowski, *Talleyrand aux États-Unis*, annexes, p. 668. Sur le séjour de Charles-Maurice aux États-Unis, la meilleure et la plus récente monographie est celle de Eberhard Ernst, *Talleyrand in Amerika, 1794-1796, Ein Emigrantenschicksal zur zeit der Französischen Revolution*, Frankfurt, Peter Lang, 2000.

Page 239. 3. Broglie, *op. cit.*, première partie, lettre non datée (début février 1794), p. 91.

4. *Mémoires*, I, p. 232.

5. Broglie, *op. cit.*, deuxième partie, 12 mai 1794, p. 210.

6. Adolphe de Bacourt, *Mémoires d'un diplomate*, pp. 176 et 334. À New York, il séjourne à plusieurs reprises en juillet et septembre 1794, mai et juin 1795, Stone Street, puis de nouveau en octobre dans une maison de Cazenove, Bloomingsdale Street à Brooklyn. Il quitte généralement Philadelphie durant l'été à cause des chaleurs et des fièvres.

7. *Mémoires d'outre-tombe*, *op. cit.*, I, p. 274.

Page 241. 8. Broglie, deuxième partie, 12 mai 1794, p. 211.

9. Mme de Genlis, *Mémoires*, 1825, V, pp. 54-58.

10. *Mémoires*, I, p. 241. Il fermera sa porte à Aaron Burr qui, vaincu à l'élection présidentielle de 1804 et vivement combattu par Hamilton, le blessera mortellement en duel.

11. À l'Américain George Ticknoor, à Paris en 1818. Un autre Américain, Everett, rapporte qu'à l'époque de son ministère, il possédait rue du Bac un tableau d'Hamilton (*in* G. de Bertier, *La France et les Français vus par les voyageurs américains, 1814-1848*. Paris, Flammarion, 1985, 2 vol., II, pp. 252, 320).

Page 242. 12. Archives de la banque Baring, « Correspondence in regard to Maine lands (1792-1836) », vol. 1, Alexandre Baring à Francis Baring, Philadelphie, novembre 1796. Traduction de l'auteur.

13. Voir *Talleyrand in America*, *op. cit.* Un texte capital, superbement analysé. Les documents y sont publiés intégralement en traduction anglaise par Hans Huth et Wilma J. Pugh. Dans son *Talleyrand aux États-Unis*, Michel Poniatowski, comme nous, s'est procuré une copie de certaines des minutes transcrites en français par Hans Huth en 1939 dans les archives du château de Sagan, et conservées à la Library of Congress, Division of Manuscripts. On trouve en annexes la version française intégrale des mémoires du 23 juin et du 30 octobre 1794, du mémoire sur l'établissement d'une banque indienne à Paris, du mémoire sur le projet d'une banque asiatique. Dans le tome IV (annexes) de sa biographie, Lacour-Gayet cite des extraits de trois des lettres de Talleyrand

à la maison de banque Bourdieu, Chollet et Bourdieu (qu'il transcrit Bourdin), d'après les originaux passés en vente chez Charavay (10 juin 1794, 4 avril 1794 et 12 décembre 1795) qui ne sont pas dans le recueil Sagan. Voir à la BN, le fichier Charavay, et divers collectionneurs londoniens cités par Lacour-Gayet (15 janvier 1795 également absent du recueil des archives de Sagan).

Page 243. 14. *Talleyrand in America*, *op. cit.*, Talleyrand à Bourdieu, Chollet et Bourdieu, 15 janvier 1795.

Page 244. 15. Archives Bowood, *Lansdowne Papers*, lettre autographe du 1er février 1795.

16. Ces lignes sont plus tardives et datent sans doute des dernières années de l'Empire, ce qui n'enlève rien à leur pertinence. Elles appartiennent à l'un des fragments inédits de ses Mémoires, subtilisés par son secrétaire Gabriel Perrey en 1826, et publié en 1891 par Jean Gorsas (*Mémoires, lettres inédites et papiers secrets*, Paris, Albert Savine, 1891, p. 25).

Notes du chapitre 4

Page 245. 1. *Talleyrand in America*, *op. cit.*, introduction, p. 22 et « Observations… », pp. 137-175. Il y développe longuement ce que les Américains appellent la « *hot bed method* », c'est-à-dire les moyens d'attirer le plus de colons possible sur les terrains acquis, afin d'en augmenter la valeur. Voir également sa lettre à Mme de Staël du 18 février 1797 : « Je passe ici mon temps à suivre des affaires d'argent que j'avais commencées en Amérique et à Hambourg. […] Votre opinion est-elle que des terres d'Amérique se vendissent en Suisse ? Si cela était, j'y enverrais quelqu'un » (*in* Broglie, *op. cit.*, deuxième partie, p. 220).

Page 246. 2. *Journal de Madame de Cazenove d'Arlens*, février-avril 1803, Paris, Alphonse Picard, 1903, p. 147, note 1. Mme d'Arlens est la belle-sœur de Théophile.

Page 247. 3. Michel Poniatowski, *Talleyrand aux États-Unis*, les lettres à Olive en annexe.

4. Broglie, *op. cit.*, Talleyrand à Mme de Staël, Philadelphie, 12 mai 1794, p. 211.

5. Fernand Baldensberger cite la lettre de Lansdowne à Washinton et la réponse de celui-ci, datée du 6 mai 1794, *in* « le séjour de Talleyrand aux États-Unis », *Revue de Paris*, 15 novembre 1924.

Page 248. 6. Archives Baring, *op. cit.*, Philadelphie, novembre 1796.

Page 249. 7. Moreau de Saint-Méry, *Voyage aux États-Unis de l'Amérique, 1793-1798*, New Haven, 1913. Traduit de l'anglais.

8. Lettre citée par Baldensperger, *op. cit.*, sans doute écrite en septembre 1795.

9. Benjamin Constant, *Portraits, mémoires, souvenirs*, *op. cit.*, p. 38.

Page 250. 10. Duc de Liancourt, *Journal*, 16 avril 1795.

Page 251. 11. *Mémoires d'outre-tombe*, *op. cit.*, I, p. 290.

12. *Mémoires*, I, pp. 234-235.

Page 252. 13. *Mémoires de la marquise de La Tour du Pin*, p. 199.

14. Broglie, *op. cit.*, 12 mai 1794.

15. G. de Bertier, *La France et les Français…*, *op. cit.*, II, p. 252.

Page 253. 16. *Ibidem*, Boston, 4 août 1794.

17. *Mémoires du comte de Moré*, Paris, Picard, 1898, p. 155.

Notes du chapitre 5

Page 254. 1. Talleyrand, « Réflexions… sur la France », in *Courrier de la France et des colonies de Philadelphie*, 26 février 1796.

2. Comtesse Jean de Pange, *Madame de Staël et François de Pange*, Paris, 1925, p. 148.

3. Cité par M. Poniatowski, in *Talleyrand en Amérique*, *op. cit.*, annexes, Talleyrand à Olive, Philadelphie, 12 mars 1796, p. 548.

4. *Talleyrand in America*, *op. cit.*, Bourdieu à Talleyrand, 6 août 1794, p. 66.

Page 255. 5. *Lansdowne Papers*, archives de Bowood, New York, 16 novembre 1795.

6. Cité par M. Poniatowski, in *Talleyrand en Amérique*, *op. cit.*, annexes, lettre à Olive, 15 février 1796, p. 543.

7. *Lansdowne Papers*, New York, 16 novembre 1795. M. Poniatowski en publie le texte complet d'après le *Moniteur* dans son *Talleyrand en Amérique*, *op. cit.*, pp. 426-428. L'original à disparu. S'il ne l'a pas écrite, il devait être d'accord avec les dispositions générales du texte, puisqu'il demande à être jugé par la Convention, demande que l'on retrouve dans l'une de ses lettres à Mme de Staël du 8 septembre (Broglie, p. 215).

8. *Mémoires*, I, p. 247.

9. Le 19 mai 1794, devant le maire de Philadelphie. Voir M. Poniatowski, *op. cit.*, p. 97 et sur la question de sa naturalisation, pp. 197-198.

Page 256. 10. Musée Lambinet, Versailles. Le tableau, souvent reproduit, date probablement de 1797.

11. Benjamin Constant, *Portraits, mémoires, souvenirs*, p. 38.

12. *Ibidem*, p. 216.

13. Dans ses lettres au marquis de Mun. Solovieff, 12 septembre (1796), p. 183.

14. *Lettres à Narbonne*, p. 485, note 2.

15. Broglie, New York, 8 septembre 1795, p. 215.

16. En particulier une lettre de New York, du 3 juillet 1795, citée par Lacour-Gayet, t. IV, p. 43.

Page 257. 17. « Des fugitifs français et des émigrés. » Le 6 septembre suivant, il propose dans le *Journal de Paris* une amnistie générale des délits antérieurs à l'an III. Voir Th. Lentz, *Roederer*, *op. cit.*, p. 109. Roederer est très influent au *Journal de Paris* jusqu'en octobre 1795, date du coup de force antiroyaliste de Vendémiaire qui le conduira à prendre momentanément ses distances. Voir Thierry Lentz, « La presse républicaine modérée sous la Convention thermidorienne et le Directoire : Pierre-Louis Roederer, animateur et propriétaire du *Journal de Paris* et du *Journal d'économie publique* », *Revue historique*, 1995-5.

18. AN F7 6097.

19. *Mémoires de Barras*, Paris, Hachette, 1896. II, p. 256.

20. Voir le *Roederer* de Th. Lentz, *op. cit.*

Page 258. 21. Marquise de La Tour du Pin, *op. cit.*, p. 233-234.

22. Lettre à Olive, 12 mars 1796, *in* Poniatowski, *op. cit.*, p. 469. De plus, voyager sous pavillon neutre lui évite « toutes les pirateries anglaises auxquelles je serais exposé » (à Mme de Staël, 8 mars 1796, Broglie, p. 218).

Page 259. 23. *Ibidem*, 9 mai 1796, p. 475.

24. Moreau de Saint-Méry, *op. cit.*, p. 226.

25. Lacour-Gayet, I, p. 381, note 59.

Notes du chapitre 6

Page 260. 1. Moreau de Saint-Méry, *Voyage aux États-Unis de l'Amérique*, lettre de Charles-Maurice à Moreau, 31 août 1796, p. 234. Au même, à la fin de l'année, il dira que la « faction d'Orléans » est « d'autant plus dangereuse qu'elle est invisible. Elle se trouve partout et on ne la voit nulle part. On me fait l'honneur de me regarder comme un des chefs de cette savante faction ».

Page 261. 2. *Ibid.*, et Broglie, *op. cit.*, Talleyrand à Mme de Staël, Hambourg, 19 août 1796, p. 219.

3. Dans l'une des ses lettres au banquier Olive du 1er septembre 1796, archives Poniatowski, citée in *Talleyrand et le Directoire*, Paris, Perrin, 1982, p. 28.

4. Voir le chapitre VIII du livre d'Olivier Blanc, *Les Espions de la Révolution et de l'Empire, op. cit.* Dans l'une de ses lettres à Olive, Charles-Maurice lui recommande déjà de ne correspondre avec lui que par l'intermédiaire de M. de Ricé et Cie à Hambourg : « On ne peut à cet égard être trop prudent. Les partis changent souvent et les lettres sont toutes ouvertes dans les premiers moments de changement. » 1er septembre 1796. Archives Poniatowski, citée in *Talleyrand et le Directoire, op. cit.*, p. 30. L'auteur fait une erreur dans la transcription de la lettre et écrit *Viccé* pour *Ricé*.

Page 262. 5. Voir, entre autres, les conseils qu'il donne à Bonaparte alors en Italie le 18 mai 1800, *in* « Correspondance de Talleyrand avec le premier consul pendant la campagne de Marengo, publiée par le comte Boulay de la Meurthe », *Revue d'histoire diplomatique*, avril 1892.

6. Talleyrand à Moreau de Saint-Méry, 31 août 1796, collection Eberhard Ernst, F3.

7. Correspondance générale de Napoléon, 19 ventôse, an IX (10 mars 1801).

Page 263. 8. Le rapport de Lewis Goldsmith, daté de Hambourg, 14 janvier 1804 (AN F7 6336 / 7082), m'a été aimablement communiqué par Olivier Blanc. Goldsmith fait également allusion à cette affaire dans les *Memoirs of C.M. Talleyrand de Périgord*... (Londres, J. M. Murray, 2 vol., 1805), qu'il fait paraître sous le nom de Stewarton. Pour la lettre de Bonnay à La Fare du 18 octobre 1803, AN, 198AP II f° 19. L'un parle du Holstein, l'autre du Mecklembourg. Il s'agit en fait de la même région.

9. L'original de ce passeport se trouve dans la collection du docteur Eberhard Ernst, F1.

10. Lettre de Talleyrand à des Renaudes, Amsterdam, 4 septembre 1796. Collection Eberhard Ernst, F4.

11. « Lettres de Mme de Staël à Adrien de Mun », *La Revue de Paris*, 1er décembre 1923. 1er septembre 1796, p. 531.

Page 264. 12. Broglie, Talleyrand à Mme de Staël, Hambourg, 19 août 1796, p. 219. « Qu'est-ce qu'un M. Benjamin Constant, dont je viens de lire un ouvrage fort remarquable ? » lui écrit-il, à propos de son *De la force du gouvernement et de la nécessité de s'y rallier*, que l'ami de Mme de Staël venait de faire paraître.

13. Antoine Guillois, *Le Salon de madame Helvétius*, p. 123

14. AN 204 AP1, « Correspondance de Sémonville à Maret ». Sous le Directoire, Talleyrand, alors ministre, jouera de son influence pour faire indemniser Sémonville de ses biens confisqués à la suite de son emprisonnement par les Autrichiens en juillet 1793, sur le territoire des Grisons. Décision du 7 avril 1798, à hauteur de « douze cent mille livres de Milan ».

Page 265. 15. 27 janvier 1797, cité par Jean L'Homer, le banquier Perregaux et sa fille la duchesse de Raguse, Paris, 1926, pp. 50-51.

16. Jean Stern, *Le Mari de Mlle Lange. Michel-Jean Simons, 1762-1833*, Paris, Plon, 1933. Il s'agit du 9, de la rue Taitbout. Le contrat de bail est signé le 11 mars. Mlle Lange avait la réputation d'être très cupide. Girodet la peindra bientôt, nue, en Danaé, en train de « pleurer » son mari représenté sous les traits d'un dindon (salon de 1799).

17. Jacques Wolf, *Le Financier Ouvrard, 1770-1846*, Paris, Tallandier, 1992, p. 33.

18. Broglie, *op. cit.*, 18 février 1797, p. 220.

Page 266. 19. Poniatowski, *Talleyrand aux États-Unis*, *op. cit.*, annexes, lettre à Moreau de Saint-Méry, Paris, 17 février 1797, p. 607.

20. *Ibidem.*

21. Voir sur cette question Georges Lefebvre, *Le Directoire*, Les cours de la Sorbonne, 4 fascicules, 1940-1943, I, p. 118.

Page 267. 22. *Mémoire sur les relations commerciales de l'Amérique et de l'Angleterre ; Essai sur les avantages à retirer des colonies nouvelles.* Textes repris *in* Lytton-Bulwer, *Essai sur Talleyrand* (Paris, 1868), Appendice, et par Pierre Combaluzier dans son *Recueil de textes rares...* (2004), cité en compléments bibliographiques.

23. AN dossier Simons, V. Voir également Jean Stern, *op. cit.* et Louis Bergeron, *Banquiers, négociants et manufacturiers parisiens du Directoire à l'Empire*, Paris, Mouton, 1978. Dans le fichier Charavay, BN, Manuscrits, on trouve deux traites à l'ordre de Talleyrand ministre des Relations extérieures pour une valeur respective de 37 837 et 54 054 piastres, sur Joseph-Cohen Bacri à Alger, datée du 26 juin 1798 (3 messidor an VI). Il n'est pas impossible que cette opération qui provoquera beaucoup plus tard, en 1830, l'expédition d'Alger, soit liée à l'affaire de la société Simons.

24. Jean L'Homer, *op. cit.*, 27 janvier 1797, p. 50.

Page 268. 25. Thibaudeau, *Mémoires sur la Convention et le Directoire*, Paris, 2 vol., Baudoin frères, 1824. II, p. 211-212.

26. *Considérations...*, p. 334. Le coup d'État de Fructidor (septembre 1797) mené par une partie du Directoire contre la majorité royaliste des Conseils, sans que Charles-Maurice, alors ministre des Relations extérieures, ne cherche vraiment à l'éviter, bien au contraire, la laisse rêveuse. Charles-Maurice ne disait certes pas tout à la femme la plus bavarde de Paris.

27. Madame de Staël, *Considérations*, *op. cit.*, p. 334.

Page 269. 28. Collection Eberhard Ernst, F5, 18 floréal, an V : « Au citoyen Barras, pour lui seul ».

29. En vérité, il n'est pas impossible que dans les premiers mois de 1797, Charles-Maurice, découragé, ait songé à s'éloigner. Dans l'une de ses lettres du 28 mars 1797, à Moreau de Saint-Méry, il parle « d'une absence d'un ou deux ans ». On ne sait pas où il comptait se rendre. *In* Poniatowski, *Talleyrand aux États-Unis*, *op. cit.*, p. 615. C'est sans doute dans les derniers jours de mars, à la lumière des événements, qu'il reprend espoir et se décide à tenter le tout pour le tout.

30. *Mémoires*, I, pp. 250-251. Cette version était connue bien avant la publication des Mémoires. Talleyrand l'a racontée à plusieurs de ses amis, dont Barante qui la rapporte dans ses Souvenirs (I, p. 91) en disant, comme Thibaudeau, que c'est là que se serait décidé la nomination de Charles-Maurice au ministère, ce qui paraît mieux correspondre au calendrier. Il n'en reste pas moins que la réunion de Suresnes, bien réelle, n'est bien sûr pas celle de la première rencontre entre les deux hommes. La version de Barras est très différente mais tout aussi suspecte dans les détails. Barras situe leur première rencontre dans ses appartements du Luxembourg, en compagnie de Mme de Staël, Mémoires, Paris, Hachette, 1895. II, pp. 449-450.

Page 270. 31. *Mémoires*, I, pp. 251-252.

32. *Mémoires de Barras*, Paris, Hachette, 1895, II, p. 449. Une allusion à la polémique sur les responsabilités des uns et des autres dans l'assassinat du duc d'Enghien permet de dater ce texte de 1823 ou 1824.

Page 271. 33. Mémoires de Barras, II, pp. 454-455.

34. La publication de la brochure de Benjamin date d'avril 1797, la fondation du cercle, des tout premiers jours de juin. Le Cercle constitutionnel s'installera par la suite à l'hôtel de Montmorency. Voir là-dessus Paul Bastid, *Benjamin Constant et sa doctrine*, Paris, Armand Colin, 2 vol., 1966, I, pp. 128-129.

Page 272. 35. Rapport sur une proposition relative au financement du département, 15 fructidor an V.

36. *Mémoires de Barthélemy*, Paris, Plon, 1914. Barthélemy le voit à plusieurs reprises à Paris en avril 1792, alors que Charles-Maurice vient de rentrer de sa première mission à Londres (p. 72).

37. D'après les pseudo-Mémoires du comte d'Allonville, compilés par Beauchamp et dont il faut se méfier : « Je dînais ce soir-là à Suresnes chez Barras. Il [Talleyrand] conseilla le coup d'État dont nous venons de parler et obtint en conséquence le ministère des Relations extérieures » (*Mémoires secrets*, Paris, Werdel, 1838, IV, p. 59). Le double-jeu de Talleyrand vis-à-vis des royalistes nous est confirmé par ses liens avec d'André, son ancien ami de la Constituante devenu l'agent du prétendant. Rentré à Paris peu avant Fructidor, d'André est l'un de ceux qui voulaient faire restaurer la monarchie par les Conseils. D'après des rapports d'agents anglais à Paris, Talleyrand devenu ministre le recevra presque journellement chez lui jusqu'à la mi-août 1797, peu de temps avant le coup d'État (E. Sparrow, *Secret Service*, *op. cit.*, p. 123).

Page 273. 38. *Mémoires*, I, p. 253.

39. *Mémoires et souvenirs du comte de Lavalette*, Paris, Mercure de France, 1994, pp. 161-162.

40. Barthélemy, *op. cit.*, p. 188.

Page 274. 41. Maret est nommé après le 10 août à la tête de la première division politique du ministère des Relations extérieures. Avant de se rendre à Londres, il accomplit plusieurs missions en Belgique où se trouve Dumouriez. Voir Olivier Blanc, *Les Espions...*, *op. cit.*, pp. 42-43.

42. Avec Lenoir-Laroche à la Police, Pléville Le Pelley à la Marine, François de Neufchâteau à l'Intérieur et Hoche à la Guerre. Merlin et Ramel gardent les ministères de la Justice et des Finances. Barras, La Révellière et Reubell votent pour, Carnot et Barthélemy contre. Barthélemy expliquera dans ses Mémoires que, ayant déjà la majorité, Talleyrand n'avait plus besoin de sa voix, mais qu'il approuvait son élection (p. 227). Le décret de sa nomination est signé non pas de Carnot, mais de Reubell, contresigné de Lagarde, le secrétaire général du Directoire : « Le Directoire ordonne que chacun se rendra incessamment à son poste, et qu'à cet effet extrait du présent arrêté leur sera expédié sans délai. »

43. Voir P. Loppin, *Eugène Delacroix. L'énigme est déchiffrée*, Paris, 1 965. Dans leurs chapitres respectifs consacrés à cette question, Léon Noël et Casimir Carrère (*Talleyrand* et *Talleyrand amoureux*, 1 975) ont mis un terme définitif à cette légende dont la source unique se trouve dans les Mémoires de Mme Jaubert, écrits à la fin des années 1870 et publiés en 1881. Aucune source, aucun témoignage contemporain ne laissent supposer l'existence d'une liaison de l'ancien évêque avec Victoire Oeben, la femme de Charles Delacroix. Les biographes les plus récents du peintre admettent tous maintenant la paternité légitime de Charles Delacroix et avancent la thèse d'une naissance prématurée. Charles Delacroix avait en effet été heureusement opéré d'un kyste mal placé

qui lui ôtait toute possibilité de procréer, un peu plus de sept mois avant la naissance d'Eugène (13 septembre 1797 et 23 avril 1798).

Page 275. 44. Lettre de Mme de Staël à Mme de Pastoret, 29 août 1799, citée par Michel Poniatowski, *Talleyrand et le Directoire*, Paris, Perrin, 1982, p. 12.

45. *A portion of the journal kept by Thomas Raikes, esq.*, London, Longman, 1856, II, p. 364, 13 mai 1836.

46. Collection Eberhard Ernst, Talleyrand à Otto, chargé d'affaires de la République française à Berlin (21 septembre 1799), G12.

47. « Les lettres de Mme de Staël à Adrien de Mun », in *Revue de Paris*, *op. cit.*, p. 533. Dans l'une de ses lettres à Adrien de 1797, Mme de Staël dit drôlement qu'auprès de Mme de Valence Charles-Maurice est « l'amant de la considération et de l'estime » alors qu'Adrien est « l'amant du goût ».

48. Marquise de La Tour du Pin, *op. cit.*, p. 250.

Page 276. 49. *Mémoires de Barthélemy*, *op. cit.*, p. 227.

50. Marquise de La Tour du Pin, *op. cit.*, p. 251. Barante raconte la même anecdote dans ses Souvenirs et dit la tenir de Mme de Staël elle-même (I, p. 90). Vitrolles ajoute, dans le portrait qu'il lui a consacré dans ses *Mémoires*, que Talleyrand n'avait pas un sou à l'époque et qu'il aurait vécu de la générosité de son amie avant d'entrer au ministère en lui empruntant vingt-quatre mille francs « hypothéqués sur la perspective de sa fortune » (III, p. 451). Selon Benjamin Constant, il serait revenu d'Amérique « avec trente-sept louis pour tout débris de sa fortune, à ce qu'il disait à tout le monde ». Toujours selon ce dernier, Mme de Staël l'aurait sommé trois ans plus tard, à l'époque de leur rupture en février 1800, « de se mettre en règle comme débiteur avant d'être ingrat comme ami », et aurait été remboursée en mauvais assignats. Voir les lettres inédites de Constant à Uginet, secrétaire du duc de d'Orléans, du 25 octobre 1817 et au duc de Talleyrand (Archambaud) du 21 novembre 1818, citées par Gustave Rudler, *op. cit.*, p. 426. Par ailleurs, si Talleyrand n'avait pas été redevable auprès de Mme de Staël, celle-ci ne lui aurait certainement pas envoyé son fils Auguste en 1809, en pleine disgrâce, afin d'obtenir de Napoléon le remboursement des deux millions prêtés par Necker au Trésor royal en 1778 (archives du château de Coppet, lettre d'Auguste de Staël à sa mère, 11 mars 1809). Mais Charles-Maurice était-il pauvre à ce point, comme il le faisait croire, avant de devenir ministre ?

51. L'anecdote a fait fureur, et il en existe toutes sortes de versions. C'est Barras, ou plutôt Saint-Albin, qui la raconte le premier. Il faut donc prendre ce mot que l'ancien directeur dit tenir de Benjamin Constant – d'après ses Mémoires, c'est ce dernier qui l'aurait accompagné avec Castellane – avec des réserves. Elle nous semble pourtant psychologiquement fiable. Barthélemy confirme dans ses Mémoires la visite de Talleyrand, accompagné de Saisseval, le 16 au soir, venus remercier les directeurs de sa nomination (p. 227).

52. Cité par G. Lacour-Gayet, *Talleyrand*, I, p. 233.

Troisième partie
Notes du chapitre 1

Page 280. 1. *De l'état de la France à la fin de l'an VIII*, qui paraît sans nom d'auteur à Paris, en octobre 1800, chez l'éditeur hanovrien Henrics, ancien de la Compagnie anglaise des Indes orientales avant d'entrer au bureau des traductions du ministère.

2. Artaud de Montor, *op. cit.*, Hauterive à Talleyrand (décembre 1805), pp. 177-178.

Page 281. 3. Voir Frédéric Masson, *Le Département des Affaires étrangères pendant la Révolution, 1789-1804*, Paris, Plon, 1877, p. 419.

Page 282. 4. MAE CP France 518 fol. 206-208 : « Projet de lettre circulaire à tous les agents diplomatiques, approuvé par le Directoire le 7 nivôse an VI » (27 septembre 1797).

Page 283. 5. Duc de Broglie, *Histoire et diplomatie*, Paris, Calmann-Lévy, 1889, p. 130. Sur Garat, voir également les *Mémoires* de Miot de Mélito, Paris, 3 vol., Michel Lévy, 1858. I, p. 194.

6. Yacinthe Thabaud, dit Henri de Latouche, « L'Album perdu » (1829), *in* Amédée Pichot, *Souvenirs sur M. de Talleyrand*, Paris, Dentu, 1870, p. 66. Henri de Latouche prendra la direction du *Figaro* en 1830.

7. D'après Aimée de Coigny, *op. cit.*, p. 160. L'auteur pense que Lagarde renseignait Charles-Maurice sur la teneur des séances du Directoire en son absence.

8. *Éclaircissements donnés par le citoyen Talleyrand à ses concitoyens*, à Paris, chez Laran, an VII, pp. 20-21.

9. Cité par Michel Missoffe, *Le Cœur secret de Talleyrand*, *op. cit.*, 27 juillet 1797, p. 102. Missoffe est un inconditionnel de son personnage. Son livre est cependant remarquable sur un point. Il a eu entre les mains les papiers Maret qu'il cite abondamment et qu'on ne retrouve nulle part ailleurs.

Page 284. 10. Cité par G. Pallain, *Le Ministère de Talleyrand sous le Directoire*, Paris, Plon, 1891. Introduction, p. XXXVI, note 1. Sandoz cite l'exemple de Ginguené à Turin. Pour des raisons en partie comparables, l'amiral Truguet sera démis de ses fonctions à Madrid, à la demande de Charles-Maurice, en mai 1798.

11. À lord Alvanlay, *in* Thomas Raikes, *op. cit.*, I, 31 mai 1832, pp. 25-29.

Page 285. 12. Rapport au Directoire, 3 nivôse an VI (23 décembre 1797), cité par Albert Sorel dans ses *Essais d'histoire et de critique* (*Talleyrand au congrès de Vienne*, p. 68. Paris, Plon, 1908) et dans *L'Europe et la Révolution française*, *op. cit.*, V, p. 282. Gugliemo Ferrero fait un commentaire très éclairant de ce rapport dans « Talleyrand au congrès de Vienne », 1940, rééd. De Fallois, 1996, pp. 44-45.

13. Cité par G. Pallain (*Le Ministère de Talleyrand sous le Directoire*, Paris, Plon, 1891, p. 233, note), d'après l'une de ses dépêches envoyées de Londres à Paris, en 1830.

14. « Rapport au Directoire sur la situation extérieure de la république, 8 messidor an VII » (26 juin 1799), cité par Pallain, *ibid.*, introduction, p. XXXIII.

15. *Ibidem*, pp. 345-346 : « Mémoire sur la situation de la République française considérée dans ses rapports extérieurs avec les autres puissances, présenté au Directoire le 22 messidor an VI [10 juillet 1798] par Talleyrand, ministre des Relations extérieures. »

Page 286. 16. Sainte-Beuve, p. 62.

Notes du chapitre 2

Page 287. 1. BN Manuscrits, Fichier Charavay, Talleyrand à Ramel, 29 thermidor an VI (17 août 1798). Un tableau complet du budget de l'an VI, *in* Frédéric Masson, *op. cit.*, pp. 384-385. Camus aux Cinq-Cents et Barbé-Marbois aux Anciens rapportent le budget de l'an V. Le traitement du ministre est en théorie de 80 000 livres argent par an. À Londres, en 1832, il dira à lord Alvanley que les gages des commis n'étaient pas payés et que l'on se servait dans les cuisines de la rue du Bac de la porcelaine de Sèvres saisie dans l'ancien garde-meuble de la Couronne, faute de pouvoir acheter de la faïence (Raikes, *op. cit.*, I, 31-5-1832, p. 45).

Page 288. 2. Parmi les brochures publiées en anglais par Goldsmith chez l'éditeur W. Lewis, il faut faire un sort au remarquable *The crimes of cabinet, or a review of their plans and agressions for the annihilation of the liberties of France and the dismenberment of her territories with illustrative anecdotes military and political...* Londres, january 10th 1801, un pamphlet contre la politique des coalitions continentales soutenues par l'Angleterre contre la République depuis le début de la Révolution. Goldsmith est également le traducteur en langue anglaise, la même année et chez le même éditeur de l'*État de la France*, le livre de son patron : *State of the french Republic at the end of the year VIII ; translated from the french of citizen d'Hauterive, chef des Relations extérieures, and others.*

3. Il existe une lettre de Goldsmith à Talleyrand datée de Londres en 1803, dans laquelle ce dernier se plaint de ne pas être assez payé : « Un anglais agent de Talleyrand », in *Souvenirs et mémoires, 3* (1899), pp. 298-302.

4. *Memoirs of C. M. de Talleyrand-Périgord, one of Bonaparte's principal secretaries of state, his grand chamberlain and grand officer of the legion d'honour, ex-bishop of Autun, exabbé of Celles and Saint-Denis, etc., containing the particulars and public life of his intrigues in boudoirs as well as in cabinets, by the author of the Revolutionary Plutarch.* London, 2 vol., printed by J. Murray, Fleet street, 1805. Le caractère pamphlétaire et injurieux de l'ouvrage n'enlève rien au fait qu'il contient des informations inédites qui, recoupées, semblent sûres. Gouverneur Morris, qui lira le livre l'année suivante, écrira à un ami « qu'il y trouve un fond de vérité avec de nombreuses erreurs et exagérations » (traduit de l'anglais). Lettre à John Parish, Morrisiana, februrary 18th 1806, in *The Life of Gouverneur Morris...*, Boston, 3 vol., Gray and Bowen, 1832. III, p. 232. La lettre n'est pas publiée dans l'édition française citée plus haut. Dans son *Histoire secrète du cabinet de Napoleon Buonaparte*, publiée à Londres chez Hope, Goldsmith donne des détails sur certains articles publiés dans l'*Argus* et sur ses relations avec Talleyrand (préface et deuxième partie, pp. 26-29) Sur Goldsmith, voir Frédéric Masson, p. 490-491 et Olivier Blanc, *Les Espions de la Révolution et de l'Empire, op. cit.*, qui donne sa bibliographie, p. 335. Henri de Latouche lui consacre plusieurs pages dans son *Album perdu* (1829), pub. *in* Pichot, 1870, p. 128. Alors qu'il était encore en Amérique, Charles-Maurice avait déjà tenté d'approcher un personnage du même genre, l'écrivain anglais William Cobbett. Cf. Lewis Melville, *The Life and Letters of William Cobbett in England and America.*

Page 289. 5. pp 48-50 et 99, vol. 2, des *Memoirs ;* pp. 258-263 du vol. 4 de Barras. Voir également *La Trahison de l'émigré Talleyrand*, pamphlet signé d'un certain Marchant (Chez Bouvais, à Paris, an VII) qui se réfère à la même source. Barras évalue l'ensemble des gains du ministre, du Directoire à la Restauration, à la somme colossale et invérifiable de 117 690 000 francs (Barras, *op. cit.*, IV, pp. 257-263).

6. *Portion of the Journal kept by Thomas Raikes esq., from 1831 to 1847*, London, 2 vol., Longman, 1853. I, 31 mai 1832, p. 45.

7. Le 10 août 1797, un mois après l'entrée de Charles-Maurice au ministère. Une clause sur la fermeture des ports portugais aux bateaux anglais entraîna son annulation, sous la menace de la flotte britannique. Le traité ne sera signé qu'en décembre 1797, mais sans la fameuse clause qui enlevait à l'Angleterre son dernier allié stratégique, en pleine négociation de paix avec la France. Le traité règle également la question de la délimitation des frontières des Guyanes.

Page 290. 8. Lettre du 17 juin 1798, citée par Jean Gagé, « Antonio de Araujo, Talleyrand et les négociations secrètes pour la paix du Portugal », *Bulletin des études portugaises de l'Institut français au Portugal*, Coimbra editoria, t. XIV, 1950. La négociation de la paix avec le Portugal est liée à celle de Lille avec l'Angleterre et à l'histoire des étranges intermédiaires, Potter puis Melville, qui, moyennant une rémunération consistante aux directeurs, proposaient d'aplanir les difficultés entre les négociateurs. Missoffe affirme, grâce aux lettres de Maret, que Melville était couvert par Perregaux, le banquier du ministère des Relations extérieures, chez qui il avait un compte (pp. 110-111 et O. Blanc, *op. cit.*, p. 159).

9. Et à 300, de 1794 à 1797.

Page 292. 10. Une bibliographie complète sur cette affaire, *in* Herbert Lüthy, *La Banque protestante en France, de la révocation de l'édit de Nantes à la Révolution*, Paris, SEVPEN, 2 vol., 1959-1961. À compléter avec Karl Ludwig Lokke, « Pourquoi Talleyrand ne fut pas envoyé à Constantinople ? », *Annales historiques de la Révolution française (10)* 1933, pp. 156-157. La correspondance des envoyés américains a été publiée in *American State Papers, foreign relations* (Washington, 1832, II, pp. 157-168, 211). Voir la correspondance entre Talleyrand et Gerry publiée par les soins du ministre au *Moniteur* du 9 juin 1798, une autre lettre à Gerry du 11 juillet, également imprimée par ses soins et ses lettres à Pichon, ministre plénipotentiaire de la République française à La Haye (AAE et BN Ms., fichier Charavay, s.d. juillet 1798, inédite). Dans cette dernière, il accuse certains Américains de « prédilection pour l'Angleterre ». Charles-Maurice parvient à se justifier dans un long rapport au Directoire du 31 mai 1798 (AAE, États-Unis, vol. 49, ff 393-404), et publiquement le 9 juin dans un mémoire publié au *Moniteur*, mais non signé, qui accompagne sa correspondance : (« Sur les communications faites par le président des États-Unis au Congrès américain. »), puis nie toute l'affaire dans ses *Éclaircissements*. Un accord entre les deux pays finira par être signé le 30 septembre 1800. Sur sa justification du 9 juin 1798, voir sa lettre à Barras du 7 juin : archives Ernst pour l'original (G7) et Mémoires de Barras (III, p. 233). Une bonne monographie américaine sur l'ensemble de la question par Harold Cecil Vaughan : *The XYZ Affair, 1797-1798, the Diplomacy of the Adams Administration and the Undeclared War with France* (Franklin Watts, New York, Londres, 1972).

11. *Mémoires de Laffitte* (1767-1844), Paris, Firmin-Didot, 1932, pp. 58-59. Laffitte avait ses bureaux dans la maison de banque Perregaux, rue de la Chaussée-d'Antin. L'hôtel de la Guimard avait été construit par l'architecte Claude-Nicolas Ledoux.

Notes du chapitre 3

Page 293. 1. Cette idée est développée par Roberto Calasso dans *La Ruine de Kasch*.

2. D'après la lettre d'une Anglaise qui le rencontre chez Mme de Laval avant la Révolution. *In* Henri Malo, *Le Beau Montrond*, Paris, Émile-Paul, 1926, p. 7.

Page 294. 3. *The Journal of Berthie Greatheed*, London, Richard Clay, 1953, p. 101.

4. Comte d'Estourmel, *Derniers Souvenirs*, 1848, p. 319.

Page 295. 5. *Ibidem*. Mérimée attribue la première des deux maximes à l'un puis à l'autre des deux hommes. Cf. sa Correspondance générale : lettre à Jenny Dacquin, 14 mai 1842 (III, p. 171) et à la future impératrice Eugénie, 17 mai 1852 (VI, p. 342).

6. Duchesse de Dino, *Chronique*, I, 30 décembre 1835, p. 395.

7. *Ibidem*, I, Londres, 1er juillet 1834, p. 148 et 9 juin 1834, p. 114.

8. Rapporté par le général Thiebault dans ses Mémoires (Paris, Plon, 5 vol., 1894, II, pp. 167-168, note).

9. Lettre du 13 octobre 1810, citée par Henri Malo, *op. cit.*

10. Léon Noël, *Sainte-Beuve*, *op. cit.*, p. 213, note.

11. Le meilleur article sur Montrond a été publié peu après sa mort, les 5 et 6 novembre 1843 dans *Le Temps*, par un auteur anonyme : « À l'exemple de ses maîtres, et surtout de M. de Talleyrand son idole (petit nom qu'il n'a jamais donné qu'à lui et qu'à vingt duchesses), il a plutôt "causé" sa politique qu'il ne l'a pratiquée, agissant de la parole, et non pas de l'écritoire. » Les meilleures pages sur son rôle d'intermédiaire et d'agent de renseignement, *in* Olivier Blanc, *Les Espions de la République…*, *op. cit.*, pp. 156-158, et notes.

Page 296. 12. F. Masson, p. 472.

13. *Ibid.*, p. 471.

14. *Ibid.*, p. 473 et *Œuvres* de P.-L. Roederer (III, pp. 591-592). Charles-Maurice interviendra à deux reprises auprès de Napoléon pour placer le jeune Roederer au Conseil d'État en 1805. Dans l'une de ses lettres à Talleyrand, Roederer père parle de son fils comme de « ce jeune homme élevé sous votre aile » (31 juillet 1805). Le jeune « Tony » sera préfet du Trasimène après l'annexion des États pontificaux.

15. Assez proche en tout cas pour l'accompagner aux eaux de Bourbon-l'Archambault en 1803. Henri de Latouche, *Album perdu*, 1829, *in* Amédée Pichot, *Souvenirs intimes de M. de Talleyrand*, *op. cit.*, p. 72 : « l'un des hommes que M. de Talleyrand a le plus aimé et le plus estimé, qui n'avait point d'autre hôtel que le sien lorsqu'il venait à Paris ». Villemarest, secrétaire de Talleyrand de 1799 à 1802, est l'auteur et le compilateur d'un grand nombre de mémoires apocryphes sur l'Empire et d'une biographie de Talleyrand (4 vol., 1834) que ce dernier tiendra pour un tissu de mensonges mais qui n'en contient pas moins quelques détails précieux. Passé au service du prince Borghèse, il ne sera pas repris par Talleyrand au ministère, en 1814. On verra plus loin le destin encore plus louche de Perrey, entré au service du prince peu après son départ du ministère en septembre 1807.

16. *Monsieur de Talleyrand, Mémoires pour servir à l'histoire de France*, Paris, J.-P. Roret, 4 vol., 1834-1835. Il faut citer encore l'ouvrage de l'un des derniers secrétaires du prince à Londres, Colmache, publié plus tard en anglais sous le nom de sa femme : *Reminiscences of Prince Talleyrand*, Henry Colburn, 2 vol., 1848.

17. AN F7 4230 et 4340. Recettes d'écritures sympathiques, échantillons d'écritures de diverses personnalités telles que Zoubov ou Markov pour la Russie. C'est Gambier Campy qui dirige le bureau du chiffre à cette époque. On trouve de nombreuses grilles de déchiffrement dans les papiers Sérent (AN 158 AP). Voir également Olivier Blanc, *op. cit.*, pp. 144-145.

Page 298. 18. Voir Olivier Blanc, *Les Espions de la Révolution et de l'Empire*, *op. cit.*, pp. 146-147, et Jean L'Homer, *Le Banquier Perregaux*, *op. cit.*, qui cite quelques fragments de certains correspondants anglais à Perregaux. Sa maison de banque jouera à deux reprises un rôle financier de premier plan au bénéfice de l'ex-évêque d'Autun, en facilitant le coup d'État de Bonaparte en novembre 1799, puis le retour des Bourbons en avril 1814.

19. Masson, p. 490.

Page 299. 20. Voir Jean de Montenon, *La France et la presse étrangère en 1816*, Paris, Perrin, 1933, une bonne biographie de Baudus en introduction. Il sera ensuite nommé officiellement historiographe du ministère. Dans la même perspective, Charles-Maurice recrutera le comte de Montlosier qui acceptera sous le Consulat de mettre son journal, *Le Courrier de Londres et de Paris*, à la disposition des vues religieuses et antirévolutionnaires de Bonaparte.

Page 300. 21. J. de Norvins, *op. cit.*, II, pp. 267-268. Il existe un exemplaire de ses billets aux AN 40AP6 (papiers Beugnot).

22. *Mémoires du baron de Frénilly*, *op. cit.*, p. 168.

23. Mathieu Molé, *Souvenirs de jeunesse*, Paris, Mercure de France, 1991, p. 103. Mathieu Molé, qui épousera une fille de Mme de La Briche, Caroline, l'a bien connu.

Notes du chapitre 4

Page 302. 1. La première lettre est du 24 juillet (Mémoires, I, p. 255, note), la seconde est datée de Milan, 18 thermidor an V (5 août 1797), *in* Louise Weiss, *L'Europe nouvelle*, 7 mars 1925. La lettre de Bonaparte provient des archives du château de Sagan. Elle ouvre la série des quelque trois cents lettres de Napoléon à Talleyrand (an V-1807) autrefois copiées à Sagan et acquises en 1955 par les Archives nationales (215AP1, « Papiers Talleyrand »). Seule une centaine d'entre elles ont été publiées dans la *Correspondance générale de Napoléon*, puis par Lecestre et Léonce de Bretonne. Quelques jours après, Bonaparte, se promenant en compagnie de Berthier et d'André-François Miot dans les environs de Milan, sur les bords du lac Majeur, fera l'éloge du ministre (*Mémoires du comte Miot de Melito*, Paris, Michel Lévy, 3 vol., 1858, I, p. 180).

Page 303. 2. Vis-à-vis du Directoire et officiellement, Charles-Maurice mène vivement la lutte contre l'émigration. Selon Barras, le ministre lui aurait communiqué à plusieurs reprises « l'état des princes de la maison de Bourbon, leurs tenants, leurs aboutissants » (III, p. 509). Aux archives des Affaires étrangères, on trouve de nombreuses circulaires portant sa signature, entre autres, aux agents du nord, sur la surveillance des émigrés et la délivrance des passeports (MAE CP France 518 fol. 253, 6 nivôse an VII). Dans ses Mémoires le chevalier de Cussy, qui est fiable, dit avoir eu entre les mains, alors qu'il était en poste à Berlin sous la Restauration, une dépêche de Talleyrand à Sieyès de 1798. Sieyès représentait alors la République à Berlin et le ministre lui donnait l'ordre de tenter de faire arrêter le prétendant, en route de Blankenburg, une petite ville de Basse-Saxe, vers Mittau, en Courlande. L'inconvénient, c'est que les dates ne correspondent pas. Le comte de Lille voyage en février et mars, et Sieyès n'est nommé à Berlin qu'en mai 1798 (Cussy, I, p. 108). Pourtant l'information est confirmée par d'Hauterive. Celui-ci confiera à Molé en 1820 qu'il avait trouvé dans les papiers de Caillard (le neveu, Bernardin), secrétaire de légation de son oncle Antoine-Bernard puis de Sieyès à Berlin, une lettre de son ministre à Bonaparte lui suggérant de faire enlever le prétendant à Blankenburg. La lettre fut rendue par d'Hauterive à Talleyrand. Cette fois, les dates concordent (Molé [Noailles], IV, p. 349, note) Barras évoque également vaguement ce projet d'enlèvement sans donner de dates (III, p. 509). Pour faire bonne mesure, et ayant à l'esprit que Charles-Maurice n'a cessé de jouer un double jeu vis-à-vis de l'émigration, il faut citer Pasquier qui, toujours bien renseigné, prétend que l'ancien évêque aurait envoyé son ami Fontanes auprès du prétendant pour lui faire des offres de service (I, p. 248). Fontanes, proche de Chateaubriand, membre de l'Institut, « fructidorisé » en septembre 1797 et rappelé par Bonaparte et Talleyrand peu après Brumaire, jouait auprès du ministre un rôle assez proche de celui de Laborie sous le Consulat. On en a la trace dans l'essai de Jean de Montenon sur Baudus (*op. cit.*, p. 29, sa lettre du 27 septembre 1801). À défaut de dates et connaissant l'incroyable aptitude de notre personnage à saisir discrètement toutes les occasions et à tout essayer, les deux versions, parfaitement contradictoires, sont également plausibles.

3. *Mémoires* (I, p. 255 et 259) et Correspondance générale de Napoléon, Passariano, 3e jour complémentaire, an V (19 septembre 1797), III, n° 2223. Voir également sur cette correspondance secrète les Mémoires de Miot de Mélito qui était alors le représentant de la République à Turin et transmettait la correspondance entre Paris et Milan, et ceux de Bourrienne. La correspondance officielle du ministre a été publiée par G. Pallain (*Le Ministère de Talleyrand sous le Directoire*, *op. cit.*).

Page 304. 4. *Mémoires du comte de Lavalette*, Paris, Mercure de France, 1994, p. 163.

5. Thibaudeau, *op. cit.*, II, pp. 242-250.

6. Roederer le rappelle dans sa « Notice de ma vie pour mes enfants ». Voir le *Roederer* de Thierry Lentz, éd. Serpenoise, 1989, p. 114.

7. *Mémoires*, I, p. 257.

8. MAE, CP France 518, fol. 197-200, 20 fructidor an V (6 septembre 1797).

Page 305. 9. 20 fructidor an V (6 septembre 1797). Voir également deux autres de ses lettres à Bonaparte, publiées par Thibaudeau, datée des 8 et 16 septembre (II, pp. 292 et 296).

10. MAE MD Autriche, vol. 8, rapport au directoire du 16 thermidor an V.

Page 306. 11. Cité par G. Pallain, introduction, p. XXXV, rapport de Sandoz du 3 août 1793.

12. *Mémoires*, I, pp. 256 et 257.

13. Il recommande d'ailleurs au général Bonaparte les services de ce dernier, « ferme et modéré, républicain inébranlable et libéral », à « l'organisation des républiques italiques », dans une lettre du 22 octobre 1797 citée par Coulmann (III, pp. 41-42).

14. La duchesse de Dino évoque l'existence d'un éventail donné par Charles-Maurice à Hortense sous le Directoire (*Chronique*, I, p. 332, 19 août 1835).

15. Correspondance générale de Napoléon, 3e jour complémentaire de l'an V (19 septembre 1797), n° 2223. « Une Constitution qui est donnée aux hommes doit être calculée pour les hommes. »

16. E. Espitalier, *Vers Brumaire*, Paris, 1914, p. 48.

Page 307. 17. *Mémoires*, I, p. 259.

Page 308. 18. *Mémoires de M. de Bourrienne*, Paris, *op. cit.*, II, p. 21.

19. *Mémoires*, I, p. 134.

20. Benjamin Constant, *Portraits, mémoires, souvenirs*, *op. cit.*, p. 75.

Page 309. 21. Chateaubriand, *Mémoires d'outre-tombe*, *op. cit.*, II, p. 336.

22. Selon Thibaudeau, II, p. 326.

23. Madame de Staël, *Considérations*, p. 340.

24. Marquis de Girardin, *Mémoires*, Paris, Moutardier, 3 vol., 1828, III, p. 143.

Page 310. 25. *Mémoires du général Thiébault*, II, p. 139.

26. *Mémoires de la duchesse d'Abrantès* (I, 391) et de *Mme de Chastenay* (*op. cit.*, éd. 1986, p. 240).

27. Voir sur ce point *Louis Hastier, le grand amour de Joséphine*, Paris, Corréa, 1955. L'auteur, qui a eu en main les papiers Charles, cite une lettre de Joséphine à Talleyrand (s.d. [juin 1799]) dont il garantit l'authenticité et dans laquelle Joséphine lui parle de son amant. Cette lettre est à rapprocher d'une autre du 19 mai 1800, mentionnée au catalogue Charavay de la Bibliothèque nationale (n° 24 164) de Talleyrand à Joséphine. Il lui parle de sa maladie et se désigne sous le diminutif de « Cri », une contraction de ses deux prénoms : Charles-Maurice.

28. *Mémoires de Mme de Chastenay*, p. 240.

29. *Commentaires de Napoléon Ier*, II, 1867, p. 168.

Page 311. 30. *Ibid.*, I, p. 391.

31. Arnault, *Souvenirs d'un sexagénaire*, *op. cit.*, IV, pp. 26-27.

32. AN Cartes et plans, 469 AP 1. Le dossier dont nous nous sommes servi pour décrire la fête a été partiellement analysé par F. Masson. Voir le compte des dépenses reproduit en annexes de son livre *Le Département des Affaires étrangères pendant la Révolution* (Paris, Plon, 1877).

Page 312. 33. *Commentaires*, *op. cit.*, II, p. 180.

Notes du chapitre 5

Page 313. 1. Cambacérès, *Mémoires inédits*, Paris, Perrin, 2 vol., 1999. I, p. 407.

2. *Mémoires de Bourrienne*, *op. cit.*, II, pp. 44-45.

Page 314. 3. Lettre à Bonaparte du 23 septembre 1797, Palain, I, p. 155, également citée par Thibaudeau, *op. cit.*, II, pp. 344-345.

4. Charles-Maurice a beaucoup fréquenté les groupes de pression favorables au vieux système colonial, au début de la Révolution. L'un de leurs porte-parole, Moreau de Saint-Méry, est devenu l'un de ses intimes en Amérique. Il connaît bien la question qu'il évoque souvent dans sa correspondance avec ce dernier.

5. Voir sur cette question John Hardman et Munro Price (*Louis XVI and the Comte de Vergennes, Correspondence, 1774-1787*, Oxford, 1998, pp. 1 37 *et sq.*) Sur ce point, la position de Talleyrand diffère totalement de celle de Vergennes qui s'est toujours opposé au projet égyptien de Choiseul, dans les années 1770-1780.

6. *Considérations sur la Révolutions française*, p. 342.

Page 315. 7. MAE MD Égypte (1778-1861), vol. 1, fol. 135 : Bruguière et Ollivier (1795), fol. 86 : Mure (1796 ?), fol. 128 : Joseph Barrallier (1798 ?), fol. 64 *et sq.* : Charles Magallon, 21 pluviôse an VI (9 février 1798). Tous préconisent une descente en Égypte à la faveur de la situation sur place.

8. Ce qui ne l'empêchera pas de tenir l'ambassadeur de la Porte à Paris, Seyyid Alî Efendi, dans une ignorance totale des préparatifs de l'expédition. *Deux Ottomans à Paris sous le Directoire et le Consulat, relation d'ambassade*, Paris, Sinbad, 1998.

9. Il s'agit aussi de ne pas laisser l'Autriche et la Russie devancer la France et engager seules un nouveau « partage » de l'Égypte. Voir, sur ce point, ses instructions du 19 janvier 1798 à Bernadotte, nommé ambassadeur à Vienne.

10. La thèse de C. de La Jonquière selon laquelle Charles-Maurice aurait monté le projet de l'expédition de son côté semble peu crédible. *L'Expédition d'Égypte 1798-1801* (Paris, Lavauzelle, 1899-1907, II, p. 589, annexe IV).

11. MAE MD Turquie 197 fol. 269-287. Concerne aussi la citation précédente.

12. *Ibid.*, fol. 310, cité par Albert Espitalier, *Vers Brumaire, Bonaparte à Paris, 5 décembre 1797-4 mai 1798*, Paris, Perrin, 1914, pp. 157-159. Tout le chapitre IV, « Les idées de Talleyrand », est à lire.

Page 316. 13. Correspondance de Napoléon, IV, 2608, 2703, 3045, 3185 et V, 3439 et 3748. Voir également La Valette, p. 194.

14. C'est Treilhard qui sera élu. Charles-Maurice subit les conséquences d'une violente campagne lancée contre lui par la presse jacobine en avril.

Page 317. 15. Les instructions à celui qui devait être envoyé à Constantinople, datées du 16 mars 1798, sont laissées en blanc. C'est finalement un spécialiste, Descorches, l'ancien représentant de la République à Constantinople sous la Convention, qui est désigné le 3 octobre 1798. MAE CP Turquie 197, fol. 405-418 et 199 fol. 31-34. Voir sur cette question l'excellent article de Ludwig Lokke, « Pourquoi Talleyrand ne fut pas envoyé à Constantinople ? », *Annales historiques de la Révolution française* (10), 1933, pp. 153-159.

16. C'est ce que Bonaparte lui-même dira au général Caulaincourt en expliquant que le Directoire avait eu besoin de son ministre et ne se souciait d'ailleurs pas de faciliter sa tâche en Égypte (*Mémoires de Caulaincourt*, Paris, Plon, 3 vol., 1933, II, p. 295).

17. MAE CP France 518 fol. 206-208. « Projet de lettres circulaires à tous les agents diplomatiques » (27 septembre 1797).

18. Rapport de Sandoz à sa cour du 18 mars 1798 (Pallain, *op. cit.*, p. 207), voir également les rapports des 25 février (p. 216), 25 mars et 11 avril 1798 (p. 240). La publication complète de ces dépêches, *in* Paul Bailleu, *Preussen und Frankreich von 1795 bis 1808 ; diplomatischen correspondenzen*, Leipzig, 1881-1887, vol. 1.

Page 318. 19. Cité par Alain Silvera (« Egypt and the French Revolution », *Revue française d'outre-mer*, LXIX (1982), n° 257, pp. 307-329). Malheureusement, la cote mentionnée en note (AN AF III 63) ne contient aucune lettre de Mme Grand. Toutes nos recherches ont été vaines.

20. En 1805, il traitera encore de « folie » les velléités de débarquement en Angleterre de Napoléon, en les tenant pour dangereuses et irréalisables. Voir Elizabeth Sparrow qui cite une lettre d'un agent anglais anonyme à Pitt du 10 juillet 1805 (*Secret Service*, p. 306) Avait-il un intérêt financier à cela ? Aux Cinq-Cents, le 29 août 1799, Briot (du Doubs) accusera sans preuve Charles-Maurice d'être à la solde de l'Angleterre et d'en avoir reçu de l'argent. L'historien italien Carlo Botta reprend l'affirmation : Talleyrand aurait reçu de l'argent de Londres pour détourner Bonaparte des côtes anglaises (*Histoire de l'Italie*, 1789-1814, Paris, 1824, III, p. 160). À la limite, la question n'a pas beaucoup d'importance.

Notes du chapitre 6

Page 319. 1. Octidi 18 messidor, 7e année républicaine, n° 18, « Sur Talleyrand » (deuxième partie). Un autre article, le 17 thermidor an VII (4 août 1799), n° 47. Une toute première allusion dans le journal, sans les noms, dans un entrefilet du 8 floréal an VI (27 avril 1798).

Page 320. 2. Elle est racontée pour la première fois par Henri de Latouche dans son *Album perdu* (1829), *in* Pichot, *op. cit.*, pp. 59-60. L'histoire est reprise telle quelle par Georges Lacour-Gayet et Jean Orieux. Pour cette version, voir également Vicomte de Reiset, « Catherine Worlée, princesse de Talleyrand », *Revue hebdomadaire*, 12 novembre 1910. Poniatowski est le premier à la mettre en partie en doute (*Talleyrand et le Directoire*, Perrin, 1982).

3. D'après H. E. Busteed, *Echoes from Old Calcutta*, Londres, W. Thacker and Cie, 1908, p. 231. Voir également Jean-Paul Garnier, « La jeunesse indienne de la princesse de Talleyrand », *Revue des Deux Mondes*, 1963, pp. 558-572 et Yvonne Robert-Gaebelé, *Des plages du Coromandel aux salons du Consulat et de l'Empire* (PUF, 1948).

Page 321. 4. W. de Charrière de Sévery, « George-François (Francis) Grand, premier mari de la princesse de Talleyrand. Quelques lettres de lui écrites de 1802 à 1808. », *Revue historique vaudoise*, 33e année, n° 2, février 1925.

5. Parkes and Merivale, *Memories of Sir Philip Francis with Correspondence and journal*, Londres, 2 vol., 1867, II, p. 137.

Page 322. 6. Élisabeth Vigée-Lebrun, *Madame Grand*, 1783, Metropolitan Museum of Art, New York. C. Sterling, *Catalogue of French Paintings in the Met. Museum*, NY, 1955, pp. 185-188 (bibliographie complète et historique). Il existe plusieurs copies de ce tableau, dont l'une au château de Valençay, et une variante plus tardive du tableau, par Vigée-Lebrun. Le modèle est représenté dans la même pose, mais les cheveux courts, vêtu d'une robe à la mode du consulat (W.- H. Helm, *Vigée-Lebrun, her Life and Friendships*, Londres, (1915). À Paris, Mme Grand et Mme Vigée-Lebrun habitaient dans la même rue. De plus, le peintre fréquente l'hôtel Harenc de Presle, où se réunissent de nombreux artistes et la belle Mme Grand habite un appartement de l'hôtel.

7. Bonnes d'enfants et femmes de chambre en Inde.

8. D'après les délibération du procès de 1779. *In* M. Poniatowski, *Talleyrand et le Directoire*, *op. cit.*, annexes : « Procès de M. Grand contre sir Francis », p. 889. Les rares biographes de Charles-Maurice qui n'ont pas voulu croire à sa réputation de bêtise tenteront de la justifier en expliquant qu'elle parlait et comprenait mal le français.

Page 323. 9. Au n° 23-24. L'hôtel du banquier Perregaux est tout près de là, au n° 19. Valdec habite à l'époque au 30, rue du Faubourg-Poissonnière.

10. Boucher de Perthes, *Souvenirs*, II, p. 522.

11. Baron de Frénilly, *op. cit.*, p. 99. Sa jeune Indienne s'appelle Caroline. F7 5651 10, dossier Grand, « Quittance d'une cession de rente viagère de 800 livres ».

12. Mme de Boigne, I, 281-282. Un bon article sur sa vie à Paris dans les années 1780 : R. Guyot, « Madame Grand à Paris », *Feuilles d'histoire*, 1909. L'auteur a pu consulter le fonds des papiers Valdec de Lessart, saisis en 1792 (AN 395 T 112 et 749). À compléter avec l'excellent chapitre 25 du récent ouvrage d'Olivier Blanc (*L'Amour à Paris au temps de Louis XVI*, Perrin, 2002). Je remercie Olivier Blanc qui m'a par ailleurs communiqué nombre d'éléments de ses recherches sur Catherine Grand et sur son quartier, autour de la rue du Sentier.

Page 324. 13. AN W 134 (25) dossier Villemain.

Page 325. 14. MAE Gênes 172.

15. Fouché, dans ses Mémoires, prétend qu'ils se sont beaucoup vu à Londres en 1793. C'est aussi l'avis de Philip Francis dans son Journal.

16. AN F7 5651 10, dossier Grand et AN MC XV 1170 Chodron, 3 messidor an XII (21 juin 1804) « dépôt de l'acte de divorce de M. Grand/Worlée ».

17. AN AF III 58 dossier 228, n° 348, rapport de police au citoyen président du 30 ventôse an VI (20 mars 1798). Le rapport est annoté par La Révellière. Cette lettre, recopiée par l'agent de renseignement de Barras et dont l'original est perdu, est peut-être un faux. Au moins faut-il se poser la question, même si elle est très exacte sur les événements du moment.

Page 326. 18. Barras, *Mémoires*, *op. cit.*, III, p. 173, Talleyrand à Barras, 3 germinal an VI (23 mars 1798). Sur le rôle de Dreyer, voir Louis de Bentheim, « Journal de mon séjour à Paris, 1803-1804 » (*Le Correspondant*, octobre 1908, p. 330). Selon un agent royaliste à Paris, elle aurait « essayé de ses charmes » sur Dreyer, sans succès, et se serait rabattue sur Charles-Maurice (Comte Remacle, *Relations secrètes des agents de Louis XVIII à Paris sous le Consulat*, Paris, Plon, 1899, p. 103).

19. Voir sur ce point Olivier Blanc, *Les Espions de la République*, *op. cit.*, pp. 154 et 177 et *Mme de Bonneuil*, Paris, Robert Laffont, 1987. Mme Grand fut reçue par le chargé d'affaires anglais à Hambourg, les 1er et 8 août 1799, les 6 et 13 août 1800.

Page 327. 20. L'anecdote est racontée par Thiers à Gambetta et recueillie par Ludovic Halévy (*Trois dîners avec Gambetta*, Grasset, 1929, p. 47).

21. Roger Portalis, Henri-Pierre Danloux, *op. cit.*, p. 444 et Olivier Blanc, *Les Espions…*, *op. cit.*, p. 147. Danloux fait naître la petite Anne-Françoise en 1790, à Rome. Voir également, sur son mariage en 1806, André Beau, *Talley-*

rand, chronique indiscrète de la vie d'un prince, Royer, 1992, p. 47. Le couple élèvera par la suite d'autres enfants, en particulier les demoiselles Rostaing. La cadette, Clotilde, était née en 1793. Elles étaient les filles d'un officier d'origine vendéenne tombé dans la misère (Kielmannsegge, I, pp. 97-98).

Notes du chapitre 7

Page 329. 1. *Mémoires de Bourrienne*, *op. cit.*, III, p. 127.
2. *Mémoires*, I, p. 212.
3. Lacour-Gayet, IV, p. 43.

Page 330. 4. Benjamin Constant, *op. cit.*, p. 81.
5. *Mémoires… de Gohier au 18 brumaire*, Paris, 1824, I, p. 37.
6. *Mémoires de Cambacérès*, *op. cit.*, I, p. 412.
7. Lacour-Gayet, IV, p. 52, 31 mars 1799.
8. Norvins, III, pp. 101-102.

Page 331. 9. Jacques Wolff, *Le Financier Ouvrard*, *op. cit.*, pp. 49-50.
10. Note de la reine Marie-Caroline à son ministre Gallo, avril 1798. Toute l'affaire est analysée par M. Poniatowski in *Talleyrand et le Directoire*, *op. cit.*, pp. 738-741. Dans ses « Éclaircissements » du 13 juillet 1799, Talleyrand niera une fois de plus toute implication de sa part : « Est-il étonnant qu'ils veuillent me faire rendre compte de la cession du duché de Bénévent, lorsque le duché de Bénévent n'a jamais été cédé au roi de Naples ? »
11. Lacour-Gayet, « Un procès politique sous le Directoire : Jorry contre Talleyrand », *La Revue de Paris*, 15 juin 1923. Voir également Poniatowski, p. 749 *et sq.* Jorry avait été arrêté pour avoir détourné 2 400 livres, en rémunération d'une mission d'espionnage à Rome jamais effectuée. Une fois relâché, il attaquera Talleyrand pour arrestation arbitraire, réclamera des « dommages et intérêts » et animera une intense campagne de presse (les placards Jorry) contre le ministre. L'affaire remonte au printemps de l'année précédente. Humboldt dit, dans son Journal, le 1er avril 1798, avoir vu « à tous les coins de rue » des placards signés « Jorry, électeur, à ses concitoyens », dans lesquels le ministre est qualifié de « traître », d'« assassin » et d'« infâme » (*Journal parisien*, Paris, Actes Sud, 2001, p. 83).
12. Dans *L'Observateur politique* (26 août 1798, n° 325) et le *Journal des hommes libres* (11 et 15 juillet 1799), Charles-Maurice se défend dans ce même journal (20 juillet 1799, n° 32) et dans ses *Éclaircissements* publiés quelques jours plus tôt.

Page 332. 13. F. Masson, *op. cit.*, lettre de Reinhard à Talleyrand, 13 thermidor an VII (31 juillet 1799), p. 432.

Page 333. 14. Collection E. Ernst, lettre de Talleyrand à Brune, 23 vendémiaire an VIII (15 octobre 1799), G 14.
15. *Ibidem*, 13 germinal an VI (2 avril 1798), G 2.

Page 334. 16. Citée par Thierry Lentz, in *Le 18 Brumaire. Les coups d'État de Napoléon Bonaparte*, Paris, Jean Picollec, 1997, p. 212.
17. Collection E. Ernst, *op. cit.*
18. Par les représentants Briot et Garrau.
19. *Éclaircissements*, *op. cit.*, p. 25.

Page 335. 20. S. de Girardin, *Journal, souvenirs et opinions*, *op. cit.*, III, p. 180.
21. *Mémoires*, I, p. 272.

Notes du chapitre 8

Page 337. 1. *Mémoires de Cambacérès*, I, p. 429.

2. *Moniteur universel*, 2 brumaire an VIII (24 octobre 1799) : « Bonaparte est allé hier faire une visite particulière aux directeurs Sieyès et Roger-Ducos », 3 brumaire an VIII : « Les directeurs Sieyès et Roger-Ducos ont rendu à Bonaparte la visite particulière qu'ils avaient reçue. » Sur le rôle de Talleyrand au moment de cette première entrevue particulière, voir les Mémoires de Miot de Melito, *op. cit.*, I, p. 245 et les notes manuscrites de Grouvelle citée par Albert Vandal, *L'Avènement de Bonaparte*, Paris, Plon, 2 vol., 1908, I, pp. 258-259.

Page 338. 3. Thomas Raikes, *op. cit.*, II, p. 365, 13 mai 1836.

Page 339. 4. *Œuvres du comte P.-L. Roederer*, Paris, Firmin-Didot, 3 vol., III (1854), p. 296, *in* « Notice de ma vie pour mes enfants » et *Journal de P.-L. Roederer*, Paris, H. Daragon, 1909, p. 21.

5. *Mémoires*, I, p. 272.

6. A. V. Arnault, *Souvenirs d'un sexagénaire*, *op. cit.*, IV, pp. 357-358.

7. Norvins, *op. cit.*, III, p. 102.

Page 340. 8. Arnault, *op. cit.*

9. Sur les filles de Mme de Bonneuil et ses gendres, voir Olivier Blanc, *Madame de Bonneuil*, Paris, Perrin, 1987 et *Regnaud de Saint-Jean d'Angély*, Paris, Pygmalion, 2002.

10. Olivier Blanc, *Madame de Bonneuil*, p. 172. Maximilien Catherinet de Villemarest, le secrétaire de Talleyrand en 1801, évoque à plusieurs reprises ces « missions délicates et dangereuses » de Mme de Bonneuil dans son *Talleyrand* (II, pp. 48-49, 163 et 334). Lewis Goldsmith, également, dans son *Histoire secrète du cabinet de Napoleon Buonaparte* (Londres et Paris, 1814, deuxième partie, pp. 6-7, note 1). Voir également Latouche (*in* Pichot, p. 72) qui place, à tort croyons-nous, le séjour de Mme de Bonneuil à Bourbon-l'Archambault en 1803. Voir *supra*.

Page 342. 11. *Mémoires de Barras*, *op. cit.*, III, pp. 79-80. Sémonville fait aussi un récit de cette visite à Mounier qui le rapporte dans ses souvenirs (Comte d'Hérisson, *Souvenirs intimes et notes du baron Mounier*, Paris, Paul Ollenforff, 1896, p. 217.

Page 343. 12. *Ibid.*, p. 73.

13. *Mémoires*, I, p. 273.

Page 344. 14. Œuvres de P.-L. Roederer, III, p. 301 et Arnault, *op. cit.*

Page 345. 15. AN C592.

16. *Mémoires et souvenirs du comte de Lavalette*, *op. cit.*, p. 232.

17. *Œuvres de P.-L. Roederer*, III, p. 302.

Page 346. 18. *Œuvres de P.-L. Roederer*, III, p. 302 et S. de Girardin, III, p. 170.

19. Correspondance générale de Napoléon, n° 2223, *op. cit.*

Notes du chapitre 9

Page 347. 1. Broglie, *op. cit.*, *Revue d'histoire diplomatique*, deuxième partie, 4e année, n° 2, p. 220. Cette lettre a été datée, à tort, par le duc de Broglie, de 1797.

Page 348. 2. *Mémoires de M. de Bourrienne*, III, p. 324-326. Cambacérès affirme dans ses Mémoires que la manœuvre du ministre avait été concertée avec son ami

Maret, secrétaire des consuls, et avec Fouché, « dans la vue d'isoler le premier consul et de le priver de nos conseils » (I, p. 471).

3. Le père de la formule est plus certainement Charles Joliet, l'auteur de la *Confession de Talleyrand*, publiée en 1891 chez Sauvaitre, en réponse ironique à la publication décevante des Mémoires du prince par le duc de Broglie.

Page 349. 4. Bourrienne, *op. cit.*, IV, p. 359. C'est encore ce qu'il souhaitait peu avant Brumaire : un gouvernement représentatif calqué sur le modèle anglais. Dans une lettre à Lacuée, son confrère à l'Institut, il insiste en particulier sur les pouvoirs de la représentation parlementaire en matière de politique étrangère : il lui appartient de déclarer la guerre ou de ratifier la paix ou les alliances. Le pouvoir exécutif négocie et informe le corps législatif. Il lui faudra attendre 1814 et surtout 1830, avant que ces idées libérales ne passent (en partie seulement) dans la pratique (2 juillet 1799), *in* Émile Dard, *Napoléon et Talleyrand*, Paris, Plon, 1935, p. 40).

5. *Mémoires*, I, pp. 274-275.

Page 350. 6. An XXIX AP 76 Papiers Roederer, « Réflexions relatives aux droits et aux intérêts de l'administration », 16 frimaire an IX (7 décembre 1800).

7. *Mémoires de Miot de Mélito*, *op. cit.*, I, p. 340.

8. Pierre Bertrand, *Lettres inédites de Talleyrand à Napoléon, 1800-1809*, Paris, Perrin, 1889. Bourbon-l'Archambault, 6 fructidor an XI (24 août 1803).

Page 351. 9. *Journal du comte P.-L. Roederer*, *op. cit.*, p. 151 ; Bourrienne, IV, p. 359.

10. Ainsi, les lettres personnelles de Jean-François de Bourgoing, alors ministre plénipotentiaire à Copenhague, dans les premiers mois de l'année 1801, qui insistent sur les sentiments du roi du Danemark et du roi de Suède alors favorables à la transformation de la République en royauté héréditaire. Archives comte de Bourgoing : *Mémoires manuscrits de Mme de Bourgoing* et Paul de Bourgoing, *Souvenirs d'histoire contemporaine. Épisodes militaires et politiques*, Paris, Dentu, 1864. « Il disait que Bonaparte, pour consolider une autorité aussi salutaire, devait rétablir en France les formes et les dénominations monarchiques, [...] que la dénomination de consul, était sans analogie dans l'Europe actuelle et compliquait les relations de la France avec les autres puissances » (p. 50, à propos de Gustave IV de Suède).

11. *Mémoires du général de Caulaincourt*, Paris, Plon, 3 vol., 1933, III ; Miot de Mélito, I, p. 319.

12. *Mémoires du comte de Girardin*, III, p. 260.

13. D'après une lettre citée par Jean-Jacques Coulmann, in *Réminiscences*, *op. cit.*, III, pp. 41-42, 1er brumaire an VII (22 octobre 1797).

Page 352. 14. En février 1800, il lui écrit, selon Benjamin Constant, « une lettre de rupture » et lui signifie de ne pas se rendre à la fête qu'il donne à Neuilly pour Bonaparte, le 27 ; il ne l'invitera pas non plus à celles qui suivront. Voir les lettres de Necker à sa fille (5 et 12 mars 1800) citées par M. Poniatowski (*Talleyrand et le Consulat*, pp. 389-390) et les lettres de Madame de Staël à Talleyrand (*Correspondance générale*, Paris, J.-J. Pauvert, 1978, IV, 1re partie, p. 255). Le moins que l'on puisse dire est que Charles-Maurice n'a pas été très charitable pour son ancienne amie. Chênedollé note dans son *Journal* (Paris, Plon, s.d.) : « Talleyrand est plaisant à entendre sur Mme de Staël. Il prétend qu'elle lui a fait toutes les avances. Elle l'a violé. » Beaucoup plus tard, il racontera méchamment à Mme de Beaulaincourt, qui le rapportera aux frères Goncourt évidemment ravis, des détails plus qu'intimes et désobligeants sur elle : « Les deux fois où elle a dîné avec M. de Talleyrand, deux fois, il lui a parlé de la mauvaise conformation physique de Mme de Staël pour laquelle M. et Mme Necker avaient été obligés de faire fabriquer un tourne-cuisses afin de lui ramener les pieds et les jambes en dehors » (*Journal*, Paris, Flammarion, VII, p. 156, 7 septembre 1887). Mais Talleyrand est toujours double. Au fur et à mesure qu'il s'éloigne de Napoléon, il se rapproche de Mme de Staël qui, le 28 février 1809, l'appelle à l'aide de son exil de Genève (G. Solovieff, *Choix de lettres*, *op. cit.*, pp. 382-383). Dès 1806, Auguste de Staël alors à Paris rapporte à sa mère les propos de Narbonne sur les sentiments partagés de son ancien ami à son égard : « Dans l'habitude de la vie, il plaisante sur toi, mais quand par un hasard extrême on peut l'amener à dire quelques mots sérieux, il dit qu'il n'y a rien de si pitoyable que de laisser durer cet exil si longtemps » (archives du château de Coppet, 19 mai 1806). Il contribuera en août 1815 au remboursement des 2 millions de francs prêtés par Necker à l'État.

15. Général Bertrand, *Cahiers de Sainte-Hélène, Journal 1816-1818*, Paris, Gulliver, 1951, pp. 330 et 388. Mme de Chastenay, *op. cit.*, p. 299.

16. *Œuvres complètes*, Paris, Firmin-Didot, 2 vol, 1836. I, p. 345. Voir également dans G. Soloviev, *op. cit.*, sa lettre du 27 mars (1803) à Joseph Bonaparte, p. 216.

17. *Journal de Mme de Cazenove d'Arlens*, *op. cit.*, p. 16.

18. Il existe de nombreuses variantes de ce mot méchant. Voir Amédée Pichot, *op. cit.*, p. 190.

Notes du chapitre 10

Page 353. 1. MAE MD France 281 fol. 28. « Mémoire », Paris, le 14 messidor an VII (2 juillet 1799). Émile Dard cite le document (*Napoléon et Talleyrand*, Paris, Plon, 1935, p. 41) sans donner ses sources.

Page 354. 2. Dans le catalogue manuscrit de 1824 de la bibliothèque du château de Valençay, le livre figure au n° 2701 et est attribué à d'Hauterive (volume 5, vente Coutau Bégarie, Drouot, 1er juillet 2002). Dans sa traduction anglaise par Goldsmith, le livre est également donné à d'Hauterive.

3. *De l'état de la France à la fin de l'an VIII*, À Paris, Chez Henrics, brumaire an IX (octobre 1800). Artaud de Montor attribue lui aussi le texte à d'Hauterive. Le style, les idées, de nombreux passages, en particulier tout ce qui concerne l'économie politique, le commerce, le crédit public très proches des discours de l'Assemblée constituante ne laissent pourtant aucun doute sur l'identité du « maître d'œuvre » de l'ouvrage. C'est aussi l'avis de Joseph de Maistre, toujours bien informé (*Correspondance diplomatique*, II, p. 290). Une note de Bonaparte demandant à son ministre de lui écrire un mémoire sur la violation du droit des gens par les Anglais est sans doute à l'origine du livre (*Correspondance de Napoléon*, IV, n° 4614, 23 février 1800).

Page 355. 4. À Lucchesini, rapport du 29 mai 1803, *in* Paul Bailleu, *op. cit.*, II, p. 150.

Page 356. 5. MAE, CP Saxe, suppl. 5 bis, 12 mai 1807. Inédite. Voir également *L'État de la France*, *op. cit.*, pp. 122-123 *et sq.*

6. AN 117 AP1 Papiers Treihard : *Quelques considérations pour servir de base aux instructions des plénipotentiaires de la République au congrès de Rastadt*, 12 brumaire an VI (2 novembre 1797).

7. *Moniteur universel*, 4 fructidor an X (22 août 1802) « Rapport fait au premier consul, en Sénat, par le ministre des Relations extérieures. Séance du samedi 3 fructidor ».

Page 357. 8. Sur la formation d'une ligue du Nord entre le Danemark, la Suède et la Russie, voir les rapports de Sandoz-Rollin en 1800 : « « Nous tenons fortement et essentiellement à deux objets : l'un de faire la paix, et l'autre de former une ligue dans le Nord pour anéantir l'Acte de navigation de l'Angleterre et pour rétablir l'équilibre du commerce et du monde » (19 juin 1800, I, p. 381).

Dans son rapport au premier consul sur les négociations de paix avec la régence d'Alger et avec la Porte, Talleyrand insiste particulièrement sur les avantages commerciaux obtenus par la République (*Moniteur universel*, 21 fructidor an X ([8 septembre 1802] : « Rapport fait au premier consul, en Sénat, par le ministre des Relations extérieures le 20 fructidor an X »).

9. *État de la France*, *op. cit.*, p. 132.

10. « Quelques considérations… », *op. cit.*, et « Rapport… du 3 fructidor an X ».

Page 358. 11. MAE fonds Clarke. Acquisitions extraordinaires, vol. 75. Lettre du 14 fructidor an IX (1er septembre 1801). Clarke était alors ministre plénipotentiaire de la République à Florence.

12. *Mémoires*, I, p. 290.

13. Il dira la même chose en 1830 dans une note à Sébastiani, ministre des Affaires étrangères de Louis-Philippe, en parlant des monarques de droit divin : « Ils soutiennent leur droit divin avec du canon ; l'Angleterre et nous, nous soutiendrons l'opinion publique avec des principes ; les principes se propagent partout, et le canon n'a qu'une portée dont la mesure est connue » (27 novembre 1830, *in* G. Pallain, *Le Ministère de Talleyrand sous le Directoire*, *op. cit.*, introduction, p. XLVI-XLVII, note).

Page 359. 14. Mémoires de G.-J. Ouvrard, III, p. 59. Il avait la même position avant Brumaire. Voir sa lettre à Lacuée du 2 juillet 1799, citée par Émile Dard (*Napoléon et Talleyrand*, pp. 40-41). Il écrit à propos de la République : « Le système qui tend à porter la liberté à force ouverte chez les nations voisines, est le plus propre à la faire haïr et à empêcher son triomphe. »

15. Pierre Bertrand, *op. cit.*, 12 brumaire an XI (3 novembre 1802), p. 24.

Page 360. 16. *État de la France*, pp. 35-37.

17. *Ibidem*, pp. 158-159.

Notes du chapitre 11

Page 361. 1. Élisabeth Divoff, « Paris sous le Consulat », *La Revue de Paris*, n° 16, août-novembre 1914, p. 79.

2. Bourrienne, V, p. 80.

3. *Mercure de France*, an IX.

4. *Joural of Thomas Raikes*, III, 8 mai 1837, p. 181.

5. Benjamin Constant, *Portraits, mémoires, souvenirs*, *op. cit.*, p. 118.

6. *Journal of Thomas Raikes*, *op. cit.*, I, 31 mai 1832, p. 29.

Page 362. 7. Pasquier, I, pp. 252-253.

8. Artaud de Montor, *op. cit.*, « Notice particulière du comte d'Hauterive sur Talleyrand », p. 364, note. Napoléon dira encore de sa conversation, à Mathieu Molé, en mars 1813 : « Oh ! c'est son triomphe, il le sait bien » (marquis de Noailles, *Le Comte Molé*, Paris, Champion, 1922. I, p. 194).

9. Léonce Pingaud, *Un agent secret sous la Révolution et l'Empire. Le comte d'Antraigues*, Paris, Plon, 1894, lettre de l'« ami » à d'Antraigues, 19 février 1805, pp. 411 et 416.

Page 363. 10. Raikes, III, 27 mai 1838, pp. 263-264.

11. Emmanuel de Las Cases, *Mémorial de Sainte-Hélène*, Paris, Éditions du Seuil, 2 vol., 1968. II, p. 1294.

12. Méneval, *Napoléon et Marie-Louise*, Amyot, 2 vol., 1844-1845. II, p. 280.

13. *Ibidem*.

14. Vitrolles, III, p. 446.

15. Presque tous les successeurs de Talleyrand au ministère, à commencer par Chateaubriand, se serviront du thème du « crayon marginal [...] sur les papiers de l'époque » pour critiquer la négligeance et la paresse d'un homme incapable d'écrire lui même ses rapports. « Si, comme la plupart des secrétaires d'État, nous avions commandé des dépêches à nos chefs de division, nous contentant de minuter la marge », dira Chateaubriand, méprisant, à Marcellus en 1837 (comte de Marcellus, *Politique de la Restauration en 1822 et 1823*, Paris, Lecoffre, 1853, p. 48). La plupart des historiens de Talleyrand - Thiers et même le duc de Broglie qui cherchera pourtant à le défendre dans son introduction à ses Mémoires - ont repris cette légende. Pierre Bertrand a bien montré, sources à l'appui, dans son introduction aux lettres inédites de Talleyrand à Napoléon, comment étaient élaborés les résumés de la correspondance ministérielle (les lettres des agents) envoyés chaque jour à Napoléon. La Besnardière dresse un premier résumé sur les indications de son patron. Talleyrand ne le recopie pas, comme dit Thiers, mais, de sa main, l'infléchit, le rythme, le ramasse en allant à l'essentiel. C'est cette dernière version qui est envoyée à Napoléon (Perrin, 1889, Introduction, XVII-XXI).

Page 364. 16. Las Cases, I, p. 637.

17. Bertrand, 17 août 1803, p. 48.

18. *Ibidem*, 25 juillet 1804, p. 92.

19. « Sur les rapports qui ont existé entre Napoléon et M. de Talleyrand, 20 mars 1858 », note manuscrite inédite du chancelier Pasquier. Archives du château de Sassy.

Page 365. 20. Bourrienne, V, p. 134.

21. *Mémoires*, I, p. 95.

22. Paul Bailleu, *op. cit.*, I, 20 février 1800, p. 366.

23. Vente Piasa, Paris, 30 septembre 2001, catalogue n° 156 c. « Instructions du ministre des Relations extérieures au citoyen Otto, commissaire du gouvernement pour l'échange des prisonniers en Angleterre..., 14 fructidor an VIII » (1er septembre 1800).

Page 366. 24. *Mémoires de Madame de Rémusat*, Paris, Calmann-Lévy, 3 vol., 1881. III, p. 174.

25. Cité par Mignet, *Notices historiques*, Paris, 1853. I : « Talleyrand ».

26. Bourrienne, V, p. 70. L'auteur situe l'algarade le 27 février 1802 aux Tuileries. Le prétexte en est une importante dépêche diplomatique qui n'est pas arrivée à temps.

Page 367. 27. Mme de Rémusat, I, pp. 117-118.

28. Lord Broughton, *Napoléon, Byron et leurs contemporains. Souvenirs d'une longue vie (1809-1822)*. Paris, Javer, 2 vol., 1900. II, 9 janvier 1821, p. 185.

29. Mme de Rémusat, I, p. 108.

30. *Ibidem*, I, p. 226.

31. Général Bertrand, *Journal (1816-1818)*, *op. cit.*, p. 388.

Page 368. 32. Cambacérès, *op. cit.*, I, p. 468.

33. Hyde de Neuville, *op. cit.*, I, p. 273.

34. À la fin de son roman, Balzac met en scène une conversation « conspiratoire » qui aurait eu lieu en juin, la veille de la bataille de Marengo, entre Talleyrand, Fouché, Sieyès, Carnot et Clément de Ris, qu'il ne nomme pas, au ministère de la rue du Bac. Clément de Ris aurait été chargé de la publication des proclamations d'un « 18 brumaire à l'envers » (c'est précisément l'expression qu'utilisera Talleyrand en 1814) dans le cas où Bonaparte aurait été tué. Ce sont ces proclamations mises à l'abri par le sénateur dans les caves de son château de Beauvais, près de Tours, que Fouché aurait fait récupérer le 23 septembre 1800. (*Une ténébreuse affaire*, « La Pléiade », tome VIII, Gallimard, 1977, introduction

de Suzanne J. Bérard et dernier chapitre du roman pp. 688 *et sq.*). D'après A.-M. Meininger, le romancier aurait été informé des détails de la conspiration par Laure de Berny, qui était, à l'époque de cette affaire, la maîtresse d'André Campi, le chef du bureau particulier de Lucien Bonaparte, ministre de l'Intérieur (*ibidem*, notes et variantes, p. 1485). La duchesse d'Abrantès, informée par Balzac, donne dans ses Mémoires une autre version, tronquée, de la conspiration, reproduite dans la préface à la première édition du roman (Ladvocat, 1832, t. VII, chap. VI).

35. Th. Iung, *Lucien Bonaparte et ses Mémoires*, Paris, Charpentier, 3 vol., 1882-1883. I, p. 411.

Page 369. 36. Mathieu Molé, *Souvenirs de jeunesse*, *op. cit.*, p. 234.

37. Mme de Bourgoing, qui séjournait à Auteuil au cours de l'hiver 1799, raconte la chose dans ses *Souvenirs manuscrits*. Le premier consul devait venir « en famille » le lendemain. Charles-Maurice lui avait suggéré une chasse, avec sans doute l'arrière-pensée d'inculquer au premier consul l'habitude des divertissements princiers d'Ancien Régime. Mais Bonaparte est un très mauvais fusil et le parc de la Tuilerie est vide de gibier : « Nous passâmes une partie de la nuit à meubler le parc de lièvres et de perdrix qu'on apportait de la halle et des terres avoisinantes » (*Souvenirs inédits*, Archives comte de Bourgoing). Talleyrand renouvellera l'expérience à Neuilly en 1801. Un article assez ironique de Méhée de La Touche dans le *Journal des hommes libres* sur les chasses du consul et les lapins qui ne courent pas, à la fin de l'été, entraînera la suppression du journal (G. Fauriel, *Les Derniers Jours du Consulat*, Paris, Calmann-Lévy, 1886). Il n'est pas impossible que Charles-Maurice ait souri de cette organisation cynégétique très particulière qui avait l'avantage de mettre le gibier à portée d'un (mauvais) fusil. En tout cas, l'anecdote aura la vie dure. Plusieurs mémorialistes, dont Molé (p. 246), la reprennent. Elle amusera tellement Stendhal qu'il la racontera à plusieurs reprises. L'anecdote lui avait été rapportée en 1824 par le comte de Tracy (*Souvenirs d'égotisme*, Gallimard, 1983, p. 78). Il la reprend dans ses *Mélanges de politique et d'histoire* (Paris, 2 vol., 1933), à l'article « M. de Talleyrand » écrit à Marseille à la mort du prince. Cette fois, la chasse se passe dans le bois de Vincennes. On use de vieux cochons que l'on n'a pas nourris pendant deux jours pour les rendre féroces, en guise de sangliers : « Si jamais Napoléon a été ridicule, ce fut ce jour-là. M. de Tallleyrand était au comble de la joie. Elle était augmentée par la nécessité où il était de parler sans cesse à Napoléon, afin qu'il ne s'avisât point à prendre le mauvais côté de la chose » (I, p. 115).

38. Correspondance générale de Napoléon, Pont-de-Briques, 13 thermidor an XII (1er août 1804), IX, nº 7892.

39. Les 31 octobre 1800 et 2 mars 1801. Ces radiations n'étaient pas sans poser quelques problèmes. Loin de renoncer à sa pension « anglaise » d'ancien commandant d'un régiment au service du gouvernement britannique, Archambaud obtiendra, à la faveur de la paix et sur la recommandation de Charles-Maurice auprès d'Addington, d'aller la toucher à Londres en août 1802. « Voilà ce qui s'appelle tirer parti de tout », note un agent royaliste dans un de ses rapports (Comte Remacle, p. 103, 23 août 1802). Bonaparte, furieux, fera éloigner les deux frères à la campagne. Archambaud aggravera son cas par son persiflage contre le régime et par son refus d'accepter Eugène de Beauharnais, le fils de Joséphine, pour sa fille cadette Mélanie qu'il mariera finalement en 1803 à Just de Noailles, le cadet de la branche des ducs de Mouchy, futur prince de Poix. À Sainte-Hélène, Napoléon dira même à Las Cases avoir pensé marier son frère Louis avec la future princesse de Poix. Talleyrand blâmera cette attitude. « Je comprends fort,

écrit Mme de Rémusat, que sa politique personnelle eût trouvé son compte dans une pareille union. » Il semble que cette affaire soit liée au léger refroidissement qui surviendra entre Bonaparte et son ministre dans les derniers mois de 1802 (Mme de Rémusat, I, p. 253 ; Comte Remacle, *op. cit.*, p. 172 (14 novembre 1802) et p. 207 (17 décembre 1802) ; Las Cases, *Mémorial*, *op. cit.*, I, p. 670.

40. Talleyrand l'en remercie, voir sa lettre *in* Pierre Bertrand, *op. cit.*, 26 fructidor an IX (13 septembre 1801), p. 11.

41. Cité par Émile Dard, *op. cit.*, p. 47.

Page 370. 42. Boulay de la Meurthe, *op. cit.*, Paris, 2 messidor (21 juin 1800), p. 52.

43. *Ibid.*, 9 messidor an IX (28 juin 1801), p. 4.

44. *Ibid.*, 9 messidor an IX (9 juillet 1801), p. 6.

45. *Ibidem*, p. 8.

Page 371. 46. *Ibidem*, 26 fructidor an IX (13 septembre 1801), p. 11.

47. *Ibidem*, 8 ventôse, an VIII et non an IX, comme l'indique Bertrand (27 février 1800), p. 4. C'est la première des trois grandes fêtes de Neuilly données par Talleyrand. La deuxième a lieu le 19 février 1801, à l'occasion de la signature de la paix de Lunéville, la troisième, le 8 juin 1801, en l'honneur du roi et de la reine d'Étrurie.

48. Général Bertrand, *Journal (1818-1819)*, Paris, Albin Michel, 1959, p. 454.

Page 372. 49. Mémoires du comte de Rambuteau, Paris, Calmann-Lévy, 1905, pp. 42-43.

50. Ch. Brifaut, *Souvenirs d'un académicien*, *op. cit.*, I, pp. 270-271.

51. Mémoires de la duchesse d'Escars, Paris, Émile-Paul, 1912. Voir la lettre de Luchesini, ministre de Prusse à Paris, à Talleyrand du 9 brumaire an X (31 octobre 1801) (p. 141 et p. 257).

52. Hippolyte d'Espinchal, *Souvenirs militaires*, Paris, 2 vol., 1901. I, pp. 73-74. Dans les premiers mois de 1802.

53. Baron de Méneval, II, pp. 12 et 17.

Page 373. 54. Mathieu Molé, *Souvenirs de jeunesse*, *op. cit.*, p. 246-247. Et Lady Morgan, *La France*, Paris et Londres, 2 vol., 1817. I, p. 141, note.

55. Mémoires du général d'Andigné, Paris, Plon, 2 vol., 1900. I, p. 418. « Ce n'est pas que nous autres, nobles, nous ayons beaucoup de religion, mais elle est nécessaire pour le peuple. »

56. Stendhal, *Mélanges de politique et d'histoire*, *op. cit.*, I, pp. 111-117.

Page 374. 57. Comte Remacle, *op. cit.*, rapport du 28 janvier 1803, p. 238.

58. En décembre 1803, le comte de Dreyer, ministre du Danemark, conseille au comte de Bentheim de « glisser » de l'Excellence à Talleyrand, « mais tout à fait discrètement, et comme spontané[ment]. » (*Journal de mon séjour à Paris, 1803-1804*, *op. cit.*, p. 331, 23 décembre 1803).

59. Radix, prudent, avait vendu Neuilly et son hôtel de Paris dans les derniers mois de 1792, peu après avoir acheté une propriété nationale, l'ancienne abbaye de Mont-Saint-Martin, dans l'Aisne, entre Saint-Quentin et Cambrai, pour 600 000 livres. Cela ne l'empêchera pas d'être arrêté en octobre 1793. Protégé par Barère, il passera presque toute l'année suivante à la maison de santé de Belhomme. Le motif de son arrestation est futile. Il n'y est pas question de ses liens avec Dumouriez, ni du financement de ses opérations avec Tort de La Sonde et Michel Simons (F. Lenormand, *La Pension Belhomme*, Fayard, 2002, p. 340, et son dossier aux AN). Le château de Neuilly, construit en 1751 par le comte d'Argenson, le lieutenant de police du « Bien Aimé », sera racheté en 1804 par Murat qui le modifiera profondément. Le duc d'Orléans, qui en deviendra propriétaire en 1817, poursuivra les modifications. Voir Paul Marmottan, *Bulletin de la commission historique et artistique de Neuilly*, 1908 et

1909, et *Le Royaume d'Étrurie*, pp. 68. Sur les agrandissements de la Restauration ordonnés par le duc d'Orléans, voir le Journal de Fontaine.

60. *Paris pendant l'année 1801*, 30 juin, vol. 32, n° 231 : « détail des fêtes données au comte de Livourne » et Georgette Ducrets, *Mémoires sur l'impératrice Joséphine*, Paris, Ladvocat, 3 vol., 1828-1829. I, p. 60. Voir également F. Masson, p. 463, note 1. Sur Pauline Bonaparte, future princesse Borghèse, Talleyrand racontera plus tard à Sémonville qu'à cette époque elle lui avait confié en riant : « Je suis très bien avec mon frère. Il a déjà couché deux fois avec moi » (*Souvenirs intimes et notes du baron Mounier*, *op. cit.*, p. 217).

Page 375. 61. Norvins, II, p. 286.

62. Duchesse d'Abrantès, *Histoire des salons de Paris* (VI) et *Mémoires* (IV, p. 193).

Notes du chapitre 12

Page 376. 1. Mme de Rémusat, I, pp. 254-255 ; *Le Royaume d'Étrurie*, p. 68.

Page 377. 2. *An Englishman in Paris, 1803. The Journal of Bertie Greatheed*, London, Geoffrey Bles, 1953, p. 88 (9 mars 1803). C'est Michaud qui lui raconte la scène survenue en avril 1801, à l'occasion d'un dîner.

3. *Ibidem*, p. 230. La paix est signée à Amiens le 25 mars 1802. C'est peut-être aussi de la part du ministre une façon de rendre la politesse à Bonaparte qui ne l'avait pas informé dans l'instant de la signature par Otto, à Londres, des préliminaires de paix, le 1er octobre 1801. Charles-Maurice l'aurait appris par le canon des Invalides, selon Hortense, la fille de Joséphine (Mémoires, I, p. 103).

4. Cité entre autres par de Latouche, *in* Pichot, p. 94.

5. Bertie Greatheed, *op. cit.*, p. 9, (3 janvier 1803).

6. *Un hiver sous le Consulat, 1802-1803, d'après les lettres de J.-F. Reichardt*, Paris, Tallandier, 2003. éd. Thierry Lentz, p. 150, 5 décembre 1802.

Page 378. 7. *Journal de Mme de Cazenove d'Arlens*, *op. cit.*, p. 22, 17 février 1803.

8. John-Bernard Trotter, *Memoirs of the Latter Years of the Right Honorable Charles-James Fox*, London, 1811, p. 251. Traduction de l'auteur.

9. Arrêtés de janvier et du 23 avril 1800. Le texte du second rapport, dans Bourrienne (IV, pp. 385-390) *Mémoires de Cambacérès*, I, p. 499.

Page 379. 10. Bourrienne, IV, p. 342.

11. Molé, I, p. 157.

Page 380. 12. Michel Poniatowski, *Talleyrand et le Consulat*, Paris, Perrin, 1986.

13. A. du Casse, *Histoire des négociations diplomatiques relatives aux traités de Mortfontaine, de Lunéville et d'Amiens.* E. Dentu, 3 vol., 1855. III, p. 225.

Page 381. 14. H.-T. Colenbrander, *Gedenkstukken der Algemeene Geschiedenis Nederland*, 1907, III, vol. 2 (1798-1801), *Journal*, 26 février 1802, p. 787). Je remercie Mme Pelus Kaplan de m'avoir indiqué cette source. Cf. son intervention encore inédite au colloque d'Amiens des 24-25 mai 2002, « La République batave et la paix d'Amiens ».

15. Dans son éloge du comte Reinhard, lu à l'Académie des sciences morales et politiques le 3 mars 1838 : « Je dois le rappeler ici, pour détruire un préjugé assez généralement répandu : Non, la diplomatie n'est point une science de ruse et de duplicité. Si la bonne foi est nécessaire quelque part, c'est surtout dans les transactions politiques ; car c'est elle qui les rend solides et durables. »

16. Ce sont les préliminaires de paix avec la Porte du 10 octobre. Voir *Deux Ottomans à Paris sous le Directoire et l'Empire. Relations d'ambassade.* Paris, Sindbad Actes Sud, 1998, p. 15. Comte Remacle, p. 46. Charles-Maurice l'avait déjà

trompé une première fois en lui cachant soigneusement les préparatifs de l'expédition d'Égypte en 1798 ; voir *supra*. Le général Belliard capitule le 27 juin au Caire et le général Menou, le 30 août à Alexandrie. La nouvelle en arrivera à Londres quelques heures après la signature des préliminaires de paix avec la République.

Page 382. 17. Coll. Eberhard Ernst. G4. 26 floréal an VI (15 mai 1798).

Page 383. 18. Pasquier, I, pp. 242-243.

Page 384. 19. Comte Remacle, p. 129. Depuis plusieurs mois Talleyrand faisait attaquer Fouché dans les colonnes du *Mercure de France* par Fiévée, victime malheureuse du ministre de la Police qui l'avait fait mettre en prison pendant quelques semaines en 1800 (Louis Madelin, *Joseph Fouché*, Paris, Plon, 2 vol., 1945. II, p. 11-12 et Jean Tulard, *Joseph Fiévée*, Fayard, 1985).

20. *Mémoires du chancelier Pasquier*, I, pp. 154-155.

Page 385. 21. Bonaparte classera l'affaire et Dupérou sera relâché en août 1802 (voir son dossier aux AN F7 6247-6250) La lettre de Talleyrand à Bonaparte du 24 juin 1800, *in* Boulay de la Meurthe, *op. cit.*, p. 54.

22. On a sur cette question la réponse « personnelle » de Talleyrand à Otto, Paris, 14 fructidor au soir (1er septembre 1801) : « Il n'y a que moi et la personne qui tient la plume dans toute ma correspondance avec vous qui connaissent l'objet des dépêches que vous avez reçues. » Vente Piasa, Paris, 30 octobre 2001, catalogue n° 156c. Le contenu de cette lettre, consultée chez l'expert, n'est pas indiqué au catalogue.

23. Chateaubriand, *Mémoires d'outre-tombe*, II, p. 34. Voir également sa *Correspondance générale*, I (1978), sa lettre à Fontanes du 30 septembre 1801, et une lettre de ce dernier du 27 septembre à Baudus (Jean de Montenon, p. 29). L'agent royaliste La Maisonfort rencontre Laborie à Hambourg à la fin de l'année (*Mémoires*, Mercure de France, 1998, p. 145) et Mathieu Molé à Londres en mai 1802 (*Souvenirs*, p. 196) C'est ce dernier qui donne les détails les plus sûrs sur toute l'affaire. Voir également Norvins, II, p. 269. Roux-Laborie rentrera en France en 1804 et servira à nouveau son patron en 1814. Bonaparte se méfiait de Laborie depuis un certain temps si l'on en juge par les lettres qu'il adresse à son ministre sur le compte de ce dernier les 15 et 26 août 1800. Dans celle du 15 août, il lui demande d'arrêter toutes les lettres venues d'Angleterre destinées à Laborie sous une adresse d'emprunt : « pour Madame Smith ». Fouché était bien renseigné (*Correspondance générale*).

24. La Valette, p. 242. Napoléon évoquera cette affaire avec Montholon, à Sainte-Hélène (8 février 1820, in *Napoléon à Sainte-Hélène*, Paris, Robert Laffont, 1981, p. 580).

Page 386. 25. Hortense (I, p. 103).

26. Olivier Blanc évoque quelques-unes de ces figures comme Colleville ou Meckenem d'Artez, dans sa biographie de *Madame de Bonneuil* et dans ses *Espions de la République et de l'Empire*.

27. Boulay de la Meurthe, 7 juin 1800, pp. 40-41.

Page 387. 28. MAE CP Prusse 229, n° 81, 4 messidor an IX (23 juin 1801). Voir sur toute cette affaire O. Blanc, *Madame de Bonneuil*, pp. 156-174, *Espions...*, pp. 176-184, et sa récente biographie de *Regnaud de Saint-Jean-d'Angély* (Pygmalion, 2002). Annexe 1, « Le double visage de Mme de Bonneuil ». Mme de Bonneuil mit sous les yeux de Paul Ier une dépêche du comte d'Avaray, le favori du prétendant alors à Mittau, au duc d'Havré, dans laquelle le tsar et Rostopchine sont traités de « sots et imbéciles ». L'exil du futur Louis XVIII, chassé de Mittau, en Courlande, par le tsar en plein hiver est une conséquence directe de cette affaire. Voir également Goldsmith et Villemarest, déjà cités.

Notes du chapitre 13

Page 388. 1. *Mémoires*, I, p. 284. On n'entrera pas dans le détail des négociations du Concordat. Voir à ce sujet, outre les ouvrages cités *supra*, le bon chapitre de Michel Poniatowski consacré à cette question, in *Talleyrand et le Consulat*, Paris, Perrin, 1986.

2. Cité par Sainte-Beuve, *op. cit.*, p. 81.

3. Cité par le cardinal Mathieu, *Le Concordat de 1801*, Paris, 1903, p. 37.

Page 389. 4. MAE MD France 1170, fol. 25 *et sq.*, « Rapport au premier consul, 1er frimaire an IX » (22 novembre 1800) et *ibid.* (9 mars 1801) ; Boulay de la Meurthe, *Histoire de la négociation du concordat de 1801*, Tours, Alfred Mame, 1920, pp. 184-185, 397-398. Le premier des deux rapports a été publié et analysé par Jacques-Olivier Boudon, in *Mémoires du Monde, cinq siècles d'histoire inédite et secrète au quai d'Orsay*, dir. E. de Waresquiel, Sophie de Sivry-L'Iconoclaste, 2001.

5. MAE Rome 931, « Rapport au premier consul. Paris, 9 prairial an IX » (29 mai 1801).

6. En particulier dans ses instructions à Cacault envoyé à Rome afin d'accélérer le processus de la négociation, 11 mars 1801, *in* Rance-Bourrey, *À la veille du concordat. Entre Pie VII et Bonaparte*, Paris, Picard, 1905.

7. Logiquement, c'est son ami François de Jaucourt, lui même membre de la « religion réformée », qui défend les « articles organiques » à la tribune du Corps législatif dans les premiers jours d'avril 1802.

8. Spina et Consalvi à partir du 20 juin côté italien, l'abbé Bernier côté français.

9. Dans le premier cas, il s'agit de la cinquième rédaction (21 février 1801) envoyée à Rome ; dans le second cas, il s'agit du contre-projet romain arrivé à Paris le 23 mai suivant, qui suit de près l'ultimatum lancé par Bonaparte sur la conclusion des négociations (Boulay de la Meurthe, pp. 306 et 426-427).

Page 391. 10. Duchesse d'Abrantès, *Salons* (IV, p. 295) et Clary (*Trois mois à Paris*, p. 223) L'ancien hôtel de Créquy ou de Gontault, 21, rue d'Anjou-Saint-Honoré, détruit sous le second Empire à cause du percement du boulevard Malesherbes, avait été acheté par Talleyrand pour y loger sa maîtresse qu'il ne pouvait faire habiter ostensiblement rue du Bac, à l'Américain Richard Codman par l'intermédiaire du banquier Jacques Laffitte en janvier 1800 pour 110 000 francs. L'acte de vente passé chez maître Coupery, le 7 janvier (19 nivôse an VIII) est cité par Michel Missoffe *in* Collectif *Talleyrand* (Paris, Hachette, 1964, chapitre VI, p. 211). Mais Missoffe ne dit pas que Talleyrand n'a cessé par la suite d'agrandir le terrain de son hôtel particulier en rachetant des parcelles voisines ; certaines sont construites : achats des 6-4-1802 (vente Suchet, 4 099 m^2, 44 850 francs), 7-12-1802 (vente Lettu, 2 505 m^2, 10 000 francs), 16-3-1803 (vente Grouchy, 1 830 m^2, 43 605 francs), 21-10-1803 (vente Lambot, 569 m^2, 6 000 francs), 8-12-1803 (vente Froment, 5 000 m^2, 30 000 francs). Soit près d'un hectare et demi, pour 154 000 francs entre les rues d'Anjou, de la Ville-l'Évêque et d'Astorg (AN MC, étude Chodron, XV 1153-1155). Pour couronner le tout, il achète, à deux numéros de là, un autre hôtel beaucoup plus somptueux construit par Boullée à la fin des années 1760, pour François-Nicolas Henri Racine de Monville, le créateur du Désert de Retz, 25 rue d'Anjou, à l'Anglais Louis-Disney Ffytche, payé à Londres par l'intermédiaire de la banque Perregaux le 22 février 1807, 6 500 livres (soit 145 500 francs) selon un arrangement de mai 1806. C'est une bonne affaire. L'Anglais avait payé l'hôtel

225 000 francs en juillet 1792. On peut se demander si l'opération n'est pas liée aux négociations de paix menée par Talleyrand avec Fox à la même époque. La vente sera régularisée devant maître Chodron le 18 juin 1811 (*ibidem*, 1588) Talleyrand n'ayant pas payé les droits de mutation, la maison était menacée de confiscation. La régularisation était également nécessaire pour pouvoir la vendre, le même jour, à son ami Dalberg. Dalberg paie 125 000 francs comptant. Le solde (75 000 francs) sera réglé en septembre 1818 (*ibidem*, 1641). Voir également une lettre du chevalier de Floret à Metternich du 4 janvier 1811, citée par Dard (p. 262). Une description du grand hôtel de Monville figure *in* Jean-Marie Pérouse de Montclos, *Étienne-Louis Boullée*, Flammarion, 1994.

11. Whitworth à Hawkesbury, 13 décembre 1802, cité par M. Poniatowski, p. 737.

12. Archives comte Pierre de Bourgoing, *Souvenirs inédits de Joséphine de Prévost de La Croix, comtesse de Bourgoing.*

Page 392. 13. Lettre de Mme de Staël à Joseph Bonaparte, Paris, 27 frimaire an X (18 décembre 1801), *in* M. Poniatowski, *op. cit.*, p. 362.

14. Vente Sotheby's, New York, 24 janvier 2002, n° 74 du catalogue *Révolution in art.* Acquis par le Metropolitan Museum of Art de New York.

15. Mathieu Molé, *Souvenirs de jeunesse*, p. 294.

Page 393. 16. Rares sont ceux qui mentionnent le fait. En 1800, au tout début de l'année, Mme de Bourgoing mentionne dans ses Souvenirs inédits qu'il fut « extrêmement malade » et dut garder la chambre, rue du Bac, pendant plusieurs semaines. Il tombe de nouveau malade en juillet 1801. Son départ en cure, le 28 juillet 1801, n'est pas un départ « diplomatique » en pleine négociation concordataire, comme l'ont dit certains. Molé est l'un des seuls à parler à cette époque de « sa santé ébranlée, et qui s'est si bien raffermie plus tard » (*Souvenirs de jeunesse*, p. 294).

17. AN MC Ét. XV 1147 Chodron, « procuration à Charles-Henry Roux, 24 floréal an X » (14 mai 1802).

18. BN Mss. N.a.f. 24346 fol. 51 « acte de reconnaissance » (21 mai 1801).

Page 394. 19. AN MC Ét. XV 1728 Chodron, « convention du 11 août 1825 ». Il s'agit en fait de quatre contrats de vente régularisés en leurs noms à Gonesse devant maître Sollier. Un certain Lecoin, qui prête la totalité de la somme à Vanwervick, sera remboursé aux deux tiers par Talleyrand et pour le tiers restant par Catherine. Il y aura d'autres achats de bois, toujours selon le même procédé en novembre 1803 et juin 1809, pour la somme totale de 150 000 francs. Talleyrand était usufruitier des biens qui devaient appartenir en toute propriété au dernier survivant des deux acheteurs. En août 1825, par une convention passée avec sa femme, il lui rachètera l'ensemble des intérêts échus sur sa part, sur une base de 5 % de son capital, soit 213 000 francs, et gardera ainsi l'usufruit de la totalité du capital qui devait toujours revenir au dernier survivant.

20. AN MC Ét. XI 817 Lecerf, « contrat de mariage, 22 fructidor an X » (9 septembre 1802).

21. Comte de Bentheim, « Journal de mon séjour à Paris, 1803-1804 », in *Le Correspondant*, octobre 1908, pp. 341 et 346.

Page 395. 22. Cité par Amédée Pichot, « Chronique et bulletin bibliographique », in *Revue britannique*, II, avril 1868, p. 556. Voir sur cette affaire MAE CP Gênes, vol. 172 et *Documents particuliers en forme de lettres sur Napoléon Bonaparte*, 1976, pp. 21-22. Jérôme-Marie, marquis de Giambonne, l'héritier des frères Giambonne qui, avant la Révolution, dirigeaient une maison de banque importante entre Gênes et Paris, a sans doute servi d'intermédiaire dans cette affaire. Il sera bientôt l'un des familiers du couple Talleyrand et occasionnellement les espionnera pour le compte de Metternich. Louis XV était son père naturel (ses rapports de 1815 à 1819 aux Haus-Hof-und Staatsarchiv de Vienne, FrankreichVaria, fascicule 91).

23. Consalvi à Caprara, 19 juin 1802, *in* I. Rinieri, *La Diplomazia pontifica nel secolo* XIX. Roma, officio della Civitta Cattolica, 1902, II, p. 70. Voir également les lettres de Caprara à Consalvi, *in* Comte d'Haussonville, *L'Église romaine et le premier Empire*. Paris, 5 vol., M. Levy, 1868-1869.

24. Cité par Touchard-Lafosse, *Histoire politique et vie intime de M. de Talleyrand*, 1848.

Page 396. 25. Comte d'Haussonville, *op. cit.* C'est aussi la thèse de Pasquier dans sa « Note écrite sur M. de Talleyrand au moment de sa mort », mai 1838, inédite (Archives du château de Sassy). Pasquier cite à l'appui, d'après Jaucourt, la façon dont plus tard, au moment du séjour du pape à Fontainebleau en 1813, Talleyrand fera passer des messages à Pie VII par Mme de Brignole, afin de contrecarrer les projets de réconciliation tentés par Napoléon.

26. Arrêté du 2 fructidor an X, *in* Roederer, *Œuvres*, IV, p. 144 bis.

27. Voir la lettre de Consalvi au cardinal Pacca et la réponse de ce dernier (octobre et 13 novembre 1814), publiées par Rinieri, *Correspondenza inedita dei cardinali Consalvi-Pacca*, Turin, 1903, pp. 52-53.

28. Jean-Paul Garnier, « La jeunesse de la princesse de Talleyrand », *Revue des Deux Mondes*, 15 avril 1963, p. 364.

Page 397. 29. Collection Eberhard Ernst, G 13, lettre inédite de Catherine Worlée à M. Grand, septembre (1800). Vente Hartung u.H., le 3 mai 2000, à Munich.

30. Comte Remacle, rapport du 23 août 1802, p. 104. Napoléon le confirme à Sainte-Hélène et Madame de Rémusat y fait allusion dans ses Mémoires. Molé prétend que Grand n'était pas à Paris à ce moment-là et se serait contenté d'envoyer une simple lettre en contestant la validité du divorce obtenu par Catherine, selon la loi anglaise (p. 295). Il n'est pas impossible que l'acte de divorce ait été attaqué, si l'on en juge par le nombre d'attestations successives qui le confirment : attestation du maire du IIe arrondissement validant la signature du secrétaire de mairie (27 fructidor an VI, 13 septembre 1798) ; attestation du préfet de la Seine, signée du secrétaire général de la préfecture, validant la signature du maire (21 fructidor an VIII, 7 septembre 1800) ; attestation du ministre de l'Intérieur Lucien Bonaparte légalisant la signature du secrétaire général de la préfecture (non datée) (AN MC XV 1170 Chodron, 3 messidor an XII (20 juin 1804), « Dépôt de l'acte de divorce de M. Grand/Worlée »).

31. Les lettres de Catherine à Van der Goes ont été publiées par G.W. Vreede, *Geschiedenis der Diplomatie von der Bataafsche Republiek*, Utrecht, 1862, II, première partie.

32. *Narrative of the Life of a Gentleman Long Resident in India* (Cape of good hope printed for the author, 1814). Grand commença en 1801 la rédaction de ses Mémoires, quasi introuvables aujourd'hui.

Page 398. 33. Amsterdam, le 19 novembre 1802, *in* W. de Charrière de Sévery, « George-François (Francis) Grand, premier mari de la princesse de Talleyrand. Quelques lettres de lui écrites de 1802 à 1803 » (deux parties), *Revue vaudoise*, 33e année, n° 2, février 1925, deuxième partie, p. 37.

34. *Life and Correspondence of Sir Elijah Impey (by his son)*, London, Marshall, 1846, p. 387. Grand nie dans ses mémoires l'existence de ce dîner ahurissant. Lord Holland, qui connaissait bien Impey, l'ancien président de la cour suprême de Calcutta, pense que ce dernier, invité à Neuilly, joua un rôle d'intermédiaire entre Catherine et George Grand (*Souvenirs*, p. 32). Philip Fran-

cis fut quant à lui très probablement aimablement éconduit (*ibid.* et *Memoirs of Sir Francis*, *op. cit.*, II, p. 151). Sur cette affaire, voir également Comte Remacle, *op. cit.*, Rapport du 27 août 1802, p. 109.

35. Presque tous disent que Bonaparte a forcé son ministre au mariage pour des questions de convenances ou par machiavélisme. C'est l'avis de Molé dans ses *Mémoires sur le consulat* (p. 295), de Pasquier (I, p. 251), de Mme de Rémusat, de Chateaubriand et de beaucoup d'autres. Les biographes de Talleyrand leur ont emboîté le pas. Pourtant, à la fin de son règne, lors de l'une de ses conversations avec Molé, en mars 1813, Napoléon se montrera très clair sur son opposition au mariage : « J'ai voulu, malgré lui, lors du concordat, le tirer de cette ordure en demandant pour lui au pape le chapeau de cardinal. Eh bien ! Il n'a jamais voulu me laisser faire, et il a, malgré moi, épousé, au scandale de l'Europe, sa honteuse maîtresse » (marquis de Noailles, *op. cit.*, I, p. 193).

36. *Mémoires d'outre-tombe*, II, p. 539.

Page 399. 37. Bourrienne, V, p. 282.

38. Méneval, II, p. 414-415. Mme de Rémusat le confirme (II, p. 176).

39. À Caulaincourt, en novembre 1812 (III, appendice, p. 434).

40. « Présentée » officiellement aux Tuileries après son mariage, elle n'y fera ensuite que de rares apparitions, devant la mauvaise humeur du premier consul. « Il la traita toujours froidement, et souvent avec impolitesse, écrit Mme de Rémusat [...], ne dissimulant point la déplaisance qu'elle lui inspirait » (II, p. 181). « Qu'est-ce que cette femme vient faire ici ? Parce que j'ai bien voulu qu'elle parût une fois devant madame Bonaparte, s'imagine-t-elle que je l'ai admise dans ma société ? » (Comte Remacle, p. 208, rapport du 17 décembre 1802). En 1809, Bonaparte devenu empereur lui interdira définitivement l'accès de sa cour, à la suite du scandale de sa liaison avec le duc de San Carlos.

Notes du chapitre 14

Page 400. 1. Il faut lire successivement les deux articles de G. Lacour-Gayet (« À propos du mariage de Talleyrand », *Revue bleue*, 3 avril 1926) et de Léon Noël qui a découvert la preuve de la célébration religieuse du 11 septembre en mettant la main sur les deux certificats des 11 septembre 1802 et 12 janvier 1824, du curé d'Épinay (« Les deux mariages de Talleyrand », *Revue des Deux Mondes*, 15 mars 1960), pour se rendre compte des progrès qui ont été faits dans la connaissance du personnage au siècle dernier. Les différentes pièces relatives aux mariages civils et religieux ont été rassemblées en un seul dossier constitué d'extraits d'actes d'après des originaux dont certains ont été déposés en copie devant notaire et se trouvent au minutier central. Ce dossier a sans doute été rassemblé par la princesse de Talleyrand au tout début de la Restauration, au moment de sa séparation de corps d'avec son mari. Il est aujourd'hui conservé à la BN Ms NAF 24346. Les deux déclarations de résidence de Mme Grand (citées par M. Poniatowski) qui s'y trouvent prouvent que le mariage avait été soigneusement préparé. Bonaparte n'a jamais obligé son ministre à se marier « dans les vingt-quatre heures », comme le raconte Mme de Rémusat. (II, p. 177).

Jusqu'aux découvertes de Léon Noël, les biographes de Charles-Maurice ne croyaient pas à la réalité de son mariage religieux. Pourtant plusieurs de ses contemporains en parlent dans leurs Souvenirs : Molé, Pasquier, Roederer, Mme de Rémusat. Un rapport de police de septembre 1802 l'évoque (Aulard,

Paris sous le Consulat, III, p. 252) ; de même un rapport de l'un des agents du prétendant (Comte Remacle, 3 octobre 1802, p. 133).

2. *Journal des Goncourt*, *op. cit.*, I, p. 186, 9 mai 1858.

3. Comte de Ségur, *Mémoires, souvenirs et anecdotes*, Paris, Didot, 1859, 2 vol., I, p. 421.

Page 401. 4. Elle déclare être née le 21 novembre 1765 (BN Ms NAF 24346 « Extrait du registre des actes de mariage du 23 fructidor an X ». Aux archives de la Seine, la reconstitution qui a été faite de l'acte en 1873, après l'incendie de la Commune, porte en revanche la date du 21 novembre 1762, fiche n° 305 217. Cet acte avait été publié par Jal dès 1867, avec la même date : *Dictionnaire critique de biographie et d'histoire*, p. 1170) La date de naissance le plus souvent retenue par les historiens ayant eu accès aux pièces originales en Inde est le 21 novembre 1761 (H.-E. Busteed 1888 et R. Gabelé, 1948, *op. cit.*).

5. Le 24 juin 1809, 36, rue d'Anjou. Lacour-Gayet, *Revue bleue*, *op. cit.*, p. 12. Tous les contemporains de Catherine la croient plus jeune qu'elle n'est en réalité. Mme de Rémusat lui donne trente-six ans l'année de son mariage (II, 183). Enfin Catherine déclare sa mère décédée alors que Mme Worlée ne devait mourir que deux mois plus tard.

6. Molé, p. 296 et comte Remacle, 3 octobre 1802, p. 133.

Page 402. 7. Prince Clary, *op. cit.*, p. 217, note.

8. De 800 000 francs, exigibles à sa mort et d'un trousseau de 30 000 francs. AN MC XV 1613 étude Chodron, 13 septembre 1814. Toutes les pièces du dossier de Charlotte sont énumérées dans la procuration que Charles-Maurice donne à son ami le comte de Choiseul-Gouffier en vue de doter sa pupille. On remarque qu'en avril 1809 il avait marié son neveu Edmond de Périgord aux mêmes conditions : 800 000 francs exigibles à sa mort. Aimée de Coigny raconte dans l'une de ses lettres inédites à sa cousine, la marquise de Coigny, qu'à cette époque il faisait croire à la belle-mère de son neveu, la duchesse de Courlande, « que Charlotte est sa fille, son unique héritière ». Aimée affirme que c'était pour se moquer d'elle, par raillerie. On peut supposer aussi que Charlotte a servi d'argument pour éviter de doter trop généreusement son neveu (archives du comte Melchior de Pange. « Lettres inédites d'Aimée de Coigny à sa cousine la marquise de Coigny, d'après les originaux conservés dans une bibliothèque privée en Grande-Bretagne », Lausanne, mai 1994, lettre du 19 juin 1809).

9. *Histoire secrète*, *op. cit.*, première partie, p. 234, note 1. Le docteur Seiffert était allemand, au service du comte de Saxe, l'oncle de Louis XVI, puis de la princesse de Lamballe. Il deviendra jacobin sous la Révolution.

10. *Mémoires*, II, p. 178. Voir également les Mémoires sur l'Impératice Joséphine, I, p. 71.

11. Une certaine Mme Beauregard qui successivement niera puis affirmera être la mère de l'enfant. Voir sur cette affaire Casimir Carrère (p. 280) et M. Poniatowski qui tous les deux se fondent sur un dossier de la bibliothèque Thiers, le manuscrit Masson, n° 228. C'est sans doute elle qui a fourni l'acte de baptême de complaisance de l'enfant, contre une substantielle pension viagère et annuelle de 4 800 francs. Curieusement, elle n'apparaît qu'en 1807, l'année de la reconnaissance officielle de l'enfant.

12. Voir Olivier Blanc, *Les Espions...*, p. 154 et 328, note 23.

Page 403. 13. Emma Dickinson, la future femme du secrétaire de Talleyrand, Perrey, entré à son service en 1807. Charlotte a peut-être été pour ce dernier l'un des moyens du chantage qu'il exercera plus tard sur son ancien maître. Le maître de musique est le pianiste originaire d'Europe centrale Jean-Ladislas Dussek, mort en 1812, embauché par Talleyrand en 1807 pour 6 000 francs par an. Il dédiera plusieurs de ses compositions à Charles-Maurice et à Catherine (A. Beau, *Talleyrand, Consulat, Empire, Restauration*, Royer, 1992, p. 58).

14. Archives duc de Dino, citée *in* Serge Fleury, « Talleyrand intime », *Journal de Genève*, 21-23 avril 1962, lettre de Talleyrand à la duchesse de Bauffremont, née Pauline de La Vauguyon. Pont-de-Sains, 7 (août) 1809.

15. W. de Charrière de Sévery, *op. cit.*, deuxième partie, p. 45. Lettre de Mme de Talleyrand à Daniel Grand d'Hauteville, Paris 5 frimaire an X (26 novembre 1801).

Page 404. 16. *Mémoires de la comtesse Potocka*, Paris, Plon, 1897, p. 210. C'était en 1810, rue de Varenne.

17. Comte Remacle, p. 324, rapport du 7 juin 1803 : « Ce digne évêque fait toujours parler de lui ; il vient de prendre une maîtresse en titre. C'est une madame Dubois, ci-devant Mlle Loyseau, fille et femme de maîtres de pension dans le faubourg Saint-Honoré. Il vivait déjà tout doucement avec elle, mais c'est depuis peu qu'il lui a donné des diamants et un équipage et qu'elle a paru seule dans sa loge à l'Opéra. »

18. Mme de Rémusat, II, p. 182.

19. Comtesse Potocka, *op. cit.*, p. 226, et *Mémoires de la comtesse de Kielmannseege sur Napoléon Ier*, Paris, Victor Attinger, 1928, 2 vol., I, p. 32. Voir également *Les Salons de Paris* (VI) de la duchesse d'Abrantès sur les réactions hostiles dans l'entourage de Charles-Maurice, à l'annonce de son mariage.

20. Colmache, l'un des secrétaires de Talleyrand, en rapporte plusieurs, censées dater du Consulat (*Revelations of the Life of Prince Talleyrand*, London, Henry Colburn, 1850, pp. 305-306).

21. Las Cases, *Mémorial*, II, p. 1425, 3 novembre 1816.

Page 405. 22. Première partie, p. 235, en note.

23. *Memoirs, Journal, and Correspondence of Thomas Moore*, London, 1853, III, p. 230, 9 mai 1821. Voir également Lady Blessington, *The Idler in France* (Paris, 1841, pp. 150-151).

24. *In* A. Pichot, *op. cit.*, p. 58.

25. Lettre de Walpole à Horace Mann, 2 novembre 1741 (d'après l'édition de 1842). Il n'est pas sûr que le (ou les) « inventeur(s) » du mot attribué à Catherine Grand aient su cette histoire. L'anecdote est là pour montrer que le succès du roman de Defoe a suscité une sorte de « génération spontanée » de bons mots à son sujet. Sous la Restauration, le vieux chancelier Dambray et la favorite du roi Zoé du Cayla en feront les frais. On prétendit que Dambray, entrant dans le cabinet du roi à demi assoupi, fut pris pour la belle Zoé. « C'est vous Zoé ? » aurait demandé Louis XVIII. D'où le surnom donné au chancelier, en forme de jeu de mots : « cru Zoé », ce qui par extension donne Robinson Crusoé. – Amédée Pichot s'est intéressé aux divers avatars de l'anecdote dans un article de la *Revue britannique*, II, avril 1868, pp. 553-562, en réponse à la biographie de Bulwer qui la cite sans la vérifier et remplace Denon par un certain George Robinson. Il s'ensuivra une polémique dans le *Times* évoquée par Pichot dans ses *Souvenirs sur M. de Talleyrand* (1870, pp. 156-162).

26. Dampierre, 2 vol., 1797. Une autre version en 3 vol. chez Panchoucke, an VIII (1800).

Page 406. 27. *Ibid.*, p. 305. Voir également l'article « Talleyrand » de Capefigue dans la seconde édition de la *Biographie universelle* de Michaud, p. 612.

28. À propos du traité franco-allemand du 16 mai 1963.

29. Cité par sir Henry Lytton Bulwer (première traduction en 1868, Paris, Alfred Costes, 1922, p. 186).

30. À l'occasion du mariage de la fille d'Archambaud, Mélanie de Périgord, avec le comte de Noailles, le 11 mai 1803 (comte Remacle, p. 320).

31. Bentheim, *op. cit.*, p. 312, 24 avril 1804.

32. Il s'agit de son poème « oriental » *Lalla Rookh*.

33. Trois mois à Paris, *op. cit.*, p. 232, 11 mai 1810.

34. *Mémoires de Mme de Chastenay*, *op. cit.*, p. 372.

Notes du chapitre 15

Page 407. 1. Paul Bailleu, *op. cit.* Rapport de Lucchesini, 4 mai 1803, II, p. 140.

Page 408. 2. Goldsmith raconte qu'il s'entremit auprès de Bonaparte, d'accord avec Otto, en juillet 1802, pour éviter qu'une note française demandant l'éloignement de certains libellistes anglais antifrançais, Cobbett et Peltier, ne soit présentée au ministre Hawkesbury (*Histoire secrète du cabinet de Napoleon Buonaparte*, *op. cit.*, deuxième partie, p. 13-14).

3. *Mémoires*, I, p. 283.

4. Selon M. Reichardt, *op. cit.*, p. 114.

5. *Mémoires de la reine Hortense*, I, p. 147. Voir également Cambacérès, I, p. 679. Il s'agit de la fameuse algarade au cercle de Joséphine le 13 mars 1803 (Hortense) et non le 5 (Cambacérès), aux Tuileries. Voir la lettre de Talleyrand à Andréossy du 14 mars dans laquelle il rapporte la conversation de Bonaparte avec Whitworth (MAE CP Angleterre, 600, Paris, le 22 ventôse an XI. Voir également Boulay de la Meurthe, *Correspondance du duc d'Enghien*, Paris, Picard, 4 vol., 1904-1911, I). *Cf.* la lettre de Charles Whitworth à son ministre datée de Paris, 14 mars 1803. L'ambassadeur décrit la scène, évoque l'« agitation » puis l'« irritation » de Bonaparte et rapporte ses paroles : « Malheur à ceux qui ne respectent pas les traités, ils en seront responsables à toute l'Europe. » Public Record Office, Kew Richmond, Surrey, FO 27/67.

Page 409. 6. Michel Poniatowski, *Talleyrand et le Consulat*, *op. cit.*, p. 761. Parmi ces intermédiaires secrets, il faut citer aussi Malouet, un vieil ami de Charles-Maurice.

7. 10 mai 1803, cité par M. Poniatowski, *op. cit.*, p. 761.

Page 410. 8. MAE Acq. Extr. fol. 47 Bonaparte à Talleyrand, Saint-Cloud à 4 1 /2 (9 mai 1803). Ce billet récemment publié par mes soins in *Mémoires du monde* (*op. cit.*, 2002) est à rapprocher d'une autre lettre inédite conservée dans les « papiers Talleyrand » (215 AP1 doss. 1), où il est question de la réponse à apporter aux propositions de médiation russe peu après la rupture de la paix d'Amiens. Bonaparte y donne à son ministre des conseils de mise en scène assez semblables à ceux de son billet du 9 mai : « Vous devez affecter de recevoir fort bien l'officier russe et le renvoyer à M. de Markoff, si cela dépend de vous, avec deux simples mots évidemment froids pour lui faire connaître que vous avez reçu ses deux notes et que vous les avez mises sous les yeux du premier consul. »

9. British Museum. Catalogue des caricatures, n° 1091. « Boney and Talley. The corsican carcase-bucher's reckoning day, sept. 1803. H. Humphrey, St.-James Street. »

Page 411. 10. *The Diary of Philipp von Neumann*, London, 1928, Philip Allan and co, 2 vol., I, p. 141, 3-12-1826 et II, p. 202, 27-5-1843. Neumann cite la lettre intégralement, en traduction anglaise. Dans un autre registre, il racontera à Pasquier que Bonaparte lui aurait dit, apprenant la signature de la paix : « Eh bien ! Nous voilà dans de beaux draps ; la paix est faite » (Pasquier, I, p. 161, note).

Page 412. 11. Jacques Mathieu, alors sous-directeur à la première division du ministère (dite du Nord), succomba trop visiblement aux appâts des princes allemands pour être destitué en août 1805. Bacher, le chargé d'affaires français à Ratisbonne, mit également la main aux tripatouillages de la Diète.

12. Comte Remacle, *op. cit.*, p. 448, 27 novembre 1803. Cette réponse célèbre, écrite selon la rumeur en marge du premier article d'un projet de traité du prince de Reuss, date de plusieurs mois après le recès de Ratisbonne.

13. Pasquier, I, p. 249. Voir également Molé (p. 296-297) et le baron Sers (p. 74). À côté du trafic d'influence, Charles-Maurice pratique aussi la spéculation boursière : en juin 1800 sur la victoire de Marengo, en février 1801 à l'occasion du traité de Lunéville avec l'Autriche, en jouant avec Michel Simons sur le remboursement des rentes émises par l'Autriche en Belgique. À chaque fois, il engrange des bénéfices souvent énormes, grâce au temps, parce qu'il a eu les informations avant tout le monde (Barras, IV, p. 262 et J. Wolff, Ouvrard, *op. cit.*, sur l'affaire de Marengo). Cf. Antoine Guitton (pseudo A.G. de Mericlet), *La Bourse de Paris, mœurs, anecdotes, spéculations et conseils* (D. Giraud, 1854) : « M. de Talleyrand avait très bien compris la difficulté du jeu de Bourse, l'impossibilité des bénéfices en jouant pour jouer. Quand il faisait une opération, il la voulait faire à coup sûr. Ce n'était jamais qu'avec l'appui d'un secret important ou d'un événement dont il prévoyait la portée qu'il se mettait au jeu. »

Page 413. 14. *Mémoires du baron de Gagern*, *op. cit.* La citation est reprise par Latouche, *in* Pichot, pp. 65-66. « Il considérait sa haute position comme une mine d'or. » Le comte de Senfft, ministre de Saxe à Paris, précise bien dans ses Mémoires le rôle d'intermédiaire du baron de Gagern à l'époque de la Confédération du Rhin. C'est encore par lui qu'en 1807, à Varsovie, les princes de Schwarzbourg, de Waldeck, de Lippe et de Reuss obtiendront leur admission dans la Confédération du Rhin (Leipzig, 1863, pp. 17-18). Sur les bénéfices du ministre engendrés par la création de la Confédération du Rhin en 1806, Barras est très précis. Il les évalue, dans sa fameuse liste au tome IV de ses Mémoires, à 2 700 000 francs. Curieusement, il ne parle pas de Ratisbonne. Mais on l'a vu, il faut se méfier de cette liste (p. 262).

15. Ménéval, I, p. 61. C'est Joseph Hirsinger, le résident français à Francfort, qui le premier, à Mayence, en septembre 1804, révéla « toute la calebasse » à Napoléon, parce que les « indemnisés » allemands se plaignaient.

16. Molé, p. 297.

Page 414. 17. Barras, IV, pp. 257-258. Durant de Mareuil, directeur de la première division (du Nord), et Sémonville, ministre plénipotentiaire de la République française à La Haye en 1800, étaient impliqués dans cette dernière affaire révélée selon Barras par une lettre du roi de Prusse, beau-frère du prince d'Orange qui se plaignait de n'avoir pas été entièrement réglé, à Bonaparte.

18. D'après les Mémoires du baron de Gagern. La scène se passe à Mayence.

19. Personne ne fait allusion à ce refroidissement de septembre 1804. Dans une lettre à son mari qui accompagnait Bonaparte et Joséphine dans leur voyage en Allemagne, Mme de Rémusat est la seule à en parler, très indirectement : « J'ai aussi été chez madame de Talleyrand, hier matin. Elle a été fort polie pour moi, et m'a dit qu'elle chargerait son mari de vous donner de mes nouvelles. Elle m'a répété avec tant d'affectation qu'il était fort heureux, fort content, fort gai, fort bien avec l'Empereur, que j'ai été presque tentée d'en douter. » On n'en disait pas plus à l'époque dans les lettres, à cause du cabinet noir (*Lettres de Mme de Rémusat, 1804-1814*, Paris, Calmann-Lévy, 1881, 2 vol., I, p. 50, 21 Paris, septembre 1804).

20. Stendhal, *Mélanges de politique et d'histoire*, *op. cit.*, I, p. 114.

21. Iung, *op. cit.*, et Trotter, pp. 281 et 284.

22. Cité par Duff Cooper, *Talleyrand*, Paris, Payot, 1937, p. 106.

23. Construit par le contrôleur général Silhouette, sous Louis XV. Aujourd'hui, 1, boulevard Gallieni, à Bry-sur-Marne (Val-de-Marne). Loué au printemps de 1803 à 1809 à M. de Laage de Bellefaye. Mme de Talleyrand y résida le plus souvent.

24. Classé premier grand cru de graves en 1855. Le château existe toujours, à Pessac, près de Bordeaux. Charles-Maurice revend le domaine pour la somme de 300 000 francs le 12 juillet 1804 au banquier parisien Michel Aîné. AN MC Ét. XV 1147, étude Chodron, procuration à Charles-Henri Roux, avocat au Conseil d'État, pour gérer et administrer le domaine et quittances de paiement.

Page 415. 25. Duchesse de Dino, *Notice sur Valençay*, Paris, Crapelet, 1848, p. VIII. Peut-être s'agit-il des gratifications exceptionnelles – 300 000 francs pour le traité de Lunéville selon Barras –, données par Bonaparte à son ministre à l'occasion de la signature de cet acte diplomatique important.

26. Jean-Baptiste de Luçay, d'une famille de finance très connue à Paris, est successivement préfet du Cher, puis préfet du Palais (2 novembre 1801) chargé des théâtres. Les Luçay habitent à l'époque rue d'Anjou. AN MC XV 1157, étude Chodron, 23 floréal an XI, vente Legendre de Luçay à Talleyrand, et 21 floréal an XI, procuration à Antoine-François Berthereau, pour administrer et gérer Valençay, Luçay et Veuil. Charles-Henri Roux, chargé des paiements, ne réglera le solde de la vente (44 000 francs) que le 19 mai 1809. Une bonne partie des versements serviront à régler les créances du ménage Luçay. Voir également André Beau, *Talleyrand, Consulat, Empire, Restauration*, 1992, pp. 30-35. C'est lui qui évalue au mieux la contenance du domaine. De façon plus spéculative, Charles-Maurice achète encore, le 15 avril 1804, la terre de Varennes, située non loin de Valençay, dans l'Indre, près d'Issoudun, à François Alexandre Geffrier, négociant à Orléans, pour 15 000 francs (XV 1170, étude Chodron, 2 messidor an XII, quittance.

27. Pasquier, I, p. 249.

28. Œuvres de P.-L. Roederer, *op. cit.*, III, p. 377.

Notes du chapitre 16

Page 416. 1. Olivier Blanc, *Regnaud de Sain-Jean d'Angély*, Pygmalion, 2002, p. 140.

2. *De Bonaparte et des Bourbons, 30 mars 1814. Œuvres complètes*, Firmin-Didot, 1846. Tome III, p. 238.

Page 417. 3. Comte Remacle, p. 415, 8 octobre 1803.

4. Philip Mansel, *Louis XVIII*, *op. cit.*, pp. 139-140.

5. Sur cette mission, financée par Perregaux de février 1803 à août 1804, voir O. Blanc, *Les Espions…*, *op. cit.*, p. 190.

6. Cité par E. Daudet, *Histoire de l'émigration*, Paris, Hachette, 3 vol., 1907, III, p. 255.

7. Talleyrand à Joseph Bonaparte à Amiens (17 février 1802), à Otto (4 et 25 mai), à Andréossy (2 et 15 décembre 1802), *in* Catalogue Piasa. Boulay de la Meurthe, *Correspondance du duc d'Enghien* (Paris, Picard, 4 vol., 1904-1911. I, pp. 186, 190, 194, 243, 247). Il demande aussi sans cesse l'extradition des émigrés et de Georges Cadoudal.

Page 418. 8. E. Daudet, *op. cit.*, I, p. 294.

9. Chateaubriand, *Mémoires d'outre-tombe*, II, p. 582.

10. Charles-Maurice évoque cette réponse dans une lettre à Bonaparte du 3 août 1803 (Bertrand, p. 38) : « Il va devenir impossible de faire la paix qu'au préalable il ne soit stipulé qu'aucun prince français ne puisse résider en Angleterre. » On trouve sa réplique dans le texte d'une circulaire du 23 août envoyée aux représentants de la République en Allemagne : « Les allégations contenues dans la pièce intitulée *Publication du comte de Lille* sont de toute fausseté » (Boulay de la Meurthe, *op. cit.*, I, pp. 290-291).

Page 419. 11. *Journal d'Aimée de Coigny*, p. 187.

Page 420. 12. Il s'agit de la fameuse scène des Tuileries dans l'après-midi du 29 janvier 1809. Pasquier, qui n'était pas présent, tient les détails du monologue furieux de Napoléon, de Mme de Rémusat, le soir même, et de Decrès, plus tard. Montesquiou était présent. Pasquier (I, p. 358) et Montesquiou (Paris, Plon, 1961, p. 155).

13. Caulaincourt, II, pp. 253 et 256.

14. À sir Neil Campbell, commissaire chargé par le gouvernement anglais d'accompagner Napoléon à l'île d'Elbe (Journal).

15. Au docteur Warden, médecin à bord du *Northumberland* (*Lettres écrites à bord du Northumberland et à Sainte-Hélène*).

16. Bertrand, Cahiers de Sainte-Hélène, 1816-1817 (1951), p. 58, mai 1816.

17. Méneval (2 vol., 1894, I, p. 302).

Page 421. 18. Bertrand, p. 59.

19. Talleyrand serait coupable de cette « perfidie », d'après les *Lettres du cap de Bonne-Espérance* (1817, VIIIe), O'Meara (1822, I, pp. 321 et 430) et Las Cases (1824). Savary dit la même chose dans son *Extrait des mémoires de M. le duc de Rovigo sur la catastrophe de M. le duc d'Enghien* (1823, p. 66). Pourtant, devant Montholon, Napoléon revient sur ce qu'il avait dit à O'Meara et dégage Talleyrand de toute responsabilité dans cette affaire. « L'intervention de M. de Talleyrand dans cette affaire sanglante est déjà assez grande, sans qu'on lui prête un tort qu'il n'a pas eu » (1847, septembre 1818). Lord Rosebery, dans *La Dernière Phrase* (Paris, 1901, pp. 16-23), démonte toute l'affaire et prouve que la lettre du duc d'Enghien n'a jamais existé.

20. Pasquier, I, p. 198.

21. Mme de Rémusat, I, p. 296.

22. *Mémoires*, I, p. 292.

Page 422. 23. *Mémoires*, III, appendice, Paris, janvier 1824, pp. 301-320. Il y publie ses deux lettres des 19 et 20 ventôse an XII (10 et 11 mars) au ministre de Bade, M. d'Edelsheim, et sa lettre à Caulaincourt, chargé de l'exécution d'une partie du projet. Une copie de la lettre du 20 ventôse an XII (11 mars 1803), *in* AN M (Mélanges) 665.

24. AN F/7/ 6336 dos. 7082. Au point 5 de la note, on lit : « Savoir ce que fait le duc d'Enghien, s'il est encore à Ettenheim. » La note est adressée à Lewis Goldsmith.

25. Cité dans les *Mémoires* de Talleyrand, III, Appendice, p. 304, 16 ventôse an XII.

Page 423. 26. Stadstarchiv Worms, Abt. 159 Dalberg. Kasten 16, Dalberg à Talleyrand, Worms, 13 novembre 1823. Inédite.

27. Voir son appendice (III, p. 307) Dans ses observations sur les Mémoires de Bourrienne, Massias raconte avoir surpris Bonaparte en lui confirmant, à Aix-la-Chapelle, en septembre, que les prétendus rassemblements d'émigrés sur le Rhin n'avaient rien de dangereux. Il lui dit même être allé à Strasbourg « pour désabuser et rassurer le préfet Shée », par qui passaient les enquêtes de

gendarmerie, et accuse Talleyrand d'avoir caché la vérité à Napoléon. Jusqu'aux premiers jours de mars, Talleyrand ne la lui cache pas, à proprement parler. Il estime simplement que les dépêches de son agent ne contiennent rien qui vaille la peine d'être communiqué à Bonaparte. Après le 7 mars, il en va tout autrement et Charles-Maurice se garde bien de révéler les observations de son agent qui insiste sur « l'insignifiance des intrigues » et « la vie paisible » du duc d'Enghien à Ettenheim (*Bourrienne et ses erreurs*, Paris, 1830, pp. 97-103.) Voir également MAE CP Bade. Les accusations de Talleyrand contre Massias transparaissent dans la lettre de Napoléon à Réal du 19 mars 1804. Il lui demande de se renseigner auprès de Méhée pour savoir si Massias est marié et « quelles sont les preuves de suspicion contre lui » (Correspondance générale, IX, n° 7631).

28. Comte d'Haussonville, *Revue des Deux Mondes*, 1er janvier 1867. Reprise par Jean Gorsas dans ses *Papiers secrets*, *op. cit.*, pp. 149-150. Chateaubriand, qui l'a eu entre les mains, la cite en partie dans ses *Mémoires d'outre-tombe* et donne même un post-scriptum que l'on ne trouve pas dans Gorsas : « J'indiquerai au premier consul M. de Caulaincourt auquel il pourrait donner ses ordres, et qui les exécuterait avec autant de discrétion que de fidélité » (II, p. 162).

Page 424. 29. *Journal d'Aimée de Coigny*, p. 187. D'autant qu'il a des ennemis dans la place. Réal, qui dirige la police sous les ordres de Régnier, l'accuse devant Bonaparte d'avoir cherché à lui cacher la vérité. Dubois, alors préfet de police de Paris, le déteste (Mme de Chastenay, p. 333, et Jean Tulard, *L'Administration de Paris*, p. 119).

30. Les confidences de Champagny à d'Antraigues, à Vienne, en 1802, vont dans ce sens.

« Il nous faut un roi qui soit roi parce que je suis propriétaire, et qui ait une couronne parce que j'ai cette place ; il faut donc, pour finir la Révolution, un roi créé par elle, tirant ses droits des nôtres, sans cela il faut se battre jusqu'à la fin des siècles. » C'est exactement le programme de 1814. Léonce Pingaud, *Le Comte d'Antraigues*, *op. cit.*

31. C'est ce qu'il suggère au représentant de la République à Berlin, Caillard, le 17 novembre 1797, alors que Louis XVIII est à Blankenbourg. Une « idée [...] extrêmement hardie », d'après son correspondant. Paul Bailleu, *op. cit.*, I ; pp. 464-465.

Page 425. 32. *Correspondance inédite du prince de Talleyrand et du roi Louis XVIII*, Paris, Plon, 1884, p. 320.

33. MAE CP Angleterre sup., vol. 15. Cité par Gorsas, p. 155. Voir également sa lettre à Hédouville, à Saint-Pétersbourg, du 3 germinal an XII (24 mars 1804).

34. MAE Talleyrand, dossier personnel, Ire série 3848. Talleyrand à Hédouville, 27 floréal an XII. Il disait déjà la même chose à Champagny, le 19 mars, comme s'il savait déjà le sort réservé à Enghien, deux jours avant son exécution. Il lui conseille de « parler haut et nettement », et de prendre les « observations » de la cour de Vienne « avec moquerie ». On ne mesure pas « au compas, écrit-il, les démarches qui doivent prévenir l'assassinat du premier consul ».

35. D'après Pasquier, I, p. 189.

Page 426. 36. Eberhard Ernst, *Talleyrand und der Herzog von Dalberg*, Peter Lang, 1987, introduction, p. 11. Dalberg racontera plus tard au baron Sers que son intimité avec Talleyrand remontait aux premiers jours de sa mission à Paris. Il aurait été chargé par l'électeur de Bade de remettre un million de francs au ministre en remerciement des services rendus. À Ratisbonne, le margrave de Bade avait été promu au rang d'électeur de l'Empire et le grand-duché sensiblement agrandi. Talleyrand lui aurait alors proposé de partager la somme entre eux, et Dalberg aurait refusé (*Mémoires du baron Sers*, Paris, 1906, p. 74).

37. Savary le charge dans son *Extrait des Mémoires de M. le duc de Rovigo concernant la catastrophe du duc d'Enghien* (Paris, 1823, p. 51). Dans ses Mémoires, Pasquier discute du rôle exact de Dalberg dans l'affaire. On n'en connaîtra sans doute jamais le détail (I, pp. 175-176).

38. Pasquier, qui était là, tient cette réplique d'une dame qu'il ne nomme pas et qui aurait entendu, sans y avoir été invitée, le dialogue des deux hommes à voix basse. La prudence de Talleyrand autorise cependant à émettre des réserves sur ce ragot (I, p. 178). Mme de Chastenay confirme la présence de Talleyrand chez Mme de Luynes, sans doute le 18 mars, et dit qu'il y joua au creps tard dans la nuit et que la banque sauta (p. 33). C'est encore chez Mme de Luynes, le 21 mars, à six heures du matin, qu'il aurait dit tout haut en tirant sa montre : « La branche des Condé est éteinte. » L'anecdote, reprise par tout le monde, est encore plus difficile à croire.

39. *Mémoires du roi Joseph*, Paris, Perrotin, 1845-1854, 10 vol., I, p. 97.

40. Sur ce point, Savary va plus loin (*op. cit.*, p. 66). Pasquier, qui a été le confident de Savary avant la chute de l'Empire alors que ce dernier était encore en bons termes avec Talleyrand, confirme le récit publié en 1823, entre autres la présence du ministre des Relations extérieures chez Murat. Elle est décisive car elle donne à croire que celui-ci a été mêlé à l'affaire de bout en bout, jusqu'à l'exécution du prince (I, pp. 192-193). Hortense prétend dans ses Mémoires que Talleyrand serait resté chez Murat tard dans la nuit du 20 au 21 mars, jusqu'à 4 heures du matin (Mémoires, I, pp. 159-160).

41. Napoléon aurait cité cette phrase à Lord Elvington comme ayant été prononcée par Talleyrand, le 20 mars (Holland, p. 168).

Page 427. 42. Artaud de Montor, p. 113. Une autre version dans Pasquier (I, p. I, p. 199).

Page 428. 43. Cette lettre « oubliée » par les biographes de Talleyrand est citée par Boulay de la Meurthe dans un article du *Monde, journal quotidien* du lundi 5 décembre 1892 : « Un plaidoyer inédit de M. de Bacourt ». La lettre, aujourd'hui introuvable, provenait des papiers Gaillard. Elle aurait été vue par Bacourt, spécialiste des papiers et grand défenseur de Talleyrand. Boulay avait déjà écrit un autre article très éclairant sur « Talleyrand et le duc d'Enghien » dans le même journal, à la date du 20 juillet 1891. Il est l'auteur des *Dernières Années du duc d'Enghien* (Hachette, 1886) et d'une *Correspondance du duc d'Enghien* (1904). Il s'imposait à l'époque comme le meilleur spécialiste de la question.

Page 429. 44. Bourrienne, V, p. 302 et Pasquier, I, pp. 198-199. D'après Savary, Aimée de Coigny qui avait été élevée avant la Révolution par la princesse de Rohan-Guéméné, mère de Charlotte, aurait obtenu, après le retour du roi à Paris « de madame la princesse de Rohan l'attestation que lui, M. de Talleyrand, avait fait prévenir M. le duc d'Enghien de s'éloigner d'Ettenheim ». Savary ne dit pas d'où il tient ce détail qui reste plausible. Collection E. Ernst, 04 « Anecdote à mettre aux événements de Paris, fin de mars 1814 » (manuscrit autographe, vente Philipe Arnaud succ., nov. 1979).

Malgré tous ces artifices, le prince de Condé ne recevra jamais Talleyrand chez lui sous la Restauration. En 1814, ce dernier trouvera sa porte fermée alors qu'il s'était déplacé en personne pour lui remettre un exemplaire de son traité de paix avec les alliés : « Le prince de Bénévent s'est présenté à la porte du prince de Condé pour avoir l'honneur d'offrir à Son Altesse royale quelques exemplaires du traité de paix que le roi a conclu le 30 mai dernier » (musée Condé CXXII série Z, n° 149, billet inédit du 3 juin 1814). Quant au fils du prince de Condé, le duc de Bourbon, il ne fera sa paix avec Talleyrand que tardivement, à la fin de la Restauration, grâce à l'entregent de sa maîtresse, la baronne de Feuchères. Voir *infra*.

45. *The Diary of Philipp von Neumann*, *op. cit.*, II, p. 83, 11 août 1838. Neumann tient le renseignement du comte de Mercy-Argenteau.

46. Avec Mme de Rémusat et Joséphine, le 11 juin 1804, à Saint-Cloud (Rémusat, II, p. 12-13). Il s'agit du duc de Polignac, le frère de Jules, futur ministre de Charles X.

47. MAE, Talleyrand à Hédouville, 27 floréal an XII, et Talleyrand à d'Oubril, 24 floréal an XII (CP Russie vol. 143 (an XII).

48. « Quem devoravit bellua corsica ». *Mémoires d'outre-tombe*, II, p. 176.

Page 430. 49. Elle est citée par Léonce Pingaud dans son *Comte d'Antraigues* (Paris, Plon, 1894, pp. 251-256). Albert Sorel esquisse un commentaire très éclairant de cette lettre dans ses *Lectures historiques* (Paris, Plon, 1923, « Une agence d'espionnage sous le consulat ») Cette correspondance, commencée en 1798 et qui s'achève en 1805, est l'un des moyens utilisés par Talleyrand pour organiser des « fuites ». L'« ami » recouvre sûrement plusieurs informateurs. Parmi ceux-ci, Durant de Mareuil, qui joue pour la Russie le rôle de Roux pour l'Angleterre. Les diplomates russes qui se succèdent à Paris centralisent les informations et les expédient à d'Antraigues qui les recopie. D'après Émile Dard, Dalberg a joué ce rôle à Paris en l'absence de toute représentation russe après la rupture d'avril 1805 (*Napoléon et Talleyrand*, pp. 96-97). Dans l'orbite de cette « agence », on trouve les frères Simons, dont l'un travaille au ministère des Relations extérieures et l'espion Michel, au ministère de la Guerre, qui sera jugé et fusillé en 1812. (Pasquier, I, p. 519 et Pingaud, p. 231).

Page 431. 50. Sur la mission de Villers des 4 et 12 avril 1814, dont personne ne parle avec précision, voir le « compte rendu » de Boulay de la Meurthe dans le *Bulletin de la Société de l'histoire de Paris* (t. XVI, 1889, pp. 65-79). Le manuscrit de l'ordre de mission, signé de Talleyrand du 4 avril, *in* coll. E. Ernst, 05. Villers était accompagné de Gabriel Perrey qui donne des précisions sur ce qu'ils ont pris. Voir *infra* et ma note sur la correspondance entre Talleyrand et Napoléon, *in* Sources et Bibliographie.

51. Le 5 janvier 1820, Talleyrand lui avait déjà donné la pleine propriété d'une rente d'État d'un revenu de 3 000 francs. En novembre 1826, il obtient pour lui et sa femme Emma Dickinson une autre rente viagère de 3 000 francs (Chodron, 1738, 9 novembre), puis demande en août 1827 une hypothèque qui garantisse sa rente, sur les biens de son ancien patron, rue Saint-Florentin (Chodron, 1746, 8 août). En octobre 1830, il demande encore une place de consul. En vain. Les menaces reprennent. En février 1831, il obtient la reversion de sa pension viagère de 1820 sur la tête de ses deux filles (Chodron, 1790, 26 février). C'est à l'occasion de cette dernière concession que se situe la scène de la visite de l'homme d'affaires de Talleyrand chez Perrey.

Page 432. 52. À l'évidence, Talleyrand n'aurait pas accepté de monnayer la destruction de la lettre du 8 mars si elle avait été vulgairement contrefaite. Toute la scène est racontée par Rihouet fils dans une lettre inédite à Bacourt du 12 février 1864 citée dans un texte capital du marchand et collectionneur Alain de Grolée. Ce dernier a eu entre les mains le fonds des papiers Talleyrand que lui avait confiés Jean de Broglie en 1973 pour les vendre : « Filiation des papiers Talleyrand » (copie aux archives Eberhard Ernst). Grolée possède l'essentiel de la correspondance Rihouet. Il existe d'autres lettres Talleyrand-Rihouet concernant Perrey dans les Archives André Beau.

53. *Napoléon et Marie-Louise, souvenirs historiques du baron de Méneval*, Paris, Amyot, 1844-1845, 2 vol. Le passage se trouve à la page 305 du premier volume de l'édition Dentu de 1894. Également *Souvenirs historiques sur Napoléon*, Paris, Delahaye, s.d., 1 vol., pp. 84-85.

54. *Mémoires d'outre-tombe* (II, p. 162). Voir également les Souvenirs du baron de Barante (I, p. 121). Faugère, le conservateur des archives du Quai d'Orsay, rapporte dans ses notes une conversation, qu'il date de 1838, entre Lagarde et Laborie. Ce dernier aurait affirmé avoir eu entre les mains la lettre du 8 mars, parfaitement authentifiée. Laborie, factotum fidèle de Charles-Maurice, connaissait parfaitement son écriture (MAE, Talleyrand, dossier personnel, 3848, « notes Faugère »).

55. Archives Eberhard Ernst, « Filiation des papiers Talleyrand ». On y trouve une correspondance de 1852 entre Bacourt et le collectionneur Feuillet de Conches. Bacourt essaie de lui racheter des documents qu'il tient pour des faux et Feuillet de Conches s'énerve : « On mettra bénévolement sous vos yeux des documents précieux ; s'ils sont défavorables à la cause que vous défendez, vous vous croyez autorisé à dire : ce sont des faux de M. Perrey ; s'ils sont favorables, ils sont volés. […] Toutes ces prétentions, monsieur, sont aussi intolérables qu'elles sont insoutenables » (28 mai 1852).

Page 433. 56. *Sur la catastrophe de monseigneur le duc d'Enghien. Extrait des mémoires de M. le duc de Rovigo*, paraît chez Ponthieu et Gosselin en octobre 1823. Savary accuse sans détour l'ancien ministre d'avoir poussé Napoléon à mettre à mort le dernier des Condé. Mais il n'a pas de preuves écrites. D'après la duchesse de Broglie, avant même de paraître, le mémoire « avait été lu et approuvé des ministres et de plus haut » (Barante, III, p. 140). Derrière la manœuvre, on aperçoit la comtesse du Cayla, proche des milieux ultra-royalistes, ancienne maîtresse de Savary et alors favorite du roi Louis XVIII. Le chevalier de Cussy pense même qu'elle a été elle-même manœuvrée par Talleyrand qui a voulu tendre un piège à Savary (*Souvenirs*, Plon, 1909, I, p. 264). Mme du Cayla a pourtant de quoi en vouloir à l'ancien évêque. Elle est la fille d'Omer Talon, l'ancien compagnon d'exil de Talleyrand aux États-Unis, passé au service du comte d'Artois et du cabinet britannique contre la République. Devenu ministre de Bonaparte, Charles-Maurice contribua à faire arrêter sa femme en avril 1800 puis prépara l'interrogatoire du mari en septembre 1803. Celui-ci sera envoyé ensuite aux îles Sainte-Marguerite. Talleyrand ne fera rien pour l'en empêcher. Ils avaient pourtant travaillé – et trafiqué – ensemble sur les bancs de la Constituante au début de la Révolution (Talleyrand à Bonaparte, 10 mai 1800, in *Correspondance avec le premier consul pendant la campagne de Marengo*, pp. 20-21).

Page 434. 57. AN 565 AP fonds Flahaut, FL 7, Mme de Souza à Charles de Flahaut, 16 octobre 1823.

58. *Mémoires de la comtesse de Boigne*, *op. cit.*, II, p. 112.

Page 435. 59. La lettre de Talleyrand est du 8 novembre 1823, la réponse de Villèle, du 15 novembre (Mémoires, III, Appendice, pp. 316-319).

60. Il commissionne Achille Roche, un jeune publiciste de talent qui écrit en novembre *De messieurs le duc de Rovigo et le prince de Talleyrand*, une charge contre le premier et une défense du second. De même, il met la main avec Dupin, l'avocat et l'homme d'affaires du duc d'Orléans, à la brochure du général Hulin, l'ancien président de la commission militaire du 20 mars 1804 : *Explications offertes aux hommes impartiaux au sujet de la commission instituée pour juger le duc d'Enghien*. C'est une nouvelle charge contre Savary (Cussy, I, p. 264 et Barante, III, p. 139, lettre de Rémusat à Barante, 16-11-1823). Molé prétend que Dupin aurait écrit d'autres brochures anonymes contre 12 000 francs payés par Talleyrand (Molé (Noailles) VI, p. 276).

61. *Ibidem*, p. 139. Parmi celles-ci, l'intervention probable et discrète de son vieux complice Dalberg auprès du ministre des Affaires étrangères du roi, à l'époque Chateaubriand, qui, sans doute sur l'ordre de Villèle, n'a pas bronché, à la grande satisfaction de Charles-Maurice (Stadtsarchiv Worms, abt. 159

Dalberg. Kasten 16, Dalberg à Talleyrand, 13 novembre 1823 et Talleyrand à Dalberg, 20 novembre 1823) : « Si vous croyez devoir dire un mot, il me semble que cela doit se borner à écrire une lettre au ministre des Affaires étrangères, vous pouvez me citer dans votre lettre » (aimablement communiqué par Eberhard Ernst. Voir son *Talleyrand und der herzog von Dalberg*, *op. cit.*, p. 24 *et sq.*).

62. *Ibidem*, p. 141, duchesse de Broglie à Barante, 21 novembre 1823. Voir également la lettre de Talleyrand à Barante du 10 décembre 1823, pp. 151-152. À la mort de Caulaincourt en 1827, il redoublera à nouveau de précaution et recommandera de parler le moins possible du testament de l'ancien aide de camp de Bonaparte. Et, pour cause : celui-ci y déclare solennellement être parfaitement innocent de la mort du duc d'Enghien. AN 40 AP 18 Papiers Beugnot fol. 300, Talleyrand au comte Beugnot, 26 (février 1827).

63. Archives du château de Sassy, « Sur les rapports qui ont existé entre Napoléon et M. de Talleyrand », 20 mars 1858.

Notes du chapitre 17

Page 436. 1. *Mémoires de Mme de Rémusat*, I, p. 359.

2. Talleyrand à Bignon, ministre en Hesse-Cassel, 7 mai 1804, cité par Jean Gorsas, *op. cit.*, pp. 161-162.

Page 437. 3. Mémoire joint à l'adresse du Sénat au premier consul, du 6 mai 1804.

4. *Mémoires de Cambacérès*, II, p. 159. La charge sera donnée l'année suivante au fils adoptif de Napoléon, Eugène de Beauharnais, vice-roi d'Italie.

5. *Mémoires de Cambacérès*, I, pp. 730 et 746.

6. Lettre citée par Lacour-Gayet, IV, p. 76. L'historien ne donne pas le nom du correspondant de Charles-Maurice ; il s'agit sans doute de l'aide de camp de Napoléon qui était alors à Pont-de-Briques, près de Boulogne.

Page 438. 7. Le 11 juillet 1804.

8. Philipp Mansel, *La Cour de France sous la Révolution, l'exil et la Restauration*, Paris, Tallandier, 1989. Voir également sa thèse non publiée, en annexe II, le tableau des traitements des charges de cour en 1816. Mme de Rémusat, en publiant dans ses Mémoires un tableau des appointements de son ami, se trompe en notant 40 000 francs pour la charge de grand chambellan (III, p. 175).

9. Mme de Rémusat, III, p. 20. Grâce à son mari, celle-ci rapporte de nombreux détails sur les fonctions de cour de Talleyrand. Marin-Joseph Osmond est chargé des affaires du grand chambellan. Ses comptes ne sont pas à jour et les paiements aux artistes (entre autres, les acteurs) sont fantaisistes (*Lettres 1804-1814*, Paris, Calmann-Lévy, 2 vol., 1881, I, pp. 282, 284).

10. *Correspondance générale de Napoléon*, Saint-Cloud 2 frimaire an XIII (11 décembre 1804). Napoléon abolira le calendrier républicain pour revenir à l'ancien calendrier grégorien par décret du 9 septembre 1805. Par commodité, la plupart des dates indiquées dans le texte jusqu'en 1805 ont été rapportées à l'ère grégorienne.

Page 439. 11. *Mémoires de Mme de Rémusat*, III, p. 113, note 2. Il lui disait encore en souriant que « le plaisir ne se mène point au tambour » comme à l'armée et qu'on ne peut commander des fêtes par des « Allons, messieurs et mesdames, en avant, marche ! » (III p. 234).

12. Mémoires de la comtesse Potocka, Paris, Plon, 1897, p. 123.

13. Bertrand, *op. cit.*, Paris, 10 fructidor an XII (28 août 1804), p. 116.

Page 440. 14. Comme pour beaucoup d'autres détails de son tableau, David triche quelque peu avec l'histoire puisque Talleyrand sera nommé grand officier de l'ordre de la Légion d'honneur deux mois après le sacre, le 1er février 1805. Voir également les deux dessins préparatoires de David qui concernent Talleyrand au musée Carnavalet.

15. Maurice Paléologue, *Talleyrand, Metternich, Chateaubriand*, Paris, Hachette, 1928, p. 11.

16. Procès-verbal de la cérémonie du sacre et du couronnement de Napoléon, rééd. Paris, Imprimerie nationale, 1993.

Page 441. 17. Voir sur cette question Pieter Geyl, « The french historians of Talleyrand », in *Camille Desmoulins (and others studies on the french revolution)*, London, W. Laurie, 1950, pp. 105-106. Dard et Madelin sont partisans de la thèse de la trahison, Lacour-Gayet est plus nuancé.

Page 442. 18. Au cours de l'une de ses conversations avec Metternich, alors ambassadeur de l'empereur d'Autriche à Paris, en 1808. *Mémoires, documents et écrits divers*, Paris, Plon, 1880, I, p. 70.

Page 443. 19. *Mémoires*, I, p. 318.

Page 444. 20. Paul Bailleu, *op. cit.*, Lucchesini à Hardenberg, 10 décembre 1804, p. 327.

21. D'après les lettres de l'« ami » à d'Antraigues, citées par Louis Pingaud (*Le Comte d'Antraigues*, pp. 377 et 387).

22. Les négociations conduites par Talleyrand, secondé par Cambacérès et Melzi, échoueront à la fin de janvier. La royauté italienne de Joseph avait pourtant été annoncée à François d'Autriche dans un message rassurant du 1er janvier (Roederer, *Œuvres*, III, pp. 520-522.) Par réaction contre son frère, Napoléon nommera Eugène, le fils de Joséphine, vice-roi d'Italie en juin.

Page 445. 23. Madame de Rémusat, *Mémoires*, II, p. pp. 150-151.

24. A.-C. Thibaudeau, *Mémoires*, p. 163.

25. *Ibidem*, p. 168.

26. Paul Bailleu, *op. cit.*, Lucchesini à Hardenberg, Milan, 13 mai 1805, p. 345.

Notes du chapitre 18

Page 446. 1. *Correspondance générale de Napoléon*, XI, n° 9117.

Page 447. 2. À Philipp von Neumann, le 30 novembre 1832 (*Diary*, I, p. 278).

3. *Mémoires et souvenirs du comte de Lavalette*, p. 257.

4. Paul Bailleu, *op. cit.*, Lucchesini à Hardenberg, 14 septembre 1805, II, p. 383. Dans le même volume, les lettres de Talleyrand à Laforest sur la question de l'alliance.

5. Paul Bailleu, *op. cit.*, Lucchesini à Hardenberg, 14 septembre 1805, II, p. 384.

Page 448. 6. Coll. E. Ernst, K4, Talleyrand à Philippe de Cobenzl, s.d. (mi-septembre 1805). Talleyrand répond à la note qu'il vient de recevoir du cabinet de Vienne en réponse à ses notes des 13 et 15 août, publiées par Madelin (*Histoire du Consulat et de l'Empire*, V, p. 249). Depuis le 6 août, l'Autriche proposait sa médiation pour la paix générale tout en imposant des conditions strictes, préalables à toute négociation (voir les lettres d'août de Talleyrand à Napoléon publiées par Bertrand).

7. Bertrand, *Talleyrand à Napoléon*, Strasbourg, 10 octobre 1805, p. 149.

Page 449. 8. D'après le baron de Damas qui dit le tenir d'un témoin oculaire (*Mémoires*, *op. cit.*, I, p. 79, note). Barras donne une autre version du mot attribué à Napoléon : « Vous allez, cette fois encore, avoir bien de l'esprit, M. de Talleyrand, car j'ai gagné la bataille ; vous en auriez moins si je l'avais perdue » (III, p. 187).

9. *Mémoires de Mme de Rémusat, op. cit.*, II, p. 217.
10. Bertrand, Talleyrand à Napoléon, 23 octobre 1805, p. 178.
11. *Ibidem*, Munich, 12 novembre 1805, p. 185.

Page 450. 12. Artaud de Montor, *op. cit.*, p. 116 « Aujourd'hui, c'est un quartier général désert. Tout ce qui y est brûle d'aller en avant », écrit-il encore à Roux de Rochelle le 10 octobre (Ernst, Munich, K 6).
13. *Ibidem*, Talleyrand à d'Hauterive. La lettre n'est pas datée (entre le 12 et le 16 novembre 1805), p. 127.
14. Bertrand, p. 185.
15. Artaud de Montor, Saint-Pölten, 16 novembre 1805, p. 128.
16. Ch. Dezobry, *Dictionnaire de l'art épistolaire*, 1869, p. 1205, cité par Lacour-Gayet, *Talleyrand*, IV, p. 85.
17. D'après le titre d'une conférence très pertinente donnée par Mme Carline Binet qui a pris Talleyrand pour sujet de l'une de ses études en morphopsychologie.

Page 451. 18. Thomas Raikes, 4 mai 1832, I, p. 27.
19. Artaud de Montor, p. 138.
20. D'après Mme de Rémusat qui le tient de son mari, à Vienne, Talleyrand s'efforcera sur le brouillon de Napoléon de modérer le texte du 30e bulletin (celui d'Austerlitz) et d'en supprimer les termes les plus offensants pour l'ennemi (Mémoires, II, p. 223).
21. *Ibidem*, Presbourg, 23 décembre 1805.

Page 452. 22. Coll. E. Ernst, Munich, K 11, Talleyrand à Esprit-André Durant (dit de Saint André), Vienne, 6 décembre 1805.
23. *Mémoires du marquis de Boissy*, Paris, Dentu, 2 vol., 1870. I, p. 333.
24. Artaud de Montor, p. 125.
25. *Ibidem*, p. 128.

Page 453. 26. Pasquier, I, p. 317. La citation date de janvier 1810. Lors du conseil réuni par Napoléon autour de la question de son remariage, Charles-Maurice plaidait alors la cause de l'alliance autrichienne.
27. À Vienne, en septembre 1814, à l'ouverture du Congrès, il considérera le fait d'habiter l'ancien hôtel du prince de Kaunitz comme un heureux présage (Mémoires, II, p. 275).
28. Bertrand, Talleyrand à Napoléon, Vienne, 5 décembre 1805, pp. 210-211.

Page 454. 29. Paul Bailleu, Lucchesini à Hardenberg, 12 août 1805, II, p. 360.

Page 455. 30. Artaud de Montor, p. 118.
31. Bertrand, pp. 156 à 174.

Page 456. 32. Voir sur ce point les avis divergents de Edward A. Whitcomb (*Napoleon's diplomatic service*, 1976) et de Paul Shroeder (« Napoleon's foreign policy », 1990).

Page 457. 33. Artaud de Montor, Munich, 27 octobre 1805, pp. 119-121.
34. Mme de Rémusat, II, p. 190.
35. Bertrand, p. 211-212.

Page 458. 36. Correspondance générale de Napoléon, XI, n° 9561.
37. Paul Bailleu, II, annexe II, lettres de Talleyrand à d'Hauterive, 1805-1806, Hauterive à Talleyrand, 13 décembre 1805, p. 610.
38. Bertrand, Talleyrand à Napoléon, Strasbourg, 17 octobre 1805, p. 159. Voir également les lettres d'Hauterive à Talleyrand sur la Prusse, *in* Paul Bailleu, II, annexe II. D'Hauterive reprochera à son patron de ne pas s'être opposé plus fermement à l'alliance prussienne, face à Napoléon ; mais le pouvait-il ?

Page 459. 39. *Correspondance générale de Napoléon*, Schoenbrunn, 24 frimaire an XIV (15 décembre 1805). XI, n° 9578. Talleyrand était encore à Brünn.

40. Coll. Eberhard Ernst, M4, Talleyrand (à un artiste), Paris, 12 mai 1808. Il s'agit de l'un des sculpteurs chargés de l'exécution des bas-reliefs de la colonne de la Grande Armée (colonne Vendôme) censée immortaliser la campagne de 1805.

Page 460. 41. *Mémoires de Mme de Rémusat*, II, pp. 322-323.

42. *Mémoires du baron de Vitrolles*, III, p. 452. L'indemnité restait élevée : 90 millions de francs. Il est certain en revanche que Talleyrand obtint du prince de Liechtenstein la promesse que la cour de Vienne s'acquitterait de sa dette envers l'ancien ambassadeur de France à Constantinople, en remboursement des frais payés par ce dernier pour l'entretien des prisonniers autrichiens de la guerre russo-austro-turque de 1787. L'ancien ambassadeur n'était autre que son vieux complice Choiseul-Gouffier à qui il devait par ailleurs depuis longtemps une forte somme d'argent ! Les paiements autrichiens allaient venir en déduction de sa dette. Le 27 novembre 1806, le comte de Stadion transmettait à Metternich une lettre de change sur Paris d'une valeur de 100 000 livres à destination de Choiseul (É. Dard, *Napoléon et Talleyrand*, p. 119, d'après les archives de Vienne).

43. *Mémoires de Metternich*, II, p. 244.

Notes du chapitre 19

Page 462. 1. BN Manuscrits, fichier Charavay, Talleyrand à un inconnu, Munich, 18 janvier 1806.

2. La décision de créer des « duchés grands fiefs de l'Empire » remonte aux décrets du 31 mars 1806. L'érection de Bénévent comme de Ponte Corvo en fiefs immédiats de l'Empire et leur dévolution, à titre héréditaire, à Talleyrand et à Bernadotte, beau-frère de Joseph, furent annoncées au Sénat dans un message lu par Cambacérès le 5 juin 1806. Si l'on en croit ce dernier, Napoléon prit cette décision pour des raisons « politiques » sans doute liées à l'état des rapports du nouveau roi de Naples et du pape qui refusait de le reconnaître (Cambacérès, I, p. 89-90). Bénévent et Ponte Corvo, enclavés dans le royaume de Naples, appartenaient au Saint-Siège. Depuis des années, les deux États se contestaient la propriété des duchés. En nommant son ministre prince de Bénévent, Napoléon le mettait en porte à faux tant avec la cour de Rome qu'avec celle de Naples. Voir la lettre très diplomatique que Talleyrand écrit le 7 (juin) au roi Joseph, et qui n'est pas citée par Ingold (voir *infra*) (AN 381AP 12 [1re bobine], Correspondance de Joseph Bonaparte).

3. Napoléon à Joseph, 5 juin 1806, Correspondance, XII, 10314. Les « douceurs » obtenues par le ministre à l'occasion des négociations en cours autour de la formation de la future Confédération du Rhin ne sont probablement pas étrangères à cette décision. Talleyrand dira plus tard à ses collaborateurs que la présence du sanglier dans ses armes princières, image du diable au Moyen Âge, mais aussi un très ancien symbole de Bénévent, avait été voulu par Napoléon dans une intention satirique, comme une allusion à son ancien état d'évêque (Peter Andreas Heiberg, « Talleyrand et son entourage », première partie, *Revue des études napoléoniennes*, janvier-juin 1919, Slatkine Reprints, Genève, 1976, p. 217. Les armoiries furent dessinées par l'érudit italien Vennius-Quirinus Visconti : en I. de gueules à trois lionceaux d'or, lampassés, armés et couronnés d'azur (armes des Talleyrand-Périgord) ; en II. d'or à un sanglier passant de sable, chargé sur le dos d'une housse d'argent ; au chef d'azur brochant sur l'écu et chargé d'un aigle d'or, les ailes étendues, empiétant un foudre du même.

Page 463. 4. Dans deux rapports de mai 1806 conservés aux MAE. Talleyrand conseillait d'échanger Bénévent et Ponte Corvo contre une indemnité au Saint-

Siège (A.M.P. Ingold, *Bénévent sous la domination de Talleyrand et le gouvernement de Louis de Beer*, 1806-1815. Paris, Pierre Téqui, 1916, p. 10).

5. *Ibidem*, Louis de Beer à Talleyrand, 20 octobre 1807, p. 60. À compléter, en ce qui concerne les rapports difficiles de Bénévent et du royaume de Naples, avec la correspondance inconnue d'Ingold, de Louis de Beer au marquis de Gallo, ministre des Finances du royaume (Naples, Archives d'État, ministère des Affaires étrangères, n° 5695, affaires Bénévent). Inédit.

6. A.M.P. Ingold, *op. cit.*, Talleyrand à Dufresne de Saint-Léon, 13 juillet 1806, p. 25.

Page 464. 7. Ingold estime ses revenus à environ 10 000 ducats de Naples en 1810, un ducat valant à l'époque 4,20 francs. D'après les papiers « Bénévent » du dossier personnel de Talleyrand au ministère des Affaires étrangères, qu'il ne semble pas avoir consultés, ceux-ci sont plus importants. Le 23 avril 1814, Perrey, envoyé à Naples par Talleyrand réclame les arriérés de ses revenus de 1812 et 1813, évalués à 23 300 et 19 500 ducats, au marquis Joseph Pacca, trésorier du duché de Bénévent.

8. *Mémoires de Miot de Mélito*, II, p. 282.

9. Raikes, I, 31 mai 1832, p. 43. On sait cependant par Charles de Nesselrode, en poste à La Haye en 1805, que Talleyrand avait soutenu à l'époque la candidature du prince allemand de Weilburg au trône de Hollande, plus d'un an avant la nomination de Louis Bonaparte (*Lettres et papiers du chancelier comte Nesselrode 1760-1850*, Paris, Lahure, 11 vol., 1904-1912. Charles de Nesselrode à son père, La Haye, 13 janvier 1805, III, p. 12).

Page 465. 10. *Mémoires*, II, pp. 11-12. « Tous ces intérêts de famille entés sur la politique étrangère, c'est ce qui a perdu l'empereur Napoléon » (V, p. 235).

11. *The Greville Diary*, London, William Heinemann Ltd, 2 vol., 1927. I, 22 janvier 1833, p. 88.

Page 466. 12. *Papers Relative to the Negociation with France Presented by His Majesty's Command to both House of Parliament, 22 december 1806*. London, 1807. Le recueil contient l'ensemble da la correspondance officielle, en français et en anglais, des négociations de février à septembre 1806. Napoléon publiera de son côté une version tronquée et arrangée de la négociation dans le *Moniteur* du 15 décembre 1806.

13. AN 215 AP1 dossier 3 « prisonniers anglais : affaires Macleod, Nicholls, etc., 1804-1806 ».

14. *Papers...*, Yarmouth à Fox, 13 juin 1806, pp. 45-47.

Page 467. 15. *Papers...*, Yarmouth à Fox, 13 juin 1806. Les lettres de Yarmouth et de Lauderdale à Fox, qui ne se trouvent pas au MAE, sont capitales pour qui veut comprendre la position de Talleyrand.

Page 468. 16. Les instructions à Lauderdale sont datées du 28 juillet 1806. Elles ne sont pas publiées dans les *Papers*, le gouvernement Grenville n'ayant pas voulu rendre publiques les concessions auxquelles il s'était montré prêt. Voir la *Correspondance générale de Napoléon*, en note des « Observations de Napoléon à Talleyrand sur le traité avec l'Angleterre » du 6 août 1806 (n° 1064).

17. Sur le revirement d'Alexandre Ier : K. Waliszewski, *Le Règne d'Alexandre Ier*, Paris, Plon, 3 vol., 1923. I, chapitre VII, 2, p. 185 *et sq.* Les dépêches aussi alarmistes que fantaisistes de Lucchesini à Haugwitz, en particulier celle du 6 août (Bayeu, II, pp. 504-505), sur les conséquences que pourraient avoir sur la Prusse le traité franco-russe négocié par d'Oubril, entre autres, la reconstitution de l'ancien royaume de Pologne pour le grand-duc Constantin aux dépens de la Prusse et de l'Autriche, ont certainement déterminé Frédéric-Guillaume à tout faire pour empêcher Alexandre de le ratifier. Lucchesini,

propriétaire d'une terre considérable en Pologne, était personnellement intéressé dans l'affaire. Il était entré depuis longtemps dans l'intimité de Talleyrand et de sa femme. Ce marquis italien au service de la Prusse avait « l'âme courbe », disait Mme de Staël (*Dix années d'exil*). Talleyrand, qui lui trouvait « trop d'esprit, c'est-à-dire pas assez », et le savait avide et intéressé, en faisait ce qu'il voulait. Il n'est pas impossible qu'il ait été derrière la dépêche du 6 août, à seule fin de faire échouer l'alliance russe. Napoléon, qui, grâce à ses services de renseignements, en aura connaissance dès le 8 août, en sera furieux, et s'en prendra à son ministre, sans toutefois connaître le fond de l'histoire. Il croyait que Talleyrand était manipulé par Lucchesini et non le contraire : « Je vous envoie une lettre qui vous fera connaître tout entier ce coquin de Lucchesini. Il y a longtemps que mon opinion est faite sur ce misérable. Il vous a constamment trompé, parce que j'ai reconnu depuis longtemps que rien n'est plus facile que de vous tromper » (*Correspondance générale*, XIII, n° 10624).

Page 469. 18. Bertrand, note du 18 septembre 1806, p. 254.

19. Ils sont accrédités comme ministres plénipotentiaires respectivement les 21 juillet et 8 août 1806. Talleyrand de son côté se montre très prudent lorsqu'il rend compte de ses conversations avec Lauderdale. À l'occasion de la reprise de ses discussions avec lui, le 4 septembre, après l'annonce du refus d'Alexandre de ratifier le traité de paix avec la France, il lui écrit : « Je lui ai parlé avec l'accent véridique et franc, mais pourtant ferme, que V. M. m'a autorisé à prendre, et j'ai lieu d'être content de la conversation. » Encore une fois, tout se passe comme si, comme à l'époque de la paix d'Amiens, Napoléon voulait régler jusqu'à la mise en scène des discussions de son ministre (BN, Manuscrits, fichier Charavay, Talleyrand à Napoléon, Paris, 4 septembre 1806).

20. Paul Bayeu, Lucchesini à Haugwitz, Paris, 22 juillet 1806, II, p. 489.

21. *Correspondance générale*, XII, n° 9899.

22. *Ibidem*, XII, n° 9979.

Page 470. 23. *Mémoires du duc de Rovigo*, I, p. 264.

24. Cité par Émile Dard, p. 140. Vienne, Haus-Hof-und Staatsarchiv.

Notes du chapitre 20

Page 471. 1. Paul Bayeu, II, « correspondance du comte d'Hauterive », pp. 612-613.

Page 472. 2. Vincent à Stadion, 3 avril 1806. Cité par É. Dard, p. 138.

3. Bertrand, Talleyrand à Napoléon, Berlin, 30 novembre 1806, p. 285.

4. Friedrich von Müller, *Souvenirs des années de guerre, 1806-1813*. Nlle éd. en trad. française, Fondation Napoléon, 1972, d'après le texte allemand : *Erinnerungen aus den Krieg szeiten, 1809-1813*, Hambourg, 1906, pp. 31-34. La scène date du 4 novembre 1806.

Page 473. 5. Peter-Andreas Heiberg, *op. cit.*, première partie, pp. 208-209. L'électeur de Saxe Frédéric-Auguste, après avoir hésité à se ranger du côté de la Prusse, cherchait alors à se faire pardonner de Napoléon. Si Talleyrand était si aimable avec son grand chambellan et ministre des Affaires étrangères le comte de Bose, qu'il vit à Posen puis à Varsovie, c'est qu'il traitait alors de ses propres compensations financières en échange de l'admission de la Saxe électorale dans la Confédération du Rhin et de son élévation en royaume (décembre 1806). D'après le comte de Senfft (Mémoires, p. 13), il aurait obtenu à Posen un million de francs pour lui et un demi-million pour Durant de Mareuil « qui se donnait du mouvement dans les affaires de Saxe ».

6. À l'époque les deux principaux secrétaires de Talleyrand sont Damour et Lajonchère. À Varsovie, deux secrétaires de la légation de Berlin, Caillard et Lajard, compléteront le personnel (Heiberg, p. 214).

7. *Souvenirs du baron de Barante*, I, p. 208. À Posen, en revanche, il habite « un pauvre taudis dont la porte s'ouvrait sur le palier de l'escalier ». Le jeune Barante, auditeur au Conseil d'État, travaillait alors sous les ordres de Daru, dans les services de l'intendance générale de l'armée. Il se trompe sur le nom de l'hôtel habité par le ministre qu'il prend pour l'hôtel Radziwill.

8. *Mémoires de Mme de Rémusat*, III, p. 108.

Page 474. 9. Artaud de Montor, Talleyrand à d'Hauterive (novembre 1806), p. 207.

10. Celle-ci lui écrit le 11 novembre en lui demandant de lui donner des nouvelles de Berlin : « Vos lettres me rappelleront le temps où vous étiez à Mayence et où je pouvais vous faire part de toutes mes pensées. [...] Adieu, monsieur, soyez convaincu du sincère attachement que je vous ai voué » (Carrère, p. 247). Voir également les mémoires de Mme de Rémusat, III, p. 73.

11. Bailleu, II, p. 577 : « Projet dicté par Sa Majesté » (fin octobre 1806). Lucchesini se rendra à Berlin dans les premiers jours de novembre, verra Talleyrand et tentera en vain d'infléchir Napoléon. Haugwitz lui écrivait le 7 novembre : « Pourvu que M. de Talleyrand soit arrivé. Je ne désespère pas que vous ne parveniez à faire naître des idées moins impolitiques que ce terrible principe de la destruction de la Prusse pour servir de garantie au repos futur de la France » (II, pp. 578-579).

12. Émile Dard, « Cinq lettres inédites de Talleyrand à Napoléon », *Revue de France*, 15 juin 1834. Talleyrand à Napoléon, Mayence, 18 octobre 1806.

13. Talleyrand, II, p. 200.

14. *Mémoires*, I, p. 79.

Page 475. 15. Mémoires de Cambacérès, II, pp. 117-118. Il y a en fait deux rapports sur la situation des affaires publiques, sur le droit maritime de l'Angleterre et les mesures à prendre en représailles, présentés avec le fameux décret dit de Berlin du 21 novembre, le 2 décembre au Sénat et publiés le 3 au *Moniteur*.

Page 476. 16. Heiberg, première partie, p. 206. L'auteur accuse par ailleurs Maret d'avoir été l'un des inspirateurs du décret de Berlin.

17. *Mémoires de Mme de Rémusat*, III, p. 167.

18. Bertrand, Mayence, 9 octobre 1806 au soir, pp. 264-265.

Page 477. 19. Il suffit de comparer les deux lettres de Talleyrand (18 novembre, MAE CP Autriche) et de Napoléon (1er décembre, *Correspondance générale* n° 11339) à Andréossy pour mesurer les divergences entre les deux hommes sur la Pologne.

20. Caulaincourt, I, p. 383.

21. *Mémoires de la comtesse Potocka*, Paris, Plon, 1897, p. 126.

22. Gourgaud, I, p. 136.

Page 478. 23. Ce coffret se trouve à la Bibliothèque polonaise de Paris, n° d'inventaire G 133. Voir Casimir Carrère, *Talleyrand amoureux*, p. 307.

24. Archives duc de Dino. Le billet est reproduit avec des erreurs *in* Comtesse de Mirabeau, *Le Prince de Talleyrand et la maison d'Orléans*, Paris, Calmann-Lévy, 1890. Talleyrand à la duchesse de Bauffremont, Valençay, 3 novembre 1834, p. 192. Voir André Beau, *Talleyrand, chronique indiscrète de la vie d'un prince* (Royer, 1992, pp. 50-51) et *L'Apogée du sphinx* (Royer, 1998, pp. 79-83).

Page 479. 25. Heiberg, « deuxième partie », p. 294.

26. *Ibidem*, « première partie », p. 212.

Page 480. 27. Comtesse Potocka, pp. 114-115. C'est Flahaut qui l'en avertit.

28. Voir ses lettres de mars et d'avril 1807 à Napoléon, dans Bertrand.

29. *Correspondance générale*, XIV, n° 12015.

Page 481. 30. *Ibidem*, 19 mars 1807, XIV, n° 12083.

31. *Mémoires de Mme de Chastenay*, pp. 408 et 504.

32. *Mémoires de la comtesse Potocka*, p. 142.

Page 482. 33. Lettre citée par Émile Dard (Napoléon et Talleyrand) qui est le seul à utiliser les lettres de Vincent à Stadion conservées à Vienne au Haus-Hof-und Staatsarchiv (archives de la Chancellerie d'État) (p. 150).

34. Bertrand, Talleyrand à Napoléon, Varsovie, 18 mars 1807, p. 367 et *Correspondance générale*, Napoléon à Talleyrand, Osterode, 20 mars 1807, XIV, n° 12098.

35. Talleyrand dira par la suite, à juste titre, à certains de ses amis, avoir contenu les velléités guerrières de l'Autriche à Varsovie. « Il dit, écrit le prince de Ligne qui vient de le voir à Dresde, qu'on lui a les plus grandes obligations, par sa prudence et la manière dont il a éloigné les aigreurs et les rapports de propos ou demi-projets de faire la guerre qui avaient manqué de tout brouiller » (*Correspondance entre le comte de Mirabeau et le comte de La Marck*, *op. cit.*, lettre du prince de Ligne au prince Auguste d'Arenberg, Tœplitz, 20 juillet 1807, introduction, p. 333, note 22).

36. *Correspondance générale*, XIV, n° 12028.

37. *Souvenirs du baron de Barante*, I, pp. 234-235.

Page 483. 38. *Mémoires de Mme de Chastenay*, p. 376.

39. Lettres citées par Émile Dard. Metternich à Stadion, Paris, 19 août 1807 et Stadion à Metternich, Vienne, 21 juillet 1807. Vienne, Haus-Hof-und Staatsarchiv (pp. 155-156). Pasquier évoque également ces tractations de Varsovie dans ses Mémoires (I, pp. 310-311, note de 1829). Dans un autre texte inédit conservé aux archives du château de Sassy et daté de 1858 (« Sur les rapports qui ont existé entre Napoléon et M. de Talleyrand »), il parle cette fois de Murat « comme devant être en ses mains [Talleyrand] l'instrument le plus docile, et s'il y avait besoin d'une transition, pouvant en fournir la matière aussi bien que qui que ce fût. » Évidemment, Talleyrand ne souffle mot de tout cela dans ses Mémoires.

40. *Mémoires de Metternich*, II, p. 237. Metternich à Stadion, Paris le 24 septembre 1808.

Page 484. 41. Hippolyte d'Espinchal, I, p. 149.

42. AN 565AP, papiers Flahaut. Talleyrand à Charles de Flahaut, Varsovie, 26 mars (1807) : « Aujourd'hui j'ai écrit au grand-duc de Berg pour lui renouveler ma demande de t'employer auprès de lui. J'y mets toute l'insistance d'une chose personnelle et elle l'est. » Le père et le fils naturel se sont vus à Varsovie en janvier. Flahaut était alors chef d'escadron au 13e chasseurs. Voir *supra*.

43. Archives de Sassy, « Sur les rapports qui ont existé entre Napoléon et M. de Talleyrand. » Talleyrand se savait surveillé. « Je ne suis pas sûr, dira-t-il au baron de Vincent en quittant Varsovie le 3 mai, de lire vos lettres le premier. » (Dard, *op. cit.*, p. 151).

44. Collection Eberhart Ernst, L17, Talleyrand à Napoléon, Varsovie, 25 (avril 1807).

45. D'après une lettre de Vincent à Stadion du 12 février 1807, citée par Émile Dard, p. 150.

46. *Correspondance générale*, 2 avril 1807, n° 12266.

Page 485. 47. *Souvenirs historiques du capitaine Krettly*, Paris, 2 vol., Berlandier, 1839, I, pp. 238-240. Rééd. 2003 par la fondation Napoléon.

Notes du chapitre 21

Page 486. 1. Bertrand, Dantzig, Talleyrand à Napoléon, 10 juin 1807, p. 465.

2. *Ibidem*, pp. 468-469.

3. *Correspondance générale*, Napoléon à Talleyrand, Tilsit, 20 juin 1807, n° 12782.

Page 487. 4. Talleyrand les avait commencées à Varsovie en mars, en même temps que les négociations avec l'envoyé du chah de Perse, Mirza Reza, qui aboutiront à un traité d'alliance signé à Finckenstein, le 4 mai, par Maret, et permettront d'ouvrir un éphémère « second front » contre l'Angleterre. Talleyrand, qui avait quitté Varsovie la veille et n'arriva à Finckenstein que le 6 mai, n'était même pas là pour signer le traité. Sur ces « vexations » répétées subies par Talleyrand, voir Méneval (I, pp. 86-87) et les Mémoires de Caulaincourt (I, introduction, p. 90).

5. Bailleu, II, p. 590.

6. Collection E. Ernst, Talleyrand à Aubusson de La Feuillade, 7 juillet 1807.

7. *Mémoires*, I, p. 316.

Page 488. 8. Neumann, I, 8 novembre 1830, p. 228. Il donne une version atténuée de l'histoire dans ses Mémoires (I, p. 316).

9. Stadstarchiv Worms Abt. 159 Dalberg Kasten 24 : « Mémoires II. Guerre avec la Prusse, 1806-1807 ». « Je m'étais rendu à Koenigsberg pour attendre le prince de Bénévent. [...] Le prince de Bénévent revint de Tilsit et me fit appeler à trois heures du matin. [...] Je vais quitter le ministère, j'ai demandé à l'empereur ma retraite. »

10. *Mémoires de Mme de Rémusat*, III, p. 335.

Page 489. 11. Las Cases, *Mémorial de Sainte-Hélène*, *op. cit.*, I, p. 515.

12. Mémoires de Caulaincourt, I, p. 323 et III, appendice, p. 447. Collection E. Ernst, P16 « Extrait de la note qui termine mes mémoires. 1815 » (en marge, de la main de Bacourt : « Note donnée par M. le duc de Dalberg lui-même à M. le prince de Talleyrand »).

13. *Ibidem*, III, p. 392.

14. Mme de Rémusat en parle dans ses Mémoires. Son mari était présent. Talleyrand lui-même évoque l'épisode à Neumann à Londres (*Diary*, I, 30 novembre 1832, p. 278). Il lui raconte comment il avait été amené, alors que Napoléon suffoquait, à lui dénouer sa cravate (*to undo his scarf*). Puis Napoléon se remet et dit : « Je crois que c'est passé. » Un mois plus tard, il prend Ulm.

15. *Mémoires*, II, p. 318.

16. Roberto Calasso, *La Ruine de Kasch*, Gallimard, 1987, p. 64.

Page 490. 17. *Mémoires*, II, p. 318.

18. *Mémoires*, I, p. III.

19. Lord Broughton, *Souvenirs d'une longue vie*, *op. cit.*, II, Londres, 9 janvier 1821, p. 185.

Page 491. 20. Le prince de Ligne, qui le voit à cette occasion chez le roi, donne des détails (*Fragments*..., I, pp. 148-148). Voir également, Neumann, I, p. 281).

21. Berthier, qui quitte le ministère de la Guerre est fait vice-connétable le même jour.

Page 492. 22. Cambacérès, II, pp. 160-161. Par un ordre du 25 octobre publié le 7 novembre au *Moniteur*, Charles-Maurice obtiendra encore la faveur de remplacer le prince Eugène, vice-roi d'Italie, dans sa charge d'archichancelier d'État et de Cour, pendant son absence de France (*Correspondance générale*, n° 13295). L'archichancelier d'État occupe les fonctions de chancelier pour la promulgation des traités de paix et d'alliance, introduit les ambassadeurs. Cette nouvelle charge « suppléante » qu'il convoite depuis 1804 peut être utile, à condition de savoir en tirer parti (Cambacérès, II, p. 181, Méneval, II, p. 137 et Rémusat, III, p. 294). Sur les attributions de l'archichancelier d'État et de Cour, à ne pas confondre avec l'archichancelier d'Empire, voir F. Masson, *Le Département des Affaires étrangères…*, *op. cit.*, p. 462-463.

23. *Mémoires*, I, p. 325.

Page 493. 24. Las Cases, I, p. 512.

25. « Lettres de Talleyrand à Caulaincourt », deuxième partie 1809-1815, 11 avril 1810, *Revue des Deux Mondes*, n° 30, 1935, p. 152.

26. Kielmannsegge (I, p. 35) et Pasquier (I, pp. 312-313). Ce dernier reviendra longuement sur la duplicité de Napoléon à l'égard de son ministre à l'époque de sa démission dans son texte de 1858 resté inédit : « Sur les rapports qui ont existé entre Napoléon et M. de Talleyrand » (archives de Sassy). Malgré tout, Cambacérès (II, p. 181) note à juste titre dans ses Mémoires que, Champagny n'ayant fait aucun changement dans les bureaux du ministère des Relations extérieures, Charles-Maurice y conservera une bonne partie de son influence auprès de ses anciens collaborateurs qui, selon Mme de Rémusat, le virent partir « le cœur serré ».

27. *Mémoires*, I, p. 328.

Notes du chapitre 22

Page 495. 1. Méneval, II, p. 136. Également Mme de Rémusat, II, p. 260 et Cambacérès, II, p. 186.

Page 496. 2. Barras, IV, p. 260-261. Il est question de 18 à 19 millions de francs au tableau général des gains du ministre, dont on a déjà dit qu'il était à prendre avec de grandes réserves.

3. AN MC LXXXVI 983 Huguet. Acte du 27 frimaire an X (16 décembre 1801). En 1804, il intervient auprès du général Clarke, son ministre à Florence, pour faire nommer Hervas ministre de la reine d'Étrurie à Paris (MAE CP Toscane 156 f° 123, 6 avril 1804).

4. Certains d'entre eux, comme Hervas, entraîné dans la faillite du banquier Récamier, le mari de la belle Juliette, associé à Marc-Antoine Michel, dit Michel Jeune, font banqueroute, en 1805. « La banqueroute de M. Hervas me fait de la peine », écrit Talleyrand à Barbé-Marbois, le ministre du Trésor, le 11 janvier 1806. D'autres seront poursuivis jusqu'en 1808 par le ministre du Trésor Mollien qui exigera le remboursement de leurs dettes. Talleyrand écrit ainsi à Maret le 15 juin 1808 en faveur d'Henry, le frère de son vieil ami Michel, et demande pour lui la protection du puissant secrétaire d'État auprès de Napoléon (Michel Missoffe, « Talleyrand et Maret, duc de Bassano. Lettres inédites », *Revue des Deux Mondes*, 1er août 1954, p. 470). Voir aussi Stern, p. 147 *et sq.*

5. Archives de la banque Baring, Londres, comptes du prince de Talleyrand, « Registre janvier 1815-juin 1816 ». Inédit. Toute l'affaire est expliquée en détail dans l'intelligent article de J.-P. Merino, « L'affaire des piastres et la crise de 1805 », *Études et Documents* I, Comité pour l'histoire économique et financière de la France, Paris, 1989, pp. 121-126. Voir également Philip Ziegler, *The Sixth Great Power : Barings, 1762-1829*, London, Collins, 1988.

Page 497. 6. Jean Stern, *Le Mari de Mme Lange, Michel-Jean Simons*, Plon, 1933, pp. 179-186. Talleyrand intervient à deux reprises, une première fois, sans succès, auprès de Schimmelpenninck, grand référendaire de la République batave, le 19 mai 1806, puis auprès de l'ambassadeur Dupont-Chaumont et du roi Louis de Hollande, le 2 janvier 1807. L'emprunt de 24 millions de florins est placé par les banques Hope, Raymond et de Smeth à Amsterdam. Izquierdo et Michel Simons servent d'intermédiaires. Manuel Godoy affirme dans ses Mémoires que Talleyrand aurait touché une commission de 2,5 % sur l'emprunt, ce qui est très vraisemblable (*Mémoires du Prince de la paix*, Paris, Ladvocat, 4 vol., 1836. IV, p. 324-325).

7. Quelques lettres de Talleyrand à Labouchère sont aux mains du collectionneur André Beau. Voir son *Talleyrand, l'apogée du sphinx* (Royer, 1998).

8. *Mémoires*, I, pp. 329-331. En avril 1814, Villers et Perrey ont dû se charger aussi d'enlever les papiers « espagnols ».

9. Champagny est le plus catégorique. « M. de Talleyrand fut d'avis qu'il ne fallait pas faire les choses à moitié. » Mais il a bien sûr beaucoup de choses à reprocher à son prédécesseur (*Souvenirs*, Genève, Slatkine Reprints, 1975, p. 98).

10. L'une est de la main de son ami l'érudit Alphonse Milbert qui cite sa source : l'ancien employé au ministère Roux de Rochelle qui à l'époque venait de remplacer d'Hauterive à la tête de la division du Midi et continuait à travailler pour son ancien patron. C'est lui, racontera-t-il à Milbert, qui aurait recruté le jeune Perrey, chargé de recopier « un mémoire de M. de Talleyrand pour engager l'empereur à entreprendre la guerre d'Espagne, à détrôner la dynastie régnante et à faire la conquête de ce pays. Une armée de 25 000 hommes devait suffire. » Cité par Léon Noël dans son édition du *Talleyrand* de Sainte-Beuve, Paris, Éditions du Rocher, 1958, p. 178, note 12.

11. Caulaincourt (II, pp. 251-252) et Œuvres de P.-L. Roederer (III, p. 541).

Page 498. 12. Pasquier, I, p. 329. Voir également les Mémoires du duc de Rovigo, 1828, III, p. 214.

13. Mme de Rémusat, III, pp. 264-265.

Page 499. 14. C'est de cette dernière opération militaire dont il est question dans la note de Milbert.

Talleyrand en parle lui-même à Mme de Rémusat dans ses tête-à-tête avec elle à Fontainebleau (III, p. 265) et l'évoque à demi-mot dans ses Mémoires : « Je lui conseillais de faire occuper la Catalogne jusqu'à ce qu'il parvienne à obtenir la paix maritime avec l'Angleterre. [...] Si la paix tarde, il est possible que la Catalogne, qui est la moins espagnole de toutes les provinces de l'Espagne, s'attache à la France » (I, p. 329).

15. Rémusat, III, p. 268.

16. Dard s'appuie sur le *Napoléon et l'Espagne* d'André Fugier qui fait état de documents portugais d'après lesquels Talleyrand aurait cherché à défendre le gouvernement de Lisbonne contre les ambitions de Godoy, pour disculper son personnage (*Napoléon et Talleyrand*, p. 173, note). Voir le point de vue contraire, *in* Thierry Lentz, *op. cit.*, p. 396.

Page 500. 17. Lettres de Talleyrand à Caulaincourt, *op. cit.*, première partie, p. 795.

18. Caulaincourt, II, p. 252.

19. 21 avril 1808. Citée par Émile Dard, *op. cit.*, p. 174. Voir également sa lettre du 30 avril.

20. *Mémoires de Mme de Rémusat*, III, p. 265.

Page 501. 21. *Journal du comte P.-L. Roederer*, *op. cit.*, p. 239.

22. Thierry Lentz, *Nouvelle Histoire du premier Empire*. I. *Napoléon et la conquête de l'Europe, 1804-1810*, Paris, Fayard, 2002, p. 396.

23. *Mémoires du comte Beugnot*, *op. cit.*, I, p. 346. Pasquier, qui le voit alors chez sa cousine Mme de Rémusat, dit la même chose (II, p. 328).

24. *Mémoires*, I, p. 388.

25. Mémoires, I, pp. 307-308. Il dira la même chose à la Chambre des pairs en février 1823 alors qu'il combattra le projet d'une nouvelle intervention française en Espagne en prévoyant, à tort, un nouveau désastre. Voir aussi Raikes I, pp. 25-29.

Page 502. 26. La lettre est citée par Émile Dard, *op. cit.*, p. 175 *et sq.* Voir également Geoffroy de Grandmaison, « Talleyrand et les affaires d'Espagne en 1808 », *Revue des questions historiques*, 1er octobre 1900, note 56, pp. 211 *et sq.* Cette lettre n'est pas publiée dans la *Correspondance générale de Napoléon*.

27. *Correspondance générale*, Bayonne, 6 mai 1808, XVII, n° 13815.

Page 503. 28. Lettre citée par Émile Dard, p. 177 *et sq.* AN AF IV, 1680.

29. *Mémoires*, I, p. 383.

Page 504. 30. En particulier les sœurs de Bellegarde, la marquise de Brignole, Henry Simons.

31. British Museum, cité par François Bonneau : *Les Princes d'Espagne à Valençay*, Châteauroux, 1986, p. 59.

32. Valençay, 1er juillet 1808. Lettre citée par André Beau, *op. cit.*, p. 68, collection de l'auteur. La destinataire de la lettre de Charles-Maurice est Pauline de La Vauguyon, mariée peu avant la Révolution au prince puis duc de Bauffremont. Son frère Paul de La Vauguyon était avec Louis l'un des aides de camp de Berthier. Voir également sa lettre du même jour, 1er juillet, à son secrétaire Marin-Joseph Osmond, reproduite en fac-similé par E. Angot, *Un neveu du prince de Talleyrand. Louis de Talleyrand-Périgord*. Voir aussi pp. 279-281.

Page 505. 33. Collection Eberhard Ernst, M5. Lettre inédite.

34. *Mémoires* de Metternich, II, p. 246.

Notes du chapitre 23

Page 506. 1. *Mémoires*, I, p. 385. Lacour-Gayet (IV, p. 317) compare à cette occasion le texte publié des Mémoires de Talleyrand avec l'un des rares fragments manuscrits conservés à ce jour qui concerne l'affaire d'Espagne et pointe les « ajouts » de Bacourt qui a « préparé » le manuscrit à la fin des années 1850, jusqu'à sa mort, en 1868. Ce fragment autographe, « Révolution d'Espagne en 1808. De l'entreprise de Bonaparte en Espagne », se trouve aujourd'hui dans la collection du docteur Eberhard Ernst qui me l'a aimablement montré. Voir ma note sur les Mémoires de Talleyrand, *in* Sources et Bibliographie.

Page 507. 2. *Ibidem*, I, p. 408.

3. Vitrolles, III, p. 445. Il lui tient ce propos dans les premiers jours de juin 1820.

Page 508. 4. *Ibidem*, pp. 420-421.

5. Au n° 34, chez le marchand Lange. *Jahrbücher des Köninglichen Akademie gemeinnütziger Wissenschaften zu Erfurt*, Erfurt, 1908, p. 253.

Page 509. 6. Voir la correspondance de Talleyrand à Caulaincourt publiée par Jean Hanoteau (*Revue des Deux Mondes*, 1935, nos 29 et 30.

7. Metternich, II, p. 248.

Page 510. 8. Citée par K. Waliszewski, *La Russie il y a cent ans. Le règne d'Alexandre Ier*, 1801-1825, Paris, Plon, 3 vol., 1923-1925. I, p. 264.

9. *Mémoires de Mme de Rémusat*, III, appendice, p. 395. La même anecdote est racontée par lord Holland qui la tient également de Talleyrand lui-même (*Souvenirs*, p. 128, note 3).

10. Metternich, II, « Mémoire sur les éventualités d'une guerre avec la France », Vienne, 4 décembre 1808, p. 248.

Page 511. 11. Il exprimait déjà la même pensée dans une lettre du 10 décembre 1807 à Caulaincourt. Mais la variété de son esprit est telle que, cette fois, il a l'air de faire croire à son correspondant que les conquêtes françaises au-delà du Rhin sont la marque du génie de Napoléon. À Caulaincourt, il s'agit de faire croire qu'on aime le maître. Talleyrand sait que ses confidences au grand écuyer lui sont répétées : « Mon tout petit esprit a bien de la peine à se persuader que ce que nous ferons au-delà du Rhin dure plus que le grand homme qui l'ordonne. Nulle nation, après lui, ne consentira à obéir à une autre nation. La main vigilante et puissante de l'Empereur nous préservera de tout, mais qui est-ce qui lui succédera ? La nature ne produit pas deux hommes de sa dimension » (Hanoteau, *op. cit.*, première partie, p. 789).

12. Friedrich von Müller, *Souvenirs des années de guerre, 1806-1813*. Nlle éd. en trad. française, Fondation Napoléon, 1992, pp. 164-165. À Erfurt, il était chargé de négocier des arrangements territoriaux pour le duc d'Oldenburg. Cette source m'a été aimablement communiquée par Thierry Lentz.

13. *Mémoires du baron de Vitrolles*, I, p. 240.

Page 512. 14. Louise de Prusse, princesse Antoine Radziwill, *Quarante-cinq années de ma vie, 1770-1815*, Paris, Plon, 1911, p. 297.

15. *Ibidem* I, pp. 243-244, et Pasquier, I, pp. 337 *et sq.*, qui donnne une version un peu différente de l'anecdote.

16. Metternich, *op. cit.*, pp. 248-249. De son côté, Alexandre lui-même rassure Vincent à Erfurt sur la portée de ses engagements avec Napoléon. Cf. la lettre de Vincent à Stadion du 1er octobre citée par Waliszewski (I, p. 269). Avec l'appui de Talleyrand, il écrira même à François Ier dans le même sens.

17. Nicolas Gosse, *L'Entrevue d'Erfurt*, 1838, musée de Versailles.

Page 513. 18. Corneille, acte III, scène 4.

19. La convention du 12 octobre est reproduite dans les Mémoires de Talleyrand (I, pp. 453 *et sq.*).

20. *Mémoires*, I, p. 450.

Page 515. 21. Jean Hanoteau, *op. cit.*, Talleyrand à Caulaincourt, 23 octobre 1812, deuxième partie, p. 165.

22. AN MC Et XV 1198, Chodron, 15 juillet 1817, Dépôt du transport d'une reconnaissance de dette de 200 000 francs de Louis de Périgord à Charles-Maurice, sur la tête d'Archambaud de Périgord, signé à Varsovie le 31 mars 1807.

Page 516. 23. *Souvenirs de la duchesse de Dino*, Paris, s.d., Calmann-Lévy, pp. 250-251.

24. Voir là-dessus Michel Missoffe, *Le Cœur secret de Talleyrand*, *op. cit.*, pp. 156-157.

Page 517. 25. Archives de Zielonej Gorze (Pologne). « Contrat de mariage de M. Alexandre Edmond de Talleyrand-Périgord et de S.A.S. la princesse Dorothée de Courlande. » Les biens de Dorothée qu'elle a hérités de son père, dispersés en Prusse orientale, en Saxe et en Bohême, resteront sous l'administration d'un conseil de tutelle, jusqu'à sa majorité de vingt-quatre ans (art. 2).

26. Archives Pange, Mimouche, « Lettres inédites d'Aimée de Coigny à sa cousine la marquise de Coigny, d'après les originaux conservés dans une bibliothèque privée en Grande-Bretagne » (Lausanne, mai 1994). Lettre du 19 juin 1809.

Page 518. 27. Talleyrand à Alexandre, Paris, 24 mars 1809. Archives des Actes anciens d'État russe (RGADA), MF : FS, op.1.N210 (correspondance de Talleyrand à Alexandre, 1808-1810). Lettre citée par E. Cazal : « Talleyrand et Alexandre », *Feuilles d'histoire*, 1er avril 1910, p. 341.

28. C'est ce qu'il dira à Caulaincourt, dans le traîneau qui le ramènera de Russie en 1812. *Mémoires*, II, pp. 331-332.

29. Las Cases, *Mémorial*, I, pp. 835-836.
30. *Mémoires du baron de Vitrolles*, I, p. 245.

Notes du chapitre 24

Page 519. 1. Bertrand, *op. cit.*, pp. 479-480.
2. Cité par Artaud de Montor, *op. cit.*, p. 267.

Page 520. 3. Mémoires de Mme de Rémusat (III, pp. 288 *et sq.*) Les confidences et les critiques de Talleyrand, qui se déclare hostile au divorce, à son amie Mme de Rémusat à Fontainebleau, en octobre 1807, doivent être prises pour ce qu'elles sont : un leurre destiné à rassurer Joséphine et à déjouer Fouché qui prend trop de place dans cette affaire dont il aimerait pouvoir s'occuper seul. Car, au bout du compte, si les deux hommes sont d'accord sur le divorce, ils divergent sur le choix de la nouvelle impératrice, russe pour Fouché, autrichienne pour Talleyrand. Sur ce point, Metternich a raison (II, 245).
4. Pasquier, I, p. 354.
5. Artaud de Montor, p. 265-269. Ils ont dû se voir aussi chez Mme de Rémusat.

Page 521. 6. Méneval, II, pp. 467-468 et Mémoires du duc de Rovigo, 1828, V, p. 167.
7. Note ministérielle du 9 février 1809 (AN AF IV 1505), citée par L. Madelin, *Fouché*, II, p. 80.
8. *Mémoires*, I, pp. 355-356. Voir également Mollien, *Mémoires d'un ancien ministre du Trésor public*, de 1800 à 1814, 1898, II, p. 7. Pasquier écrit la partie de ses Mémoires qui concerne cette affaire dans les dernières années de la Restauration. Dans un texte inédit plus tardif consacré aux rapports de Napoléon et de Talleyrand, il revient sur cette intrigue et donne une version un peu différente. Napoléon aurait été mis au courant du « complot » par Eugène, dès le mois de décembre 1807, à l'occasion de son passage à Milan. Des lettres à Murat, lues par lui et recopiées, seraient parvenues à leur destinataire qui ne se serait douté de rien. Dans ce même texte, Pasquier insinue que Talleyrand aurait déjà pensé à Murat, plutôt qu'à Joseph, à Varsovie en 1807. Archives de Sassy, *op. cit.* Pour l'ancien préfet de police de Napoléon et ministre de Louis XVIII, il ne fait pas de doute que toutes ces intrigues expliquent en partie la trahison du roi de Naples et son retournement contre Napoléon à partir de 1813.

Page 522. 9. Metternich, II, p. 261-262.
10. Cambacérès, II, p. 250. Cambacérès, qui a assisté à la « scène » du 29 janvier, n'en parle pas dans ses Mémoires.
11. Sa nomination sera publiée le 30, au *Moniteur*, dans des termes qui atténuent la disgrâce de l'ancien ministre : « La place de grand chambellan étant devenue vacante par la promotion de M. le prince de Bénévent à la dignité de vice-grand Électeur, et S.A. n'ayant géré cette charge depuis cette époque que par intérim, S.M. a nommé grand chambellan M. de Montesquiou, membre du Corps législatif. » Une « tournure » qui amortit en partie, écrit Metternich à Stadion le 2 février « les bruits qui circulaient dans le public » (II, p. 268). Talleyrand lui-même écrit à Caulaincourt le 6 février : « Vous aurez appris que l'empereur a nommé un nouveau grand chambellan. Le langage à cet égard a été déterminé par le *Moniteur*. » (Hanoteau, *op. cit.*, première partie, p. 812).

Page 523. 12. Anciennes archives du château de Broglie, citée par Lacour-Gayet, IV, p. 105.

13. Pasquier tient ses informations de Mme de Rémusat directement renseignée par Talleyrand et plus tard de Decrès. Méneval et Mollien, le ministre du Trésor, qui consacrent de longs passages de leurs mémoires à l'événement, n'étaient pas présents. Cambacérès, Gaudin et Fouché n'en soufflent mot. Talleyrand non plus, bien sûr. Le meilleur article sur la question est encore celui de Mathieu Couty : « Quand Napoléon prononça la disgrâce de Talleyrand », *Historia*, février 1989, pp. 68-77. L'analyse qui conduit l'auteur à dater la scène du dimanche 29 janvier 1809 (date pourtant retenue par Montesquiou, dans les Mémoires de son fils Anatole, pp. 154-156, mais qui n'avait été suivie par personne), et non de la veille, le samedi 28, comme l'ont cru la plupart des biographes de Talleyrand, est très pertinente. Elle est confirmée par un rapport de la police de Fouché que M. Couty n'a pas vu, daté du lundi 30 janvier 1809 : « On ne parle dans les salons de Paris, depuis dimanche soir, que de la disgrâce du prince de Bénévent » (d'Hauterive, *op. cit.*, p. 521). Fouché tente par ailleurs de se disculper de toute relation avec Talleyrand dans ses bulletins.

14. Selon Pasquier (I, p. 357). La durée de la scène varie suivant les mémorialistes jusqu'à trois heures selon Montesquiou, ce qui paraît peu vraisemblable.

Page 524. 15. Pasquier, I, p. 358 et Montesquiou, p. 155.

16. Le mot « historique » le plus célèbre de Napoléon à Talleyrand – que seul Mollien, qui n'était pas là le 29 janvier, cite dans ses Mémoires (II, p. 334) – aurait, selon Edmond Biré, été lancé au cours d'une autre scène, en présence du maréchal Bertrand (*Mémoires d'outre-tombe*, éd. Biré, III, p. 204, note). Il est, comme souvent diversement attribué. O'Meara en parle pour la première fois, dans son *Journal de Sainte-Hélène* (1824, II, 25 août 1817, p. 240, note), en le mettant dans la bouche d'une « dame célèbre », peut-être Mme de Staël. Vingt ans plus tard, dans ses Mémoires, Méneval l'attribue cette fois à Lannes, connu à la cour pour son langage très militaire, avec une légère variante : « Dans de si beaux bas de soie, foutre de la merde ! » (1845, éd. de 1894, II, p. 230). Pour Chateaubriand enfin, c'est lord Lauderdale qui l'aurait prononcé, à l'époque de négociations de paix du gouvernement Fox (1849-1850, *Mémoires d'outre-tombe*, éd du Centenaire, *op. cit.*, II, pp. 380-381). S'il n'a pas prononcé exactement le mot tel qu'il nous est parvenu, Napoléon en a eu la pensée. À Mayence, en octobre 1813, il disait devant Caulaincourt : « C'est l'homme qui a le plus de vues, d'adresse, mais c'est de l'or à côté de la merde » (I, introduction, p. 162).

17. Sainte-Beuve, *Monsieur de Talleyrand*, éd. Léon Noël, *op. cit.*, p. 166.

18. Montesquiou est celui qui décrit le mieux la scène, la configuration des lieux, etc., et la haine qui s'exprima, du côté du noble Faubourg, à l'occasion de la disgrâce de l'ex-grand chambellan. À un bal masqué, un personnage mystérieux lui aurait dit : « On t'a ôté la clef, mais le coffre et les vices sont restés » (p. 156).

19. Cité en note, par le petit-fils de Mme de Rémusat, Paul de Rémusat, dans les Mémoires de sa grand-mère (I, appendice, p. 399).

Page 525. 20. Le cercle eut lieu exceptionnellement le lundi et non le dimanche soir, comme à l'habitude. La veille, Napoléon s'était rendu au bal de la reine de Hollande.

21. La scène est racontée par Méneval, qui la tient de Gaudin (II, pp. 229-230).

22. *Cahiers de la quinzaine*, 23 juillet 1912, « De Napoléon », pp. 66-68.

Notes du chapitre 25

Page 526. 1. Sur Bethmann, voir Émile Dard, *op. cit.*, p. 232.

2. Pour 1 000 livres par mois. Archives Pange, *op. cit.*, lettre inédite d'Aimée de Coigny à la marquise de Coigny, 19 juin 1809. Metternich venait

de quitter Paris pour Vienne, mais sa femme était encore là. Par le contrat de mariage d'Edmond et de Dorothée, article 6, on sait par ailleurs que le neveu de Talleyrand était propriétaire du même hôtel, 2, rue Neuve-Grange-Batelière, acheté en mars 332 000 francs aux héritiers Delaage (AN MS Ét. CXXI 634).

Page 527. 3. Cette dépêche chiffrée, comme celles qui vont suivre, n'est pas publiée dans les Mémoires de Metternich. Émile Dard, qui les a découvertes aux archives de Vienne, les cite dans son livre *Napoléon et Talleyrand*, *op. cit.*, pp. 227 *et sq.*

4. *Ibidem*, p. 230.

5. Gourgaud, *Journal de Sainte-Hélène*, Paris, Flammarion, 2 vol., 1947. II, 9 janvier 1917.

6. Il lui dit la même chose en 1812, dans le traîneau qui le ramène de Russie (Caulaincourt, *Mémoires*, II, p. 253).

7. Œuvres de P.-L. Roederer, *op. cit.*, III, p. 541, lundi 6 mars (1809).

Page 528. 8. Archives Pange, *op. cit.*, Aimée de Coigny à la marquise de Coigny, 29 juillet 1809.

9. Bertrand, p. 481, Paris (fin avril 1809).

10. Archives Pange, *op. cit.*, Aimée de Coigny à la marquise de Coigny, Paris, 29 juillet 1809.

Page 529. 11. Archives duc de Dino, cité par Serge Fleury, *op. cit.*, lettre de Talleyrand à la duchesse de Bauffremont, Pont-de-Sains, 7 (août) 1809.

12. *Journal de Mme de Cazenove, op. cit.*, p. 15.

13. Gourgaud, *ibidem.*

Page 531. 14. *Mémoires de Mme de Rémusat*, III, p. 189.

15. *Mémoires de la comtesse de Kielmannsegge*, I, p. 140 : « Les trois vertus capitales de M. de Talleyrand sont : la foi, Mme de Laval ; l'esprit, la duchesse de Courlande, et la charité, Mme de Tyszkiewicz » (I, p. 154). Vitrolles, I, p. 345.

16. Clary, *op. cit.*, pp. 361-362.

Page 532. 17. AN MC Ét. XV 1206, contrat du 8 mars 1808. Talleyrand achète également l'hôtel voisin, d'Angennes, dit « le petit hôtel Matignon ». Voir également Michel Missoffe, « Talleyrand et sa fortune », in *Talleyrand*, collectif, Hachette, 1964, pp. 211-215. D'après M. Missoffe, Talleyrand emprunte 213 000 francs à Crawfurd en règlement de la soulte de 300 000 francs qui résulte de la différence de prix entre les deux hôtels des rues d'Anjou et de Varenne. Le prêt est hypothéqué sur l'hôtel de Monaco et a dû être remboursé rapidement, d'après l'acte de main-levée de l'hypothèque, daté du 6 février 1812, qui figure dans les archives de l'étude Chodron (1594) et a échappé à Missoffe. On notera que la rumeur publique grossit considérablement le prix de vente de l'hôtel de Monaco estimé à 2,5 millions de francs (d'Hauterive, *La Police secrète du Ier Empire, nouvelle série, 1808-1809*, Paris Clavreuil, 1963. Rapports des 13 et 17 janvier 1808).

Page 533. 18. Clary, p. 130. Sur les Crawfurd, voir *The Glenbervie Journal*, Walter Sochel publ., Londres, 1910 ; plus succinctement Olivier Blanc, *Les Espions...*, *op. cit.*, p. 155 et Michel Missoffe, *op. cit.*, p. 221.

19. *Lettres de Mme de Rémusat, 1804-1814*, Paris, 2 vol., Calmann-Lévy, 1881. I, pp. 200-202, (16 juin 1805).

Page 534. 20. Mme de Chastenay, pp. 395-396.

21. À Mme de Rémusat, in *Lettres*, *op. cit.*, Paris, dimanche soir, décembre 1809, pp. 282-283.

22. Cambacérès, II, p. 327.

23. La reine Hortense indique dans ses Mémoires que les lettres de Metternich à sa femme étaient montrées à Talleyrand dès leur arrivée à Paris (II,

p. 59). Voir également dans les Mémoires de Metternich les lettres des 3 et 27 janvier 1810 échangées par la femme et le mari (II, pp. 314-316).

Page 535. 24. Jean Hanoteau, *op. cit.*, deuxième partie, p. 150.

25. *Mémoires de Mme de Chastenay*, p. 395.

26. *Journal du maréchal de Castellane*, II, 19 juillet 1828, p. 257.

Page 536. 27. Comtesse de Kielmannsegge, *op. cit.*, pp. 103-104. La comtesse était venue à Paris avec la duchesse de Courlande en 1809. Elle détestait Talleyrand et renseignait à l'occasion Savary sur ce qui se disait dans le salon du prince et dans ceux de ses amies. Ses Mémoires sont d'un tel parti pris qu'ils doivent être utilisés avec précaution. D'après André Beau, un rapport de police signale en août 1811 le passage de la princesse à Valençay, en route pour les eaux de Bourbon où elle aurait retrouvé San Carlos (p. 80).

28. Vitrolles, I, p. 249. Cet échange est également cité, avec des variantes, par le prince de Ligne, dans ses *Fragments de l'histoire de ma vie* (Paris, Plon, 1928, II, p. 323).

29. Citée par Henri Malo, in *Le Beau Montrond*, *op. cit.*, p. 54.

30. Jean Hanoteau, *op. cit.*, p. 150. Sa lettre à Caulaincourt, début février 1810.

Page 537. 31. Karl-Robert Nesselrode, *Lettres et papiers du chancelier comte Nesselrode, 1760-1850*. Paris, Lahure, 11 vol., 1904-1912. III, p. 273. Nesselrode à Speranski, 6/18 juin 1810.

32. Pasquier, I, p. 395. Les détails que livre Talleyrand à Nesselrode sur toute l'affaire au cours du mois de mai prouvent qu'il était au moins très bien informé. Labouchère avait ses entrées chez Wellesley grâce à son beau-père, le banquier Baring, qui lui avait rendu service à l'époque où les deux hommes étaient respectivement directeur de la Compagnie des Indes et gouverneur des Indes (Nesselrode, 4/16-5-1810, p. 255).

33. Nesselrode, *op. cit.*, 14/26-6-1810, p. 277.

34. Ouvrard sera arrêté le soir même. Talleyrand aura juste le temps de le croiser chez Mme Hamelin et de lui dire que Napoléon a parlé de lui au Conseil. Il restera en prison jusqu'au 16 septembre 1813.

Page 538. 35. La scène est rapportée par Thiers dans son *Histoire du Consulat et de l'Empire* (XII, p. 143) Cambacérès confirme dans ses Mémoires la position de Talleyrand (II, p. 341).

36. *Ibidem*, p. 273.

37. Metternich, « Sur les éventualités d'une guerre avec la France », 4 décembre 1808, II, p. 243.

Page 539. 38. *Correspondance générale de Napoléon*, Saint-Cloud, 29 août 1810. XXI n° 16850. Citée par Sainte-Beuve, éd. Léon Noël, *op. cit.*, p. 164. Méneval l'évoque dans ses Mémoires (II, p. 367).

39. Stendhal, *Journal*, 1811-1823 (1963).

40. Clary, 11 mai 1810, pp. 234-235.

41. Hanoteau, *op. cit.*, deuxième partie, 15 septembre 1810, p. 157.

42. Nessselrode, *op. cit.*, 5/17 septembre 1810.

Notes du chapitre 26

Page 540. 1. En 1806, il cherchait déjà à placer Boson à la cour du roi de Hollande, Louis Bonaparte, comme grand chambellan. Louis refusa (Mémoires de la reine Hortense, I, p. 245).

2. Le 28 novembre 1807, il achète à Philippe Fleuy, propriétaire à Levroux, dans l'Indre, 245 000 francs de « grands bois » et de « forêts » qu'il finira de payer en janvier 1809 (AN MC ET XV 1209 Chodron, 13 mai 1808). Il continue par ailleurs à acheter des maisons à Paris : le 16, rue de Babylone, entre autres, en décembre 1808, pour 18 000 francs (*ibidem*, 1215). Il loue la maison à Adèle de Bellegarde.

3. Lettre de Napoléon à Champagny, 1er février 1811. Voir Ingold, *op. cit.*, pp. 247-248. Depuis la fin de l'année précédente, Talleyrand multipliait les démarches et rapports auprès de Champagny pour que celui-ci obtienne de Napoléon la cession de sa principauté évaluée par le Trésor de Naples à 1 728 000 francs, selon Louis de Beer, en janvier 1807.

4. Ses propos sont rapportés par Nesselrode (Correspondance, 17 février/1er mars 1811, III, p. 328.) Il prétendait aussi à qui voulait l'entendre que Napoléon l'avait forcé à acheter l'hôtel de Monaco et que ses frais de représentation étaient au-dessus de ses moyens. Les conditions d'achat de l'hôtel, l'identité de son ancien propriétaire, les goûts de luxe de Talleyrand ne plaident pas dans ce sens.

Page 541. 5. Méneval, II, p. 415. Il évoque la somme invérifiable de 1 500 000 francs, qui correspond pourtant à ce qu'il demandera à Alexandre en septembre. Voir *infra*.

6. Nesselrode, 24-3/5 avril 1810, III, pp. 235-237.

Page 542. 7. Archives des actes anciens d'État russe (RGADA) Moscou. MF : F.5, op. 1 N210, « Correspondance de Talleyrand avec Alexandre Ier, 1808-1810 ». Ces lettres ont été publiées par E. Cazal *in* « Talleyrand et Alexandre », *Feuilles d'histoire*, 1er avril 1910, pp. 340-344. Les originaux n'avaient jusqu'alors jamais été communiqués.

8. Nesselrode, *op. cit.*, Nesselrode à Speranski, 9/21 avril 1811, III, p. 341. Voir également une lettre de Talleyrand à Nesselrode du 29 mars 1811 citée par Dard (p. 260) et conservée à la Bibliothèque Thiers, fonds Masson.

Page 543. 9. Il s'agissait d'un prêt de 200 000 francs accordé par Charles-Maurice à Auguste à l'occasion de son mariage avec Caroline d'Argy en août 1804. À court d'argent, Charles-Maurice aurait remis le billet à un tiers qui s'était retourné contre Auguste pour en obtenir le paiement.

Le 26 décembre 1812, Napoléon écrit à Cambacérès pour lui demander d'intervenir en « arbitre » dans cette affaire qui n'aura pas de suite. « Vous terminerez cette affaire en lui donnant la forme d'un arrangement de famille et non d'un engagement de commerce, qui ne doit pas avoir lieu entre gens d'honneur » (*Correspondance générale*, n° 18370). Méneval évoque l'audience donnée par Napoléon à la femme d'Auguste, son chambellan (II. pp. 396-397).

10. Kielmannsegge, I, pp. 101-102. L'auteur situe la scène à Compiègne en août 1811.

11. Dans le catalogue manuscrit des *Ventes de tableaux, dessins et objets d'art, première partie 1801-1850* de la Bibliothèque Doucet, on trouve mention d'une vente Radix de Sainte-Foy de « Tableaux des écoles flamandes, hollandaises, françaises », le 16 janvier 1811. Étant donné les liens qui existent entre Talleyrand et Radix, il peut s'agir d'une vente déguisée dans laquelle Talleyrand aurait placé plusieurs de ses propres tableaux. Michel Missoffe signale par ailleurs la vente, le 30 avril 1811, de quatre-vingt-huit livres « très bien conditionnés » de sa bibliothèque (collectif Talleyrand, *op. cit.*, p. 214).

12. Le 18 juin 1811. Dalberg paie 125 000 francs comptant sur les 200 000 francs du prix du 25, rue d'Anjou. Voir *supra*.

13. Rémusat, III, appendice, p. 401.

14. *Correspondance générale*, n° 18370, 26 décembre 1811. Cambacérès, chargé de la négociation, prétend par ailleurs dans ses Mémoires que Napoléon

s'exécuta après avoir reçu ce qu'il appelle « un témoignage de docilité » de son ancien ministre. Talleyrand acceptait en effet de céder la préséance à Berthier, prince de Neufchâtel et depuis peu de Wagram, dans les cérémonies publiques (II, pp. 380-381). Les blessures d'amour-propre n'empêchent pas la souplesse.

Page 544. 15. Tous ses contemporains – sauf Cambacérès qui exagère dans le sens inverse et parle de 4 millions (II, p. 380) – prétendent que Napoléon l'aurait « acculé » à la vente de son hôtel pour une somme dérisoire, sinon gratuitement. Voir les Mémoires de Pasquier, de Méneval, de Kielmannsegge (I, p. 37). Pourtant cette dernière fait dire plus loin à Napoléon : « Je n'ai pas fait faire une mauvaise affaire à Talleyrand en lui achetant son palais de la rue de Varenne », ce qui est exact (p. 117). L'hôtel de Monaco était évalué 600 000 francs au contrat d'achat du 8 mars 1808. Même si l'on déduit les 2 180 000 francs déboursés par le Trésor pour l'achat de l'hôtel, le prix de la maison de la rue de Babylone, évaluée 18 000 francs en décembre 1808 et rachetée en même temps, la plus-value est considérable : près d'un million de francs ; l'hôtel de Monaco sera par la suite donné à la reine Hortense. Michel Missoffe est le seul qui, sans toutefois citer ses sources (aucune trace au Minutier central), a donné des détails précis sur ces rachats échelonnés du 19 février 1811 au 9 avril 1812 (collectif Talleyrand, *op. cit.*, pp. 214-215). On trouve la trace incomplète de ces paiements dans la *Correspondance générale* de Napoléon. Voir, au n° 18470, l'un des ordres de paiement au prince de Bénévent d'un million deux cent quatre-vingt mille francs, signé de Mollien et contresigné de Napoléon, sur la caisse du Domaine extraordinaire. 31 janvier 1812. Mollien spécifie bien que Napoléon lui a donné l'autorisation de ne faire aucune retenue sur cette somme.

16. Voir la lettre de Napoléon à Mollien du 13 juin 1811 : « Vous aurez une conférence avec M. de Talleyrand. Vous lui ferez comprendre que, s'il ne rend pas cette somme, vous serez obligé de le faire poursuivre » (Lecestre, éd. 1897, II, p. 138). Quant au montant de ce remboursement, toutes les hypothèses ont été avancées, jusqu'à la somme astronomique de 4 millions de francs. Il s'agit en fait de 680 000 francs (voir Missoffe, *op. cit.*, pp. 214-215).

17. Pasquier tombe dans le panneau et fait le lien entre les deux affaires dans le texte inédit qu'il a laissé sur les rapports entre les deux hommes (archives de Sassy, *op. cit.*) De même, Talleyrand a sans doute volontairement exagéré, pour charger Napoléon, le montant des frais d'entretien des princes d'Espagne à Valençay. Nesselrode les évalue, depuis le début de leur séjour, à 700 000 francs en février 1811, alors que sa terre d'Indre-et-Loire ne rapporterait que 13 000 francs par an. Or, selon Missoffe, Napoléon rembourse 150 000 francs les frais de séjour des princes à Valençay (Correspondance, 17 février-1er mars 1811, III, pp. 328-329).

18. 1er octobre 1836, cité par M. Missoffe, *Le Cœur secret de Talleyrand*, p. 251.

Page 545. 19. Curieusement, en janvier 1810, Napoléon voulait installer le ministère des Relations extérieures dans cet hôtel. Son architecte Fontaine l'en dissuada. Il sera encore question en 1811 d'y loger les deux ministres du royaume d'Italie Mareschalchi et Aldini (Journal, I, pp. 250, 251, 303).

Page 546. 20. AN MC Ét. XV Chodron 1595, 5 mars 1815. Le dossier comprend de nombreuses pièces : le prêt du 16 décembre 1801, les actes de transport de la dette du 8 août 1811, l'acte de vente du 5 mars 1812.

21. *Ibidem*, 1597, 5 juin 1812 ; 1600, 16 novembre 1812 ; 1613, 8 septembre 1814. C'est toujours Charles-Henri Roux, le fondé de pouvoir du prince, qui intervient dans ces transactions.

Notes du chapitre 27

Page 548. 1. *Correspondance de Nesselrode*, février 1811, III, pp. 322 *et sq.*

2. D'après le rapport que fait Kourakine de ses discussions avec Napoléon, le 15 août 1811 (Nesselrode, III, p. 405). Talleyrand poussait par ailleurs au remplacement de Kourakine par Nesselrode pour conduire les négociations du côté russe.

3. *Ibidem*, III ; p. 417.

Page 549. 4. À Mayence, en mai 1812, à la veille d'entrer en campagne, Napoléon dira à Caulaincourt, en parlant du cabinet russe qu'il « avait fait le fier et refusé [la] médiation [de l'Autriche], même ses bons offices sur nos différends » (I, pp. 325-326).

5. « Lettres de Talleyrand à Metternich », *Revue de l'Institut Napoléon*, n° 95, avril 1965.

26 septembre 1811, p. 67. Des mots clés sont malheureusement réputés illisibles. Les originaux sont introuvables.

6. D'autant plus que, d'après la comtesse de Kielmannsegge, l'empereur lui aurait proposé 500 000 francs d'appointements pour cette mission.

Page 550. 7. C'est ce que dit Caulaincourt (I, pp. 322-323). On ne trouve pas la trace de cet ordre dans les Mémoires de Savary. Voir également Méneval (II, pp. 530-531). D'après une lettre de Schwarzenberg à Metternich citée par Émile Dard (p. 276), l'épisode se situerait autour du 20 mars 1812. La comtesse de Kielmannsegge le situe le 24 mars (I, p. 140).

8. Caulaincourt, II, p. 258.

9. *Mémoires de la comtesse de Kielmannsegge*, 22 août 1812, I, p. 158.

10. La duchesse de Dino certifie dans sa chronique qu'il est de lui (I, p. 227).

Page 551. 11. Cité par Lacour-Gayet qui la date du 9 janvier 1812, *Talleyrand*, II, p. 306.

12. *Mémoires de la comtesse de Kielmannsegge*, I, p. 151.

13. Montrond à Flahaut, mai (1809). La lettre est citée par Henri Malo, *Le Beau Montrond*, *op. cit.*, p. 103.

Page 552. 14. *Ibidem*, I, p. 91. En mars 1812, un certain Michel, employé au ministère de la Guerre, sera passé par les armes pour avoir donné des renseignements à Tchernitchev. « Je n'ai jamais bien démêlé, ajoute Aimée de Coigny, pourquoi cette petite affaire émut si fort M. de Talleyrand qu'il fut des semaines invisibles » (p. 223). Voir *supra*.

15. *Mémoires*, pp. 237-238.

16. Talleyrand intime, d'après sa correspondance inédite avec la duchesse de Courlande. *La Restauration en 1814*. Paris, Kolb, s.d., p. 69, 7 février 1814.

17. *Ibidem*, 2 février 1814.

Page 553. 18. Intermédiaire des chercheurs et des curieux, t. XXXV, col. 131, citée par Lacour-Gayet, II, p. 315.

19. Jean Hanoteau, *op. cit.*, 26 et 31-10-1812, pp. 166-167.

20. Journal, p. 163.

Page 554. 21. Caulaincourt, II, p. 398.

22. Talleyrand au chevalier de Floret, d'après une lettre de ce dernier à Metternich, 12 février 1813, citée par É. Dard, *Napoléon et Talleyrand*, *op. cit.*, p. 304.

Page 555. 23. *Ibidem*, p. 306, d'après le Journal du chevalier de Floret.

24. Marquis de Noailles, *Le Comte Molé*, Paris, Champion, 1922. I, p. 192.

25. Il s'agit de la proclamation, datée d'Hartwell, du 1er février 1813. Cambacérès, II, p. 440 et Marquis de Noailles, *op. cit.*, I, p. 191.

Page 556. 26. Collection E. Ernst, 03, *op. cit.*

27. Villemarest, *M. de Talleyrand, Mémoires pour servir à l'histoire de France*. Paris, Roret, 4 vol., 1834-1835. IV, pp. 233-235.

28. Stendhal parle de trois lettres, situe l'anecdote au retour de la campagne de Russie, et raconte cette histoire au cours d'un dîner avec lord Broughton à Milan, le 23 octobre 1816. Il était en effet à Paris de la fin janvier au 15 avril 1813 et siégeait au Conseil d'État comme auditeur. Cambacérès aurait empêché le procès voulu par Napoléon et lui aurait dit : « Quoi, toujours du sang !... » (Lord Broughton, *Napoléon, Byron et leurs contemporains, op. cit.*, II-1816-1822, p. 65).

Page 557. 29. Comtesse de Kielmannsegge, I, p. 182.

30. *Mémorial de Sainte-Hélène*, II, p. 1087, 13 août 1816. À Caulaincourt, il dira, en avril 1814 : « Talleyrand me trahissait depuis six mois. »

31. Aux Tuileries, les 1er et 16 janvier 1814, au Conseil, après la messe. Cf. *Correspondance inédite de Talleyrand avec la duchesse de Courlande*, 2 et 17 janvier 1814.

Page 558. 32. Caulaincourt, III, p. 434.

33. Mme de Rémusat, I, p. 107. La proposition inattendue de faire une situation exceptionnelle en Espagne à Wellington pour freiner sa marche en avant est évoquée par Savary dans ses Mémoires (VII, pp. 229-231). Voir aussi Villemarest, *M. de Talleyrand, op. cit.*, IV, p. 249. Par ailleurs Ferdinand VII ne quittera Valençay pour l'Espagne que le 3 mars 1814, en pleine campagne de France.

Page 559. 34. Las Cases, II, p. 1086, 13 août 1816.

35. *Journal du maréchal de Castellane*, I, décembre 1822, p. 447. Peu après la nomination de Mathieu de Montmorency au ministère.

36. Le mot est rapporté par la duchesse de Dino qui a entendu Talleyrand le prononcer chez sa mère (*Chronique*, I, p. 227).

37. Parlant de Napoléon, il dira encore : « Avec tout l'esprit du monde, que peut-on devenir quand on s'est réduit, pour toute conversation à la conversation de M. Maret » (Charles de Rémusat, *Mémoires de ma vie*, Paris, Plon, 5 vol., 1958-1967. I, p. 135.)

Page 560. 38. Caulaincourt, introduction, I, pp. 161 *et sq.* Cela se passe avant le 18 novembre 1813, peu de temps après le retour de Napoléon de Mayence, le 9 novembre. Pasquier situe – à tort – la tentative de Napoléon dans les premiers jours de janvier (II, p. 141).

39. Il reprendra les mêmes arguments plus tard dans ses Mémoires : « Je refusai nettement, comprenant bien que nous ne pourrions jamais nous entendre sur la seule manière de sortir du dédale dans lequel ses folies l'avaient enfermé » (II, p. 136).

40. Cité par Lacour-Gayet (II, p. 327). Savary confirme dans ses Mémoires l'entretien de Napoléon et de Talleyrand. Une autre des conditions exigées par l'empereur était sa démission de sa charge de vice-Grand Électeur, qu'il refusa.

Quatrième partie

Notes du chapitre 1

Page 563. 1. *Mémoires de Charles de Rémusat*, I, p. 135. Cette conversation date des derniers jours de décembre.

Page 564. 2. *Mémoires de la marquise de La Tour du Pin, op. cit.*, pp. 341-342.

Page 565. 3. Cdt. M.-H. Weil, *Les Dessous du congrès de Vienne d'après les documents originaux des archives du ministère impérial et royal de l'Intérieur à Vienne*, Paris, 2 vol., 1917. I, rapport des 2 et 3-11-1814, p. 459.

4. Cité par Lacour-Gayet, II, p. 329.

5. Pasquier II, p. 142. Selon ce dernier, Talleyrand lui aurait alors écrit une lettre pleine de tact en lui demandant de mesurer la situation qu'il lui faisait et la jugeant incompatible avec sa charge de grand dignitaire. Peut-être Pasquier fait-il une confusion avec la scène du dimanche précédent, 16 janvier.

6. *Correspondance générale*, n° 21210.

7. Caulaincourt, III, p. 172. Il dira encore : « Son rôle était écrit. [...] Il savait que j'avais voulu le faire arrêter » (p. 232).

Page 566. 8. Aimée de Coigny, p. 178.

9. *Mémoires d'outre-tombe*, II, p. 492.

10. *Mémoires*, I, p. 236.

11. Barante, II, p. 35.

Page 567. 12. *Mémoires*, II, p. 156.

13. D'après Dalberg qui défend sa candidature, c'est ce que le prince lui dira le 31 mars 1814. Dalberg rapporte ce mot au général Foy qui le note dans son Journal à la date du 22 février 1822. (*Notes journalières, 1820-1825*, Compiègne, 1925, 3 vol.).

Page 568. 14. Aimée de Coigny, pp. 180-181.

15. Caulaincourt, III, p. 172, 2 avril 1814.

16. *Correspondance inédite de Talleyrand*, *op. cit.*, p. 129.

17. Pasquier, II, p. 194.

Page 570. 18. *Correspondance inédite...*, *op. cit.*, pp. 161-162.

19. En janvier, le tsar s'était montré ouvert à la candidature de Bernadotte au trône de France, puis il avait songé à y pousser Eugène de Beauharnais.

20. *Correspondance inédite...*, *op. cit.*, 20 mars 1814, p. 170.

Page 571. 21. Vitrolles (I, p. 67 *et sq.*) raconte sa mission en détail. C'est Nesselrode lui-même qui montrera le message à Mme de Boigne qui en rapporte le texte dans ses Mémoires (I, p. 222). Étant donné l'époque à laquelle il écrit, Vitrolles s'est peut être inspiré d'une caricature anglaise publiée en 1832, lorsqu'il met dans la bouche de Dalberg la phrase qu'il cite dans ses Mémoires. La caricature a pour titre *The Cat's Paw* et illustre les rapports de Talleyrand et du diplomate anglais Palmerston, sur le règlement de la question belge. Un singe (Talleyrand) force un chat (Palmerston) à se saisir de cacahuètes sur un four brûlant où est inscrit le mot « Holland ». Sur les cacahuètes, on lit les mots : « Anvers », « Belgium » (n° 17302 du *Catalogue des caricatures du British Museum*, Londres, 1947, reproduite au tome I de l'édition Javal des Mémoires de Talleyrand).

Page 572. 22. C'est la version de Talleyrand dans ses Mémoires (II, p. 148), et aussi celle de Dalberg (II, appendice I, pp. 257 *et sq.*). Elles sont confirmées par les faits.

23. Jusqu'au 18 mars, les lettres qu'il adresse à Caulaincourt sont encore favorables à Napoléon. Le 17, le jour même de la rupture du congrès de Châtillon, il lui écrit : « L'Autriche souhaite encore sauvegarder une dynastie avec laquelle elle est étroitement liée. La paix dépend encore de votre maître ; dans très peu de temps, ce ne sera plus le cas » (cité par Bertier de Sauvigny, *Metternich*, Fayard, 1986, p. 190). Voir aussi sa lettre du 18 mars citée dans les Mémoires de Talleyrand (II, p. 269).

Notes du chapitre 2

Page 573. 1. C'est Talleyrand lui-même qui raconte cet épisode burlesque (Mémoires, II, p. 135).

Page 574. 2. *Mémoires du comte de Lavalette*, pp. 285-286. Les Polignac s'étaient évadés le 28 janvier.

3. Pasquier (II, pp. 217-218) et Savary (VI, pp. 378-379). Plusieurs jours après, Caulaincourt ne comprendra toujours rien à cet homme qui, le 28 mars, se prononçait pour le maintien de la régente à Paris et, le 2 avril, faisait voter par le Sénat la déchéance de Napoléon et de sa famille (III, p. 407).

Page 575. 4. Pasquier, II, p. 232. Comme préfet de police de Paris, il venait de refuser officiellement de prêter la main au stratagème. Mais il est presque certain qu'il a couvert l'opération en sous-main. Talleyrand pensait-il pouvoir se racheter ainsi aux yeux de Napoléon au cas où les événements tourneraient en faveur de ce dernier ? Personne à Paris, parmi ses proches, ne sera dupe de la manœuvre. Le baron Sers (p. 105) rapporte que le 31 mars le portier de l'hôtel de la rue Saint-Florentin lui aurait raconté que son maître aurait tenté par deux fois de quitter la ville, par la barrière d'Enfer, ce qui est inexact mais l'avait fait rire. Pasquier se trompe également en parlant de la barrière des Champs-Élysées. La barrière de Passy (dite des Bons-hommes ou de la Conférence), le long de la Seine, au bout de l'actuelle avenue de New York, est celle qui mène directement à Versailles et Rambouillet, par la route de l'Impératice. Le comte de Sémallé donne la bonne information et ajoute que le prince serait rentré par la barrière du Roule, de peur de se faire jeter à la Seine. Le commandant de la barrière du Roule, qui n'était pas dans le secret du stratagème, lui aurait naïvement proposé de le conduire sans encombre à Versailles, ce qui aurait provoqué un froid. Tous les ministres et les grands dignitaires quittèrent bien sûr la capitale sans obstacles.

Page 576. 5. *Mémoires de Jacques Laffitte*, pp. 61-62. Voir également ceux de Bourrienne qui exagèrent le royalisme de Laffitte, et ceux de Lavalette (pp. 290-291).

6. Alexandre avait été l'élève du philosophe et publiciste suisse Jean-François de La Harpe, l'ami de Voltaire. Dès le mois de septembre 1804, dans ses instructions à Novosiltzow qui allait négocier à Londres l'alliance de l'Angleterre, le jeune tsar parlait de rendre à la France « la liberté fondée sur ses véritables bases ».

Page 577. 7. « Mémoire du comte Frédéric de Gentz », 12 février 1815, in *Mémoires de Talleyrand*, II, p. 475.

8. Mikhaïl Orlov, « La capitulation de Paris en 1814 », in *Les Russes découvrent la France*, Éditions du Progrès, 1990, pp. 120-121, 131.

Page 578. 9. Nesselrode, *Lettres et papiers*, II, p. 115. Il n'est pas impossible que le billet anonyme qui atteint l'entourage du tsar au moment même où celui-ci défile dans Paris ne soit pas sorti du cabinet de Talleyrand. Celui-ci se remboursera des frais de séjour du tsar chez lui en se signant à lui-même un mandat de 150 000 francs sur la caisse du gouvernement provisoire (Sers, p. 114).

10. Caulaincourt, III, p. 85.

Page 579. 11. *Mémoires*, II, pp. 155 *et sq.* Guglielmo Ferrero est le seul a avoir insisté, dans son *Talleyrand au congrès de Vienne*, sur la profonde originalité de ces pages qu'il tient avec raison pour une contribution importante à la théorie de la légitimité.

12. Raymond Aron, *Paix et guerre entre les nations*, Calmann-Lévy, 1984, p. 110.

13. En évoquant les « intrigues », Talleyrand pense sûrement au duc d'Orléans dont Nesselrode lui a parlé le matin même au nom du tsar. « Dites à votre maître, lui avait répondu le prince, que ni lui ni moi ne serions assez forts pour mettre autre chose à la place de Bonaparte que le roi légitime. » Molé tient ce récit de la bouche même de Talleyrand, en décembre 1821 (Molé [Noailles] IV, p. 450). Il existe plusieurs versions du fameux Conseil du 31 mars. L'ex-abbé de Pradt, qui, avec le baron Louis, prend la conversation en cours de route, en a laissé une dans son *Récit historique sur la restauration et la royauté en France, le 31 mars 1814* (p. 64 *et sq.*) Talleyrand de son côté en fait la relation détaillée au comte Beugnot qu'il vient d'appeler au ministère de l'Intérieur du gouverne-

ment provisoire, dans les tout premiers jours d'avril (Beugnot, II, pp. 103-104). On a choisi cette version, plutôt que celle de ses propres Mémoires, plus tardive et plus élaborée (Talleyrand, II, pp. 163 *et sq.*). Tous les autres comptes rendus de ce Conseil (Pasquier, Boigne) sont de seconde main.

Page 580. 14. Il est presque certain que le texte de cette déclaration affichée dans Paris le 1er avril était déjà au point au moment du conseil. Talleyrand avait dû y travailler avec Dalberg et Nesselrode dans la journée avant même l'arrivée d'Alexandre, rue saint-Florentin. Charles Dupuis le publie intégralement dans *Le Ministère de Talleyrand en 1814*, Paris, Plon, 2 vol., 1919. I, p. 156.

15. Savary, VI, 370-372.

Page 581. 16. *Mémoires d'un bourgeois de Paris*, Paris, 1856, I, p. 308.

17. Seuls les membres du conseil général de la Seine et du conseil municipal de Paris, emmenés par Bellart, s'étaient publiquement déclarés contre Napoléon et en faveur des Bourbons dans une proclamation rédigée le 31 mars, affichée dans la nuit du 1er avril et publiée le 2, dans le *Journal des Débats*. Le prince juge, le 1er avril, la manœuvre de Bellart prématurée. Il souhaite la déchéance mais la veut solonnelle, au Sénat (Pasquier, II, p. 272). Voir sur cette question, Jean Tulard, *Paris et son administration*, *op. cit.*, p. 365.

18. D'après l'acte de déchéance rédigé par Lambrechts et voté le 3 avril.

19. Cette lettre est reproduite sous la date du 3 avril dans les Mémoires de Talleyrand (II, p. 261). Dans son journal intime, Constant indique le 8 avril, date plausible. Il était encore à Liège le 3 avril et ne pouvait vraisemblablement pas connaître le rôle joué par Talleyrand au Sénat, le 2. Maintenu à l'écart par Talleyrand sous la première Restauration, Constant réglera ses comptes avec son ancien ami dans ses *Mémoires sur les Cent-Jours*. Cette fois, Talleyrand, loin d'être le restaurateur des libertés, lui a « toujours porté malheur ». « Son nom se rattache à toutes les journées qui ont fait triompher le despotisme depuis 1787 jusqu'en 1815 » (édition O. Pozzo du Borgo, J.-J. Pauvert, 1961, pp. 25-26).

20. Cité par Jean Thiry, *Le Sénat de Napoléon*, Paris, Berger-Levrault, 1949, p. 311, note 2.

Page 582. 21. Sers, *op. cit.*, p. 108.

22. *Correspondance inédite de Talleyrand*. Talleyrand à la duchesse de Courlande (ce 4 avril 1814). Les billets de Talleyrand à son amie ont été datés ultérieurement. Celui par lequel il lui annonce la retraite de Marmont date certainement du lendemain 5 avril, tôt dans la matinée. Alexandre lui-même n'apprendra la nouvelle que le 5 avril au lever du jour.

Page 583. 23. Collection E. Ernst, 011.

24. Dans une lettre à la duchesse de Courlande qu'il lui demande de brûler (*Correspondance inédite*, *op. cit.*, pp. 169-170).

Page 584. 25. Pasquier (II, p. 286). Voir Maurice Garçon, *La Tumultueuse Existence de Maubreuil*, Hachette, 1954, et le chapitre V du *Talleyrand* de Léon Noël (Fayard, 1975). Le premier innocente Talleyrand, le second se montre beaucoup plus critique sur le rôle du prince dans cette affaire, sans plus de preuves à l'appui. Roux-Laborie, secrétaire général adjoint du gouvernement provisoire, a bien sûr compté le pseudo-marquis de Maubreuil parmi ses protégés et hommes de main de toutes nuances, anciens chouans, aventuriers et autres qui ont rendu à cette époque des « services » peu avouables. Comment, sans cela, Maubreuil aurait-il obtenu le 17 avril d'Anglès, le directeur de la Police générale, de Bourrienne, le directeur des Postes et des autorités militaires alliées, des pouvoirs et des sauf-conduits qui lui permettront de circuler en toute impunité avec une escorte à cheval ? Pas de sauf-conduits sans sérieuses protections. Il existe aux Archives nationales une curieuse lettre inédite de Roux à Beugnot (Gand,

8 mai 1815), dans laquelle ce dernier nie bien sûr toute implication dans l'affaire. Il parle seulement d'un « corps-franc » royaliste aux ordres de Maubreuil chargé de défendre Paris contre l'armée impériale et donne des détails sur la façon dont il aurait rencontré l'aventurier (40 AP 18, « Lettres particulières »). Ce dont on est sûr, c'est que, quelques jours plus tard, Maubreuil se réclamera de la protection de Roux pour mettre la main, le 21 avril, à Fossard sur la route de Fontainebleau à Sens, sur le trésor de la reine de Westphalie (la femme de Jérôme Bonaparte). Au passage, il garde deux caisses, l'une d'or et l'autre de bijoux, pour son compte personnel. Après avoir été capturé par la police, il fera chanter Vitrolles et Pasquier en leur racontant pour se couvrir qu'il avait formellement reçu de Talleyrand l'ordre d'assassiner Napoléon à Fontainebleau. (Vitrolles, II, pp. 74 *et sq.* et Pasquier, II, pp. 365 *et sq.*). Au-delà des mensonges de Maubreuil, on ne saura sans doute jamais l'exacte vérité de cette ténébreuse affaire, mais Talleyrand ne devait pas être tranquille. Une chose est particulièrement troublante : pourquoi Roux-Laborie n'a-t-il jamais été entendu à aucun des procès à répétitions de Maubreuil qui suivront sous la Restauration ?

26. L'un des généraux de Marmont, Souham, croyant Napoléon au courant des négociations secrètes du maréchal avec Schwarzenberg et craignant les représailles, avait pris la décision de la défection dans la nuit (Caulaincourt, III, pp. 214-215). À Versailles, on calmera les soldats sur le point de se mutiner en leur payant l'arriéré de leur solde grâce à un mandat de 250 000 francs signé par Talleyrand sur la caisse du gouvernement provisoire (Sers, p. 113).

27. Pasquier, II, p. 309. C'est ce dernier qui avec Caulaincourt (III, 207 *et sq.*) rend le mieux compte de cet épisode. Les récits de Marmont (V, p. 362) et Macdonald (pp. 274 *et sq.*), également présents, sont moins fiables.

Notes du chapitre 3

Page 587. 1. D'après la notice « Talleyrand » de Capefigue, p. 620, *in* 2e édition de la *Biographie universelle* de Michaud.

2. Talleyrand avait défendu Dupont lors de son procès en février 1812. Il considérait sa condamnation à la prison à vie par Napoléon comme « un acte honteux » (lettre à la duchesse de Courlande, 25 février 1812, citée par Lacour-Gayet, II, p. 307). Parmi les « commissaires du gouvernement » (c'est leur titre), on compte également La Forest aux Relations extérieures, Henrion de Pansey à la Justice, Anglès à la Police. Pasquier reste à la préfecture de police et Chabrol à la préfecture de la Seine. Bourrienne remplace Lavalette à la poste aux lettres, fonction éminemment stratégique. Le vieux Malouet, nommé à la Marine, n'arrivera qu'un peu plus tard de son exil de Tours où il a été relégué par Napoléon depuis 1812.

Page 589. 3. Henri Sers est celui qui décrit le mieux, avec Beugnot (I, pp. 101-102) et Vitrolles (I, pp. 325 et 294), l'ambiance de l'entresol, dans ces premiers jours d'avril. *Souvenirs d'un préfet de la Monarchie de Juillet*, *op. cit.*, pp. 108-111). Ses Mémoires sont peu connus et ont été rarement utilisés.

Page 590. 4. Pasquier, II, p. 321 et Vitrolles, I, p. 394.

5. Metternich, II, p. 472.

Page 591. 6. Pasquier, II, p. 288. Il s'agit d'un billet du 3 avril de Pasquier à Maret alors que ce dernier lui demandait de la part de Napoléon des détails sur ce qui se passait à Paris. À la fin de son billet, Pasquier, qui entre-temps avait rallié le gouvernement provisoire, lui signifie de ne plus s'adresser à lui. Sers, dans ses Mémoires, parle d'un emprunt de 6 millions négocié avec Laffitte et Reiset, receveur général de

Rouen ! (p. 115). Talleyrand a dû avoir recours aussi à l'argent de la caisse noire des jeux affermée par Bernard et contrôlée par Charles Schulmeister, le célèbre espion dont un agent autrichien à Paris écrit en avril qu'il est très proche de Dalberg (rapport de Vogel à Hager, 16 avril 1814). Sous la Restauration, le prince continuera à avoir des hommes à lui à la ferme des jeux, en particulier un certain M. de Chalabre, associé à Boursault qui rempace Bernard en 1819. L'auteur anonyme d'une brochure publiée en 1824 sur l'affaire des jeux évoque « la haute main de Talleyrand sur les jeux » et la qualifie de « fatalité inexplicable » (A. Douay et G. Hertault, *Schulmeister*, Fondation Napoléon, 2002, pp. 230-231 et 318).

Page 592. 7. Pasquier, II, pp. 318-319.

8. Beugnot, II, p. 138-139. Sur un plan politique, un tel choix pouvait se défendre. En revanche, il se révélera désastreux sur un plan personnel. Talleyrand devait pourtant savoir que la charge de grand maître de la garde-robe de Liancourt avait été donnée entre-temps au favori du roi, le comte de Blacas. De plus, Liancourt avait renvoyé son cordon bleu (l'ordre du Saint-Esprit) au roi au temps de la Révolution, faute gravissime aux yeux de ce dernier, très à cheval sur le respect de sa Maison et sur celui de l'étiquette. Talleyrand enverra également son frère Boson à Hartwell, cette fois pour des raisons plus personnelles (*Souvenirs du comte de Sémallé*, Paris, Picard, 1898, p. 207).

Page 594. 9. Sers, p. 115.

10. C'est ce qu'il dit à Vitrolles qui lui répond en pensant au roi : « Oui, mais c'est précisément avec un nœud coulant qu'on est pendu » (II, p. 104).

Page 595. 11. Vitrolles, I, p. 351.

12. À Vitry-le-François, sur la route de Paris, il prend connaissance de la lettre du gouvernement provisoire datée du 7 avril, écrite par Talleyrand, à laquelle est jointe une copie de la Constitution (Vitrolles, I, pp. 372-373 et Sers, p. 115).

13. Le 8 avril dans la soirée, le gouvernement avait adopté une demi-mesure : le drapeau blanc et la cocarde tricolore. Le même jour, le maréchal Jourdan, en imposant à Rouen la cocarde blanche à ses troupes, décidait de la question. Certains diront (Pasquier, II, p. 329) que l'on aurait fait croire à Jourdan que Marmont l'avait déjà adoptée. Talleyrand s'en serait sorti par une pirouette. « Qu'est-ce que la cocarde ? » aurait-il demandé à Dufresne de Saint-Léon. Réponse : « Monseigneur, c'est un fragment du drapeau national » (Sers, p. 113). Donc, drapeau blanc, cocarde blanche. Parmi les royalistes, tout le monde la portait déjà, y compris les frères de Talleyrand, Archambaud et Boson, ce qui ajoutait à la confusion (Barante, II, p. 36).

Page 596. 14. Beugnot (II, pp. 121-122). Beugnot n'était pas encore arrivé de Lille et l'anecdote lui a été rapportée. On peut pourtant s'y fier. Mgr de Pradt, bon publiciste, avait raté sa vocation militaire. Il se montrera toujours très fier de ce qu'il appelait ses « qualités guerrières ». C'est peut-être pour cela que Talleyrand le fera nommer grand chancelier de la Légion d'honneur, ce qui est un comble pour un archevêque. Le 4 avril, il était sur le point d'accompagner Alexandre au cas où il y aurait eu bataille contre Napoléon au sud de Paris.

15. *Ibidem* (II, pp. 129-130), Barante (II, p. 48) et Pasquier (II, p. 344) Le pseudo-discours de Monsieur, que celui-ci croira avoir réellement dit, sera publié au *Moniteur* du lendemain. Il est habile et tient lieu de profession de foi politique.

Page 597. 16. L'échange se fit aux Tuileries, le 14 avril. Talleyrand avait préparé une réponse plus énergique à la délégation sénatoriale. Le comte d'Artois y « jurait » au nom de son frère d'observer les bases de la Constitution. Vitrolles changa les termes du texte au dernier moment, à la grande fureur de Charles-Maurice (Vitrolles, II, p. 7) et Pasquier (II, pp. 353-354).

Notes du chapitre 4

Page 598. 1. Talleyrand, qui s'y connaît en demi-étages, l'appellera en riant le « ministère de l'Entresol », parce que les conseillers d'Artois travaillaient au pavillon de Marsan, entre l'étage réservé au gouvernement et celui du prince (*Mémoires du marquis de La Maisonfort*, Paris, Mercure de France, 1998, p. 228).

2. *Ibidem*, p. 227.

3. Vitrolles, III, p. 241.

Page 599. 4. Pasquier, II, p. 396. C'est Charles de Noailles, le beau-frère de sa nièce Françoise, fille d'Archambaud, qui avait épousé Juste en 1803, le cadet des Noailles de la branche des ducs de Mouchy, qui le lui apprend en revenant de Calais. Pour le reste, Talleyrand connaissait bien sûr l'existence de Blacas dont il avait reçu une note dès le mois de décembre 1813 (Villemarest, M. de Talleyrand, IV, p. 252).

5. La liaison de la comtesse de Balbi avec son frère Archambaud en 1794 est connue. C'est elle qui conduira à la rupture du roi, alors à Vérone, avec son ancienne maîtresse. Mme de Maillé, bien informée, prétend que Talleyrand lui-même aurait également été son amant dans les années 1780. Mme de Balbi, grande joueuse comme lui, restera jusqu'au bout l'une des vieilles amies du prince, ce qui est un signe. Ils feront ensemble des séjours à Rochecotte chez Mme de Dino en 1835. « Elle est toujours de bonne humeur, ne parle point de politique et sait assez bien la partie du temps passé », dit Talleyrand à la duchesse de Bauffremont (archives du duc de Dino, n° 140, Rochecotte, 2 avril 1835, inédite). Voir les *Souvenirs des deux Restaurations*, *op. cit.*, p. 84).

Page 600. 6. *Souvenirs du vicomte de Reiset*, Paris, Calmann-Lévy, 3 vol., 1899-1902. II, pp. 498-499.

7. Beugnot (II, pp. 147-149) et Pasquier (II, p. 403). Tous les deux tiennent la phrase de Talleyrand lui-même qui, en la leur citant, feignait d'avoir été traité par le roi sur un pied d'égalité. C'est vrai, dans la mesure où Louis l'invite à s'asseoir, mais en apparence seulement.

Page 601. 8. Charles de Rémusat, *Mémoires de ma vie*, Paris, Plon, 5 vol., 1958-1967. I, p. 151.

9. D'après sa lettre à son cousin Ferdinand IV de Naples, citée par Philip Mansel, in *Louis XVIII*, *op. cit.*, p. 192. Voir également les « Observations » très critiques du roi à la constitution sénatoriale, citées par Mansel (pp. 188-189).

10. *Mémoires du comte Ferrand*, Paris, Picard, 1897, pp. 64-67.

11. Beugnot, II, p. 169. Les trois commissaires nommés par le roi et chargés de débattre du nouveau texte sont Beugnot lui-même, l'abbé de Montesquiou et Ferrand. Malgré la défense du roi, Talleyrand intervient directement auprès d'eux, puis à nouveau en Conseil des ministres, sans parvenir toutefois à imposer son point de vue sur la question de la liberté de conscience qu'il a toujours défendue depuis 1789. Contre son avis, la religion catholique est déclarée « religion de l'État » (art. 6). En revanche, il parvient à faire modifier l'article 8 sur la liberté de la presse. Grâce à lui, le législateur « réprime », mais ne peut « prévenir » les abus de presse. Dans le cas contraire, la censure aurait été totale (Ferrand, p. 81). Enfin, Talleyrand, aidé de l'abbé Louis, aggrave et renforce la responsabilité de l'État, vis-à-vis de la dette publique. À l'article 70 (« La dette publique est garantie »), il fait ajouter une phrase qui fonde la responsabilité financière de l'État moderne : « Toute espèce d'engagement pris par l'État avec ses créanciers est inviolable. » La continuité de l'État est ainsi établie, de l'Empire à la Restauration, et ses créanciers, rassurés. Très logiquement,

Villèle, l'un des futurs chefs du parti ultraroyaliste qui veut faire table rase du passé révolutionnaire de la France, reproche violemment cet article à l'ancien évêque d'Autun. Ce dernier défendait déjà ce même principe de la responsabilité financière et de la continuité de l'État en 1789 (Villèle, II, p. 262).

Page 602. 12. Les députés sont élus au suffrage censitaire parmi les contribuables les plus imposés des départements, les pairs sont nommés à vie par le roi. Seuls 84 des 118 anciens sénateurs qui ont la nationalité française seront appelés à la pairie, le 4 juin. Les anciens conventionnels qui ont voté la mort de Louis XVI sont éliminés. Talleyrand occupe une place à part dans la liste du 4 juin. On trouve son nom entre les ducs et pairs et les ducs héréditaires de l'ancienne monarchie également appelés à la pairie, et les maréchaux et dignitaires de l'Empire. À lui tout seul, il fait le lien entre l'ancien et le nouveau monde (*Manuel de la pairie*, Paris, Didot aîné, 1er janvier 1824 : « Liste nominative des 54 pairs que Sa Majesté nomme à vie pour composer la Chambre des pairs de France, 4 juin 1814 »).

Page 603. 13. *Correspondance diplomatique du comte Pozzo di Borgo*, 2 vol., Paris, 1890. I, 1er/ 13 juin 1814, p. 12.

14. *Ibidem*, I, 24 juin / 6 juillet 1814, p. 17.

15. *Ibidem*, 13/25 juillet 1814, p. 40. Le contre-projet soutenu par Talleyrand en Conseil ne comportait aucune censure préalable des journaux, par le biais de l'autorisation royale. Il sera finalement rejeté. Il était courageux, en plein déchaînement contre lui de la presse et des brochures royalistes. Montesquiou présentera son projet à la Chambre des députés le 5 juillet. Il sera voté le 11 août. Malgré l'autorisation préalable, la presse sera infiniment plus libre sous la Première Restauration que sous l'Empire.

Page 604. 16. *Lettres de Madame Reinhard à sa mère*, 1901, 2 juillet 1814, p. 412.

17. *Correspondance diplomatique du comte de Maistre*, 1860. I, p. 376. Maistre, l'un des principaux théoriciens de la Contre-Révolution, représentait à Paris le roi de Sardaigne.

18. Pasquier, III, pp. 3-4.

Page 605. 19. Chambres des pairs de France, *op. cit.*, session de 1814, procès verbal, vol. 1, pp. 428 *et sq.* ; Impressions diverses, vol. 2, n° 41, « projet de loi sur les finances ». La vente de 300 000 hectares de forêts de l'État, pour la plupart d'anciens biens du clergé et dont les bénéfices sont destinés au paiement et à l'amortissement des obligations du Trésor royal (art. 31), fera crier les royalistes. Dans leur esprit, c'est poursuivre la liquidation des biens du clergé, commencée en 1790, au bénéfice de ces mêmes bourgeois enrichis par la Révolution.

Notes du chapitre 5

Page 606. 1. Cette accession était liée au traité de paix générale signé le 30 mai. Entre-temps, les puissances signataires du traité de Fontainebleau (Russie, Prusse et Autriche) avaient forcé la France à prendre seule à sa charge le paiement de la dotation de 2,5 millions de francs, promise à Napoléon, malgré les résistances de Talleyrand (Dupuis, I, p. 374).

Page 607. 2. *Correspondance inédite de Talleyrand*, *op. cit.*, 23 avril 1814.

Page 608. 3. *L'Europe et la Révolution française*, *op. cit.*

Page 609. 4. *Mémoires*, II, p. 174.

5. Sur le *Volksaufstand* (soulèvement populaire) et le *Volkserhebung* (levée en masse) allemands, voir l'article très pénétrant de Roger Dufraisse (« À propos des guerres de délivrance allemandes de 1813 »), in *Revue de l'Institut Napoléon*, n° 148, 1987-1.

6. Rapport du 20 avril 1814 cité par Charles Webster, *The Foreign Policy of Castelreagh* (Londres, 1931). I, p. 249, note 1.

Page 610. 7. Talleyrand obtient également l'annulation des créances anciennes réclamées, d'État à État, à la France. On ne retient que le principe de la validité des créances particulières. La question va se compliquer singulièrement avec le retour de Napoléon en 1815. Elle ne sera reglée que tardivement et à grands frais, sous le ministère Richelieu. De même si Talleyrand ne sauve pas les dotations distribuées par Napoléon à ses fidèles dans les pays conquis – ce qu'il a tenté de faire dans son contre-projet du 12 mai –, il sauve les biens nationaux acquis à titre onéreux par les Français depuis la Révolution en Belgique, Piémont, et sur la rive gauche du Rhin. C'est le comte de La Forest qui représente la France au sein de la commission des finances, le marquis d'Osmond (le père de Mme de Boigne) au sein de la commission dite des limites. Seuls leurs rapports et ceux de Talleyrand au roi, à l'occasion des Conseils, ont été conservés aux MAE (MD France, vol. 673) et aux AN (AF V, 2). Il ne semble pas y avoir eu de comptes rendus des délibérations entres les plénipotentiaires principaux dont les conférences se sont déroulées de façon informelle du 10 au 30 mai. Charles Dupuis est l'auteur de l'étude la plus complète sur la paix du 30 mai du point de vue des sources étrangères : *Le Ministère de Talleyrand en 1814*, *op. cit.*, I, chapitre X.

8. Talleyrand, qui philosophiquement est partisan de l'abolition de la traite des Noirs, a tout fait pourtant pour obtenir des aménagements à cette clause, afin de ne pas prendre de front le lobby colonial français qui pensait devoir souffrir commercialement d'une telle mesure. D'autant plus que, dès le 24 avril, il avait autorisé une diminution considérable des droits de douane en faveur des produits anglais.

9. Même si Talleyrand n'a jamais réduit la négociation à une simple question de frontières, il a tout fait pour améliorer le tracé de la frontière « belge » en conservant les Flandres et Luxembourg et en laissant d'Osmond s'avancer le plus loin possible sur cette question. Seul un ultimatum de Castelreagh le 23 mai le fera renoncer (voir les rapports du marquis d'Osmond des 16 et 24 mai aux MAE). Je remercie S.E. l'ambassadeur Alain de Sédouy de m'avoir communiqué ces pièces qu'il a exploitées dans une perspective beaucoup plus critique que la mienne dans son tout récent *Congrès de Vienne* (Perrin, 2003).

10. Paul W. Schroeder analyse bien ce point de vue dans son chapitre consacré à la paix de 1814 (*The Transformation of European Politics, op. cit.*).

Page 611. 11. Dans le contre-projet rédigé par La Besnardière au projet présenté par Metternich le 10 mai. (Dupuis, I, p. 344).

Page 612. 12. Dupuis, *op. cit.*, I, pp. 374-375.

Page 614. 13. D'après Charles de Rémusat Talleyrand aurait écrit cette lettre à deux mains avec sa mère Claire de Rémusat (*Mémoires de ma vie*, I, p. 238, note 3).

14. Au cours de l'automne, la duchesse de Courlande quittera la rive droite pour l'ancien hôtel Kinsky (127 ; aujourd'hui 53, rue Saint-Dominique) qu'elle louera à la veuve du général d'Empire comte Walther qui y logea, pendant l'« occupation » de Paris le prince Schwarzenberg et ses filles. Jacques Coulmann évoquera plusieurs des dîners de la duchesse où se retrouveront en août 1815 Alexandre, Talleyrand et Mme de Staël avec laquelle il venait de se « raccommoder » (I, pp. 75-76).

15. Il n'obtiendra même pas une préfecture pour le comte de Rémusat qui lui avait rendu un fier service le 30 mars (Pasquier, III, p. 68).

16. Archives du domaine de Peyrat. « Fragment inédit du journal de Viennet », p. 63. L'expression est restée. Par extension on donnera sous la Restauration le nom de « maison Bancal » à son hôtel de la rue Saint-Florentin, par

allusion à l'affaire Fualdès et au crime spectaculaire de l'ancien procureur bonapartiste de Rodez, le 19 mars 1817. Cela donnera lieu à une anecdote rapportée par Latouche dans son *Album perdu*. Pour la comprendre, il faut savoir que la maison des époux Bancal, dans laquelle Fualdès aurait été égorgé, était une maison de passe. Devant le prince, une dame réputée pour sa raillerie et sa légèreté faisait un jour allusion au surnom donné à sa maison : « Que voulez-vous, madame, le monde est si méchant... On vous aura vue entrer ! » On saisit aussi les résonances politiques du surnom donné par les fidèles de Napoléon à l'hôtel de Talleyrand. Fualdès, un franc-maçon qui fit toute sa carrière sous la Révolution et l'Empire, avait été destitué de son poste au début de la seconde Restau ration. La maison Bancal était réputée pour être un repaire d'ultraroyalistes de sac et de corde. Par extension, Talleyrand, l'homme qui boite, le prince bancal, est aussi le fossoyeur de l'Empire (voir Michel-Louis Rouquette, *La Rumeur et le meurtre, l'affaire Fualdès*, PUF, 1992).

17. Broglie, *Revue d'histoire diplomatique*, *op. cit.*, deuxième partie, p. 221, lettre du 21 octobre 1814.

Notes du chapitre 6

Page 615. 1. *Mémoires*, II, pp. 207 et 209.

2. *Mémoires*, II, « Instructions pour les ambassadeurs du roi au congrès », août 1814, pp. 214-256.

Page 617. 3. Circulaire du 25 juillet 1815, *in* A. Polovtsoff, *Correspondance diplomatique des ambassadeurs et ministres de Russie en France et de France en Russie avec leurs gouvernements de 1814 à 1830*, Saint-Pétersbourg, 3 vol., 1902, I, p. 428.

Page 618. 4. Metternich, II, « Mémoire de Frédéric de Gentz, du 12 février 1815 », p. 474.

5. Pasquier se dit frappé de son « découragement » à la veille de son départ. Celui-ci était sans doute en partie joué (III, pp. 67-68).

Page 620. 6. *Correspondance inédite du prince de Talleyrand et du roi Louis XVIII pendant le congrès de Vienne*, éd. Pallain, Paris, Plon, 1884. Lettre du 4 octobre 1814, pp. 13 *et sq.* Voir également le *Journal de Gentz* qui reproduit en français dans ses deux premiers volumes les discussions des conférences de Vienne (*Tagebücher*, Leipzig, 4 vol., 1873-1874).

7. *Ibidem*, lettre du 9 octobre 1814, p. 36.

Page 622. 8. Voir son mémoire du 2 novembre et sa lettre à Metternich du 19 décembre (Metternich, II, p. 509 *et sq.*).

Page 623. 9. *Correspondance du comte Pozzo di Borgo*, I, 14/26 septembre 1814, p. 80.

10. Commandant M.-H. Weil, *Les Dessous du congrès de Vienne d'après les rapports originaux des archives du ministère impérial et royal de l'Intérieur à Vienne*, Paris, Payot, 2 vol., 1917. I, rapport au ministre de la Police baron de Hager du 30 septembre 1814, p. 170. Ces rapports seront souvent cités par la suite, avec ceux qui ont été publiés par ailleurs par August von Fournier, *Die Geheimpolizei auf dem Wiener Kongress*, Vienne, 1913.

11. *Ibidem*, I, p. 182.

12. *Ibidem*, I, p. 326.

13. Sur lui, voir Weil, *ibidem*, I, p. 817.

14. *Souvenirs du Congrès de Vienne*, 1814-1815, Paris, Vivien, 1901.

Page 624. 15. Vitrolles, III, p. 181. Talleyrand tentera sans succès d'en faire un ministre de la Maison du roi en juillet 1815. Noailles, le fils du Noailles de la nuit du 4 août, était l'un des membres fondateurs de l'association secrète des Chevaliers de la foi, très proche également de la Congrégation. L'un de ses secrétaires à Vienne était l'ancien chef de la congrégation de Lyon, Franchet d'Esperey, futur directeur de la police de Charles X. Sur l'admiration de Noailles pour Talleyrand, voir également le *Journal de la marquise de Montcalm*, Paris, Grasset, 1936, p. 47.

Page 625. 16. Voir la-dessus les extraits de ses mémoires publiés par Artaud de Montor, *op. cit.*, pp. 512-513.

17. Parmi les secrétaires : La Martinière, Challaye, Formond, Rouen et Charles-Joseph Bresson, le neveu de l'inamovible chef de la division des fonds resté à Paris. Louis Sers, le frère d'André, accompagne Dalberg, Liedekercke, le comte de La Tour du Pin, Franchet d'Esperey, Target et le jeune Astolphe de Custine qui n'a pas de poste bien défini, le vicomte de Noailles. « Je ne sais à quoi nous pourrons l'employer, écrit Talleyrand à Alexis de Noailles à propos d'Astolphe le 2 novembre, mais amenez-le-moi ; après tout, il nous sera utile, il ira dans le monde et nous communiquera ses observations. » Saint-Mars occupait le poste de sous-chef de la division du Midi. Flury, celui de chef de la division commerciale. Damour était sous-chef du bureau du chiffre. Bogne de Faye, auditeur au Conseil d'État, ne rejoindra Vienne qu'en mars 1815 où il restera jusqu'au 8 juin avec le titre de chargé d'affaires.

18. Il est l'auteur entre autres d'une brochure sur les droits de Ferdinand de Bourbon à Naples où Murat règne toujours.

Page 626. 19. Gaston Palewski, *Le Miroir de Talleyrand, lettres inédites à la duchesse de Courlande au congrès de Vienne*, Paris, Perrin, 1976. 24 février (1815), p. 127.

20. *Souvenirs de la baronne du Montet*, p. 115.

Page 627. 21. G. Palewski, *Le Miroir secret de Talleyrand*, p. 54.

22. Voir les lettres peu connues qu'il écrit à sa mère, de Vienne, *in* Bonnefon, *Revue bleue*, août 1910. L'influence qu'exercera Talleyrand sur le fils de Delphine de Sabran est telle qu'on la retrouve encore dans son célèbre voyage en Russie (*La Russie en 1839*, 4 vol., 1843) écrit vingt-cinq ans plus tard. Il y perpétue une tradition antirusse qui était déjà celle de son patron.

Notes du chapitre 7

Page 628. 1. F. Bac, *Le Secret de Talleyrand*, Paris, Hachette, 1933, pp. 61-62.

2. Voir le rapport du 7 octobre et le brouillon d'un billet de Talleyrand à Wilhelmine du 29 (octobre), cités par Weil (I, pp. 243 et 406).

3. Grâce à la duchesse de Courlande et à Talleyrand, Alexandre de Russie avait accepté d'être le parrain du second fils de Dorothée, justement prénommé Alexandre, né le 15 décembre 1813.

Page 629. 4. *Souvenirs du chevalier de Cussy*, *op. cit.*, I, p. 384.

5. Friedrich von Gentz, *Tagebücher*, *op. cit.*, II, 20 février 1816.

6. *The Diary of Philipp von Neumann*, *op. cit.*, I 1819-1833, p. 242.

7. *Le Miroir secret de Talleyrand*, 31 octobre 1814, p. 60.

Page 630. 8. Lettre de Dalberg à son oncle, 24 novembre 1814, citée par G. Palewski, in *Le Miroir secret*, *op. cit.*, p. 70, note.

9. Archives du duc de Dino, n° 4, Talleyrand à la duchesse de Bauffremont, Fontainebleau, 8 octobre 1810.

10. Parmi les anecdotes inédites sur l'ancienne condition de Talleyrand, le comte de Saint-Priest rapporte un mot du duc de Richelieu qui, voyant l'exévêque au bal du prince de Metternich en domino noir, très proche de l'ancien « petit collet » de l'époque du séminaire de Saint-Sulpice, aurait dit : « Voilà

M. l'évêque qui va officier. » Il rapporte encore plusieurs conversations horrifiées de dames viennoises sur le même sujet (AN 395 AP3, Papiers d'Armand-Emmanuel de Saint-Priest : « Quelques détails sur la vie du duc de Richelieu »).

11. Duchesse de Dino, *Chronique de 1831 à 1862*, *op. cit.*, III, 18 juin 1841. Il s'agit en fait d'un extrait de lettre à Bacourt. L'essentiel de cette *Chronique* a été fabriqué ainsi.

12. Il n'existe que six lettres connues de Talleyrand à sa nièce, dans la collection d'E. Ernst. Elles sont tardives et datent de 1836.

Page 631. 13. *Au congrès de Vienne. Journal de Jean-Gabriel Eynard*, Paris, Plon, 2 vol., 1914. Il parle d'une « jeune poulette [...] à peine habillée » (I, p. 12, 9 octobre 1814).

14. On ne trouve rien là-dessus dans les archives des notaires, mais c'est ce que révèlent plusieurs lettres inédites de la duchesse de Courlande à sa fille Wilhelmine – citées par Micheline Dupuis dans sa récente biographie de la duchesse de Dino, beaucoup trop angélique, à notre avis, sur la nièce de Talleyrand (Perrin, 2002) –, notamment une lettre du 27 décembre 1815 (p. 208). C'est à ce moment-là également que Charles-Maurice prend la décision de substituer ses titres et dignités de pair en faveur de son frère Archambaud et donc, en ligne directe, aux enfants de Dorothée, Louis et Alexandre. Ce sera chose faite par ordonnances des 25 décembre 1815 et 28 octobre 1817. Entre-temps, le roi avait accordé à Charles-Maurice le titre de prince de Talleyrand par brevet du 6 décembre 1815, ce qui lui permettait de faire oublier l'encombrant titre de prince de Bénévent, avant même la vente du duché (musée Talleyrand, château du Marais).

Page 632. 15. Weil, II, 14 août 1815, p. 702 et 5 novembre 1815, p. 728.

16. Pasquier, III, p. 376. Mme de Boigne, Molé et Rémusat disent la même chose. Talleyrand interviendra à plusieurs reprises auprès de Gentz et de Metternich pour empêcher le divorce. Voir sa lettre à ce dernier du 17 janvier 1816, *in* « Lettres de Talleyrand à Metternich », *Revue de l'Institut Napoléon*, n° 95, avril 1965, pp. 74-75.

17. *Correspondance de M. de Rémusat pendant les premières années de la Restauration*, *op. cit.*, II, Charles de Rémusat à sa mère (19 juin 1816), p. 86. Dorothée rentre à Paris dans les premiers jours de mars. Castellane note le 19 mars que, depuis son retour, Talleyrand ne met plus les pieds chez son amie Mme de Laval. Puis il accompagne sa nièce à Valençay fin avril (*Boniface-Louis-André de Castellane*, 19 mars [1816], pp. 105-106).

18. Divers passages complémentaires de cette lettre du 4 juin 1816 sont cités par Casimir Carrère (*Talleyrand amoureux*, p. 387) et André Beau (*Talleyrand*, pp. 117-118). L'intégrale a été publiée dans *L'Amateur d'autographes* (janvier 1909, pp. 44-48) La naissance de la fille illégitime de Dorothée, Marie-Henriette Dessalles, le 15 septembre 1816, à Bourbon-l'Archambault, est évoquée par André Beau (p. 117). C. Carrère (*Talleyrand amoureux*) rapporte sans y croire – et il est vrai que la chronologie ne s'y prête pas – la tradition conservée parmi les descendants d'Henriette, selon laquelle celle-ci serait la fille du prince.

Notes du chapitre 8

Page 633. 1. Pour tout ce passage, les citations sont tirées des lettres de Talleyrand à Louis XVIII publiées par Palain et des « Lettres des ambassadeurs du roi au congrès au ministre des Affaires étrangères à Paris » publiées au tome II des Mémoires de Talleyrand.

Page 634. 2. Mémoire du 12 février 1815 (Metternich, II, p. 478).

3. Voir principalement ses instructions, sa lettre à Louis XVIII du 17 novembre 1814 et celle à Metternich du 19 décembre (Mémoires de Metternich, II, p. 511).

4. Lettres des ambassadeurs du roi au congrès au département, 16 octobre 1814 (*Mémoires* de Talleyrand, II, p. 359.

Page 635. 5. *Correspondance du comte de Jaucourt avec le prince de Talleyrand*, Paris, Plon, 1905.

Paris, le 9 novembre 1814, p. 75.

6. Instructions supplémentaires du roi, 25 octobre 1814 (Mémoires de Talleyrand, II, pp. 225-226). C'est Noailles qui les remet à Talleyrand le 1er novembre.

7. Le texte de la convention du 3 janvier, *in* Mémoires de Talleyrand, III, pp. 561 *et sq.*

8. *Correspondance inédite du prince de Talleyrand et du roi Louis XVIII*, p. 209.

Page 636. 9. Lettre de Mme de Souza à Charles de Flahaut, 24 janvier 1817. Adélaïde précise que ce fut l'occasion de l'une de ses colères noires contre son ancien amant (AN 565AP 6).

10. *Correspondance du comte de Jaucourt*. Talleyrand à Jaucourt, 21 janvier 1815, p. 163.

Voir également sa lettre au roi du même jour (*op. cit.*, p. 236) et le récit qu'en fait Mme du Montet (*Souvenirs*, pp. 133-134). Neukomm et Salieri, premier maître de chapelle de la cour, ont composé la musique « belle et sombre » de la messe. Mme du Montet parle d'un « service qui sera éternellement célèbre », mais reproche à l'abbé de Zaignelins, qui officiait, un sermon composé par Alexis de Noailles, bégayé et trop politique.

Page 637. 11. Luxembourg sera érigé en grand-duché sous la souveraineté du roi des Pays-Bas. Le partie du Palatinat située sur la rive gauche du Rhin sera attribuée au royaume de Bavière.

12. *Du congrès de Vienne*, 1815.

Page 638. 13. Dans un entretien avec B. de Lacombe, publié tardivement dans *Le Correspondant*, 10 octobre 1922. Thiers revient sur ses critiques à l'égard de la politique de Talleyrand à Vienne, formulées dans son *Histoire du Consulat et de l'Empire* (t. XVIII). Voir également ses *Discours* (ceux de 1866) cités par Albert Sorel dans ses *Essais d'histoire et de critique*, *op. cit.*, « Talleyrand au congrès de Vienne », pp. 92-93. Talleyrand était parfaitement conscient de cette politique du « moindre mal » dont il ne dit mot sur le moment pour se donner le beau rôle aux yeux du roi. Sous le Directoire, il écrivait déjà à Sieyès, alors ministre à Berlin, à propos de la Prusse : « Je pense avec vous que nous ne saurions trop l'éloigner de nos frontières, trop l'éliminer des côtes de l'Océan, pour la porter tout entière au nord et à l'est de l'Allemagne » (19 thermidor an VI 6 août 1798). Plus tard, sous la Monarchie de Juillet, il fera tout, à Londres, pour tenter d'améliorer les frontières du Rhin, à la faveur de la crise belge.

14. Les premières attaques viendront de Mignet (1839) puis de Thiers (1860), qui se rétractera, et d'Émile Ollivier (*L'Empire libéral*, livre Ier, chapitre Ier). Lorsque Chateaubriand (II, pp. 592-593), Pasquier (III, pp. 89-90), Cussy (I, p. 74), tous contemporains de Talleyrand, formulent leurs critiques, c'est à la fin de leur vie, au moment où ils écrivent leurs Mémoires. Au siècle suivant, de Lacour-Gayet à Madelin, presque tous les biographes français de Talleyrand vont s'appuyer sur eux pour condamner sa position qualifiée de « faute », sur cette question, à Vienne.

Page 639. 15. Lucien Febvre, *Le Rhin*, Paris, Armand Colin, 1935 ; rééd. Perrin, 1997, p. 229.

Page 640. 16. Castelreagh se prêtera même au jeu en négociant pour Metternich un arrangement avec le roi à l'occasion de son passage à Paris, sur la route de Londres, fin février. Parme devait revenir à Marie-Louise avec la promesse d'une « reversion » du duché aux Bourbons à la mort de l'ex-impératrice. En échange, Metternich promettait de reconnaître les Bourbons de Sicile à Naples.

17. *Mémoires d'outre-tombe* (II, p. 593). Les chiffres qu'il avance – 3 millions donnés par le roi de Saxe, 6 millions par celui de Naples – sont, à l'instar de ceux de Barras (3,7 millions de francs par le roi de Naples) dans ses Mémoires, invérifiables et fantaisistes.

18. Cdt M.-H. Weil, *Joachim Murat. La dernière année*, Paris, 1909, I, p. 265 : le comte de Mier à Metternich, 2 septembre 1814.

19. Voir son « Manifeste » (Valençay, 1er octobre 1836) en partie publié par Lacour-Gayet, *Talleyrand*, III, p. 345.

Page 641. 20. Citée par A.M.P. Ingold, *op. cit.*, 24 juin 1815, p. 366.

21. Il est signé de Ferdinand, Naples, le 14 janvier 1816. Catalogue de l'exposition Talleyrand, Paris, 1965, n° 356. Archives du duc de Dino.

22. La plupart des biographes de Talleyrand, à l'exception de Léon Noël, ont erré sur cette question. Grâce au dépouillement de la correspondance inédite entre Talleyrand et Louis de Medici, le ministre des Finances de Ferdinand, aux Archives d'État de Naples, on a une vue très claire de la transaction (Archivio Borbonico, Carlo Medici XVII 698 2). Les « faux » revenus de son duché napolitain, payés à partir de 1816, jusqu'à sa mort en 1838, représentent 13 636 ducats par an, un ducat valant à l'époque 4,20 francs, environ 56 000 francs de l'époque (Talleyrand à Louis de Medici, 1er et 18 novembre 1816). Le remboursement du capital de la principauté de Bénévent s'échelonne dans le temps, à partir de janvier 1819, jusqu'en 1827 au moins (Louis de Medici à Talleyrand, 3 février 1827). Le Saint-Siège n'a pas seulement pris en charge le paiement des revenus de Bénévent, tout au long de la vie du prince, ce qui est confirmé par une lettre du jeune délégué du pape à Bénévent, Joachim Pecci, le futur Léon XIII, fin mai 1838 : « Le domaine pontifical dans ce duché grandirait si le vieux duc de Bénévent, le prince de Talleyrand, cessait de vivre » (Boyer d'Argens, *Un prélat italien sous l'ancien État pontifical*, Juven, 1907, p. 245), il a participé aussi au remboursement du capital, en versant 500 000 francs qui s'ajoutent au 1,5 million de francs promis par le roi de Naples. L'argent réclamé par Talleyrand a été un élement essentiel dans la négociation de rétrocession de Bénévent entre le roi de Naples et le Saint-Siège, mais aussi dans la négociation en 1815 et 1816 du mariage d'une princesse napolitaine, Marie-Caroline de Bourbon, avec le duc de Berry, le neveu de Louis XVIII. Voir là-dessus le chapitre IV du *Talleyrand* de Léon Noël sur le congrès de Vienne (Fayard, 1975, p. 129 *et sq.*). L'auteur y analyse très bien le rôle de Consalvi dans la négociation. Le duché « volant » de Talleyrand prend le nom de duché de Dino dans les derniers mois de 1817 (Talleyrand à Louis de Medici, 12 novembre 1817 et Louis de Medici à Talleyrand, 12 décembre 1817). Le brevet par lequel le roi de Naples Ferdinand Ier crée le titre de *Duca di Dino* date de Caserte, octobre 1817. Par lettres patentes du 2 décembre 1817, Talleyrand obtient du roi de France le droit de transmettre le titre à son neveu Edmond. Il le porte effectivement, au moins jusqu'en 1821, dans les actes officiels qu'il signe devant notaire (AN MC Ét. XV 1696 Chodron, 31 décembre 1821). Par lettres patentes datées de Naples, 1er décembre 1818, le roi de Naples, devenu roi des Deux-Siciles, autorise Edmond de Périgord à porter le même titre, dès à présent, en même temps que son oncle, qui le conserve. Les lettres patentes armoirées ont été vendues par Sotheby's à Paris en octobre 2003.

Notes du chapitre 9

Page 642. 1. Metternich, I, pp. 205-206. Voir également la dépêche du baron de Hager du 8 mars, in Weil, II, p. 300.

2. Il disait déjà à Eynard en octobre que Napoléon tenait constamment sous l'Empire, avant une bataille décisive, des propos de « joueur hardi qui prédit qu'il gagnera le coup », mais qu'il n'était pas dupe (Journal de Jean-Gabriel Eynard, *op. cit.*, I, p. 63, 24 octobre 1814).

3. Weil, II, pp. 300, 332 et 377.

Page 643. 4. *Ibidem*, II, p. 328, rapport du 13 mars 1815. Voir également la lettre de Talleyrand à Mme de Staël du 21 octobre 1814, *in* Broglie, *Revue d'histoire diplomatique*, *op. cit.*, deuxième partie.

5. « Cet homme, dira-t-il au baron du Montet, début avril, est organiquement fou » (*Souvenirs de la baronne du Montet*, p. 137.

6. Collection E. Ernst, R9. Talleyrand à Bruno de Boisgelin, Cauterets, 17 juillet (1817). Inédite.

7. Stendhal, *Mélanges de politique et d'histoire*, *op. cit.*, I, p. 115.

8. Paul Gautier, *Madame de Staël et Napoléon*, Paris, 1903. Talleyrand à Madame de Staël, (Vienne, 6 avril 1815), p. 383.

Page 644. 9. Archives du duc de Dino, Talleyrand à la princesse T., Vienne, 15 mars (1815). Inédite.

10. Talleyrand donne cette explication de la déclaration du 13 mars, longtemps après l'événement, à Villemain, cité in *Souvenirs contemporains*, Didier, 2 vol., 1855, II, p. 87.

11. Mémoires, III, pp. 111-113.

Page 645. 12. *Ibidem*, III, pp. 136-139. Dans l'article IV du traité, les quatre puissances font allusion à l'article XVI du traité de Chaumont. Cf. De Martens, t. III.

13. Sur son arrestation, voir Weil, *op. cit.*, II, p. 483, Bruxelles, 8 avril 1815.

14. La note est citée par G. de Bertier de Sauvigny, *Metternich et la France*, Paris, Hachette, 3 vol., 1968. I, p. 24. Dans l'une de ses lettres à la duchesse de Courlande, Talleyrand fait allusion à cette « dispute » menée contre Alexandre le 10 avril jusqu'à minuit pour empêcher la publication officielle à Vienne d'une déclaration si dangereuse pour les Bourbons. (G. Palewski, *op. cit.*, p. 171, Vienne, 10 avril).

Page 646. 15. Napoléon met ses biens sous séquestre et l'excepte de sa loi d'amnistie publiée au *Moniteur*, le 1er avril. Il figure avec Dalberg et Jaucourt dans la liste des treize personnes traduites devant les tribunaux, par décret du 23 mars 1815, pour avoir renversé les constructions de l'empire. Le 13 avril, Napoléon donne à Cambacérès l'ordre de faire l'inventaire « des papiers qu'on trouvera chez le prince de Bénévent », très probablement mis à l'abri à temps (coll. E. Ernst, P7, inédite). L'inventaire des « biens meubles et immeubles » de Valençay commence le 23 avril (A. Beau, *Talleyrand*, p. 94).

16. *Le Nain jaune ou Journal des arts, des sciences et de la littérature*, livraison du 15 avril 1815. On trouve dans le même numéro le texte du brevet de l'ordre qui commence ainsi : « Nous Perigueux, prince de Bienauvent par la grâce d'Éole et les constitutions de l'ordre de la Girouette, voulant récompenser la conduite équivoque et oscillante du sieur…, etc. » La planche coloriée est signée : E + + + + +, et marquée en pied : « Dédié à MM. les chevaliers de la Girouette », de part et d'autre des armes de l'« ordre » (BN Est. de Vinck, V 9051). D'après J. Labran, il s'agirait d'un dessin du jeune Eugène Delacroix qui aurait travaillé à l'époque pour plusieurs journaux et aurait marqué ses caricatures de ce jeu

de mots (« Un péché de jeunesse de Eugène Delacroix », *Gazette des Beaux-Arts*, 1930). On retrouve la même signature dans les planches précédentes du *Nain jaune*, notamment celle qui illustre la création d'un autre ordre burlesque tourné cette fois contre les royalistes, l'ordre de l'Éteignoir. D'après la police secrète autrichienne, une version un peu différente de cette caricature circulait déjà à Vienne à la fin du mois de mars, en provenance de Berlin. Seules certaines légendes des « bulles » changent, mais, selon la description qu'en fait l'agent viennois, le dessin est le même. Elle s'intitule « La variété française représentant Talleyrand ». Une main ferme la bouche de la sixième tête avec cette légende : « Doucement, ce n'est pas encore temps » (Weil, *op. cit.*, II, p. 376, Vienne, 24 mars 1815). En 1831, cette caricature sera reprise et actualisée. Elle s'intitule cette fois « Un des plus beaux caractères du siècle ». On y lit dans de nouvelles bulles : « Vive Louis XVIII, vive Charles X, vive Louis-Philippe, vive Henri V [VHV]. » Dans sa main gauche, Talleyrand ne tient plus une girouette mais le texte des « Chartes revues corrigées augmentées ou diminuées au désir des chefs d'établissement pour lesquels on a toujours travaillé avec fidélité » (BN Est. Qb1). Le thème de la girouette politique sera si populaire qu'en septembre 1815 Alexis Émery en fera le prétexte d'un *Dictionnaire des girouettes ou Nos contemporains peints d'après eux-mêmes ».* Talleyrand y figure en bonne place. Son nom est précédé de 12 girouettes, le maximum, à égalité avec Fouché. On connaît au moins trois éditions de ce livre ce qui prouve son succès (2e édition, p. 446, 3e édition, p. 462).

Page 647. 17. Barante (II, pp. 130-131) témoigne dans ce sens. Même Chateaubriand n'ose pas se prononcer sur une possible collusion entre Talleyrand et le duc d'Orléans (II, p. 590).

Page 648. 18. Voir la lettre de Talleyrand au roi du 23 avril 1815. De Londres, le duc d'Orléans écrit deux lettres – ce sont du moins les seules qu'on connaisse – à Talleyrand, pour l'informer de ses démêlés avec le roi et l'assurer de son amitié. Il refuse de se rendre à Gand et reproche, comme Talleyrand, à l'entourage du roi « cette couleur émigrée qui a fait tant de mal » (*Mon Journal. Événements de 1815*, Paris, 2 vol., 1849. II, 25-4 et 18-5-1815).

19. Cité par Henri Malo, *Le Beau Montrond*, *op. cit.*, p. 157 *et sq.*

20. Montrond repart de Vienne le 13 avril avec un billet de Talleyrand pour Caulaincourt qui a repris la tête du ministère des Affaires étrangères sous Bonaparte. Voir les *Lettres de Talleyrand à Caulaincourt*, publiées par J. Hanoteau, *op. cit.*, deuxième partie, 13 avril 1815, p. 179 : « Si, pour mes affaires personnelles, on vous demande aide, je m'en rapporte à tout ce que vous ferez ou conseillerez. »

21. Voir ses deux lettres à Talleyrand, interceptées par la police autrichienne in Weil, II, 24-4 et 23-3-1815, pp. 530 et 630.

Notes du chapitre 10

Page 649. 1. Cette variante du mot de Talleyrand sur la lenteur est citée par Rodolphe Apponyi dans son journal. La phrase aurait été prononcée, selon lui, peu avant sa mort.

2. Voir les lettres du roi à Talleyrand des 22 avril et 5 mai 1815 in *Correspondance inédite du prince de Talleyrand et du roi Louis XVIII*. Alexis de Noailles était rentré à Vienne le 8 mai. C'est le duc d'Orléans qui signale dans son Journal de 1815 cette rumeur selon laquelle ce dernier apportait au prince l'assurance de sa nomination comme chef du gouvernement à venir (II, p. 51).

3. Ses lettres au roi et à Metternich du 27 mai 1815, in *Correspondance inédite*, *op. cit.*, p. 428.

Page 650. 4. Ce programme politique, rédigé avec Dalberg et La Besnardière à Vienne dans les derniers jours de mai et présenté au roi à Mons le 24 juin, n'existe plus que sous sa forme définitve dans une rédaction postérieure aux événements sous le titre de « Rapport fait au roi pendant son voyage de Gand à Paris », juin 1815 (*Correspondance inédite de Talleyrand à Louis XVIII*, pp. 436-484, d'après une copie du texte conservé au MAE et Mémoires, III, pp. 195-227, avec les variantes et les suppressions du manuscrit original déposé par le duc de Broglie à la BN). Dans la première partie de son rapport, Talleyrand résume en le justifiant le travail accompli à Vienne. Il a dû communiquer ou lire, pour avis, à Metternich et à Charles Stuart qui était alors l'amant de la duchesse de Sagan, des parties de son texte, comme en témoignent certaines lettres de Dalberg interceptées par la police viennoise (Weil, II, p. 633, Dalberg à Stewart, 9 juin 1815).

Page 651. 5. Lettre non datée citée par G. Palewski, *Le Miroir de Talleyrand*, p. 184.

6. Sorbonne, archives Richelieu. Mémoires et Documents 92 « Journal du duc de Richelieu pendant les Cent Jours, 1815 ». Inédit. D'après le duc, les deux hommes se seraient vus à deux reprises, les 18 et 19 juin.

7. L'anecdote est citée par Charles Brifaut, in *Souvenirs d'un académicien*, *op. cit.*, I, p. 364.

Page 652. 8. Chateaubriand y avait été officiellement nommé le 8 juillet 1814. Voir la lettre de Talleyrand et la réponse de Chateaubriand du 17 juillet 1814, in *Correspondance générale*, Gallimard, vol. II, 1979, pp. 213 et 681, note.

9. Sa lettre de démission du 22 mars 1804 (1er germinal an XII) in *Correspondance générale*, Gallimard, vol. I, 1979. Chateaubriand, prudent, ne dit évidemment rien des véritables raisons de sa démission et évoque la santé de sa femme. Talleyrand y répondra favorablement et très aimablement le 2 avril suivant (12 germinal an XII, MAE, CP. Suisse : « Je dois [...] vous exprimer combien j'attachais d'intérêt aux relations nouvelles que j'aurais eu à entretenir avec vous ; à ce regret se joint celui de voir mon département privé de vos talents et de vos services »). Il avait conservé la lettre de Chateaubriand plusieurs jours avant de la présenter au premier consul, escomptant que celui-ci serait moins en colère, une fois passé les premiers moments après la mort du duc d'Enghien. Voir les deux versions différentes de cet épisode dans les *Mémoires d'outre-tombe* (II, p. 135, « indifférence ou calcul ») et dans ceux de Mme de Chateaubriand (p. 42, « bienveillance »).

10. Collection E. Ernst, Munich. J9, Talleyrand à Sébastiani, Paris, 7 juillet 1806. Lettre inédite : « Je vous prie d'accueillir avec bienveillance M. de Chateaubriand. Ses ouvrages ont dû vous inspirer beaucoup d'estime pour lui. [...] Lui faciliter les moyens de bien voir les pays qu'il doit visiter et d'y voyager avec autant d'agrément que de sûreté. » De ce voyage naîtra l'*Itinéraire de Paris à Jérusalem*.

11. *Mémoires de Mme de Chateaubriand*, *op. cit.*, p. 83. Voir également Vitrolles (II, p. 459).

Page 653. 12. Voir la lettre de Talleyrand à la comtesse Mollien (juin 1828, in Gorsas, p. 189) sur son ingratitude vis-à-vis de ses collaborateurs, et celle de Mérimée à d'Argoult (14-12-1832, in *Correspondance générale*, I, p. 211) qui rapporte le meilleur jugement connu du prince sur le noble vicomte et ses « bévues les plus comiques ».

13. *Mémoires*, III, p. 299. Talleyrand prétend que la lettre se trouvait alors aux archives du ministère. Elle est introuvable. Peut-être Chateaubriand aura-t-il jugé plus prudent de la faire disparaître à l'époque où lui-même était ministre des Affaires étrangères, sous Villèle, en 1822.

14. Chateaubriand, *Correspondance générale*, Gallimard, 1982, III, pp. 35-36. Voir également sa lettre précédente du 28 avril écrite conjointement avec Mme de Duras (p. 34) et la réponse de Talleyrand du 4 mai in *Mémoires d'outre-tombe*, *op. cit.*, II, pp. 593-594.

15. *Journal du maréchal de Castellane*, III, 10 mars 1838, p. 166.

Page 655. 16. *The Diary of Philipp von Neumann*, *op. cit.*, I, 10-5-1831, p. 248 et 24-12-1831, p. 266. Talleyrand, qui attribue ce mot célèbre à Louis XVIII lui-même, était fasciné par le goût des usages et le respect srcupuleux de l'étiquette dont s'entourait le roi. Il en fera à Londres, une source inépuisable d'anecdotes.

17. Il aura encore cette idée à Paris en septembre. La présence à Paris du roi « prisonnier » des armées alliées le gêne. On ne négocie bien la paix que lorsqu'on est libre. A-t-il vraiment demandé au roi, comme le prétend la duchesse de Maillé, de se retirer « au milieu de l'armée de la Loire et de ne traiter avec les étrangers qu'au milieu d'une armée » ? Le parti est extrême, mais il n'est pas inconcevable de sa part à cette époque (duchesse de Maillé, *Souvenirs des deux Restaurations*, Perrin, 1984, p. 41).

18. Le comte d'Artois demandait aussi depuis plusieurs semaines le départ du favori. C'est finalement Talleyrand qui l'obtiendra. Sur cette question, on fera moins confiance à Pasquier (qui est à Paris) qu'à La Maisonfort qui était aux côtés de Blacas cette nuit-là et raconte en détail ce qui s'est passé (*op. cit.*, pp. 273-274). Guizot, également présent à Mons, avoue lui-même avoir eu beaucoup de mal à comprendre (Mémoires, I, p. 90). Blacas, nommé à l'ambassade de Naples, ne partira pas les mains vides, mais avec les 10 millions du trésor déposés à Londres et sans doute mis à sa disposition par le roi.

Page 656. 19. *Correspondance du comte de Jaucourt*, Gand, 11 mai 1815, p. 343.

Page 657. 20. *Mémoires d'un agent royaliste, op. cit.*, p. 273.

21. *Mémoires*, II, p. 306.

Page 658. 22. Voir la lettre de Wellington en traduction française dans les Mémoires de Pasquier (III, pp. 295-296). Voir également les lettres de Pozzo à Nesselrode (I, pp. 173-174).

23. *Mémoires du comte Beugnot*, II, pp. 308-309. « C'est un homme excellent, dira Talleyrand quatre ans avant la mort de son oncle, dans une lettre à Bruno de Boisgelin. L'indulgence arrive en lui à côté de tous les devoirs », 24 juillet (1817), *in* Maurice Fleury, « Talleyrand à Valençay en 1816. Lettres intimes inédites » (1898).

Page 659. 24. Le meilleur récit de cette scène est celui de Beugnot (II, pp. 313-315). Le 12 juillet, une fois rentré à Paris, Monsieur lui dira encore : « Nous n'avons pas de remerciements à vous faire ; vous nous avez mis hors du Conseil. » Ce à quoi Talleyrand répondra : « Monsieur m'en remerciera quand il sera roi. » *Journal du maréchal de Castellane* (I, p. 297).

Page 660. 25. *Mémoires du baron de Damas*, I, p. 222 et *Mémoires du baron de Frénilly*, pp. 309-310.

Notes du chapitre 11

Page 661. 1. Frénilly, p. 310.

Page 662. 2. Voir là-dessus les témoignages de Barante (II, pp. 167-168), de Pasquier (III, p. 330) et même de Mme de Chateaubriand (p. 101) qui tient l'information de son mari avant que celui-ci ne change de version dans ses Mémoires. Vitrolles, pour se disculper d'avoir poussé Fouché au ministère, chargera d'autant Talleyrand dans ses Mémoires (III, pp. 105-122). Talleyrand soutiendra dans les siens que tout cela aurait été évité si le roi avait suivi son plan en se rendant à Lyon et en formant son ministère à l'abri des intrigues parisiennes (III, p. 233).

3. Signée à Saint-Cloud, le 3 juillet à huit heures du soir. L'armée française doit évacuer Paris et se retirer derrière la Loire le 6. Les troupes alliées entreront dans Paris le lendemain. Blücher a exigé que les troupes cantonnent dans la capitale même, pour venger l'occupation de Berlin en 1806.

Page 663. 4. G. Palewski, *Le Miroir de Talleyrand*, p. 231. Voir la lettre de Wellington à Talleyrand du 29 juin 1815, dans les Mémoires du prince (III, pp. 234-235).

5. « Lettres de Talleyrand à Metternich », *Revue de l'Institut Napoléon*, n° 95, avril 1965, Gonesse, 4 juillet 1815. La lettre est citée par Bertier de Sauvigny in *Metternich et la France*, I, p. 33.

6. Voir les dépêches de Pozzo, très fiable, à Nesselrode et de Wellington à Bathurst (*Correspondance*, I, p. 191). Beugnot, qui n'était pas là, pense que l'entrevue se serait déroulée à Poissy « dans une maison de campagne appartenant à la mère d'un ancien ministre de l'empereur », et que Fouché en personne était présent (II, p. 326). C'est peu probable. Il y a de nombreuses erreurs de dates et de lieux dans les différents récits des événements des 4-8 juillet 1815 que nous avons essayé de reconstituer aussi précisément que possible.

Page 664. 7. Vitrolles, III, p. 114. Fouché était venu à Neuilly avec Molé, Manuel et le général de Valence. Wellington avait également convié Pozzo, Stuart et le comte de Goltz (Pozzo à Nesselrode, 8 juillet 1815, p. 194).

8. *Souvenirs du duc de Broglie*, Paris, Calmann-Lévy, 1886, I, p. 310.

Page 665. 9. *Mémoires d'outre-tombe* (II, p. 628). D'après sa femme, il sortait en fait du cabinet du roi qu'il venait de voir (p. 105). S'il l'avait avoué, cela aurait atténué le contraste voulu entre le fidèle serviteur et le traitre, l'un abandonné et l'autre reçu par le même roi. Voir également Beugnot (II, p. 334). La Maisonfort, également présent, rapporte la scène plus platement. Son témoignage, qui confirme celui de Chateaubriand, est précieux (p. 281) : « Le duc d'Otrante sortit à une heure du cabinet, ministre de la Police. M. de Talleyrand lui donnait la main. […] M. de Chateaubriand et moi, nous passâmes dans le cloître, nous étouffions. »

Notes du chapitre 12

Page 666. 1. D'après Coulmann, I, p. 99.

Page 667. 2. L'idée est de Beugnot (II, pp. 353, 356-358). L'ordonnance est datée du 9 juillet, la lettre du roi à Talleyrand, du 15 (Mémoires, III, p. 236, note).

3. *Journal du maréchal de Castellane*, I, 12-7-1815, p. 297.

Page 668. 4. Voir leur échange de lettres des 20 et 28 juillet 1815, *in* Mémoires de Talleyrand, III, 240-241. Sa demi-sœur, la marquise de Montcalm, donne dans son Journal les véritables raisons de son refus : « Je ne crois pas qu'il lui fût agréable d'être assis entre Fouché et M. de Talleyrand » (*Mon Journal*, Grasset, 1936, 12 juillet 1815, p. 89). La lettre de Talleyrand est commentée par Pasquier (III, p. 374) et Molé (I, p. 271). Talleyrand proposera par la suite et sans succès le duc de La Vauguyon puis Alexis de Noailles à la Maison du roi.

5. *Mémoires du comte Beugnot*, II, p. 347.

Page 669. 6. « Sur les institutions politiques et constitutionnelles de la France, telles que le roi propose de les établir définitivement. » Cette note, rédigée par Barante nommé secrétaire général à l'Intérieur et transmise aux puissances, est reproduite dans les Souvenirs de ce dernier (II, pp. 169-176).

Page 671. 7. BN Ms « fichier Charavay », 11 août (1815 ou 1816 ?).

8. Marquis de Noailles, *Le Comte Molé*, Paris, Champion, 6 vol., 1922-1930, I, p. 291. Cette scène est à rapprocher de celle décrite par Mérimée à Londres en 1832, après le dîner du prince et devant tout le corps diplomatique : « On lui met sous le menton une espèce de serviette en toile cirée, puis il absorbe par le nez deux verres d'eau qu'il rend par la bouche » (*Correspondance générale*, Paris, Le Divan, 1941, I, pp. 209-211, Mérimée au comte d'Argoult, 14 décembre 1832).

9. François Guizot, *Mémoires pour servir à l'histoire de mon temps*, *op. cit.*, I, p. 102.

10. *Mémoires du chancelier Pasquier*, *op. cit.*, III, p. 377.

11. Lettre de Mme de Souza à Charles de Flahaut, 20 mai (1818). (AN 565AP 7).

Page 673. 12. Molé, *op. cit.*, I, pp. 287-289.

13. Cité par Philippe Baussant, *Le Roi-Soleil se lève aussi*, Paris, Gallimard, 2000, p. 211.

Page 674. 14. Barante, II, p. 205.

15. *Journal du maréchal de Castellane*, I, p. 299.

Page 675. 16. Vitrolles, III, pp. 208-209.

17. *Journal du maréchal de Castellane*, I, 2 septembre 1815, p. 302.

18. Comte Beugnot, *Mémoires*, II, pp. 379-380.

19. On trouve au fichier Charavay de la Bibliothèque nationale le texte d'une note d'août 1815, dans laquelle il plaide auprès du roi l'hérédité de la pairie.

Page 676. 20. Duchesse de Maillé, *Souvenirs des deux Restaurations*, Paris, Perrin, 1984, p. 42.

Page 677. 21. Voir la note adressée par les puissances alliées à Talleyrand le 13 juillet.

22. Voir le texte de cette proclamation datée du 1er septembre, in *Mémoires*, III, pp. 254-255.

23. Par les ordonnances des 8 et 14 août, sur le rapport de Fouché.

24. Beugnot, II, p. 354 et Vitrolles, III, p. 127.

Page 678. 25. D'après Barante, la lettre « si ingénieuse et si bien écrite » qu'il adressa au roi pour sauver Benjamin Constant de l'ordonnance du 24 juillet charma tellement le souverain que c'est de cette époque que datent les débuts de la faveur de Decazes (I, p. 191).

Page 679. 26. Paul Léautaud, *Journal littéraire*, Paris, Mercure de France, 2 vol., 1986. II, 9 mai 1931, p. 730. Henri Malo, qu'il voyait souvent et qui dirigeait alors la bibliothèque Thiers, venait de lui raconter la scène.

Page 680. 27. Vitrolles (III, pp. 199-201) ; Pasquier (III, pp. 419-420) ; Molé (Noailles, I, p. 334).

28. Pour se faire bien voir, Fouché avait pris soin de transmettre sa lettre à Napoléon à Talleyrand, en lui demandant de la mettre sous les yeux de Monsieur, alors lieutenant général du royaume. Cela donnera lieu à un échange de correspondance assez cocasse entre les deux hommes. La lettre de Fouché et le billet de réponse de Talleyrand sont datés du 23 avril 1814 et reproduit en fac-similé dans l'édition de 1953 des *Mémoires* de Talleyrand (Éditions Henri Javal, vol. 2.

29. Fouché est nommé ministre du roi à Dresde le 15 septembre. Il envoie sa démission le jour même. Il sera révoqué en janvier de l'année suivante et banni par la loi qui condamne les régicides à l'exil.

30. Molé, I, p. 333. Voir également Barante, II, p. 206.

Page 681. 31. Mme de Boigne, I, pp. 351-352.

Notes du chapitre 13

Page 682. 1. Il a obtenu du roi de donner à Pozzo sur qui il voulait compter, à défaut de l'avoir comme ministre, le titre de comte, 700 000 francs en or et un million en rentes d'État. Alexandre s'y opposera et Pozzo travaillera pour le roi, mais non pour Talleyrand qu'il déteste (Molé), Noailles, III, p. 386.

2. F. von Gentz, *Tagebücher*, Leipzig, 4 vol., 1873-1874. I, 19 septembre 1815, p. 410. L'intervention des officiers anglais eut lieu le 18 septembre. Le Louvre fut fermé pendant deux jours. Elle avait été précédée par celle des Prussiens sur les ordres du général Müffling, gouverneur de la place de Paris (voir la *Correspondance générale de Vivant Denon*, RMN, 2 vol., 1999, II : sa lettre à Talleyrand du 15 septembre, p. 1190).

Page 683. 3. Lettre de Metternich à Josef von Hudelist, 11 août 1815, citée par G. de Bertier, in *Metternich et la France*, *op. cit.*, I, p. 53.

4. La lettre est citée par G. de Bertier, in *Metternich et la France*, *op. cit.*, I, p. 50.

5. Correspondance de Pozzo, *op. cit.*, « Rapport sur le projet de traité présenté à l'empereur de Russie », 15/27 août 1815, I, p. 206.

Page 685. 6. On préférera sur cet épisode la version de Vitrolles (III, pp. 226-230) à celle de Pasquier (III, pp. 425-426).

7. Molé (I, p. 335). Voir la même version dans Beugnot (II, p. 386).

8. AME MD France 672, fol. 141.

9. *Mémoires*, III, pp. 285-292, « Note des plénipotentiaires français en réponse aux propositions des alliés ».

10. Charles de Rémusat, *Mémoires de ma vie*, I, p. 238. En parlant à Mme de Rémusat, peu après le 8 octobre 1815.

Page 686. 11. Archives d'Harcourt, château d'Orcher. Le comte de Saint-Aulaire au comte d'Estourmel, préfet de l'Aveyron, Paris, 21 septembre 1815. Lettre inédite.

12. Archives de Coppet, lettre d'Auguste de Staël à sa mère, Paris, 21 septembre 1815. Inédit.

13. Molé, I, p. 334.

Page 687. 14. La lettre est publiée dans la correspondance de Pozzo di Borgo, I, pp. 209-211.

Page 688. 15. Le mot est cité par le comte de Rochechouart, un neveu de Richelieu, dans ses Mémoires (Plon, 1889, p. 414).

16. Victor de Pange, *Madame de Staël et le duc de Wellington*, Paris, Gallimard, 1962, Mme de Staël à Wellington, 1er décembre 1816, p. 91. Il écrira encore au duc de Dalberg le 5 mars 1831 : « Pourquoi donc veut-on ôter absolument à M. de Richelieu le traité de 1815 qu'il a fait et que j'ai refusé de signer ? » (E. Ernst, *Talleyrand und der Herzog von Dalberg*, Francfort, 1987). Débarrassé de sa colère, il dira pourtant, peu après la mort du duc en 1822 : « C'était quelqu'un », archives de Sassy, Pasquier, « Note écrite sur M. de Talleyrand au moment de sa mort » (p. 4), manuscrite et inédite. Richelieu ne s'est montré ni ingrat, ni rancunier vis-à-vis de son prédécesseur. À peine nommé ministre, il obtiendra du roi une ordonnance qui autorise le prince à transmettre sa pairie à son frère Archambaud, à défaut de fils (25 décembre 1815).

Page 689. 17. Molé (Noailles), II, p. 18.

18. « Le ministère est fort méprisé. […] M. de Richelieu est le plus méprisé de tous parce qu'il a été mis plus en avant et que l'on espérait davantage de lui. » Talleyrand à la duchesse de Bauffremont, Valençay, 4 mai 1816. La lettre, interceptée par la police, est mise sous les yeux du roi. Également injurieuse pour Pozzo

di Borgo et Decazes, « le Réal de ce ministère », elle n'échappe pas au commentaire acerbe du vieux monarque qui note en marge, de sa main : « La vanité blessée, l'ambition aigrie qui règnent dans ces lettres sont fort curieuses. J'en parlerai au Réal du ministère. » Réal avait été préfet de police de Bonaparte. Ernest Daudet, in *La Police politique. Chronique du temps de la Restauration, 1815-1820* (Paris, Plon, 1912, pp. 254-255). En janvier 1816, il avait déjà eu des mots avec Pozzo di Borgo, l'ambassadeur russe, lui reprochant son influence sur le ministère, en particulier le vote de la loi d'amnistie contre les régicides, « déshonorante pour le roi et pour ses ministres », et lui disant que sous son règne Napoléon n'aurait jamais permis qu'un représentant d'une puissance étrangère intervienne ainsi dans les affaires intérieures du pays (Mme de Souza à Charles de Flahaut, 22 janvier 1816, *op. cit.*).

19. Charles de Rémusat, *Mémoires de ma vie*, I, p. 238. Charles de Rémusat croyait tellement en ce que disait Talleyrand qu'il en avait les larmes aux yeux.

20. Pasquier, IV, pp. 100-101.

21. *Mémoires*, III, p. 299. Il ment aussi sur les dates.

22. Archives de Sassy, Pasquier « Note écrite sur M. de Talleyrand au moment de sa mort » (p. 18).

23. Lettre de Mme de Souza à Charles de Flahaut, 20 mai (1818) (AN 565AP 7).

24. Voir les rapports secrets de la police de Decazes *in* Gorsas, pp. 233 *et sq.*

Page 690. 25. Voir les lettres interceptées par la direction des postes, déjà citée *in* Ernest Daudet, *op. cit.*, et Molé, *Noailles*, III, p. 31. Molé pense que la lettre interceptée est d'Aimée de Coigny.

26. Pasquier, IV, pp. 136 *et sq.*, et *Correspondance de M. de Rémusat*, II, Charles de Rémusat à sa mère, 24 novembre 1816, p. 255. Molé, II, p. 291.

27. *Correspondance de Pozzo*, I, 25 novembre/6 décembre 1816, pp. 469-470. « M. de Talleyrand déclare une guerre ouverte au ministère ; il se présente soutenu de toute l'influence anglaise, en opposition au ministère russe », écrit Saint-Aulaire à d'Estourmel le 20 novembre (archives du château d'Orcher, inédite).

28. BN NAF 20280, « Correspondance politique et administrative du duc de Richelieu », Richelieu à Decazes, s.d. Inédite.

Page 691. 29. Collection E. Ernst, R6, Talleyrand au roi, 22 novembre 1816. Inédite.

30. Victor de Pange, Mme de Staël et le duc de Wellington, *Correspondance inédite 1815-1817*, Gallimard, 1962 ; 22 novembre 1816, pp. 66-67.

Page 692. 31. Le 28 février 1817. Journal de Castellane, I, p. 332.

32. Le roi d'Espagne, qui lui avait accordé la Toison d'or à Vienne, lui avait déjà assez sèchement refusé la grandesse en juillet 1816 (Beau, pp. 114-115, note). Sur le refus de Louis XVIII, les embarras de Richelieu et l'intervention négative de Pasquier, voir le Journal de la marquise de Montcalm (20 avril 1817, pp. 239-240). Le roi consentira finalement à lui accorder le titre de duc de Talleyrand avec la possibilité de le transmettre immédiatement à son frère, par ordonnances des 31 août et 28 octobre 1817. Il lui donnera aussi le cordon bleu (l'ordre du Saint-Esprit) à l'occasion de la naissance du duc de Bordeaux. Ce n'est qu'en février 1829 que Talleyrand obtiendra de Charles X le titre de duc de Valençay pour son petit-neveu Louis, le fils aîné de Dorothée, à l'occasion du mariage de ce dernier avec Alix de Montmorency.

33. Madame de Boigne, II, p. 78.

34. Auguste de Staël notait déjà, dans une lettre à sa mère, que, en juin 1816, à l'occasion des cérémonies du mariage du duc de Berry avec Marie-Caroline de Bourbon-Siciles à Fontainebleau, alors que le prince se tenait debout derrière la chaise du roi pendant le repas de noce, que ce dernier ne lui avait pas adressé la parole une seule fois (7 juillet 1816, archives de Coppet, inédite).

Page 693. 35. AN 565AP 7, Mme de Souza à Charles de Flahaut, 18 février 1818.

36. Serge Fleury, « Talleyrand à Valençay en 1816 », *op. cit.*, Talleyrand à Bruno de Boisgelin, Valençay, 26 mai 1817.

37. *Souvenirs du duc de Broglie*, Calmann-Lévy, 4 vol., 1886. IV, p. 54.

38. Charles de Rémusat, *Mémoires de ma vie*, I, pp. 296-297. Voir également le Journal de la marquise de Montcalm, p. 187, et le volume II de la correspondance de Charles de Rémusat. À Toulouse, les Rémusat, qui voyaient beaucoup Villèle, député et maire de la ville, contribuèrent au rapprochement des deux hommes dans le courant du mois de juin 1816, par l'intermédiaire de leur fils Charles resté à Paris (pp. 57 et 59).

Page 694. 39. Madame de Boigne, I, p. 476.

Page 695. 40. Vitrolles, III, note A, « M. de Talleyrand », p. 449.

41. Voir les lettres de Dorothée à Vitrolles publiées par Louis Royer in *La Duchesse de Dino et le baron de Vitrolles (1817-1829)*, Grenoble, 1937, pp. 8-9 (juillet 1818) et ce que dit Mme de Maillé sur les rapports de Dorothée et de Vitrolles à cette époque (*Souvenirs des deux Restaurations*, *op. cit.*, pp. 54-55).

42. *Correspondance de Charles de Rémusat*, II, 17-11-1816, p. 213.

43. *Ibidem*, 28-11-1816, p. 263.

Page 696. 44. AN 565AP 7, Mme de Souza à Charles de Flahaut, 22 mars 1818.

45. *Mémoires du baron de Damas*, II, p. 49, note.

46. Dans ses rapports de police à Decazes, Lingay en donne plusieurs versions (AN F7 12170
« papiers Lingay »). Voir son rapport du 27 novembre 1818.

47. La scène est rapportée par l'Américain Ticknor, dans ses Souvenirs cités par G. de Bertier de Sauvigny, in *La France et les Français vus par les voyageurs américains 1814-1848*, Flammarion, 2 vol., 1985. II, p. 253.

Page 697. 48. Molé (Noailles) IV, p. 201.

49. Archives du château d'Orcher, Saint-Aulaire à d'Estourmel, 29 décembre 1818, inédite. Sur le rôle de Saint-Aulaire, voir également le journal de Castellane, I, p. 362 et Molé.

50. Molé (Noailles) IV, p. 240.

51. BN Ms fichier Charavay, Talleyrand au duc de Montmorency, Valençay, s.d. (1821 ou 1822 ?).

Notes du chapitre 14

Page 698. 1. *Journal*, I, p. 310.

Page 699. 2. *Correspondance de Charles de Rémusat*, Mme de Rémusat à Charles, 23 décembre 1815, I, pp. 184-185. Vitrolles, III, « M. de Talleyrand », p. 445. Rémusat tente aussi l'analyse dans ses Mémoires (II, p. 573).

3. *Ibidem*, III, p. 8. Il considère aussi qu'il n'y a de bonne conversation qu'en France. « La conversation n'est en général variée et intéressante qu'en France où il y a de tout. En Angleterre, elle n'est pas d'un grand intérêt », écrit-il de Vienne à la duchesse de Courlande le 17 avril 1815 (Palewski, p. 167).

Page 700. 4. *The Diaries of Sylverster Douglas (lord Glenbervie)*, London, 2 vol., 1928, II, 16 décembre 1817, p. 267.

5. Fenimore Cooper, l'auteur américain, qui le voit en 1825, parle de son « *unearthly aspect* » (*Recollections of Europe*, Paris, 1837, p. 149).

6. *Diary of James Gallatin*, 16 décembre 1822, p. 227.

7. *Mémoires d'outre-tombe*, IV, « Monsieur de Talleyrand », p. 562. Le mot est à rapprocher de Carnot à propos du prince sur ses contemporains : « Talleyrand les méprise parce qu'il s'est beaucoup étudié. » Cité par Latouche dans son *Album perdu*, in Pichot, *Souvenirs sur M. de Talleyrand*, *op. cit.*, p. 141.

8. Les deux meilleures descriptions physiques de Talleyrand à cette époque sont celles de l'Américain George Ticknor et de Charles de Rémusat. Ce n'est qu'à la fin de la Restauration, dit ce dernier, qu'il commencera à porter des pantalons noirs (I, p. 271, note).

Page 701. 9. *Journal de Castellane*, I, janvier 1818, pp. 350-351.

10. Molé (Noailles), II, p. 291).

11. Charles de Rémusat, *Mémoires de ma vie*, I, p. 274. Il s'agit du portrait en buste de Dorothée par Isabey, gravé par Mécou et daté de 1815. Il fut vraisemblablement réalisé à Vienne pendant le Congrès. L'inscription latine figure au bas de la gravure.

12. Molé (Noailles), II, p. 304.

Page 702. 13. Vitrolles, III, « M. de Talleyrand », pp. 417-418.

14. Charles de Rémusat, *Mémoires de ma vie*, II, p. 89, à un dîner, rue Saint-Florentin, le 21 février 1823.

15. *The Greville Diary*, I, p. 88.

16. *Cinquante Ans de vie littéraire*, Lévy, 1882, p. 34, cité par C. Carrère et Jean Orieux, p. 733.

Page 703. 17. Lettre de Roux à la princessse de Talleyrand, Paris, 26 juillet 1815, citée par André Billecocq qui prend à tort Charles-Henri Roux, l'avocat et homme d'affaires du prince, pour Roux-Laborie, le publiciste, et descend de l'avocat chargé de la séparation amiable entre les époux, in *La Séparation amiable du prince et de la princesse de Talleyrand*, Clavreuil, 1987, p. 22.

18. Quarante mille francs par an, soit mille huit cents livres sterling, à raison de cent cinquante livres par mois. Or les comptes du prince qui se trouvent toujours dans les archives de la banque Baring indiquent des versements qui passent progressivement de 200 livres en juillet 1815 à 800 en juin 1816 (archives Baring, registre janvier 1815-juin 1816. Inédit).

19. Voir ses *Mémoires*, I, p. 405.

20. Cette lettre a déjà été citée. Talleyrand s'était éloigné de Valençay à la fin du mois de mai, à l'occasion des cérémonies du mariage du duc de Berry avec la jeune princesse Marie-Caroline de Bourbon-Siciles, à Paris et Fontainebleau.

Page 704. 21. AN 565AP 6, Mme de Souza à Charles de Flahaut, 14 novembre 1816.

22. Billecocq, *op. cit.*, pp. 41 et 46.

23. La convention amiable entre les deux parties date du 27 décembre 1816. Talleyrand promet à la princesse une pension annuelle de 30 000 francs (au lieu de 40 000) et la jouissance de Pont-de-Sains qu'elle abandonnera en 1825, en échange d'un intérêt de 5 % qui lui sera versé sur sa part de son capital, soit le tiers de la valeur de la propriété : 227 000 francs (MC XV 1723, Chodron, convention du 11 août 1825).

24. *Souvenirs d'une septuagénaire*, 1868. Catherine louait à Auteuil la villa Beauséjour et, à Paris, à partir de 1820, le second étage de l'hôtel d'Ancezune, au 89 (aujourd'hui 105) rue de Lille.

Page 705. 25. Les 24 mars 1818 et 4 décembre 1824 (Chodron, 1637 et 1715). Dans le même temps (11 avril 1818), Edmond est condamné à verser 111 000 francs à sa femme à prendre sur l'héritage de son oncle.

26. AD de l'Indre 66J. Projet de convention de bail du 1er octobre 1816 par laquelle Talleyrand met Valençay à la disposition de sa nièce, pour trois ans, d'après l'aimable communication de M. André Beau qui se demande si ce document, jamais ratifié, n'est pas une fantaisie d'amoureux entre l'oncle et la nièce. Ce n'est que plus tard, le 30 avril 1828, qu'elle achètera, pour la somme de 400 000 francs, le château de Rochecotte, sur la Loire, près de Langeais. Elle a aussi fait acheter par son oncle, le 5 septembre 1824, à la duchesse de Duras, une maison de campagne à Andilly (près d'Enghien) pour 60 000 francs. C'est la revente de cette maison le 2 avril 1824 qui lui permettra en partie d'acheter Rochecotte (Chodron, 1712 et 1754). Pour Rochecotte, voir A. Beau *op. cit.*, pp. 181 *et sq.*

27. Missoffe donne des précisions là-dessus dans son *Cœur secret de Talleyrand*, pp. 209 *et sq.* Son banquier parisien est Jacques Laffitte.

28. Louis Royer, *op. cit.*, la duchesse de Dino au baron de Vitrolles, Valençay, 21 septembre 1818, p. 26.

29. *The Diary of Sylverster Douglas*, *op. cit.*, II, 2 janvier 1818, p. 283.

Page 706. 30. Voir là-dessus le dossier établi par Casimir Carrère dans son *Talleyrand amoureux* (p. 392) et les interrogations d'André Beau, *op. cit.* (pp. 181-182 et 194-197).

31. Voir S. Fleury, *op. cit.*

Page 707. 32. AN 40AP 16 « papiers Beugnot », note inédite de la main de Beugnot, non datée et intitulée « Scandale, sera-ce le dernier ? ».

33. AN 565AP 7, Mme de Souza à Charles de Flahaut, 25 juin (1820). Elle évoque dans la même lettre la brouille de Charles-Maurice avec Boisgelin, également mentionnée par Beugnot. Tous deux prétendent que, pour mieux masquer toute l'affaire, Dorothée se mit tout à coup à suivre assidûment les offices religieux. « Madame Dorothée est devenue mystique », écrit Mme de Souza, et Beugnot : « Il paraît que les assiduités de l'oncle et que ses caresses ne furent pas du goût de M. de Boisgelin. On convint de la manière la plus courte d'y mettre un terme. Mme de Périgord feignit d'être devenue dévote. Elle eut des conférences avec M. le coadjuteur [de Paris] et prit un directeur [de conscience] à sa main. L'oncle n'osa pas contrarier tout à coup un travers qui en vaut bien un autre. [...] Mais au beau milieu de ce cours de dévotion, madame de Périgord devint grosse. [...] L'oncle se fâcha, interdit comme de raison sa porte à M. de Boisgelin, entra en négociation avec le mari. Celui-ci ne vit dans tout cela qu'une occasion heureuse pour faire payer ses dettes. [...] À ce prix, M. de Périgord reprend un lit à l'hôtel Talleyrand, un appartement à Valençay. Tout est rentré dans l'ordre » (*op. cit.*).

Beugnot, donne une interprétation volontairement méchante du comportement de Dorothée. Il n'a pas voulu penser au sentiment de culpabilité qu'aurait pu éprouver cette « Allemande » à la fois pragmatique et idéaliste et dont les comportements sont souvent si contradictoires.

34. Cela m'a été raconté par ma grand-mère.

Page 708. 35. *Journal de James Gallatin*, *op. cit.*, p. 123. Traduction de l'auteur.

Page 709. 36. *Journal of Thomas Raikes*, III, 25 juin 1838, pp. 270-271.

37. François Bonneau, *Talleyrand à table*, 1988, p. 97.

38. A. Pichot, *Souvenirs sur M. de Talleyrand*, p. 175. Il s'agit d'une lettre de Sidney Smith, en 1826. Le général Foy note également en 1823 : « Grand dîner chez M. de Talleyrand. Celui-là fait une excellente chère » (Notes familières, II, 15 février 1823, p. 28).

39. *The Diary of Frances Lady Shelley*. Londres, 2 vol., 1912-1913. I, p. 137. Traduction de l'auteur. Je remercie M. Antoine d'Arjuzon de m'avoir communiqué ce texte.

Page 710. 40. Molé (Noailles) II, p. 191. À la fin de sa vie, Talleyrand évoquera à plusieurs reprises ses habitudes alimentaires, entre autres avec James Hamilton, le fils de son grand ami américain, venu lui rendre visite à Valençay en 1834. Son unique repas quotidien « le soutenait sans appesantir son esprit, et ainsi pouvait-il s'acquitter de son immense labeur ». James Hamilton, *Reminiscences*, New York, 1869, pp. 306-307. « Une étude sur M. de Talleyrand, écrit Sainte-Beuve, serait incomplète si l'on n'indiquait un peu la physiologie de l'homme, et si l'on ne disait quelque chose de son hygiène et de son régime » (*M. de Talleyrand*, p. 224).

41. Cité par F. Bonneau, *Talleyrand à table*, p. 59. Voir les souvenirs, écrits par lui-même (1833) dans lesquels Carême évoque sa période parisienne au service de Talleyrand, sous l'Empire.

42. Cité par André Beau, *Talleyrand, l'apogée du sphynx*, Royer, 1998, p. 163. Talleyrand à Coaslier, l'intendant de la rue Saint-Florentin. Rochecotte, 23 décembre 1837, collection E. Ernst.

43. Archives du duc de Dino, lettres du prince de Talleyrand à la duchesse de Bauffremont, n° 86, 13 septembre 1833.

44. Cité par Gorsas, pp. 37-38.

45. Catalogue de la vente Nicolaÿ du 30 octobre 1989, n° 138, 26 décembre (1825). Son correspondant est inconnu.

Page 711. 46. Gorsas, p. 124.

47. Cité in *Talleyrand en verve*, Horay, 2002, p. 59.

48. Lord Greville raconte qu'à Londres il déclinera certains dîners de club, parce qu'on n'y servait que du bœuf et du porto (*The Greville Diary*, *op. cit.*, I, 7 juin 1831, p. 479). Il souffrira aussi de la cuisine des villes d'eaux. De Bourbonne où il devait se rendre bientôt, il disait déjà à Cambacérès en 1813, autre connaisseur en très bonnes tables, que c'est l'endroit « où l'on fait la plus triste chère du monde ». Coll. Ernst, M13, Saint-Brice, 13 août (1813).

49. *Journal d'Aimée de Coigny*, p. 162.

50. *Mémoires*, p. 288.

51. Il les évoque dans ses Mémoires en rendant hommage au « grand » siècle français, « ce beau siècle de Louis XIV » dit encore la duchesse de Dino, à qui nous devons « l'art des convenances, l'élégance des mœurs, la politesse exquise dont cette magnifique époque est empreinte » (I, p. 66).

Page 712. 52. *Correspondance entre Mirabeau et le comte de La Marck*, *op. cit.*, I, introduction, p. 333, note 22. Le prince de Ligne au prince Auguste d'Arenberg, Toeplitz, 20 juillet 1807. Ligne écrivait cela après avoir passé une soirée avec Talleyrand à Dresde.

53. *Souvenirs du chevalier de Cussy*, II, p. 109.

54. Voir sa lettre au baron de Gagern, citée par Gorsas, p. 213.

55. *Correspondance de Charles de Rémusat*, II, p. 408. Mme de Rémusat à Charles, 28 janvier 1817 : « L'Essai sur les Éloges [...] est un des ouvrages favoris de mon curé. »

56. « Cahiers de notes et de pensées. » Anciennes archives du château de Broglie, actuellement dans les archives des descendants de Louis de Talleyrand (Lacour-Gayet, « Pensées inédites du prince de Talleyrand ». *Revue bleue politique et littéraire*, n° 69, 1931 et catalogue de l'exposition Talleyrand, BN, 1965, n° 336).

57. AN 565AP, lettres de Talleyrand à Charles de Flahaut, n° 18, 16 (novembre 1834 et non juin 1830). Voir également une lettre presque identique à lord Holland du 19 (novembre 1834), British Library (Holland papers Add 51635), et sa lettre à Barante du 11 janvier 1830 (in *Mémoires* de Barante, III, p. 537).

58. Archives du duc de Dino, *op. cit.*, n° 112, Rochecotte, 10 avril 1835.

Page 713. 59. Jean-Jacques Coulmann, *Réminiscences*, *op. cit.*, I, pp. 77-78. Il lui adresse cette liste de trente-cinq titres, très intéressante parce qu'elle nous donne une idée très précise de sa culture diplomatique, peu avant de partir pour Vienne, en août 1815.

60. Il rapportera cela à Thomas Raikes, à la fin de sa vie, en évoquant l'une de ses conversations du Consulat, au ministère, avec son bibliothécaire Chevalier, à l'époque de la visite de Fox à Paris (*Journal of Thomas Raikes*, III, 8 mai 1837, p. 181).

61. L'un des catalogues en six volumes de la bibliothèque de Valençay, celui de 1824 probablement, récemment passé en vente, compte trois mille six cents numéros, répartis en diverses sections. Il est très éclectique : sciences, arts et métiers, belles-lettres, histoire, géographie et statistique. On y touve aussi une petite section de « traités généraux sur les livres et les bibliothèques » (vente Coutau-Bégarie, 1er juillet 2002, n° 153). Sur la vente de 1816, voir le catalogue de l'exposition « Talleyrand », à la Bibliothèque nationale (Paris, 1965), n° 458 : « *Bibliotheca splendidissima* » (3465 numéros).

62. Artaud de Montor, 9-12-1805, p. 132 ; Hanoteau, Talleyrand à Caulaincourt, 15-9-1810 ; Ingold, p. 163.

63. *Mémoires de Madame de Rémusat*, III, p. 176.

Page 714. 64. Sur Chauvin à Bénévent et à Naples, voir Ingold, p. 163 et Beau, p. 44. On trouve plusieurs lettres de Talleyrand et de la duchesse de Dino dans les *Lettres adressées au baron François Gérard, peintre d'histoire*, Paris, 2 vol., 1886. En 1808 Gérard donne à Talleyrand son portrait de Canova. Il a successivement peint sa femme Catherine en pied (vers 1803), lui même assis, en pied (1808), sa nièce Dorothée (1821 ; Delécluze signale le portrait dans son atelier en avril 1826, mais c'est sans doute la copie réduite de l'original acquise par le musée de Versailles en 1837), sa fille Charlotte (1831) et son frère Archambaud, en pied. Talleyrand vend une petite partie de sa collection de tableaux à Paris en juillet 1817. Parmi les 46 numéros présentés, on trouve des Ruysdael, Paul Potter, Van der Velde, Ostade, Wouvermans et le tableau de Gerard Terburg représentant la paix de Munster que Talleyrand a montré à Isabey avant de partir pour Vienne et qui inspirera le peintre pour composer son *Congrès de Vienne* en 1815. Plusieurs de ces tableaux, dont un Claude Gelée proviennent de la Malmaison et des collections de certains de ses amis, le duc de Choiseul-Praslin et le duc de Dalberg. Voir le *Catalogue de tableaux de premier ordre… par Henry, commissaire expert des Musées royaux à Paris, les 7 et 8 juillet 1817* (BN Est) et un autre exemplaire non daté à la Bibl. Doucet. Il en voulait déjà 350 000 francs en mai 1816. Cf. sa lettre à Bonnemaison, Valençay, 5 mai 1816, in vente Piasa, Paris, 30 octobre 2001. Catalogue n° 118.

Notes du chapitre 15

Page 715. 1. Chodron 1644, 31 janvier 1818. Talleyrand débourse 650 000 francs dont 200 000 francs comptant. Il s'agit certainement d'un réemploi des ventes de livres et de tableaux des années précédentes et peut-être des bénéfices napolitains. Bouges sera revendu le 21 novembre 1826 pour le même prix (Chodron, 1738). À cette époque on est en pleine crise boursière et le prince fait de mauvaises affaires. *Boniface-Louis-André de Castellane, op. cit.*, Valençay, 20 octobre 1818, p. 225.

2. Collection E. Ernst, R6, Talleyrand à La Besnardière, 19 mai (1816). Inédite. Pour plus de détails sur Valençay, voir les deux volumes d'André Beau déjà cités. On s'est servi ici, dans la mesure du posible, de sources inédites.

3. BN Ms fichier Charavay, Valençay, s.d. (1817).

Page 716. 4. *Talleyrand à la duchesse de Bauffremont*, Valençay, 3 mai (1816), citée par Daudet, *op. cit.*, pp. 354-355, et reprise par Lacour-Gayet, III, p. 53. Voir *supra*.

5. Collection E. Ernst R, Valençay, 27 (septembre 1817).

6. D'après les lettres de Talleyrand à la duchesse de Bauffremont, 21 septembre et 2 octobre 1829, n°s 33 et 34, archives du duc de Dino.

Page 717. 7. *Souvenirs du baron de Barante*, III, Valençay, 30 septembre 1826, p. 351.

8. Talleyrand apporte la moitié du capital de l'établissement, soit 30 000 francs. Le contrat de la société en commandite est passé devant maître Chodron le 17 mars 1818 (Chodron, 1637).

9. Talleyrand la loue le 29 décembre 1828, pour douze ans, à un maître de forges de Saint-Amand, dans le Cher, à raison de quatre-vingt mille francs par an (Chodron, 1762). Voir Castellane, *op. cit.*, pp. 225-226.

Page 718. 10. Rapport du baron Locart, préfet de l'Indre, à son ministre Corbière, 15 décembre 1825 (AN F1b II Indre 5). La candidature de Talleyrand ne sera acceptée que le 16 août 1829. Son petit-neveu Louis prendra sa suite sous la Monarchie de Juillet. Cf. ma thèse sur la pairie, p. 335.

11. E. Ernst, *Talleyrand und der Herzog von Dalberg*, 9 avril 1816, p. 18.

Page 719. 12. *Souvenirs du baron de Barante*, III, p. 466.

13. La duchesse de Montmorency, née en 1774, avait vingt ans de moins que Talleyrand. Alix est née en 1810. Voir Bombelles (*Journal*, vol. II) et d'Hauterive (*La Police secrète…*, *op. cit.*, 31 janvier 1808, p. 39). Il existe au moins un article sur la question de paternité d'Alix de Montmorency : Hamon, « Une fille insoupçonnée de Talleyrand. Alix de Montmorency », *Bulletin de la commission historique et archéologique de la Mayenne*, oct.-déc. 1974, n° 37 (245), 1976.

14. Des détails sur le contrat de mariage, *in* André Beau, *Talleyrand*, pp. 213-218.

Page 720. 15. Collection E. Ernst, U38, « À mon neveu le duc de de Valençay » Paris, 15 mai 1829. Inédit. Ce texte est publié *in extenso* par André Beau, in *L'Apogée du sphinx*, *op. cit.*, pp. 195-202.

16. Vente Couturier-Nicolaÿ, 30 octobre 1989, n° 180, le prince de Talleyrand au duc de Valençay (Londres, janvier 1832). En 1901, le petit-fils de Louis, Boson, second duc de Valençay, rachète le château et une partie des terres à la succession de son père, puis le transmet à sa mort à son « beau-fils » Jean Morel, qui le vend en 1979 à une association regroupant le département de l'Indre, la commune de Valençay, etc.

17. Vente Couturier-Nicolaÿ, 30 octobre 1889, n° 154, à un inconnu (juillet 1829). Il se rend aux eaux de Cauterets en juillet 1817 et 1818.

18. Boigne, II, p. 356.

Page 721. 19. Archives du duc de Dino, Talleyrand à la princesse de Vaudémont, s.l.n.d. (novembre 1817 ?). Inédite.

20. La duchesse de Dino à Vitrolles, Rochecotte, 23 juillet 1829. Citée par Louis Royer, *op. cit.*, p. 43.

Page 722. 21. Archives du duc de Dino, n° 30, Bourbon, 4 août (1828). Inédite.

Notes du chapitre 16

Page 723. 1. *Opinion de M. le prince de Talleyrand sur le projet de loi relatif aux journaux et écrits périodiques, séance du mardi 24 juillet 1821*, *in* Chambre des pairs de France, *op. cit.* Il avait critiqué l'année précédente les lois d'exception et de sûreté votées à la suite de l'assassinat du duc de Berry (*Correspondance de Charles de Rémusat*, VI, 1er et 10 avril 1820, pp. 390 et 412).

Page 724. 2. *Opinion de M. le prince de Talleyrand sur la répression des délits commis par la voie de presse, séance du mardi 26 février 1822, in* Chambre des pairs de France, session de 1821. Impressions diverses, II, n° 34. Il soutient en fait à la tribune un amendement proposé la veille par le comte de Bastard, demandant le rétablissement du mot « autorité constitutionnelle » dans la loi. L'amendement sera finalement voté le 2 mars par les pairs, ce qui constitue une petite victoire libérale de la Chambre haute contre les députés, mais le reste de la loi proposée par le gouvernement Villèle passera sans modification.

3. *Mémoires de ma vie*, II, pp. 62-63.

4. *The Diary of Philipp Neumann*, *op. cit.*, I. 1819-1833, septembre 1821, p. 77. Neumann était attaché à l'ambassade d'Autriche à Paris. On considérait à Paris que les fonctions acceptées par le duc de La Rochefoucauld-Doudeauville étaient indignes de sa condition de très grand seigneur. Un autre mot courait sur son compte : « Le duc de Doudeauville est directeur des postes, mais qui est donc duc de Doudeauville ? ».

Page 725. 5. *Ibidem*, II, 3 juillet 1821 et 30 octobre 1821, pp. 64 et 263. Neumann l'a entendu prononcer le mot. Sa première réaction avait été tout autre. Il apprit la nouvelle au cours d'un dîner en présence de Henry Edward Fox. « Il faut dire à sa louange, note ce dernier, qu'elle parut émouvoir beaucoup le vieux traître inique » (*The Journal of the Hon. Henry Edward Fox*, publié par le comte de Ilchester).

Page 726. 6. *Mémoires d'outre-tombe*, IV, p. 560.

7. Séance du lundi 3 février 1823. *Opinion de M. le prince de Talleyrand sur le projet d'adresse en réponse au discours du roi à l'ouverture de la session, in* Chambre des pairs de France, session de 1823, Impressions diverses, suppl., pp. 6 et 7. C'est précisément la logique dynastique qu'il mettait en avant, en 1806 et 1807, pour justifier l'intervention de Napoléon en Espagne.

8. Stendhal à M. Stritch, à Londres, Paris, le 21 février 1823, in *Correspondance de Stendhal*, Paris, Charles Bosse, 3 vol., 1908. II, n° 367, p. 290.

Page 727. 9. Paul Royer-Collard, *Lettres et billets du prince de Talleyrand à M. Royer-Collard*, Société des bibliophiles françois, 1903, p. 14.

10. *Mémoires de ma vie*, II, pp. 89-90. Barante évoque encore les réunions d'opposition chez la comtesse de Bourcke autour de Talleyrand et de Soult (III, p. 75).

Page 728. 11. Barante, III, p. 73.

12. Général Foy, *Notes intimes*, Compiègne, 3 vol., 1925. II, 11 février 1823, p. 26.

13. Barante, III, la duchesse de Dino au baron de Barante, Valençay, 5 novembre 1823, p. 134. Voir *supra* sur toute l'affaire.

14. Voir *supra*.

Page 730. 15. Lettre de Talleyrand à la comtesse Mollien, Bourbon, 20 juin (1827), citée par Léon Noël, dans son édition critique du Talleyrand de Sainte-Beuve, *op. cit.*, p. 198.

16. *Journal du comte Rodolphe Apponyi*, Paris, Plon, 1913, I, 20 janvier 1827, pp. 42-43.

17. *Mémoires de Mme de Boigne*, II, pp. 116-117. Sur toute cette affaire, voir le très bon chapitre v du *Talleyrand* de Léon Noël, *op. cit.*, « La ténébreuse affaire Maubreuil ».

Page 731. 18. Vitrolles, III, p. 458. Vitrolles n'a pas vu toutefois l'implication des d'Orléans dans le rapprochement survenu entre Talleyrand et Mme de Feuchères.

Page 733. 19. Archives du duc de Dino, n° 39, billet de Talleyrand à la duchesse de Bauffremont, 15 (août 1827 ou 1829). Inédit. Le dîner a lieu le samedi 18 août. En 1827, comme en 1829, Talleyrand quitte Paris pour Valençay, le 21 août. En 1829, on est, le 18, à quelques jours de la signature du testament du duc de Bourbon. Talleyrand y a été étroitement mêlé. La seconde date est donc également plausible.

20. D'après Cuvillier-Fleury, le duc et la duchesse d'Orléans dînent officiellement chez elle pour la première fois le 25 avril 1830 (Plon, 2 vol., 1900, I, p. 178).

21. Guy Antonetti, *Louis-Philippe*, Fayard, 1994, p. 534. Antonetti s'appuie, entre autres, sur le Journal inédit de Vatout dans les précisions qu'il donne sur les dates des visites et les manœuvres de Talleyrand au Palais-Royal. Il se trompe toutefois sur la date du 13 juin. Il ne dit pas non plus que Talleyrand était très proche de Charles Dupin, l'un des avocats et hommes d'affaires préféré du duc. Dupin avait aidé le prince en novembre 1823, dans la bataille de presse menée contre le duc de Rovigo… encore et toujours autour de l'affaire du duc d'Enghien !

Page 734. 22. Citée par André Beau, in *Talleyrand*, p. 212.

Notes du chapitre 17

Page 736. 1. Vente Couturier-Nicolay, 30 octobre 1989, lettre de Talleyrand à son neveu Louis, duc de Valençay (décembre 1829).

Page 737. 2. *Mémoires*, III, p. 326.

3. Artaud de Montor, p. 518.

4. Lettre de Charles de Rémusat à Barante, 28 novembre 1829, in Barante, III, p. 528.

5. *Correspondance générale*, n° 482, à M. Sutton-Shape, 10 janvier. II, p. 520.

Page 738. 6. *Sanderson Sketches of Paris*, Philadelphia, 2 vol., 1838. II, p. 75. Cité par G. de Bertier de Sauvigny in *La France et les Français vus par les voyageurs américains*, II, p. 275.

7. Mme de Boigne, II, p. 358.

8. *Mémoires d'outre-tombe*, III, p. 576.

Page 739. 9. E. Ernst, *Talleyrand und der Herzog von Dalberg*, Talleyrand à Dalberg, Paris, 3 avril 1830, p. 91.

10. Chodron 1709, 23 avril 1824. Voir sur cette affaire les lettres de Talleyrand à Dalberg, *in* E. Ernst, *op. cit.* Ces lettres confirment qu'il remet des fonds supplémentaires dans l'affaire en décembre 1825 (p. 39). L'historien allemand Karl-Georg Faber a étudié de près l'affaire de la faillite Paravey : « Aristokratie und Finanz. Das pariser bankhaus Paravey et compagnie (1819-1828) », in *Vierteljähresschrift für sozial- und wirtschaftsgeschichte*. Verlag Steiner, Wiesbaden, april 1970, heft 2, pp. 165-198.

11. Talleyrand à Charles de Flahaut, Rochecotte, 13 décembre (1829) (AP 569). Méfiant et prévoyant, il a organisé le contrat de mariage de Louis, le fils d'Edmond, de façon à ce que le père ne puisse ruiner le fils.

Page 740. 12. Talleyrand à la princesse de Vaudémont, Rochecotte, 18 décembre (1829) (anciennes archives du château de Broglie, cité par Lacour-Gayet, IV, 183-184) Sur l'emprisonnement d'Edmond, voir *The Greville Diary* (I, p. 88, 18-12-1829) Il existe de nombreuses lettres à Louis sur cette affaire dans le catalogue de la vente Couturier-Nicolay.

13. *Journal du comte Rodolphe Apponyi*, III, pp. 324-325.

14. La duchesse de Dino à Vitrolles, Rochecotte, 2 décembre 1829, citée par Louis Royer, *op. cit.*, p. 46. Fin novembre, Dorothée quitte précipitamment Paris pour Rochecotte et son oncle la poursuit. En décembre, il écrit à une amie non identifiée : « Madame de Dino et moi – Mon plan l'arrête court ! La poli-

tesse se chargera de rendre toutes les communications douces et de faire qu'il n'y ait aucun changement dans les rapports de société » (catalogue Couturier-Nicolay, n° 173). Dorothée aurait-elle été prise d'un coup de folie au point de vouloir s'enfuir avec Piscatory ? Cela n'aurait pas été la première fois.

15. Molé au baron de Barante, Paris, 27 novembre 1829, in Barante, III, p. 526.

Page 741. 16. Talleyrand à Flahaut 11 (juin 1830) (AP 565) ; Talleyrand à la princesse de Vaudémont, Valençay, 11 et 15 juin (1830) (archives duc de Dino, la première lettre est publiée dans les Mémoires du prince, l'autre non, III, p. 449. Voir également L.J. Arrigon, « Autour de Talleyrand. Une princesse jacobine », *Revue des Deux Mondes*, juin 1956, p. 661) ; Talleyrand à Barante, Valençay, 14 juin (1830) (*in* Barante, III, p. 551).

Page 742. 17. Talleyrand à Barante, Bourbon, (19) juillet (1830) ; (Barante, III, p. 559).

18. C'est ce qu'il dira à Philipp von Neumann à Londres en octobre, I, 5 octobre 1830, p. 225.

Notes du chapitre 18

Page 743. 1. *Souvenirs du duc de Broglie*, IV, p. 55. Réal affirme que Talleyrand était lui-même à Saint-Cloud le 25 juillet pour faire sa cour, et qu'il ne put parler au roi sorti trop tard de son Conseil où il venait de signer les ordonnances avec ses ministres. Le prince avait en poche, dit Réal, des lettres d'Angleterre et venait prêcher la modération au vieux roi. Se doutait-il de quelque chose ? Le secret des ordonnances avait été total, jusqu'à leur publication (*Indiscrétions*, 1798-1830. 1835, 2 vol., II, p. 338).

Page 744. 2. Boigne, II, p. 359. La mission du colonel Hobart Cradock, envoyé par Stuart, avec l'accord du duc d'Orléans, auprès du roi alors sur la route de Cherbourg et de l'exil, confirme cette hypothèse. Cradock était chargé de demander à Charles X de lui abandonner l'« enfant du miracle » pour le ramener à Paris, mais seul, sans sa mère la duchesse de Berry ni aucun autre membre de sa famille. Cradock verra le roi près d'Argentan le 7 août. Le roi refuse. Cradock rentre à Paris le 9 août, le jour de l'intronisation de Louis-Philippe par les Chambres. Ce dernier croyait-il sérieusement au succès de cette mission, et surtout voulait-il qu'elle réussisse ? On peut en douter. Talleyrand, en revanche, qui a dû concocter la manœuvre avec Stuart, y croyait assez pour la tenter. Voir Robert Franklin, *The Life and Time of Lord Stuart of Rothesay*, 1993, pp. 218-220. L'auteur s'appuie sur les dépêches de Stuart et de Cradock à lord Aberdeen. Également Guy Antonetti, *Louis-Philippe*, *op. cit.*, pp. 599-600.

3. Charles de Rémusat, *Mémoires de ma vie*, II, 323. Rémusat tient l'information de Broglie lui-même qu'il voit le lendemain.

Page 745. 4. *Revelations on the life of prince Talleyrand, edited from the papers of the late M. Colmache*, Londres, Henry Colburn, 1850, p. 39. Pasquier, VI, pp. 290-291. Paul Mantoux (« Talleyrand en 1830 », *Revue historique*, 1902) est assez convainquant en proposant la date du 30 juillet, à propos du billet envoyé par Talleyrand à Madame Adélaïde. Cela correspond bien à la conduite extrêmement prudente du prince au cours des Trois Glorieuses.

5. « Un roi qu'on menace n'a le choix qu'entre le trône et l'échafaud. – Sire, Votre Majesté oublie la chaise de poste. » Le mot, certainement apocryphe, est rapporté par Amédée Pichot, *op. cit.*, p. 179.

Page 746. 6. *Diary of Philipp von Neumann*, I, 12 octobre 1830.

7. « Lettres du prince de Talleyrand à M. de Bacourt », *Le Correspondant*, t. 170, 1893. Talleyrand à Bacourt, Bourbonne, 16 juillet 1835, p. 846. Le départ de Charles X d'Édimbourg pour Prague, fin 1832, est sans doute la conséquence d'une manœuvre de Talleyrand qui tenait absolument à éloigner d'Angleterre l'encombrant roi déchu. D'après les souvenirs d'un légitimiste fidèle, Ferdinand de Bertier, il aurait fait racheter par le gouvernement de Juillet les créances privées réclamées sous la Restauration par d'anciens émigrés pour services rendus pendant la Révolution au futur roi et s'en serait servi pour menacer le vieux Charles X d'une action en justice en Angleterre. On reconnaît bien là sa méthode. L'anecdote est plausible (F. de Bertier, *Souvenirs d'un ultra-royaliste*, Tallandier, 1993, pp. 250-251). Mme de Montcalm précise qu'en novembre 1830, alors qu'il était encore à Lullenworth, non loin de la côte, au sud-ouest de Londres, Charles X était sur le point de se faire arrêter pour dettes. Cela expliquerait sa « fuite » en Écosse pour Holyrood près d'Édimbourg (*Correspondance de la marquise de Montcalm*, lettre à Mme d'Orglandes, 4 décembre 1830, Éditions du Grand Siècle, 1949, p. 1016).

8. *Chronique*, I, p. 184.

Page 747. 9. Caulaincourt, *Mémoires*, III, p. 443.

Notes du chapitre 19

Page 749. 1. *Mémoires*, II, p. 254.

2. *Journal intime*, I, p. 36.

3. Londres, 3 janvier (1831) (Archives Melchior de Pange, fonds Sébastiani) ; Londres, 15 septembre (1831) (archives du duc de Dino, copie des lettres à la princesse de Vaudémont).

Page 750. 4. Archives Pange, fonds Sébastiani, Londres, 27 novembre (1830).

Page 751. 5. Talleyrand à Mathieu Molé, Valençay, 24-10-1822, *in* comte Molé (Noailles) V, p. 43.

6. Talleyrand à Madame Adélaïde, Londres, 2 octobre 1830, in *Mémoires*, III, p. 451.

7. Talleyrand à Flahaut, 11 (février 1831), Papiers Flahaut, 565 AP n°47.

Page 752. 8. *Mémoires de ma vie*, II, p. 562.

Page 753. 9. Louis-Philippe au prince de Talleyrand, 4 février 1832, *Mémoires de Talleyrand*, IV, p. 413.

10. *Chronique*, II, p. 237.

11. Talleyrand à Flahaut, Londres, 28 décembre (1830) (565 AP n°20). À propos de la revue du roi le 23 décembre 1830 à la suite des émeutes survenues à l'occasion du procès des ministres de Charles X.

12. Talleyrand à Bacourt, Paris, 10 mars 1836, *in* « Lettres du prince de Talleyrand à M. de Bacourt », *op. cit.*, p. 851.

13. Talleyrand à Barante, Paris, 13 décembre 1833, in *Mémoires du baron de Barante*, V, p. 94.

14. *Mémoires de ma vie*, II, p. 581.

Page 754. 15. Guizot, *Mémoires pour servir l'histoire de mon temps*, II, p. 270.

16. *Ibidem*, II, pp. 86-87. Cuvillier-Fleury, I, p. 36.

17. *Souvenirs du duc de Broglie*, IV, p. 51.

Page 755. 18. *Journal du maréchal Castellane*, III, 28 septembre 1833, p. 38.

Notes du chapitre 20

Page 756. 1. Madame Adélaïde au prince de Talleyrand, Neuilly, 20 mai 1834, *in* Comtesse de Mirabeau, *Le Prince de Talleyrand et la maison d'Orléans*, Paris, Calmann-Lévy, 1890, p. 97.

Page 757. 2. Talleyrand à la duchesse de Dino, Londres (mai 1831), BN Ms, fichier Charavay.

3. Lettre particulière d'Esterhazy, 8 janvier 1832, cité par Fl. de Lannoy, *Histoire diplomatique de l'indépendance belge*, Bruxelles, Albert Dewit, 1930, p. 59.

4. Thomas Raikes, I, 18 novenbre 1832, p. 106.

Page 758. 5. D'après une expression de Talleyrand lui-même, citée par la duchesse de Dino, *Chronique*, I, p. 212.

Page 759. 6. *Mémoires*, III, p. 341.

Page 760. 7. *The Greville Diary*, I, p. 546.

8. *Chronique*, I, p. 196.

9. La duchesse de Dino à Barante, Richmond, 31 mars 1831, in *Souvenirs du baron de Barante*, IV, p. 167.

Page 761. 10. Le comte Molé (Noailles) V, p. 130. *Revue de Paris*, juillet 1923.

11. Talleyrand à Flahaut, Londres, 8 (octobre 1830) (565 AP n° 19).

12. Talleyrand à la duchesse de Bauffremont, Londres, 27 novembre 1831. Archives du duc de Dino, n° 50.

Page 763. 13. Guizot, II, p. 267.

14. Discours du 9 août 1831 à la Chambre des lords, cité par G. Pallain, in *L'Ambassade de Talleyrand à Londres, 1830-1834*, Paris, Plon, 1891, introduction, p. XII.

15. *Catalogue of political and personal satires... in the dept. of prints and drawings in the British Museum*, Londres, 1947. VIII, n° 16937. L'exemplaire personnel de Talleyrand est reproduit dans le *Collectif Talleyrand*, p. 239.

16. Voir la lettre de Metternich à Apponyi, l'ambassadeur d'Autriche à Paris du 26 janvier 1833. Mémoires, V, p. 458, aussi le Journal de Greville, 13 février 1834.

Page 764. 17. Metternich à Trauttmansdorff, 13 novembre 1832, in *Mémoires*, V, p. 408.

Page 765. 18. *Mémoires*, II, p. 297.

19. Sébastiani à Talleyrand, Paris, le 18 novembre 1830. Collection E. Ernst, W3. Inédite.

20. Talleyrand à Sébastiani, Londres, 17 décembre 1830. Archives Pange.

Page 767. 21. Talleyrand à la princesse de Vaudémont, 2 et 7 janvier 1832, in *Mémoires*, IV, pp. 385 et 391. Louis-Philippe refusait de signer le protocole du 15 novembre 1831, dit des vingt-quatre articles, parce que s'y trouvait annexée une convention (signée le 14 décembre suivant par les quatres anciens alliés et les Belges) qui stipulait le principe du maintien d'une partie de la Barrière érigée à l'époque de la Sainte Alliance (traité de Vienne et congrès d'Aix-la-Chapelle).

Page 768. 22. Talleyrand à Casimir Perier, Londres, 31 décembre 1831, *in* Fl. De Lannoy, *op. cit.*, p. 280.

23. Talleyrand à Sébastiani, 3 janvier (1831). Archives Pange, fonds Sébastiani.

Page 769. 24. Talleyrand à Sébastiani, 27 (mai 1831), *ibidem*.

25. Talleyrand à la princesse de Vaudémont, 17 août (1831), archives du duc de Dino.

26. De Latouche *in* Pichot, *op. cit.*, p. 195.

27. *Mémoires de ma vie*, II, pp. 574-575.

28. Talleyrand à Louis-Philippe (?), (janvier 1832) BN Ms, fichier Charavay. On a quand même des doutes sur l'identité du correspondant, indiqué ultérieurement par l'annotateur du fichier.

Page 770. 29. Charles de Rémusat, *Mémoires de ma vie*, II, p. 580.

Notes du chapitre 21

Page 771. 1. Raikes, III, p. 265.

2. Talleyrand à Flahaut, Londres, 28 décembre (1830) et 31 octobre (1831), *op. cit.*, n° 20.

Page 772. 3. Duchesse de Dino à Barante, Londres, 27 octobre 1830, in *Souvenirs de Barante*, IV, p. 12. Il n'y a aucune raison de penser que Talleyrand n'a pas profité des conférences de Londres pour se faire accorder des « douceurs » diplomatiques, même si on n'en a pas la preuve. Au moins Michel Huisman se pose-t-il la question : « Quelques dessous de la conférence de Londres. Talleyrand a-t-il trafiqué de son influence ? » *Revue d'histoire moderne*, n° 9, 1934, pp. 297-316. Louis-Philippe, en tout cas, se méfiait. Le 18 juin 1831, il écrit à Sébastiani pour lui recommander de placer auprès de son ambassadeur un « homme sûr », chargé de le surveiller. La bonne entente entre le roi et le prince n'était donc pas dépourvue de soupçons ! (MAE CP Angleterre, t. 633, lettre intercalée entre les folios 228 et 229).

4. *Ibidem*, Middleton, 13 octobre 1830, p. 10.

5. Coulmann, *op. cit.*, II, p. 218.

Page 774. 6. Duchesse de Dino à Barante, Londres, 3 août 1833, V, pp. 66-67.

7. *Greville's Diary*, II, 10 septembre 1833, p. 231.

8. La plus belle intervention de Thiers à la Chambre à propos des résultats obtenus par Talleyrand à Londres date du 20 septembre 1831. Palain reproduit dans son introduction plusieurs extraits de lettres du prince à Thiers des années 1833-1836 (*Ambassade de Talleyrand à Londres*, pp. XIV-XV). Elles ont été depuis déposées aux archives de la fondation Thiers.

9. Raikes, II, 17 mai 1836, p. 367.

10. Lanzac de Laborie, « Lettres de la duchesse de Dino à Adolphe Thiers », *Revue de Paris*, juillet-août 1923. Valençay, 28 septembre 1837, p. 820.

11. Talleyrand à la duchesse de Bauffremont, Valençay, 15 (octobre 1837), archives duc de Dino, lettres à la duchesse de Bauffremont, n° 135. Inédite.

Page 775. 12. Duchesse de Dino, *Chronique*, I, p. 120.

13. D'après le vieux prince de Chalais qui rapporte le mot de l'abbé Mugnier, en visite chez lui à Saint-Aignan en 1876 : « Paperoles inédites de l'abbé Mugnier », aimablement communiquées par M. Ghislain de Diesbach, cf. *L'Abbé Mugnier*, Perrin, 2003.

14. *The Greville Diary*, I, p. 87

15. Duchesse de Dino, *Chronique*, I, 9 mai 1843, pp. 64-65. Scheffer exécute son portrait en 1828. Exposé au Salon de peinture de 1831, acheté par lord Holland, il sera donné par ce dernier au duc d'Aumale et se trouve aujourd'hui au musée de Chantilly.

Page 776. 16. *The Diary of Philipp von Neumann*, I, 20 mai 1831, p. 248.

17. *The Greville Diary*, I, pp. 86-87.

18. Talleyrand à la duchesse de Bauffremont, Londres, 18 septembre 1833. Archives du duc de Dino, n° 87. Inédite.

Page 777. 19. Talleyrand à la princesse de Vaudémont, 4 octobre (1831). Archives du duc de Dino.

20. Lettres du prince de Talleyrand à M. de Bacourt, Valençay, 24 septembre 1834. Voir également *Chronique*, I, p. 52, 102-103. Les lettres de Talleyrand à lord Holland sont conservées à British Library, Dpt. of Manusrcipts, Holland papers, Add 51635.

21. *Ibidem*. Talleyrand à lord Holland, Valençay, 19 (novembre 1834).

Page 778. 22. Mérimée, *Correspondance générale*, *op. cit.*, Mérimée au comte d'Argoult, Londres, 14 décembre 1832. I, pp. 209-211.

23. Thomas Raikes, I, p. 122, 14 décembre 1832.

24. *Revue de Paris* (1831) XXII, p. 127.

25. Talleyrand à la duchesse de Bauffremont, s.l.n.d. Archives du duc de Dino.

26. *Mémoires de ma vie*, II, p. 578.

Page 779. 27. Dans le *Figaro* du 4 mars 1831 : « Un lord égratigné ». L'article n'est pas signé. Voir dans la *Correspondance générale* de Mérimée, I, 92. 15 mars 1831.

28. Voir son portrait par Raikes, I, p. 40. Les rapports de style et de caractère entre Talleyrand et Montrond sont magnifiquement reproduits par Balzac dans *La Comédie humaine* à travers les personnages du comte de Marsay (Talleyrand) et de Maxime de Trailles (Montrond).

29. Talleyrand le dit très clairement dans l'une de ses lettres à la princesse de Vaudémont du 22 mai 1832, citée par André Beau, in *L'Apogée du sphinx*, *op. cit.*, pp. 29-30.

30. *Chronique*, I, pp. 51 et 114.

31. Rémusat à Barante, Londres, 5 juin 1832, in *Souvenirs du baron de Barante*, V, p. 5.

Page 780. 32. *Chronique*, I, p. 22.

Page 783. 33. Madame de Boigne, II, p. 362.

34. Duchesse de Dino, *Chronique*, I, p. 215.

Notes du chapitre 22

Page 784. 1. *Ibidem*, I, p. 301.

Page 785. 2. Talleyrand s'exprime là-dessus, à propos de sa « belle-fille », dans une longue lettre inédite à Pasquier du 18 octobre 1832 (Archives du château de Sassy, correspondance Talleyrand-Pasquier).

3. Merimée, *Correspondance générale*, *op. cit.*, tome I (1941) Mérimée à Requien, Paris, 19 décembre (1834), p. 365. D'après Mérimée, il aurait dit cela au duc d'Orléans à l'époque de son séjour à Valençay, dans les derniers jours d'octobre 1834.

Page 786. 4. Cette lettre a été publiée dans sa première version par le comtesse de Mirabeau, *op. cit.* pp. 211-214. La version publiée au *Moniteur* le 8 janvier 1835, in *Chronique*, I, p. 280 et 376. Guizot, III, p. 277.

5. Pour toutes ces lettres du mois de novembre, voir l'édition de la comtesse de Mirabeau, *op. cit.*

Page 787. 6. *Chronique*, I, p. 284.

7. *Lettres et billets du prince de Talleyrand et de M. Royer-Collard.* Société des bibliophiles françois 1903. Châteauvieux, 26 juillet 1834, p. 17.

Page 788. 8. D'après une confidence faite par Louis-Philippe à Victor Hugo en 1844, citée par G. Antonetti dans son *Louis-Philippe*, *op. cit.*, p. 751.

9. Talleyrand à Bacourt (Pont-de-Sains), 23 juin 1835, in *Le Correspondant*, *op. cit.*, p. 815.

10. Molé à Barante, 22-29 février 1836, in *Souvenirs du baron de Barante*, V, p. 298.

Page 789. 11. Sémonville était alors le grand référendaire de la Chambre des pairs. *Chronique*, II, p. 16.

Page 790. 12. La duchesse de Dino à Barante, Valençay, 22 octobre 1836, *in* Barante, V, p. 488.

13. Talleyrand à Bacourt, Valençay, 24 septembre 1834, in *Le Correspondant*, *op. cit.*, p. 840.

Page 791. 14. Cité par Lacour-Gayet, III, p. 347. Anciennes archives Broglie.

15. La princesse est morte chez elle, rue de l'Université, le 9 décembre 1835. Sur l'affaire de la cassette, voir Rodolphe Apponyi (III, pp. 158-160), Mathieu Molé (*in* Barante, V, pp. 223-224) et la duchesse de Dino (*Chronique*, I, p. 394)

16. Raikes, II, 1er janvier 1835, p. 1.

17. Talleyrand à la duchesse de Bauffremont, Valençay, 17 juin 1836. Archives du duc de Dino, n° 122, inédite. Voir les *Chronique*, II, p. 58.

Page 792. 18. Raikes, III, 24 janvier 1837, p. 110.

19. *Journal du maréchal de Castellane*, III, 9 mars 1838, p. 166.

20. Prosper Mérimée, *Correspondance générale*, *op. cit.*, Supplément à la première et à la deuxième série, p. 55.

Page 793. 21. *Chronique*, II, 28 janvier 1838, pp. 208-209, et Mme de Boigne, II, p. 336.

22. *Ibidem*, II, 4 juin 1836, p. 53.

23. Coll. E. Ernst. U. « Vie privée », Talleyrand à la duchesse de Dino, Paris, 2 février 1837, letttre citée par A. Beau, *L'Apogée du sphinx*, p. 145.

24. *Ibidem*, U 11, Talleyrand à la duchesse de Sagan, Valençay, 8 septembre (1821).

Notes du chapitre 23

Page 794. 1. Talleyrand à Mme de Jaucourt, 30 avril 1838, lettre citée par André Beau, *op. cit.*, p. 168.

2. *Chronique*, II, p. 141.

3. Talleyrand à la duchesse de Bauffremont, Fontainebleau, 31 mai 1837. Archives duc de Dino, n° 130.

Page 795. 4. *Ibidem*, Valençay, 25 août 1837, n° 134.

5. Thomas Raikes, I, 25 décembre 1834, p. 313.

6. Sur la mort des philosophes, voir Élisabeth Badinter, *Les Passions intellectuelles*, II, Fayard, 2002.

Page 796. 7. *Chronique*, II, 29 août 1836, p. 86.

8. Apponyi, III, p. 328 et Boigne, II, p. 365. L'épisode se passe dans les derniers jours de décembre 1837.

Page 797. 9. « Le pèlerinage et la basilique de Notre-Dame de la Délivrande », *Art de Basse-Normandie*, n° 119, Caen, 1999, p. 17. Après la mort de Talleyrand, Mgr de Quelen remerciera les sœurs de la Vierge fidèle en leur faisant don en ex-voto d'une statue de la Vierge en bronze ciselé qui existe toujours.

10. La duchesse de Dino à l'abbé Dupanloup, 10 mai 1839, in *Chronique*, II, p. 232.

11. Quélen au cardinal Lambruschini, 1er juin 1838, cité par Léon Noël : « La rétractation de l'ex évêque d'Autun », in *Talleyrand*, *op. cit.*, p. 164.

Page 798. 12. *Chronique*, II, pp. 327-328. Quélen écrit une première lettre le 8 décembre 1823, puis une seconde le 12 décembre 1835 peu après la mort de la princesse de Talleyrand qu'il a assistée et qui s'est confessée à lui. Voir le texte de la seconde lettre et la réponse de Talleyrand qui élude respectueusement la question de la rétractation, *in* abbé F. de Lagrange, *Vie de Mgr Dupanloup*, Paris, Poussielgue, 3 vol., 1883-1884. I, chapitre XIV, pp. 227 *et sq.*

13. Cité par Léon Noël, *op. cit.*, pp. 177 et 182.

Page 799. 14. Talleyrand à Flahaut, Valençay, 25 mai (1836) « Papiers Flahaut », AP 565.

Page 800. 15. *Chronique*, II, 4 mars 1838, p. 215.

Page 801. 16. Ces différentes versions d'avril-mai 1838 citées par Limouzin-Lamothe (« La rétractation de Talleyrand », *op. cit.*) ne doivent pas être confondues avec son « Manifeste » écrit beaucoup plus tôt avec Dorothée à Valençay et daté du 1er octobre 1836. Là, Talleyrand fait encore semblant de croire que le bref pontifical de juin 1802 l'autorisait à se marier : « Délié par le vénérable Pie VII, écrit-il, j'étais libre », puis, dans une autre version : « Je me croyais libre. »

17. *Journal de Rodolphe Apponyi*, III, p. 328. Il existe de nombreux témoignages du service funèbre rendu par le grand chambellan : aux Tuileries, il veille le corps de l'ancien roi pendant trois jours puis accompagne sa dépouille à Saint-Denis, entre autres celui de Ferdinand de Bertier. *Op. cit.*, p. 185.

Page 802. 18. La duchesse de Broglie à Mme Anisson du Perron, 20 mai 1838, citée par Léon Noël, p. 170.

19. Lagrange, p. 247.

Page 803. 20. Certaines phrases sont reprises intégralement du projet initial du prince présenté début mai par sa nièce et écarté par l'archevêque de Paris.

Page 805. 21. Rodolphe Apponyi, III, p. 329.

22. « Note écrite sur M. de Talleyrand au moment de sa mort » mai 1838, p. 2. Archives de Sassy.

Page 806. 23. Lettre de la duchesse de Dino à l'abbé Dupanloup, 10 mai 1839, p. 244.

24. L'abbé Dupanloup (Lagrange) et la duchesse de Dino, puis Barante (comte de Nervo) et Pasquier qui devait être dans une pièce à côté (note inédite). Mme de Boigne, informée par Pasquier, Rodolphe Apponyi par Pauline et Thomas Raikes par Montrond ne sont pas des témoins de première main.

Page 807. 25. Selon les récits, Talleyrand prononce cette phrase au roi lui-même ou à sa sœur. Voir Dupanloup (Lagrange, p. 256), Boigne (II, p. 370) et Rodolphe Apponyi (III, p. 326). La variante citée en introduction est de Dupanloup, celle ci-dessus, de Rodolphe Apponyi.

26. *Mémoires d'outre-tombe*, IV, p. 566.

27. Barante (baron de Nervo, p. 25). Barante est le seul à noter ce détail. Son récit, rapporté tardivement par son petit-fils le baron de Nervo, est écrit tout en entier pour l'édification du chrétien ou de ceux qui ne croiraient pas encore à la conversion de Talleyrand, ce qui le rend quelque peu suspect. Il y avait en principe de nombreux autres témoins au moment de l'extrême-onction. De plus, Pasquier et Mme de Boigne affirment qu'il ne parlait déjà plus à ce moment-là.

28. Raikes, III, p. 255.

Notes du chapitre 24

Page 808. 1. D'après les souvenirs inédits de Louise d'Haussonville, la fille d'Albertine de Staël, duchesse de Broglie, aimablement communiqués par le comte Othenin d'Haussonville. « Je me souviens d'un mot de ma mère. Mme de Dino lui parlait du point de vue religieux de M. de Talleyrand, et lui disait que, sans avoir la foi, il était toujours très respectueux vis-à-vis du clergé : "Cela tient, dit-elle, à son grand savoir-vivre." Il est bien malheureux, reprit ma mère, que ce savoir-vivre ne soit pas un savoir-mourir. »

2. *Le Charivari*, n° 136, 18 mai 1838.

3. « Lettres et billets du prince de Talleyrand et de M. Royer-Collard ». Royer-Collard au comte de Lezay-Marnésia, 21 mai 1838, p. 24.

4. *Journal de Rodolphe Apponyi*, III, p. 324.

5. Voir sur ce sujet, sa lettre à Barante du 24 juin 1839, in *Souvenirs du baron de Barante*, VI, p. 241.

Page 809. 6. Léon Noël, *op. cit.*, p. 172, L'ancien diplomate est le seul à avoir consulté dans les archives du Vatican, la correspondance de Garibaldi avec le cardinal Lambruschini à Rome.

7. Thomas Raikes, III, p. 261.

8. D'après le *Journal du commerce.*

Page 810. 9. André Beau raconte en détail les deux « enterrements » de Paris et de Valençay au dernier chapitre de son *Talleyrand, l'apogée d'un sphinx*, *op. cit.*

10. D'après le mot de Talleyrand à Louis-Philippe rapporté par Mme de Chateaubriand. « Sire, je suis à mon treizième serment ; je souhaite que ce soit le dernier » (*Mémoires de Mme de Chateaubriand*, *op. cit.*, p. 143).

ANNEXES

I.

QUELQUES DOCUMENTS ET ASPECTS NOUVEAUX OU INÉDITS SUR TALLEYRAND (2003-2006)

Ces inoffensives variations sur le « diable boiteux » ne doivent pas grand-chose à l'auteur de ces lignes. Elles n'auraient pas été sans l'aide éclairée de nombreux amateurs, chercheurs ou universitaires qui depuis deux ans prennent le temps de me communiquer telle source ou tel détail inédits sur Talleyrand. Car depuis la première édition de la biographie que je lui ai consacrée, de nombreux lecteurs m'écrivent : plus de cinq cents lettres me sont ainsi parvenues par la poste et non par courrier électronique, ce qui assurément convient mieux au biographe de celui qui écrivait lui-même – et si bien – des milliers de lettres familières. Cette correspondance forme peut-être, à l'heure des réseaux en ligne, l'ultime témoignage d'un ensemble de lettres suscité par un livre, avec tout le charme, déjà presque ancien, qui les habite. Les quelques portraits qui suivent, comme les reflets kaléidoscopiques d'un ensemble inachevé – ce qui, une fois encore, sied si bien au personnage –, sont dédiés à tous ceux qui n'ont pas seulement pris la peine de lire cette biographie, mais d'écrire – « Monsieur, non seulement je l'ai écrit, mais je l'ai lu ! », disait Gitry à propos de l'un de ses livres » – et que je remercie avec gratitude.

SOUS LA RÉVOLUTION : TALLEYRAND MÉCÈNE

Les travaux récents de l'historien de l'art Udolpho van de Sandt sur la « Société des amis des arts » fondée par l'architecte de Wailly en septembre 1789 et qui reçoit ses statuts définitifs en décembre 1790 apportent quelques éléments nouveaux sur l'intérêt constant apporté par Charles-Maurice de Talleyrand aux artistes et à leurs productions[1]. On savait déjà que l'ex-évêque d'Autun avait été l'organisateur en septembre 1791, comme membre élu – à la place de Mirabeau – et commissaire du département de Paris, de la première exposition « libre » des artistes français au Louvre. Fidèle en cela à ses idées libérales, Charles-Maurice milite pour la suppression du régime académique hérité de la monarchie[2]. Mais,

1. Udolpho van de Sandt, « Les premières années de la Société des amis des arts (1789-1798) ».

2. Il sera également l'auteur, le 12 février 1792, d'un *Discours prononcé par les commissaires du département de Paris pour les monuments publics à l'Assemblée nationale*, signé « Brousse, Dumont, Talleyrand, Kersaint, membres du département et commissaires pour les monuments publics ».

découverte nouvelle, il siège également dès ses débuts au sein de la très discrète et mal connue Société des amis des arts. Son nom apparaît en effet dans la liste des deux cents membres « fondateurs » de la Société des amis des arts conservée aux Archives de Paris[1]. La vocation de cette société qui ressemblait plus à un club très élitiste et très fermé, où l'on n'entrait que par cooptation, était d'encourager et de soutenir la production des artistes vivants, peintres et sculpteurs et de suppléer par la constitution d'une association de mécènes privés aux déficiences de l'aide publique aux artistes. Chaque membre de la Société présidée par le très libéral Armand de Béthune, duc de Charost, s'engageait pour une période de trois ans à souscrire à l'achat d'actions – cinq actions d'une valeur de trois cents livres en ce qui concerne Charles-Maurice à la date du 18 juin 1791. La totalité des sommes souscrites – 120 000 livres pour la période 1791-1792 – servait à acheter collectivement des œuvres auprès de cent quatorze artistes, exposées une fois par an en la salle des Pairs au Louvre et redistribuées aux membres de la Société par le jeu d'une loterie. La seconde exposition qui rassemblait cinquante-sept numéros – peintures et sculptures – eut lieu en juillet 1791, deux mois avant l'ouverture du Salon. Toutes les œuvres présentées par la Société le furent également au Salon. Par ses statuts et sa composition sociale – les représentants les plus éclairés de l'aristocratie libérale, de la ferme générale et de la finance –, la Société des amis des arts n'est pas sans similitude avec celle, toute politique, de 1789, à laquelle Charles-Maurice appartenait également. On relève, dans la liste des souscripteurs fondateurs, nombre de ses proches et amis : le comte de Narbonne, Radix de Sainte-Foy, les Laborde père et fils (Jean-Joseph et Alexandre), Beaumarchais, l'ex-trésorier général de l'artillerie Bouret de Vézelay. C'est d'ailleurs dans l'une des maisons – sans doute un vaste pavillon de campagne dans une zone encore maraîchère de la capitale – qui lui appartenait que Talleyrand habite (en permanence ?) à partir du mois de juin 1791, Cul-de-sac Taitbout (aujourd'hui la rue du Helder dans le IXe arrondissement[2]). Dans la liste de 1791, son adresse de la rue de l'Université est barrée et remplacée par celle du Cul-de-sac Taitbout. Dans celle de 1792, on le retrouve encore à la même adresse. Cela confirme, s'il en était encore besoin, la force des liens entretenus dès cette époque par l'ex-évêque avec les milieux de la finance et des grands commis du Trésor.

Talleyrand et la langue de Shakespeare

Contrairement à ce que je croyais, Charles-Maurice de Talleyrand parlait encore mal l'anglais à Londres en 1792 et 1793, même s'il l'apprendra vite si l'on en croit Cobbett qui le rencontre à Philadelphie en 1796 (note 4 de la page 171 de ma biographie) et l'écrira couramment par la suite dans ses lettres à certains de ses

---

1. « État des sommes reçues par Me Thion de la Chaume, trésorier de la Société jusqu'au 18 juin 1791 » (Archives de Paris, 2AZ 5, art. 178, pièce 4). Son nom est également présent dans une seconde liste de 1792 (pièce 6).

2. Jacques Hillairet relève également, dans son *Dictionnaire des rues de Paris*, plusieurs séjours du citoyen Talleyrand et de la citoyenne Grand sous le Directoire, à l'hôtel meublé d'Orsay, rue Taitbout, dans le prolongement du Cul-de-sac Taitbout. On sait par ailleurs que ce quartier de la banque et de la finance était déjà celui de Catherine Grand qui habitait rue du Sentier dans les années 1780 avant son départ pour Londres ! Le financier Ouvrard habitait aussi rue Taitbout sous le Directoire.

amis anglais. L'Américaine Angelica Church qui voyait souvent Talleyrand à Londres et dans le Surrey en 1793, et l'appréciait jusqu'à l'appeler « *my worthy friend* » (mon digne ami), avait une sœur, l'épouse d'Alexander Hamilton, le célèbre ministre et homme politique américain, à qui elle écrivait régulièrement. Cette correspondance a été publiée par Harold C. Syrett dans *The Papers of Alexander Hamilton. Volume XVI, februrary 1794-July 1794* (Columbia University Press, New York and London, 1972). On y apprend entre autres que c'est Angelica Church qui allait recommander Talleyrand, obligé de quitter l'Angleterre pour les États-Unis, à son beau-frère Hamilton (lettre à sa sœur Elisabeth Hamilton, 4 février 1794, p. 380). Puis dans une autre de ses lettres à sa sœur datée du 27 février, alors que Talleyrand était sur le point de s'embarquer pour les États-Unis, elle lui écrit encore ceci que je reproduis en anglais : « *I am sorry that you cannot speak French, or Mr Talleyrand English, that you might converse with him, as he is extremely agreeable, and very much improves on acquaintance ; he is of one of the most ancient families in France and has been a bishop and possesses a large fortune and now obliged by the order of this court to leave England* » (*ibid*., p. 259). Ce fragment de lettre ne nous apprend pas seulement que, lors de deux premières missions diplomatiques de l'ex-évêque d'Autun à Londres, les discussions se tinrent probablement exclusivement en français ; il nous renseigne aussi sur l'aptitude du personnage à dissimuler l'extrême (et réelle) indigence dans lequel il se trouvait à cette époque. Je remercie le docteur Eberhard Ernst de m'avoir indiqué cette source que je ne connaissais pas.

Le Directoire, les affaires et les femmes

On connaissait les liens de Talleyrand avec les frères Michel et Henry Simons, en particulier Michel, le très complaisant mari d'Élise Lange – Anne Françoise Elisabeth à l'état-civil –, la belle et entreprenante actrice transformée par Girodet en Danaé séduite par une pluie d'or alors que le pauvre Simons figure dans le tableau en dindon[1]. Les frères Simons, originaires de Dunkerque, installés à Bruxelles où ils créent une maison de commerce, sont de ceux qui surent profiter du rôle commercial du port franc de Dunkerque comme de la proximité géographique de Londres et d'Anvers pour mieux saisir toutes les occasions révolutionnaires, notamment avec Dumouriez en 1792. Sous le Directoire, ils sont en relation d'affaires étroite avec Ouvrard qui, en 1798, constitue une sorte de véritable ministère officieux et gère les affaires complexes de la Marine et de la Guerre. Les Simons, propriétaires et concessionnaires, comme d'autres, d'immenses forêts confisquées sous la Révolution, alimentent simultanément en bois la marine et l'industrie métallurgique, mènent des opérations sur la conversion des monnaies, provisionnent les caisses du Trésor public et partagent les bénéfices. On sait que Talleyrand tenait cette année-là l'intérim du ministère de la Marine. On sait aussi les liens qu'il entretenait avec la belle Elise Lange au point de témoigner à son mariage, le 23 décembre 1797. Ce que l'on ne savait pas et que me communique aimablement l'historienne Madeleine Lassère, c'est que l'ex-évêque d'Autun partageait au même moment le lit d'une autre actrice et musicienne liée

1. Voir le catalogue de l'exposition Girodet publié par la Réunion des musées nationaux en 2005, pp. 272 et sv. Sylvain Bellenger, « Le tableau d'une vengeance ».

à la famille des munitionnaires de la Révolution par son second mariage avec le père de Michel, Jean Simons, le 11 février 1798. Il s'agit de Julie Candeille, qui deviendra plus tard l'égérie de Girodet. Elle était née en 1767 et avait fait ses débuts à l'Opéra en 1782. Julie Candeille, tout à la fois actrice au Théâtre français, musicienne, auteur de plusieurs pièces à la mode sous la Révolution comme *La Belle Fermière*, puis de quelques romans, est sans doute plus intéressante et plus complexe qu'Elise Lange. La belle-mère et la belle-fille, la première de cinq ans plus vieille seulement que la seconde, se détestaient d'ailleurs. L'une traite l'autre de « vipère » dans la *Notice biographique* qu'elle a laissée à défaut de Mémoires et qui est conservée au musée Girodet de Montargis. Dans cette notice datée de Nîmes, le 1er août 1829, Julie Candeille qui parle d'elle à la troisième personne revient sur les années de son mariage avec Jean Simons et évoque Charles-Maurice à plusieurs reprises. Bien sûr, on ne prête qu'aux riches, même en amour, mais ce qu'elle dit de ses relations avec l'ex-évêque mérite d'être cité : « M. de Talleyrand estimait Madame Simons-Candeille (à laquelle il avait songé pour la place de Madame Grand) mais s'amusait fort peu des bourrades du vieillard [son mari]... » Bref, le citoyen ministre pensait à l'époque épouser la belle Julie qui, par ailleurs, se séparait sous le Consulat de son vieux mari retombé en enfance. Une preuve supplémentaire, s'il en était besoin, du goût de Charles-Maurice pour les actrices « voluptueuses » – c'est le mot qui revient le plus souvent sous la plume de ses contemporains pour la qualifier, d'autant plus que, comme Catherine Grand, Julie est blonde aux yeux bleus – mais également spirituelles. Ses liens avec Girodet, avec Méhul plaident en sa faveur. Elle-même s'attribue sans fausse modestie, dans sa *Notice*, non seulement « un esprit droit, une belle âme », mais un don pour les « réparties... foudroyantes ». De quoi plaire au prince de l'esprit.

TALLEYRAND : LA MISSION, L'HONNEUR ET L'ESPRIT DU DIPLOMATE

Au fil des rapports et circulaires officielles de Talleyrand, on saisit mieux la mission que le ministre assigne à ses diplomates. Son éloge du comte Reinhard est connu et a de plus été récemment réédité[1]. Je voudrais en revanche donner ici les extraits de trois textes peu lus – les deux premiers m'ont été adressés récemment par Pierre Combaluzier et avaient échappé à mon attention à l'époque de la rédaction de ma biographie – qui campent au fil des lignes un magnifique portrait du diplomate et de son rôle aux yeux de celui qui le fut d'un bout à l'autre de sa vie. Le premier extrait est tiré d'une *Lettre circulaire du Ministre des Relations extérieures à tous les agens [sic] diplomatiques et consulaires de la République française*, du 14 Nivôse an VI (3 janvier 1798)[2] ; le deuxième est tiré d'un document du même type intitulé *Note circulaire de M. Talleyrand, ministre français des Affaires étrangères, à tous les agents de Sa Majesté l'Empereur des Français*, Aix-la-Chapelle, 5 septembre 1804[3] ; le dernier n'est autre que le *Rapport au Premier Consul de la République par le ministre des Relations extérieures, 30 Germinal an VIII* (20 avril

1. *Recueil de textes rares de Charles-Maurice de Talleyrand-Périgord*. Édition réalisée par Pierre Combaluzier et Alain Pekar Lempereur avec la collaboration d'Eric Le Deley. Essec Iréné, Paris-Cergy, 2004, pp. 215-226.

2. *Le Moniteur*, n° 106, 16 Nivôse an VI (5 janvier 1798), p. 425.

3. Traduit par Pierre Combaluzier d'après la version anglaise publiée dans l'*Annual Register for the Year 1804*. London, W. Otridge and sons, 1806.

1800)[1]. Talleyrand y plaide le rétablissement d'un système fixe et uniforme de promotion au sein de son ministère afin de mettre fin aux désordres et à l'arbitraire révolutionnaire. Il faut lire ces extraits en oubliant le ton de circonstance – républicain en 1798, plus monarchique en septembre 1804 – commandé par la nature du régime servi, pour aller à l'essentiel (l'orthographe a été modernisée).

« 1. [...] En ce qui vous concerne personnellement, Citoyens, sachez vous faire aimer, estimer, respecter. Ne heurtez point les mœurs, les usages, les préjugés des pays où vous êtes ; mais en gardant les convenances, conservez aussi les usages et les mœurs des républicains. Aux démonstrations d'une étiquette vague, substituez l'aménité, la politesse franche qui part d'une âme vertueuse et du sentiment de grandeur que la liberté donne. Gardez-vous surtout d'un défaut trop commun de nos jours, je parle de cette énergie irascible et bruyante, qui, dans un diplomate, ne sera jamais regardée comme une heureuse qualité. Mesurez toutes vos démarches et n'oubliez jamais que *fougue* n'est pas *force*[2]. [...]

2. [...] Dans chaque pays, et en tous temps, le ministère des agents diplomatiques [est] tenu en vénération parmi les hommes. Ministres de la paix, organes de conciliation, leur présence est un augure de sagesse, de justice et de bonheur. Ils parlent, ils agissent pour terminer, ou prévenir ces fatals différends qui divisent les princes et avilissent les peuples, par les passions, les meurtres, et les misères qui sont les conséquences de la guerre. Telle est la mission du ministère diplomatique ; et il doit être dit, que c'est à l'observance des devoirs qu'il s'impose, c'est au caractère généralement respectable des hommes qui exercent ce ministère sacré en Europe, qu'il doit la gloire et le bonheur dont il jouit. [...]

3. Dans tout État bien gouverné, il y a un esprit propre à chaque branche d'administration. Cet esprit donne de l'unité, de l'uniformité et une certaine énergie à la direction des affaires ; il transmet la tradition des devoirs, il en perpétue le sentiment et l'observation ; il attache et le corps, et les individus qui en sont membres, au Gouvernement, comme au but vers lequel toutes les émulations se dirigent, comme à la source de tous les degrés de considération dont on ambitionne de jouir. [...]

Il n'y a que l'esprit d'administration, partout établi, et partout diversifié selon la variété des devoirs que chaque administration impose, qui puisse tout remettre à sa place, en fixant d'une manière invariable les rapports des administrés à chaque branche de pouvoir, et les rapports de toutes les parties de l'administration au système général de l'organisation de l'État. L'administration est l'intermédiaire qui rapproche les gouvernants et les gouvernés ; elle est le nœud qui associe les intérêts particuliers et l'intérêt général ; elle est le point de contact et d'union de l'autorité publique et de la liberté individuelle. [...]

1. À Paris, de l'Imprimerie de la République. Germinal an VIII. MAE Mémoires et Documents, France, n° 518. Le texte a été réédité sous le titre « Rapport du citoyen Talleyrand (...) sur le plan de promotions graduelles adopté par le conseil d'État pour le département des Relations extérieures » dans la *Revue internationale des sciences administratives*, n° 22, 1956, pp. 163-166. On le trouve également dans le volume 4 des Mémoires de Bourrienne (Ladvocat, 10 vol., 1829) sous le titre : « Rapport de M. de Talleyrand sur la réorganisation de la diplomatie en France » (pp. 385-390).

2. Souligné dans le texte.

Il y a deux classes de qualités qui entrent dans l'esprit et l'honneur de la profession qui fait l'objet de cet article ; les qualités de l'âme et les qualités de l'esprit.

Dans la première classe, sont, 1° la circonspection ; 2° la discrétion ; 3° un désintéressement à toute épreuve ; 4° enfin, une certaine élévation de sentiments, qui fait qu'on sent tout ce qu'il y a de grand dans la fonction de représenter sa nation au dehors, et de veiller au dedans à la conservation de ses intérêts politiques.

Dans la seconde classe, sont, 1° un penchant de l'esprit pour l'étude des relations politiques ; 2° la facilité pour saisir bien et promptement les objets, car aucun état n'expose plus à des travaux instantanés et d'urgence ; 3° une certaine étendue d'idées, car dans cette partie, tous les détails se rattachent à un vaste ensemble.

Il y a peut-être encore une troisième classe de qualités qui participent [*sic*] aux deux premières ; je veux parler de tout ce qui tient à l'habileté dans l'art de traiter les affaires. Elle est nécessaire aux agents du dedans comme à ceux du dehors ; parce que si ces derniers sont chargés d'agir, les premiers participent plus ou moins à la direction que reçoivent les autres. Cette qualité forme une classe à part, parce qu'elle est le résultat de l'esprit et du caractère. Ces qualités réunies et cultivées par la pratique, forment l'esprit et l'honneur de la profession. Par elles s'établissent entre les divers individus, des rapports d'estime et d'affection ; entre les chefs et les subordonnés, des rapports d'émulation, d'attachement et de tutelle ; par elles s'établissent encore, de la masse des employés au gouvernement, des rapports de fidélité et de respect ; des employés à la patrie, des rapports de passion et de dévouement ; du public enfin aux employés, des rapports de considération et de confiance. [...] »

Un plan de finances inédit au lendemain de Brumaire an VIII

On connaît l'intérêt constant porté par Talleyrand aux questions financières. La découverte récente dans les archives du ministère des Affaires étrangères d'un plan de finances qui porte sa signature prouve, s'il en était encore besoin, que l'une des premières préoccupations de l'ancien ministre du Directoire, une fois Bonaparte au pouvoir, était d'ordre financier et non pas diplomatique. Dans ce plan dont nous donnons de larges extraits et qui vise à réduire les déficits du Trésor tout en mettant un terme aux désordres occasionnés par le système des « délégations publiques » pratiqué par le Directoire, on retrouve toutes les idées défendues par le disciple de Panchaud depuis le grand plan de réforme de Calonne de 1787 : crédit public, amortissement, libre et abondante circulation du papier[1]...

« Paris, 22 Brumaire an VIII de la république française

Citoyen Consul,

Je vous offre un plan que je crois propre à subvenir aux besoins du moment, les seuls dont votre sagesse aidée des lumières du ministre des finances puisse être embarrassées. Exempt de toute création inquiétante et de toute innovation hardie,

1. MAE Mémoires et Documents, France, n° 1414 : « Notes sur les finances » fol. 200 et sv. Ce document m'a été aimablement communiqué par Eric Trochet.

il me paraît qu'il concourrait par son ensemble à soutenir le mouvement favorable qui s'est annoncé ces jours derniers dans le crédit public. [...]

Salut et respect

C. Maurice Talleyrand

Notes sur les finances – 20 brumaire an VIII

Nota : l'objet qu'on s'est proposé en écrivant ces notes était de se rendre raison des moyens les plus simples par lesquels on pourrait arriver, sans secousse, à un meilleur ordre des choses dans les finances. L'on a surtout cherché à éviter des mesures qui pourraient paraître trop extraordinaires dans un temps où la confiance a besoin plus que jamais d'être étayée par des idées à la portée de tout le monde.

Il n'existe plus en France ni crédit public, ni crédit particulier. Le rétablissement du crédit est donc l'objet qui doit attirer le plus immédiatement l'attention du ministre des Finances ; car sans crédit il ne peut rien ; et voici pourquoi.

Notre législation financière, à l'instar de ce qui se pratique en Angleterre, affecte aux dépenses de chaque année les recettes du même exercice annuel ; en sorte que la majeure partie des dépenses des premiers mois de l'année doivent toujours se faire par anticipation, en attendant que le produit des contributions arrive à la trésorerie.

En Angleterre, la banque sert d'intermédiaire au gouvernement et supplée par son papier aux anticipations nécessaires. En France, nous n'avons rien de semblable et c'est sur le crédit des particuliers que le service doit se faire quand la trésorerie est sans argent. [...]

Bien loin de vouloir libérer la République de toute dette constituée, il faut seulement s'occuper d'en acquitter les intérêts avec exactitude, et alors la dette elle-même devient une véritable richesse nationale ; si toutefois il est vrai de dire que la richesse d'un État se compose de celle des particuliers.

À l'égard de la dette exigible : elle ne demande, pour être totalement balancée, qu'un fonds extraordinaire de 130 millions environ. Or l'emprunt forcé, tel qui va être modifié, produira bien certainement 100 millions. Le reste se trouvera dans le produit des domaines nationaux ou dans les reprises à exercer sur divers comptables des services antérieurs, objet plus considérable qu'on ne le pense peut-être.

Vient maintenant le service courant déjà arriéré de plus d'un mois dans toutes ses parties. Pour ce service, il reste encore à compléter l'état des recettes. [...]

Le crédit public ne permet pas d'ajourner la recherche des ressources reconnues nécessaires ou même soupçonnées telle par l'opinion générale. Il faut donc s'en occuper plutôt aujourd'hui que demain ; et qu'on ne craigne pas à cet égard de commettre un double emploi ; tant mieux si, à la fin de l'année, il se trouvait un excédent de quelques millions dans les caisses de la trésorerie.

Toutes les classes de citoyens se ressentiraient de l'aisance du trésor public ; chacun récupérerait bientôt au centuple sa portion contributaire de cet excédent.

Mais en attendant qu'un pareil phénomène puisse se réaliser, la perspective seule d'un excédent pourrait être rendue utile par un projet de caisse d'amortissement.

Il serait oiseux de s'étendre ici sur les effets magiques qu'un tel établissement produirait en France dans un moment surtout où les rentes sur l'État sont avilies au point de ne représenter en capital que deux années de revenus.

Tout le monde sait que le fonds d'amortissement est une des bases fondamentales du crédit immense de l'Angleterre, et quel puissant levier l'emploi de ce fonds procure au gouvernement de ce pays-là ; le même moyen aurait sans doute aussi beaucoup de force dans celui-ci, s'il était confié à des mains habiles.

Revenons sur les ressources possibles pour niveler les dépenses de l'an VIII : [...]

Un moyen simple d'assurer d'avance le paiement de tout le matériel des armées de terre et de mer serait d'y affecter spécialement les contributions directes ; et de faire tirer dès le commencement de l'année des traites à ordre (à 3, 6, 9 et 12 mois de date) sur tous les contribuables portés aux rôles des impositions pour une cote excédant 200 francs. Ces valeurs confiées à la garde de la trésorerie y resteraient en dépôt jusqu'au moment où elle en aurait besoin pour acquitter les ordonnances des ministres auxquelles ces mêmes valeurs seraient spécialement déléguées dès leur création. Cette affectation se ferait par département dans la proportion du matériel de chaque ministère. L'on aurait de cette manière dans très peu de temps, des ressources actives et disponibles pour une somme équivalente aux deux tiers au moins des services de l'année pour le matériel des armées de terre et de mer.

Il n'y a pas lieu de craindre que ces valeurs soient refusées par les entrepreneurs. Elles auraient tous les caractères de lettres de change tirées à jour fixe ; et offriraient par conséquent les mêmes moyens de contrainte pour les faire payer à échéance. [...]

Un papier qui reposerait sur de telles bases serait assurément le plus solide qu'on puisse créer ; et s'il était répandu graduellement dans le commerce, il rendrait à la circulation l'activité qui lui manque par le défaut absolu de signe circulant.

De plus, cette mesure, en offrant des moyens de compensation directe entre les citoyens, associerait par cela même l'intérêt particulier au recouvrement des contributions publiques. »

Talleyrand vu par l'un de ses plus proches collaborateurs, Alexandre Durant de Mareuil, d'après ses Mémoires inédits

Joseph Alexandre Durant (1769-1855), devenu Durant de Mareuil en 1815 lorsqu'il sera autorisé sous la Restauration à porter le nom d'une terre achetée « nationalement » près d'Épernay, en Champagne (Mareuil-sur-Brie), est l'un des hommes clé du ministère des Relations extérieures sous le Directoire, le Consulat et l'Empire. Fils aîné d'Anne Durant, un ancien receveur des Aides aux entrées de Paris, issu lui-même d'une vieille famille champenoise qui occupe des charges de finances depuis plusieurs générations, entre très tôt dans la carrière diplomatique, en 1793. Il dirige à deux reprises l'importante division du Nord, de 1796 à 1799 puis de 1800 à 1805, et devient un spécialiste des questions allemandes. Talleyrand lui confie plusieurs missions secrètes à Altona et Hambourg en 1799, puis l'envoie se faire oublier et oublier, à Dresde en 1805 et à Stuttgart en décembre 1806, son rôle dans les négociations financières et secrètes avec les princes allemands comme ses relations d'affaires un peu trop étroites avec le vieux Radix de Sainte-Foy, l'homme des « douceurs diplomatiques ». Il est pourtant avec son frère Durant de Saint André l'un des signataires de l'acte final de la Confédération du Rhin qui fait entrer l'Allemagne dans une ère nouvelle, le 25 juillet 1806, à Mayence ; puis il représente Napoléon près de Murat à Naples de 1811 à 1814 et revient juste à temps pour assister à Paris à l'effondrement de l'empire. Talleyrand lui confie, avec Laforest, l'intérim du ministère des Affaires étrangères sous les ordres du gouvernernent provisoire qu'il dirige en avril. Durant se fait ensuite nommer député de la Marne à la chambre des représentants des Cent-Jours mais rentre cependant rapidement en grâce au début de la seconde Restauration. Il est appelé au Conseil d'État, envoyé à La Haye en 1821, à Washington en 1824, retourne à La Haye en 1831 et occupe même l'intérim de l'ambassade de Londres en l'absence de Talleyrand en octobre 1832 avant de terminer sa carrière comme ambassadeur à Naples. Napoléon l'a fait baron en 1809, Louis-Philippe comte en 1846. Il siège à la pairie depuis 1832.

On le connaît un peu mieux grâce aux rapports d'espionnage envoyés au comte d'Antraigues, sous le Consulat et l'Empire, par l'un de ses proches collaborateurs. Durant, écrit cet informateur anonyme en février 1805, « est ce qu'on peut dire le bras droit de Talleyrand. Ils ont de grands points de contact dans leurs opinions, plus encore dans leurs goûts [...]. Il a fait il faut l'avouer ses affaires le mieux possible [...]. Malgré son extrême facilité, il est paresseux, il a des goûts un peu dissipateurs, et il est grand joueur ; c'est une passion, mais on convient qu'il est beau et noble joueur. Il a une belle femme qu'il estime, mais avec laquelle il a bien des torts[1] ». Entre le ministre et l'homme indispensable, on croirait par moment lire le portrait de l'un pour celui de l'autre.

Durant n'est pas le seul de sa famille au ministère. Il y fait venir son frère cadet Esprit André Durant, qui deviendra par la suite Durant de Saint André, et son cousin germain, le fils du frère de sa mère, Challaye. L'un et l'autre seront tour à tour les secrétaires particuliers de Talleyrand. Esprit Durant de Saint André deviendra sous-chef de la division du Nord en 1802, puis consul général aux États-Unis et à Londres en 1831. Les papiers de Joseph Alexandre Durant, ses lettres à sa femme et les six cents pages de ses Mémoires ont été préemptés en novembre 2004 par le ministère des Affaires étrangères. Ils ne sont encore ni inventoriés ni consultables[2]. Par chance j'ai pu avoir accès, grâce à l'obligeance de François Hennessy et de Patrice de Saint André qui descendent respectivement des deux frères Durant, à une copie dactylographiée de l'original dressé par Pierre de Mareuil en 1970. En voici quelques extraits qui concernent Talleyrand.

Ce dernier n'est jamais abordé de front. Durant esquisse son portrait par petites touches à l'occasion de tel ou tel événement de leur vie diplomatique commune : la Consulte de Lyon, l'affaire du duc d'Enghien, la campagne d'Allemagne en 1806, mais aussi les rapports de Talleyrand avec Napoléon, ses jugements sur l'Europe, ses habitudes de vie, etc. Il est rare de posséder un témoignage de cette qualité d'un homme du sérail qui a été l'un des plus intimes et l'un des plus proches collaborateurs du ministre, en particulier de 1797 à 1807. On notera que Durant jure – comme d'Hauterive – n'avoir été mis au courant de l'exécution du duc d'Enghien qu'après coup. Il exonère de ce fait son patron de toute responsabilité dans cette affaire. Durant écrit ses Mémoires sous la Restauration et la monarchie de Juillet[3]. Avait-il l'intention de les donner au public ? Toujours est-il

1. Lettre au comte d'Antraigues, 19 février-1er mars 1855, *in* Léonce Pingaud, *Un agent secret sous la Révolution et l'Empire. Le comte d'Antraigues*, Paris, Plon, 1894, pp. 409-410.

2. On ne connaît encore que son dossier personnel, première série, nº 469. Voir la notice que lui consacre Éric Trochet dans son mémoire de maîtrise (*op. cit.*, Paris IV, septembre 2004).

3. Il les commence, écrit-il en préambule, en novembre 1819.

qu'on admire la prudence du mémorialiste lorsque l'on connaît les implications réelles de Talleyrand dans cette « faute », avant, pendant et après. Avouer cette faute, cela aurait été peut-être avouer une faute commune.

Les extraits publiés correspondent aux pages 177, 182, 185-187, 213 et 223 du tapuscrit. L'orthographe des noms propres a été respectée.

Sur le voyage de Lyon en décembre 1801

« Dès la fin de 1801, une consulte des principaux de ce pays [la République Cisalpine] avait été réunie à Lyon. Je m'y trouvais avec M. de Talleyrand sur qui roulait toute la partie secrète de cette réunion. Notre voyage avait eu quelque chose d'assez bizarre. C'était au mois de décembre : les chevaux de poste étaient attelés dès neuf heures du matin. Nous ne partîmes qu'à cinq heures du soir, en pleine nuit, et, après une espèce de dîner qui nous conduisit jusqu'à Sens où, à deux heures après minuit, nous nous couchâmes. Le lendemain, levés fort tard, après un copieux repas, nous partîmes, de nuit encore, et après deux stations du même genre, l'une à Avallon, l'autre à Senecey[1], dans un vieux château qui appartenait aux enfants de M. de Périgord, nous arrivâmes à Lyon sans avoir vu le jour sur les grands chemins. M de Talleyrand appelait cette manière de voyager "Ne pas changer d'heure dans les habitudes de la vie". Il était d'ailleurs dans les voyages encore plus agréable qu'aux longs moments de sa toilette à Paris ou dans son cabinet quand il n'était pas trop pressé des affaires. Sa conversation était pleine des souvenirs de sa jeunesse : il parlait peu des temps mêmes de la Révolution, beaucoup de ceux qui l'avaient précédée, remontant jusqu'au Duc de Choiseul, Mme Geoffrin et à ce mélange des hommes de cour avec ceux qui se disent philosophes, mélange dont nous avons recueilli les fruits. »

Sur les premières distributions de la Légion d'honneur en 1804

« [Elle] devint bientôt l'objet d'une ambition si ardente que M. de Talleyrand disait un jour à l'Empereur, peu de temps après son couronnement, que s'il voulait mettre à sa disposition quelques croix de la Légion d'Honneur, il se chargeait de lui en faire des millions, "et, doutez-vous, disait-il à moi-même, que dans la situation où ils se trouvent, Ouvrard, Collot[2] et tant d'autres ne missent un prix à une telle faveur qui leur paraîtrait un gage de sécurité pour leur fortune". »

Sur les rapports de Talleyrand avec Napoléon

« Napoléon était peu accessible aux conseils. Le premier élément de sa fortune a été la force de sa volonté : on ne pouvait le heurter de front. Quelquefois seulement, on pouvait en ralentir et même en détourner l'effet. C'est en quoi M. de Talleyrand excellait. Je le vis souvent revenir avec des notes prises sous la dictée

1. La terre et le marquisat de Sennecey, près de Tournus, en Bourgogne, avaient été achetés en biens propres par la femme d'Archambaud de Périgord, le frère cadet de Talleyrand, Sabine de Senozan, guillotinée sous la Révolution. Ce qui reste aujourd'hui de l'ancien château féodal a été converti en mairie.

2. Ouvrard n'est plus à présenter ; quant à Collot, il était l'un des principaux fournisseurs de Bonaparte, avec Hamelin, Récamier et Haller, lors de la campagne d'Italie de 1796-1797. Dès 1797, selon Hamelin, la confiscation des mines d'Idria aurait rapporté respectivement un million à Bonaparte et à Collot.

du Premier Consul ou de l'Empereur et dont l'exécution littérale aurait eu des inconvénients ; il savait la modifier, quelquefois même la supprimer tout à fait, sans l'avoir combattue, sentant qu'il valait mieux se fier à la sagacité du Prince qui reconnaîtrait en lui-même que son Ministre avait eu raison de ne pas mettre trop strictement en pratique ces idées de premier jet, ses impulsions vastes, mais dangereuses dont il était quelquefois si prodigue. »

Sur l'affaire du duc d'Enghien

« C'était au commencement de 1804. J'étais à un grand bal chez l'Ambassadeur de Hollande qui habitait l'hôtel de Castries. Il était deux heures du matin. M. de Talleyrand me dit : "Viens avec moi". Arrivés au Ministère, il me donna à lire une lettre du Premier Consul. Elle lui enjoignait d'écrire au Baron d'Edelsheim, Premier Ministre du Grand Duc de Bade, pour l'informer que M. de Caulaincourt se rendait à Carlsruhe, chargé d'une mission spéciale, sans autre explication autant qu'il m'en souvienne, que d'un rassemblement d'émigrés et d'intrigues qui se trouvaient en rapport avec celles que l'on venait de découvrir à Paris[1]. La lettre fut écrite en termes vagues, comme celle du Premier Consul, M. de Caulaincourt vint la prendre, mais, en la signant, M. de Talleyrand m'avait dit : "Il y a là-dessous quelque chose que je ne comprends pas et je plains Caulaincourt de la mission qui lui est donnée." Je ne crois réellement pas que M. de Talleyrand en sut davantage. Pour ma part, j'étais demeuré dans une telle ignorance que ce fut peu de jours après, un lundi, que j'appris à la fois l'arrestation, le jugement et la mort du Duc d'Enghien. »

Après la bataille d'Iéna en octobre 1806, une dépêche arrive à Talleyrand

« M. de Talleyrand, qui la reçut et qui était encore levé, jouant au piquet avec moi, m'emmena sur-le-champ au Palais[2]. Tout le monde y dormait. Nous pénétrâmes jusqu'à la chambre de l'Impératrice qui, aux premiers mots de M. de Talleyrand, le conduisit chez la reine Hortense où il acheva de donner, à l'une et à l'autre, tous les détails de cette illustre journée.

L'Empereur annonçait sa marche sur Berlin et, dès qu'il y fut arrivé, il y manda son Ministre. Nous nous mîmes aussitôt en route. Nous dînâmes le premier jour à Frankfort [*sic*] chez le Prince Primat[3] ; le lendemain, nous soupâmes à Fulde qui appartenait alors au prince d'Orange et nous fûmes fort bien traités. De là nous nous rendîmes sans nous arrêter jusqu'à Berlin. M. de Talleyrand avait fait une petite toilette à Postdam. Aussitôt que nous fûmes descendus de voiture, il alla chez l'Empereur. À son retour nous soupâmes ; après quoi, il me demanda ce que nous allions faire. Il y avait trois nuits que nous ne nous étions pas couchés. Je proposais d'aller dormir ; il m'en fit honte et nous jouâmes au piquet jusqu'à deux heures du matin. Malgré son teint pâle, l'impuissance de ses jambes et son air

1. Il s'agit de la lettre de Talleyrand au baron d'Edelsheim du 11 mars 1804 (3 heures du matin), publiée dans l'édition Broglie, tome III, pp. 308-309. Le bal de l'ambassadeur de Hollande devait donc se passer dans la soirée du 10 mars.

2. À Mayence, le 15 ou le 16 octobre 1806.

3. Carl Thedor von Dalberg (1744-1817). Il prend le titre de prince-primat lors de l'établissement de la Confédération du Rhin en juillet 1806. Son neveu est l'ami intime de Talleyrand.

toujours fatigué, c'était un corps de fer et dont les forces n'étaient pas inférieures à celles de son esprit. Je restais avec lui plus d'un mois à Berlin. »

À Erfurt en octobre 1808

« Je crois que c'est à Erfurth [*sic*], au milieu de cet enivrement de puissance et de gloire, que M. de Talleyrand acheva de reconnaître les germes de destruction que contenait ce pouvoir sans bornes, et c'est là qu'il aurait pu déjà laisser échapper le mot profond rappelé par M. Mignet : "L'Empereur a été compromis le jour où il a voulu faire un quart d'heure plus tôt ce que j'obtenais qu'il fît un quart d'heure plus tard[1]." »

En 1810

« M. de Talleyrand, qui a toujours vu de loin et de haut, ne me cacha pas ses inquiétudes. "L'Europe dort, disait-il, mais elle se réveillera, car au lieu de s'appliquer à prolonger son sommeil, l'Empereur ne cherche qu'à la tourmenter par des vexations, des exigences, qui attaquent à la fois tous les intérêts et tous les amours-propres." Il me rappelait à cette occasion le mot échappé à l'Empereur "qu'avant sa mort, sa dynastie serait la plus ancienne d'Europe", parole indiscrète qui avait retenti et qui demeurait dans la pensée de tous ceux qu'elle avait menacés[2]. »

TALLEYRAND, SA MÈRE ET LE MINISTRE DE LA POLICE

Une petite note relevée par mon ami Thierry Lentz dans le *Bulletin de police* du 28 juin 1809 en dit long sur l'attachement de Charles-Maurice à sa famille comme à ses origines aristocratiques. Elle en dit long aussi sur ses rapports hérissés d'épines et de coups de patte avec le puissant ministre de la Police Joseph Fouché, duc d'Otrante. La voici : « Le prince de Bénévent a demandé la permission d'enterrer sa mère à Picpus. » Et Fouché fait le commentaire suivant, de sa petite écriture minutieuse : « Refusé, car la noblesse voulait en faire son cimetière[3]. » On sait que la propre belle-sœur de Charles-Maurice, Sabine de Sénozan, comtesse Archambaud de Périgord, guillotinée le 26 juillet 1794, la veille de l'arrestation de Robespierre (9 Thermidor) place de la barrière du Trône, devenue place du Trône renversé[4], était enterrée au cimetière de Picpus. Son nom figure en effet parmi les mille cent neuf noms des victimes, surtout aristocratiques, de la Révolution exécutées à proximité entre le 14 juin et le 27 juillet 1794 et déposées dans une fosse commune creusée dans le jardin de l'ancien couvent des chanoinesses de Picpus. Par élitisme et par tradition, certains parents des victimes de 1794 demanderont

1. Dans son éloge funèbre du prince de Talleyrand à l'Académie des sciences morales et politiques, prononcé le 11 mai 1839.

2. Le baron Guillaume Durant de Saint André a par ailleurs publié une trentaine de lettres inédites de Talleyrand à son ancêtre dans un ouvrage biographique inconnu à destination familiale :

Esprit Durant de Saint André. Une vie avec Talleyrand, Paris, 1981.

3. Ernest d'Hauterive, La Police secrète du Premier Empire. Nouvelle série, 1809-1810. Paris, 1964, p. 97.

4. Aujourd'hui place de la Nation.

à s'y faire enterrer aussi. Les victimes de Picpus sont aujourd'hui encore célèbres et priées à l'occasion d'une messe anniversaire organisée par une association qui regroupe leurs descendants. On ne trouve pas à Picpus le nom de la mère de Charles-Maurice, Alexandrine de Damas d'Antigny, comtesse de Talleyrand, morte à plus de soixante-dix ans, rue d'Anjou à Paris le 24 juin 1809. Par l'obstination et la perfidie du ministre de la Police, qui s'est bien gardé, à la veille de sa disgrâce et peut-être pour se faire bien voir de Napoléon, de faire ce plaisir au vice-Grand Électeur, on ne sait pas aujourd'hui où repose la mère de Talleyrand. On sait seulement que son service funèbre eut lieu à l'église de l'Assomption (la Madeleine) le 27 juin. Contrairement à ce qu'il a voulu faire croire, Charles-Maurice se sera donc occupé de sa mère jusqu'après le dernier moment. Il l'installe, à son retour d'émigration, tout près de lui dans un petit hôtel qu'il a acheté à son intention, au nom de son frère, 36, rue d'Anjou dans le faubourg Saint-Honoré. Il avouera plus tard dans ses Mémoires avoir trouvé à sa conversation un charme incomparable et il fera de son esprit tout en nuances et en retenue la quintessence de l'esprit aristocratique des années 1770-1780.

Mission secrète auprès des Bourbons en avril 1814

Dans le courant du mois d'avril, tandis que le roi est encore en Angleterre, Talleyrand, alors président du gouvernement provisoire élu par le Sénat, dépêche auprès de ce dernier un émissaire resté jusqu'à présent dans l'ombre. Il s'agit de son propre beau-frère, marié à l'une des sœurs de sa femme, Catherine Worlée, un certain d'Ayot. Employé par le gouvernement au Bengale, d'Ayot rentre en France, fortune faite, en septembre 1808, par Anvers. On sait peu de choses sur lui sinon qu'il fut chargé par son beau-frère d'obtenir de Louis XVIII des lettres patentes d'acceptation de « sa » constitution du 6 avril, dite « constitution sénatoriale », par laquelle les sénateurs appelaient au trône de France « Louis-Stanislas-Xavier, frère du dernier roi », et non pas Louis XVIII, roi de France et de Navarre, comme si la souveraineté de la nation préexistait à celle du roi. En échange, d'Ayot avait mission de ménager au roi la possibilité de discuter à Paris de certains « détails » du projet de constitution devant le Sénat. On sait que pareille mission allait se solder par un échec mais on ne savait pas jusqu'à présent que Talleyrand l'avait tentée en employant son propre beau-frère. Le rapport de mission de d'Ayot retrouvé dans les papiers du comte de Blacas, ministre de la Maison du roi, sera publié par Napoléon dans *Le Moniteur* du 15 avril 1815, à la faveur des Cent-Jours[1].

Le prince de Talleyrand et Madame !

Le brevet, récemment retrouvé[2], par lequel le roi Louis XVIII accorde au « sieur Charles-Maurice de Talleyrand-Périgord » le titre de « prince de Talleyrand » et les « honneurs du Louvre » en remerciement de son « zèle invariable » – on savoure l'allusion – comporte un certain nombre de lacunes qui confirment, s'il en était encore besoin, l'extrême rosserie – une rosserie toute en finesse – du roi à l'égard

1. Sur d'Ayot, voir son dossier aux A.N. F7 772.
2. Avec l'aimable complicité d'Hervé Pinoteau. AN O3 811, n° 77.

de son ministre. À aucun moment il n'est fait état de la principauté de Bénévent – une principauté napoléonienne – dont Talleyrand était en train de négocier la vente au prix fort à Vienne. Il n'est pas non plus question de sa femme Catherine Grand – alors qu'il était d'usage dans ce genre de brevet à vie de donner le titre à la femme autant qu'au mari. Catherine n'a donc jamais été officiellement princesse de Talleyrand, même si cela ne l'a pas empêchée d'en porter le titre. Cette mise à l'écart volontaire de la femme de Talleyrand que le roi n'a jamais reconnue en tant que telle et n'a jamais voulu recevoir explique en partie et annonce la procédure de séparation que le prince lui imposera l'année suivante. Le brevet contresigné par Blacas, ministre et secrétaire d'État de la Maison du roi, date du 6 décembre 1814. Talleyrand était déjà à Vienne, mais tout devait être arrangé depuis le mois de mai. Dès cette époque, Charles-Maurice est désigné comme prince de Talleyrand dans *Le Moniteur* et dans tous les actes du roi.

Un portrait de Talleyrand en juillet 1815 d'après les souvenirs d'Émilie von Binzer

Talleyrand rentre à Paris dans les premiers jours de juillet et peu après lui son « cher ange » la duchesse de Courlande qui se réinstalle dans son hôtel de la rue Saint-Dominique (l'ancien hôtel Kinsky). Sa fille aînée la duchesse de Sagan, attirée par le séjour des souverains et des diplomates alliés à Paris – sa liaison puis sa rupture viennoises avec Metternich avaient défrayé la chronique –, la rejoint pour un séjour de deux mois dans la capitale française qu'elle quitte en septembre pour Milan puis Vienne. Mais elle ne voyage pas seule. Elle emmène avec elle à Paris l'une de ses nièces et pupilles, la jeune Émilie von Gerschau (1801-1891), qui n'est autre que la fille de l'un des deux fils illégitimes de son père Pierre de Biron, duc de Courlande, dont elle a pris l'éducation à sa charge. Émilie, qui épousera en 1822 l'érudit allemand August-Daniel von Binzer, a laissé des souvenirs écrits en 1872 et publiés en allemand en 1877 sous le titre : *Drei sommer in Löbichau* (Stuttgart, W. Spemann) – Löbichau, ou Löbikau, héritée de sa mère, était l'une des propriétés préférées de Wilhemine de Sagan, en Saxe. Dorothée de Dino dira beaucoup plus tard – en 1840 – d'Émilie qu'elle était « une personne fort laide, mais courageuse, spirituelle, pleine de talents et très dévouée[1] ». Ses souvenirs, rarissimes et qui n'existent pas au catalogue de la Bibliothèque nationale, ne manquent en effet pas d'esprit. On y trouve de nombreux portraits, dont celui de Charles-Maurice de Talleyrand qui doit sans doute beaucoup aux souvenirs qu'elle a gardé de lui lors de son séjour parisien de l'été 1815. Par pudeur et par discrétion elle attribue les lignes qu'elle lui consacre à l'un des hôtes de Löbichau. Mais nul doute que ce portrait soit d'elle. Le prince, vu par les yeux d'une petite fille qui a vécu par la suite en Allemagne – à Sagan puis près de Cologne – dans la haine du voisin français, y est très mal traité. La scène se passe sans doute rue Saint-Dominique, chez la duchesse de Courlande, dans l'intimité d'un dîner peu nombreux – le seul sans doute auquel une jeune fille de moins de quinze ans et de sa condition pouvait assister. L'intimité de la scène explique aussi les manières très libres du prince à la faveur de l'un

1. Duchesse de Dino, *Chronique*, IV, p. 269.

des rares moments de détente au cours de ces mois extrêmement tendus de son ministère que furent ceux de la seconde occupation de Paris et des difficiles négociations de paix avec les puissances alliées. Talleyrand y apparaît ainsi à contre-jour, dans l'abandon trop libre, aux yeux de la mémorialiste, d'un grand seigneur débarrassé des contraintes de l'étiquette.

> « Talleyrand était pour la duchesse de Courlande un très grand personnage, mais si l'on s'en rapporte à une description que fait de lui un hôte de sa maison, on saisit mal le charme qu'il exerçait : il était présent à un petit dîner de huit personnes, traînant son corps informe dans le salon, courbé de côté avec ses deux pieds boiteux ; on apercevait, au milieu de son visage ratatiné et terreux, deux petits yeux inexpressifs ; la bouche édentée et large avec laquelle il baisait la main de la duchesse était tout à fait dégoûtante. Le menton était pris presque jusqu'à la lèvre supérieure dans une immense cravate blanche sous laquelle on pouvait voir un jabot plissé. Sa tête était recouverte d'un toupet poudré très haut avec deux ailes de pigeon. De plus, il portait une redingote gris anthracite passée de mode, un gilet gris, des bas de soie blanche et des chaussures à boucles. Je pensais trouver dans le prince de Talleyrand l'école de l'art de vivre et du raffinement parisien, et je m'étais amèrement trompée. Tout ce qu'on nous avait proscrit et interdit pour inconvenance, le prince le faisait. Il se laissait aller à son féroce appétit et engloutissait tout ce qui lui était servi ; il mettait la main aux plats et tournait une pomme cuite dans la sauce avant de la porter à sa bouche de ses doigts maigres. Entre chaque plat, il affectait l'ennui ; il ne dit pas un mot, mais bailla à plusieurs reprises en une sorte de beuglement ; sa voix de basse était dure et n'avait rien d'agréable, mais il pouvait aussi l'atténuer, comme je l'entendis plus tard, en un adagio flatteur[1]. »

1. Texte traduit de l'allemand par Françoise Aubret, présidente de la Société des Amis de Talleyrand, que je remercie ici vivement, avec quelques légères modifications de l'auteur.

Talleyrand âgé de soixante-quinze ans
aux eaux d'Aix-la-Chapelle, en juillet 1829.
Dessin à la plume d'Élise Bruyère.
BNF, Cabinet des Estampes.

Talleyrand et la baronne de Feuchères d'après le journal de la duchesse d'Orléans

Grâce au journal de la reine Marie-Amélie, publié aux éditions Perrin en 1981 et que je n'avais pas eu la présence d'esprit de consulter jusqu'alors, on possède quelques détails supplémentaires relativement aux négociations entamées par la baronne de Feuchères, avec la collaboration de Talleyrand, dans le but d'obtenir son retour en grâce à la Cour en échange de la captation de l'héritage de son vieil amant le duc de Bourbon en faveur de l'un des fils cadets de la future reine des Français, le duc d'Aumale. Le duc de Bourbon, comme l'on sait, était le père du duc d'Enghien, mort en mars 1804 avec la complicité de l'ancien ministre de Bonaparte.

Mercredi 13 juin 1827. Talleyrand est au château de Neuilly avec sa nièce la duchesse de Dino, chez le duc et la duchesse d'Orléans.

3 juillet 1827. Talleyrand est de nouveau à Neuilly. Il fait part à la duchesse d'Orléans du fait que Mme de Feuchères a « exprimé le désir de faire adopter Aumale par le duc de Bourbon ».

Me Tripier est chargé de rédiger un projet d'acte remis à Talleyrand dès le 16 juillet.

6 août 1827. Talleyrand remet à la duchesse d'Orléans, qui le reçoit dans la soirée au Palais-Royal, une lettre qu'il aurait dictée à la baronne de Feuchères et dont Marie-Amélie livre une partie du contenu : « D'après la conversation que j'ai eue avec le prince de Talleyrand, je prends la liberté de réitérer à Votre Altesse Royale le désir extrême que j'ai de voir l'adoption du duc d'Aumale par Mgr le duc de Bourbon »… Elle saisit ensuite l'occasion, en terminant sa lettre, de venir lui présenter sa nièce à l'occasion de son mariage avec le marquis de Chabannes, une famille « alliée à la maison de Bourbon ». Elle omet évidemment de dire que le jeune Chabannes est également le propre neveu de Talleyrand, le petit-fils de la sœur de son père, Marie-Élisabeth de Talleyrand.

Une étrange réunion de famille en 1829

On se demandait pourquoi Talleyrand avait renoncé en juillet 1829 à ses habitudes bourbonnaises pour aller prendre les eaux à Aix-la-Chapelle. Il passe en effet les deux premières semaines de juillet dans l'ancienne capitale de Charlemagne. Élise Bruyère, qui se fit une réputation mondaine de peintre de portraits et des scènes de genre, s'y trouvait alors ; elle a laissé du célèbre curiste un dessin en forme de caricature, croqué sur le vif, parmi les plus célèbres qu'on connaisse de lui. On le voit debout en vieillard cacochyme, grimaçant, un haut de forme à la main, appuyé sur une canne qu'il tient de la main droite[1]. La nièce du prince, la duchesse de Dino, le précepteur des deux fils de cette dernière, Henri Martin (un ancien élève de l'École normale supérieure[2]), sa vieille amie la princesse Tyskiewicz

1. Bibliothèque nationale, Cabinet des Estampes.

2. On s'interroge sur sa présence à Aix, alors que Louis de Talleyrand, qui vient de se marier avec Alix de Montmorency, est à Paris et qu'Alexandre, destiné à la Marine, est à Brest. Henri Martin semble avoir été très apprécié de la duchesse de Dino qui le recommande en décembre

sont du voyage depuis Pont-de-Sains, la propriété que possède Talleyrand dans le Pas-de-Calais. À Aix, la princesse de Vaudémont vient les rejoindre. Même si le prince se plaint de ses yeux et de ses jambes – il parle en souriant de son « vieux corps » dans ses lettres familières –, il fallait une raison bien singulière à une telle entorse au protocole des eaux. Talleyrand, comme à son habitude, n'en dit rien. Dans l'une des lettres qu'il écrit d'Aix à un proche dont je n'ai pu retrouver l'identité, il plaisante et tourne les choses à la légère pour mieux donner le change : « Ne me demandez pas pourquoi je suis à Aix-la-Chapelle ; car en vérité je ne saurais trop que répondre : j'y prends des eaux un peu au hasard, sans trop savoir si elles me conviennent. Il me semble que de se confier au hasard rajeunit un peu ; et je me plais avec forte raison, à me donner cette illusion-là[1]. » Bien entendu, le hasard n'a pas grand-chose à voir à l'affaire. Michel Carmona, dans sa récente biographie du duc de Morny (le petit-fils naturel de Talleyrand, né en 1811 des amours de Charles de Flahaut – lui-même né en 1785 de la liaison de Charles-Maurice avec la belle Adélaïde de Flahaut – et de la reine Hortense), nous en apprend un peu plus. L'ex-reine de Hollande exilée depuis 1815 et qui habite le château d'Arenenberg en Suisse a en effet exprimé le désir de rencontrer son fils naturel, alors âgé de presque dix-huit ans. Sous le prétexte d'un voyage à Munich sur la tombe de son frère Eugène, feu le vice-roi d'Italie devenu duc de Leuchtenberg en 1815, elle poursuit son périple jusqu'à Aix. Au même moment et comme par hasard, le général de Flahaut, ancien aide de camp de Napoléon, accompagné d'un jeune homme qui, officiellement, ne lui est rien, et que l'on connaît alors sous le nom d'Auguste Demorny, quitte Paris pour Aix. C'est une étrange réunion de famille que cette réunion-là. Il n'est pas déraisonnable d'imaginer que c'est là que le jeune Auguste, jusqu'alors élevé par Adélaïde de Flahaut, devenue par son second mariage avec un diplomate portugais baronne de Souza, et qu'il appelle par affection ma « bonne mère », en apprend un peu plus sur ses origines. Après leur séjour aixois, son père l'emmènera d'ailleurs avec lui à Londres et en Écosse faire la connaissance de la famille de sa femme. Il n'est pas impossible non plus que Charles ait été chargé par Talleyrand de raisonner et de débrouiller les affaires très compromises de son neveu Edmond, le mari séparé de la duchesse de Dino qui, réfugié en Angleterre pour se mettre à l'abri de ses créanciers, sera arrêté pour dettes en décembre. Les lettres de Talleyrand à Charles conservées aux Archives nationales sont très nombreuses cette année-là. Le vieux prince se soucie du « bonheur » de son fils, de celui de sa femme épousée en 1817, née Margaret Mercer Elphinstone, baronne de Keith, qui « a pris, écrit-il, une grande place dans l'espace des souvenirs avec lesquels seuls je veux vivre ». Il s'y montre très tendre et très confiant. Flahaut, sa femme et toute la « tribu » sont d'ailleurs attendus à

à Vitrolles afin de le placer à l'Université et qui en fera le premier secrétaire particulier de Thiers lorsque celui-ci prendra la présidence du Conseil des ministres en février 1836. Martin, féru d'Horace et de Voltaire, est l'auteur d'une *Histoire de France* en dix-neuf volumes publiée de 1837 à 1854 et d'une *Histoire du règne de Louis XIV* publiée en 1851. Barante lui trouve du talent, à la différence de Guizot pour qui son *Histoire de France* est « de la mauvaise histoire, de la mauvaise philosophie, de la mauvaise littérature » (Barante, VII, lettre de Guizot au baron de Barante, 26 juin 1856)

1. Vente Couturier, Drouot, 30 août 1989, catalogue n° 154 (juillet 1829).

Valençay à leur retour d'Angleterre en octobre. Chacune de ses lettres se termine par la formule rituelle : « Amitiés pour Auguste[1]. »

Que s'est dit tout ce beau monde ? On a sans doute parlé argent, peut-être du montant de la pension versée à Auguste par Hortense, alors que Talleyrand connaît quelques difficultés financières. On est au moins sûr de quelques impressions – les seules que l'on connaisse à ce jour – du petit-fils Auguste sur son grand-père Charles-Maurice, grâce aux lettres envoyées d'Aix par ce dernier à sa grand-mère Adélaïde de Souza : « Nous avons à dîner tous les jours le prince de Talleyrand et la princesse Tyskiewicz, écrit-il en juillet. Je les aime vraiment beaucoup tous les deux. Ils sont plein de bonté pour moi. Je vais les voir tous les matins séparément et j'ai quelquefois avec M. Martin et M. de Talleyrand des conférences littéraires dans lesquelles j'écoute deux hommes dont le premier est instruit et sérieux et l'autre instruit et aimable. Je lis les *Essais sur les mœurs* de Voltaire. Je n'aurais pas cru que la science et la métaphysique pussent autant m'intéresser. Je me baigne [...]. Je m'amuse doucement[2]. » Le vieux prince, sans en avoir l'air, ne perd pas de vue ce petit-fils de l'ombre qui par les habitudes, la carrière, les intérêts et l'esprit lui ressemblera tant. Le docteur Véron l'a sans doute inventée, mais l'anecdote est suffisamment séduisante pour être citée. Alors que Charles de Flahaut quittait l'entresol de la rue Saint-Florentin dans les premières années de la Restauration, tenant le jeune Auguste par la main, le « diable boiteux » se serait retourné vers Henri Martin, le précepteur de ses neveux, et, désignant son petit-fils, lui aurait dit : « Souvenez-vous de ce que je vais vous dire : cet enfant-là sera un jour ministre[3]. » Au bout du compte, la pirouette en forme de mot d'esprit que l'on prête à Morny à propos de sa famille est bien dans la manière de son ancêtre : « J'ai un grand-père évêque, une mère reine, un frère empereur, et tout cela est parfaitement naturel. »

L'ambassade de Talleyrand à Londres passe par Calais

L'érudit et président de la Société des amis du vieux Calais, Philippe Cassez, s'est amusé à dépouiller la presse locale, essentiellement *L'Indicateur de Calais*, en relevant systématiquement le nom des passagers ayant circulé entre Calais et Douvres en septembre, octobre et novembre 1830. On obtient ainsi, avec plus de précisions encore qu'aux archives du ministère des Affaires étrangères, la liste du personnel attaché à l'ambassade londonienne du prince de Talleyrand mais aussi celle des membres privés de sa Maison :

> « 14 septembre : Samuel Brauer, attaché à la Maison de M. de Talleyrand / 18 septembre : Esbrat, Anglais, chef de cuisine du prince / 19 septembre : Coëllier, maître d'hôtel ; Charles Colmache et Daure, secrétaires particuliers du prince / 21 septembre : Challaye, consul général de France, attaché à l'ambassade de Londres / 22 septembre : L. de Laborde, troisième secrétaire du prince / 23 et 24 septembre : le prince de Talleyrand, ambas-

1. Archives nationales, AP 565, « 58 lettres de Talleyrand à Charles de Flahaut », n°s 2 et 3 : Valençay, 9 et 23 (septembre 1829). L'inventaire du fonds Flahaut vient d'être publié par les Archives nationales.

2. Michel Carmona, *Morny*, *op. cit.*, p. 54.

3. Docteur Véron, *Mémoires d'un bourgeois de Paris*. Paris, 1857, V, p. 173.

sadeur de France en Angleterre ; Chodron, attaché à l'ambassade extraordinaire de France en Angleterre / 26 septembre : Alphonse Lutteroth, attaché au ministère des Affaires étrangères / 29 septembre : Dorothée de Courlande, duchesse de Dino / 4 octobre : Charles-Joseph Bresson, secrétaire de l'ambassade de France à Londres, chargé des dépêches / 23 octobre : le comte de Vaudreuil, premier secrétaire de l'ambassade de France à Londres, chargé des dépêches / 2 novembre : Bellegarde de Chanoin, attaché à l'ambassade de France à Londres, chargé des dépêches / 13 novembre : Bresson, en provenance de Bruxelles / 20 novembre : le comte Casimir de Montrond / 24 novembre : le comte Charles de Flahaut, lieutenant-général français ; Adolphe de Bacourt, secrétaire de légation, chargé des dépêches. »

Par ailleurs, d'après *L'Industriel calaisien* et *Le Journal de Calais*, Talleyrand passe à Calais à l'occasion d'un premier séjour en France les 21 juin et 12 octobre 1832 ; d'un second séjour, les 25 septembre et 19 décembre 1833. Il rentre définitivement dans son pays en passant par Calais le 23 août 1834. Quelques détails supplémentaires. À chacun de ses passages, le prince couche à l'hôtel Dessin, le plus important de la ville, surnommé à l'époque « l'auberge des rois et la reine des auberges ». À juste titre d'ailleurs. Napoléon, Louis XVIII, Alexandre Ier, Georges IV y ont séjourné ! Le 23 août 1834, *Le Journal de Calais* (n° 117) rapporte une conversation du prince avec le propriétaire de l'hôtel, M. Dessin : « Je suis pressé d'arriver, lui dit-il, mais je reviendrai en décembre », qui laisse entendre que soit par discrétion, soit plus probablement parce qu'il n'avait pas encore à cette date décidé de prendre définitivement sa retraite, Talleyrand envisageait encore de rejoindre son ambassade à la fin de l'année. Autre détail. Pour éviter les fatigues autant que les importuns, l'ambassadeur se fait débarquer dans sa berline qui voyage avec lui sur le bateau – généralement un paquebot-malle à vapeur – et n'en descend que dans la cour de l'hôtel (*L'Industriel calaisien*, nos 4 et 70).

Quelques mots encore sur la composition de l'ambassade à ses débuts. On y trouve trois secrétaires d'ambassade, un secrétaire de légation, un consul général et deux attachés d'ambassade.

Parmi les secrétaires, le comte de Vaudreuil, le propre fils de l'ami intime de Marie-Antoinette, ne restera que peu de temps à Londres auprès de Talleyrand. Décidé à ne pas donner sa démission après les événements de Juillet, il assure l'intérim de l'ambassade à la suite du départ en août du prédécesseur et ami de Talleyrand, le duc de Laval, et partira bientôt pour Naples avec le même grade de premier secrétaire. Il en ira de même pour le second secrétaire de l'ambassade, le comte Hippolyte de la Rochefoucauld, nommé premier secrétaire à Berlin fin octobre.

C'est Charles-Joseph de Bresson qui remplace Vaudreuil. Né en 1798, il est le propre neveu de l'ancien conventionnel directeur de la division des fonds sous Talleyrand, rue du Bac. Le prince l'emploie à Vienne en 1815 comme jeune attaché d'ambassade et l'envoie à Londres en avril, mission dont on sait peu de choses : affaires personnelles ou politiques en relation avec le duc d'Orléans qui s'y était établi sous les Cent-Jours. Les deux peut-être. Sous la Restauration, Bresson est envoyé comme second secrétaire à l'ambassade de Washington où il se marie une première fois. Mais sa carrière démarre véritablement avec l'avènement de Louis-Philippe en 1830. Il a sans doute été à Londres l'homme de confiance du roi chargé de surveiller discrètement Talleyrand. Envoyé à plusieurs reprises en mission à Bruxelles, il défend en sous-main la candidature du duc de Nemours, ce qui agace son patron. Il est finalement nommé à la tête de la légation de France à La Haye en 1833. Éphémère ministre des Affaires étrangères du 10 au 18 novembre 1834 dans le ministère dit des « trois jours » sous la présidence de Maret – ce qui explique entre autres la démission de Talleyrand de son ambassade de Londres –, il est nommé successivement ministre à Berlin (1836), où il négocie le mariage du duc d'Orléans avec Hélène de Mecklembourg, puis ambassadeur à Madrid (1841), où il sera l'homme des mariages espagnols de 1846, et enfin à Naples (1847) où il se suicide dans des circonstances mystérieuses. Louis-Philippe l'avait entre-temps nommé à la pairie (1837) et fait comte en 1838.

Léon de Laborde, le troisième secrétaire, est le petit-fils de Jean-Joseph, le banquier, anobli par Louis XVI et le fils d'Alexandre, le conseiller d'État et membre de l'Institut, à la fois écrivain, voyageur, député et depuis peu l'un des aides de camp du roi. Secrétaire d'ambassade à Rome auprès de Chateaubriand, Laborde donne sa démission en même temps que son patron peu après la nomination du gouvernement Polignac et Bourmont. Il sera directeur général des archives et sénateur à vie du Second Empire.

Grâce à la duchesse de Dino dont il devient rapidement l'amant, la carrière londonienne d'Adolphe Fourier de Bacourt, jusqu'alors simple attaché à La Haye, va être fulgurante. Il devient premier secrétaire à la place de Bresson et assure l'intérim de la légation en octobre 1833 lors du séjour français de Talleyrand. C'est encore grâce à Talleyrand et à la duchesse de Dino, qui fera plus tard de lui l'exécuteur testamentaire des papiers de son oncle, que Bacourt deviendra successivement ministre à Carlsruhe puis à Washington, ambassadeur à Turin. Louis-Philippe fait de lui un pair de France et Bacourt quitte la carrière en 1848. C'est grâce aux nombreuses lettres que Dorothée lui écrivait que nous devons la publication en 1909 de sa *Chronique de 1831 à 1862*, composée de fragments de sa correspondance.

Les attachés appartiennent selon la tradition au cercle des proches ou des intimes du ministre ou de certains membres du gouvernement. Louis Chodron, bientôt Chodron de Courcel, né en 1804, est le fils du notaire de Talleyrand, Claude-François, dont l'étude est l'une des plus importantes de Paris. Je n'ai rien trouvé sur le Bellegarde de Chanoin qui quitte Calais pour Douvres le 2 novembre 1830. Peut-être est-ce un fils ou un neveu d'Adèle ou d'Aurore de Bellegarde que l'ambassadeur compte parmi ses intimes depuis les années du Directoire ?

Tous ces diplomates plus ou moins confirmés qui suivent un ambassadeur de plus de soixante-quinze ans sont jeunes. Bresson a trente-deux ans, Bacourt vingt-neuf, Léon de Laborde vingt-trois, Louis Chodron seize. Ils appartiennent à cette « jeune France » à cocarde tricolore, fortunée, libérale et chic qui à Paris inspirera le caricaturiste Machereau lorsqu'il représentera un vieillard à béquille soutenu par deux jeunes hommes au pied d'un escalier avec cette légende : « Un représentant de la jeune France sortant de prononcer son quinzième serment[1]. » Talleyrand ne les gardera pas tous et ne sera pas long à prendre la mesure des ennuis que peuvent occasionner – alors qu'il entame à Londres les délicates négociations pour l'indépendance de la Belgique – quelques jeunes gens inexpérimentés et un peu trop enthousiastes. « Mon ambassade était assez mal composée, écrit-il dans ses Mémoires

1. Chez Aubert, 1832. In *Talleyrand ou le miroir trompeur*, dir. E. de Waresquiel, Somogy, 2005, p. 136.

en novembre. On m'avait imposé plusieurs jeunes gens, un peu choisis dans ce qu'on appelait le parti du mouvement. Ils n'étaient d'aucune utilité pour le travail de l'ambassade, auquel ils étaient incapables de prendre part, et compromettaient sa dignité par les écarts qu'ils se permettaient. Ainsi, l'un assistait à un banquet radical donné en l'honneur de la Pologne et y portait un toast révolutionnaire ; l'autre déclarait qu'il ne boirait à la santé du roi Louis-Philippe que quand il descendrait du trône[1]. » Quant au consul général Challaye, il appartient à une famille alliée à celle des Durant, attachée depuis longtemps à la carrière consulaire. Son frère était sous la Restauration consul à Odessa alors que lui-même était en poste à Madrid. En octobre 1830, il quitte Londres pour Smyrne avec le même titre. Il sera remplacé en septembre 1851 par un autre familier de Talleyrand, Esprit Durant de Saint André, le frère de Durant de Mareuil.

Du côté du personnel privé de l'ambassade, on commencera par les deux secrétaires du prince. Charles Colmache reste à son service de la fin de la Restauration jusqu'à sa mort en 1838. Il est surtout connu pour avoir laissé des souvenirs – assez peu fiables – sur son patron, publiés par sa femme en 1848, après sa mort, à Londres, en langue anglaise : *Reminiscences of prince Talleyrand* (2 vol., Henry Colburn). Jacques Daure est de loin le plus intéressant et le plus attachant des deux. Cet ancien répétiteur du collège Henri-IV, âgé de trente-quatre ans, vraisemblablement recommandé par le bibliothécaire du prince Fercoc, tombe amoureux à Londres de la duchesse de Dino. Encore un ! Dépressif, probablement éconduit ou pris à la légère, il finira par se tirer une balle dans la tête le 20 novembre 1834 du haut des ruines du château de Penne, près d'Albi, un site sauvage et tourmenté – à la Victor Hugo – qui domine les gorges de l'Aveyron. Cet épisode macabre s'inscrit dans la plus pure des traditions romantiques. Daure demande qu'on enveloppe sa « pauvre tête » dans un châle qui lui avait été donné par la séduisante duchesse à Londres en 1831. Il lui laisse aussi une lettre qui a été retrouvée récemment par André Beau : « Vous êtes la seule personne au monde de qui j'emporte quelque chose dans le tombeau. » Dorothée qui l'avait recommandée auprès de Thiers en sera bouleversée[2].

Le personnel de maison est facilement identifiable. Louis Esbrat, le chef de cuisine au service de Talleyrand depuis déjà plusieurs années, s'appelle en réalité Ebralt. L'orthographe de son nom est variable. Talleyrand écrit lui-même « Ebrat ». Le maître d'hôtel Coëllier, en réalité Coaslier, restera au service de Talleyrand jusqu'à la mort de ce dernier dans les fonctions d'intendant de son hôtel parisien, rue Saint-Florentin. Samuel Brauer enfin est plus au service de la nièce que de l'oncle et sert la duchesse tout à la fois en tant que secrétaire et homme d'affaires. C'est lui qui sera chargé à Bordeaux, le 10 septembre 1827, de déclarer la naissance d'Antonine-Dorothée, née des amours illégitimes de Dorothée avec le beau Théobald Piscatory, député libéral et ardent défenseur de la cause grecque.

Casimir de Montrond et Charles de Flahaut enfin ne sont plus à présenter. Charles de Flahaut, qui passe par Calais le 24 novembre, quitte Londres le 27. Cette mission officieuse du fils naturel de Talleyrand, très proche du duc d'Orléans, est la première d'une longue série. À l'époque le père et le fils ne sont pas encore brouillés. Talleyrand écrit le 27 que le voyage de ce dernier à Londres lui a été

1. *Mémoires du prince de Talleyrand*, éd. Broglie (1891), III, p. 393.

2. Voir André Beau, *Talleyrand, l'apogée du sphinx*. Royer, 1998, et René Mauriès, *Le Maître de mes secrets*, Loubatières, 2001.

« fort utile[1] ». Flahaut devait apporter à l'ambassadeur des dépêches sensibles et des informations orales sur la situation politique et l'état d'esprit du gouvernement français alors que le général Sébastiani venait de remplacer Molé au ministère des Affaires étrangères (17 novembre) dans le cabinet Laffitte.

« *THE UNCOMMON MAN* »

Depuis son arrivée à Londres en septembre 1830 comme ambassadeur extraordinaire de Louis-Philippe, Talleyrand est devenu l'un des hommes les plus recherchés et les plus célèbres de la capitale britannique. Un pasteur anglais qui assiste au couronnement de Guillaume IV, le frère de Georges III qui lui a succédé sur le trône le 28 juin 1830 à l'âge de soixante-cinq ans, souligne en quelques lignes l'immense curiosité qu'éprouvaient les Anglais à l'occasion du moindre des déplacements de l'ambassadeur. La scène se passe dans l'abbaye de Westminster, dans les tout premiers jours de septembre 1831. Talleyrand assiste au couronnement du père de la future reine Victoria avec le corps diplomatique présent à Londres. Ce passage anonyme, extrait de la revue anglaise *Blackfriars,* est cité par Robert Bracey dans un livre de souvenirs publié par Basil Blackwell en 1925 : *Eighteenth century studies ans other papers.*

> « Seuls, deux des grands personnages présents [à Westminster] soulevèrent dans l'assemblée une véritable curiosité. L'un était le duc de Wellington. L'autre était cette énigme dormante (*that lining wonder*) de prince de Talleyrand, un homme que personne n'a pu rivaliser depuis des siècles. L'ancien évêque d'Autun, courbé sous le poids de ses quatre fois vingt ans, ses longues boucles neigeuses flottantes le long de ses joues, fut porté lentement sur l'estrade par deux valets de sa suite. À peine était-il apparu qu'un murmure général se fit entendre, que tous les yeux le fixèrent, que tous les pairs du royaume et tous les officiers de la Couronne, comme mus par une impulsion irrésistible, semblèrent se porter vers lui, pour l'observer et l'accueillir[2]. »

UN PORTRAIT PEU CONNU DE TALLEYRAND PAR LAMARTINE

Dans la thèse qu'il a récemment soutenue avec succès sur *La Monarchie de Juillet et la question d'Orient* sous la direction de Jean Tulard, Jérôme Louis – que je remercie de son aimable communication – donne des extraits d'un article peu connu publié par Lamartine dans le *Journal de Saône-et-Loire*, intitulé « La question d'Orient, la guerre, le ministère » (s.d.).

Le poète et jeune diplomate y évoque la visite qu'il fit à Talleyrand à Londres en 1831. Il y relate certaines choses qu'il ne dit pas dans son *Cours familier de littérature* dont la plupart des biographes du prince se sont servi :

1. F. de Lannoy, *Histoire diplomatique de l'indépendance belge*, 1930, p. 90.
2. Traduction de l'auteur. Je remercie le prince Charles d'Arenberg de m'avoir communiqué ce texte.

« Je me souviens qu'étant à Londres en 1831, je trouvai le vieux diplomate la physionomie fatiguée par les veilles d'une nuit sans sommeil, et travaillant encore sur une petite table, au pied de son lit où il ne s'était pas couché. Quoique creusés par l'âge, par la pensée et par l'insomnie, ses traits respiraient le calme, cette sérénité, ce rayonnement intérieur d'un esprit satisfait qui triomphe ou pressent le triomphe sur de grandes difficultés vaincues.

Lamartine rapporte également ce court dialogue qu'ils auraient eu :

– Savez-vous ce que je fais-là ? demande le prince en montrant les dépêches dont sa table est couverte.

– Non, mon Prince, je ne le sais pas et je ne dois pas le savoir ; mais ce que je sais sans que vous me le disiez c'est que vous tenez le chef-d'œuvre de la diplomatie moderne.

– Oui, répond Talleyrand. J'essaie d'établir la paix du monde en équilibre sur une révolution. »

Un poème satirique de Barthélemy en 1832 : le diable à Londres

Nous n'aurons jamais fini de relever la totalité des pamphlets, charges, poèmes satyriques publiés contre Talleyrand de son vivant. En voici un parmi les moins bien connus. Il est tiré du numéro du 22 janvier 1832 de la très éphémère et très virulente revue *Némésis. Satire hebdomadaire* publiée par le poète et pamphlétaire libéral Auguste Marseille Barthélemy (1796-1867), en forme de procès permanent contre la politique « juste milieu » du roi citoyen. Barthélemy, le complice de Joseph Méry, avait eu son heure de gloire dans les dernières années de la Restauration en publiant des poèmes contre les ultras et les jésuites tout en contribuant à la renaissance de la légende napoléonienne. Des trois poèmes qu'il cosigne avec Méry en 1829, le troisième, *Waterloo*, est resté le plus connu, entre autres parce qu'il fait de la figure du général de Bourmont – qui venait d'être nommé au ministère de la Guerre par Charles X – celle du traître absolu[1]. Barthélemy s'y connaît en traîtres ! Son poème sur Talleyrand a pour titre « La conférence de Londres ». Voilà quarante ans – depuis les débuts de la Révolution – que la presse travaille consciencieusement à la diabolisation du parjure et de l'apostat, mais jamais la hargne des publicistes et des écrivains n'avait été aussi virulente et violente que dans les premières années de la monarchie de Juillet. On connaît les textes de George Sand et de Chateaubriand. Il en existe bien d'autres qui, à défaut d'être d'une très grande qualité littéraire, ont le mérite de donner le ton. Voici le poème, en alexandrins :

> « Le mensonge incarné, le parjure vivant, / Talleyrand-Périgord, prince de Bénévent ! / Judas impénitent, le front oint du saint chrême, / Il ouvrit sa carrière en trahissant Dieu même ; / Aux autels, à la Cour, doublement apostat, / Comme il traita l'Église, il a traité l'État ; / Exercé quarante ans dans les chancelleries, / Protée au pied boiteux, Satan des Tuileries, / Au pilier du pouvoir il s'est toujours tordu ; / République, Empereur, Rois,

1. Voir Jules Garsou, *Les Créateurs de la légende napoléonienne : Barthélemy et Méry*, Paris, 1899.

il a tout vendu : / Il aime à piétiner sur les trames ourdies ; / Mascarille impudent des hautes comédies, / De son œuvre d'intrigue en silence occupé, / Il voit en chaque peuple un Géronte dupé ; / Dans notre siècle grave, étrange anachronisme, / De son vernis de cour il pare le cynisme ; / À son petit lever, devant ses courtisans, / Il dit de froids bons mots qu'il a semé dix ans, / Et croit dissimuler sous cet esprit frivole / Tout ce qu'a d'odieux son politique rôle. / Vieux type qui servit au salon du Régent, / Il aime à promener le mépris négligent, / Le babil enfantin d'un jeune octogénaire, / Sur ces choses d'honneur que tout homme vénère ; / Aussi, pour y chercher un atome de bien / Si l'on ouvrait son cœur, on n'y trouverait rien. / [...] Mais lui, ce renégat, ce vieillard au front pâle, / Ce prêtre qui vendit sa mitre épiscopale, / Ce roué de salon dont le lit clandestin / Épouvante peut-être un palais Florentin, / Quand de ses doigts glacés sa béquille qui tombe, / Au lieu de s'abîmer dans des lieux souterrains, / La cendre sur le front et la cilice aux reins, / Regarder en tremblant dans sa vie en arrière, / Pour la première fois ouvrir son bréviaire, / Et demander à Dieu, dans un regard mourant, / Qu'il invente un pardon pour sauver Talleyrand, / Que fait-il ? Il s'embarque, il quitte sa demeure, / Pour voir s'il peut nous vendre encore avant qu'il meure ; / Souteneur permanent des brelans de palais, / Il veut jouer encore dans les tripots anglais ; / Avant que du tapis le fossoyeur l'écarte, / Il veut encore filer la frauduleuse carte, / Et, doyen expirant des pêcheurs endurcis, / Pour sa dernière intrigue il demande un sursis. / Noble terre de France aux grands destins promise, / Dans les conseils secrets qu'écoute la Tamise, / Pour sauver ton honneur, voilà l'homme pourtant / Qu'on osa te donner comme représentant !!! / Ô pudeur ! quand aux yeux des quatre diplomates / Apparu ce Caïn maculé de stigmates, / De surprise et d'horreur nul d'eux ne frissonna / Comme les sénateurs devant Catilina ; / C'est que tous quatre, acteurs du satanique drame, / Au front de l'apostat reconnurent leur âme ; / C'est que dans chaque Cour quand naît un différend, / Le démon des congrès suscite un Talleyrand[1] [...]. »

UN CANULAR DE LA MONARCHIE DE JUILLET : TALLEYRAND « PRINCE SOUVERAIN DU PÉRIGORD »

Le marchand d'autographe Saint-Hélion a vendu la copie française d'un très curieux document de trente-quatre pages in-folio intitulé « Confédération gauloise ». L'original signé de Nicolas Ier de Russie et daté du 15 juin 1833 aurait été dressé par les services diplomatiques de Saint-Pétersbourg à une époque où le gouvernement russe s'interrogeait une nouvelle fois sur l'opportunité d'un nécessaire démembrement de la France, après trois années de troubles politiques : révolution de juillet, indépendance de la Belgique, mise en état de siège de Paris et de Lyon. Le document conservé dans les « archives secrètes de la cour de Russie », subtilisé en 1836, aurait été publié à Londres en 1838, en traduction anglaise. La « copie » dont il s'agit, traduite de l'anglais en français, est donc postérieure à la mort de

1. *Némésis. Satire hebdomadaire*, par Barthélemy. Paris, Perrotin, 1845, 7e édition, pp. 369-371. Mes remerciements à M. Pierre Viguier.

Talleyrand. Il y a de fortes chances pour qu'il s'agisse soit d'un simple canular, soit d'un pamphlet déguisé, d'origine républicaine ou bonapartiste, contre les partisans des Bourbons. Dans ce texte, les services russes envisagent sans complexe de faire de Paris et de Lyon des républiques indépendantes, de donner la Champagne à la Prusse, l'Alsace et la Lorraine à la Bavière, la Franche-Comté à la Suisse mise sous la protection de l'Autriche, le Pays basque à l'Espagne, etc. Ce qui reste serait partagé entre les deux branches aînée et cadette des Bourbons. Charles X que l'on ferait revenir d'exil régnerait en Bourgogne à Dijon, Louis XIX (son fils, le duc d'Angoulême) à Toulouse, et Henri V (son petit-fils, l'enfant du miracle) conserverait la plus grosse partie de l'ancien royaume de France, capitale Bourges, en attendant de récupérer les petits royaumes de ses grand-père et oncle.

Louis-Philippe ne serait pas tout à fait éliminé puisqu'on lui conserverait la Normandie, capitale Rouen. Ce projet délirant concerne Talleyrand dans la mesure où celui-ci reçoit en partage le Périgord, capitale Périgueux (voir carte). Une telle générosité donne la mesure de l'influence et surtout de la réputation extérieure que les auteurs de ce document attribuent encore au prince pour mieux le ridiculiser. Voici l'article drolatique et perfide qui le concerne :

> « Article 13.
>
> Considérant les services que le prince Talleyrand-Périgord, dans sa longue carrière, rendit à la politique pacifique de la Sainte Alliance et à toutes les dynasties qui gouvernèrent la France depuis quatre-vingts ans, nous lui restituons Périgueux, avec tout le Périgord, et l'érigeons en État indépendant. Il le possédera en souverain, lui avec ses descendants, s'il lui plaira par un lien matrimonial se procurer des héritiers mâles. S'il plaira autrement à la providence, il disposera du Périgord en faveur de sa famille, et déterminera par son testament un des Talleyrand qui deviendra le chef d'une nouvelle dynastie*.
>
> * Note du texte : Talleyrand va finir sa carrière, mais en général, on ne peut pas assez gagner les gens d'influence de l'époque où la confédération sera proclamée, par tous les moyens possibles, aussi bien que ménager, avec la plus grande étiquette, les gens populaires et les meneurs de différentes parties. Si cela ne produit pas son effet, il faut absolument faire disparaître les chefs qui réunissent les vœux de toute une partie. »

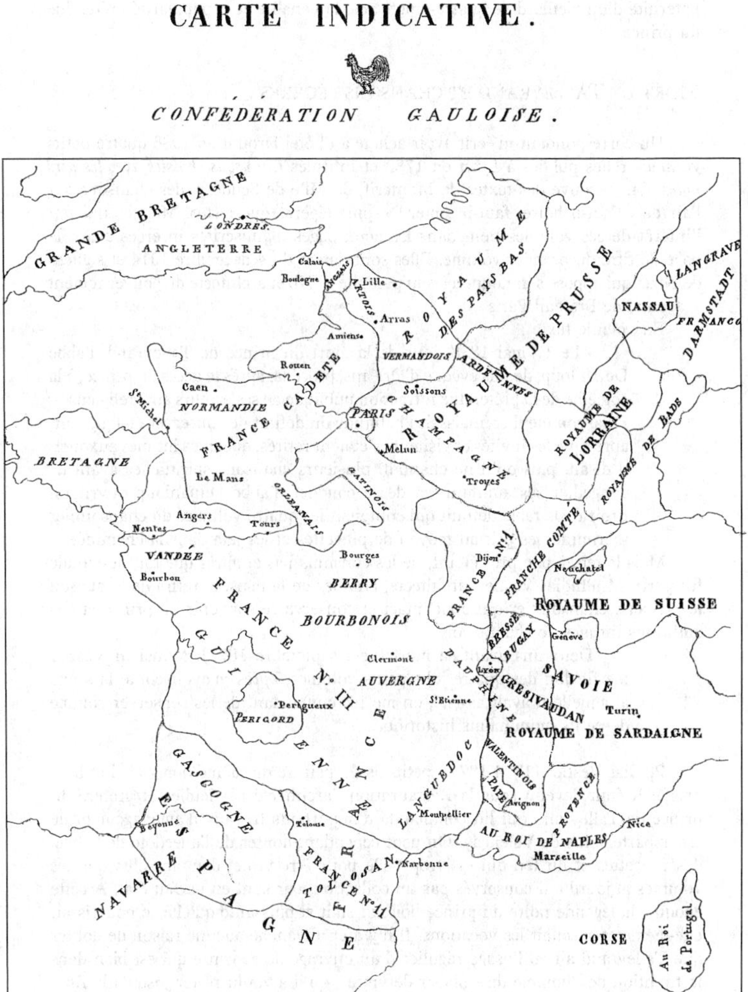

« La confédération gauloise ».
Document-canular qui attribue à Talleyrand le titre
de « prince souverain » du Périgord.

Tout y est en riant : la moralité douteuse de l'ancien évêque marié, la possible paternité d'un vieillard de quatre-vingts ans, la vénalité et la popularité prétendue du prince[1].

Mort de Talleyrand et chansons légères

Un correspondant m'écrit avoir acheté à l'hôtel Drouot en 1986 quatre petits volumes reliés publiés à Lyon en 1782 et intitulés *Chansons choisies avec les airs notés*. On y trouve des textes de Montcrif, de Mlle de Scudéry, des chansons sur l'air de « Faut-il boire, faut-il aimer ! », plus légères que lestes. Mais ce qui fait l'intérêt de ces volumes tient dans les deux pages manuscrites insérées avant la page de titre du premier volume. Elles sont datées du 4 décembre 1914 et signées de Nizet qui appose son tampon à son paraphe : « Nizet architecte du gouvernement 7 avenue de Breteuil Paris ».

En voici le texte :

> « Le 17 mai 1838, jour de la mort du prince de Talleyrand, l'abbé Dupanloup, depuis évêque d'Orléans, procéda, après le décès du prince, à la comédie de la prétendue rétraction publique de ses erreurs anti-religieuses. Puis, comme il connaissait l'habitude du défunt de conserver chaque soir, après que les invités et visiteurs s'étaient retirés, quelques intimes auxquels il disait, plus qu'il ne chantait, plusieurs chansons spirituelles avant de congédier ses auditeurs et de se coucher, l'abbé Dupanloup ouvrit un tiroir de la table de nuit qui contenait les quatre volumes du chansonnier incriminé, les prit au moyen de pincettes et les jeta dans la cheminée.

Mais le feu, à peu près éteint, ne les consuma pas et après que tout le monde fut parti, M. Phidias Vestier, architecte, familier de la maison, retira de la maison le précieux chansonnier qui était intact et conserva ce souvenir du prince et des auditions intimes de chaque soir.

> Deux ans avant sa mort (vers septembre 1872), Monsieur Vestier me fit don des quatre jolis petits volumes, après m'avoir conté la scène à laquelle il avait assisté, en me recommandant de les conserver comme de petits monuments historiques. »

Phidias Vestier (1794-1874), petit-fils du peintre du même nom, a bel et bien existé. Il était devenu sous la Restauration l'architecte particulier et préféré du prince de Talleyrand qui lui commanda d'importants travaux d'aménagement de ses appartements de Valençay. On peut cependant douter de l'anecdote de l'abbé, des pincettes et du feu qui est trop belle pour être vraie, d'autant plus que les volumes aujourd'hui conservés par un collectionneur sont en parfait état. À cette époque, la légende noire du prince boiteux était si puissante qu'elle se nourrissait elle-même et suscitait les vocations. Il n'y a en revanche aucune raison de douter que Talleyrand ait eu l'usage régulier d'un ouvrage de ce genre qui est bien dans la tradition de l'homme du « plaisir de vivre » qu'il a voulu rester jusqu'à la fin.

---

1. Je remercie le baron de Cassagne de m'avoir aimablement communiqué une copie de ce document.

La rétractation de Talleyrand d'après Louis de Bonald

Une lettre inédite de Louis de Bonald au comte de Senft conservée au château du Monna apporte quelques éléments nouveaux sur les circonstances qui ont entouré la négociation de Talleyrand et de sa famille avec l'Église, quelques mois avant la mort de ce dernier, autour de la rédaction de la fameuse lettre de rétractation – ou de justification, comme l'on voudra – au pape[1]. On savait le comte de Senft, l'ancien ministre du roi de Saxe à Paris, proche de Talleyrand, mais on se doutait peu de l'existence des rapports sous la monarchie de Juillet de Bonald, le théoricien de la contre-Révolution et l'apôtre de l'abolition du divorce, avec l'ex-évêque d'Autun, mari très officiel d'une ancienne divorcée. Comme dans toutes les négociations menées à bien par Talleyrand au cours de sa longue vie, celle qu'il signe le jour de sa mort, à l'intention du pape, comporte une contrepartie financière, mais cette fois c'est lui qui paie. Une récente visite à Saint-Germain-l'Auxerrois, la paroisse du Louvre, m'a conduit à découvrir que l'une des chapelles latérales de l'église, construite à l'occasion de sa restauration à partir de 1838, l'année de la mort du prince, avait été financée par la duchesse de Dino. Il s'agit de la chapelle de gauche n° 8 qui abrite encore, au-dessus du maître-autel, un tableau de G. Rouget représentant l'Ascension de la Vierge. À la grille on peut y lire encore une inscription manuscrite qui n'a pas dû bouger depuis cent cinquante ans : « La présente chapelle fut dédiée à Saint Charles Borromée en 1839, après que la duchesse de Dino, nièce du prince de Talleyrand, ancien évêque d'Autun, eut obtenu à la suite d'un vœu la conversion de son oncle. En nous adressant à ce saint, nous prions pour tous les évêques. » C'est une preuve de ce que Louis de Bonald avance, mais il en existe sûrement d'autres.

Voici la transcription de la minute de cette lettre dont l'original est conservé à Innsbruck.

> « Le vicomte de Bonald au comte de Senft, 7 septembre [1838[2]] :
> Vous m'avez parlé dans votre première lettre de M. de Talleyrand. Il a fini en chrétien et, pour entrer mieux dans son sens, en homme d'esprit. Il m'a fait un accueil très gracieux et m'a lu en tête à tête une partie de ses mémoires qui feraient certainement la fortune de ceux à qui ils seraient confiés, si le terme fixé à leur publication n'était pas si éloigné. Je n'ai pas répondu aux avances qu'il m'a faites parce que son entourage ne pouvait pas convenir à ma position[3]. Il y a toujours eu dans cet homme, m'a dit souvent M. de Fontanes[4] qui le connaissait bien, il y a toujours eu du grand seigneur et même de l'évêque, et je crois effectivement qu'il a souvent détourné la colère momentanée de Bonaparte contre la religion

1. Je remercie le comte de Jean de Bonald pour cette aimable communication.
2. Talleyrand était mort le 17 mai de la même année. L'année 1838 semble bien être l'année de cette lettre.
3. On se perd en conjectures sur l'offre faite par Talleyrand à Bonald. Lui aurait-il demandé d'intervenir auprès de l'archevêque de Paris, Mgr de Quelen, comme intermédiaire dans les négociations qu'il était en train d'engager avec l'Église ?
4. Grand-maître de l'Université sous l'Empire.

et le clergé dont Bonaparte et Talleyrand avaient trop d'esprit et de sens pour ne pas sentir la nécessité.

J'ai écrit quelque part qu'en compensation du gros capital volontairement payé à l'Église catholique à ses derniers moments, il fallait espérer que Dieu lui aurait fait grâce des arréages[1]. Je suis surpris que sa rétractation qu'il a adressée au pape n'ait pas paru. Les uns la trouveraient-ils insuffisante, les autres trop développée et trop explicite ? C'est l'un ou l'autre.

Adieu, cher et respectable ami. Excusez ce long griffonnage, le plaisir de causer avec vous m'a entraîné bien loin. Rendez-le moi pour vous venger. Vous connaissez mon tendre attachement et mon entier dévouement.

Le vte de Bonald »

Pensées de Talleyrand dans le journal inédit de « Nana »

Anne Publicola Santa Croce est l'une des pupilles et protégées de Talleyrand. Elle est la fille de Giuliana, princesse du même nom. Cette ancienne maîtresse du cardinal de Bernis, ruinée et réfugiée à Paris sous la Révolution, est l'une des proches de Talleyrand. Sa fille née en 1790, ma « chère Nana » comme l'écrivait Charles-Maurice, recueillie par le couple Talleyrand, finira par faire partie de la famille. On la marie à Valençay en novembre 1806 à Amédée Godeau d'Entraigues, jeune officier de la marine impériale et futur préfet, d'une famille noble du voisinage. Nana a laissé un journal resté inédit jusqu'à ce jour et conservé par ses descendants au château de la Moustière, près de Valençay. Elle y rapporte de trop rares fragments de conversations de Talleyrand dont j'ai noté quelques bribes prophétiques :

Sur les États-Unis : « L'Amérique, dit M. de Talleyrand, est sans souvenirs. Son présent n'est pas encore venu et son avenir est l'arme dont elle se sert toujours pour menacer. »

Sur nos gloires militaires : « M. de Talleyrand place comme grandes gloires militaires Dumouriez, Moreau, Masséna, Bonaparte et Wellington. »

Testament politique

En dérogeant à la règle qui veut que les textes ajoutés à la nouvelle édition de cette biographie proviennent de sources inédites, aimablement adressées à l'auteur ou retrouvées par lui depuis la première édition, je livre ici *in extenso* trois textes déjà publiés, mais séparément. Regroupés, ils forment ce qu'on pourrait appeler le testament politique du prince de Talleyrand, car tout est politique avec cet homme. Le premier de ces textes est la « déclaration complémentaire » à son testament du 17 mai 1838, signée à Valençay le 1er octobre 1836. Les deux autres textes signés à Paris le jour de sa mort, 17 mai 1838, sont respectivement ce qu'on appelle bien improprement sa « rétractation » adressée au Saint Siège par l'intermédiaire de l'archevêque de Paris, Hyacinthe-Louis de Quelen, qui, on s'en souvient, refusa

1. Montant échu d'une rente.

en 1832 la sépulture religieuse à l'ancien évêque constitutionnel Grégoire, et la lettre au pape Grégoire XVI qui l'accompagne[1].

On aurait tort de voir une différence de nature entre ces textes : politique pour le premier, religieuse et morale pour les deux autres. Encore une fois, tout est politique chez Talleyrand. Ces trois textes sont fondamentaux parce qu'ils sont la justification de toute une vie privée et publique, l'une et l'autre étant intimement liées. On y trouve sa vérité, une vérité toujours soumise à son temps et à la nature du régime dans lequel il rédige, en l'occurrence la monarchie des Trois Glorieuses de 1830. J'ai été confronté aux errances de ma famille et à celles de la Révolution, y écrit-il, j'ai servi mon pays plutôt qu'un régime, enfin ce sont les régimes qui m'ont abandonné parce qu'ils ne répondaient plus aux souhaits légitimes du pays qui les avait adoptés, jamais le contraire. Dans le premier de ces trois textes on retrouve ainsi, résumée en quelques lignes, la théorie du retour progressif et gradué, à partir du trauma révolutionnaire, à une monarchie conforme aux idéaux de la Révolution, qui constitue par ailleurs le fond justificatif de l'ensemble de ses Mémoires.

Déclaration complémentaire au testament du prince de Talleyrand du 17 mai 1838

> « Ceci doit être lu à mes parents, à mes héritiers et à mes amis particuliers à la suite de mon testament. – Je déclare d'abord que je meurs dans la religion catholique, apostolique et romaine.
>
> Je ne veux pas parler ici de la part que j'ai eue dans les différents actes et travaux de l'Assemblée constituante, ni de mes premiers voyages soit en Angleterre, soit en Amérique.
>
> Cette partie de ma vie se trouve dans les *Mémoires*, qui seront un jour publiés. Mais je dois donner à ma famille et aux personnes qui ont eu de l'amitié ou même de la bienveillance pour moi, quelques explications sur la participation que j'ai eue aux événements qui se sont passés en France depuis mon retour d'Amérique.
>
> J'avais donné ma démission de l'évêché d'Autun, qui avait été acceptée par le pape, par qui j'ai depuis été sécularisé. L'acte de ma sécularisation est joint à mon testament. Je me croyais libre, et ma position me prescrivait de chercher ma route. Je la cherchai seul, car je ne voulais faire dépendre mon avenir d'aucun parti. Il n'y en avait aucun qui répondît à ma manière de voir. Je réfléchis longtemps et je m'arrêtai à l'idée de servir la France, comme France, dans quelque situation qu'elle fût : dans toutes, il y avait quelque bien à faire. Aussi ne me fais-je aucun reproche d'avoir servi tous les régimes depuis le directoire jusqu'à l'époque où j'écris. En sortant des horreurs de la Révolution, tout ce qui conduisait d'une manière quelconque à de l'ordre et de la sûreté était utile à faire ; et les hommes raisonnables à cette époque ne pouvaient pas désirer davantage.

1. Pour le premier texte : *Recueil de textes rares de Charles-Maurice de Talleyrand-Périgord*. Édition réalisée par Pierre Combaluzier et Alain Pekar Lempereur avec la collaboration d'Éric Le Deley. Essec Iréné, Paris-Cergy, Centre de recherche de l'Essec, 2004, pp. 227-130. Pour les deux derniers : *Mémoires du prince de Talleyrand*. Édition du duc de Broglie, volume V, 1892, pp. 482-484.

Passer de l'état dans lequel était la France au régime royal, était impossible. Il fallait des régimes intermédiaires, il en fallait plusieurs. Il ne fallait pas s'attendre à trouver même une ombre de royauté dans le directoire ; l'esprit conventionnel devait y dominer et y dominait en effet, quoique adouci : mais en raison de cet esprit, il devait durer peu. Il préparait au consulat où déjà la royauté se trouvait, quoique encore voilée. Il y avait là du bien à faire, il y avait là un rapprochement, lointain, à la vérité, mais réel vers la monarchie.

Le régime impérial qui vint ensuite, sans être une autocratie, y ressemblait plus qu'à une monarchie véritable. Cela est vrai, mais à l'époque où Bonaparte ceignait le diadème, la guerre avec l'Angleterre était rallumée ; d'autres guerres étaient imminentes ; l'esprit de faction dominait et le salut du pays pouvait être gravement compromis, si son chef se renfermait dans l'unique fonction qu'admet la vraie royauté. Je servis donc Bonaparte empereur, comme je l'avais servi consul : je le servis avec dévouement, tant que je pus croire qu'il était lui-même dévoué uniquement à la France. Mais dès que je le vis commencer les entreprises révolutionnaires qui l'ont perdu, je quittai le ministère, ce qu'il ne m'a jamais pardonné.

En 1814, les Bourbons, avec lesquels je n'avais eu aucune relation depuis 1791, furent rappelés. Ils le furent par l'unique motif que leur règne fut jugé plus favorable que ne l'eût été celui de tout autre, au repos dont la France et l'Europe avaient un si grand besoin. J'ai consigné dans mes *Mémoires* la part principale que je pris à ce grand événement et l'action assez hardie à laquelle je fus appelé dans ces journées mémorables. Le rappel des princes de la maison de Bourbon ne fut point une reconnaissance d'un droit préexistant. S'ils l'interprétèrent ainsi, ce ne fut ni par mon conseil ni avec mon assentiment ; car voici la doctrine que je me suis faite sur cette matière.

Les monarques ne sont monarques qu'en vertu d'actes qui les constituent chefs des sociétés civiles. Ces actes, il est vrai, sont irrévocables pour chaque monarque et sa postérité tant que le monarque qui règne reste dans les limites de sa compétence véritable ; mais si le monarque qui règne se fait ou tente de se faire plus que monarque, il perd tout droit à un titre que ses propres actes ont rendu ou rendraient mensonger. Telle étant ma doctrine, je n'ai jamais eu besoin de la renier pour accepter, sous les divers gouvernements, les fonctions que j'ai remplies.

Parvenu à ma quatre-vingt-deuxième année, rappelant à ma pensée les actes si nombreux de ma vie politique, qui a été longue, et les pesant au poids du sanctuaire, je trouve en résultat :

Que de tous les gouvernements que j'ai servis, il n'y en a aucun de qui j'aie reçu plus que je ne lui ai donné ;

Que je n'en ai abandonné aucun avant qu'il se fût abandonné lui-même ;

Que je n'ai mis les intérêts d'aucun parti, ni les miens propres, ni ceux des miens en balance avec les vrais intérêts de la France, qui d'ailleurs ne sont, dans mon opinion, jamais en opposition avec les vrais intérêts de l'Europe.

Ce jugement que je porte de moi-même sera confirmé, je l'espère, par les hommes impartiaux ; et dût cette justice m'être refusée, quand je ne serai plus, sentir qu'elle m'est due suffira pour assurer le calme de mes derniers jours.

Ma volonté est, je la consigne ici, donnant à cette consignation la même force que si elle était dans mon testament, ma volonté est, dis-je, que les écrits que je laisse pour paraître après moi ne soient publiés que lorsque les trente années qui suivront le jour de mon décès seront entièrement révolues, afin que toutes les personnes dont j'ai dû parler, ayant cessé de vivre, aucune d'elles ne puisse avoir à souffrir de ce que la vérité a dû me forcer de dire à son désavantage, car je n'ai rien écrit avec l'intention de nuire d'une manière quelconque à qui que ce puisse être. Ainsi, même trente ans après moi, mes *Mémoires* ne devront-ils paraître que dans le cas où ceux de mes héritiers à qui je les laisse, jugeront qu'ils peuvent être publiés sans aucun inconvénient.

Je recommande aussi au dépositaire de mes papiers de ne négliger aucune des précautions nécessaires, ou du moins propres à prévenir, ou à rendre vaines, toutes entreprises furtives dont ils pourraient être l'objet.

De plus, comme le temps où nous vivons est inondé de faux mémoires, fabriqués les uns par des hommes faméliques ou cupides, les autres par des hommes pervers et lâches qui, pour exercer, sans risques, des vengeances de partis, osent flétrir, autant qu'il dépend d'eux, la mémoire de quelques morts célèbres sous le nom desquels ils répandent les mensonges les plus grossiers et les calomnies les plus absurdes, je charge expressément les dépositaires de mes manuscrits de désavouer publiquement, péremptoirement et sans retard, comme d'avance je désavoue, tout écrit quelconque qui viendrait à être publié sous mon nom avant l'expiration des trente années spécifiées ci-dessus. Quant aux débris d'une immense collection de papiers fort peu curieux que j'ai eu la duperie d'acheter en Allemagne et en Italie et dont j'ai inutilement tenté de me défaire en les offrant à des amateurs ou à des archivistes qui recueillent ce genre de vieilleries, je les donne en toute propriété aux personnes à qui j'en ai prêté une partie, comme à celles qui croyant prendre quelque chose m'en ont beaucoup dérobé ; elles peuvent en disposer comme elles le voudront.

Valençay, 1er octobre 1836.

Signé : Le prince de TALLEYRAND. »

Rétractation du prince de Talleyrand »

« Touché de plus en plus par de graves considérations, conduit à juger de sang-froid les conséquences d'une révolution qui a tout entraîné et qui dure depuis cinquante ans, je suis arrivé, au terme d'un grand âge et après une longue expérience, à blâmer les excès du siècle auquel j'ai appartenu, et à condamner franchement les graves erreurs qui, dans cette longue suite d'années, ont troublé et affligé l'Église catholique, apostolique, romaine et auxquelles j'ai eu le malheur de participer.

S'il plaît au respectable ami de ma famille, monseigneur l'archevêque de Paris, qui a bien voulu me faire assurer des dispositions bienveillantes du souverain pontife à mon égard, de faire arriver au Saint-Père, comme je le désire, l'hommage de ma respectueuse reconnaissance et de ma soumission entière à la doctrine et à la discipline de l'Église, aux décisions et jugements du Saint-Siège sur les affaires ecclésiastiques de France, j'ose espérer que Sa Sainteté daignera les accueillir avec bonté.

Dispensé plus tard par le vénérable Pie VII de l'exercice des fonctions ecclésiastiques, j'ai recherché, dans ma longue carrière politique, les occasions de rendre à la religion et à beaucoup de membres honorables et distingués du clergé catholique tous les services qui étaient en mon pouvoir. Jamais je n'ai cessé de me regarder comme un enfant de l'Église. Je déplore de nouveau les actes de ma vie qui l'ont contristée, et mes derniers vœux seront pour elle et pour son chef suprême.

CHARLES-MAURICE, prince DE TALLEYRAND.
Signé à Paris, le 17 mai 1838.
[Écrit le 10 mars 1838.] »

Lettre du prince de Talleyrand au pape Grégoire XVI

« Très Saint-Père,

La jeune et pieuse enfant qui entoure ma vieillesse des soins les plus touchants et les plus tendres[1] vient de me faire connaître les expressions de bienveillance dont Votre Sainteté a daigné se servir à mon égard, en m'annonçant avec quelle joie elle attend les objets bénis qu'elle a bien voulu lui destiner : j'en suis pénétré comme au jour où monseigneur l'archevêque de Paris[2] me les rapporta pour la première fois.

Avant d'être affaibli par la maladie grave dont je suis atteint, je désire, très Saint-Père, vous exprimer toute ma reconnaissance et en même temps mes sentiments. J'ose espérer que non seulement Votre Sainteté les accueillera favorablement, mais qu'elle daignera apprécier dans sa justice toutes les circonstances qui ont dirigé mes actions. Des *Mémoires* achevés depuis longtemps, mais qui, selon mes volontés, ne devront paraître que trente ans après ma mort, expliqueront à la postérité ma conduite pendant la tourmente révolutionnaire. Je me bornerai aujourd'hui, pour ne pas fatiguer le Saint-Père, à appeler son attention sur l'égarement général de l'époque à laquelle j'ai appartenu.

Le respect que je dois à ceux de qui j'ai reçu le jour ne me défend pas non plus de dire que toute ma jeunesse a été conduite vers une profession pour laquelle je n'étais pas né.

Au reste, je ne puis mieux faire que de m'en rapporter, sur ce point comme sur tout autre, à l'indulgence et l'équité de l'Église et de son vénérable chef.

1. Il s'agit bien sûr de Pauline de Périgord, née en 1820, fille cadette de la duchesse de Dino et petite-nièce du prince de Talleyrand. Elle épousera Henri, marquis de Castellane, en 1839 et mourra à Rochecotte, propriété héritée de sa mère, en 1890.

2. Hyacinthe-Louis, comte de Quelen (1778-1839), archevêque de Paris en 1821 à la suite du cardinal de Talleyrand. Il refusa, comme pair de France, de prêter serment à Louis-Philippe en 1830.

Je suis avec respect, très Saint-Père, de Votre Sainteté le très humble et très obéissant fils et serviteur.

CHARLES-MAURICE, prince DE TALLEYRAND.

Fait le 10 mars 1838. Signé à Paris le 17 mai 1838. »

Paris, juin 2006.

II.

NOTE SUR LES MÉMOIRES DE TALLEYRAND

Par un codicille du 17 mars 1838 à son testament fait à Londres le 10 janvier 1834 (MC, XV 1888), le prince de Talleyrand confiait ses papiers à la duchesse de Dino ou, à son défaut, à Adolphe de Bacourt, avec l'interdiction de les publier avant trente ans révolus après son décès.

Le seul manuscrit connu à ce jour des Mémoires de Talleyrand a été déposé à la Bibliothèque nationale en avril 1892 par Albert, duc de Broglie, qui en était le dépositaire après le décès de la duchesse de Dino en 1862, puis d'Adolphe de Bacourt en 1868, et venait d'en assurer la publication. (Ms. N. Acq. fr. 6360-6363) Sur les 1 962 pages du manuscrit, seules deux pages sont de la main de Talleyrand (6360 fol. 312 *bis*). Tout le reste est de l'écriture de Bacourt qui affirme dans son testament les avoir transcrites du manuscrit original. À l'époque de la publication des Mémoires par le duc de Broglie (Paris, 5 vol., Calmann-Lévy, 1891-1892), certains historiens, en particulier Alphonse Aulard, ont mis en doute l'authenticité du document. D'autres, comme Pierre Bertrand ou Georges Sorel, l'ont défendue. Lacour-Gayet résume le débat dans un article de la *Revue de Paris* (« L'authenticité des Mémoires de Talleyrand d'après un document inédit », 4. 1934, pp. 921-933) reproduit dans le quatrième volume de son *Talleyrand*. Lacour-Gayet est le premier a avoir eu entre les mains plusieurs cahiers du manuscrit autographe de Talleyrand, l'un sur la Constituante publié dans le tome IV de sa biographie (chap. IV), l'autre sur l'Espagne (chap. XXVIII) sous le titre « Révolution d'Espagne. De l'entreprise de Bonaparte sur l'Espagne ». Les Cahiers sur l'Espagne se trouvent aujourd'hui dans la collection du docteur Eberhard Ernst à Munich.

En comparant ce fragment avec le passage correspondant recopié par Bacourt sous le titre « Affaires d'Espagne » et publié dans le premier volume de l'édition Broglie, Lacour-Gayet note, comme nous l'avons nous-même constaté, de nombreuses altérations et variantes par rapport au texte original. Bacourt force volontairement le trait et donne au texte un caractère d'autojustification plus net que dans le manuscrit. Il invente en particulier un paragraphe entier qui dégage l'auteur de toute responsabilité dans l'affaire d'Espagne. Ce paragraphe n'existe pas dans le manuscrit autographe. Bacourt fait encore dire à Talleyrand des choses qu'il n'a jamais dites, le campant dans une attitude d'opposant déterminé à Napoléon, quitte à inventer certains dialogues entre les deux hommes.

L'expert et collectionneur Alain de Grolée-Virville procède à une autre comparaison dans son étude inédite de 1973 consacrée à la filiation des papiers Talleyrand, à partir de l'examen qu'il a pu faire de plusieurs fragments autographes des Mémoires – l'un sur la guerre d'indépendance américaine, l'autre sur l'Amérique – conservés dans les archives Poniatowski, avec le texte de Bacourt. Un exemplaire de cette étude nous a été aimablement communiqué par E. Ernst qui le possède. Là encore, l'auteur note de nombreuses altérations et modifications, mais pas d'ajouts délibérés, comme dans le premier cas de figure.

Talleyrand voulait faire de ses Mémoires le lieu par excellence de la « composition de sa vie » et l'instrument de son autojustification au regard de l'Histoire. En les réécrivant et en accentuant le trait, Bacourt a « surjoué » le personnage de son ancien patron et l'a plus desservi qu'il ne l'a servi. L'ancien protégé de Talleyrand, son premier secrétaire d'ambassade à Londres au début des années 1830, resté légitimiste de cœur, avait horreur de ce qui choque. Il ne pouvait s'empêcher de lisser et de modifier tout ce qui, dans les Mémoires du diplomate, risquait d'indisposer les sensibilités royalistes. Il s'y trouve cependant des passages « authentiques », en particulier ceux qui correspondent à la première partie du premier volume de l'édition Broglie et couvrent la période 1754-1791. Les deux textes consacrés au duc d'Orléans (volume I, deuxième partie) et au duc de Choiseul (volume V) font également partie, par le style et le ton, des meilleurs morceaux de l'ensemble. À partir du congrès de Vienne, les Mémoires ne sont plus guère composés que de pièces annexes et de correspondances recopiées par Bacourt.

Tout cela n'est pas satisfaisant et des générations d'historiens se sont posé la question de l'existence du manuscrit original dont nous ne connaissons aujourd'hui que les fragments mentionnés ci-dessus. Talleyrand écrivait lui-même toutes ses lettres à ses proches, il ne fait aucun doute qu'il a écrit de sa propre main, par bribes, le premier jet de ses Mémoires. La duchesse de Dino (*Chronique*, I, 21 juin 1834, pp. 136-137) nous en donne la chronologie : en 1809, il commence aux eaux de Bourbon son « portrait » du duc de Choiseul, puis, il reprend celui du duc d'Orléans et écrit, « pendant ses quatre années de disgrâce » avant la chute de Napoléon, toute la première partie de ses Mémoires jusqu'à la Révolution. Le 24 août 1813, il donne, dans l'une de ses lettres en grande partie inédites à la duchesse de Bauffremont, écrite des eaux de Bourbonne, des indications qui prouvent qu'il rédigeait alors la partie de ses Mémoires consacrée à ses débuts d'avant la Révolution : « Point d'affaires, point de passions, des loisirs et du mauvais temps, écrivons. C'est ce que je fais toute la journée car il n'y a pas ici une personne à voir. J'ai du reste passé assez doucement ma vie dans ma chambre. Quand on se reporte sur tous les détails, sur les demi-succès, sur les misères du cœur dont s'est composé l'intérêt de sa jeunesse, il y a, je vous assure, beaucoup de choses et la journée finit assez vite » (archives duc de Dino, lettre publiée par Serge Fleury). De 1814 à 1816, note encore la duchesse de Dino, il ne fait rien pour ses Mémoires, puis, jusqu'en 1830, il revoit, corrige, complète. « Il a lié son morceau sur Erfurt et un autre sur la catastrophe d'Espagne [...] au corps principal de ses Mémoires », mais, dit encore sa nièce, il écrit sans notes et n'a pas les matériaux pour rédiger la partie du congrès de Vienne, « cela se sent parfois dans ses Mémoires ». Dorothée parle encore de « lacunes regrettables », ce qui n'empêche pas Talleyrand de lire aux uns et aux autres de longs extraits de ce qu'il a écrit. Chateaubriand en parle dans ses propres Mémoires et Vitrolles consacre une page entière à la lecture des deux portraits de Choiseul et d'Orléans, rue saint-Florentin, dans les premiers jours de juin 1820. Il y trouve du charme et de la vérité, d'autant plus que le prince sait lire : « Il accentuait fort bien ce qu'il voulait faire ressortir dans ses phrases ; et quand j'ai voulu l'imiter, je n'y ai pas réussi » (III, p. 445). « L'hiver dernier, note encore Stendhal en août 1822, M. le prince de Talleyrand, l'homme à l'esprit le plus vif et aux passions les plus viles, a fait lire deux volumes de ses Mémoires à ses amis » (*Correspondance*, éd. Paupe, II, p. 254). La duchesse de Dino lui reprochera ses lectures intempestives et, surtout, avouera-t-elle à Molé, elle trouve les Mémoires de son oncle pris dans leur ensemble « peu sincères ». On la croit volontiers et on savoure la litote. Pour cette raison, elle refusera même, lui dit-elle, de les publier de son vivant, ce qui explique peut-être en partie les trente années de délai exigé par Talleyrand avant publication, après sa mort (Molé [Noailles], V, p. 48, décembre 1822). Cependant, on sait par Gabriel Perrey qu'elle y a mis la main sous la Restauration. Elle a probablement également travaillé au récit final de l'ambassade de Londres, dans les dernières années de la vie de son oncle. Toujours par Perrey, on sait qu'elle a dicté à ce dernier une partie du texte. Lorsque celui-ci quitte son maître en 1826, il « emporte », entre autres, trois exemplaires de cette copie, une version mise au propre et les brouillons, qu'il rendra contre argent à l'homme d'affaires du prince, Rihouet, en février 1831. Ces exemplaires ont été brûlés à la demande même de Talleyrand. Les quelques fragments du manuscrit autographe mentionnés plus haut, également emportés par Perrey, on été rachetés par Bacourt dans les années 1850.

Restent les propres notes manuscrites du prince dont s'est servi Bacourt. À la demande du duc de Broglie, la comtesse de Mirabeau, la propre nièce de Bacourt, fouillera en vain dans les papiers de son oncle pour retrouver ces notes originales qui apparemment ont entretemps disparues. La fille de cette dernière, Mlle de Mirabeau, future comtesse de Martel – plus connue sous son nom de plume de Gyp –, affirmera pourtant les avoir vues chez son grand-oncle à Nancy peu de temps avant sa mort : « C'étaient des feuilles détachées d'inégale grandeur, des petits cahiers à un sou, à couverture jaune ou rouge, de simples chiffons griffonnés au crayon ; en un mot, un vrai fouillis » (lettre au journal *Paris*, 26 mars 1891, citée par Lacour-Gayet, IV, p. 309). Sans doute ces notes ont-elles été brûlées (ou volées un peu plus tard ?) par Bacourt, trop scrupuleux et trop soucieux de la réputation de son ancien patron comme de la nièce de ce dernier dont il avait été l'amant. Tous ces détails – la lettre du fils de Rihouet à Bacourt du 12 février 1864 et les lettres de la comtesse de Mirabeau à Broglie d'avril 1890 – sont donnés en larges extraits par Alain de Grolée dans sa *Filiation des papiers Talleyrand*. Grolée, à qui le descendant du duc de Broglie, dernier légataire des papiers du prince, avait confié en 1973 les manuscrits conservés dans sa famille, est le premier à avoir étudié la correspondance relative à l'affaire du legs des papiers de Talleyrand.

Les Mémoires de Talleyrand, tout réécrits et incomplets qu'ils sont, ont pourtant été réédités depuis l'édition Broglie, d'abord par Henri Javal, avec une introduction de Paul Léon et des fac-similés de lettres inédites (7 vol., 1954), puis en extraits par Paul-Louis et Jean-Paul Couchoud (Paris, 2 vol., 1957, rééd. 1982). Les éditeurs qui se contentent dans leur introduction de paraphraser les Mémoires ont ajouté à leur publication un certain nombre de lettres de Talleyrand déjà publiées, tirées entre autres des *Papiers secrets* de Jean Gorsas (Paris, Albert Savine, 1891). Jean Tulard enfin a publié à l'Imprimerie nationale la partie des Mémoires qui concerne l'époque napoléonienne (1996). Dans sa bibliographie de Talleyrand, Philip G. Dwyer donne la liste des articles publiés à l'occasion de la sortie de la première édition des Mémoires en 1891 (pp. 104-107).

Les Mémoires de Talleyrand doivent donc être lus et décryptés avec précautions. Bacourt a eu beau les réécrire en partie, dès la première version, Talleyrand y mentait ou s'y taisait déjà à tour de bras. Bacourt n'a fait qu'aggraver ce mauvais côté du texte tout en lui enlevant souvent ce qui appartenait en propre son auteur : la légèreté du ton et du style. Tels quels, ces Mémoires contiennent néanmoins quelques passages de premier ordre, le récit des premières années de sa vie, de son voyage en Amérique que la duchesse de Dino tenait elle-même pour « l'un des épisodes les plus agréables de ses souvenirs », ou encore certains passages théoriques, comme celui qui est consacré à la légitimité et précède la période de la Restauration. Nous nous sommes donc servi du texte comme d'une source déformée, un pan de l'historiographie du personnage qui, une fois critiquée et comparée, renvoie d'autant mieux à la réalité de la vie de son auteur.

III.

NOTE SUR LA CORRESPONDANCE ENTRE TALLEYRAND ET NAPOLÉON

Tout commence par un enlèvement. En avril 1814, alors qu'il préside le gouvernement provisoire de la France, Talleyrand commissionne un nommé de Villers, chargé d'apposer très officiellement les scellés aux archives de la secrétairerie d'État alors entreposées dans la galerie du Louvre sous la garde du conservateur Bary. L'ordre de mission, signé du prince de Bénévent et de deux des membres du gouvernement provisoire, Dalberg et Beurnonville, est daté du 4 avril. En réalité, Villers se rend au Louvre à deux reprises, les 4 et 7 avril, et il n'est pas seul. Il est accompagné du secrétaire des mauvais jours, l'homme à tout faire du prince, Gabriel Perrey. Sous prétexte de « surveiller les registres et papiers » de la secrétairerie d'État, les deux acolytes sont en réalité discrètement priés par Talleyrand de faire le ménage et de débarrasser les papiers d'État de tout ce qui pourrait le compromettre aux yeux du nouveau régime et des Bourbons qu'il est en train de restaurer. Il y a de quoi faire, des débats avec le Saint-Siège au sort du duc d'Enghien et jusqu'aux affaires espagnoles. Dans une lettre adressée à la duchesse de Dino le 17 juin 1838, peu après la mort du prince, Perrey, qui cherche à se défendre des accusations de trafic de papiers et d'influence portées contre lui, notamment dans un article du *Times* publié à Londres, menace et enfonce le clou. Ce n'est pas lui qui a emporté des lettres compromettantes en quittant son maître en 1826, c'est ce dernier qui l'a forcé au pillage des papiers d'État, pour son propre compte, précisément, en 1814 : « Oui, madame la duchesse, monsieur votre oncle avait raison [...], car c'est pour lui et par ses ordres que, le 2 [*sic*] avril 1814, un de mes amis et moi avons enlevé des archives de l'État au Louvre toute sa correspondance avec l'empereur depuis sa sortie du ministère (du 10 août 1807 jusqu'au mois de janvier 1814) et dix-sept rapports entièrement de sa main. Un seul, également de sa main, a échappé à nos recherches et existe ; je l'ai vu et j'en ai une copie. C'est un rapport sur le duc d'Enghien. » Puis Perrey délivre une information supplémentaire : « À ce fait, dans lequel j'ai été la partie agissante, j'ajouterai qu'en 1814 et 1815, monsieur le prince de Talleyrand a enlevé des archives et des divisions politiques des Affaires étrangères non seulement toutes les lettres originales de l'empereur Napoléon qu'il a pu réunir, mais encore toute sa correspondance ministérielle ; et cette seconde soustraction, dont quelques personnes ont connaissance, a été tellement complète que, si le ministère possède aujourd'hui des pièces de son écriture, c'est par lui qu'elles y ont été mises » (« Filiation des papiers Talleyrand » et Boulay de la Meurthe, « Secrétairerie d'État du Consulat et de l'Empire », in *Bulletin de la Société de l'Histoire de Paris*, t. XVI, 1889, pp. 65-79.

Ce grand nettoyage des débuts de la Restauration complique singulièrement l'histoire de la filiation des lettres de Napoléon à Talleyrand et de Talleyrand à Napoléon. On le sait maintenant, grâce à C. Benedek et O. Ernst (*Revue de Paris*, 15 décembre 1933), puis Émile Dard (*Revue des Deux Mondes*, 19, 1934), en janvier 1817, Talleyrand a tenté de monnayer auprès de Metternich les lettres de Napoléon subtilisées au Louvre et au ministère. Il est question de « plus de deux mille lettres » à Talleyrand, Champagny et Maret, selon Perrey, de « douze paquets volumineux », selon Talleyrand lui-même. Devant ce marchandage pour le moins douteux, le chancelier autrichien ne se laissera pas faire. Il ne paiera pas les 500 000 francs demandés par le vieux diplomate, et renverra les originaux deux ans plus tard, tout en conservant « par inadvertance » les copies de quelque sept cent cinquante lettres et soixante-treize lettres originales dans les archives d'État de Vienne. Ce sont quelques-unes de ces lettres qui ont été publiées par August von Fournier dans son *Napoléon* et par Émile Dard (1800-1807) qui donne par ailleurs des détails sur la tractation (*Revue des Deux Mondes*, 19, 1934). Talleyrand récupère le reste. En 1826, Perrey en « emporte » une partie avec lui, originales ou copies, rachetées par le ministère des Affaires étrangères entre 1851 et 1854. Ces 273 lettres signées Napoléon à Talleyrand sont aujourd'hui conservées avec d'autres dans la série MD France, 1771 à 1779. Elles ont été publiées dans la *Correspondance de Napoléon I*er (1858-1870, 32 volumes), puis par L. Lecestre et Léonce de Brotonne. Jusqu'à récemment, le ministère retrouvait encore des lettres de Napoléon au fur et à mesure de leur apparition sur le marché, comme le fameux billet de mai 1803 dont l'histoire est racontée plus haut (Acq. extr. 55 f. 46-47).

Les quelque trois cent cinquante autres lettres originales de Napoléon (de l'an V à 1807) conservées par Talleyrand jusqu'à sa mort ont été déposées par la duchesse de Dino chez elle au château de Sagan en Silésie, ce qui démontre assez que seule une partie des papiers du prince avait été transmise par Bacourt à Châtelain, puis au duc de Broglie en 1889. Entre les deux guerres mondiales, Louise Weiss puis, en 1936, l'historien américain Hans Huth purent les consulter et en prendre des copies sur place, les sauvant ainsi pour la postérité de l'incendie de 1944. Louise Weiss en publia quelques-unes, celles du Directoire, dans l'*Europe nouvelle* du 7 mars 1925. La copie complète des lettres de Sagan prise par Hans Hutt fut quant à elle achetée par un collectionneur américain, André de Coppet, puis rachetée par les Archives nationales en 1955 (215 AP « Épaves des papiers Talleyrand »). Les copies ou les minutes de quelques-unes de ces lettres sont conservées aux archives des Affaires étrangères et ont été publiées dans les différentes correspondances de Napoléon, mais d'autres sont inédites. Sur les soixante et onze premières lettres de cette série, vingt et une sont publiées dans la correspondance générale, deux dans Lecestre, une dans Léonce de Brotonne, et dix-huit autres dans aucune des trois séries, ce qui prouve assez leur intérêt. D'autres lettres de Napoléon à Talleyrand circulent encore ou sont entre les mains de collectionneurs privés.

Les lettres adressées par Talleyrand à Napoléon sont encore plus difficiles à pointer. Celles qui ont été restituées aux archives des Affaires étrangères par Talleyrand lui-même ont été publiées par Pierre Bertrand (Paris, 1889). Elles sont conservées dans la série MD France 658 et 659. D'autres ont été « oubliées » en 1814 aux archives de la secrétairerie d'État et se trouvent toujours aux Archives nationales dans la série AF IV. Elles ont été en partie publiées au fur et à mesure des découvertes des biographes de Talleyrand : cinquante-deux lettres contemporaines de la campagne de Marengo par Boulay de la Meurthe (*Revue d'histoire diplomatique*, avril 1892), douze lettres de 1808 relatives aux affaires d'Espagne par Geoffroy de Grandmaison (*Revue des questions historiques*, 68, 1900) (AF IV, 1680), et par Émile Dard (*Revue de France*, 1934). D'autres, subtilisées, ou pas, par Perrey, comme la fameuse lettre de mars 1804 sur le duc d'Enghien dont on a raconté l'histoire plus haut, se sont retrouvées très tôt dans des collections privées. Certaines ont été publiées, en particulier des lettres de 1806 de la collection Roseberry, acquises par le British Museum, par Émile Dard (*Revue de France*, 15 juin 1943) et des lettres de 1804 et 1805 par Fleuriot de Langle (« Le portefeuille Fouché-Talleyrand » *Revue des Deux Mondes*, 15 mai, 1er juin, 15 août 1949 et 15 mai 1951). D'autres ont été copiées par ceux des contemporains de Talleyrand qui ont eu accès aux archives d'État ou du ministère et sont publiées dans leurs Mémoires (Chateaubriand, Barras, Bourrienne, Méneval, Molé, Pasquier, Thibaudeau, entre autres). Il n'en reste pas moins que Talleyrand a dû en faire très tôt disparaître un certain nombre, en particulier celles qui sont postérieures à sa sortie du ministère, jusqu'en 1814.

SOURCES ET BIBLIOGRAPHIE

I. Instruments de travail

L'historien australien Philip G. Dwyer est l'auteur d'un recueil bibliographique consacré à Talleyrand : *Charles-Maurice de Talleyrand, 1754-1838, a bibliography* (Greenwood Press, 1996). L'ouvrage est devenu indispensable à tous ceux qui s'intéressent à Talleyrand. La liste proposée (sources manuscrites, imprimées et iconographiques, bibliographie) est très large, même si un certain nombre de références manquent. En particulier, l'importance du champ des sources manuscrites n'a pas permis à l'auteur de toujours les consulter. Il lui a fallu travailler à partir des inventaires, ce qui entraîne une certaine marge d'imprécision ou d'oublis dans la mesure où certaines sources qui concernent le personnage ne sont pas toujours indiquées à son nom. Il n'a par ailleurs pas eu connaissance de l'existence de nombreux fonds privés. Dwyer revient sur son livre dans un article argumenté et beaucoup mieux construit, en français : « Les publications sur Talleyrand depuis 1928 » (*Revue du Souvenir napoléonien*, n° 409, sept.-oct. 1996). Sur les pamphlets révolutionnaires et Talleyrand, voir Hayden, *French Revolutionary Pamphlets. A check list of the Talleyrand and other collections*, New York, The New York Public Library, 1945. On consultera aussi les deux ouvrages bibliographiques sur les Mémoires de l'Empire et de la Restauration, le premier dirigé par Jean Tulard (Droz, 1991), le second par G. de Bertier de Sauvigny et A. Fierro (Droz, 1988).

Les dictionnaires biographiques les plus utiles autour du personnage sont, outre la vieille *Biographie universelle ancienne et moderne* dirigée par Michaud (1843-1865, 45 vol.) et le moderne *Dictionnaire de biographie française* qui n'est pas encore achevé, le *Dictionnaire de l'Ancien Régime* (dir. Lucien Bély, PUF, 1996), le *Dictionnaire de la Révolution française* 1789-1799 (dir. J. Tulard, A. Fierro, Laffont, 1987), le *Dictionnaire critique de la Révolution française* (dir. F. Furet et M. Ozouf, Flammarion, 1988) et le *Dictionnaire historique de la Révolution française* (dir. A. Soboul, PUF, 1989), le *Dictionnaire des constituants* (dir. É. Lemay, Universitas, 2 vol., 1991), le *Dictionnaire Napoléon* (dir. Tulard, Fayard, 2 vol., 2e éd.1999), le *Dictionnaire des diplomates de Napoléon* (dir. H. Veyrier, Kronos, 1990), le *Dictionnaire des ministres de Napoléon* (Th. Lentz, Christian-Jas, 1999), le *Dictionnaire des maréchaux du premier Empire* (J. Jourquin, Christian-Jas, 2002), le *Dictionnaire des ministres (1789-1989)* (dir. B. Yvert, Perrin, 1990), enfin, *Les Régents et censeurs de la Banque de France nommés sous le Consulat et l'Empire* (R. Szramkiewicz, Droz, 1974). Le « Révérend » reste le meilleur outil généalogique pour la période : *Armorial du premier Empire* (rééd. H. Champion, 2 vol., 1974) et *Titres, anoblissements et pairies de la Restauration 1814-1830* (rééd. H. Champion, 3 vol., 1974). À compléter avec R. de Warren, « Les pairs de France au XIXe siècle » (*Cahiers nobles*, nos 20-21, 1959). Pour la topographie de Paris et de ses hôtels, la belle série des catalogues publiés par la Délégation à l'Action artistique de la ville de Paris sur les rues et les quartiers de Paris (dir. B. de Andia). Une chronologie précieuse en ce qui concerne les rapports de Talleyrand et de Napoléon : Tulard (J.) et Garros (L.), *Itinéraire de Napoléon au jour le jour, 1769-1821* (1992).

La Fondation Napoléon achève la publication d'une série consacrée aux textes des traités diplomatiques de la période consulaire : Michel Kerautret, *Les Grands Traités du Consulat (1799-1804). Documents diplomatiques du Consulat et de l'Empire*, t. 1, 2002 ; t. 2, 2003. Pour le congrès de Vienne : Chodzco (Angeberg), *Le Congrès de Vienne et les traités de 1815, précédé et suivi des actes diplomatiques qui s'y rattachent*, Amyot, 4 vol., 1864. Pour les conférences de Londres, *British and Foreign State Papers*, vol. I (1830-1831) et II (1832-1833), London, James Ridgway, 1833 et 1836.

Les textes constitutionnels de la période ont été publiés par J. Godechot, *Les Constitutions de la France depuis 1789*, Garnier-Flammarion, 1979.

Pour les écrits contemporains de son époque (1754-1838) publiés sur Talleyrand ou par lui, le *Catalogue général de l'histoire de France à la Bibliothèque nationale* (Lb 30 à 51).

II. Sources

1. Sources manuscrites

La plupart des fonds cités ci-dessous ont été consultés dans une perspective précise : donner à lire des documents qui n'ont pas toujours été vus par les précédents biographes de Talleyrand. Les séries de ces fonds qui ont fait l'objet d'une publication ou ont été utilisées de façon systématique (les archives ecclésiastiques aux Archives nationales, celles de l'archevêché de Paris, du séminaire de Saint-Sulpice ou du Vatican en particulier) dans l'une des biographies ou monographies du personnage n'ont pas été retenues, sauf dans certains cas, pour vérification. On retrouvera leurs références en notes avec celles des ouvrages correspondants. La nomenclature proposée n'est donc en aucun cas exhaustive.

Fonds publics

Archives nationales

AD Marne G 246, 247, Saône-et-Loire, Indre, Indre-et-Loire

AF III Directoire exécutif, an IV-an VIII, 8 (procès-verbaux des séances du Directoire), 52-55 (rapports du ministre des Relations extérieures), 58 (Angleterre, lettres Grand), 63 (Espagne).

AF IV Secrétairerie d'État impériale, an VIII-1815. 910 (correspondances diverses an IV-1814 : expédition d'Égypte), 1680 (Espagne, 1808)

AF V Secrétairerie d'État, 1814-1830. 2 (Minutes des réunions du Conseil par Vitrolles, 1814-1815). Voir Cabinet de Napoléon Ier et Secrétairerie d'État impériale. Pièces ministérielles an VIII-1815. Inventaire des articles AF IV 1287 à 1589 par S. de Dainville-Barbiche, G. Le Moël, M. Pouliquen. Archives nationales, 1994.

AP. Certains dossiers des AP n'ont pas été exploités ou viennent d'être constitués ou augmentés à la suite d'acquisitions récentes : 29AP « papiers Roederer », 31AP « papiers Murat », 40AP « papiers Beugnot », 86AP « papiers Jaucourt », 117AP « papiers Treilhard », 215AP « épaves des papiers Talleyrand », 251AP « papiers François de Beauharnais », 381AP « papiers Joseph Bonaparte », 395AP « papiers Saint-Priest », 565AP « papiers Flahaut ».

BB30, dossiers des majorats de pairie, 1103 Talleyrand (C.-M.).

C 219/1/ 160 « 134 » (dossier Sainte-Foy).

F/7/4775/24-3 (dossier individuel de l'émigré Talleyrand), 6336/4082 (rapport de Lewis Goldsmith, Hambourg 1804), 12170 (papiers Lingay).

M 584 d.6 (titres généalogiques des Talleyrand), 665 mélanges 1804 (arrestation du duc d'Enghien).

MM 817 (registre des entrées des petites écuries).

O /1/124 (lettres de conseillers d'État) O/3/194 (maison du roi, grand chambellan).

T/1668, 1686 « Saisies ».

MC (Minutier central des notaires) études II (Quatremère), XI (Lecerf), XIV (Coupery), XV (Chodron puis Châtelain), XXI (Raffeneau), XXX (Lormeau), LXXIII (Boulard), LXXXVIII (Bronod).

Dans la section Archives imprimées : a.d./XVIIIc/217 et 218. « Procès de Louis XVI ».

Archives du ministère des Affaires étrangères (MAE)

Ont été consultées les séries *Mémoires et documents*, Espagne 99, Égypte 1, France 518, 524, 652, 658-659 (lettres de Talleyrand à Napoléon), 672-673, 678-679 (congrès de Vienne), 692-695 (négociations et traités), 735 (protocoles des conférences de Londres), 1770, 1771-1779 (lettres de Napoléon à Talleyrand, surtout 1776), 1797, 1884, 1892, divers (45 correspondance administrative, principauté de Bénévent), le fonds Bourbon 603, 615 (corr. Tall.-La Châtre, 1814), 620, 646-47 (France, 1814 et 1815, corr dipl. de Tall. à Nesselrode, Goltz, Bombelles, etc.), la série *Correspondance politique* sur certains points particuliers : Angleterre 582, 585, 595, suppl. 31 (correspondance avec Andréossy) et 32 (correspondance de Talleyrand à d'Hauterive), Bade, France 518, Russie, les *Acquisitions extraordinaires* 51, 55, 75, 329, 330, le très riche *dossier individuel de Talleyrand* (Personnel, vol. 3848, « papiers Weil », affaire du duc d'Enghien), la *Réserve* (Rés. 35, 1786-1787, correspondance secrète de Mirabeau).

Des sondages dans la série comptabilité, 15 et 16 (Directoire).

Au CADN. Légations, Philadelphie 3.

G. Pallain pour la correspondance diplomatique de Talleyrand (sous le Directoire, pendant le congrès de Vienne [MD France 678-679 et 680 pour la correspondance de Jaucourt également publiée], à Londres en 1792 et 1830-1834) et Bertrand pour les lettres de Napoléon (MD France 658-659) ont par ailleurs déjà publié de nombreux documents de ce fonds.

Bibliothèque nationale, Département des manuscrits

Ms. N. Acq. fr. 6360-6363 (manuscrit Bacourt des Mémoires de Talleyrand). Dans ce fonds, également quelques lettres de Talleyrand et sur Talleyrand : 1309 (lettres à Madame Adélaïde), 20280 (correspondance entre le duc de Richelieu et le comte Decazes), 24346 (contrat de mariage et certificat de bénédiction nuptiale).

Bulletin d'autographes Étienne Charavay (à partir de juin 1897) ou Catalogue Charavay. Cet inventaire très complet des ventes du marchand d'autographes Charavay donne d'importants extraits des lettres, repris des catalogues de vente. Il est classé par ordre chronologique et comporte un précieux index. Il est peu consulté. De nombreuses lettres de Talleyrand. Voir également la section Titres généalogiques. Chérin 192, Pièces originales 2788, dossier bleu 623 et 624

Bibliothèque Victor-Cousin, Sorbonne

Fonds Richelieu.
Correspondance générale du duc de Richelieu 70.
Mémoires et Documents 92, 111

Bibliothèque historique de la Ville de Paris

Ms. 319 (papiers Jorry), 813 (fonds Charavay).

Bibliothèque Thiers

Fonds Frédéric Masson. 292 : diverses lettres autographes de Talleyrand et les copies d'une partie de sa correspondance avec Madame Adélaïde prises aux archives du château de Broglie, également, 226 : un dossier qui concerne Charlotte et Mme de Beauregard.

Musée Condé, Chantilly

Correspondances, 1789-1818. Talleyrand au prince de Condé CXXII série Z.

À l'étranger

British Library, Londres

Dept. Of manuscipts. Holland papers Add. Mss 5 1635 (cent quarante lettres de Talleyrand à lord Holland, de 1827 à 1835) et 5 1950-7 (Holland's dinner book).

Archives des actes anciens de l'État russe (RGADA), Moscou

F.5 op.1 N 210, correspondance de Talleyrand avec Alexandre Ier (1808-1810).
F.1261 (Vorontsov) N 1196 Rapports de Markov à Alexandre Ier (1802-1803).
Les lettres de Talleyrand à Alexandre ont été publiées par E. Cazal (*Feuilles d'histoire*, 1er avril 1910).

Archives de Zielonej Gorze, Pologne

Elles comportent un inventaire des anciennes archives du château de Sagan et un exemplaire de l'acte du mariage de Dorothée de Courlande et d'Edmond de Périgord.

Archives d'État de Naples

Ministère des Affaires étrangères n° 5695, affaires Bénévent.

Fonds Bourbon (archivo Borbonico) n° 698 (2) lettres de Talleyrand au chevalier de Médicis (1816-1829).

Archives d'État de Vienne (Haus-, Hof- und Staatsarchiv)

Frankreich varia K 53 (correspondance de Stadion à Mercy, 1792).

Frankreich varia K 91 (rapports du marquis de Giambonne à Metternich, 1815-1819).

Par ailleurs, Émile Dard (*Napoléon et Talleyrand*, 1935) est l'un de ceux qui ont le plus exploité ce fonds, entre autres les correspondances de Vincent, Floret, Udelist, Stadion et Metternich.

Archives de la ville de Worms (Stadtsarchiv Worms)

Abt. 159 Dalberg-Archiv, kasten 16 et 33 (lettres de Dalberg à Talleyrand) et 24 (mémoires de Dalberg). La plupart de ces lettres ont été publiées par E. Ernst (*Talleyrand und der Herzog von Dalberg*, Peter Lang, 1987). Celle du 13-9-1823 sur l'affaire du duc de Rovigo et certains extraits des Mémoires de Dalberg sont restés inédits. Je remercie l'auteur de m'avoir envoyé les photocopies correspondantes du manuscrit autographe.

Library of Congress. Washington

Division of Manuscripts. Lettres et mémoires de Talleyrand pendant son voyage aux États-Unis. Cet ensemble important, copié aux archives de Sagan en 1936 par Hans Huth et Wilma J. Pugh (en même temps que les lettres de Napoléon), a été publié dans une traduction anglaise par H. Huth et E. Pugh (Washington, 1942). Un fac-similé de l'édition anglaise à la BN (impr., 8° Pb 3603). Nous avons pu obtenir une photocopie de la version française.

Fonds privés

Archives Talleyrand dans la descendance du prince

Ces archives proviennent soit d'une partie du fonds du château de Broglie, soit de ce qui a été sauvé du fonds du château de Sagan.

Les descendants de la branche de l'aîné des petits-neveux de Talleyrand, Louis, duc de Valençay, détiennent depuis 1973 une partie du fonds venant des archives de Broglie ; le reste est entré dans les archives du prince Michel Poniatowski et chez divers collectionneurs. Ce fonds n'est pas accessible aujourd'hui. Il a été en grande partie exploité, entre autres par Lacour-Gayet qui y a travaillé à Broglie entre les deux guerres et, très peu de temps avant sa dispersion, par l'historien américain Greenbaum. Il est indiqué dans mes notes sous la mention : « anciennes archives du château de Broglie ». En voici une description sommaire :

« La correspondance de Talleyrand à Madame de Staël » (publiée par le duc de Broglie, *Revue d'histoire diplomatique*, 4. 1890).

Les correspondances de Talleyrand et Dorothée à Madame Adélaïde et une soixantaine de lettres autographes de cette dernière à Talleyrand (les lettres de 1834 ont été publiées par la comtesse de Mirabeau, C. Lévy, 1890, celles d'août 1830 à avril 1831 par Frédéric Masson, *Nouvelle Revue rétrospective*, 1901 et 1902, d'autres sont publiées dans les Mémoires du prince, vol. III, IV et V).

La correspondance de Talleyrand à la princesse de Vaudémont, 1830-1832 (quelques-unes de ces lettres sont publiées dans les *Mémoires*, vol. III, IV et V, d'autres sont restées inédites. Ces lettres existent aussi en photocopies dans les archives des descendants de la branche d'Alexandre de Talleyrand, le fils cadet de Dorothée. Elles m'ont été communiquées et j'y ai trouvé plusieurs lettres qui n'ont fait jusqu'à présent l'objet d'aucune publication.

Un cahier de notes et pensées de la main de Talleyrand, en partie publié par Lacour-Gayet (vol. IV) et sans doute diverses correspondances adressées à Talleyrand (Caulaincourt, d'Hauterive, Mme de Rémusat).

Du château de Sagan, les descendants de Louis conservent encore un volume relié en cuir retiré avant la destruction du fonds et qui contient une partie de la correspondance connue à ce jour de Talleyrand à la duchesse de Courlande, à l'exception entre autres de cent vingt-trois lettres et billets datés des cinq premiers mois de 1814, sans doute soustraits par Perrey, vendus en 1851 par Charavay au baron de Stassart qui les a légués à la bibliothèque de l'Académie royale de Bruxelles – ils ont été publiés sous le titre *Talleyrand intime* (Paris, Kolb, 1891). Des trois cent soixante-dix-neuf lettres restantes, Gaston Palewski a publié en 1976 celles qui correspondent à la période du congrès de Vienne, de septembre 1814 – juin 1815 (*Le Miroir de Talleyrand*, Paris, Perrin, 1976). Les autres lettres sont données en extraits par Lacour-Gayet dans son *Talleyrand*.

Les descendants de la branche d'Alexandre de Talleyrand, le cadet des fils de Dorothée, conservent pour leur part une copie en très grande partie inédite de cent quatre-vingts lettres de Talleyrand à la duchesse de Bauffremont, plus quelques lettres également inédites à Montrond, Castellane et à la princesse de Vaudémont. Cette copie a été prise à Sagan en juillet 1914, par le secrétaire d'un autre descendant d'Alexandre, le comte d'Oppersdorf, et ont été confiées par le fils de ce dernier à Manuel de Andia. Elles sont indiquées dans mes notes sous la mention « Archives duc de Dino ».

Les descendants de Pauline de Talleyrand, mariée en 1839 au marquis de Castellane-Novejan, conservent quant à eux une partie des lettres de la « nièce préférée » à son oncle.

Les autres fonds familiaux et privés mentionnés ci-dessous n'ont pour la plupart jamais été exploités. Ils contiennent le plus souvent des lettres, des notes ou des souvenirs relatifs à Talleyrand, des lettres de Talleyrand ou qui lui ont été adressées.

Archives Bourgoing, Paris

Souvenirs de Joséphine de Prévost de la Croix, comtesse de Bourgoing.

Archives Coigny / Sébastiani / Pange, Mimouche

Copie d'une partie de la correspondance d'Aimée de Coigny à sa cousine la marquise de Coigny (1808-1809).

Lettres particulières de Talleyrand et de la duchesse de Dino à Sébastiani, 1808 et 1830-1832.

Certaines ont été publiées par Horace de Choiseul en 1910 (*Revue des Deux Mondes*, n° 55), d'autres sont inédites.

Lettres de Louis-Philippe à Sébastiani (1831) également publiées en totalité par Horace de Choiseul en 1910 (*Revue des Deux Mondes*, n° 56.

Archives Pasquier, Sassy

Note écrite sur M. de Talleyrand au moment de sa mort, mai 1838.

Sur les rapports qui ont existé entre Napoléon et M. de Talleyrand, 20 mars 1858.

Note du chancelier Pasquier sur la vie du duc de Richelieu.

Lettres de Talleyrand et de la duchesse de Dino à Pasquier, 1831-1833.

Archives Saint-Aulaire, Orcher

Lettres du comte de Saint-Aulaire au comte d'Estourmel, 1815-1818.

Archives Staël, Coppet

Lettres d'Auguste de Staël à Mme de Staël, 1806-1815.

Archives Vienne/Damas d'Antigny, Commarin

Lettres du comte, de la comtesse de Talleyrand et de Mme Charlemagne à la marquise d'Antigny (années 1770).

Lettres entre le comte de Talleyrand et le comte de Ruffey (François de Damas).

Dans son mémoire de maîtrise suivi d'un mémoire de DEA sur la marquise d'Antigny (Paris IV, 1985-1986 et 1995), Marie-Judith de Vienne donne des extraits du livre de raison de son ancêtre. Les lettres qui nous ont été aimablement communiquées n'ont été vues ni par Georges Lacour-Gayet ni par Michel Poniatowski.

Archives Viennet, Peyrat

Fragments inédits du journal de Viennet.

À l'étranger

Archives Lansdowne, Bowood

Lettres de Wycombe à son père, le marquis de Lansdowne, 1791-1796.

Lettres de Mme de Flahaut au marquis de Lansdowne, 1793-1794.

Lettres de Talleyrand à Lansdowne, 1792-1794, déjà publiées par Pallain, Lacour-Gayet et Poniatowski.

Souvenirs d'enfance de Charles de Flahaut.

Papiers divers : livres de comptes sur les pensions accordées à Charles de Flahaut ; Lansdowne house-dinner guests (janv. 1788-juin 1792, nov. 1792-mai 1794).

Archives Baring, Londres

« Correspondance in regard to Maine Lands, 1792-1836 », Lettres d'Alexandre Baring à son père, 1796.
Lettres de Talleyrand à Alexandre Baring, 1830-1833.

Collections et collectionneurs

Collection André Beau

André Beau nous a aimablement communiqué quelques lettres de la duchesse de Dino à Mme Tollay, la gouvernante de ses enfants ; quelques lettres de Talleyrand à Rihouet, son homme d'affaires, et de Perrey à Talleyrand, 1830.

Collection Eberhard Ernst

Cet ensemble de plus de cinq cents lettres et notes autographes de Talleyrand est le fruit de plus de quarante ans de collection et d'achats en vente publique. On n'y trouve pas à proprement parler de séries, mais des lettres de toute nature : d'affaires, privées, familiales et politiques à divers correspondants, organisées par époque et par thèmes, sans parler d'une collection remarquable de caricatures consacrées à Talleyrand.

Catalogues d'autographes

Pour les principaux et comprenant de très nombreuses références à des lettres de ou à Talleyrand, avec de larges extraits :
Couturier-Nicolay, Drouot, lundi 30 octobre 1989 (essentiellement des lettres de famille de la période Restauration, Monarchie de Juillet).
Christie's, *Important autograph letters from the historical archives at Bowood House*, London, Wednesday, 12 october 1994.
Piasa, Drouot, mardi 30 octobre 2001 (correspondance Talleyrand-Otto, à Londres, 1800-1802) acquis par le MAE.

2. Sources imprimées

Journaux

Ont été dépouillés, sur l'ensemble de la période : les *Almanachs* royaux et de l'Empire, la *Gazette nationale* ou *Moniteur universel* (mai 1789-novembre 1799, réimpression avec des notes). On y trouve de nombreux articles, rapports, proclamations et discours de Talleyrand. Voir le détail dans mes notes.
Ancien Régime : le *Mercure de France.*
Révolution : *Actes des Apôtres*, *Chronique de Paris* (8 février 1791), *Journal des hommes libres de tous les pays ou le Républicain* (1796-1799), *Journal de Paris* (1795-1796), *Le Censeur* (1797).
Empire : *Journal des Débats* puis *de l'Empire.*
Restauration : *Le Nain jaune* (1814-1815), *Le Constitutionnel* (23 mars 1828).
Monarchie de Juillet : *Le National* (1830), le *Charivari.*

Collections de documents dans lesquelles se trouvent des discours et rapports de Talleyrand

Archives parlementaires de 1787 à 1860, recueil complet des débats législatifs et politiques des Chambres françaises, J. Madival et E. Laurent, éd, 1re série (1787-1799), 33 vol., Paris, 1864-1889. En particulier les vol. 8 à 11, 16, 19 à 21, 23, 25, 27, des opinions, motions et rapports de Talleyrand à la Constituante (1789-1791) qui n'ont pas été publiés en brochures.

Chambre des Pairs de France, 1814-1829. Procès verbaux et Impressions diverses, avec des tables onomastiques par année. Paris, Didot l'aîné, 121 vol. On y trouve les textes de toutes les interventions de Talleyrand à la Chambre des pairs sous la Restauration.

Registres du Sénat, imprimés sur l'ordre de ce dernier par F. Didot l'aîné, (s.d.), 83 numéros (BN Le 48.3 et 49.115 (1814)).

Rapports de police et d'agents secrets publiés, lettres interceptées

DAUDET (Ernest), *La Police politique. Chroniques du temps de la Restauration, d'après les rapports des agents secrets et les papiers du cabinet noir, 1815-1820.* Plon, 1912.

GOTTERI (N.), *La Police secrète du premier Empire. Bulletins quotidiens adressés par Savary à l'empereur de juin à décembre 1810.* Paris, 1997-2002 (6 vol. sur 7 parus en 2002).

HAUTERIVE (Ernest d') et GRASSION (J.), *La Police secrète du premier Empire. Bulletins quotidiens adressés par Fouché à l'empereur, 1804-1807*, Paris, Librairie académique Perrin, 3 vol., 1909-1922 ; Nouvelle série, *1808-1810.* Paris, Clavreuil, 2 vol., 1963-1964.

REMACLE (comte), *Bonaparte et les Bourbons. Relations secrètes des agents de Louis XVIII à Paris sous le Consulat (1802-1803)*, Paris, Plon, 1899.

WEIL (commandant M.-H.), *Les Dessous du Congrès de Vienne, d'après les documents originaux du ministère impérial et royal de l'intérieur à Vienne.* Paris, Payot, 2 vol., 1917.

Discours, rapports, articles et écrits divers de Talleyrand (par ordre chronologique)

Procès-verbal de l'Assemblée extraordinaire du clergé de l'année 1782, Chez Guillaume Desprez, 1783, pp. 119-157.

Rapport de l'Agence contenant les principales affaires du clergé depuis 1780 jusqu'en 1785 par M. l'abbé de Périgord et M. l'abbé de Boisgelin, anciens agents généraux du Clergé. Chez Amboise Didot l'aîné, 1788.

Lettre pastorale de Mgr l'évêque d'Autun au clergé séculier et régulier et aux fidèles de son diocèse. Donné à Paris le 26 janvier 1789. Autun, Dejussieu, 1789.

« Extraits des délibérations du clergé assemblé à Autun », in 8e, 14 p., s.l.n.d., repris dans les *Annales de la Société éduenne*, années 1853-1857, Autun, 1858, pp. 333 *et sq.*

Mandement de Mgr l'évêque d'Autun qui donne et ordonne des quarante heures dans toutes les églises de son diocèse pour obtenir la cessation des troubles dans le royaume, Autun, Dejussieu, 1789.

Des Loteries, par M. l'évêque d'Autun. Paris, Barrois l'aîné, (4 juillet) 1789.

Motion de M. l'évêque d'Autun sur les mandats impératifs. Exposé des motifs lu à l'Assemblée nationale le mardi 7 juillet 1789, S.l.n.d. (1789), rééd. 1823.

Motion de M. l'évêque d'Autun sur la proposition d'un emprunt, faite à l'Assemblée nationale, par le premier ministre des Finances, et sur la consolidation de la dette publique, du jeudi 27 août 1789, Versailles, Baudoin, s.d. (1789), rééd. 1823.

Motion de M. l'évêque d'Autun sur les biens ecclésiastiques. Du 10 octobre 1789, Versailles, Baudoin, s.d. (1789), rééd. 1823.

Opinion de M. l'évêque d'Autun sur la question des biens ecclésiastiques. Discours non prononcé à la séance du 2 novembre 1789, Paris, Baudoin, s.d. (1789).

Opinion de M. l'évêque d'Autun sur les banques et sur le rétablissement de l'ordre dans les finances, prononcée à l'Assemblée nationale le vendredi 4 décembre 1789 et imprimée par son ordre, Paris, Baudoin, 1789, rééd. 1823.

L'Assemblée nationale aux François, 11 février 1790, Paris, Impr. nationale, s.d. (1790)

Réponse de M. l'évêque d'Autun au chapitre de l'église cathédrale d'Autun, Paris, Impr. nationale, 29 mai 1790.

Opinion de M. l'évêque d'Autun sur la proposition de faire deux milliards d'assignats forcés, Paris, Impr. nationale, 18 septembre 1790.

Proposition faite à l'Assemblée nationale, sur les poids et mesures, par M. l'évêque d'Autun, Paris, Impr. nationale, 1790.

Opinion de M. l'évêque d'Autun sur les assignats forcés, Paris, Impr. nationale, 1790.

Opinion de M. l'évêque d'Autun sur la vente des biens domaniaux. Du 13 juin 1790. Paris, Impr. nationale, s.d. (1790).

Rapport du Comité d'imposition sur le rétablissement du droit d'enregistrement, 24 novembre 1790.

Opinion de M. l'évêque d'Autun sur la fabrication des petites monnaies, imprimée par l'ordre de l'Assemblée nationale, Paris, Impr. nationale, 12 décembre 1790.

Lettre... aux ecclésiastiques fonctionnaires du département de Saône-et-Loire. 29 décembre 1790. Autun, Desjussieu, 1791.

Discours de M. Mirabeau l'aîné sur l'égalité des partages dans les successions en ligne directe, lu une heure après sa mort, par M.T.P. ancien évêque d'Autun à l'Assemblée nationale du 2 avril 1791, Paris, Impr. nationale, 1791.

Liberté des cultes religieux. Rapport fait au nom du Comité de constitution, à la séance du 7 mai 1791, relatif à l'arrêté du département de Paris, du 6 avril précédent, par M. de Talleyrand-Périgord, ancien évêque d'Autun, Paris, Impr. nationale, s.d., (1791).

Rapport sur l'instruction publique, fait au nom du Comité de constitution à l'Assemblée nationale, les 10, 11, et 19 septembre 1791, par M. de Talleyrand-Périgord, ancien évêque d'Autun, Paris, Impr. nationale, 1791.

Talleyrand, ancien évêque d'Autun, à ses concitoyens, Londres, l'an Ier de la République. Paris, Impr. De Plassan, s.d. (12 décembre 1792).

Pétition de Maurice Talleyrand, ancien évêque d'Autun, à la Convention nationale. Philadelphie, le 28 prairial l'an troisième de la République française (16 juin 1795), Paris, Impr. De la Vve A.J. Gorsas, s.d.

[Yewdale, Ralph Bailey], « An unidentified article of Talleyrand, 1796 » *American Historical Review*, 28 (1922), pp. 63-68. Une réimpression de l'article du 26 février 1796 dans le *Courrier de la France et des Colonies*, Philadelphie.

Mémoire sur les relations commerciales des États-Unis avec l'Angleterre par le citoyen Talleyrand, lu le 15 germinal an V (4 avril 1797). Voir également in *Mémoires de l'Institut national des sciences et arts. Sciences morales et politiques*, Paris, Baudouin, 1799, t. II, pp. 86-106.

Essai sur les avantages à retirer des colonies nouvelles dans les circonstances présentes par le citoyen Talleyrand, lu à la séance publique de l'Institut national le 15 messidor an V (3 juillet 1797), Paris, Baudouin (s.d.). Ces deux derniers mémoires ont été réédités à Londres en 1808.

« Le coup d'État du 18 fructidor raconté par Talleyrand » (circulaire du ministre des Relations extérieures aux agents, 27 fructidor an V (13 septembre 1797). *Bulletin du bibliophile et du bibliothécaire* (1888), pp. 21-25.

[Lokke, Carl-Ludwig], « Mémoires sur les États-Unis d'Amérique par Joseph Fauchet », *American Historical Association*, 1936, pp. 83-103 (plusieurs procès-verbaux de Talleyrand sur l'affaire XYZ).

Lettre du ministre des Relations extérieures à M. Gerry, envoyé des États-Unis, en lui envoyant ses passeports, Paris, le 24 messidor an VI (12 juillet 1798). Paris, Laran, s. d.

[Boulay de la Meurthe], « Les justifications de Talleyrand pendant le Directoire. Rapport sur la situation extérieure de la république, 8 messidor an VII (26 juin 1799) ». *Revue d'histoire diplomatique*, n° 3, 1889, pp. 481-495.

Éclaircissements donnés par le citoyen Talleyrand à ses concitoyens, 25 messidor an VII (13 juillet 1799). Paris, Laran, an VII.

[Crabbe, Victor], « Rapport du citoyen Talleyrand [...] sur le plan de promotions graduelles adopté par le Conseil d'État pour le département des Relations extérieures », *Revue internationale des sciences administratives*, n° 22, 1956, pp. 163-166.

De l'État de la France à la fin de l'an VIII. À Paris, chez Henrics, Brumaire an IX (octobre 1800).

[Pallain, Georges], « Papiers inédits de Talleyrand. Rapport à l'Empereur sur notre situation en Allemagne (1806) », *Revue bleue politique et littéraire*, 43 (1889), pp. 152-155.

Opinion de M. le prince de Talleyrand, pair de France, contre le renouvellement de la censure (séance du 24 juillet 1821), Paris, Baudouin, 1821.

Discours de M. le prince de Talleyrand, pair de France, sur le projet de loi relatif aux délits de la presse (prononcé dans la séance du 26 février 1822), Paris, Baudouin, 1822.

Opinion de M. le le prince de Talleyrand, pair de France, sur le projet d'adresse en réponse au discours du roi à l'ouverture de la session, séance du lundi 3 février 1823, Paris, Baudouin, 1823.

Éloge de M. le comte Reinhard, prononcé à l'Académie des sciences morales et politiques par M. le prince de Talleyrand, dans la séance du 3 mars 1838, Paris, Didot, 1838.

Correspondances actives et passives de Talleyrand et de sa femme (par ordre alphabétique d'éditeurs)

Correspondance du comte de Jaucourt avec le prince de Talleyrand pendant le Congrès de Vienne. Plon, 1905.

« Lettres de MM. de Talleyrand de Périgord à MM. les chanoines de la cathédrale de Reims », *Chronique de Champagne*, 1 (1837), pp. 119-120.

Official correspondence and communications between C.C. Pinckney, John Marshall and Elbridge Gerry, envoys extraordinary of the American States, and M. Talleyrand, minister for Foreign affairs in France. To which is added, a copy of the instructions given to the American envoys. Laid before Congress by the president of the United States, april 3, 1798. Printed by Campbell and Shea, Dublin, 1798.

Papers relative to the negociation with France presented by his majesty's command to both houses of parliament, 22 december 1806, in french and english. London, James Ridgeway, 1807.

« Reinhard et Talleyrand en 1799 », *Annales historiques de la Révolution française*, n° 56, 1984, pp. 285-287.

Talleyrand intime d'après sa correspondance inédite avec la duchesse de Courlande. La Restauration en 1814, Paris, E. Kolb, s.d. (1898).

ANGOT (E.), « Talleyrand et le comte d'Hauterive » (dix lettres à d'Hauterive tirées du MAE, 1805-1806, en partie publiées par Artaud de Montor : *Histoire de la vie du comte d'Hauterive*, 1839), *Revue des questions historiques*, 95, 1913, pp. 485-500.

AREZIO (Luigi), « Talleyrand e Murat nella restaurazione legittimista (secondo nuovi dicumenti ». (Lettres à Murat, 1814-1815). *Nuova Antologica*, n° 273, 1930, pp. 332-350.

ARTAUD DE MONTOR, *Histoire de la vie et des travaux politiques du comte d'Hauterive comprenant une partie des actes de la diplomatie française de 1784 jusqu'en 1830.* Adrien Le Clere, 2e éd., 1839.

AURIOL, *La France, l'Angleterre et Naples de 1803 à 1806. Lettres...* Plon, 2 vol., 1904-1905.

BALLU (Paul), « Talleyrand et l'Algérie. Une correspondance diplomatique inédite (1798-1814) », *La Province du Maine*, n° 75, 1973, pp 371-396 (lettres de Talleyrand à Dubois de Thainville, 1798-1814).

BEAU (André), « Regards sur Talleyrand et Valençay. Documents mal connus ou inédits », *Revue de l'Académie du centre*, n° 103, 1977, pp. 83-108.

BEAUCOUR (Fernand), « Lettres de Maret à Napoléon Ier et à Talleyrand pendant la campagne d'Allemagne de 1805. « De Strasbourg à l'entrée de Vienne », *Bulletin historique de la société de sauvegarde du château impérial de Pont-de-briques*, n° 12-14, 1979, pp. 106-138 ; « Lettres de Maret à Napoléon Ier et à Talleyrand pendant la campagne d'Allemagne de 1805. À Vienne et à Schoenbrunn ». *Ibidem*, n° 19, 1984, pp. 493-508 ; « Deux lettres de Maret à Talleyrand », *ibidem*, n° 15-18, 1981, pp. 284-287.

BENEDEK (C.) et ERNST (Dr O.), « Talleyrand et les archives de Vienne ». Entre autres, une lettre à Metternich (juin 1814) dont les erreurs de publication ont été corrigées par Dard (*Napoléon et Talleyrand*, p. 363, *Revue de Paris*, 6, 15 décembre 1933).

BERTRAND (Pierre), *Lettres inédites de Talleyrand à Napoléon, 1800-1809. Publiées d'après les originaux conservés aux archives des Affaires étrangères.* Perrin, 1889 ; rééd. 1967 et éd. Jean de Bonnot, 1989.

BILLECOCQ (André), *La Séparation amiable du prince et de la princesse de Talleyrand.* Clavreuil, 1987.

BOULAY DE LA MEURTHE, « Correspondance de Talleyrand avec le premier consul pendant la campagne de Marengo », *Revue d'histoire diplomatique*, avril 1892.

BOURGOING (Jean de), « Lettres de Talleyrand à Metternich » (1809-1816), *Revue de l'Institut Napoléon*, n° 95, avril 1965. À compléter avec Klinkowström (A.),

Deutsche Revue, 1, 1881, pp. 294-303, qui donne quelques lettres supplémentaires de 1816-1825 en traduction allemande, tirées des archives familiales.

BOUVIER (Félix), « Talleyrand et Mme de Dino » (lettre de la duchesse de Dino à Talleyrand de juin 1816), *L'Amateur d'autographes*, 1, 1909, pp. 44-48.

BROGLIE (duc de), « Lettres de M. de Talleyrand à Mme de Staël tirées des archives du château de Broglie », *Revue d'histoire diplomatique*, 1890, pp. 79-94 et 209-221.

CHARMASSE (A. de), « Deux documents inédits sur Talleyrand évêque », *Mémoires de la Société éduenne*, tome XXXI, pp. 345-354.

CAZAL (E.), « Talleyrand et Alexandre ». *Feuilles d'histoire du XVIIe au XXe siècle*, 1er avril 1910, pp. 339-344.

CHOISEUL (Horace, comte de), « Le trône de Belgique en 1831 », *Revue des Deux Mondes*, n° 55, 1910, pp. 278-309 ; « Lettres particulières de Louis-Philippe et du prince de Talleyrand au ministre des Affaires étrangères. Guerre de Hollande contre la Belgique, 1831 ». *Revue des Deux Mondes*, n° 56, 1910. (Une partie des lettres de Talleyrand de 1830-1831 tirées des archives Sébastiani).

DARD (Émile), « Napoléon et Talleyrand. Lettres inédites de Talleyrand (1804-1808) » (six lettres à Napoléon dont celles des 20 août 1804, 18 octobre 1806, 6 mars et 5 septembre 1807), *Revue de France*, n° 14, 15 juin 1934, pp. 601-619 ; « Talleyrand et la correspondance de Napoléon », *Revue des Deux Mondes*, n° 19, 1934, pp. 183-200 ; « Lettres inédites de Dalberg à Talleyrand » (huit lettres de 1807), *Revue d'histoire diplomatique*, n° 51, 1937

ERNST (Eberhard), *Talleyrand und der Herzog von Dalberg : unveröffentlichte Briefe (1816-1832)*. Frankfurt-am-Main, New York, Peter Lang, 1897.

FLEURIOT DE LANGLE, « Le portefeuille Fouché-Talleyrand. Notes, lettres et billets à Talleyrand », *Revue des Deux Mondes*, mai 1949, pp. 221-231 et 232-246 ; « Correspondance avec l'empereur ». *Revue des Deux Mondes*, juin 1949, pp. 493-515 ; « Austerlitz », *Revue des Deux Mondes*, août 1949 ; « Lettres inédites de Fouché, Talleyrand, etc. », *Revue des Deux Mondes*, mai 1951 (Des lettres de Talleyrand sur la captivité des princes d'Espagne à Valençay).

FLEURY (Maurice), « Talleyrand à Valençay en 1816. Lettres intimes inédites » (9 lettres à Bruno de Boisgelin, datées en fait de 1817), 1898.

FLEURY (Serge), « Talleyrand intime » (onze lettres à la duchesse de Bauffremont copiées à Sagan et qui font partie de la même série des copies prises en 1914 actuellement dans la descendance d'Alexandre de Talleyrand), *Journal de Genève*, 21-23 avril 1962.

GRANDMAISON (Geoffroy de), « Talleyrand et les affaires d'Espagne en 1808, d'après des documents inédits » (12 lettres à Napoléon d'avril à août conservées aux Archives nationales AF IV 1680), *Revue des questions historiques*, 68, 1900, pp. 511-531.

GORSAS (Jean, pseudo.), *Talleyrand. Mémoires, lettres inédites et papiers secrets, accompagnés de notes explicatives*, A. Savine, 1891.

GREENBAUM (Louis S.), « Talleyrand and Vergennes. The debut of a diplomat » (deux lettres de Talleyrand et Vergennes, 1782). *Catholic Historical Review*, 56/1970-1971, n° 34, pp. 543-550.

HANOTEAU (Jean), « Lettres de Talleyrand à Caulaincourt », *Revue des Deux Mondes*, n° 29 (1807-1809), pp. 787-806 et n° 30 (1809-1815), pp. 142-180, 15 octobre et 1er novembre 1935.

HUTH (H.) and PUGH (E.), *Talleyrand in America. Unpublished letters and memoirs*, Washington, 1942 ; rééd. New York, 1971 (il s'agit de la traduction anglaise de la copie française prise par Huth à Sagan et déposée à la Library of Congress de Washington).

LACOUR-GAYET (G.), « Talleyrand et Royer-Collard d'après des lettres inédites » (18 lettres à Royer de 1822 à 1832 qui n'avaient pas été publiées par Paul R.-C., tirées des archives de l'Institut), *Séance des travaux de l'Académie des sciences morales et politiques. Comptes rendus*, 87, 1928.

LARCHEY (Lorédan), « Nouveautés anecdotiques » (deux lettres de Talleyrand au comte de Choiseul, 1787), *Le Bibliophile français*, I, mai-octobre 1868.

LIMOUZIN-LAMOTHE (R.), « La rétractation de Talleyrand. Documents inédits », *Revue d'histoire de l'Église de France*, n° 40, 1954 ; « Mgr de Quélen et la conversion de Talleyrand. Documents inédits », *Bulletin de littérature ecclésiastique de l'Institut catholique de Toulouse*, juillet-septembre 1957, avril-juin 1958, avril-juin 1960, octobre-décembre 1962 ; « Après la mort de Talleyrand. Lettres inédites de Mgr de Quélen et la duchesse de Dino », *ibidem*, n° 61, 1960, pp. 128-137.

LOMÉNIE (L. et Ch. de), « Lettres de Talleyrand à Mirabeau pendant la mission secrète de ce dernier à Berlin » (cinq lettres de 1786 et 1787 au MAE), in *Les Mirabeau, nouvelles études sur la société française au XVIIIe siècle*, Paris, 5 vol., 1878-1891, volume V, pp. 404-410.

MASSON (Frédéric), « Lettres du prince de Talleyrand et de la duchesse de Dino à Madame Adélaïde (6 août 1830-20 avril 1831) », *Nouvelle Revue rétrospective*, 87, 89 et 90, 1901-1902.

MATHIEZ (Albert), « Une lettre de Talleyrand à Lebrun », *Annales historiques de la Révolution française*, 8, 1931, pp. 351-352.

MIRABEAU (comtesse de), *Le Prince de Talleyrand et la Maison d'Orléans. Lettres du roi Louis-Philippe, de Madame Adélaïde et du prince de Talleyrand* (essentiellement des lettres de 1834), Calmann-Lévy, 1890 ; « Lettres du prince de Talleyrand adressées à M. de Bacourt » (1831-1838), *Le Correspondant*, Nouvelle série, tome 134, 1893, pp. 834-858 ; « Lettres inédites de M. de Bacourt au prince de Talleyrand » (1833-1834), *Le Correspondant*, Nouvelle série, tome 136, 1893, pp. 308-337.

MISSOFFE (Michel), « Talleyrand et Maret, duc de Bassano. Lettres inédites », *Revue des Deux Mondes*, 1954, pp. 459-472 (Lettres de 1791 à 1809).

NOUVION (Jacques de), « Lucien Bonaparte. Quelques pages de sa vie » (Lettres à Lucien, 1805), *Revue hebdomadaire*, 8, 1900, pp. 394-413.

PALEWSKI (Gaston), *Le Miroir de Talleyrand. Lettres inédites à la duchesse de Courlande pendant le Congrès de Vienne*. Perrin, 1976.

PALLAIN (G.), *Correspondance inédite du prince de Talleyrand et du roi Louis XVIII pendant le Congrès de Vienne, publiée sur les manuscrits conservés au dépôt des Affaires étrangères*, Plon, 1881 ; *Correspondance diplomatique de Talleyrand. La mission de Talleyrand à Londres en 1792, correspondance inédite de Talleyrand avec le département des Affaires étrangères, le général Biron, etc., ses lettres d'Amérique à lord Lansdowne*, Plon, 1887 ; *Correspondance diplomatique de Talleyrand. Le ministère Talleyrand sous le Directoire*. Plon, 1891 ; *Correspondance diplomatique de Talleyrand. Ambassade de Talleyrand à Londres*, 1830-1834. Plon, 1891.

ROYER (Louis), *La Duchesse de Dino et le baron de Vitrolles (1817-1829)*, Grenoble, 1937.

ROYER-COLLARD (Paul), « Lettres et billets du prince de Talleyrand et de M. Royer-Collard », *Société des bibliophiles français*, 1903.

VERCRUYSSE (Jeroom), « Cinq lettres inédites du prince de Ligne à Talleyrand », *Nouvelles Annales Prince de Ligne*, tome IX. Hayez impr., 1995.

WELSCHINGER (H.), « M. de Talleyrand et le duc d'Enghien » ; « Un plaidoyer inédit de M. de Bacourt », *Le Monde*, journal quotidien, 20 juillet 1891 et 5 décembre 1892 (une lettre de Talleyrand à Fouché du 12 mars 1804).

Brochures et pamphlets contemporains sur Talleyrand

ANONYMES (PAR ORDRE CHRONOLOGIQUE)

La Galerie des États généraux, S. l., 1789.

Les Grands Hommes du jour, 3 tomes en 1 vol., 1790-1791.

La Vie laïque et ecclésiastique de monseigneur l'évêque d'Autun, Paris, 1789.

Dialogue entre l'évêque d'Autun et M. l'abbé Maury, S.l.n.d.

Réponse des Français à l'adresse de M. l'évêque d'Autun, le 11 février 1790, Autun, 1790.

Lettre à M. l'évêque d'A. […] et compagnie, auteur de l'adresse aux provinces, S.l.n.d. (1790).

Avis au public par M. l'évêque d'Autun sur les assignats, S.l.n.d. (avril 1790).

Confession de M. l'évêque d'Autun, S.l.n.d. (1790).

Précis du prélat d'Autun, digne ministre de la fédération, Paris, 1790.

Précis de la vie de M. l'évêque d'Autun, S.l.n.d. (1790).

Observations réfléchies sur différentes motions de M. l'évêque d'Autun et sur la conduite de ses confrères dans l'Assemblée, par Rougane, ancien curé d'Auvergne. S.l., 1790.

La Vérité à l'évêque d'Autun, s.l.n.d. (1790).

Délibération du chapitre de l'église cathédrale d'Autun du lundi 10 mai 1790, Autun, Dejussieu, 1790.

Réfutation de la réponse de M. l'évêque d'Autun à son chapitre par un membre du clergé de son diocèse, juin 1790.

Le décret du 13 avril mal justifié par M. l'évêque d'Autun, dans sa réponse à son chapitre ; et la France sans religion, et sans Dieu, même depuis 1787, Paris, Gattey, s.d. (1790).

Réponse des curés de Saône-et-Loire à monseigneur l'évêque d'Autun, s.l.n.d. (1791).

Lettre à M. de Talleyrand, ancien évêque d'Autun, chef de la commission des talleyrandistes sur son rapport concernant l'admission égale et indéfinie des cultes religieux, Paris, Chez les marchands de nouveautés, s.d. (20 juin 1791).

Le Triumvirat dévoilé, s.l.n.d.

Les Miracles carnales de saint Charles, évêque d'Autun et patriarche de la Révolution, Paris, 1792.

Le Diable boiteux révolutionnaire, Paris, s.d.

Dialogue between Buonaparte and Talleyrand on the subject of peace with England, London, J. Hatchard, 1806.

Le Coup de Jarnac du prince de Talleyrand avant la fin du congrès de Vienne, où il venait de jouer un si beau rôle, Paris, Setier, s.d. (1815).

Le Masque tombé de Talleyrand-Périgord, ce qu'il est, ce qu'il fut, ce qu'il sera toujours, Paris, Perronneau, s.d. (1815).

Recherche de la vérité, ou coup d'œil sur la brochure de M. le duc de Rovigo, Ponthieu et Delaunay. Paris, 1823.

Un Français sur l'extrait des Mémoires de M. Savary, relatifs à M. le duc d'Enghien, Ponthieu, Mongie aîné et Fayolle. Paris, 1823.

Nomination de M. de Talleyrand à l'ambassade d'Angleterre ; M. de Talleyrand jugé par la France ; notice sur la vie ecclésiastique, politique et civile de M. de Talleyrand, Paris, Jules Lefebvre, 1830.

Auteurs (par ordre alphabétique)

Barruel (abbé Augustin), *Le comité soi-disant ecclésiastique convaincu de plagiat, ou parallèle de la constitution civile du clergé avec le décret de Julien l'Apostat concernant les évêques et les prêtres chrétiens de son temps...* À Antioche, de l'Imprimerie impériale, et se trouve à Autun, chez l'imprimeur de Mgr l'évêque. s.l.n.d. ; *Histoire du clergé de France pendant la Révolution*, Londres, 1794 ; *Mémoires pour servir à l'histoire du jacobinisme*, Londres, 5 vol., 1797.

Chénier (Marie-Joseph), *Motion d'ordre faite à la Convention nationale le 18 fructidor, l'an 3 de la République française en faveur de Talleyrand-Périgord, ancien évêque d'Autun*, Paris, Impr. nationale, an III (1795).

Clavière, *Dissection du projet de Talleyrand sur l'échange universel et direct des créances de l'État contre les biens nationaux...*, Paris, Imprimerie du Patriote français, 1790.

Cobbett, *Talleyrand's mission to England...*, London, Strange, s.d.

Eymery (Alexis), *Dictionnaires des girouettes ou Nos contemporains peints d'après eux-mêmes*, par une société de girouettes. Paris, 1815.

Froment, *La Police dévoilée depuis la Restauration et notamment sous MM. Franchet et Delavau*, Paris, Lemonnier, 3 vol., 1829.

Goldsmith (Lewis ; pseudo : Stewarton), *Memoirs of C.M. Talleyrand de Périgord, One of Bonaparte's principle secretaries of State, his grand Chamberlain and Grand Officier at the Legion of Honour, Ex-Bishop of Autun, Ex-Abbé of Celles and St-Denis, etc., containing the particulars of his private and public life, of intrigues in* boudoirs as well as in cabinets, by the author of the Revolutionary Plutarch, London, J.-M. Murray, 2 vol., 1805 ; *Histoire secrète du cabinet de Napoléon Buonaparte et de la cour de Saint-Cloud.* À Londres et à Paris chez les marchands de nouveautés, 1814 ; *Le Moniteur secret ou tableau de la cour de Napoléon, de son caractère et de celui de ses agens.* À Londres et à Paris, Chez les marchands de nouveautés, 2 vol., 1814.

Massacré (Léopold de), *Du ministère*, Paris, C.-F. Paris, 1815.

Roche (Achille), *De messieurs le duc de Rovogo et le prince de Talleyrand*, Paris, Plancher, 1823.

Rivarol, *Petit Dictionnaire des grands hommes de la Révolution, par un citoyen actif, ci-devant rien.* Au Palais-Royal, 1790 ; nlle éd. Desjonquères, 1987.

Suleau (F.-L.), *Lettre à Mgr l'évêque d'A[utun] et compagnie, auteurs de l'Adresse aux Provinces*, S.l.n.d. (1790).

Essais, biographies et monographies d'auteurs contemporains

Barante (Prosper de), *Discours prononcé par M. le baron de Barante à l'occasion du décès de M. le prince de Talleyrand. Séance du 8 juin 1838.* Chambre des pairs de France. Impressions diverses. Session de 1838, tome III, n° 106 ; *La Conversion et la mort de M. de Talleyrand. Récit de l'un des cinq témoins, le baron de Barante, recueilli par son petit-fils le baron de Nervo*, H. Champion, 1910.

BASTIDE (Louis), *Vie religieuse et politique de Talleyrand-Périgord, prince de Bénévent, depuis sa naissance jusqu'à sa mort*, Paris, Faure, 1838.

BROUGHAM (lord), « Character of M. de Talleyrand », *The Edinburgh Review*, july 1838. Edinburgh, 1838.

BULWER (Sir Henry Lytton), *Historical Characters : Talleyrand, Cobbett, Mackintosh, Canning*. London, 2 vol., R. Bentley, 1867 ; première traduction française par Georges Perrot sous le titre *Essai sur Talleyrand*, Reinwald, 1868 ; rééd. Alfred Costes éd., 1922.

CAPEFIGUE (Jean-Baptiste), article « Talleyrand », *Biographie universelle ancienne et moderne*, Paris et Leipzig, Typographie Plon, tome XL, pp. 606-623.

COLMACHE (Mme), *Revelations of the life of prince*, London, Henry Colburn, 1850.

GOETHE (W.), *Über Kunst und Altertum am Rhein und Main*, Stuttgart, 1826.

HUGO (Victor), *Choses vues*, Paris, E. Hugues, (s.d.) (19 mai 1838).

LAMOTHE-LANGON, *Extraits des mémoires du prince de Talleyrand-Périgord…recueillis et mis en ordre par Madame la comtesse O. du C*, Charles Clere, 4 vol., 1838.

LATOUCHE (Hyacinthe Thabaud de Latouche, dit Henri de Latouche), *Album perdu*, Paris, Les marchands de nouveautés, 1829.

MICHAUD (L.G.), *Histoire politique et privée de Charles-Maurice de Talleyrand, ancien évêque d'Autun, prince de Bénévent suivie d'un extrait des Mémoires inédits du comte de Sémallé, commissaire du roi en 1814, de nouveaux documents de la mission qui fut donnée à Maubreuil pour assassiner Napoléon*. Paris, au bureau de la Biographie universelle, 1853.

MIGNET, *Notice historique sur la vie et les travaux de M. le prince de Talleyrand*, Institut royal de France. Séance publique annuelle de l'Académie royale des sciences morales et politiques du samedi 11 mai 1839.

PLACE (Ch.) et FLOURENS (J.), *Mémoire sur M. de Talleyrand, sa vie politique et sa vie intime, suivi de la relation authentique de ses derniers moments et d'une appréciation phrénologique sur le crâne de ce personnage célèbre fait peu d'heures après sa mort*, Paris, 1838.

SAND (George), « Le Prince », *Revue des Deux Mondes*, 15 octobre 1834.

SAINTE-BEUVE, « M. de Talleyrand », *Le Temps*, 12 janvier-9 mars 1869 ; rééd. Calmann-Lévy, 1880 ; rééd. avec introduction et notes par Léon Noël. Monaco, Éditions du Rocher, 1958. À completer avec l'article de Jean Bonnerot, « Le Talleyrand de Sainte-Beuve », *Revue d'histoire diplomatique*, juillet-septembre, n° 3, 1958.

SALLÉ (Alexandre), *Vie politique de Charles-Maurice, prince de Talleyrand*, Paris, Hivert, 1834.

STENDHAL, « M. de Talleyrand » (mai 1838), *Mélanges de politique et d'histoire*, Édition H. Martineau. Paris, 2 vol., 1933 (déjà publié dans *le Figaro* par Louis Royer le 2 janvier 1926).

TOUCHARD-LAFOSSE, *Histoire politique et vie intime de Charles-Maurice de Talleyrand, prince de Bénévent*, Paris, au bureau de l'Administration, 1848.

VILLEMAREST (C.M.), *Monsieur de Talleyrand. Mémoires pour servir à l'histoire de France*, Bruxelles, 4 vol., 1834 ; *Monsieur de Talleyrand*, Paris, J.-P. Roret, 4 vol., 1834-1835.

Mémoires et correspondances

Les titres précédés d'un astérisque (*) contiennent des lettres de ou à Talleyrand.

Nous avons insisté sur les relations, journaux et mémoires d'auteurs étrangers, anglais, américains et allemands, jusqu'alors peu utilisés par les biographes du personnage. De même, en ce qui concerne les journaux et mémoires d'Ancien Régime jusqu'alors négligés. Le Journal de Bachaumont (et suiveurs) a été dépouillé systématiquement dans la perspective de ce travail. Sans parler des mémoires et correspondances récemment publiés.

Recueils de textes :

ABRANTÈS (Laure Junot, duchesse d'), *Histoire des salons de Paris, tableaux et portraits du grand monde sous Louis XVI, le Directoire, le Consulat et l'Empire, la Restauration et la Monarchie de Juillet*, Garnier, 4 vol., 1893 ; *Mémoires de madame la duchesse d'Abrantès. Souvenirs historiques sur Napoléon, la Révolution, le Directoire, le Consulat, l'Empire et la Restauration*, Garnier, 10 vol., 1893.

ANGIVILLER, *Mémoires de Charles de Flahaut comte de la Billarderie d'Angiviller ; Notes sur les Mémoires de Marmontel*, Éd. Louis Bébé, 1933.

APPONYI (Rodolphe, comte), *Vingt-cinq ans à Paris (1826-1850). Journal du comte Rodolphe Apponyi, attaché de l'ambassade d'Autriche-Hongrie à Paris*, Plon, 4 vol., 1913-1926.

ARBLAY (Fanny d'), *Diary and letters of Madame d'Arblay*, London, Henry Coburn pub., 5 vol., 1842 ; nlle éd. *The journal and letters of Fanny Burney (Madame d'Arblay) 1791-1840*, edited by Joyce Hemlow and Athena Douglas. Oxford, Clarendon Press, 12 vol., 1972-1984 ; *Du Consulat à Waterloo. Souvenirs d'une anglaise à Paris et à Bruxelles* (partie de l'édition anglaise traduite en français), José Corti, 1992.

ARNAULT (Vincent-A.), *Souvenirs d'un sexagénaire*, Dufey, 4 vol., 1833. Nlle éd. établie par Raymond Trousson, Champion, 2003.

*[AURIOL (Ch.), éd.], *La France, l'Angleterre et Naples de 1803 à 1806*, Plon, 2 vol., 1904-1905.

[BACHAUMONT (Pidansat de Mairobert, Moufle de Gerville, suiveurs de Bachaumont)], *Mémoires secrets pour servir à l'histoire de la République des lettres depuis le 1er janvier 1767 jusqu'au 1er janvier 1788*, Londres, 1777-1789, 36 vol.

BACOURT (Adolphe de), *Souvenirs of a diplomat. Printed letters from America during the administration of presidents van Buren, Harrison and Tyler, by the chevalier de Bacourt minister from France with a memoir of the auther, by the comtesse de Mirabeau*, New York, Henry Holt and Cy, 1885.

*[BAILLEU (Paul)], *Preussen und Frankreich von 1795 bis 1807. Diplomatische Correspondenzen*, Leipzig, 2 vol., 1881 et 1887.

*BARANTE (Prosper Brugière, baron de), *Souvenirs du baron de Barante (1782-1866) de l'Académie française*, C. Lévy, 8 vol., 1890-1901.

*BARRAS, *Mémoires de Barras, membre du Directoire...*, publiés par George Duruy. Librairie Hachette, 3 vol., 1895-1896.

BARTHÉLEMY, *Mémoires de Barthélemy, 1768-1819*, Plon, 1914.

BASSANVILLE (comtesse de), *Les Salons d'autrefois. Souvenirs intimes*, P. Brunet, 4 vol., 1862-1866.

BASTON (abbé), *Mémoires de l'abbé Baston, chanoine de Rouen*, 3 vol., 1899.

BAUSSET (baron de), *Mémoires anecdotiques sur l'intérieur du palais... depuis 1805 jusqu'au 1er mai 1814*, Baudoin frères, 4 vol., 1827-1829.

BENTHEIM (comte de), « Journal de mon séjour à Paris, 1803-1804 ». *Le Correspondant*, octobre 1908, pp. 341-346.

SOURCES ET BIBLIOGRAPHIE

BERTRAND (général), *Cahiers de Sainte-Hélène. Manuscrit déchiffré et annoté par Paul Fleuriot de Langle*, Sulliver-Albin-Michel, 3 vol., 1949-1959.

BERTIER DE SAUVIGNY (Guillaume de), *La France et les Français vus par les voyageurs américains, 1814-1848*, Flammarion, 2 vol., 1985 ; *Souvenirs inédits d'un conspirateur*, Tallandier, 1990 ; *Souvenirs d'un ultra-royaliste (1815-1832)* présentés et annotés par Guillaume de Bertier de Sauvigny. Tallandier, 1993.

BEUGNOT (comte), *Mémoires du comte Beugnot, ancien ministre (1783-1815)*, E. Dentu, 2 vol., 1867-1868.

BLESSINGTON (lady), *The idler in France*, London, 2 vol., 1841.

BOIGNE (Adèle d'Osmond, comtesse de), *Mémoires de la comtesse de Boigne présentés par J.-C. Berchet.* Nlle éd. Mercure de France, 2 vol., 1971.

BOMBELLES (marquis de), *Journal, 1780-1792*, Éd. J. Grassion et F. Durif, Genève, Droz, 3 vol., 1978, 1982 et 1993.

*[BOULAY DE LA MEURTHE (éd.)], *Correspondance du duc d'Enghien, 1801-1805*, Picard, 4 vol., 1904-1911.

BOURGOING (Paul de), *Souvenirs d'histoire contemporaine. Épisodes militaires et politiques*, Paris, Dentu, 1864.

*BOURRIENNE (Louis-Antoine de), *Mémoires de M. de Bourrienne sur Napoléon, le Directoire, le Consulat, l'Empire et la Restauration*, Ladvocat, 10 vol., 1829 ; *Lettre de M. de Bourrienne sur quelques passages de ses mémoires relatifs à la mort du duc d'Enghien.* Imprimerie Didot, 1829 (le texte est repris dans : *Bourrienne et ses erreurs volontaires et involontaires ou observations sur ses mémoires par messieurs*... Charles Heideloff et Urbain Canel, 2 vol., 1830.

BOLLMANN (Justus Erich), *Tableau biographique de deux mondes*, Friedrich Kapp, Berlin, Springer, 1880. (Traduction française : Aline Weil pour l'auteur.)

BRIFAUT (Charles), *Souvenirs d'un académicien sur la Révolution, l'Empire et la Restauration*, Albin-Michel, 2 vol., 1921.

BROGLIE (Victor, duc de), *Souvenirs (1775-1870) de feu le duc de Broglie*, C. Lévy, 4 vol., 1886.

BROUGHTON (lord, Hobhouse), *Napoléon, Byron et leurs contemporains. Souvenirs d'une longue vie (1809-1822)*, Javer, 2 vol., 1900.

BURNEY (Fanny) : *voir* d'Arblay.

CAMBACÉRÈS, *Mémoires inédits. Éclaircissements publiés par Cambacérès sur les principaux événements de sa vie politique.* Présentation et notes de L. Châtel de Brancion. Perrin, 2 vol., 1999.

CASTELLANE (Boniface-Louis-André de Castellane), *1758-1837*, Plon, 1901.

CASTELLANE (Esprit-Victor-Boniface, comte de), *Journal du maréchal de Castellane (1804-1862)*, Plon, 5 vol., 1895-1897.

*CASTELREAGH (lord), *Correspondence, dispatches and other papers of viscount Castelreagh, edited by his brother, the marquess of Londonderry*, London, 12 vol., 1848-1852. À completer avec le livre de Charles Webster, *British Diplomacy*, pour sa correspondance avec lord Liverpool de 1813 à 1815.

CAULAINCOURT (général), *Mémoires du général Caulaincourt, duc de Vicence.* Introduction et notes Jean Hanoteau. Plon, 3 vol., 1933.

CAZENOVE D'ARLENS (Mme de), *Journal. Deux mois à Paris et à Lyon sous le Consulat*, Alphonse Picard, 1903.

CHAMPAGNY (comte), *Souvenirs*, Genève, Slatkine Reprints, 1975.

CHATEAUBRIAND (Mme de), *Cahier rouge et cahier vert.* Introduction et notes de Jean-Paul Clément. Nlle éd. Perrin, 1990.

*CHATEAUBRIAND, *Mémoires d'outre-tombe,* Éd. du Centenaire établie par Maurice Levaillant, Flammarion, 4 vol., 1948, rééd. 1982 ; *Correspondance générale,* textes établis et annotés par Pierre Riberette. Gallimard, 5 vol. (jusqu'en décembre 1822), 1979-1986 ; *Vie de Napoléon,* présentation par Marc Fumaroli, Éd. de Fallois, 1999.

CHASTENAY (Mme de), *Mémoires de Mme de Chastenay, 1771-1815.* Introduction et notes de Guy Chaussinand-Nogaret. Nlle éd. Perrin, 1987.

CLARY-ET-ALDRINGEN (prince Charles de), *Trois mois à Paris lors du mariage de l'empereur Napoléon et de l'archiduchesse Marie-Louise,* Plon, 1914.

COIGNY (Aimée de), *Journal d'Aimée de Coigny, la jeune captive, présenté par André-Marc Grangé,* Perrin, 1981. Le journal publié pour la première fois par Étienne Lamy en 1802 est presque certainement apocryphe.

COIGNY (marquise de), *Lettres de la marquise de Coigny et de quelques personnes appartenant à la société du XVIIIe siècle,* Jouaust et Sigaux, 1884.

*[COLENBRANDER (H.-I. éd.)], *Gedenkstukken der Algemeene Geschiedenis van Nederland.* S-Gravenhave, 1907.

CONSALVI (cardinal Hercule), *Mémoires du cardinal Consalvi publiés avec une introduction et des notes par J. Crétineau-Joly,* Paris, 2 vol., 1864-1866.

CONSTANT (Benjamin), *Mémoires sur les Cent-Jours,* Éd. O. Pozzo di Borgo, J.-J. Pauvert, 1961 ; *Portraits, Mémoires, Souvenirs,* Éd. E. Harpaz, Champion, 1992.

*COULMANN (Jean-Jacques), *Reminiscences,* Genève, 2 vol., Slatkine Reprints, 1973.

CRÉQUY (marquise de, pseudo de Cousin de Courchamps), *Souvenirs de la marquise de Créquy de 1710 à 1803,* Garnier frères, 10 vol., 1855.

CUSSY (chevalier de), *Souvenirs du chevalier de Cussy,* Plon, 2 vol., 1909.

CUSTINE (Astolphe de), « Correspondance d'Astolphe de Custine à sa mère à Vienne ». Éd. Bonnefon, *Revue bleue politique et littéraire,* août 1910.

CUVILLIER-FLEURY, *Journal intime,* Plon, 2 vol., 1900.

DAMAS (baron de), *Mémoires du baron de Damas,* Plon, 2 vol., 1923.

DAMAS (Roger, comte de), *Mémoires du comte Roger de Damas,* Plon, 2 vol., 1912.

DANLOUX, *Henri-Pierre Danloux, peintre de portraits et son journal pendant l'émigration (1753-1809),* Éd. Roger Portalis. Édouard Rahir, 1910.

*DENON, *Vivant Denon, directeur général des Musées sous le Consulat et l'Empire. Correspondance (1802-1815),* RMN, 2 vol., 1999.

*DINO (duchesse de), *Souvenirs de la duchesse de Dino, publiés par la comtesse Jean de Castellane,* C. Lévy, (1908) ; *Chronique de 1831 à 1862, publiée par la princesse Castellane, née Radziwill,* Plon, 4 vol., 1909-1911 ; *Le retour de Talleyrand à la religion. Lettres de Madame la duchesse de Talleyrand à l'abbé Dupanloup, publiées par la princesse Radziwill,* Plon, 1908 ; *Notice sur Valençay,* Crapelet, 1848.

DIVOFF (Mme), « Paris sous le Consulat », *La Revue de Paris,* n° 16, août-novembre 1914, pp. 78-103.

DOSNE (Madame), *Mémoires de madame Dosne,* Plon, 2 vol., 1928.

DU CAMP (Maxime), *Souvenirs d'un demi-siècle,* Hachette, 2 vol., 1949.

DUFORT DE CHEVERNY, *Mémoires sur le règne de Louis XV,* Introduction et notes de Jean-Pierre Guiccardi. Nelle éd. Perrin, 1990.

DUQUESNOY (Adrien), *Journal d'Adrien Duquesnoy sur l'Assemblée constituante, 3 mai 1789-3 avril 1790.* Picard, 2 vol., 1894.

DUMONT (Étienne), *Souvenirs sur Mirabeau et les deux premières assemblées législatives,* Genève, 1832. Rééd. J.-L. Duval, Paris, 1908 et 1950.

DU MONTET (baronne), *Souvenirs de la baronne Du Montet,* Plon, 1904.

DUMOURIEZ (général), *Mémoires du général Dumouriez*, Baudouin, 3 vol., 1822-1824.

ESCARS (duchesse d'), *Mémoires de la duchesse d'Escars*, Émile-Paul, 1912.

ESPINCHAL (Hippolyte), *Souvenirs militaires*, Société d'édition littéraire et artistique, 2 vol., 1901.

ESTOURMEL (Joseph, comte d'), *Derniers Souvenirs*, Dentu, 1860.

EYNARD (Jean-Gabriel), *Journal...*, publié avec une introduction et des notes par Édouard Chapuisat. Plon, 2 vol., 1914-1924.

FERRAND (comte), *Mémoires du comte Ferrand, ministre d'État sous Louis XVIII*, A. Picard, 1897.

FERRIÈRES (marquis de), *Correspondance inédite, 1789-1791*, éd. Henri Carré, A. Colin, 1932.

FONTAINE (Pierre-François-Léonard), *Journal, 1799-1853*, École nationale des beaux-arts, 2 vol., 1987.

FRANCIS (sir Philip), *Memoirs of sir Philip Francis, with correspondence and journals, commended by the late Joseph Parkes esq.* London, 2 vol., 1867.

FRÉNILLY (baron de), *1768-1848. Souvenirs d'un ultraroyaliste.* Introduction et notes de Frédéric d'Agay. Nlle éd. Perrin, 1987.

FOUCHÉ (Joseph), *Mémoires de Fouché.* Introduction et notes de Louis Madelin. Nlle éd., Flammarion, 1945.

FOY (général Sébastien), *Notes familières*, Imprimerie de Compiègne, 3 vol., 1825.

GAGERN (baron de), *Mémoires. Ma participation à la politique*, Francfort, 4 vol., 1823-1833.

GALLATIN (James), *A Great Peace Maker. The Diary of James Gallatin, 1813-1827*, London, Heinemann, 1914.

GAUDIN (duc de Gaëte), *Mémoires, souvenirs et opinions du duc de Gaëte*, A. Colin, 3 vol., 1826.

GENLIS (Madame de), *Mémoires inédits de madame de Genlis sur le XVIIIe siècle et la Révolution française depuis 1756 jusqu'à nos jours*, Ladvocat, 10 vol., 1825.

GENTZ (Friedrich von), *Tagebücher von Friedrich von Gentz...*, Leipzig, F.A. Brockhaus, 4 vol., 1873-1874.

GÉRARD (François), *Lettres adressées au baron Gérard, peintre d'histoire*, Paris, 2 vol., 1886.

GIRARDIN (Stanislas, comte de), *Discours et opinions, Journal et Souvenirs de S. Girardin*, Moutardier, 4 vol., 1828.

GLENBERVIE (lord), *The Diaries of Sylvester Douglas*, Ed. by F. Bickley. London and New York, Houghton Mifflin Co, 2 vol., 1928.

GODOY (dom Manuel), *Mémoires du prince de la paix*, Ladvocat, 4 vol., 1836.

GONCOURT, *Journal des Goncourt*, Flammarion, 9 vol.

GOURGAUD (général), *Journal de Sainte-Hélène 1815-1818.* Préface et notes d'Octave Aubry, Flammarion, 2 vol., 1947.

GRAND (George), *Narative of the life of a gentleman long residend in India.* Cape of good Hope, printed by the author, 1814 ; [Charrière de Sévery (W. de)], « George-Francis Grand, premier mari de la princesse de Talleyrand. Quelques lettres de lui écrites de 1802 à 1808 », *Revue historique vaudoise*, 33e année, 1 et 2, janvier et février 1925.

GREATHEED (Bertie), *An Englishman in Paris, 1803. The Journal of Bertie Greatheed*, London, Geoffrey Bles, 1953.

GREVILLE (Charles Cavendish Fulke, lord), *The Greville Diary*, édited by Philip Whitwell Wilson, London, William Heinemann Ltd., 2 vol., 1927. Nlle éd.

GREVILLE (Henry William), *Leaves from the diary of Henry Greville, edited by the viscounten Enfield*, London, Smith, Elder and Co, 4 vol., 1883-1905.

GUIZOT (François), *Mémoires pour servir à l'histoire de mon temps*, M. Lévy, 8 vol., 1858-1867.

HAMILTON (Alexander), The Papers of Alexander Hamilton, Harold C. Syrett ed., New York and London, 1972, vol. XVI.

HARDENBERG (prince de), *Mémoires tirés des papiers d'un homme d'État sur les causes secrètes qui ont déterminé la politique des cabinets dans les guerres de la Révolution depuis 1792 jusqu'en 1815*, Paris, Ponthieu, 13 vol., 1828-1838.

[HARDMAN (John) and PRICE (Munro), éd.], *Louis XVI and the comte de Vergennes : Correspondence, 1777-1787*, Voltaire Foundation, Oxford, 1998.

HEIBERG (Peter-Andreas), « Talleyrand et son entourage à la suite de la Grande Armée (1806-1807). Souvenirs d'un Danois au service de la France traduit par E.G. Ledos » (il s'agit de la traduction des chapitres VI et VII des Souvenirs de Heiberg publiés en danois à Christiana, chez Hoppe en 1830), *Revue des études napoléoniennes*, janvier-juin 1919, Slatkine Reprints, Genève, 1976.

HEZECQUE (comte d'), *Souvenirs d'un page de la cour de Louis XVI*, Nlle éd., Tallandier, 1987.

HOLLAND (lord), *Souvenirs des cours de France, d'Espagne, de Prusse et de Russie, écrits par Henri Richard Vassal, lord Holland, et traduits de l'anglais par E. F.*, Paris, Firmin-Didot frères, 1862 ; *The Holland House diaries, 1831-1840. The diary of Henry Vassal Fox, third lord Holland*, Londres, Routledge and Kejan Paul, 1977.

HORTENSE (reine), *Mémoires de la reine Hortense, publiés par le prince Napoléon avec des notes de Jean Hanoteau*, Plon, 3 vol., 1927.

HUMBOLDT (Wilhelm von), *Journal parisien (1797-1799)*. Arles, Actes Sud, 2001.

HYDE DE NEUVILLE, *Mémoires et souvenirs du baron Hyde de Neuville*, Plon, 2 vol., 1892.

*JOSEPH (roi), *Mémoires et correspondance politique et militaire du roi Joseph, publiés, annotés et mis en ordre par A. Du Casse*, Perrotin, 10 vol., 1853-1854 ; *Histoire des négociations relatives aux traités de Mortefontaine, de Lunéville et d'Amiens, pour faire suite aux mémoires du roi Joseph*... publiée par A. Du Casse. Dentu, 3 vol., 1858 ; *Lettres inédites ou éparses de Joseph Bonaparte à Naples (1806-1809), publiées par Jacques Rambaud*, Plon, 1911.

*JOSÉPHINE (impératrice), *Correspondance, 1782-1814*, Éd. B. Chevallier, Payot, 1996.

KIELMANNSEGGE (comtesse de), *Mémoires sur Napoléon Ier*. Victor Attinger, 2 vol., 1928.

LA FAYETTE (Gilbert Motier de), *Mémoires, correspondances et manuscrits du général La Fayette*, Fournier, 6 vol., 1837-1838.

LAFFITTE, *Mémoires, 1767-1844*, Firmin-Didot, 1932.

LA MAISONFORT (marquis de), *Mémoires d'un agent royaliste*, Mercure de France, 1998.

LA GARDE DE CHAMBONAS (comte de), *Souvenirs du congrès de Vienne*, É. Paul, 1904.

LAMETH (Alexandre de), *Mémoires*, Paris, 1913.

[LAMOTHE-LANGON], *Mémoires d'une femme de qualité sur le Consulat et l'Empire*, Nlle éd., Mercure de France, 1966.

LAREVELLIÈRE-LÉPEAUX, *Mémoires de Larevellière-Lépeaux, membre du Directoire exécutif de la République française et de l'Institut national*... Plon, 2 vol., s.d. (1895).

LA ROCHEFOUCAULD-LIANCOURT, *Journal de voyage en Amérique et d'un séjour à Philadelphie, 1er octobre 1794-18 avril 1795, avec des lettres et des notes sur la conspi-*

ration de Pichegru, publié avec une introduction et des notes par Jean Marchand, Paris-Baltimore, Clavreuil-The Johns Hopkins Press, 1940.

LA TOUR DU PIN, *Mémoires de la marquise de La Tour du Pin. Journal d'une femme de cinquante ans (1778-1815)*, Nlle éd., Mercure de France, 1989.

LAUZUN (duc de), *Mémoires du duc de Lauzun, général de Biron.* Édition établie par Jean-Jacques Fiechter, Nlle éd., Olivier Orban, 1986.

LAVALETTE (comte de), *Mémoires et souvenirs du comte de Lavalette.* Édition présentée et annotée par Stéphane Giocanti. Nlle éd. Mercure de France, 1994.

LAS CASES (Emmanuel de), *Mémorial de Sainte-Hélène.* Présentation et notes de Joël Schmidt. Le Seuil, 2 vol., 1968.

[LESCURE], *Correspondance secrète inédite sur Louis XVI, Marie-Antoinette, la cour et la ville de 1777 à 1792*... publiée par M. de Lescure. Plon, 2 vol., 1866.

LIGNE (prince de), *Fragments de l'histoire de ma vie*, publié par F. Leuridant. Plon, 2 vol., 1928.

LUCIEN BONAPARTE [Th. Iung éd.], *Lucien Bonaparte et ses Mémoires, 1775-1840*, Charpentier, 3 vol., 1882-1883.

LUYNES (duc de), *Mémoires du duc de Luynes sur la cour de Louis XV, 1735-1758, publié par L. Dussieux et E. Soulié*, Didot, 17 vol., 1860-1865.

LOUISE DE PRUSSE (princesse Antoine Radziwill), *Quarante-cinq années de ma vie, 1770-1815, publié par la princesse Radziwill, née Castellane*, Plon, 1911.

MAILLÉ (duchesse de), *Souvenirs des deux Restaurations, Journal inédit*, Perrin, 1984.

MAISTRE (Joseph de), *Correspondance diplomatique, publiée par Albert Blanc*, Paris, 1860.

MALOUET, *Mémoires*, Paris, Plon, 2 vol., 1874.

MARCELLUS (comte de), *Politique de la Restauration en 1822 et 1823*, Lecoffre, 1853.

MARMONT (maréchal, duc de Raguse), *Mémoires, 1792-1841*, Perrotin, 9 vol., 1857.

MARMONTEL, *Mémoires*, Mercure de France, 1998.

MÉHÉE DE LA TOUCHE (Jean-Claude), *Extraits des Mémoires inédits sur la Révolution française*, Ponthieu, 1823.

MÉNEVAL (baron de), *Mémoires pour servir à l'histoire de Napoléon Ier depuis 1802 jusqu'à 1815*, Dentu, 3 vol., 1894. ; *Souvenirs historiques sur Napoléon*, Adolphe Delahays, s.d.,

MÉRIMÉE (Prosper), *Correspondance générale établie et annotée par Maurice Paturier*, Le Divan, 6 vol., 1941-1947.

METTERNICH (prince de), *Mémoires, documents et écrits divers laissés par le prince de Metternich*..., Plon, 8 vol., 1880-1884.

MIOT DE MÉLITO (comte), *Mémoires du comte Miot de Mélito, ancien ministre, ambassadeur*... Lévy frères, 3 vol., 1858.

MIRABEAU, *Histoire secrète de la cour de Berlin ou correspondance d'un voyageur français depuis le mois de juillet 1786 jusqu'au 19 janvier 1787. Ouvrage posthume*, 2 vol., 1789 ; *Correspondance entre le comte de Mirabeau et le comte de La Marck pendant les années 1789, 1790 et 1791.* Éd. A. de Bacourt. Le Normant, 3 vol., 1851 ; *Lettres à Yet-Lie*, Montaigne, 1929.

MOLÉ (Mathieu, comte) [marquis de Noailles éd.], *Le Comte Molé (1781-1855), sa vie, ses Mémoires*, Champion, 6 vol., 1922-1930 ; *Souvenirs de jeunesse (1793-1803).* Introduction et notes de Jean-Claude Berchet. 1943, rééd. Mercure de France, 1991.

MOLLIEN (comte), *Mémoires d'un ministre du Trésor public (1780-1815)*, Paris, Guillaumin, 3 vol., 1898.

MONTCALM (marquise de), *Mon journal (1815-1818) pendant le premier ministère de mon frère*, Grasset, 1935 ; *Correspondance de la marquise de Montcalm*, Les Éditions du Grand Siècle, 1949.

MONTESQUIOU (Anatole, comte de), *Souvenirs sur la Révolution, l'Empire, la Restauration et le règne de Louis-Philippe*, Plon, 1961.

MONTHOLON (comte de), *Souvenirs de la captivité de l'empereur Napoléon à Sainte-Hélène*, Paulin, 2 vol., 1847.

MONTLOSIER (comte de), *Souvenirs d'un émigré, 1791-1798*, Paris, 1951 ; *Mémoires du comte de Montlosier, 1755-1830*, Paris, Dufey, 2 vol., 1830.

MOORE (Thomas), *Memoirs, Journal and Correspondence of Thomas Moore*, London, 1853 ; nlle éd., 6 vol., 1983.

MORALI SEYYID ALÎ EFFENDI et SEYYID ABDÜRRAHIM MUHIBB EFFENDI, *Deux ottomans à Paris sous le Directoire et l'Empire. Relations d'ambassade, récits traduits, présentés et annotés par Stéphane Yerasimos*, Sindbad, Actes Sud, 1998.

MOREAU (J.N.), *Mes souvenirs*, Plon, 2 vol., 1898.

MOREAU DE SAINT-MÉRY, *Voyage aux États-Unis de l'Amérique, 1793-1798*, New Haven, 1913.

MORGAN (lady), *La France par lady Morgan, ci-devant Miss Owenson, traduit de l'anglois par A.J.B.D.*, Paris et Londres, 2 vol., chez Treutell, 1817.

MORRIS (Gouverneur), *The life of Gouverneur Morris with selections from his correspondence and miscellaneous papers*, by Jared Sparks. Boston, Gray and Bowen, 3 vol., 1832 (l'édition américaine la plus complète de la correspondance) ; *The diary and letters of Gouverneur Morris, minister of the United States of America to France*, Ed. Ann Cary-Morris, 1888 ; *Diary of Gouverneur Morris, 1789-1793*, Ed. Beatrix Cary-Davenport, 2 vol. 1939 (l'édition américaine la plus complète du Journal) ; *Journal de Gouverneur Morris pendant les années 1789, 1790, 1791 et 1792*, Éd. E. Pariset, trad. de l'anglais. Plon, 1901 (d'après l'édition américaine de 1888. C'est cette édition que nous avons utilisée. Pour les parties manquantes des lettres ou du Journal nous nous sommes servi des éditions en langue anglaise de 1832 et de 1939).

MOUNIER (Jean-Joseph, baron), *Souvenirs intimes et notes du baron Mounier*, Ollendorff, 1896.

MUFFLING (général), *Aus meinem Leben*, Berlin, 1876.

MÜLLER (Friedrich von), *Souvenirs des années de guerre, 1806-1813*. Présentation et notes par Charles-Otto Zieseniss. Fondation Napoléon, 1992.

*MURAT (Joachim, prince), *Lettres et documents pour servir à l'histoire de Joachim Murat 1767-1815*, Paris, Plon, 4 vol., 1908-1910.

*NAPOLÉON Ier, *Corrrespondance générale de Napoléon Ier*. Paris, 32 vol., 1858-1870 ; [L. Lecestre], *Lettres inédites de Napoléon Ier (an VIII-1815)*, Paris, 2 vol., 1897 ; [L. de Bretonne], *Lettres inédites de Napoléon Ier*. Paris, 1898 ; *Dernières lettres inédites de Napoléon Ier*. Paris, 2 vol., 1903 ; [L. Madelin], *Lettres inédites de Napoléon à Marie-Louise*, Paris, 1935.

*NESSELRODE (Karl-Robert, comte), *Lettres et papiers du chancelier comte Nesselrode, 1760-1850, extraits de ses archives*, Paris, Lahure, 11 vol., 1904-1912.

*[NICOLAS MIKHAILOVITCH (grand-duc)], *Les Relations diplomatiques de la Russie et de la France d'après les rapports des ambassadeurs d'Alexandre et de Napoléon, 1808-1812*. Manufacture des papiers d'État, Saint-Pétersbourg-Paris, 6 vol., 1905-1908.

NEUMANN (Philipp von), *The Diary of Philipp von Neumann (1819-1850), edited by Beresford Chancellor*, London, Philip Allan and Co., 2 vol., 1928.

NORVINS (Jacques de), *Mémorial de J. de Norvins, publié avec un avertissement et des notes par L. de Lanzac de Laborie*, Plon, 3 vol., 1896-1897.

*ORLÉANS (Louis-Philippe d'Orléans), *Mon journal. Événements de 1815*, Michel Lévy, 2 vol., 1849.

*ORLÉANS (duc de Chartres puis duc d'Orléans), *Lettres, 1824-1842*, Calmann-Lévy, 1889.

OUVRARD, *Mémoires de G.-J. Ouvrard, sur sa vie et ses diverses opérations financières*, Moutardier, 3 vol., 1826-1827.

*PASQUIER (chancelier), *Histoire de mon temps. Mémoires du chancelier Pasquier, publiés par M. le duc d'Audiffret-Pasquier*, Plon, 6 vol., 1893-1894.

*[POLOTSOV éd.], *Correspondance diplomatique des ambassadeurs et ministres de Russie en France et de France en Russie avec leurs gouvernements*, Saint-Pétersbourg, Société impériale d'histoire de la Russie, 3 vol., 1902-1907.

POTOCKA (comtesse), *Mémoires de la comtesse Potocka (1794-1820), publiés par Casimir Stryenski*, Plon, 1897.

*POZZO DI BORGO, *Correspondance diplomatique du comte Pozzo di Borgo et du comte de Nesselrode, 1814-1818*, Calmann-Lévy, 2 vol., 1890-1897.

RÉAL (comte), *Indiscrétions 1798-1830*, 2 vol., 1835.

REISET (vicomte de), *Souvenirs du lieutenant-général vicomte de Reiset*, C. Lévy, 3 vol., 1902.

RÉMUSAT (Charles, comte de), *Mémoires de ma vie… présentés et annotés par Charles-H.* Pouthas. Plon, 5 vol., 1958-1967 ; *Correspondance de M. de Rémusat pendant les premières années de la Restauration*, C. Lévy, 6 vol., 1883-1886.

RÉMUSAT (comtesse de), *Mémoires (1802-1808), publiés par son petit-fils Paul de Rémusat*, C. Lévy, 3 vol., 1879-1880 ; *Lettres de madame de Rémusat (1804-1814), publiées par son petit-fils Paul de Rémusat*, C. Lévy, 2 vol., 1881.

RAIKES (Thomas), *Portion of the Journal kept by Thomas Raikes esq. From 1831 to 1847*, London, 4 vol., 1853-1856.

REICHARDT ((Johann Friedrich), *Un hiver à Paris sous le Consulat, présenté et annoté par Thierry Lentz*, Nlle éd., Tallandier, 2003.

ROEDERER (P.-L), *Œuvres du comte P.L. Roederer*, Firmin-Didot, 8 vol., 1853-1859 ; *Chronique de cinquante jours du 20 juin au 10 août 1792*, Paris, 1832 ; *Journal du comte P.L. Roederer, ministre et conseiller d'État ; Notes intimes et politiques d'un familier des Tuileries.* Introduction et notes par Maurice Vitrac. H. Daragon, 1909.

*[ROMBERG (E.) et Malet (A.), éd.], *Louis XVIII et les Cent Jours à Gand*, Paris, 1898.

SAINT-MARSAN (marquis de), « Le journal du marquis de Saint-Marsan (28 juin 1814-7 juin 1815) ». *Revue napoléonienne*, n° 4, 1904-1905, pp. 279-284.

SAINT-SIMON (duc de), *Mémoires.* Éd. A. de Boislisle et L. Lecestre, Paris, 43 vol., 1879-1930.

SAVARY (duc de Rovigo), *Extrait des mémoires de M. le duc de Rovigo concernant la catastrophe de Mgr le duc d'Enghien*, Ponthieu et Charles Gosselin, octobre 1823 ; *Mémoires du duc de Rovigo pour servir à l'histoire de l'empereur Napoléon*, Bossange, 8 vol., 1828, rééd., Garnier, 5 vol., 1900.

SÉGUR (Philippe-Paul de), *Un aide de camp de Napoléon (1800-1815), Mémoires.* Nlle éd. publiée par les soins de son petit-fils, le comte Louis de Ségur. Firmin-Didot, 3 vol., 1894-1895.

SÉMALLÉ (comte de), *Souvenirs du comte de Sémallé, page de Louis XVI*, A. Picard et fils, 1898.

SENFFT, *Mémoires du comte de Senfft*, Leipzig, 1863.

SERS (baron), *Souvenirs d'un préfet de la Monarchie. Mémoires du baron Sers*, Fontemoing, 1906.

SHELLEY (lady), *The Diary of Frances Lady Shelley, edited by her grand-son Richard Edgecumbe*, London, 2 vol., 1912.

[SMIRNOV (A.), éd.], *Les Russes découvrent la France au* XVIIIe et XIXe *siècle*, Éditions du Progrès, 1990.

*STAËL (madame de), *Œuvres complètes de madame de Staël-Holstein*, Firmin Didot frères, 2 vol., 1836. Autre éd. disponible, Slatkine, 3 vol., 1967 ; *Correspondance générale*, éd. B.W. Jasinski, Pauvert, 4 vol., 1960-1978, continué chez Klincksieck, 2 vol. (1803-1804 et 1805-1809), 1982-1993, Pour certains correspondants particuliers : « Lettres à Adrien de Mun », *Revue de Paris*, 1923 ; *Madame de Staël et François de Pange.* Éd. comtesse Jean de Pange, 1925 ; *Auguste-Guillaume Schlegel et Madame de Staël*, Éd. comtesse Jean de Pange, 1938 ; *Lettres à Ribbing*, Éd. S. Balayé, Gallimard, 1960 ; *Lettres à Narbonne*, Éd. G. Solovieff, Gallimard, 1960 ; *Madame de Staël et le duc de Wellington*, Éd. Victor de Pange, Gallimard, 1962 ; *Madame de Staël, Don Pedro de Souza. Correspondance*, éd. B. d'Andlau, Paris, Gallimard, 1979 ; *Madame de Staël, ses amis et ses correspondants. Choix de lettres (1778-1817)*, Éd. G. Solovieff. Klincksieck, 1970 ; *Considérations sur la Révolution française*, Éd. Jacques Godechot, Tallandier, 1983.

STENDHAL (Henri Beyle), *Vie de Henry Brulard*. Préface de Béatrice Didier, Gallimard, 1973 ; *Souvenirs d'égotisme*. Préface de Béatrice Didier, Gallimard, 1983 ; *Correspondance de Stendhal, 1800-1842*, publiée par Ad. Paupe et P.-A. Cheramy, Charles Bosse, 3 vol., 1908.

*THIBAUDEAU, (A.C.), *Mémoires relatifs à la Révolution française*, Baudoin, 2 vol., 1824.

THIEBAULT ((général), *Mémoires du général Thiebault*, Plon, 5 vol., 1894-1895.

TROTTER (John Bernard), *Memoirs of the latter years of the right honorable Charles James Fox, by John Bernard Trotter*, London, 1811.

[TURNER (Fred J., éd.)], *Correspondence of the french ministers to the United States, 1791-1797*, Washington, 1904.

*VÉRON (docteur L.), *Mémoires d'un bourgeois de Paris*, rééd. Librairie nouvelle, 5 vol., 1856.

VIGÉE-LE BRUN (Élisabeth), *Mémoires*, Charpentier, 2 vol., 1891 ; rééd. Des Femmes, 2 vol., 1984.

VILLÈLE (comte de), *Mémoires et correspondance du comte de Villèle*, Perrin, 5 vol., 1888-1890.

VILLEMAIN (Abel-François), *Souvenirs contemporains d'histoire et de littérature*, Didier, 1854-1855.

*VITROLLES (baron de), *Mémoires et relations politiques du baron de Vitrolles, publiés par Eugène Forgues*, G. Charpentier, 3 vol., 1884 ; *Souvenirs autobiographiques d'un émigré, 1790-1800, publiés par Eugène Forgues*, Émile-Paul, 1924.

*WELLINGTON (duc de), *Despatches of the duke of Wellington*, Londres, 13 vol., 1834-1839 ; *Supplementary despatches*, Londres, 15 vol., 1858-1872.

WOLZOGEN (Wilhelm von), *Journal de voyage à Paris 1788-1791…*, Presses universitaires du Septentrion, 1998.

III. Bibliographie

Ouvrages généraux sur la période

XIXe siècle :

Duvergier de Hauranne, *Histoire du gouvernement parlementaire en France, 1814-1848*, Michel Lévy frères, 10 vol., 1857-1872.

Sorel (Albert), *L'Europe et la Révolution française*, Plon, 8 vol., 1903. Nlle éd. introduite par Yves Bruley, Claude Tchou, 8 vol., 2003.

Thiers (Adolphe), *Histoire du Consulat et de l'Empire*, Paulin, 21 vol., 1845-1869.

Thureau-Dangin (Paul), *Histoire de la Monarchie de Juillet*, Plon, 7 vol., 1885.

Viel-Castel (L. de), *Histoire de la Restauration*, Michel Lévy frères, 20 vol., 1860-1878.

XXe siècle :

Bertier de Sauvigny (G. de), *Au soir de la monarchie. Histoire de la Restauration*, Flammarion, 1955, rééd. 1990.

Boudon (Jacques-Olivier), *Histoire du Consulat et de l'Empire*, Perrin, 2000, rééd. Poche 2003.

Le Gallo (Émile), *Les Cent Jours*, Félix Alcan, 1923.

Furet (François) et Richet (Denis), *La Révolution française*, Hachette, 1965.

Furet (François), *Penser la Révolution française*, Gallimard, 1978 ; *La Révolution, de Turgot à Jules Ferry, 1770-1880*, Hachette, 2 vol., 1990.

Lefebvre (Georges), *Le Directoire.* CDU « Les cours de la Sorbonne », 1943, 4 fascicules ; rééd. Armand-Colin, 1946.

Lentz (Thierry), *Le 18 brumaire. Les coups d'État de Napoléon Bonaparte*, Jean Picollec, 1997 ; *Le grand Consulat, 1799-1804*, Fayard, 1999 ; *Nouvelle Histoire du premier Empire*, vol. 1 : *Napoléon et la conquête de l'Europe, 1804-1810*, Fayard, 2002.

Tudesq (A.-J.) et Jardin (J.), *La France des notables*, Le Seuil, 2 vol., 1973.

Tulard (Jean), *Le Grand Empire*, Albin Michel, 1982.

Waresquiel (E. de) et Yvert (B.), *Histoire de la Restauration, 1814-1830. Naissance de la France moderne*, Perrin, 1996 ; rééd. Poche 2002.

Essais et ouvrages spécialisés

Aulard (Alphonse), *Les Orateurs de l'Assemblée constituante*, Hachette, 1882 ; *La Société jacobine*, Paris, 6 vol., 1889.

Baecque (A. de), *Les Éclats du rire. La culture des rieurs au XVIIIe siècle*, Calmann-Lévy, 2000.

Badinter (Élisabeth et Robert), *Condorcet, un intellectuel en politique*, Fayard, 1989 ; *Les Passions intellectuelles*, I et II, Fayard, 2000 et 2002.

Bastid (Paul), *Les Institutions politiques de la monarchie parlementaire française, 1814-1848*, Paris, 1954.

Baillou (Jean, dir.), *Les Affaires étrangères et le corps diplomatique français.* Tome I : De l'Ancien Régime au second Empire, Éd. du CNRS, 1984.

BERTAUD (Jean-Paul), *Les Amis du roi, Journaux et journalistes de 1789 à 1792*, Perrin, 1984.

BERTIER DE SAUVIGNY (Guillaume de), *La Sainte-Alliance*, Que sais-je ?, 1972 ; *Metternich et la France après le congrès de Vienne*, Hachette, 3 vol., 1968-1971.

BIGO (Robert), *La Caisse d'escompte (1776-1793) et les origines de la Banque de France*, PUF, 1927.

BLANC (Olivier), *Les Espions de la République et de l'Empire*, Perrin, 1995.

BOUCHARY (Jean), *Le Marché des changes de Paris à la fin du XVIIIe siècle (1778-1800)*, Paul Hartmann éd., 1937 ; *Les Manieurs d'argent à Paris à la fin du XVIIIe siècle*, Marcel Rivière, 2 vol., 1939 ; *Les Compagnies financières à Paris à la fin du XVIIIe siècle*, M. Rivière, 3 vol., 1940-1943.

BOUDON (Jacques-Olivier), *Napoléon et les cultes*, Fayard, 2002.

BOULAY DE LA MEURTHE, « Secrétairerie d'État du Consulat et de l'Empire (la mission Villers) », *Bulletin de la Société de l'histoire de Paris* (t. XVI, 1889, pp. 65-79 ; *Histoire de la négociation du Concordat de 1801*, Tours, Alfred Mame, 1920.

BROGLIE (Gabriel de), *Le XIXe siècle. L'éclat et le déclin de la France*, Perrin, 1995.

BRUGUIÈRE (Michel), *La Première Restauration et son budget*, Droz, 1969 ; *Gestionnaires et profiteurs de la Révolution*, O. Orban, 1986.

CALASSO (Roberto), *La Ruine de Kasch.* Traduit de l'italien par Jean-Paul Manganaro. Gallimard, 1987.

CHALLAMEL (Augustin), *Les Clubs antirévolutionnaires*, Paris, 1895.

CONTAMINE (Henry), *Diplomatie et diplomates sous la Restauration, 1814-1830*, Hachette, 1970.

CRAVERI (Benedetta), *L'Âge de la conversation*, Gallimard, 2001.

CROUZET (François), *L'Économie britannique et le Blocus continental, 1806-1813*, 1958, rééd. Economica, 1987.

DAUDET (Ernest), *Histoire de l'émigration du 18 brumaire à la Restauration*, Hachette, 3 vol., 1907 ; *La Police politique. Chronique du temps de la Restauration, 1815-1820*, Plon, 1912.

DUFRESNE (Hélène), *Érudition et esprit public au XVIIIe siècle. Hubert-Pascal Ameilhou.* Paris, 1962.

DURAND (Yves), *Les Fermiers généraux au XVIIIe siècle*, PUF, 1971.

ESPITALIER (Albert), *Vers Brumaire. Bonaparte à Paris, 5 décembre-4 mai 1798*, Perrin, 1914.

FABER (Karl-Georg), « Aristokratie und Finanz. Das pariser Bankhaus Paravey et Compagnie (1819-1828) ». *Vierteljähresschrift für Szocial-und Wirtschaftgechichte*, Verla Steiner, Wiesbaden, n° 57, avril 1970.

FEBVRE (Lucien), *Le Rhin. Histoire, mythes et réalités*, 1935, rééd. Perrin, 1997.

GAUCHET (Marcel), *La Révolution des pouvoirs. La souveraineté, le peuple et la représentation, 1789-1799*, Gallimard, 1995.

GRIEWANK (Karl), *Der Wiener Kongress und die europaïsche Restauration 1814-15*, Leipzig, Koehler et Amelang, 1942, rééd. 1954.

GUEDJ (Denis), *Le Mètre du monde*, Le Seuil, 1999.

GUICHEN (vicomte de), *La Révolution de juillet 1830 et l'Europe*, Émile Paul, s.d. (1916).

HARPAZ (E.), *L'École libérale sous la Restauration ; le Mercure et la Minerve, 1817-1820*, Genève, Droz, 1969.

KISSINGER (Henry A.), *Le Chemin de la paix*, trad. fr. Denoël, 1972.

LACROIX (S.), *Le Département de la Seine pendant la Révolution*, Paris, Société de l'histoire de la Révolution française, 1904.

LA JONQUIÈRE (C. de), *L'Expédition d'Égypte, 1798-1801*, Charles Lavauzelle, 2 vol., 1899-1907.

LANNOY (F. de), *Histoire diplomatique de l'indépendance belge*, Bruxelles, Albert Dewit, 1948.

LAURENS (Henry), *L'Expédition d'Égypte, 1798-1801*, Armand Colin, 1989.

LHÔTE (Jean-Marie), *Histoire des jeux*, Flammarion, 1994.

LÜTHY (Herbert), *La Banque protestante en France de la révocation de l'Édit de Nantes à la Révolution*, SEVPEN, 2 vol., 1959-1961.

MACHELON (Jean-Pierre) et CONAC (Gérard), *La Constitution de l'an III. Boissy d'Anglas et la naissance du libéralisme constitutionnel*, PUF, 1999.

MANSEL (Philip), *The Court of France*, thèse University College, Londres, 1978 ; *La Cour sous la Révolution, l'exil et la Restauration*, Tallandier, 1989 ; *Paris between empires, 1814-1852*, London, John Murray, 2001. Traduction française Perrin, 2003.

MASSON (Frédéric), *Le Département des Affaires étrangères pendant la Révolution, 1778-1804*, Plon, 1877.

NARBONNE (comte de), *La Diplomatie du Directoire et Bonaparte, d'après les papiers inédits de Reubell*, La Nouvelle édition, 1951.

NEWTON (William R.), *L'Espace du roi. La cour de France au château de Versailles 1682-1789*, Fayard, 2000.

NICOLSON (Harold), *Le Congrès de Vienne. Histoire d'une coalition, 1812-1822*, traduit de l'anglais par C. de Palaminy. Hachette, 1947.

RIALS (Stéphane), *Révolution et contre-révolution au XIXe siècle*, Duc/Albatros, 1987.

RIE (R.), « Das Legitimitätsprinzip des Wiener kongresses », *Archiv des Völkerrechts* 5, 1955-1956.

RINIERI (Ilario), *La Diplomazia Pontificie nel secolo* XIX, Rome, 4 vol., Civilita Cattolica, 1902 ; *Consalvi e Pacca*.

ROSANVALLON (Pierre), *La Monarchie impossible. Les chartes de 1814 et de 1830*, Fayard, 1994.

SCHROEDER (Paul W.), *The Transformation of European Politics, 1763-1848*, Oxford, Clarendon Press, 1996 ; « Napoleon's foreign policy. A criminal entreprise ? », *Journal of Military History*, n° 54, 1990.

SÉDOUY (Jacques-Alain de), *Le Congrès de Vienne. L'Europe contre la France, 1812-1815*, Perrin, 2003.

SILVERA (Allan), « Egypt and the french revolution ». *Revue française d'outre-mer*, LXIX (1982), n° 257, pp. 307-329.

SPARROW (Elisabeth), *British Agents in France 1792-1815*, The Boydell Press, 1999.

SUSANE (G.), *La Tactique financière de Calonne*. Thèse, université de Paris, faculté de droit, 1901.

THADDEN (Rudolf von), *La Centralisation contestée*. Traduit de l'allemand par H. Cusa et P. Charbonneau. Actes Sud, 1989.

THIRY (Jean), *Le Sénat de Napoléon (1800-1814)*, Berger-Levrault, 1949.

TULARD (Jean), *Origine et histoire du cabinet des ministres en France*, Droz, 1975 ; *Paris et son administration (1800-1830)*, Commission des travaux historiques et scientifiques, XIII, 1976.

VILLEPIN (Dominique de), *Les Cent Jours ou l'esprit de sacrifice*, Perrin, 2001.

WARESQUIEL (E. de), *La Chambre des pairs héréditaire de la Restauration (1814-1830). Débat idéologique et pratique politique.* Thèse, Paris-IV, novembre 1996.
WICK (Daniel L.), *A Conspiracy of Well-Intentioned Men. The society of the thirty and the French revolution*, Garland, New York and London, 1987.
WITCOMB (Edward A.), *Napoleon's Diplomatic Service*, Durham, N.C., 1979.

Biographies et monographies sur Talleyrand

La liste n'est bien sûr pas exhaustive. Les biographes de Talleyrand se sont souvent copiés les uns les autres. De plus, de nombreux articles monographiques publiés en revue annoncent et préparent ce que sera la matière des ouvrages postérieurs de certains auteurs. Ce n'est pas le cas des travaux universitaires récents, anglo-saxons ou allemands, inutilisés jusqu'alors et systématiquement consultés. Certains ouvrent des pistes nouvelles sur le rôle de Talleyrand au sein de l'Agence générale du clergé comme sur son travail de diplomate sous l'Empire.

ARRIGON (L.-J), « Talleyrand et Chateaubriand ». *Revue des Deux Mondes*. 1er octobre 1948 ; « Talleyrand conspirateur. Les journées de Juillet », I et II. *Revue des Deux Mondes*, 15 février et 1er mars 1954 ; « Autour de Talleyrand. Une princesse jacobine. » I et II. *Revue des Deux Mondes*, 1er et 15 juin 1956.
AULARD (Alphonse), « Les deux missions de Talleyrand à Londres en 1792 » ; « Sieyès et Talleyrand, d'après Benjamin Constant et Barras » ; « Talleyrand et la douceur de vivre sous l'Ancien Régime », *Révolution française*, n° 17, 1889, pp. 160-172, n° 73, 1920, pp. 289-314, n° 80, 1927, p. 62.
BAC (Ferdinand), *Le Secret de Talleyrand*, Hachette, 1933.
BASTGEN (Hubert), « Talleyrands Aussöhnung mit der Kirche, nuch vatikanischen aktenstücken ». *Historisches Jahrbuch*, 48, 1928, pp. 42-85.
BEAU (André), *Talleyrand. Chronique indiscrète de la vie d'un prince. Consulat, Empire, Restauration*, Royer, 1992 ; *Talleyrand, l'apogée du sphinx*, Royer, 1998.
BLEI (Franz), *Talleyrand homme d'État*, traduit de l'allemand par René Lobstein. Payot, 1935.
BLINN (Harold E.), « New light on Talleyrand at the Congress of Vienna », *Pacific Historical Review*, n° 4, 1935, pp. 143-160.
BONNEAU (François), *Talleyrand à table*, Châteauroux, 1988 ; *Les Princes d'Espagne à Valençay ou l'Espagne humiliée*, Châteauroux, 1986.
BRINTON (Crane), *The Lifes of Talleyrand*, New York, W.W. Norton, 1936.
BOULAY DE LA MEURTHE, *Les Dernières Années du duc d'Enghien, 1801-1804*, Hachette, 1886.
CARRÈRE (Casimir), *Talleyrand amoureux*, France-Empire, 1975.
CASTELOT (André), *Talleyrand ou le cynisme*, Perrin, 1980.
COUTY (Mathieu, pseudo B. Dugoujon), « Quand Napoléon prononça la disgrâce de Talleyrand ». *Historia*, n° 506, février 1989.
CURL (Peter V.), *Talleyrand and the Revolution nobiliaire : An Interpretation of his Role in the French Revolution.* Thèse, Cornell University, 1951.
COLLECTIF TALLEYRAND (Lacretelle, Audiberti, Conte, Dunan, L. Joxe, R. Lacour-Gayet, Missoffe, Schumann). Hachette, 1964.
DARD (Émile), *Napoléon et Talleyrand*, Plon, 1935.

DUFF COOPER, *Talleyrand, 1754-1838*. Première traduction française, Payot, 1937 ; nouvelle traduction de l'anglais par Daniel B. Roche sous le titre *Talleyrand. Un seul maître : la France*, Alvik, 2003.

DUPUIS (Charles), *Le Ministère de Talleyrand en 1814*, Plon, 2 vol., 1919-1920.

DWYER (Philip G.), *Talleyrand*, London, Pearson education limited, 2002.

EARL (John L.), « Talleyrand in Philadelphia, 1794-1796 ». Pennsylvania Magazine of History and Biography, n° 91, 1967, pp. 282-298.

ESCOFFIER (Maurice), « Un procédé diplomatique du prince de Talleyrand (affaires de Pologne, 1814) ». *Revue des sciences politiques*, n° 29, 1913, pp. 260-270.

ERNST (Eberhard), *Talleyrand in Amerika 1794-1796. Ein Emigrantenschicksal zur Zeit des Französischen Revolution*, Peter Lang, 2000.

EVANS (Paul), « Deux émigrés en Amérique, Talleyrand et Beaumetz », *Révolution française*, n° 79, 1926, pp. 51-61

FERRERO (Guglielmo), *Reconstruction, Talleyrand à Vienne (1814-1815)*. Première édition en traduction française, 1940 ; rééd. sous le titre *Talleyrand au congrès de Vienne*. Éd. de Fallois, 1996.

FUNCK-BRENTANO (Franz), « Les trois Talleyrand », *Nouvelle Revue*, 70, 1891, pp. 449-458.

GEYL (Pieter), « The French Historians and Talleyrand ». *Camille Desmoulins (And other studies on the French Revolution)*. Londres, W. Laurie, 1955.

GREENBAUM (Louis S.), *Talleyrand, Statesman Priest. The Agent-General of the Clergy and the Church of France at the end of the Old Regime*, Washington, Catholic University of America Press, 1970 ; « Talleyrand and his uncle : the Genesis of a Clerical Career ». *Journal of Modern History*, n° 29, 1957, pp. 226-236 ; « Ten Priests in search of a Miter : How Talleyrand became a Bishop », *The Catholic Historical Review*, n° 50, 1964, pp. 307-331.

HAIGHT (Jeffrey), *Talleyrand and History*. Thèse, The University of Rodchester, 1968.

HUISMAN (Michel), « Quelques dessous de la Conférence de Londres. Talleyrand a-t-il trafiqué de son influence ? », *Revue d'histoire moderne*, n° 9, 1934, pp. 297-316.

INGOLD (A.M.P.), *Bénévent sous la domination de Talleyrand et le gouvernement de Louis de Beer, 1806-1815*, Pierre Téqui, 1916.

JOURQUIN (Jacques), « Talleyrand, un diable d'homme », *Napoléon Ier*, n° 2, mai-juin 2000, pp. 46-53.

KNAPTON (Ernest J.), *A Reconsideration of the Diplomatic Policy of Prince Talleyrand, 1814-1815*, thèse, Harvard University, 1934.

KROK (Edward), *Talleyrand and the Foreign Policy thought of Alexandre Ier. The Nature of Talleyrand's Influence, 1805-1815*, thèse, The Pennsylvania State University, août 1975.

LACHERETZ (Marius), « Pied-bot varus équin congénital et syndrome de Marfan : le cas de Talleyrand », *Lille Médical*, n° 28, 1988, pp. 133-140.

LACOMBE (Bernard de), *Talleyrand évêque d'Autun, d'après les documents inédits*, Perrin, 1903 ; *La Vie privée de Talleyrand, son émigration, son mariage, sa retraite, sa reconversion, sa mort*, Paris, Plon, 1910.

LACOUR-GAYET (Georges), *Talleyrand 1754-1838*, Payot, 4 vol., 1928-1934 ; rééd Payot, 1946, 1979 et 1991 avec une préface de François Furet.

LOKKE (Carl Ludwig), « Pourquoi Talleyrand ne fut pas envoyé à Constantinople ? », *Annales historiques de la Révolution française*, n° 10, 1933, pp. 153-159.

LOLIÉE (Frédéric), *Du prince de Bénévent au duc de Morny. Talleyrand et la société française depuis la fin du règne de Louis XV jusqu'aux approches du second Empire*, Émile-Paul, 2 vol., 1910-1911.

MCLANE HAMILTON (Allan), *The intimate Life of Alexander Hamilton*, New York, 1910.

MADELIN (Louis), *Talleyrand*, Flammarion, 1944 ; rééd. Tallandier, 1979 et en poche Marabout, 1984.

MANSEL (Philip), « A King and His Enemy, Louis XVIII and Talleyrand », *History Today*, 31 X, 1981, pp. 43-48.

MANTOUX (Paul), « Talleyrand en 1830 », *Revue historique*, n° 78, 1902, pp. 266-287 ; « Talleyrand et la rive gauche du Rhin ». Schweitzer Beiträge zur Allgemeinen Geschichte, n° 3, 1945, pp. 158-178.

MARCADE (A.), *Talleyrand, prêtre et évêque*, Rouveyre, 1883.

MECHTHILD (Ernst), *Talleyrand und die Angelsächsiche Welt, 1729-1799*. Thèse, université de Münster, 1969.

MERINO (Jean-Patrick), « L'affaire des piastres et la crise de 1805 », *Comité pour l'histoire économique et financière de la France. Études et documents*, I. Paris, 1989.

MISSOFFE (Michel), *Le Cœur secret de Talleyrand*, Perrin, 1956 ; « Les livres de Talleyrand », *Mercure de France*, n° 323, 1955, pp. 165-168.

MORLOT (G.-A.) et HAPPERT (J.), *Talleyrand, une mystification historique*, H. Veyrier, 1991.

NOËL (Léon), *Énigmatique Talleyrand*, Fayard, 1975 ; « Madame de Staël et Talleyrand », *Cahiers staëliens*, 24, 1978, pp. 3-21.

NUSSBAUM (F.-L.) et PUGH (Wilma J.), « L'arrière-plan de la mission de Talleyrand à Londres en 1792. Documents inédits publiés avec une introduction et des notes », *Assemblée générale de la commission de recherche et de publication des documents relatifs à la vie économique de la Révolution*, 1939, II, pp. 478-484.

OLDEN (Peter-Hans), *Napoleon und Talleyrand. Die französiche Politik während des feldzugs in Deutschland, 1805*, thèse, université de Tubingen, 1927.

OLLIVIER (Émile), « Talleyrand », *Revue des Deux Mondes*, n° 125, 1894, pp. 241-275 ; repris dans *L'Empire libéral. Études, récits, souvenirs*, Garnier frères, 17 vol., 1895-1915, tome Ier, livre Ier.

ORIEUX (Jean), *Talleyrand ou le sphinx incompris*, Flammarion, 1970.

PALÉOLOGUE (Maurice), *Romantisme et diplomatie. Talleyrand, Metternich, Chateaubriand*, Hachette, 1928.

PICHOT (Amédée), « Chronique ». *Revue britannique*, II et III, avril et mai 1868 ; *Souvenirs intimes sur Talleyrand*, Dentu, 1870. (L'auteur réédite l'*Album perdu* de Latouche en début de volume).

PFEIFER (Étienne), « Vergennes et Talleyrand ». *Annales des Sciences politiques*, n° 52, 1937, pp. 239-252.

PONIATOWSKI (Michel), *Talleyrand et le Directoire*, Perrin, 1982 ; *Talleyrand et le Consulat ;* Perrin, 1986 ; *Talleyrand et l'ancienne France, 1754-1789*, Perrin, 1988 ; *Talleyrand. Les années occultées, 1789-1792*, Perrin, 1995.

REY (Pierre-Louis), « Une figure de régicide : le prince de Talleyrand ». *Cahiers textuels*, n° 6, 1990, pp. 31-36.

REYNAUD (Paul), « Talleyrand et le problème de la sécurité ». Tribune libre parlementaire de la *Revue hebdomadaire*, nos 26 et 27, 30 juin et 7 juillet 1923.

RUDLER (Gustave), « Une créance de Talleyrand ». *Revue des Études napoléoniennes*, janvier-février 1915. Genève, Slatkine Reprints, 1976.

SCHUMANN (Maurice), « Talleyrand et l'Allemagne », *Annales du Centre universitaire méditerranéen*, n° 18, 1964-65, pp. 43-62 ; « Talleyrand, prophète de l'Entente cordiale », *Revue des Deux Mondes*, n° 12, 1976, pp. 541-556.

SINDRAL (Jacques, pseudo d'Alfred Fabre-Luce), *Talleyrand*, Gallimard, 1926 ; nlle. éd. Dargaud, 1969.

STINCHCOMBE (William), « Talleyrand and the American Negociations of 1797-1798 », *Journal of American History*, n° 62, 1975, pp. 575-590.

SOREL (Albert), « Talleyrand au congrès de Vienne ». *Essais d'histoire et de critique*, Plon, 1908 ; « Talleyrand et ses Mémoires », « Une agence d'espionnage sous le Consulat », « Le drame de Vincennes ». *Lectures historiques*, Plon, 1923.

STOLBERG-WERNIGERODE (Otto, graff zu), « Die klassische diplomatie : Kaunitz, Talleyrand, Metternich », *Neue Rundschau*, n° 50, 1939, pp. 105-120.

SUARÈS (André), « De Napoléon », *Cahiers de la Quinzaine*, 2 juillet 1912.

TARLÉ (Eugenii Viktorovitch), *Talleiran*, Moscou, 1948 ; trad. fr. par Jean Champenois, Moscou, Éditions en langues étrangères, 1958.

TULARD (Jean), « Talleyrand prince des diplomates ou diable boiteux ? ». *L'Histoire*, n° 108, 1988, pp. 32-45.

WELVERT (Eugène), « Talleyrand écrivain », *Nouvelle Revue*, n°s 45 et 47, 1920, pp. 193-203 et 207-217.

WENDORF (H.), « Die Ideenwelt des fürsten Talleyrand. Ein versuch. » *Historische Vierteljahrschrift*, n° 28, 1933-1934, pp. 335-384.

Autres biographies

ANGOT (E.), *Louis de Talleyrand-Périgord, 1784-1808. Un neveu du prince de Bénévent*, Perrin, 1911.

ANTONETTI (Guy), *Louis-Philippe*, Fayard, 1994.

ARJUZON (Antoine d'), *Castelreagh ou le défi à l'Europe de Napoléon (1761-1822)*, Tallandier, 1995.

ARRIGON (Louis), *Une amie de Talleyrand, la duchesse de Courlande*, Flammarion, 1946.

BARANTE (P. de), *La Vie politique de Royer-Collard, ses discours et ses écrits*, Didier, 2 vol., 1878.

BARDOUX (A.), *Madame de Custine*, Calmann-Lévy, 1888.

BARTHOU (Louis), *Mirabeau*, Hachette, 1920.

BASTID (Paul), *Benjamin Constant et sa doctrine*, Armand Colin, 2 vol., 1966 ; Sieyès et sa pensée. Hachette, 1970.

BEAU DE LOMÉNIE, *La Carrière politique de Chateaubriand de 1814 à 1830*, Plon, 2 vol., 1929.

BÉNÉTRUY (J.), *L'Atelier de Mirabeau, quatre proscrits genevois dans la tourmente révolutionnaire*, Paris, 1962.

BERNARDY (F. de), *Flahaut, fils de Talleyrand, père de Morny*, Perrin, 1974 ; *La Duchesse de Dino, le dernier amour de Talleyrand*, Perrin, 1978.

BERTAUD (Jean-Paul), *Bonaparte et le duc d'Enghien. Le duel des deux France*, Robert Laffont, 1972 ; *Le duc d'Enghien*, Fayard, 2001.

BERTIER DE SAUVIGNY (Guillaume), *Metternick*, Fayard, 1986.

BREDIN (Jean-Denis), *Sieyès, la clef de la Révolution française*, Éd. de Fallois, 1988 ; *Une singulière famille. Jacques Necker, Suzanne Necker et Germaine de Staël*, Fayard, 1999.

BROGLIE (Gabriel de), *Le Général de Valence*, Perrin, 1972 ; *Madame de Genlis*, Perrin, 1985 ; *Guizot*, Perrin, 1990.
BLANC (Olivier), *Madame de Bonneuil, femme galante et agent secret, 1748-1829*, Robert Laffont, 1987 ; *Regnaud de Saint-Jean d'Angély, l'éminence grise de Napoléon*, Pygmalion, 2002 ; *L'Amour à Paris au temps de Louis XVI* (chap. 25 sur madame Grand : « La belle Indienne au salon »), Perrin, 2003.
BRIALMONT (A.), *Histoire du duc de Wellington*, Paris-Bruxelles, 3 vol., 1857.
BUSTEED (H.E.), *The Echoes of Old Calcutta*, Calcutta, 1888.
CABANIS (José), *Charles X, roi ultra*, Gallimard, 1972 ; *Chateaubriand, qui êtes-vous ?* Gallimard, 1998.
CHÂTEL DE BRANCION (L. de), *Cambacérès, maître d'œuvre de Napoléon*, Perrin, 2001.
CHAUSSINAND-NOGARET (Guy), *Mirabeau*, Paris, 1982 ; *Mirabeau entre le roi et la Révolution*, Paris, 1986 (présentation des « Notes à la cour, 1790-1791 » de Mirabeau) ; *Choiseul*, Perrin, 1998 ; *Fleury*, Perrin, 2001.
CRÉPU (Michel), *Sainte-Beuve. Portrait d'un sceptique*, Perrin, 2001.
CROUZET (Michel), *Stendhal ou monsieur Moi-Même*, Flammarion, 1990.
DARD (Émile), *Le Comte de Narbonne 1755-1813*, Plon, 1944.
DIESBACH (Ghislain de), *Necker ou la famille de la vertu*, Perrin, 1978 et 1987 ; *Madame de Staël*, Perrin, 1983 ; *Chateaubriand*, Perrin, 1995.
DOUAY (Abel) et HERTAULT (Gérard), *Schulmeister, dans les coulisses de la grande armée*, Fondation Napoléon, 2002.
DREYFUS (F.), *La Rochefoucauld-Liancourt*, Plon, 1903.
DU BUS (Charles), *Stanislas de Clermont-Tonnerre et l'échec de la révolution monarchique (1757-1792)*, Félix Alcan, 1931.
DUPUY (Micheline), *La Duchesse de Dino*, Perrin, 2002.
ÉGRET (Jean), *La Révolution des notables. Mounier et les monarchiens, 1789*, Armand Colin, 1950, rééd., 1989.
FRANKLIN (Robert), *The Life and time of Lord Stuart de Rothesay, 1779-1845*, Robert Franklin, 1993.
FORGUES (Eugène), *Le Dossier secret de Fouché (juillet-septembre 1815)*, Émile-Paul, 1908.
FUMAROLI (Marc), *Chateaubriand : Poésie et Terreur*, de Fallois, 2003.
GABELÉ (Yvonne Robert), « Des plages de Coromandel aux salons du Consulat et de l'Empire », *Revue historique de l'Inde française*, n° 7, 1948, pp. 1 à 115.
GARÇON (Maurice), *La Tumultueuse Existence de Maubreuil, marquis d'Orvault*, Hachette, 1954.
GARNIER (Jean-Paul), « La jeunesse indienne de la princesse de Talleyrand », *Revue des Deux Mondes*, mars-avril 1963.
GRANGE (Henri), *Les Idées de Necker*, Klincksieck, 1974.
GRIFFITHS (Robert), *Le Centre perdu. Malouet et les monarchiens dans la Révolution française*, Presses universitaires de Grenoble, 1988.
GUILLEMIN (Henri), *Madame de Staël, Benjamin Constant et Napoléon*, Plon, 1959 ; rééd. Le Seuil, 1987 sous le titre *Madame de Staël et Napoléon*.
GUYOT (R.), « Madame Grand à Paris ». *Feuilles d'histoire du XVIIe au XXe siècle*, n° 1, 1909, pp. 395-398.
JOURDAN (Annie), *Napoléon, héros, imperator, mécène*, Aubier, 1998.
LAGRANGE (Abbé F.), *Vie de Mgr Dupanloup*, Poussielgue, 3 vol., 1883-1884.
LENTZ (Thierry), *Roederer 1754-1835*, Serpenoise, 1989 ; *Savary, le séide de Napoléon*, Fayard, 2001.

SOURCES ET BIBLIOGRAPHIE

LEVER (Évelyne), *Louis XVIII*, Fayard, 1990.

LEVER (Maurice), *Beaumarchais*, t. I et II, Fayard, 1999 et 2003.

L'HOMER (Jean), *Le Banquier Perregaux et sa fille la duchesse de Raguse*, Cornuau, 1926.

LOMÉNIE (L. et C. de), *Les Mirabeau, nouvelles études sur la société française au XVIIIe siècle*, Paris, 5 vol., 1878-1891.

MADELIN (Louis), *Fouché, 1759-1820*, Plon, 2 vol., 1947 ; rééd. Fondation Napoléon.

MANSEL (Philip), *Louis XVIII*. Trad. fr. Pygmalion, 1982 ; *Le Prince de Ligne. Le charmeur de l'Europe*, trad. fr. Perrin, 1992.

MALO (Henri), *Le Beau Montrond*, Émile Paul, 1926.

MAUGRAS (Gaston), *Le Duc de Lauzun et la cour de Marie-Antoinette*, Plon, 1913.

MONTENON (Jean de), *La France et la presse étrangère en 1816. Mission confiée à Baudus par le duc de Richelieu en 1816*, Paris, 1933.

ORDIONI (Pierre), *Le Comte Pozzo di Borgo, diplomate de l'Europe française*, Paris, 1935.

OZANAM (Denise), *Claude Baudart de St.-James, trésorier général de la marine et brasseur d'affaires, 1733-1787*, Droz, 1969.

PINGAUD (Léonce), *Un agent secret sous la Révolution et l'Empire. Le comte d'Antraigues*, Plon, 1894.

SÉDOUY (Jacques-Alain de), *Le Comte Molé ou la séduction du pouvoir*, Perrin, 1994.

SILVESTRE DE SACY (J.), *Le Comte d'Angiviller, directeur général des bâtiments du roi*, Plon, 1853.

STERN (Jean), *François-Joseph Bellanger*, Plon, 2 vol., 1930 ; *Le Mari de Mlle Lange, Michel-Jean Simons (1762-1833)*, Plon, 1933.

TULARD (Jean), *Napoléon ou le mythe du sauveur*, Fayard, 1977 ; *Joseph Fiévée*, Fayard 1985 ; *Joseph Fouché*, Fayard, 1998 ; *Murat*, Fayard, 1999.

WALISZEWSKI (K.), *La Russie il y a cent ans. Le règne d'Alexandre Ier*, Plon, 3 vol., 1925.

WELSCHINGER (Henri), *La Mission secrète de Mirabeau à Berlin, 1786-1787*, Plon, 1900.

WARESQUIEL (E. de), *Le Duc de Richelieu, 1766-1822*, Perrin, 1990.

WOLFF (Jacques), *Le Financier Ouvrard (1770-1846) ; L'Argent et la politique*, Tallandier, 1992.

ZIEGLER (Philip), *The Dutchess of Dino*, London, 1962 ; *The Sixth Great Power : Barings, 1762-1829*, London, Collins, 1988.

COMPLÉMENTS BIBLIOGRAPHIQUES 2003-2006

Sources manuscrites

Fonds publics

Archives nationales. Copenhague. « Rapports de Dreyer, ministre plénipotentiaire du royaume de Danemark-Norvège à Paris, à sa Cour, novembre-décembre 1799 ». Dreyer était très bien informé, grâce à Talleyrand qui le connaissait par l'intermédiaire de Catherine Grand - d'origine danoise par sa naissance et sans doute l'ancienne maîtresse du diplomate -, du plan de renversement du Directoire. Il s'agissait aussi pour Charles-Maurice de sauver les relations franco-danoises, très tendues à cette époque à cause de l'embargo imposé par la République aux bateaux de commerce des pays neutres. Je remercie Eric Ledrup-Bourgeois de m'avoir communiqué une copie de ces documents.

Public Record Office. Kew, Richmond, Surrey. « Papiers de lord Charles Whitworth, ambassadeur du roi d'Angleterre à Paris ». FO 27/67 : Correspondance générale de Whitworth au ministre britannique des Affaires étrangères, décembre 1802-mai 1803. Ces lettres sont extrêmement intéressantes en ce qui concerne le processus de rupture de la paix d'Amiens et le rôle joué par Talleyrand. Je remercie Bernard Dugoujon de m'avoir communiqué une copie de ces documents.

Archives départementales d'Ille-et-Vilaine. Rennes. 138 J 1 : « Papiers de Charles-Henri Roux » relatifs au séjour des princes espagnols à Valençay. (Renseignement aimablement communiqué par Marc du Pouget.)

Fonds privés. Collections et collectionneurs

L'ensemble de la collection du docteur Eberhard Ernst a été léguée par ce dernier, en 2005, à la Bibliothèque universitaire de la ville de Dresde et a été présentée au public en juillet, août et septembre 2006.

Archives Saint André : « Papiers d'Esprit Durant de Saint André » ; copie tapuscrite des Mémoires inédits d'Alexandre Durant de Mareuil.

Sources imprimées

Discours, rapports, articles et écrits divers de Talleyrand (par ordre chronologique)

Les Mémoires du prince de Talleyrand vont être réédités *in extenso* d'après l'édition Broglie en cinq volumes de 1891-1892, avec des inédits et une présentation d'Emmanuel de Waresquiel, par les éditions Robert Laffont, dans la collection « Bouquins », en mai 2007.

En ce qui concerne les écrits « politiques » de Talleyrand, on consultera le récent *Recueil de textes rares de Charles-Maurice de Talleyrand-Périgord*, édité par Pierre Combaluzier et Alain Pekar Lempereur avec la collaboration d'Eric Le Deley. Essec Iréné, Paris-Cergy, Centre de recherche de l'ESSEC, 2004.

Je remercie particulièrement Pierre Combaluzier et Philippe Mayard qui ont bien voulu me communiquer le résultat de leur dépouillement systématique des *Archives parlementaires* et du *Moniteur universel.* Avec cette nouvelle liste bibliographique qui complète et parachève celle donnée plus haut dans la première édition (page 745), on dispose désormais de la (presque) intégralité des écrits publiés de Talleyrand, à l'exception des écrits signés collectivement (actes, proclamations, ordonnances du gouvernement provisoire et des deux ministères Talleyrand de la Restauration). On pourra consulter une grande partie de ces textes sur le site de Pierre Combaluzier : http://pcombal.club.fr/index.html

« Intervention sur la suppression des servitudes féodales et personnelles. 6 août 1789 ». *Archives parlementaires*, vol. VIII, p. 355.

« Intervention sur l'amendement Chasset relatif aux dîmes. 11 août 1789 ». *Archives parlementaires*, vol. VIII, p. 385.

« Intervention sur la déclaration des droits. 21 et 23 août 1789 ». *Archives parlementaires*, vol. VIII, pp. 465 et 476.

« Intervention sur le projet relatif au gouvernement monarchique. 28 août 1789 ». *Archives parlementaires*, vol. VIII, p. 505.

« Projet de règlement provisoire pour la police de Paris. 5 novembre 1789 ». *Archives parlementaires*, vol. IX, p. 691.

Lettre de M. l'évêque d'Autun au rédacteur du Courrier de l'Europe. Paris, le 17 décembre 1789. À Paris, chez Baudouin, imprimeur de l'Assemblée Nationale, rue du Foin-Saint-Jacques, n° 31, 1790.

« Rapport sur la possession d'état de citoyen actif, réclamée par des juifs portugais établis à Bordeaux. 28 janvier 1790 ». *Archives parlementaires*, vol. X, p. 364.

« Discours d'installation en qualité de président de l'Assemblée nationale. 16 février 1790 ». *Archives parlementaires*, vol. XI, p. 609.

« Discours en quittant le fauteuil de président de l'Assemblée nationale. 28 février 1790 ». *Archives parlementaires*, vol. XI, p. 731.

« Projet de décret sur la fédération des gardes nationales. 7 juin 1790 ». *Archives parlementaires*, vol. XVI, p. 136.

« Défense du projet de décret sur la fédération des gardes nationales. 8 juin 1790. » *Archives parlementaires*, vol. XVI, pp. 137 et 139.

Mandement sur la dépravation des mœurs et l'irréligion, ordonnance des prières de quarante heures. 14 juillet 1790. Imprimerie Pierre Philippe Dejussieu, Autun.

Premier Rapport fait au nom du Comité de l'Imposition. 18 août 1790. Paris, Baudouin, 1790.

« Intervention sur la dette publique. 18 septembre 1790 ». *Archives parlementaires*, vol. XIX, p. 48 à 52. Réédité aux éd. Laville, 1926 sous le titre : *L'Inflation, discours prononcé en septembre 1790 à la tribune de l'Assemblée constituante : Mirabeau, La Galissonnière, Baumetz, Dupont de Nemours, l'abbé Maury, Montesquiou, l'évêque d'Autun pour ou contre les assignats.*

« Projet de décret sur l'Instruction publique. 13 octobre 1790 ». *Archives parlementaires,* vol. XIX, p. 588.

« Rapport sur les droits d'enregistrement des actes civils et judiciaires et des titres de propriétés. 22 novembre 1790 ». *Archives parlementaires*, vol. XX, pp. 638-650.

État actuel des travaux du Comité de l'Imposition, présenté à l'Assemblée nationale. Paris, Imprimerie nationale, 1790.

« Lettre à l'Assemblée électorale de Paris. 19 janvier 1791 », in *Procès-verbaux de l'Assemblée électorale de Paris.* Paris, Étienne Charavay-Noblet, Quantin, Jouaust, 1890.

« Lettre de M. de Talleyrand, ci-devant évêque d'Autun, à MM. Les administrateurs du district d'Autun. Paris. 20 janvier 1791 ». Archives départementales de Saône et Loire, D 66 – « registres de la Révolution ».

« Lettre à la *Chronique de Paris* réfutant la candidature à l'évêché de Paris. 7 février 1791 ». *Le Moniteur*, n° 39, mardi 8 février 1791, p. 158.

« Intervention sur la Haute Cour nationale. 8 février 1791 ». *Archives parlementaires*, vol. XXIII, p. 47.

Oraison funèbre de M. de Mirabeau prononcée dans le chœur de Saint-Eustache par M. l'abbé Serutti, suivi du discours de M. l'évêque d'Autun. 4 avril 1791. Paris, de l'imprimerie de Labarre, s.d. (1791).

« Rapport fait au nom du Comité de constitution, à la séance du 7 mai 1791, relatif à l'arrêté du Département de Paris, du 6 avril précédent, par M. de Talleyrand-Périgord, ancien évêque d'Autun... » (sur la police des églises de Paris), Aix, des imprimeries de Gibelin-David et Emeric-David, s.d. (1791).

« Motion relative à l'état des changes de la France avec l'étranger. 11 et 20 juin 1791 ». *Archives parlementaires*, vol. XXVII, pp. 144 et 361-365.

« Discours prononcé par les commissaires du département de Paris pour les monuments publics à l'Assemblée nationale. 12 février 1792. Signé Brousse Dumont, Talleyrand, Kersaint », *in* Armand-Guy [de] Kersaint, *Discours sur les monuments publics.* Paris, de l'imprimerie de Didot l'Aîné, 1792.

« Lettre publique sur les inculpations de quelques journalistes. 20 février 1797 », *in* Michel Poniatowski, *Talleyrand et le Directoire, op. cit.*, pp. 107-108.

« Rapport au Directoire. 2 Thermidor an V (20 juillet 1797) ». G. Pallain, *Correspondance diplomatique de Talleyrand. Le ministère de Talleyrand sous le Directoire.* Paris, Plon, 1891.

« Rapport au Directoire. 15 Thermidor an V (2 août 1797) ». G. Pallain, *ibid.*

« Rapport au Directoire. 12 Fructidor an V (29 août 1797) ». G. Pallain, *ibid.*

« Instructions pour les citoyens Treilhard et Bonnier chargés de négocier la paix avec l'Angleterre. 25 Fructidor an V (11 septembre 1797) ». G. Pallain, *ibid.*

« Rapport au Directoire sur la République Batave. 6 Vendémiaire an V (27 septembre 1797) ». G. Pallain, *ibid.*

« Directoire exécutif. Audience publique du 10 Brumaire an VII (31 octobre 1798) : Discours du citoyen Talleyrand, ministre des Relations extérieures, en présentant au Directoire exécutif le citoyen Serbelloni, ambassadeur de la république Cisalpine [...] », *ibid.*, en présentant le citoyen Schimmelpenink, ambassadeur de la république Batave », Paris, s.d. (1798), de l'imprimerie de J. Gratiot et Compagnie.

« Discours de présentation de Berthier et Monge au Directoire. 11 Brumaire an VI (1er novembre 1797) ». *Le Moniteur*, n° 42, 13 Brumaire an VI (3 novembre 1797), pp. 167-168.

« Considérations pour servir de base aux instructions des plénipotentiaires de la République au congrès de Rastadt. 11 Brumaire an VI (2 novembre 1797) ». G. Pallain, *ibid.*

« Rapport au Directoire. 15 Brumaire an VI (5 novembre 1797) ». G. Pallain, *ibid.*

« Lettre au général Bonaparte président de la légation française au congrès de Rastadt. 23 Brumaire an VI (13 novembre 1797) ». G. Pallain, *ibid.*

« Mémoire pour servir d'instructions au citoyen Charles Delacroix. 2 décembre 1797 ». G. Pallain, *ibid.*

« Discours de réception du général Bonaparte au Directoire. 20 Frimaire an VI (10 décembre 1797) ». *Le Moniteur*, n° 82, 21 Frimaire an VI (mardi 11 décembre 1797, p. 329).

« Lettre au citoyen Treilhard ministre plénipotentiaire de la République au congrès de Rastadt. 5 Nivôse an VI (25 décembre 1797) ». G. Pallain, *ibid.*

« Lettre circulaire du ministre des Relations extérieures à tous les agents diplomatiques et consulaires de la République française. Paris, le 14 Nivôse an VI (3 janvier 1798) ». *Le Moniteur*, n° 106, 16 Nivôse an VI (5 janvier 1798), p. 425.

« Lettre aux plénipotentiaires de la République française au Congrès de Rastadt. 15 Pluviôse an VI (3 février 1798) ». G. Pallain, *ibid.*

« Lettre au citoyen Treilhard sur le Congrès de Rastadt. 19 Pluviôse an VI (7 février 1798) ». G. Pallain, *ibid.*

« Instructions au citoyen Perrochel, chargé d'affaires en Espagne. 7 février 1798 », *in* Bernard Nabonne, *De la Diplomatie du Directoire et de Bonaparte d'après les papiers de Reubell*. Paris, la Nouvelle Édition, 1951, pp. 98-102.

« Lettre au général Bonaparte sur l'état des négociations au Congrès de Rastadt. 3 Ventôse an VI (21 février 1798) ». G. Pallain, *ibid.*

« Lettre au citoyen Bonaparte, général en chef de l'armée d'Angleterre sur le Congrès de Rastadt. 6 Ventôse an VI (24 février 1798) ». G. Pallain, *ibid.*

« Projet de Mémoire pour servir d'instructions au ministre plénipotentiaire auprès de la Porte Ottomane. 26 Ventôse an VI (16 mars 1798) ». G. Pallain, *ibid.*

Le Ministre des Relations extérieures au citoyen Camille Corona, ministre des Relations extérieures de la République romaine. 3 Germinal an VI (23 mars 1798). Roma, Presso i Lazzarini Stampatori Nationali, 1798.

« Rapport au Directoire sur les prisonniers français qui se sont rendu maîtres du bâtiment qui les portait à Botany Bay. 6 Germinal an VI (26 mars 1798) ». *Le Moniteur*, n° 187, 7 Germinal an VI (27 mars 1798), p. 749.

« Rapport au Directoire. 23 Fructidor an VI (9 septembre 1798) ». G. Pallain, *ibid.*

« Lettre adressée par le ministre des Relations extérieures aux agents diplomatiques. Paris, le 1er Frimaire an VII (24 novembre 1798) ». *Le Moniteur*, n° 64, 4 Frimaire an VII (24 novembre 1798), p. 260.

« Rapport du ministre des Relations extérieures sur la situation extérieure de la République. 8 Messidor an VII (26 juin 1799) ». *Revue d'histoire diplomatique*, n° 3, 1889.

« Le citoyen Talleyrand de l'Institut national au citoyen Lacuée membre du Conseil des Cinq-Cents. 14 Messidor an VII (2 juillet 1799) ». G. Pallain, *ibid.*

« Première lettre de démission du citoyen Talleyrand au Directoire de son poste de ministre des Relations extérieures en date du 25 Messidor an VII (13 juillet 1799) ». G. Pallain, *ibid.*

« Seconde lettre de démission du citoyen Talleyrand au Directoire de son poste de ministre des Relations extérieures en date du 2 Thermidor an VII (20 juillet 1799) ». G. Pallain, *ibid.*

« Réponse de Talleyrand aux observations de Charles Delacroix relatives aux Éclaircissements publiés par Talleyrand. 6 Thermidor an VII (24 juillet 1799). Précédée du texte des observations de Charles Delacroix et suivie de la réfutation de la réponse par ce dernier ». *Le Moniteur*, n° 307, 7 Thermidor an VII (25 juillet 1799), p. 1247-1248.

« Note du ministre français des Affaires étrangères en réponse à la note officielle en date du 14 Nivôse an VIII du roi d'Angleterre sur l'offre de paix du Premier Consul ». *Le Moniteur universel*, 12 Pluviôse an VIII (1er février 1800), p. 523.

« Note du ministre des Relations extérieures, sur l'intérêt qu'ont les princes de l'Empire germanique dans la guerre actuelle. 30 Germinal an VIII (20 avril 1800) ». *Le Moniteur universel*, 1er Floréal an VIII (21 avril 1800), p. 855.

« Rapport fait au Premier Consul, en Sénat, le 4 Fructidor an X (22 août 1802) par le ministre des Relations extérieures concernant le règlement des indemnités germaniques ». *Le Moniteur universel*, samedi 4 Fructidor an X (22 août 1802.)

« Rapport fait au Premier Consul, en Sénat, le 20 Fructidor an X par le ministre des Relations extérieures sur la situation vis-à-vis d'Alger ». *Le Moniteur universel*, n° 351, mardi 21 Fructidor an X (8 septembre 1802), p. 1432.

« Rapport fait au Premier Consul, en Sénat, le 20 Fructidor an X (7 septembre 1802) par le ministre des Relations extérieures sur la situation vis-à-vis de la Sublime Porte ». *Le Moniteur universel*, n° 351, mardi 21 Fructidor an X (8 septembre 1802), p. 1363.

« Instructions du ministre des Relations extérieures au général Andréossy, sur son ambassade à Londres. 28 Vendémiaire an XI (20 octobre 1802) ». In *Biographical Sketches and characteristic Traits of the French Generals who are appointed by Buonaparte to invade England (...) and Talleyrand's Instructions to general Andreossy*, London, Lindsay, Printer (s.d.).

Notice historique sur le chevalier Don Joseph de Azara, Arragonais, ambassadeur d'Espagne à Paris, mort dans cette ville le 5 Pluviôse an XII (26 janvier 1804). Paris, s.d. Cote BNF 8° 1160. Attribué aussi à Blanc d'Hauterive ou à Jean-François de Bourgoing.

« Lettre circulaire du ministre français des Affaires étrangères, aux ministres étrangers résidant à Paris en date du 24 mars 1804 ». En langue anglaise, in l'*Annual Register for the Year 1804*, London, W. Otridge and sons, 1806.

« Note du ministre français des Affaires étrangères au chargé d'affaires impérial russe en date du 16 mai 1804 ». En langue anglaise, in l'*Annual Register for the year 1804*. London, W. Otridge and sons, 1806.

« Note de M. Talleyrand ministre français des Affaires étrangères, remise à M. d'Oubril, chargé d'affaires russe à Paris en date du 29 juillet 1804 ». En langue anglaise, in l'*Annual Register for the year 1804*. London, W. Otridge and sons, 1806.

Sénat conservateur. Séance du 15 Pluviôse an XIII (4 février 1805) présidée par S.A.S. l'archi-chancelier de l'Empire. Communication faite au Sénat par le ministre des Relations extérieures au nom de l'Empereur. De l'imprimerie du dépôt des lois, Paris.

« Rapport fait à l'Empereur en séance du Sénat, le 27 Ventôse an XIII (18 mars 1805), par le ministre des Relations extérieures sur la séparation des deux couronnes de France et d'Italie ». *Le Moniteur universel*, n° 178, 28 Ventôse an XIII (19 mars 1805), pp. 757-758.

Note du ministre des Relations extérieures à M. le comte de Cobentzl en date du 5 Thermidor an *XIII* (juillet 1805). Paris, H. Agasse, Vendémiaire an XIV.

Lettre du ministre des Relations extérieures à M. le comte de Cobenzl, vice-chancelier de cour et d'état à Vienne en date du 17 Thermidor an XIII (5 août 1805). Paris, H. Agasse, Vendémiaire an XIV.

« Deux déclarations en forme de notes remises à Paris par Monsieur de Talleyrand, ministre des Relations extérieures, à Monsieur le comte Philippe de Cobenzl (13 et 16 août 1805). » In *Déclarations échangées entre les cours de Vienne, de Petersbourg et de Paris : concernant le renouvellement des négociations pacifiques proposées par la première de ces cours*. Paris, 1805.

Sénat conservateur. Séance du 1er Vendémiaire an XIV (23 septembre 1805). Exposé de la conduite réciproque de la France et de l'Autriche depuis la paix de Lunéville lu par le ministre des Relations extérieures. Extrait du n° III du *Moniteur*. Paris, H. Agasse, 1805.

« Lettre de Talleyrand à Napoléon lui exposant le projet de paix générale. Strasbourg, le 17 octobre 1805. » *Mémoires du prince de Talleyrand*, éd. Broglie, Paris, 1891, tome 1er.

« Première note du 11 septembre 1806 à S.E. M. le général de Knobelsdorff pour lui demander compte des armements faits par la Prusse et réponse de M. de Knobelsdorff en date du 12 septembre ». *Le Moniteur universel*, n° 288, mercredi 15 octobre 1806, pp. 1257-1258.

« Deuxième note du 13 septembre 1806 à S.E. M. le général de Knobelsdorff dans laquelle il annonce la satisfaction de l'Empereur et son intention de faire rétrograder les troupes qui se rendent sur le Rhin ». *Le Moniteur universel*, n° 288, mercredi 15 octobre 1806, p. 1258.

« Troisième note du 19 septembre 1806 à S.E. M. le général de Knobelsdorff où il lui réitère ses craintes sur la continuation de l'armement de la Prusse et réponse de M. de Knobelsdorff en date du 20 septembre ». *Le Moniteur universel*, n° 288, mercredi 15 octobre 1806, p. 1258.

« Rapport à l'Empereur du 3 octobre 1806 tendant à démontrer l'intérêt de la Prusse à déclarer la guerre à la France ». *Le Moniteur universel*, n° 288, mercredi 15 octobre 1806, p. 1258.

« Deuxième rapport à l'Empereur du 6 octobre 1806 dans lequel il annonce les intentions de la Prusse et les conditions qu'elle met au maintien de la paix et la note de Son Excellence M. le général de Knobelsdorff du 1er octobre 1806 ». *Le Moniteur universel*, n° 288, mercredi 15 octobre 1806, pp. 1258-1259.

« Rapport fait à l'Empereur en séance du Sénat du 2 décembre 1806 par le ministre des Relations extérieures sur la situation des affaires publiques ; sur le droit maritime de l'Angleterre et sur les mesures à prendre en représailles ». (N'est pas publié dans *Le Moniteur*. Signalé par Cambacérès dans ses Mémoires, II, 116-117. Texte manuscrit aux MAE.)

« Rapport à l'Empereur du 28 janvier 1807 sur les dispositions hostiles de la Russie dans les États du Grand Seigneur ». *Le Moniteur universel*, n° 49, mercredi 18 février 1807, p. 190.

Discours de M. le prince de Bénévent au roi lui présentant le Sénat à Saint-Ouen le 2 mai 1814. Imprimerie de P. Gueffier à Paris.

« Instructions pour les ambassadeurs du roi au Congrès de Vienne – août 1814 ». *Mémoires du prince de Talleyrand*, éd. Broglie, Paris, 1891, tome II, p. 214-254.

Discours prononcé par le ministre des Relations extérieures en présentant à la Chambre des pairs le projet de loi sur les finances. 8 septembre 1814. Imprimerie de Didot l'Aîné, Paris.

« Lettre au vicomte Castlereagh sur les affaires de Naples datée de Vienne du 19 décembre 1814 ». *Le Moniteur universel*, n° 107, 17 avril 1815.

« Rapport fait au roi pendant son voyage de Gand à Paris ». *Mémoires du prince de Talleyrand*, éd. Broglie, Paris, 1891, tome II, p. 195-227.

Discours de démission des derniers ministres, le prince de Talleyrand portant la parole, 24 septembre 1815. S.l.n.d. Bibliothèque de Rouen, catalogue des imprimés.

Proposition faite à la chambre des Pairs par le prince de Talleyrand dans la séance du 23 janvier 1817. Paris, J.-G. Dentu, 1817.

« Lettre au *Moniteur universel* du 25 mars 1818, relative aux prétendus mémoires du duc de Lauzun ». *Le Moniteur universel*, n° 80, vendredi 27 mars 1818.

Opinion de M. le prince de Talleyrand sur une proposition de M. le comte Lanjuinais relative à la compétence de la chambre des Pairs. 26 décembre 1820. Paris, Didot l'Aîné.

Opinion de M. le prince de Talleyrand sur le projet de loi relatif à la circonscription des arrondissements électoraux. 9 avril 1821. Paris, P. Didot l'Aîné.

Discours prononcé à la chambre des Pairs par M. le prince de Talleyrand à l'occasion du décès de M. le comte Bourlier, évêque d'Évreux. 13 novembre 1821. Paris, Imprimerie de J. Didot.

« Discours de M. le prince de Talleyrand sur le projet de loi relatif aux délits de presse. 6 mars 1822 ». *Archives parlementaires*, deuxième série, vol. 35, p. 261.

« Lettre de démission de son poste d'ambassadeur à Londres. 13 novembre 1834 ». *Le Moniteur universel*, n° 8, 8 janvier 1835, p. 61.

« Déclaration complémentaire au testament du prince de Talleyrand. 1er octobre 1836 », *in* Bernard de Lacombe, *La Vie privée de Talleyrand, son émigration, son mariage, sa retraite, sa reconversion, sa mort*. Paris, Plon, 1910, p. 300, et *Mémoires du prince de Talleyrand*, éd. Broglie, I, p. I-IV.

« Rétractation du prince de Talleyrand et lettre du prince de Talleyrand au pape Grégoire XVI. 10 mars 1838, datée du 17 mai 1838 ». Première publication in *L'Ami de la religion*, tome 127, jeudi 9 octobre 1845.

Brochures et pamphlets contemporains sur Talleyrand

A Dialogue between Buonaparte and Talleyrand on the subject of Peace with England. London, printed for J. Hatchard, bookseller to Her Majesty, 1806.

Mémoires et correspondances

Dard (Emile), « Entretien avec M. de Talleyrand » (extrait des Mémoires inédits de Madame de Rombeck. Vienne, 4 décembre 1805), *Revue de Paris*, 15 janvier 1911.

Bibliographie

Biographies et monographies sur Talleyrand

BRABOIS (Olivier de), *Talleyrand à Autun*. Cluny, Éditions A contrario, 2004.

SCHELL (Éric), *Talleyrand en verve*. Pierre Horay éd., 2002.

TROCHET (Éric), *Talleyrand et le ministère des Relations extérieures*. Mémoire de maîtrise sous la dir. de J.-O. Bourdon, Paris IV, 2004.

WARESQUIEL (Emmanuel de), « La manière Talleyrand ». *Revue des Deux Mondes*, avril 2004, pp. 103-116 ; « Talleyrand et la légitimité : la "Révolution" du 31 mars 1814 ». *Colloque (Re)penser la Restauration (1814-1830)*. Université de Versailles/Saint-Quentin-en-Yvelines, 22-24 septembre 2003. Actes publiés sous le même titre, dir. J.-Y. Mollier, Nouveau Monde éditions, 2005, pp. 57-68 ; « Talleyrand : une vision européenne ». *Colloque Regards sur la politique européenne de Napoléon.* Fondation Napoléon/Direction des Archives du ministère des Affaires étrangères, 18-19 novembre 2004. Actes publiés sous le titre : *Napoléon et l'Europe*, coordonnés par Thierry Lentz, Fayard, 2005, pp. 131-141 ; « Talleyrand et la douceur de vivre » [sur son hôtel de la rue d'Anjou], *in Autour de la Madeleine. Art, littérature et société*. Action Artistique de la Ville de Paris, dir. B. de Andia, avril 2005, pp. 116-118.

Autres biographies

CARMONA (Michel), *Morny, le vice-empereur*. Fayard, 2005.

DENIS (Antoine), *Amable-Guillaume-Prosper Brugière baron de Barante (1782-1866), homme politique, diplomate et historien*. Paris, Honoré Champion, 2000.

DURANT DE SAINT ANDRÉ (Guillaume), *Esprit Durant de Saint André. Une vie avec Talleyrand*, Paris, 1981. Ce livre est quasiment introuvable. Il comporte une trentaine de lettres inédites de Talleyrand à Durant.

HIDY (Ralph W.), *The House of Baring in American Trade and Finance. English Merchant Bankers at Work, 1763-1861*. Harvard Studies in Business History XIV, 1949 et New York, 1970.

MC LANE HAMILTON (Allan), *The Intimate Life of Alexander Hamilton*. New York, 1910.

Iconographie

WARESQUIEL (E. de, sous la dir.) *Talleyrand ou le miroir trompeur*. Catalogue de l'exposition Talleyrand. Autun, musée Rolin, novembre 2005-février 2006. Somogy, 2005.

TALLEYRAND

On donne ici la liste par ordre chronologique des caricatures françaises, anglaises, allemandes et espagnoles concernant Talleyrand qui ont fait l'objet d'une notice scientifique dans ce catalogue, avec le nom de l'auteur de la notice.

Anonyme/Journal de la Cour et de la Ville : *La religion vendue*, 29 décembre 1791 (Annie Duprat) ; Anonyme : *Branle d'Autun*, mars 1792 (Annie Duprat) ; Anonyme : *Départ de Talleyrand et Chauvelin pour Londres*, s.d., 1792 (Annie Duprat) ; Jean-Baptiste Isabey : *Le petit Coblentz*, s.d., vers 1799 ? (Cyril Lécosse et Emmanuel de Waresquiel) ; James Gillray : *Boney and Talley. The corsican carcase butcher's reckoning day*, septembre 1803 (Pascal Dupuy) ; James Gillray : *Destruction of the french gun-boats – or little Boney and his friend Talley in high glee*, 22 novembre 1803 (Pascal Dupuy) ; James Gillray : *The grand coronation procession of Napoleone the 1st Empereur of France, from the church of Notre-Dame Deer 2d 1804*, 1er janvier 1805 (Pascal Dupuy) ; Anonyme : *Le VI Nivôse an XIV, à IV heures du matin, la paix a été signée à Presbourg entre M. de Talleyrand et MM. Les princes de Lichtenstein et de Guillay*, 27 décembre 1805 (Pascal Dupuy) ; George Montard Woodward : *Boney and Talley patching up a piece of John Bull*, 26 août 1806 (Pascal Dupuis) ; James Gillray : *The new dinasty : – or the little corsican gardiner planting a royal-pippin-tree – (...)* (Philippe Mayard) ; Anonyme : *Los parentes del corso en la corte del Emperador de las Galias, o primero extraccion de los Napoleones*, s.d., début 1808 ? (Philippe Mayard, Brigitte Maurice-Chabard, Emmanuel de Waresquiel) ; Johann Gottfried Schadow : *Die Fechtsunde*, 1814 (Philippe Mayard) ; Anonyme : *Le marché conclu ou la capitulation*, s.d., 1814 (André Beau) ; George Kruikshank : *A grand manœuvre ! or, the rogues march to the island of Elba*, 13 avril 1814 (Philippe Mayard) ; Thomas Rowlandson : *The affectionate farewell or kick for kick*, 17 avril 1814 (Philippe Mayard) ; Anonyme/Le Nain Jaune : *L'homme aux six têtes*, 15 avril 1815 (Emmanuel de Waresquiel) ; Anonyme : *Mr Tout à tous !!! Le modèle de la reconnaissance au congrès de Vienne*, 20 avril 1815 (Emmanuel de Waresquiel) ; Anonyme/Le Nain Jaune : *La balance politique*, 15 mai 1815 (Emmanuel de Waresquiel) ; Charles Williams : *Amusement at Vienna, alias harmony at congress, i.e. paying the pipers*, 1er février 1815 (Philippe Mayard) ; Forceval : *Le congrès*, s.d., mars 1815 ? (Emmanuel de Waresquiel) ; Paul Wolfgang Schwarz : *Einzug der Franzosen in das von den alliirten eroberte* Paris, s.d., juillet 1815 ? (Philippe Mayard) ; Anonyme/La Foudre : *Ménagerie libérale. Le renard*, mars 1820 (Emmanuel de Waresquiel) ; Machereau : *Un représentant de la jeune France sortant de prononcer son quinzième serment*, s.d., 1832 ? (Philippe Mayard) ; Honoré Daumier : *Mr De-bien-au-vent*, s.d., octobre 1830 ? (André Beau) ; Grandville et Desperret/La Caricature : *Ô, Soleil de Juillet, viens vite !!*, 9 avril 1835 (André Beau) ; J.-J. Grandville / La Caricature : *Je l'aurai ! tu ne l'auras pas... Je l'aurai ! tu ne l'auras pas bouhiui !!!*, 30 juin 1831 (André Beau) ; Forest et Grandville/La Caricature : *L'enterrement de la liberté*, 21 avril 1831 (Philippe Mayard, Marc du Pouget) ; D'après Alfred d'Orsay : *A diplomatist, after his 51st protocol, 1831*, 9 août 1831 (Philippe Mayard) ; John Doyle : *The cat's paw*, 22 novembre 1832 (Philippe Mayard) ; Grandville et Forest/La Caricature : *La marche du gros, gras et bête*, 20 mars 1832 (Philippe Mayard) ; Grandville et Julien/La Caricature : *Gare les quilles !* (André Beau) ; Forest et Grandville/La Caricature : *Les faux dieux de l'Olympe* (André Beau) ; Grandville ou Traviès ?/La Caricature : *Exercices calligraphiques pour graver les traits chéris de nos hommes d'État dans la mémoire de la jeunesse française*, 15 novembre 1832 (André Strasberg et Anne-Laure Philippon) ; Eugène Le Poitevin/La Caricature : *Scène diabolique*, 22 novembre 1832 (Philippe Mayard) ; John Doyle : *The lame leading the blind*, 30 janvier 1832 (Philippe Mayard) ; Grandville et Desperret/La Caricature : *Élévation de la poire. Adoremus in aeternum sanctissimum philipoirum*, juin 1833 (André Beau) ; Benjamin et Paillet/La Caricature : *Cet enfant-là ne marchera jamais seul*, 29 août 1833 (André Beau) ; Charles-Joseph de Traviès/La Caricature : *Le char de l'État (expression du stupide Constitutionnel)*, 14 novembre 1933 (André Beau) ; Honoré Daumier/Le Charivari : *Les augures de Rome ne pouvaient se regarder sans rire*, 3 avril 1834 (Philippe Mayard) ; Grandville et Desperret/La Caricature : *Grande croisade contre la liberté* (6e feuille), 21 août 1834 (André Beau) ; Benjamin Roubaud dit Benjamin/La Caricature : *La Quadruple alliance*, 4 septembre 1834 (Philippe Mayard) ; Honoré Daumier/La Caricature : *La tentation*, 1er janvier 1835 (André Beau) ; Honoré Daumier/Le Charivari : *Le système est bien malade, Taillerand l'abandonne*, 7 février 1835 (Philippe Mayard) ; Honoré Daumier ?/Le Charivari : *Tu, tu, tu, tu, bon, bon, tu, tu, tu, bon, bon, bon*, 22 février 1835 (André Beau) ; Honoré Daumier/La Caricature : *L'apoplexie allant remplacer à Londres la paralysie*, 26 février 1835 (Philippe Mayard) ; Daniel Maclise dit Alfred Croquis : *Ch(arles) Maurice de Talleyrand*, 1833 (André Beau).

ICONOGRAPHIE

Sur le portrait de Talleyrand par François Gérard (1808)

« Nous avons ici devant nous le premier diplomate du siècle », disait Goethe en feuilletant la collection des portraits historiques de Gérard gravés à l'eau-forte par Pierre Adam et publiés à Paris en 1826, à propos du plus célèbre des portraits de Talleyrand. Le diplomate est assis presque de face, les cheveux poudrés et frisés, la main gauche posée sur son bureau. On ne soupçonne pas, dans ce portrait, la difformité de ses pieds. Il est revêtu d'un habit de velours bleu, à la française, doublé de satin blanc, une épée de cour au côté. Il porte la plaque d'argent de grand-aigle de la Légion d'honneur. On aperçoit le cordon rouge de l'ordre passé en écharpe, sous le revers de sa veste. Quelques repeints exécutés sous la Restauration donnent au tableau son aspect définitif. Le détail des décorations a été modifié. Ayant reçu l'ordre de la Toison d'or du roi d'Espagne à Vienne en 1814, le modèle le porte désormais en sautoir, autour du cou. De même, la plaque de la Légion d'honneur est maintenant celle des Bourbons. Au centre, le profil de Henri IV remplace l'aigle impérial. Des fleurs de lys ont été ajoutées entre les cinq branches de la croix. Dans le fond, à droite, derrière une baie vitrée, on distingue le bas du buste de Napoléon.

Le portrait n'est pas daté, mais tout laisse penser qu'il a été exécuté dans les premiers mois de 1808. Le vice-grand Électeur de l'Empire n'est plus ministre. Il n'est pas encore disgracié. Ce n'est qu'en janvier 1809, à la suite de la célèbre algarade des Tuileries, que Napoléon lui retirera sa charge de grand chambellan. Une lettre du modèle à son peintre du 21 février (1808) et non (1809), comme le propose l'édit eur des *Lettres adressées au peintre Gérard* (Paris, 2 vol., 1886) laisse penser que Talleyrand fréquentait régulièrement son atelier parisien à ce moment-là. Gérard était alors dans toute sa gloire de premier peintre de l'impératrice et de peintre favori de l'empereur, en train d'achever sa grande *Bataille d'Austerlitz* commandée en mars 1806 pour le plafond de la salle du Conseil d'État, et dont l'esquisse fut présentée au salon de 1808, en même temps que le portrait de Talleyrand. Le peintre venait d'offrir le portrait du sculpteur italien Canova au dignitaire de l'Empire qui lui répondit : « Vous rendez bien difficile d'aller dans votre atelier, puisqu'on ne peut sans danger, dire ce qu'on y aime et ce qu'on y admire » (II, p. 119). Le portrait correspond au numéro 245 du livret du Salon de peinture et de sculpture qui ouvre ses portes au Louvre le 14 octobre 1808. Dans le *Journal des petites affiches de Paris*, on lit ce commentaire emprunté au peintre David : « David a dit de ce portrait qu'il était peint politiquement. Si cela est vrai on ne peut mieux choisir l'expression convenable au plus habile diplomate de nos jours. »

D'autres portraits, comme ceux d'Ary Scheffer en 1828 ou du peintre anglais David Wilkie (en couverture du présent livre) donnent à voir la hauteur, autant que l'incroyable force de caractère du personnage. Celui-ci renvoie plutôt l'image d'un homme impassible et l'énigme d'un visage absolument fermé. Le masque n'est pas tombé. « Son regard est tout ce qu'il y a de plus insondable, écrit encore Goethe ; il regarde devant lui, mais il est douteux qu'il voie celui qui l'observe. Son regard n'est pas dirigé vers l'intérieur comme le regard de qui pense, ni vers l'extérieur comme celui de qui observe ; son regard pose en et sur lui [*in und auf sich*], comme toute sa silhouette qui n'évoque pas, à proprement parler, la complaisance avec soi-même, mais plutôt une certaine absence de rapports avec l'extérieur » (*Über Kunst und Altertum am Rhein und Main*, Stuttgart, 1826). Nous n'avons pas trouvé de sources sur la commande, ni sur le prix du tableau, mais il y a de fortes probabilités pour qu'il s'agisse d'une commande privée de Talleyrand lui-même à Gérard qu'il connaissait bien et dont il facilitera la carrière sous la Restauration. Le portrait suit son modèle dans ses différentes résidences parisiennes. Après la mort du prince, sa nièce la duchesse de Dino rachète en 1843 à sa sœur la princesse de Hohenzollern, la terre et le château de Sagan, en Basse-Silésie, à environ 150 kilomètres à l'est de Berlin. C'est là qu'elle s'installe et transporte les nombreux souvenirs de famille que son oncle lui a légués. Dans l'une des vues d'intérieur de Sagan, peintes vers 1850 et vendues par Sotheby's (Monaco, 4 mars 1989), on reconnaît le portrait de Gérard accroché à l'un des murs du « salon de famille » (n° 24), en face de celui de Pauline de Castellane, la petite-nièce du prince et la dernière fille de Dorothée, par Claude-Marie Dubufe. Sagan, pillé et brûlé par les Russes, fut ensuite occupé par les Polonais qui en 1945 transportèrent le tableau au musée de Varsovie, puis le donnèrent (après 1969) à Gaston Palewski, président du Conseil constitutionnel sous la présidence du général de Gaulle. Palewski était par ailleurs le second mari de la dernière descendante du fils aîné de Dorothée, Louis de Talleyrand : Violette de Pourtalès, née Talleyrand-Périgord, décédée en 2003 et propriétaire du château du Marais, dans la région parisienne. C'est là que l'on pouvait encore voir, il y a peu, le tableau de Gérard. L'un des dessins préparatoires du tableau est conservé au musée de Besançon (inv. D 2075 ; voir *Autour de David. Dessins français du* XIX*e siècle*, le catalogue de l'exposition, Besançon, décembre 1982-janvier 1983) ; un autre au musée de Versailles.

Il existe également au moins trois copies anciennes du tableau : au Musée d'histoire du château de Versailles, par Mlle Godefroid, l'élève préférée de Gérard, dans une version réduite par rapport à l'original (inv. 1900, ancienne collection Gérard, acquis en vente publique en 1837), au château de Valençay (salon bleu, copié à la demande de la duchesse de Dino pour le château). Ces deux copies reprennent avec des nuances les ajouts apportés à l'original dans le détail des décorations. Une troisième copie se trouve à la résidence de l'ambassade de France à Londres, Kensington Garden's. L'original a été dessiné entre autres par Mauduisson. Parmi les nombreuses reproductions gravées du portrait, la plus célèbre d'entre elles est celle de Boucher-Desnoyers. Elle est conforme à l'original de 1808 et ne présente aucun des repeints postérieurs de l'époque de la Restauration.

Bibliographie

Talleyrand. Catalogue de l'exposition Talleyrand organisée à la Bibliothèque nationale, Paris, déc. 1965-15 mars 1966. BN, 1965.

Talleyrand-Périgord, 1789-1799. Catalogue d'exposition, sous la direction de Michel Poniatowski. Délégation à l'Action artistique de la Ville de Paris. Madrid, 1989.

Élisabeth-Louise Vigée-Le Brun, 1755-1842. Kimbell Art Museum Exhibition Catalog, June-August 1982.

BAECQUE (Antoine de) et LANGLOIS (Claude), *La Caricature révolutionnaire et contre-révolutionnaire*, Presses du CNRS, 2 vol., 1988.

BROADLEY, *Napoleon in Caricature, 1795-1821*, London, John Lane, 2 vol., 1911.

CLERC (Christine), *La Caricature contre Napoléon*, Promodis, 1985.

English caricature and satire on Napoleon, Chatto and Windus, 2 vol., 1884.

GRAND-CARTERET (J.) « Portraits et caricatures de Talleyrand », *Revue bleue, politique et littéraire*, n° 47, 1891, pp. 451-457.

LATREILLE (Alain), *François Gérard, peintre de portraits*, thèse de l'École du Louvre. Paris, 1973.

LAVEISSIÈRE (Sylvain), *Prud'hon ou le rêve du bonheur.* Catalogue raisonné. RMN, 1997.

PASSEZ (Anne-Marie), *Adélaïde Labille-Guiard, biographie et catalogue raisonné*, Paris, Arts et métiers graphiques, 1973.

THOMAS (Chantal), *La Reine scélérate. Marie-Antoinette dans les pamphlets*, Le Seuil, 1989.

ZIESENISS (Charles-Otto), « Les arts à l'époque napoléonienne. Les portraits des ministres et des grands officiers de la Couronne », Nouvelle période, t. XXIV, pp. 131-158, Librairie F. de Nobele, 1969.

Catalogues des livres et des tableaux de Talleyrand

A Catalogue of the entire, elegant and valuable library (late the property) of Mons. De Telleyrand [sic] Perigord, bishop of Autun in France… sold by auction by Leigh and Sotheby… Thursday, April 11, 1793, and the nine following days. S.l.n.d.

Catalogue des livres très bien conditionnés du cabinet de M. de Talleyrand dont la vente se fera en une seule vacation, le mardi 30 avril 1816 à 16 heures très précises de relevée, rue des Bons-Enfants, n° 30, Paris, de Bure, 1811.

Bibliotheca spendidissima. A catalogue of a superlatively splendid and extensive library consigned from the continent which will be sold by auction, by Leigh and Sotheby, on Wednesday, may 8, 1816. Wright and Murphy. London, 1816.

Catalogue manuscrit de la bibliothèque du château de Valençay, 6 vol. (vers 1824). Vente Coutau-Bégarie, 1er juillet 2002.

Catalogue de tableaux de premier ordre, la plupart de maîtres hollandais et flamands, par Henry, commissaire, expert des Musées royaux, à Paris les 7 et 8 juillet 1817. C. Balland, impr. du roi, s.l.n.d. (1817). [La vente n'eut pas lieu et la collection fut achetée en totalité par Buchanan, pour 320 000 francs.]

FILMOGRAPHIE

Scénarios publiés

GUITRY (Sacha), *Le Diable boiteux. Scènes de la vie de Talleyrand par Sacha Guitry*, Éditions de l'Élan, 1948.
BRISVILLE (Jean-Claude), *Le Souper*, Actes-Sud, 1989.

Bibliographie

PIAZZOLA (Alain), *Napoléon et le cinéma. Un siècle d'images*, Fondation Napoléon, 1998.
CHANTERANNE (David) et VEYRAT-MASSON (Isabelle), *Napoléon à l'écran, cinéma et télévision*, Fondation Napoléon, 2003.

Films

Cinéma

1915. *Brigadier Gérard* (Grande-Bretagne)
Réalisation, Bert Haldane
Talleyrand : Fernand Mailly

1921. *Un drame sous Napoléon* (France)
Réalisation, Gérard Bourgeois
Talleyrand : Paul Jorge

1923. *A Royal Divorce* (Grande-Bretagne)
Réalisation, Alexander Butler
Talleyrand : Jerrold Robertshaw

1927. *The Fighting Eagle* (États-Unis)
Réalisation, Donald Crisp
Talleyrand : Sam de Grasse

1929. *Napoleon auf Sankt Helena* (Allemagne)
Réalisation, Lupu Pick
Talleyrand : Fritz Staudte

Waterloo (Allemagne)
Réalisation, Karl Grune
Talleyrand : Helmuth Renar

1931. *Alexander Hamilton* (États-Unis)
Réalisation, John G. Adolfi
Talleyrand : John T. Murray

Le Congrès danse (Allemagne/France)
Réalisation, Erik Charell et Jean Boyer
Talleyrand : Jean Dax

1934. *The Iron Duke* (Grande-Bretagne)
Réalisation, Victor Saville
Talleyrand : Gibb Mc Laughlin

So endete eine Liebe (Allemagne)
Réalisation, Karl Hartl
Talleyrand : Edwin Jürgensen

The House of Rothschild (États-Unis)
Réalisation, Alfred L. Werker
Talleyrand : Georges Renavent

1935. *Campo di Maggio* (Italie)
Réalisation, Giovacchino Forzano
Talleyrand : Augusto Marcacci

Hundert Tage (Allemagne)
Réalisation, Franz Wenzler
Talleyrand : Alfred Gerasch

1937. *Les Perles de la couronne* (France)
Réalisation, Sacha Guitry et Christian-Jaque
Talleyrand : Robert Pizani

Conquest / Marie Walewska (États-Unis)
Réalisation, Clarence Brown
Talleyrand : Reginald Owen

1938. *A Royal Divorce* (Grande-Bretagne)
Réalisation, Jack Raymond
Talleyrand : Frank Cellier

1939. *La Sposa dei Rei* (Italie)
Réalisation, Duilio Coletti
Talleyrand : Achille Majeroni

1942. *Le Destin fabuleux de Désirée Clary* (France)
Réalisation, Sacha Guitry
Talleyrand : Jean Perier

The Young Mr. Pitt (Grande-Bretagne)
Réalisation, Carol Reed
Talleyrand : Albert Lieven

1948. *Le Diable boiteux* (France)
Réalisation, Sacha Guitry
Talleyrand : Sacha Guitry

1951. *Der Fidele Bauer* (Autriche)
Réalisation, Georg Marischka
Talleyrand : Karl Eidlitz

1953. *Louisiana Territory* (États-Unis)
Réalisation, Harry W. Smith
Talleyrand : Leo Zinser

1954. *Désirée* (États-Unis)
Réalisation, Henry Koster
Talleyrand : John Hoyt

1955. *Napoléon* (France)
Réalisation, Sacha Guitry
Talleyrand : Sacha Guitry

1957. *Königin Luise* (Allemagne)
Réalisation, Wolfgang Liebeneiner
Talleyrand : Charles Régnier

1960. *Austerlitz* (France)
Réalisation, Abel Gance
Talleyrand : Jean Mercure

1967. *Der Kongress Amüziert Sich / Le Congrès s'amuse* (Autriche/France)
Réalisation, Geza von Radvanyi
Talleyrand : Paul Meurisse

1969. *Komm Nach Wien, Ich Zeig Dir Was* (Allemagne/Autriche)
Réalisation, Rolf Thiele
Talleyrand : Tilo von Berlepsch

1992. *Le Souper* (France)
Réalisation, Édouard Molinaro
Talleyrand : Claude Rich

Télévision

1958. *L'Exécution du duc d'Enghien* (France)
Réalisation, Stellio Lorenzi
Talleyrand : Pierre Asso

1972. *Les Fossés de Vincennes* (France)
Réalisation, Pierre Cardinal
Talleyrand : Alain Nobis

Talleyrand ou le sphinx incompris (France)
Réalisation, Jean-Paul Roux
Talleyrand : Raymond Gérôme

1974. *Napoleon and Love* (Grande-Bretagne)
Réalisation (9 épisodes / 4 réalisateurs), Jonathan Alwyn (3), Derek Bennet (3), Reginald Collin (2), Don Leaver (1)
Talleyrand : Peter Jeffrey

1979. *Joséphine ou la comédie des ambitions* (France)
Réalisation (5 épisodes), Robert Mazoyer
Talleyrand : Robert Rimbaud

1983. *Marianne, une étoile pour Napoléon* (France)
Réalisation, Marion Sarraut
Talleyrand : Bernard Dhéran

Celui qui n'avait rien fait, le duc d'Enghien (France)
Réalisation, Jean-Roger Cadet
Talleyrand : Jacques Ardouin

1987. *Napoleon and Josephine* (États-Unis)
Réalisation, Richard T. Heffron
Talleyrand : Anthony Perkins !

1989. *Talleyrand ou comment la hargne révolutionnaire vint à un fils de l'aristocratie* (France)
Réalisation, Vincent de Brus
Talleyrand : Stéphane Freiss

1991. *Napoléon et l'Europe*
Réalisation (6 épisodes / 6 réalisateurs), Pierre Lary, Eberhardt Itzenplitz, Krzysztof Zanussi, José Fonseca e Costa, Janusz Majewski, Francis Megahy
Talleyrand : Jean-Claude Durand

2002. *Napoléon* (France)
Réalisation, Yves Simoneau
Talleyrand : John Malkovich

GÉNÉALOGIES

Talleyrand

Branche des prince de Chalais

Daniel de Talleyrand
prince de Chalais,
comte de Grignols

- **Henri**
  1598-1626
  comte de Chalais
- **Charles**
  prince de Chalais
  ép. 1637
  Charlotte de Pompadour
  - **Adrien** († 1670)
    prince de Chalais
    ép. 1659
    Anne-Marie de la Trémoïlle
    princesse des Ursins
    par son remariage en 1675
    avec Flavio Ursini († 1722)
  - **Pierre**
  - **Jean** († 1731)
    ép. 1676
    Julie de Pompadour
    († 1741)
    - **Jean-Charles** († 1757)
      ép. 1722
      Françoise de
      Rochechouart-Mortemart
      († 1771)
      veuve de Michel Chamillart
      - **Marie-Marguerite** († 1775)
        princesse de Chalais
        ép. 1743
        - **Élie-Charles**
          1754-1829
          prince de Chalais
          duc de Périgord 1818
          ép. 1778
          Charlotte-Rosalie de Poyanna
          de Baylens
          - **Élie**
            1788-1879
            comte puis duc de Périgord
            (prince de Chalais)
            ép. 1807 Marie de Choiseul-Praslin
            - **Elie-Roger**
              1809-1883
              prince de Chalais
              ép. Victorine de Beauvilliers
              († 1834)
              - **Emma**
                1833-1861
                ép. 1857
                Gabriel comte
                de Choiseul-
                Daillecourt
            - **Paul**
              1811-1879
              comte de Périgord
              ép. Amicie
              de Saint-Aignan
              - **Cecile**
                1854-1890
                apporte le titre de
                prince de Chalais
                aux Galard de Béarn
            - **Alix**
              1808-1842
              ép. 1829
              Pierre
              prince
              d'Arenberg
              p.
        - **Adalbert-Charles**
          1758-1841
          comte de Périgord
          ép. Mlle de Saint-Léger
          s.p.
        - **Marie-Jeanne**
          ép. le marquis puis duc
          de Mailly

Michel II Chamillart († 1716)
marquis de Cany
ép. 1708 Françoise de Rochechouart-Mortemart

- **Louis-Michel** († 1774)
  marquis de la Suze
  ép. Anne-Madeleine
  Chauvelin
  - **Louis-François** († 1774)
    marquis de la Suze
    ép. Catherine de
    Santo-Domingo
- **Henri-Louis** († 1790)
  abbé de Chamillart
- **Marie-Elisabeth Chamillart**
  ép. Daniel-Marie de Talleyrand
  (voir la branche des Grignols)

— *ép.* 1587 — **Jeanne-Françoise de Montluc**

Branche des comte de Grignols

- **André**, comte de Grignols, *ép.* 1639 Marie de Courbon
  - **Adrien**, comte de Grignols, *ép.* 1665 Suzanne Jaubert
    - **Gabriel** († 1714), comte de Grignols, *ép.* 1704 Marguerite Taillefer
      - **Daniel-Marie** († 1745), marquis de Talleyrand
        - *ép.* 1. **Marie-Guyonne** [d]e **Theobon de Rochefort**
          - — **Gabriel-Marie**, 1726-1795, comte de Périgord
        - *ép.* 2. **Marie-Elisabeth Chamillart**, 1713-1788
          - **Charles-Daniel**, 1734-1788, comte de Talleyrand, *ép.* Alexandrine de Damas d'Antigny, 1728-1809
            - [Al]**exandre**, [17]52-1757
            - **Charles-Maurice**, *ép.* 1802 Cathrine Worlée, s.p.
            - **Archambaud**, 1762-1838, *ép.* 1779 Sabine Ollivier de Sénozan
              - [Na]**poléon-Louis**, 1784-1808
              - **Mélanie**, 1785-1862, *ép.* 1803 Juste comte de Noailles prince de Poix duc de Mouchy (1834, par héritage de son frère aîné)
              - **Edmond**, 1787-1872, comte de Périgord duc de Dino puis duc de Talleyrand, *ép.* 1809 Anne-Dorothée princesse de Courlande
            - **Boson**, 1764-1830, *ép.* 1800 Charlotte de Pusignan
              - **Géorgine**, 1801-1868, *ép.* Charles duc de Preissac d'Esclignac
            - **Louise**, 1771
          - **Augustin-Louis**, chevalier de Talleyrand, 1735-1793, *ép.* Mlle de Messy veuve de M. de Bussy
          - **Alexandre-Angélique**, 1736-1821, archevêque de Reims, cardinal
          - **Louis-Marie**, 1738-1809, baron de Talleyrand, ambassadeur à Naples, *ép.* Louise de Montigny sœur de la comtesse de Calonne
            - **Auguste**, 1770-1832, comte de Talleyrand, ministre plénipotentiaire, *ép.* 1804 Caroline d'Argy, p.
            - **Alexandre-Daniel**, 1776-1838, baron de Talleyrand, préfet, *ép.* 1814 Elisabeth-Alix-Sara (Charlotte) 1799-1873
              - **Charles-Angélique**, 1821-1896, *ép.* 1862 Vera Bernardaky
              - **Adalbert**, 1826-1872
              - **Marie-Thérèse**, lady Stanley Errington
            - **Anatole-Marie-Jacques**, 1772-1838, s.p.
          - **Marie-Elisabeth-Jacques**, *ép.* Charles comte de Chabannes
      - **Jean-Georges** († 1786), vicomte de Talleyrand, *ép.* 1746 Catherine de la Salle veuve de M. de Graville

Descendance des neveux et nièces de Talleyrand par son frère Archambaud

- **Edmond** 1787-1872, comte de Périgord, duc de Dino 1816, duc de Talleyrand 1838
  - **Louis** 1811-1898, duc de Valençay 1829, prince de Sagan 1862
    - *ép.* 1. 1829 **Alix de Montmorency** 1810-1858
      - **Valentine** 1830-1885, *ép.* 1852 Charles vicomte d'Etchegoyen
      - **Boson** 1832-1910, duc de Talleyrand, prince de Sagan, *ép.* 1858 Jeanne Seillière 1839-1905
        - **Élie** 1859-1937, duc de Talleyrand et Dino, prince de Sagan, *ép.* 1908 Anna Gould divorcée de Boni de Castellane
          - **Howard** 1909-1929, duc de Sagan
          - **Violette** 1915-2003
            - *ép.* 1. 1937 James comte de Pourtalès
              - **Élie** p.
              - **Anna** *ép.* Guy comte de Bagneux p.
              - **Chales-Maurice** p.
            - *ép.* 2. 1969 Gaston Palewski
        - **Boson** 1867-1952, duc de Valençay, prince de Sagan, *ép.* 1. 1901 Hélène Morton div. 1904, 2. 1938 Sylvia de Castilleja de Guzman, 3. Antoinette Morel † 2001
          - **Jean Morel**
      - **Adalbert** 1837-1915, duc de Montmorency 1864, *ép.* 1866 Carmen Aguado y Mac Donell 1847-1880
        - **Louis** 1867-1951, comte de Périgord, duc de Montmorency, *ép.* 1. 1891 Anne de Rohan-Chabot, 2. 1917 Cecilia Ulman veuve de Ferdinand Blumenthal, 3. Ida Lefaivre
    - *ép.* 2. 1861 **Pauline de Castellane** 1823-1895, veuve du comte de Hatzfeldt
      - **Dorothée** dite Dolly 1862-1948, *ép.* 1. 1881 Charles-Egon prince de Furstenberg, *ép.* 2. 1898 Jean comte de Castellane, s.p.
  - **Clémentine** 1841-1881, *ép.* 1860 comte Orlowsky, p.
  - **Charles-Maurice** 1843-1917, duc de Dino, *ép.* 1. 1867 Elisabeth Curtis, *ép.* 2. 1887 Adèle Stevens, div. 1953
    - du 1er : Palma *ép.* Marius prince Ruspoli p.

— *ép.* 1809 — **Dorothée** 1793-1862 duchesse de Dino puis de Talleyrand duchesse de Sagan 1845

- **Alexandre** 1813-1894 marquis de Talleyrand duc de Dino *ép.* 1839 Valentine de Sainte-Aldegonde
  - **Elisabeth** 1844-1880 *ép.* 1863 omte Hans Opperdorff p.
    - **Hans**
  - **Archambaud** 1845-1918 duc de Dino *ép.* 1876 Marie de Gontaut-Biron
    - **Anne** 1877-1945 *ép.* 1907 Edouard nte de Premio Real
      - **Alexandrine** 1913 comtesse de Premio Real *ép.* 1955 Andrei Popovici
    - **Félicie** 1878-1981 *ép.* 1957 Louis Dreyfus y Gonzales
      - **Manuel y Gonzales de Andia** 1909-2005 duc de Dino *ép.* 1931 Mercedes Elio e Ameznas
        - **Marie-Laure**
        - **Béatrice**
        - **Inès**
        - **Isabelle**
    - **Élie** 1882-1968 marquis puis duc de Talleyrand duc de Dino *ép.* 1937 Lela Emery
      - **Lorna**
      - **Sheila**
    - **Alexandre** 1883-1923 *ép.* 1914 Anne-Marie Rohr s.p.
- **Pauline** 1820-1890 *ép.* 1839 Henri marquis de Castellane-Novejan 1814-1847
  - **Marie-Dorothée** 1840-1915 *ép.* 1857 Antoine prince Radziwill
    - **Elisabeth** *ép.* Roman comte Potochwski
      - **Alfred** s.p.
      - **Georges** 1889-1961 *ép.* Susana Yturregui y Orbegoso 1898-1989
        - **Stanislas** 1932
    - **Hélène** *ép.* Joseph comte Potochwski
  - **Boniface Antoine** 1844-1917 comte de Castellane *ép.* Marie Leclerc de Juigné
    - **Boniface dit Boni** 1867-1932 *ép.* 1895 Anna Gould remariée 1908 à Elie prince de Sagan
      - **Boniface**
        - **Raymonde** 1921 *ép.* Robert Bertin p.
        - **Pauline** 1923 *ép.* Charles comte de Bartillat p.
        - **Elisabeth** 1928-1991 duchesse de Caumont le Force p.
      - **Georges**
        - **Diane** *ép.* duc de Mouchy
      - **Jay** s.p.
    - **Jean** 1868-1965 *ép.* Dorothée dite Dolly de Talleyrand-Périgord ex-princesse de Furstenberg s.p.
    - **Stanislas** 1875-1959 *ép.* 1901 Nathalie Terry
      - **Henry** 1903-1957
        - **Cordelia** p.
        - **Antoine** p.
        - **Henri-Jean** p.
      - **François** 1908-1987 s.p.

Vienne et Damas d'Antigny

Charles de Vienne
comte de Commarin
ép. 1698
Anne de Chastellux

Marie Judith
Mlle de Commarin
1699-1780
ép. 1725
Joseph-Marie de Damas
1699-1736
marquis d'Antigny

Alexandrine
1728-1809
ép. 1751
Charles-Daniel
comte de Talleyrand
(père et mère
de Charles-Maurice)

Jacques-François
1732-1811
marquis d'Antigny
comte de Ruffey
ép. 1753
Zéphirine-Félicité
de Rochechouart-Faudoas
(1734-1776)

Charles
1758-1829
duc de Damas
ép. 1779
Aglaé de Langeron

Zéphirine
1784-1838
ép. 1. 1802 - Charles, comte de Vogüé
2. 1813 - César, comte de Chastellux

Diane-Adélaïde
1761-1835
chanoinesse de
Remiremont
ép. 1777
Comte de Simiane
(† 1787 par suicide)

Charles-Alexandre
1762-1812
abbé d'Antigny

Roger
1765-1823
comte de Damas
ép. Pauline de Chastellux

Louis de Vienne
comte de Vienne
ép. 1709
Marie Comeau

Louis-Henri
1712-1793
comte de Vienne
ép. 1731
Henriette de Saulx-Tavannes

Louis-Henri
1738-1758

Claude
1741-1769
ép. 1761
Jean-François
Ollivier de Sénozan
marquis de Tholignan
comte de Viriville
(† 1769)

Sabine
(1764-1794)
ép. 1779
Archambaud de Périgord
(frère de Charles-Maurice)

REMERCIEMENTS

Les obsessions qui durent ont cela d'ennuyeux pour les amis que ceux-ci sont tous plus ou moins invités à y sacrifier à un moment où à un autre. Du surgissement d'une idée au détour d'une conversation à l'indication d'une source ou d'une piste, depuis huit ans, presque tous ceux que j'ai le bonheur et l'habitude de voir ont été mis à contribution : Frédéric d'Agay, Sophie et Laurent Beccaria, Charles-Henri de Boissieu, Marc Dachy, Antoine Lefébure, Michel Guillemot, Philip Mansel, Brigitte Reydel, Ayam et François Sureau... Qu'ils en soient remerciés, y compris et surtout parce que je ne peux les nommer tous. Ce serait dresser la liste de ceux qui me sont chers.

Je voudrais rendre un hommage tout particulier à Bernard Dugoujon, franc-tireur de l'histoire, qui, tout en écrivant son livre sur Jean-Benjamin de Laborde, m'a beaucoup aidé à démêler les questions financières que je maîtrisais mal et que j'ai voulu placer au cœur de cette biographie, mais aussi à explorer le minutier central des notaires aux Archives nationales. Thierry Lentz, qui a bien voulu accepter de lire les épreuves de ce livre en les emportant avec lui à Sainte-Hélène – décidément Napoléon aura été poursuivi par le diable boiteux jusque dans sa tombe –, m'a constamment conseillé et éclairé pour tout ce qui touche à l'Empire. Olivier Blanc, pour qui les réseaux d'espionnage et de contre-espionnage n'ont plus de secrets, a bien voulu me communiquer certaines de ses trouvailles récentes. Philip Mansel m'a signalé nombre de Mémoires anglais jusqu'alors inexploités. Bruno Centaurame m'a suivi dans les méandres de la topographie parisienne – Paris vous réserve toujours de jolies surprises, à force de téléscopages insolites ou de rencontres fortuites et prémonitoires. En travaillant à la Bibliothèque historique de la ville sur les papiers de Georges Lacour-Gayet, l'auteur, dans les années trente, de la biographie la plus documentée du personnage, quel n'a pas été mon étonnement de découvrir que ce dernier habitait, à soixante-dix ans de distance, la même adresse que moi dans le sixième arrondissement, au nom de la rue et au numéro près. Il y a parfois des coïncidences troublantes...

Je veux également remercier tous ceux qui m'ont ouvert leurs archives et leurs collections, ne serait-ce qu'en raison de la confiance qu'ils m'ont accordée et du temps qu'il m'ont consacré – M. Antoine d'Arjuzon, M. Fabrice Ouziel, Mlle Élodie Lerner, Marie-Judith de Vogüé, le comte Pierre de Bourgoing, la duchesse d'Audiffret-Pasquier, le comte Élie de Pourtalès, le duc de Dino, Mme Constance Alibert –, et ceux de ma famille, le comte d'Haussonville, la comtesse Hélène d'Andlau et la comtesse Charles de Pange. Le docteur Eberhard Ernst et M. André Beau, fins connaisseurs de Talleyrand, ont fait plus que m'ouvrir leurs collections. Une mention toute particulière et affectueuse au comte Jean-Baptiste de Proyart, à Mme Élisabeth Royer, à Mme Beatrice de Andia et au prince Carlos d'Arenberg qui a bien voulu être, avec mon ami Frédéric d'Agay, l'un de mes tous premiers lecteurs, attentif et perspicace. L'aide que m'a apporté Yvon Roë d'Albert à la tête des Archives diplomatiques a été également déterminante. En Russie, Mme Elena Polevchtchikova m'a facilité l'accès des Archives publiques de Moscou. Les discussions que j'ai pu avoir avec Mme Carline Binet qui a étudié le cas de Talleyrand dans le cadre de ses recherches en morphopsychologie ont été bénéfiques. Elle a trouvé un titre particulièrement bien venu au cours qu'elle consacre au personnage : « La soie de l'esprit français ».

Je tiens à remercier aussi ceux qui, depuis le début, par leurs écrits, leurs cours et leurs conseils ont été mes maîtres en histoire : François Furet disparu trop tôt, Guillaume de Bertier de Sauvigny, Jean Tulard, et mon directeur d'études à l'École pratique des hautes études, François Monnier. Par ailleurs Mme Pelus-Kaplan a bien voulu mettre à ma disposition les résultats de son travail encore inédit sur la paix d'Amiens. La biographie est un genre historique très particulier, le plus subjectif sans doute de la discipline, à mi-chemin entre le travail classique de l'historien – sources, champ et méthodologie –, et le tour de main de l'écrivain : mise en scène, rythmes et narration. Sur ce plan, la lecture, entre autres, des biographies de Ghislain de Diesbach m'a beaucoup apporté.

J'ai trouvé enfin, face à moi ou plutôt à côté de moi, un éditeur, Denis Maraval, qui, par sa compétence, son attention et sa patience – les auteurs qui doutent ont toujours besoin d'être maternés –, prouve tous les jours qu'il sait maintenir la tradition des grands éditeurs d'histoire.

Enfin, *last but not least*, un écrivain a beau s'isoler dans sa tour d'ivoire, il n'est pas seul. Celle-ci est habitée. Celle qui a contribué plus que tout autre, par sa gaieté, son optimisme et son incroyable énergie à ce que ce livre arrive à son terme n'a pas besoin d'être nommée. Ce *Talleyrand* lui est dédié.

INDEX ONOSMATIQUE[1]

A

1. Cet index concerne uniquement les noms propres cités dans le texte courant, et non dans les notes et les annexes.

C

E

F

G

H

I

J

Q

R

S

U

V

Index établi par Catherine Legrand.

EMMANUEL DE WARESQUIEL

Cent Jours

La tentation de l'impossible
Mars-juillet 1815

« Rien dans l'histoire n'a ressemblé à ce quart d'heure », a écrit Victor Hugo. Il est vrai qu'on n'avait pas encore vu une telle bousculade de régimes et de dynasties, de serments prêtés et reniés, et ce en un peu plus de trois mois.

Napoléon débarque à Golfe-Juan le 1er mars 1815, il est à Paris, le 20. Dans l'intervalle, le régime des Bourbons s'effondre et Louis XVIII quitte Paris pour l'exil en Belgique dans la nuit du 19 au 20 mars. Battu à Waterloo, Napoléon abdique le 22 juin. Le pays se dote le même jour d'un gouvernement provisoire sous la direction de Fouché. Le 3 juillet, Paris capitule devant les armées de la coalition. Louis XVIII rentre pour la deuxième fois dans sa capitale.

Les Cent-Jours ne sont pas seulement ceux de Napoléon, mais aussi ceux du roi. Tout change lorsque l'on observe les Cent-Jours du côté de ceux qui les ont subis, du côté des vaincus, des oubliés de l'histoire.

688 pages – 12,50 €

Dans ce court et vif essai, Emmanuel de Waresquiel explore les origines des comportements politiques en France. Réfléchissant à la position des élites sous la Restauration et à leur relation à la Révolution, il s'attache à montrer pourquoi la chute de Napoléon en 1814 et l'avènement de la Restauration ont été marqués par un retour en force de la Révolution dans les consciences et les imaginaires.

Pourquoi, sous la Restauration et jusqu'à la IIIe République, l'enjeu des élites du pouvoir s'est-il situé du côté de la maîtrise du passé de la Révolution ? En quoi l'omniprésence d'une Révolution revisitée, voire rejouée comme sous les Cent-Jours, a-t-elle favorisée en France une culture de l'affrontement aux dépens d'une culture de compromis ?

192 pages - 8,50 €

Achevé d'imprimer en avril 2021
par Normandie Roto Impression s.a.s.
61250 Lonrai
N° d'imprimeur : 2101808
Dépôt légal : mars 2019
ISBN : 979-10-210-3987-2
Numéro d'édition : 4295-5

Imprimé en France